U0606226

刘明国 著

中国三农观察

（上卷）

中国农业出版社

图书在版编目（CIP）数据

中国三农观察：上、中、下 / 刘明国著 . —北京：
中国农业出版社，2019.12
ISBN 978-7-109-21193-3

Ⅰ.①中… Ⅱ.①刘… Ⅲ.①农业经济－中国－文集
②农村经济－中国－文集③农民问题－中国－文集　Ⅳ.
①F32-53②D422.64-53

中国版本图书馆 CIP 数据核字（2015）第 283789 号

中国农业出版社出版
地址：北京市朝阳区麦子店街 18 号楼
邮编：100125
责任编辑：赵　刚　边　疆
责任校对：吴丽婷
印刷：北京印刷一厂
版次：2019 年 12 月第 1 版
印次：2019 年 12 月北京第 1 次印刷
发行：新华书店北京发行所
开本：700mm×1000mm　1/16
总印张：54.5
总字数：1015 千字
总定价：188.00 元

我的农本情怀

　　我生在农村长在农村，是名副其实的农家子弟。参加社会主义建设 20 多年，服务领域一直没有离开过农业农村和农民。我无论在乡镇、县市机关事业单位还是中央国家机关事业单位，变化的是工作岗位，不变的是对作为我衣食父母——农民的感情，对农村的热爱和农业的眷恋。关注农业、关注农民、关爱农村成为我工作的座右铭。长期在田野里看农情，在老百姓的家中聊收成，在城乡走访调查抓落实，在工作案头做分析思考，久而，养成了将所见所闻、所思所想倾注笔端的习惯。这种习惯，既是一种神圣的使命，也是一种执著的追求，还是一种对农本情怀的表达。

　　我的工作经历，伴随着农村改革的不断深化、农村经济的快速发展和农村面貌的日新月异。特别是党的十八大以来，我亲历中国农村在以习近平同志为核心的党中央的正确领导下，进一步调整农村经济结构，进一步改善农业农村发展的社会环境，进一步加强农村的治理措施，实现了在调整中前进，在改善中发展，在加强中转型的伟大变革。火热的社会实践触动着我开动脑筋，或进行现象的归纳，或进行理性的思考，并且将这些归纳和思考在灯下生华，形成这本以记录我研究问题为目的的《中国三农观察》。

　　《中国三农观察》收录的正是我在这 20 多年间除公文之外主要由个人自主选题所撰写的部分文稿，是我以不同身份在不同岗位上对基层和"三农"工作所作的一些多方位、多层次、多角度、多侧面的观察与思考。这些文稿大部分曾在国家级报刊发表，有的获得了国家和中央级的奖励，有的呈送中央及地方领导参阅，为决策提供了重要参考。

　　文集共三卷七篇：宏观思考、产业发展、乡村治理、社会事业、时政评论、专题研究、体会交流。其中，宏观思考篇主要是立足于大农业大农村的基本问题，既有对农业农村发展阶段、发展战略、发展思路等宏观形势及理论的讨论，也有对农业农村某一事关重大和全局性问题的调查研究，以及基于此的呼吁与反映；产业发展篇主要是在大农业的范畴之下，对农业有关行业发展、农村工业、卫生等领域发展问题的调查研究，既有大量实证基础上的理性总结与探讨，也有对产业发展状况实事求是的记述；乡村治理篇主要聚焦于农村，特别是乡村社会及经济发展的全局与重点问题，进行深入的解剖与追踪，既有点上重点问题的聚焦解析，也有全景式的搜索扫描；社会事业篇主要反映的是农村医疗、交通、科技、人才、教育及作风建设的内容，从若干个不同的界面打开了一个观察和认识农村社会事业发展的窗口；时政评论篇主要是对一些时鲜的政策措施、社会现象、舆论热点、工作重点进行主题集中、观点鲜明、一事一议式的简短点评，或褒或贬、或抑或扬，理性表达对一些大事乡情的看法和主张；专题研究篇是本书唯一独立成篇的课题研究成果，是对信息化条件下加快推进农业现代化要求下农业传媒改革的必要性与可行性、有利条件与不利因素、改革发展的路径选择等进行的系统研究与讨论；体会交流篇主要是个人从事"三农"工作及成长道路上的一些体会与感悟，既有对有关工作经验方法的总结思索，也有对人生道路的思考和启迪，其内容均在一定层面进行过重点交流汇报。这里要特别一提的是，我极为珍惜和看重在县乡特别是乡镇工作的经历，这是我人生最为宝贵的财富，其中在乡镇工作时对乡村经济、后进村转化、村组财务管理、基层农技推广、农村城镇化、农业现代化、农业结构调整等一些具体问题调研所形成的报告，现在看起来依然对我有研究问题的思路启示。

党的十八大以来，中央更加重视走群众路线，更加重视密切联系群众，密切联系实际，更加重视加强"三农"工作，更加重视深入基层调查研究，这为各级干部特别是"三农"工作者指明了方向，已经并相信必将进一步发挥引领作用。习近平总书记强调指出：中国要强，农业必须强；中国要美，农村必须美；中国要富，农民必须富。领会这一重要指示精神，我们应深切感到，实现中华民族伟大复兴的中国梦的基础和关键在"三农"。广阔的农业农村是一个广阔的天地和巨大的平台，无论对于一国、一地还是一人，均是立事之根基、发展之沃土。多年来，我有幸在这个广阔的平台上努力地边工作、边学习、边思考，在认真履行职能和完成一些公文写作的同时，也不断地有了基于调查研究、属于个人一家之言的一些文字成果。现将这些成果集中出版，目的是将自己这些年从基层一路走来所思所想的理论与实践成果集中地贡献于社会，聆听教诲，并期望能对关心基层与"三农"工作的朋友一起来讨论，做一些延伸性的研究。

刘明国

二〇一七年一月于北京

目　　录

我的农本情怀

第一篇　宏观思考

第二篇　产业发展

第三篇　乡村治理

第四篇　社会事业

第五篇　时政评论

第六篇　专题研究

第七篇　体会交流

附　　录

第一篇
宏观思考

我国农业已进入新时期第二个新阶段

1998 年，中央作出了我国农业发展已进入新阶段的重大判断。十多年过去了，我国综合国力明显增强，2008 年与 1998 年相比，GDP 总量已由 8.44 万亿元跃升为 31.41 万亿元，财政收入由 9 876 亿元增长到 61 330 亿元，农民人均纯收入由 2 162 元增长到 4 761 元，按可比价计算分别增长 2.13 倍、4.21 倍和 0.8 倍。与此同时，加入 WTO 使我国经济与世界经济的联系日益密切，经济对外依存度不断提高，年进出口贸易总额由 2.69 万亿元裂变为 17.99 万亿元，按可比价计算增长 4.62 倍。发展背景的巨大变迁，推动我国农业进入到又一个崭新阶段，继续用原有标准分析和衡量农业已经很难做到准确、全面。综合分析，当前我国农业发展新的阶段性特征主要表现在以下七个方面。

一、在生产能力上，主要农产品生产逐步由频繁周期性波动转向较长时期基本稳定

农业的周期性波动是一种超越体制和发展阶段的普遍现象，但不同阶段和不同政策下波动的频率与幅度存在很大差异，所反映的生产能力也不相同。近年来，我国出台了一系列有力的政策措施，不断加强农业生产能力建设，促进农业稳定发展。以粮食和生猪为例，自新中国成立到 2003 年，我国粮食生产一直表现为"两增一减"或"两增一平"，即平均 3 年出现一次波动，但是这一规律于 2006 年被打破，且 2009 实现连续 6 年增产；生猪生产新一轮周期性波动从 2006 年 5 月生猪价格探底开始，到目前尚未出现价格连续明显下滑的现象，已打破原来 3 年一个波动周期的规律，特别是在《防止生猪价格过度下跌调控预案》等政策已建立、年出栏 50 头以上养殖户（场）比重已占总规模 60％以上的前提下，今后生猪生产再出现上一轮那样深度波动的可能性很小。与此同时，除了奶业、棉花等个别品种受重大质量安全事件、国际金融危机等特殊因素影响有所波动以外，其他大部分农产品生产也总体保持了稳定发展态势。

本文原载于《宏观经济研究》2010 年第 3 期，《农业经济研究》杂志 2010 年第 7 期，新华社《国内动态清样》2010 年 1 月 31 日（第 445 期）以《研究表明我国农业发展呈现七个阶段性特征》为题专期编发，送中央及有关省部级领导参阅。

导致农业生产波动的原因包括政策、农产品价格和灾害等多个方面，其中政策导向性的影响最大。在地震、冰冻雨雪、干旱等 30 年、50 年甚至 100 年不遇的严重灾害频发的背景下，农业生产连年丰收的情况表明，我国主要农产品生产已逐步由频繁周期性波动转向较长时期基本稳定，农业生产能力已提高到了一个新的历史水平，如果政策上不出问题，农业的好形势仍可能继续延续和发展。

二、在要素投入上，农业增长的贡献由主要依靠土地、劳动力等传统要素更明显地转向科技、资本等现代要素

近年来，我国农业在总体保持较快发展的过程中，土地、劳动力等传统要素投入持续减少，科技、资本等现代要素投入不断增加。

从传统要素投入看，1998—2008 年，农村从业人员中，不包括兼业和季节性外出务工人员，从事农业劳动的人员已由 32 626.4 万人减少到 28 363.6 万人，净减少了 13.1%；耕地面积由 19.45 亿亩①减少到 18.26 亿亩，其中粮食作物播种面积由 17.07 亿亩减少到 16.02 亿亩，均减少了 6.1%。从现代要素投入看，农业机械化快速发展，全国农机总动力达到 82 190.4 万千瓦，比 1998 年提高了 82.9%。化肥、农药、良种等投入明显增加，其中，化肥使用量（折纯量）由 1998 年的 4 083.7 万吨增加到 2008 年的 5 239.0 万吨，增幅达 28.3%；农药使用量由 123.2 万吨增加到 200.7 万吨，增幅达 62.9%；养殖业良种得到广泛普及，主要农作物良种覆盖率达到 95% 以上。农业科技进步贡献率年均提高 1 个百分点以上，粮食单产达到 331 千克/亩，提高了 10%。资本投入渠道不断增多，国家预算内资金、银行贷款、外资、投资方自筹资金及其他资金投入规模均有不同程度增加。现代要素投入力度的加大，促进了农业生产效率的提高，有效弥补了传统要素投入持续减少带来的不利影响。

生产要素是决定农业发展的重要因素。可以预见，未来我国土地、劳动力等农业传统要素投入持续减少、主要农产品需求刚性增长的趋势不会改变，农产品生产稳定增长对科技、资本等现代要素投入的依赖必将进一步增强。同时，随着经济社会的发展，科技、资本等现代要素投入对农业发展的贡献也必将更加明显。

三、在体制机制上，生产组织方式由千家万户分散经营逐步转向社会化组织带动下的规模化经营

一方面，农民专业合作社加快发展。2007 年颁布的《农民专业合作社法》

---

① "亩" 为非法定计量单位，1 亩＝1/15 公顷。

明确了农民专业合作社的法律地位，为农民专业合作社加快发展提供了法律保障，创造了有利条件，截至 2009 年 9 月底，全国已登记农民专业合作社 21.16 万家，实有入社农户约 1 800 万户，与 2007 年底相比，不到两年时间分别增长约 7 倍和 5 倍，有效提高了农业组织化程度。据测算，农民专业合作经济组织带动成员增收幅度比一般农户普遍高出 20%~30%，在农业技术推广、农产品营销中发挥着越来越重要的作用。另一方面，农业产业化组织不断发展壮大。与 2005 年相比，2008 年全国各类农业产业化组织总数达到 20.15 万个，共带动农户 9 808 万户，占全国农户总数的 39.2%，分别增加 6.58 万个、1 082 万户和 4 个百分点；农户从事产业化经营增加收入 1 762 亿元，户均增收 1 797 元，分别增加 596 亿元和 461 元，增长 1.9 倍和 2.9 倍。与此同时，农村土地承包制度不断健全，土地流转管理和服务进一步加强，农村基本经营制度进一步稳定完善，为现代农业经营组织发展奠定了基础，为实现家庭经营和统一经营优势互补、有机结合发挥了重要作用。

家庭承包经营制度是党的农村政策的基石，在这一经营制度保持长久不变的前提下，我国农业要实现规模化经营、提高竞争力，必须加强体制机制创新，尤其是要充分发挥社会化组织的服务和带动作用，这既是世界发达国家农业发展的成功经验和做法，也是加快推进我国现代农业发展的客观要求与必然趋势。

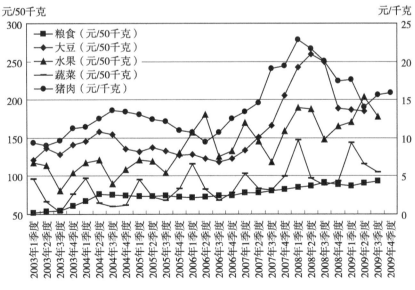

图 1　2003—2009 年我国部分主要农产品价格波动图

资料来源：农业部 160 个物价网点县集贸市场价格调查。

四、在市场环境下，影响农产品价格的主要因素由主要以国内供求关系为主转向国际国内多种因素叠加

近年来，国内外农产品市场出现了重大趋势性变化，呈现出价格波动幅度放大、波动频率增加的特点，大豆、生猪、蔬菜、水果等农产品均出现了较大幅度的波动，国内粮价在最低收购价等政策的有力支持下保持基本稳定，但国际粮价一度出现剧烈波动，农产品市场稳定的压力日益增大。

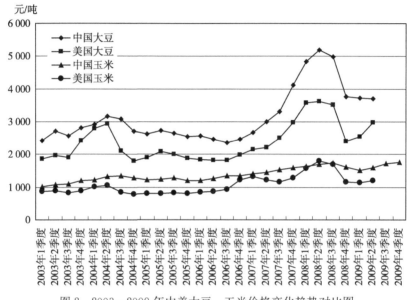

图 2　2003—2009 年中美大豆、玉米价格变化趋势对比图

资料来源：中国玉米价格来源于农业部 160 个物价网点县调查，为集贸市场价格；大豆价格来源于发改委价格信息中心，为国有粮食企业销售价。美国价格来源于美国农业部，主要是 1 号黄豆和 2 号黄玉米价格，均为路易斯安那港口离岸价。

出现农产品价格波动幅度放大、波动频率增加这一趋势的原因是多方面的。历史上，我国农产品市场稳定一度主要取决于国内供给状况，但随着形势的发展，特别是加入 WTO 以后，我国农产品市场价格稳定受到的各种不利影响越来越大、越来越复杂。从外部看，一方面，工业化和城镇化步伐加快、农产品消费结构升级、农业多功能性凸显、社会对食品安全关注度提高，农产品市场需求出现重大结构性变化；另一方面，农产品出口绿色壁垒增多、跨国公司对农业产业链操控力度加大、农产品市场投机炒作因素增加、国内外农产品市场和农资市场及能源市场的联动效应增强，农产品市场调控难度加大。同时，全球气候变暖、自然灾害频发重发、重大动植物疫病发生概率增加对生产稳定发展带来严重挑战，农产品市场供给保持稳定的不确定性增加。从内部

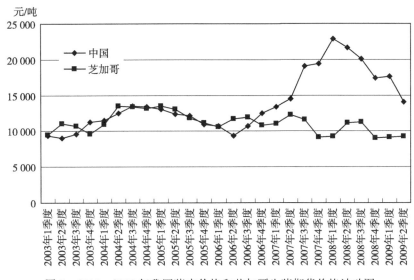

图 3　2003—2009 年我国猪肉价格和芝加哥生猪期货价格波动图

资料来源：中国猪肉价格来源于农业部 160 个物价网点县调查，为集贸市场价格；芝加哥生猪价格来源于商务部《国际经贸消息》，为标准合约最近交割月份收盘价。

看，我国以小规模分散经营为主的农业经营方式、农业经营效益和比较利益的波动、农产品市场信息体系不健全、农产品现货市场的区域分割和期货市场的发展滞后等，往往使我国农业在应对外部市场环境变化上处于被动地位。这些问题相互叠加、错综复杂，均成为我国农产品价格加剧波动的因素，且很多不利因素在一定时期内难以消除，有些矛盾还会进一步加剧。

五、在功能作用上，产业发展的重点由单一保障食物供给转向越来越重视向多领域拓展

在过去较长的时期内，我国农业被简单地看成"吃饭产业"，以吃饭目标掩盖了农业的丰富内涵，在一定程度上忽视了农业的政治、经济、社会意义。近年来，随着我国经济社会发展步伐加快，农业的多功能性受到高度关注，在继续发挥食物保障功能的同时，其保护生态环境、传承历史文化、促进农民就业增收等方面的功能日益彰显。以沼气和旅游农业发展为例，到 2008 年年底全国户用沼气池保有量达 3 050 万口，每口年产沼气 385 立方米，替代薪柴相当于 3.5 亩地的年蓄积量，户均增收节支 500 元，总计年产沼气 11.7 亿立方米，相当于替代 1 亿亩以上的薪柴产量，为农户增收节支 15.3 亿元，节约资源、减排和助农增收作用明显。另据对 19 个省的不完全统计，目前这些省已建有各类农业休闲观光园 18 361 家，总产值 1 175 亿元，其中年营业收入 500

万元以上的有 3 084 家；带动就业 280 万人，其中安排农民就业 267 万人。旅游黄金周期间，全国城市居民出游中选择乡村旅游的约占 70%。目前，全国乡村旅游景区每年接待游客超过 3 亿人次，旅游收入超过 400 亿元人民币。据测算，一个年接待游客 10 万人的休闲农庄，可实现营业收入 1 000 万元以上。

根据发展趋势判断，未来农业在 GDP 中的份额会越来越小，但在国计民生中的作用和影响不会降低，有些方面还将进一步增强。

六、在财政投入上，国家强农惠农政策由应急扶持、框架构建转向稳定支持、完善体系

近年来，在全面取消农业税的基础上，中央还针对农业发展中面临的突出问题，不断加大投入，采取果断措施，先后出台了扶持油料、生猪、奶业发展的意见等一系列应对性扶持政策。随着形势发展，其中很多政策得到坚持、强化和完善，逐步形成了新时期强农惠农政策框架，并加快向体系化、常态化转变。一是农业投入保障制度不断健全。围绕国家财政支农增量、国债和预算内资金用于农业农村建设的比重、直接用于农村生产生活条件改善的资金等三方面，中央先后于 2006 年提出"三个高于"、2007 年提出"三个继续高于"、2008 年提出"三个明显高于"的明确要求。2009 年强调扩大内需、实施积极财政政策要把"三农"作为投入重点，进一步确保了"三农"投入的稳定增长。二是农业补贴制度不断健全。重点围绕促进农业生产和农民增收两方面，实施了以"四补贴"为主的补贴制度，补贴规模和补贴范围明显扩大，标准不断提高，已初步建立起功能互补、综合补贴与专项补贴相结合的农业补贴政策体系。其中，中央"四补贴"资金已从 2006 年的 310 亿元增加到 2009 年的 1 230 亿元，增幅达 297%，充分调动了农民生产积极性。三是农产品价格保护制度不断健全。中央多次提高粮食最低收购价格，并及时出台稻谷、玉米、大豆、棉花等农产品临时收储计划，形成了较为完善的农产品市场调控政策，促进了农产品市场价格稳定。四是农业生态环境补偿制度不断健全。退耕还林还草、草原围栏、人工草地、草地改良、饲草料基地等工程和项目建设成果进一步巩固，测土配方施肥项目已覆盖全国所有农业县，渔业增殖放流项目全面实施，草原生态补偿试点工作正式启动，为有效保护和科学利用农业资源提供了重要支撑。五是农村公共事业发展促进政策不断健全。全国 31 个省、自治区、直辖市实现新型农村合作医疗制度全覆盖，农村最低生活保障制度全面建立，农村社会养老保险、农民工工伤养老等保险制度逐步完善，农村义务教育经费保障机制改革全面实施。2008 年，中央财政预算安排农村社会事业发展资金 2 072.8 亿元，比 2006 年增长 87.7%，农民享受的公共服务水平明显提高。

符合我国国情、体现时代特征、顺应发展规律的新时期强农惠农政策框架体系的构建与完善带动了"三农"投入力度不断加大，2008年中央财政"三农"投入总量达到5 955.5亿元，比2002年1 905亿元增长2.13倍，为加快农业农村发展提供了有力支撑。

表1 2002—2008年中央财政用于"三农"的支出及比重与农业产值表

年份	中央财政"三农"支出合计		中央财政总支出		中央财政"三农"支出占总支出比重（%）	农林牧渔业总产值	
	（亿元）	比上年增（%）	（亿元）	比上年增幅（%）		（亿元）	比上年增幅（%）
2002	1 905		6 771.7		28.1	27 391	4.63
2003	2 145	12.6	7 420.1	9.6	28.9	29 692	8.4
2004	2 626	22.4	7 894.1	6.4	33.3	36 239	22.05
2005	2 975	13.3	8 776.0	11.2	33.9	39 451	8.86
2006	3 517	18.2	9 991.4	13.8	35.2	40 811	3.45
2007	4 317	22.7	11 442.1	14.5	37.7	48 893	19.8
2008	5 955.5	38.0	13 344.2	16.6	44.6	58 002	18.63

资料来源：根据《中国统计年鉴》《政府工作报告》等整理。

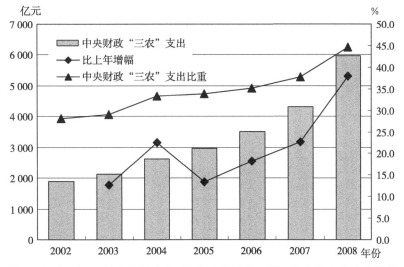

图4 2002—2008年中央财政"三农"支出情况、增速及占总支出比重变化

七、在收入构成上，农民收入的来源由主要依靠农业生产经营收入转向主要依靠非农收入

在新中国成立以来包括改革开放后的很长一个时期，农业生产经营收入一直在农民收入中占据主导地位，进入新阶段以后这一状况开始出现明显的趋势

性变化，农户家庭经营收入匀速下降、工资性收入匀速上升，并且2005年至2006年较之前家庭经营收入加速下降，工资性收入加速上升。到2008年，工资性收入对农民增收的贡献已超过60%，家庭经营收入占农民收入的比重已由1998年的67.8%下降到51.2%。按照这一趋势，2009年家庭经营收入占农民收入的比重将下降到50%以下，也就是说农民收入的来源已经由主要依靠农业生产经营收入转向主要依靠非农收入。

表2　1998—2008年农村居民家庭人均纯收入构成表

单位：元

年份	纯收入	构成（%）			
		工资性收入	家庭经营收入	财产性收入	转移性收入
1998	2 162.2	26.5	67.8	1.4	4.3
1999	2 210.3	28.5	65.5	1.4	4.5
2000	2 253.4	31.2	63.3	2.0	3.5
2001	2 366.4	32.6	61.7	2.0	3.7
2002	2 475.6	33.9	60.1	2.0	4.0
2003	2 622.2	35.0	58.8	2.5	3.7
2004	2 936.4	34.0	59.5	2.6	3.9
2005	3 254.9	36.1	56.7	2.7	4.5
2006	3 587.0	38.3	53.8	2.8	5.0
2007	4 140.4	38.6	53.0	3.1	5.4
2008	4 760.62	38.9	51.2	3.1	6.8

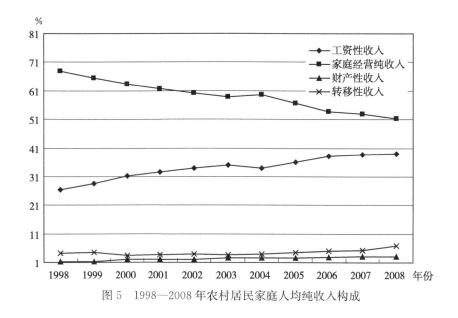

图5　1998—2008年农村居民家庭人均纯收入构成

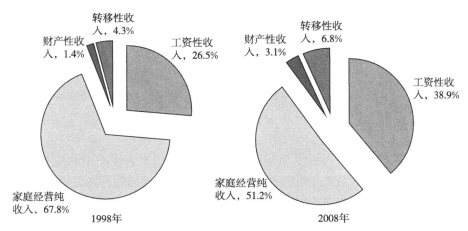

图 6 1998 年和 2008 年我国农村居民家庭人均纯收入构成

　　农业发展新的阶段性特征，展示了我国农业发展取得的突出成就与光明前景，体现了新形势下我国农业发展的新趋势，也反映了一系列需要认真对待的新矛盾和新问题。总体看，在新的发展环境和发展趋势下，我国农业生产能力将不断强化，科技、资本等现代要素对农业的投入和贡献将不断增大，农业经营体制机制创新、社会化组织发展将不断加快，农业的多功能作用和地位将进一步提升，市场环境对农业稳定发展的不利影响将继续增强，农民务农收入保持增长但对增收的贡献将总体减弱，加大财政对农业投入的条件将进一步成熟。长期以来，中央高度重视经济发展阶段理论在农业发展中的指导作用，新的发展阶段要求各级各有关方面必须进一步深化认识、顺应潮流、趋利避害，采取更加切合实际的政策，进一步加大对农业发展的支持力度。可以相信，只要政策支持力度不减，工作方针和措施得当，我国农业生产可望迎来一个较长时期的繁荣和稳定，中国特色农业现代化建设步伐将不断加快。

从三个维度领会习近平总书记
"三农"重要论述

党的十八大以来，习近平总书记就"三农"问题发表了一系列重要论述。这些论述既有对重大战略上的理论创新，又有针对性极强的具体工作要求，还有文风会风等作风上的率先垂范，是新时期做好"三农"工作的重大行动指南。真正使论述精神内化于心、外化于行，需要我们在战略、实践和作风建设三个维度上同时做到真学、深学，心领神会。

一、把握战略维度，深刻领会论述在政策理论上的方针指引作用

习近平总书记关于"三农"工作的重要论述，凸显了中央"三农"工作方针政策的连续性和稳定性，并在思想理论上实现了新的重要发展。在战略维度上，从以下四个方面加强对论述重大创新思想的学习，是深刻理解和贯彻论述首要的政治任务。

（一）深刻领会论述站在实现全面建成小康社会和中国梦的战略高度，对党关于解决好"三农"问题是全党工作"重中之重"的思想进行的丰富和发展

党的十八大以来，新一届中央领导集体接过历史的接力棒，开启了建设社会主义现代化强国的新征程。习近平总书记从全面建成小康社会、实现两个一百年奋斗目标、实现中华民族伟大复兴中国梦的战略大局出发，高度重视"三农"工作，发表了一系列具有标志性意义的经典论述。比如，在山东考察时强调："'三农'问题始终是贯穿我国现代化建设和实现中华民族伟大复兴进程中的基本问题，必须坚持把解决好'三农'问题作为全党工作重中之重，始终把'三农'工作牢牢抓住、紧紧抓好"。在中央经济工作会议上强调："把解决好'三农'问题作为全党工作重中之重，是我们党执政兴国的重要经验，必须长期坚持、毫不动摇"。在中央农村工作会议上强调："小康不小康，关键看老乡"，"'三农'向好，全局主动"，"中国要强，农业必须强；中国要美，农村

本文原为作者在内部交流会上的发言，经整理后原载于《农村工作通讯》杂志 2014 年第 12 期，获评中央国家机关学习习近平总书记系列重要讲话精神成果征集展示活动一等奖。据中央国家机关工委文件通报，本次活动共收到中央国家机关 50 个部门选送的部司局等各级机关干部撰写的征文 3 145 篇，评审委员会从中评出一等奖 20 篇。

必须美；中国要富，农民必须富"，"要加大农业投入力度，财政再困难也要优先保证农业支出，开支再压缩也不能减少'三农'投入"。这些论述，不仅进一步传承了党的重农思想，并在认识上体现了更高的定位，在要求上显示了更大的决心。

（二）深刻领会论述站在考验执政能力的战略高度，对党关于解决好吃饭问题是治国理政头等大事的思想进行的丰富和发展

关于粮食安全，习近平总书记强调："要从治国安邦的高度认识粮食安全的极端重要性，清醒认识保障国家粮食安全的长期性艰巨性"，"悠悠万事、吃饭为大。只要粮食不出大的问题，中国的事就稳得住"，"什么时候都不能轻言粮食过关了"。"中国人的饭碗任何时候都要牢牢端在自己手上"。关于食品安全，他强调："能不能在食品安全上给老百姓一个满意的交代，是对我们执政能力的重大考验。我们党在中国执政，要是连个食品安全都做不好，长期还做不好的话，有人就会提出够不够格的问题。所以，食品安全问题必须引起高度关注，下最大力气抓好"；"用最严谨的标准、最严格的监管、最严厉的处罚、最严肃的问责，确保广大人民群众'舌尖上的安全'"。这些论述，体现了新一代中央领导集体对保障国家粮食安全和食品安全的高度重视，展现了作为执政党不仅要让人民吃得饱还要吃得好、吃得安全的政治担当，是面对13亿人民的新的庄严宣示与承诺。

（三）深刻领会论述站在资源永续利用与可持续发展的战略高度，对党关于实行最严格耕地保护制度的思想进行的丰富和发展

习近平总书记强调："耕地是不可再生的稀缺资源"；"耕地红线要严防死守。保障国家粮食安全的根本在耕地，耕地是粮食生产的命根子。农民可以非农化，但耕地不能非农化"；"坚守18亿亩耕地红线，大家立了军令状，必须做到，没有一点点讨价还价的余地"；"在耕地占补平衡上玩虚的是很危险的，总有一天会出事"；"极而言之，保护耕地要像保护文物那样来做，甚至要像保护大熊猫那样来做"；"要划定永久基本农田，抓紧建设一批旱涝保收、稳产高产的高标准农田"；"红线包括数量，也包括质量"；"要牢牢守住耕地质量的红线。这是提高农业综合生产能力的重要途径"；"要结合实际，减少工业用地，适当增加生活用地特别是居住用地，切实保护耕地、园地、菜地等农业空间，划定生态红线"。这些论述，不仅鲜明地表达了新一届中央领导集体保护耕地的坚定意志和更高标准，而且将耕地红线的内涵从数量扩大到数量、质量、生态并重，意义极为深远。

（四）深刻领会论述站在稳定农业农村发展全局的战略高度，对党关于坚持农村基本经营制度的思想进行的丰富和发展

习近平总书记强调："农村基本经营制度是党的农村政策的基石。坚持党的农村政策，首要的就是坚持农村基本经营制度"；"坚持农村土地农民集体所有。这是坚持农村基本经营制度的'魂'"；"不论承包经营权如何流转，集体土地承包权都属于农民家庭。这是农民土地承包经营权的根本，也是农村基本经营制度的根本"；"坚持稳定土地承包关系。现有农村土地承包关系保持稳定并长久不变，这是维护农民土地承包经营权的关键"；"建立土地承包经营权登记制度，是实现土地承包关系稳定的保证，要把这项工作抓紧抓实，真正让农民吃上'定心丸'"。这些论述，不仅明确回答了社会上关于十八大以后农村土地承包制度要不要变的疑问，而且对关键问题作了新的高度概括。

习近平总书记关于"三农"工作重要地位、粮食与食品安全关系执政能力、耕地还要有质量和生态红线、农村基本经营制度是党在农村的首要政策等新观点、新思想、新要求，抓住了事关经济社会全局的根本性重大问题，极大地发展和升华了党的"三农"思想，体现了新一届中央领导集体关于"三农"发展的基本政策取向，是今后推进"三农"工作的总纲领，也是论述的思想精髓所在。

二、把握实践维度，深刻领会论述在工作落实上的具体指导作用

习近平总书记关于"三农"工作的论述内涵十分丰富，既体现在世界观上，又体现在方法论上，形成了系统的理论与实践指导体系。

（一）关于农业如何强

习近平总书记高度重视农业发展，强调中国要强农业必须强，并对一些重要问题的解决提出了明确而具有操作性的指导意见和要求。比如，关于农业补贴，他指出，现行政策效果是好的，但也确实存在一定程度的吃大锅饭现象，具体操作办法要完善，调整优化补贴方式，提高补贴的精准性和指向性。关于农村经营机制创新，他指出，完善农村基本经营制度，要研究如何以农村土地集体所有、家庭经营基础性地位、现有土地承包关系的不变来适应土地经营权流转、农业经营方式的多样化，要根据各地实际与不同农产品生产特点，让农民自主选择他们满意的经营形式。关于谁来种地的问题，他指出，核心是要解决好人的问题，通过富裕农民、提高农民、扶持农民，让农业经营有效益，让农业成为有奔头的产业，让农民成为体面的职业；要把加快培育新型农业经营主体作为一项重大战略，以吸引年轻人务农，培育职业农民为重点，建立专门政策机制，构建职业农民队伍，形成一支高素质农业生产经营者队伍。关于农业科技推广，他指出，重点是提升基层农技人员素质，加强新型职业农民培训，着力培育一大批种田能手、农机作业能手、科技带头人、农业营销人才、农业经营人才等新型职业农民。关于粮食生产，他指出，根本在耕地，命脉在水利，出路在科技，动力在政策。关于保障食品安全，他指出，食品安全是

"产"出来的，也是"管"出来的，要保护和改善产地资源条件，抓紧建立健全农产品质量和食品安全追溯体系，要大力培育食品品牌。这些论述，针对重要问题把脉开方，涵盖和抓住了现代农业建设的核心环节与关键要素。

（二）关于农村如何美

习近平总书记对传承农耕文化、加强乡村文明、保护农村人居环境，发表了一系列重要意见。其中，他指出，农耕文化是我国农业的宝贵财富，是中华文化的重要组成部分，不仅不能丢，而且要不断发扬光大。农村是我国传统文明的发源地，乡土文化的根不能断，农村不能成为荒芜的农村、留守的农村、记忆中的故园。新农村建设，一个很重要的任务是因地制宜搞好农村人居环境综合整治，尽快改变农村许多地方污水乱排、垃圾乱扔、秸秆乱烧的脏乱差状况；要注意乡土味道，体现农村特点，保留乡村风貌，不能照搬照抄城镇建设那一套，搞得城市不像城市、农村不像农村。乡村文明是中华民族文明史的主体，村庄是这种文明的载体，耕读文明是我们的软实力。决不要把乡情美景都弄没了，而是要让它们与现代生活融为一体，保留村庄原始风貌，要慎砍树、禁挖山、不填湖、少拆房，尽可能在原有村庄形态上改善居民生活条件。要让城市融入大自然，依托现有山水脉络等独特风光，让居民望得见山、看得见水、记得住乡愁。要积极传承乡村文明和乡土文化，保留田园风光，发展现代农业，实现人与自然和谐发展，让农村成为农民幸福生活的美好家园。这些论述，站在保护中华农耕文明和乡土文化等战略高度，饱含着博大而深厚的人文情怀与历史责任，为今后更好地推进新农村建设和农村城镇化进一步指明了方向和要求。

（三）关于农民如何富

习近平总书记十分关心农民致富增收问题。他指出，做好"三农"工作的一个核心任务，就是促进农民收入持续较快增长。与农民群众对美好生活的期待相比，农民增收致富奔小康还是一项极为艰巨的任务。突出表现为城乡收入差距仍然大。促进农民收入持续较快增长，要综合发力，广辟途径，建立促进农民增收的长效机制，一是提高农业生产效益，促进家庭经营收入稳定增长，使经农业有钱赚。二是要引导农村劳动力转移就业，促进农民打工有钱赚。三是要加大对农业的补贴力度，国家力所能及地给农民一些钱。四是要稳步推进农村改革，创造条件赋予农民更多财产权利。并强调，土地流转要尊重农民意愿、保障基本农田和粮食安全，要有利于增加农民收入。这些论述，对于解决农民收入这个老大难问题，既提出了明确要求，又给出了破解之道。

三、把握作风建设维度，深刻领会论述在反"四风"上的示范导向作用

学习习近平总书记关于"三农"的重要论述，不仅要学习文字内容，由表

及里深刻领会精神实质，而且要结合中央正在开展的群众路线学习实践教育活动和反对形式主义、官僚主义、享乐主义和奢靡之风的重大部署，深刻学习和领悟总书记重要论述在作风建设上的表率作用，进而促进学习效果的提高。

一要学习领会论述表现的平实文风。人民论坛问卷调查中心曾采取网络调查、书面问卷、记者访谈等多种形式，就公众最反感的 10 种官场形式主义进行了一次专题调查，结果显示，"领导讲话假、大、空"得票率为 66.6%，高居第一位。正因如此，新一届中央领导集体将形式主义列为"四风"之首加以坚决反对。人们欣喜地发现，习近平总书记率先垂范，讲话经常脱稿，从来不刻意讲求抑扬顿挫和"四六句"，讲出来的内容短、实、新，没有长、假、空的官话套话；道理深刻，但说的都是大家能听懂、有共鸣的大白话。早前听过他讲话的人说，他讲话一直如此，已经形成了典型的"习氏风格"。也许很多人无法当面聆听总书记的讲话，但从事后印发的讲话文稿和播发的电视新闻，我们仍能够品味到一种深入浅出、超乎寻常的朴实文风。习近平总书记曾强调，文风不正，严重影响真抓实干、影响工作成效，耗费大量时间和精力，耽误实际矛盾和问题的研究解决；不良文风蔓延开来，损害党的威信，导致干部脱离群众，使党的理论和路线方针政策在群众中失去感召力、亲和力。当下，学习贯彻习近平总书记关于"三农"的一系列重要论述，体悟其朴实的文风是一个很重要的方面。

二要学习领会论述展现的简朴会风。习近平总书记曾强调，现在以会议落实会议、以文件落实文件、以讲话落实讲话的现象依然存在，这对文风不正起了推波助澜的作用。改进文风，必须改进会风。和文风一样，会风也是党风的体现，关系党的形象，关系事业成败。新一届中央领导集体从细节入手，全力治理会风顽疾，首先通过会议这个窗口和平台向全国人民传递了转变作风的正能量，以自觉的行动为各级树立了明确的标杆。一是数量要少而精，治理会议过多过滥，做到少开会、开短会，做到能不开的会坚决不开，能合并开的会就不单独开，能开电视电话会议就不现场开会。二是内容要实而新，要求会议讲话发言要短、要精，直指问题中心，不穿靴戴帽、长篇累牍，不说正确而没有用的老话套话。三是形式要简而廉，通常情况下，会议不摆放鲜花绿植，不制作背板横幅，不安排文艺演出，不燃放烟花爆竹，不设置招待酒宴。这些俭朴、清新的会风体现在习近平总书记出席讲话的多种会议场合，体现在他论述的实践和要求中，同样需要认真领会和贯彻落实。

三要学习领会论述体现的扎实作风。习近平总书记轻车简从深入农村基层调研的扎实作风令人印象深刻，其中关于"三农"问题的一系列论述，讲了很多自己在各个阶段的亲身体验和精彩故事，讲话中一些古语、谚语等信手拈来，每一篇论述都是领导讲话的范文，都有很多经典语言。这些论述之所以让人感到亲切和充满真知灼见，有的论述之所以让人听一遍即耳熟能详、难以忘记，从根本上得益于习近平总书记扎实的工作作风和端正的工作态度，得益于他丰富的工作阅历和实践认知，得益于他贴近实际、贴近生活、贴近群众的真实感悟。从事"三农"工作，面对农业农村，与基层干部和农民群众打交道，更需要在学习习近平总书记论述的同时，深刻品味论述背后所体现的平实、求实、务实的工作作风，自觉养成深入基层、深入实际、深入群众的扎实态度，按照"三严三实"的要求改进作风、加强工作。"汝果欲学诗，功夫在诗外"。学习论述，如果仅停留于对文字内容的理解，可能很难领会其中的真谛。

务实求解农村一二三产业融合发展

推进农村一二三产业融合发展，是 2015 年中央农村工作会议做出的一项重大部署，也是中央 1 号文件的一大亮点。由于这一部署刚刚提出，社会各方面的认识总体上还处在初步、零散、不成熟阶段，要深入贯彻落实中央精神，亟须以科学务实的态度深化理解，在一些重要的理论和实践问题上做出必要的回答。

一、深刻认识农村一二三产业融合发展的背景意义

农村一二三产业融合发展第一次正式出现在中央会议和文件中，是党的"三农"工作理念和思路的又一重大创新，具有深厚的时代背景和重大的理论与实践意义。

（一）推进农村一二三产业融合是新常态下农业农村转型发展的根本选择

近年来，我国农业农村发展呈现出新的加速度，农村基础设施、社会保障等条件大幅改善，农业农村经济发展出现了历史罕见的好形势。特别是粮食"十一连增"，且连续 4 年超 11 000 亿斤①，提前近 10 年完成了国务院《全国新增 1 000 亿斤粮食生产能力规划（2009—2020 年）》目标；农民收入"十一连快"，且增幅连续 5 年跑赢 GDP 和城镇居民收入增幅，不仅 1998 年后城乡居民收入差距持续近 12 年快速扩大的趋势得以阻断，而且创造了 1984 年之后，城乡居民收入差距第一次连续 3 年（1995—1997 年）以上缩小的历史。成绩令人欣喜，但也必须看到，农业农村可持续发展的基础还很不牢固：一是从农业资源看，不仅空间潜力极为有限，而且部分主产区土壤地力长期透支、质量持续下降、重金属超标、地下水超采等问题突出，已对农业稳定造成了日趋严重的威胁；二是从农民收入看，在家庭经营受成本抬升和价格"天花板"双重挤压收益有限、农民外出务工数量和工资性收入增幅明显趋缓、转移性收入总量小增量少等因素影响下，继续保持快速增长面临极大挑战；三是从农村

本文首发于农业部办公厅部长办《综合调研材料》，2015 年 8 月 17 日《学习时报》以《推进农村一二三产业融合发展》为题加编者按编发，2015 年第 18 期《农村工作通讯》、2015 年 11 月 28 日《农民日报》全文刊发，获评农业部 2014 年度司局长理论学习优秀论文。

① "斤"为非法定计量单位，1 斤＝500 克。

社会看，农业劳动力长期大规模向城市迁徙，不仅导致农村人才等资源严重流失，并引发了日趋严重的社会问题。推进农村一二三产业融合发展，有利于促进工业和服务业的管理、技术、资本、人才等现代要素更多更紧密地融入农业，提升农业发展及资源利用水平；有利于扩大农村产业规模和就业容量，拓展农民就业增收空间；有利于聚集农村人气和改善农村人员结构，促进农村社会繁荣稳定。

（二）推进农村一二三产业融合是顺应国内外产业发展新趋势的必然要求

从国际看，当今，产业融合已日益成为世界范围内产业经济发展不可阻挡的潮流，特别是随着信息技术的快速革新，建立在科技发展并不断融合基础之上的新型产业革命已风起云涌，正在带动社会经济系统日益广泛、剧烈而深刻的变化。不同产业或同一产业内不同行业之间相互交叉、相互渗透、相互融合的步伐不断加快，产业边界为了适应增长而日渐模糊或消失，全世界已几乎找不到任何一个产业在不与其他产业融合的情况下能够实现快速发展。从国内看，在新常态新要求下，我国的产业结构正在进行深度优化调整，产业发展与国际接轨、跨行业跨领域融合发展的步伐空前加快。一些企业以互联网技术融合应用为突出代表实现快速崛起，吸引了国人乃至世界的目光。当前，在产业融合理念的先导性作用下，"互联网＋""创客""众筹"等新概念迭出，其背后如影随形的无不是一个又一个崭新的产业形态和巨大而活跃的产业发展空间。具体到第一产业而言，近年来我国农业虽然在与第二三产业融合上步伐有所加快，但总体上仍处在起步阶段，由于产业融合度不够，不仅在生产环节竞争力严重不足，而且在加工环节也面临着巨大的挑战。比如，在食用油加工领域，以打通全产业链为最大经营之道的新加坡食用油加工企业益海嘉里，进军我国后已连续多年占据国内小包装食用油市场 40％ 左右的份额，大豆压榨能力占国内产能之首，并且在国内调和油市场价格上发挥着风向标作用，掌控着很大的话语权。在畜产品加工领域同样存在类似问题。顺应形势、应对挑战，迫切需要推进农业与其他产业融合，通过借势发展增强竞争力。

（三）推进农村一二三产业融合具有重要的政策理论和实践基础

第一，在政策要求方面，党的十八大以来，中央多次强调要推进有关产业和领域的融合发展。其中，十八大报告提出，要"促进文化和科技融合，发展新型文化业态"。此后，习近平总书记主持专门会议审议通过了《关于推动传统媒体和新兴媒体融合发展的指导意见》。在辽宁、江苏等地调研时，他多次强调，要增强工业核心竞争力，形成战略性新兴产业和传统制造业并驾齐驱、现代服务业和传统服务业相互促进、信息化和工业化深度融合的产业发展新格局；要深入推进科技和经济紧密结合，推动产学研深度融合。农村一二三产业融合发展，在一定程度上是对这些要求的进一步拓展和深入贯彻。第二，在理论背景方面，国外对产业融合的讨论早在数字技术导致产业之间出现交叉的20世纪70年代已经开始，以发达国家的学者为主，对产业融合的内涵、类型、原因、意义等率先进行了广泛研讨。国内关于产业融合的研究总体上滞后于西方约20年，主要讨论散见于新世纪以来，且多为一些服务业领域的领导，比如，分管旅游的领导谈旅游怎样与一二三产业融合、分管科技的领导谈科技怎样与一二三产业融合，学界进行专门系统研究的很少。尽管如此，近年来产业融合的理论已引起了"三农"学者的关注，有关产业融合视角下推进现代农业发展的专题研究成果已开始出现。第三，在实践基础方面，国内外关于产业融合发展的成功案例已有很多，具体到国内农业与二、三产业融合方面也不断有了一些探索与积累。比如，国内现在一些发育程度较高的农产品加工业集聚区及休闲农业聚集区，20世纪90年代开始兴起的农业产业化，以及此前多年倡导的农村多种经营等，均体现了产业融合的方向和趋势，在一定程度上代表了截至目前我国农村一二三产业融合发展的不同层级和形式，为下一步推进更加深度的融合打下了一定基础。

二、对农村一二三产业融合发展的探讨要防止落入泛学术化的陷阱

一个新的理念出来以后，证实者有之，证伪者也有之，这是一种正常的学术现象。但从目前的一些趋势看，对于农村一二三产业融合发展问题的探讨，关键是要密切结合发展实际和中国国情，努力避免泛学术化的空洞讨论。

第一，要防止落入简单套用经济学理论的陷阱。通常情况下，经济学是指流行于发达资本主义国家的主流经济学，是这些国家的学者关于市场经济中商品和劳务的生产、分配、交换、消费及这些经济过程相互联系的系统理论，也是有关市场经济运行和国家调节的经验总结和政策主张。这些理论总体上反映了生产社会化的某些客观经济法则，具有一定的科学性。但也要看到，这些经济学理论多是西方学者研究得出的，不仅具有地域局限性，也具有制度局限性，其往往用物的关系掩盖了人的关系，用量的分析替代质的分析，回避资本主义社会阶级利益的对立，表现出强烈的阶级欺骗性。更重要的是，由于迄今诺贝尔经济学奖获得者没有一个中国人，一些所谓的主流经济学理论没有一个是以中国为样本研究得出的。长期以来，我国的部分学者和干部热衷于运用西方经济学理论说明中国的问题，甚至将其奉为圣明和灵丹妙药，动辄以"某某经济学理论认为"加以推理，犯下了不少不符合国情的逻辑错误。推进农村一二三产业融合是一个崭新的课题，此前国内外学者涉及甚少，研究中注重运用一些经济学原理十分必要，但要注意以科学辨证的态度加以扬弃，防止简单套用，犯本本主义的错误。

第二，要防止落入生硬照搬国际经验的陷阱。我国改革开放的主要目的之一就是学习国外发达国家的发展经验。但是，与参考西方经济学理论一样，借鉴发达国家的经验也需要注意取其精华、舍其糟粕。特别是对于"三农"而言，情况更加特殊，我们的工作一般很难在国外找到现成的答案，农村改革发展几乎完全"摸着石头过河"的实践历程也充分表明了这一点。我国人均耕地面积仅为世界平均水平的 40％，农民户均经营耕地面积不足 10 亩，仅相当于欧盟的 1/40，美国的 1/400，即使是与我国国情相近的日本、韩国，户均经营规模也是我们的 2～3 倍。同时，近年来我国的农业从业人口虽持续下降，但仍是美国和日本、韩国的 100 倍左右，农村人口则体量更大。这些独特的国情农情也进一步说明，在推进农村一二三产业融合中，我们同样难以照搬所谓的国际经验。目前，由于国外专门关于农村一二三产业融合发展的探讨与实践极少，谈到借鉴国际经验，有关方面均把关注的目光投向日本 20 世纪末开始的"六次产业化"。的确，日本政府出台一系列政策实施"六次产业化"发展战略，将农业生产向第二、第三产业延伸并加以融合，改善了农户的生活质量，调整了农业产业结构，促进了可持续发展。但也要看到，日本的农业并非国际成功范例，其全日制农场只占 14％，平均起来一个农场还不到一个劳动力，绝大多数是兼业农户，生产效率低下，其"六次产业化"实际上也是政府应对这些问题的无奈之举。我国一些地方虽然没有明确"六次产业化"的提法，但做法和成效也许并不逊色。因此，在借鉴日本经验时，同样需要多立足实际，有取有舍，决不能盲目跟风和追捧。

第三，要防止落入概念定义过于机械封闭的陷阱。农村一二三产业融合发展的理念甫一提出，怎样为农村一二三产业融合发展下定义，如何确定融合的边界，其内涵和外延是什么，等等，很快成了学者、官员等有关方面讨论的热点，甚至为此争执不下。从工作需要出发，这些基本问题有必要尽可能理清楚一些，以保证大方向的正确，但也并不是一定要在所有问题上都达到认识的高度统一，放之世界而皆准。国际上关于产业融合的理论探讨已经过了很长时间，可是到目前也没有形成一个统一的概念，所以我们也不能犯学术上的急躁病。应该说，农村一二三产业融合发展在本质上是一个动态和开放的系统，切入点和涉及的问题很多，站在不同的历史阶段，从不同的立场和视角出发，人们的认识必然不尽相同。比如，从第一产业出发思考的问题和从第二、第三产业出发思考的问题，从经营主体、融合机制角度思考的问题和从产品、科技等角度思考的问题，必然大相径庭；在快速发展变化的时代，不同阶段的外部环境大不相同，人们对问题的认识也会迥异。因此，如果一定要对农村一二三产业融合发展给出一个十分明确的定义，只能因时因事以发展的观点灵活处理，研究得出相对科学的结论；否则，在这方面争论不休、大费周章，不仅没有多大实际意义，而且可能禁锢思维认识及融合发展的空间与灵活度，犯形而上学的错误。

三、努力走出一条中国特色的农村一二三产业融合发展道路

结合我国国情，总结借鉴国际国内产业融合的实践经验，现阶段我国农村一二三产业融合发展，在本质上是一个以农业为基础、农民就业增收为目标、农村为依托，以打通延长农业产业链与价值链为方向，以农业与关联行业间资本、技术、人才、市场、管理方式的交叉渗透和优化重组为途经，形成农村一二三产业高度一体化的新型农业产业形态的过程。推进农村一二三产业融合发展涉及领域广、时空跨度大、工作任务重、现成经验少，需要坚持统筹兼顾、突出重点，因地制宜、循序渐进，政府引导、市场主体，机制创新、试点先行等基本原则。当前，重点要在以下四个方面明确定位和要求。

（一）要明确融合的基点在农业

推进农村一二三产业融合发展，角度和途经很多，但对我国而言，必须强调和始终坚持一定要把农业作为基点，将促进农业持续稳定发展和农民务农就业增收作为根本的出发点和落脚点。我国是农业和人口大国，保障粮食等农产品基本供给始终是治国安邦的头等大事，农民收入问题始终是"三农"问题的核心。如果我们把农村一二三产业融合发展的基点放在农业以外的其他方面，最终可能会带动农业农村的发展，但也可能会侵害农业和农民的利益。屁股决定脑袋，站在不同位置就可能有与之相对应的不同的思维认知和行为结果。农业是弱势产业，农民是弱势群体，只有把农村一二三产业融合的基点从一开始就明确放在农业上，始终把农业和农民放在突出位置，融合的方向才不容易出现大的偏差。

（二）要明确融合的关键在农产品加工业及休闲农业

除了农业以外，在二三产业所关联的各种业态中，能够对农村一二三产业融合发展发挥积极作用的很多，比如，科技、信息、市场等服务行业，以及工业企业等，但面对众多选项，我们需要坚持突出重点、有所为有所不为，优先抓住抓牢最重要的方面。客观分析，科技信息等服务行业进入农业，更多体现于对农业的支撑手段，起到的主要是辅助作用；工业企业进入农业，虽然会带来资金、管理等优势，但也相对存在着专业性不够强、感情疏离、与农逐利等问题。与上述二者不同的是，农产品加工业在农村一二三产业融合中，不仅具备一定的资本条件，还有着其他行业所不具备的天然优势。一方面，农产品加工业本身就一头连着加工原料生产、一头连着加工产品市场销售，在农村一二三产业融合发展中不仅处在前延后展的便利位置，而且具有一二三产业融合发展的内生动力。也就是说，融合一二三产业发展农产品加工业既有天然优势，

也本身就是它的天性。事实上，越来越多的农产品加工企业大力自建原料基地和市场网络，早已是一二三产业的融合体。另一方面，大部分农产品加工企业从业时间较长，对农业既具有深厚的感情，也具有专业的人才技术等积累，支持农业发展中更容易做到得心应手。加之我国农产品加工业规模庞大，2014年主营业务收入已超过 18 万亿元，总产值已是农业的 2.1 倍，成为举足轻重的部门，对农村乃至全国产业经济发展影响巨大，具有融合农村一二三产业的实力。这些情况表明，把农产品加工业定位为推进农村一二三产业融合发展最关键最重要的业态十分必要。此外，近年来休闲农业发展突飞猛进，且从诞生的第一天起就高度体现了一二三产业融合的理念，市场空间十分广阔，也是推进农村一二三产业融合值得高度重视和借力的重要业态。

（三）要明确融合的主体在新型经营体系

农村一二三产业融合发展，千家万户的农民都要行动起来，但由于我国农户经营规模狭小，特别是传统小农户很难在推进融合发展上发挥大的作用。从我国的实际出发，推进农村一二三产业融合发展，既要调动广大传统小农户的积极性，更要发挥新型农业经营主体的作用。目前，我国共有各类农产品加工企业 40 万家；各级农业产业化龙头企业 12 万家，其中省级以上 1 万家，国家级 1 245 家；农民专业合作社 100 万家左右，50 亩以上的规模化经营农户 317.6 万户。这些新型农业经营主体在不同领域实践着农村一二三产业融合发展的理念和要求，应在今后推进融合发展的过程中激发他们更大的活力，推动其发挥更大的生力军作用。

（四）要明确融合的保障是市场和政府两只手的共同作用

推进农村一二三产业融合发展，重在发挥市场机制和市场主体的作用，政府不能够包办，也无法包办。但是，在发挥市场决定性作用的同时，也要更好地发挥政府的作用。一是要加强规划引领。特别是在当前各方认识尚不尽统一、各地工作头绪尚不清晰的情况下，尤其需要通过规划等指导性文件统一思想、提高认识、明确原则方向和目标任务及措施。二是要加强示范引导。推进农村一二三产业融合发展，各地情况千差万别，在不同区域和不同行业及领域，通过总结发现树立一批融合发展的先进典型，加强宣传推广，促进由点到面发挥示范带动作用十分必要。三是要加强政策激励。研究制定针对性政策，对农村一二三产业融合发展做得好的地区和经营主体等，通过财政奖补、税收优惠、金融扶持、通报表彰等形式给予适当奖励，推动形成争先进、学先进、赶先进的良好氛围，构建起长效的农村一二三产业融合发展推进机制。

农村产业融合的现实意义与推进路径

党中央国务院高度重视农村一二三产业融合发展，自去年中央一号文件第一次提出这一理念后，又相继在党的十八届五中全会和今年的一号文件中进一步提出了要求，并于前不久以国务院办公厅文件专门印发了《关于推进农村一二三产业融合发展的指导意见》。深入贯彻落实中央精神，要求我们必须进一步提高认识，明确思路要求，实化工作举措。

一、推进农村一二三产业融合发展是当前解决"三农"问题的一剂良方

今年的中央一号文件在冒段部分有一句话："十二五"时期，是农业农村发展的又一个黄金期。的确，仅凭粮食十二连增、农民收入十二连快，我们就没有理由说它不是一个黄金期。但是，现在的问题在于，如何保持和延续这个黄金期？直白地说，当前农业农村发展至少有三个问题现实而紧迫地横在我们面前：第一，面对粮食库存连年积压、农产品低效利用、国际市场影响加深以及农业资源环境压力的持续加大，倒逼着我们必须加快推进农业的供给侧结构性改革，从根本上改变原有的增产模式。第二，面对宏观经济增速放缓、农民外出就业增收受阻和全面建成小康任务的迫近，倒逼着我们必须尽快找到农民增收的新潜能、新动力、新途径。第三，面对农村人口老龄化加重、劳动力转移、新生代农民越来越少，农村空心化趋势带来的经济社会矛盾更加突出，倒逼着我们必须尽快想办法引导资本、人才、技术等现代要素向农业农村回流。

针对这些挑战和要求，头疼医头、脚疼医脚不仅很费事，也终究不是根本性的办法。现有的一些实际情况和实践证明，推进农村一二三产业融合发展正是统筹解决问题的一把金钥匙。

（一）推进农村一二三产业融合发展为加大农业供给侧结构性改革找到了主攻方向

从供给侧分析，我国农业主要存在着生产投入成本高而产出效益低、部分品种产量增长快而库存消化慢、初级低端产品多而高级高端产品少、农业水土资源消耗过度而农产品资源循环高值梯次利用不够等突出矛盾。要化解这些矛

本文获"当好主力军　践行新理念　建功十三五"第三届中央国家机关公文写作技能大赛一等奖。

盾，推进农村一二三产业融合发展不失为一个有效的总抓手。比如，由于农村一二三产业融合不紧密，特别是具有天然融合农村一二三产业属性的加工业发展滞后，不仅使农业的产出效益低下，而且造成了大量农产品浪费，形成了一定的结构性过剩，无谓消耗和占用了有限的水土资源。据统计分析和专家测算：从节本增效看，经过加工后，粮油薯一般可增值 2～4 倍，畜牧水产品可增值 3～4 倍，果品蔬菜可增值 5～10 倍，而我国农产品生产出来后由于初加工不足每年造成的损失就高达 3 000 多亿元；从消化库存看，我国每年加工消耗的粮油原料超过库存的 2 倍，但目前我们的加工业产值和农业产值比仅为 2.2∶1，而发达国家一般为 3～4∶1，理论值为 8～9∶1，还有很大的提升空间；从生产供应高品质产品看，随着生活水平提高和工作节奏加快，人们的农产品消费需求结构快速升级，市场对于通过精深加工提供的便捷食品、休闲食品、营养保健食品等需求量大增；从高效利用农业和农产品资源看，我国秸秆、稻壳、米糠、果皮果渣、残次果、菜叶菜帮、动物骨血等农产品及加工副产物利用率平均不到 40%，随意丢弃腐烂变质或直接燃烧污染环境的约占 60%。如果把我国每年 8 亿吨的秸秆以 50% 作为能源加工利用，就相当于再建一个大庆油田（年产 4 000 万吨原油和 33 亿立方米天然气）；若把 30% 的秸秆和 70% 的粮油果菜副产物作为饲料，按照每亩生产干苜蓿 1 吨计，则相当于新增 5.8 亿亩土地，产值可达 7 500 亿元。由此可见，抓住了以农产品加工业为重点的农村一二三产业融合发展，无疑就是抓住了农业供给侧结构性改革的衣领子和牛鼻子。

（二）推进农村一二三产业融合发展为农民增收开辟了广阔空间

农民收入问题始终是"三农"问题的核心。21 世纪以来我国农民收入快速增长的主要动力是工资性收入，特别是外出务工收入。但是，经济发展进入新常态以后，这一动力明显减弱。其中，根据国家统计局数据显示，从去年开始，全国农村外出务工劳动力总量还一度呈现出了不增反降的趋势。在这一形势挑战面前，推进农村一二三产业融合发展，能够发挥休闲农业、新型农产品加工业和互联网＋农业等新业态新模式沟通工农城乡的作用，将拉长的农业产业链条细分出更多环节和空间，让农民不但分享农业的收益，还能分享加工流通和休闲旅游的收益，打造了农民就业增收与脱贫致富的新模式。以融合了农村一二三产业的农产品加工业和休闲农业为例，2015 年全国农产品加工业吸纳 3 000 多万人就业，其中 70% 以上是农民，全国农民人均收入 9% 以上来自农产品加工业的工资性收入，加上关联产业比重更大。据测算，农业与加工产值比值每增加 0.1 个点，就带动农民增收 193 元，每增加亿元加工营业收入可吸纳 96 人就业，明显高于工业；全国休闲农业经营主体 180 万家，年接待游客 11 亿人次，年营业收入 3 300 亿元，带动 3 000 多万农民就业增收。可以预见，今后一个时期，随着全面建成小康社会、城乡居民收入倍增，人们在农业和农产品及其加工制品方面新的消费需求还将不断形成，现代装备技术、生物技术和信息技术发展也必将不断催生农村新产业、新业态，顺势而为推进农村一二三产业融合发展不失为新形势下促进农民增收的一项战略选择。

（三）推进农村一二三产业融合发展为农村繁荣与和谐稳定提供了有效保障

在农村产业低效益的情况下，持续性资本技术流失和农民离乡离土的结果，必然是农村的凋敝和各种社会问题丛生。推进农村一二三产业融合发展，极大地拓展了农村的发展空间，增加了农村的就业容量，促进了农村产业效益的明显增长，必将有效吸引流失的资本和人才技术回流农业农村，进而吸引城市的工商资本和人才技术进入农业农村，促进农业发展、农村繁荣，缩小工农城乡差距。特别是农民在家门口打工挣钱，既增加了收入，又解决了农村劳动力流失和农村"三留守"等问题，必将更加有效地促进农村社会的和谐稳定。

二、推进农村一二三产业融合发展需要进一步把握思路要求和工作重点

从大的方面看，推进农村一二三产业融合发展，中央已经作出了一系列部署要求，但在实践层面如何举棋落子，如何突出核心目标、坚持正确方向、实化工作举措，依然是攸关融合发展效果的重大问题。

（一）明确目标思路

推进农村一二三产业融合发展要始终聚焦促进农民增收这一核心目标，以机制创新为动力，以推进农业供给侧结构性改革引导农业和粮食适度规模经营为着力点，以扩大合作制、股份合作制和股份制经营为主要组织形式，积极探索发展多种类型农村产业融合方式、培育多元融合主体、建立多形式利益共享机制和实现机制，延伸产业链，提升价值链，拓宽增收链，推动粮食等主要农产品生产、储藏、初加工、精深加工、综合利用、销售、餐饮、休闲旅游等一体化融合发展，建立现代农业产业体系、生产体系和经营体系，提高农业附加值，培育农村新业态，探索形成农民持续增收和精准扶贫、精准脱贫的新模式，让农民不仅从农业增效中获得收益，而且从二三产业发展的增值收益中分享利润。

（二）把握基本原则

一是坚持基在农业、利在农民、惠在农村的基本要求，始终把促进农业农村可持续发展和维护好、发展好农民利益作为根本出发点和落脚点。二是坚持因地制宜，分类指导，注重探索不同地区、不同产业融合模式。三是坚持市场导向，尊重农民意愿，强化利益联结，充分调动市场主体积极性，通过市场机

制发挥政策扶持对农村产业融合发展的引导作用。四是坚持改革创新，打破要素瓶颈制约和体制机制障碍，激发融合发展活力。五是坚持农业现代化与新型城镇化相衔接，与新农村建设协调推进，引导农村产业集聚发展。

（三）抓住工作重点

一是加强规划指导。抓紧做好《农产品加工业与农村一二三产业融合发展规划》等规划编制工作，形成比较完善的规划体系，为融合发展提供强有力的指导。二是加强政策创设。按照中央文件要求，积极实施农村产业融合发展试点工程，创建产业融合发展先导区，在财政税收、贷款融资、基本建设、用地用电等方面创设配套政策措施，促进融合主体发展壮大。三是加强创新服务。熟化推广一批农产品加工技术，应用新产品、创造新需求和新市场，为农业产业链延伸和产业范围拓展提供更多可实现的技术条件，在重点产区建立技术示范基地和新型推广模式。培育跨产业、懂技术、善管理的复合型人才，注重提高农民整合利用资源、参与融合发展的能力水平。加强全国性、地区性、专业特色性行业服务组织建设与功能完善，确保其与政府、市场的有效沟通与对接，为融合发展提供有力支撑。

三、多层次多领域开展试点示范是推进农村一二三产业融合发展的必由之路

我国地域广阔，各地实际情况差异很大，不同地区不同行业推进农村一二三产业融合发展，短时间内很难说必须走一条什么样的道路，按照中央部署积极开展先导性试点示范，通过点创新、线模仿、面推广，当属开放包容和稳妥务实之举。

（一）积极开展多层次试点示范

我国粮油生产核心区、经济作物生产优势区、养殖产品优势区、大中城市郊区及都市农业区、经济落后及贫困地区，不同区域推进农村一二三产业融合发展的重点方向不尽相同，而且不同行政层级所具备的调控手段和诉求也存在着很大差异。应鼓励各地以市、县、乡、村等不同层级为单元，选择有条件的地方率先探索，开展试点，积累总结经验，为其他地方不同层级的党委政府和有关基层组织推进工作提供借鉴。去年财政部和农业部在全国10个省开展了农村一二三产业融合试点，今年还将适当扩大试点，国家发改委、农业部等已明确提出要启动开展农村一二三产业融合发展先导区建设、实施"百县千乡万村"试点工程，都属于这种考虑。各地也都可以在自己职能范围内开展类似的试点工作。

（二）积极开展多主体试点示范

农民合作社、专业大户、家庭农场、农业企业和加工流通龙头企业等新型

经营主体，是农村一二三产业融合发展的主力军，发挥着主体作用。目前，这些新型经营主体已发展到250多万家，其中农民合作社153万家，农业产业化组织达到33.41万个，共计带动超过2亿农户。采取什么样的利益联结机制，通过什么样的政策扶持和项目支撑，怎么发挥这些主体在农村一二三产业融合发展中的重要带动作用，是开展农村一二三产业融合发展试点示范需要考虑的一个重点方向。在试点示范过程中，特别要支持那些能够让农户分享二三产业利润的经营主体。要引导企业、合作社和农户将长期形成的订单关系、契约关系固定下来，并在此基础上引导企业向农户和新型经营主体注资，农户向农民合作社和企业注资或以土地经营权入股，采用"保底收益＋按股分红"等方式，让农民分享农业全产业链全价值链增值收益。

（三）积极开展多领域试点示范

一是农业生产领域。目前我国粮油产品、果蔬产品、畜产品、水产品、特色农产品都在不同程度地融合发展，其中粮油类产品融合度需要进一步提升，下一步重点要通过在粮油类和特色农产品类试点示范，特别是推进粮油类产业产加销环节融合发展，提高生产者收益。二是休闲农业和乡村旅游领域。目前这一行业发展较快，但公共服务产品的供给明显滞后，下一步要加大对休闲农业和乡村旅游基础设施和公共服务平台建设的支持力度，积极引导农民参与开发农业的生态涵养、文化传承、教育科普、养生养老等多功能性，打造农业与文化生态休闲旅游融合发展新业态。三是农村电子商务领域。我国农产品电商总数达到3.1万家，涉农电子商务交易额15万亿元，但不同地方不同行业对电子商务的应用还很不平衡，下一步要大力引导企业将"大数据"和"互联网＋"等新一代信息技术向农业生产、经营、服务领域渗透，积极发展农村电子商务、农商直供、产地直销、食物短链、社区支农、中央厨房、会员配送、个性化定制等新型经营模式。

（四）积极开展多政策试点示范

开展农村一二三产业融合发展试点示范，政府对试点示范区总要配套给予一定的扶持政策，不同主体、不同地区对于不同政策工具的需求和敏感性不同，这就需要在试点政策的选择和应用上要实事求是，因地制宜，不搞一刀切，赋予基层更多的自主权，允许综合运用和灵活选择贷款贴息、项目投资、转移支付、财政奖补等多个政策工具。

做强现代农业建设新引擎

——对大力发展农产品加工业的思考与建议

经过多年努力，我国现代农业建设取得了很大进展，发展潜力和空间得到了较为充分的挖掘；但是，也必须看到，当前，依靠传统支持手段已难以更加有效地激发农业发展动力，同步推进工业化、信息化、城镇化与农业现代化，加快补齐"四化"中农业现代化这块短板，必须积极创新思路和发展战略，高度重视和充分发挥农产品加工业对现代农业建设的带动作用。

一、我国现代农业建设面临三重边际效应递减，亟须探索和打造发展新引擎

邓小平同志说：农业发展一靠政策、二靠投入、三靠科技。这一论述十分精辟。事实上，改革开放后我国农业发展能够取得举世瞩目的成绩，主要靠的就是这三件法宝；今后推进农业现代化与工业化、信息化、城镇化同步发展，依然离不开这三件法宝。但问题在于，随着时代的变化，这三件法宝的效果已今非昔比，我国现代农业建设正面临着三重边际效应递减的困境。

（一）传统科技边际效应递减

19世纪化肥农药的发明与使用为世界农业生产带来了革命性的变化，农作物产量实现了快速增长。新中国成立特别是改革开放以来，我国成功解决了人民的吃饭问题，用不足全球9％的耕地，养活了占世界约21％的人口，而且到2013年已经保持了粮食连续10年增产，为全国经济增长和社会稳定提供了重要保障。伴随着粮食增产，化肥、农药的使用量也不断增加。据专家分析，当前每生产一吨谷物大约需要消耗至少20~30千克氮素，要保持粮食高产，就必须向土壤中补充氮素及其他营养元素。统计表明，过去30多年间，我国化肥用量约占全球总量的35％，且呈现用量逐年增长、增产贡献却逐年下降的趋势。据吉林省统计局年报显示，1984—2010年，该省粮食年产量从1 000万吨跃升到2 500万吨，而年化肥使用量（折纯）从50万吨左右增加到了500

本文原载于农业部办公厅部长办公室综合调研材料［2014］4号、2014年5月7日《农民日报》、2014年5月8日求是理论网、2014年第7期《世界农业》杂志，获评2013年度农业部局级干部理论学习优秀论文。

万吨左右，增幅达 10 倍。据基层农技人员介绍，十年前，一些地方肥料、粮食投入产出比为 1：5，即增加 1 块钱的肥料投入可以增产 5 块钱的粮食，但现在这一比例已经降到 1：1 甚至更低，目前农作物生长对化肥形成了依赖，施用化肥保持产量的意义远大于增产。

（二）扶持政策边际效应递减

改革开放以来，中央出台的农业政策很多，给人们印象最为深刻的大概有四项：一是土地承包政策，极大地解放了农业生产力。二是取消农产品统购统销政策，极大地激发了农产品市场活力。三是取消农业税政策，极大地减轻了农民负担。四是启动一系列农业补贴补助政策，实现了从"取"到"予"的重大转变。应该说，这些政策的作用都是重大而持久的，都具有里程碑式的重要意义。但是深入分析可以发现，这些政策的效力实际上是一个比一个弱化。前两项大的政策中央都没有拿出钱来，但发挥了非常大的作用；后两项政策国家减了很大一块收入，进而拿出了很大一笔支出，但比较而言，效果和影响都没有前两项大。并且，四项政策自己与自己相比，每一项都是刚出来时作用最为明显，此后随着时间的推移，效用逐步减弱。同时，这些情况也表明，传统和常态化的农业政策空间越来越小，可供选择的政策工具越来越少。

（三）资源投入边际效应递减

据统计，2004 年以来，我国粮食产量连年增长，除了单产贡献以外，扩大面积对增产的贡献依然高达 40％ 以上。为了保证粮食安全，全国挤压了大量的杂粮杂豆等其他作物的种植面积，并不断提高了粮食作物的复种指数，几乎能够播种和复种粮食的耕地都得到了充分利用。但是，从发展趋势看，继续依靠扩大水土资源投入增加农作物总产量已经越来越难以为继，且投入效益越来越差。一方面，全国农业用地刚性减少，年均流失约 1 000 万亩，且大多为良田；另一方面，耕地质量下降明显，耕地负载逐年加大，区域性退化日趋严重。据全国耕地质量监测结果显示，目前东北黑土区耕地土壤有机质每千克平均含量 26.7 克，与 30 年前相比降幅达 31％，黑土层已由开垦初期的 80 厘米至 100 厘米下降到 20 厘米至 30 厘米，很多地方已露出黄土。同时，南方土壤酸化、华北耕层变浅、西北耕地盐渍化等土壤退化问题日益突出。与此同时，北方地区地下水资源透支严重，全国农田年受旱面积达到 3 亿亩以上。基于这些现实，未来我国依赖增加农业水土资源投入提高作物产量的空间已十分狭小，而且即使能够通过土地整理、复种等措施勉强增加，新增单位水土资源投入的效益也大不如前，其对农作物增产的贡献日益有限。

面对上述三重边际效应递减，立足于实现更高更快发展，要求我们既要保持原有政策、科技、投入支持力度只增不减，继续高度重视生产环节，稳定发展基础，确保生产不停滞、不滑坡，也要摒弃单纯抓生产的思维定式，尽快推动发展思路与发展战略转型，为我国现代农业建设寻找新出路，打造新引擎。

二、站在全局和战略高度，深刻认识大力发展农产品加工业的极端重要性

大力发展农产品加工业是我国加快建设现代农业的必然选择和根本出路。

（一）从现代农业的内涵看，农产品加工业是现代农业的重要内容和核心环节

什么是现代农业？国内外各方面有很多讨论，但到目前为止还没有统一的概念。国内外学界比较普遍的定义是：现代农业是以科技进步为主要增长动力，低投入高产出高效益集约化经营的持续发展农业。还有很多学者对现代农业的发展阶段、模式、类型进行了这样那样的研究总结。比如，国外现代农业主要有三种模式，即以美国为代表的规模化、机械化、高技术化模式，以日本、以色列等国为代表的资源节约和资本技术密集型模式，以及以法国、荷兰为代表的生产集约加机械技术的复合型模式。国内如浙江的两区建设模式（粮食生产功能区、现代农业园区），黑龙江农垦的现代化大农业模式，北京、上海、武汉等大城市郊区的都市现代农业模式等。有的还提出了一系列现代农业发展评价指标体系。这些研究都很有意义，但总体上都没有打破习惯性的思维认识，仍然把建设现代农业局限于第一产业。事实上，现代农业绝不仅仅局限于传统意义上的第一产业，更不仅仅局限于生产环节。2007年中央1号文件以"六个用"来论述现代农业：用现代物质条件装备农业，用现代科学技术改造农业，用现代产业体系提升农业，用现代经营方式推进农业，用现代发展理念引领农业，用培养新型农民发展农业。应该说，用这"六个用"来界定现代农业的内涵是比较准确和全面的，其中"用现代产业体系提升农业"尤其是一个认识上的突破。何谓现代农业产业体系？简单说，就是横向上的现代种养业，纵向上的现代农产品加工和营销服务业，其中现代农产品加工业恰好是现代农业中现代种养业和现代农产品营销服务业的枢纽，发挥着上游联生产、下游联市场、双向促动的重要作用，是农业现代化的动力装置与核心环节。

（二）从发达国家的实践看，世界农业强国首先是农产品加工业强国

发达国家在现代工业体系支撑和政策支持下，现代农产品加工业发展比较成熟，不仅带动了农业现代化，而且成为国民经济的重要组成部分，农产品加工业产值与农业总产值之比一般为3：1强，在经济社会发展中发挥着举足轻重的作用。比如，美国通过积极发展农产品加工业，有效提高了农产品的附加值和国际竞争力，每年大约2/3的农产品用于出口，是六大主要出口产业之一。法国具有高度发达的农产品加工业，是世界最大的食品工业出口国，也是仅次于美国的世界第二大农产品出口国，农产品加工业产值多年来一直保持了较快增长，加工业产值占工业产值的比重，以及从业人数占工业从业人数的比

重均在 20％左右，成为工业中发展最快、盈利和解决就业最多的行业。法国汽车工业闻名于世，但近 10 年来其食品和饮料工业的增加值是汽车工业的 2.9 倍。荷兰农产品加工业在国民经济中占有重要地位，仅食品工业就占工业总产值的 25％左右，农产品加工成为荷兰实现农业增值的主要途径。此外，与我国国情相近的日本虽然谈不上是农业强国，但其依靠进口原料发展农产品加工，也同样形成了很大的产业规模。日本农产品加工业以食品加工为主，全国除 20％的生鲜食品外，消费的农产品大多经过加工，其中食品加工业的销售收入占整个制造业的 12％，是仅次于运输机电和电汽机械的第三大产业。世界发达国家的实践表明，农产品加工业发展水平是衡量一个国家农业现代化程度的重要标志，农业强大的突出表现是农产品加工能力强大，没有发达的农产品加工业就没有发达的现代农业。

（三）从我国特殊的国情看，大力发展农产品加工业比世界其他任何国家都更加具有必要性和迫切性

我国人口众多、水土资源短缺、人均耕地狭小，与世界其他国家相比，建设现代农业更加需要大力发展农产品加工业。

——大力发展农产品加工业，是改变我国农户生产比较效益低下、提高农业收入和生产者积极性的迫切需要。大力发展农产品加工业，既可以直接实现农产品转化增值和农民就业增收，也能够有效增加原料需求，从而提高农产品原料价格，增加生产经营收入，调动生产者积极性。据测算，我国农产品加工业与农业总产值之比每增加 0.1 个百分点，可带动农民人均增收 193 元。我国农民户均经营耕地面积不足 10 亩，相当于欧盟的 1/40，美国的 1/400，即使是与我国国情相近的日本、韩国，户均经营规模也是我们的 2～3 倍。正是由于户均经营耕地面积大，发达国家农业生产多凭借于规模效益，农产品进入市场多善于打价格战，而我国在分散小规模农户经营的背景下，要有效保护和调动农业生产者积极性，既要在生产环节实行普惠、有限的政策扶持，更要注重向加工环节要效益；否则，农业生产经营收益将很难实现明显提高，农业领域将难以留住和吸引必要的资金、技术、人才等现代要素，建设现代农业将面临主体弱化甚至缺位的危险。

——大力发展农产品加工业，是缓解我国资源环境约束趋紧、实现农业可持续发展的迫切需要。第六次全国人口普查结果显示，到 2010 年底我国总人口 13.4 亿，十年增加 7 390 万人。城市人口增加 2 亿多，还有 2 亿多农民工由农产品生产者变为消费者，粮食供求格局发生重大变化。为了保障有效供给，全国农产品进口不断增加，化肥、农药施用量居高不下，并不断提高了农作物复种比重。研究显示，2007 年与 1996 年相比，全国复种指数上升 13.1 个百分点，相当于在 1996 年复种指数基础上增加了 2.04 亿亩播种面积。2012 年和 2013 年我国粮食产量先后实现"九连增""十连增"，但同期粮食进口也连续攀上了

7 000 万吨和 8 000 万吨（大豆占 70％ 多）两大高峰，按国内单产折算，约相当于 7 亿亩的产出。同时，我国水资源严重短缺，人均占有量仅为世界的 24％，且 80％ 集中分布于长江流域以南，全国农田年灌溉用水缺口达 300 多亿立方米。未来我国人增地减和农业水土资源短缺的趋势不会改变。然而，就是在这种情况下，全国却因为农产品加工业发展滞后，导致了农业资源的大量浪费与损失。根据抽样调查测算，我国粮食、马铃薯、水果和蔬菜的产后损失率分别高达 7％～11％、15％～20％、15％～20％ 和 20％～25％，即每年产后约损失粮食 2 500 万吨、马铃薯 1 100 万吨、水果 2 200 万吨、蔬菜 1.4 亿吨，直接经济损失 3 000 多亿元，相当于 1.5 亿亩耕地的投入和产出被浪费掉。此外，全国每年还有上亿吨的稻壳、米糠、麦麸、蔗渣、禽畜骨血等农产品副产物没有得到高质化利用，不少甚至成为环境污染的源头。这些资源如果通过加工转化，将使我国紧绷的农业资源环境压力得到舒缓，促进农业可持续发展。

——大力发展农产品加工业，是推进农业生产专业化、标准化、规模化和集约化的迫切需要。我国小农户点多、面广、量大，在家庭承包经营的体制下，如果没有很好的利益联结机制，将很难实现农业生产的专业化、标准化、规模化和集约化。同时，过度分散经营也导致农业在生产环节质量监管难度极大，一些生产者受利益驱使不惜掺杂使假和使用有毒有害物质，导致"毒韭菜"等农产品质量安全事件时有发生。而农产品加工由于可以把农业产前、产中、产后各环节紧密连接在一起，对原料有较为稳定和集中的需求，且加工产品一般具有明确的可追溯性，加工企业为了保证产品质量和经营稳定，必然不断加大投入力度，在加工原料的专业化、标准化、规模化和集约化生产供应上提出明确要求，实行规范和严格的管理。因此，大力发展农产品加工业，对于保障农产品质量安全、促进农业生产方式转变、加快现代农业进程具有重要促进作用。

（四）从经济社会发展规律看，当前我国加快推进农产品加工业发展正逢其时

根据国际经验，当一个国家或地区人均 GDP 超过 1 000 美元时，市场对农产品的需求开始明显由消费原产品解决衣食温饱向消费加工品提高生活品质转变，并出现农产品加工业产值和农业产值比重变化的拐点；人均 GDP 超过 3 000 美元时，农产品加工业开始进一步加快发展阶段，并在经济总量上明显超越传统种养业；人均 GDP 超过 5 000 美元后，农产品加工业进入高速发展阶段，并将在国民经济总量中逐步占据举足轻重的地位。统计显示，我国人均 GDP 于 2003 年、2008 年、2011 年分别超过 1 000 美元、3 000 美元和 5 000 美元，2012 年进一步突破 6 000 美元；在此期间，我国农产品加工业快速发展，2012 年总产值达 16.6 万亿元，十年间年均增长超过 20％，农产品加工业总产值与农业总产值之比由 2003 年的 0.9：1 提高到 2012 年的 1.9：1。这些情况既印证了国际经验，也表明我国已进入农产品加工业高速发展的历史阶段，大力发展农产品加工业不仅有利于加快推进现代农业建设，而且也是顺应整个社会发展形势和经济发展规律的必然要求。

三、强化顶层设计和支撑保障，大力推进农产品加工业健康快速发展

近年来，虽然我国农产品加工业保持了高速增长，但发展水平依然很低，加工技术、装备等仍总体落后于发达国家 10～20 年，农产品加工业产值与农业产值比仅为发达国家的 50％左右，政策、体制、技术等瓶颈制约问题突出。下一步，应按照遵循规律、抢抓机遇、抓住关键、强化政策的原则思路，把加快推进农产品加工业发展作为一项重大战略部署摆到突出位置，切实加强顶层设计和各种支撑保障。

（一）加强规划引领，构建以"一总三分"为主要内容的农产品加工业发展规划体系

年初召开的全国农产品加工业会议立足当前、放眼长远，提出了一系列发展思路，具有重要里程碑意义。但是，总体而言，由于多年以来管理体制和工作手段等多种条件的限制，目前我国农产品加工业发展的顶层设计还很不到位，甚至一些方面还存在着底数不清、方向不明的问题，亟待在深入调查研究摸清情况的前提下，在宏观层面加强战略谋划。特别是要加强规划编制和实施，构建以全国农产品加工业发展总体规划和初加工、精深加工、副产物综合利用等三个分规划为主要内容，以加工技术集成基地建设规划等为重要补充的完善的规划体系，分别明确发展的指导思想、形势任务、目标方向、产业布局、战略重点和保障措施，为行业发展描绘出清晰的路线图，发挥指向明确、稳定有力的引领作用。

（二）加强政策创设，构建"一主多元"的农产品加工业政策支持框架

研究制定促进农产品加工业健康快速发展的综合政策意见，明确农产品加工业的战略地位和作用，以财税政策为主要支持手段，通过补贴补助、减税降息、直接投资等办法，充分发挥其支撑带动和杠杆调节作用，引导金融和社会资本等多种力量进入和支持农产品加工业发展，鼓励和调动多种主体积极参与和投身于农产品加工业发展。以增强针对性、精准性、实效性、科学性为目标，深入组织开展专题研究，认真借鉴国际经验，总结推广各地成功做法，对农产品初加工、精深加工、副产物综合利用等重要领域，对重大共性关键技术研发应用、专用加工原料基地建设、先进节能环保型加工装备研究推广、优质优势特色农产品加工品牌建设等重要环节，加强政策谋划与储备，分别调研提出和制定实施专项扶持政策，积极推动建立具有中国特色的农产品加工业扶持

政策框架体系，为行业发展发挥重要支撑作用。

（三）加强机构职能，构建统一完善、运转有力的农产品加工业管理体制

针对全国农产品加工业管理机构小、散、弱等突出问题，结合新一轮机构改革，按照"三统一、三确定"，即统一名称、统一隶属、统一任务，确定职责、确定岗位、确定人员的基本思路要求，引导全国各地切实加强农产品加工业行业管理机构建设，进一步建立完善管理体系，调整充实人员队伍，理顺职责关系，形成上下贯通、有人干事、有章理事、有手段办事、反应灵敏、服务到位、落实有力的行业管理架构，为农产品加工业发展打牢工作基础，提供强有力的组织保障，确保管理和服务双提高、双到位。

"三农"视角下的新型城镇化战略

党的十八大以来，中央把推进城镇化放在更加突出的位置，做出了一系列安排部署，强调要走集约、智能、绿色、低碳的新型城镇化道路。在新一轮城镇化发展大幕开启之际，必须看到，要成功打造升级版的城镇化，避免出现偏差和畸形，一定要把更多的问题放在"三农"的视角下去审视和谋划，切实把城镇化发展与"三农"工作更多地捆绑在一起统筹考虑，科学协调地加以推进。

一、我国城镇化发展需要在认识上有更多的"三农"视角

首先，城镇化不能脱离"三农"大国的特殊国情。纵观国际社会，世界发达国家都经历了一个城镇化过程。比如，英国自 1800 年开启了城镇化之路，经过 100 年的发展，城镇化率由 26％提高到 75％；美国从 1890 年开始，大约用了 80 年时间，城镇化率由 35.1％提高到 73.6％。发达国家的城镇化率基本都在 75％以上，相当一些国家由于资源丰富、农村人口本来较少，在推进城镇化过程中大多走的是一条财政高投入、大量占用土地和转移农村劳动力的道路。尽管我国与世界发达国家在推进城镇化的目标和方向上存在一致性，但这绝不表明路径选择的一致性。作为尚不发达的国家和"三农"大国，我国的城镇化不仅要考虑在资金、土地、劳动力等要素投入上不能照搬发达国家，而且更要预见到不考虑"三农"实际照搬发达国家做法将会出现的严重后果，决不能不顾我国国情特别是"三农"实际，片面和孤立地就城镇化论城镇化。最近，李克强总理在调研时鲜明提出要以农业现代化支撑新型城镇化，就是一个十分新颖的重要观点，体现了城镇化与"三农"发展的密切关系和一个新的战略定位。

其次，要充分肯定城镇化对"三农"发展所带来的红利。新世纪以来，我国城镇化率年均增长 1.2 个百分点，2012 年达到 52.57％。据统计，城镇化率每提高 1 个百分点，可直接拉动 GDP 增长 1.5 个百分点。每增加一个城镇人

本文原载于 2013 年 4 月 17 日《中国经济时报》、2013 年 4 月 29 日《农民日报》，获评 2012 年度农业部司局级干部理论学习优秀论文。2013 年 1 月，有权威报道称，全国城镇化工作会议正在积极筹备，城镇化发展规划已经编制完成，即将对外发布。本文在此背景下应急起草完成，呼吁新型城镇化应更多考虑"三农"问题，发表后被政府网站大量转载。事实上，国家新型城镇化规划发布时间一再推迟，直至 2014 年 3 月 16 日正式公布。

口，可带动 10 万元的建设投资。我国每年有 1 000 万人由农村人口转变为城市人口，这些人进入城市后，需要就业、消费。"目前我国城镇居民收入是农村居民收入的 3.1 倍左右，人均消费也是农村居民的 3.1 倍左右，如果一个农民成为城市居民，收入和消费至少将扩大到 3 倍以上"（李克强）。正是由于城镇化的这些积极因素的存在，使得我国经济实力和社会消费能力不断增强，"三农"投入快速增长，农业发展和农民就业增收空间不断扩大。2003—2012年，中央财政"三农"投入累计超过 6 万亿元，2013 年安排"三农"支出 13 799 亿元，而 2003 年仅为 2 144 亿元，年均增长超过 21%，绝对数增加达 1.17 万亿元。农业功能拓展，农产品需求旺盛，农民收入快速增长。2012 年全国农民工数量突破 2.6 亿人，农民人均工资性收入 3 444 元，占年收入的比重达到 43.5%，并且在农民收入构成因素中，工资性收入对农民增收的贡献连续多年保持首位。

其三，必须高度关注城镇化所带来的新的"三农"问题。城镇化快速推进，在带来城市繁荣和经济社会快速发展的同时，也引发了一系列新的经济和社会问题，其中比较深层次的问题都与"三农"密切相关。一方面，从经济角度看，新的"剪刀差"导致城乡居民收入差距一度扩大。2012 年，我国城镇居民人均可支配收入为 24 565 元，而农村居民人均纯收入为 7 917 元，前者是后者的 3.1 倍；基尼系数为 0.474，已连续十年明显高于国际警戒线。导致城乡收入差距扩大的根本原因是新的"剪刀差"的出现。据分析，在 1950—1978 年的 29 年中，政府通过工农产品"剪刀差"大约取得了 5 100 亿元收入。现在，不仅工农产品价值不等量交换依然突出，而且在用工报酬上也差距悬殊。根据人力资源和社会保障部数据测算，目前农民工月均工资水平约为城镇职工的 30%，如果按照全国 2.6 亿农民工每人每月工资比城镇职工少 4 000 元计算，全国农民工一个月就少收入一万亿元以上。很明显，农民承受的这一"剪刀差"已经远比农产品价格"剪刀差"更为庞大和惊人。况且，这里还没有考虑农民因为城乡公共投入与保障差距而被"吃掉"的一块收入。另一方面，从社会角度看，数以亿计的农民工在城里打工却无法成为永久的市民，"留守儿童""留守妇女""空巢老人""临时夫妻"等大量社会问题不断出现。这些问题由于涉及人口和家庭众多，并且影响几代人，一旦经过一个从量变到质变的过程集中暴发，危害将极其巨大、深远。

二、只有坚持"三农"视角，才能防止城镇化严重偏差

城镇化是一个国家和地区发达程度的重要标志，是实现现代化的必由之路和重要体现。中央提出推进新型城镇化是当前在外需疲软背景下保持经济较快发展的战略选择，也是纠正原来城镇化发展出现的矛盾和问题的重要举措。大

量事实证明，在中国，任何一项牵动全局的重大决策，如果不统筹考虑好"三农"问题，效果必然大打折扣，甚至走上弯路和歧途；相反，则能够取得良好成效。从"三农"角度统筹考虑，推进新型城镇化重点要防止以下偏差。

一是要防止一味的大城市化。在推进城镇化过程中，发展大城市是必要的，但过度发展大城市不仅会带来交通堵塞、环境污染、资源紧张、治安混乱等严重的"城市病"，而且大量农民工远离故土，受情感、经济条件、管理体制等因素制约，最终很难真正融入大城市。国家统计局 2012 年统计数据表明，农民工总量的 65.4% 集中在东部地区，其中外出农民工的 64.7% 集中在地级市以上城市。据有关机构对北京、上海、广州、杭州、深圳五个打工城市农民工进行的财富调查，在这些大城市的农民工除了将近 10% 的人自己购买了住房外，自主经营者中绝大多数仍然是租房状态，难以就地长期扎根。由于大城市人口密度过大，超过了政府管理组织能力，严重降低了城市人口的生活质量和幸福指数，城市入学难、看病难、行路难等问题集中暴发。最近一段时期社会普遍关注的北京雾霾问题，就是大自然对于大城市过度发展污染环境的一次报复。同时，大量农村青壮年劳动力和待业青年向大中城市涌去，不仅降低了农村家庭的生活质量、幸福指数，也使农村高技能劳动力极度缺乏，对现代农业发展带来不利影响。

二要防止耕地被大量占用。"分税制"改革后，地方政府财权与事权不相匹配，特别是在城市建设方面，受地方财力限制，各地普遍设立城投企业，政府通过重新配置土地资源，经城建企业配套基础设施后，土地实现大幅度增值，由此产生了土地财政、土地红利，激发了地方政府和工商企业占用耕地的强烈冲动。伴随着城镇化发展，全国城市周边的大量耕地被占用，其中2000—2010 年，有超过 1 亿亩耕地被征收后用来搞城市建设和发展工业园区。这里还值得一提的是，世界一些耕地资源紧张的国家，城市很多建设在山坡、沙漠等非耕地上，而我国城市建设不仅大量占用耕地，而且占用的基本上都是最好的良田。作为一个拥有超过 13 亿人口的大国，我国以不到世界 9% 的耕地，养活了世界 21% 左右的人口，这是对世界的巨大贡献。正因为如此，我们必须像保护命根子一样保护好耕地资源，坚决防止和纠正以城镇化之名肆意占用耕地、侵犯农民权益、危害粮食安全的错误行为。

三要防止城市建设空心化。从世界发达国家城镇化道路来看，城镇化需要有坚实的产业和实体经济作为支撑。美国的许多城市和小城镇都是围绕企业发展起来的，如西雅图的林顿镇是因为波音公司而出名；硅谷是因为高科技企业云集而出名；纽约是因为商业、金融、娱乐和文化而出名。当然，反面教训也很深刻，如拉美国家大力开展城市化建设，而进城农民却无业可就，形成了"拉美城市化陷阱"。与国外情况相比，目前看，我国在这方面的情况总体上是好的，但也存在一些明显的问题和不良倾向。统计显示，1996 年以来，全国城镇建设用地面积增长速度是城镇化速度的 3 倍；2000—2009 年，全国城市建成区面积、建设用地面积分别增长了 69.8％和 75.1％。城市面积依赖土地面积增加而迅速扩大，但很多地方不注意提升城市内在功能，一味贪大求全，大搞城市建设形象工程，无限扩张城市规模，而没有产业支撑，形成"空心城市"，既浪费资源，又因为不能量力而为，政府形成大量负债，财政赤字严重，城市逐渐走向衰落，地方财政困难。由于城市建设没有产业带动，城镇化的蛋糕无法做大，也无法持续发展，最终农民贡献了土地，却难以在城镇经商和就业，永远失去了稳定的收入来源。

四要防止简单的农民市民化。在推进城镇化过程中，一些地方热衷于动员农民"土地换社保"，实际上这并没有彻底解决农民的后顾之忧，农民因创业无门而致贫返贫的问题突出。就目前全国各地的改革试点来看，所谓的"土地换社保"，换给农民的只是一部分保障或者浅层次低水平的保障，并非是完全保障。具体讲，农民用土地"购买"到的社保，大多数是单一的养老保险，而且保障水平不高。换社保后，失去土地的农民不仅往往无所事事，找不到出路，而且也失去了原有的退路。还有一些地方，说起城镇化，动的脑子就是如何赶农民"上楼、进城"，组织农民集资建设农村新社区，以此加重农民负担，剥夺农民的宅基地，完全不考虑农民的传统习惯，并对乡村文化造成了一定程度的破坏，让一些有历史文化价值的古村落、古民居、古街道等得不到妥善保护，一些乡村文物建筑和历史街区也将受到不同程度的损毁甚至消失。

以上问题，都需要在推进新型城镇化建设中切实加以预防和纠正。

三、"三农"视角下推进城镇化需要突出的几个战略重点

针对存在的突出问题，从实现城镇化与"三农"事业互促互动、协调可持续发展出发，推进新型城镇化应突出以下重点。

（一）大力推进农村土地制度改革

完善《农村土地承包法》，进一步巩固农民对土地的承包经营权，并赋予进城农民灵活的土地政策，可以允许进城农民在一定期限内保留土地使用权，切实解除农民进城的后顾之忧。完善农村土地征收制度，大幅提高现有农村土地的征收补偿标准，更多地将土地收益让利于农民，让失地农民有更多的利益保障。

（二）扎实稳妥推进农民工市民化

按照"公平公正、分类推进、统筹规划、稳妥有序"的原则，充分考虑城市的承载能力，有步骤地放活户籍制度，逐步把符合条件的农民工转为居民，有序放开城镇的落户限制。积极推进城乡医疗、教育、就业、养老等各类社会保障制度改革，加快公共服务均等化步伐，让进城农民尽快融入城市居民行列，

让进城农民享受到城市居民一样的公平待遇，努力实现义务教育、就业服务、基本养老，基本医疗、保障性住房，覆盖城镇常住人口。严格防止和纠正、查处赶农民"进城、上楼"和违规置换、收回农民承包地、宅基地的行为。

（三）明确产业优先的城镇化发展导向

著名的经济学家缪尔达尔的城市发展积累因果理论认为，当城市发展到一定水平时，决定城市增长的不再是本地的资源禀赋，而是城市本身聚集资本、劳动力等生产要素的能力。因此，形成特色显明的产业体系，是支撑城镇化可持续发展的重要力量。一方面要进一步放活政策，鼓励微型企业、中小企业发展和个人创业，释放城市吸纳就业的潜能；另一方面要大力支持金融业、物流业、会展业、中介服务业、服务外包业等各类服务业态发展，并在发展过程中逐步形成清晰的产业特色，形成城市"名片"。并且，在推进城市产业发展中，要明确对因为城市建设失地农民给予更多的创业扶持。

（四）把发展小城镇作为重中之重

小城镇分布广泛，是城乡融合的桥梁，就在农民的"家门口"，大力发展小城镇对于提振农村需求，打破"城乡二元结构"，实现城乡发展一体化，解决"大城市病"和农民工大量外出引发的各种经济社会问题，都是一剂良方。2000年制定的"十五"计划就明确提出"走大中小城市和小城镇协调发展的道路"，但近十余年来，结果并非如此。我国小城镇人口占城镇人口比重最高时是上世纪90年代初，当时曾达到27%，约8 100万；到2010年，小城镇人口数量在增长，约1.38亿，但是占城镇总人口的比重却降到了20.7%。大部分小城镇基础设施滞后，普遍面临用地紧张、资金不足等难题。下一步，要以县城和建制乡镇为重点，加大小城镇公共建设财政投入，并制定优惠政策鼓励各类主体参与小城镇建设和发展。要合理划分生产区、生活区和商业区，充分利用已有设施和场地，布局建设与服务"三农"紧密结合、乡村气息浓厚的小城镇，并切实加强道路、绿化、环保、娱乐等服务设施建设，更多地吸纳当地农村居民入住，就近就地转移农村人口。

（五）切实加大"三农"投入和保护力度

按照现有的土地制度和比较效益，城镇化会对农业产生一定的挤出效应，城镇化水平的提高必然伴随着城市面积的扩张和耕地面积的减少，伴随着越来越多的农民失地和农村劳动力外出从事非农产业，如果没有高强度的投入支持和政策保护，必将使农民权益遭受严重破坏，会给国家粮食安全和现代农业发展等带来重大压力。反过来，如果"三农"出现大的问题，社会和谐稳定受到影响，城镇的消费需求得不到保障，城镇化发展也不可持续。为此，要进一步加大财政对"三农"的投入强度，引导社会资本更多地投入和支持农业农村发展，对耕地、水资源和农民权益实行更加严厉的保护。

城镇化三大课题待解

刘明国

农村城镇化，打破了"农村—农民，城市—市民"的格局，将农村经济社会发展推向一个崭新的阶段，开创了中国特色城市化道路。农村城镇化是转移农村富裕劳动力、建设现代农业、繁荣农村经济社会的必由之路，是实现工业反哺农业、城市支持农村的重要途径。按照十七大报告指明的农村城镇化发展战略及其技术路径，应当重点开展以下课题的研究：

规 划 研 究

规划是农村城镇化发展的先导和基础。制定科学合理的农村城镇化发展规划，可避免大量耕地的占用和浪费，要着眼于全面、协调、可持续发展，按照有利于工业产业聚集，有利于服务业成长，有利于增加农民收入，有利于农村劳动力转移的思路，增强城镇综合生产能力和经济辐射带动能力。农村城镇化规划研究，主要包括三个方面的内容：

一是研究农村城镇化合理布局。由于受行政区划影响，在客观上形成了"以乡建镇"的农村城镇化布局格局。这就给我国农业和农村经济、尤其是农村城镇化发展带来极其不利的影响：一是导致占用大量的土地资源，基础设施重复建设，资源浪费严重；二是导致企业聚集度低，企业集群难以形成，资源利用率低，企业成本高，进而竞争力不强；三是在较小的范围内，难以聚集足够的要素资源，即使改为"建制镇"，也难以发挥其聚集与辐射作用。因此，应当按照统筹城乡发展的要求，遵循推动城乡经济融合、产业联动、设施共享的原则，制定包括农村城镇化在内的城乡统一的发展规划。例如，苏州市按照以城市统筹农村的思路，把城市和农村作为一个整体来统一规划，调整城镇布局，确立了以苏州城为核心、5个县城镇为枢纽、20个左右的中心镇为基础的现代区域城市框架。把农村城镇化纳入整个城乡统筹发展规划，确定农村城镇化合理布局，这是一项复杂的、系统的研究工作，是各地政府推进农村城镇化健康发展必须研究的前期课题。

本文原载于 2008 年第 1 期《农村工作通讯》杂志。

二是研究镇区功能规划。要研究如何合理设置生产、生活、文化娱乐等区域，形成清晰的空间组合和合理的功能分区。要把工业区、商贸区、科教区作为重中之重，选准区位，定好位置，进行重点建设。

三是研究镇区产业发展规划。农村城镇化是企业空间集聚和产业集群形成的过程。企业空间集聚、产业集群化和城镇化是区域经济发展的两个重要路径，企业空间集聚、产业集聚是城镇化发展的支撑，城镇化是企业空间集聚、产业集聚的载体，二者的良性互动水平决定了区域经济发展水平。应当通过产业发展规划，引导小城镇实现企业空间集聚和产业集群化。一般而言，镇区产业有"乡镇工业主导型""贸易主导型""城郊型""风景旅游型"。各地要因地制宜，发挥资源禀赋、生产科技、名优品牌、市场营销等比较优势，把培育镇区主导产业作为重要课题全力推进。

土地政策改革研究

在推进农村城镇化进程中，许多城镇盲目外延，土地利用粗放现象严重。据测算，我国城市单位土地面积的平均容积率不到 0.3，建制镇还不到 0.2，城镇用地的平均产出水平同发达国家甚至是发展中国家相比都存在较大差距。有资料显示，我国县城人均用地是城市人均用地的 1.32 倍，建制镇和集镇人均用地是城市的 1.73 倍。另按多年资料测算，每增加一个城镇人口需要占用土地（就业和生活用地）80～90 平方米，而每增加一个农村人口需要占用的土地，南方在 100 平方米以上，北方在 160 平方米以上。根据 2003 年土地利用变更调整统计，全国耕地面积 18.51 亿亩，人均 1.45 亩，由于这几年土地在继续减少而人口还在增加，实际情况比这个数字还要少，中国成了世界上人均耕地最少的国家之一。有 6 个省（区）人均耕地远低于联合国组织确定的 0.86 亩的警戒线。随着人口增长和各种因素导致耕地减少，今后人均耕地还将进一步减少，人地矛盾更加突出。这就提出了农村城镇化中如何提高土地利用率和承载能力的课题。尽管改革开放以来，我国的城市人口密度一直在不断增加，但 2003 年也仅为每平方千米 847 人，超大城市仅为每平方千米 1 405 人，与国外的差距非常大，国外的大城市每平方千米的人口多数都在 3 000 人以上。虽然有统计口径问题，但差距却是非常明显的。因此，我国现有城市在提高人口容纳能力上还有很大的潜力，尤其是中小城市，人均占地比较大，人口密度小，应当说潜力更大。根据现阶段我国小城镇土地人口容积水平低的情况，应当构建以土地整理为基础的农村城镇化发展战略，实现 3 个集中（零散村庄向中心村和小城镇集中、乡镇企业向工业园区集中、耕地向中心生产区集中），优化城镇用地结构，实现土地集约使用，提高城镇质量，繁荣农村经济，实现城乡经济一体化。

在农村城镇化过程中，集约利用土地受到了国家前所未有的重视。问题的关键是如何建立集约利用土地的长效机制，也就是说让用地单位或个人能够自觉地或不得不考虑集约利用土地的问题，而各级政府的土地管理部门也能够把集约利用土地当成自己的神圣责任。要做到这一点，重点应该在六个方面下大力气：一是要改革土地管理制度，把建立科学的管理体制作为促进土地集约利用的前提。根据宪法，土地归国家和集体所有，但事实上谁是国家和集体的代表者，实践中却往往扯不清楚。应从根本上解决土地产权明晰化和所有权主体虚置问题。二是要强化规划的科学性、约束性、权威性。目前许多地方存在的部门批地管地、政出多门的现象，应形成统一、协调的土地管理秩序，从宏观上确保土地总量的动态平衡。土地的用途应通过科学的规划进行确定，而不能由行政长官来确定。规划修改应通过法定程序。三是要制定城镇、开发区、工业园区设立和用地标准。相当一部分城镇、开发区和工业园区规划规模太大、占地太多、土地粗放利用、侵害农民利益，甚至土地征用后长期"晒太阳"，造成巨大浪费。因此，应分级制定设立城镇、开发区和工业园区的规则和标准，并明确相应的地价。四是在城镇建设和房屋建筑的标准方面，要贯彻集约用地原则。不仅要加强宣传，统一认识，而且要在城市规划、城市建设以及城市建筑方面制定标准。要按照城市规模确定建筑密度指标、容积率指标，撤销园林化城市指标，禁止或限制在大城市、中等城市近郊占用耕地兴建别墅区、高尔夫球场。五是征收土地占用税，对土地撂荒和擅自改变用途者严厉惩罚。六是建立以促进集约利用土地为核心的行政管理体制。随着土地管理体制的改革，要建立与新体制相适应的以促进集约利用土地为核心、以用途管制为主要内容的新型土地管理体制。

梯度推进和区域发展战略研究

区域经济差异一直是区域经济学研究的核心问题之一，也是世界各国经济发展过程中的一个普遍性问题。结合农村城镇化的发展，经济增长极理论告诉我们：要在某一区域内形成增长极，首先要具备增长极形成的条件。同样，要在不发达的农村地区实现城镇化，必须具备有利于农村城镇化增长极形成的条件。在我国，农村城镇化的整体状况是东、中、西三大区域不平衡。形成这种局面，主要是资金、技术、人才、制度等有利于增长极形成的经济增长因素产生了不均衡的作用。为了解决这些问题，中央先后提出了西部大开发、振兴东北、中部崛起等战略。在推进农村城镇化的过程中，有关方面要在充分研究本地区实际情况的基础上选择最佳战略路径，使中央的政策在本地发挥出应有的乘数效应。

始终着眼于理论与实践的双重跨越

——对农业"三大战略、九大行动"的解读

总结回顾近年来的"三农"工作,给人的一个突出感受,就是无论在实践还是理论层面,都实现了重大的历史性跨越。作为国务院负责全国农业农村经济工作的综合职能部门,农业部在这两个跨越过程中肩负着重要使命,进行了一系列积极探索,取得了明显成绩。在此基础上,2005 年 12 月 28 日,杜青林部长代表农业部党组在全国农业工作会议上提出,"十一五"期间,要按照科学发展观的要求,紧紧围绕"三增"目标,实施"转变、拓展、提升"三大战略,启动实施"九大行动",引起了社会的高度关注。"三大战略、九大行动"的提出和实施,是科学发展观在农业农村经济工作上的具体化,是当前"三农"工作特别是农业农村经济工作理论的新发展,是对农业发展战略方向的总体把握和重点工作的统筹安排,必将推动农业农村经济工作的新跨越。

一、"三大战略、九大行动"提出和实施的重要意义

看待"三农"问题,最容易走的两个极端是估计不足和过分渲染。从事"三农"工作,最怕的两件事是找不准方向和抓不住重点。"三大战略、九大行动"从不同的层面回答了当前农业农村经济工作的重大认识和实践问题。

"三大战略、九大行动"的提出和实施,是落实十六届五中全会精神的重要举措。于 2005 年底召开的党的十六届五中全会,审议通过了《中共中央关于制定国民经济和社会发展第十一个五年规划的建议》(以下简称《建议》)。科学发展观是贯穿《建议》的一条主线。《建议》强调,要坚定不移地以科学发展观统领经济社会发展全局,坚持以人为本,转变发展观念、创新发展模式、提高发展质量,把经济社会发展切实转入全面协调可持续发展的轨道。建设社会主义新农村是《建议》的一大亮点。《建议》指出,"建设社会主义新农村是我国现代化进程中的重大历史任务。要按照生产发展、生活宽裕、乡风文明、村容整洁、管理民主的要求,坚持从各地实际出发,尊重农民意愿,扎实稳步推进新农村建设。"这是党中央根据当前我国经济社会发展形势,作出的

本文原载于 2006 年第 3 期《农村工作通讯》、2006 年第 10 期农业部办公厅部长办《综合调研材料》、2006 年 2 月 27 日《农民日报》(头版头条),获评农业部 2004—2006 年度农业好新闻二等奖。

加强"三农"工作的重大战略举措，是事关全面建设小康社会的重大战略任务，是解决"三农"问题的总题目，也是统领新时期"三农"工作的总目标、总思路和总抓手。良好的开头是成功的一半。"十一五"规划的开局之年，也是中央提出建设社会主义新农村的元年，在中央的大政方针已定的情况下，具体以什么样的思路和措施去抓好各项工作的落实，是各级党委政府和有关职能部门需要回答的重大而紧迫的问题。实现新目标，完成新任务，需要有新思路、新举措。"三大战略、九大行动"的提出和实施，是农业部在自身职能范围内全面、深入、具体贯彻中央全会精神的重大举措，深刻而又全面地体现了科学的农业发展观，体现了"十一五"时期农业和农村经济工作的总体要求。

"三大战略、九大行动"的提出和实施，是解决现实问题和应对形势挑战的必然选择。近年来，在中央一系列扶农惠农政策的强力推动下，"三农"工作出现了许多新的重大突破和积极的变化，尽管如此，促进粮食稳定发展、农民持续增收的长效机制尚未形成，农村社会事业发展滞后的局面尚未改变，一些长期困扰农业和农村经济发展的深层次结构性、体制性矛盾还远没有根本解决。同时，由于农村内外部环境和条件的变化，还不断出现许多新情况和新问题。总的看，农业农村发展面临很多挑战，仍处在艰难的爬坡过坎阶段。看待"三农"问题，最容易走的两个极端是估计不足和过分渲染。从事"三农"工作，最怕的两件事是找不准方向和抓不住重点。分析可以看出，"三大战略、九大行动"是从社会主义新农村建设的全局出发，着眼于丰富农业农村经济发展内涵、创新农业农村经济发展理念、开拓农业农村经济发展思路、破解农业农村经济发展难题而提出来的，既有很强的指导性，又有很强的操作性，是当前农业农村经济工作中解决现实问题和应对形势挑战的科学部署和正确选择，是深刻认识和准确把握农业农村发展变化的新趋势，与时俱进谋划农业农村经济工作的必然结果。

"三大战略、九大行动"的提出和实施，是"三农"工作理论创新和机制创新的客观要求。理论创新是社会发展与变革的先导，是农村改革与发展取得成功的一条重要经验。进入新世纪和新阶段以来，我国"三农"工作克服重重困难不断取得新成就。"三农"工作成绩的取得，最重要的原因还在于党和政府高度重视"三农"问题，不断完善和创新"三农"工作的理论，提供了有力的理论支持和政策保障。在此期间，中央先后做出了农业发展进入新阶段的重大判断，实行了"多予、少取、放活"的方针，实施了统筹城乡发展的方略，明确了"重中之重"的战略思想，提出了"两个趋向"的重要论断等，带动了一系列扶农惠农政策措施的出台。工作理论的创新通常伴随着工作机制的创新。在快速发展变化的新形势下，农业农村经济工作既要求在理论上有新突破，也要求在机制上有新变革。我国的农业补贴曾经一直补在流通环节、补在粮食企业，而现在的补贴方式发生了重大转变，农民成了直接受益者，取得了很好的效果。按照"三农"工作理论创新的要求，"转变、拓展、提升"三大战略，集中体现了农业部对农业农村经济发展规律、发展阶段和发展任务的科学把握，是新阶段新时期农业农村经济工作指导思想认识上的深化、发展和升华，具有丰富的理论内涵。按照"三农"工作机制创新的要求，"九大行动"目标明确，重点突出，改变运作方式，整合行政资源，打造了全新的农业农村经济工作平台，具有很强的操作性。"三大战略、九大行动"从不同的层面回答了当前农业农村经济工作的重大认识和实践问题，形成了新的工作理论和机制，为农业农村经济发展进一步奠定了良好的基础。

二、"三大战略"的本质内涵

就整体而言，"转变"的重点是思维，"拓展"的重点是空间，"提升"的重点是能力。在科学发展观的指导下，"转变、拓展、提升"三大战略对整个农业农村经济工作形成了一套较为完整的理论指导体系。

发展是硬道理，是党执政兴国的第一要务，也是化解"三农"难题的根本途径。发展观是关于发展的本质、目的、内涵和要求的总体看法和根本观点，是发展理论的核心内容。破解"三农"难题，首先必须以科学的发展观审视其问题，把握其规律，认识其特点，从而形成科学的解决"三农"问题的理论指导。以人为本、全面、协调、可持续的科学发展观，是"转变、拓展、提升"三大战略的核心内涵与本质体现。就整体而言，"转变"的重点是思维，"拓展"的重点是空间，"提升"的重点是能力。在科学发展观的指导下，"转变、拓展、提升"三大战略对整个农业农村经济工作形成了一套较为完整的理论指导体系。

"转变"战略：引领农业发展理念和发展方式大变革。农业增长方式转变的实质是看增长依靠大量的土地、劳动和物质投入，还是依靠科技含量、劳动力素质和信息资源利用的提高。进入新阶段后，我国农业发展取得了令人瞩目的成绩，但整体上传统农业的痕迹依然明显，人们发展农业的观念相对陈旧，农业结构不尽合理，资源紧缺且浪费和破坏严重，农民文化技能素质偏低，农村工作的方式方法落后，制约农业农村经济发展的体制性障碍未能打破等问题依然存在。目前，在我国人均耕地面积只有世界平均数的43%，人均水资源占有量只有世界平均水平的25%的情况下，由于不当的发展理念和生产方式导致的土壤退化、耕地锐减、水资源枯竭等问题仍在蔓延；一些发达国家化肥利用率达60%～70%，而我国只有30%～35%。化肥长期在高投入、低产出、低品质、低效益中运行，不仅使农业投入的边际报酬递减，而且使农业生态环境日益遭到破坏；自2001年底我国加入WTO以后，农业对外全面开放市场的壁垒基本消除。尤其是从2005年开始，中国农业在加入WTO谈判中争取的过渡期已经基本结束，加入 WTO 影响的滞后效应从 2006 年开始将日益显现。种种严峻形势表明，粗放型的农业增长方式，已经成为农业在新的发展阶段持续、健康、稳定增长的主要障碍，转变农业经济增长方式的任务非常紧迫。农业"转变"战略的目标指向就是要彻底扭转农业发展传统的路径依赖，推动农业农村经济发展理念与发展方式的根本变局。该战略强调，要重点加快农业农村经济增长方式转变，发展节约型、环保型农业，提高农业经济效益，不断增强农业农村经济发展的可持续性。并提出了转变农业发展理念，推进农业和农村经济结构转型，转变农业资源利用方式，加大农村富余劳动力转移，推进农业农村经济体制转轨，转变工作机制和方式等六个方面的具体要求。调整产业结构、转变经济增长方式是落实科学发展观的战略重点，也是"十一五"经济发展的主体。可见，无论从什么背景和原因分析，提出和实施农业"转变"战略的意义都十分重大。

"拓展"战略：开辟农业发展领域和发展途径新天地。通过拓展农业发展领域、途径和功能，构建农业产业链条和产业体系，开拓农产品市场，从而拓宽农民增收渠道，不断提高农村产业发展和农民持续增收水平，是"拓展"战略所提出的主要思路。用这一思路对待和解决农业农村经济问题，不仅具有全局和长远的战略价值，而且在客观上相对具有立竿见影的即时效应。首先，农业具有多功能性，拓展农业功能既是进一步提高农业战略地位的需要，又是缓解我国农业生产中各种现实突出矛盾的需要。随着时代的发展，农业在增进农村与城市的交流、缓解城市与乡村社会问题，以及涵养水源、净化大气、防止土壤流失、增添自然景观等方面的作用日益凸现。我国人多、地少、水缺等问题突出，在确保粮食等重要农产品供给的同时，更应该大力发展园艺等劳动密集型产业，拓展农业促进农民增收和扩大农民就业的功能；发挥农业在生产可再生能源和可再生材料方面的作用，促进循环农业发展，拓展农业保护自然资源的功能；大力发展休闲农业和旅游观光农业，拓展农业的文化与休闲旅游功能。其次，农业链条具有最大延展性，拓展农业的产业链条对于同时提高农业的经济和社会效益具有最直接的作用。农业作为第一产业，一头联系着第二产业，一头联系着第三产业，是万事根本，只要愿意，产业链条甚至可以向产前、产后无限延长。这是农业的特点，更是农业的潜力和优势。加快发展农业产业化，强化产业体系内部联系，促进农业增值增效，促进农业产业向产前、产后两头延伸，逐步健全产加销各环节和贸工农各领域相互衔接、协调发展的产业链条和产业体系，显然是不可或缺的战略选择。其三，农产品具有"过市"增值的商业特性，农业要繁荣，最根本的动力源是农产品市场要活跃。要拓展农产品市场，搞活农产品流通，就必须加强农产品批发市场建设，发展现代流通方式，完善农产品市场体系；就必须加大农产品促销力度，完善运销绿色通道，加强农产品市场信息服务体系建设；就必须加快实施"走出去"战略，充分利用国外资源，大力开拓农产品国际市场。目前，无论是发挥农业的多功能性，延长加粗农业的产业链条，还是拓展农产品的国际国内市场，我们都还有很大的差距，但作为一个农业大国，换个角度看，这种差距又恰恰蕴藏的是巨大的发展潜能，"拓展"战略的提出和实施无疑会带给人们无穷的期冀和动力。

"提升"战略：锻造农业发展的支撑与保障能力，增强核心竞争力。按照马克思主义"外因是变化的条件，内因是变化的根本"这一哲学基本观点，农业问题的解决最主要还是要依赖于自身核心竞争力的增强。农业是自然再生产与社会再生产紧密结合的产业，核心竞争力的增强绝不是靠单一问题的解决，而要凭借各种农业自主创新能力和支撑保障能力的整体提高。当前我国农业在竞争力方面还存在"五个不够"：一是农业科技创新与应用转化能力不够。多年来，我国农业领域取得了许多科技成果，有些成果已经达到国际领先水平，但农业科技的总体水平与国外先进水平相差 10 年左右，特别是在改善品质、提高效益和农业高新技术等方面缺乏技术储备。农业科技成果转化率仅为30％～40％。二是农业安全保障能力不够。由于农业的基础性和多功能性作用，安全优先原则是农业发展必须遵循的最基本原则，并且随着时代的发展变化，其原则要求越来越高。我国在食物安全、农产品质量安全、动物卫生安全、农业生态安全等方面的保障能力虽然提升很快，但与发达国家和地区以及时代要求相比仍然存在不小的差距。三是农民的自我发展能力不够。我国 8 亿多农村人口中，具有初中以下文化程度的占 70％，文盲半文盲占 23％。这一基本现状决定了提高农民科技文化素质的紧迫性和重要性，也说明了我国农民整体自我发展能力较弱的主要原因。四是农业政策法规支持保护能力不够。五是农业基础设施的保障能力不够。这"五个不够"形成了我国农业和农村经济发展能力和竞争力的五大"瓶颈"，"提升"战略恰好剑指要害，提出要重点提升这五大能力，可谓抓住了关键。该战略的实施，必将为我国农业和农村经济发展素质的提高产生积极而深远的影响。

三、"九大行动"的目标指向

"九大行动"的实施，既为农业和农村经济发展找到了确切的战略基点，也为"三大战略"的实施打造了具体的操作平台。各行动的中长期目标效果虽然相互有很大甚至完全交叠，但从操作层面看，其最直接的价值取向可分别归结于食物与农产品安全、农业增效和农民增收、社会主义新农村建设等三个方面。

以党的十六届五中全会、中央经济工作会议和中央农村工作会议精神为指导，农业部在宣布实施"三大战略"的同时，决定落实中央"多予、少取、放活"和工业反哺农业、城市支持农村的方针，以"三增"为目标，围绕大局，明确重点，突破难点，启动实施"九大行动"。"九大行动"的实施，既为农业和农村经济发展找到了确切的战略基点，也为"三大战略"的实施打造了具体的操作平台。整体上，"九大行动"的中长期目标效果虽然相互有很大甚至完全交叠，但其操作层面最直接的价值取向各有侧重。

——食物与农产品安全目标。很明显，围绕实现食物安全目标，主要有三大行动。一是粮食综合生产能力增强行动。"国以民为本，民以食为天"。我国人多地少，粮食安全的战略地位更显突出。该行动计划提出，要加大政策支持力度，保护基本农田，稳定种植面积，提高耕地质量，以实施重大粮食项目工程为手段，以主攻单产为核心，着力提高资源保障、物资装备、科技支撑和抗御风险能力，切实转变粮食增长方式，力争"十一五"粮食平均亩产650斤，粮食综合生产能力达到10 000亿斤水平。2006年要努力实现粮食生产稳定发展，力求做到种植面积基本稳定，单产稳步提高，优质率提高5个百分点，节本增效有新进展，为全面提高粮食综合生产能力起好步。要主攻优质高产，扩大测土配方施肥，推进耕地质量建设，加强生物灾害防控。同时加强粮食加工转化，促进粮食产销衔接，发展粮食产业化经营，加快提升粮食综合生产能力。二是实施农产品质量安全绿色行动。农产品质量安全关系到千家万户，关系到农产品的国际竞争力。实施农产品质量安全绿色行动，就是按照质量安全和绿色生态的理念，推进农业标准化，加强例行监测，强化市场监管，建设安全流通渠道，推进农业生产源头的洁净化、生产与经营的标准化、质量安全监管的制度化、市场营销的现代化和经营品牌化，全面提升农产品质量安全水平。三是实施禽流感等重大动物疫病防控行动。实施禽流感等重大动物疫病防控行动，切实把各项防控措施落到实处，保障畜牧业健康发展，维护公共卫生安全。一要实行重大动物疫病强制免疫。二要加强重大动物疫情预警预报和应急处置能力建设。三要抓好无规定动物疫病示范区建设。四要加强动物卫生执法监督和动物防疫法制建设。五要加快兽医管理体制改革。

——农业增效和农民增收目标。一是实施优势农产品产业带促进行动。该行动以《优势农产品区域布局规划》为依据，遵循优势农产品产业带建设规律，准确把握我国优势农产品产业带所处阶段及其特征，采取综合性措施，全面提高我国农产品竞争力。2006年选择8个产业带进行重点建设。大力提高产业带良种覆盖率、提升标准化水平、延伸产业链条、增强保障能力。二是实施农业科技提升行动。农业发展的根本出路在科技进步。实施农业科技提升行动，以提升农业科技支撑和引领能力为核心，以提高农产品竞争力为重要目标，促进科研攻关由跟踪模仿为主向自主创新转变，技术推广由注重单项技术应用向系统集成技术应用转变，农民培训由注重数量向数量和质量并重转变。具体就是要加快农业科技创新，加强农业科技推广，开展农民科技培训，加快推进农业机械化，促进农业信息化。三是实施畜牧水产业增长方式转变行动。转变畜牧水产业增长方式，大力推广健康养殖，重点发展畜牧业养殖小区和规模场户，积极推进水域滩涂资源合理利用，加快畜牧水产规模化、集约化、标准化和产业化步伐，使养殖业尽快从单纯追求数量向数量与质量、效益与生态并重的方向转变。加快推广畜禽水产良种，重点建设一批良种繁育场、原种场、资源保护场，培育一批水产良种示范户。大力推行健康养殖方式，建成一批标准化畜牧业养殖小区、水产生态养殖示范区。对养殖生产实施全过程监管。加强生态环境保护和资源合理利用。四是农业产业化和农产品加工推进行动。该行动提出，要支持和引导农民专业合作经济组织的发展，做大做强龙头企业，加快发展农产品加工业，提高农业产业化经营水平，提高农民进入市场的组织化程度，力争龙头企业集群有大发展，农产品加工水平有大提高，农产品品牌建设有大突破，农业产业化带动能力有大提升。具体要加大对农民专业合作经济组织发展的扶持力度，扶持壮大农业产业化龙头企业，创新产业化经营机制，提升农产品加工水平。

——社会主义新农村建设目标。一是社会主义新农村建设示范行动。建设社会主义新农村，是中央为解决新时期"三农"问题作出的重大战略决策。在社会主义新农村建设起步时实施新农村建设示范行动，引导和带动意义无疑十分重大。以发展农村经济为中心任务，科学规划，集成资源，省部共建，以点带面，促进经济快速发展，农业结构进一步优化，农业综合生产能力显著提高，农民生产生活条件明显改善，是该建设行动的基本思路。大力发展现代农业，推进农村基础设施建设，着力培育新型农民，加强基层民主建设，推动农村公共事业发展和推进农村综合改革，是示范行动的主要内容。社会主义新农村建设示范行动的工作重点，在于把各方面建设的内容在示范村综合集成，为不同资源条件、不同发展水平的地区提供新农村建设的典型示范，充分发挥示范带动作用，引导各地扎实开展社会主义新农村建设。二是生态家园富民行动。加强农村生态环境建设，提高农民生活质量，是建设社会主义新农村的重要内容。实施生态家园富民行动，目的就是按照"减量化、再利用、资源化"的循环经济理念，以农村废弃物资源循环利用为切入点，大力推进资源节约型、环境友好型和循环农业发展，实现家居环境清洁化、农业生产无害化和资源利用高效化。

四、实施"三大战略、九大行动"应处理好四个关系

"三大战略、九大行动"勾画了中国农业和农村经济工作未来走向的路线图，在启动实施的过程中应注意处理好眼前与长远、整体与局部、继承与发展、软件与硬件等方面的关系。

"三大战略、九大行动"勾画了中国农业和农村经济工作未来走向的路线

图，要达到预期的效果，在启动实施的过程中应注意处理好以下四个关系。

眼前与长远的关系。"三大战略、九大行动"是在反思传统农业与现代农业种种弊端、总结农业发展的成功经验与失败教训基础上提出的，把解决长远问题与眼前问题统一考虑，立足当前放眼长远的重大部署，在实施的过程中，一定要把眼前的工作与长远的目标紧密地联系起来。推进眼前的工作，必须胸怀长远的目标；实现长远目标，必须从完成眼前工作开始。只考虑长远而不抓眼前，任何长远的目标都只能是海市蜃楼；只顾眼前而不看长远，眼前的工作就容易变成短期的行为。

整体与局部的关系。唯物辩证法认为，世界上的事物内部各要素、方面、倾向之间以及事物和事物之间是相互联系、相互作用的，而正是这种相互联系和相互作用，推动着事物的运动、变化和发展，从而构成宇宙万物变化万千的生动图景。"三大战略、九大行动"是一个完整的战略体系，不能舍此取彼。单纯从"三大战略"来看，转变、拓展、提升三者之间的含义尽管不同，但也不能相互割裂。"九大行动"之间同样相互具有紧密的联系。整体是由局部组成的，局部是整体的一部分。科学发展观告诉我们，只有把整体与局部关系处理好了，发展才能是全面、协调、可持续的发展。在实施"三大战略、九大行动"的具体工作安排上，农业部进一步整合了行政资源，创新了工作机制，领导与司局之间，司局与司局之间，司局与地方之间，都形成了更加充分的分工合作关系，任务具体，目标明确，责任清楚，在实践中应自觉搞好配合，防止习惯思维作怪影响新机制的运作。

继承与发展的关系。继承是创新的基础，创新是辩证地扬弃。在中央"三农"方针的指引下，近年来，农业部在推进农业和农村经济发展方面不断进行了一系列富有成效的积极探索，各项工作坚持在继承中发展，在扬弃中提高，取得了明显的成效。可以看出，"三大战略、九大行动"的战略思想和发展思路，有的是在不断探索和实践过程中最新形成的，有的在此之前已经开始实施。因此，在落实的过程中决不能把原来所做的工作一概丢掉，而应该坚持在继承的基础上发挥和发展。

软件与硬件的关系。农业生产条件包括农田水利、道路、交通、电力、通信等硬件设施和政策、技术、信息、资金等软件设施两个方面。这两个方面条件的好坏，是影响农业和农村经济发展水平的关键。从目前情况来看，农业生产设施条件的使用不仅表现在存量和增量的不适应，而且还表现在规模、数量和布局与现行的以家庭经营为主体的农业生产经营方式上的不适应。"三大战略、九大行动"是一个涉及全局的系统工程，在实施的过程中，要尽力使硬件和软件建设同步推进。对于其中的问题，自己能解决的自己解决，自己解决不了的要借助政策、营造环境、创造条件、发动社会力量解决。

通胀压力增大背景下我国农产品价格问题研究

受国际金融危机影响，2009 年，我国 CPI 从 2 月份连续 9 个月持续下跌，从 11 月开始由负转正，全年累计同比下降 0.7％，是自 2003 年以来首次负增长。在国家一揽子刺激政策的作用下，我国经济运行逐步企稳回升，2009 年 GDP 增长 8.7％，CPI 已正位回升。与此同时，通胀压力随之增强，食品及农产品价格再次受到高度关注，加强通胀压力增大背景下我国农产品价格问题研究，进而科学认识农产品价格对 CPI 与通胀的影响，十分必要。

一、农产品价格、CPI、通胀：值得审视的三者关系

（一）农产品价格与 CPI

食品价格与农产品价格具有较强的关联性和一致性，农产品价格变化与 CPI 指数变化关系的密切程度取决于 CPI 构成权重的设置。食品在我国现行 CPI 构成中的权重占 34％，这反映了农产品价格变化与 CPI 指数变化的关系十分密切。但值得注意的是，世界大多数国家均随着经济社会发展，坚持适时对 CPI 构成进行调整，其中，欧盟每 5 年调整一次，美国每两年调整一次。改革开放以来，我国经济社会快速发展，人民生活水平不断提高，居民恩格尔系数平均降低了约 30 个百分点，而我国现行 CPI 构成的目录和编制方法却还是 2000 年调整的，尤其是 CPI 中食品的权重一直沿用的是 20 世纪 80 年代确定的标准。因此，目前食品在我国 CPI 构成中的比重已显偏大，相应放大了农产品价格对 CPI 的影响。

（二）CPI 上涨与通胀

在国际上，CPI 上涨幅度是衡量通胀的主要指标，一般认为，按照价格上

本文原载于 2010 年 3 月农业部发展计划司《三农问题调研材料》，赵彩云博士配合完成，农业部党组副书记、副部长危朝安批示肯定并要求有关司局参阅和深化研究。随后，农业部市场司就农产品在 CPI 中的权重结构问题组织开展研究并形成专题报告，经韩长赋部长签报后得到温家宝总理等领导批示，推动国家统计局调整并发布了新的 CPI 权重结构。

升的速度，可将通货膨胀区分为：爬行式的通货膨胀（年物价上升比例不超过 4%）；温和的通货膨胀（年物价上升比例在 4%～10% 之间）；奔腾的通货膨胀，也叫加速的通货膨胀（年物价上升比例在 10%～100% 之间）；恶性通货膨胀，也叫超级通货膨胀（年物价上升比例在 100% 以上）。用这个标准衡量通胀的前提是 CPI 构成科学合理，但我国目前的 CPI 构成已难以准确反映总体物价上涨水平。其中以购房消费为例，美国 CPI 构成中房产价格所占权重为 10.6%，近年来我国房地产业快速发展，房价不断飙升，而购房消费却没有在 CPI 中得到反映。事实上，我国居民购买房产主要用于个人居住而非投资，理应将房产价格作为 CPI 的重要组成部分。

表 1 中国和美国 CPI 构成项目权重比较

中国	食品	日用品	衣着	家庭设备用品及服务	医疗保健及个人用品	交通和通信	娱乐教育文化用品及服务	居住
	34%	4%	9%	6%	10%	10%	14%	13%
美国	食品和饮料	医疗	服装	其他商品和服务	娱乐	交通运输	教育和交流	住宅
	15.4%	6.10%	4.00%	3.80%	5.80%	16.90%	5.90%	42.10%

注：①中国的居住消费不包含商品房，主要指建房和装修材料价格变化、房租的变化、房贷利率和物业费的变化，以及水电、燃料的价格；②美国居住所占权重超过 40%（租金比重 31.5%，购商品房 10.6%）；③美国的消费者价格指数包括了能源、汽车贷款消费、休闲娱乐、宠物、运动器材、俱乐部会员卡、新汽车、私人交通等，每两年要修正一次，以使得它们与人们改变了的消费偏好相符合。

（三）农产品价格与通胀

在我国，人们通常把农产品价格上涨看成是通货膨胀的重要推动因素，甚至认为是导致通货膨胀的原因。改革开放以来，我国出现的几次严重通货膨胀，的确伴随着农产品价格的明显上涨（表 2），但是，究竟是农产品价格上涨引发了通货膨胀，还是通货膨胀推高了农产品价格，值得研究。奥地利学派经济学家罗斯巴德认为，一旦农业这类最弱势部门的商品和服务价格大幅上涨，也就标志着全面通货膨胀开始形成。这说明农产品价格只是处于价格上涨链的末端而非源头。从我国过去发生的通货膨胀来看，即使粮价带动食品价格大幅上涨，但如果没有工业消费品和服务价格联动上涨，就不会出现严重的通货膨胀。农产品价格上涨是否会导致严重的通货膨胀，既取决于与其相关的食品、非食品和服务价格的上涨，更取决于总供求关系的变化。

表2 改革开放以来我国历次通货膨胀期间主要价格指数

	年份	商品零售价格指数	居民消费价格指数	农产品生产价格指数	农业生产资料价格指数
第一次温和通胀	1984	2.8%		4.0%	8.9%
	1985	8.8%	9.3%	8.6%	4.8%
第二次严重通胀	1988	18.5%	18.8%	23.0%	16.2%
	1989	17.8%	18.0%	15.0%	18.9%
第三次严重通胀	1993	13.2%	14.7%	13.4%	14.1%
	1994	21.7%	24.1%	39.9%	21.6%
	1995	14.8%	17.1%	19.9%	27.4%
第四次温和通胀	2007	3.8%	4.8%	18.5%	7.7%
	2008	5.9%	5.9%	14.1%	20.3%

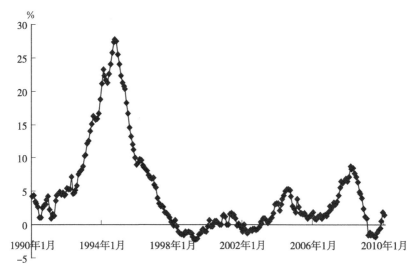

图1 1990年1月—2010年1月我国以月计通胀率的变化情况

注：数据来自国家统计局目前公布的以上年同月价格为基期的指数（同期比）的物价指数。

二、理性看待我国农产品价格上涨，客观分析当前我国通胀压力增大的原因

（一）目前我国农产品总体价格仍在低位上波动运行

由于历史水平较低，当前我国农产品价格水平依然偏低。一是与国内其他非农产品相比，大部分农产品价格仍处于低位。由于农产品价格基数太低，与人们生活密切相关，微小的波动也容易被CPI夸大。2008年年底以来，国内

食用植物油价格呈震荡下行走势，2009 年 12 月才有所回升；大豆价格、稻谷价格与 2008 年相比，整体也是下行的。二是与国际相比，我国大多数农产品价格走势总体稳定。与国际市场表现得大起大落不同，2000 年以来，我国食品、小麦等主要农产品总体价格不高，且波动平缓。2009 年，国内油脂油料市场价格总体也比较稳定，虽略有波动，但波动幅度明显小于国际市场。

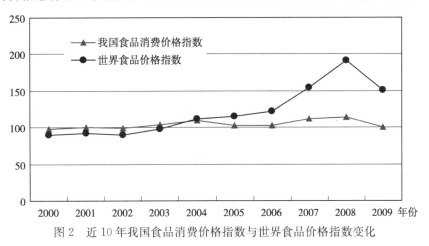

图 2　近 10 年我国食品消费价格指数与世界食品价格指数变化

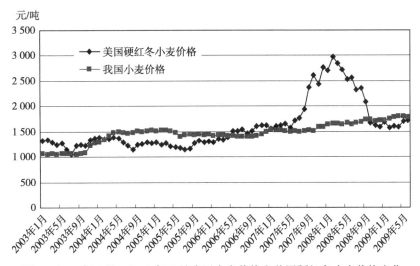

图 3　2003 年 1 月—2009 年 6 月我国小麦价格和美国硬红冬小麦价格变化

（二）我国新一轮农产品价格上涨有一定的特殊背景

一是自然规律和经济发展规律使然。从短期来看，由于气候、季节、生产周期等因素影响，农产品价格波动很正常，而短期内供给不会变，所以对此要冷静看待。从长期来看，随着我国经济实力的不断增强，农产品价格会由低位逐渐波动上涨,这种变化是刚性的,也符合经济发展的一般规律。二是输入型需求拉动。全球性能源价格的节节攀升,资源性产品如石油、天然气的价格快速上升,为农产品开辟了崭新市场,促进了用玉米、糖料、高粱等农产品加工生物燃料的产业快速发展。据统计,2009年我国玉米工业消费达4 100万吨,比2005年增加1.3倍,推动了农产品价格的上涨。在世界各国生物燃料使用大幅度增加的背景下,世界农产品价格总体上很难回落,今后一个时期将会继续在高位运行,并保持一定的上涨势头。三是成本推动。全球物价的普遍上涨加大了我国诸多企业的生产成本,带动农业生产资料等价格上涨,进而带动农产品生产价格相应上涨(图4)。四是恢复性上涨。2009年,在金融危机影响加深,通缩压力加大的情况下,我国出台了一揽子刺激政策,实现了经济企稳回升,农业平稳较快发展;同时,下半年世界经济也开始向好。在此背景下,我国水产品等农产品价格逐步恢复性上涨,猪肉价格也扭转了2009年上半年一直下行的趋势,从6月份开始温和上涨,12月份涨到16.74元/千克,但仍未达到2008年同期18.23元/千克的水平。

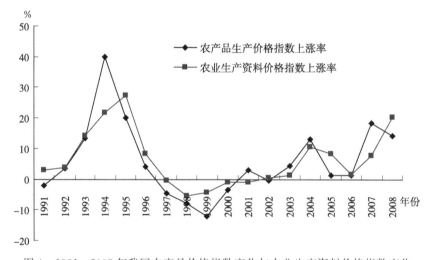

图4 1991—2008年我国农产品价格指数变化与农业生产资料价格指数变化

(三)当前我国通胀压力主要源于农产品价格以外的因素

一是宽松货币政策效应的初步显现。为应对金融危机,2009年,我国货币供应量增长较快,新增贷款大幅增加。12月末,广义货币(M2)余额60.6万亿元,比上年末增长27.7%,增幅同比加快9.9个百分点;狭义货币(M1)22.0万亿元,增长32.4%,加快23.3个百分点;金融机构各项贷款余额40.0万亿元,比年初增加9.6万亿元,同比多增4.7万亿元。从货币投入到物价上涨有一个传导过程,大概需要一年左右时间。中国式的通货膨胀同样是一种货币现象，它会先由两大资产价格上涨（楼市与股市），然后传导到食品价格上涨并引致全面通货膨胀。二是经济高增长的必然结果。利用 VAR 模型对历年数据进行分析，得出：CPI 受 GDP 的影响很大。较高的经济增速一般会带来一个相对较高的 CPI 变化率，且 CPI 变化会滞后约半年至一年，反之亦然。通过相关性分析得出：GDP 增幅每增减一个百分点，就会带来下一年通货膨胀率相应增减 0.6 个百分点，近年我国经济高速增长，CPI 适度波动也是正常的（图 5）。三是消费结构升级和各类资产价格高涨的带动。随着我国经济的快速增长，居民消费结构也在发生着深刻的变化。食品消费在消费总支出中的比重日益减少，而住房、能源、资产和各项服务的费用支出比例在增加，其价格也在不断高涨（图 6）。据统计，2010 年 1 月份，全国 70 个大中城

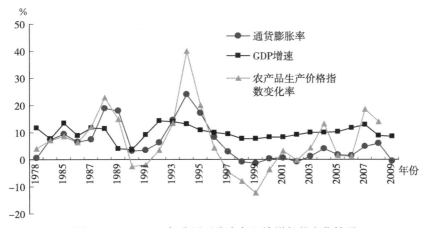

图 5　1978—2009 年我国通胀率与经济增长的变化情况

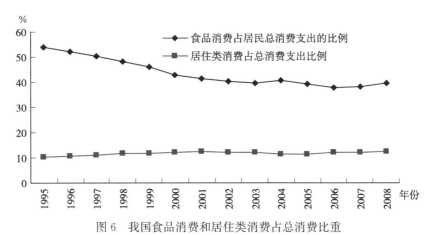

图 6　我国食品消费和居住类消费占总消费比重

注：①图中全国总体平均数根据《中国统计年鉴》各年有关数据整理，加权平均计算而得；②目前我国对局消费"居住类"的统计中不包括商品房的购买。

市房屋销售价格同比上涨 9.5%。若剔除权重因素，近年来我国居住类消费价格指数上涨幅度总体高出 CPI 上涨水平，对 CPI 的影响远大于农产品价格（图 7）。四是国际的价格传导作用日益明显。随着全球经济一体化进程的加快，国际新兴市场和能源市场的快速发展，通货膨胀全球联动性增强、传导渠道增多，价格变化和通胀压力会逐渐变为一种全球性现象，而非某一国特有。

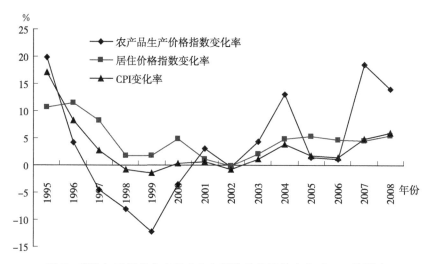

图 7　剔除权重因素农产品生产和居住价格指数变化对 CPI 的影响

三、我国农产品价格保持适度上涨利远大于弊，但必须防止过快上涨

多年来，我国经济快速发展，但财富分配严重不均问题仍然存在，城乡二元结构依然明显。2009 年，我国的基尼系数已接近 0.5 的国际警戒线，城乡居民收入比由 2008 年的 3.32 扩大为 3.33。解决这一问题必须发挥初次分配的基础作用。总的看，农产品价格保持适度上涨主要有以下三方面好处。

一是有利于促进农民增收，缩小城乡差距。通过回归分析得出：农产品价格与农民收入高度正相关，农产品价格指数每上涨 1 个百分点，农民年人均增收幅度就会增加 0.6 个百分点。以粮食为例，2009 年我国三种粮食价格同比上涨 3.7%，剔除产量增加因素，按 2008 年 9 569.4 亿斤产量，50% 的出售率测算，2009 年价格上涨能带来农民增收约 192 亿元。实践证明，农产品价格的适度上涨不会带来通货膨胀，反而可以避免"谷贱伤农"的危害，促进农民增收。

表3　农产品价格上涨对农民增收的贡献

年份	三种粮食产量（亿斤）	三种粮食出售量（亿斤）（按50%出售率计算）	三种粮食价格（元/斤）	价格比上年增长（元/斤）	农民累计比上年增收（亿元）
	A	B	C	D	E＝B×D
2004	8 231.4	4 115.7	0.73	0.18	672
2005	8 555.2	4 277.6	0.73	0.003	13
2006	9 019.8	4 509.9	0.73	−0.003	−13
2007	9 126.4	4 563.2	0.80	0.06	287
2008	9 569.4	4 784.7	0.88	0.08	381
2009	10 616	5 308	0.91	0.04	192

注：根据农业部160个物价网点县调查数据测算。

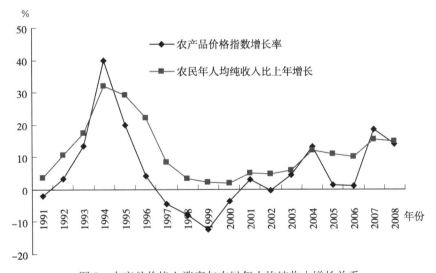

图8　农产品价格上涨率与农民年人均纯收入增长关系

　　二是有利于增加农业投资，促进城乡要素流动。当农产品价格大幅上涨时，为降低农业生产成本，国家就会加大财政支农力度。2007年，以生猪为首的农产品价格上涨了18.5%，2008年，国家加大对农产品生产的补贴力度，财政支农增速高达38%。此外，农产品价格的适度上涨，农业比较效益会增加，会吸引更多的社会资金投入农业。

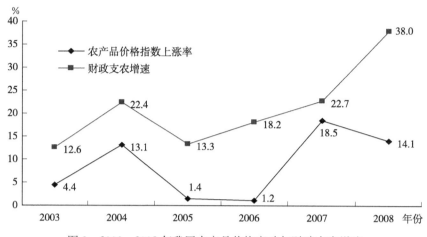

图 9　2003—2008 年我国农产品价格变动与财政支农增速

三是有利于缩小工农产品剪刀差，提高农业比较效益。工农业产品比价不合理一直是制约城乡一体化进程的重要因素。工农产品剪刀差致使大量农业资金流失。拿食盐来说，食盐每吨成本 150～160 元，出厂价一般每吨 400～500元，工业利润率为 200%。而农业生产利润相比却微不足道。适度提高农产品价格有助于缩小这一差距。

表 4　2008 年和 2009 年我国三种农产品成本效益表

单位：元/亩

	冬小麦		早稻		油菜籽	
	2008 年	2009 年	2008 年	2009 年	2008 年	2009 年
总成本	470.8	521.5	655.4	651.6	501.5	470.9
纯收益	188.8	176.9	187.2	172	187.4	45
利润率	28.6%	25.3%	22.2%	20.9%	27.2%	8.7%

综上所述，我国农产品价格保持适度上涨对于增加农民收入，缩小城乡差距、推进城乡一体化、构建和谐社会，都具有十分重要的意义。但是也必须清醒地认识到，基于农业的基础性作用，如果农产品价格出现过快上涨，也会对社会稳定造成严重不利影响，反过来也必将殃及"三农"本身。尤其是在当前通胀压力增大的背景下，农业更需要继续做出重要贡献，农产品价格绝不能出现大的波动，绝不能给宏观经济稳定发展的大局添乱。

四、政策建议

(一) 科学调整 CPI 构成

根据国际惯例和我国实际，尽快研究调整我国目前采用的 CPI 商品分类目录和编制方法，努力避免因 CPI 构成设置不科学而影响政府宏观经济政策决策，影响公众经济发展信心和消费心理预期，影响农业农村经济乃至整个经济社会发展大局的稳定。

(二) 努力保持农业稳定发展

继续加大对农业发展的支持力度，着力加强农业基础设施装备建设，加快中低产田改造，大规模建设高产稳产基本农田，积极发展农业机械化；增强农业科技创新和推广能力，提高农业资源利用效率；增加财政对农业生产的补贴，有效保护和调动农民的生产积极性。通过政策支持保障农业生产和农产品价格的稳定。

(三) 加强农产品价格监测和管理

国家把对农产品价格的监测与管理纳入对通胀预期的管理范畴，防止农产品价格成为新一轮 CPI 明显上涨的领跑者和推动者，对农产品价格可能出现的过快上涨苗头及时予以必要预警，并采取有效应对措施。

(四) 合理引导社会舆论

既要避免舆论宣传对农产品价格变化的过度反应给社会公众造成过大的心理压力，避免对农产品价格形成过度打压；也要坚决防止不负责任的宣传和炒作故意抬高农产品价格。

建立主要农作物制种大市大县
财政奖补制度势在必行

——基于对张掖市及甘州区的典型调查

近年来，中央不断加大对粮食、生猪等主要农产品主产区农业大县的财政转移支付力度，农业大县财政穷县的面貌有了明显改善。国以农为本，农以种为先。主要粮食作物种子生产大市大县也是保障国家粮食安全的重要力量，其财政状况和享受国家农业财政扶持政策的情况怎样？近期（2012 年 8 月），我带着这个问题在国家玉米制种基地核心区张掖市进行了调研。现将有关情况报告如下。

一、全国著名的玉米制种大市大区（县），也是典型的财政穷市穷区（县）

改革开放特别是进入新世纪以来，张掖玉米制种面积一直位居全国前列，近年来更是遥居全国之首。2003—2005 年，张掖市玉米制种面积一直稳定在 60 万亩以上，2006 年达到 105 万亩的历史最高水平，此后有所回落，2010 年和 2011 年连续两年恢复和稳定在 100 万亩左右。其中，2011 年，张掖玉米制种面积 99.23 万亩、产量 45 万吨，占全国用种量的 40％。且张掖玉米种子市场认可程度高，销售率达 90％左右。

甘州区是张掖市辖唯一城区，也是全市人口、耕地和玉米制种面积最大的县（区）。全区辖 18 个乡镇、245 个行政村，耕地 96 万亩，总人口 52 万人，其中农村人口 32.2 万人。2011 年，全区杂交玉米制种产量 30 万吨，占到全国用种量的 27％。

当前，玉米制种产业已成为张掖市产业化程度最高、联系农户最广、占主产区农民收入比重最大、农业效益最为显著的"黄金产业"。但是，多年来，

本文原载于《农业部在张挂职干部工作简报》，后正式发表于《农村工作通讯》、《政协青年》等刊物。韩长赋部长将本期和其他几期简报批转农业部有关司局，张掖市黄泽元市长批示要深化研究和加大协调争取力度，农业部余欣荣副部长、农业部种子局和财政部农业司等方面领导多次听取汇报，农业部财务司李健华司长在作者挂职结束前带队亲赴张掖专题调研。在多方重视支持下，2014 年中央 1 号文件正式解决了种业大县长期无法享受到粮食大县财政奖补问题。

张掖市大力发展玉米制种产业，每年在管理、服务等方面需要投入相当的人力物力，却难以从玉米制种大田生产和后期加工中获取税收，结果是富了农民，穷了财政。2011年，张掖市农民人均纯收入增长16％，达到6 467元，位居全省农业大市前列，而本级财政一般预算收入10.3亿元，大约仅相当于一个中部地区一般大县和东部地区一般大镇的水平，是典型的财政穷市。甘州区是张掖市所在地，占尽地利优势，2011年全区农民收入6 870元，本级一般预算收入2.78亿元，也是典型的财政穷区。

二、玉米制种大市大县财政收益与付出呈现严重不平衡状态

由于农业生产环节实行全部免税，而农业企业本来纳税就很少，种业企业则享受着更多的税收优惠，市县有关部门预计，全市70家玉米制种企业每年缴纳的税收大约仅在3 000万元左右。同时，据张掖市政协副主席、甘州区副区长袁斌才介绍，由于张掖是非粮食主产区，除了国家给农民的普惠政策外，对粮食大县的财政奖补也基本享受不到，多年来只是去年农业将粮食生产先进县由原来的100个扩大到200个以后，甘州才好不容易得到了1 000万元的中央财政奖励。

与财政收益欠缺形成鲜明对照的是，为扶持玉米等制种产业做大做强，张掖市及所属主产县（区）着眼于打造"公司＋基地＋农户"模式，通过出台一系列优惠政策让利于企、让利于农，地方政府和财政付出了不小的代价。以甘州区为例，仅从地方财政减收的贡献看，主要体现在以下三个方面：

一是制种企业免征增值税带来的减收。制种企业属于国家免征增值税行业，而其他农副产品加工企业则要按照销售收入缴纳17％（初级加工产品13％）的增值税销项税，辖区49户企业按2011年的销售收入约331 200万元，以目前其他农副产品加工企业的增值税平均负担率1.2％计算，一年免征的增值税约为3 974万元，如这些制种企业从事其他农副产品加工行业，则全区可相应增加财政收入约3 974万元，按照增值税区级分成13％计算，将增加区级收入和财力约516万元。

二是放弃发展其他农副产品加工产业的比较税收减收。全区49户制种企业2011年共实现税收2 135万元，其中企业所得税1 575万元，个人所得税314万元，营业税10万元，土地使用税、房产税等其他地方各税236万元，制种企业户均实现税收约43万元。对比其他农副产品加工企业2011年的税收情况，甘绿脱水蔬菜集团、有年金龙马铃薯雪花全粉食品工业公司、华瑞麦芽有限责任公司、兄弟麦芽有限责任公司、云鹏工贸有限责任公司、雪源啤酒原料有限责任公司、中粮屯河张掖番茄制品有限公司等7家企业，共计缴纳税收835万元，户均实现税收约120万元，按这些企业的平均税收贡献计算，则49

户制种企业一年要少实现税收约 3 770 万元，按所得税区级分成 20％计算，相应减少区级收入和财力约 754 万元。

三是制种企业免缴土地出让金带来的减收。为吸引制种企业入驻我区带动农民增收，甘州区出台了一系列地方性优惠政策，其中最主要的一项政策就是制种企业占用土地可以免缴土地出让金。现有 49 户企业厂区共计占用土地 1 789 962平方米（约合 2 685 亩），如这些土地出让给其他行业的企业，则可为我区带来相应的出让金收入。如按德农种业、襄樊正大等几户企业所在的张掖工业园区内（建设用地）的平均地价 15 万元/亩计算，则全区少收入土地出让金 40 275 万元，即使按裕丰种业所在的张掖市石岗墩开发区（未利用地）的平均地价 2.1 万元/亩计算，也已少收入土地出让金 5 638 万元，按土地出让金区级分成 95％计算，将减少区级收入和财力约 5 356 万元。

综合以上因素，甘州区为扶持制种企业和支持制种产业发展，每年要少实现财政收入约 13 382 万元，相应减少了区级收入约 6 626 万元，使本级政府本已十分有限的财力更加吃紧，难以保障对民生社会事业方面的财政投入，在一定程度上影响了公共财政职能的充分发挥。

三、建立主要农作物制种大市大县财政转移支付专项奖补制度势在必行

针对张掖等种业大市大县财政较为困难，且不在粮食主产区，种子生产量大而商品粮数量不多，为国家粮食安全作出突出贡献，却难以充分享受到种粮大市大县优惠扶持政策的实际，建议国家按照区域贡献与利益相平衡的原则，尽快出台对全国主要农作物种业大市大县实行财政转移支付专项奖补的政策。具体可以参照粮食大县大市专项奖补办法，按照当年小麦、水稻、玉米等主要品种的种子生产面积、产量、商品粮等指标进行核算计补，奖补的资金总额按照当年粮食大县大市奖补资金（2011 年为 250 亿元）的 1/5 或者 1/10 进行统筹安排。

同时，建议在农业基本建设投入等其他强农、惠农、富农政策方面，也出台制种大市大县与种粮大市大县相参照和一致的政策意见。

新常态下稳增长要高度重视
农产品加工业作用

2014 年，我国农产品加工业全口径主营业务收入超过 23 万亿元，已成为国民经济中名副其实的战略性支柱产业和重要民生产业。细细分析，农产品加工业对国民经济发展不可替代的贡献主要体现在七个大的方面。

一是拉动投资增长。2012 年以来，尽管全国全社会固定资产投资和规模工业固定资产投资增速明显放缓，但农产品加工业的固定资产投资仍保持了两位数的增长，且不同程度高于全社会固定资产投资和规模工业固定资产投资增速。其中，2012 年、2013 年、2014 年农产品加工业固定资产投资达到 2.29 万亿元、2.82 万亿元和 3.27 万亿元，分别比上年增长 21.5%、23.2% 和 16%，增速分别高于同期全社会固定资产投资 1.2 个、3.9 个和 0.7 个百分点，高于同期工业固定资产投资 1.8 个、5.4 个和 3.5 个百分点。

二是促进经济增长。21 世纪以来截至 2012 年，即使在各行业普遍遭受国际金融危机冲击最大的 2009 年，我国规模以上农产品加工业主营业务收入也一直保持了 15% 以上的增速，年均增速超过 20%。这一高速增长在近两年逐步出现回落，其中 2013 年和 2014 年分别为 13.4% 和 7.4%，呈现出明显由高速向中高速转变的态势，但一些与民生密切相关的农产品加工行业仍保持了较高的增长速度。如蛋品加工、营养与保健食品制造、速冻食品制造、米面制品制造这 4 个行业在 2014 年实现了高于 20% 的增速；乳制品制造、豆制品制造、中药加工与制造、精制茶加工、蔬果加工等行业在 2014 年也保持了 10% 以上的快速增长。

三是支撑工业和税收增长。近十多年来，我国农产品加工业总产值在工业中的份额基本稳定在 16% 左右，其税收对财政收入的贡献基本稳定在 10% 左右。2014 年全国规模以上农产品加工业产值上升到 18.9 万亿元，税收贡献增加为 1.2 万亿元，与 2005 年总产值 4.2 万亿元、税收 3 160 亿元相比，年均分别增长了 18.2% 和 16.0%。

本文原载于 2015 年第 19 期《农村工作通讯》，2015 年第 11 期《紫光阁》以《农产品加工业：经济发展新支点》为题编发。之前，《农民日报》以上送件报送中央领导及有关部委负责同志参阅。

四是满足消费需求增长。农产品加工业主要产品产量快速增长，2014年大米、小麦粉、食用植物油、成品糖、乳制品、方便面等分别达到了13 043万吨、14 116万吨、6 534万吨、1 660万吨、2 652万吨和1 026万吨，比2000年分别增长了5.2倍、5.6倍、6.8倍、1.4倍、34倍和6.2倍，有力满足了人们对加工农产品日益增长的需要。

五是保障就业增长。据统计分析，2012年以来全国规模农产品加工业年从业人数保持在2 500万人以上（90%左右为专兼职的农民），近十年年均增加了4.4%，比同期全国城镇就业人数增速高0.7个百分点，比制造业高0.3个百分点。我国制造业每亿元产值吸纳从业人员约57人，农产品加工业属于劳动密集型产业，吸纳社会就业能力更强。其中，根据问卷调查，山东、江苏和浙江三省农产品加工业不包括临时用工，平均每亿元产值吸纳劳动力分别为87人、107人和128人，三个省平均每亿元收入吸纳固定从业人员为91人，明显高于制造业。鲁、苏、浙三省现代化加工企业较多，其他地区农产品加工业亿元产值单位用工数量应该更多。

六是减轻政策性收储压力、理顺市场关系。据了解，近年来，国家每年在粮食等农产品收储上，所支付的保管费和收购及库存占款利息就高达700亿元以上。而加工业每年消耗的原料粮是国家粮食政策性收储数量的2倍以上，可见其不仅极大地缓解了农产品的销售压力，而且为国家财政节约了大量收储费用。同时，企业大量的自由购销，也在很大程度上缓解了因政策收储而扭曲的农产品市场及价格问题。

七是带动第一产业发展、促进现代农业建设。我国农产品加工与农业产值之比已由2010年的1.7∶1提高到2014年的2.1∶1。加工业的快速发展，一方面，促进科技、资本等现代要素和管理方式进入农产品原料生产环节，改善了农业生产条件和经营组织方式；另一方面，带动农产品原料消费，支撑农产品价格，保护和调动了农业生产者积极性。据测算，近五年农产品加工业年均仅消耗的稻谷、小麦和大豆等粮食原料数量就超过了3亿吨。

事实表明，在我国经济发展进入新常态的背景下，要实现稳增长的目标任务应高度重视和充分发挥农产品加工业的重要作用。当前，我国农产品加工业发展的基本面总体稳固向好，但增长下滑的趋势也值得高度警惕，行业管理和政策扶持体系建设滞后的问题亟待引起更大的重视。下一步应在全局和战略上进一步提高认识，在强化薄弱环节、做大新兴产业、培育增长点上深化研究、精准施策，努力为农产品加工业持续健康发展创造更加有利的体制政策和社会环境。

新常态下西部农业农村经济的后发优势

习近平总书记说："小康不小康，关键看老乡。"看老乡什么？我认为最根本、最基础的是要看经济水平，其中最重要的指标就是农业发展和农民就业增收的情况。全国如此，西部更是如此，因为西部不仅工业欠发达，农业也相对大而不强，西部农民收入水平同样明显滞后于东、中部。因此，全国建成全面小康关键看老乡，尤其是看西部的老乡，而农业农村经济的发展是西部建设小康的关键所在。

一、新常态为西部农业农村经济发展带来新机遇

很多人简单地把新常态理解为经济由高速转向中高速，实际远非如此。在2014年5月习近平总书记首次提及新常态后，年底的中央经济工作会议不仅首次在公报中出现"新常态"一词，而且首次对"新常态"一词作了九大特征的系统阐述。第一，资源配置模式和宏观调控方式：既要全面化解产能过剩，也要通过发挥市场机制作用探索未来产业发展方向。第二，消费需求：模仿型排浪式消费阶段基本结束，个性化、多样化消费渐成主流。第三，投资需求：传统产业相对饱和，但基础设施互联互通和一些新技术、新产品、新业态、新商业模式的投资机会大量涌现。第四，出口和国际收支：全球总需求不振，同时我国出口竞争优势依然存在，高水平引进来、大规模走出去正在同步发生。第五，生产能力和产业组织方式：新兴产业、服务业、小微企业作用更凸显，生产小型化、智能化、专业化将成新特征。第六，生产要素：人口老龄化日趋发展，农业富余人口减少，要素规模驱动力减弱，经济增长将更多依靠人力资本质量和技术进步。第七，市场竞争：逐步转向质量型、差异化为主的竞争，统一全国市场、提高资源配置效率是经济发展的内生性要求。第八，资源环境约束：环境承载能力已达到或接近上限，必须顺应人民群众对良好生态环境的期待，推动形成绿色低碳循环发展新方式。第九，经济风险：各类隐性风险逐步显性化，风险总体可控，但化解以高杠杆和泡沫化为主要特征的各类风险将持续一段时间。

本文原载于求是杂志社《小康》杂志 2015 年第 15 期。

简言之，经济发展进入新常态，核心是指经济增长正从高速转向中高速，经济发展方式正从规模速度型粗放型转向质量效率型集约型，经济结构正从增量扩能为主转向调整存量、做优增量，经济发展动力正从传统增长点转向新的增长点。从九个趋势特征看，可以说每一个对西部来说都是直接或间接的利好消息，至少不是坏消息。所以，如果一定要单纯从速度变化上理解新常态，那么西部的发展速度并非一定要是一个放缓的态势，而应该相对东、中部保持适度的高增长，农业农村经济尤其应如此。

二、新常态下西部农业农村经济发展的后发优势

航空、高速、高铁发展迅速，在经济社会发展程度提高、时空距离已经不是问题的情况下，西部的一些劣势就变成了优势。

（一）从第一产业看，发展特色现代农业的后发优势明显

不能像平原地区一样进行大规模机械化和大田作物生产，这是西部很多地区农业的劣势。但随着需求的变化，人们对特色、安全农产品的需求快速增加，这又带来了很大的优势。一方面，西部物种资源十分丰富，污染少；另一方面，地域广阔，可以开发利用的空间比较大，是中国农业的战略纵深所在。新世纪以来，从区域农业生产发展的趋势看，总体上西部增长的速率曲线明显高于东部。以色列以沙漠之国打造农业强国的奇迹闻名于世，发展水、肥利用率高的水肥一体化技术是其主要措施之一。以色列 60% 的国土为沙漠，是一个极度贫水的国家。但是从 1948 年建国到现在，以色列农业的收益率相较其他行业，增长速度最快。1955 年，一个以色列农夫可养活 15 个人；2000 年，一个农夫可养活 90 个人；到 2015 年，一个农夫将能够养活 400 人。一组数字足以反映以色列农业的效率：西红柿每公顷最高年产 500 吨，沙漠地区柑橘每公顷最高年产 80 吨；鸡年均产蛋 280 个，奶牛年均产奶量 1 万千克；在花卉生产上，温室大棚每公顷每季度生产 300 万支玫瑰……以色列农业出口占据全国出口总值的 9%，按照他们的农业水准，地球可以养活 3 倍以上现在的人口。以色列国土面积 27 800 平方千米，仅有 20% 的土地可以耕种，其中一半必须灌溉。如此比较，我国广袤的西部国土如果善加利用，蕴藏的农业产能将是以色列的百倍。在东部地区大量城市化，中部和东北耕地面积逐年减少和退化的趋势下，西部地区无疑是我国未来农业发展的战略纵深和腹地。

（二）从第二产业看，发展特色农产品加工业的后发优势明显

农产品加工是永不落幕的朝阳产业，增长迅猛，空间巨大。西部发展农业生产在技术资本等现代要素上和东部无法比较，在大宗农产品的规模化生产供应上目前和中部、东北也不可相比，但西部发展特色农业和特色农产品加工业，具有其他地区不可比拟的优势。一方面，原料资源丰富，且品质新、优、

特。国务院发布新中国成立以来的第一个全国现代农业发展规划，把粮食以外的农产品总体上均定位为特色农产品。我们可以看到，西部恰好除了粮食以外其他很多农产品的生产在全国都有着十分重要的地位。特别是西部由于工业欠发达，加之自然生态环境优良和光热匹配条件特殊，很多地方农业病虫害少，因此农药化肥施用量也明显少于其他地区，农产品具有天然的高品质。另一方面，成本优势凸显。中国之所以加入WTO后迎来了快速的发展，很大一个因素是因为低成本，在中国投资办企业具有强有力的竞争优势。但随着用地用工成本的不断提高，现在这一优势正在丧失，也正因为这样，国家推动实施了产业由东向西梯度转移的战略，东部机器人替代人工也成为一个大的趋势。而西部成本优势明显，资源优势明显，包括土地租金优势也是明显的。与此相对照，西部不仅面临着承接东、中部产业转移的政策机遇，而且对企业来说，其相对较低的厂房、地租、劳动力、原料等价格对其更具有吸引力。与此同时，随着"互联网＋"以及高速路、高铁、飞机这些现代交通工具的发展，它们都极大地缩短了空间上的距离，西部原来的交通劣势正在消失。

（三）从第三产业看，发展休闲农业和乡村旅游的后发优势明显

当前，我国城镇化率超过54%，人均GDP超过7 000美元，各种假期超过150天，这三个"超过"带来的三个"有"：有人消费、有钱消费、有时间消费。那么，城里人休闲消费何处去？一方面，传统的名山大川、寺庙古刹等名胜古迹的承载能力和拓展空间有限，远不能和广阔的农村相比，其发展指标要在一定时期内实现大的增长难度很大；另一方面，由于城市人居环境、生活工作压力等诸多因素的影响，市民远离市区喧嚣，到乡村望蓝天白云、看碧水清波、吸清新空气、品特色美食的愿望日趋强烈。很明显，农田和乡村已越来越成为市民休闲旅游的首选目的地。西部地区自然风光独特，农产品资源独特，所以发展休闲农业和乡村旅游的潜力同样非常巨大。

三、推进西部农业农村经济发展要主动作为

西部农业农村经济发展要抓住新常态的后发优势，需要地方政府等各有关方面积极、主动、有所作为。具体提三个建议：第一，从现在开始，深入研究所面临的机遇，加强规划和政策研究。第二，营造发展氛围，把优势宣传出去，并且积极主动地走出去。第三，一定要把农业作为西部发展的战略基点。这个不能丢，丢了就会丢掉根本，优势就会逐步丧失。同时，要着力改善必要的农业基础设施条件，包括交通、教育、卫生等配套公共服务的硬件和软件条件，用第二、三产业发展带动农业发展，实现良性循环。

关于未来五年农业发展问题的
几个基本认识

　　"十二五"时期是我国实现全面建设小康社会目标承上启下的关键时期，是社会主义现代化建设的关键阶段，也是推进现代农业发展的重要时刻。这一时期，外有国际金融危机带来的深刻影响，内有经济社会发展新阶段提出的更高要求，我国农业发展处在一个特殊的历史背景下，既肩负着前所未有的重要使命，也面临着国内外经济社会形势深刻变化带来的重大影响。结合宏观形势，浅谈笔者对"十二五"农业发展七个重大问题的思考认识与基本判断。

一、农业发展处在一个重要的战略机遇期，但面临的挑战也更为严峻

　　近年来，我国农业发展在经受一系列重大挑战的同时，也迎来了改革开放后的第二个黄金期。展望"十二五"，农业发展可望进入一个新的重要战略机遇期。一是发展空间更为广阔。预计2015年我国人均GDP有望达到6 000美元左右，国际实践表明，这一阶段农业功能将以更快的速度和更大的规模向更广泛的领域拓展；另据专家测算，目前全球农产品和食品的市场规模超过了汽车产业和信息产业之和，其中食品市场到2015年预计还将激增26％，达到5.4万亿美元，市场潜力巨大。二是政策支持更为有力。据预测，"十一五"国家财政收入将超过10万亿元，按2009年不变价格，财政支农投入将超过1万亿元以上。随着统筹城乡和扩大内需战略实施力度的加大，预计今后中央还会有历史性的重大支农政策出台，实际支农投入总量可能更大。三是产业转移的支撑作用凸现。富士康公司西迁河南一次性招工80万人，保守估计每年仅用工成本可节省20亿元左右。国内产业向中西部地区和广大农村转移势不可挡，农村的造血功能、农业受到的支撑带动作用必将极大地增强，影响预计比财政投入等措施更为深远。此外，金融危机后，世界范围正在酝酿一场新的产业技术革命，其中新能源技术、生物技术等与农业密切关联，可望带动现代农业技术出现新的飞跃。

　　本文获评农业部首届学习论坛征文与演讲比赛二等奖，农业部党组书记、部长韩长赋等领导现场观摩并颁奖，中国农业大学柯炳生校长、国家发改委宏观经济研究院马晓河副院长等担任评委。

与此同时，也要看到，农业发展面临的挑战也前所未有。一是农业被弱化和边缘化的风险增大。受比较效益影响，工业化、城镇化快速发展的过程往往也是农业资源要素快速流失的过程，伴随着产业转移，农业在一些地方政府心目中的地位进一步下降，耕地资源面临着加剧流失的危险。二是农产品供给的总量压力和结构压力同时增强。1998 年以来，我国人口数量增长了 7％，但粮食产量只增长了 3.7％，仅约为人口增长率的一半。玉米自我供给将出现短缺，大豆目前 30％的自给率也面临失守的危险，稻米供需虽然总量平衡，但结构性短缺日益显现，预测到 2015 年粳稻需求量将达到 755 亿千克，高于 2009 年产量约 140 亿千克。三是保障农业产业安全的任务更加艰巨。据商务部调查，我国 90％的农业及食品出口企业受国外技术性贸易壁垒的影响，每年损失约 90 亿美元。金融危机后农产品进出口逆差急剧扩大，对国内主产区生产造成一定冲击。国际资本对我国农业领域渗透日渐深入，我国包括种业在内的农业核心竞争力受到损害，产业安全面临严重威胁。

综合分析，"十二五"时期，我国农业发展处在一个十分关键的历史时刻，机遇期、风险期、转折期、过渡期并存的特征明显，但总体处于一个重要的战略机遇期，能否实现跨越式发展，既取决于对有利条件的把握和运用，也取决于对不利因素的应对与控制。

二、农业综合生产能力迈上一个新的历史台阶，但保持粮食和农业稳定发展的压力依然很大

在国家强农惠农政策作用下，我国农业综合生产能力不断提高，当前农业发展已进入到一个新的历史阶段。这一阶段，我国农业继续呈现出一系列重大变化，突出特征表现为：主要农产品生产逐步由频繁周期性波动转向较长时期基本稳定，进一步打破原有的周期性波动规律，保持在一个相对较高的生产水平。以粮食和生猪为例，自新中国成立到 2003 年，我国粮食生产一直表现为"两增一减"或"两增一平"，即平均 3 年出现一次波动，这一规律于 2006 年被打破，且 2009 年实现了连续 6 年增产；生猪生产新一轮周期性波动从 2006 年 5 月生猪价格探底开始，到 2009 年 5 月打破原来 3 年一个波动周期的规律，2010 年 3—6 月虽然生猪价格一度持续下滑，但波动的烈度和下滑的程度远轻于上一轮，期间也一直未出现非正常宰杀母猪现象，并较快实现了持续性止跌回升。

农业的周期性波动是一种超越体制和发展阶段的普遍现象，不同阶段和不同政策下波动的频率与幅度存在很大差异，所反映的生产能力也不相同。近年来，中央出台了一系列有力的政策措施，不断加强农业生产能力建设，促进农业稳定发展。但是，应当看到，我国农业特别是粮食生产的基础并不

稳固，在自然和市场两个风险不断加大、主要农产品需求压力持续增加的形势下，保持粮食和农业稳定发展的任务依然十分艰巨。据统计分析，我国农田有效灌溉面积仅占总面积的 46%，粮食每年因气象灾害造成损失总体呈逐年加重趋势，2009 年达 553.5 亿千克，比 2005 年高 208.5 亿千克。可见，虽然我国粮食实现了连续六年增产，但生产依然缺乏可靠保障，供需仍然处于紧平衡状态，如果离开了政策的强力支持，好形势出现逆转将十分容易。

三、农村社会结构逐步演变，但家庭承包经营制度必须长期坚持

我国农村劳动力大量转移，农村社会结构逐步发生变化。据统计，2009 年全国外出就业的农村劳动力总数 1.45 亿人，比上年增加 492 万人，其中 65% 为男性，平均年龄为 32.4 岁，导致留乡务农劳动力素质明显下降。专家测算，到 2015 年，我国第一产业占全社会就业的比例将由 2000 年的 50% 和 2009 年的 38.1% 下降到 30.5%，全社会就业人口将在 8.2 亿左右，其中农业劳动力为 2.5 亿左右，比 2000 年和 2009 年分别减少 1 亿和 0.47 亿。随着工业化、城镇化快速推进，农村社会结构必将持续发生变化。

改革开放以来，中央一再强调，党在农村的基本经营制度必须长期坚持。然而，总有一些人认为，家庭承包经营的改革效应已经释放殆尽，制度已经过时，特别是随着农村社会结构变化，农村土地经营权如果继续掌握在转移出去的农村劳动力和留守的妇女老人手中，既不再必要，也不利于加快现代农业发展。事实上，这种认识是片面和站不住脚的。一方面，土地作为农民最基本生产资料和最根本生活保障的功能并没有发生重大变化。不能否认，随着农村民生保障网的构建，土地作为农民基本生活保障的功能有所减弱，留守的妇女和老人不断增多，加上对轻简化职业的追求，即使留在农村的人口也有一部分开始减少对土地的依赖，离土和兼业化趋势明显，对农业生产造成了一定的不利影响。但是更要看到，我国农村人口众多，像部分发达国家一样在农村实行高福利很不现实，转移出去的农村劳动力不仅是少数，而且要真正融入城市也有一个长期的过程，在相当长的时期内，农民都会保持很大的规模，土地仍然是他们最根本的依靠。另一方面，保持现有政策长久不变既不影响土地流转，也不影响推进农业规模经营，更不会阻碍现代农业发展进程。据统计，到 2010 年 6 月底，我国耕地流转面积已达 1.7 亿亩，比 2005 年增加了 1.15 多亿亩，占家庭承包耕地面积的比例由 4.5% 提高到 13.5%，农业生产规模化呈现较快发展势头。同时，目前我国加入农业产业化与合作组织的农户已约达总户数的 60%，农业生产经营通过组织化实现规模化更是符合我国国情的基本选择。

四、农民收入结构发生重大变化，但对农业经营收入重要地位和作用的重视程度绝不能降低

在新中国成立包括改革开放后的很长一个时期，农业生产经营收入一直在农民收入中占据主导地位，进入新阶段以后这一状况开始出现明显的趋势性变化，农户家庭经营收入匀速下降、工资性收入匀速上升，并且 2005—2006 年较之前家庭经营收入加速下降，工资性收入加速上升。到 2008 年，工资性收入对农民增收的贡献已超过 60％，家庭经营收入占农民收入的比重已由 1998 年的 67.8％下降到 51.2％。2009 年农民人均纯收入 5 153 元，其中家庭经营收入占的比重下降为 49％，也就是说农民收入的来源已经由主要依靠农业生产经营收入转向主要依靠非农收入。

缩小城乡收入差距是"十二五"经济社会发展最为艰巨而重大的任务之一。虽然家庭经营收入在农民收入中的比重不断下降，但绝不能因此忽视其在增加农民收入中的重要作用，绝不能把农民增收的目光只聚焦于工资性收入和转移性收入，而应继续把增加农业家庭经营收入放在突出位置。统计表明，农民收入增长较快的时期，也是农产品收购价格较大幅度上调的时期，同时又是城乡收入差距缩小的时期。改革开放以来，我国城乡收入差距出现过两次缩小，一次是 1979—1983 年，4 年间城乡收入比率下降了 75 个百分点；另一次是 1995—1997 年，两年下降了 39 个百分点。1997 年城乡收入比率最低降至 2.47∶1。与两次差距缩小分别对应的是，1983 年比 1978 年，农产品收购价格提高了近 50 个百分点；1997 年与 1994 年和 1995 年相比，农产品的平均价格分别提高了 40％和 20％，粮食平均价格分别提高了 47％和 29％。而 1997 年以后，由于农产品收购价格不断回落，城乡收入比差距又开始逐年扩大。1997—2000 年农产品收购价格降低了 25％，同期城乡收入比率上升了 3.32 个百分点，2002 年达 3.11∶1。近几年虽然农民收入走出低谷，保持快速增长态势，但农产品价格总体稳定，部分农产品价格出现一定上涨也大多属于恢复性，城乡居民收入比已从 2003 年的 3.23∶1，进一步扩大到目前的 3.33∶1。

实践证明，增加农业经营收入既是增加农民收入的潜力所在，也是发展农业生产的动力所在，更是遏制城乡收入差距扩大趋势的关键所在，必须始终高度重视。

五、农业科技进步贡献明显，但科技管理中的深层次问题仍很突出

科技是现代农业发展的灵魂，也是农业转变发展方式的核心。多年来，我

国广大农技推广工作者在推广应用农作物优良品种和配套栽培技术、动植物疫病防控、动物品种改良和健康养殖、粮油机械化生产等一系列农业先进适用技术方面发挥了不可替代的主力军作用，使全国主要农作物良种的年更换率12%～13%，集成推广节本降耗、高产、优质、高效技术41.3亿亩，共增产粮食13 000多万吨、各种经作产品2 890多万吨；累计推广重大病虫害有效监控技术312亿亩次，约挽回粮食损失31 000万吨、棉花780万吨、油料1 250万吨；累计推广淡水养殖技术1 200多万公顷、海水养殖技术2 300多万公顷，新增产值近800亿元，为我国农业科技进步贡献率由改革开放初期的27%提高到目前的49%、粮食综合生产能力迈上5 000亿千克台阶发挥了重要的基础支撑作用。其中，2003年以来，我国粮食实现连续6年增产，增产总量达1 001亿千克，亩产提高35.85千克，科技对粮食增产的贡献份额达58.5%，作出了重大贡献。

但是也要看到，我国农业科技的一些深层次矛盾依然十分严重，特别是在农业科技研发上，真正对全国、世界、未来能够产生重大影响的成果较为缺乏，创新的基础不够扎实，科研管理方式落后、创新能力不足、动力机制缺乏、研究目标偏离、考核约束力弱、成果转化率低等问题仍然突出。以种子研发为例，目前我国在玉米等作物的品种选育水平上与美国相差20～30年，主要原因是由于我国种业科研分工不合理。美国90%的品种来自企业，绝大部分农业科研投入来自企业，其科研单位主要从事基础性、公益性研究，而我国科研单位多数从事商业化育种，从事基础性、公益性研究很少且缺乏严格科学的考核评价体系，目标首先锁定于争取国家项目投资，为研究而研究的现象较为普遍，现行的课题组式育种模式造成育种资源严重分散，80%研发工作都是重复劳动，很难与国外工厂化式的高效育种模式相比，农业科技研发方向与项目审批管理方式亟待转变。

六、农业投入总体上逐年增加，但长效机制仍未建立且效益偏低问题不容忽视

我国农业基本建设投入长期不足，历史欠账太多，这既是人们长期形成的共识，也是客观事实。然而，正是这种共识与事实，在很大程度上也掩盖了我国农业投入效益长期偏低的问题。近年来，我国农业投入逐年增长，但长效机制仍未建立，农业投资多头管理、外行包办、分散投入、重复建设的现象依然明显，投入体制机制已到了非改不可的地步，争取农业投入总量增长与投入效益提升必须两手抓。

具体看，主要存在四个方面的问题。一是投入不稳。统计数据反映，2004年以来中央财政支农资金占财政支出的比重总体是波动的，中间只有最近两年

略超过 2003 年比例。包括 2009 年前四批扩大内需投资直接用于农业的比重也是明显下降的。在国家"十一五"规划纲要中，农村建设重大工程的第一条是"大型粮油棉生产基地和优质粮食产业工程"，实际落实情况也不理想。二是渠道不多。除了农民自我投入以外，主要是依靠财政。2009 年全国新增金融贷款余额 10.52 万亿，数量巨大，但新增涉农贷款余额不到 20%，且直接用于农业的极少。国家开发银行规划局反映，近年来国开行每年仅用于支持中小企业发展的资金都在 1 000 亿元以上，但农业企业争取投入的比例大约不到 10%。三是体制不顺。投入资金多头管理，在相当一部分农业项目投资的决策和实施两个环节上，行业部门参与程度不够，有的甚至根本没有参与。四是效益不高。"重投入、轻管理，重建设、轻运行"，不能有效带动社会投入和发挥投资效益的问题还较为普遍。据估算，如果把中央各个部门的投入加起来，近年来每年投入农田基础设施建设的中央资金至少在 300 亿元以上，累计已具备了一定规模，但却因分散而难以看到明显效果。再如国外种子研发投资主要由企业承担，我国财政每年专项投入至少在 50 亿元以上，事实证明收效也远不理想。

七、建立海外农产品生产基地势在必行，但在抢前抓早的前提下必须做到谋定而后动

据有关报告，日本海外屯田从 1899 年开始，目前已拥有超过国内农田 3 倍的海外农田。近年来，世界范围内掀起了新一轮的境外"圈地"运动，韩国在蒙古、马达加斯加各签一个协议，即获得了 157 万公顷可耕地的长期使用权，柬埔寨的大片农田也已成为沙特阿拉伯、科威特以及卡塔尔等海湾国家的粮食基地。我国人口众多、资源有限，走出去开发国际农业资源，在海外建立农产品生产供应基地已成为保障我国粮食与食物安全的重大战略选择。随着全球一体化的加速推进，农业对外合作空间的不断拓展和支持政策的稳步增强，社会各界合力推进农业走出去的氛围日渐浓厚。特别是在金融危机后国际政治经济格局出现重大调整、我国的国际地位进一步提高的情况下，开发海外农业资源面临着新的机遇。

但是，也必须看到，农业走出去涉及政治、经济各个方面，影响国内国外多个领域，需要冷静分析、科学筹划、准确定位，在跟踪分析国外相关法律法规的基础上，积极应对贸易纠纷、降低海外风险，切实提高走出去质量。如果草率处之，可能欲速不达，甚至事与愿违，适得其反。联合国粮农组织总干事雅克·迪乌夫曾警告说，全世界正形成一种"新殖民主义"浪潮：富国的人民粮食无忧而贫穷的农民却日益增多。非政府国际组织"关注乡村"也曾警示，如果不谨慎小心，许多国家的土地还可能会以不公平的价格被别国租种。改革

开放后，我国有关方面曾积极推动在海外建立农产品生产加工基地，但大多因事前对目的地国政治、法律、政策形势研究不够而导致失败，最终不仅预期目标难以实现，而且投资也白白流失。2008 年，我国有关方面曾与菲律宾政府签订了长期租赁 224 万公顷土地的意向性合同，也终因菲政坛反对派攻击政府"卖国"而流产。

综上所述，实施农产品生产的全球化战略、实施海外屯田时不我待，但在抢抓机遇、加紧推动的前提下，必须做好深入研究，做到谋定而后动。相信只要情况明、定位准、出手快，我国境外农业资源开发利用一定会呈现崭新境界。

关于"十二五"农业农村发展
方针及政策取向的建议

"十二五"时期我国农业农村发展面临着一个全新的外部环境,国内外经济社会发展的阶段性要求将在一个较为宽泛的领域催生一些革命性的变化。这种变化对"三农"发展的影响总体上利大于弊,但转折期、过渡期、机遇期、风险期并存的特征明显强化,农业农村发展将处在一个十分关键的历史关头。

——城镇化、工业化步伐加快,农业农村发展既面临着保资源与保供给的巨大压力,也面临着空间拓展与投入增加的重大机遇

从压力看,2008 年我国人均农业耕地资源和人均水资源分别为 1.38 亩和 2 071 立方米,仅为世界平均水平的 43% 和 1/4。"十二五"期间,工业化、城镇化发展使我国耕地、水资源减少的趋势难以改变,仅以目前的递减速度推算,预计到 2015 年将分别减少到 1.31 亩和 1 770 立方米。在耕地和水资源刚性减少的同时,更大的压力来自于农产品需求的刚性增长。预计 2020 年我国粮食总需求达 11 450 亿斤以上,若要满足这一需求,今后 10 年,每年至少要增产粮食 80 亿斤。另据预计,到 2030 年,我国工业化已基本完成,人口将达到 15 亿,在这个阶段,西方发达国家的年人均粮食消费量是 1 000 千克,东亚发达经济体是 1 000 千克,我国按 500 千克计算,每年需要 7.5 亿吨。1998 年以来,我国人口增加了 8 713 万人,增长了 7%,但粮食产量只增长了 3.6%,仅为人口增长率的一半,如果按照这一速度,到 2030 年我国的粮食产量仅能增加到 5.7 亿吨,也就是说将有 1.8 亿吨需要进口,相当于目前全球粮食贸易量的 80%。随着资源约束日益趋紧,工业对原材料及替代能源的需求日益加大,其中目前全球工业玉米消费比例以每年 0.5 个百分点的速度迅速增长,靠国际市场调剂粮食余缺越来越不可能。

从机遇看,工业化、城镇化发展也将为农业农村经济带来巨大的生命力,农村劳动力转移就业空间将更为广阔,农业增效和农民增收的动力将更加强大。特别是随着经济社会快速发展,国家的综合国力和财政实力不断增强,财政支农力度不断加大。"十一五"以来,我国 GDP 平均年增长速度接近 10%,

---

本文原载于农民日报上送件,专期发送中央领导及有关部委主要负责同志参阅。

人均 GDP 从 2005 年的 1 700 多美元增加到 2009 年 3 700 美元，4 年时间翻了1 番多。综合考虑我国劳动力容纳能力，各种资源的有效利用情况等各种能力和政策因素，预计"十二五"期间我国国民经济会继续保持快速发展势头，GDP 年增速仍有望保持在 10％左右，预计到 2015 年末，我国人均 GDP 可望达到 6 000 美元左右。与此同时，国家财政收入快速增长，财政支农力度也随之不断加大。"十二五"期间，国家财政支农规模将继续快速增长，按 2008 年不变价格，根据 ARMA 模型预测，到 2015 年国家财政支农投入可望在 1 万亿元以上，比 2008 年增长 1 倍以上。就像很多人都难以想象 2006 年能够全面取消农业税一样，在中央重农方针的指引下，可以预见，今后中央还会有历史性的重大支农政策出台，实际支农投入总量可能比预计的更大。

——**国际化、市场化步伐加快**，农业农村发展既面临着保障农业产业安全的巨大压力，也面临着更加有效地利用两个市场和两种资源的重大机遇

从压力看，近几年，我国农产品进出口逆差急剧扩大，并且金融危机后这一趋势更为明显。2004 年逆差为 46 亿美元，2009 年达 130 亿美元，5 年扩大了 1.8 倍；2010 年 1—5 月全国农产品贸易逆差达到 87.5 亿美元，同比扩大 111.8％，其中小麦、大豆、棉花、奶粉进口量分别为 69.5 万吨、1960.1 万吨、152.2 万吨、18.1 万吨，同比增长 206.1％、12.8％、146.1％和 69.9％。在我国水土资源短缺的形势下，进口增长有利有弊，远比进出口形势更为严峻的是，国际资本对我国农业领域渗透日渐深入，从当初参股经营发展到兼并收购，从参与单一环节发展到控制整个产业链，我国包括种业在内的农业核心竞争力受到损害，农业产业安全面临严重威胁。在产业控制方面，我国 80％的大豆进口资源被四大跨国粮商垄断，70％以上的大豆压榨能力掌握在外资企业中，外资在原料进口、产品加工、市场供应等环节完全掌握了主导权。在种业方面，跨国种业巨头凭借品种技术优势和雄厚研发实力迅速扩展在我国的种业市场份额，我国农业在全球化竞争中处于不利地位，形势非常严峻。

从机遇看，随着经济社会的发展，世界农产品市场需求快速扩大。据专家测算，目前全球农产品和食品的市场规模分别为 1.4 万亿美元和 4.4 万亿美元，两者相加超过汽车产业（1.6 万亿美元）和信息产业之和，特别是食品市场到 2020 年预计将激增 50％至 6.4 万亿美元，为我国优势农产品出口创造了有利条件。近年来，我国农业外资利用水平进一步提高。截至 2007 年，农业利用国际组织及外国政府优惠贷款近 70 亿美元，仅世界粮食计划署提供的无偿援助就达 10 亿美元。"十二五"时期，预计我国农业利用外资的规模将继续呈现明显扩大趋势。此外，伴随我国国际地位的不断提高，在合作、共赢的原则下，我国对境外农业资源的开发利用也将呈现新的境界。

——后国际金融危机时期的到来，农业农村发展既面临着宏观形势不确定性较多的巨大压力，也面临着新科技革命和产业转移带来的重大机遇

从压力看，由于我国农业农村经济发展的国内和国际环境与过去相比已经发生很大变化，农业农村经济与国民经济的联系、中国农业与世界农业的联系日益紧密，对农业农村经济的影响越来越大、越来越深，农业农村经济发展的不稳定、不确定因素显著增多。胡锦涛总书记告诫："当前我国经济回升的基础还不牢固，经济运行中的新老矛盾和问题相互交织，后国际金融危机时期的国际经济环境更加复杂。"事实的确如此。当前，世界经济正在缓慢复苏，国际金融危机的不利影响正在减小但并未消除，即使"十二五"进入后金融危机时期，这种不利影响仍可能存在。国际金融危机暴发后，许多国家贸易保护主义抬头，一些国家对进口的农产品设置各种新型贸易壁垒。据商务部调查，我国90％的农业及食品出口企业受国外技术性贸易壁垒的影响，每年损失约90亿美元。国外实施的技术性贸易壁垒已成为制约我国农产品出口的巨大障碍。此外，欧洲部分国家的主权债务危机已正在对世界经济造成新的打击，前景尚难预测，对农业农村经济发展的影响也不可低估。

从机遇看，国际金融危机影响下，世界经济格局加速由单极转向多极，重挫了美国长期依赖虚拟经济财富效应支撑负债消费的增长模式，打破了华尔街乃至美国经济的神话，并动摇了美国经济金融的霸主地位。世界产业布局重新洗牌，全球产业将加快向具有低成本、市场潜力大等优势的发展中国家或其他新兴市场转移。2008年，新兴市场国家经济总量占世界经济的4成以上，对全球经济增长贡献率超过50％。在国内，产业转移步伐也在明显加快。近年来，我国交通设施条件整体大幅改善，企业用工成本逐步上升且东部地区最为明显，发达地区产业发展原有的用工、运输等低成本优势日益弱化，特别是国际金融危机暴发以来，沿海企业出现了集中向农村和中西部地区迁移的趋势。如全球手机代工巨头富士康国际、世界500强博世力士乐电子传动与控制（深圳）公司等。这种趋势必将在较大程度上带动农业农村加快发展。同时，每一次世界经济危机都会带来一次重大的技术革命，进而带动产业转型。70余年前的大萧条尽管使美国经济倒退了30年，但依靠汽车、石化、通信等领域的技术创新，他们仅用了8年时间即得到恢复，进入重化工业时代，并一跃成为世界首席经济强国。30余年前的两次石油危机期间，重化工业遭受严重打击，但美国大力发展计算机、航天航空、生物工程等一批高附加值、低能耗的新兴产业，顺势完成了经济结构的转型。与此同时，欧洲在计算机、机器人、通信网、新材料等领域先后取得了一大批超前技术成果，为产业转型奠定了坚实基础。本次危机也不会例外。目前，美欧和日本等国政府及其处于顶层的一些企业正在酝酿一场新的产业技术革命，其中引起高度重视的新能源技术、生物技术等，对农

业农村发展有着直接影响，可望带动现代农业技术出现新的飞跃。

党的十六大以来，中央在解决"三农"问题上下了很大决心，作出了一系列理论判断与政治决断，已经较为系统地确立了新时期解决"三农"问题的理论、方针和政策体系，并在工作实践中发挥了强大的引领和支撑作用。面对前所未有的重大机遇与挑战，"十二五"农业农村发展需要在继续贯彻落实"重中之重""统筹城乡""工业反哺农业、城市支持农村"等方针政策的基础上，制定更有号召力的方针、更宏大的战略和力度更大、更具针对性的政策。

（一）在形势认识与指导思想上，建议更加牢固地树立以"三农"为本的发展观念，突出强调"三个在"，即扩大内需、发展经济的战略纵深在农村，城镇化、工业化发展的基础支撑在农业，全面小康与和谐社会建设的首要问题在农民

从经济发展的战略纵深看，当前，出口拉动型经济增长模式面临前所未有的挑战，拉动内需、扩大消费必将成为"十二五"时期我国经济发展的重大战略任务。目前，发达国家消费占 GDP 的比重达 70%，而我国只有 45.1%；近年来，农民边际消费倾向高于城镇居民，据凯恩斯消费函数测算，2008 年农村居民边际消费倾向为 0.65，比城镇高 0.09。由此可见我国农村扩大内需、提振消费的空间和潜力巨大。从城镇化、工业化发展的基础支撑看，近年来我国农业发展虽然连续七年保持了良好态势，但基础仍不稳固，传统生产经营方式依然占据主体地位，农业现代化步伐明显滞后于工业化和城镇化。从全面小康与和谐社会建设的首要问题看，我国城乡二元结构仍未打破，农村发展仍然远远滞后于城市，特别是城乡居民收入差距持续扩大，2004—2009 年，农民收入年均增幅低于城镇居民 2 个百分点，城乡居民收入绝对差距由 6 485 元扩大到 12 022 元，相对差距由 3.21：1 扩大到 3.33：1，已成为全面小康建设目标实现的最大难题，成为影响社会和谐发展的重大隐患。在上述背景下，"十二五"时期很有必要把对农业农村地位的认识提到一个更高的层次。

（二）在发展方针上，建议在坚持"重中之重"基本要求的同时，进一步明确提出把农业农村发展放在经济社会发展的首位，突出强调"三个优先"，即在政策扶持上优先倾斜，在资金投入上优先安排，在产业布局上优先规划

美国、西欧等发达国家和地区总体上一直把农业农村发展放在突出位置，不讲条件地予以支持；即使走了弯路的拉美国家现在也回过头来，对农业农村发展予以高度重视。国际金融危机暴发后，世界一些国家不仅没有削弱对农业农村发展的支持，反而在经济不景气的情况下纷纷加大了支持力度。比如，在遭受国际金融危机之后，2008—2011 年，美国农业部执行的财政预算分别为 930 亿美元、1 280 亿美元、1 350 亿美元和 1 490 亿美元，仍然保持连年增长态势。

尤其是对于具有战略意义的农业科研方面，美国政府的资金支持更是跨越式增长，2009—2011 年，美国对农业应对气候变化的研究经费分别达到 5 200 万美元、1.12 亿美元和 1.59 亿美元，对可再生能源的研究经费分别达到 8 800 万美元、1.27 亿美元和 1.79 亿美元，这些做法值得我们借鉴。特别是国际经验教训表明，人均 GDP 达到 3 000 美元是经济社会发展的重要分水岭，要保持经济社会健康发展的态势，必须把农业农村发展放在更加突出的位置。

（三）在发展目标上，建议把提高农业农村发展速度放在显著位置，突出强调"三个加快"和"三个一样快"，即农村发展要加快，新农村的建设步伐要像前些年城市发展一样快；农业发展要加快，现代农业建设要像前些年工业发展一样快；农民收入增长要加快，农村居民收入增长要像前些年城镇居民收入增长一样快

近年来，在党的方针政策指引下，我国"三农"发展取得了重大成就，现代农业建设迈出重大步伐，新农村建设扎实推进，农民收入实现加快增长，但农业与工业相比、农村与城市相比、农民收入与城镇居民收入相比，差距仍呈扩大趋势。据统计，2001—2009 年，全国城镇固定资产投资年均增速为 26.27%，农村固定资产投资年均增速仅为 19.84%；工业生产总值年均增速为 15.21%，农业生产总值年均增速仅为 10.56%；城镇居民人均可支配收入年均增幅为 12.16%，而农村居民人均纯收入年均增幅仅为 10.22%。在发展基数本身差距较大的情况下，如果"三农"发展速度不加快，势必造成工农差距、城乡差距进一步扩大，严重影响国家现代化进程和城乡统筹发展与和谐社会建设。

（四）在政策措施上，建议建立更加具有强制力的财政投入增长规定，突出强调"三个大幅度"，即大幅度增加对农业发展的投入、大幅度增加对农村基本建设和社会事业的投入、大幅度增加农民基本社会保障的投入

从财政投入总量看，虽然逐年增长，但增速波动较大，投入不稳的问题依然存在。据统计，2004—2009 年中央财政支持"三农"支出的年均增幅虽然达到 22.53%，但年际波动极为明显，2008 年增幅达到 37.9%，2005 年增幅只有 13.29%，差距达 24 个百分点。从财政投入结构看，近年来对农业生产的投入占比依然相对较小，且支持重点也大多分布在大江大河治理、大中型水库除险加固等大型水利工程，对与农户从事农业生产直接相关的基本建设投入较少。从财政投入"三农"的制度保障看，虽然《中华人民共和国农业法》对中央、地方财政农业投入总量和增幅均有明确要求，但没有强制性条款对此做出硬性规定，缺乏有效的执法监督与责任追究体系，财政支持"三农"支出的制度保障依然脆弱，必须切实加强。同时，从解决最急需、最迫切、最薄弱的问题入手，调整财政"三农"支出结构，将更多财力向直接支持农业生产发展倾斜，向改善农村民生倾斜。

基层农业部门干部谈"十二五" 农业应关注的若干问题

近日，我在四川省调研时，就"十二五"农业发展应关注的问题与南充市西充县、大英县等地基层农业部门干部进行了座谈，现将座谈反映的主要观点梳理为九个重点问题，简要报告如下。

一、比较效益低下对农业特别是粮食生产的影响更加凸现

基层农业干部表示，中央对农业生产的补贴基本上全部被成本上涨吞噬，效益下滑严重影响了农民的生产积极性。西充县农业局党组成员、农技站站长李华反映，2010 年当地的水稻种子价格已由上年的 27～28 元/千克上涨到40～45元/千克。大英县农业局局长陈兴学讲，现在农民能出去打工就不种地，即使种地也要看劳动强度和比较效益。据他分析，受农资、水费等成本上涨以及农民种植观念改变等因素的影响，预计该县今年的水稻种植面积将比去年减少约 1/3，保守估计在 10 万亩以上。不少干部认为，目前流转出去的耕地很少有用来发展粮食生产的，"十二五"期间如果农业特别是粮食生产效益不能有效提高，农业将面临很大的下滑风险。

二、应下大力气加强农业基础设施特别是末级渠系建设

据西充县农业局土肥站站长杨晨曦介绍，2000 年以来，农业部标准粮田建设项目先后在该县投入 600 万元，按照 200 元/亩的标准，对 3 万亩农田生产条件进行了改善；财政部农发项目投入 3 500 多万元，按照平均约 700 元/亩的标准，对 5 万多亩农田生产条件进行了改善；国土部门土地整理项目按照 1 万元/亩以上的标准，近 6 年每年对 3 000 多亩的农田生产条件进行了改善；发改委对大型商品粮基地项目投入 1 000 多万元，按照约 600 元/亩的标准，对约 2 万多亩农田生产条件进行了改善。十年内累计进行过基础设施建设的农田仅占全县农田总数的 1/5，80% 的农田完全属于"望天收"。大英县农业局办公室干部反映，该县位于都江堰灌区范围内，虽然骨干水利工程条件不错，但远距

本文原载于 2010 年 6 月农业部发展计划司《三农问题调研材料》。

离调水费用太高，农民承受不起。两个县的农业干部建议，"十二五"期间国家应大幅度增加农业基础设施特别是末级渠系建设的投入。

三、农业种子市场仍存在不少问题，建议实行种子专营和国家储备制度

西充县农业局农技站站长李华说：一方面，现在种子市场很难管，集中整治必须借助工商、公安等部门的力量，而平时农业部门执法手段很弱，种子经销商对付检查的办法很多，种子市场以次充优、价格炒作的问题很难治理；另一方面，政府对种子生产的组织与整合不够，调节供应的能力不足。对此，他建议应实行种子专营和政府专储制度。南充市农业局副局长廖永国认为，种子市场不应完全放开，国家应该对现行的《种子法》进行修改。

四、高度重视农业生态环境和耕地质量建设

南充市农业局副局长廖永国表示，由于工业污染、农业自身的面源污染、养殖业污染等因素，现在农业生态环境脆弱、耕地质量下降的问题越来越突出。他建议国家应统筹安排，加大投入，具体抓好五件事：一是大力发展农村户用沼气，特别是规模化养殖场大中型沼气建设。目前，国家对发展户用沼气每户补助 1 500 元，农民需要配套约 1 500 元，压力较大；南充市规模以上的养殖场有 3 000 个，而大中型沼气项目不到 10 个。二是继续大力实施测土配方施肥项目。这一项目实施的效果很好，但投入太少，并且还在减少。三是要大力发展生物质能源。特别是现在秸秆浪费现象突出，且焚烧带来的污染问题严重。四是对全国耕地质量进行一次普查。五是开展农业生态区域监测站点建设。

西充县农业局土肥站站长杨晨曦建议大力推广秸秆还田。他说，通过宣传培训教给农民科学的方法，每亩地购买 20 元的腐蚀剂即可达到减少污染和提升耕地质量的目的，建议中央对此予以补贴。

五、积极改善基层农业部门工作条件

杨晨曦、张弟君等西充县农业局干部反映，该县农业局有 99 名职工，办公楼于 1992 年建成，包括化验室等业务用房在内总面积不到 1 000 平方米；国家多数农业项目由发改、财政部门组织，但技术上还得依靠农业部门，土肥站等单位的运转经费基本上依靠给这些部门打工挣来。南充市农业局计财科长李劲说，该局除了人头工资以外，每位在编人员一年的差旅费定额 1 000 元，下属单位有的只有几百元，年终也不存在奖金的问题。西充县农技站站长李华说，由于工作条件和待遇较差，农业部门很难招揽和留住人才，站里去年好不

容易招了一个科班生，上了一天班就辞职走了。西充县农业局科教股股长袁延林说，全县有 50 多个乡镇，而乡镇农技站干部中农业院校毕业的只有 14 人。市县农业部门干部一致建议，要重视解决基层农业部门基本的工作条件问题。

六、加快基层农技推广体系改革与建设

西充县农业局袁延林、张弟君等反映，该县乡镇农技站、农经站等 2004 年管理权下放以后，县农业局对乡镇站除了干部评定职称以外，什么也管不着，加之上面也不搞先进评比了，系统内干部工作的荣誉感明显淡化，统一组织农业科技活动很困难。现在乡镇站的房子等资产基本都没有了，中央在基层农技推广体系改革项目中对乡镇农技站建设每个补助 30 万元，很难解决问题，而县财政每年的本级收入只有 6 000 多万元，靠地方配套也不可能。市县两级农业部门干部一致表示，他们非常怀念 20 世纪 80 年代政府加强基层农技站建设的成就，建议国家下决心解决基层农技推广体系人散、线断、网破的问题。

七、完善部分农业项目投入和实施管理办法

西充县农业局土肥站站长杨晨曦、南充市农业局计财科长李劲说，不同部门管理实施的农业项目投入标准差距太大；资金安排上有的有培训宣传和工作经费，有的没有；重复建设的问题也比较明显，应该统一起来。西充县农技站站长李华说，应该改革有关农业补贴方式，种粮补贴一定要补给种粮的农民，良种补贴一定要补在良种上；西充县人均耕地只有 0.9 亩，一家一户买拖拉机不可能，近几年给县里的农机具购置补贴指标都没有用完，建议中央根据实际情况进一步扩大农机具购置补贴范围，加大对小型农机具的补贴。他同时建议，要加大对新型农业机械研发工作和农民专业合作社购买农业机械的支持力度，加大对补贴农机具价格和质量监管力度。

八、加强基层农业干部培训和农村实用人才培养

西充县土肥站站长杨晨曦表示，现在不仅是农业专业干部人才缺乏，而且现有的专业干部知识老化的问题也很严重。他建议国家出台政策分期分批对基层农业干部实行分级培训，用 1~3 年时间对基层农业部门干部都培训一遍，并加强他们与大专院校和科研院所的联系。西充县农业局科教股股长袁延林认为，农村实用人才在推广农业科技、引导农民致富上具有重要作用，但中央在这方面还没有专门投入，建议财政设立专项资金，加大对农村实用人才的培养力度。

九、强化地方政府在农业发展上的责任

多数农业部门干部建议，要改革对地方政府的考核办法，通过干部考核体现对农业实实在在的重视，将"米袋子"省长负责制内容细化、实化，并改为"地方行政首长负责制"。

关于乡村经济发展问题的若干思考

乡村经济是相对于城市经济而言的。改革开放以来，乡村经济和城市经济同沐春风，相互辉映，两大经济版块共同构筑了整个国家经济的大厦。但比较而言，乡村经济建设上的投入没有城市经济的大，乡村经济发展的速度不如城市经济的快，质量不如城市经济的高。当前，我国经济社会发展进入了一个新的关键时期，乡村经济的滞后发展，从一定程度上已经制约了城市经济的发展，也影响了整个国民经济的健康发展。因此，更多更切实地关注、研究和抓好乡村经济非常重要，也十分必要。

一、从政治和经济的双重高度认识我国加快发展乡村经济的极端重要性

第一，从政治的层面来考虑，加快发展乡村经济是一件首要的大事。我国是一个农业大国，更是一个人口大国，人口数量占世界总人口近1/4已经有几百年的历史，尤其在现阶段，我们有70％的农村人口，达9亿之多，无论从数量还是比例均为世界所罕见。因此，在我国，可以说农村稳则天下稳，农村乱则天下乱。同时，在目前我国人口占世界人口近1/4，而人均土地占有量0.08公顷，仅为世界平均水平1/3[1]的情况下，如何促进农村经济快速发展，保证农民丰衣足食，不仅对我国的稳定和发展非常重要，而且对整个世界的稳定和发展都是巨大的贡献。在加入WTO谈判的过程中，争议焦点最终集中在农业上，加入WTO后，受到冲击程度最大的是农业，如果我们不及早应对，不大力发展农村经济，在国际国内政治上都将面临丢分的很大可能，并且一旦出现大的震荡，局面将很难收拾。邓小平同志生前曾经深刻指出："20世纪90年代经济如果出问题，很可能出在农业上；如果农业出了问题，多少年缓不过来，整个经济和社会发展的全局就要受到严重影响。"农业是农村经济的神经中枢，怎样看待农村经济的发展，小平同志的话值得我们去反复认真地思考。

第二，从经济学的角度来看，乡村经济的发展对于城市经济乃至整个国民经济的发展有着巨大的支持和促进作用。近几年，我国不断加大力度，采取了

本文原为全国乡村经济发展座谈会重点交流论文，后刊发于《农村工作通讯》2002年第12期、《农村改革与发展》2002年第6期并被列为封面要目。

一系列积极的财政政策，通过扩大政府投资来弥补需求不足，对促进经济的快速发展起到了显著的作用。但是，对于民间的投资到今天也没有真正拉动起来。有少数人认为这是因为政府投资对民间投资产生了"挤出效应"，这种观点有些牵强，笔者难以苟同。因为政府投资主要集中在重要的基础设施建设上，与民间投资没有根本的冲突。之所以没有拉动，重要的原因在于消费者，特别是占人口绝大多数的农民手中缺钱。关于这一点，不仅很多人有切身的感受，而且国家的统计资料中也深切地反映了出来。主要指标为，第一产业增加值增长率继 1990 年之后，于 1996 年达到峰值，为 5.1%，而此后，一直在 2.4～3.5 个百分点之间徘徊，并且连续 4 年为 2 个多百分点；农村居民人均纯收入增长率继 1985 年之后，同样于 1996 年达到峰值，为 9%，此后一直在 2.1%～4.6% 之间徘徊；农村居民消费实际增长率于 1996 年达到改革开放以来的峰值，为 14.4%，此后也一直在 2.1%～5.0% 之间徘徊，连续 6 年平均增长率为 3.88%，远远低于城镇居民同期消费的实际平均增长率 10.43% 的水平。[2] 根据经济学理论，宏观经济总是表现为一条循环的经济链，而消费则是这根链条的起点和终点。在买方市场背景下，扩大内需，开拓市场，是关系我国经济能否快速发展的关键。我国有 9 亿农村人口，2.3 亿个农村家庭，农村的需求启动不了，就无所谓启动全国的内需。而农村需求要想很好地启动，核心问题则是如何尽快地加速乡村经济的发展。

二、充分认识和深刻分析我国乡村经济目前面临的形势和问题

经过 20 多年的改革，我国乡村经济得到迅猛发展，一些有地理、政策、环境优势的地区首先发展起来。特别是沿海经济发达地区出现的以城镇化、工业化、信息化为主要特征的农村现代化进程的加快，使得传统意义上的乡村经济已经分化。广东、福建、浙江、山东等东南沿海省市的大部分乡村和以江苏华西村、河南南街村等为代表的内陆的一小部分地区，其工业以及第三产业的经济收入已远远超过农业经济的收入，成为主导产业，农业产值在生产总值中所占的比例较小，这些地区已明显呈现出准城市经济特征。而在广大的中西部，由于多种原因，传统农业在整个经济中还占相当大的比重，经济发展相对缓慢，农村所面临的各类社会经济矛盾十分突出，乡村经济发展面临着前所未有的困难和挑战。

（一）经济增长的基础条件有限

一是农业生产上的痼疾较多。①农业基础脆弱，发展后劲严重不足。据调查，我国农业固定资产占社会固定资产的比例不到 1/5，农业劳动者人均占用固定资产只有工业劳动者的 1/4。美国农业劳动者平均资金占用量超过了工业部门，与我国经济发展水平相近的国家，农业劳动者人均资金占用量也比我国

高出许多。1952—1986 年国家对农林水气的基本建设投资占基本建设总投资的 8.9%，"六五"时期下降到 5%，20 世纪 80 年代中后期又下降到 3% 左右，远远低于工业基本建设投资绝对额的增加幅度。与此同时，农村各类集体经济组织用于农林牧渔业的固定资产也只占固定资产投资总额的 11.7%，农民自身固定资产投资也只有 13.2% 是生产性的。各种渠道的基本建设投资的减少，使得大批基础设施老化失修，农业综合抗灾能力不断下降，成灾率和成灾面积不断回升。[3]②科技含量低，结构不合理，农产品缺少市场竞争优势。就大宗农产品而言，由于要解决十几亿人口的温饱问题，相当长的时期内我们总的倾向是重量轻质的。把农产品拿到国际市场去，值钱的太少，能够顺利拿到"国际市场通行证"的更少。③由于政府对农业缺少补贴、基础设施落后，使农民在抗灾等方面的基本投入增加，以分散的家庭经营为单位使户均土地拥有量相对很小、亩均效益难以提高，这些因素导致我国以粮棉为标志的大宗农作物产品价格远远高于国际市场价格。因此，如果拿我国的农业和发达国家的农业比，犹如拿一头老水牛和一只小老虎相比，大而弱很难抵挡小而精，况且个别国家的农业，如美国是属于大而强型的，如果我们不及时采取得力措施，加快乡村经济的发展，加入 WTO 后的农业保护期一过，我国农业将面临列强新的"围剿"，形势岌岌可危。

二是工业化、城镇化水平低，对乡村经济拉动作用有限，乡村经济发展缺乏推力。在前些年"大呼隆"发展乡镇企业时，村村点火、户户冒烟，乡镇企业曾有过一段时间的辉煌，对推进乡村经济发展做出过很大的贡献。但是中西部地区的乡村企业由于先天不足，现在大多已倒闭，留下一堆乱摊子。正如联想集团总裁柳传志所认为的那样，由于外部环境加内部管理的问题，许多小企业不长大或办不长，往往各领风骚三五年就销声匿迹了。这些企业不仅没有带来效益，而且留下了沉重的包袱。与此同时，我国城镇化水平不到 39%，远远低于欧美等发达国家 70% 的平均水平，也显著低于世界 47.5% 的平均水平。[4]城镇化水平低，不仅使大量劳动力滞留在农村难以转移出去，而且影响农业成本的降低和单位效益的提高、农村市场的发育、农村人均纯收入的增长，更重要的是使乡村经济缺乏和城市经济相连通的桥梁，在农村难以培育出农业以外的经济增长点、增长极和增长带，不利于生态环境保护和整个农村经济社会的可持续发展。

（二）集体经济亏空严重

目前，在全国很多地方，乡村集体经济亏空几乎成了一种较为普遍的现象。安徽省是全国最早进行税费改革试点的省份，改革过程中，他们对乡村债务进行了摸底，全省 2/3 的村负债，其中负债 5 万元以下的村占 22%，5 万～10 万元的占 24%，负债 10 万～50 万元的占 14%，负债 50 万元以上的占

6.6%。[5]湖北省襄樊市襄阳区最近几年每年都要对乡村债务进行摸底统计，其中去年统计村级债务达6.9亿元，乡级债务达1.4亿元，乡（镇）平均500万元，村平均110万元。通过一年多的减债，今年又进行统计，乡平均、村平均仍然分别高达430万元和70万元。据有关资料显示，到2001年，按保守数字，全国乡村集体债务为3 259亿元，乡（镇）均300万元，村均20万元。由于集体债务等原因，乡村经济发展缓慢，财政收入短缺，全国有1 100多个县发工资存在着很大的困难。[6]可见，在这种情况之下，乡村两级想要通过集体投资来拉动乡村经济不仅办不到，而且因为它的亏空势必制约乡村经济的正常发展。

（三）乡镇政府最基本的刚性支出难以保证

对绝大多数传统农业乡镇和村级组织来说，由于近年来农业比较效益低下，农民增收困难，造成乡镇财政收入困难，乡镇一级财政成了"吃饭财政"，甚至连吃饭都难以保障。例如湖北省襄樊市襄阳区朱集镇实行税费改革后，每年农业税正税为485万元，加上转移支付资金200万元、地税实际收入30万元，全镇每年的可用财力为715万多元。而支出方面，仅教师基本工资一项每年就需要近600万元，加上干部工资近100万元，700万元所剩无几。这样，不仅对上级的体制上解资金无法保证，而且最基本的计划生育费、优抚费、政府机关运转资金、义务教育基本经费等都没有着落，仅此几项资金缺口就在400万元左右。乡镇财政困难，没有资金对农村经济发展进行再投入；而村级和农户因增收困难，没有资金投入，也不愿冒着风险投入，造成乡村经济"造血"和"补血"功能大大降低。

乡村经济发展面临和存在的问题很多，主要是这三个方面。导致这些问题的原因是多方面的，有客观的，也有主观的；有宏观的，也有微观的；有历史的，也有当前的；有经济管理体制的，也有具体工作环节的，等等。对于这些问题，我们不能够否定，更不能够回避，唯有实事求是地直面它、正视它，并认真地加以解决，乡村经济才能破浪远航。

三、抓住问题的症结和重点，激发乡村经济发展的新活力

我国经济改革的成效和经济增长的速度，一直以来受到了国内外一致的广泛赞誉，取得了十分了不起的成绩。从大的方面来看，党和政府在经济工作上的方针政策是完全正确的，成绩是主要的和绝对的，但为了更好地推动发展，具体工作和具体环节上的问题需要我们认真地加以审视，并视情况不断调整思路、完善制度、规避矛盾、应对挑战。当前，重点是要围绕乡村经济结构调整、农村市场的培育和开放开发、建立对风险敏捷的防范和纠偏机制等方面深入思考，多想办法和出路。

（一）着手农地制度的改革，靠调整生产关系促进生产力的发展，催生农地产出效益的第二次飞跃

土地制度是农村最基本的一项经济制度，始终是一个敏感的话题。土地分户承包、家庭经营、长期不变，是十一届三中全会以来农村政策的精髓，没有多少人敢于触及，更没有人能够撼动。但尽管这样，近10年来，各地关于土地制度的探讨和改革的声音并没有间断过，有的地方甚至做了大胆而有效的探索，最有典型代表性的是90年代早期发端于重庆铜梁的"两田制"。这种制度虽然最终没有被中央认可，更没有产生像当年安徽凤阳"大包干"那样的剧烈震动，但它毕竟也产生了较长时间和较大面积的影响，代表了改革的一种愿望和潮流。

事实上，我们十分拥护十一届三中全会制定的土地政策，并认为它是十分英明和绝对正确的，但我们也不能不认识到，这一政策是在特殊的背景之下产生的，它在当时乃至此后的较长一段时期，使农民自给自足实现温饱的愿望逐步得到实现，使生产力诸多要素中长期压抑的巨大能量几乎在一瞬间得到酣畅淋漓的释放，极大地促进了乡村乃至全国经济的大发展和农民收入的大提高。但是，到现在已走过了25年，国际国内形势都发生了巨大而深刻的变化，并且有些情况是瞬息万变的，要说我们的土地政策在这种情况之下不需要做任何的调整和改革，恐怕不是唯物主义的观念。

当前我们面临的实际问题是，一方面，从国际环境来看，极其分散的小生产在科技运用、规模效益、单位效益等指标上，都无法和发达国家的农业生产相比；另一方面，从农村和农民自身而言，由于土地单位产出效益低，农民负担相对无法根本减轻，集体亏空严重而又无法通过增加土地收入来弥补，基层运转存在很大问题。经过一段时间，农业人口和耕地条件将出现较大变动，在有人无地、有地无人、数量不均、地力不均等情况之下怎样去实现土地的合理有效流转等，都已成为农村现实并日益突出的矛盾，有的甚至已严重危及到了农村社会的稳定。

总之，农地制度不改是相对的，改革是绝对的，至于怎么调整，尚需要借鉴先进做法，结合本国国情。群众是历史的创造者。只要不背离社会主义大方向，不偏离最根本的方针政策，不妨按小平同志说的："允许大胆地试、大胆地闯。"

（二）坚定不移地依靠吸引民间投资解决投入不足和发展不够的问题

区位优势和政策支持对一个地方的发展十分重要，但如果认真地加以总结和分析，其实每个地方都可以找到自己的优势和潜力。对于这一点，湖北省保康县尧治河村就是一个很好的佐证。该村地处平均海拔1 680米的高山之巅，但他们照样把公路修到了山顶，把大坝和电站筑到了半山腰，1999年全村创产值 3 000 万元，成为全省的 500 强村。首先，在市场经济不断深化和乡村集体经济亏空严重的情况下，特别是在发展企业和建设小城镇上，政府和村集体一定要退出投资主体地位，避免新的债务和因管理不善而背上更大的包袱，而应以吸引外来和民间投资为主。传统农业地区招商引资的确存在很大困难，像湖北省襄樊市朱集镇地处内陆偏远地区，无区位优势、市场优势。但是却有丰富的农产品资源，其中花生种植面积就达 4.2 万亩，油菜籽种植面积 4 万亩，年产花生 1 680 万千克，年产油菜籽 1 000 万千克。同时，又处于河南南阳平原和鄂北岗地两大花生重要产区的交接处，50 公里半径内形成了近 20 家花生大市场，其中相距仅 15 公里的襄阳刘集花生大市场年经销花生就达 2.2 亿千克。如果在朱集镇引进一家大型食用植物油加工企业，实现就地加工生产销售，不仅有可靠的优质廉价原料保障，而且能为企业减少中间环节，降低生产成本。以每发往两广一带一火车皮 60 吨油料平均需要 10 万元费用计算，兴办一个日加工能力 500 吨的食用油加工企业，一年仅原料运输费用就可以节约 7 000 万元。这些优势，如果单纯只是靠泛泛的宣传发动、广告招商、组团参展、经贸洽谈会等短效的接触，很难达到目的，也吸引不了大型企业前来投资，因为地理位置差，可能还没开始谈生意，就使商家失去了进一步了解的兴趣。一些地区通过政府组织公务人员到国外交流学习、招商引资，但是效果甚微。交流回来的人员要么外流，要么退化还原成本色，并没有在发展经济方面作出多大贡献。传统农业地区如果组织务工人员有针对性地到沿海发达乡村或大型企业挂职锻炼，靠他们耐心、反复、充分地宣传本地区的资源优势和市场潜力，通过他们牵线搭桥吸引外来资本，也许才是一种现实的有效途径。

在小城镇建设上，同样要靠资源换取资金，靠吸引外来投资促进发展。例如朱集镇正在规划建设中的南环路共计 1 200 多米长，如果政府投资开发，既没有资金投入，又有极大市场风险。但是如果采取市场化运作，吸引民间资本和外来资本进行开发，只需投入启动资金 200 多万元，就可完成最基本的基础配套设施建设，仅道路两旁至少可建成 600 多间商品房，按原来每间临街商品房用地一般可拍卖到 1.5 万～2 万元计算，毛收入就可突破 1 000 万元。加之建设投入和建成后集贸市场的扩大，对于拉动全镇经济增长、实现可持续发展都会带来长期巨大的效益。可见，只要善动脑筋、肯想办法，靠引进促发展的潜力无处不在。

（三）让政府和干部在新的角色定位中，为农民增收取下"紧箍咒"，当好"服务生"和"保护神"

转变政府的职能，转变干部的行为方式，早已经是老生常谈了，遗憾的是改革已经进行了几十年，转得却仍很不够。那么，转什么？一言以蔽之，就是把习惯性的行政命令转到综合性的配套服务上来，从越位的地方退位，在错位的地方让位，到缺位的地方补位。当前突出的是要解决两个问题。

第一，充分尊重农民的主体地位，引导但不压迫农民种这养那。农民是农业和农村经济发展的主体，这一点必须明确，农民的主体地位是由农民的商品经济地位以及农民在农业和农村经济发展中的具体作用等因素决定的。尊重农民的主体地位，具体讲，就是要尊重农民的土地承包权、生产决策权、自主经营权、产品处置权和经营收益权。

尤其是绝不能向农村下达指令性的种养计划。这方面，很多地方都有一些深刻的教训。以湖北襄樊某镇为例，20世纪90年代中期，由于不考虑本地气候、市场、技术水平等因素，盲目学习山东，通过行政手段，先后投资500多万元陆续建起一些蔬菜大棚，最后没有一户成功的，到目前已被群众自发铲除殆尽。20世纪90年代末，政府又出面引种"春不老"萝卜，一次性强制农民种植多达4 000多亩，最后颗粒无收，导致群众大规模上访，法院判决供种方赔偿150万元损失，时间已过五年，仍未讨回。有的村因行政命令和搞形式主义，集体背上了四五百万元的债务，苦不堪言。很多农民抹着眼泪说："我们相信政府为我们好，没想到政府却一次次害了我们。"教训之深刻令人痛心，它损失的不仅是几个钱，更重要的是党政群关系。农民的权力不复杂，种地权是最基本的权利之一，种什么好，怎么种好，各级只有引导的义务而绝无强迫的权力。

第二，借助自身优势，重点在中介服务上为农民搭好台唱好戏。在农业生产上，政府对农民的服务从性质上讲实质是一种中介服务，主要体现在对生产和销售的客观引导上、信息提供上、技术指导上、法律援助上等。绝大多数的农民由于知识、地位、视野等方面的限制，期盼和亟须政府在这些方面给予支持和帮助，而政府相对又具有这方面的优势和能力。一是运用各种现代化手段，把为农民发展乡村经济提供服务，作为信息体系建设的重点，逐步实现信息体系向基层、农户、市场和企业的延伸，扩大覆盖面，形成网络；加强信息的采集、分析和发布，为生产者、经营者提供及时、准确的市场信息，避免产销的盲目性，提高信息的实效性、准确性和权威性。二是大力发展特色农业和农产品加工品。各地应结合地域环境和资源优势，抓好特色农产品生产基地的建设。同时，改变过去只提供廉价初级农产品的做法，大力发展农产品加工业，实行农业产业化经营，把初级产品变为加工产品，实现产品的多次转化增值，形成乡村经济支柱。例如，加入WTO后，中国粮食单纯讲生产是弱势，但如果把粮食转化成肉蛋奶，进而加工成食品，实现产业升级，就具备了在市场上参与国际竞争的优势。三是进一步建立和完善各级市场，大力开拓区域外市场。经济学理论告诉我们，市场规模受制于交易成本。唯有大幅度减少交易成本，才能打开销售市场，提高农民收益。减少交易成本的一个重要方面就是减少中间环节，打通终端或次终端的直销通道。目前在很多情况下，农村只能将大量农产品在田间地头出售给中间商贩，或是在临近的农村小集镇上销售，价格很低。按国际标准生产，是开拓占领国际市场的关键。在完善各级市场的同时，政府要帮助有条件的农户和企业生产的农产品完善手续，尽快抢滩国际国内大市场。比如帮助这些产品获得 1SO9000 国际质量体系认证、绿色食品标志使用权、注册商标等。山东潍坊之所以每年有 500 多种农产品走向国际市场，年出口创汇达 5 亿多美元，关键一点就在于他们已经有 300 多种产品获得了这些国际市场的通行证。在条件成熟的地方还可以引导成立民间性质的出口协会，专门解决农产品出口过程中的相关问题。四是对于龙头企业要创造条件使其不断发展壮大，发挥更好的带动作用，并不断培植新的龙头企业。

当然，需要指出的是，我们强调转变政府职能和干部的工作方式，与充分发挥政府固有而应有的职能作用并不矛盾。如规范市场秩序，完善市场交易规则，培育和建立市场服务体系；提供公共服务，尤其是基础设施建设服务；研究制定扶持农业和农村经济发展的政策和措施，创造良好的发展环境；在资金上提供必要的支持，如为农民协调小额贷款等；稳定农技推广体系，创新推广服务机制，结合机构改革，逐步建立分别承担公益性职能和经营型服务的农技推广队伍，形成政府扶持和市场引导相结合，无偿服务和有偿服务相结合的新型基层农技推广体系；对农民的生产经营活动给予必要的支持和保护，加大社会环境的整治力度，解决农民的耕牛、农副产品被盗等问题。这些职能都还要而且必须不断改善和加强发挥。

（四）建立和完善责任追究机制，通过减少和避免失误与损失，来稳定和增加农民收入，促进乡村经济的健康发展

社会主义市场经济是一项前人没有走过的路，作为其有机构件的乡村经济也是在不断探索中逐步发展的。小平同志曾说过，我们是在摸着石头过河，允许出错，但是我们要尽量减少错误。一些本来可以避免和减少的失误与风险，我们各级就应该尽早尽快地拿出胆量和智慧尽力去避免和减小它。农村合作基金会就是一个典型例子。从 1985 年到 1999 年，农村合作基金会在农村一度得到迅猛发展，到 1991 年底全国镇级农村合作基金会达到 1.8 万个，村级农村合作基金会达到 13 万个，共筹集资金 100 多亿元。1992 年 9 月，中央有关部门和部分权威媒体在广州市召开了全国性的农村合作基金会发展研讨会，各大报刊都做了专题报道，赞扬声一片，各界都对农村合作基金会的积极作用进行了肯定。理论界的吹捧、舆论界的造势，让先天不足的农村合作基金会成了农村金融的"生力军"。但是，由于管理上的漏洞和监督机制的不完善以及其他体制上的原因，使得农村合作基金会成为乡村金融的"漏斗"和"窟窿"。这种情况到 1999 年全国取缔农村合作基金会时，历时整整 15 年，难道这 15 年里就没有人发现其问题的严重性和可能带来的灾难性后果吗？肯定不是。但是我们追究谁去呢？无法追究，因为没有一个可供操作的严肃追究制度。

行政上的失误是最大的失误。很长一段时期内，相当一些干部决策失误了，但由于失误不等于错误，最终走的走了，提的提了，集体却损失了，群众的利益也受到了极大的损害，有的干部甚至由于一时蒙蔽了上级领导，使得投机得逞，受到重用。正因为如此，导致形式主义、"面子工程"一度呈泛滥之势，这是乡村债务过重的一个重要原因。因此，为了避免乡村经济的更大损失，从制度乃至立法上确定严肃的干部决策失误责任追究机制十分必要。如对村组干部而言，对其财务管理，要坚持经常性、习惯性的审计，财务公开、村账站管的制度执行不能流于形式。湖北襄阳朱集镇有一个村只有 2 000 多人，没有任何企业，但 1995—2000 年，他们仅村组干部年开支的招待费就达十几万元之多。这种情况触目惊心，但在村组中并不是个别现象。类似这些问题不解决、责任不追究，乡村经济永远也不可能搞好。你不追究他，我不追究你，你好我好他好，最终严重地损害了集体和群众的利益。只有从上至下建立起严肃、有效的领导干部责任追究机制，加强对乡村经济活动的管理，做到各级都讲真话、讲实话，按市场经济规律办事，才能减少风险的发生，促进乡村经济的快速健康发展。

参考文献

［1］加入 WTO 将加快中国种植业结构调整［OL］. 新华社网站. 1999 - 11 - 27.

［2］刘国光，等，2002 年中国经济形势分析与预测蓝皮书［M］. 北京：社会科学文献出版社，2002.

［3］牛若峰. 论我国农业问题的症结［J］. 中国农村经济，1992（5）.

［4］赵长茂. 要提高经济增长质量［J］. 瞭望新闻周刊，2000（11）

［5］陆子修. 村一级的基础地位与作用亟待强化［J］. 农业经济问题，2001（2）.

［6］王梦奎. 当前社会经济发展中需要着重研究的问题［J］. 管理世界，2001（2）.

农村税费改革的现实问题分析

近年来，随着农村改革的深入和经济的发展，生产关系中不适应生产力发展水平的诸多矛盾日益凸显出来。这些矛盾的集中反映是，一方面农民负担过重，久治不愈，成了痼疾沉疴；另一方面农村税费征收缺乏硬性手段，死角越来越多，犹如瘟疫蔓延；这两大问题越来越严重地影响了党群干群关系，影响了农村经济的发展。为了扼制这种势头，解决这些突出问题，1996 年，全国农村税费改革开始在安徽、河北等 7 个农业大省的近 50 个县市进行试点，随后又在安徽和江苏两省整体试点，2002 年开始在全国 2/3 的省份全面推开。这项改革尽管试点了很长时间，但是由于理论准备不充分，问题预测不到位，基层矛盾太复杂，改革至今仍没有取得最后的成功，很多问题还需要我们做更进一步的调查分析，并不断在实践中探索解决的办法。

一、改革中的现实矛盾和问题

在现实的改革过程中，各种矛盾和问题大有集中暴露之势，涉及很多方面，千奇百态，十分复杂。概括起来主要有五个方面：

(一) 实现"三个确保"难度空前

"三个确保"，即确保农民负担根本性减轻，确保基层政权正常运转，确保九年义务教育经费正常需要，是这次改革的根本归宿和要求，是检验改革成败的终极衡量标准。从目前改革试点的情况看，各级都在向着"三个确保"的目标奋力迈进，并且第一个"确保"已经完全实现。以鄂西北地区为例，改后农民每亩地负担规定一律不得超过 100 元，也就是说亩均负担一般减轻都在30％左右，如果加上原来的隐性负担（如村组自立名目加码征收的款项），减负的比例就更大更明显。第一个"确保"很好解决，一句话按政策执行就行了，可是就只按30％的减幅来算账，农民负担减轻30％，就意味着本级财政收入也要减30％。一般来说，乡镇财政本身已经是吃饭财政，节支的空间很小，甚至为零，30％几乎也就成了刚性缺口。全国有 200 个亿的转移支付资金，相当于试点地区所有乡镇年财政收入的15％。理论测算，改后乡镇财政

本文为中共湖北省襄樊市党委校 2002 年秋季主体班个人自选课题，获得党校首期案例教学课题研究成果一等奖并收入论文集。

缺口还得 200 个亿才能解决，若加上税改后仍然存在的征收死角，这个缺口就更大。这样，要实现后两个"确保"自然也就十分困难。为了使检查和日常工作不出问题，地方各级政府想尽了办法，甚至不惜借贷，可能暂时实现了"三个确保"，但这终究不是办法。

（二）硬性的清退使地方财政更进一步雪上加霜

由于改革试点在湖北推开是 2002 年 6 月正式宣布的，在此之前，有的地方已经按原来的标准把上半年乃至全年的税费收了。征收的现金除了完成上交任务以外，大多还了集体的往来欠款。但是，税费改革试点政策下来以后，要求全年结算，多收的一律清退，导致镇、村两级的收支压力更大。

（三）绝对稳定的土地承包关系使一系列人地矛盾无法解决

税费改革以后，由于亩均负担大幅度降低，使农村出现了新一轮的种地热。在这种情况下，对耕地进行重新丈量和承包的呼声此起彼伏。一是因为负担重而抛荒撂荒外出务工的农民纷纷返乡要地；二是原来由于多种因素导致大批的耕地集中到了少数大户手里，负担降了以后，其他群众感到不满；三是一、二轮承包时，由于习惯亩标准不一样，有的 70 平方丈 * 一亩，有的是 90 平方丈 1 亩，有的甚至是 150 平方丈 1 亩，造成同一个镇不同的村，甚至同一个村不同的组，田块与田块之间负担差异大，群众反映强烈；四是因为地力不同，原来一些好地 200 元 1 亩甚至更高都有人愿意种，而有些差地 40 元 1 亩可能人们还不愿意要，但税改后每亩无论好坏一律负担在 100 元以内，大大缩小了地亩间的负担差距，使一部分群众也坚决要求调地。如此因素很多。但是，无论群众怎么要求，因为上级严禁重新丈量和分配土地的规定，这其中的矛盾也就无法得到解决。

（四）转移支付和农民负担标准测算依据不实，相对导致地区间的苦乐不均

这次上级转移支付和农民负担标准的测算，原则上都是以原来的统计报表数据为依据的，原来的报表数据实与不实必然导致这次指标分解的公与不公。以湖北省襄樊市襄阳区为例，由于考虑减负政策，1999 年农经年报中 1 835.28 万元教育集资，1 795.32 万元屠宰税均没有据实上报，省、市批复的 1999 年六项负担小于实际六项负担，加上 1999 年教育集资以外的共同生产费、报纸杂志费、水费、防疫费等 5 596.4 万元，用于镇、村弥补干部工资及正常的办公经费支出，都没有纳入规定的其他统筹收入，造成省、市给该区批复的转移支付和农民负担总额少了数千万元，更加增大了全区当前和今后的支出压力。

（五）改革后，一定时期内农业税征收仍将面临困难的局面

首先，长期以来，抗交、拒交、拖欠农业税的案件法院一直不予受理，因

---

* 丈为非法定计量单位，1 丈≈3.3 米。

为法律上没有明确的条文，没有操作依据。目前，这一状况依然如故。可见，短期内，尽管负担降了，但对那些欠交农业税的群众仍然只能来软的。其二，镇、村、组大量的集体债务三年五年，甚至十年八年无法化解，税改后集体还债能力更弱，农村债务成为一道难以解开的死结的同时，给农业税征收同样设置了一道难以逾越的障碍。因为你欠别人的钱没有还，再去找别人收钱，就是对簿公堂又如何？其三，税改后，农业税要求必须由财政干部直接征收，试想，原来作为农户左邻右舍的村组干部上门征收就很困难，一个镇几个乃至几十个财政干部面对千家万户，跑路，费时，成本高，效率低可想而知。而让农户自觉上门纳税，在当前情况之下肯定也不现实。其四，村组因为无法偿还到期债务，税改前已将相当一部分耕地"割地还款"，与个人签订了长期承包合同，这样使以地抵债的情况大量存在，人为地造成了改后的征收难甚至税费悬空。

二、原因分析

农村税费改革可以说已经是当前农村工作中压倒一切的大事，党中央、国务院十分重视，各级党委、政府也一直未敢有丝毫的懈怠。但是，改革究竟什么时候能取得最终的成功，对于这个问题，理论界和实践者起码到目前还没有人敢出来断言。由此可见，改革还有一个进一步摸索的过程，改革中遇到和引发的一系列矛盾和问题还需要我们做认真、务实、理性的分析，以不断修正改革的思路和方法，增强对改革的信心和干劲。那么，改革中为什么会遇到和出现这些问题呢？

（一）改革本身就是一项非常复杂的系统工程，矛盾困难和问题多发在所难免

农村税费改革看似一项单一的工作，但实际上它绝不单纯只是一个税费的变更，而是对农村现有利益分配格局的调整，进而是对不适应现有生产力水平的生产关系的重大调整，不仅涉及经济基础，而且涉及上层建筑，触及和牵动的领域非常广泛。尤其是从历史背景来看，其难度完全不能与前两次的农村改革同日而语。第一次改革是"打土豪分田地"，万众一心，摧枯拉朽，改革众志成城，排山倒海，势如破竹。第二次改革是在国民经济到了崩溃边缘被逼出来的，即使实行"两权分离"，也没有否定集体经济，并且集体这一块基本没有什么历史包袱，改革自然也较为轻松。而第三次改革则是在问题大量积累的背景下进行的。例如乡镇行政事业机构臃肿、职能交叉混乱、管理体制不顺、财政体制不完善、教育布局不合理、人事制度僵化、集体债务和村级组织运行成本过高等。并且这一次几乎把村组干部的"胡子"割完了，对农户基本失去了任何经济上的直接管理和支配权。由此我们可以想见这次改革的困难有多

大，中间遇到一些问题，出现一些问题是正常的。

（二）对改革的总体设计理想化色彩较浓，与实际情况存在一定出入

应当说，中央对税费改革各方面工作考虑的是非常周全的，也是十分可行的，问题是在执行的过程中，理论与实际、理想与现实还是不能够完全吻合。这种出入最主要表现在三个方面：一是对基层业已存在的矛盾和问题估计不足。长期以来，农民的收入一直呈现下滑趋势，农村的各项公益事业建设基本上都靠农民自己投资，农村穷、农民苦、基层困难是一个不争的事实。很多困难积压了几十年，隐藏了几十年，有的甚至到了积重难返的地步。农村税费不改革不行，而改革又迫使这些问题非暴露不可。对于这些问题，在确定改革思路和改革方案时，中央可能都考虑到了，但是有些问题的严重程度可能大大出乎了意料。例如乡镇债务问题，据有关方面对全国 81 个农民负担监测县的调查，乡均债务额达 1 098.6 万元，均净负债 708.4 万元，全国乡镇总数为 39 715 个，那么，照此推算全国乡镇总负债额为 4 363.1 亿元，总净负债为 2 813.4 亿元。对于乡镇负债，还没有发现国家有更加全面和权威的统计，这个测算的数据已经不小了，但是，如果要做更实际和彻底的统计，负债额可能比这还要大得多。如湖北省襄樊市襄阳区在县改区以前是全国著名的农业大省和全省多年的经济十强县，然而近几年他们连续对全区农村债务进行统计，负债总额始终高居十几个亿，镇均达 1 亿元，如果照此推算，全国农村债务状况则更加惊人。类似的问题，决策层肯定想到了，但其严重程度究竟有多大，恐怕没有料到。有这样出乎意料的问题横在面前，多少会令人茫然无措。二是有关指标分解按老数据算账，而老数据不一定实际。推行税费改革除了提严格的要求以外，各项数据测算和指标分解也是整个工作的基础和重点。在进行这项工作的过程中，涉及的数据非常多，为了避免繁琐和临时出现差错，一般地方都采取了一种非常简捷的方法，就是一律以原来的年报为依据。这样做看似节约精力、时间，也一视同仁、公平公正（因为数据都是以前各地自己报上来的），但问题在于这些数据原来大多是下面加个章一报了之，实与不实往往并没有人去核实，按这个虚实莫辨的数字去测算税改有关指标显然难免有失偏颇。前面列举的襄阳区的例子就说明了这个问题。三是期望值过高，欲速则不达。有些地方对税改工作提出了很高的要求，不仅希望尽善尽美，而且希望速战速决。这种心情和愿望当然是好的，实际上也是多数地方多数人的共同期盼。但是，农村税费改革这样一个难度很大的复杂的系统工程能不能达到这个目标呢？显然不能。这不仅因为现在面临的问题非常多，而且历史上几次大的税赋改革，从唐代初期的"租庸调"，经唐代中期的"两税法"、宋代的"方田均税"、明代的"一条鞭"，到清代的"摊丁入亩"，少者经历十年、二十年，多者经历几十年甚至上百年，都说明税赋改革绝不是短时间可以一蹴而就的。除非有足够的资金投入，否则，急于求成、走捷径、图省事，往往就会干出事与愿违的事来。

（三）过于强调行政命令，不利于掌握实情和基层积极性、创造性的发挥

这次税费改革是党中央、国务院做出的一项重大决策，是当代中国农村的第三次大的改革，全国上下都给予了极大的关注，各级党委、政府重视有加。也许正因如此，改革从一开始就给人一种雷霆万钧、泰山压顶之感，随之而来的检查验收也形成了一种排山倒海、包公问案之势。在每次检查中，要求必须要死扣上级的所有细而全的有关规定，严格按上级设定的模式运作，并且这些规定无论是"大框框"还是"小条条"，无论实际是一种什么样的情况，下面都必须无条件遵循。本来，推进一项改革，没有强有力的行政指令不行，执行政策不严肃也不行，但是，对于一项仍然还是"试点"的改革，求全责备，管得太细，统得太死，从原理上讲是不科学的。这样出现的结果只能让下级唯命是从，不敢讲实情，不敢提建议，不敢去创造。群众是历史的创造者，很多难题都是基层群众通过自我创造去解决的，如果把群众的创造性抑制了，有些问题的解决程度和速度可能也就达不到理想的境界。前两次的农村改革，第一次是人民群众翻身作主后的又一壮举；第二次改革是农民自己的发明创造。前两次改革之所以很成功，关键一点就是借助和发挥了基层干部和基层群众的积极性和创造性，这对于第三次改革的推行应该是有启示的。

三、对策建议

（一）充分考虑和尊重实际，推进改革既要积极更要稳妥

农村税费改革的试点工作已经进行了几年，实践证明其方向是对的，路子也逐步趟出来了，改革的框架应该稳下来，不能随意变动。但是，从目前进一步扩大试点推广的情况看，各地由于客观实际不同，对改革具体细则的调整、适应的要求也不同，如果所有方面都一样对待，在大的原则之下也不允许有任何结合实际的细微变通，那么，改革中的问题就难以有效解决。正因为这次改革非常重要、复杂、难度大，所以更要强调密切联系实际，更要强调积极和稳妥。在改革试点的过程中，从中央到地方，各级都付出了很大的代价。当然所有改革都是要付出代价的，但这个代价要看在什么条件和范围之内。如果本身问题就很多，困难就很大，改革所付出的代价又很大，时间跨度也很长，那么就必须要引起注意。为了改革而改革，为了迎检而迎检，不讲价钱和条件，相当一部分地方又多余背了很大的包袱，并且大有继续背下去的势头。那么这种改革很可能走进死胡同，即使勉为其难"检查过关"，最后也会困难重重无终而返，不得不改弦更张。因此，我们的改革，尤其是农村税费改革这样复杂艰巨的工程，强调原则、严肃纪律是对的，但在具体操作的过程中，在一些特别难以解决的问题上，还是要鼓励群众的首创精神，允许基层在大的原则和标准之下"摸着石头过河""大胆地试、大胆地闯",而不应不顾实际去打棒子、扣帽子。只有这样才是一种试验的精神、探索的精神、科学的精神,改革就一定能够找到最佳的途径和办法。

（二）依法推进改革，并加大相关立法工作的力度

在税费改革实施的过程中,出现了少数税改政策与现行法律不一致和改后仍然存在法律盲区的问题。为此,一是建议把税改政策与法律结合起来,一般情况下按改革政策执行,少数特殊情况和难以操作的问题依法办理。例如税改政策规定改后计税面积以二轮承包面积为准,不准重新调整土地;对于合同承包的耕地,承包方属于本村农户的要把承包费降到改后的税赋标准,等等。这些方面如果只死扣政策,就会出现一系列矛盾。二轮承包已经过去了几年,很多情况都发生了变化,户与户之间地亩数可能早已相差很远,这样就出现了群众强烈要求调整土地而干部怕违背政策又不敢调的矛盾。又如,合同承包的耕地,要么是以地抵债,要么是早已办清了手续,并且一般数量较大,动辄几十亩甚至几百亩,如果使其税赋降低,在改后负担减轻,很多地方出现抢地热的情况下,群众肯定不答应,或者强烈要求收回土地而后平分。对这两个矛盾问题,能不能按照《村民自治组织法》,只要绝大部分群众签字同意调整土地,重新分配就可以进行? 再者,能不能依照《经济合同法》,只要不是原一轮、二轮平均分配的土地,而是另外合同承包的耕地,一律按合同执行? 二是建议加快立法,以真正强化农业税的征管手段。现在和改革以前一样,《税法》中仍然找不到关于农业税征与管方面的确切条款,有关农业税的诉讼,法院原来不受理,现在仍然不受理。到目前,全国还没有发现一例农业税案件的判决。税改期间,上级出台了一系列类似于"八不准""十严禁"的规定,但这些规定约束的都是行政干部,对于欠交甚至拒交、抗交农业税的群众仍然莫衷一是。既然农村税费改革的目的之一是规范,那么法律上的空白和盲区就应该尽快填补。

（三）制定统一的硬性规定，抓好各项配套改革

从财政学的角度来看,当前农村税费改革主要是财政收入方面的改革,调整的是国家、集体和农民三者之间的分配关系。然而,如果没有财政支出方面的改革相配套,农村税费改革恐怕很难取得最后的胜利。正是在这个意义上,温家宝副总理在2001年2月召开的全国农村税费改革试点工作会议上强调指出,农村税费改革成功与否,很大程度上取决于相关配套改革能否到位。人们对配套改革重要性的认识大体上都是一致的,但是从目前的情况来看,配套改革真正搞好了的地方为数并不多。较为普遍的是在机构名称和人头上做文章。合并机构,改个名称,看似精减了,实质是换汤不换药。精减人员,实行提前内退、带薪离岗创业,人头看似少了,支出却可能有增无减。有的地方想了一些人员精简分流的办法，如实行经费包干，特别是根据单位定编只按编制数核算工资，超编再多一律按规定经费均分工资。再如按专业、按年龄是否偏大、按学历是否达标等条件分流人员等。但是，无论是哪一种办法，最后都因为总是有一个反对的群体，因为整个社会还没有形成大的气候和浓厚氛围，因为怕出乱子，最终真改的少，改成功的更少。在这方面，上级也都是只要求改，但按什么思路改，按什么标准改，怎么改，始终没有哪一级明确表态。大机关可以把人员往下分流，但作为农村税费改革主战场的乡镇，分流人员的空间非常狭小，要想把配套改革工作搞好，把减人减事减支的目的达到，最渴望的也就是上级能给一把统一标准的"尚方宝剑"，哪怕是稍微具体的原则性意见，这样使大家都有一种平等、平衡的心理，不至于出现上访告状等不稳定情况，基层组织也不至于等待、观望、怕改革惹乱子，从而更积极主动地追求配套改革制定的减人减事减支等各项目标。

突破农村城市化建设"瓶颈"的
思考与实践

　　农村城市化正处在一个转型和变迁的过程，需要解决的问题很多，其中至少有两大"瓶颈"问题：一是大批的剩余劳动力向何处去；二是城市化建设的巨额资金从哪里来。农业人口转化为非农业人口是农村城市化的最根本特征。据有关专家测算。到 2000 年，我国农村的剩余劳力将达到 2 亿多人，如果这些人都涌向大中城市，则需要新建 100 万人以上的大城市 160～200 座或 50 万～100 万人城市 300～400 座。这在我国现在生产力水平较低的情况下，无论是从物力、财力，还是从时间上看，都是不可能的。

　　针对以上状况，近年来，湖北省襄阳县在农村城市化的进程中超前预测，坚持既立足长远积极工作，又结合实际稳步推进，把大力发展小城镇作为重大的现实选择。之所以坚持大力发展小城镇，主要目的是为了解决农村城市化"钱从哪里来"和"人往哪里去"两大"瓶颈"问题。因为，首先，小城镇遍布广大地区，点多面广，有辽阔的区域和多种可供选择的地理条件，扩展地大。它既可以就地就近消化富余劳动力，也可以接纳邻近的大中城市扩散、转移出来的工业生产加工项目和产品；既可以在人流、物流、资金流、信息流中发挥其桥梁和纽带作用，广开流通渠道，活跃农村经济；又可以利用广大农村的农业资源和地方性能矿资源，发展特色农业或特色经济。其次，小城镇的力量主要来自乡村，包括农民在内的农村经济主体，在小城镇投资办工业、商业或服务业，是推动小城镇发展的巨大力量。这样可以缓解国家建设资金不足的矛盾。另外，小城镇规模小，人口稠密、居住拥挤的城市病相对较少。经过几年努力，目前襄阳县的城市化率已达 41％，在全省领先，经济建设也连续 6 年位于全省十强，其经验做法值得关注。

一、坚持以科学规划为龙头发展小城镇

　　近年来，襄阳县按照城乡一体化的指导思想，首先做好县域城镇体系规划，依据全县自然和经济社会条件，科学合理地摆布小城镇，使之在空间地域

　　本文原载于中共中央党校 2000 年 10 月 9 日《党政周刊》（总第 40 期）。

上形成有机的群体。将小城镇与县城一起规划，将一般集镇、中心村与小城镇同步规划，始终坚持规划、规模、规范"三规"并行，保证规划三五十年不落后，确保规划的超前性。

县城是县域经济的龙头，是全县城镇建设的样板，是全县政治、经济、文化中心，为了建设好新县城，县委县政府多次组团赴大连、深圳等地实地考察，聘请城建专家、教授，科学规划、布局。新县城的总体构架有"路、园、城、场、运"五大要素。在小城镇规划上，强调对规划区内的土地和空间资源的利用以及各种建设活动进行综合部署，做到统筹兼顾，全面安排，方便生活，繁荣经济，保护环境，节约土地，对产业化龙头企业、专业市场、工业小区、机关、学校、居民小区等合理布局，水、电、路、气、排污、绿化等多种功能统筹安排，融实用、经济、美观于一体，与自然景观和乡风民俗相统一，避免盲目建设和重复建设，杜绝以路代街、以路为市的建设模式，逐步向城镇布局棋盘式、居民小区花园化转变。在城乡建设上，强调全县一盘棋，分级梯次推进，构筑"新县城—中心镇—一般集镇—中心村—一般村"五个层次，形成以城带乡、以乡促城，相互支撑、相互促进的城乡一体化发展体系。

之所以按五个层次来梯次推进，就是因为，不能一说小城镇建设非常重要，就把农民全部集中到小城镇，这样很不现实。强调小城镇建设，不是简单"造城"，搞遍地开花，而是注重它的辐射力和带动力，将经济聚集、辐射、带动功能强的乡镇政府所在地建成中心小城镇，在不具备条件的地方根据情况规划为一般集镇、中心村、一般村，这样使能离土进城的农民有城可进，仍旧在家务农的农民也可根据实际情况选择合适的栖息地。比如，全县在加快小城镇建设的同时，也加大了中心村的建设力度。两年来，已按法定程序迁并自然村223个，净增耕地1.6万亩，而同期小城镇建设新增用地只有1 200亩。发展小城镇、建设中心村，不仅没有减少耕地，反而增加耕地1.48万亩。据调查测算，全县通过实施移村腾地工程，可新增耕地15万～20万亩。这样，不仅节约了土地资源，而且满足了富裕起来的农民进城的要求，圆了农民进城梦。

二、坚持用产业化作支撑壮大小城镇

农业产业化的发展正日渐成为小城镇建设的隆起带，有力地带动和加速了小城镇的发展。就襄阳县而言，具体讲主要有四种形式：一是主导产业带动型。围绕粮油加工、畜禽养殖、棉纺服装、传统特色产业、水果饮料等五大主导产业，建设商品基地，配套完善相关基础设施和服务环境，加快了专业小城镇的建设。二是龙头企业带动型。龙头企业把产加销、贸工农、经科教连为一体，加快了城乡之间的资金、技术、人才、设备等生产要素的合理流动和优化组合，提高了农村工业化水平，扩大了农民的生产经营规模，吸引了农村剩余劳力进城入镇从事二、三产业，加快了小城镇建设。三是专业市场带动型。发达的市场体系成为带动农村经济起飞的龙头，也直接膨胀了小城镇建设规模，发展完善了小城镇服务功能。近几年，先后兴建了蔬菜批发大市场、优质米市场、花生市场、麦冬市场、柳编市场等 12 处小城镇专业批发市场，年成交额21 亿元，带动专业从业人员 20 万人，带动农户 4.5 万户，户均年增收 3 400元。四是科技示范带动型。与农业大学合作，引进农大毕业生，积极开展农业新技术、新成果的引进推广，建立农业科技园，开展现代化农业试点。通过发挥农业示范园的技术示范、服务和带动作用，建立系列化的科研、开发、推广基地，带动了小城镇的发展。

三、坚持走市场化之路搞活小城镇

小城镇建设的资金从哪里来？襄阳的做法是要用市场手段创新机制，采用利益主体多元化带动投资主体多元化的办法加以解决。近几年来，县委县政府先后出台了《襄阳县招商引资奖励办法》《襄阳县关于支持鼓励发展非公有制经济若干规定》等一系列优惠政策，以优良的环境、高效的服务，敞开镇门县门，形成"洼地"效应，吸引县内外投资者进城入镇。1997 年以来，全县共引进县内外、国内外资金 10 亿多元。继正大、希望之后，美国的新百利公司、韩国的永津绿色食品有限公司和加拿大菲村食品工业公司，又来兴办一批新项目。这些项目都布局在小城镇，极大地壮大了小城镇的规模。同时，根据富裕起来的农民进一步致富和追求城市文明的强烈愿望，放宽进城限制，提供便利条件，使他们成为小城镇建设的投资主体和生产经营主体，形成了多元化投资的新局面。建设襄阳商贸城和义乌小商品批发大市场采用"以地养地、滚动开发"的方法，政府仅投资 200 万元，却吸纳社会投资 4 000 多万元。为加快新县城联山排水沟的整治，县政府出台了"谁治理谁投资，谁开发谁受益"的政策，以治理权置换开发经营权。私营业主张双林先后投资 700 万元，参与城镇建设，把这条荒废了 30 年的污水沟彻底整治好了，在上面建起两排商品房，形成一条商业街，并建成了一个大市场，一次性安置下岗职工 350 多名。"政府一毛不拔，商业兴旺发达"已成为襄阳县许多小城镇建设的真实写照。两年来，全县投入小城镇建设资金 4.8 亿元。其中，各级政府投资 5 000 万元，占10.4％；农民投资 1.9 亿元，占 39.6％；其他社会力量和县外投资 2.4 亿元，占 50％。

实践"两个趋向"重要论断的一次全面部署

——就 2004 年底中央农村工作会议精神访中财办副主任、中农办主任陈锡文

2004 年 12 月 28—29 日，中央召开农村工作会议。这次会议传出一个振奋人心的消息，即以"两个趋向"论断为依据，来研究制定中央解决"三农"问题的政策措施，进而从根本上解决加强农业的机制问题。

记者：这次中央农村工作会议传出一个振奋人心的消息，即以"两个趋向"论断为依据，来研究制定中央解决"三农"问题的政策措施，进而从根本上解决加强农业的机制问题。对此请您给我们的读者做一些解读。

陈锡文：2004 年 12 月 28—29 日，一年一度的中央农村工作会议在京召开。会议对 2004 年农业农村工作进行了全面总结，对 2005 年农业农村工作作出部署。在这次会议上，大家对会议的主题报告反应强烈，一条重要的原因就是它深刻地阐述和贯彻了"两个趋向"的重要论断，非常符合实际。虽然各国工业化道路都是初级阶段农业给工业、城市的发展提供积累，但当工业化发展到一定阶段以后，就要实行工业反哺农业，城市支持农村。这个论断是胡锦涛同志在党的十六届四中全会上提出的，在党内引起了非常强烈的反响。

在 2004 年 12 月初召开的中央经济工作会议上，胡锦涛同志再一次指出，他在四中全会上之所以要讲这"两个趋向"，非常重要的一个判断，就是我们国家的经济社会发展目前已经到了工业反哺农业、城市支持农村这样一个阶段。因此，他提醒各级领导干部，在思想上要更加自觉地去调整国民收入分配结构，更加自觉地去加强农业基础建设。我觉得这次会议使大家的思想有了升华，这就使整个国家的经济社会发展进入一个新阶段之后，我国"三农"问题的整个外部环境有了一个深刻的变化，开始进入一个工业反哺农业，城市支持农村的发展阶段。我们有理由相信，在这个阶段，农业农村经济发展的条件，解决"三农"问题的条件，都比以前有了新的改善。

十六大以来，中央解决"三农"问题的思路非常清晰。十六大第一次提出要统筹城乡经济社会发展；2003 年的中央农村工作会议提出农业是全党工作

本文原载于《农村工作通讯》2005 年第 1 期，《农民日报》头版全文刊登，系与时任中国农村杂志社社长唐园结、记者李少宝共同采写。

的重中之重的论断；在制定 2003 年关于农业农村工作意见时，要求对农业实行"多予、少取、放活"的方针；党的十六届三中全会提出科学发展观，强调以人为本；在 2004 年十六届四中全会上，胡锦涛总书记提出"两个趋向"的重要论断，统筹城乡经济发展，工业反哺农业、城市支持农村，已经初具条件了。由此可以看出中央对于怎么解决"三农"问题的思路很清晰。现在最关键最重要的是全党及各级政府都能自觉深刻地认识这个问题。很多同志讲，城乡统筹发展，重要的不是农业部门自己统筹，而是掌管资源分配的部门的思想认识要有重大变化。

在这次会议上，贯穿于回良玉副总理讲话的一条主线，就是胡锦涛同志关于"两个趋向"的论断。新中国成立 55 年来，农业、农村、农民为我国的工业化、城镇化做出了巨大贡献。到了现在这个阶段，我们有可能有能力在方方面面帮助农业、农村、农民，解决他们面临的实际困难，这样才能真正实现到 2020 年全面建成小康社会的目标。

记者：过去一年的农业农村工作取得了令人瞩目的成绩。对此，中央农村工作会议进行了全面、系统的总结。您认为其中最突出的成绩是什么？怎样看待这些成绩？

陈锡文：目前从各个方面来分析 2004 年的经济发展过程，大家有一个共识，无论是讲宏观调控的成效，还是讲经济运行的结果，都感觉主要有两个亮点，一是粮食增产，二是农民增收。粮食产量能够突破年初预定 9 100 亿斤的目标，农民收入也能够突破年初期望的增长 5％的目标。这个成绩确实出乎很多人的意料，包括许多从事农村工作的同志。

在总结 2004 年整个经济工作中，大家一致认为，2004 年的宏观调控对促进农业发展和农村社会的稳定，起了非常大的作用。大家都知道，宏观调控本身是市场经济运行中一个必要的组成部分，只要有市场经济都免不了宏观调控，目的是通过宏观调控这种手段，让过热或偏凉的经济恢复正常。但有些同志对宏观调控存在片面的理解，觉得只有让过热的经济逐步恢复正常或者说紧缩银根，才是宏观调控，这是不对的。1997 年亚洲金融风暴暴发后，我国周边的经济环境和我国的经济环境都发生了很大变化，这对于我国的经济增长影响很大。1998 年，中央提出扩大内需的方针，实行积极的财政政策，开始发行长期建设国债，促使经济从偏凉的状态恢复到正常状态，这是一种调控。那么 1994 年让过热的经济恢复到正常状态，同样也是一种宏观调控。从 1993 年下半年到 1997 年，经济偏热之后，实行银根紧缩，逐步让经济恢复正常，这是一个调控周期。1998—2003 年，这又是一个调控周期。这个周期的起点，我认为是从农业开始的。最有标志性的事件是 2003 年 10 月，有些地方出现粮价上涨。这尽管是一个苗头性的现象，但引起了党中央、国务院的高度重视。

把这样一种现象放在一个大背景下来考虑，从 1997 年到 2003 年，从农业角度看，有三点变化非常明显：第一，投入到农业上的资源，包括自然资源和社会资源，数额明显下降。最突出的就是从 1997 年到 2003 年，我们耕地面积减少了一亿亩，粮食播种面积减少了两亿多亩，这引起了中央的警觉。第二，粮食产量明显下降。1998 年全国粮食产量达到历史最高峰水平——10 246 亿斤，而 2003 年的粮食产量只有 8 613 亿斤，这中间差了 1 600 多亿斤。1 600 多亿斤是什么概念呢？我们国家粮食产量最高的河南省，产量最高是 800 亿斤，拿 2003 年的粮食产量和 1998 年相比，减少的部分就等于两个河南省颗粒无收。粮食产量的下降，主观上是我们做了一定的调控措施。从 2003 年的情况看，粮食产量减得太多，导致库存下降不少，如果再不能使粮食产量及时恢复起来，库存总有一天要挖完。一旦国家的粮食库存没有了，国家对粮食的宏观调控能力就丧失了。第三，农民收入增长缓慢。从 1997 年到 2003 年长达七年的时间，农民人均纯收入年均增长只有 4%，而且没有一年达到 5%。最高的是 2003 年，也只有 4.8%，最低的是 2001 年，增幅只有 2.1%。这个状况导致城乡居民收入差距越来越大。总的来说，投入农业的资源要素，主要是耕地面积明显下降；多种因素影响了粮食产量，影响了供求平衡；农业长期处于低迷状态，农民处于低收入状态。这三个现象引起了党中央、国务院的高度重视，所以我认为，就是这一轮的宏观调控，实际上是中央加强农业开始的。

2003 年 10 月 28 日，国务院在北京召开了农业和粮食会议，时间虽然只有半天，但参会人员是各省的省长，温家宝总理亲自作了重要讲话。会议分析了这样一种形势：如果我们再不加强农业建设，再不重视农业，很可能带来的问题是全局性的。耕地如果不断减少，粮食产量如果不断下降，农民收入没有明显提高，带来的问题将是不堪设想的。因为耕地是不可再生的资源，如果大规模地被用作工业用地、城市用地，它是不可复耕的，这对我们国家不断增长的人口来说，遗患无穷。人再有钱，一天三顿饭总得吃。从这个角度去看，粮食是稳民心、安天下的战略物资。农民收入当然是市场购买力的一个重要因素，八九亿农民，如果没有购买力，我们的工业品就没有市场。正是从这个角度着手，中央从 2003 年秋季开始，通过强调重视农业和宏观调度，使更多的资源投入农业。启动了新一轮的宏观调控。宏观调控让固定资产投资的增长幅度从 2003 年第一季度的 40% 降到现在的 20% 多，使过热的经济投资逐步趋向正常。宏观调控能够初见成效，其中一个主要原因在于国务院关住了两个非常重要的阀门：一个是土地供给，另一个是银行贷款。正是由于关住了这两个阀门，才有效地控制了固定资产投资规模的过度膨胀。因为土地是投资的载体，从强调保护耕地入手，一方面利用宏观调控，另一方面也确实使农业得到了加强。在研究制定 2004 年 1 号文件的过程中，国务院召开农业和粮食工作会议。

现在再去看 2004 年 1 号文件，大家之所以说他含金量高，出台了这么多有力的措施，这与当时党中央对形势的判断和已经开始的宏观调控是有直接联系的。

2004 年年初在 1 号文件发出仅仅半个月，胡锦涛、李长春、回良玉、刘云山同志对如何宣传落实好 1 号文件，营造一种全社会都来关注"三农"的社会氛围作了重要批示。因此，各级政府对落实 1 号文件下了很大功夫。同时，党中央、国务院审时度势，认为根据当时的情况有必要进一步加强对农业的支持力度，温总理在全国人民代表大会上宣布五年之内取消农业税。从 3 月份开始进行全免农业税的试点，并且又扩大对稻谷的补贴力度，宣布对最短缺的两个品种在主产区实施最低保护价收购的政策。2004 年，农民从政策中直接得到的实惠，回良玉副总理在几次讲话中都讲到 450 亿元，其中一项是两减免，免除农业特产税让农民得到 68 个亿，农业税有两个省全免，有 11 个省减掉了 42%，有 18 个省减掉 15%，按此计算，农民在减免农业税中得到的实惠是 230 亿元，总共税收减免方面是 302 亿元。另一项是三项补贴，其中对种粮农民直接补贴 116 亿元，对良种补贴 28 亿元，农机补贴 5 亿元。很多农民说：自打盘古开天，种粮不纳税还给钱，历朝历代都没有。虽然到每个农民手中的钱不多，但它说明党中央惦记着我们，同时也传达了一个强烈信号，国家让我们种粮啊，粮食产量不能再往下降了。当然对直补也有一种不正确说法，就是把钱给了农民，他就喝酒消费掉了。这点钱可以搞点别的，比如搞农田水利建设，搞道路，搞文化卫生基础设施等。我觉得对农村欠账的东西太多，要干的事情太多，只要国家财力许可就要向农业农村倾斜，但问题是做好农村工作最重要的一条就是让农民有积极性，所以我觉得顺序要排对。哪个最应该最必要干就先干哪个。随着国力的增强，我们再争取解决别的问题。总的一条，要充分看到这 450 亿元对整个农业农村工作起到的重要作用。

记者：根据中央农村工作会议的精神，请您介绍一下 2005 年农业农村工作的重点。给大家解析一下，为什么中央要做出这样的安排？

陈锡文：中央农村工作会议对 2005 年的农业农村工作进行了全面部署，把提高农业综合生产能力确定为工作重点。这是非常准确的。因为无论是发达地区还是欠发达地区，没有一个地方不认为现在已经到了中央应该下大力气，引导各地农业部门和广大农民进行农业综合生产能力建设的时候了。

我感觉之所以中央这么安排，是综合考虑了各方面的原因。

首先，目前的粮食生产能力和确保国家粮食安全的要求还不适应。耕地减少、水利设施老化，最近五六年来，粮食生产能力不仅没有增加，反而有所下降，整体大概比历史最高水平减少 500 亿斤。历史最高水平正常是 9 800 亿斤，现在下降 500 亿斤，生产能力就是 9 300 亿斤左右。所以要确保粮食安全不出问题，农业生产能力就必须提高，这也是农业增收增效的根本途径。只要农业生产能力高了，条件环境改善了，就能收到节本增效的效果。路能通、旱能灌、涝能排，土地质量提高，农民种地就会事半功倍。

其次，农业的基础设施很差，有绿色产品也运不出去。如果不算 2004 年，农民纯收入来自农业的最高年份是 1997 年，农民种植业收入人均 970 元，这之后没有一年达到这个水平。前几年农民收入增长最难的就在农业，最近六年农民来自种植业的收入不仅没有增加，反而减少了。当然，2004 年有可能达到 1 000 元，超过 1997 年，但 7 年才增加 20 多块钱。所以不把基础设施和生产条件提高，农业就很难增收增效。因此，提高农业综合生产能力是很重要的。

第三，从现实状况看，我国现有的农业基础设施，大多都是 20 世纪 50—60 年代修的，灌溉设施老化很严重，如果这种状况不改变，农业综合生产能力就很难提高。我们国家水利灌溉面积是比较大的。按统计数字，去年全国灌溉面积 8.3 亿亩，由于水资源短缺，保城市保工业，真正能灌溉的只有 7 亿亩。我们国家粮食产量波动很明显，说明我们的基础条件不行，主要还是靠天。如果不去改善农业基础设施，粮食产量很难稳定。

第四，农村税费改革后，农田水利基本建设的投入机制发生了很大变化。在税费改革之初，中央就提出，只要税改了，三年之内就要取消"两工"。2000 年安徽就取消了，2002 年，全国一下子扩大了 18 个省，到 2006 年都没有"两工"了，这个影响不得了。当然，这对减轻农民负担很有作用。但取消之后怎么形成一种新的机制保证农田水利建设就难办了。过去一般每年全国农村光水利建设就需要 100 多亿个工，2004 年规定 47 亿个，减少了一半，2005 年 30 亿个不到，到 2006 年就没有了。水利建设不搞不行，但要是搞，不出工怎么办？花钱买不起，这钱全部依靠国家不行，还是要靠农民自己努力改善自己的生产条件，国家给予适当支持。红旗渠的投入 85% 是农民自筹的。一定要形成一种政府引导、支持、补助，农民靠自己的努力完成建设的有效机制。

从以上四个方面考虑，必须把农业综合生产能力的提高作为一个时期的重要任务。这和农民增收是一样的，都是长期工作，现在要切实去抓。如果在这四个方面都有考虑，从现在开始抓，把这四个问题在 2005 年破解，那么它产生的意义将会非常大。

记者：2004 年农业农村工作成绩很大，但 2005 年的任务更艰巨，困难也更多。结合这次会议，您认为 2005 年农业农村工作面临的困难主要有哪些？

陈锡文：在这次中央农村工作会议上，回良玉副总理对 2004 年工作总结了六个方面的成果，大家觉得讲得客观实在。但是我觉得回良玉副总理用了更多的时间更多的篇幅讲了 2005 年的困难。第一，要求我们在强调 2004 年增产增收的时候，必须看到在此之前的五六年，我们是处在一个谷底，中央在几次会议上都只是讲现在农业农村工作出现了转机。因为无论是粮食产量还是农民增收增幅，和历史最高水平比都还差得很远。就这一个因素，我们就没有理由麻痹。第二，要让农业增产农民增收达到历史最高水平很难。有的同志觉得，增产难度也不大嘛，2004年发了1号文件，各级财政出了450亿元，粮食产量就上去了，增产超过500亿斤不成问题，明年再增产五六百亿斤，跟历史水平不就差不多了吗！同样，他们觉得农民收入也是这样。但是我们做农村工作的同志要有很清楚的认识，回副总理在会上讲，总书记、总理都讲2004年粮食增产、农民增收是多种有利因素同时发挥作用的结果，即政策好、粮价高、人努力、天帮忙。那么从这中间我们看出有两个因素是主观可以决定的，那就是政策和从事农业农村工作的人是不是努力。但是价格和气候是客观的东西，我们很难把握。2004年是四大因素向同一个方向作用的结果，历史上不能说没有，但是结合得这么好，确实少有。因此我判断，不管2004年增产500亿斤还是600亿斤，这其中有300亿斤是老天爷照顾的。2003年粮食之所以减了200亿斤，三个产粮大省，灾情严重，共减产324亿斤，是重要因素。2004年的天气对当年农作物增产有利，但年底却遇上了暖冬，暖冬容易发生灾情，农村工作会议之前下了大雪，但总的来说还是不太好。从价格上来分析，2004年全年的平均价格可能是多年来最高水平，稻谷的价格2004年和2003年相比，高了40%。小麦价格大概涨了35%，玉米大约涨了25%。这样平均下来，差不多就是每斤粮食增加两毛钱。成本增加是有限的，但售价每斤增加两毛钱是不得了的。从这个角度看，市场的力量比政策大得多，政策是调动，市场是刺激，能出现奇迹是因为政策和市场的力量同向。农民在有力的政策和粮价明显上涨的情况下增收了，但现在农民都怕粮价跌，2005年就算粮价不跌了，刺激的力度和2004年是不能比的。第三，虽然都夸2004年形势好，有政策和粮价刺激，但经济效益还是偏低。虽然农民看到种粮给了很多补贴，市场对粮价有很大提高，但算算账还是不如种菜收益高。2004年秋冬种比较好，播种面积比上年大概增加1500万亩，重要因素是2004年棉花价格不高，一些棉田又调出来种了粮。粮食播种面积2003年是14.9亿亩，2004年花这么大力度才恢复到15.2亿亩，加上有这么好的天气，全年粮食产量一下子高了一块。正常年景下，我国粮食的产量每亩大概600斤左右，如果2005年播种面积达到15.5亿亩，也就是9300亿斤。

城乡统筹解决"三农"问题的重大举措

——就《国务院关于解决农民工问题的若干意见》 访国务院研究室副主任韩长赋

2006 年 3 月正式向全社会发布的《国务院关于解决农民工问题的若干意见》，被称为迄今为止针对农民工问题的最全面、最系统、最权威、含金量最高的文件，国务院此举也被广大农民工视为最大的一次"春风行动"。

2006 年 1 月 18 日，国务院总理温家宝主持召开国务院常务会议，审议并原则通过了《国务院关于解决农民工问题的若干意见》（以下简称《意见》）。会议强调，解决农民工问题要坚持公平对待，一视同仁；强化服务，完善管理；统筹规划，合理引导；因地制宜，分类指导；立足当前，着眼长远。同时明确了解决农民工问题要抓好的七项重点工作。2 月 7 日，国务院正式下发了《意见》，并且于 3 月 27 日正式向全社会公布。这一文件是怎么出台的？主要出于什么考虑？有哪些具体的政策措施？带着相关的一系列问题，本刊记者独家专访了国务院研究室党组副书记、副主任韩长赋。

形 成 过 程

记者：近年来，农民工问题一直是社会上的一个热门话题。前不久，国务院下发了《意见》，即国务院［2006］5 号文件，引起了社会的高度关注。请您给我们读者介绍一下这个文件具体是怎么制定出台的。

韩长赋：国务院下发的《意见》，可以说是近年来国务院制定的一个比较全面、系统解决农民工问题的指导性文件，也可以说是中央解决"三农"问题的又一个重大举措。2005 年 2 月 26 日，温家宝总理在一份反映农民工问题的材料上作出了重要批示，指出农民工问题是我国工业化、城镇化和农村小康建设过程中出现的新事物，亿万农民工在国家现代化建设中作出了重要贡献，要维护农民工的合法权益，改善他们的外出工作环境，充分发挥他们在现代化建设中的作用，并明确指示由国务院研究室牵头，会同有关部门深入调研农民工问题，在此基础上，起草一个解决农民工问题的指导性文件。

本文原载于《农村工作通讯》2006 年第 4 期，获农业部 2004—2006 年度农业好新闻一等奖，系与唐园结社长共同采写。

所谓解决农民工问题，我理解具体来讲主要是三句话：一是保护农民工的合法权益；二是改善他们的外出就业环境；三是引导农村富余劳动力合理有序地向城镇和非农产业转移。按照温总理的重要批示，我们国务院研室负责牵头，中央、国务院有关 17 个部门和 8 个农民工输出和输入大省共同参与，并邀请 5 位长期研究"三农"问题的专家，成立了一个农民工问题调研和文件起草组，从 2005 年 4 月份开始工作，花了 4 个月的时间调研，确定了 20 多个专题，分门别类地对农民工问题进行深入研究，到 8 月份完成了《中国农民工问题研究总报告》和 50 多篇专题报告。这一次大调研，应该说基本上把中国农民工问题的历史、现状、发展趋势、面临的问题以及问题产生的原因搞清楚了，也基本上形成了解决农民工问题的指导思想、政策思路以及相关的措施。同时，我们把党中央、国务院、全国人大出台的与农民工相关的一些政策法规，各地出台的一些地方性法规和农民工管理、服务方面的做法与经验等，能够收集到的都收集上来了。我认为，这是到目前为止关于中国农民工问题最全面、最系统、最权威的研究成果。这些研究成果，为起草《意见》奠定了坚实的基础。

从 2005 年 9 月份开始起草《意见》。初稿拿出来以后，反复征求意见，数易其稿。文件起草组先后召开了长期从事"三农"工作的专家座谈会、14 个省市政府有关部门负责同志参加座谈会听取意见，并将文件稿印发中央 44 个部门征求意见。今年 1 月 18 日，国务院常务会讨论通过了这个文件。

党的十六大以来，新一届中央领导集体以邓小平理论和"三个代表"重要思想为指导，以科学发展观统领经济社会发展全局，按照构建社会主义和谐社会的要求，在保持农村政策连续性、稳定性的基础上，与时俱进地制定了加强"三农"工作的大政方针和一系列政策措施。农民工问题是"三农"问题的一个重要方面。胡锦涛总书记和温家宝总理多次强调要保护农民工的合法权益，改善他们的就业环境，这些都推动了各级政府在保护农民工方面采取措施，特别是为农民工讨工资很有成效，近两年建筑行业帮助农民工讨回来的工资有 300 多亿元。可以说，《意见》是在党中央、国务院高度重视"三农"问题、深切关心农民工问题的背景下研究和起草的，是在充分调查研究，集中有关部门、地方和专家们集体智慧的基础上，又花了四个多月时间起草和修改完成的。

战 略 考 量

记者：制定这个文件，是国务院的一个重要决策。那么，从大的方面来看，您认为解决好农民工问题究竟有哪些重要意义？

韩长赋：我认为，农民工问题直接关系着"三农"问题的解决，关系着我国的工业化和城镇化建设，既关系农村又关系城市，既关系农业又关系工业，是一个全局问题，也是一个战略问题。

第一，农民外出务工是增加农民收入的重要途径。要解决"三农"问题，必须增加农民收入。现在农民的工资性收入已经占到了他们总收入的40％以上，东南沿海地区更高。在农民收入增量部分，工资性收入所占比重达到60％左右。现在国务院文件使用的农民工概念是宽概念，包括外出进城打工的有1.2亿人，在乡镇企业就业的有1.3亿人，这么算下来是2.5亿了。实际上没这么多，因为有一部分人从中西部地区到沿海打工进了乡镇企业，所以统计下来有一部分就重复了。我们通过研究几个部门的调研报告，包括农业部、劳动和社会保障部、国家统计局以及专家们的研究数据，估算出全国农民工总量在2亿人以上，其中常年外出务工的在1.2亿人以上。农民工的月平均工资收入扣除他们的消费，大体上每个农民工每年获得纯收入在4 000元以上。这样算大账，全国外出的农民工每年给家乡带回的真金白银不少于5 000亿元。这笔收入可以说是农民非常重要的收入，是目前任何途径的资金都不可替代的收入。我们说加大财政对农村的支持，但目前我们的财力还不够，一年也不可能给农村拿出这么多钱。有了这部分钱，农民可以建房子，供孩子上学，解决了很多问题。

第二，农民外出务工是推进城市化的重要途径。"三农"问题核心是农民问题，要想富裕农民，必须减少农民，可是怎么减少？不可能通过行政方式，用划转户口的办法简单解决，农民必须就业。农民从农业领域转到非农产业和城镇去，全家有一个人在城里打工，如果站住脚了，再把家里人接出来逐步城市化。如果失去工作，家里有承包田，可进可退。1980年人口普查时全国10亿人口有8亿农民，现在是13亿人口还是8亿农民，也就是说，改革开放20多年，我国新增加了3亿人，城市常住人口也增加了3亿，这其中，我估计直接从农村转入城市改变身份的应该有2亿人左右。进城打工是中国农民城市化的一个基本路径。一部分农民转出来，就会给农村的资源配置带来良性的影响，没有地的人可以有地，有地的可以有规模经营。如果现在农村不是8亿农民，而是11亿，现在农村的生产和就业环境会更差。如果没有这么多农民在外面打工，农村没有1亿多人把嘴带出去，每年不拿回几千亿资金回来，农村也不会有现在的状况。

第三，农民外出务工也是加快中国工业化的重要途径。现在，在我国的产业工人中，特别是建筑、制造、纺织、餐饮服务、批发零售、环卫保洁等行业里面，农民工已经成了重要组成部分甚至是主要组成部分。因此我们说农民工是一支新型的劳动大军，在我国的工业化建设中发挥着重要作用。现在到处是高楼大厦，除了规划设计和组织管理人员，具体施工人员基本上都是农民工。

一个城市如果农民工全撤走，不要说饭馆要关张，整个城市都可能瘫痪。所以，城市的繁荣离不开农民工。另外，我国的工业化正处于加快发展阶段，劳动力成本低是我们工业产品竞争力强的一个重要原因。没有"物美价廉"、吃苦能干的农民工，我们的企业不可能发展那么快，我们的出口也不可能增长那么快。有专家测算过，1.2亿进城务工的农民工，每年给城里新创造的GDP大概在20 000亿元左右。可以说，我们很多产业的快速增长，都和农民工这支劳动大军的直接贡献有关系。因此，解决好农民工问题、保护好他们的权益、改善他们的就业环境、调动他们的积极性，不仅对于我国农村发展和全面建成小康社会具有重大意义，而且对于整个国家的工业化、城镇化、现代化具有重大意义。

在二元结构没有打破，城乡隔离没有拆除的情况下，农民工以他们自己的行动，走出了一条城乡统一就业的新路子。如果让政府安排这一两亿人就业，就是有岗位，成本也很惊人。所以，在这里我想谈一个观点，农民外出务工，进城打工，是工业带动农业、城市带动农村、发达地区带动落后地区的有效形式，是走中国特色城镇化道路的现实途径。

现 实 问 题

记者：目前还有一些农民工问题迫切需要研究和解决。有人说，《意见》的出台，是历史的呼唤、现实的选择，您认为是这样的吗？

韩长赋：农民工问题也是当前无法回避的一个现实问题。这两年按照中央的要求，各级政府采取了不少措施，农民工的权益保障和就业环境有了一定改善，但仍然存在不少比较突出的问题。一是对农民工的就业服务问题。农民离开农村找工作，像没有头的苍蝇乱撞不行。谁给他们提供信息服务，这是一个大问题。二是拖欠农民工工资问题。农民辛辛苦苦外出打工，不能按时足额拿到工资，这个问题很突出，才引发了总理帮助民工讨工资。农民工工资直接涉及1亿多人的利益，涉及社会稳定，涉及党和政府执政为民的宗旨，绝对不是一个小事。三是农民工的劳动权益保障问题。除了拖欠工资以外，劳动时间长，法定假日没有保证，劳动环境差等问题也很普遍。四是大部分农民工没有社会保障。由于农民工干最累、最危险的活，工伤事故也多，没有社会保障，一旦有了工伤，就可能拖着残疾之躯回到农村，给家庭、给农村带来负担。五是对农民工的公共服务缺位。比如农民工子女上学问题、流动人口公共卫生和疾病控制问题、计划生育管理服务问题等。这些问题直接关系到维护农民工切身利益，关系到维护社会的公平正义。如果不解决好，就会影响农民工的积极性，就会损害农民工应有的权益，就可能造成农民工和业主包括城市居民的矛盾，就会影响和谐社会建设。

另外，从政府管理来看，在计划经济体制和二元社会结构下，人口基本上是按照户籍来管理，现在在体制转轨、社会转型的背景下，各级政府怎样引导、组织农民工合理有序流动，也是一个现实问题和挑战。管理人口有两种办法值得注意：一种是绝对固定。过去用户籍和统购统销的办法把农民固定在农村，固定在土地上，叫做"车马归队、劳力归田"，农民就是农民，城里人就是城里人。这种办法在当时是不得已而为之，但带来了城乡隔离，造成了农村长时间的贫困，也影响了城市化的发展。另一种是完全放开。像巴西、印度，没有城乡户籍限制，也没有统购统销的供给限制，农民可以随便进城，土地也可以自由买卖，结果造成大量农民失地、盲目进城，大城市周边有上百万甚至几百万人的贫民窟，那里污水横流，治安也很难维持。怎样从中国的国情出发，顺应现代化的一般规律，引导农民工合理有序流动，并且解决好这个过程中出现的问题，确实是政府应该抓紧研究的大课题。

原 则 方 向

记者：农民工问题涉及方方面面，很复杂。制定这样一个专门的文件，在具体操作过程中，是怎样把握大的方向原则的？

韩长赋：解决农民工问题需要明确哪些基本原则和指导思想，这是在起草文件过程中要始终注意把握的问题。关于这个问题，国务院领导同志，特别是总理有过多次指示，我们在调研中也不断地学习和领会。具体把握了四个大的方面：

一是要着眼于保障农民工的合法权益，要坚持以人为本，公平对待，一视同仁。保障农民工合法权益，这是政府的应尽职责，也是当前比较突出、比较普遍的问题。农民工也没有要求各级政府给他们吃什么偏饭，就是希望能同工同酬同权，合法权益得到保障。如果不着眼于维护农民工的合法权益，这个文件就不符合广大农民工的期待和社会各界的愿望，也就没有必要制定了。

二是要注意合理引导农民工有序转移，一方面要积极引导他们外出进城务工，另一方面也要积极帮助他们就地转移，发展乡镇企业和县域经济。中国要城镇化，这是坚定不移的方向；中国将来城镇常住人口要比农民多，这也是坚定不移的目标。但是，中国的农民太多，这一国情决定了不可能像西方国家那样，把农民转移得只剩下总人口的百分之几，起码在看得见的将来不大可能。所以既要积极引导农村进城，也要鼓励农民就地发展一些产业，就地吸纳农村劳动力。将来一部分农民或者大部分农民要进城镇，另外一部分还要在农村。中国人口基数大，即便是农村人口占30%，也有几个亿。为什么提出要建设社会主义新农村，其中一个原因就是中国农民不可能都进城，必须把农村建设好。这就是说，制定的这个文件，既要积极引导农民进城务工，又要大力促进农民就地转移；既要保护进城农民工的权益，又不能误导农民盲目进城。

三是在我国农民工现象将会长期存在，所以既要立足当前，抓紧解决农民工面临的突出问题，同时又得着眼长远，通过改革和发展来逐步解决城乡二元体制造成的农民工深层次问题。能够解决的问题要抓紧解决，拿出明确的政策措施；不能一下子解决的问题，要指出政策方向。

四是要着眼于城乡统筹来解决农民工问题。这个文件是在党中央提出统筹城乡发展方略，实行工业反哺农业、城市支持农村方针的历史背景下起草的，因此要把研究解决农民工的问题，放在城乡统筹这样一个大背景下来考虑，这是一个大方向。也只有从逐步消除二元结构的角度来考虑问题，才能适应社会主义市场经济体制的要求，才能符合体制转轨、社会转型的趋势，文件才能够有生命力。

政策要点

记者：《意见》出台的背景、意义、作用都阐述清楚了。请您概述一下《意见》的主要政策措施好吗？

韩长赋：关于政策措施，我只简要提示一下，因为文件已经公开发表。这个文件一共是10章，40条，9 000字，前两章旨在统一思想，讲解决农民工问题和制订农民工文件的重大意义，接下来是讲解决农民工问题的指导思想和基本原则，其他几章都涉及政策措施，比较重要的有以下几条。

第一，要切实解决农民工工资偏低，特别是拖欠问题。文件提出了要建立农民工工资的支付保障制度，就是要规范用人单位的工资支付行为，确保农民工工资能够按时足额发放。为了从根本上解决农民工工资拖欠问题，文件提出要建立农民工工资支付监控制度和工资保障机制。农民工工资问题首先要解决拖欠问题，这个最突出，也最急迫。同时考虑到农民工工资普遍明显偏低，要合理确定和提高他们的工资水平。农民工工资一定要严格执行最低工资制度。现在很多业主以计件工资为由不执行最低工资，所以还要制定和推行小时工资制，制定行业工资劳动定额参考标准。总之要使农民工的工资随着企业的发展和效益的提高不断有所增加。这是一个含金量比较实的政策。

第二，要保护农民工的劳动权益。加强劳动管理，主要是要推行和执行劳动合同。现在有不少用人单位不与农民工签订劳动合同，还有的滥用劳动试用期，给农民工很低的工资，试用期满了就辞退，损害了农民工的权益，这个问题要切实解决。再一个就是农民工的职业安全卫生保护问题。文件在保证农民工劳动过程中的人身安全、防止重大事故、保护女工权益、禁止使用童工等方面作出了具体规定。

第三，要搞好农民工的就业服务和培训。加强农民工职业技能培训，有利于帮助他们找到工作并得到合理报酬。对农民工的培训要纳入公共服务体系，输入地政府和输出地政府都有责任。要实行城乡平等的就业制度，建立城乡统一、平等竞争的劳动力市场。现在农业部门搞的农村劳动力转移培训阳光工程要扩大规模，提高实效。农民工是产业大军中的重要力量，提高他们的就业技能和生产技术水平，对提高我国企业竞争力十分重要。农民工当中的相当一部分人也是未来城市的新市民，他们在外打工的过程，实际上也是一个自身改造的过程。对他们的教育除了职业技能以外，还要有法律、职业道德、社会公德、城市文明等方面的教育。要通过培训引导他们全面提高自身素质，提高知法守法和通过法律渠道维护自身权益的意识。应该说，搞好对农民工的培训，是给农民工服务很重要的一个切入点。

第四，要积极稳妥地解决农民工的社会保障问题。农民工的社会保障不是要不要搞，而是怎样搞好的问题。当然，农民工的社会保障还得考虑农民工的实际，适合他们的特点。社会保障金收费高了，企业不愿意给交，农民工本人也不愿意参加。所以文件提出了一个很明确很务实的思路，就是要根据农民工最紧迫的社会保障需求，坚持分类指导、稳步推进，优先解决工伤保险和大病保障。农民进城务工，如果遇到工伤、大病，劳动能力很可能就丧失了。所以，企业用工就必须给农民工交工伤保险。对于农民工打工期间大病住院如何保障，文件提出了政策意见。文件同时提出要研究农民工的养老保障办法。这个问题很复杂，因为大多数农民工很年轻，他本人不愿意交费，企业更不愿意交费，但还是要根据条件逐步推进。

第五，要为农民工提供相关的公共服务。这里面有一个理念问题，就是说今后的城市，特别是农民工数量比较大的城市，政府要转变观念，为居民提供的公共服务不能仅仅覆盖户籍人口，还要覆盖到常住人口，覆盖到在城里面打工的农民工。政府的财政预算，基础设施建设，政府的公共管理、社会管理都要考虑这个因素。现在比较突出的有三个问题：一是解决农民工的子女上学问题，保障农民工子女有平等接受义务教育的权利。《意见》对此作出了规定，按照属地原则，输入地政府要承担起农民工子女的义务教育责任，而且主要以全日制的公办学校为主来解决。这样，城市财政就得在教育经费预算中考虑。对这个问题有些不同的认识，但是小道理应当服从大道理。农民工在城里劳动同样创造了财富，孩子教育关系国民素质，是长远大计。二是农民工的疾病预防控制问题，儿童免疫、计划生育服务和管理等公共服务都要覆盖农民工。三是要考虑农民工的居住问题。这个问题解决起来难一些，但从现在起要统筹规划、发展和管理，首先要保证起码的安全和卫生条件。

第六，对农民工的户籍问题指明了方向，对农民工承包地问题做出了明确规定。这两个问题既是重大问题，也是敏感问题。首先，关于农民工的户籍问题，文件明确改革的大方向是城乡统一的户籍管理制度。但是，中国的农民太多，城市容量有限，一下子放开会带来很多的社会问题。中小城市基本具备条件，像北京、上海这样的大城市，确实要慎重。所以，农民工户籍问题只能是逐步地、有条件地加以解决。要优先解决农民工当中的劳动模范、先进工作者、高级技工、技师，以及其他有突出贡献者的户籍问题，逐步解决长期在城市工作居住的农民工的户籍问题。关于农民工承包地问题，文件也讲得非常清楚，就是决不能以农民工进城务工为由收回其承包地，并且要纠正违法收回农民工承包地的行为。为什么这么规定呢？因为土地不仅是农民的生产资料，也是他们的生活保障。稳定农村土地承包关系，坚持农村基本经营制度，这是党的农村政策的基石，动摇不得。这样的规定使农民工可进可退，既有利于降低他们进城务工的成本，也有利于降低城市维护稳定的风险，是符合中国国情的制度安排。

第七，用一章的内容，专门强调了促进就地就近转移农村劳动力的问题。《意见》强调要大力发展乡镇企业和县域经济，扩大农村劳动力在当地转移就业的容量，包括发展劳动密集型产业、发展非公有制经济。产业梯次转移是经济发展的必然现象。《意见》提出要引导相关产业，特别是劳动密集型产业和资源加工型企业向中西部转移，增加农民在当地的就业机会。建设社会主义新农村，开展农村基础设施建设，要就地多用农村劳动力和农村的建筑材料。还要积极发展小城镇，鼓励外出农民工回小城镇居住和创业，在大城市挣钱，小城镇居住。这一章是根据温家宝总理的指示写的，是文件的一个十分重要的精神，是城乡统筹解决农民工问题的一项战略措施。

贯 彻 落 实

记者：最后，请您谈一下文件贯彻落实的有关问题。

韩长赋：这个文件是国务院今年出台的一个重要文件。落实好这个文件，有很多工作要做，政府、社会、企业都负有重要责任。这里我简要谈几点看法。首先，各级政府要落实好文件已经明确的政策措施，各相关部门还要从自身工作职责出发，进一步细化这些政策措施。同时要深入研究这些政策措施在落实当中遇到的新情况、新问题。最根本的还是各级政府要按照国务院的要求，切实把解决农民工问题摆在重要位置，切实加强和改进对农民工工作的领导，真正把它作为政府的重要职责，作为一项重要任务，并且在组织领导机制、公共财政投入以及其他保障措施方面做出安排。国务院已经成立了农民工工作联席会议，协调指导全国农民工工作。地方各级也都要有相应的组织机制保证落实。其次，用人单位更是责无旁贷，要把保障农民工应有的权益作为企业社会责任感的重要方面。各级政府有关部门要加强这方面的执法监督。其三，落实文件精神，要切实加强对农民工的服务和管理。要充分发挥社区的作用，引导农民工提高自我管理、自我教育和自我服务的能力，促进他们融入城市居民生活，与城市市民和谐相处。其四，应该提倡全社会都来关心、尊重、保护农民工。要善待农民工、理解农民工，包括新闻单位，要大力宣传国务院文件精神，大力宣传农民工先进人物，大力宣传地方和企业解决农民工问题的经验做法。同时，也要批评那些侵犯农民工权益的丑恶现象。总之非常重要的一条，就是要在全社会形成关心农民工的良好氛围。我们相信，只要各级真正重视了，社会各方面都来关心，农民工问题就一定会逐步地、有效地、更好地得到解决，那将大大地推进社会主义新农村建设和和谐社会建设，推进我国工业化、城镇化和现代化进程。

"三农"工作的重中之重是促进农民增收

——就 2003 年年底中央农村工作会议精神访中财办副主任、中农办主任陈锡文

一年之内召开两次中央农村工作会议，这充分说明了党中央对农业和农村工作的高度重视。在 2003 年 12 月 24 日至 25 日召开的中央农村工作会议上，与会者一致认为：这次会议集中研究农民增收问题，讨论研究通过的文件主题鲜明，针对性强，反映了广大农村干部群众的强烈愿望。2003 年 12 月 29 日，本书作者就这次会议精神，请中央财经领导小组办公室副主任、中农办主任陈锡文进行了解读。

记者：2003 年 12 月 24—25 日召开的中央农村工作会议有什么特点和亮点？

陈锡文：这次中央农村工作会议特点很突出，亮点也很鲜明。概括起来有三个：第一个特点，2003 年中央实际上开了两次农村工作会议，这在历史上是不多见的。当然也有一些年度上的特点。2003 年是党的十一届三中全会召开 25 周年。25 年前十一届三中全会提出了一个很著名的我们党如何处理与农民的关系的准则，那就是在经济上必须关心农民的物质利益，在政治上必须关心农民的民主权利。可以说，25 年来，改革之所以在农业农村方面取得这么大的成效，是和中央、国务院一直按照这个准则制定农业农村政策和从事农业农村工作的干部一直坚持这个准则分不开的。所以，选择这样一个时间来开中央农村工作会议应该说具有一种特殊意义。另外，2004 年的春节比较早，提前开会，有利于会议精神的贯彻。第二个特点，中央已经决定把这次会议讨论研究决定、最后经中央审定批准的文件作为 2004 年中共中央 1 号文件来发出。1 号文件对于从事农业农村工作的同志来说，既很熟悉，也很有感情。在1982—1986 年，中央曾经连续发了 5 个 1 号文件，对农村改革初期那种势如破竹的改革进程起了极大的推动作用，对于调动农民积极性、促进农村生产力发展发挥了重要作用。中央这次明确把这个农村工作文件作为 2004 年的 1 号文件，我觉得含义很深，这表明党中央国务院对农业农村工作的高度重视。对

本文原载于《农村工作通讯》2004 年第 1 期，《农民日报》同时全文刊登，系与当时中国农村杂志社记者常红晓、李永生共同采写。

于农业农村工作者来说，时隔 17 年，重新见到一个中央指导农业农村工作的
1 号文件，我想一定会感到很亲切。第三个特点，这次会议形成的文件主旨鲜
明，针对性强，很有特色。从 1993 年中央成立中央农村工作领导小组到现在，
一直保持着每年开一次中央农村工作会议、每年发一个中央农村工作文件的传
统。过去十年中央农村工作会议所研究决定的文件基本上是一个综合性的文
件，是全面部署农村工作的文件。而 2004 年中央农村工作文件，标题则是
《中共中央、国务院关于促进农民增加收入若干政策的意见》。这是一个针对性
很强的文件，不是面面俱到，而是着力讲农民增收。这反映出党中央、国务院
深感当前农民增收面临很多困难。不解决农民增收的困难，不仅对农业农村的
发展，而且对整个国民经济的发展也会带来很多不利的影响，所以突出地强调
增收。从一定程度上讲，抓住了农民增收，就是抓住了当前农业农村工作诸多
矛盾的关键。而解决增收的矛盾也是广大农村干部群众强烈的愿望。

　　记者：广大农村基层干部和农民群众很想知道这次会议的主要精神和这次
中央文件出台的背景，请您详细介绍一下。

　　陈锡文：这次会议的内容主要有三个方面：一是研究解决农民增收问题。
二是保护和提高粮食综合生产能力，确保国家粮食安全。三是研究进一步深化
农村改革。文件虽然是一个关于促进农民增收的文件，但实际上它的内容包含
了以上三个方面。从一定程度上说，不解决这三个问题，农民增收问题也很难
解决。

　　从农民增收看，最近一段时间，形势确实比较严峻。从 1997 到 2002 年，
农民人均收入平均每年只增长了 3.96%。和同期城市居民平均每年增长 7.8%
相比，农民只相当于市民的一半。如果从收入增长的绝对额来看，过去的 6 年
时间，农民年均收入只增加 380 多元，而城镇居民则增加了 2 500 多元。农民
6 年增加的收入不如城镇居民一年增加的收入多。城乡居民之间的收入差距是
在不断地拉大。和 1997 年相比，2002 年农民人均来自农业的收入不仅没有增
加，反而减少了 100 元左右。也就是说，这几年农民收入还能保持 3%～4%
的增长，主要来自农业之外，来自农村的非农产业和农民进城打工。更重要的
是要看到，虽然从全国来看农民的收入是在增长，但由于中国地区差别非常
大，平均数很难代表大多数。由于农业减收，造成了很多传统农区、粮食主产
区、中西部地区相当一部分主要依靠农业就业获得收入的农民，这几年增收更
加困难。我们曾经测算过，过去 6 年中，中部地区的八个粮食主产区农民收入
增长 2.73%，只相当于全国农民收入增长幅度的三分之二，这对于粮食生产
显然是非常不利的。当然，目前我们的粮食库存还比较充裕，当年的粮食产量
加上现有的库存，总体上还是供过于求。但如果粮食产量不断地滑坡下去，总
有一天库存是要挖完的，那就会出现粮食供不应求的严峻情况。1994 年中国

物价指数上涨 21.7%，其中相当大的原因就是粮食价格上涨太快。农民的收入问题和粮食生产问题实际上是紧密相关的。不让种粮的农民得到经济上的实惠，农民就必然没有种粮的积极性。

因此中央这次文件特别强调农民增收，尤其是强调主产区和种粮农民的增收，这实际上抓住了农民收入增长和保护提高粮食生产能力的连接点。因此无论是会议的讨论、还是文件的起草过程中征求各部门、各地区和有关同志的意见，大家都一致认为，抓住增收就是抓住当前增收和粮食问题这两个矛盾的牛鼻子。为了促进农民增收，中央在制定政策中下了很大力量，各个部门也充分认识到解决当前"三农"问题的紧迫性，给予了很大的支持。

记者：这次中央关于促进农民增收的文件内容很丰富，请您作一个全面的解读。

陈锡文：中央的这个文件很快就发出来。这个文件，从大的方面看，有五个部分。

第一部分是分析当前农村形势。首先是 2003 年我们战胜了非典疫情的冲击，战胜了频繁发生的多种自然灾害的严重影响，预计全年农民收入能达到4%的增长速度，这的确来之不易。同时指出，当前农村形势中最突出的矛盾是农民增收尤其是粮食主产区农民的增收问题，然后提出了促进农民增收的总体要求。文件对形势的分析得到了与会者一致的认可，大家觉得这样分析形势是实事求是的。既看到了目前取得的成绩来之不易，也看到了当前农业农村中存在的突出矛盾，而且明确了怎么解决这个矛盾的基本思路和大政方针。

第二部分是强调解决农民增收关键是要解决好当前农民增收中的两个难点和重点。难点和重点，第一在粮食主产区，第二在贫困地区。这个文件一共 9节，22 条，其中第一节、第八节分别专讲这两个问题。对于促进主产区农民增收，中央出台了一系列政策和措施，比如要启动规模非常宏大的优质粮食产业工程。这大概要涉及全国将近 600 个主要的商品粮生产县和 40 多个国有农场。对这些地区增加投入，提供支持，既能增加农民的收入，又能不断提高粮食生产能力。这样一个涉及几百亿元投资的大的政策，其中还套着不少具体的小政策，比如说对良种给予补贴，对粮食主产区农民购置大中型农机具给予补贴等。在支持主产区农民增收的过程中，除了支持粮食生产环节以外，文件中还明确强调，支持粮食主产区发展粮食产业。除了增加粮食产量外，粮食产业实际上还包括转化和加工，通过拉长粮食产业链条，使得农产品通过转化加工得到增值，使种粮农民得到更多的实惠。这样粮食主产区在经济发展上也能形成自己的支柱产业。这方面出台了一系列的政策，包括对龙头企业、粮食主产区的农业科技发展和对粮食流通领域的支持等。

第三部分从增收政策角度提出了促进农民增收的主要渠道。这部分着重讲了三个层次的问题，第一个层次是讲农业内部怎么增收。农业要优化品种，提高质量，进行转化加工，使农产品增值，同时也要努力开拓农产品的国内外市场。也就是说，在农业上进一步向深度、广度进军，可以给农民提供更多的就业机会，使农民获得增加收入的来源。中央提出一定要把从农业内部通过结构调整增加农民收入的文章做好做足。从一定程度上讲，这在相当长时间内还是农民增加收入的重要来源。这对今后的农民增收是非常重要的。第二个层次是一定要努力发展农村的二、三产业，发展壮大县域经济。大家都讲，要想增加农民收入，就要减少农民。这个道理人人皆知，农民需要向二、三产业转移，但转移到哪里去呢？一个很重要的渠道就是在本村、本乡、本县的范围内，通过发展二、三产业来增加农民转移就业的机会。比如乡镇企业发展到现在，转移了一亿三千万农业劳动力。所以在文件里也明确强调要进一步发展乡镇企业。不论它是什么所有制，不论它的规模大小，只要它符合保护生态环境、合理利用资源和安全生产的基本要求，就应该促进其发展。文件中也提到县域经济的发展对于带动农村经济、增加农民收入的重要作用。县域经济发展了，繁荣了，就会给农民创造相当多的就业机会。回良玉副总理在大会的讲话中特别强调，凡是县域经济搞得好的地方，整个经济发展就好，老百姓的就业就充分，农民的收入就比较高。典型的如浙江省，在全省的 GDP 中，县域经济所占的比重达到 70％以上，比我们很多省高将近 20 个百分点。如果县域经济不发展，农民在县里找不到就业机会，那就会有更多的农民到外地、到大中城市去。所以，要强调发展乡镇企业、强调发展县域经济。第三个层次强调的就是要为农民外出就业创造更好的政策环境。这就是大中城市怎么正确对待外来打工农民的问题。文件里面有一句非常重要的话："外出打工的农民已经成为我国产业工人的重要组成部分"。这句话在中央文件里出现是第一次，但它是非常符合实际的。因为从全国来看，二、三产业的从业人员中，农业户口的人口总量已经占到一半左右，农民工在有些行业中已经占了大多数。比如批发、零售、餐饮行业，占 50％以上，加工制造业占 60％以上，建筑业占将近 80％。从这个角度去看，对待农民工的问题，不仅仅是对待农民的问题，也是对待我国产业工人的问题。随着整个国家产业结构和就业结构的变化，来自农村的人口在操作性岗位所占的比重越来越高，如何为他们提供更好的服务，这件事情事关全局。所以这次文件特别强调两个方面：一个方面要切实保障和维护农民工的合法权益。对城市的政府提出明确要求，对农民工提供的公共服务和社会管理的经费应该纳入其本级财政的正常预算。因为农民在当地创造财富，在当地交纳税收，那么当地财政从他们的就业中获得很大的好处。所以从当地正常财政开支中拿出为农民工提供公共服务和社会管理的费用是天经地义的事情。除了政府要改变对待农民工的态度，政府也要监督市场，让各类市场主体在使用农民工的过程中，能够按照国家的法律、按照党和政府的政策对待农民工，比如说劳动时间问题，劳动条件问题，正常的工资发放问题，这些问题都应该遵循国家的有关法律规定。正确对待农民工的第二个方面就是要对农民进行职业技术培训，产业工人中是农业户口的人，如果他的科技文化、技术素质提不高，实际上不仅影响到农民的就业和收入，而且影响到我们国家的产业竞争力。所以说，文件提出要分别从农业内部、农村外部以及整个国民经济发展的角度来解决农民的增收问题。

文件的第四部分主要讲怎么为农民增收创造更加有利的条件，具体讲了三个问题。

第一，逐步健全公共财政政策，对农业对农村给予更多的财政投入。中央财政对农村社会各项事业的投入，2003年比2002年增加了80亿元。今年增加了294亿元，这是历史上增幅最大的一年。当然，从农村广袤的地域和众多的人口来说，仅仅靠中央财政做出很大的努力，投入是不足的。因此各级地方政府也要考虑在自己的地方财政中增加对农业农村的开支，这还不能简单地算经济账，因为通过给农民提供更加良好、更加有效的公共服务，可以使农民获得更多的增收信息和渠道。

第二，要进一步支持农村的基础设施建设。2004年国债投资的总规模缩小后，怎么确保对农业农村的投入比重不下降，有的方面还能让它进一步增加，文件中特别强调这几年对农村的生产发展、农村的面貌改变、农民的收入增加起到直接带动作用的"六小工程"。而搞好"六小工程"既能改善农民的生产生活条件，同时也能给农民提供直接的就业机会，增加一些劳务收入。近几年的实践证明，作用非常大，明年要进一步加强这方面的工作。

第三，强调必须深化改革。通过深化改革给农民提供增加收入的自主性。我们整个农村经济体制改革的目标或大方向是要建立健全在稳定农村家庭承包经营制度基础上的农产品市场体系、农业的社会化服务体系、政府对农业的支持和保护体系。从当前或者从明年来讲，中央根据十六届三中全会的要求，提出要加大对四项改革的推进力度。

（1）加快推进粮食流通体制改革和直接补贴农民的改革。粮食流通体制改革，1990年国家在主销区就实行了粮食市场化改革，以后范围逐渐扩大，从2004年开始中央允许各地都进行市场化改革。之所以讲允许，是指到底搞不搞改革，由地方自主决定，各省自己决定。改革之后有一项非常大的政策，就是粮食市场放开后怎样保护农民的利益，中央明确提出要求，要从现有的粮食风险基金中拿出不少于三分之一的资金用于对种粮农民进行直接补贴。这项工作其实在不少地方已经进行了不少试点，而对农民来说，这是个新鲜事，种粮国家给补贴。当然，100多个亿补下去，到一个村和一个农民身上，钱并不多。但它很重要，它是个信号：种粮国家给补贴，说明国家是需要粮食的。

（2）要进一步推进农村税费改革。农村税费改革从 2000 年到现在，已经在全国 31 个省级行政区全面推开，应该说农民从中获益不少。按原来设计的税费改革方案，改革的目标已基本达到，比如取消了三提五统，规范了农业税制，农民 7％的农业税再加 1.4％的农业税附加，一共承担 8.4％。大部分地区改革已经基本到位了。中央又进一步提出，从 2004 年开始，农业税税率总体上要降低一个百分点，同时要全面取消农林特产税。这项措施出台以后，又可以让农民直接减轻负担 70 亿元。更重要的是它对规范农村税制、对推进农村各项配套改革有着现实的作用，比如有助于推进农村机构改革、精简机关人员等。

（3）要改革现行的征地制度。毫无疑问，城市化、工业化总是要占用一定的农地的。但从现实情况看，我们现在的征地制度至少存在着两大弊端：一是利用政府权力去征地的范围过宽。宪法和土地管理法规定，社会公益性的用地，政府可以动用征地权。但现在的问题在于，除了社会公益性的用地，几乎任何经营性的用地，政府也都动用了征地权，这是不符合市场经济规则的。第二是征地之后对失地农民的补偿费用太低。中央反复强调土地对农民的重要性。按照十六届三中全会的要求，征地制度改革的一个原则就是保障权益，控制征地规模。征地问题，除了关系农民的权益问题，还涉及全社会的利益问题。没有地是打不了粮的。现在有关部门在国务院的安排下，对乱占滥用耕地正在进行清理整顿，同时有关部门也正在制定改革征地制度的指导性政策，包括这次中央向全国人大常委会提出的修宪建议中也提到了关于征地制度的改革，形成了比较统一的意见之后，还要进一步修改有关的法律和法规，建立适应社会主义市场经济要求的土地征用制度。

（4）要加快农村金融体制改革和创新。对农村的金融支持不够，是当前农村发展中的一个很大的问题。从 2003 年开始，中央已经启动了农村信用社改革试点，目前正在 8 个省进行试点。这次文件中提出，通过试点要积累总结经验，逐步地把信用社改革在全国范围内推开。除此之外，这次文件还提出了很多具体的要求，比如明确提出在县域范围内的各个金融机构都要承担支持农业农村发展的义务，世界上很多国家都是这样做的。县和县以下的金融机构主要在农村，吸收的存款来自农村，当然应该拿出一定比例的资金用于支持农业农村的发展。比如，文件提出要进一步完善邮政储蓄的政策，这些年发展邮政储蓄成效明显，现在邮政储蓄已经吸收了 8 000 多亿元的资金，但是带来的另一个问题就是，邮政储蓄的资金主要是转存到中央银行去，所以它等于是农村金融资金外流的重要原因。从 2003 年 9 月开始，中央已经对邮政储蓄的利率政策做了调整，邮政储蓄从农村吸收资金的现象有所缓解。再比如说，文件明确提出，国家的政策性银行要根据新的形势，进一步调整职能，合理分工，加大对农业的支持力度。我国有三个政策性银行，一个是国家开发银行，一个是农业开发银行，一个是国家进出口银行。由于粮棉流通体制的改革，农发行也面临一个职能重新定位、怎么更好地为农业和农村提供政策性金融支持的重大问题。文件还提到了要在防范金融风险、严格管理的前提下，进一步发展多种所有制的农村金融机构。文件还提到，要探索农村新的抵押和担保制度。农民贷款难，很大的问题就是贷款抵押问题不好解决。文件还提出要发展政策性的农业保险制度。大家都能感觉得到，我们实际上面临着整个农村金融体系的创新问题。毫无疑问，粮食流通体制和直接补贴农民的改革，税费制度的改革，征地制度的改革，农村金融制度的改革，这些改革都推进到位的话，对推动农村的经济发展、对于增加农民的收入，一定会创造一个更加好的环境。

文件的第五部分着重讲的是加强党对促进农民增收工作的领导。具体讲了三层意思。一是，党管农业农村是我们党的一个传统。党管农业农村的重大意义主要是党如何正确处理与农民的关系问题。二是，要加强对农村基层干部的培训和教育。要增加对农民的感情，要提高法制观念，才能正确地处理好与农民的关系，更好地为农民服务。三是，要加强基层组织建设、精神文明建设、民主法制的建设，这些工作只有在加强党对农村工作的领导，县以上的党委领导深入农村、了解农村，基层干部明确宗旨观念、转变作风的基础上才能做好。

文件的基本内容就是这五个方面。我想应该特别强调，这是一个专讲增收的文件，农村中最突出的矛盾就是农民增收难。我们面临的其他问题都和农民增收有关系。并不是只讲增收不讲别的，而是说抓好了农民的增收问题，对解决农村的其他问题提供一个好的条件。

记者：中央农村工作会议作出的决定内容很丰富，措施有力，那么如何贯彻落实好这次会议精神和中央关于农民增收的文件？

陈锡文：应该说，回良玉副总理在会议上的讲话已经做了明确的部署，这个文件中的许多政策也都比较具体。让这些政策真正贯彻落到实处，这是关键。政策的落实，我想主要涉及两个层面的问题。一个层面就是作为各级党委、各级政府，对于中央召开的会议、制定的文件、确定的政策，定了就要办，不能打折扣，不能推诿。这是一个工作层面的问题，很重要。但是我觉得更重要的问题是思想认识层面的问题，必须贯彻党的十六大提出的"统筹城乡经济社会发展"这样一个基本思路，才能使得会议制定的文件和政策得到比较好的落实。因为对于农业在国民经济中的特殊地位，一些农村基层干部，包括一些各级政府的领导同志，应该说，认识是不全面的。认识不全面的第一个表现就是可能只看到农业在 GDP 中的比重不断下降。第二个表现，可能看到农业的增长幅度小。农业增长率一般来说会比工业低。我们这几年，工业增长都是17%、18%、19%，甚至是20%，而农业基本上都在3%以下。第三个表现，还有人只看到整个农业给政府提供的税收非常有限。目前全国的农业税、特产税两项合在一起，也才有600多亿元，同我国2万亿元的财政收入相比，它占的比重太低。如果仅仅从这三个方面看，在有些干部看来，农业就变得不重要了。因为农业对于当地GDP的增长的贡献、对于当地财政收入的贡献，显得微不足道，于是就忽视它，不愿意给它投入精力，不愿意给它投入资金。问题在于，不管农业产值在GDP中占的比重多低，也不管它的增长率多低，也不管它对财政的贡献多低，重要的一条是，人类社会的生存和繁衍离不开农业。这是个最基本的道理。城市再繁荣，再漂亮，没有饭吃，那只能是死城、空城。所以现在首先要明确，我们谋求的是整个社会的发展，谋求的是全面小康社会，不能把包容量非常广、内涵非常丰富的社会发展目标仅仅简化成GDP，认为只要GDP提高了，就可以一俊遮百丑。这个观念非常有害。其次，党的十六届三中全会提出，要树立科学的发展观。所谓树立科学的发展观，十六届三中全会提出了"五个统筹"，各级政府、各级党委的领导都应该对自己的工作有个客观的评价，看是不是做到了"五个统筹"？我们现在能看到的，这些年大中城市面貌变化很快，两三年不去就可能不认识了。但是也必须看到，在许多地方的农村，十年八年不去，再去一次，它仍然是过去的样子。这就充分反映出没有很好地做到城乡统筹。我当然不是说不要城市的发展，而是说城市的发展一定要起到带动农村发展的作用，而在有些地方，城市的发展不仅没有带动农村的发展，反而在损害农民的利益，阻碍农村的发展。为什么会出现这样的状况呢？我认为主要是片面的发展观，而片面的发展观的根源，说到底是错误的政绩观。任何一级干部，如果没有正确的政绩观，就不可能形成科学的发展观，错误的政绩观就必然使其工作出现大的偏差。所以，我想对于我们的各级干部来说，要落实好这次中央农村工作会议的精神，落实好这一系列政策，至少以下三点是必须注意的。

一是明确我们的发展目标。我们追求的是什么呢？从大的角度讲，到本世纪中叶追求的是基本现代化。十六大提出的目标是到2020年实现全面小康。现代化是一个国家的现代化，是一个民族的现代化，不是部分地区、部分人的现代化。而全面小康，十六大报告讲得很清楚，是一个惠及十几亿人口的小康，十几亿人口当然包括八九亿农民在内。这是认识上的任务。

二是必须形成科学的发展观，十六届三中全会已经论述得很清楚，如果总是那种"一条腿长、一条腿短"的发展，那么我们就不可能基本实现现代化和全面建设小康社会的目标。科学的发展观应该说也是贯彻好这次中央文件、贯彻好这次中央农村工作会议精神的应有之义。

三是要树立正确的政绩观。要把正确的政绩观落实到各级党委、政府领导和每个干部身上。没有正确的政绩观，就不可能有科学的发展观，也不可能认识到我们肩负的责任和要实现的目标。

所以，我特地要说一句，解决"三农"问题，这次会议有力度、这次的文件含金量高，这是事实。但是你回过头去看这10年、这25年。应该看到，中央、国务院的政策都是很明确的。"三农"问题的解决确实还需要与时俱进地出台一些新的政策和措施。但从目前看，关键不是政策的问题，关键在于认识问题。有再好的政策，认识问题不解决，政策是落实不下去的。目标问题、发展观问题、政绩观问题，这是落实党在农村的各项政策的思想基础，在这个问题上，思想不统一到中央的要求上来，再好的政策也落实不下去。对于农村基层来说，这个问题也要解决。只要是当干部的，不管是政府的干部，还是农民选出来的干部，都要对目标问题、发展观问题、政绩观问题有个正确的认识。

对基层来说，我觉得首先是要吃透文件的精神。吃透这个文件的精神，关键在哪里呢？第一层，必须认识到解决农民增收问题是一个事关全局的大问题。农业农村问题关系到整个国民经济，不仅是个经济问题，而且是个社会政治问题。这一层，要理解透彻。第二层，吃透了这个文件的精神，了解了具体的政策措施，就应该按照中央的要求不折不扣地去做，不是照葫芦画瓢，要根据当地的实际，制定出能使中央的政策在当地落实得更好的具体办法和措施。当然，绝对不能因为强调因地制宜就说这个政策在我这里实行不了。第三，越是基层的干部，越是天天和农民群众在一起，更要有明确的宗旨观念，更要对农民有感情。现在基层不少干部也是满心想给农民做好事，但是宗旨意识不明确，对农民感情不深厚，所以在处理一些问题时，总是一种居高临下的姿态，总是觉得我是管你的人，必须听我的话，因此工作和思想作风上出现一些偏差，导致和农民群众之间出现矛盾。所以我们的基层干部，应该增加党的宗旨意识，加强国情的教育，加强法制观念的教育，加强政策观念的教育。政治路线确定之后，干部就是决定因素。这是毛主席说过的。那什么东西决定干部呢，我认为，思想认识、思想感情决定干部。具体政策怎么落实，各个部门都会有一些政策措施。但是政策到基层能不能落实，文件能不能得到贯彻执行，关键的问题还是思想认识问题，还是对群众的思想感情问题。

农村税费改革依然任重道远

——访中农办原主任、国务院西部开发办公室副主任段应碧

前不久，国务院召开了全国农村税费改革扩大试点电视电话会议，中共中央政治局常委、国务院总理温家宝在会上做了重要讲话。这是自中央政府换届之后，国务院就涉农工作召开的第一个高规格的会议。可以说，农村税费改革事关国家发展的大局，涉及 9 亿农民的切身利益，牵动着全国人民的心。

2003 年 6 月 12 日上午，刚刚从中央农村工作领导小组办公室主任岗位上卸任、仍然担任着国务院西部开发办公室副主任的段应碧，来到中国农村杂志社，感谢大家多年来对其工作的支持和帮助。本刊记者乘机就农村税费改革问题与之进行了交谈。

作为当代中国"三农"问题的权威专家，段应碧研究"三农"问题数十载，参与了改革开放以后中央一系列重大涉农文件的起草，可以说是中国农村改革全过程的历史见证人。

今年是农村税费改革试点工作开展的第四个年头。四年来，税费改革经历了多少风雨，中间有多少事情发生，能够真正说得清楚的恐怕不多。但是，段应碧主任却是再熟悉不过了。因为，整个农村税费改革从方案的制定到具体的实施，从一个省试点到全国性推开，他都是高层工作班子的成员。他不仅透彻领悟了中央高层在税改上的良苦用心，并且全面洞悉了来自全国各地的真实情况，感受尤为深刻。

采访中，本刊记者主要提出了人们目前普遍关心的一些重大问题，包括改革的背景及重大意义，当前的进展状况，将来的发展去向，有关农村机构改革、债务化解、土地制度等一些具体问题。访谈轻松、愉快，内容广泛、深入。为了让广大读者能够看清农村税费改革的运作轨迹，明确需要解决的现存问题，行文时删去了记者的提问和插话，将段应碧的谈话作原汁原味的报道。段应碧主要阐述了三个问题：

本文原载于《农村工作通讯》2003 年第 7 期，原中国农村杂志社总编辑李文学对采访沟通联系并现场指导。

改革走过了一个艰难的历程

进行农村税费改革，是党中央、国务院在农业发展新阶段，为了从制度上规范农村分配关系，从根本上减轻农民负担而做出的一项重大决策。综观改革进程，可以得出这样的结论：进展顺利，成效显著，农民高兴。当然也不是完全的"一帆风顺"，遇到的矛盾和问题也不少，可以说是走过了一个艰难的历程。

负担重一直是农民反映最强烈，影响农村改革、发展和稳定大局的一个突出问题。为了解决这个问题，党中央、国务院曾经出台过一系列的文件，采取了一系列的措施。自1991年国务院发布《农民承担费用和劳务管理条例》以来，几乎每年都要召开专门的会议，对各地各部门出台的涉农收费项目进行清理，对各地落实农民负担政策的情况进行检查，对涉及农民负担的恶性案件进行查处。这些都起了很大的作用，特别是1996年中央出台了《关于切实做好减轻农民负担工作的决定》，力度很大，对当时农民负担严重反弹的趋势起了有效的遏制作用。但是，受当时各种客观条件的限制，采取的措施大多带有"治标"的性质，"治本"的措施不多。因此，农民负担重的问题并没有从根本上解决。特别是1998年以后，由于农民增收日益困难，这个问题便更加凸显出来了。

实践使人们更加深刻地认识到，解决农民负担重的问题，必须标本兼治，着力治本。1998年5月，温家宝同志主持召开中央农村工作领导小组会议，决定在农村逐步进行税费制度改革，从根本上减轻农民负担。经过一年多的准备，中央于2000年3月出台了《关于进行农村税费改革的通知》，正式揭开了这场改革的序幕。

在制定方案的过程中，如何确定税率是个大问题。开始，我们根据各地统计汇总的历年农民负担数额，确定了正税5％、附加10％的税率，国务院讨论也同意了，但与各地"见面"时，地方都说"不够"，要求正税7％、附加20％。这实际上是要把各种乱收费也并入正税，本来是不合理的，但考虑到基层的实际情况，也就只好如此了。另一个问题是在哪儿试点。开始考虑选择6个省，东中西部各选两个，最后只定了安徽一个省。安徽是包产到户的发源地，这次改革又带了个好头，真该感谢他们。

三个确保不是让农民来保

改革试点中首先遇到的问题是，如何做到把中央的各项政策规定不折不扣地落实下去，确保执行中不走样。为此，各地采取了许多措施，比如给每户农民发一封公开信，把政策原原本本地告诉群众；改革方案直接交群众讨论，让群众认可；设立专用电话，群众有问题可随时反映，等等。尽管下了很大功夫，但政策走样的情况仍时有发生。问题主要出在计税土地、常年产量和计税价格上，因为这是确定农业税额的三个基本要素。本来，中央对此有非常具体的规定，但有些地方总是千方百计想把面积搞大一点，产量多一点，价格高一点，从农民那里多收一点。实践中还有一个"奇怪"的现象，改革头一年农民有意见往往不说，有不符合政策的现象也不讲，到第二年他才找上门来，说你哪里哪里不符合中央的政策，要你改过来。可能头一年农民盼改革心切，提出许多问题怕改不成，因为他多多少少总是减轻了负担，得到了好处，先拿到了再说。安徽试点第二年，税改办工作的很大精力就是放在处理这些问题上，最后省里再拿出2亿多元才把事情摆平。说实在的，安徽的税改工作一开始就抓得很紧很细，其他地方也就可想而知了。因此，我认为2002年试点的十几个省，2003年要把工作重点放到政策落实情况的检查上。

这里涉及一个如何认识"三个确保"的问题。许多基层同志认为，不向农民多收一点，就无法做到"确保"。三个确保是中央对农村税费改革的基本要求，也是衡量改革是否成功的基本标志，因此是必须要做到的。但是怎么去做，我们的指导思想一定要明确。第一个确保是确保农民负担减下来，讲的是国家和农民的关系；后两个确保是保运转，讲的是各级财政的关系。对农民只能按中央的政策该拿多少拿多少。后两个确保有困难，只能用两个办法解决：一是减人减事减开支，二是上级财政实事求是地增加转移支付。现在有的地方认为后两个确保有困难，就用增加对农民收费的办法来解决，这是不对的。

还有一个如何化解乡村债务的问题，弄不好也会影响改革的进程和成果。这个问题很难办，一是量大，全国不完全统计有3 000多亿元。二是面广，全国80%的乡村都有欠债。三是复杂，有借银行、信用社的，有借企业和单位的，有借个人的，还有干部自己"借"自己的；有一般利息，也有高利贷。借来的钱有的交了税费，有的是给老百姓办了事，也有干部胡支乱花甚至贪污挪用的。对这个问题目前只能讲三句话：一是清理，就是把情况弄清楚；二是探索，就是各个地方从自己的实际出发探索化解债务的路子，比如先把高利贷搞掉；三是不准突击征欠，就是不准把集体的债务不分青红皂白全部都摊到农民头上，突击追缴。还有一条就是不准借新债。有的同志说要办事不借钱怎么办？我看这个观念也要转变，没有钱你办什么事！劳民伤财的当然不能办，对老百姓有好处的没有钱也不能办，小到一个家，大到一个国家，没办的事多着哩，为什么不都办，不就是没有钱嘛！还有一个观念要转变，就是不能单纯、简单地用能否完成任务去评价基层干部。农村许多事是上头布置下去的，不一定都符合每个村的实际，因此要区别对待，经过努力仍未完成任务的，可能比那些违背政策完成任务的干部要好。

农村税费改革是在县乡财政困难的情况下进行的，改革不同程度地增加了他们的困难，同时他们还要承担三个确保的任务。在这种情况下，有些基层同志希望从农民那里多拿一点，自己的压力小一点，也是可以理解的。但是作为政策，既然定了，那就不能违背，必须按政策办，不然就会失信于民。税费改革的透明度很高，农民都知道，你不落实，他早晚要找上门来，"总是一个麻烦在手头"。

改革仍然还只是试点

农村税费改革虽然已在全国推开，但中央统一的口径仍然称为"试点"。我理解，主要是现在的改革方案还不完善，不彻底，就是说政策还有待进一步完善，改革还有待进一步深化。目前亟待完善的主要有以下四个方面：

第一个是粮食主产区农民负担重的问题。过去的农民负担许多地方就是一部分是按人，一部分是按地来的，就是有的按田亩，有的按人头。这次税费改革以后，所有的农民负担都是按地来的，结果就使粮食主产区地多的农民负担相对变重了。从要保证国家粮食安全考虑，必须保护好主产区种粮农民的利益，调动好他们的积极性。这就形成了一个矛盾。为了解决这个问题，有的地方专门向种田少的农民收一项费，以此平衡种田与不种田农民的负担。可是调查发现有的搞成了一种固定性的收费项目，成了一个向农民收费的新口子。种田少去搞个体工商的，已经按照另一个政策交税了，再加一道税不合理。税费改革是为了规范农村税费，这样反而搞乱了。所以很快就把这一条取消了。矛盾怎么解决，相对来说有一些办法，比如转移支付对粮食主产区倾斜一点，农业税率适当调低一点。当然这是现在的情况，如果将来粮价高了，这个问题就不存在了。

第二是关于一事一议的问题。按照现在的改革方案，村一级公益事业还要靠一事一议解决。为什么定这个一事一议，因为宪法规定村这一级是村民自治组织，它不是一级政府，自治组织就要发挥自治的作用，在国家政策和法制的范围内，自己的事情自己商量去办。这也是让农村干部学会用民主的办法来领导农民，发展经济和公益事业，搞好村里的各项建设。现在普遍反映一事一议搞不起来，这个问题要解决。有些基层干部长期不善于民主，不和农民商量办事，习惯于行政命令，个人说了算，要按民主的办法要求就高一点，麻烦就多了些。但这是方向，一定要坚持，从不会到会。另外，上面也要尊重村里面，你给他布置了一些不切实际的任务，他怎么办？同时，对农民也要进行民主的教育，民主就得少数服从多数，不能因为一个人不同意就办不成。当然，在特殊的情况下，讲究少数服从多数也要区别对待，有的事只涉及少数人的利益，比如调整那一个人的地，你让那些无关的人来参加投票，也讲少数服从多数就不行，因为这样议不对头。一事一议本身是为了加快推进农村的民主建设，促进村民自治法的贯彻落实。基层有些抱怨，说上面不了解情况，会开不起来，这个可以理解，但要正确对待，要辩证地去看。

第三个是农业特产税的问题。原来制定农业特产税政策是因为粮食不够，为了保护农民的种粮积极性，调整种粮农民的利益，但现在我们强调调整农业结构，增加农民收入，提高土地产出效益。这样，特产税政策就和现在的导向相悖了，应该改过来。另外，特产税这个税种征收的基数本身就很难确定，很难做到据实征收。一棵苹果树究竟产了几个苹果，能卖多少钱，这要等摘下来卖了才知道。所以，这就给农业特产税基数的确定带来很大的随意性，有了随意性干群之间就引发了很多矛盾。再加上现在加入世界贸易组织，我们又指望农林特产品来增加农业的竞争力，因为现在我们粮食的竞争力不够，而特产税政策又自己降低了我们农业的竞争力。所以这个税种一定要取消，但什么时候取消，怎么取消，要慎重，因为在有的地方，农业特产税是他们财政收入的支柱。全国农业特产税有130多亿元，数额不是很大，但具体到一个地方，有的就很大。开始国务院确定先调整特产税品种，降低特产税税率，2003年又允许有条件的地方取消特产税。最近有关部门发了文件，试点地区特产税改征农业税，又是一个进步。但还要进一步完善。有的地方不是采取合并的办法，而是从根本上取消，根本不收特产税，我看也应该允许，取消了特产税就不要恢复。2003年按现有的政策执行，2004年还应该进一步研究怎么定。

第四个是直接对农民进行补贴的问题。粮食流通体制改革，原来在流通环节进行补贴，要逐步改为直接给农民进行补贴。安徽搞了试点，这个事很复杂。粮食流通体制改革要和税费改革结合起来，恐怕还要照顾粮食主产区，最后是把钱给农民还是直接减税。大家赞成要搞，但怎么搞现在意见还不一致。我想还是应该尊重农民的意见，允许各地从实际出发，不搞一刀切。

说改革还不彻底，主要是指现在采取的办法还不是改革的最终目标。最终目标是什么？简单说，就是按照建立公共财政和现代税制的要求，取消一切不应由农民承担的税费。这首先就涉及一个农业税要不要永久保留下去的问题。我问过几个专家，现在这种农业税按照现代税制究竟是什么性质的税？都感到"说不清楚"。现代税制必须统一，不仅要全国统一，而且要城乡统一，不能专向农民征什么税。我估计随着现代税制的逐步建立，现在这种性质的农业税早晚是要被否定的，但是现在还做不到，只能慢慢来。这又带来另一个问题，以后农村的开支特别是公益事业怎么办。以前都是农村事情农民办，或者"民办公助"，以后村里的事可以一事一议，文化、教育、卫生、政府机构等，就不能再让农民办了，只能由国家财政担起来，这就需要在农村逐步完善公共财政体制。这几年在教育、卫生等方面已开始这样做了，是一个好的开端。随着改革的深入，政府机构特别是乡镇机构也必然要改革。农村的行政管理体制究竟怎么改，甚至还要不要，这些问题都会逐步地提出来。这是必然的，税改之后必然要引出这些问题。而这些问题如果不解决，或者解决得不好，反过来就会影响税改成果的巩固，农民负担就会反弹，就会陷入"黄宗羲定律"的怪圈中去。领导同志一再保证不会陷入这个怪圈，就是有决心把改革深入下去，把这些问题解决好。我们大家都要有这个决心和信心。

现在看得越来越清楚。农村税费改革只是一个"切入点"，它实际上形成了一个"倒逼机制"，方方面面都得跟着改。所以这个改革的任务还很艰巨，改革的路程还很漫长，同时改革的前景也十分的光明。现在都说税费改革的意义重大，其实真正的意义现在还看不出来。等过了若干年之后，再回过头来看，恐怕就更清楚了。总之，这场改革真的是任重道远，前景光明。

第二篇
产业发展

新常态下农产品加工业发展的新特点

进入新世纪以来，我国农产品加工业快速发展，2000—2013 年全国规模以上农产品加工企业主营业务收入一直保持着两位数增长，是产业部门中连续保持高速增长时间最长的行业之一。2014 年全国大口径农产品加工业主营业务收入超过 23 万亿元，成为国民经济中名副其实的战略性支柱产业和重要民生产业。当前，我国经济发展进入新常态，农产品加工业发展也随之呈现出一些新特点，要推动其持续健康发展，就必须深入认识这些特点，把握与掌控好趋势性变化，以顺势而为、进退有据、趋利避害，更好地提升发展的质量和水平。

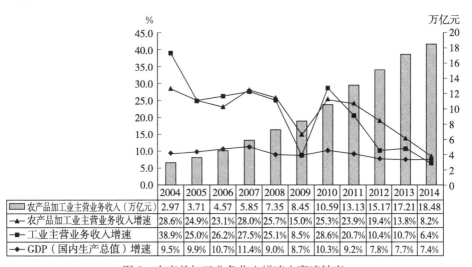

	2004	2005	2006	2007	2008	2009	2010	2011	2012	2013	2014
农产品加工业主营业务收入（万亿元）	2.97	3.71	4.57	5.85	7.35	8.45	10.59	13.13	15.17	17.21	18.48
农产品加工业主营业务收入增速	28.6%	24.9%	23.1%	28.0%	25.7%	15.0%	25.3%	23.9%	19.4%	13.8%	8.2%
工业主营业务收入增速	38.9%	25.0%	26.2%	27.5%	25.1%	8.5%	28.6%	20.7%	10.4%	10.7%	6.4%
GDP（国内生产总值）增速	9.5%	9.9%	10.7%	11.4%	9.0%	8.7%	10.3%	9.2%	7.8%	7.7%	7.4%

图 1　农产品加工业务收入增速由高速转变

注：GDP 是增加值增速，规模工业、规模农产品加工业没有相应的历年增加值增速，因此只能使用主营业务收入增速替代，在 2004—2012 年因物价因素影响，主营业务收入的增速应显著高于增加值增速。

本文原载于 2015 年第 10 期《农业经济问题》、2015 年第 11 期《世界农业》和 2015 年第 6 期农业部《农村经济文稿》，2015 年 7 月 21 日《人民日报》理论版以《顺势而为趋利避害农产品加工业发展迅速》为题编发。

一、收入增长由高速向中高速转变，发展趋势总体符合规律和宏观形势

据统计，新世纪以来截至 2012 年，即使在各行业普遍遭受国际金融危机冲击最大的 2009 年，我国规模以上农产品加工业主营业务收入也一直保持了 15％以上的增速，年均增速超过 20％。这一高速增长态势在近两年逐步出现回落，其中 2013 年和 2014 年增速分别为 13.8％和 8.2％，呈现出明显由高速向中高速转变的态势。

简单从数据看，这一走势给人以较大的下行压力，但综合分析，尚且符合发展规律和宏观形势及要求。首先，一国的加工业不可能长期保持高速增长。发达国家的经验表明，人均 GDP 达到一定水平后，农产品加工业会出现一个阶段性的快速发展期，但一个时期过后增速会适度回调，直至达到一个稳定发展的正常态，像我国这样保持十几年两位数增长且年均增速超过 20％的情况已属罕见。其次，加工业发展总体上不可能脱离宏观经济的大环境。国内外的实践均已印证，农产品加工业增速在一定时期会明显高于其他行业，但总体上与国民经济及大工业的发展依然呈现正相关的关系。目前我国经济增长已由高速转到中高速，加工业增长速度相应调整属于正常现象。其三，是规范管理和优化结构的正常反应。由于农产品初加工享受国家的免税甚至税收补贴的优惠政策，加之前些年税收抵扣上的简单化操作和计算漏洞，导致少数企业存在夸大销售收入套取国家税收返还的现象；近年来税收抵扣实行销售清单加身份证核实规范管理后，必然会挤掉部分企业的收入水分。同时，随着市场需求变化和竞争加剧，传统稻米、油料、小麦加工等一些过剩和落后的产能被淘汰，也会在短期内对农产品加工业总体的增长速度造成一定的影响。

当然，在理性分析这些因素保持平常心态的同时，也要严防增长速度的持续下滑，尽快找到和抓住新的增长点加快发展。目前，我国已进入工业化中期阶段、城镇化率达到 54.77％，对农产品加工品需求十分旺盛，但加工业产值与农业产值比、农产品加工转化率特别是精深加工转化率，与发达国家相比较均还存在着成倍的差距。这表明我国农产品加工业还有很大的发展潜力和空间，如果结构优化等措施得力，经过一定的转折和调整期，不仅保持高中速增长没有悬念，甚至再次进入高速发展期也不无可能。

二、投资总量逆势保持高位高速增长，一些骨干农产品加工企业加速崛起

2012 年以来，尽管全国全社会固定资产投资和规模工业固定资产投资增速明显放缓，但农产品加工业的固定资产投资仍保持了两位数的增长，且不同程度高于全社会固定资产投资和规模工业固定资产投资增速。其中，2012 年、2013 年、2014 年农产品加工业固定资产投资达到 2.29 万亿元、2.82 万亿元和 3.27 万亿元，分别比上年增长 21.5％、23.2％和 16％，增速分别高于同期全社会固定资产投资 1.2 个、3.9 个和 0.7 个百分点，高于同期工业固定资产投资 1.8 个、5.4 个和 3.5 个百分点。

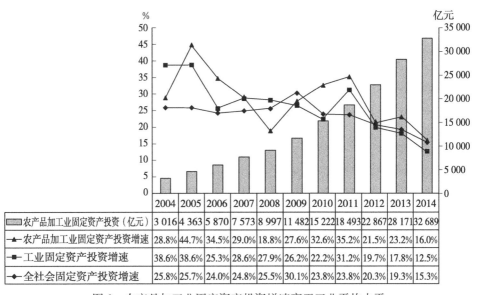

	2004	2005	2006	2007	2008	2009	2010	2011	2012	2013	2014
农产品加工业固定资产投资（亿元）	3 016	4 363	5 870	7 573	8 997	11 482	15 222	18 493	22 867	28 171	32 689
农产品加工业固定资产投资增速	28.8%	44.7%	34.5%	29.0%	18.8%	27.6%	32.6%	35.2%	21.5%	23.2%	16.0%
工业固定资产投资增速	38.6%	38.6%	25.3%	28.6%	27.9%	26.2%	22.2%	31.2%	19.7%	17.8%	12.5%
全社会固定资产投资增速	25.8%	25.7%	24.0%	24.8%	25.5%	30.1%	23.8%	23.8%	20.3%	19.3%	15.3%

图 2　农产品加工业固定资产投资增速高于工业平均水平

我国虽然是农业和人口大国，无论是农产品加工业的原料数量还是产品市场，规模均位居世界前列，但与此极不相称的是，我国在农产品加工方面却缺乏国际领军的大企业；相反，一些超大型乃至托拉斯级的农产品加工企业却集中在人口较少、市场在外的少数发达国家。例如，2014 年瑞士雀巢公司、英国南非米勒酿酒公司、法国达能公司等企业销售收入均超过千亿元，其中雀巢公司销售收入为 4 845 亿元，居全球首位。近年来，随着固定资产投入的快速增长，我国一些骨干农产品加工企业开始加速崛起。在肉类加工企业中，大中型企业数量虽不足规模企业的 10％，但资产总额却占到60％以上，催生了一些旗舰型企业的出现。2014 年，全国销售收入 2 000 万元以上的农产品加工企业达 7.6 万家，比 2011 年增加 6 928 家，其中大中型加工企业的比重由 12.9％提高到 16.15％。目前，全国年销售收入过百亿元的农产品加工企业已超过 50 家，其中过 500 亿元的 5 家（不包括大口径统计在内的约 30 家过百亿元和 3 家过 500 亿元的烟草、酿酒、医药、纺织、化纤、造纸等企业）。如河南省依托农产品主产区优势，仅在郑州周边就集聚了多福多、思念、三全、白象等一批大型品牌企业。到 2013 年，全省销售收入 30 亿元以上的企业已达 61 个，50 亿元以上的 19 个，100 亿元以上的 6 个，其中双汇 2014 年国内外销售收入已达近千亿元。山东、江苏、广东、浙江等地，近年来均崛起了一批规模堪称亚洲第一的大企业。顺应这一形势，政府在加大对中小加工企业支持的同时，要不失时机地体现扶大、扶优、扶强的立场，大力促进具有国际影响和世界竞争力的民族加工产业和企业的发展壮大。

三、空间布局集群集聚发展步伐加快，中西部后发优势逐步显现

近年来，我国农产品加工业空间布局上在保持大城市郊区较高集中度的同时，呈现出三个日益明显的新趋势。一是向农产品主产区聚集。在山东、江苏、河南、广东、湖北等全国农产品加工业主营业务收入排名前五的省份中，传统农业大省占了四个，2014 年主营业务收入总量占全国的 46.9％，近三年的年均增长率达到 11.8％，高于全国平均水平 0.6 个百分点。二是向特色产品加工区聚集。凭借原料资源和传统饮食文化优势，一些具有浓厚区域特色的农产品加工业聚集区已经形成。比如，河南的冷冻食品、湖南的辣味食品、安徽的炒货食品、山西的小杂粮食品、福建的膨化食品、四川的豆制品等，均在全国占居龙头位置，比重和影响力持续提高，其中河南速冻食品占全国的 60％左右。三是向加工业园区聚集。全国一些有条件的地方陆续建成了一大批农产品加工园区。这些园区对农产品加工企业实行集中规范管理，既保障了农产品加工用地、用水、用电等方面各项公共服务，又极大地节约了基础设施建设投入等成本，有效保护了生态环境，提高了经营效益，吸引了越来越多的企业进入。江苏省建成农产品加工集中区 72 个，其中省级加工集中区 45 个，入驻企业 1 349 家，2014 年销售收入 1 877.8 亿元，同比增长 12％，明显高于全省 8％的平均水平。

伴随着农产品加工业逐步向优势特色农产品区域集中，在交通条件大幅度改善、原材料资源丰富和用工成本偏低等利好因素影响下，中西部地区的后发优势正在显现。近十年来，中、西部地区加工业主营业务收入占全国的比重逐年提高，年增长速度也明显高于东部地区。2005 年，东、中、西部农产品加工业主营业务收入之比为 73.0：16.2：10.8，中西部及东北地区农产品加工业主营业务收入总和占全国比重尚不足三成，而东部地区占比超过了七成。2014 年，东、中、西部农产品加工业主营业务收入之比改变为 54.8：29.9：15.3，东部地区占比下降了 18.2 个百分点，中西部地区占比分别上升了 13.7 个和 4.5 个百分点。

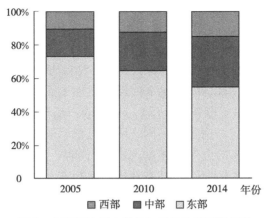

图 3　中西部地区农产品加工业比重逐年提升

　　应该看到，产业集群集聚发展有利于生产加工主体与物流、监测、研发等服务机构形成经济共同体，实现更专业化的分工，更灵活高效的资源分配，从而大大降低成本，实现经济效益、社会效益、生态效益的集群增益。从 20 世纪 90 年代开始，一些发达国家已把发展农业产业集群作为提高农业产业竞争力的重要举措。如荷兰的花卉产业，法国的葡萄酒产业，美国的玉米、大豆、葡萄酒和棉花产业，均以集群集聚式发展在全球保持着强大的竞争力。同时，中西部相对于东部地区加工业发展提速、比重上升，既是顺应市场经济规律的结果，也符合我国推进区域均衡发展和产业梯次转移的部署要求。因此，无论是集群集聚发展，还是中西部加快发展，均应予以积极引导和大力支持。

四、经营理念和方式加快转型，与关联行业融合发展程度不断加深

　　当前，越来越多的农产品加工企业在注重外延扩张的同时，更加高度重视企业内涵特别是创新能力建设，原来重眼前轻长远、重收益轻投入的思想理念日益得到矫正；越来越多的农产品加工企业走上了精深型、绿色型、规模型发展方向，原来低产式、粗放式、作坊式发展方向日益不受青睐；越来越多的农产品加工企业采取了优质农产品基地建设、科研开发、生产加工、营销服务一体化经营模式，原来零散化、单一化的经营模式日益遭到摒弃。

　　尤其值得关注的是，在这些新的发展理念和方式引领下，农产品加工业与相关行业等方面融合发展的程度正在大幅度提升，极大地提高了产业发展的品质和活力。最突出的表现有三个方面：一是体现在与原料生产的融合上。据统计分析，全国大部分规模以上农产品加工企业和 100％的大中型企业，或投资

自建，或与合作社等新型经营主体联合与协作，均逐步建立起了一定数量的农产品加工原料生产基地，尽可能在源头上掌控产品的生态安全。二是体现在与科研机构的融合上。大部分规模以上农产品加工企业与有关科研院所建立了紧密的合作。根据对鲁苏浙的典型调查，2012—2014 年三个省加工企业研发投入年均增长率达到 21.8%，增速比全国农产品加工业的水平高出了近 6 个百分点。三是体现在与电子商务的融合上。随着农产品销售由传统的菜场、超市渠道转向网络销售模式，诸如我买网、阿里巴巴、顺丰优选、京东、沱沱公社、优菜网等越来越多的电商竞相抢占市场份额，"平台化商业模式""基地＋传统 B2C＋故事性营销方式""本地化＋O2O 模式"等各种营销方式不断涌现，对传统物流思维和模式带来巨大冲击，吸引众多农产品加工企业加入电商销售。传统供应链通过与互联网融合，极大地减少了中间成本，扩大了市场半径，提高了经营效益。茶产业电商销售发展迅速，2014 年"双十一"期间全国前 100 名茶企电商销售总额突破两亿元，而 2012 年仅为 3 000 多万元。电商化发展也逐步影响到蜂产品原料的交易方式，2014 年 6 月，蜂王浆在天津渤海商交所挂牌上市，成为首个上市交易的蜂产品，开启了蜂产品交易新时代。苏州优尔食品有限公司专门生产休闲食品，2013 年实现电商销售额 1 亿元，2014 年达到 2 亿元，2015 年预计达到 3 亿元。越来越多的企业通过与互联网融合建立起新型营销模式，实现了超常规跨越式发展，值得继续深化推广。

五、新兴产业和传统行业共同发展，挖掘新的增长点潜力巨大

食品行业一直是农产品加工业的主体。随着生活水平的提高、工作节奏的加快、养生休闲的增多，人们的饮食消费越来越向营养、安全、方便、快捷方向转变，带动农产品加工行业不断出现新的增长点，进而形成新的骨干产业。从大的方面看，近年来形成新亮点的主要有三个：一是主食加工业。现代社会，人们越来越不愿意和不能够把过多的时间花费在厨房里，我国传统主食以家庭自制为主的格局已发生巨大变化，正快速呈现出生产工业化、供应社会化、营养多样化、消费便利化的趋势。据统计，2014 年我国规模以上主食加工企业（方便食品制造业）实现主营业务收入 3 463.87 亿元，实现利润总额 238.10 亿元，上交税金 123.49 亿元，近五年平均分别增长了16.78%、11.34%和16.35%，明显高于加工业平均发展水平。二是营养休闲食品加工业。以果蔬、谷物、肉、鱼类等为原料，采用合理生产工艺加工制成专供人们闲暇、休息时所吃的食品，日益受到广大消费者青睐。统计数据显示：截至 2014 年底，全国共有规模以上焙烤及糖果类休闲食品企业2 034家，资产总额为 2 324.63 亿元，实现销售收入 4 140.69 亿元，行业利

润总额359.97亿元，近三年平均分别增长了14.29%、13.71%、6.66%。三是健康功能食品加工业。受健康消费理念的影响，一些企业将健康和均衡饮食作为研发新产品的重点方向，不断开发出新的消费热点。例如，随着消费市场对食用菌加工产品认可度的不断提高，食用菌加工业发展迅速，食用菌饼干以及即食杏鲍菇、杏鲍菇脆片等食用菌即食产品大量上市并取得了良好销售业绩，香菇、姬松茸和木耳等食药两用菌精深加工的营养保健品和药品在市场上也广受欢迎。

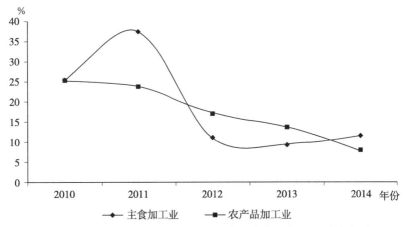

图4 主食加工业主营业务收入增速高于农产品加工业平均水平

表1 近三年焙烤鸡糖果类休闲食品行业收入及效益增长明显

年份	资产总计		销售收入		利润总额	
	累计（万元）	同比（%）	累计（万元）	同比（%）	累计（万元）	同比（%）
2012	1 779.67	15.91	3 202.15	15.01	316.40	12.00
2013	2 057.40	15.61	3 760.20	17.43	342.98	8.40
2014	2 324.63	12.99	4 140.69	10.12	359.97	4.95

与此同时，近年来，一些与民生密切相关的农产品加工子行业仍保持了较高的增长速度。如蛋品加工、营养与保健食品制造、速冻食品制造、米面制品制造这4个行业在2014年农产品加工业主营业务收入平均只有8.2%的增长情况下，实现了高于20%的增速。乳制品制造、豆制品制造、中药加工与制造、精制茶加工、蔬果加工等行业在2014年也保持了10%以上的快速增长。由此可见，新兴产业和传统行业中新的增长点，为加工业的发展提供了强大的动力支撑，也是今后值得挖掘的潜力所在。

表2　部分主营业务收入增速显著高于农产品加工业平均水平的行业

年 份	2009	2010	2011	2012	2013	2014
蛋品加工	25.9	31.8	31.2	18.8	24.2	22.8
营养、保健食品制造	43.3	49.1	30.9	37.2	29.4	22.3
速冻食品制造	19.6	27.2	38.6	10.9	7.9	20.4
米、面制品制造	24.2	36.2	−2.1	9.6	20.7	20.1
液体乳及乳制品制造	13.4	19.5	19.3	8.1	13.2	16.5
豆制品制造	25.2	17.4	27.4	31.0	20.0	16.4
中药饮片加工与中成药制造业	23.5	31.6	31.3	22.2	23.2	15.5
精制茶加工	39.9	47.5	29.1	27.2	23.5	14.8
蔬菜、水果和坚果加工	23.1	29.7	22.0	16.6	15.4	10.4
农产品加工业总计	15.0	25.3	23.9	15.5	13.4	7.4

六、经济社会地位进一步提升，稳增长惠民生等作用进一步凸显

农产品加工业一头连着农业和农民、一头连着工业和市民，产业关联度高、行业覆盖面广、增值潜力大，是国民经济的基础性、支柱性和战略性产业，是现代农业的重要标志，是农业增效、农民增收的有效途径，也是世界范围内永续发展和最具成长活力的产业之一。在美、欧、日等世界发达国家和地区，农产品加工业在其国民经济和社会发展中无不占据着十分重要的地位。从我国发展情况看，其突出贡献和作用主要体现在五个方面。

一是在国民经济和财政增长中的基础地位不断稳固。近十多年来，我国农产品加工业总产值在工业中的份额基本稳定在16%左右，其税收对财政收入的贡献基本稳定在10%左右。2014年全国规模以上农产品加工业产值上升到18.9万亿元，税收贡献增加为1.2万亿元，与2005年总产值4.2万亿元、税收3 160亿元相比，年均分别增长了18.2%和16.0%，为国家经济发展做出了重要贡献。

二是满足人们不断增长的消费需求、保障基本供给的作用不断增强。农产品加工业主要产品产量快速增长，2014年大米、小麦粉、食用植物油、成品糖、乳制品、方便面等分别达到了13 043万吨、14 116万吨、6 534万吨、1 660万吨、2 652万吨和1 026万吨，比2000年分别增长了5.2倍、5.6倍、6.8倍、1.4倍、34倍和6.2倍，有力满足了人们对加工农产品日益增长的需要。

三是带动第一产业发展、促进现代农业建设的作用不断增强。我国农产品加工与农业产值之比已由2010年的1.7∶1提高到2014年的2.1∶1。加工业

的快速发展，一方面，促进科技、资本等现代要素和管理方式进入农产品原料生产环节，改善了农业生产条件和经营组织方式；另一方面，带动农产品原料消费，支撑农产品价格，保护和调动了农业生产者积极性。据测算，近五年农产品加工业年均仅消耗的稻谷、小麦和大豆等粮食原料数量就超过了 3 亿吨。

四是减轻政策性收储压力、理顺市场关系的作用不断增强。据了解，近年来，国家每年在粮食等农产品收储上，所支付的保管费和收购及库存占款利息就高达 700 亿元以上。而加工业每年消耗的原料粮是国家粮食政策性收储数量的 2 倍以上，可见其不仅极大地缓解了农产品的销售压力，而且为国家财政节约了大量收储费用。同时，企业大量的自由购销，也在很大程度上缓解了因政策收储而扭曲的农产品市场及价格问题。

五是吸纳劳动力特别是农民就业增收的作用不断增强。据统计分析，2012 年以来全国规模农产品加工业年从业人数保持在 2 500 万人以上（90% 左右为专兼职的农民），近十年年均增加了 4.4%，比同期全国城镇就业人数增速高 0.7 个百分点，比制造业高 0.3 个百分点。我国制造业每亿元产值吸纳从业人员约 57 人，农产品加工业属于劳动密集型产业，吸纳社会就业能力更强。其中，根据问卷调查，山东、江苏和浙江三省农产品加工业不包括临时用工，平均每亿元产值吸纳劳动力分别为 87 人、107 人和 128 人，三个省平均每亿元收入吸纳固定从业人员为 91 人，明显高于制造业。鲁、苏、浙三省现代化加工企业较多，其他地区农产品加工业亿元产值单位用工数量应该更多。

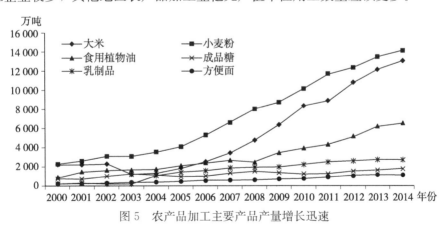

图 5　农产品加工主要产品产量增长迅速

七、外资进入步伐加快，保护发展民族加工企业任务艰巨

21 世纪以来我国农产品加工业持续快速发展的根本原因，是经济社会发展进入新阶段后所表现出的旺盛的国内市场需求。也正是看到了这一巨大的市场蛋糕，外资进入我国加工业领域的步伐不断加快。

在粮油领域，目前进入的外资企业主要包括"ABCD"四大粮商（ADM、邦吉、嘉吉和路易达孚的简称）和益海嘉里、来宝等。其中，益海嘉里主产品牌"金龙鱼"已占据我国小包装食用油市场份额40%以上，加上其参股的"鲁花"等多家国内著名品牌，已经占据我国市场份额的70%以上，形成垄断地位，掌控了国内食用油市场话语权。目前其正试图凭借上游产业链和中间完善的物流配送，将控制中国食用油销售终端渠道的成功经验复制到粮食加工领域。

在畜产品领域，一方面，从乳品加工企业来看，蒙牛、伊利和光明是我国乳品行业的三大龙头企业，但这三大企业已在很大程度上被外资控制。其中，蒙牛乳业从2002年开始已逐步受控于全球投资集团摩根斯坦利公司。而蒙牛的成长已对伊利构成威胁，如果蒙牛成功收购伊利，外资就基本实现了对国内两大乳业巨头的控制。而光明乳业早在2006年4月，在上海实业和农工商超市两家国内企业同比例减持股份至26.56%的情况下，达能亚洲有限公司已增持其8.45%的股份，达到20%，明显增加了在光明董事会中的谈判能力。另一方面，从肉类加工企业看，早在2006年5月，河南省漯河市政府国资委与美国高盛集团控股子公司罗特克斯有限公司在北京签署了《关于河南省漯河市双汇实业集团有限公司100%股权转让协议书》，标志着国内最大的肉类加工企业已开始由外资控制。2005年10月，国内最大的冷冻肉制品加工企业江苏雨润集团在香港联交所上市，高盛（亚洲）承销了其首次公开募股，并作为战略投资者获得了雨润6.5%的股权，且在雨润董事会中占有两个席位。与此同时，高盛旗下罗特克斯公司的另外一个股东鼎晖投资也持有雨润3.5%的股权。控制双汇和参股雨润，使得高盛成为国内肉类加工市场上的"巨无霸"。

在食品饮料领域，国内的饮料龙头企业均已被外资并购。其中，法国达能公司在中国饮料行业10强企业中参股半数以上企业，拥有娃哈哈51%股权、乐百氏98%股权、上海梅林正广和饮用水公司50%股权、深圳益力矿泉水公司54.2%股权、汇源果汁22.18%股权。中国原有的八大碳酸型饮料公司，已有7家被可口可乐、百事可乐并购，占碳酸饮料市场90%以上的份额。可口可乐在2008年9月宣布并购汇源果汁集团，开始进军中国纯果汁饮料行业。在酒精饮料行业，外资垄断最突出的是啤酒市场。其中，占据全国啤酒市场40%的三大龙头企业中外资参股两家，南非SAB公司持有华润雪花49%的股份，在中国控制了48家啤酒公司；英博并购AB公司后，持有青岛啤酒27%股份；其他国内中小啤酒公司也纷纷被外资渗透，丹麦的嘉士伯参股了十多家国内啤酒公司，比利时英博啤酒集团控股了近30家国内啤酒公司。

外资进入在推动相关行业快速发展壮大的同时，也对民族农产品加工企业造成了巨大的冲击和压力。事实证明，外资控制较多的行业，民族企业在正常情况下已难以与其竞争和抗衡。应该说，作为一个开放的经济体，外资进入是一个正常现象，但对于农产品加工这样涉及国计民生的重要行业和领域，还是要按照国际规则进一步制定外资进入的鼓励和限制目录，加强动态跟踪监测，并大力推动包括国字头在内的民族企业更加奋发有为、做大做强，防止外资企业形成垄断和一家独大，影响甚至危及国家农产品加工产业安全与食物安全。

总之，在新常态下，我国农产品加工业发展的基本面总体稳固向好，产业规模不断壮大、结构深度优化、在国家经济社会发展中的地位作用更加突出，企业小散弱和技术装备及经营方式落后的局面正在加快改变，新业态和增长点不断出现，社会和行业信心充足，发展空间和潜力巨大，但同时增长下滑和外资进入的趋势也值得高度警惕。当前工作上面临的突出问题是行业管理体系和政策扶持体系建设滞后，手段乏力，下一步应在全局和战略上进一步提高认识，尽快补齐这一短板。相信只要顺应形势，加大重视和支持力度，在强化薄弱环节、做大新兴产业、培育增长点上积极精准施策，我国的农产品加工业就一定会迎来一个更好更快的发展时期，为稳增长、促改革、调结构、惠民生、防风险肩负起更加重要的责任和使命，为促进经济社会发展、全面建成小康社会和实现中华民族伟大复兴的中国梦做出更大的贡献。

稳增长要高度重视农产品
加工业的重要作用

2014 年，我国农产品加工业全口径主营业务收入超过 23 万亿元，已成为国民经济中名副其实的战略性支柱产业和重要民生产业。当前，经济发展进入新常态，要实现稳增长的目标任务，应高度重视和充分发挥农产品加工业的重要作用。

一、七大作用不可替代

（一）拉动投资增长

2012 年以来，尽管全国全社会固定资产投资和规模工业固定资产投资增速明显放缓，但农产品加工业的固定资产投资仍保持了两位数的增长，且在不同程度上高于全社会固定资产投资和规模工业固定资产投资增速。其中，2012 年、2013 年、2014 年农产品加工业固定资产投资达到 2.29 万亿元、2.82 万亿元和 3.27 万亿元，分别比上年增长 21.5％、23.2％和 16％，增速分别高于同期全社会固定资产投资 1.2 个、3.9 个和 0.7 个百分点，高于同期工业固定资产投资 1.8 个、5.4 个和 3.5 个百分点。

（二）促进经济增长

21 世纪以来截至 2012 年，即使在各行业普遍遭受国际金融危机冲击最大的 2009 年，我国规模以上农产品加工业主营业务收入也一直保持了 15％以上的增速，年均增速超过 20％。这一高速增长在近两年逐步出现回落，其中 2013 年和 2014 年分别为 13.4％和 8.2％，呈现出明显由高速向中高速转变的态势，但一些与民生密切相关的农产品加工行业仍保持了较高的增长速度。如蛋品加工、营养与保健食品制造、速冻食品制造、米面制品制造这 4 个行业在 2014 年实现了高于 20％的增速；乳制品制造、豆制品制造、中药加工与制造、精制茶加工、蔬果加工等行业在 2014 年也保持了 10％以上的快速增长。

（三）支撑工业和税收增长

近十多年来，我国农产品加工业总产值在工业中的份额基本稳定在 16％左右，其税收对财政收入的贡献基本稳定在 10％左右。2014 年全国规模以上

《紫光阁》杂志以《农产品加工业：经济发展新支点》为题编发，《农村工作通讯》刊发了"卷首语"。

农产品加工业产值上升到 18.9 万亿元，税收贡献增加为 1.2 万亿元，与 2005 年总产值 4.2 万亿元、税收 3 160 亿元相比，年均分别增长了 18.2% 和 16.0%。

（四）满足消费需求增长

农产品加工业主要产品产量快速增长，2014 年大米、小麦粉、食用植物油、成品糖、乳制品、方便面等分别达到了 13 043 万吨、14 116 万吨、6 534 万吨、1 660 万吨、2 652 万吨和 1 026 万吨，比 2000 年分别增长了 5.2 倍、5.6 倍、6.8 倍、1.4 倍、34 倍和 6.2 倍，有力满足了人们对加工农产品日益增长的需要。

（五）保障就业增长

2012 年以来全国规模农产品加工业年从业人数保持在 2 500 万人以上（70% 以上为专兼职的农民），近十年年均增加了 4.4%，比同期全国城镇就业人数增速高 0.7 个百分点，比制造业高 0.3 个百分点。我国制造业每亿元产值吸纳从业人员约 57 人，农产品加工业属于劳动密集型产业，吸纳社会就业能力更强。其中，根据问卷调查，山东、江苏和浙江三省农产品加工业不包括临时用工，平均每亿元产值吸纳劳动力分别为 87 人、107 人和 128 人，三个省平均每亿元收入吸纳固定从业人员为 91 人，明显高于制造业。鲁、苏、浙三省现代化加工企业较多，其他地区农产品加工业亿元产值单位用工数量应该更多。

（六）减轻政策性收储压力、理顺市场关系

据了解，近年来，国家每年在粮食等农产品收储上，所支付的保管费和收购及库存占款利息就高达 700 亿元以上。而加工业每年消耗的原料粮是国家粮食政策性收储数量的 2 倍以上，可见其不仅极大地缓解了农产品的销售压力，而且为国家财政节约了大量收储费用。同时，企业大量的自由购销，也在很大程度上缓解了因政策收储而扭曲的农产品市场及价格问题。

（七）带动第一产业发展、促进现代农业建设

我国农产品加工与农业产值之比已由 2010 年的 1.7∶1 提高到 2014 年的 2.1∶1。加工业的快速发展，一方面，促进科技、资本等现代要素和管理方式进入农产品原料生产环节，改善了农业生产条件和经营组织方式；另一方面，带动农产品原料消费，支撑农产品价格，保护和调动了农业生产者积极性。据测算，近五年农产品加工业年均仅消耗的稻谷、小麦和大豆等粮食原料数量就超过了 3 亿吨。

二、支持农产品加工业发展的政策建议

（一）加强组织领导，建立部际联席会议制度

目前农产品加工业已经成为我国战略性支柱产业，总产值占工业总产值约

20％，体量大、涉及面广、情况变化快、影响因素多，单靠农业部门难以发现和解决综合性的复杂问题。建议国务院领导牵头，建立部际联席会议制度；各地管理部门参照执行。可比照相关部际联席会议，视情况定期或不定期召开。

（二）加强行业指导，补齐公共服务的缺项和短板

一是健全监测统计体系。统计工作是基础。目前农产品加工业监测统计工作还刚刚起步，各地统计基础强弱不一，急需加大力度健全监测统计体系。建议推动国家统计局完善统计报表制度，加强农产品加工业指标监测统计，与农业部建立数据共享机制。二是完善标准体系。当前我国涉及农产品加工业的标准数量少、老化严重、结构不合理，加工业标准占农业标准比重只有10％多一点，导致产品分类不清、检测方法不全等。建议完善管理体制，加大资金投入，加强科学研究，加快修订完善标准体系。三是明确边界目录。当前农产品加工业边界目录的不确定、不统一等问题，造成了政策执行的不统一，产生了混乱和不公平现象。建议明确初加工、主食加工、精深加工范围，建立相应明细目录及动态修订制度。

（三）加强示范引导，支持产业做大做强

一是开展国家级农产品加工产业园区创建。示范引导是各行业各领域通行做法。目前我们搞了一些示范，但基层反映数量多、层次低，不能真正代表一个地区、园区的加工业发展水平。二是开展国家级农产品加工领军企业认定。农产品加工业行业门类多、涉及范围广，需要在每个行业树立一批领军企业，把不同领域（产品）最大最强的企业推选出来，真正打造和树立行业的标杆。三是对大市、大县、骨干园区给予财政奖补。农产品加工业对一产带动作用大，关乎国计民生，社会意义重大。但是由于税收少，且没有财政奖补，各地政府对发展加工业积极性不高，严重影响了大市、大县、骨干园区加工业的发展。建议对主营业务收入过1 000亿元的地级市、过100亿元的县、过30亿元的加工业园区给予适当的财政奖补。对大市、大县、骨干园区、领军企业的认定，建议由相关部门联合发文认定，真正在全国树立一批地域标杆、园区标杆、企业标杆。

（四）加强财政支持，加大对关键环节的扶持

一是继续加大农产品产地初加工补助力度，扩大资金规模、实施范围和品种范围。二是农机具购置补贴要向初加工装备领域倾斜，逐步分批实现全覆盖。三是加大加工技术集成基地建设力度，着力解决公益性科研基本建设投入少问题。四是支持企业与科研院所建立产业联盟，紧密联系市场、开展联合攻关。五是支持开展加工专用原料基地建设，提升加工原料品质，保障产品质量安全。

（五）加强税收优惠，加大对重要领域的政策落实力度

针对"高征抵扣"问题，加快农产品增值税进项税额核定扣除试点，推动

公布多数产品的统一扣除标准。对初加工所得税优惠范围，建立定期修订完善制度。对部分关乎民生的精深加工业，如主食工业化企业，建议所得税减半征收。对部分占压资金多、周转慢的行业，允许增值税加速抵扣。

（六）加强金融支持，营造良好生产和发展环境

截至 2014 年底，全国共有各类农产品加工企业 40 多万家，其中规模以上企业 7 万多家，全口径主营业务收入约 23 万亿元；季节性用贷额度大，保守估计需求在 10 万亿元以上，需要金融的大力支持。建议设立农产品加工专营金融机构或指定政策性银行设立农产品加工贷款专项，明确金融信贷支持额度或比例，避免各地不细化、不落实。创新涉农贷款担保办法，鼓励和支持龙头企业牵头组建担保机构或设立互助担保基金；充分发挥政策性银行作用，对企业贷款给予利率优惠，原则上不超过人民银行基准利率。支持各级管理部门开展贷款贴息。鼓励利用资本市场直接融资。

（七）降低加工企业用地、用电、用水等难度和成本

对于用地，建议各省（区、市）结合当地产业发展实际，明确总体用地指标比例，细化各市、县用地指标比例，并实行土地指标结转使用制度；鼓励农村集体经济组织依法以集体经营性建设用地使用权入股、联营，但不占用总体指标。对于用电，要加快落实初加工用电优惠政策。鼓励企业节能减排，给予相关补助，或借鉴碳排放权交易，实行用电用水权交易。对初加工农产品过桥过路执行绿色通道政策。

关于农民工和大学生返乡
创业情况的调研报告

遵照汪洋副总理指示要求，2016年4月18—22日，农业部派出三个调研组，分赴江苏、浙江、安徽、四川、重庆、甘肃等地对农民工和大学生返乡创业情况开展实地调研。现将有关情况报告如下。

一、总体趋势判断

随着国家"大众创业、万众创新"战略深入推进，各地农民工和大学生返乡创业风生水起，呈现明显增多趋势，表现出一些可喜变化。

（一）创业人数越来越多，创业新热潮正在形成

调研组所到的6个省，农民工和大学生返乡人数近年来增幅保持在两位数左右。重庆市2015年新增创业人数33.7万，同比增长17.4%。四川省2015年新增农民工返乡创业人数6.3万，创办企业1.6万个，新增大学生创业1.15万人。号称"打工第一县"的四川金堂县，与外出务工最多的2007年相比，目前返乡创业就业农民工已超过外出务工人数的7成，返乡创业就业人数已是外出务工人数的2.4倍。调研组看到了一条条的创业大街正在形成。地方干部说，"我们已经彻底打开'山门'，'引凤回巢'，从打工大县变成了名副其实的创业大县。"另据农业部测算，全国农民工返乡创业人数累计已超过450万；据人力资源与社会保障部测算，"十二五"期间，大学毕业生返乡创业比例已由0.5%增长到1%，"十三五"期间这一比例将达到3%。

（二）创业领域越来越宽，产业融合创业明显增多

创业领域不再局限于传统的种养业，而是逐步覆盖特色种养业、农产品加工业、休闲农业和乡村旅游、电子商务、特色工艺等新兴产业，广泛涵盖农村一、二、三产业，并呈现出融合互动、竞相发展的趋势。如浙江省返乡创业的85%都把经营领域延伸到了加工、休闲、网络营销、物流配送等二、三产业，安徽的这一比例也达到82%。浙江返乡创业大学生梁骏说："我种植特种蔬菜，一开始不好卖，后来搞清洗加工、网上定购、会员制入户配送，一个会员家庭一年要从我这里消费10万元菜，最高一斤菜卖到200元；再后来，我又

本文获"当好主力军　践行新理念　建功十三五"第三届中央国家机关公文写作技能大赛一等奖。

就地发展农事观光和休闲餐饮，现在年收入已接近 2 000 万元，让我尝到了甜头。"

（三）创业起点越来越高，现代要素投入明显增加

地方普遍反映，原来大学生返乡创业极少，农民工返乡创业有一些，但从事的大多为低端行业，现在返乡创业主体素质更高了，抱团创业更多了，管理方式更新了，广泛采用了新技术、新模式和新业态。据抽样分析，54.3% 的返乡创业者通过网络、微博、微信等新媒体了解市场信息、政策法规并进行营销推广。在浙江、安徽调研走访的 17 家企业，创业前三年最低投资 200 万元，最高近 2 亿元。安徽省农民工程永峰返乡创业开展霍山石斛种植开发，与合伙人流转土地 100 亩，每亩地平均投入近 40 万元；甘肃定西的返乡创业大学生曹杰创办的合作社，先后在饲料厂、养殖厂及办公用房方面投资 500 多万元，远远高于传统农业投入。

总体看，农民工和大学生返乡创业是我国大众创业、万众创新总体战略的重要一环和潜力所在，被基层同志赞誉为"小双创"。随着更多具有较高文化知识水平、现代经营理念的农民工和大学生返乡创业，将为我国储备和培养大量现代农业企业的经营管理人才，为农业农村经济乃至整个国民经济的发展积蓄强大能量。

二、特殊困难问题

在调研座谈中，许多农民工和大学生返乡创业人员在表达创业愿望、展示创业激情的同时，也反应了一些特殊困难问题。

（一）用地难比其他行业表现更加突出，成为创业的第一道瓶颈

由于农民工和大学生返乡相对投资强度低、财政贡献小，地方普遍不愿意提供用地指标。各省普遍反映，农民工和大学生返乡创业在缺少建设用地指标的情况下，只能在农用地上建设设施，而设施用地不仅有比例、总量和土地类型限制，且在土地耕作层保护上有严格要求，导致创业难以迈开第一步。同时，很多涉农创业者都对承包期满以后现有流转土地的经营权如何处理没有明确预期，普遍担心转出方收回土地自己又得不到投入补偿。四川遂宁大学生龙婷流转 2 000 余亩土地种植有机葡萄，想发展乡村旅游和葡萄酒加工，需要建设游客餐厅和葡萄酒庄，却至今得不到设施用地，并担心 2027 年第二轮土地承包到期后政策变化。浙江返乡创业农民工陈照米，流转本村土地 3 000 亩种植火龙果，由于缺少用地指标，只能在园区内用木板和钢架搭建加工、展示和休闲农业设施，导致创业成本大幅度提高。返乡创业大学生梁骏，在流转土地上建了一座鸟巢式温室大棚，采用立体无地栽培模式，土地利用率和产出率提高了 8 倍以上，但由于得不到用地指标，也只能在温室大棚地面高成本铺设保护设施。类似的例子比比皆是。

（二）融资难比其他主体表现更突出，成为创业的第二道瓶颈

在城镇创业，拿到地就可以抵押贷款，但返乡创业在流转土地上建设的农业生产设施和附属设施，尽管投入很大，但不能用于抵押。甘肃定西市农民工曹杰反映，他创建的饲料厂、养殖厂价值 500 多万元，却不能抵押融资。白银市农民工李贞萱说，她希望得到 10 万元贷款，但必须有公职人员提供担保。大学生胡重九返乡创建了木木生物公司，现在虽然发展良好，但创业之初由于家庭困难、借贷无门，只能借用同学们的九张信用卡进行套现、滚动还款，才有了 4 万元的启动资金。据抽样调查，创业资金来自于家庭、亲友支持的占69%，来自个人工资积累的占 20%，来自贷款和其他的仅占 11%。

（三）人才技术比其他领域需求更加强烈，成为创业的第三道瓶颈

农民工和大学生返乡创业的主阵地在广大农村。相较于城镇，绝大多数农村地区的基础设施仍然落后，对于各类人才缺乏吸引力。许多创业者反映，要想干成事不能单打独斗，在哪个行业干都需要一个团队，但家乡经营管理人才缺乏，想聘用管理和技术人才、组建创业团队比较困难。甘肃返乡创业农民工李应发说："我创办的马铃薯专业合作社非常需要技术人才和营销人才，但是多数大学生都感觉在我这就业不可靠，不愿意来，即便来了也干得不踏实。"同时，新生代农民工基本没有农业劳作经验，大学生也很多都是非农业专业出身，农业技术普遍欠缺。很多省的"农民信箱"用户量和信息容量都很大，但专门为创业者提供的信息极为有限。各地农技推广体系服务对象基本都是传统农户，绝大多数创业人员无法通过这一渠道得到技术服务。返乡创业大学生杨琪峰等反映，"技术专家难找，有钱也找不到。"

（四）创业风险比其他群体更加需要关注，成为创业的第四道瓶颈

创业是一项风险较大、成功率低的活动。四川、重庆等地测算，农民工由于具备丰富的创业从业经验，返乡创业成功率较高，但也只有 50%，大学生由于创业从业经验缺乏，成功率仅为 11%。在沿海地区，返乡创业人员搭建的农业设施，少则几十万，多则上千万，一个台风，一夜之间化为泡影。此外，一些地方政府仍习惯于招大商、抓大项目，对农民工和大学生返乡创业看不上眼，没有列入重要日程，没有明确分管领导，没有牵头协调机构，没有专门扶持政策。一些创业者认为，创业路上没人扶，创业失败没人管，家庭社会不理解。

三、对策建议

为支持鼓励农民工和大学生返乡创业，各地虽然出台了一些扶持政策，但大多小、少、散，缺乏针对性和操作性。因此，一方面，要在落实已有政策上下更大功夫，调整和降低现有涉农和创业扶持政策门槛，将农民工和大学生返乡创业全面纳入支持范围；另一方面，要充分考虑农民工和大学生返乡创业的不同需求，将城市创业的好政策、好做法、好经验向农村覆盖，并积极创设一些更有针对性、操作性、更接地气的政策措施。

（一）加强用地支持

依托现有工业园区、农业园区，建设农民工和大学生返乡创业园。农村集体建设用地、村办集体厂房和"四荒地"，要明确有一定比例用于支持农民工和大学生返乡创业。在科学划定永久基本农田的基础上，允许地方合理利用一般耕地建设农业生产设施和辅助设施。合理安排设施农用地比例，鼓励地方政府集中建设一些共享式农业设施，提供给经营主体共同使用。同时，尽快明确二轮承包到期后现有农村土地经营关系保持不变，经营者有权优先经营现有土地，就此抓紧研究具体实施办法。

（二）加强资金支持

研究建立全国农民创业投资引导基金，国家中小企业专项资金、中国农业产业发展基金要划出一定比例支持农民工和大学生返乡创业，各地创业投资类基金也要做出相应安排。增加专项建设基金支持农村一、二、三产业融合发展等农业项目的规模，单个项目支持比重由项目总投资的20％提高到40％～50％，带动农民工和大学生返乡创业。积极推进农村产权融资改革，赋予农业设施合理的贷款抵押资格。加强政策性农业贷款担保体系建设和风险补偿基金建设，完善创业担保贷款风险共担机制。推进扩大财政支持农业保险试点品种和覆盖范围。将中小企业集合债券的发行额度向返乡创业项目倾斜，多层级建立财政支持的产业发展应急周转基金。

（三）加强服务保障

支持地方政府、大专院校、大型企业创建面向农民工和大学生返乡创业的创业孵化平台、创业实训基地。政府部门现有的科技推广和信息服务平台，要加快向为返乡创业服务转型并免费开放。加强当地返乡创业情况跟踪研究，组织专家学者、企业家、投资人组成创业辅导专家库和农业创业技术专家库，为创业者提供有针对性创业指导和技术服务。鼓励各地依托互联网和移动互联网技术，建设综合性创业信息服务平台，及时为返乡创业者提供市场行情、设施设备、项目指南等方面的信息服务，帮助解决市场销路等方面的问题。

（四）加强组织领导

建议国务院在今年适当时候，就推动"双创"特别是返乡创业政策的落实情况开展专项督导，重点检查政府制定落实措施、配套文件、健全机构等情况。利用微博、微信、手机客户端等新媒体，加强对各级政府支持返乡创业政策措施及成功创业典型事例的宣传，组织开展农民创业创新带头人遴选与宣传推介活动，对于创业成功者给予更多荣誉和精神奖励，营造崇尚创业、敢于创业、支持返乡创业的良好舆论环境和社会氛围，引导和鼓励更多的潜在创业者积极投身到农村创业创新中来。

（2016 年 4 月 28 日）

带动全局一举多赢的新兴战略产业

——对休闲农业和乡村旅游重要地位和作用的认识

进入 21 世纪以来，我国休闲农业和乡村旅游蓬勃兴起，一直保持了两位数的增长，在一些重点地区甚至可以用井喷式发展来形容。但是，对于这样一个迅速崛起的新兴产业，一些地方仍然视其为一件吃喝玩乐、可有可无的事情。认识不足的结果是重视不够，管理和支持也会相应缺位，不利于产业的持续健康成长。从战略和全局的高度来看待，休闲农业和乡村旅游正在发挥着以下六个方面的重要作用。

第一，正在成为现代农业的强大推动力。国际实践表明，现代农业是一个功能多元、农村一二三产业深度融合的产业体系；建设现代农业需要大量投入，但是既不能依赖政府，也不能强制农民，必须充分发挥市场的决定性作用。发展休闲农业和乡村旅游，不仅能够将农业从单一的生产功能向休闲观光、农事体验、生态保护、文化传承等多功能拓展，满足城乡居民走进自然、认识农业、体验农趣、休闲娱乐的需要，而且能够借助其较高的经济效益，充分调动各类经营主体加大投入改善农业基础设施、转变经营方式、运用新技术、保护产地环境的积极性。四川省江油市新安镇和三河镇在 10 个村连片建成了集现代农业、田园风光、生态旅游、农事体验相融合的"果语花溪"农业公园。2012—2014 年，该区域内整合各类资金 2.8 亿元改善生产条件，投入远超过此前 30 年基础设施建设投入的总和，并且大面积引进了猕猴桃和葡萄等新品种，推广了立体栽培、生物防虫等技术，配备喷灌、滴灌等节水设施，极大地提高了农业发展水平。这样的例子在全国不胜枚举。据调查，只要是休闲农业和乡村旅游发展程度高的地方，农业现代化的水平就高。

第二，正在成为农民收入的重要增长极。"三农"问题的核心是农民收入问题。发展休闲农业和乡村旅游，能够使农业生产实现物化产品和精神产品双重增值，有效增加农业经营性收入；能够延长农业产业链条，扩大就业容量，有效增加农民工资性收入；能够把农家庭院变成市民休闲的"农家乐园"和可住可租的旅店，有效增加农民的财产性收入；能够把农业产区变成居民亲近自

本文原载于 2015 年 8 月 10 日《农民日报》，《农产品市场周刊》、《农产品加工业》等杂志同时刊发。

然、享受田园风光的景区，保障农民收入"四季不断"。根据对13.5万家休闲农业经营主体进行的典型调查，在休闲农业从业人员中农民占92.4%，每亩土地产出率接近12 000元；经营休闲农业的农民，年人均营业收入达5万元以上。由此可见，在当前农业经营受成本抬升和价格"天花板"双重挤压收益有限、农民外出务工数量和工资性收入增幅明显趋缓、转移性收入总量小且增量少等不利形势下，休闲农业和乡村旅游已成为保障农民收入持续较快增长的希望所在和突出亮点。

第三，正在成为美丽乡村的坚实支撑点。美丽乡村建设是一项长期系统的工程，既要政府引导和政策扶持，更要突出农民主体、强化产业支撑。没有农民的积极参与，仅靠政府项目带动，新农村建设将缺乏持续活力；没有产业的有力支撑，仅靠政策扶持，美丽乡村建设将成为空心村。发展休闲农业和乡村旅游，客观上倒逼地方政府和农民等经营主体共同努力改善农村基础设施和公共服务，把山、水、林、田、湖作为一个生命共同体，美化村貌、绿化道路、净化环境，营造良好的休闲氛围，同时促使其把耕读文明作为乡村发展的软实力，不断提高乡村的文化内涵，整体上提升了乡风文明水平。正是在发展休闲农业和乡村旅游的过程中，各地涌现出了一大批以经济富裕、生态良好、村风文明为突出特征的美丽乡村。据不完全统计，全国休闲农业和乡村旅游聚集村目前已达9万多个，这些村已基本建成了美丽乡村。

第四，正在成为统筹城乡的有效连接器。推动城乡人口、技术、资本、资源等要素相互融合，是构建城乡经济社会一体化新格局的关键。休闲农业具有连接城乡、沟通工农的重要功能。大量实践表明，在休闲农业发展好的地方，均出现了外出务工人员回流的高潮，农村的人气和资源要素开始从城市回流，农村"三留守""空心村"等问题得到极大缓解；大批城里的工商资本投入农业和农村改造，资金聚集效应明显，先进生产技术和管理技术得到广泛应用；乡村的路、电、水、气等公共设施都得到极大改善，城市的基础设施和公共服务正在快速地向农村延伸，消费支出由城市向农村流动；长期以来，难以启动的国内消费正在被充分激发，资金、人才等现代要素主要由农村向城市单向流动的格局正在快速而悄无声息地发生改变。可以预见，这些变化对于打破城乡二元结构、统筹城乡一体化发展、拉动经济平稳增长，必将产生深远影响。习近平总书记在主持中央政治局第二十二次集体学习时强调，加快推进城乡发展一体化，是党的十八大提出的战略任务，也是落实"四个全面"战略布局的必然要求，一定要抓紧工作、加大投入，努力在统筹城乡关系上取得重大突破。深入贯彻落实这一重要讲话精神，高度重视和推进休闲农业和乡村旅游发展不失为一个有效举措。

第五，正在成为产业融合的独特承载体。推进农村一、二、三产业融合发展，是今年中央农村工作会议做出的一项重大部署，是党的"三农"工作理念和思路的又一重大创新，是新常态下农业农村转型发展的根本选择，也是顺应国内外产业发展新趋势的必然要求。但是，农村一、二、三产业融合发展的内涵丰富、涉及面广，不能泛泛而论，需要找到融合的载体。休闲农业和乡村旅游从诞生的第一天起就高度体现了一、二、三产业融合的理念，每一个经营业主不仅需要生产出优质原生态的农产品，而且通常要加工成游客可品尝、可观赏、可携带的商品，他们既是新型的农业生产经营主体，也是小型和中型的农产品加工企业，更是乡村休闲旅游服务业主，天然地把农业生产、农产品加工、休闲观光服务紧密结合在一起，实现了农村三次产业的高度融合和互促互动，极大地拓展了农村产业的发展空间，提升了质量和效益。

第六，正在成为旅游发展的主要动力源。国际经验表明，在工业化、城镇化快速推进的过程中，往往也伴随着人们休闲需求的快速增长。当前，我国正处于工业化中期，随着居民收入水平的提高和消费方式的转变，今后较长一个时期，旅游休闲业将继续处在快速发展阶段。统计显示，目前我国旅游业增加值占 GDP 比重 4% 以上。2014 年国内旅游达 36 亿人次，增长 10%；全年旅游总收入 3.25 万亿元，增长 11%；完成直接投资 6 800 亿元，同比增长 32%，明显高于服务业其他行业。在看到旅游业良好发展趋势的同时，更要看到当前和未来旅游业发展的支撑和潜力在农业农村。一方面，传统的名山大川、寺庙古刹等名胜古迹的承载能力和拓展空间有限，远不能和广阔的农村相比，其发展指标要在一定时期内实现大的增长难度很大；另一方面，由于城市人居环境、生活工作压力等诸多因素的影响，市民远离市区喧嚣，到乡村望蓝天白云、看碧水清波、吸清新空气、品特色美食的愿望日趋强烈，乡村已越来越成为市民休闲旅游的首选目的地。休闲农业是乡村旅游的产业支撑，乡村旅游是休闲农业发展的重要依托，两者不可分割。因此，要推进旅游业发展，必须同时高度重视和支持休闲农业和乡村旅游发展。

医办产业发展问题初探

作为医院经济增长点中的一支劲旅，医办产业已逐步引起众多医院决策者越来越高的重视。然而，从 1997 年 6 月中旬卫生部召开的第二次全国卫生产业表彰大会情况看，目前尽管家家医院办产业，但医办产业真正在整个卫生产业中所占的效益比重却远远不够，形成气候的更是为数寥寥。探索和总结医办产业有效及成功的发展途径，正确面对和切实解决其发展过程中一系列的实际问题，尽快摸索出一套符合行业实情的产业发展道路，是各地医院当前面临的一项紧迫而重大的课题。

一、医办产业的基本类型

社会主义市场经济条件下，只有"发展才是硬道理"。医办产业和其他行行业也一样，只要在政策范围内想发展、求发展，具体通过哪个项目或者选择哪条道路，并不是千篇一律的。但是，从实际的总体情况看，现在以及将来，医办产业的基本类型主要不外乎三种：

（一）科技开发型

根据医院知识密集、技术密集的行业特点，紧紧围绕"医"字做文章，面向病人，面向市场，面向社会，大搞技术开发，努力把自身的专业技术向技术产品转化，是医院发展产业应首先考虑的一大方向。具体讲，既可围绕医疗护理专业开展成人进修培训、验光配镜、美容美发业务，也可立足医药医技专业，进行药品、保健品、卫生材料、小型医疗器材的开发生产与经营。总之，在这方面打主意、想办法，不仅选择范围广，而且一般都具有良好的技术基础、信誉基础和消费基础，较其他方面容易启动和发展成主导产业。

湖北省襄阳县医院在开拓医办产业上，选择了医办工业作为重点。1994年，医院的医办工业基本还是空白。1995年，他们首先对制剂室进行改造，与同济医大药学院联合，一次投资 10 万元，开发出 2 个药品生产项目，年收入达 110 万元，迈出了可喜的第一步。由于医院处于襄樊市区中心，发展空间受到严重限制，为了使医办工业早日形成规模，1995 年 11 月，该院毅然在襄

本文原载于《中国卫生质量管理》杂志 1997 年第 4 期、《中国医院管理》1997 年第 17 卷。

阳新县城征地 30 亩,给这个地方命名叫做"襄阳天使村",专门用于发展医办产业。1996 年 7 月,医院内部正式成立制药厂和药酒厂。其中,制药厂编制专业人员 13 名,内设药品开发室、胶囊制剂室、普通制剂室、质检室和库房。近半年时间,他们与同济医科大学和南京大学密切合作,在有关部门的严格监测下,先后开发引进了强力活性碘、86 消毒王消毒液等新产品。药酒厂主要生产由医院和同济医科大学药学院共同研制的"中国神酒",去年 7 月医院内部即开始批量试生产。目前,这一项目由台湾华福国际有限公司与医院联手进一步开发,计划投资 1 000 万元,预计年产值在 1 亿元以上。美国一家大公司也正在向该院争取此项目的联合开发权。今年 2 月,台湾华福国际有限公司已与该院正式签订合同,在襄阳县医院的"襄阳天使村"创办了"鄂台合资襄溪医用材料有限公司",第一期工程投资 113.9 万元,台方包产品销售,利润二五分成。预计今年即可实现产值 1 440 万元。

海南省人民医院验光配镜服务部 1996 年实现营业额达 368 万元,创利 75 万元。云南大姚县人民医院药厂 15 个月内获 20 个产品生产批文,1996 年创产值达 450 万元。上海华山医院康健医疗公司依靠科技开发,开办保健医疗中心、中外合作 γ 刀医院,固定资产已发展到 5 000 多万元。

可见,发展科技开发型医办产业,天地广阔,前景远大,应当成为各家医院普遍的、主要的和首选的产业类型。

(二) 资源利用型

每个单位或多或少都有自己待开发的资源优势,充分利用这些资源发展产业具有投资小、风险小、见效快的特点。

襄阳县医院位于襄樊繁华的闹市区,地理位置十分优越,但医院 3 间门面商品房却每年盈利甚微。院党委经过认真分析论证后,于 1996 年申报成立了"襄樊市民康责任有限公司",通过投标将门面及公司牌子大胆抛出,让有技术和经营才能的职工承包,公司人员以招聘单位内部职工为主,并另外在院内提供一定的工作场地。公司主要从事副食、医药、医器经营,并承接各种装修工程。承包一年,不仅解决了医院部分剩余人员的就业问题,而且向医院上交纯利润 30 万元,实现营业额 70 万元。为了美化医院环境,进一步扩大经济来源,该院还成立了花卉苗圃公司。公司充分利用院内及"襄阳天使村"的空地,瞄准投资小、见效快的花卉繁殖上项目。选拔有一定花卉种养技术和热情的职工任公司负责人和技术工人,并从国营大型公司聘请高级花卉种养工程师常年做技术指导。1996 年,医院共计投资 25 万元为公司修建温室花房及购买花盆等,开辟荒地 10 亩。不仅年总产值达 600 万元,并为医院日常绿化及大型活动节约费用 41.8 万元。1996 年下半年,他们还在花卉苗圃基地旁修建了大小 25 个,占地 1.2 亩的养鱼池,到目前已成功繁育各种名贵金鱼苗 108 万尾，价值130万元。鱼戏水中，花开岸上，可以说，如今的襄阳县医院一年四季景色宜人，处处春意融融，生机盎然。

又如，新疆建设兵团农一师五团医院利用资源优势开办酒家及综合服务部，因地制宜开发果园120亩，收入可观。

（三）辅助管理型

医院都有后勤服务部门，对其适当进行改制和转轨，既有利于医院的辅助管理，又可创造一定的经济效益。

襄阳县医院的做法是在院新一届党委上任后，逐步将后勤管理企业化，按社会主义市场经济法则，把后勤服务推向院内"小市场"。1995年前，医院各种文字材料每年在外面的打字、印刷费，总额在30万元以上，浪费较大。针对这种状况，他们先后投资5.83万元和3万元，分别兴建了自己的打字室和印刷车间，两年来，共为医院节约开支36万元。汽车班1996年实行效益承包后，费用也大幅下降。

大连市中心医院后勤服务由于转轨较早，其劳动服务公司经过12年的发展，合资伙伴达6个国家和地区，现已成为大连少有的新型企业集团，拥有职工1200人，辖属19个分公司，流动资金达7亿元。

当然，上述三种只是目前医办产业的基本类型，所有医院不一定都拘泥于这三种形式，也可以跳出圈子，另辟蹊径，如从事房地产开发、运输业等，但这种情况毕竟是少数。

二、发展医办产业应注意的几个问题

据有关统计，当前，在全国的卫生产业企业中，不盈不亏的占41.9%，亏损企业占25.8%，加起来，有67.7%的企业经济效益不好。医办产业只是卫生产业的一个分支，发展才刚刚起步，可想其存在的问题和面临的挑战更加不容忽视。在发展医办产业的过程中，我们必须要注意以下几个问题：

（一）思想观念问题

发展医办产业，必须要有一个正确的思想做指导。要充分认识到，医办产业不上不行，短期内期望值过高也不行。

过去由于长期受计划经济影响，有人认为搞医疗外的产业是不务正业，抓副业会影响主业的发展，因此，固守着"等、靠、要"的思想。但是，随着社会主义市场经济的建立，医院作为公益事业单位的性质没有变，一方面政府投入仍然极为有限，另一方面医疗收费继续受到严格控制。可以说，医院是戴着事业单位的帽子却没有享受事业单位的待遇，顶着市场经济的压力却没有"下海热身"的足够权力。随着改革形势的发展，医疗市场逐步放开而业务量相对减少，支出增加而财政补偿不足，社会需求快速增长而医疗事业发展相对缓慢，这些矛盾的发展，最终只能导致医院资产闲置、设备陈旧、药品周转供应不足、职工住房困难等一系列问题，给医疗事业的生存和发展，带来很大影响，造成沉重压力。在这种情况下，要摆脱生存和发展的困境，医院管理者必须要尽快转变观念，尽早发展医办产业，拓宽生存门路。要抓住政策机遇，想尽办法，采取多种形式，引导干部职工消除"静态守业"和"抓副伤主"的思想障碍，破除医院是福利事业单位依靠政策投入的观念，早日达成"立足主业，办好副业"的共识。如果认识不能统一，医办产业即使勉强上了，但由于不能够从思想上形成合力，最终也将遭受挫折。

医办产业之所以要上，目的是为了以副养医，反哺于医，发展既不能脱离医疗这根红线，也不能急于求成。脱离了医疗就等于社会办公司、办企业，失去医办产业特有的生命活力和社会价值，势必走上畸形发展的道路，于主于副都将不利。同时，任何事物都有其发生和发展的历史过程，发展医办产业同样还要有一个让其摸索和积累的思想准备。要以远大的战略目标，对待其生存和发展，时刻注意放活水养大鱼。急功近利，想"一口吃个大胖子"，只能犯"杀鸡取卵"的错误。

（二）选用人才问题

市场的竞争说到底是知识的竞争、人才的竞争。选用人才包括两个方面。一是经营管理人才，二是专业技术人才，二者相辅相成，缺一不可，也只有这二者相得益彰，企业才会生力无穷。

"政治路线确定以后，干部就是决定因素"。选用好经营管理人才，即选好领导者和组织者是企业兴衰成败的关键。任用一个富有开拓精神的干部，往往能够开创医办产业的新局面。目前大部分医办产业的管理人员都来自医院内部，他们长期在事业单位工作，缺少管理企业的实践和经验，主动适应市场能力较差，这就势必从根本上影响企业管理水平和经济效益的提高。在选拔管理人员时一定要慎之又慎，通过全面严格的素质考核，把真正懂业务、会管理、能吃苦、会经营的人员选配到医办产业的领导岗位上来。对考察不合格的坚决不能委以重任，对实践检验政策水平不高、业务能力不精，不能胜任本职岗位的要尽快果断地予以撤换。

如果把管理人才比喻为帅才，那么专业人才就好比将才，军中不能一日无帅，同样也不能一日无将，选好专业技术人才与选好管理人才同等重要，没有技术骨干和技术尖子的企业，就不能有拳头产品，没有拳头产品的企业就如无源之水、无本之木，自然就无从谈起市场竞争能力，企业只能是有名无实。无论"将才"还是"帅才"，选用时不一定必须要局限在内部，也可以多渠道从社会招聘合格人才。对现有产业企业的人员要创造环境加强对他们的实践锻炼和理念培训。那种不注重人才选用，把医办产业仅仅作为解决富余人员就业、减轻进人压力、为医院甩包袱的做法实不可取。

（三）管理体制问题

这是一个大问题。医院在医办产业面前相当于"政府"，其职能应主要是：制定和执行宏观调控政策，搞好基础设施建设，创造良好的经济发展环境，管理固定资产及其经营，运用必要的经济手段、法律手段和行政手段管理经济，搞好指导、服务和监督，而不应干预其常规的生产经营活动。当然，根据"谁投资、谁受益"的原则，医院作为投资主体应把对医办产业生产和经营过程中的监督和检查作为一项重点工作来抓，切实加强对产业实体的领导和有效监控，确保其按照市场经济规律搞好经营。"小洞不堵，大洞难补"。一定要有一套切实可行的措施严防漏洞、损公肥私和资产流失。随着医办产业的发展，有的医院成立独立的产业办公室。作为发展的产物，产业办是一个职能管理部门，是医院为加强对医办产业的管理而设置的派出机构，产业办要摆正自己的位置，积极履行指导、服务和监督职责，既不能事无巨细"一竿子插到底"，也不能形同虚设撒手不管或搞"以包代管"，应注意决策系统权力的制衡，把握好管理尺度，做到管而不死，活而不乱。

按照现代企业制度的管理办法，医企应该明确分开。管理过程中，一是要搞好对医办产业严肃的清产核资和资产评估，界定产权；二是要以有效的法律文书，明确医院和卫生产业企业的责、权、利关系；三是对实行承包的产业企业应确定投资人和产权主体，确定投资主体和经营者的责任、权利和义务；四是要核定企业本金，制定能科学反映资产负债及损益的办法，确保固有资产保值、增值。目前有些医办产业的不少人依附在医院拿工资，在企业拿补助，这种管理办法使医办产业的工作人员缺少风险意识，干好干坏一个样，不能与企业同呼吸共命运。有的医办产业出纳和会计由一个人担任，缺少必要的财务监督。这些情况都应该及时予以纠正。

（四）发展项目问题

刚开始启动医办产业一定要注意发展规模，选准项目。做到有的放矢、量力而行，切忌一把抓、跟风上。

医办产业是医院经济有着巨大潜力的新生的经济增长点，是振兴医疗事业的一支生力军，发展势在必行。但需要引起重视的是，有的医院不知道注重实际，一哄而上，既缺少经济后盾，又没有足够的思想准备，结果只听雷声，不见雨点，只有项目，没有效益，甚至于积重难返又一哄而下。凡启动项目一定要过好考察论证这一关，紧紧围绕市场开发项目。注意处理好五个问题：一是把握好循序渐进的原则。根据目前医院的特点，一般都缺少资金和经营管理人才，在准备不充分的情况下，不宜盲目扩大项目的数量和规模，这样将难以获得理想的收益。二是发挥优势办特色项目。首先要充分利用自己的优势占领自己的市场，学会利用自己的市场发展和壮大自己。比如从研制开发医药医器等新项目、新产品人手，总要比在陌生的流通领域单纯搞转手生意要可靠得多，有利得多。三是要讲求效益。"开发开发，开而不发，等于白搭"。投资之前一定要把效益分析搞好，对有名无实的"花架子"项目坚决不上，投入大盈利小的企业尽量少上，以防把"以工助医、以副补主"变成了"以医助工、以主补副"了。四是要注意形成规模，能够打出拳头。在条件许可的情况下，尽量把产业办大，以提高市场竞争和抗风险的能力。自己实力不够可采取合资、合营等多种形式。同时注意大而全、小而全阻滞特色产业的早日形成。五是要搞好科、工、贸一体化和产、供、销一条龙。努力达到开发有序、管理有方、营销有力的目标。

国家级玉米制种基地建设的
形势与建议

——基于对甘肃省张掖市的实证研究

进入 21 世纪以来,甘肃省张掖市玉米制种面积和产量一直位居全国前列,近年来更是遥居全国之首,是当之无愧的国家级玉米制种基地。保证粮食安全,首先必须保证粮食种子安全。在玉米已成为我国种植面积最大、对国家粮食安全最具影响力的粮食作物的时代背景下,进一步深化对张掖国家级玉米制种基地建设重要性的认识,深入分析面临的形势和问题,进而理清发展思路,凝聚各方共识,提出针对性的政策措施建议,意义十分重大。

一、大力加强张掖国家级玉米制种基地建设是各级的共同责任与战略选择

(一)张掖玉米制种基地建设事关国家粮食安全

这里主要从两个层面推论:

第一个层面,玉米已日益成为我国粮食增产的主导力量。2004—2011 年,我国粮食总产实现了新中国成立以来首次"八连增"和首次连续五年过万亿斤,八年共增产粮食 1 405 亿千克,其中玉米增产 769.5 亿千克、占 54.8%。特别是从对粮食总产和增长的贡献份额看,玉米的地位明显呈现不断加快趋势。2011 年与 2003 年相比,全国粮食总产由 4 307 亿千克增长到 5 712 亿千克,其中玉米产量由 1 158.5 亿千克增长到 1 928 亿千克,占粮食总产量的比重由 26.9% 提高到 33.7%。2010 年和 2011 年,玉米对粮食增产的贡献连续两年超过 60%。虽然 2004 年以来我国稻谷和小麦生产也增长明显,但总产仅恢复到了上世纪末的历史最高水平,而玉米总产已超过上世纪末最高水平的20% 以上。

本文原载于 2012 年第 12 期农业部《农村经济文稿》,首发于 2012 年 8 月 23 日至 25 日由中国科学院、中国生态文明研究与促进会、国土资源部、国家林业局、国家自然科学基金委员会、中国农业科学院、甘肃省人民政府主办的第三届绿洲论坛,2012 年 12 月 23 日《人民日报》以《让制种基地更有话语权》为题编发。

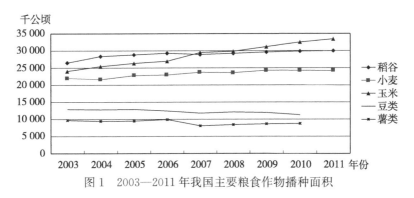

图 1　2003—2011 年我国主要粮食作物播种面积

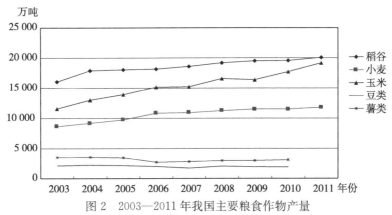

图 2　2003—2011 年我国主要粮食作物产量

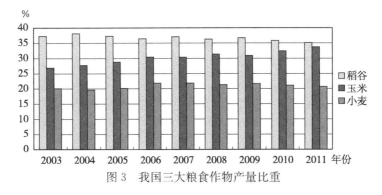

图 3　我国三大粮食作物产量比重

　　第二个层面，张掖玉米种子足以左右全国玉米种子市场和生产大局。2003 年以来，张掖市玉米制种面积一直稳定在 60 万亩以上，其中 2006 年达到 105 万亩的历史最高水平，此后有所回落，2010 年和 2011 年连续两年恢复和稳定在 100 万亩左右。2011 年，张掖玉米制种面积 99.23 万亩、产量 4.5 亿千克，分别占全国 410 万亩和 13.6 亿千克的 24.2％和 33.1％。近年来，在全国玉米种子供应过剩的情况下，张掖所生产的玉米种子已占全国用种量的 40％，且市场认可程度高，销售率达 90% 左右。

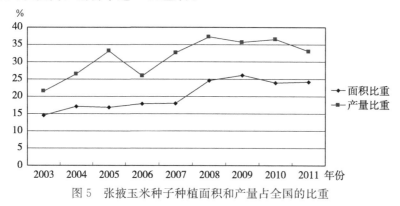

图 5　张掖玉米种子种植面积和产量占全国的比重

（二）张掖玉米制种基地建设事关甘肃乃至我国北方部分地区可持续发展

首先，张掖发展玉米制种明显减轻了黑河流域其他地区的用水压力。河西走廊降雨稀少，蒸发量大，生产生活主要依靠过境水。黑河流域位于河西走廊中部，全长 928 千米，是西北地区第二大内陆流域和甘蒙西部最大的内陆河流域，水资源极为宝贵。但是，由于人们对黑河水的粗放利用，导致下游额济纳绿洲在 20 世纪下半叶的 40 多年时间里，面积从 6 940 平方千米锐减到 3 328 平方千米，戈壁沙漠面积增加了 460 平方千米；黑河尾闾湖泊东、西居延海也先后于 1961 年和 1992 年完全干涸，且干涸的居延海和萎缩的额济纳绿洲一度成了影响我国北方约 200 万平方千米的沙尘源地。黑河中游穿越全境的张掖市占据得天独厚的地理优势，浇灌农业发达，土地肥沃，物阜粮丰，曾一度集中了黑河流域 91% 的人口，83% 的国民经济用水量和 76% 的国民经济耗水量，能否加快节水型社会建设将直接影响中游及下游、经济和生态的水量消耗分配关系，左右着中下游生态系统演变走向。农业一直是张掖用水的绝对主体，粗放利用水资源，发展高耗水农作物，进入 21 世纪，随着种业的加快发展，玉米制种与过去种植小麦玉米带田相比每亩少灌水 2～3 次，节水近 50%，100 万亩玉米制种，每亩节水按 250 立方米计算，每年可节水约 2.5 亿立方米，相当于新增 50 万亩大田玉米的保灌面积，如果加上部分企业配套滴灌设施，还可进一步节水 40%，效益更为可观。

其次，张掖玉米制种为甘肃发展增产节水型玉米生产提供了有效支撑。近年来，甘肃省玉米面积不断扩大，已成为全国玉米生产大省，其中，2006—2011 年，以增产、节水为主要特征的全膜双垄沟播玉米面积由 12 万亩扩大到 1 071 万亩，6 年累计推广 3 160 万亩，在成倍节约水资源的同时，增产粮食 60 亿斤以上，使全省粮食产量近四年连续迈上 170 亿斤、180 亿斤、190 亿斤、200 亿斤四个台阶。张掖玉米制种业的发展，既为甘肃玉米生产提供了有效的用种保障，也在一定程度上较好地发挥了技术示范作用。

（三）张掖玉米制种基地建设事关全市经济社会繁荣稳定

一是玉米制种已成为张掖主产区农民收入的主要来源。2011年，张掖市玉米制种平均亩产值2 400元，比上年增长500元左右，制种业产值突破24亿元，占全市农业增加值的37%。农民人均玉米制种收入1 800元，占全市农民人均纯收入的32%，其中主产区农民人均玉米制种收入超过4 000元，占农民人均纯收入的70%以上。

二是玉米制种业带动了张掖各业发展。随着玉米种子产业发展壮大和知名度不断提高，极大地带动了包装、运输、机械加工、建筑建材、商业、劳务、旅游、餐饮等行业发展。其中，全市种子企业年消耗包装材料150万千克，购置各类加工包装机械设备2.5亿多元，工程建设投资2亿多元，支付运输费用1亿多元，固定招收工人2 000名，季节性临时聘用劳务技术人员3 000人以上。同时，全市年产玉米秸秆116.8万吨、玉米芯30万吨，经过一定处理后都是优质饲料，极大地带动了主产区畜牧业发展。

三是缩减玉米制种已成为张掖农村社会的重要不稳定因素。一方面，发展玉米制种在很大程度上缓解了农作物用水矛盾，大大减少了农村水事纠纷。另一方面，由于长年进行玉米制种，主产区农民在耕作技术和设施装备的配置与使用等方面，已经对开展其他农作物生产感到很不适应，对生产驾轻就熟和收入相对稳定的玉米制种产生了高度依赖。近年来的情况表明，一旦有村社落实不到玉米制种面积，农民就会到政府上访，要求帮助协调解决。

综上分析，可以说，大力加强张掖国家级玉米制种基地建设是各级的共同责任，是服从大局、顺应历史和民意的必然选择。

二、进一步推进张掖国家级玉米制种基地建设面临诸多有利条件和障碍因素

（一）从外部形势看，机遇与挑战同在

三大机遇：一是政策支持的机遇。近年来，中央围绕加强农作物种业建设，先后印发了一系列重要文件，召开了专题工作会议，明确了现代农作物种业的重要地位和发展方向。其中，2009年国务院办公厅印发的《全国新增1 000亿斤粮食生产能力规划（2009—2020年）》，明确提出要建设甘肃国家级杂交玉米制种基地；2011年国务院印发的《关于加快推进现代农作物种业发展的意见》，强调要加强西北等优势种子繁育基地的规划建设与用地保护；2011年中央1号文件进一步要求加强西北等优势种子繁育基地建设，鼓励种子企业与农民专业合作社建立相对集中稳定的种子生产基地。为贯彻落实中央有关精神，国家有关部委和甘肃省人民政府均先后出台或正在进一步研究出台

配套政策措施，为加强张掖国家级玉米制种基地建设提供了前所未有的重大政策利好。二是需求拉动的机遇。据预测，随着饲用玉米和深加工需求的快速增加，预计"十二五"末我国玉米消费总需求量将在 4 400 亿斤左右，玉米供求紧平衡的格局有可能被打破，甚至会出现产不足需的情况。近两年虽然玉米增产、供给增加，但价格却明显上涨，甚至创历史地超越了小麦的价格，就是消费需求快速增长作用的结果。较好的种植效益必然带动种植面积的继续扩大，对优质玉米种子的需求也必将持续增加，从而推高玉米种子价格和制种效益。据全国农技推广中心统计，2012 年 4 月份全国四大主产区玉米种子市场价格同比均有明显上涨，其中最高的西北玉米区上涨 24.1%，最低的西南玉米区上涨 12.5%。三是产业转移的机遇。当前，东部地区产业发展的成本优势已经基本丧失，中部地区的优势也正在丧失，张掖山水秀美，交通便利，土地资源广阔，原料产品丰富，劳动力价格较低，特别是地价仅相当于一般中部地区的约 1/10，是绝佳的产业转移承接地，对于通过招商引资，加快发展包括玉米种子研发、加工、流通企业在内的二、三产业具有较大优势。

三大挑战：一是区域竞争加剧。近年来，与张掖资源条件相似的优势区域，玉米制种业加快崛起。特别是新疆，2012 年与 2009 年相比，玉米制种面积已由 52 万亩增到 101 万亩，玉米制种企业由 120 家增加到 160 家，分别增长 94% 和 33%。随着中央超常规的投入支持，新疆的交通设施条件将明显改善，特别是兵团的资源和体制优势将在玉米制种标准化、规模化、集约化、机械化等"四化"基地建设上得到充分发挥。二是成本优势减弱。2011 年，张掖玉米制种土地亩均流转价格达 1 050 元，亩均保产值达到 2 400 元，分别比上年增长 250 元和 500 元，明显高于条件相近的武威、酒泉的水平，更高于新疆的水平，已成为一些骨干企业逐步将制种基地规模压缩和向外迁移的重要原因。三是市场压力增大。2010 年全国玉米种子产量 11.5 亿千克，2011 年为 13.6 亿千克，2012 年预计 14 亿千克，分别高于当年用种量 0.2 亿千克、2.6 亿千克和 2.5 亿千克。因市场供给过剩，同期张掖玉米种子出现明显积压，其中不包括调出后滞销的数量，2011 年张掖当地库存积压玉米种子 5 138.5 万千克，占当年产量的 11.4%。全国玉米种植面积扩大，但在单粒精播逐步普及和企业制种能力不断提高的情况下，玉米种子供大于需的格局短期内不会改变。

（二）从经营管理看，成绩与问题并存

四项成绩：一是生产能力和效益明显提升。2011 年全市玉米制种面积和产量分别比 2003 年提高 51.7% 和 71.8%，农民亩均制种产值提高 141%。二是种子企业加工能力不断增强。全市 70 家玉米种子企业中，投资上千万元、销售收入 3 000 万元以上的达 33 家。已建成现代化种子加工中心 20 个、成套种子加工线 16 条、籽粒烘干线 43 条、果穗烘干线 46 条，总投资超过 15 亿元，年加工能力达 5 亿千克以上。三是产业化水平显著提高。全市 5 县（区）的 34 个乡镇、328 个行政村的 11.5 万农户参与种子生产和基地建设，以契约形式与企业形成紧密联系，实现了千变万化大市场与千家万户小生产的有效对接。四是种子品牌化效应逐步显现。大力推进标准化生产，提高种子质量，形成独特的市场优势。目前，"张掖玉米种子"已成功注册为全国唯一的农作物种子地理标志证明商标。

四大问题：一是品种侵权现象突出。《中华人民共和国植物新品种保护条例》及实施细则明确，对于品种侵权行为，由省级以上人民政府农业行政部门进行处理，或者由品种权人或利益关系人直接向人民法院提起诉讼。但是，由于品种侵权行为需要复杂的调查、取样和认定过程，加上农业的季节性和部分基层干部群众的串通阻挠，侵权问题很难得到圆满处理。张掖每年都有玉米制种侵权案件发生，近年来每年在法院立案的约有 30 起左右，还有一些侵权案件没有立案，即使进入司法程序的案件也基本上难以处理和执行到位。甘肃省植物新品种维权办设在省种子管理局，今年主要针对"吉祥 1 号"玉米侵权情况进行了调查，8 月份张掖市种子管理站配合排查的情况显示，仅此一个品种，境内涉嫌侵权的有 14 家企业、30 个乡镇，面积达 72 750 亩。二是企业负担较重。据调查，张掖各县区的制种企业每年大约要按每亩地向乡村两级和有关部门缴纳各种费用 62 元左右，包括村级服务费、乡镇基地协会年费、田间检疫费、田间检验费等，个别县区的个别乡镇还收取了 10 元左右的联防联治费。此外，由于侵权现象突出，每到收获季节，企业还不得不雇人在基地附近安营扎寨，帮助维持秩序和处理突发事件，一个收获季下来，需要为此花费达几十元至上百万元不等，个别企业甚至反映需要花费三五百万元。三是行业自律性较差。尽管近年来地方政府采取了成立行业协会、收取保证金、开展评比达标等加强行业自律的措施，但由于参与制种的企业多，而适宜制种的面积有限，一些小企业为了生存，仍不惜采取降低隔离标准、哄抬价格、串通基层干部进行暗箱操作等方式抢撬基地，导致一些大企业感到基地无保障、不踏实。近三年，落户张掖的 15 家育繁推一体化企业玉米制种面积，总体上呈现缩减态势。四是部分群众质量和诚信意识淡薄。受利益驱动等因素影响，部分制种农户为了达到减少投入等目的，出现不按生产技术规程操作、故意插花种植大田玉米等现象，导致种子质量下降，甚至埋下重大安全隐患。有的村社随意要求企业更改合同，有些农户不按合同办事。2009 年全市有近 10% 的合同约定种子被制种农户私留和倒卖。

（三）从客观条件看，优势与劣势相伴

三大优势：一是资源条件优越。张掖属温热带大陆性气候，境内地势平坦，土壤肥沃，水源丰富，日照充足，自然条件独特，是典型的绿洲农业和灌溉农业区，常年基本没有明显自然灾害，是专家、企业公认的最佳玉米制种区。二是交通相对便利。兰新铁路、国道 312 线和 227 线高速公路贯穿境内，张掖机场启用通航，兰新高铁正在建设之中。三是农民技术娴熟。经过几年甚至几十年的实践，张掖相当一部分农民都已经成为玉米制种生产的行家里手，在生产技术指导和田间管理上，制种企业可以节省大量精力。

三大劣势：一是产业抗风险能力不强。张掖玉米制种业基本停留于田间生产环节，70 家制种企业良莠不齐，缺乏真正有实力的"航空母舰"，地方种子企业科技创新和自我发展能力弱，虽然中国种业骨干企业中有 15 家落户，但没有一家在张掖设立总部和研发、营销中心，代繁代育仍是主要形式，有利则来、无利则走的短期行为表现明显。由于产业链严重残缺，导致张掖玉米制种业在本质上仍是被动地出卖相对廉价的土地和劳动力资源，在市场竞争和利润分配中缺少话语权，在行业竞争中处于明显弱势地位，更难以经受外部形势变化带来的大风大浪。二是基地"四化"程度不高。地块零星分散，归属于不同农户；基地合作关系不稳，企业和农户一年一签合同；玉米制种合作社发展尚处在萌芽和起步阶段；企业和农户都存在短期行为，生产不倒茬、不养护，导致耕地质量下降，病虫害增多。这些因素都极大地制约了基地标准化、规模化、集约化、机械化发展。三是地方财力支撑不足。多年来，张掖市大力发展玉米制种产业，每年在管理、服务等方面需要投入相当的人力物力，却难以从玉米制种和后期加工中获取税收，结果是富了农民，穷了财政。2011 年，张掖市农民人均纯收入增长 16%，达到 6 467 元，位居农业大市前列，而本级财政一般预算收入 10.3 亿元，大约仅相当于一个中部地区一般大县和东部地区一般大镇的水平，对农业和玉米制种难以给予有效的财政支持，有的农口部门基本运转都存在困难。

上述情况表明，张掖国家级玉米制种基地建设的机遇明显，成绩和优势很大，但面临的问题与挑战也十分严峻，正处在一个重要历史关头，需要有关各方深刻分析，理性判断，并作出相应决策。

三、深入推进张掖玉米制种基地又好又快发展亟须进一步理清思路、强化措施

基于对有关重大意义的认识和所面临形势的分析，下一步，应进一步深入贯彻落实中央关于加快推进农作物种业发展的各项精神，坚定加快推进张掖国家级玉米制种基地建设的决心和信心，以强化监管服务为基础，以创新发展机制为动力，以加大资金投入为支撑，大力引导土地流转和企业整合，改善设施装备条件，构建长期稳定的企业农户合作关系，着力延伸加粗产业链条，增强

产业核心竞争力，切实提升玉米制种科技创新能力、企业竞争能力、供种保障能力和市场监管能力，促进制种基地向标准化、规模化、集约化、机械化方向加快迈进。

具体提出以下政策措施建议：

（一）设立主要农作物种业大市大县财政转移支付专项奖补等政策

针对张掖等种业大市大县财政较为困难，且不在粮食主产区，种子生产量大而商品粮数量不多，为国家粮食安全作出突出贡献却难以充分享受到种粮大市大县优惠扶持政策的实际，建议中央尽快出台对全国主要农作物种业大市大县实行财政转移支付专项奖补的政策。具体可以参照粮食大市大县专项奖补办法，按照当年小麦、水稻、玉米等主要品种的种子生产面积、产量、商品粮等指标进行核算计补，奖补的资金总额按照当年粮食大市大县奖补资金（2011年为 250 亿元）的 1/5 或者 1/10 进行统筹安排。同时，建议在农业基本建设投入等其他强农、惠农、富农政策方面，出台制种大市大县与种粮大市大县相参照和一致的政策意见。

（二）尽快审批实施《甘肃省国家级玉米制种基地建设规划（2012—2020）》，并对张掖等国家级玉米制种基地核心区予以优先和倾斜支持

该规划由农业部按照中央有关文件明确要求编制，建议尽快审批实施，大力实施标准化制种田改造工程、种子加工工程、农田机械等配套体系建设工程，全面提升国家级玉米制种基地的基础设施保障水平，并在项目安排上在张掖等国家级玉米制种基地核心区优先启动，给予重点投入。

（三）大力加强张掖等主要农作物种业大市大县种子基地监管能力条件建设

以中央财政投入为主、地方财政适当配套，安排专项资金，大力支持主要农作物种业大市大县加强种子基地监管能力建设。按照制种基地面积、产量的一定比例，核定充实种子管理人员并纳入财政编制，根据业务量规模配备一定的执法车辆，扩建和新建市县两级种子质量监督检测中心，其中对制种面积稳定在 50 万亩以上的市县种子质量检测中心按照省级或者省级分中心的标准建设，并能够获得委托授权，具备对品种权侵权等重特大案件进行直接鉴定和初查的能力。

（四）建立上下贯通、横向配合的国家级玉米制种基地建设工作机制

纵向上，建立部、省、市、县有关领导共同参与的国家级主要农作物制种基地建设领导小组，形成稳定、及时、畅通的信息沟通渠道，定期共同研究解决重大问题。横向上，中央和国家级玉米制种基地所在地各级地方政府，要逐级建立多部门联席会议制度，定期交流情况和共同研究解决重大问题。同时，要建立纵向协调和横向联动的综合执法机制，适时开展联合执法专项行动和乱收费专项整治行动，大力营造风清气正的种业基地发展环境。

（五）积极鼓励和支持张掖等国家级主要农作物制种基地有序加快土地流转和稳定制种面积

大力引导土地合理有序流转，对成规模流转且用于玉米制种的耕地，在土地平整、基本农田建设、高效节水技术推广等项目上优先予以扶持。大力促进制种企业和制种合作社等农村新型经营主体做大、做优、做强，对示范企业和制种合作社等主体予以评比表彰和奖励，对于流转制种土地规模较大且签订长期租赁合同的企业给予一定的级差地租补助。加强农民技能培训和信息服务，提高外出创业就业能力，鼓励和引导流转土地的农民从事玉米秸秆养畜，同等条件优先进入制种企业打工，实现就近就地转产转岗，保证农民收入稳定增长。

（六）将重点地区种业发展纳入对地方党委政府的政绩考核范围

完善地方干部政绩考核评价体系，按照区域布局和国家级规划确定的范围，把重点地区主要农作物制种基地的种业发展情况，作为地方特别是市县两级领导班子绩效考核的重要内容，对优势种子繁育基地实行严格的用地保护和用途限制，对地方党委政府领导班子有关责任落实情况实行严格的年度考核和离任审计制度。

农业产业结构调整应重"三化"

　　乡镇作为农村一级基层政权机构，担负着农村产业结构调整的重任。在当前的农业经济结构调整中，应注重把握"三化"。

布 局 区 域 化

　　产业结构调整呼吁经营规模化。规模出效益、规模带市场已是实践证明的市场经济规律。一个乡镇数万亩土地，完全可以构筑自身产业的"航空母舰"。湖北省襄阳县朱集镇没有发展莲藕产业之前，莲藕市场价在每千克 0.6～1.6 元之间大幅波动，1999 年朱集镇五千亩莲藕带形成后，两年来市场价一直稳定在每千克 1～1.4 元之间，亩均年产值由不足 1 200 元增加到亩均 2 500 元以上。在规模化生产过程中，该镇采取行政推动、政策扶持使原本星星点点分布零散的产业逐步扩大，连成一片，形成了莲藕、水产养殖、林果、柳条、蔬菜五大作物带。同时对于单个农户的生产经营进行联合，聚沙成丘，形成产业。该镇三万亩花生基地完全是建设在逐家逐户的小生产基础上形成的大产业，已形成年产花生 2.57 万吨，产值过 4 千万元的产业规模。另外，朱集镇还对有市场前景、农民有调整热情的项目进行扶持引导，通过滚雪球式的滚动发展扩大规模。宋王营村以前有种土豆的传统，市场行情也好，但多年以来仅限于少数农民自发种植，面积小，技术落后。从 1999 年开始，镇委组织党员干部、种植大户领种了 200 亩地膜早覆土豆成功后，2000 年一下子发展到 1 000 亩，市场售价提高 10%，年产值过 200 万元。2001 年又扩大到 2 000 亩，形成了该村的支柱产业。产业结构呼吁生产特色化。人无我有是特色，人有我优是特色，人优我奇也是特色。近年来，随着各地农业产业结构调整步子的加快，林果业生产发展迅猛，水果价格一路下跌，2000 年襄樊市普通鲜桃上市早、价格贱，而朱集镇刘湾村千亩油桃基地的桃子在市场上畅销不衰，每千克市场售价保持在 1.5 元以上，原因就在于其桃子品种是引进美国、日本的几个优质油桃品种，品质好，且上市较晚，错过了上市高峰期。良好的经济效益带动了全镇林果业向名优的特色方向发展。近年来，借鉴刘湾村发展林果业的经验，朱

本文原载于《咨询与决策》2001 年第 5 期。

集镇产业结构调整在名优林果、反季节蔬菜、特种水产养殖、特种畜禽养殖等方面都有重大突破，其中蔬菜面积达到万亩以上，绿丰养殖场养殖的鹧鸪达到8 000只，水产、林果面积也都达到3 000亩以上，形成全镇经济增长点的四大支柱产业。

产 品 市 场 化

农业结构战略性调整不仅要在生产领域突破，更重要的是在流通领域做文章。要使农户调整出来的产品进入市场，就必须把农民"领进"市场，使千家万户的分散经营和千变万化的大市场紧密接轨。朱集镇的基本做法，一是发展订单农业，搞好产销对接。市场需要什么，就生产什么，合同订单需要多少就组织生产多少，让订单为生产经营架起市场桥梁。2000年夏季，朱集镇王集村与上海厚朴贸易公司签订了700吨泰国生姜购销合同，每吨购销价达1 000元，使该村泰国生姜面积发展到200多亩，解决了农户调整难、卖难的后顾之忧。二是培植龙头企业，实现转化增值。把农产品生产基地作为龙头企业的原料车间，按企业质量要求进行生产。四新精米加工厂作为当地农副产品购销的龙头企业，在2000年与四新村签订了优质稻购销合同，收购价比常规稻高20%，使该村优质稻品种"珍糯"面积发展到2000亩，有效地引导农民搞调整。三是发展流通组织，形成营销网络。从1999年下半年起，朱集镇协调工商、交通、公安、城建等部门，对到朱集经商营运的人员车辆一律免检免费，鼓励个体运输大户和农民经纪人参与市场销售，大力发展专业协会等各类流通组织，逐步形成了"一个组一个运销大户，一个村一支运销队伍，一个乡镇一个运销公司"的大小配套、上下沟通内外衔接的农产品销售网络体系。年外销农副产品2000多万千克。四是培育完善市场体系。该镇以资金、土地、技术等生产要素入股的形式，兴建各类农副产品市场，为农民直接参与市场提供平台，2000年仅朱集镇翟湾村蔬菜市场一年就外销蔬菜50万千克。同时，加强市场信息系统建设，为农业结构调整提供信息保障。通过微机上网，信息收集发布，设立驻外办事机构等方式，在外省、市主要城市设立销售窗口，大力开拓外地市场，联系国际市场，发展外向型农业。绿丰粮油食品公司、朱集粮油贸易公司常年在广州、呼和浩特设立办事处，既为公司外销产品，又及时反馈市场需求信息，指导了农产品生产的调整。

服 务 社 会 化

农业产业结构调整必须要有完善的服务体系相配套，实现产前、产中、产后的全程完善服务，才能走上科技兴农的路子。建立以农民为主体的国家、集体、农民及其合作组织相结合的农业社会化服务体系是农业结构调整的关键。

一是政府及其职能部门搞好政策性服务，创建产业结构调整的优良环境。现阶段，政府职能应主动转向为农业搞好信息提供，开拓与建设市场，搞好环境治理等服务上来，为农业产业结构调整导航、护航。在干部领办、创办示范园区，治理乱收费等现有工作基础上，应向服务的广度和深度上扩展，为农民建立权威性的信息服务体系，督促管理部门向服务型收费转变，制定优惠政策搞活流通，鼓励农村劳动力向产前服务、产后加工经销环节转移。二是涉农服务部门和龙头企业为农户开展互利双赢服务。涉农事业单位和部门通过开展收费性服务，为农业结构调整开展中介服务，实行有偿服务，开展技术承包，促进科技与经济结合，提高农业结构调整的水平和科技含量。龙头企业为合同农户提供产前、产中、产后全程服务，把每家农户分散经营用经济的办法组织起来，形成一定规模的专业化大生产，既有利于提高产品品质，稳定原料来源，又为农户搞调整提供了保障。朱集镇刘湾村千亩油桃基地就是在省林业厅的带动下兴建的。省林业厅为该村提供种苗、设施建设、全程技术服务，三年后该村按每年每棵树5元向省林业厅返还服务费用，实现了农户调整增收有方，省林业厅服务收费有理的互利双赢。三是实现农户向产前、产后服务转移，走加工增值之路。现在农村劳动力仍然集中在产中生产这一环节，产品都是自然品或粗加工品。政府应鼓励农民逐步向产前中介服务、产后加工、流通销售等农业的服务业转移，实现加工流通增效，为留下来的农民扩大农业经营规模、提高农业生产率，实现农民增收创造条件。

我国复种指数三十年变化趋势分析

　　复种指数是指全年农作物总播种面积和总耕地面积之比，它是衡量耕地利用程度的重要指标。影响复种指数的因素很多，既有耕作制度因素，也有生产者积极性等，而复种指数的差异则会对农业综合生产能力产生极大的影响。本研究对改革开放以来复种指数变化趋势、复种指数提高对农业生产的贡献、分省复种指数的变化情况进行了梳理分析，并提出了相关政策建议，现报告如下。

一、改革开放以来复种指数变化趋势

　　改革开放以来，我国农业复种指数总体呈上升趋势。根据统计数据计算，1978 年我国复种指数为 151％，1995 年提高到 158％，年均增加 0.4 个百分点。1996 年全国农业普查对耕地面积进行了重新核定，耕地面积由 1995 年的 14.2 亿亩调整为当年的 19.5 亿亩。据此计算，1996—2007 年，复种指数由 117％提高到 130％，年均增加 1.3 个百分点。

　　为了使 1978—1995 年、1996—2007 年两个时间段的复种指数具有可比性，有必要统一两个时间段的耕地面积口径。为此，我们采用趋势外推法，重新估计出同一口径下历年耕地面积数，即用 1996—2007 年的耕地面积变化趋势计算出 1995 年的面积数，再用 1996 年之前实际年际变化幅度推算出 1978—1994 年历年的耕地面积数（1978 年约为 20.5 亿亩）。[①]用此方法调整数据后，1978 年复种指数调整为 110％，2007 年为 130％，1978—2007 年复种指数年均增加 0.7 个百分点。

二、复种指数提高对农业生产的贡献

　　复种指数的提高，有效缓解了我国耕地持续减少对农业综合生产能力的影响。1995 年与 1978 年相比，我国耕地面积减少了 0.66 亿亩，年均减少 390 万亩；同期复种指数上升 6.8 个百分点，相当于在 1978 复种指数水平上增加

　　本文原载于农业部发展计划司《三农问题调研材料》，周应华副司长指导，与李靖博士共同完成。
　　① 因农作物播种面积三十年统计口径一致，故未对播种面积数进行调整。

了 0.64 亿亩耕地，在 1995 年粮食生产水平上增加了 274 亿千克粮食生产能力。2007 年与 1996 年相比，我国耕地面积减少了 1.25 亿亩，年均减少 1 132 万亩；同期复种指数上升 13.1 个百分点，相当于在 1996 年复种指数水平上增加了 2.04 亿亩耕地，在 2007 年粮食生产水平上增加了 740.5 亿千克粮食生产能力。在我国粮食等主要农产品需求刚性增长、耕地面积逐步减少趋势不可逆转的背景下，如果没有复种指数的提高，要立足国内保障我国粮食安全和主要农产品有效供给，几乎将成为一句空话。

三、分省复种指数的变化情况

根据两次农业普查的结果，2006 年和 1996 年相比，全国有 14[①] 个省（市、区）的复种指数上升，有 16 个省份的复种指数下降。农作物播种面积增加较多的省份都是复种指数上升较快的地区，如播种面积增加在 1 500 万亩以上的内蒙古、吉林、黑龙江、河南和新疆的复种指数分别增加 27.9、14.2、23.3、25.4 和 24.4 个百分点，而播种面积下降在 1 500 万亩以上的陕西、浙江、江西、湖北、广东五个省，除陕西属特殊情况（退耕还林使全省农作物播种面积减少 1 300 万亩）复种指数略有上升以外，其他省复种指数分别下降 55.5、14.3、5.1 和 14.1 个百分点。

分区域看，复种指数上升的大多是东北和西部地区省份，这些区域的复种指数正在接近或达到 100%，最快的五个省（市、区）是内蒙古、河南、新疆、宁夏和黑龙江。下降的大多是南方地区，特别是经济发展较为迅速的地区，下降最严重的五个省（市、区）是浙江、福建、天津、上海和海南。如近 30 年来浙江省的农地"麦—稻—稻""油—稻—稻"的高复种指数粮食种植模式已基本淡出，早稻种植面积显著减少，直接导致复种指数大幅度下降。区域差异情况反映，在部分地区特别是经济发达地区，受农业比较效益偏低的影响，农民种粮务农积极性仍然呈下降趋势。

四、结论及政策建议

改革开放 30 年的实践表明，在耕地资源有限且刚性减少趋势不可逆转的情况下，提高农作物复种指数是保障我国主要农产品有效供给的重要途径。复种指数不断上升的这一趋势，是我国耕地资源集约利用程度不断提高的综合体现，同时也反映了中央强农惠农政策在调动农民生产积极性方面发挥出了重要作用。但是，一些地区复种指数的下降也说明农民生产积极性仍然有待进一步提高。面对未来我国人口增长、农产品需求增加的压力，国家

---

① 因受 1996 年数据限制，本研究将四川和重庆作为一个省处理。

应采取更加强有力的措施，调动农民生产积极性，科学提高耕地资源使用的集约化程度，确保耕地质量不下降、农作物播种面积不减少。为此，提出以下政策建议：

（一）完善补贴方法，加大补贴力度，调动农民发展粮食等农业生产积极性

督促地方严格执行国家有关良种补贴、粮食直补、农资综合直补按实际种植面积发放的政策，防止按原有计税面积简单化操作。在此基础上，进一步增加有关补贴的覆盖范围，提高补贴标准，大幅度增加补贴资金规模，确保农民提高复种指数不吃亏、得实惠。

（二）进一步挖掘耕地利用潜力，切实稳定农业种植面积

探索建立产销区利益协调机制，进一步强化"米袋子"省长负责制，切实调动主销区发展粮食等农作物生产积极性和责任感。制定有针对性的扶持政策，大力发展间作套种，开发利用冬闲田，推进水稻"单改双"，充分挖掘耕地利用潜力。

（三）加大中低产田改造力度，在提高复种指数的同时大力加强耕地质量建设

推进全国新增千亿斤粮食生产能力建设规划实施，在复种指数较高的地区，优先大规模开展中低产田改造，加快高标准农田建设。大力推进沃土工程、旱作节水农业示范工程，扩大测土配方施肥实施范围，开展鼓励农民增施有机肥、种植绿肥、秸秆还田奖补试点，并将项目资金向复种指数高的地区倾斜，确保耕地质量不下降，实现可持续发展。

附表 1　历年耕地面积、播种面积与复种指数

年份	耕地面积 （统计数据）A （万亩）	耕地面积 （估计数）B （万亩）	播种面积 C （万亩）	复种指数 （统计数）D （％）	复种指数 （估计数）E （％）
1978	149 084	205 343	225 156	151.03	109.6
1980	148 958	205 169	219 569	147.40	107.0
1985	145 269	200 211	215 439	148.30	107.6
1986	144 345	198 946	216 306	149.85	108.7
1987	143 931	198 377	217 435	151.07	109.6
1988	143 583	197 898	217 303	151.34	109.8
1989	143 484	197 762	219 831	153.21	111.2
1990	143 509	197 796	222 543	155.07	112.5
1991	143 481	197 758	224 379	156.38	113.5

（续）

年份	耕地面积 （统计数据）A （万亩）	耕地面积 （估计数）B （万亩）	播种面积 C （万亩）	复种指数 （统计数）D （%）	复种指数 （估计数）E （%）
1992	143 139	197 287	223 511	156.15	113.3
1993	142 652	196 618	221 612	155.35	112.7
1994	142 360	196 217	222 362	156.20	113.3
1995	142 457	196 351	224 819	157.82	114.5
1996	195 059	195 059	228 572	117.18	117.2
1997	194 855	194 855	230 954	118.53	118.5
1998	194 463	194 463	233 559	120.10	120.1
1999	193 808	193 808	234 560	121.03	121.0
2000	192 367	192 367	234 635	121.97	122.0
2001	191 424	191 424	233 562	122.01	122.0
2002	188 894	188 894	231983	122.81	122.8
2003	185 085	185 085	228 622	123.52	123.5
2004	183 660	183 660	230 329	125.41	125.4
2005	183 118	183 118	233 231	127.37	127.4
2006	182 664	182 664	235 553	128.94	129.0
2007	182 602	182 602	237 833	130.25	130.2

资料来源：耕地面积（统计数），1978—2005 年来自农业部市场与经济信息司编《农村经济统计资料简明手册（1978—2005）》，2006 年和 2007 年耕地面积资料来源于当年的《中国国土资源公报》；耕地面积（估计数）是用 1996—2007 年的耕地面积变化趋势估计出 1995 年的面积数，再用 1996 年之前实际年际变化幅度反推出 1978—1994 年历年的耕地面积数；播种面积资料来源于历年《中国统计年鉴》；D＝C/A；E＝C/B。

附表 2　各省份复种指数的变化情况

单位：%

省份	1996 年	2006 年	变化幅度
北京	156.53	137.37	−19.15
天津	118.10	96.54	−21.56
河北	128.89	137.97	9.08
山西	86.01	85.62	−0.39
内蒙古	64.52	92.40	27.88
辽宁	86.90	88.79	1.89

（续）

省份	1996 年	2006 年	变化幅度
吉林	72.83	86.98	14.15
黑龙江	75.46	98.71	23.26
上海	173.18	151.83	−21.35
江苏	156.35	154.87	−1.49
浙江	186.51	131.04	−55.47
安徽	140.02	153.44	13.42
福建	202.19	167.27	−34.92
江西	200.95	186.66	−14.29
山东	142.74	144.76	2.02
河南	151.13	176.56	25.43
湖北	153.13	147.91	−5.22
湖南	200.54	192.46	−8.08
广东	166.17	152.04	−14.13
广西	136.36	131.87	−4.49
海南	116.89	96.14	−20.75
四川	141.63	151.61	9.98
贵州	88.18	99.01	10.83
云南	79.50	95.04	15.54
西藏	62.05	64.53	−14.97
陕西	92.93	98.16	−14.97
甘肃	74.91	78.48	36.11
青海	82.03	95.39	−14.46
宁夏	77.07	100.83	20.49
新疆	77.31	101.69	18.79

资料来源：根据两次农业普查数据计算得出。

我国农业对外依存度问题研究

对外依存度是衡量一个国家或地区经济与世界经济融合程度的重要指标，具体可细分为出口依存度和进口依存度两个指标。出口依存度、进口依存度分别是出口额、进口额与国内生产总值（GDP）之比，进口依存度与出口依存度之差称为对外净依存度，进口依存度与出口依存度之和即对外总依存度。

近年来，随着我国改革开放深入推进，对外依存度不断提高。根据《中国统计年鉴》发布的有关数据测算，2007 年我国经济对外总依存度已达 66.8%，其中农业对外总依存度达 21.1%，分别比 1998 年提高 35.0 个和 8.7 个百分点。在当前国际经济危机持续蔓延、对我国的负面影响日益加深、对农业农村经济发展的冲击不断显现的背景下，深入分析我国农业对外依存度状况，科学评价我国农业融入国际市场程度与产业安全状况，提出有针对性的对策建议，具有重要意义。

一、基本情况

总体上，我国农业对外依存度现状呈现以下四个特点：从发展变化看，我国农业对外依存度总体呈上升趋势。1998—2007 年，农业对外总依存度由 12% 上升到 21%，平均每年提高近 1 个百分点。其中，2003 年以后，在入世效应的带动下，我国农业进出口贸易由顺差变为逆差，进口依存度开始大于出口依存度，对外净依存度也由负值变为正值（表 1）。从国际比较看，我国农业对外依存度仍处于较低水平。目前我国农业对外总依存度仅为 20% 左右，远低于全球 70 个人口 1 000 万以上的国家和地区 77% 的平均水平，仅排在第 58 位。其中，进口依存度列第 48 位，出口依存度列第 50 位。我国农业对外总依存度不仅与德国、法国、意大利等发达国家 150% 以上的水平差距巨大，即使与埃及、印度尼西亚、菲律宾、越南等发展中国家 30% 以上的水平相比也是较低的。从地区差异看，四大区域农业依存度差距悬殊。2007 年东部地区农业对外总依存度为 44.6%，西部地区为 6.1%，中部地区为 4.5%，东北地区为 18.2%。从品种看，进出口依存度差异非常显著。我国已经形成进口

本文原载于农业部发展计划司《三农问题调研材料》，周应华副司长指导，与李靖博士共同完成。

型、自给型、出口型三类农产品，其中，进口型主要包括大豆、食用植物油、棉花、天然橡胶等，2007年对外净依存度分别达238%、31%、34%、300%；自给型农产品主要包括谷物、蔬菜、水果、猪肉等，2007年对外净依存度分别为-1.82%、-1.43%、-3.26%、-0.11%；出口型农产品主要包括水产品、茶叶等，2007年对外净依存度分别为-8.6%、-24.4%。

形成以上特点的原因：一是随着改革开放深入推进，尤其是加入世贸组织以后，我国农业市场化、国际化进程不断加快，进出口贸易额均呈快速增加趋势（年均增速分别高达19.3%和11.5%）；二是虽然近年来我国经济实力大幅增强，但仍属于中下等收入国家水平，加之受国家宏观调控政策、农产品国际竞争力整体不强等因素的影响，我国农业对外贸易没有形成"大进大出"的局面；三是我国东、中、西、东北地区农业资源禀赋、对外开放程度差异较大，经济社会发展差距也比较明显；四是不同品种国际比较优势差异较大。

表1 我国农业对外依存度表（1990—2007年）

年份	出口额（亿美元）	进口额（亿美元）	汇率（元/美元）	农业增加值（亿元）	总依存度（%）	出口依存度（%）	进口依存度（%）	净依存度
1998	139.4	84	8.279 1	14 818	12.48	7.79	4.69	-3.10
1999	136	82.3	8.278 3	14 770	12.24	7.62	4.61	-3.01
2000	157	112.5	8.278 4	14 945	14.93	8.70	6.23	-2.46
2001	160.7	118.4	8.277 0	15 781	14.64	8.43	6.21	-2.22
2002	181.5	124.5	8.277 0	16 537	15.32	9.08	6.23	-2.85
2003	214.3	189.3	8.277 0	17 382	19.22	10.20	9.01	-1.19
2004	233.9	280.3	8.276 8	21 413	19.88	9.04	10.83	1.79
2005	275.8	287.1	8.191 7	22 420	20.57	10.08	10.49	0.41
2006	314	320.8	7.971 8	24 040	21.05	10.41	10.64	0.23
2007	370.1	410.9	7.604 0	28 095	21.14	10.02	11.12	1.10

资料来源：出口额、进口额来源于海关总署；汇率和农业增加值来源于历年《中国统计年鉴》。

二、影响分析

（一）农业对外依存度一般与经济社会发展水平呈正相关关系，依存度逐步提高是经济社会发展的基本趋势

提高农业对外依存度，更多地利用国内国外两种资源、两个市场，可以在更大程度上参与国际分工、促进生产效率提高，更好地满足人民群众日益多样化的消费需求，有利于拓展农业发展空间、提高农业发展水平。从我国情况看，农业对外依存度虽然较低，但总体呈明显上升趋势，1998—2007 年农业对外依存度由 12.5％提高到 21.1％，农业在应对国际挑战的同时稳定发展，同期农业总产值增加了 99.2％；从国际情况看，农业对外依存度随经济发展水平提高而提高的趋势十分明显。据联合国统计数据测算，人均 GDP 在 10 000 美元以上的国家和地区平均农业对外总依存度显著高于其他国家和地区，与人均 GDP 在 1 000 美元以下的国家和地区农业对外总依存度的差距甚至高达 134 个百分点（表 2）。

表 2　不同经济发展水平国家和地区的农业对外依存度（2004 年）

人均 GDP	出口依存度	进口依存度	净依存度	总依存度
1 000 美元以下	9.35	8.90	−0.45	18.25
1 000～3 000 美元	12.43	17.73	5.30	30.16
3 000～10 000 美元	42.16	26.98	−15.18	69.15
10 000 美元以上	73.30	78.90	5.60	152.20

资料来源：利用联合国数据库（www.unstats.un.org）数据测算。

（二）出口依存度适度提高有利于拓宽农产品市场空间，但如果过高也会增加国内产业稳定发展的风险

1998—2007 年我国农业出口依存度由 7.8％提高到 10.0％，同期农业出口额由 139.4 美元增长到 370.1 美元，分别按当年汇率计算，相当于增加了价值 1 660 亿元人民币的农产品市场空间，对促进农产品销售、增加农民收入发挥了巨大作用。但是，出口依存度如果过高，也会因为国际市场环境变化加剧国内产业发展波动。如我国蔬菜最大的出口市场日本于 2006 年 5 月开始实施肯定列表制度，技术壁垒明显提高，当年我国对日出口蔬菜总量同比减少 14％。2008 年下半年国际金融危机暴发以来，世界经济增速明显放缓，消费需求下降，贸易保护主义抬头，2008 年我国农产品出口额增速同比下降 8.4 个百分点，部分地区农民收入和农业龙头企业效益受到严重影响。

（三）进口依存度适度提高有利于缓解我国农业资源压力，但如果过高也会给国内农业产业安全带来严峻挑战

我国人多地少且耕地资源日益减少的趋势很难改变，1998—2007 年，全国耕地面积净减少 1.19 亿亩，2007 年全国耕地面积 18.26 亿亩，到 2020 年确保 18 亿亩耕地压力巨大。适度提高进口依存度，有利于缓解我国耕地资源不足的压力。如按国内平均单产计算，2007 年进口大豆需播种面积 3.18 亿亩，食用植物油约需 1.66 亿亩，棉花约需 3 000 万亩，三者合计相当于当年进口了 5 亿亩以上的耕地资源。但是，进口依存度过高会挤压国内同类产品的市场空间，不利于农民收入持续增长和国内农产品市场价格稳定，影响产业安全。如近年来我国大豆进口数量快速增长，2007 年进口大豆达 3 082 万吨，比1998 年增长了 8.6 倍，进口依存度高达 242％。过高的进口依存度导致我国丧失了国内大豆及其相关产品的市场定价权。同时，在国际商家的炒作下，大豆及相关产品价格剧烈波动，对我国大豆产业造成巨大冲击，生产持续下降，民族加工业处于绝境，市场稳定供给形势严峻。2005 年和 2006 年大豆价格连续两年下降，严重挫伤农民种植积极性，导致种植面积明显减少，2007 年国内大豆市场价格快速止跌回升，同比增长 24％，2008 年 7 月价格为 6 372 元/吨，同比增长达 72.4％，2008 年 12 月价格又急剧下滑至 4 704 元/吨，同比下降 3.7％。"过山车"似的价格行情使国内生产者更加无所适从，立足国内确保产业稳定发展的难度进一步加大。2007 年，我国棉花进口依存度高达34％（比 1999 年提高 38 个百分点），面临着重蹈大豆覆辙的危险。

三、对策建议

（一）采取分类指导，继续提高农业对外开放水平

针对我国农业对外依存度相对较低、进一步利用国际市场空间仍然较大的实际，应在确保农业产业安全前提下，根据不同区域、不同品种的发展现状和现实需求，进一步扩大农业对外开放，大力鼓励"引进来"和"走出去"。对出口型农产品，应在行业协调、提升科技含量、品牌创建等方面给予更大支持，提升非价格竞争力；对进口型农产品，应鼓励和支持国内商家联合采购，争取更大的定价权；对自给型农产品，应实行存量保持稳定、增量鼓励出口的政策，挖掘产业发展潜力。

（二）高度重视农业产业安全，切实加强农产品进口监控

指定专门机构切实加强对农产品进口数量、价格等方面的监控，当进口量过多或进口价格过低时，及时发出警示信息，并充分利用 WTO 规则及时采取措施加以干预。在对外贸易谈判中积极加强对农业的保护，科学运用关税配额、滑准税等调控手段，重点加强对大豆、棉花等大宗农产品的进口调节。设立农业产业损害调查专项资金，组织开展国外农产品进口对国内农业产业损害的调研评估。严格执行《外商投资产业指导目录》中的涉农规定，加强外资进入农业领域的监管。

（三）加大政策支持力度，尽量减轻国际经济危机对农业的影响

针对国际经济危机可能对我国农业造成的不利影响，进行密切跟踪，加强研究，对出口型农业企业在一定期限内给予技术改造、信贷优惠、保险补贴和税收减免等政策扶持，帮助企业渡过难关。针对当前国际贸易保护主义抬头的

倾向，加强贸易谈判和磋商，积极主动利用 WTO 规则，切实维护我农产品出口企业合法权益。加快实施《全国优势农产品区域布局规划（2008—2015年)》，尽快落实规划提出的各项政策措施，充分发挥区域比较优势，增强我国优势农产品国际竞争力。

关于玉米制种企业和农户收入问题的调查分析

近日，我就如何进一步提高玉米制种农户收入问题进行了调研，走访并组织部分制种企业老总、农业部门及村社干部、农户等集中座谈，重点对制种企业与农户收益分配、当前制种形势、如何提高企业与农户的收入等问题进行了讨论。通过调研分析，总的结论是：今年各有关方面均调低了对玉米制种产业的收益预期，但无论是企业还是农户，在节本增效上仍有不同程度的增收空间。

一、企业成本与收益状况分析

（一）亩均投入

育繁推一体化玉米制种企业：①农户包产值费用 2 500 元。少部分企业直接租用农民土地，租金加上生产投入每亩地差不多也是 2 500 元左右。②收后加工费 400 元。包括收购运输、烘干等费用。③管理运行费 300~400 元。包括员工工资福利、银行利息和交纳的各种管理费。④长途运费 200 元。每千克种子约需 0.45 元。⑤小包装费 300 元。每千克种子约需 0.7 元。⑥种衣剂费 500 元。每千克种子约需 1.1 元。⑦设备折旧费 100 元。一个拥有 1 千万元加工设备的企业正常运营每年需要制种面积 1 万亩，设备平均每年按 10%折旧。七项合计约 4 300~4 400 元。

代繁代制玉米制种企业：不含上述⑤、⑥两项费用，亩均投入费用约为 3 500~3 600 元。

（二）亩均收入

育繁推一体化玉米制种企业：①企业销售自有品种收入 4 950 元。平均每亩产 450 千克，每千克 11 元。②玉米芯收入 90 元。平均每亩地收玉米芯 300 千克，每千克平均 0.3 元。③精选后碎籽粒和小籽粒收入 30 元。亩均约有精选后碎籽粒和小籽粒 20 千克，每千克 1.5 元。三项合计 5 070 元，除去亩均投入 4 300~4 400 元，企业净利润 670~770 元。

代繁代制玉米制种企业：张掖种业企业大多从事代繁代育业务，含上述

———————————

本文原载于 2013 年 4 月 18 日《农业部在张挂职干部工作简报》（第 50 期）。

②、③两项收入，再加上委托方收购授权生产的代繁代育种子收入 3 600 元（平均亩产 450 千克，每千克 8 元），三项合计 3 720 元，除去亩均投入 3 500～3 600 元，企业净利润 120～220 元。

种子市场上经销商卖给农民的玉米种子价格平均每千克 23～25 元，但制种企业批发给经销商的价格平均每千克仅约 11 元，相当一部分差价被经销商拿走。另外，大企业反映，现在最难过的是育繁推一体化企业，按规定每年研发投入要达到销售收入的 8%，加上贷款数量大、种子积压严重，能有 5% 的净利润已是很好的了。

二、农户成本与收益状况分析

（一）亩均投入

包括：①每亩亲本种子费 56 元。14 元/千克，每亩地需要 4 千克。②化肥平均 400 元。高低相差较为悬殊。③雇工 480 元。关键环节需要雇工 4 个，平均 120 元/工。④病虫害防治 50 元。其中农药 30 元，打药人工 20 元。⑤地膜购置 40 元。⑥保苗 50 元。⑦水费（沙地）100 元。⑧机耕、覆膜、整地 120 元。共计 1 296 元。

（二）亩均收入

包产值收入 2 500 元。不计算农民自己部分人工投入，收支相抵，亩均纯收入约 1 200 元。

三、企业与农户的增收空间

实地调研与座谈过程中，各方面均一致表示，在目前全国玉米种子严重积压的形势下，企业靠提高种子价格增收、农民靠提高承包产值和土地租金增收，都不现实。但是，从张掖的实际情况来看，企业和农户通过节本增收仍有不少文章可做。

（一）企业通过节本增收的空间

包括：①玉米种子采取自然晾晒（当地气候条件不影响质量），减少设备折旧和电力等费用，企业每亩可节约 200 元。②减少管理费用。企业反映，不包括县乡有关方面以特殊名义收取的费用，从省到村、合作社，每年公开收取的基地管理费约 60 元/亩。③精简部门审批和检查收费。对企业进行审批检查的政府部门有十多个，收费项目繁多。④提高项目审批效率。一家公司补办一个加工企业手续，不仅管理的部门多、程序多，而且周期长，花销大。⑤增强农户责任意识。企业与农户实行包产值的合作方式后，一些农户认为达到约定产量就行了，即使达不到约定产量也可以把责任往企业身上推，责怪企业提供的种子、技术等标准不够，因此出现了不负责任的情况。企业反映，如果在防病治虫时农民不愿意干，企业不得不另外再拿钱投入。同时，企业委派技术员进村指导，每个技术员年工资约 5 万元，在村级组织配合得好、农民素质高的地方，一个技术员可以管 2 000 亩地，但如果村级组织涣散，老百姓不听话，一个技术员 500 亩都管不好。⑥降低维权成本。由于侵权现象突出，管理和查处难度大，企业不得不自己雇用社会力量，特别是在收获旺季投入大量人力物力进行自我保护。

（二）农户通过节本增效增收的空间

包括：①科学施肥。正常情况下，制种玉米一亩地施 250～300 元的肥料就足够了，但由于张掖农民科学施肥意识和技术跟不上，每亩肥料投入大都在 400 元以上。②机械收获。如果实行机械收获，每亩地可节省 2～3 个工，按 100～170 元/工计算，每亩可节省 300 元多元。③自然晾晒。如果企业采取自然晾晒，直接收购鲜穗，农户每亩地最少可省 100 元。④单粒播种。制种农户常规播种每亩需要 4 千克种子，约需要费用 60 元，单粒点播每亩可节约种子 2 千克，节省 30 元。同时，单粒播在间苗环节还可以节约半个工，节省 70 元左右。⑤统防统治。包产值后农民在病虫害防治上不愿投入，如果采取统防统治可增产 10%，企业和农户均可在增产中增加收益。这五个方面的空间，只要一小部分能够得到挖掘利用，制种农民通过节约成本可以实现明显的增收，甚至增幅有望明显加快。

四、有关建议

根据调查情况，建议加强五个方面的工作。一是加强适用生产技术推广应用。特别是抓住当前播种在即的关键时点，组织动员基层干部、农技专家、新闻单位等各有关方面力量，广泛宣传、培训指导、动员引导农民应用节肥、节种等科学技术，降低生产成本。二是加大对制种收获环节机械化和种业基地统防统治支持力度。积极争取各级财政对适宜的收获机械加大补贴、优先扶持，加强重点种业基地病虫害防治站建设，并作为示范市、县予以重点扶持。三是减轻企业负担。清理针对企业的各种收费和审批项目，对不合理收费和审批事项进行取消和调整。建立行政审批一站式办公、限时答复、重点事项督办与问责制度，切实提高审批效率。在此基础上，推动企业更好地让利于民。四是推动形成更加合理的利益分配格局。积极研究种业生产、加工、销售各环节的利益分配问题，推动建立合理的利益分配机制，平衡调动各方面积极性，促进行业健康发展。五是加强基层组织建设和农民教育。组织带领和引导农民提高科技文化和思想道德水平，增强基层干部和农民的责任意识。

农业产业化的新飞跃

——浙江新昌"丰岛现象"透视

改革开放以来，特别20上世纪80年代末开始，农业产业化经营一度在推动农业和农村经济的发展中发挥了重要的作用，它彻底改变了传统农业的观念，展露了现代农业的曙光，被视为继农村家庭承包经营之后黑土地上进行的又一场深刻的革命。到了20世纪90年代中后期以后，农民收入进入了停滞或缓慢增长期，基于农业产业化对提高农民收入的重要意义，产业化经营制度更加受到了空前的高度重视。但是，面对不断开放的世界，国内外市场竞争烽烟四起，农业龙头企业的发展定位和竞争力问题日益凸现，在相当长的一段时间，产业化经营并没有在人们急切的期待中带来更多的喜悦。然而，正是在这种情况下，浙江新昌的丰岛集团给我们带来了一片亮色。

在"八山半水半分田"的浙江省新昌县，生长着丰富的杨桐、柃木，它们在历史上被老百姓称为"泄屁树"，意即毫无用途。然而，斗转星移，当年这种被人们当柴烧也不愿采伐的"泄屁树"，现如今却早已被国家级重点农业产业化龙头企业、浙江丰岛实业集团有限公司加工转化成了"金枝玉叶"。这些"泄屁树"在"远嫁"日本、欧美后，换回了大把的外汇，成了企业、地方财政和农民的"摇钱树"。不仅如此，丰岛集团还以杨桐柃木加工为基础，不断加长、加粗了企业的整个产业链条，形成了杨桐柃木、鲜切花盆花、果蔬罐头、果蔬饮料、房地产开发、对外进出口等六大产业。集团拥有12家子公司，注册资本金达1.87亿元，固定资产达5.5亿元，2003年销售收入达2.8亿元，出口创汇2 900多万美元，实现利税3 000多万元人民币。

丰岛的巨变，以及它所发散出来的积极而巨大的辐射效应，被当地人称为"丰岛现象"。从表面上看，"丰岛现象"表现出的是丰岛的规模发展实现了新飞跃，但从本质上看，在规模发展现象的背后，更主要的是其农业产业化的经营层次实现了新飞跃。之所以说"丰岛现象"的本质是体现出了农业产业化的新飞跃，主要是因为丰岛集团在产业化经营上实现了以下六个方面的重大转变：

本文原载于《农村工作通讯》2004年第1期，孙林、顾益康、邵峰共同参与采访。

从解决农民传统农产品的卖难问题到促进农民致富

用制度经济学的观点来看，农业产业化经营是"一种能够给有关主体带来制度净收益的新兴交易方式"，即能够使市场各方受益，尤其能解决"小农户"与"大市场"之间的矛盾。这种理论依据奠定了农业产业化政策以农民利益为出发点的基本思路。事实上，农业产业化经营体制发生和发展的历史实践，最突出的体现也就是这个思路。比如，1986 年、1991 年全国曾出现了两次大宗农产品的卖难问题，农民增产不增收给人以警醒，于是，农业的产业化被时代的浪潮推上了历史的前台。最近几年，农民增收问题上升为农业和农村发展的首要问题，以农民利益为出发点的农业产业化政策也不断升温，以致于中央做出了"扶持产业化就是扶持农业，扶持龙头企业就是扶持农民"的论断。现在，随着时间的推移，尤其是农村全面建设小康社会战略任务的提出，仅仅在低层次上解决农产品的卖难，显然已经无法满足形势发展的需要，农业产业化的历史使命必然地要转移到促进农民致富上来。

农业是弱质产业，农民是弱势群体，农业产业化龙头企业有没有实现新的飞跃，在很大程度上就是看它对这"两弱"的带动能力有没有增强。"以农业与农民为中心"是丰岛集团和徐孝方总裁固守的经营理念。丰岛靠农业起家，同样靠农业发家。在其六大产业中，农业产业的销售收入一直占整个销售总额的 80％以上。他们自己致富，同样带动了众多的农民致富。近年来，仅杨桐枥木一项，已带动浙江、江西、安徽等地近 5.2 万个农户走上脱贫致富的道路，其中带动新昌本县农民 2.6 万户，使杨桐枥木生产成为当地带动力最强的农业产业之一。他们还决心在未来的 10 年以内，在杨桐枥木、蔬菜、水果、鲜切花盆花、有机茶等五大领域，通过股份合作、土地租赁、订单农业、委托加工、协作共建、代理制等方式，再组织和带动起 6 万农户，使其在农产品深加工和发展外向型经济活动中实现共同富裕。

从地方性加工销售到"两头"在外

在我国农业产业化经营的初始阶段，虽然全国各地的乡镇企业曾经风起云涌，但有相当一部分仅停留在对农产品地方性的就地加工销售上。在全球经济一体化的浪潮中，地方性的市场和原材料资源越来越有限，仅限于地方性的就地加工销售，企业不仅长不大，而且难以抗风浪，生存都很难保证。有作为的企业集团，一般都把市场定位在外，把原料生产基地建立在外，实行跨区域、跨国籍经营。实行"两头在外"，不仅市场和原材料资源都更大更稳定，而且无论生产还是销售，一般成本较低，都可能大幅度提高收益率。

丰岛集团不仅在杭州等国内的大城市设立了自己的贸易公司，而且还在日本设立了自己的株式会社，在美国芝加哥设立了自己的国际贸易部。多年来，丰岛的产品绝大部分都销往外地，房地产和对外进出口两大产业除外，在公司的其他四大产业中，有三大产业的产品实现了100％出口。除了产品一直主要依靠外销，他们还不断把在外地建立生产基地的计划变成了现实。仅2003年，该公司就在外地投资兴建了两大生产基地。一是在湖北宜都投资1.2亿元兴建了丰岛宜都食品加工园。该项目2003年2月奠基，仅用8个月就建成投产，年内即生产橘子罐头7 000吨，加工消化鲜柑橘1万吨，产品全部出口。到2005年园区全部建成后，将形成2万吨以上的加工规模。宜都自古盛产柑橘，橘园面积18万亩，年总产量超过10万吨，是农业支柱产业之一，双方的合作实现了优势互补。二是在新昌县棠村200亩花卉种植基地的基础上，又在上海浦东祝桥镇征地160亩，计划投资3 000万美元，新建鲜切花出口加工基地和100％果汁生产销售基地。在上海仅康乃馨一个鲜切花品种，在2002年出口300万株的基础上，2003年已突破1 000万株大关。

从注重加工做龙身到以销售为龙头、加工为主体

农业产业化经营，说到底是农产品加工＋市场销售。加工和销售虽然都很重要，但不同历史阶段的侧重点不同。一般来说，在卖方市场时期，可以把加工看得重一些，但是在买方市场时期，就必须把销售看得重一些。在现阶段，市场销售是农业产业化整个经营活动的中心环节，也是实现经营目的的最后手段。可以说，它决定着企业经营效益的高低，制约着企业生产规模的大小。马克思、恩格斯早在一百多年前就曾指出："由于开拓了世界市场，使一切国家的生产消费都成为世界性的了。"那么，反过来，如果不开拓市场，生产消费就成不了世界性的。很明显，现在面临的突出问题，往往不是有了市场害怕生产不出来产品，而是生产出了产品后害怕没有市场。所以，虽然加工和市场的工作都要重视，但实际上，市场更应该成为产业化的龙头。

丰岛成立10年来，市场开拓的工作一直做得很好。作为我国向日本出口杨桐、枋木时间最早、规模最大的供应商，丰岛杨桐、枋木的年均出口增幅一直在10％左右，年出口量已达4 000万束。果品罐头主要销往美国、日本、欧共体等20多个国家和地区。花卉经营是丰岛近几年发展起来的新产业，每年从昆明、广州采购和出口大量的鲜切花，深受当地花农的欢迎。由于生产出的农产品供不应求，确保了丰岛种植业与农产品加工业的迅速发展，带动了企业的快速成长壮大。

从"单加模式"到"多加模式"

农业产业化经营必然将生产、加工、销售实现一体化，这种一体化经营的

组织形式要求实现过程的多样化。在产业化发展的初期，经营的模式通常只是"公司＋农户"或者"公司＋农户"的"单加模式"，有的通常也说成是"公司＋基地＋农户"，但意思都是一样的。可是，随着形势的发展，这种"单加模式"已经越来越失去了原有的活力。产业化的发展要求呼唤产业化经营组织形式的改革与创新，这是农业产业化经营的核心。组织形式与机制创新，就是要按照市场经济的规律，将生产、加工、销售各环节的市场主体之间，通过合同制、合作制或股份合作制等经济关系，形成有机联结，互相促进的新机制，从而建立起更为有效的利益共同体。只有机制创新，才能使龙头企业得利，才能使所带动的农户得到实惠。

在农业产业化发展过程中，各种形式的农民合作经营组织、专业协会不断出现，这是千百万农民在农村改革实践中的创造，是传统农业走向现代化进程中一种组织上的创新。多年来，在徐孝方总裁的带领下，丰岛不断探索了"公司＋合作经济组织＋农户""合作经济组织＋农户和专业市场＋农户""社会化服务组织及科研院校＋农户""公司＋农户、股份合作、订单农业"等多种新的组织形式，使企业的发展始终长期在安全高效的轨道上运行。其中，通过"公司＋农户、股份合作、订单农业"的模式，已实施 4 年的万亩杨桐、柃木人工种植基地分布在新昌的三个林场和一个水库，杨桐、柃木已可陆续采收。运用同样的办法，他们从 2003 年起与有关的单位和种植大户签订了 2 万亩的黄桃基地种植计划。通过与日本两家株式会社合作，保证了更加充足的资金来源和市场渠道。

从经营商品到经营资本与经营人才

一位经济学家曾说：经营商品只是低层次的经营，高层次的经营是从事资本经营。经济学上，资本经营，又称资本运作、资本运营，是指利用市场法则，通过资本本身的技巧性运作或资本的科学运动，实现价值增值、效益增长的一种经营方式。随着时代的发展，经营资本所指的对象不断扩大。在现代社会，知识越来越成为人们重视和追求的第一资本，人才，即人力资本的概念随之出现。1961 年，诺贝尔经济学奖获得者、人力资本理论的提出者舒尔茨指出：人力资本是"体现于劳动者身上，通过投资形式并由劳动者的知识、技能和体力所构成的资本"。他雄辩地论证了，投资于人力资本，可以取得比投资于物质资本高若干倍的回报。

丰岛集团的发展起步和发家于杨桐、柃木，但作为企业当家人的徐孝方深知，单一的杨桐、柃木生产终将制约公司的发展，如何走资本运营、多元化的发展道路，一直是他思考的重要课题。1999 年，丰岛集团收购了当地一家资不抵债的国有罐头厂，将其改名为浙江百思得食品有限公司。之后，聘请罐头专家加盟，投入 200 多万元进行技术改造、完善工艺，推行国际质量管理体系，通过 ISO9000 认证，又注入流动资金 2 000 多万元，结果，新公司 25 天的生产量相当于原厂一年生产量的总和，一周的出口量是原厂一年出口量的总和。初尝资本经营的甜头之后，2002 年，丰岛集团又在新昌新建了"丰岛集团农产品加工园"，占地 250 亩，建筑面积 65 680 平方米，总投资 2.2 亿元。在企业成长的过程中，丰岛集团始终把人力资源作为第一资源对待，把不断引进人才、培养人才和用好人才当成打造企业常青树的根本，使公司成为人才的凹地，发展获得了人力资源的保证。

从重视规模扩张到重视产品核心竞争力增强

任何一个经济增长的内生变量都离不开技术进步这个要素。企业的可持续发展，从来都是以科技、产品创新为标志的核心竞争力增强为后盾的。树立质量意识，增大科技投入，不断改革老产品，开发新品种，是企业大厦不可动摇的根基和不断发展的力量源泉。因此，要面向市场制定竞争性的质量标准，用高于竞争对手的产品质量标准组织开发、生产消费者所需产品。较强的技术创新能力，可以大幅度提高产品的科技含量和附加值，可以从市场上获取超额利润，从而为农业产业化经营注入内在的生命力。我国加入 WTO，面临着的市场竞争更加激烈，龙头企业的核心竞争力的提高更加成为一件十分紧迫的大事。

为了不断提高产品质量和创新能力，持续增强企业和产品的核心竞争力，丰岛集团长期坚持走科技兴企之路，先后与北京大学、中国农业大学、南京农业大学、浙江大学、浙江省农科院等大专院校建立了稳固的科技协作关系，并投入巨资，出资设立了"全国优秀博士后奖励基金"。他们从日本引进了几十个菊花新品种，通过对比试种，既获得了宝贵的资料和经验，又提高了菊花的产量、质量和经济效益。在饮料产品中，丰岛集团委托中国农业大学食品学院设计了"箱中袋"饮料包装新技术，投入使用后获得了消费者的广泛青睐。多年来，丰岛还十分注重用新技术、新工艺、新设备改造传统的罐头生产，提高了生产的效率和产品的质量，并不断扩大了市场的份额。

鲁苏浙农产品加工业发展状况与对策

　　根据统一安排，2015 年 4 月 8 日—10 日、13 日—19 日，东部沿海调研组先后赴鲁、苏、浙三省的临沂市、济宁市、泰州市、苏州市、湖州市、嘉兴市等地，就农产品加工业与农村一、二、三产业融合发展的情况进行了专题调研，其中在山东省的调研由杨绍品党组成员亲自带队。期间，调研组实地考察了 40 余家农产品加工企业、加工园区、合作社和专业村，召开了 7 次专题座谈会，发放并回收综合调查问卷 55 份，对三个省农产品加工业发展概况、经验做法、突出问题以及政策需求等情况进行了深入全面的了解。现简要报告如下：

一、三省农产品加工业发展的总体特点

（一）产业规模大、加工转化水平较高

　　山东、江苏和浙江三省是我国农产品加工业相对发达的区域，不仅总体规模大，而且农产品加工转化率较高。2014 年山东、江苏和浙江规模以上农产品加工业实现主营业务收入 34 548.7 亿元、15 517.1 亿元和 8 168.4 亿元，分别位居全国第一、第二和第七位，三省农产品加工业总产值之和占全国的31.5%。三省农产品加工业与农业总产值之比分别为 7.37：1、4.63：1 和6.09：1，远高于全国的平均水平。

（二）出口优势明显

　　山东、江苏和浙江是我国农产品及加工制品的出口大省。2014 年，山东、江苏和浙江规模以上农产品加工企业分别完成出口交货值 2 744.5 亿元、1 122.7 亿元和 1 412.3 亿元，分别位居全国第一位、第四位和第三位，三省规模以上企业完成出口交货值合计占全国近"半壁江山"，达到 46.3%。山东、江苏和浙江三省加工业出口交货值占总产值比重分别超过全国平均水平1.8 个百分点、1.1 个百分点和 10.9 个百分点。

（三）带动一产能力强

　　随着现代农业的发展，农产品加工业对一产的带动作用越来越显著。浙江

　　本文原载于求是杂志社《小康（财智）》2015 年第 5 期，农业部党组成员杨绍品指导，刘明国任调研组组长，程勤阳、才新义、陈征、梅东海等共同参与调研。

省农产品加工企业全年消耗农产品高达 2 400 万吨以上。江苏五得利集团兴化面粉有限公司专门生产面粉，日加工能力 3 000 吨，每年消耗小麦原料约 110 万吨，除能完全消化兴化市全部 50 万吨红皮小麦外，还可辐射带动周边县市。浙江海盐青莲食品有限公司年加工生猪 150 万头，除自养 20 万头外，需外购 130 万头，有力地带动了养殖户和养殖场的发展。

（四）促进就业作用突出

我国制造业每亿元产值吸纳从业人员约 57 人，农产品加工业属于劳动密集型产业，吸纳社会就业能力更强。根据问卷及其他有关统计分析，山东、江苏和浙江三省农产品加工业每亿元产值吸纳劳动力分别为 87 人、107 人和 128 人。本次返回调查问卷的 39 家企业，2014 年主营业务收入合计为 597.70 亿元，平均每亿元收入吸纳固定从业人员 91 人，共计 54 385 人，且需临时用工 7 508 人·月。

（五）与三产融合发展的效果显著

近些年，农产品加工企业在传统销售渠道的基础上，积极拓展电子商务，有的企业甚至向餐饮服务业延伸，取得了不俗的成绩。苏州优尔食品有限公司专门生产休闲食品，电子商务已成为其主要的销售渠道，2015 年公司预计电商销售达到 3 亿元。调研所到的临沂、兴化等地几家地方特色农产营销公司（供销社、合作社）2014 年网络销售额均过亿元。浙江嘉兴芦荟源生物科技有限公司打造芦荟全产业链，发展了芦荟种植生产、芦荟加工和芦荟休闲农庄，获得了显著的综合效益。江苏伽力森主食企业公司致力于非油炸保鲜方便面食的工业化生产，并开设"移动面吧"和"固定面吧"，受到市场追捧。

（六）"老字号"企业焕发新活力

此次调研组调研的企业中，浙江五芳斋食品、浙江丁莲芳食品、湖州老恒和酿造等都是"中华老字号"企业。但是，这些老字号传承文化却不固守传统，实现了传统工艺与现代工业、传统产业与现代商业的有机融合。如浙江五芳斋食品在稳定粽子市场的同时，大力拓展品牌内涵，开发"优米一家"快餐、便民早餐、优质大米等，新产业保持 20% 以上的增长；此外，公司还积极发展电子商务，2014 年电子商务增长 128.04%，2015 年 1—3 月份同比增长 236.11%。浙江丁莲芳食品在"千张包"品牌内涵下，积极发展粽子、卤味及门店餐饮业，并将门店开到了台北。湖州老恒和酿造在调味料酒之外，积极发展高档米醋、酱油等相关产业。

（七）现代生产要素投入增长较快

三省农产品加工企业高度重视科研和固定资产等现代生产要素的投入。从调研的 39 家企业看，2012—2014 年企业研发投入年均增长率达到 21.8%，增速比全国农产品加工业的水平高出了近 6 个百分点。在固定资产投资和设备投资方面，其增长速度也明显快于全国制造业和农产品加工业。据调研数据测算，2012—2014 年 39 家企业的平均固定资产投资 5 735 万元，设备投资额 3 717万元，年均增长率分别为 28.3％和 51.2％；其中固定资产投资增速比同期全国制造业高出 12.7 个百分点，比全国农产品加工业高出 9.8 个百分点。

二、主要经验与做法

（一）强化政策扶持力度

山东省每年安排 1 亿元资金使 300 多家企业享受贷款贴息，撬动银行贷款110 亿元。浙江省财政每年安排 3 200 万元，专门用于扶持农产品加工流通企业进行技改和基地建设；省财政还对每家进入上市辅导期的龙头企业补助 100万元。海盐县财政对农产品加工企业购置加工设备给予 10％～20％的资金补助。杭州市规定企业进入上市辅导期当年起三年内，企业所得税年递增 15％以上部分的地方财政所得，由同级财政以一定比例奖励给企业。江苏省在全国较早出台了《关于进一步扶持农业产业化龙头企业发展的实施意见》（苏政发〔2012〕135 号），为保证政策落到实处，省农委会同物价局、国税局等部门，先后出台了《关于明确电价执行有关问题的通知》和《关于认真落实税收优惠政策扶持农业产业化龙头企业发展的通知》，明确从 2014 年 1 月 1 日起农产品初加工用电执行农业生产电价，对农产品加工企业有关所得税和增值税减免情况进行了细化。山东临沂市和江苏泰兴市还规定在符合土地利用总体规划的前提下要优先供应农产品加工业建设用地。

（二）稳步建设加工集聚区

发展农产品加工集聚区有利于规范管理，节约基础设施建设投资，保护生态环境，提高原料生产的质量。浙江省根据资源禀赋和区位优势，围绕优势农产品和市场需求发展农产品加工业，形成了诸暨山下湖珍珠加工产业示范基地、沈家门海洋生物工业园区等农产品加工基地。江苏省按照"加工有规模、布局有规划、园区有名称、组织有机构、管理有制度、运行有效益"的"六有"标准，加强载体建设，促进农产品加工业集群集聚发展。截至 2014 年，江苏省建成农产品加工集中区 72 个，其中经过认定的省级农产品加工集中区45 家，入驻企业 1 349 家，销售收入 1 877.8 亿元，同比增长 12％，远高于全省 8.29％的平均增长水平。泰州兴化市农副产品加工区注重加工企业上下游的业务衔接、为企业提供完善的基础设施和公共服务，目前该园区已入驻规模以上农产品加工企业 42 家，2014 年实现主营业务收入 112.25 亿元，兴化市也成为全国最大的脱水蔬菜生产基地。山东省以农业产业化示范基地建设为抓手，按照每个市培育 2～3 个省级农业产业化示范基地的标准，引导龙头企业向优势产区集中，发挥集群集聚效应。临沂市农产品加工产业体系不断完善，由初级加工向精深加工、系列加工延伸，附加值不断提高。2014年，全市规模以上农产品加工企业665家，实现主营业务收入1 929.8亿元，逆势增长19.8%。

（三）创新金融支持方式

江苏省农委与省农行签署了《"金融支持龙头企业、助推现代农业发展"全面战略合作框架协议》，累计授信140亿元，用信83亿元，全省92%的国家级龙头企业和86%的省级龙头企业从中受益。2011年，省农委牵头协调5家省级以上农业龙头企业各出资2 000万元，注册成立了江苏汇隆投资担保有限公司，省农委联合省财政厅与汇隆公司签署了《"江苏省农业产业化龙头企业贷款扶持"项目合作协议》，累计投入4 000万元农业产业化资金作为风险补偿基金，截至2014年底完成担保业务92笔，在担保余额54 600万元，从一定程度上缓解了企业融资的困难。

（四）积极推进一二三产联动

江苏省鼓励农产品加工企业实行"公司＋基地＋农户"的经营模式，支持企业与农户建立利益分配机制，形成稳定的购销关系。山东省实施农业产业化工程，形成"百龙领千强、千强带万家、万家连农户"的产业化经营大链条，着力构建"龙头企业＋合作社＋基地＋农户"等多种经营主体互相带动、融合发展的经营体系。浙江省以全产业链发展为重点，推动一二三产联动，省政府统筹协调各级涉农资金，规定70%以上用于扶持农产品加工原料基地建设。省农业厅、财政厅自2013年开展农业重大项目建设，每个项目省级以上财政补助5 000万元左右，加快推动农产品加工与上下游产业的联动及前后环节的对接。以江苏泰州市黄岩区为例，该区积极发展水果罐头加工，目前已成为我国水果罐头生产加工的中心，带动各类农产品生产基地10.32万亩和农户9.48万户，联结农产品加工、包装、餐饮服务、交通运输等48家企业。

（五）鼓励支持科技创新

山东省鼓励龙头企业与大专院校、科研院所的协作，实行产学研结合，为企业搭建市场开拓、社会服务、信息交流的综合服务平台。江苏省先后组织新增省级龙头企业负责人和农产品加工企业负责人培训班，配合省委组织部在省级以上龙头企业中组织开展了两批省"创新团队"和首批省级科技企业家的评审认定工作，共评选出2个涉农"创新团队"和65名涉农省级科技型企业家。浙江省部署实施"四换三名"工程，全面推进腾笼换鸟、机器换人、空间换地、电商换市和培育名企、名品、名家。"腾笼换鸟"，就是集中力量扶持高科技、高附加值的产业和产品，淘汰高能耗、高排放、低产出的产业和企业；"机器换人"，就是通过技术改造和设备更新，实现减员增效；"空间换地"，就是集约用地；"电商换市"，就是要大力发展电子商务，实现商业模式的创新和提升。

三、存在的突出问题

(一) 技术装备研发应用瓶颈多

调研企业总体反映,技术装备是制约我国农产品加工业发展的关键问题。一是企业自主研发能力弱。由于地域、生产环境、福利待遇等原因,企业引进人才较为困难。从问卷调查的 39 家企业看,平均每家企业拥有硕士、博士以上学历或中级职称、高级职称以上职称的人数为 21 人,仅占全部固定就业人数的 1.3%;拥有专门科研机构和团队的企业只有 14 家。尽管科技投入在不断增长,但总量仍然不足。2014 年企业平均科研投入为 1 412 万元,占主营业务收入的比重为 0.8%,低于全国 2% 的平均研发投入强度。二是与科研院所合作交流不畅。浙江丁莲芳食品等表示,科企对接平台少,科研资源信息获取不畅。从问卷调查的 39 家企业看,与科研院所建立长期稳定合作关系的企业仅有 12 家。三是技术装备水平不高。半数的企业都反映技术装备落后,山东大林食品的果蔬干片分级、江苏兴野食品的香葱去根,浙江丁莲芳食品的包粽子等,主要靠人工实现。生产线中核心设备对进口依赖性大。从问卷调查的 39 家企业看,2012 年平均每家企业需要进口设备 606 万元;2013 年则达到 1 084万元,同比增长了 78.9%;2014 年进一步上升为 1 115 万元,同比增长了 2.8%。江苏安井食品表示,加工的核心设备主要靠进口,这些设备不仅价格高,且存在"水土不服"现象,机器改造、使用、维修等各方面成本高。

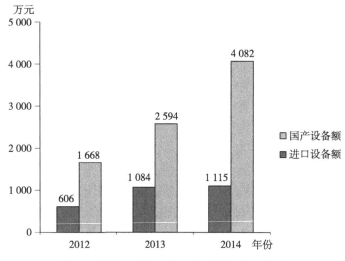

图 1 调研企业近三年企业设备平均采购额

(二) 原料供应问题凸显

原料是加工业发展的基本保障,调研的企业反映原料供应还存在诸多问题。一是原料结构性短缺。山东临沂泗水新绿食品表示，当前我国牛羊肉消费量逐年递增，但是牛羊源却跟不上，尤其是品质较高的牛羊源跟不上。二是本地原料供应不足。山东、江苏和浙江农产品加工业产值占全国近1/3，但三地的原料无法充分满足本地区加工企业需要，相当多的企业需从外地采购农产品原料。从问卷调查的39家企业看，2014年使用本地（所在市县）原料进行加工的比例为47.2%，使用外地和进口原料加工的比例为52.8%，仅有10家企业自建了原料基地。三是原料价格偏高。江苏兴化五得利面粉表示，希望能够提高进口原料配额，以降低原料成本；泗水新绿食品也表示，国产牛肉出厂价每千克50多元，而进口牛肉只需要每千克30多元。同时，加工业的发展也带来了原料价格上涨。

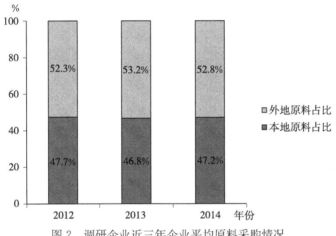

图2 调研企业近三年企业平均原料采购情况

（三）贷款融资困难较多

由于农产品生产的季节性，收购旺季企业资金需求十分大，资金短缺成为农产品加工企业普遍存在的问题。除部分大企业、上市企业资金问题能够得到较好解决外，大部分企业存在不同程度的融资难、融资贵问题。一是门槛高。由于资产规模较小、信用等级较低，抵押、担保物不足，企业难以获得商业性金融机构的信贷支持。二是额度低。企业得到的贷款较少，而农业发展银行等政策性银行在信贷时，普遍存在落实授信额度落实不足问题。三是时效差。加工企业原料采购季节性强，但银行贷款审批程序过于繁琐复杂，放贷不及时影响原料收购和货款支付现象时有发生。四是成本高。由于商业银行贷款难，企业不得不寻求信用社等易审批的融资机构，但贷款利息高于商业银行四成；同时贷款隐性成本高。根据2015年1季度关于山东、江苏重点样本企业景气监测数据显示，在山东有42.1%的企业表示融资成本出现小幅上涨，有4.2%的企业表示融资成本出现大幅上涨；在江苏表示融资成本出现小幅上涨的企业有

35.7%，表示融资成本出现大幅上涨的企业有9.5%。

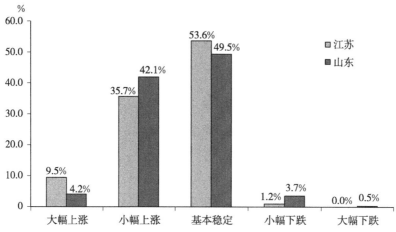

图 3　江苏和山东重点监测企业 2015 年 1 季度融资成本变化

（四）税费负担依然偏重

税收问题是调研过程中大部分企业都反映到的问题，主要集中于两方面。一是增值税"高征低扣"。从事农产品精深加工企业销项税按照17%征收，进项抵扣按照13%进行，比照一般的工业企业，农产品加工企业认为多承担了4%的税负。财政部、国家税务总局规定自2012年7月1日起在部分行业开展农产品增值税进项税额核定扣除试点，将农产品进项税额与现有抵扣凭证脱钩，改按纳税人每月实际耗用的农产品数量来确定当期可抵扣的进项税额，同时将农产品进项税额扣除率由13%改为纳税人再销售时货物的适用税率。后规定于2013年9月1日起，各省级税务部门可商同级财政部门，根据试点实施办法选择部分行业开展核定扣除试点工作。财政部和国家税务总局将根据各地区试点工作进展情况，不定期公布部分产品的统一的扣除标准。但是，目前地方对上述政策普遍落实不到位。二是税收执行标准不统一。对农产品初加工税收优惠范围，存在各地执行标准不一的现象。比如，脱水蔬菜出口退税存在扯皮，对产品是否属于出口退税范围认定不一。酿造调味料酒行业需要占压至少三年资金，其他每个行业也有不同的周转期，企业认为应加速增值税抵扣，减轻企业负担。三是电价优惠等收费政策有待落实。2013年，国家计划5年左右销售电价分类调整到位，明确农产品初加工用电扩大到所有从事农产品初加工活动的用电，但目前大部分企业表示还没有享受到优惠。部分地方存在收费项目未能有效清理、产品检测费用价格居高不下等现象。

（五）公共管理和服务不到位

一是管理体系建设滞后。从上到下还没有建立各部门会商解决问题的机制，各市（县）基本没有建立农产品加工业专门的管理机构。二是用地紧缺。农产品加工企业由于占地多、财税贡献有限，在土地指标紧张的情况下，很难获得用地指标。三是标准体系建设滞后。产品标准不足，老龄化问题严重。湖州老恒和酿造表示，当前调味料酒就实行一个标准，对酿造还是勾兑没有进行有效区分，好产品无法卖出好价格。四是加工层次界定不够清晰。由于缺乏对初加工、精深加工层次的清晰界定，造成政策实际执行过程的混乱。五是存在公共管理乱象。浙江青莲食品表示，在省外部分地区，遭遇不予办理营业执照、进行二次检疫等问题。六是消费信息不对称。消费者在产品辨别、选择上存在消费误区，国家应加大知识普及和宣传力度。七是产业安全问题。国家应加大对重要民生产业的民族企业保护力度。

总的来讲，农产品加工业具有用地多、用资金多、用劳动力多的"三多"特点，具有稳定原料生产、稳定市场销售的"两稳"作用，下大力气解决关键问题，扶持农产品加工业发展具有重要意义。

四、对策及建议

（一）加强组织领导，建立部际联席会议制度

目前农产品加工业已经成为我国战略性支柱产业，总产值占工业总产值约20%，体量大，涉及面广，情况变化快，影响因素多，单靠农业部门难以发现和解决综合性的复杂问题。建议国务院领导牵头，建立部际联席会议制度；各地管理部门参照执行。可比照相关部际联席会议，视情况定期或不定期召开。

（二）加强行业指导，补齐公共服务的缺项和短板

一是健全监测统计体系。统计工作是基础。目前农产品加工业监测统计工作还刚刚起步，各地统计基础强弱不一，急需加大力度健全监测统计体系。建议推动国家统计局完善统计报表制度，加强农产品加工业指标监测统计，与农业部建立数据共享机制。二是完善标准体系。当前我国涉及农产品加工业的标准数量少、老化严重、结构不合理，加工业标准占农业标准比重只有10%多一点，导致产品分类不清、检测方法不全等。建议完善管理体制，加大资金投入，加强科学研究，加快修订完善标准体系。三是明确边界目录。当前农产品加工业边界目录的不确定、不统一等问题，造成了政策执行的不统一，产生了混乱和不公平现象。建议明确初加工、主食加工、精深加工范围，建立相应明细目录及动态修订制度。

（三）加强示范引导，支持产业做大做强

一是开展国家级农产品加工产业园区创建。示范引导各行业各领域通行做法。目前我们搞了一些示范，但基层反映数量多、层次低，不能真正代表一个地区、园区的加工业发展水平。二是开展国家级农产品加工领军企业认定。农

产品加工业行业门类多、涉及范围广，需要在每个行业树立一批领军企业，把不同领域（产品）最大最强的企业推选出来，真正打造和树立行业的标杆。三是对大市、大县、骨干园区给予财政奖补。农产品加工业对一产带动作用大，关乎国计民生，社会意义重大。但是由于税收少，且没有财政奖补，各地政府对发展加工业积极性不高，严重影响了大市、大县、骨干园区加工业的发展。建议对主营业务收入过1 000亿元的地级市、过100亿元的县、过30亿元的加工业园区给予适当的财政奖补。对大市、大县、骨干园区、领军企业的认定，建议由相关部门联合发文认定，真正在全国树立一批地域标杆、园区标杆、企业标杆。

（四）加强财政支持，加大对关键环节的扶持

一是继续加大农产品产地初加工补助力度，扩大资金规模、实施范围和品种范围。二是农机具购置补贴要向初加工装备领域倾斜，逐步分批实现全覆盖。三是加大加工技术集成基地建设力度，着力解决公益性科研基本建设投入少问题。四是支持企业与科研院所建立产业联盟，紧密联系市场、开展联合攻关。五是支持开展加工专用原料基地建设，提升加工原料品质，保障产品质量安全。

（五）加强税收优惠，加大对重要领域的政策落实力度

针对"高征抵扣"问题，加快农产品增值税进项税额核定扣除试点，推动公布多数产品的统一扣除标准。对初加工所得税优惠范围，建立定期修订完善制度。对部分关乎民生的精深加工业，如主食工业化企业，建议所得税减半征收。对部分占压资金多、周转慢的行业，允许增值税加速抵扣。

（六）加强金融支持，营造良好生产和发展环境

到2014年底，全国共有各类农产品加工企业40多万家，其中规模以上企业7万多家，全口径主营业务收入约23万亿元；季节性用贷额度大，保守估计需求在10万亿元以上，需要金融的大力支持。建议设立农产品加工专营金融机构或指定政策性银行设立农产品加工贷款专项，明确金融信贷支持额度或比例，避免各地不细化、不落实。创新涉农贷款担保办法，鼓励和支持龙头企业牵头组建担保机构或设立互助担保基金；充分发挥政策性银行作用，对企业贷款给予利率优惠，原则上不超过人民银行基准利率。支持各级管理部门开展贷款贴息。鼓励利用资本市场直接融资。

（六）降低加工企业用地、用电、用水等难度和成本

对于用地，建议各省（区、市）结合当地产业发展实际，明确总体用地指标比例，细化各市、县用地指标比例，并实行土地指标结转使用制度；鼓励农村集体经济组织依法以集体经营性建设用地使用权入股、联营，但不占用总体指标。对于用电，要加快落实初加工用电优惠政策。鼓励企业节能减排，给予相关补助，或借鉴碳排放权交易，实行用电用水权交易。对初加工农产品过桥过路执行绿色通道政策。

农业大省加工业崛起的范例与启示

——基于河南省的典型调查

为深入了解经济发展新常态下和农业现代化与工业化、信息化、城镇化同步推进中，农产品加工业发展的新趋势、新特点、新问题，进一步认清形势，提高认识，总结经验，研究提出有关扶持政策，2014 年 12 月 15—18 日，我们赴河南郑州、漯河、驻马店、南阳 4 个地市进行实地调研，走访了三全食品、中粮粮油、好想你枣业、白象食品、双汇集团、大程粮油、木易奇木、天冠集团、三色鸽乳业、科尔沁牛业等 20 余家农产品加工企业集团，与地方政府、企业、合作社等开展了多次座谈。总体感到，河南省农产品加工业从 20 世纪 90 年代末就开始战略布局，近年来进一步发力，已崛起成为全省第一大产业，增加值等多项指标在全国名列前茅，正强力带动全省实现由"国人粮仓"向"国人厨房"的根本性转变，推动农业大省向工业和经济强省跨越。现将有关情况报告如下。

一、鲜明的发展特点

调研中，河南省农产品加工业给人的最直接、最突出、最具有冲击力的感受是，其发展呈现出集群化、创新化、生态化等新特点。这些特点，符合经济规律和世界潮流，既是发展的要求，也是历史的必然。

（一）集群化发展打造高效产业链和价值链

近年来，河南省依托农产品主产区优势，加快农产品加工业集群化发展，如速冻食品和方便面产值分别占全国的 60％和 25％左右，居全国第一位，仅在郑州周边就集聚了多福多、思念、三全、白象等一批品牌企业。目前，全省规划培育的集群已达 457 个，涵盖农产品加工领域十一个产业、五十多个子产业，基本覆盖河南优势农产品加工业和区域性特色产业。2013 年集群实现年销售收入 8 318 亿元，其中销售收入 30 亿元以上的企业 61 个，50 亿元以上的 19 个，100 亿元以上的 6 个。集群集聚的农产品加工企业总数达 4 351 个，配套生产的专业合作社总数 6 211 个，配套服务的监测、研发、物流等机构总数

本文原载于 2015 年第 2 期《农村工作通讯》、2015 年 5 月 9 日《农民日报》，刘明国带队，才新义、冯伟共同参与调研。

2 050 个。

国外发展经验表明，产业集群通过生产加工主体及物流、监测、研发等服务机构形成经济共同体，有利于实现更专业化的分工，更灵活的劳动力资源分配，更便利的市场化购销，更高效的基础设施建设，可以大大降低成本、提高效率、整合资源，从而实现经济效益、社会效益、生态效益的集群增益。从20 世纪 90 年代开始，一些发达国家已把发展农业产业集群作为提高农业产业竞争力的重要举措。如荷兰的花卉产业，法国的葡萄酒产业，美国的玉米、大豆、葡萄酒和棉花产业，均以集群集聚式发展在全球保持着强大的竞争力。河南省目前已经形成了一定规模的农产品加工产业集群，集群内有一家或多家核心加工企业，农户、合作组织、经纪人、物流商、监测机构等共同围绕核心企业服务，并在集群内保持适度有益竞争，共同推进集群健康发展，这符合发达国家一般产业发展规律，无疑为我国农产品加工业发展指明了一个方向。当然，河南省农产品加工业集群发展还处在初级阶段，在一定程度上还存在着契约关系不强、利益机制不健全、公共服务滞后等问题。今后应进一步积极探索解决问题的模式与方法，努力保持集群发展活力，并警惕集群发展过程中链条断裂风险。

（二）创新化发展提升核心竞争力和领导力

目前，在河南省农产品加工企业中，建有国家级研发机构 18 个，省级研发机构 123 个，院士工作站 10 个，博士后工作站 13 个。调研发现，大型农产品加工企业非常重视企业创新发展，主要表现在四个方面：一是研发投入多。三全食品 2013 年研发总投入 11 077 万元，占销售总收入的 3.07%，接近企业净利润 11 814 万元。好想你枣业技术中心有技术人员 400 多人，其中具有专业技术职称的 213 人，高级职称 12 人，中级职称 84 人，研发实力雄厚。二是产品创新快。三全食品目前批量生产的产品有 200 多种，储备产品有 300 多种，并保持每年新增储备产品 40 多种、重点推出新产品 10 余种，方便米饭、速冻微波馄饨等产品快速迎合现代消费方向，保持了快消品的升级换代速度。好想你枣业针对礼品消费能力下降问题，迅速转型推出平民化产品，继续保持行业遥遥领先地位。三是营销模式新。好想你枣业除了传统的专卖店销售渠道外，大力开发商超、电子商务等新渠道，产品逐鹿天下，销往全国 300 多个城市，出口到北美、欧洲、澳洲和亚洲等十几个国家和地区。仅 2014 年"双十一"期间，公司电子商务销售额就达 1 300 多万元。

调研中我们深刻感到，推动经济社会发展，根本出路就在于创新，关键要靠科技力量。创新是企业获得竞争优势、适应知识经济、智能化、信息化发展的关键，没有创新就没有现代化领军企业。从调研情况看，大型企业普遍重视创新尤其是技术创新，不仅自身研发能力强大，而且通过企业出资形式与科研院所合作加强技术研发，形成战略联盟，成为企业发展长期快人一步、高人一招的重要法宝。值得注意的是，小企业也有创新意愿，但面对高昂的研发投入，往往力不从心。大企业毕竟数量很少，当前，如何利用好企业的优势，加快探索新形势下"产学研推用"科研投资评价机制，从面上解决我国科研院所研究与生产联系不紧密、技术成果转化渠道不畅等问题，对于广大企业尤其是中小企业显得尤为迫切。

（三）生态化发展着眼重要战略点和效益点

调研中发现，部分企业非常重视资源综合开发利用，形成自己独特的战略性卖点或可观的综合利用效益。木易奇木公司是一家专业生产生态环保农作物植纤板的高新技术企业，以来源广泛的农作物秸秆为原料，自主研发的木易911黏结剂获国家科技进步二等奖，成本仅为市场上普遍使用的黏结剂成本的1/8左右，采用新型定型冷压、微波干燥工艺等节能降耗技术生产的植纤板具有不含甲醛、永久阻燃、防水、结构稳定等优良性能，堪称价廉质优，可广泛应用于地板、墙砖等建筑建材和一切木制品加工领域。公司老总给我们测算：我国每年有 7 亿吨农作物秸秆，假设仅利用 10%，按照每吨秸秆可以生产0.45～0.66 立方米板材，每立方米板材替代 2.5 立方米木材，可节约 7 875～11 667 万立方米木材，能有效解决当前秸秆乱焚烧问题，并为农民带来可观收入。目前该公司的产品供不应求。科尔沁牛业以"全链条、全循环"为发展理念，坚持"肉牛养殖＋甜玉米种植"的农牧一体循环发展模式，土地上既产粮食、又产饲料（一亩 6 吨秸秆可以养一头牛），牛场里既产肉牛、又产肥料，土地种植净收益在 4 000 元以上，养牛成本降低 30% 以上。天冠集团是全国四家燃料乙醇定点生产厂家之一，初步形成了以酒精为基础、以酒精深加工为主导、以综合利用和综合开发为双翼的发展格局。燃料乙醇生产以陈化粮、劣质粮、农作物秸秆等为原料，解决粮食安全、农业废弃物利用、农民增收问题。如果到 2020 年能利用河南省秸秆总量的 25%，每年可产 300 万吨纤维乙醇，联产 15 亿立方生物天然气，6 840 兆瓦生物发电，减少有害气体排放 1 000 万吨以上，增加农民收入 72 亿元。公司利用乙醇生产中产生的高浓度有机废水，2011 年建设了全球最大的年产 1.6 亿立方的生物天然气工程，为 50 万南阳市民提供生活用气，每小时发电 36 万兆瓦，每年提供 5 万吨生物有机肥。同时，公司将生产过程中排放的二氧化碳最大限度地回收利用，建设 20 万吨的全降解 PPC 塑料项目，大大缓解了环境压力。

我国农业资源和环境越来越呈刚性约束，倒逼我们必须树立"大食物、大资源、大农业、大生态"理念，河南省各级党委政府和有关企业强烈的生态循环经济发展理念无疑是值得高度关注、充分肯定和大力提倡的。农业废弃物、加工副产物综合利用能够大大缓解我国环境压力、能源压力和农民增收压力。

通过对农产品资源的深度开发,真正做到"吃干榨净",能够创造巨大的经济效益、生态效益和社会效益。但是,我国在农业废弃物、加工副产物综合利用政策上还很缺乏,人们在有关工作上的认识程度和推广力度还很不够,亟待加强宣传,并对适宜产业通过贷款贴息、技术补贴等形式进行引导推进。

二、突出的地位作用

调研中,河南的发展实际向我们昭示,农产品加工业在当前经济社会发展中的地位日益突出,发挥着促进现代农业发展、农民就业增收、城乡一体发展、文化传承创新等重要作用。这既是人民的愿望,也是时代的责任。

(一)促进了现代农业升级

通过农产品加工业的发展,使农业得到大量注入资金、技术、管理、人才、设施等现代生产要素,实现专业化、标准化、规模化、集约化生产;上下游相关产业、相关环节有机融合,相关配套产业联动发展,农业市场竞争力明显提升。白象食品每年消耗面粉90万吨,实现小麦转化120万吨,消化辣椒、大蒜、蔬菜等数万吨,有力促进了原料基地设施条件改善、技术集成配套和标准化生产,并直接带动面粉厂、造纸厂、纸箱厂、机械制造厂、调味料公司、运输公司等相关数千家企业加入经营链条,全国近50万人从事与白象相关的业务。

(二)促进了农民就业增收

通过农产品加工业的发展,能够有效缓解农产品卖难问题,减缓价格波动,实现农民充分就业、多层次多渠道增收。目前,河南省仅457个规划集群内的农产品加工企业就业农民就达到140.5万人,两年共新增农民就业24万人,农民就业工资性收入年人均23 856元,农民工资性收入335.2亿元。集群内企业带动农户数量1 128万户,户均增收2 180元。河南省2013年落实产地初加工补助项目总投资1.2亿元,实现了当年建设、当年见效,辣椒、食用菌、山药、大蒜等农产品的销售价格增长了50%左右,苹果、酥梨、茶叶、洋葱等销售价格增长都在100%以上,增收效果显著。如项目区内,虞城县农民增收约1亿元左右,扶沟县增收6 000万元,罗山县增收近3 000万元。2013年,全省农产品加工业企业吸纳劳动力就业607.88万人,其中规模以上企业吸纳189.72万人,分别比2010年增加150.06万人和47.62万人。

(三)促进了城乡一体发展

通过农产品加工业的发展,将农村资源要素留在农村,吸引城市资金、技术、人才、管理等要素向农村回流,满足城乡居民日益增长的消费需求,以城带乡、工农互惠,有效缓解农村"三留守"和"空心村"问题。双汇集团2013年实现销售收入472亿元,年上交税金40亿元,带动300多万人从事与双汇相关的种养殖及原料采购、产品销售等业务，周边农村基本没有外出务工的人员。

（四）促进了文化传承创新

通过农产品加工业的发展，利用企业经营优势，开展相关产业的文化传承和创新。好想你枣业收购散落农户的百年以上枣树根进行精雕细琢，实现变废为宝，打造艺术珍品，建成万佛园；移植百年以上枣树，保护种子资源，传承传统种植技术，建立枣树博物园；收集革命抗战时期有关文史资料，以延安地区为主，收藏上万件抗日战争和解放战争等时期的珍贵文物，建立红枣园革命教育基地。王勿桥醋业利用独特工艺和小麦原料，生产兼容南北口味的食醋，并着手打造王勿桥醋文化展示馆，传承其文化精髓。

三、可贵的经验做法

2013 年，河南省规模以上农产品加工业实现总产值 16 528.63 亿元，上交税金 685.08 亿元，分别比 2010 年增长 66.1% 和 41.5%。2015 年前三季度，河南省规模以上农产品加工企业 6 936 家，实现营业收入 13 288.77 亿元，占全省规模以上工业企业营业收入的 27.8%；实现利润总额 1 104.98 亿元，占全省规模以上工业企业利润总额的 33.21%；税金总额 521.94 亿元，占全省规模以上工业企业税金总额的 33.25%。目前全省销售收入超亿元的加工企业 3 300 家，超 10 亿元的 235 家，超 50 亿元的 21 家，超 100 亿元的 7 家，有 16 家企业在境内外上市。这些成绩的取得，源于其好的做法和经验。

（一）以农为基、立足优势是根本

河南位居中原腹地，人多地少，区位和人才技术等优势均无法与沿海发达地区相比，其近年来能够成为新兴的经济大省和工业大省，主要得益于紧紧抓住了"三农"资源富集这个优势，将资源优势转化为经济优势、产业优势，进而带动了全省经济发展。河南省 2014 年粮食产量 5.54 亿吨，多年居全国第一或第二，不仅解决了这一全国第一人口大省的吃饭问题，而且每年要外调大约二三百亿斤粮食支援外省。为了带动全省经济发展，增加粮食等农产品附加值，变农业资源优势为经济优势，多年来，河南省坚持把发展农产品加工业放在突出位置，大力推动实现由"国人粮仓"向"国人厨房"的根本性转变，加快了以农业为基础工业强省步伐，GDP 连续多年仅次于广东、山东、江苏和浙江，从 2007 年开始工业产值一直位居全国第四或第五，成为内陆农业大省建成全国经济和工业强省的突出范例。

（二）从小培育、做强主业是基础

任何企业都不是一蹴而就变成龙头企业、上市企业的。河南省紧紧抓住企业发展规律，从小培育、从早抓起，积极解决企业困难，逐步将小企业培育成

带动一方的大企业、行销全国的知名企业。调研中，三全、双汇、好想你枣业等大型企业负责人均饶有兴致地介绍了其企业由小到大的成长过程，特别强调农业企业要成为行业领军企业，必须沉下心来、耐得住寂寞、受得起诱惑，安心、尽力、几十年如一日把主业放在突出位置，只有这样才能成为行业老大，并不断巩固行业龙头地位。双汇集团、三全食品在社会资本投资房地产、股市热的时候，不少同行转产转业，但他们一直专注肉制品、速冻食品等产品生产，最终成长为行业第一企业，地位不可撼动。双汇、天冠等企业负责人还深有感触地介绍了十几年前时任省长、省委书记的李克强，在企业发展起步阶段亲临企业视察指导，以及亲自推进项目申请批复的情况，认为如果没有当时政府的战略布局和大力支持，就没有今天过百亿乃至上千亿元的大企业。

（三）领导重视、强化服务是关键

近年来，河南省高度重视农产品加工业发展，先后出台了一系列支持发展的政策，将其作为推动经济发展、增加财政收入、增加社会就业、改善生态环境的重要战略支柱性产业，并纳入各级政府和相关部门的考核管理。调研组调研的驻马店市正阳县、南阳市新野县等，都是县委书记亲自挂帅，都能念出一本农产品加工业强农经、富民经，指导、协调当地农产品加工业的发展。目前，全省已经形成了政府主导、部门配合、上下联动的推进农产品加工业发展的机制。

河南省立足农产品加工业发展，着力在改善发展环境上下功夫，公共服务能力得到明显提升。一是扩大招商引资。通过在境内举办全国农产品加工业投资贸易洽谈会、中原经济区农产品加工业投资对接活动以及其他各类贸洽活动，加强宣传推介，加大招商引资力度。仅 2014 年由省政府主办、农业部支持的中国农产品加工贸洽会，就有 187 个重点项目签约，协议投资 530 亿元。二是加大融资力度。近年来，河南省以多种形式开展农产品加工银企对接活动，先后成功对接合作项目 3 720 个，签约贷款金额 1 043 亿元，有效缓解了企业资金需求。三是推进科技创新。河南省与农业部农产品加工局先后在商丘、三门峡等市举办农产品加工科企对接活动；鼓励企业同教学科研机构联合建立研发平台，加大研发投入，开展自主创新，有效解决企业技术需求。

（四）集群带动、集聚发展是核心

从 2012 年开始，河南省大力开展农业产业化集群培育工程。省政府先后出台了《关于加快农业产业化集群发展的指导意见》《农业产业化集群专项行动方案》等政策性文件，支持集群发展。河南省财政每年拿出 2 亿元，对集群内省级以上农业产业化龙头企业，新增生产线贷款、新（扩）建畜禽养殖基地或原料种植基地的贷款给予贴息，对其新建农产品质量安全检测体系购置检测仪器设备给予资金补助。通过集群带动，农产品加工业形成了完整的产业链，各环节主体获得了较好的劳动收益，联结更加紧密，企业在产业内竞争力大大增强。

四、存在的困难及问题

河南省农产品加工业发展成绩虽然突出，但依然存在着技术装备落后、原料结构性短缺、资金短缺融资难、公共管理服务不到位、区域发展不平衡、消费理念引导缺乏、外资加速布局冲击大等问题。根据平时掌握的情况，这些问题有些是河南省的，但更多的也是全国性的。

（一）技术装备落后

在三全食品、双汇集团等企业调研发现，由于国产装备普遍存在能耗高、可靠性安全性不足、卫生保障性差、自动化程度低等问题，企业装备核心部件半数以上依靠进口。三全食品的一位负责人告诉我们，韩国的一家农产品加工装备制造企业视三全为上帝，多年来靠三全一家企业的订单就活得很好，形成了相互依存的关系。我国是农产品加工业大国，但却不是强国；拥有庞大的加工制品消费市场，关键技术装备却主要靠引进，这是令人尴尬而又不争的事实。当前，我国农产品加工技术装备水平总体上落后发达国家 10～20 年，引进成本高，且面临严重技术壁垒，产业发展受制于人。习近平总书记要求，中国人的饭碗任何时候都要牢牢端在自己手上。应该说，粮食"十一连增"让我们增加了在这一问题上的底气，但是就加工业而言，"碗"是端在自己手上，里面装的也基本是自己的饭，但让人遗憾的是，很多"碗"却不是自己的。我国的科技已整体发展到一定水平，加工技术上存在的问题值得深思。

（二）原料结构性短缺

一是量不够。三色鸽乳业具备 14 万吨年加工生产能力，2013 年实际生产只有 6 万多吨；我国乳源缺口 1/3 以上，企业抢购原料现象严重。二是质不好。双汇集团每年加工生产 200 万吨禽肉，由于农户散养质量无法监管，收购时检测后拒收率达到 15%，但也无法保证原料 100% 安全。中粮粮油、大程粮油收购的小麦，仅能用于一般产品加工，加工专用原料基地缺乏。三是价太高。三色鸽、花花牛乳业收购国内原奶价格每千克在 3.8～4.6 元，而进口奶粉折合后每千克价格仅 3.2 元；科尔沁牛业牛肉出厂价约 52 元/千克，但进口牛肉却只有 32 元/千克，内外价格倒挂现象突显。维维粮油、美食美客等花生油企今年原料成本上涨 30%，但由于进口花生价格低等原因，市场上成品油价格持续下跌达 20%。鉴于我国农户散、小、弱的现状，原料结构性短缺问题在短时间内无法根本改变。

（三）资金短缺融资难

农产品加工企业在农产品收购旺季对资金的季节性需求十分大，资金短缺成为目前多数加工企业普遍存在的问题。上市企业主要从证券市场融资，三全食品 2013 年原料成本约 22 亿元，银行借款却很少；大型企业可以提供有效抵押、担保，中粮（郑州）粮油 2013 年原料成本约 5 亿元，主要靠集团资金和银行贷款。与大企业相比，广大中小企业由于资产规模较小、信用等级较低，抵押、担保物不足，难以获得商业性金融机构的信贷支持；而作为主要贷款来源的农村信用合作社，一般贷款利息高于商业银行 40％左右，融资成本居高不下。花花牛乳业、美食美客等均表示惠农政策在银行真正落实下来很难。

（四）公共管理服务不到位

一是存在地方保护现象。双汇集团冷鲜肉产品在一些省市遭遇不予办理营业执照、市场准入等种种障碍，地方保护问题不可忽视。二是政策落实不到位。双汇集团每年投入 1 亿～1.2 亿元用于生猪无害化处理，漯河以外地区的相关无害化处理财政补贴资金却难以足额到账。三是高地政策少，洼地政策多。目前，农产品加工业仅有初加工税收优惠、产地初加工补助等政策，农业废弃物、加工副产物综合利用、主食加工等符合国家战略、关系民生的产业没有专门政策。各地通过开发区、产业园等形式，出台了大量的区域优惠政策，"洼地"效应突显，一定程度上扰乱了市场秩序，内耗严重；眉毛胡子一把抓，未能很好体现国家宏观区域和产业发展战略。四是执法不规范。现行生猪检验检测方法不完全适合发展实际，相关标准滞后，有的地方检验检疫部门只收钱、不执法、不服务，甚至故意瞒报漏报企业发现的疫情。

（五）区域发展不平衡

南阳市正阳县是全国花生种植、生猪调出第一大县和粮食生产百强县，但也是典型的农业大县、财政穷县、工业小县。2013 年，正阳县一、二、三产值比为 38.4：37.5：24.1，南阳市为 18：50.6：31.4，河南省为 12.6：55.4：32，全国为 10：43.9：46.1。数据表明，正阳县还是典型的"一二三"结构，与河南省的"二三一"结构严重不相称，与外省乃至全国水平相比，产业结构也明显不平衡，这既有国家宏观战略的原因，也有自身产业发展的原因。尤其是正阳县为国家粮食安全、农产品有效供给做出了很大贡献，但一产比重过大、财政税收少，农业大县补偿机制亟待探索建立；最大的资源优势就是大宗农产品，加工业上不去，农民增收空间有限。

（六）外资加紧布局冲击大

维维粮油、美食美客、雅东粮油等食用油生产企业表示，近年来益海嘉里等外资国际粮油寡头加紧布局，引导消费市场，加强行业定价权，国内中小型油企面临原材料价格上涨、成品油价格下跌的局面，产品品质不错但却卖不上价，不少企业半停产或沦为外资厂商的半成品代工厂，极有可能被收购兼并。目前，金龙鱼、胡姬花等外资食用油品牌控制了我国食用油过半的市场份额，国产油脂品牌话语权较弱。同样问题，在肉类加工企业中也一定程度存在。保障国家粮食安全，除主粮外，肉蛋奶、油等生活必需品也不容忽视。

（七）消费理念缺乏引导

我国方便面行业20世纪90年代至2000年平均增长率保持在20%～30%，2000年以后只有2%～5%，企业数由最多800多家减少到现在的70家左右，康师傅、统一、白象、华龙四家占据市场90%以上。目前我国人均消费方便面30多包，而日韩等国人均消费在70包以上。白象食品表示，我国方便面行业不是产能过剩，而是受"蜡层有危害"等传言影响，致使消费认可度下降。姑且不论方便面蜡层是否有危害，单是对于整个农产品加工业尤其是食品工业而言，确实存在着很多的消费误区，如面越白越好、米越精越好、加工不如手工好、加工食品添加剂多等，一些迎合消费者心理的产品大行其道，个别食品安全事件被盲目放大，营养、健康消费引导缺失或偏向，十分不利于国民身体健康和相关加工产业持续发展。

五、几点建议

河南省的实际告诉我们，推进农产品加工业发展要站在全局高度、秉持扬弃精神、突出营养安全理念、着力关键环节，加强梳理研究，重点做好公共管理服务。

（一）立足发展全局，制定差异化扶持政策

根据我国国民经济发展战略，立足我国优势农产品区域布局、大中城市郊区、关键物流节点及人口、区位、需求等，加强农产品加工业整体战略研究，出台综合政策文件，制定农产品加工业"十三五"发展规划，合理匹配初加工、精深加工能力，对重点加工领域进行全国区域布局。详细梳理农产品加工目录，对符合节能环保等国家战略需求、关乎民生的产业，予以重点扶持；对一般性农产品加工业，享受普惠性扶持政策；对产能过剩及不符合战略需求的产业，进行结构性调整，甚至加大消费税征收力度。引导各地严格按照国家发展战略和区域布局，有针对性出台扶持政策，不在此范围的坚决予以淘汰，营造公平市场秩序和良好市场环境。

（二）立足食物安全，推进重点领域健康发展

引导粮食安全观念转变，实施大食物安全战略。除传统主粮外，探索推进薯类等替代主粮工业化。加强油、肉蛋奶、果蔬等必需品产业的安全监测，加强兼并重组，提升国有、民营企业核心竞争力，防止外资以加工为切入点，逐步控制重点加工领域及相关延伸产业。坚持数量与质量并重、生产与加工并重，进一步加大对农产品加工业的政策投入力度，支持初加工减损增供、综合利用变废为宝，减少土地投入、开展土地休耕，切实提升我国粮食安全整体保

障能力。

（三）立足营养健康，加强宣传引导和干预控制

结合支持食品加工业发展，针对我国食物生产还不能适应营养需求，居民营养不足与营养过剩并存，营养与健康知识缺乏等问题，着力保障食物有效供给、优化食物结构、强化居民营养改善。开展多种形式的营养教育，引导居民形成科学的膳食习惯。加强主食等必需品营养研究，加速马铃薯等全营养食物主粮化进程，对重点区域、重点人群实施营养干预，改善食物与营养结构，着力解决微量营养素缺乏、部分人群油脂摄入过多等问题，预防和控制营养性疾病。

（四）立足关键环节，实现重点突破和跨越发展

深刻认识我国农产品生产成本高、农业比较效益低的现实，在关键环节上实现重点突破、跨越发展，切实降低农业产业生产成本，提升我国农业整体竞争力。立足产后减损，加大农产品初加工补助项目实施力度，切实建设一批强基富民的烘储设施。立足节能减排，开展贷款贴息、技术补贴等，切实推广一批农业废弃物、加工副产物综合利用技术。立足产业集群，完善各生产主体利益联结机制，加强扶持力度，切实培育一批农产品精深加工领军企业。立足技术创新，加强技术集成基地建设，加快"产学研推用"合作机制建设，切实研究推广一批关键技术装备。

中国休闲农业发展之问

——基于四川省的典型调查

近年来，在市场需求的持续拉动和各地农业部门的强力推动下，我国休闲农业蓬勃兴起，已成为一、二、三产业融合发展、农业转型升级、农村繁荣美丽、农民就业增收的重要推动力量。但是，作为一个新型农业产业形态和消费业态，社会各界对于是否应该大力发展休闲农业和怎样发展休闲农业，还存在一些不同的声音。为了进一步理清对发展休闲农业一些重大问题的认识，近期，我们赴我国休闲农业的主要形式——"农家乐"发源地四川省进行了实地调研，试图结合大量现实案例，回答人们关于休闲农业地位作用、发展方向、突出问题等方面的诸多疑问。

一、休闲农业对经济社会发展有哪些重要作用

不少人认为休闲农业就是吃喝玩乐的事，可有可无。通过调研发现，休闲农业已成为农业新兴业态，对支撑经济社会发展发挥着举足轻重的作用。

（一）休闲农业正成为带动农民增收的重要增长极

城乡二元结构是影响城乡经济社会一体化发展的制约瓶颈，破解城乡二元结构的核心是缩小城乡居民收入差距。调研发现，休闲农业作为一种由市场拉动的新型产业形态和新型消费业态，近年来不管政府是否推动，农民都能够积极参与，产业都能够快速发展。四川省提供的数据表明，2013 年全省休闲农业与乡村旅游接待游客 2.5 亿人次，实现营业收入 560 亿元，产值直追经济作物，直接带动了 800 万农民就业增收。预计 2014 年，全省休闲农业与乡村旅游接待游客将超过 3 亿人次，综合收入 750 亿元，直接带动 900 万农民就业增收。

友爱农科村位于四川省郫县西部，东距成都市 20 千米，西邻都江堰 30 千米。全村面积 2.6 平方千米，耕地面积 2 400 亩，96％为花卉种植；有 686 户农户，人口 2 310 人。其中，农家乐核心区耕地面积 280 亩，人口 280 人。20 世纪 90 年代以来，该村按照"农旅结合、以农促旅、以旅强农"的发展思

本文原载于 2015 年第 4 期《农村工作通讯》、2015 年 5 月 16 日《农民日报》，刘明国带队，邵建成参与调研。

路，以花卉苗木产业为依托，转变发展理念，改善基础设施，培育专门人才，大力发展休闲农业与乡村旅游，不断拓宽农业发展空间，农民收入大幅提升。该村有农家乐常年经营户30余户，日接待能力近1万人次，参与农民500余人，已形成农家乐、乡村酒店等多元化发展模式。2013年，该村接待游客206.4万人次，营业收入1.02亿元，核心区农民年人均纯收入达8.1万元。

表1　友爱镇农科村休闲农业与乡村旅游发展情况表

年份	农家乐	餐位数	床位数	接待人数（万人次）	营业收入（万元）	农民收入（万元）
2012	36	6 000	6 000	199.1	1 626.06	7.2
2013	33	5 500	5 500	206.42	2 044.76	8.1
2014年1—11月	33	5 500	5 500	202	2 361.1	

从四川省的发展实践看，尽管面对经济下行压力，粮价变化、猪市起伏、果蔬波动制约农业发展，但作为中国农家乐的发源地，全省休闲农业与乡村游综合经营收入仍以每年近30%增速稳步前行。四川省休闲农业与乡村旅游产值直追经济作物的背后，是休闲农业晋身为旅游业发展的重要取向和发展潮流，是四川省农村经济的一个重要增长点，已成为农业增效、农民增收的新"增长极"。

（二）休闲农业正成为建设现代农业的有效推动力

建设现代农业是实现农业可持续发展的必由之路，是中国特色农业现代化道路的重中之重。四川省在充分考虑区位特点、产业特色、资源禀赋、消费需求等因素的基础上，积极创新机制，探索发展模式，拓展农业功能，走出了一条新型现代农业发展的新路子。

四川省江油市新安镇和三河镇的10个村在地震灾后重建过程中，围绕"农业现代化、农民工人化、农村公园化、城乡一体化"的发展目标，着力建设集现代农业、田园风光、生态旅游、农事体验相融合的综合体——"果语花溪"农业公园。2013年，该园区吸纳1 400名农民就业，园内农民人均纯收入增加1 524元达到11 056元。预计2014年园区长期用工1 500余人，临时性用工50多万人次，园内农民人均纯收入增加1 548元，比2013年增长14%，成为全省农业与旅游融合发展的缩影。

调研中得知，该市为了发展"果语花溪"农业公园，打造现代农业典范，在工作中做到了四个坚持。一是坚持用现代物质条件装备农业。2012—2014年，该市整合各类资金2.8亿元，对园区实施土地整理、"五小水利"工程、农业综合开发等整治工程，着力改善园区的生产性设施、生活性设施和旅游性设施，投入远超前30年基础设施建设投入的总和。二是坚持用现代科学技术提升农业。园区与四川省农科院等单位密切合作，引进新的猕猴桃和葡萄品种，普及推广最新的栽培技术，配备喷灌、滴管等节水设施，采用灯光和黄板等生物防虫技术，促进农业增值增效，确保产品品质和质量安全。三是坚持用产业融合理念经营农业。创新发展理念，将农产品销售、农事体验、生态观光融为一体，充分考虑农业功能的拓展。园区按照"公司带农户""一二三联动"的形式，以政府规划为引导，聚集金蓉农业等 27 家企业，形成了集中成片、特色鲜明的产业基地景区，实现了农产品加工、生产、销售与乡村旅游的有机融合。四是用培育新型农民发展农业。园区以公司带农户的经营形式，潜移默化地使农民掌握了先进的生产技术、管理经验和经营理念，一批有文化、会经营、懂技术的高素质农民已经培育起来，正成为园区发展经营的主力军。

从江油市"果语花溪"农业公园调研情况看，其以基地促产业、以规划促建设、以品牌促形象、以休闲促消费的做法，既充分发挥了农业的多种功能，拓宽了现代农业发展的模式，也有效解决了小农户与大市场的矛盾，显著提高了农业的资源利用率、土地产出率和劳动生产率，成为农民参与度高、市民满意度好、市场关联度强的典范。

（三）休闲农业正成为建设美丽乡村的强大支撑点

建设美丽乡村，让居民看得见山、望得见水、记得住乡愁，是美丽中国建设的重要组成部分。但美丽乡村建设是一项长期的、系统的工程，既要政府引导和政策扶持，更要突出农民主体、强化产业支撑，这是建设发展的内在动力和决定性因素。从长远看，没有农民的积极参与，仅靠项目带动，新农村建设将缺乏持续活力；没有产业的有力支撑，仅靠政策扶持，美丽乡村建设将成为空中楼阁。通过调研，我们了解到，四川省在美丽乡村建设中探索出了突出产业地位、突出农民主体的新方式。

四川省安县是 2008 年地震的重灾区之一。在灾后重建过程中，该县围绕打造"安县—中国现代田园新村"这一目标，着力构建特色产业发达、农耕文化厚重、农家庭院优美、田园景区靓丽的休闲农业与乡村旅游产业，助推全县美丽乡村建设步伐加快和质量效益提升。花荄镇联丰村和红武村地处安县东部，距县城 3.2 千米，共有 1 497 户农户、3 726 人，耕地面积 4 662 亩。区域内资源丰富，环境优美，四季分明，既可观光休闲、赏花采风、采摘体验，又可湖上泛舟、垂钓栽种，更能感受传统农耕习俗、购买地方土特产品、品尝农家小菜，具有发展休闲农业得天独厚的优势。灾后重建以来，两个村依托特色农业产业，打造"花城果香"景区，通过发展休闲农业与乡村旅游整体推进美丽乡村建设。目前，两村有农家乐和休闲农庄 15 家，从业人员 149 人，日接待能力 3 670 人，年实际接待 10.2 万人次，营业收入 1.527 亿元，农业产业收入 1.1 亿元。2011 年，核心区域内农民人均纯收入 8 963 元，2012 年和

2013 年已增加到 12 210 元和 14 135 元，分别比上年增加 36.2% 和 15.8%。

为了打造"花城果香"景区，县委、县政府把休闲农业与乡村旅游纳入统筹城乡总体战略，累计投资 6.2 亿元人民币，突出抓好农旅配套，同步推进产业发展，综合加强基础设施和服务设施建设，促进全域景区化发展。一是加强基础设施建设。突出美丽乡村建设，通过完善乡村道路，美化乡村环境，整理农户院落。二是加强技术指导。对农民进行产业技术、菜肴烹制、接待礼仪培训等，提高农民的技能水平和经营管理的综合能力。目前，村内有文化、懂技术、会经营的新型农民 1 326 人，占农民总数 35.6%。三是做好宣传推介。完善主干公路、城市道路、县乡公路和景区内的旅游引导标识系统，规范设置交通指示牌、导览图、警示牌等各类标识。四是突出产业支撑。在建设美丽乡村中，强化农业产业支撑，引导农民种植优质品种，大力推进有机农业种植模式，提高农产品就地就近销售份额，促进了农业综合效益明显提升。

"花城果香"景区建设和农业产业的发展，有效带动了当地美丽乡村建设的步伐。目前，两个村双向两车道的道路四通八达，农家庭院环境优美，民风淳朴，农民待人接物彬彬有礼。调研中，满树沉甸甸的柚子，鲜红的草莓正在迎接游客的到来。据草莓种植户介绍，他有 30 亩草莓大棚，从 11 月中旬开始到来年 4 月，基本可以采摘 5 个月左右；亩产 1 250 千克，每斤采摘价格 20 元，亩毛收入 5 万元。当地农业局负责人告诉我们，过去两个村的 2 694 名劳动力，差不多有一半外出务工，目前，两个村外出务工人员呈现出净回流趋势，仅 2014 年就有 788 人回流农村，占两个村外出人员的 50% 以上。休闲农业夯实了乡村发展的产业支撑，提高了农民建设新农村的积极性，已成为当地农民盘活农业资源、繁荣农村文化、建设美丽乡村的重要途径。

总之，四川的实际告诉我们，发展休闲农业对于促进农民增收、建设现代农业和美丽乡村，均具有十分重要的意义和作用。进一步分析，我们感到，在社会层面上，发展休闲农业更重大的意义还在于，它已经成为统筹城乡发展的重要连接器。推动城乡人口、技术、资本、资源等要素相互融合，是构建城乡经济社会一体化新格局的关键。休闲农业具有连接城乡、沟通工农的重要功能。调研发现，在四川当地政府积极引导和市场需求拉动下，"花城果香"景区、"果语花溪"农业公园、友爱农科村、蒲江猕猴桃产业基地等，均出现了外出务工人员回流的高潮，农村的人气和资源要素开始从城市回流，农村"三留守""空心村"等问题得到极大缓解；大批城里的工商资本投入农业和农村改造，资金聚集效应明显，先进生产技术和管理技术得到广泛应用；连接城市到乡村的道路，以及水、气、电等公共设施都得到极大改善，城市的基础设施和公共服务正在快速地向农村延伸，消费支出由城市向农村流动；长期以来，难以启动的国内消费正在被充分激发，资金、人才等现代要素主要由农村向城市单向流动的格局正在悄无声息地发生改变。可以预见，这些变化对于打破城乡二元结构、统筹城乡一体化发展、拉动经济平稳增长，必将产生深远影响。

二、四川省推进休闲农业发展有哪些可资借鉴的经验

四川省的探索和实践，充分彰显了休闲农业促进增收的经济功能、带动就业的社会功能、保护传承农耕文明的文化功能、美化乡村环境的生态功能，促使农区变景区、田园变公园、空气变人气、劳动变运动、农产品变商品，让农村闲置的土地利用起来，让农民闲暇的时间充实起来，让富余的劳动力流动起来，让传统的文化活跃起来。休闲农业在四川省农村经济社会发展中发挥了不可替代的重要作用，那么其在抓休闲农业过程中，有哪些可以借鉴的经验呢？

据四川省农业厅副厅长涂建华介绍，正是基于休闲农业的重要地位和作用，四川省把休闲农业与乡村旅游作为撑起农业增收的"第三极"，实施了三大战略转变。第一步：遵循产区变景区、田园变公园、产品变礼品的理念，推动四川农业"变脸"，实现"桃子经济"和"桃花经济"的叠加；第二步：遵循三次产业深度融合、相互促进的理念，推动四川农业"变局"，将休闲农庄培育成市民休闲消费"高大上"的新贵、农民就业增收的主力；第三步：适应消费者休闲需求提高的要求，大力实施乡村旅游提档升级工程，推动休闲农业与乡村旅游"变型"，将农家乐从"一鸡三吃＋麻将"提升到农事体验、休闲度假、科普展示等高度。在三大战略实施过程中，他们始终做到"四个坚持"。

（一）坚持以产业为基础

农业是休闲农业发展的基础。没有农业产业做支撑，休闲农业将是无源之水、无米之炊。四川省在发展休闲农业过程中，始终坚持把做大做强、做精做深农业产业作为基础。在因地制宜确定主导产业后，重点在延伸产业链条上下功夫，在农业功能拓展上做文章。江油市中国百合国际博览园就是一个典型案例。该博览园由金康百合种植专业合作社打造而成。2012年流转土地5 000余亩，开展中药材百合花新品种、新技术的研发，标准化生产基地和初加工设施建设，拓展以观赏、采摘、休闲产品销售为主的休闲观光功能，极大地延伸了百合产业链，提升了产业综合效益，做强做大了百合产业，探索了一、二、三产业协调发展、融合互动的新模式。目前已建成集8 000平方米智能玻璃温室、1万平方米鲜切花连栋大棚、5 000亩生态种植示范基地、库容量1 000余吨保鲜贮存库及农产品初级加工厂为一体的综合性百合博览园。2014年5—7月，园区几千亩百合花竞相盛开，接待游客50多万人次，仅门票收入就达到300多万元。同时，百合盆花、百合鲜切花，以及鲜百合、百合干片、百合粉、百合花茶、百合饮料等系列产品在园区热销，销售收入达到700多万元。中江县集凤镇石垭子村充分利用成（都）德（阳）同城化发展的后花园区位优

势、得天独厚的自然资源及气候条件，以中药材中江白芍产业为支撑，充分拓展农业功能，不断延伸产业链，大力发展休闲观光农业，实现了"村庄变景区，田园变乐园，家园变花园"目标。2014 年全村新建芍药标准园 200 亩，芍药种植面积达 1 600 亩，辐射带动周边 12 个村种植白芍 1.5 万余亩。以芍药产业为支撑，利用芍药花独特的观赏价值，倾力打造"中国芍药谷"，带动了全镇观光旅游业的快速发展。2014 年累计接待游客 31.3 万人次，实现经济收入 3 700 万元。

（二）坚持以创意为手段

加强创意设计与农业的融合，拓展农业的观赏性，实现一种作物、两种收获，不待收获、就有收益的效果，是四川休闲农业发展的又一重大实践。前些年，成都市郊区县等地的桃花经济、梨花经济、油菜花经济已经取得了巨大成效；但近年来，随着游客需求水平的提升，简单的"春花经济"已经难以满足居民休闲消费的愿望，于是他们利用创意手段，着力提升农业的观赏价值，使之成为提升农业综合效益的重要途径。彭州市种都蔬菜主题公园以二十四节气、春夏秋冬四季、十二生肖、古蜀杜宇劝农故事和农事设备为艺术载体，在公园内用各种蔬菜种植出多个园艺景观，吸引大量游客前来进行农事体验与休闲观光，2014 年接待游客超过 60 万人，其中 5 天博览会接待游客达 30 万人。成都市邛崃区大梁酒庄挖掘中华五千年的传统游戏，以灯会制作手法和稻草艺术形态为主题、以万亩高粱田为载体，借鉴香港迪斯尼的游乐形式，打造中国唯一、全球最大的稻草艺术主题乐园，让青少年在互动参与和寓教于乐中，学习中国历史人文，了解民俗风情，普及科普知识，让濒临消失的古老游戏重回孩童的记忆，寻拾人们心中那份久违的童趣。园区内，栩栩如生的大象、十二生肖、曹冲称象、各类战机等大型稻草造型随处可见，具备了视觉印象新、表现形式奇、设计造型特和生态环保的特点，配以四季不同的农作物景观，到处呈现出一派欣欣向荣的景象。2014 年国庆节前，该园区对外试营业，日均接待游客 1 000 多人次，国庆期间每天接待游客在 6 000 人次以上。

（三）坚持以文化为灵魂

农业文化是中华传统文化的重要组成部分，是休闲农业发展的文化之魂、趣味之魂，是主导休闲农业发展的灵魂所在。缺乏精神层面引导的产业容易把人们引导到单纯享受物欲的层面。四川省按照传承与创新相结合的理念，就地取材挖掘田园文化，寻幽探微发扬山水文化，去伪存真浓缩民俗文化，极大地促进了乡土文化产业的发展，成为休闲农业发展新的亮点。成都邛崃市是全国最大的白酒集散地，中华酒文化以及与酿酒有关的高粱种植等农耕文化底蕴十分深厚，地处该市的大梁酒庄充分利用资源优势，以"盘活生产要素、发展多元产业"为抓手，实施"产村一体"新模式，打破固有的"就居住建新村"

"就旅游搞开发""就农业种庄稼"的传统模式，以"田园耕种、收获酒粮、酿制琼浆、品尝佳酿、斗酒踏歌、休闲娱乐"为主题，利用流转的土地集中种植了2 671亩高粱田，通过开展市民认种、认收高粱和大力发展古法酿制的高粱酒等传统酒饮料，不仅极大地拓展了高粱的单一价值，延伸了高粱的产业链，提升了高粱的产业效益，而且通过开展"种酒粮、醅酒窖、事酒艺、兴酒礼"的酒人酒事活动，让游客深度感知了中国酒文化的博大精深，初步实现了"业兴、家富、人和、村美"，仅2013年就接待游客近23万人。

（四）坚持以建设为支撑

建设现代农业，核心是要通过转变农业发展方式，加强条件建设，增强设施保障能力，提高农业的综合效益。只有这样，农业这个产业才会留住人，才会可持续发展。四川省在现代农业建设过程中，不断创新发展理念，加大建设投入，优化美化环境，做足了产区变景区、田园变公园的文章。四川省农业厅产业处肖祥贵处长说："农村广袤的田园本来就是很好的景观资源，只要稍加整理就可以成为美丽的田园。新休闲时代，农民不能只埋头种田，还要吆喝卖风景"。蒲江县有1万亩猕猴桃核心生产基地和1万亩茶园，过去只能在猕猴桃和茶叶采摘加工后外出销售。现如今，政府通过实施转变战略，累计投入1.3亿元打造休闲观光设施，极大地改善了游客观光休闲条件，促进了农产品优质优价和就近就地热销。一是打造猕猴桃和茶园休闲观光园环线，在寿卧路马河坝入口处打造了5处具有节点标志意义的猕猴桃主题景观。二是完善了景区绿道标识牌、导游图和眺望摄影台、观光步道、路边休闲座椅等设施，建设了3个停车场和2个星级厕所。三是对复兴乡进行场镇风貌提升，支持以猕猴桃为主题的乡村酒店建设，依托猕猴桃产业建成4家"庙峰人家"等特色乡村酒店。四是依托土地整理项目，整合万亩生态茶园资源，打造了麟凤村"茶海之岛"乡村旅游特色示范村，积极打造集茶园采摘体验、观光、休闲、度假为一体的乡村旅游示范点村。如今，蒲江县的茶园和猕猴桃生产基地，已经变成一个集生产体验区、生态观光区、生活保障区、人文创意区为一体的大景区，产业效益大幅提升。2014年接待游客40余万人，仅旅游收入就达6 138万元。

调研中我们感到，四川省的这些做法，在一定程度上代表了当前我国部分地区休闲农业发展的先进理念，体现了较为科学的发展思路和正确的发展方向，值得以适当的方式加以完善和推广。

三、当前休闲农业发展还有哪些问题和争议

尽管四川省的休闲农业取得了长足发展，但还存在一些问题，突出表现在四个方面。

一是功能模式单一。从调研情况看，四川的休闲农业基本是以果蔬采摘、

餐饮住宿为主，同质同构现象明显，发展模式和服务功能单一，经营形式简单雷同。绝大多数经营主体对文化的深入挖掘和传承开发投入的精力较少，地方特色体现不充分，寓教于乐、主题鲜明的创意活动还不多，导致有些休闲农业区游客引不进、留不住、难再来。

二是人员素质较低。从调研情况看，从事休闲农业的农民，在传统农业转型过程中，由于没有受过专门的培训，在农作物品种结构调整、适应采摘体验的种植模式的选择和相关技术的应用以及推广营销等方面还有很大的提升空间，具有专业知识的经营人才缺乏，服务礼仪、营销理念、生产技术等亟需进一步加强。

三是环境亟待保护。天蓝地净、山清水秀、天人共美的好生态是休闲农业区别于传统旅游的重要特点，也是休闲农业赖以生存发展的根本所在。但众多农户投身休闲农业后，由于污水排放、垃圾处理等配套设施建设跟进不够，出现了一些污染生态环境的现象和苗头。

四是经营有待规范。少数工商资本进入休闲农业领域后，在经济利益驱动下，忽略了农业这一基础和元素，忽视了农民这一主体，项目农"味"不足，有非农化的倾向。一些休闲农业聚集区以发展设施园艺和经济作物为主，大量压缩了粮食作物，个别项目还存在老板变相"圈地"建房、侵害农民利益问题。这些问题务必要引起高度重视。

调研中，我们还对当前社会上争议和讨论较多的以下四个问题给予了关注。

（一）发展休闲农业该不该有政府引导

有人说，休闲农业是市场拉动的产物，既然是自发性质，且在政府扶持项目缺乏、支持政策滞后的情况下发展得很好，就要尊重市场在资源配置中的决定性作用，政府最好不管或少管。可调研的情况恰恰相反。经营主体表示，由于休闲农业发展涉及领域广、范围大，需要政府部门在多个方面给予协调。比如在集中连片推动过程中，要充分发挥政府的组织协调作用、统一规划作用、技术指导作用、人员培训作用和宣传推介作用，为本地区休闲农业的发展提供支撑。地方政府部门表示，虽然休闲农业如雨后春笋快速发展，但存在的环境保护不力、经营水平低下、食品安全和消防安全保障等问题，还需要政府加强管理。因此，在充分发挥市场决定性作用的同时，更好地发挥政府的服务和引导作用，是休闲农业发展过程中所不可缺位之处。

（二）发展休闲农业该不该有建设用地

休闲农业涉及一、二、三产业融通联动，既有第一产业的种养环节，又有第二产业的加工环节，还有第三产业的服务环节。少了任何一个环节，都不能称之为休闲农业。而二产的加工环节、三产的服务环节，没有一定的建设用地是没有办法实现的。从调研情况看，地方每个县每年不是没有建设用地，经营主体也不是不愿意通过招拍挂等形式获得建设用地，问题的关键是政府在规划建设用地时，能否每年把建设用地拿出一部分支持休闲农业发展，能否把从乡村整理过程中获得的建设用地部分取之于农、用之于农。成都市蒲江县在土地整治环节中，明确每年县里的建设用地指标中必须要留出一定比例用于休闲农业发展，通过建设用地与农业产业有机集合、合理布局，打造休闲农业基地，实现农业提质增效与农民就业增收的统一。这一做法值得借鉴。

（三）发展休闲农业该不该有项目扶持

有人认为，发展休闲农业不仅提高了农业的综合效益，而且带动农民通过发展二产、三产，拓宽了增收渠道，具有较好的比较效益，不应该有政府项目扶持。但是，从调研情况看，没有项目扶持，特别是在发展初期，仅靠经营主体尤其是农民的自发行为，其保持健康快速发展的难度很大。比如，区域内高水平的规划、高水准的创意、高起点的建设、优质品种的遴选，以及精品线路的整合推介等事项，在某种程度上具有一定的公益性，不是一个个体能够完成的，必须借助政府的项目扶持。事实上，郫县农科村的农家乐、邛崃区的大梁酒庄、安县的"果语花溪"农业公园、江油市的"花城果香"景区，之所以能够快速在当地形成品牌，被城乡居民所认可，在某种程度上主要得益于地方政府项目的扶持和引导。从这些案例看，政府给予适当的项目扶持必不可少。

（四）发展休闲农业该不该有设施改善

无论是建设现代农业和美丽乡村，还是发展休闲农业与乡村旅游，基础设施建设都是重要的环节。休闲农业作为一个产业，理所当然地涉及基础设施建设问题。面对多个农户单一经营、村内公共设施急需改善的状况，对从事休闲农业的集聚村进行基础设施建设补贴，对依托的产业基地进行基础设施改造，应该是政府支持和引导项目发展的重要环节，不仅不能削弱，而且要进一步加强。通过调研我们也感觉到，凡是政府在基础设施改造中大有作为的，其发展水平就高、环境就好，市场竞争力就强，游客的满意度就高。有些地方之所以出现脏乱差的现象，与公共设施建设滞后有极大的关系。

有关争议的存在，从全国面上来看，实际也反映出政府引导不够、建设用地短缺、扶持项目缺乏、公共设施滞后，给休闲农业又好又快发展带来的困境。这些也正是导致休闲农业发展存在模式单一、人才缺乏、环境破坏、管理不规范等一些客观与显性问题的重要原因。

四、政府部门应如何发挥管理引导作用

当前，我国经济发展进入新常态。加快推进农业现代化，把产业链、价值链等现代产业组织方式引入农业，促进一、二、三产业融合互动，培育新产

业、新业态、新模式，推动农业由"生产导向"向"消费导向"转变，是实现农业提质增效、农民就业增收的重要内容。新形势下，加快休闲农业发展，关键是要主动适应经济新常态，发挥产业融合优势，合理规划产业布局，改善基础设施条件，形成有效市场需求，培育新的经济增长点。调研了解到，各地休闲农业发展迅速，农民热情高涨，市民需求旺盛，已成为农民发家致富的新渠道，农村发展壮大的新途径，市民休闲消费的新时尚，政府应顺应形势，积极关注和介入，展现有效作为，以促进其规范健康发展。

（一）加强规划引导和组织领导

政府要在宏观层面加强顶层设计，通过编制发展规划，明确发展思路，确定发展区域，创新发展类型，突出发展重点。尤其要做好与美丽乡村建设、发展现代农业、保护生态环境、发掘乡村文化的结合，找到战略契合点，加强领导，高度重视和积极发挥休闲农业的重要支撑作用，在有关工作上一同谋划、一同部署，形成推动农业增效、农民致富、农村发展的强大合力。

（二）合理规范休闲农业用地

在研究休闲农业建设用地合理需求的基础上，争取出台休闲农业建设用地的标准，推动经营主体合理合法取得建设用地指标。严查休闲农业违规用地，防止侵占农民利益。在农村集体建设用地用于发展休闲农业的过程中，要简化有关规划审批和调整的手续。

（三）加强政策扶持和公共服务

对休闲农业专业户、聚集村、合作社等给予适当的财政补贴补助、税收优惠与金融扶持。支持以大力发展休闲农业为载体，鼓励农产品在产地加工与消费，积极引导和保障农户成为休闲农业发展的经营参与者与利益分享者。大力推进水、路、电、气等基础设施配套，做到产业发展到哪里，基础设施就配套到哪里。大力推进农业产业各项公共服务配套，加强不同层级休闲农业从业人员培训和有关认证管理，因地制宜支持地方特色产业发展，加强技术和市场信息等服务，以产业发展为基础支撑带动休闲农业的梯次发展。大力推进农村经营体制机制创新配套，推广"公司＋农民合作社＋农户"等经营模式，推进休闲农业集聚发展。

关于宁夏、甘肃农产品加工业发展情况的调研报告

根据统一安排，2013 年 2 月 27 日—3 月 5 日，第四调研组一行三人，在前期案头研究的基础上，会同宁夏、甘肃两省区农牧厅有关同志，先后赴银川、中卫、固原、定西、兰州、武威、张掖、酒泉等地，就农产品加工业发展情况进行了专题实地调研。期间，调研组驱车 2 000 多千米，边走、边听、边看，先后深入车间、地头、农户实地考察了 32 个农产品加工企业（村、社），召开了 5 次专题座谈会，与有关基层干部、企业及合作社负责人、专家、农民等 200 多人进行了面对面的交流。为圆满完成调研任务，调研组坚持实地调查与案头研究相结合、历史回顾与现状分析相对应、国内实践与国际经验相比较，力求从中掌握总体情况、总结发展经验、探寻趋势规律、发现突出问题，并围绕加快农产品加工业发展提出有关政策建议。

一、两省区农产品加工业发展的主要特点

（一）农产品加工业呈现快速发展态势

2012 年甘肃规模以上农产品加工企业达到 882 家，农产品加工业总产值 680.92 亿元、实现利润总额 32.26 亿元，分别比 10 年前增加了 4.3 倍和 4.6 倍。加工产品由过去的粮食加工为主向畜产品、果蔬、中药材及玉米淀粉等领域扩展，具有地方特色的马铃薯等优势产业加工体系基本形成，农产品加工业正在逐渐成为新的经济增长点，目前加工能力达到 1 200 多万吨。宁夏把发展外向型特色农产品加工作为支柱产业，逐步形成了枸杞、脱水菜、供港蔬菜等多个出口食品，出口到美国、欧盟、日本、澳大利亚等 77 个国家。

（二）产业布局向优势产区集中

农产品加工业向农产品优势产区集聚趋势明显，初步形成了一批具有地方优势的特色农产品加工产业聚集区。甘肃以定西为主的马铃薯基地，以定西、陇南为主的中药材基地，以平凉、庆阳、天水、陇南为主的苹果基地，以河西走廊、沿黄灌区等为主的蔬菜产区及河西走廊为主的杂交玉米、瓜菜制种基

本报告系根据农业部领导批示要求开展调研，刘明国任调研组组长，蔡派、程勤阳、冯伟（案头）共同参与。

地，为加工生产提供了优质原料支撑，优势特色农产品加工园区建设方兴未艾。宁夏也在优势产区形成了以吴忠市区、兴庆区为主的乳制品加工区，以惠农区、平罗区为主的脱水菜加工区，以西吉县、原州区为主的马铃薯淀粉加工区、以中宁县为主的枸杞加工区，以灵武、永宁县、青铜峡市为主的优质粮食加工区及贺兰山东麓的葡萄酒加工区。同时，优质品牌农产品及其加工制品市场占有率稳步提高，形成了一大批名牌产品和驰名商标。

（三）领军企业带动作用十分明显

农产品加工领军企业通过龙头带动，延长产业链条，实现产加销一体化，有力地促进了农产品加工业的健康发展。目前，宁夏规模以上农产品加工企业达462家，国家级龙头企业19家，过亿元企业54家，主要农产品加工转化率达到56%。甘肃规模以上农产品加工企业882家，国家重点龙头企业27家。甘肃天水长城果汁集团公司是苹果汁加工的领军企业，该公司负责人告诉我们，公司成立12年来，生产浓缩苹果汁超过21万吨，出口创汇3.2亿美元，收购原料140万吨，支付果农资金16.8亿元，使十万户果农户均增加收入158元，缴税5 000多万元，促进了运输、服务业发展，为地方经济发展和农民增收发挥了重要作用。2012年，该公司实现加工业总产值3.2亿元，完成销售收入2.2亿元。

（四）政策扶持力度不断加大

甘肃从找准制约瓶颈入手，通过开展一项调研、制定一个发展规划、争取一笔专项资金、出台一项扶持办法的做法，不断加大农产品加工业的资金支持力度，近年来省财政已累计投入农产品加工专项资金20亿元。同时，从优化融资环境入手，通过签订合作协议，共同制定规划，定期会商沟通等方式，密切政府、银行、企业合作，争取金融部门增加信贷累计投入500多亿元支持农产品加工业发展。2013年，省上出台"双联"惠农财政贴息贷款政策，整合60亿元支持企业和农户发展。宁夏重视枸杞烘干、研发枸杞新产品，对研发新产品、新技术显著降低烘干成本、提高枸杞加工转化率、附加值和市场竞争力的企业、合作组织和科研院所，一次性给予20万元奖励。

（五）农产品初加工补助项目取得明显成效

按照农业部统一安排，甘肃、宁夏及时精心组织实施中央财政农产品产地初加工补助项目，加强项目指导和监督检查，确保项目实施取得明显成效。据统计，甘肃建成马铃薯、苹果储藏设施6 596座，减少损失31 600吨，增加农民收入4 300万元，对推动地方农产品加工业发展起到积极的示范引导和推动作用。通过项目实施，有效解决了农产品贮藏难、销售难问题，减少了农产品收储过程中的损失，实现了农产品旺季收储、淡季销售，增加了农民收入，激发了生产积极性。据宁夏固原原州区石庙村农户姜波介绍，2007年该村因为缺乏储藏设施，冻坏马铃薯最多的一家15吨，损失惨重。现在因为新建了设施，农民心里非常踏实。

（六）农产品加工业在带动农民增收和现代农业发展中发挥了重要作用

两省区采取公司加农户、龙头带基地等多种组织形式发展了一大批标准化原料基地，带动了周边农户就业增收和农业新技术应用。据统计，甘肃、宁夏规模以上农产品加工企业从业人员 2012 年达到 6.87 万人和 4.48 万人。酒泉市特尔鲜农产品有限责任公司属于甘肃省农业产业化重点龙头企业，以从事鲜活农产品保鲜、物流为主业，近 3 年累计实现产值 6 400 万元，带动农户 7 400 户。宁夏夏进乳业集团股份有限公司是国家级农业产业化龙头企业，日均生产鲜奶 300 吨以上，2011 年公司与农户合作为农户发放青贮借款 1900 万元，签订青贮玉米基地 2 万亩，直接带动农户 5 000 户以上。

二、农产品加工业存在的突出问题及原因分析

（一）发展总体水平滞后，经营效益差

1. 加工转化率较低。 宁夏回族自治区和甘肃省农产品加工转化率低，加工链条短，农产品加工业的发展滞后于生产发展，也滞后于全国的发展水平。2011 年，全国农产品加工业产值与农业产值之比为 1.8：1，宁夏为 0.95：1，甘肃约为 0.46：1，与全国水平相比差距很大。

2. 企业规模小，比较效益差。 两省区农产品加工企业小微企业占多数，抗风险和盈利能力普遍较弱。宁夏规模以上企业平均主营业务收入为 1 736 万元，平均利润仅为 54.1 万元，分别是全国水平的 81.5% 和 36.4%；甘肃规模以上企业主营业务收入为 424.93 亿元，平均主营业务收入为 1 469 万元，平均利润仅 87 万元，分别为全国水平的 69% 和 58.6%。

（二）税收政策不完善，企业税负较重

1. 增值税"高征抵扣"。 按照《财政部、国家税务总局关于部分货物适用增值税低税率和简易办法征收增值税政策的通知》财税〔2009〕9 号有关规定，农产品初加工产品增值税按 13% 征收，进项按照 13% 抵扣，面粉、脱水蔬菜等都按照此政策执行。宁夏固原天隆生物科技有限公司等多个马铃薯淀粉生产企业反映他们的淀粉产品应该属于初加工产品，但税务部门却一直按照 17% 征收增值税，进项按照 13% 进行抵扣，明显不合理。

2. 出口退税率偏低。 2012 年税务部门对一些农产品出口退税率进行下调，成为企业经营困难的新增因素。敦煌种业百佳食品有限公司是国内最大的洋葱加工出口企业，年加工鲜洋葱 3 万吨，带动上万农户，产品 98% 以上出口到欧美等地。企业原来享受的退税政策为征税率 17%，退税率 15%。2012 年国家实施蔬菜流通环节免征增值税的政策后，税务部门将企业退税政策调整为征税率 13%，退税率 5%。此项调整导致 6% 的退税差额要计入成本，相应减少

利润 715 万元。当年该企业总销售收入 8 000 万元，但税后净利润仅 16 万元，处在盈亏边缘。

3. 土地使用税增长过快。 甘肃天水吕盛有限公司反映，该公司从事玉米、芦笋加工，按照当地 12 元/平方米的标准，2012 年公司缴纳土地使用税 60 多万元。酒泉的敦煌种业百佳食品有限公司 2012 年上缴土地使用税标准为 4 元/平方米，而在 2006 年前土地使用税标准仅为 0.12 元/平方米，土地使用税的上涨速度过快，幅度过大，让企业感到是不小的负担。

此外，座谈时，酒泉市农产品加工企业反映，国内物流成本过高，其产品从酒泉运到青岛港物流成本约为 950 元/吨，高于从青岛港海运到美国的费用，明显增加了外向型企业的经营成本。

（三）外向型企业两头受挤压，竞争力下降

近年来，受到人民币升值和国内通货膨胀的双重影响，以加工产品出口为主营业务的外向型企业深陷"三明治陷阱"，利润空间被挤压殆尽，国际市场竞争力大大下降。敦煌种业百佳食品有限公司总经理岳宗博介绍，该公司生产的洋葱制品 2008 年以来在国际市场上稳定在 2 000 美元/吨左右，由于人民币升值，其销售收入按人民币折算直接损失约 1 600 元/吨；与此同时，公司雇佣的劳工报酬从 70 元/天涨到 120 元/天，生产成本大大提高。因此，企业这几年虽然一直在扩大生产规模，加强管理降低成本，但始终效益不佳。

（四）融资成本高，尤其是小微企业贷款难

1. 贷款利息高。 目前农业发展银行发放贷款采用的是基准利率为 6%，其他商业银行在基准利率的基础上要上浮 20%～30%。按照规模以上企业年贷款 5 000 万元，利率在国家基准利率基础上上浮 30% 计算，每年要多支付利息 90 万元。以参加兰州座谈会的甘肃宏良皮业股份有限公司、兰州庄园牧场股份有限公司等 7 家企业反映，2013 年这 7 家企业预计总贷款 67 950 万元计算，利率上浮 30% 后，需要多支付利息 1 223 万元。农村信用社贷款利率甚至上浮 40%，由此产生的贷款利息更高。因此，许多企业家感叹企业在替金融单位"打工"。

2. 资产评估过于频繁，评估费用高。 银行发放贷款要求有资产评估报告，评估机构出具评估报告，收费标准为抵押资产额的 3‰～3.5‰，报告有效期只有一年，但实际上大部分企业固定资产年际之间变化不大，非特殊情况，每年都要出资重复进行评估，增加了不必要的费用。

3. 抵押授信额度低。 银行贷款一般依据抵押资产评估价值的 50% 确定拟发放贷款的额度，农产品加工企业有明显的季节性特点，短期对流动资金的需求非常大，通常超过企业的固定资产，按照抵押资产的 50% 获得的贷款往往难以满足需要。

4. 小微企业贷款难。 政策性银行按照内部规定只向市级以上龙头企业贷款。商业银行认为农产品加工小微企业抵抗市场风险的能力弱，还贷能力差，缺乏向其投放贷款的积极性。即使银行向小微企业提供贷款，通常受资产有限、缺少有效抵押担保所限，贷款额度也与需求相差甚远。

（五）技术和管理水平落后

1. 农产品精深加工程度不够。 宁夏是我国枸杞的主产区，但枸杞基本都是以干果销售，枸杞加工企业中精深加工企业只占 10％。2012 年甘肃省马铃薯淀粉总产量约 21.6 万吨，但以粗淀粉为原料生产的变性淀粉仅 2 万～3 万吨。

2. 工艺技术与装备条件落后。 一方面，新工艺和新技术应用不够。马铃薯加工前的保鲜可以有效提高单位原料的加工产出率。比如，定西蓝天淀粉有限公司采用了保鲜技术，每 5.8 吨鲜薯可生产 1 吨淀粉；而绝大多数企业不使用保鲜技术，生产 1 吨淀粉需消耗 7 吨左右鲜薯。2012 年国家规定不得在粉丝粉条中检出钾离子，这等于要求在生产过程中不得使用明矾。甘肃凯龙淀粉有限公司为此引进了国外专利技术替代传统的明矾工艺，但在固原调研时，参与座谈的加工企业一致反映，目前他们还没有找到和应用相应的替代技术。另一方面，新技术新装备研发滞后。优质水稻是宁夏的重要产业，但爆腰率高已困扰企业多年，目前还没有研究出一套从品种、采收、加工等方面系统降低爆腰率的技术方案。宁夏小仁果业发展有限公司要开展清洁蔬菜商品化处理业务，但在国内找不到相应的装备，不得不花费 40 万元从日本引进昂贵设备。此外，大部分淀粉初加工企业缺乏适用、低成本的污水处理设施。

3. 高素质人才缺乏。 许多企业经营者本身就是农民，文化水平不高，在科学技术、市场经济、企业管理、市场开拓等方面知识匮乏，多采用家族式管理，尚未建立现代企业制度。同时，受工资待遇、生活水平、人文环境等条件限制，农产品加工企业总体上难以吸引和留住高素质的专业技术人才。

（六）原料供应不稳定，企业"吃不饱、吃不好"

1. 部分行业原料供应不足。 宁夏夏华肉制品有限公司在 2002—2004 年年屠宰 40 万头羊，3 万～5 万头牛。近年来因为竞争过于饱和，肉羊年屠宰量降至不足 20 万只，肉牛仅 1 万头，全年平均开工率不足 50％。宁夏回族自治区稻米年加工能力在 130 万吨以上，而全区稻谷的年产量仅为 60 万吨，加工原料大部分需要外调。

2. 原料供应受市场波动影响大。 企业反映，在马铃薯淀粉加工行业，原料的供应取决于鲜薯行情，鲜薯行情好时老百姓不愿销售给企业，即便已经建立了契约关系农户也会将鲜薯直接销售给经纪人或批发商。

3. 专用原料基地建设滞后。 目前，两省区标准化、规模化专用型加工原料基地很少，少数加工企业自建原料基地，但由于投入成本高，一般规模都较小。绝大多数加工企业，都没有采用专用品种，其中马铃薯淀粉和果汁大多采用鲜果销售后的残次品，难以获得高品质的产品。

（七）产地初加工能力严重不足，产后损失严重

1. 贮藏能力不足。 宁夏回族自治区着力发展特色农业，蔬菜、水果、肉类稳健发展，冷库的库容需求应达到 40 万吨，而全区冷库总面积只有 20 万平方米，折合贮藏能力不到 15 万吨，因此冷库库容严重不足。甘肃省定西市是全国著名的马铃薯主产区，该市马铃薯种植面积 325.5 万亩，马铃薯产量 498 万吨，现有马铃薯贮藏能力为 320 万吨，但其中 80％以上为农民自行开挖的 5 吨以下储量的土窖，贮藏损失平均在 20％～30％，甚至更高。

2. 产地干燥设施较少。 甘肃定西市是我国著名的中药材产地和集散地，中药材种植面积达到 108.91 万亩，产量 16.88 万吨，中药材种植与加工产值达到 25 亿元，但该市几乎没有药材产地干燥的设施，全部采用露天地上晾晒的方式。调研的甘肃中天金丹药业有限公司，生产 600 余种中药饮片，该公司收购的中药材也放在场区内的地面上进行自然晾晒。甘肃酒泉大力发展枸杞、甘草等新兴特色产业，枸杞已发展到 15 万亩的种植规模，但由于缺少干燥初加工设施，采后损失严重。

综上所述，通过调研，我们深切感到：农产品加工业发展水平依然严重滞后，已成为国民经济发展的明显"短板"；税收与成本负担不断加重，已成为增强企业和产品竞争力的严重制约；季节性资金需求量大与融资困难，已成为小微企业加快发展的重要障碍；加工原料供应不稳定，已成为领军企业持续快速发展的突出不确定因素；农产品初加工能力不足，已成为农业产后损失的一大主因。这些问题存在，总体上主要有以下三个方面原因：

一是当地农产品加工业发展起步晚、基础差。在我国农业进入总量平衡、丰年有余的新阶段之前，农业发展的重点主要是解决温饱问题，加工种类和总量较少。进入新阶段，特别是 21 世纪以后，随着经济发展和人民生活水平的提高，农产品加工业进入加快发展时期，到目前也不过 10 年左右。两省区发展起步更晚，一些地方甚至刚刚起步。

二是财政投入力度不够。国家在农产品产地初加工设施建设、原材料基地建设、企业关键技术改造和人才队伍培养等方面支持严重不足，甚至在有些方面长期没有财政投入。2012 年中央财政安排 5 亿元启动农产品产地初加工补助项目，效果很好，但缺口很大。调研所到的两省区投入了一定资金支持农产品加工行业发展，但在支持范围和总量上严重不足，所到的有关地市地方财政总体上在这方面基本没有投入。

三是地方农产品加工管理体制不顺。各地农产品加工省一级的工作职能基本在农口部门，但管理手段高度分散。两省区及其有关市县反映，前些年机构改革全国许多地方撤销了乡镇企业局，也没有成立农产品加工局。农产品加工业管理存在着上下部门名称、职能不对应等问题，导致信息反馈不畅，行业和企业弱势，缺乏话语权，对财政、税收、金融、运输等政策制定影响力小，严重影响了行业指导和产业发展。兰州市农委反映，省农业厅牵头负责农产品加工工作，但市级农产品加工工作经费、人员等分散在其他部门，市属各县区农业部门也没有这方面的人员、机构、经费，省级安排的工作很难开展。

三、促进农产品加工业发展的国际借鉴

（一）把产后加工放在农业的首位，推动其产业化

目前，世界上许多发达国家都把农产品产后的贮藏、保鲜、加工放在农业的首位，农产品加工转化率高。有关资料显示，发达国家粮食食品工业转化率在80％以上，果菜50％以上，工业食品占整个食品的80％～90％。对产后加工环节的投入比例要大于产中的投入，如美国对农产品的采后保鲜与加工的投入，已占农业全部投入的70％。日本基于一村一品的生产规划布局投资建设了一批产地加工储藏中心用于农产品产地加工。基本实现了农产品保鲜等加工环节的产业化，如意大利、荷兰等国的保鲜规模达60％，美国、日本达到70％。

（二）高度重视加工技术装备研发，构建完善科技创新体系

发达国家的政府和企业非常重视农产品加工技术创新，农产品加工业的科研投入大，科研和推广体系比较完善，极大地促进了农产品加工业的快速发展。一是高新技术和设备得到广泛应用。如美国的玉米深加工技术，法国的葡萄酒加工技术，日本的稻谷加工技术与装备，欧美的油脂精炼及副产物精细化工产品制取技术等均著称于世。二是精深加工是发达国家农产品加工的发展趋势。如美国利用废弃的柑橘果籽榨取食用油和蛋白质，利用葡萄皮渣提取葡萄红色素，从橘子皮、苹果渣中提取和纯化果胶质、柠檬酸等，并已形成规模化生产。三是建立了比较完整的科研体系和研发队伍。如英国全国有46个国家级的农业研究机构，15所综合性农业大学，42所农学院承担农业和食品部委托研究的项目。四是不断加大科技创新的资金投入。如美国每年用于食品技术与新产品的研制经费达10亿美元，极大地提高了农产品加工业的科技创新能力。

（三）实行优惠的税收政策，促进农产品加工企业发展

运用税收政策来扶持农产品加工企业的发展是发达国家的普遍做法，尽管各国的具体政策不一，但税收减免和税收鼓励已成为共同的手段。一是增值税优惠。法国对蛋、家禽、生猪加工企业按销售额的5.5％退税，其他产品退还

销售额的 3.4％。意大利对农林渔企业实行特别降低税率 2％和正常减低税率 9％，并允许从其增值税应缴税款中抵扣其销售额一定比例的进项税。德国对林业产品适用 5％的销项税率，可抵扣税率也为 5％，因而林业企业实际上不负担增值税。美国对农业企业的销售税或增值税属于州政府的税收，尽管各州的销售税规定不尽相同，但很多州都对农业企业生产给予了一定的优惠。二是所得税优惠。法国公司所得税实行 33％的比例税率，但对农林业企业的收益所得只按 24％的税率计征。英国的所得税制规定只有当农业企业达到一定标准时才缴纳企业所得税；同时，对企业利润在维修管理费、贷款利息、社会保险支出等方面均给予特别的优惠。美国规定年销售额在 10 万美元以下的农业企业免交公司所得税；农业企业除可享受一般公司的鼓励就业税收抵免、投资税收抵免外，还有一些特别优惠。此外，各国还通过亏损结转、资本开支扣除与加速折旧等措施保护包括农产品加工企业在内的农业企业的基本生存与发展。

（四）制定有利政策扶持农业生产，保障加工原料供应

发达国家农产品产加销一体化经营程度较高，具有生产基地化、加工品种专用化等特点，加工原料基本由国内保障供应。因此，发达国家政府通过多种财政补贴方式鼓励和支持农民发展用于工业加工的优质农产品生产，从而在数量和质量上保证农产品加工的原料品供应。如在过去的几十年里，欧盟通过 CAP（共同农业政策）为其农业部门提供了巨额的支持和补贴。美国对农产品生产支持的方式主要为直接支付（脱钩支付）、反周期支付、营销援助贷款和贷款差价补贴等。日本则主要通过价格管理、收入稳定计划、作物和牧畜保险等方式促进农产品生产稳定。

（五）注重宏观管理的协调统一，确保加工业健康发展和加工产品质量安全

由于农产品加工涉及的链条长、领域宽，为了提高管理效率，确保农产品加工业经济支柱的重要地位，发达国家建立了协调统一的管理体系，政府中相关的职能部门，职责明确、分工具体，监督工作细微到位。发达国家的政府管理部门在农产品加工业发展中的职能定位是提供全方位的服务。比如，美国政府有关机构，在基础建设、技术、资源、市场、资金以及食品检验、鉴定、包装等方面提供全面的优质服务，促进食品加工企业建立完善的加工体系、技术研发中心和畅通的营销渠道。此外，政府一般都建立一套成熟的食品安全管理机构和法治环境，以确保食品加工企业提供的产品质量可靠、安全。

四、结论与政策建议

经过对两省区的实地调查，参考发达国家促进农产品加工业的做法，总体认为，经济社会发展到一定程度，随着消费升级和工业化、城镇化、市场化、国际化步伐加快，农产品加工业面临着重大发展机遇，政府加大支持力度，既是现实需要，也是发达国家的通行做法；我国农产品加工业进入加快发展的新阶段，产业规模持续快速增长，对现代农业发展和农民持续增收的带动作用不断增强，产业发展的潜力巨大，但也面临着产业定位不明确、竞争力不强、政策支持不到位、管理体制机制不顺等问题，急需在国家层面加强顶层设计，推动农产品加工业持续快速健康发展。为此，提出以下建议：

一是国务院出台《进一步促进农产品加工业加快发展的意见》，明确新时期农产品加工业发展的指导思想、目标定位、产业布局、发展重点、支持政策以及部门职责，强化组织领导，落实任务分工。

二是实施农产品加工重大示范工程。在充分调研和论证的基础上，评定一批国家级的农产品加工领军企业、农产品加工产业园区、农产品加工专用原料生产基地，分别明确标准，由省级农业部门牵头推荐，省级人民政府确定上报，由农业部或农业部联合发改委、财政部、工信部、科技部和商务部等部门认定，实行动态管理，予以重点扶持。每年由中央财政安排 15 亿元专项资金，在认定的国家级领军企业、加工产业园区和原料生产基地中，各选择 50 家，每家分别给予 1 000 万元资金给予补助。

三是大幅度增加农产品产后初加工补助项目资金。逐步扩大品种、扩大范围、扩大初加工环节，以 2012 年 5 亿元满足全国产地初加工需求 1% 的标准测算，按照初加工能力年增 2 个百分点以上的投入需求计算安排投入，力争未来十年使中央财政支持的农产品初加工能力提高到产地初加工需求的 50%，大幅度促进农业生产减损增效。

四是制定实施农产品加工业税收优惠政策。认真总结农产品加工业增值税抵扣办法改革试点经验，抓紧完善增值税进项税抵扣办法，解决"高征低扣"问题。进一步完善农产品初加工所得税减免目录范围，将那些附加值低但又是城乡居民生活必需品的产品种类纳入目录，为农产品加工业发展创造良好的政策环境。同时，降低地方农产品加工土地使用税，恢复农产品加工产品出口退税 15% 的政策，对鼓励出口的优势农产品比照机械装备产品，执行 17% 的出口退税政策。

五是加大金融支持力度。明确银行授信额度，贷款利率上限标准，将资产评估有效期由一年延长至三年。设立财政中小企业担保基金，成立担保公司，支持农产品加工企业融资。鼓励社会担保机构积极为农产品加工企业提供担保服务。在加强风险监管的基础上进一步放宽农村金融进入门槛，发展以资金互助社、乡镇银行和小额贷款公司为主体的农村中小金融机构，为众多小型和微型农产品加工企业提供灵活、快捷的金融服务，缓解融资难问题。同时，鼓励地方积极开展政、银、企对接活动。

六是实施农产品加工企业技术改造重大专项和人才培养工程。抓紧启动实施《农产品加工技术研发体系建设规划》。比照大型企业技术改造支持办法，启动实施农产品加工企业技术改造重大专项，对加工企业重点技术革新、研发应用和设施装备购置，给予资金补贴。加强农产品加工企业人才培养。在农村实用人才培养专项中增加中西部地区农产品加工企业家到东部发达地区挂职培训的资金投入，扩大挂职和专题培训规模；安排专项资金，由农业部和国家外专局联合组织农产品加工领军企业负责人"走出去"进行专题学习交流；在"阳光工程"培训中，对就近就地在农产品加工企业从业的农民工开展专项培训，解决企业用工难、用工贵、熟练工缺乏等突出问题。

七是扩大"绿色通道"政策支持范围。考虑到农产品初加工对保供增收具有重要意义，且产品利润低、远距离调运量大、物流成本高等实际情况，建议将其纳入鲜活农产品"绿色通道"政策支持范围，免收过路过桥费。

关于浙江安徽两省农民工和大学生返乡创业调研报告

第三调研组在浙江、安徽两省围绕农民工、大学生返乡创业问题进行了专题调研。调研组分成两个小组，分赴浙江省绍兴市的上虞市、诸暨市，杭州市的临安市、余杭区，湖州市的安吉县和安徽省合肥市的庐江县，六安市的金安区、霍山县等地，深入20个乡镇、街道、园区管理部门、17家创业实体及浙江农林大学，通过实地走访、座谈交流、问卷调查等形式，对农民工和大学生返乡创业的现状、问题、政策措施等情况进行了调研。现将有关情况报告如下。

一、基本情况和特点

由于经济总量、资源环境、发展阶段差异明显，浙江大学生返乡创业表现更为突出，安徽农民工返乡创业表现更为突出，但在创业领域、创业理念、创业方式等方面也存在着相同和相似的趋向。

（一）创业领域广

近年来，随着受教育程度的提高、眼界的开阔、资本的积累、经验和技能的提升，返乡农民工和大学生创业领域不再局限于传统的种养业，而是更多涉足于特色种养业和加工业、休闲农业、电子商务等新兴产业，广泛涵盖农村一、二、三产业，并呈现出融合互动、竞相发展的趋势。据安徽省农业发展研究中心农民工回乡创业调查资料显示，农民返乡创业主要从事第一产业的占28.3％，第二产业占30.7％，第三产业占32.1％，其他占8.9％。安徽省六安市金安区返乡农民工陈阳，原在城里经营拆旧公司，2013年返乡后依托大别山石窟4A级景区创办了安徽九月生态农业有限公司，流转土地2 300多亩，聘用流转土地所在村170多人，经营采摘园、花海主题公园、主粮种植、经济作物、农家乐、吊瓜子加工等涵盖一、二、三产业的多种项目。从浙江省开展的专题调查情况看，全省返乡大学生农业创业的85％都把经营领域延伸到了加工、休闲、网络营销、物流配送等二、三产业，单纯从事粮食、食用菌、花卉生产和养猪养鸡等传统种养的仅占15％。

调研组组长：刘明国；调研组成员：杨慧军、张野田、张博、才新义、王宏。

（二）创业起点高

一是创业人员学历高。据浙江省专题调查，全省创业者多数学历较高，本科及本科以上学历占到 54％，其中不乏毕业于浙江大学等 211、985 名牌大学的高材生以及硕士研究生，还有不少是"海归"。二是创业项目科技含量高。绝大多数都以绿色发展理念为引领，广泛采用农业生产新技术、新模式和新品种。浙江省返乡创业大学生梁骏建设的"鸟巢式"温室大棚，采用立体垂直无土栽培模式，并结合了雾化系统、传感系统和控制系统，虽只占地 3 629.84 平方米，栽培面积却可达 2.8 万余平方米，土地利用率提高了 8 倍，水能消耗却仅是传统灌溉的 1/10。三是创业资本投入高。调研走访的 17 家企业，创业前三年最低投入资金 200 万元，最高投入近 2 亿元。安徽省霍山县农民程永峰返乡创业开展"第一仙草"——霍山石斛种植开发，与合伙人流转土地 100 亩，每亩地平均投入近 40 万元，远远高于传统农业投入。

（三）经营方式新

农民工和大学生返乡创业的经营方式已普遍由过去的个体经营、家族式管理逐步向以股份制、合伙制、合作制经营为主的现代经营模式转变。调研的 17 家创业主体，一半以上已经实行了股份制和股份合作制，其余的也都初步建立了现代企业治理结构。大部分创业与网络营销结合紧密。据浙江省开展的"大学生寻找技术、获取信息和获得经验的主要渠道"调查，有 54.3％的创业者通过网络、微博、微信等新媒体了解市场信息、政策法规、营销推广等，位居首位。随着新媒体时代的到来，"互联网＋"的发展，高学历创业者在信息获取方面的优势明显。浙江大学生胡重九开始创业时，蹬着三轮车推销实验设备，产品一直打不开市场，2011 年他把产品放到淘宝网上，半年时间就做到了小类目行业第一。

（四）企业成长快

当前农民工和大学生返乡创业，由于项目定位精准，加之广泛采用现代经营理念、管理方式和科学技术，企业迅速发展壮大。据问卷调查分析，近 3 年返乡农民工和大学生新创办的经营实体，营业收入年均增速都保持在两位数以上。浙江返乡大学生周岩创办的馨诺电子商务公司，销售多肉植物等园艺产品，2013 年初创时仅是代理销售，目前有了自己的生产基地，建造有 9 个简易大棚，2 个连栋大棚，同时临安市发改委批准的 1 500 万的投资项目也已启动；日营业额从几百元增长到 3 万多元，3 年时间增长了近百倍。安徽返乡农民工周道成创办的华成皮具有限公司，实现当年创业当年营利，产值 600 万元，带动就业近 100 人。公司初创时主要承接三手、四手订单，现在只承接一手订单甚至将大量订单分包给其他企业，年产值达到 2 700 万多元，带动就业人数增长到 400 多人。

（五）带动能力强

农民工和大学生返乡创业有效带动当地农村产业发展，促进了农业规模化、机械化、信息化、产业化经营，推动了本地农产品及加工品销售。浙江返乡大学生郑乔骏 2014 年创办堂玺启迁电子商务公司，致力于销售本地农产品及加工制品，帮助当地 6 家农产品加工企业迅速打开全国销售市场，其中一家藕粉加工企业原来濒临倒闭，现在产品却供不应求。安徽返乡农民工王尚忠创办的春生农业科技公司，主要从事粮食、蔬菜、水果种植，流转土地 1.4 万亩，除了向当地农民支付土地租金外，还吸纳了 50 多人稳定就业，季节性用工更是达到 500 多人。浙江省诸暨市返乡农民工陈照米投资 2 亿元创办米果果公司，流转土地 3 000 亩，全面改造农田基础设施，实行标准化、规模化、集约化、机械化生产，除支付农户土地流转费，吸纳农民就业外，还通过协议明确将 10％的股份留给村集体，并实行保底分红，有效带动了当地现代农业建设和农民就业增收。

从当前看，浙皖两省农民工和大学生返乡创业正在从依靠政策向依靠市场转变，从依靠资源向依靠科技转变，从个体经营向企业化运营转变，从单一产业发展向一、二、三产业融合发展转变，日益成为农业转方式调结构的重要推动力量，成为农业供给侧改革的重要引领力量，成为现代农业发展的重要带动力量，成为促进城乡一体化、推进新型城镇化的重要支撑力量，是我国大众创业、万众创新总体战略的重要一环和潜力所在。从长远看，其更重大的意义在于，随着更多具有较高文化知识水平、现代经营理念的农民工和大学生返乡创业，将为我国储备和培养大量现代农业企业的经营管理人才，为农业农村经济乃至整个国民经济的发展积蓄强大能量（以下将农民工和大学生返乡创业简称为"小双创"）。

二、主要做法

（一）出台创业扶持政策

两省省委、省政府围绕促进"小双创"相继出台了一些扶持政策。其中，浙江省政府 2010 年制定了《关于鼓励大学生从事现代农业的若干意见》，2013 年出台了《关于促进普通高等学校毕业生就业创业的实施意见》，2015 年出台了《关于支持大众创业促进就业的意见》和《关于加快发展众创空间促进创业创新的实施意见》。浙江 11 个地市也都出台了与大学生就业创业相关的扶持政策。如宁波市和温州市对于到农业领域就业创业的大学生，市财政分别给予每人每年 1 万元的基本报酬补助，个人基本养老保险等"五险"由单位缴纳部分，当地财政给予一定补贴。安徽省政府 2015 年出台了《关于进一步做好新形势下就业创业工作的实施意见》、印发了《"创业江淮"行动计划（2015—

2017 年)》和《关于支持农民工等人员返乡创业的实施意见》。省人社、经信等部门也制定了创业服务、创业培训、创业孵化基地、融资性担保体系、支持小微企业发展等配套政策，在减免税费、注册登记、资金补助、场地支持等方面给予相应扶持。

（二）实施专项行动计划

2015 年，浙江省提出"农创客"概念（"农创客"指的是年龄在 40 周岁以下，有创意理念、创新精神、创业热情的从事或有志于投身现代农业的全日制大专院校在校大学生和毕业生），省农业厅联合省农信社、浙江在线新闻网站开展寻找百名大学生"农创客"行动，社会各界反响热烈。经省农业部门、农信联社、创投机构、新闻媒体、高校等领域专家评选与社会投票，产生百名大学生"农创客"，并评选出了首届全省"十佳农创客"。省农信社对获得"十佳农创客"称号的大学生每人给予 100 万元政策性贷款授信，对获得百名"农创客"每人给予 30 万元政策性贷款授信。省创投机构与"农创客"代表分别签订了投资意向书，省股交中心与"农创客"代表签订了融资服务协议，省农业厅首席专家与"农创客"代表进行技术结对。安徽省启动"创业江淮"行动计划，实施返乡农民工创业、青年创业、大学生村官创业等八大工程，打造创业云平台，组织开展创业创新大赛，指导和帮助返乡创业农民工选准、选好农产品加工、休闲农业、乡村旅游、农村服务业等创业项目，鼓励农民工发展农民合作社、家庭农场等新型农业经营主体，支持返乡农民工网上创业，大力发展"互联网＋"和农村电子商务，积极组织创业创新农民与企业、市场和园区对接，落实各项财政补贴和税收优惠政策，加大对农民工返乡创业的信贷支持力度，建立农民创业创新辅导员队伍。

（三）开展创业教育培训

浙江省实施大学生创业引领计划，鼓励高校开设创业课程，建立健全大学生创业指导服务专门机构，推进高校创业教育学院和大学生创业园建设，加强大学生创业培训，为大学生创业提供场所、公共服务和资金支持。在校大学生利用弹性学制休学创业的，可视为参加实践教育，并计入实践学分。符合条件的在浙创业的高校毕业生，根据本人意愿，可将户口迁入就业地，也可申领《浙江省引进人才居住证》。安徽省建有 2 615 名专家的创业服务队伍，建立了创业辅导师制度。建立"阶梯式"创业培训体系，将创业培训扩大到各类有意创业的劳动者，把大学生参训时间提前到毕业前一年度，组织开展创业意识、创办企业、改善企业阶梯式培训。各地创业服务机构为农民工、大学生、退役士兵等人员开展创业培训，提升创业创新技能。从 2010 年开始，浙江省农业厅联合浙江农林大学举办现代农业领军人才提升班，经入学考试择优录取一线农业生产经营骨干。浙江省农民专业合作社联合会坚持每年针对农业创业大学毕业生、大学生合作社理事长等开展培训。

（四）建设创业孵化基地

安徽省针对不同群体的创业孵化需求，累计建成 662 个创业孵化基地，成功培育微型企业 4 000 多户，带动 50 多万人就业。其中农民工创业园 350 个，覆盖全省 1/4 的乡镇，1 500 多户企业入园创业，吸纳 10 万多人就业；大学生创业孵化基地覆盖一半以上高校，在孵企业 1 200 多家，带动就业超过 1 万人。各类创业孵化基地为入驻的创业企业免费提供"一次小额担保贷款，全程指导和事务代理两项服务，减免税费、租金、水电三项费用，给予社保、岗位、培训鉴定、组织起来就业四项补贴"等政策扶持。浙江省大部分县（市、区）也建有创业孵化基地，有的还依托高校和企业搭建了大学生创业平台。如浙江农林大学创业孵化园除提供物业、安保、会务、法律咨询、财务服务、代办工商税务证照、专利代理、技术许可转让、科技信息咨询、申报各类高新企业等基础服务外，还与中国建设银行、交通银行建立合作关系，引进了浙江易融碳资产管理有限公司，为入孵师生创业团队提供投融资服务。同时学校与浙江迎智教育有限公司合作，将在创业孵化园共建"浙江农林大学—迎智大学生创业就业实战营"，迎智公司拟投入 800 万元装修经费，并在园区设立 1 000 万元的种子基金。截至 2015 年 12 月，孵化园已有 43 支创业团队（企业）入驻，其中学校师生团队（企业）占 88%（参与师生共 150 人），7 家企业已获浙江省科技型企业认定。

三、存在问题

（一）政策体系不完善

尽管浙江、安徽两省出台了一些创业扶持政策，但都不成体系、力度较弱，并且分散在各部门，只有少部分人能够享受到实惠，无法形成整体合力。创业者反映，相关政策不仅小、少、散，而且由于申请程序比较繁琐，有的政策在执行过程中也缺乏操作性，效果不明显。如有的企业在申请项目扶持时，需要做项目设计和资产评估等，产生的手续费用基本和补贴差不多。尤其值得关注的是，由于返乡创业人员的创业项目大多属于资金密集型、技术密集型，在创业过程中普遍面临流动资金不足而融资困难的问题。据浙江省对"大学生农业创业劣势"调查，有 61.5% 的人认为首先是资金来源不足，而根据"创业资金来源"调查，来自家庭、亲朋好友资助占 68.9%，其次是就业工资所得，排在第三的是申请创业贷款。创业人员贷款难的主要原因是银行放贷门槛高，审批手续复杂，办理周期长，特别是初期创业人员一般都难以按规定提供融资抵押物，也难以找到合适的担保人，导致很多返乡创业人员最终无法获得银行贷款，还有部分创业人员因担心利息过重增加投资风险而放弃通过银行贷款融资。另外，农村土地流转价格高、农业设施用地比例过低、建设用地指标紧张等，也是返乡创业者反映较为集中的问题。

（二）公共服务不配套

一是创业辅导服务不足。调研发现，创业者基本没有接受过政府相关部门有效的创业辅导，许多创业者都走过弯路，大多数创业者都是二次、三次创业。农民工本身文化素质普遍偏低，不少返乡创业者是初高中毕业甚至小学文化，创新意识不强、创业能力不高、创业信心不足；大学生虽然具有较高的文化素质，但是社会经验缺乏、处理问题能力不足。部分创业者也担心万一创业失败，社会保障不足以维持生活。二是技术服务不足。返乡创业，特别是从事农业创业，种养技术是基本要求。新生代农民工基本没有农业劳作经验，大学生很多也都是非农业专业出身，农业技术普遍欠缺。浙江省"农民信箱"虽然有200多万固定用户，信息容量也非常大，但专门为创业者提供的信息极为有限。两省的农技推广体系比较健全，但服务对象基本都是传统农户，部分覆盖到合作社、家庭农场等新型经营主体，绝大多数"小双创"人员不了解和得不到技术服务。安徽省六安市金安区创办尖山葡萄种植合作社的大学生村官杨广越反映，由于不懂葡萄种植技术，他专门从市场上请了技术专家，除每年支付大约10万元的工资费用外，还要根据销售情况进行分成。浙江余杭返乡创业大学生杨琪峰等也反映，技术专家难找，有钱也找不到。三是公益性市场推广平台缺乏。调研走访的霍山县石斛开发有限公司反映，"霍山石斛"全国有名，是重要的地理标志产品，但由于没有权威、统一的信息平台和产品标准，很多外地石斛打着"霍山石斛"的名头，真假难辨，扰乱了市场，影响了石斛产业健康发展。大部分创业者反映，返乡创办实体，开展产品营销，都离不开电商平台。但现在覆盖全国，真正有市场影响力的电商平台都是民营的，且在一定程度上形成了垄断，收费过高，一般店面费占到营业额的5%以上，推广费占到20%～60%，利润的大头被电商平台白白拿走。浙江返乡创业大学生郑乔骏创办的电子商务公司，2015年营业额1 300万元，其中600多万元用于购买产品，支付给电商平台的店面和推广费高达500多万元。四是政策宣贯不到位。尽管国家和地方政府为了鼓励创业出台了一些优惠政策，但是由于宣传不到位，创业人员难以用好用足政策。据浙江省对"涉农政策了解"方面的调查，有53%的创业者表示对政策了解情况一般，只有20%的人表示非常清楚相关政策。

（三）社会认识有偏见

在传统观念中，年轻人从小就被灌输务农没有前途、在家没有出息的观念，特别是已经走出去的农民工和大学生再返回乡村从事农业，亲戚朋友大多觉得没有面子、不光彩，对返乡务农带有消极和负面的认识。调研组走访的返乡创业大学生大多在选择创业道路时与家人发生过矛盾和冲突，有的是瞒着家人在创业。安徽省庐江县大学毕业生朱书生夫妇俩放弃国有单位工作岗位回乡创业，但至今仍向父母表示原单位保留了公职，隐瞒了辞职真相。浙江省大学生郑乔骏毕业后在省林业厅工作一个月即放弃公职回乡创业，至今父母对他的选择仍很不理解。

（四）组织领导不到位

浙江、安徽两省对"小双创"面上情况都说不太清楚，无法提供总体数据。地方政府普遍没有把有关工作列入重要日程，没有明确分管领导，管理职能不明确，管理手段薄弱，政策落实涉及人力资源、工商、税务、银行、劳动、农业等多个部门，没有牵头部门和统一的组织协调机构。

四、对策建议

（一）完善扶持政策，改善创业环境

一是创新融资渠道。加大放宽创业融资抵押物范围试点力度，扩大农村土地承包经营权证抵押、宅基地抵押融资贷款试点范围，盘活农村资产。由政府、银行、保险公司联合探索无抵押贷款担保，按一定比例共担创业风险。率先探索以年轻创业者个人信用记录为依据的信用担保贷款新机制，对返乡创业大学生等有一定身份的创业群体给予一定额度的无抵押信用贷款，待条件成熟后将政策范围扩大到其他"小双创"人员。简化创业贷款流程，对符合要求的创业者在贷款额度、还贷时间上适当放宽限制。设立"返乡创业基金"，向有志于返乡创业而缺少资金的"小双创"创业者提供创业启动资金或贴息贷款。允许有条件的农民专业合作社等创业实体相互开展信用担保合作。二是搭建创业辅导和实训平台。支持地方政府、大专院校建设创业孵化园、产业园，为返乡创业主体提供用地、用房、用电等优惠，吸引创业企业入驻。支持有条件的大型企业建设创业实训实践基地，对于接收返乡农民工和大学生就业创业的企业，给予一定的财政补助。三是实行创业税收优惠。对于"小双创"的创业者在创业前三年实行全部免税，或者给予阶梯式的税收减免优惠，明确优惠领域和目录，优惠幅度明显大于已经成熟的小微企业。四是完善社会保障机制。结合新型城镇化，探索制定返乡创业者的子女入学、社会养老、医疗和失业保险等必要的优惠保障措施，帮助返乡创业者解除后顾之忧，协调落实有关政策，优化创业外部环境。

（二）建设服务体系，提升服务水平

一是搭建创业实训平台。以大中型农产品加工企业、休闲农业企业、名村、大型农贸市场和科研院所、学校、各类众创空间、创业园区为依托，建设一批"返乡创业见习实训基地"，搭建返乡创业者实训平台、实践平台，为创

业者免费提供创业政策、管理、市场信息、技能培训和实习机会。二是加强技术指导服务。将政府部门现有的科技推广和信息服务平台，加快向"小双创"服务转型并免费开放。加强当地返乡创业情况跟踪研究，组织专家学者、企业家、投资人组成创业辅导专家库和农业创业技术专家库，为创业者提供有针对性创业指导和技术服务。三是加强市场平台建设。建设公益性批发市场、网上交易平台，提高市场影响力和公信力。政府通过购买网上公共服务、强化价格监管、开展共建共享，为创业者运用市场化电商平台提供便利，降低交易成本。四是加强信息平台建设。鼓励各地依托互联网和移动互联网技术，建设综合性创业信息服务平台，及时为返乡创业者提供市场行情、设施设备、项目指南等方面的信息服务，帮助解决市场销路等方面的问题。五是加强标准建设。梳理现有标准体系，对于滞后、空白标准查漏补缺。

（三）加大宣传力度，营造创业氛围

在充分利用报纸、广播、电视等传统媒体的基础上，多途径、全方位开展宣传服务。积极探索利用微博、微信、手机客户端等新媒体，大力宣传各级政府支持"小双创"的政策及返乡创业的成功做法、典型事例。支持各地组织开展农民创业创新带头人遴选与宣传推介活动，对于创业成功者给予更多荣誉和精神奖励，营造崇尚创业、敢于创业、支持返乡创业的良好舆论环境和社会氛围，引导和鼓励更多的潜在创业者积极投身到农民创业创新中来。

（四）明确职责分工，完善管理体系

各级政府和相关部门要高度重视"小双创"工作，加强对"小双创"工作的组织领导，明确相关部门的职责、权利和任务分工，建立分工协作工作机制。农业、人社、财政、工商、税务等部门以及工会、共青团、妇联等组织应形成联席会议制度，整合现有政策、项目和资金，形成支持"小双创"的工作合力，切实将各项政策落实到位，把"小双创"工作抓好做实。

（2016 年 4 月 22 日）

关于吉林省玉米加工转化情况的调研报告

按照统一安排，2016 年 5 月 18—22 日，我们赴吉林省就玉米加工转化问题，进行了专题调研。通过集中座谈、实地走访、问卷调查等形式，对当前形势下玉米加工业发展的突出问题、积极因素及下一步思路举措，有了较为清晰的认识。现将情况报告如下。

一、现状问题

吉林是我国玉米产量第二大省，玉米种植比重位居全国第一。2000 年以来，全省实现粮食"十五连丰"，从 300 亿斤增加到 700 亿斤，连续跨越了 5 个百亿斤台阶；农民收入"十五连增"，从人均年收入 3 000 元增长到 11 000 元，连续跨越 9 个千元台阶，玉米生产和加工发挥了举足轻重的作用。但是，随着国内外市场形势变化，现阶段吉林省玉米产业发展出现了前所未有的困难，突出表现为"三个双重"。

（一）高产能高库存双重挤压

从产能看：2015 年，吉林省玉米产量再攀新高，达到 561 亿斤，接近全省粮食总产量的 80%；2016 年，受国家玉米临储收购价格下调和"镰刀弯"地区玉米结构调整政策影响，玉米种植面积统计数据虽然有所压缩，但产量不一定减少。地方干部表示，农民种植玉米已成为习惯，"种到头、种到边，遇到电杆走三圈""背着双手看秤、坐在炕头数钱"是他们的真实写照，加之原来隐瞒的"黑粮黑地"较多，今年气候条件好、苗齐苗壮超历史，玉米依然面临着"丰收乃至增产的危险"。从库存看：截至 2016 年 4 月 30 日，临储玉米收购期结束，全省累计收购玉米 1 062 亿斤，其中国家临储玉米 906.7 亿斤，占玉米收购量的 85% 以上；全省累计玉米总库存 1 906.2 亿斤，达到年总产量的 3.4 倍；全省国有粮库、其他国有企业、民营企业、合作社粮食总收储能力 2 000 亿斤，目前仅玉米就已让库容接近极限。由于临储粮要求顺价销售，加上仓储费用、出库费用，即使剔除加工企业享受到的目前 150 元/吨的补贴政策，国储玉米价格依然明显高于市场价，导致流拍成为常态。地方干部和农民群众忧虑，100 天后，新玉米上市，即使托市收购，也将面临"无库可存的危险"。

调研组成员：刘明国、王锋、才新义。

（二）低价格低替代双重挑战

推进玉米种植结构调整，是吉林省农业发展重大而紧迫的历史任务，而现在面临的突出矛盾是，一方面玉米库存高企，特别是价格走低严重影响农民收入，逼迫不得不调；但另一方面，当地可替代玉米种植、能保障农民收益的大品种作物很少，想调却难调。从玉米价格看：受长期临储托市影响，目前吉林省玉米价格每吨分别比中原地区、国际市场、产成品价格（含运费）分别高出300元、396元、250元，形成了"三重"倒挂的局面。2015年吉林省农民人均纯收入达到11 326元，增长5.1%。去年底玉米临储价格由1.12元/斤调整到1元/斤后，直接导致全省农民收入减少70亿元，人均减收570元，人均纯收入增幅减少5个百分点。假设去年完全取消临时收储，吉林省农民人均纯收入增幅就会是负数。目前吉林省的玉米市场价为0.85元/斤，照此测算，如果没有托市收购，再不抓紧调整种植结构，今年当地农民收入增长将面临极大压力。从玉米调减后的替代品种看：今年吉林省虽然下决心调减玉米种植面积，但调减面积占全省玉米种植面积的比重还不到6%，特别是替代品种显得少而散。据统计，今年吉林省调减332.7万亩籽粒玉米改种其他作物，其中水稻调增33.3万亩，大豆调增71.2万亩，杂粮杂豆调增58.7万亩，花生调增39.3万亩，鲜食玉米调增11.4万亩，蔬菜调增10.9万亩，葵花调增9.8万亩，马铃薯调增6万亩，饲料作物调增80万亩，小麦等其他作物调增11万亩。地方农业部门干部说，"我们已经使了'圆劲'，但调整的效果心里还没有底，压力极大。"

（三）加工难销售难双重阻碍

调研中，地方一致反映，调结构、去库存、提效益、增收入，说来说去，当前最要紧的是要给玉米找到好的出路，但加工和销售形势都很不乐观。从加工看：吉林省有22家玉米深加工企业，年加工转化能力1 244万吨，位居全国第二位，占全国加工能力的16%；主要产品淀粉产量占全国总产量的24%，燃料乙醇产量占26%，氨基酸产量占37%，酒精产量占40%。如果这些企业都能够满负荷生产，即使不考虑其他因素，吉林省玉米库存也不至于出现严重积压的问题。但是，由于价格持续倒挂，自2012年以来，吉林省玉米加工企业加工量连续下滑，生产经营状况持续恶化，多数玉米深加工企业无法满负荷生产，实际加工量不足加工能力的60%，部分企业出现停产。2015年，在22家玉米深加工企业中，停产企业一度达到14家。不少地方干部和企业老总表示："规模以上加工企业固定资产投入较大，开工不开工都存在资产折旧、人员工资等运营成本，开工有亏损，不开工也有亏损，停产实属无奈。"多数企业还反映了融资贷款难、新粮集中上市时流动资金严重不足等问题，制约了企业的加工转化。从销售看：由于我国自2007年起至今，一直延续的是限制玉米出口政策，如取消出口退税、征收出口关税、出口配额管理制度等，吉林省 2009—2013 年，仅出口玉米原粮 2 次 192.8 吨、8 万美元，年均仅出口 38.56 吨、1.6 万美元，微乎其微，仅相当于最高年份 2003 年 1 167.4 万吨、10 多亿美元的百万分之三和百万分之十六；近两年玉米深加工产品出口也由 4 亿美元左右降至 2 亿美元左右。与此同时，受价格倒挂影响，吉林省玉米流通在国内市场也基本上是"只进不出"，形成"堰塞湖"效应。除了原粮以外，一些玉米加工品也存在着明显的销售困难。吉林大成玉米开发有限公司 2003 年发展赖氨酸项目时国内仅此一家，产品每吨售价高达 3 万～5 万元，效益十分可观，但仅仅几年后，在国家促进玉米深加工业健康发展的指导意见鼓励下，各地一哄而起、盲目建设，导致恶性竞争，产品目前每吨售价仅有 4 000 多元。目前全国赖氨酸产能已达 230 万吨，而总需求仅为 150 万吨。吉林省食用酒精和燃料乙醇生产能力达到 259 万吨以上，产能居全国第一，如果满负荷生产，能够消化原料玉米 780 万吨以上，2012 年之前在国内市场一直占据绝对优势，但此后由于政策调控，吉林酒精产能受到抑制，而其他地区酒精产业却不断扩张，极大削弱了吉林酒精产品的市场竞争力，导致目前开工不足 30%。

二、积极因素正在显现

玉米产业是吉林"安天下"的产业，当地干部群众一致认为，保持玉米产业健康发展是天大的事。当前，玉米产业发展面临的压力前所未有，处在一个极为关键的爬坡过坎的时间节点。综合分析，玉米生产调结构单纯靠"堵"没有出路，受价格影响原料去库存单纯靠"销"也很不现实，唯有推进加工转化既是解决当前问题的权宜之计，也是促进玉米产业持续发展的长久之策。调研中，吉林省农产品加工业发展表现出的一些积极因素，让我们看到了解决问题的希望。

（一）企业生产回暖，加工促库存消化作用正在显现

面对企业大面积停产的严峻形势，吉林省在财政收入增幅持续下滑、2015 年仅为 2.2% 的艰难条件下，克服困难、果断出手、精准发力，帮助加工企业脱困。2015 年以来，累计补贴加工企业 16.9 亿元，其中国家补贴 1.5 亿元；以奖励形式为企业向国家电网支付电费 0.63 亿元。这些政策实施后，生产运行的规模以上企业由 8 家增至 14 家，其中 9 家盈利；2015 年，22 家规模以上企业累计加工转化玉米 993.9 万吨，完成产值 339 亿元，销售收入 317.6 亿元。玉米加工企业一致表示："目前企业无库存，农户无粮售，唯有国粮'趴库'；只要国粮趋近市场价销售，企业能够基本达到盈亏平衡点，我们将全力开工、满负荷生产，帮助国库减负也不是啥大事。"

（二）突出市场导向，加工促结构调整作用正在显现

调研了解到，吉林各地在玉米种植结构调整上，高度重视加工的引领带动作用，看市场脸色行事，调增的产品大都有一个或多个龙头企业作为依托，以合作生产或订单形式销售。吉林天景食品有限公司是一家从事玉米加工的 10 年以上的老企业，近年来随着市场行情的变化，开始大力发展鲜食玉米加工，将其作为主导产业，开发出鲜食玉米果穗、玉米汁饮料、玉米花丝饮料、玉米面包食品、玉米休闲食品等 8 大系列、200 多个品种，2015 年产值 15.8 亿元，利润近 1.5 亿元，主营产品产销率 99％。在企业带动下，邻近的 13 个县市600 多个村建设了鲜食玉米种植基地，面积达 33 万亩。吉林沃达食品有限公司总经理刘江介绍："公司的紫苏油、紫苏籽、紫苏叶等产品主要出口韩国。由于吉林紫苏品质高、不愁销、效益好，全省近年种植面积年均增幅在 15％以上，大约已发展到 2 万公顷，仅我的公司就加工转化了一半。"

（三）密切利益联结，加工促农民增收作用正在显现

一些地方在引导农民把玉米改种为其他作物的过程中，不搞简单的强迫命令，而是从强化企业、合作社与农户的利益联结制入手，让农民在调结构中尝到增收的甜头，变"要我调"为"我要调"。吉林省九台市纪家镇兴盛马铃薯种植业农民专业合作社理事长李德志介绍："我们这儿的马铃薯产量高，一亩地能有 3 吨，并且淀粉含量高、耐储存，是江苏等南方市场的抢手货。马铃薯一晌地投入 2.2 万元，虽然比玉米多投 1 万元，但利润至少也多 1 万元。我去年通过国家产地初加工补助政策建了 3 500 吨的储藏库后，马铃薯错季销售价格比原来高出 0.2～0.4 元，多赚了 100 多万元。现在玉米收益不赶往年，我牵头成立马铃薯种植合作社，全村不少人都加入进来，把玉米改种为马铃薯，去年 2 600 多晌，今年增加到 3 400 多晌。"吉林市沃达食品有限公司通过订单等形式带动当地农民种植紫苏 15 万亩，每亩投入是玉米的 1/4，紫苏的生长周期为 100 天，比玉米少 20 天，一晌地能产 2 000 千克籽、5 000 千克叶，至少能卖 4 万元，收益是玉米的 3 倍。去年，公司在江南村开展精准扶贫就帮助贫困户种了 500 晌紫苏，全部通过订单收购，每晌不低于 4 万元，贫困户有望一年脱贫、两年致富。

（四）推进创新发展，加工促产业融合作用正在显现

吉林省玉米加工企业虽然总体上存在着产品单一、同质化现象严重、科技含量低、经营方式落后等问题，但在严峻形势面前，一些企业也在积极寻找出路，努力向创新要效益，不断探索新的经营模式，加快新科技植入，以加工为核心，不断向一产和三产延伸。吉林天成玉米开发有限公司为应对 2012 年以来效益越来越差的状况，主动调整经营结构和方式，发展"工贸一体"，一等玉米走贸易，二等玉米做淀粉，一吨差价 30 元；除淀粉外，积极开拓玉米胚芽油市场，产品供不应求；除传统经销商代销外，招聘电子商务人才、开发小包装淀粉，开展网络营销，虽然目前电商业务刚起步，但已经显现出好苗头；积极寻求上市，缓解企业流动资金不足。今年前 4 个月加工玉米 26.74 万吨，销售收入 4.9 亿元，虽然仍处于亏损状态，但形势已有好转。吉林省新天龙实业股份有限公司利用玉米浸渍水等废料年产肌醇 1 000 吨，每吨价格 1 万元，仅此一项就增加销售收入 5 000 万元。中粮生化能源（公主岭）有限公司、吉林天成玉米开发有限公司均着手启动乳酸加工项目。据了解，经由玉米淀粉发酵、合成聚乳酸制造的农用地膜，相比传统石油基地膜，具有良好的降解性，是公认的环保产品，利国利民，市场前景广阔。

三、政策措施亟待跟进

吉林玉米产业出现的问题，不是单一因素造成的，也不是一年两年形成的，更不是孤立存在的，解决这些问题亟需立足宏观经济背景、历史经验教训和产业发展实际，统筹分析、综合施策。要以推进玉米产业供给侧结构性改革为方向，大力促进加工转化，创造有效需求，扩大有效供给，提高生产效益，增加农民收入。要把眼前的生产调结构、产品去库存与长远的提高产业核心竞争力和促进可持续发展结合起来，注重眼前目标和长远目标、临时措施和长期政策的衔接配套。

（一）加强宏观调控，支持主产区大力发展加工业

加大产地初加工补助政策实施力度，支持玉米主产区农民合作社开展玉米烘储等设施建设。引导玉米精深加工企业在主产区布局，推动企业兼并重组、做大做强，保护和发展优势产能，加快淘汰落后产能。在鼓励类和限制类项目审批过程中，要充分考虑产能和市场的均衡性，防止大起大落、顾此失彼。阶段性支持燃料乙醇发展，优先消化国储陈化玉米，对现有食用酒精企业转产燃料乙醇，采取招标方式核定产量，按计划供给库存玉米，参照现有燃料乙醇政策给予一定补贴。在加强科研创新的基础上，扩大乙醇汽油试点范围，提高掺混比例，逐步在全国推广应用，将部分新能源车补贴调整到燃料乙醇消费补贴。加强进出口调控。恢复玉米淀粉、赖氨酸、乙醇、味精等玉米深加工产品 13％的出口退税政策，增加退税品种。采取技术性贸易措施，提高玉米及相关替代品进口价格，限制进口转基因玉米及制品。完善收储政策。尽快制定"市场定价、价补分离、托市收购"具体办法，在新粮上市之前尽早公布。按照市场价格竞拍国储粮，通过价格听证等形式合理确定底价，亏损部分由国家负担，避免更大损失。鼓励多元主体入市收粮，支持企业、合作社改善仓储设施，加大收储资金信贷支持。发挥国储托底收购作用，在社会主体收储不足和市场价格低于生产成本价时，及时启动国家临时收储，对高于市场价的部分由

财政给予补贴。

（二）加强创新扶持

实行差异化扶持政策，减少对一些传统落后行业和产能严重过剩行业加工企业支持，鼓励新技术、新业态、新产品加快发展。大力支持"互联网＋"等创新型加工企业发展，对企业技术升级改造、利用电商平台扩大产品市场占有率给予适当补助。鼓励加工企业上市融资，缓解流动资金紧张。鼓励企业产品创新，支持发展玉米纤维素乙醇、聚赖氨酸、苏氨酸、蛋氨酸、苹果酸、结晶果糖等新产品，支持企业发展玉米全粉面条、馒头、发糕、膨化食品、玉米肽等主食化、功能化、休闲化食品。对可降解的聚乳酸地膜每亩给予适当差价补贴，有效缓解我国农田"白色污染"问题。支持企业节能减排，取消玉米深加工企业通过回收热能自发电需上缴的三峡工程建设基金、水库移民后期扶持基金、农网还贷基金、城市公共事业附加费、可再生能源电价附加费等各项费用，对自发电以外的用电按农用电计价收费。

（三）加强公共服务

引导城乡居民树立健康、营养、安全的食物消费理念，加强对玉米、小米、大豆等杂粮的功能性消费认知，扩大消费需求。在加强宏观调控的同时，注重对企业的信息服务，及时发布国内外市场动态和科技信息，促进企业转型升级，引导企业合理生产。搭建加工技术展示交易大数据平台，推动科企合作和科技成果转化。以加工领军企业和加工园区建设为引领，创建农村一、二、三产业融合先导区，促进加工业集群集聚发展。实施农产品加工业质量为先战略，大力提升标准化生产能力、全程化质量控制能力和技术装备创新能力，加强对知名品牌的宣传力度，扩大品牌影响力。

（2016 年 5 月 23 日）

绿水青山就是金山银山

——关于湖北省远安县鹿苑村发展情况的调查

近年来，我国广大农村地区依托区域内优美的自然景观、独特的地理环境、悠久的历史文化，大力发展休闲农业和乡村旅游，已逐渐成为一种新型产业形态和消费业态，在促进农业提质增效、带动农民就业增收、传承中华农耕文明、建设美丽乡村、推动农村三次产业融合发展方面发挥了重要作用。2015年11月底，我带领局两位同志到湖北省宜昌市远安县旧县镇鹿苑村，就该村依托独特的丹霞地貌和黄茶文化发展休闲农业与乡村旅游，推进农村一、二、三产业融合发展情况进行了调研。现简要报告如下。

一、基本村情及特点

鹿苑村位于湖北省宜昌市远安县西部山区，历史上曾一度是当地的贫困村。全村共有人口867人，274户，辖3个村民小组，耕地面积855亩，茶园面积1 065亩。2014年，村民人均纯收入9 860元。鹿苑村属于典型的丹霞地貌，土地肥沃，人文历史悠久，唐代陆羽在《茶经》中就有"茶以鹿苑为最"的记载，清朝乾隆年间这里的黄茶被选为"贡品"。2009年，鹿苑黄茶制作技艺被列为"湖北省非物质文化遗产"保护目录；2010年，国家工商行政管理局批准鹿苑茶叶专业合作社正式启用"御贡鹿苑春"为注册商标；2010年鹿苑黄茶通过中国绿色食品发展中心绿色食品认证；2014年，鹿苑村被认定为第四批全国"一村一品"示范村镇。

（一）自然风光秀美独特，旅游资源十分丰富

鹿苑村优美的自然地理景观主要体现在当地的鹿苑山和鹿苑寺中。远古时期，这里古木参天，人迹罕至，生长着獐、獾等各种野兽，并相传常有鹿群出没，嗷嗷而歌，后有人围苑驯养，久而久之故称为鹿苑山。鹿苑山地质类型属典型的丹霞地貌，山峦险峻，鸟鸣空山，兰香幽谷，苦竹婆娑，溪曲秀美，风光十分迷人。鹿苑寺就位于鹿苑山中。据同治县志记载，鹿苑寺始建于南宋宝庆元年（公元1225年）。南北朝梁国司徒（相当于宰相）荆山居士陆法和曾隐居于此。鹿苑寺所处环境峰丛秀奇，如双龙匍匐，又凸凹对峙，凸成屏障，凹成洼壑，而鹿溪河的水清澈甘洌，到鹿苑寺处缓缓徐行，四季滋润，使得鹿苑常年林荫蔽日，云雾缭绕。鹿苑寺奇山、异水、珍木、仙竹、花草构成"玉

带七曲""锦屏一峰""苦竹幽溪""松亭呼风""石柱冲宵""法华古台""罗汉点头""危岩招仙"自然绝妙八景。有诗曰："玉带潆回绕碧流，天开一幅锦屏幽。溪边竹叶云垂幕，亭畔松萝月挂钩。石柱果然千气象，华台哪复记春秋。峰前座拥阿罗汉，笑向招仙日点头。"除自然绝妙"八景"外，另还有"青狮白象""观音岩""象尿泉""牛鼻洞""袈裟堰""银子窝"等众多景点点缀其间。鹿苑寺一步一景，景景别致新颖，惟妙惟肖，栩栩如生；鹿苑寺一景一图，景景都有一个美妙的传说，或文人墨客、或云游高僧配以诗词歌赋，令人回味悠长，遐想不已，流连忘返。

（二）鹿苑黄茶历史悠久，传统技艺不断传承

鹿苑茶以鹿苑寺而得名。山因鹿名，寺随山名，茶随寺名，名山名寺名茶，天设地造，一脉相承。鹿苑茶的种植起源，相传在建寺之初有一僧在寺边发现一株茶树，采后品尝，馨香浓郁，回味无穷，惊呼神茶！顿时寺院传开，僧徒纷纷种植，当地群众也竞相引种。后来，又在寺后的岩坡上发现三株罕见的白茶树，色白芽壮，品质超群，因此又有"白茶鹿苑寺"之称。据清同治县志记载："安邑侯憩此，问及茶艾，僧言：土人采伐，鲜有存者"。乾隆年间，鹿苑茶被选为贡茶，乾隆皇帝饮后，顿觉清香满口，精神倍增，夜寝难眠，龙颜大悦，御名鹿苑茶为"好淫茶"。清光绪九年，临济正宗四十五世僧人金田云游此寺讲经，品饮鹿苑茶赋诗云："山精石液品超群，一种馨香满面熏。不但清心明目好，参禅能伏睡魔军"。新中国成立后，鹿苑茶更是名位俱显，1982 年和 1986 年两次被国家商业部评为全国名茶；1995 年 10 月，该茶在第二届中国农业博览会上被评为银奖。鹿苑茶在全国 33 种名茶中占据第 30 位，除了得天独厚的土壤、气候条件之外，在鲜叶采摘、干茶制作上要求极严、极细、极精。鲜叶采摘要细嫩、新鲜、匀齐、纯净，采摘时间在清明节前后十五天，采摘标准是一叶一心，不带鱼叶、老叶、幼果。鹿苑茶的制作工艺大抵分为杀青—炒二青—闷堆—拣剔—炒干等五大环节。精制后的鹿苑茶色泽谷黄，白毫满披，条索环状，兰草香味持久，滋味醇厚甘凉，叶底嫩黄匀整、纯净，堪称我国茶苑中的奇葩，黄茶中的珍品。

（三）产业发展态势良好，村域经济发展壮大

鹿苑村始终坚持以黄茶为主导产业，力争把黄茶产业做大做强，逐步推动黄茶产业实现从传统种植向机械化、标准化和产业化的转变。历史上鹿苑村就一直坚持以黄茶为主导产业壮大村级经济，最早一直作为国家调拨茶业，后来国有茶场搬走后则由非物质文化传承人罗必炎等几位老茶农进行经营。近年来，村里通过技术培训、为群众争取贷款、集中采购种苗等措施不断激发群众种茶热情，并在 2008 年成立远安县首家茶叶专业合作社，实现茶产业种植、加工、销售一条龙合作化经营。目前，全村茶叶加工车间 4 座，专职工人 45

人，带动村里富余劳力 200 多人就业，仅茶叶一项，每年可为群众增加收入 2 000 元。此外，鹿苑村依托黄茶产业和黄茶文化大力发展乡村旅游业，力争打造成集休闲观光、采摘体验、餐饮娱乐、游乐玩耍于一体的休闲农业和乡村旅游特色村。茶叶品牌的打造和旅游业的发展，有力促进了鹿苑村的经济增长。2014 年全村黄茶产量达 24 吨，好茶每斤售价在 1 000 元以上，均价在 200 元左右，总产值逾千万元；年接待游客 10 万人次以上；当地农村劳动力占鹿苑茶叶合作社、旅游公司人员总数的 80.7%；农民年人均纯收入比茶叶合作社成立前的 2008 年增长约 50%。

二、发展成效与做法

鹿苑村立足地方黄茶资源和丹霞风光，加快发展休闲农业，建设吸引游客的休闲度假区，走出了一条独具特色的农村一、二、三产业融合发展之路。其做法和成效主要体现在五个方面。

(一) 以生态茶园建设为基础，推进黄茶产业与乡村旅游深度融合发展

通过多年的发展，鹿苑村黄茶产业已初具规模，逐渐成势。尤其是近年来，全村发展了无性系茶叶育苗 40 万株，建成了无性系茶园 250 亩及连片 100 亩的基地，并申报了绿色食品标识。随着全村生态茶园建设不断成型，鹿苑村开始思考把农业发展与旅游要素进行有机结合，打造一个完整的生态黄茶产业链。主要包括：围绕游客学什么，开发了"黄茶采摘＋制作加工"讲堂项目；围绕游客玩什么，开发了黄茶采摘、制作加工等体验项目，并计划新增儿童游乐场、家庭农场等娱乐游玩场所；围绕游客游什么，开发了步游登山、自助黄包车田园观光项目；围绕游客吃什么，开发了"烧烤＋土灶饭"林地溪畔美食项目；围绕游客买什么，开发了商廊采购项目；围绕游客住什么，开发了民宿区和乡村客栈项目，项目场所布局合理、特色鲜明、干净卫生，确保让游客学得无心、玩得开心、游得畅心、吃得放心、买得真心、住得舒心，在体验中感受趣味，在趣味中收获知识。通过黄茶产业与乡村旅游业的融合发展，鹿苑村找到了黄茶产业新的增长点和农民收入新的增收点。

(二) 以合作社和企业为龙头，健全产业发展的利益联结机制

2008 年，该村成立了远安县首家茶叶专业合作社，通过党员代表带头示范、入股分红、技术服务等形式，鼓励群众入社发展。并以此为契机引导村内茶叶种植户积极参与抱团发展，通过 7 年的不断努力，发展社员 218 户，成员覆盖周边 6 个自然村，发展网络农户 839 户，覆盖远安县七个乡镇，创响了远安特色的鹿苑黄茶品牌。同时，依托黄茶田园观光、依山傍水、空气清新等优势，村集体于 2015 年投资 300 万元注册了鹿苑旅游公司，建立了

杨家湾旅游基地，带动周边发展农家乐 8 家，促使农民人均纯收入达到 1 万元以上，休闲农业和乡村旅游的辐射示范带动作用明显。以农民合作社和村集体成立的企业为龙头，带动全村共同发展黄茶产业和休闲观光旅游，充分开发了农业的多种功能和多重价值，将农业流出到工商业和城市的就业岗位和附加价值内部化，也将加工流通、休闲观光和消费环节的收益留在本地、留给农民。

（三）以加强经营管理为动力，推动黄茶产业标准化、品牌化发展

鹿苑茶叶合作社始终坚持"民主管理、股份经营、服务对接"的理念，在健全管理机制、完善运作模式等方面，探索出了一条"统一技术服务、统一农资供应、统一产品加工、统一包装销售"的合作化经营管理路子，实现了"生产、加工、销售"一体化的经营格局。2008 年，该村注册了"鹿苑茶"商标，2009 年被省文化厅批准为非物质文化遗产保护基地。同时，鹿苑旅游开发有限公司采取由村集体控股，实行所有权与经营权分离，公司重大事项由村集体议定，公司运营由聘请经理全面协调实施，财务管理实行村企分开，并成立监事会，监督公司的规范化经营管理。

（四）以基础设施建设为支撑，完善村庄休闲观光旅游服务环境与功能

近年来，鹿苑村围绕休闲农业和乡村旅游，坚持快建慢游的原则，进一步完善基础设施，高标准建设鹿苑村精品茶园 500 亩，完成园区 1 500 米生态沟渠建设、1 000 米步游道和 5 000 米喷灌设施主管网铺设，建设通景公路 7.6 千米和末级渠道 4 662 米。建设生态化旅游烧烤区 1 处，内含景区商廊、停车场、公共厕所、垃圾池 1 个、垃圾桶 8 个；安装 100 盏太阳能路灯，设立 23 块景区旅游标示标牌。结合"绿满远安"活动，对风景区内周边环境进行整理，补植了迎春花、柳树、桃树等。景区内消防、安防、救护设备健全，安全检查常抓不懈，基础设施的完善健全，为鹿苑村提供了一个发展休闲农业和乡村旅游的良好环境。

（五）以加强人才培训为保障，提高休闲农业和乡村旅游从业人员素质

提升黄茶、旅游、餐饮从业人员素质是休闲农业和乡村旅游持续发展的原动力。近年来旧县镇、鹿苑村镇村两级充分发挥主导作用，采取各种措施，积极引导和鼓励村民投身休闲农业和乡村旅游的发展。依托农民学校等培训阵地，结合科技进村入户，以休闲农业、乡村旅游、食品安全等为重点，对从业人员进行指导培训；借助科技信息平台建设，编印发送茶叶、农情等各类技术指导信息；坚持从业人员持证上岗，通过严格筛选，组织 8 家农家乐 10 名从业人员参加县级培训，提升从业人员综合素质，上岗人员培训率达 100%。全村涌现出湖北省非遗项目鹿苑茶省级传承人杨先政、宜昌市科技致富带头人刘孝明和农技服务专家黄毅等优秀从业人员。

专栏1

鹿苑村的"土专家"和领头人：刘孝明

　　刘孝明是旧县镇鹿苑村党支部书记、主任，也是鹿苑黄茶的传承人。1974年9月，刘孝明出生在山水环绕的鹿苑村，由于祖辈都从事茶叶生产，他自小就与鹿苑茶结下了不解之缘。1994年夏天，刘孝明随同学到当阳游玩，途中看到当地的茶树又矮又宽。他好奇地仔细询问当地茶农后得知，茶树经断根改良产量会翻番，质量会升级。回到家后，他提出将原来的茶树砍断，让它重新生长，没想遭到家人的一致反对。因为鹿苑茶历史悠久，自乾隆时期便被封为贡茶，推翻祖辈们几千年传承下来的茶叶技术，不是反祖么？然而倔强的刘孝明在1996年的4月底，还是将自家4亩多的茶树全部砍断，家人骂他是败家子，村民笑他是傻子，他仍坚定信心，邀请县农业局的茶叶专业技术人员到茶园进行现场指导。5月，他改良后的茶树发出又嫩又绿又长的新芽，产量翻了一番，且质量明显提高。周围的人都傻了眼，也纷纷跟着他砍茶树，学技术，一下子刘孝明由一个不听话的小茶农变成了远近闻名的"土专家"。

　　茶叶产量高了，质量好了，但村里没有加工设备，茶叶都用于自销，这又成了刘孝明的新难题。1997年他自筹2万元在五峰购置了三套茶叶加工设备，召集家人，试办起旧县镇第一家茶叶加工厂。在制茶过程中，精益求精的他从茶叶的选择上做足工夫，注重精选色鲜、叶嫩、手感好的优质茶叶进行炒制，同时严格按机械操作规程操作，适时提高温度、压力等系统参数，绝不允许存在一丝误差，保证茶叶质量合乎规定要求。在机械使用过程中，一遇故障他总是认真钻研，及时、认真地进行修理，经过多次拆装，最后他把各种制茶机械摸得一清二楚。经过精心、细致的采、炒等步骤，他每年可制得优质干制茶叶100多斤，仅靠加工茶叶就为自己创收近4万元。

　　在富了自己的同时，刘孝明始终不忘帮助村民积极发展鹿苑茶，并被村民选举为村支部书记、主任，成为鹿苑村发展经济的"领头雁"。为了让大家种好茶，发展茶叶生产，刘孝明想尽了办法，先是请技术人员驻村辅导，聘请县镇茶叶专家及相关技术人员到村进行技术指导，定期进行技术培训。然后是充分发挥科技资料的作用，千方百计购置茶树栽制和茶叶炒制资料，发放到茶农手中，以提高茶农种制茶的科技含量，减少茶农因技术原因造成损失的可能性。最后是带领村"两委"班子成员带头学习发展茶树栽种、管理技术，并利用自家茶园和炒茶机械，把自己家建成茶农学习技术的示范室。

鹿苑茶渐渐有了新的名气，但又遭遇新的瓶颈，全国要求实行茶叶市场准入制度。刘孝明变挑战为机遇，2007年鹿苑村成立远安县首家茶叶专业合作社，通过党员代表带头示范、入股分红、技术服务等形式，鼓励群众入社发展，入社后茶农每斤鲜叶增收2～3元。接着他在村委会后山成功流转土地100亩，并招商引进当阳老板建设高标准基地。鹿苑村于2008年注册了"鹿苑茶"商标，2009年被省文化厅批准为非物质文化遗产保护基地。目前，全村新发展无性系茶叶育苗40万株，新建无性系茶园250亩及连片100亩的基地，并申报了绿色食品标识。

如今，刘孝明靠着发展鹿苑茶产业不仅富了自己、富了村民，还让鹿苑茶走出了远安，形成了独特的茶叶礼品市场。他的付出也得到了回报：2003年、2004年、2005年、2006年连续四年被评为"旧县镇先进个人"，2005年被评为"远安县第六届专业技术拔尖人才"，2006年被评为"宜昌市科技致富带头人"，2007年被评为"远安县优秀共产党员"，2008年被评为"远安县第十届十大杰出青年"，2010年4月在远安县首届"鹿苑杯"鹿苑茶制作技能大赛中荣获一等奖。

三、思考与启示

远安的绿水青山是一笔宝贵的财富，独特的丹霞地貌、历史悠久的嫘祖文化、源远流长的黄茶文化和农耕文明充分展现了远安深厚的历史文化底蕴。远安县委县政府高举"绿色发展"大旗，作出坚持全域旅游富民的战略决策，充分发挥得天独厚的自然环境优势和丰富的优质农产品资源优势，促进"农区变景区、田园变公园、民房变客房、劳动变运动、青山变金山、产品变商品"，进一步提升休闲农业和乡村旅游业发展水平，为推动农村一、二、三产业融合发展提供典型示范。旧县镇鹿苑黄茶文化观光园和花林寺镇金家湾生态露营公园，将鹿苑黄茶的历史渊源及传统制茶工艺流程展示给游客，通过大力发展休闲农业吸引了大量外出务工人员返乡创业，通过发展农家乐、乡村客栈等旅游服务业获得了可观的经济收入。这种自然环境优美，有黄茶主导产业支撑，有旅游服务等基础设施配套完善，依托绿水青山，打造金山银山的发展模式给了我们很多的启迪。

（一）保护好生态与历史文化就是保护好金饭碗

随着我国经济社会发展的不断深入，保护生态环境，传承历史文化得到了人们的高度认同。习近平总书记多次指出，绿水青山就是金山银山。我们既要绿水青山，也要金山银山。宁要绿水青山，不要金山银山，而且绿水青山就是金山银山。生态兴则文明兴、生态衰则文明衰。生态环境就是生产力，良好的生态环境就是GDP。实践证明，哪里注重生态环境的保护、建设、合理开发和经营，哪里就会获得巨大的经济效益、环境效益和社会效益。习近平总书记也在国际国内不同场合就推动中华优秀传统文化传承和创新发表了一系列重要论述。他指出，5000年中华文明，是人类文化河流中唯一没有干涸、没有断流的文明；中华优秀传统文化是中华民族的精神命脉，是涵养社会主义核心价值观的重要源泉，也是我们在世界文化激荡中站稳脚跟的坚实根基。湖北省远安县鹿苑村的发展实际表明，良好的生态环境和优秀的历史文化就是我们发展休闲农业和乡村旅游，促进农村一、二、三产业融合的"金饭碗"。湖北远安历史文化悠久，距今有2100多年的建县史，是嫘祖故里和楚文化的发源地之一。远安生态环境优良，森林覆盖率达74%，是全省绿化达标第一县和国家级生态示范区。近几年来，远安以全域景区化为统领，以新型城镇化、美丽乡村建设等为抓手，着力打造湖北最美县市，全县经济社会发展呈现产业转型升级、生态环境优良、人民安居乐业、社会和谐稳定的良好局面，先后荣获全国生态建设示范区、全国生态林业建设先进县、全国休闲农业与乡村旅游示范县等称号。鹿苑村的发展是远安县发展的一个缩影，是绿色湖北、美丽荆楚、生态远安的典型。

（二）实现农业创新发展要走产业融合发展道路

像鹿苑村所在的远安县一样，当前我国农业农村方面，大量有知识、有资本的人才外流，农村形成"38—61—99部队"，出现了农民老龄化、农业兼业化、农村空心化、地域经济衰退衰落等问题。远安县着眼于农业农村中出现的突出问题，积极发展农产品加工业，尤其是茶叶加工，拓展农业功能，发展休闲农业与乡村旅游，推动一、二、三产业融合互动，取得了积极成效。2014年，全县以黄茶产业为主导的茶园3.3万亩，茶叶加工产量为1 622吨；袋料香菇1.4亿袋，建成6个核心生产示范基地，年产香菇鲜品10万吨；规划建设休闲农业与乡村旅游景区（点）22处，现有星级农家乐426家。全县2014年农业总产值为28.5亿万元，农村常住居民可支配收入13 401元；全年休闲农业接待游客253.6万人次，实现收入17.8亿元。从鹿苑村的发展实际可以看出，要解决我国农业农村现有问题，不能单就农业谈农业，特别是必须跳出单纯抓生产的窠臼，大力推动农产品加工转化增值和农业农村服务业，通过延伸产业链和提升价值链，实现农村一、二、三产业的联动互动、融合发展，让农民分享产业增值的收益。

（三）村民主体作用与现代组织形式要有机结合

在考察过程中，我深切感受到，在发展休闲农业和乡村旅游与促进农村

一、二、三产业融合发展中，要取得良好效果，各类主体之间不能是简单的商品和服务买卖关系，而是要通过股份合作制组织形式等方式更紧密地连在一起，形成利益分享和融合发展机制。发展休闲农业和乡村旅游，广大农村居民要自主行动起来，但由于我国农户经营规模狭小，特别是传统小农户很难在推进村庄融合发展上发挥大的作用。因此，要充分发挥龙头企业、合作社、休闲农庄、产业园区等多主体作用，积极探索股份合作制等组织形式，使劳动者的劳动与劳动者的资本有机结合，形成产权清晰、利益直接、风险共担、机制灵活的制度安排。

（四）休闲农业与乡村旅游为农民创业搭建平台

支持农民工等人员返乡创业是我国当前促进大众创业、万众创新的重要实践，对于推动新型工业化和农业现代化、城镇化和新农村建设协同发展具有十分重要的意义。2015年6月，国务院下发了《国务院办公厅关于支持农民工等人员返乡创业的意见》（国办发〔2015〕47号，以下简称"意见"），提出建立多层次多样化的返乡创业格局，全面激发农民工等人员返乡创业热情，创造更多就地就近就业机会。休闲农业以农耕文化为魂，以美丽田园为韵，以生态农业为基，以创新创造为径，以古朴村落为形，是推进农民创业创新和就业增收的重要载体。鹿苑村的发展也说明了这一点。早期，鹿苑村与许多地方农村一样，外出务工人士不在少数，留守人员多为老人、妇女和儿童。随着远安县休闲农业与乡村旅游的火热发展，鹿苑村积极响应上级部门号召，以黄茶文化为依托，大力打造以生态旅游、农家休闲为主的农家乐行业，并鼓励有识之士返乡创业，吸引了一大批村民回流从事休闲农业与乡村旅游。当前，应按《意见》要求，鼓励创业基础好、创业能力强的返乡人员，充分开发乡村、乡土、乡韵潜在价值，发展休闲农业、林下经济和乡村旅游，促进农村一、二、三产业融合发展，拓展创业空间。特别是要以风景秀美的山村和少数民族特色村镇为平台和载体，大力发展民族风情旅游业，带动贫困地区和民族地区农民创业。

专栏1

鹿苑村返乡创业典型：周鸢梅

周鸢梅是土生土长的旧县镇北沟村四组人，2010年搬家落户至鹿苑。之前在上海一家工厂工作达16年。那时候因为工作年限长，工资已经涨至平均月工资六千，工作稳定，生活也较为安逸。但她过得并不开心，总觉得这种平淡至极的生活并不是自己想要的，时间一长，独自漂泊在外的感觉在心里不断滋长，什么时候才能一家人坐在一起吃个饭都成了心底的奢望。随着旅游业火热发展，远安的全域景区化已见成效，鹿苑村更是发生了一系列翻天覆地的变化。

鹿苑村积极响应上级部门号召，以黄茶文化为依托，大力打造以生态旅游、农家休闲为主的农家乐行业，并鼓励有识之士返乡创业，带动周边农民共同致富，全力建设最美乡村。周鸾梅听后大为心动，毅然从外乡辞职返乡。怀揣存下的几万元钱，把家里装修整洁，2013 年开办了"圣鸾锅巴饭"。农家乐创办初期面临多方困难，对于周鸾梅来说一切都要重新开始，不会就找师傅学，把师傅请进门，苦学两个月，终于做出了有品相的菜，慕名鹿苑旅游来的游客越来越多，她的信心也越来越大。在她的不懈努力下，农家乐生意逐渐红火起来，虽然占地只有 128 平方米，但厨房干净整洁，独特的大锅煮锅巴饭也颇有特色，加之她的热情，农家乐日均接待量为 30 余人次，年营业额在 30 万元左右，农家乐的生意顺带还把家里的农副产品销售出去。周鸾梅累却幸福着，一家人团团圆圆坐在院子里吃个饭再也不是梦，周鸾梅说现在的幸福感是百分百。

周鸾梅的经历算不上传奇，但是她返乡创业致富，以自己创业带动周边群众就业的事例却值得大力宣扬推广，尤其是在旅游大环境下，乡村游的发展还将进一步续写属于她们的创业新篇章。

（五）产业融合发展离不开政府积极引导与支持

在我国，农业家庭经营较为分散、实力弱、积累慢，农户是松散的，土地是零散的，资金是闲散的，市场是分散的，合作组织是软散的，每人一亩三分地还细分到 4～7 元，并且在诸子均分制中更加细碎化。因此，在产业融合发展过程中，完全依靠农民自己是很难实现的，急需政府的推动，通过规划指引、宣传推动、资金支持、项目扶持，形成了良好的政策环境。远安县委县政府为整体推进全县产业融合发展，制定出台了《远安县"生态旅游名县"建设推进方案》《打造远安全域景区化推进方案》《关于发展全域旅游的实施意见》，编制了《远安县休闲农业和乡村旅游发展规划》。政府主导建设了远安县"无障碍自助游"旅游标识系统，举办道教文化节、"美丽远安、村村诗画"全国摄影大奖赛、油菜花节、帐篷音乐节、紫薇花节、农耕文化体验周、山地自行车越野赛、骑车场地越野赛等一系列节庆活动；建立了远安旅游门户网站——湖北远安旅游网，开通了"美丽远安""美味远安"微信公众平台和掌上旅游APP，在湖北省内主要客源城市投放旅游宣传广告。这些强有力的政府性推动工作，为远安一、二、三产业融合发挥了强大的助推作用。

（2015 年 12 月 7 日）

2015 年中美科技交流项目

——肉制品加工交流项目考察报告

为加强中美两国肉制品加工领域的科技交流，2015 年 8 月 2—15 日，农业部农产品加工局刘明国副局长一行 6 人赴美开展了为期 14 天的专题考察，对肉制品加工业的发展现状、组织管理结构、科技体制机制及动物副产物综合利用等进行了深度调研。现将考察情况报告如下：

一、考察基本情况

从人员构成、组织流程、行程安排、交流主题、考察形式上看，本次考察具有以下几个特点：

（一）人员构成合理，前期调研扎实

考察团由农业部农产品加工局组团，成员包括农业部农产品加工局、农业部规划设计研究院、农业部农村社会事业发展中心、中国肉类食品综合研究中心、唐人神集团等行政管理和企事业单位的主要负责人和专业人员，既有中国肉制品加工领域的首席专家，又涵盖了肉制品加工领域的领军企业代表，还包括农业政策与投融资领域、农村社会发展领域的科研人员，共同构成了一支管理专业、学术权威、重点突出、实践丰富的综合性复合型考察队伍。为了确保考察效果，考察组于出国前进行了充分的前期调研工作，详细查阅了拟考察相关部门的职能职责，对全球特别是美国的肉制品加工业发展趋势及科技导向进行了解析，分析了我国肉制品加工业的发展现状和存在的问题，确立了对拟考察部门的考察主题，提出了访问交流的问题清单，形成了一份 12 000 余字的业务手册，确保本次考察顺利进行。

（二）双方高度重视，行程安排紧凑

本次考察受到了双方农业部的高度重视，为实现预期目标，双方作出了很大努力。由于我团组出访前夕临时变更成员，需重新启动出访程序，我部国际合作司及时与美国农业部和大使馆沟通，前后利用不到两天的时间即完成了签证工作，工作效率之高前所未有。美国农业部也投入了大量人力物力配合团组考察，安排明尼苏达州州立大学肉制品加工领域教授全程陪同考察，及时就考察中的有关问题解惑答疑，并根据我方要求，临时增加了多个考察点，全程共访问参观 16 个部门，与 18 位政府官员和 35 位科研人员、社会团体及企业管

理人员进行了深度交流，行程安排紧凑且高效有序。离开华盛顿后，团组驱车1 200千米，跨越内布拉斯加、爱荷华和明尼苏达三大州，密集访问参观了10个地方政府部门、企业和社会团体组织，农业部供肉动物研究中心共安排了9位肉制品加工领域重大项目负责人为我团组作了深入详细的专题报告，就最新成果进行了充分研讨和交流。

（三）考察主题鲜明，交流直切实际

结合我国肉制品加工业发展现状与制约因素，以问题为导向确定不同考察主题。其中，对政府部门主要了解其在政策引导、宏观调控、科技引领和质量安全保障等方面的职责；对社会团体组织主要了解其在连接政府企业、引导社会消费、强化行业自律、推进科技服务等方面的作用；对企业主要了解其在促进科技成果转化、开展标准化生产、提高产品市场竞争力等方面的措施。考察过程中开门见山、紧扣主题、观点鲜明，就有关肉制品加工管理体制机制等问题，双方均从实际出发，本着实事求是的原则深入交换意见，大幅提高了考察效率。如关于美国质量安全追溯问题，美方坦诚当前尚未全面建立电子记录与追溯系统，对主要畜产品质量安全的追溯只能到产地，还不能实现单个产品的追溯，且对质量安全违法事件的处理存在效率偏低、惩罚体系不健全等实际问题。

（四）考察形式丰富，信息获取量大

考察形式多样，内容丰富，既有正式座谈，也有现场参观，还包括专题讲座。每个考察点均作了精心准备，除以PPT形式进行系统报告外，还提供了详细的参阅资料，现场考察过程中有关部门管理和专业技术人员全程陪同，讲解透彻、展示全面。因时间所限，无法现场答复的问题，则后续以书面形式予以回复，使我团组掌握了大量一手资料，为完成考察任务奠定了良好基础。

二、主要考察内容

考察团共参观访问了5个政府部门，3个科研机构和高等院校，3个行业协会，5家肉制品加工、零售和养殖企业，经综合分析，主要有以下考察重点：

（一）系统了解政府部门的宏观调控职能

考察的政府部门包括美国农业部负责外事活动的国际合作局，负责肉类食品安全的农业安全检查办公室，负责市场信息与监管的农业市场服务局，以及明尼苏达州政府的农业局和健康局，系统了解相关部门的调控职能与运行机制。其中：

农业安全检查办公室（FSIS）是农业部唯一负责食品安全监管的部门，实施对全国范围内肉制品的质量安全监管。目前，FSIS在全美共设立了10大区域监管机构，由 7 000 名政府检验人员常驻在全国各大肉制品加工企业执行监管任务，对问题企业有权采取强行关闭措施。为提高监管效率和检测质量，FSIS 还委托全国各大科研院校开展食品安全检测分析和专项研究，每年约发布 19 万份检测分析与专题研究报告接受公众监督。在经费支持上，FSIS 实行财政经费和社会资金相结合的方式，预算内资金只支付驻厂检验人员的基本工资，8 小时外加班费用则由企业以劳务购买方式支付，有效促进和调动了检验人员的稳定性和积极性。在管理体制上，为避免检验人员与企业长期合作而形成利益交换关系，对检验人员实行定期轮岗制度，并建立严格的考评制度，确保检验人员的基本监管职责。

农业市场服务局（AMS）是促进生产流通部门与消费者之间有机衔接的重要政府部门，在稳定市场价格、调控市场供需关系中的典型做法包括：定期发布市场信息分析报告，及时为生产者、消费者和流通部门提供国内外肉蛋奶价格与数量信息；为肉制品加工企业提供肉类品质分级服务，颁发各类分级鉴定证书，促进肉制品质量安全和市场认可；与企业或协会联合开展肉制品市场宣传，增强消费者安全消费意识，促进产销有效对接；采取市场过剩产品的临时收购政策，抑制价格波动，维护行业稳定。这些措施，使 AMS 在推进肉制品加工企业标准化生产、促进产销对接，加强公众宣传、引导社会消费等方面发挥了关键作用。

明尼苏达州健康局是负责本州食源性疾病检测和防疫的卫生安全部门，农业局是负责本州肉制品安全质量监管的部门。其中，农业局负责对本州肉制品加工企业进行持续性检测，检测标准与农业部肉制品统一检测标准相兼容，检测对象通常为未纳入农业部统一检测范畴的小规模肉制品加工企业；健康局则负责全州食源性疾病的跟踪调查，为农业局追溯致病食品供应源提供前期分析，两大部门通过紧密合作，共同建立起健全的食品质量安全事中事后监管体系。

（二）详细考察行业协会的协调推介作用

考察的行业协会包括北美肉类协会、美国 RENDERING 协会和明尼苏达州牛肉委员会，主要了解协会在推进行业自律、促进组织协调、推进产销对接等方面的主要作用发挥情况。其中：

北美肉类协会是美国最大的肉类加工企业行业协会，会员涵盖了肉制品生产加工、设备供应、包装物流、餐饮零售等各类企业，采取企业募集和自负盈亏的运行模式，为会员提供市场营销宣传、应用技术研发、政策信息咨询、国际交流贸易等综合服务，为政府相关法律法规的制定与完善提供决策参考，有效发挥了企业与政府间，生产者与消费者之间的桥梁纽带作用。

RENDERING 协会是美国动物副产品综合利用专业协会，其会员包括副产物综合利用加工企业和加工原料供应企业（如屠宰场、餐饮企业等），主营业务是利用动物副产品、过期肉以及餐饮废弃食用油等加工成动物蛋白、生物柴油和汽车轮胎等，产品远销东南亚等地。该协会的主要功能是为加工企业提供稳定的原料供应，为企业产品推介提供营销渠道，为国际市场开拓提供综合咨询服务。在协会的组织带动下，美国动物副产品综合利用加工行业从小到大、从大到强逐步发展起来，资源生态环境得到有效保护，实现了肉类加工产业的链条延伸与增值，促进了畜产品加工业的可持续发展。

明尼苏达州牛肉委员会是全国牛肉委员会分会之一，美国各州均设立了牛肉委员会，在政府主导下为全国牛肉养殖户和各类从业人员提供全方位的综合服务，委员会实行代缴会费制（该制度于1985年纳入中央财政政策），运行经费来自于行业从业人员和肉牛养殖户，资金主要用于市场开拓与公众宣传，开展以引导社会消费为主题的科研推广等，是实现"小生产"与"大市场"有效对接的公益性社会团体组织。

（三）深入调研科研部门的创新转化情况

考察的科研部门包括美国供肉动物研究中心、爱荷华州立大学和明尼苏达州立大学，主要了解美国的农业科技体制机制以及推进产学研一体化发展中的典型做法。其中：

美国供肉动物研究中心是美国农业部唯一一家动物研究中心，主要承担政府委托的基础性研究课题，每年接受农业部2510万美元的科研经费支持，开展大量的畜禽种质资源、质量安全控制和生态环境治理等方面的基础研究，为政府相关政策制定和产业结构调整等提供决策依据。同时，该中心还与大学建立了密切合作关系，共享科研基础设施，共建科技成果中试转化基地和实验教学与培训基地，促进产学研一体化发展，并承接企业委托的应用性技术研发项目，加快科技成果转化。

爱荷华州立大学和明尼苏达州州立大学长年为政府和企业开展肉制品标准化生产、质量安全追溯体系建设等研究，大学实验室及中试车间等基础设施主要由财政出资建设，研发费用更多来自于合作企业，科研成果直接应用于生产，科研投入产出比达到1：20。相对于政府主导的科研机构而言，大学与企业合作更为紧密，是企业满足其技术需求的重要依托科研力量，两所大学均与相关企业共建了生猪、肉牛和奶牛等养殖基地，成为加快技术创新和成果转化的有效载体。

（四）走访参观相关企业的产销对接情况

考察企业包括史密斯菲尔德肉制品加工厂和肉制品零售企业等，主要了解美国肉制品加工及零售企业推进产加销一体化经营中的地位及作用。其中：

史密斯菲尔德肉制品加工厂成立于1958年，是史密斯菲尔德的主要屠宰加工企业之一，日加工能力达到 9.7 万千克。该工厂建立了稳定原料供应源和营销渠道，与周边 150 英里①半径的主要生猪养殖企业签订了订单供货协议，采取猪种苗和饲料统一供应的方式，确保了原料肉的优良品质；公司拥有快捷完备的物流配送体系，在大中城市周边建有配送中心，有效地将生产、加工、物流和市场联结起来。

美国肉制品零售企业采取股份连锁制，采用统一店名、统一标志、统一装饰、统一管理、统一核算、统一进货和分散经营的方式，提高连锁企业的整体规模效益，不仅降低了流通成本，更重要的是对肉制品进货环节实行了严格把控，对供应商采取一致的供货标准，以标准规范了市场秩序，促进了市场统一。

三、主要经验启示

考察过程中我们发现，美国肉制品加工业经过多年发展，已形成较为健全的质量安全保障体系、产业科技研发转化体系和综合社会化服务体系，政府承担着重要的监督保障与宏观调控职责，协会发挥着关键的协同联络与咨询服务功能，企业则是协会统一协调组织下的标准化生产者和科技创新驱动者。主要思考与启示包括：

（一）实行垂直管理模式，质量安全监管严密高效

主要经验：美国政府高度重视肉类行业质量管理，保障肉制品安全是美国农业部的重要职责之一，农业安全检查办公室是美国执行肉制品质量安全监管的顶层机构，由该机构延伸出的伞状网络式监管布局成为美国肉制品安全的重要保障，正如该部门负责人 Jeane 所述"FSIS 利用几十年时间探索出了肉制品质量安全监管的垂直管理体系，并发挥了极其重要的作用"。此外，基于美国公众长期以来形成的"尊重科学"的社会主流理念，FSIS 还充分发挥科研机构和科学家的学术权威作用，通过定期公开发布第三方检测报告的形式，树立公众对肉制品质量安全的信心。同时，美国政府农业和卫生部门还共同建立了食品安全战略预警与应急机制，在卫生部门对食源性疾病进行系统排查锁定发病源的基础上，由农业部门追溯食品原料供应源，使质量安全检测贯穿于养殖、加工、运输、批发和零售等各个环节，有效保障了食品质量安全。

重要启示：确保食品安全是政府的重要职责，提高监管效率、降低监管成本的重要措施就是解决多头监管和各自为政的局面，增强不同监管主体间的协调性。

---

① "英里"为非法定计量单位，1 英里≈1.609 千米。下同。

（二）政府事权明确，宏观调控措施有力

主要经验：政府不直接参与社会经济活动，其职能仅限于宏观调控，包括提供公共服务、建立福利制度、维护市场秩序等，美国农业部用于肉类行业的财政预算支出，除产品质量安全监管外，市场宏观调控为第二大支出。农业市场服务局作为农业部农产品销售主管部门，从产品质量控制和促进市场销售的角度，采取肉制品品质鉴定、临时收购和公益宣传等措施，促进市场发育、规范市场运行，实现对肉类行业经济的总体调节与控制，实现资源的优化配置，为微观经济运行提供良性的宏观环境，使市场经济得到正常运行和均衡发展。如，美国农业部每年支持 RENDERING 协会 180 万美元，专项用于该公司动物副产品综合循环利用加工项目的海外发展，支持公司生物燃料、化工产品和动物饲料的出口贸易等，不但有效调整了本国肉制品加工的产业结构，还使美国每年从动物副产品综合利用中获得巨大利益。

重要启示：在处理政府与市场的关系上，发达国家从自由放任逐步演变为强化政府干预。在事权职责内，政府通过采取有效的支持保护措施，在指导产业结构方向调整、促进资源优化配置、提高经济增长质量等方面发挥了重要作用。

（三）行业协会体系完善，小政府大市场经济模式成熟

主要经验：美国肉制品加工行业协会分为两大类，分别是以服务企业为主的行业协会和联合农户为主的行业协会，两类协会在增强企业和农户抵御市场风险能力、维护共同经济权益、规范市场行为、调配市场资源等方面发挥了重要作用，分别从强化行业自律、规范生产标准、促进流通秩序、推进政策制定等方面成为政府决策的有效补充和重要桥梁。在政府宏观调控下，各行业协会和企业依据价格机制、供求机制和竞争机制调节，发挥自身主体功能，自行调整各项生产销售决策，联合推进行业发展，实现生产要素和最终收益的有效分配。

重要启示：现代市场是一个包括商品市场、金融市场、劳动力市场、技术、信息、产权等各类要素市场在内的市场体系，使市场在资源配置中发挥决定性作用，必须依托协会的组织、协调、监督与服务功能，增强企业抵御市场风险的能力，维护企业共同的经济权益，规范市场行为，调配市场资源。

（四）科研协作系统高效，产学研一体化结合紧密

主要经验：美国政府高度重视农业基础科研工作，农业部有农业研究服务局和经济研究服务局两大部门专项开展农业自然科学研究和农业经济政策研究，其他部门均设有自己的研发机构开展各专业基础研究，并与大学、科研机构建立了良好的合作关系，每年拨付科研机构和高等院校 5 000 万美元预算资金用于开展基础性研究工作，在动物基因、食品营养和环境治理等领域取得了一批基础性、方向性、全局性和前瞻性科研成果，成为美国加工科技保持核心竞争力的源泉。同时，美国的农产品加工科研紧紧立足于产业发展需求，形成了完善的科研立项机制，科研项目的立项一般由科学家、企业、公共机构共同提出需求，统一规划确定重点研究项目，并通过外部评价系统和国家项目主管机构对项目的目标、机制进行评价，形成了高效的产学研合作创新体系。

重要启示：强化政府在基础科研领域的主体地位，充分发挥科研机构和高等院校的科研力量，创新政府与科研部门的合作体制机制是促进产学研有机结合的根本保障。

（五）企业主导应用技术研发，科技成果转化率高

主要经验：企业在肉制品加工应用研究、技术开发和成果转化等方面发挥了主导作用，以提高企业内部生产能力和外部市场竞争力为导向确定研发方向，研发经费主要来自企业销售收入，研发项目由协会协调相关科研机构和高等院校共同确立，并建立严格的项目评审考核制度，确保科研成果有效转化和落地实施。如北美肉类协会成立公共科研基金和专家委员会，负责科研经费的管理与科研项目的筛选，委托开展肉制品生产标准规范、生产加工能力提升和质量安全控制等方面的应用研究，研究成果不仅用于促进企业提高产业竞争力，还形成各项政策建议提供给政府，为政府推进产业政策调整和完善相关法律法规提供依据。科研机构和高等院校与协会和企业建立了稳定的合作关系，分别有30%和70%的科研经费来自于协会和企业。如美国肉类动物研究中心每年接受企业委托的科研经费达到850万美元，主要开展流通储藏技术、养殖繁育技术、疫病防控技术等应用研究，保障企业生产加工能力；爱荷华州立大学通过与企业开展定向研究、共建成果转化基地等方式，为企业提高市场竞争力、规范市场销售体系提供有力技术支撑。

重要启示：发达国家在工业化后期，政府科技投入比例呈明显下降趋势，科研投入来源结构过渡到企业主导模式。随着社会主义市场经济体制的不断完善，我国农业科技投入渠道也正在呈现多元化的发展趋势，为了顺应这种趋势，应进一步发挥政府农业科技投入的引导效应，灵活运用各种财政性支持手段，合理引导企业加大对农业特别是农产品加工业的科技投入力度。

四、对策与建议

美国在发展肉制品加工业领域积累了丰富的经验和模式，结合我国国情、农情和肉制品加工业发展实际，在加以吸收借鉴和甄别的基础上，经过深入研究思考，提出以下对策建议：

（一）强化宏观调控，发挥政府引导与监管职能

通过加大财税支持力度、降低融资门槛、减少审批流程等手段，降低肉制

品加工企业建设与运行成本，发挥引导作用，带动社会资金有效投入肉制品加工领域；强化政府行业监管监测与预警分析职能，继续巩固并加强各级政府对肉制品加工行业的质量安全监管、行业监测分析与预警支撑体系建设，在对重点领域、重点环节、重点品种开展监管监测分析及对结构性产能过剩等问题进行预警发布的基础上，引导企业建立健全质量安全标准体系、规范市场体系、调整产业结构、推动治理体系和治理能力的现代化建设，切实发挥政府在肉类行业发展中的宏观调控作用。

（二）创新科技体制，推进产学研有机融合

强化政府在农产品加工重大基础科研领域的投入主体地位，加快推进国家肉制品加工技术研发体系建设，引导科研机构、高等院校和企业构建"产学研推用"有机融合的科技创新体系，推进联合创新、协同创新和产业链上下游之间互动创新，不断提高创新效率和成果转化率；发挥肉类行业科技和产业技术体系岗位专家的作用，继续推进重大共性关键技术攻关，建设一批肉制品加工技术集成基地，建立具有中试能力的工程化研究平台及产业化应用平台，开展工程化研究和核心装备创制，加快解决一批影响产业发展的技术难题，推进基础研究、中试、推广应用相结合，加快推出一批成熟技术、工艺和产品。

（三）立足市场机制，发挥行业协会的协调监督功能

加快推进行业协会的"去行政化"改革，使行业协会从政府部门的直接管理中脱离，变业务主管为业务指导，承接政府职能转移，使其真正成为强化行业自律、提供服务、反映诉求、规范行为的主体。切实发挥农产品加工行业协会在连接企业、农户与政府之间的桥梁和纽带作用，协调解决农产品加工行业共性问题，如统一制定产品标准、督促产品质量提高、开展招商引资、招展办展等。

（四）坚持需求导向，探索实用高效的产业科技发展途径

以市场需求为导向，遵循市场经济规律，发挥协会和企业的市场主体地位和经营决策权，以提升产业层次，拓展产业功能为目标，引导企业探索农产品加工不同环节、不同品种领域的科技发展途径，围绕品牌化、规模化、集群化、基地化、市场化建设需求，力求在农产品初加工、精深加工、副产物综合利用等重要领域，以提高农产品加工企业市场竞争力为目标，优先在专用加工原料基地建设、先进节能环保型加工装备研究推广、优质特色农产品加工品牌建设等环节加快重点科研项目的实施。

（五）重视市场宣传，积极引导社会树立质量安全意识

充分利用现代化传播手段，通过网络、微信、微博、广播、电视、报纸等媒体，开展宣传推介公益活动，加强对农产品加工产品质量安全知识的普及与推广，增强公众对产品质量安全的认知与信心，树立"大食物"消费理念和正确的食品行业发展理念，全面提高农产品加工生产经营主体的法律意识和社会道德，营造了全国上下关注农产品加工质量安全的浓烈社会氛围。

　　本次考察中，美方表达了强烈的合作意愿。美方表示，目前正在加紧推进与中方的牛肉贸易合作，也希望加快推进与中方在动物副产品综合利用领域的投资合作。因此，建议进一步加强中美间政府、科研机构及企业在农产品加工领域的合作交流，鉴于美国发达的牛肉生产加工体系和先进的动物副产品综合利用加工技术，重点在牛肉与畜禽副产物加工利用等方面开展深入合作，在我国共建研发中心和中试基地，建立科研机构专家互动研发机制，共同举办专题性的国际会议或双边会议，加强双方高等院校的学术交流与合作，把肉制品加工业作为中美战略经济对话的重要内容之一。

襄阳安达公司公有制实现形式多样化调查

近年来，湖北襄阳安达运输总公司不断深化改革，转换经营机制，在公有制经济占主体地位的前提下，大胆吸收和利用多种所有制经济成分，由资不抵债发展成为拥有固定资产 2 700 万元、具有较强经济实力的企业。党的十五大报告明确提出："公有制实现形式可以而且应当多样化。一切反映社会化生产规律的经营方式和组织形式都可以大胆利用。要努力寻找能够极大促进生产力发展的公有制实现形式"。围绕这一重要精神，我们对襄阳安达运输总公司公有制实现形式多样化的成功实践进行了调查。

一、公司基本情况

襄阳安达运输总公司的前身是襄阳县客运公司，组建于 1984 年，到 1988 年底，累计负债 310 万元，资不抵债 79.8 万元。1989 年新一任领导班子上任后，大胆改革，试行单车承包、公有私营，公司立即起死回生，摆脱困境。在随后的几年中，公司不断探索推行新的公有制实现形式，企业不断发展壮大，现已成为下辖 11 个分公司的综合性国有运输集团公司。拥有职工 580 人，固定资产 2 700 万元（其中国有运输车辆资产 604 万元，个体私营资产 630 万元），运输车辆 242 台，分别比 1989 年公司改革前增加 473 人、2 560 万元、238 台。公司经营范围由原来的单一客运拓展到客货联运、公交出租、维修配件、广告装潢和快速客运等领域，经营线路由组建初期的 11 条增加到 55 条。公司先后开通了襄樊至武汉、十堰、河北、温州、义乌、广州等十多条长途客运"热线"，经营范围覆盖鄂、豫、沪、皖、浙、冀等七省十多个大中城市，形成了"南跨长江，北越黄河，东进沿海"的大客运经营网络，南方最远的到达广东澄海市，单边行程达 2 140 千米，北方最远的到达河北省北沟，距北京只有 98 千米，东边最远的到达浙江省的温州市，单边行程 1 450 千米。自1980 年公司改革以来，已累计完成营业收入 4 500 多万元，上缴国家各种税费1 300 多万元。

本文原载于 1997 年第 23 期《企业家》杂志，1997 年 10 月 13 日《襄樊日报》编发。

二、积极探索公有制实现形式

安达公司在企业负债累累、"行将就木"之际，之所以能够起死回生；在运输市场开放、多家经营、不平等竞争等不利情况下，之所以能够呈现出勃勃生机，不断破浪前进、发展壮大，关键的一点就在于他们大胆探索和推行了一系列行之有效的公有制实现形式。九年来，该公司共探索推行了七种公有制实现形式，七种公有制实现形式紧密结合公司自身实际和发展需要，由浅入深，由低级到高级循序推行，互为替代和补充，对公司发展起到了强有力的助推作用。

（一）推行单车承包，公有私营

该经营方式是安达公司在经营陷入绝境之时推出的，可以说是安达运输总公司的解困求生之术，对企业的起死回生、发展壮大起到了至关重要的作用。1989年初，面对濒临倒闭的企业，面对襄樊地区内随州、宜城两地实行单车承包失败的巨大风险，面对公司内外的巨大阻力，公司新任领导班子认真调查研究，在学习借鉴农村联产承包责任制的基础上，广泛开展民主讨论，果断将"包"字引入公司，本着"包死基数，确保上交，超收分成，歉收自补"的原则，面向公司全体职工，推行单车承包、公有私营。公司制定承包方案，根据方案与承包人签订承包合同。方案一实施，公司内立即热闹起来，短时间内，公司24部旧车中21部能跑的全部都包了出去，司机和售票员之间也展开了"将选兵，兵选将"的竞争活动，公司形象和服务质量都得到了显著提高。这一经营方式的推行，有效地实现了所有权与经营权的分离，充分调动了广大职工的积极性，有效解决了职工吃企业"大锅饭"的问题，为公司注入了新的活力，公司立即起死回生，摆脱困境。1990年，公司创收240万元，上缴国家各种规费58万元，公司职工月平均工资206.5元，分别比上年增长35.6%、27.6%、58.8元。1990—1993年，公司加速发展，车辆增加33台，总数达到57台。目前，该公司仍有32辆车实行单车承包经营。

（二）推行产权分期转让，租赁经营

1992年，客运市场逐步放开，国有专业客运企业一统天下的格局被打破，襄阳县内集体个体相继投入客运车辆100多台。集体和个体经营机制灵活，安达公司面临着严峻的挑战。压力就是动力，挑战就是机遇。公司领导班子通过充分酝酿，决定进一步深化改革，将国有企业实力雄厚的优势同集体个体经营的灵活性相结合，在公司内推行新的公有制实现形式——产权分期转让、租赁经营。公司成立了车辆租赁工作专班，制定了车辆产权分期转让、租赁经营实施方案。签订租赁合同后，租赁者先交车辆评估价值20%的本金，剩余部分在租赁期分期交付，并同时按月交纳延期支付本金的利息。租赁期满，租赁者

圆满完成合同规定指标，全部交清车辆价款，就取得了车辆产权。目前，该公司已有 22 台客货车实行了租赁经营。推行产权分期转让、租赁经营，进一步调动了经营者的积极性，同时也使经营者的责任心更为增强，有效地避免了承包经营拼设备现象的发生，企业和经营者的收入都相应增加，活了企业，也富了个人。

（三）推行合资购车，股份经营

安达运输总公司在对车辆实行单车承包和租赁经营的同时，针对其存在上交基数偏低，缺乏约束力，经营者片面追求个人利益，拼消耗、拼设备，拖欠上交款以及中途退包等问题，进一步加大改革力度，推行合资购车，股份经营。公司同合资方合资购车，或将公司车辆产权的一半卖给对方，双方各占 50% 的股份。合资合同规定：公司负责安全管理、技术培训、事故处理、办理有关证照等，合资方负责经营。合同期满后，双方对车辆重新评估，残值各得一半。合资购车、股份经营进一步增强了经营者的责任感，经营者和企业之间通过股份的形式紧紧捆在一起，连股、连利、连心，双方风险共担，利益均沾，对公司发展来说，这种经营方式缓解了公司资金的紧张，加速了公司的发展步伐，公司通过股份可吸纳大量社会资金，原来能发展一辆车的资金，现在可以发展两辆车，并在经营过程中创造双倍的经济效益。目前，安达公司已发展合资车辆 24 台。

（四）推行买断产权，自主经营

在推行前三种经营方式的同时，安达公司为了进一步拓宽融资渠道，解决企业发展资金紧张的矛盾，决定推行这种经营方式，其特点是总公司将车辆产权出售给经营者，运用无形资产（路线经营权）经营车辆产权有形资产。这种经营方式的引入，有效地缓解了企业发展资金紧张的矛盾，推动了企业滚动式发展。如安达公司在组建出租车公司时，投资 50 万元，首批购回 10 台"面的"车，采取买断产权的方式出售给经营者，然后再买再出售，短时期内滚动发展到 60 台，吸纳社会资金 300 多万元。采用这种经营方式，国有企业投入少量的资金就可获得迅速发展，并能够以无形资产控制大量的个体私营有形资产，同时还能最大限度地释放经营者的经营潜能，使企业从经营型向管理服务型转变，企业管理层可腾出精力研究市场，加强企业管理。目前，买断产权、自主经营已成为安达公司的主要经营方式之一，依靠这种方式，该公司发展运输车辆 94 台。

（五）推行带车挂靠，联合经营

集体、个体客运车辆挂靠安达运输总公司，公司收取一定数额的管理费，并代收代缴国家规定的各种规费，负责为其做好各种有关服务事项，诸如换证、调度、结算、票证、维修、交费、事故处理等，使经营者能够一心一意搞运输。挂靠经营一方面加强了运输市场的管理，创造了一个公平有序的竞争环境，经营者有了靠山；另一方面增加了公司的收入，提高了公司的知名度，有利于运输市场由粗放型向集约型转变。目前，全县已有 134 辆集体和个人的客运车辆挂靠安达公司经营。

（六）推行兼并融合，规模经营

1994 年 12 月底，安达公司依法兼并了襄阳县资不抵债的汽运公司，兼并后，总公司利用汽运公司的场地和技术人才，将其闲置的修配设备与总公司修理厂合并，建成一个规模大、起点高的专业化维修站，增强了市场竞争力，同时公司经营范围也得到拓展，由单一的客运拓展到客货两运及修配领域，公司实力得到进一步增强。

（七）依法授权，托管经营

企业主管部门依据有关政策、法规将所属的劣势企业授权给优势企业托管。托管企业利用自己的无形资产，如管理人才、企业声誉、市场信息、技术指导等，帮助被托管企业走出困境，实现企业新发展。被托管企业法人资格不变，资产关系不变，独立核算，自负盈亏。安达公司 1996 年 12 月根据交通局党组意见托管双沟装卸运输公司后，从强化管理入手，帮助其健全了劳动制度、财务管理制度、职工学习教育制度、内部审计制度等规章制度，改变了企业过去劳动纪律松懈，财务管理混乱的状况，使其运营进入良性循环状态。

三、几点启示

通过对安达公司的调查，我们认为其公有制实现形式多样化的探索是比较成功的。同时也体会到，我们经常所说的国有经济改革实质上也就是针对公有制实现形式多样化而言的。结合安达公司的发展实际，针对当前国有企业改革中存在的问题，主要可以得到以下五点启示。

启示之一：企业决策者的思想认识问题仍然是关系到企业改革的大问题

企业改革不能深入，发展不能加快，阻力很多，但最主要的仍然是思想禁锢和传统积习没有根除。思想怎么解放？认识怎么提高？只喊口号当然解决不了问题。改革开放 20 年，同样是一个地区，同样是一个环境，而结果却大相径庭，原因何在？说到底最重要的还是思想认识上的差距问题。安达公司之所以能够起死回生并保持了旺盛的生命力，关键在于安达人，尤其是安达公司决策层思想认识的提高。在安达公司深化改革之初，安达公司的职工大多也是顾虑重重，但公司决策者的认识都达到了高度一致，思想上首先对改革有了破釜沉舟、背水一战的决心。在此基础上，他们把改革的步伐第一个放在解放和统一职工的思想上，几个决策者一时说服不了几百个群众，他们就反过来采取

"单挑"，让群众单个的进会议室来，由几个决策者一起来解答一人提出的各种问题。这样，通过通宵达旦、一鼓作气的工作，公司广大干部职工的思想认识实现了统一，为顺利推行改革打下了坚实的基础。与此相反，我们有的企业决策者在改革时自己本身的思想认识就没有真正提高，他们的思想依靠县委、县政府灌输，措施依靠县委、县政府制定，行动依靠县委、县政府督促。这种思想认识上只知皮毛不得精髓，行动举措上仅仅作为政治任务来"落实"的改革当然不会有好效果，甚至适得其所。

启示之二：国有企业完全可以大胆地吸收和利用多种所有制经济成分，企业困难的根本不在于缺钱，而在于缺少聚钱的门路

江泽民同志在党的十五大报告中明确指出，要从战略的高度调整国有经济布局，公有制实现形式可以而且应当多样化。安达公司的实践证明，总书记的这一重要论述是真理性的。当前，我们只要一提到企业困难，人们马上就会想到缺钱。但是，安达公司的实践同时表明，企业困难的根本并不在于缺钱，而在于缺少聚钱的门路。不到10年，安达公司把固定资产从100多万元盘到2700多万元，这个发展是惊人的。这2700多万元中尽管有相当部分属于私有经济，但这些私有经济在公司中是受国有经济支配和充分利用的，从发展的角度来看，它有力地支持和促进了国有经济的发展，甚至可以说，只要继续管理有方，它在某种程度上是等同于国有经济的。这一点也正好又符合十五大关于公有制多种实现形式的要求。脑筋随时换，路子不断宽。只要我们善于开动脑筋，多想办法，国有企业的发展是不会受到缺钱问题困扰的。

启示之三：企业管理者必须要时刻注意深入研究市场，主要是要抓住政策和市场两大机遇

我们搞改革不仅要勇于改、勤于改，更重要的是要善于改。既要有开创性，又要有预见性；既要有雄心壮志，又要脚踏实地；既要立足本职，又要放眼全局；既要有紧迫感，又要有科学性。市场充满了风浪和暗礁，盲目干容易走弯路。要做到善于改，必须要深入研究市场。所谓知己知彼才能百战不殆，只有把握了市场行情，做到耳聪目明，改革才能避免失误。总结安达公司成功的原因，归结起来，实质上就是抓住了政策和市场这两大机遇。例如，在邓小平视察南方谈话及十四大以后，他们及时树立了大客运观念。在襄樊建设大城市取缔"电麻木"之际，他们又率先提出组建出租车公司。抓政策机遇他们紧紧跟上，抓市场机遇他们则是超前准备。之所以能够有效地抓住这两大机遇，主要原因又在于他们时刻能够坚持深入研究和洞察市场行情。我们内地的发展之所以落后于沿海，关键就在于我们的行动总是走在沿海的后面。安达公司最为难能可贵的就是在当别人犹豫彷徨，迈不开步子时，自己能够抢先一步占领市场。

启示之四：企业在具体工作中要坚持做到增加收入和资产管理"两手抓两手硬"

安达公司在 9 年的时间里能够运用七种不同的机制，其中在各种机制转换中一个主要动机就是尽最大限度地减少管理漏洞，以达到国有资产保值增值。对于企业来说，增加收入固然重要，但管理同样是创造收益的一个重要方面。管理跟不上，增收了也会付之东流，国有资产的保值增值只能成为一句空话。据调查，企业国有资产流失严重的原因最主要的突出表现在三个方面：一是短期行为。有的企业在实行租赁承包后，由于管理不善，导致化公为私。租赁承包者只考虑个人利益，使厂房设备因长期失修而损坏或废弃。有的在拍卖过程中削价太多等。二是少提折旧费。少数企业急功近利，图虚名，少提留，固定资产折旧费往往不按国家规定提足，有的甚至不提，使企业固定资产在使用过程中得不到积累的合理补偿而流失。三是"盈利"掩盖潜亏。有的企业领导者为了捞取政绩而做假账，实际上损害了企业健康的发展。

启示之五：企业的主管部门对企业的改革要热情服务，敢于放权，不怕丢权

安达公司在整个深化改革的过程中始终得到了企业的主管部门——交通局全方位的大力支持。县交通局对企业改革一个总的原则就是放权、激励、保护、服务。他们以"企业至上"为宗旨，做到项目论证，随报随审；办理手续，随到随办；费用能减则减，能免则免，能补则补；绝不利用职权向企业吃、拿、卡、要；企业遇到困难则共同解决。不仅如此，他们还敢于把本来属于自己直接管辖的双沟装卸公司等放权给安达公司托管，从而使这些濒临困境的企业重现了勃勃生机。襄阳县交通局是这样，然而我们有些主管部门对属下的改革却总是横挑鼻子竖挑眼，唯恐"有权不用，过期作废"，利用职权，层层设卡，唯我独尊，甚至为一点很小的利益争来争去，在企业改革中扮演了一个很不恰当的角色。县交通局领导说："我们全力支持改革，图的不是企业能上交好多钱，他们能发展就是一个很大的贡献"。这种思想的解放程度对我们其他的企业主管部门应该是有深刻启示的。

国企发展的力量源泉和根本保障

——对襄阳安达公司党委"三心"思想政治工作的调查

湖北襄阳安达运输总公司是一家公路运输企业,前身是襄阳县客运公司,组建于 1984 年。由于多种原因,企业经营曾一度举步维艰,到 1988 年底,公司累计负债 310 万元,资不抵债达 79 万元。针对存在的问题,从 1989 年开始,他们在年轻的党委书记、总经理李连生的带领下,十年磨一剑,坚持用思想政治工作鼓动人心、凝聚人心、净化人心,企业逐步走出了困境。到 1999 年公司已成为一个总公司下辖十个分公司(厂、站)的综合性运输集团,固定资产达到3 000 万元,年实现营业收入 2 400 万元,年上交国家税费 500 万元,职工年人均社会贡献 2.5 万元,并多次获得中央部门及省、市、县授予的"五好企业""先进基层党组织""文明单位标兵"等荣誉称号。

党员带头,通过思想政治工作鼓动人心,开启发展之门

安达公司的实践证明,在市场经济条件下,充分发挥共产党员的模范带头作用仍然是群众性思想政治工作最有力的手段。

(一)让党员在经济建设中模范带头,用典型引路鼓动人心,推动改革

他们率先在全市大胆提出要改革经营机制,实现"单车承包、公有私营"。在公司全体职工参加的车辆发包大会上,共产党员刘连海在关键时刻带头揭了第一榜,他在揭榜时说:市场如战场,在枪林弹雨的战场上,共产党员冲锋在前,在波涛汹涌的市场上,我们共产党员就应该敢担风险。接着,张明生等一批党员也纷纷开始揭榜。他们的模范带头作用极大地鼓动了人心,结果,在当时公司 31 部旧客车中,24 辆能包的全部包了出去。后来,他们在搞"产权分期转让、租赁经营"时,在实行"合资购车、股份经营"时,都是共产党员带头、领先。

(二)让党员在精神文明建设中模范带头,鼓动人们共同营造良好的社会风气,创造良好的发展环境

他们大力倡导干部职工爱岗敬业、无私奉献,真正使广大旅客亲身体会到

本文原载于 2000 年 9 月 11 日中央党校《党政周刊》,中宣部《宣传手册》2000 年第 21 期及湖北襄樊市委《决策与实践》2000 年第 10 期编发。

"温暖在车厢、舒适在途中、满意到终点"。全体党员驾乘人员，带头改变对顾客"冷、横、硬"的态度，消灭车辆"脏、乱、差"的现象，并向社会公开实行承诺服务，乘务人员坚持做到微笑服务，使用文明用语，扶老携幼，深受乘客的赞誉。到现在，公司已先后有 31 名党员驾驶的车辆分别被中国公路运输工会全国委员会、交通部公路管理司、公安部交通管理局以及省交通厅等上级部门授予"全国红旗客车""青年文明号""共产党员责任车"和"文明示范车"等称号。

大胆创新，通过思想政治工作凝聚人心，铺平发展之路

安达公司党委根据形势发展的需要，因势利导，重点在三个方面进行了创新：一是思想政治工作内容创新。公司党委每年除组织干部职工集中进行约 80 小时的学习外，还邀请党校老师、专家教授给党员上党课。组织党的知识竞赛，聘请律师给党员干部职工讲法制课等。二是思想政治工作载体创新。几年来，公司党委用于企业文化建设的投资达 50 多万元，使开发思想政治工作活动的条件不断改善。三是思想政治工作方式创新。党委成员、支部成员、党小组长一律实行"一岗双责制"，普通党员实行"一人双保制"，技术党员实行"一人双带制"，积极发挥模范带头作用。公司党委把发展经济工作的切入点落实在各个党支部工作日程上，每次党委决定的重大生产经营决策都通过各个党支部得到贯彻落实。党支部在生产经营上既抢前争先，又互帮互联，做到了分工不分家，补台不拆台，成为企业发展的中坚力量。为了更进一步加强对广大职工的思想政治工作，公司党委还制定了领导干部家访制，规定了两个"必访"，即职工有困难必访、有思想情绪必访，随时为职工释疑解惑。

严格管理，通过思想政治工作净化人心，保障发展之果

（一）管好领导干部

首先，作为公司党委一班人，他们时刻警戒自己"心莫贪、手莫伸、志莫移"，并从制度上进行严格约束，公开接受群众监督。其中明确规定公司的基本建设问题经集体研究后，由职工代表大会讨论通过；人事问题经党委班子讨论后，由中层干部会议议定；财务开支一律要经过经办人签字，分管领导把关，审计科审计后方可报销。在处理内部人际交往中，他们要求党委成员一律坚决不搞亲亲疏疏，不搞裙带关系，不搞拉帮结派，大家都处处以工作为重，没有任何内讧现象发生。

（二）管好生产经营

公司先后召开企管会、中层干部会、职工代表会，反复研究讨论，广泛征求意见，共制定和完善出台企业各项管理制度 30 个 6 000 条 9 万字，并装订

成册，印发给企业干部职工对照执行。为了加强对各分公司的管理，他们联系实际，探索出了一套根据不同对象分类管理的科学方法，对各分公司实行了模拟市场核算管理，分公司与分公司之间业务往来像市场上一样实行买卖关系；针对安全管理，总结出了一套安全程序法，在全省推广，并受到了交通部的肯定。对不交承包费的，长期旷工的，屡教不改的一律解除劳动合同。通过这些措施，有效阻塞了企业在经营过程中的管理漏洞。

（三）管好挂靠车主

个体司机带车挂靠是在县委、县政府支持下，安达公司探索公有制实现形式多样化的有效尝试。挂靠以后，公司在严格按照合同对其进行管理，积极提供服务和承担相应责任的同时，还从党建和思想政治工作的角度进一步加大了对他们的管理力度。例如公司党委在挂靠个体中巴车主中成立党小组，然后由党小组牵头对其进行日常思想教育和行为管理，并以单位名义组织他们跨地区经营，有的借助安达这个品牌，经营线路已跨越长江、跑过黄河，收入成倍增长，使过去的小车主很快变成了大老板。得到实惠之后，他们心悦诚服地以公司为"婆家"，自觉接受教育、监督和管理，维护安达公司的良好形象。

以副养医　相得益彰

——襄阳县医院大力发展医办产业

医院作为社会公益事业单位，如果继续仅仅依赖于有限的政府投入和受严格控制的医疗创收去发展，显然很难跟上时代发展的步伐。

湖北省襄阳县人民医院是一所在国家大城市市区的"夹缝"中求生存的县级综合医院，有职工近 800 人，年财政拨款 59 万元，到 1994 年，年业务总收入仅 1 200 万元，医院发展举步维艰，曾一度在"保饭碗"的困境中苦苦挣扎。穷则思变，1994 年 11 月，该院现任党委班子上任后，很快提出要解放思想，转换思路，狠抓医办产业。他们高瞻远瞩，抢抓政策机遇，在上级党委、政府及各级业务主管部门的大力支持和关心帮助下，该院医办产业经过 1995 年整整一年的摸索后，1996 年初具规模，仅去年下半年共实现产值 1 006.6 万元，比医疗业务收入略少。除医疗主业外，基本实现了"第一产业抓基础，第二产业当龙头，第三产业作补充，优化管理促节支"的理想格局，大大强化了医院经济的自我造血功能和补偿、保障机制。包括国家计委、卫生部在内的全国十余家部门和单位的领导前来视察和参观后，一致认为他们的医办产业选项准、起点高、发展快、前景好，创出了可供借鉴的发展模式。预计 1998 年如果该院各产业项目全部上马，总产值可望达到 1.3 亿元以上。具体做法是：

一、大搞医办工业，以医疗专业带动龙头产业

襄阳县人民医院在开拓医办产业上，把医办工业作为重点，紧紧围绕"医"字做文章。1994 年，医院的医办工业基本还是空白。1995 年，他们首先对制剂室进行改造，与同济医科大学药学院联合，一次投资 10 万元，开发出 2 个药品生产项目，年收入达 110 万元，迈出了可喜的一步。

由于该院处于襄樊市区中心，发展空间受到严重限制，为了使医办工业早日形成规模，1995 年 11 月，他们以超常的魄力，毅然在襄阳新县城征地 30 亩，并通过职代会一锤定音，给这个地方命名叫做"襄阳天使村"，专门用于

　　本文原载于国务院《中国第三产业》1998 年第 10 期、《中国卫生政策》1997 年第 12 期、《中华医院管理》1998 年 3 月第 14 卷第 3 期、《中国卫生经济》1997 年增刊、《全国卫生产业报》1997 年 4 月 16 日头版头条。

发展医办产业。1996 年 4 月，他们即动手在此兴建制药大楼，总投资 280 万元，占地 3 400 平方米。1996 年 7 月，医院内部正式成立制药厂和药酒厂。其中，制药厂编制专业人员 13 名，内设药品开发室、胶囊制剂室、普通制剂室、质检室和库房。近半年时间，该院与同济医科大学和南京大学密切合作，在有关部门的严格监测下，先后开发引进了强力活性碘、86 消毒王消毒液，以及盐酸氟丙嗪胶囊、先锋 Ⅳ 胶囊和润肤养颜新产品维生素 E 霜、毛果芸香碱、匹鲁卡品滴眼液等新品种。药酒厂主要生产由医院和同济医科大学药学院共同研制的"中国神酒"，1997 年 7 月医院内部即开始批量试生产。目前，这一项目由台湾华福国际有限公司与医院正联手搞进一步开发，计划一次性投资 1 000 万元，预计年产值在 1 亿元以上。另外，美国纽约一家大公司也正在向医院争取该项目的联合开发权，发展前景看好。

今年 2 月，台湾华福国际有限公司已与该院正式签订合同，在医院的"襄阳天使村"创办"鄂台合资襄溪医用材料有限公司"，第一期工程投资 113.9 万元，台方包产品销路，利润五五分成。该合资项目从签订合同到 3 月 8 日正式试车开工，前后时间不到一个月。预计 1998 年可实现产值 1 440 万元。

二、利用地理资源，以技术能源开发经济来源

襄阳县人民医院位于襄樊繁华的闹市区，地理位置十分优越，但医院 3 间门面商品房却每年盈利甚微。院党委经过认真分析论证后，于 1996 年申报成立了"襄樊市民康责任有限公司"，通过投标将门面及公司牌子大胆抛出，让有技术和经营才能的职工承包，公司人员以招聘单位内部职工为主，并另外在院内提供一定的工作场地。公司主要从事副食、医药、医器经营，并承接各种装修工程。承包一年，不仅解决了医院部分剩余人员的就业问题，而且向医院上交纯利润 30 万元，实现营业额 70 万元。

为了美化医院环境，进一步扩大经济来源。该院还成立了花卉苗圃公司。他们充分利用院内及"襄阳天使村"的空地，瞄准投资小、见效快的花卉繁殖上项目。选拔有一定花卉种养技术和热情的职工任公司负责人和技术工作人员，并从国有大型公园聘请高级花卉种养工程师常年做技术指导。1996 年，医院共计投资 25 万元为公司修建温室花房及购买花盆，开辟荒地 10 亩。公司全年共繁殖夏娟、毛娟、月季小苗 4 000 株，繁殖夏金边、富贵竹等南方高档花卉小苗 295 盆，繁殖一般花卉盆景 208 盆，栽南天竹 118 株、盆景树桩 2 200 棵，按市场价计算，总产值达 600 万元，并为医院日常绿化及大型活动节约经费 41.8 万元。1997 年下半年，他们还在花卉苗圃基地旁修建了大小 25 个，占地 1.2 亩的养鱼池，到目前已成功繁育各种名贵鱼苗 108 万尾，价值 10 万元。鱼戏水中，花开岸上。可以说，如今的襄阳县人民医院，一年四季，

景色宜人，处处春意融融，生机盎然。

三、后勤企业化，以服务市场化促管理科学化

襄阳县医院新一届党委上任后，逐步将后勤管理企业化，按社会主义市场经济法则，把后勤服务推向院内"小市场"。1995 年前，该院各种打字、印刷费，每年花销在 30 万元以上，浪费较大。针对这种状况，他们先后投资 5.83 万元和 3 万元，分别兴建了自己的打字室和印刷车间，两年来，共为医院节约开支 36 万元。汽车班 1996 年进行效益承包后，费用也大幅下降。

他们从 1995 年开始把食堂交给个人承包，包括工人工资及水电费等均由承包人自负，这样，不仅结束了医院每年向食堂倒贴 1.2 万元的历史，反过来食堂还每年向医院上交纯利润 2 万元。1996 年对后勤水电班实行效益承包后，医院水电费回收率达 96%，相对上年为医院节约开支 10 万元。1998 年，他们对设备维修班也实行了效益承包。实践证明，像这种打破后勤"大锅饭"的做法，既提高了工作人员的积极性和服务质量，又较好地堵塞了漏洞，减少了浪费。

有破有立。总之，襄阳县医院在医办产业的发展道路上走出了可喜的一步。在医办产业全面发展的同时，还保证和带动了医院的全面进步。仅两年时间，医院占地面积翻了两番；房屋面积、固定资产、医院收入均实现翻番目标，并被评为国家二级甲等医院和国际爱婴医院。医院实力增强后，他们更加牢记社会主义的办院宗旨，时刻不忘回报社会，两年来，共投资 700 多万元添置医疗设备，购置便民汽车，派出 9 支医疗队深入农村巡回义诊，义务送医送药，投资 400 多万元在乡镇设立了两个便民就医中心，赢得了社会的广泛赞许。在湖北省卫生厅组织的创甲评审中，该院病人满意度达 100%，全省仅此一家。当然，在总结成绩的同时，他们更清楚自己的不足，其医办产业同样也面临着资金短缺、人才匮乏、管理不够等紧迫问题，但我们坚信，这些问题都只是前进中的问题，发展中的问题，终将得到解决，医办产业更加辉煌的明天就在他们眼前。

借鉴有益发展经验　加强农业基础地位

——"小康社会领导者培训项目"第二期现代农业发展与农村建设专题研究班学习考察报告

2007年11月11日至12月1日，"小康社会领导者培训项目"第二期现代农业发展与农村建设专题研究班赴澳大利亚进行学习研究。经过各方面的共同努力，研究班圆满完成了学习任务。现将有关情况报告如下：

一、学习研究的基本情况

这期研究班是由中组部、商务部和联合国开发计划署合作举办的，共有学员23人，主要由农业部、国家质检总局、中国农业发展银行、四川省政府的领导同志，中财办、国土资源部等部委司局负责同志，以及吉林、黑龙江、安徽、河南、湖南、广西、海南、贵州、西藏、宁夏、新疆等省（区）地方政府及农口部门负责同志组成。研究班主要在澳大利亚国立大学和悉尼大学学习研究。期间，研究班围绕澳大利亚经济发展基础、现代农业发展战略、农业综合生产能力提高、农村基础设施建设、农村公共事业发展、农村劳动力市场和就业制度、城乡统筹发展等7个大类问题，听了近40次专题课；开展了多次集体研讨和交流；到澳大利亚国会、农渔林业部、贸易委员会、联邦科学院研究所、新南威尔士州食品监管局和一些农场、小镇、海港、渔市、农业合作社等部门和单位进行了实地走访考察。

在总结学习体会时，学员们一致认为，这期研究班集中体现了"五个好"：一是课程内容设计得好。围绕现代农业发展与农村建设这个主题，教学内容丰富，既有对澳农业农村全局和面上情况的介绍，又有对个案和重点热点问题的解剖，同时有机穿插了与我国有关情况的对比分析，学习比较系统。二是学员结构搭配得好。学员中，以直接负责"三农"工作的同志居多，省部级领导、部委机关负责同志、省（区）地方政府及农口负责同志各占一定比例，还有3位省农科院院长参加，为大家相互学习交流创造了有利条件。三是教学形式运用得好。请澳大利亚相关领域的一流教授、专家讲课，教与学之间充分互动，

作者为研究班成员和秘书。本文原载于中共中央组织部工作简报，考察团薛亮团长指导考察报告起草。

还安排了一些实地考察，加深了学员对学习内容的理解。四是组织工作落实得好。中组部在出国前为全体学员集中组织了高水平的预培训，出国后，研究班发挥学员支部作用，各项组织工作严谨周到，采取了由每位学员轮流做值班团长的做法，调动了大家的积极性。五是学习时机选择得好。这期研究班在党的十七大召开之后举办，使大家学习方向更加明确，进一步增强了加快现代农业和新农村建设的责任感和使命感。通过这次研究班的学习，大家普遍感到开阔了视野、增长了见识、学到了经验、坚定了信心；学习的时间虽然很紧，但效率高、效果好、收获大；特别是在澳期间得到了我驻外使领馆的高度重视和热情接待，培训达到了预期的效果。

二、澳大利亚农业特点、发展经验及面临的问题

（一）澳大利亚农业国情和特点

澳大利亚幅员广阔、自然资源丰富而人口稀少，是一个以农牧业、采矿业和制造业为主的国家。国土面积 769.8 万平方千米，居世界第 6 位。人口 2 110.9万，其中农业劳动力约37.5 万。经济总量居世界第 14 位，人均 GDP 达 3.33 万美元，农业在全国 GDP 中的比重为 3%。全国人均农牧业用地约 32 公顷，人均耕地面积 3.2 公顷，高居世界前列。澳羊毛、牛肉、小麦、糖、奶制品、水果等农产品在国际市场上占有相当的份额，是世界上最大的羊毛生产国和出口国，最大的牛肉出口国，第三大小麦出口国。

整体看，澳大利亚农业有四个明显特点：

一是发展效率高。从 1974/1975 年度到 2003/2004 年度这 20 年的投入产出看，澳大利亚农业总产出年均增长 2.4%，同期制造业年均增长 1.9%。决定农业增长贡献的主要是农业生产率，年均增长率为 2.3%，是所有其他部门平均增长率（1%）的 2 倍多，而同期农业生产用地、劳动力和资本投入都下降了。

二是生产向大农场集中。由于市场导向和政府政策的鼓励，近 20 年来，澳大利亚农场数量减少了四分之一，减少近 4.6 万个，农场规模平均从 2 720 公顷增加到 3 340 公顷，上升 23%。据估算，当前占全国农场总数 10% 的大农场的年产值已经超过了全国 50% 的农业总产出，而占总数 50% 以上的小农场年总产值仅占全国农业总产出的 10%。

三是布局向区域化发展。由于不同的农业资源、气候条件，澳大利亚绵羊南移、肉牛北迁趋势明显，昆士兰州沿岸的甘蔗带、塔斯马尼亚州的苹果区、东南部的小麦带进一步形成。目前，全国已经形成了集约农业带、小麦和养牛带、牧业带等三大明显的农业区。

四是农产品出口份额大。澳大利亚人口少、国内消费市场容量小，农产品

历来以出口为主。目前，澳农产品及加工品出口额已占出口总额的 22%，常年农产品出口量约占农产品总产量的 75%，其中，羊肉 48% 出口，羊毛 98% 出口，牛肉 43.7% 出口，乳酪 46% 出口，奶粉 91% 出口，黄油 45% 出口，葡萄酒 46% 出口，小麦 74% 出口。

（二）澳大利亚的农业发展经验

澳大利亚农业占 GDP 的比重很低，但却在国民经济中占有重要地位，在世界上有着重要影响。通过学习研究，我们认为主要有以下几条经验值得总结和借鉴。

1. 重视资源和环境保护，促进农业可持续发展。 一是高度重视水资源的管理。澳河流年度径流量变化率为 54.3%，降雨变化率为 17%，与世界多数国家相比波动是最大的，农业用水占到水资源总消耗量的 65%。针对生态脆弱、相对缺水的国情，从立法、技术和资金投入等多个层面，加强对水资源的保护，大力发展旱作节水农业。全国实行限量供水，由各州负责分配水资源。近五年来又鼓励用水户之间进行用水额度交易，提高水资源利用率，并出台政策倡导城市污水处理后农业再利用。2007 年，国家提出了用水安全计划，决定在 10 年内投入 100 亿澳元，其中，拟用 30 亿澳元从用户手中买回水权，由国家统筹调配；用 46.7 亿澳元提高用水效益，包括大力采用喷灌、地下渗灌和滴灌节水技术。二是高度重视耕地资源的保护。广泛开展土地保护运动，立法限制任意开垦土地。政府在全国各地建立了大批保护性耕作试验站，吸收农学、水土、农机专家参与研究工作，在全国各地推广少耕和免耕技术，提高土地资源的生产力。三是加强生态环境的保护和监测。大力推广病虫害生物防治技术，严格控制农药使用，农民喷药需经批准，努力减少农药残留、化肥、重金属对环境的污染等。对入境物品实行严厉的检疫制度。

2. 推进科技进步，加强农业科研和推广体系建设。 澳大利亚每个州和相关大学都设有农业科研和推广机构，形成了以政府、大学、协会、企业共同投资的农业科研和推广体系。基础研究项目资金一般由联邦政府、州政府拨专款进行资助。国家农业基础科研资金和项目由联邦农渔林业部主管的谷物研究和发展公司（GRDS）负责，政府从农民出售农产品的收入中提取一定的科研基金，如小麦按收购价的 1.5% 提取，联邦政府再按 1∶1 配套拨付给 GRDS，然后由 GRDS 以项目经费的形式支持农业科研。每年 GRDS 这项资金约 1.5 亿澳元。同时，各科研机构还从其他社会基金获得研究经费。在农业科技推广上实行项目制，项目实行招标制，每一项科技的推广，都有明确项目主体、项目资金。这些措施使农业科研和成果转化有效进行。

3. 加强对农民的教育和培训，提高农村劳动者素质。 澳政府十分重视以能力为基础的农业职业教育和农民培训，联邦政府及各州均设有就业、教育和培训部。农业职业教育和农民培训主要由政府出资。2007 年，议会还通过了由政府建立农村技能培训专项基金的议案。农业教育和培训由多种形式、多层次的学校和机构承担，有大学、农学院、技术学院、中等学校中的职业技术教育，还有学徒制和培训生制、农场培训等。在体制上分为州立职业技术与继续教育（TAFE）和私立注册培训机构（RTOS）两大类；培训文凭有正式学历文凭和特定技能证书（如安全生产证书、化学物质使用证书）两大类，均为全国认可。近年来，农业培训由过去单一的脱产培训扩展到直接在工作场所进行在职培训，以增加更多的灵活性。他们还把农业教育和培训的评价指标纳入"全国能力标准"，以保证从事农业生产经营的劳动者都能达到行业的知识技能要求。澳目前农村和农产品加工行业中大专以上学历的人员占 13.9%，持有专项证书的占 12.9%，中等学历的占 73.2%，这些学历水平与欧美发达国家相近，与其他行业相比还比较低。

4. 发挥市场机制和行政调控的双重作用，引导和保障农业生产健康发展。长期以来，澳政府一直十分坚持发挥市场机制的作用，农牧场的生产、农产品的价格等都由市场来调节，政府尽量减少对企业、农场经营的干预。这一理念使农业生产者十分重视国内外市场信息，注重与客户保持牢固的关系，较少依赖于政府。澳大利亚目前仍是对农业单品种生产实行零补贴的国家，并且反对其他国家对农业生产进行补贴。但是近年来随着气候、市场等形势的变化，澳政府在重视市场作用的同时，也不断加大了对农业生产的间接支持，尤其是重点支持农民教育培训、基础设施建设和科技研发。同时，政府还通过制定"复兴计划""调整计划"为农场发展提供优惠贷款或赠款；对农场购买新设备、建储粮仓库、建围栏、治理盐碱地、修渠筑坝等，给予 18% 的补助；对农场设施建设和农业科研、技术推广部门给予免税；对农民缴纳个人所得税实行优惠；对农业随时实施干旱援助等其他支持；对大量农产品出口实行垄断经营体制，以增强在国际市场的竞争力。

5. 加强食品安全和农业标准体系建设，保障农产品质量安全。澳大利亚建立了较为完善的食品安全管理体系。卫生部、农渔林业部是负责相关政策制定和实施监管的最主要的部门。农渔林业部的检验检疫局负责确保进出口食品的安全。我们到新南威尔士州食品监管局进行实地考察和座谈。该局是一个综合性、跨行业、从农场到餐桌实行统一管理的政府食品卫生监管机构，隶属于州第一产业厅。过去的食品卫生管理是按品种分别由多个部门管理。经过调整，到 2004 年 4 月正式成立了统一监管的机构，工作中与卫生、农业部门分别签订协议，明确分工合作职责。同时，澳政府还建立了强制和非强制两类农业标准。强制类标准是依照国家法律颁布的技术法规，如产品标识、检验检疫标准等。非强制类标准是由政府委托的或自律性行业协会制定和管理的技术规范，它是澳农业标准体系的主体。

6. 关心农民健康，改善农村生活条件。澳大利亚是一个高福利国家，福利的种类多而齐全。澳政府在医疗保健方面的开支占政府总开支的五分之一，所有永久居民享受全国性医疗保健待遇。澳大利亚也很重视农村医疗卫生事业建设。针对农村地广人稀、人口分布较为分散的状况，政府从 20 世纪 90 年代初开始实行全国农村医疗计划，大大提高了对农村卫生服务的资金投入，逐步形成和发展了农村医疗机构网络体系。与此同时，他们还高度重视农村交通、教育等其他各项社会事业发展，不断加大资金投入，针对形势的变化和挑战，积极研究和探索改善农村生活条件的新途径。

（三）澳大利亚农业农村发展面临的新问题

随着国内和全球自然与经济形势的变化，澳大利亚在农业农村发展上也面临一系列新问题和新挑战。

一是气候变化对资源节约利用和农业可持续发展提出了新的挑战。澳洲是全球最干旱的大陆，近年来，随着全球气候变暖，旱灾发生的频率和持续的时间加剧。2006 年，澳大利亚又遇到了有记载以来最严重的干旱，导致小麦、大麦和油菜籽等主要作物产量锐减，家畜生产也严重下滑。现在对地表水的统筹分配使用已经提到澳政府的日程上来，对地下水的使用尚未纳入管理，但也已提出了这一研究课题。目前，大面积的干旱已经促使澳大利亚计划在阿德莱德、墨尔本和布里斯班等地新建海水淡化工厂。全国温室气体减排的研究也在积极开展，提出了通过造林进行碳封存、实行碳交易平衡需求，以及积极发展可再生能源的思路。澳大利亚虽然油气资源丰富，但仍规定石油公司在出售的燃料油中要加入 10% 的乙醇。舆论预计，并且新任政府总理已经表态将会顺应民意签署京都议定书。

二是农村人口变化对社区服务提出了新的挑战。由于农场规模扩大、机械化程度提高以及干旱等因素的影响，农村年轻人大量向外迁移，使农村人口持续减少，老龄化问题更加突出。这进一步造成农村社会化服务水平降低，农村医疗和教育水平衰退，就业更加脆弱，人们情绪变得低落，农村男性自杀率居高，带来一系列新的经济和社会问题。澳政府曾采取把政府部门迁到小城镇以带动农村地区发展的举措，但成效不明显。如何加强农村社会化服务，避免城乡差距的扩大，已成为澳大利亚一个必须面对的新问题。

三是农业新技术革命对澳大利亚农业发展提出了新的挑战。随着基因工程、酶工程、微生物工程、信息化学及生态工程等一系列新技术在农业生产中的应用，新的农业技术革命浪潮正在世界范围推进，极大地改变着人类在作物种植、畜牧养殖、农产品加工等方面的生产方式。澳大利亚虽然高度重视农业科技，农业科研也具有较高水平，但由于人少地多，多数仍然是经营相对粗放的大农场和天然牧场，并且从当前的农村人力与土地资源配置的情况看，要广泛应用农业新技术还面临着不少困难。

四是国际贸易形势的变化对农产品出口提出了新的挑战。当前，农业贸易是国际多边贸易中的一个重点和焦点领域，农产品的国际竞争越来越激烈，贸易自由化与贸易保护主义的斗争不断升级，贸易摩擦也日益增多，国际贸易形势变化使得以出口为主的澳大利亚农业生产和贸易体制面临许多新问题。特别是澳大利亚实行了 67 年的小麦垄断出口体制，现在也不得不进行调整。苹果出口英国的优惠也不复存在。澳国内农产品多元化出口体制的成长，对澳大利亚农产品出口的利弊，还将由今后的实践进一步检验和评价。

三、思考、启示与建议

澳大利亚农业和农村发展的实践说明，无论是发达国家还是发展中国家，无论农业占 GDP 的份额大还是小，农业的基础地位只能加强不能削弱；发展现代农业必须坚持从本国国情出发，尊重自然规律和市场规律，走一条适合自身发展需要和具有自身特色的道路；在任何时候，农村都是需要特别关心的弱势地区，农民都是需要特殊关爱的弱势群体。学习党的十七大报告关于"解决好农业、农村、农民问题，事关全面建设小康社会大局，必须始终作为全党工作的重中之重"与"要加强农业基础地位，走中国特色农业现代化道路"的重要论述，借鉴澳大利亚的经验，结合我国农业的国情和工作实践，我们进行了认真的思考、研讨，感到我国在以下几个方面需要进一步加深认识并加大工作力度。

（一）把科技作为推动农业发展的根本动力，切实重视农业科技的研发和应用

提高现代农业竞争力，最终要靠科技进步和技术创新。目前，我国应加快农业科研及推广体制改革步伐，切实加大财政对农业科技的投入，充分发挥农业科研和技术推广部门应有的公益性职能，确保农业基础研究在重要领域的优势，确保重要农业科学技术的基本普及；在健全有关法律、规章的前提下，支持民营企业投资农业科技领域，参与农业科研成果的开发利用，形成多元化的科研投入和推广体系，提高农业科研成果的转化率和应用率，满足农业发展多样化的需求。

（二）加强优势农产品产业带区建设，积极促进农业区域化布局和规模化生产

我国农业资源的多样化、区域性特点十分突出，2002 年以来，围绕中央提出的农业结构战略性调整重大任务，农业部编制了《优势农产品区域布局规划》，全国初步形成了一批有一定知名度的优势农产品产业带区，但生产潜力尚未充分发挥，区域优势尚未全部体现。针对实际情况和需要，要进一步加强

对优势农产品产业带区发展的扶持。研究设立专项资金和整合现有资金渠道，加强国家对优势区内公益性、基础性设施建设的投入；加强政策引导，吸引各类社会资金投资产业带建设，逐步建立多元化的投融资机制。

（三）强化农业资源的节约和合理利用，大力推进农业可持续发展

我国"人多地少"，水资源也比较缺乏，应充分重视农业资源和环境问题，坚定不移地走生态农业、循环农业的可持续发展道路。当前，一是要继续实行最严厉的耕地保护政策。严格控制征占耕地，严格执行非农占用耕地的补偿制度，保障补偿新造地质量。二是要加强对水资源的管理和节约利用。大力实施农业节水灌溉，积极发展旱作节水农业。三是要高度重视农业节能减排工作。积极采取措施降低农业装备能耗，提高农药、肥料等农业投入品的科学使用水平，解决农村废弃物排放及用能问题，大力发展农村沼气。

（四）重视对农民的教育和培训，努力造就新一代高技能农民

农民是农业发展和农村建设的主体，没有高素质的农民就没有现代农业，农村社会也难以快速发展。当前我国农民平均受教育年限只有 7.3 年，高中以上文化程度仅占 11.6%，与我国农业农村发展的实际严重不相适应，亟须进一步加强对农民的教育和培训。当前，要努力解决培训资源部门和行业分割、培训项目重叠分散、培训内容和评估标准不一等突出问题，切实提高培训工作的统一性和规范性。推进农民教育培训法制化、规范化进程，切实加大财政专项投入，把农民培训纳入财政经常性预算，将农民继续教育纳入国家助学政策体系。引导社会多元化投入，构建政府主导、行业推动、社会参与、市场运作的社会化农民教育培训体制。

（五）建立和完善农业标准体系，切实提高农产品质量和市场竞争力

近年来，我国农产品质量安全工作发展很快，但由于起步较晚，仍然存在较多不足。当前，要认真贯彻农产品质量安全法，加快完善农产品质量安全标准体系，建立农产品质量可追溯制度。要在重点地区、品种、环节和企业，加快推行标准化生产和管理。实行农药、兽药专营和添加剂规范使用制度，实施良好农业操作规范试点。尽快启动实施农产品质量安全检验检测体系建设规划。加强对农资生产经营和农村食品药品质量安全监管，探索建立农资流通企业信用档案制度和质量保障赔偿机制。实行企业出口产品卫生注册制度和国际认证，推进农产品检测结果国际互认。

（六）大力改善农村生产生活条件，促进农村各项社会事业发展

近年来，我国各级财政不断加大对农村公共产品投入的倾斜力度，农村生产生活条件大为改善，但与城市相比，农村各项条件依然十分落后。当前，全国构建和谐社会，促进民生改善，需要进一步把关注的目光更多地投向农村，投向与广大农民群众生产生活和生命健康关系最为密切的领域。要大力加强农田水利等基础设施建设，解决农村饮水安全问题。加大力度推进县、乡、村三级农村公共卫生服务网建设，切实改善农村环境卫生条件。全面普及农村义务教育，突出抓好西部"两基"攻坚。大力推进农村公路与广播电视"村村通"、农村电网"户户通"。加强农村基本养老、医疗保险、最低生活保障制度建设，不断完善农村社会保障体系，提高农民社会保障程度。

发挥不同主体职能 推动产业良性发展

——2015 中美科技交流项目肉制品加工交流项目总结报告

根据中美两国政府协议，为加强两国肉制品加工领域的科技交流，应美国农业部邀请，8月2日—15日，我局组织局机关、有关研究机构和企业人员等一行6人，赴美开展了为期14天的访问，重点对美国有关政府部门、行业协会、科研机构和企业等不同主体在肉制品加工业发展中的职能定位及运行情况，进行了实地调研交流。现将有关情况报告如下：

一、访问交流的基本情况

本次访问交流是落实中美政府间科技交流的重要举措，中美两国农业部有关方面均积极认真对待，保证了工作的顺利开展。一方面，双方农业外事部门高度重视、安排周密。我部国际合作司和对外交流中心不仅前期在团组构成、行程安排、访问形式等方面多次与我局和美方沟通，特别是在客观原因导致出发时间紧迫的情况下，加大协调力度，一周内完成了全部签证手续，并在团组回国后第一时间集中听取了交流情况汇报。美国农业部有关方面积极配合，专门以项目形式委托明尼苏达州大学肉制品加工领域教授全程陪同，搞好协调服务；我们到访的单位，几乎每一位负责介绍情况的人员均做了认真准备，全部辅之以 PPT 演示。另一方面，出访团组人员结构合理、工作热情高。此次访问交流团组的6名成员，既有行业行政管理人员，又有我国肉制品加工领域首席专家和领军企业代表，还有农业政策与投融资领域的研究人员，构成了一支少而精、互补性强的综合性调研团队。出访前，访问团专门召开行前会议，根据日程安排准备了1万多字的参考资料。访问虽然总体安排了14天，但剔除路上的时间，行程仍然十分紧张。在美期间，我们横跨华盛顿特区、内布拉斯加州、爱荷华州和明尼苏达州，密集参访了16个部门，与18位政府官员和35位科研人员、社会团体及企业管理人员进行了深度交流，平均在每个座谈调研点向美方提出的问题达30个以上。正因如此，美方陪同人员后来每到一

本文为作者带队赴美交流访问调研报告，王守伟、何建湘、康永兴、陶业、赵巍等参与访问，农业部陈晓华副部长对报告作出批示。原载于《农村工作通讯》2016年第1期。

处均要侧面提醒受访单位"这个团组特别爱提问",而与我们交流的专家在交流结束时也会笑言完成了一次大考、终于可以放下心了。为了腾出时间交流,大家在美期间没有一个午休,饮食也基本上是"早上一个面包、中午一个汉堡、晚上吃顿饱饭",有几次午餐都是和美方专家一起在会议室(教室)订盒饭吃,保持了高昂的工作热情。

访问交流的对象和内容主要包括四个方面:一是了解有关政府部门的宏观调控职能。考察的政府部门包括美国农业部负责外事活动的国际合作局,负责肉类食品安全的农业安全检查办公室,负责市场信息与监管的农业市场服务局,以及明尼苏达州政府的农业局和健康局,系统了解相关部门的调控职能与运行机制。二是考察有关行业协会的组织形式和作用。考察的行业协会包括北美肉类协会、美国 RENDERING(动物副产品综合利用)协会和明尼苏达州牛肉委员会,主要了解协会在推进行业自律、促进组织协调、推进产销对接等方面的主要作用发挥情况。三是调研科研部门的创新转化情况。考察的科研部门包括美国肉用动物研究中心、爱荷华州立大学和明尼苏达州立大学,主要了解美国的农业科技体制机制以及推进产学研一体化发展中的典型做法。四是走访参观相关企业的产销对接情况。考察的企业包括史密斯菲尔德肉制品加工厂和肉制品零售企业等,主要了解美国肉制品加工及零售企业推进产加销一体化经营中的地位及作用。

二、主要收获与体会

调研过程中我们感到,美国肉制品加工业设施装备条件虽非世界领先,但在肉制品质量安全监管、产业科技研发转化和社会化综合服务等方面已形成较为健全的支撑保障体系。在推进肉制品乃至整个农产品加工业发展上,美国的有关政府部门、行业协会、科研机构和企业各自职责十分明确,相互之间建立了良性互动机制,有力保障了产业的持续健康发展。其中,政府承担着重要的监督保障与宏观调控职责,协会发挥着关键的协同联络与咨询服务功能,企业则是协会统一协调组织下的标准化生产者和科技创新驱动者。

(一)实行高效的垂直管理体系,质量安全监管严格到位

美国政府高度重视肉类行业质量监管,保障肉制品安全是美国农业部的重要职责之一,农业安全检查办公室(FSIS)是美国执行肉制品质量安全监管的最高政府机构。在管理体制上,FSIS 在全美共设立了 10 大区域监管机构,由 6 000 名政府检验人员常驻全国各大肉制品加工企业执行检测任务,对问题企业有权采取强制关闭措施;在管理机制上,为避免检验人员与企业长期合作而形成利益交换关系,对检验人员实行定期轮岗制,并建立严格的考评制度,确保检验人员的基本监管职责;在管理方式上,除例行常规性检验检测外,

FSIS还委托全国各大科研院校开展肉制品安全检测分析和专项研究，每年约发布19万份检测分析与专题研究报告接受公众监督，树立公众对肉制品质量安全的信心；在管理经费上，FSIS采取财政经费和社会资金相结合的方式，预算内资金只支付驻厂检验人员的基本工资，8小时外加班费用则由企业以劳务购买方式通过FSIS以适当形式支付，有效促进和调动了检验人员的稳定性和积极性。这种以FSIS为顶层的伞状网络式监管布局成为美国肉制品安全的重要保障，正如该部门负责人Jane所述："FSIS利用几十年时间探索出了肉制品质量安全监管的垂直管理体系，并发挥了极其重要的作用"。此外，美国农业和卫生部门还共同建立了食品安全战略预警与应急机制，在卫生部门对食源性疾病进行系统排查锁定发病源的基础上，由农业部门追溯食品原料供应源，使质量安全检测贯穿于养殖、加工、运输、批发和零售等各个环节，避免了各个监管环节之间的脱漏或重复，实现了真正意义上的全过程、无间隙监管，有效保障了食品质量安全。

美国政府严密高效的垂直管理体系启示我们，确保肉制品质量安全是政府的重要职责，政府拥有法律赋予的权力和完备的组织机构，具有调节市场矛盾、规范市场行为的强制力，完善的政府决策执行体制机制是确保肉制品质量安全的重要保障。同时，为提高监管效率、降低监管成本，还应科学划分监管机构权限与职能，把监管职责条理化，避免多头管理或出现监管真空。

（二）法律支撑体系健全，执行有力且无缝衔接

美国联邦政府从维护整个社会和公众的利益出发，制定了严格的食品安全法律法规体系，由国会的相关专业委员会和国家管理与预算办公室统一协调，授权相应的政府机构或部门颁布实施，所有现行的联邦法律法规全部收录在《美国联邦法规法典》中。美国关于肉制品或食品安全的法律法规体系主要呈现四个特点：一是稳定性强，重要法律法规数十年执行效力不变。如《美国联邦肉类检查法案》和《美国食品药品安全法案》均于1906年发布实施，《美国禽类检查法案》于1957年发布实施，两大法案已分别制定出台109年和58年，中间虽经过几次修订完善，但法律效力丝毫未减弱。二是配套性强，不同部门间及中央与地方间的法律法规保持一致性。美国农业部（USDA）、环保局（EPA）和食品药品管理局（FDA）分别负责农产品、农药和动物疫病及兽药生产的安全监管，在分工上虽按行业主管部门的法定职责进行划分，但在实施过程中则按照国家标准及法律相关规定统一执行，特别是联邦法律与州地方法律之间，无论是USDA、FDA和EPA，地方法律法规均在联邦政府法律框架体系之下制定完善，且至少不低于联邦法律规定，不同法律体系间实现无缝衔接，从而有效避免了可能因法律间的相互矛盾和不一致导致的执法混乱和无所适从的局面。三是可操作性强，执法程序简便有效。在现场参观过程中，我们深刻体会到,美国肉制品质量安全的行政执法程序简便,法律法规条文的可操作性强,无论是批发市场还是生产企业都有农业部的驻厂检验员,特别是在肉类食品加工企业中还有 FDA 驻厂兽医检验员,定期或不定期执行执法任务。驻厂人员通过对肉制品生产加工过程的检测检查,按照有关法律条文规定签发检验证书,对出现问题的企业可以在权限范围内进行现场执法。四是执行力度大,食品召回措施规范严厉。美国食品召回遵循严格的法律程序,即企业报告——FSIS 或 FDA 评估报告——制定召回计划——实施召回计划。美国对违反食品召回制度的处罚也较为严厉。"如果企业不与 FSIS 或 FDA 合作,发现问题有意隐瞒,不仅要承担行政责任,企业还面临以违反《联邦肉产品检验法》、《食品、药品及化妆品法》《消费者产品安全法》等罪名被起诉,企业产品也将被禁止在各州之间流通而迅速导致企业倒闭。"同时,FSIS 和 FDA 不得滥用强制召回权,行使该权时也要受到严格限制,根据法律规定,只有在食品生产企业没有按照法律规定自愿、主动召回问题食品时,才可行使强制召回权。强有力的食品安全召回机制,有效规范了企业生产行为,确保了食品安全监管力度。

从美国食品安全法律支撑体系建设与实施推进情况可以看出,食品安全作为每个国家最重要也是最复杂的行政执法领域之一,不同法律体系间的有效衔接和较强的执法推进力度是确保食品安全的重要保障。与美国相似,我国实行的也是"以分段监管为主、品种监管为辅"的多部门监管模式,但我国在监管过程中出现的权责不清、缺乏合作等问题不容忽视,明确我国不同监管部门的职责,提高监管执法力度势在必行。

(三)重视市场调控与宣传引导,确保肉类行业健康发展

美国高度重视对公众消费理念的引导,农业部每年用于食品营养和消费者服务的项目支出约 1 100 亿美元,占农业部预算总投资的 74%。农业市场服务局作为农业部农产品销售主管部门,从产品质量控制和促进市场销售的角度,通过实施"肉制品安全和规范化营销""肉制品行业市场统计分析""畜禽产业公众宣传"等项目公开市场信息,引导公众消费;通过实施肉制品品质鉴定、直接食品分配和临时收购计划,实现市场资源的优化配置和肉类行业经济的总体调节与控制;通过实施市场开发和促进政策,扶持肉类加工企业开发国际市场,完善市场销售体系。如,美国农业部每年支持 RENDER 协会 180 万美元,专项用于该协会成员公司发展海外动物副产品综合循环利用加工项目,支持公司生物燃料、化工产品和动物饲料的出口贸易,不仅有效调整了本国肉制品加工的产业结构,还使美国每年从动物副产品综合利用中获得巨大利益。在政府的带动下,美国企业对肉制品消费的市场宣传投入有了大幅增长,北美肉类协会和明尼苏达州牛肉委员会每年用于消费宣传的支出均占到了协会总支出的 40％和 50％以上。在政府市场调控和政企双重宣传引导下，"信任"成为了政府—企业—农牧民—消费者关系链中的关键词，在过去几年间，"疯牛病"等恶性事件并未引起一系列连锁反应，避免了全国性的公共安全危机恐慌，有效保护了肉牛产业的稳定发展。

从美国有效的市场调控和全方位的公众消费引导措施可以看出，在处理政府与市场的关系上，发达国家从自由放任逐步演变为强化政府干预，在事权界限内，政府通过采取有效的支持保护措施，在指导产业结构方向调整，促进资源优化配置，提高经济增长质量等方面发挥了重要作用。此外，全面的政府信息公开和科学的消费引导是建立生产者、监管者和消费者之间信任机制的有效措施。所到之处，无论是哪个层面，美国人对自己国家的农产品均保持高度一致的赞誉度，像我国在农产品质量上某些媒体不负责任甚至完全虚假的负面报道、一条假消息打击一个产业的情况，在美国是不会出现，也是不可想象的。

（四）行业协会体系完善，服务经济发展功能突出

美国肉类行业协会分为政府主导型和市场内生型两类，政府主导型行业协会通过采取强制性行政措施规范行业发展，维护农牧民的根本利益；市场内生型行业协会通过市场调节机制引导行业发展，提高产品市场竞争力。调研期间，我们访问了美国肉类行业最具代表性的三大行业协会：一是政府主导型的明尼苏达州牛肉委员会。该委员会是全国牛肉委员会分会之一，美国各州均设立了牛肉委员会，在政府主导下为全国牛肉养殖户和各类从业人员提供全方位的综合服务，委员会实行代缴会费制（该制度于 1985 年纳入中央财政政策），运行经费来自于行业从业人员和肉牛养殖户（每头牛强制性征收 1美元），资金主要用于市场开拓与公众宣传，开展以引导社会消费为主题的科研推广等，实现了"小生产"与"大市场"的有效对接。同时，委员会还在农业部农业市场服务局和全国牛肉委员会的指导下，及时引导养殖户和从业人员调整生产养殖目标，实施跨区域的市场调控政策，确保肉牛行业的平稳发展。二是市场内生型的北美肉类协会和 RENDERS 协会。其中，北美肉类协会是美国最大的肉类加工企业行业协会，800 多家会员涵盖了肉制品生产加工、设备供应、包装物流、餐饮零售等各类企业，采取企业募集和自负盈亏的运行模式，为会员提供市场营销宣传、应用技术研发、政策信息咨询、国际交流贸易等综合服务，为政府相关法律法规的制定与完善提供决策参考，有效发挥了企业与政府间、生产者与消费者之间的桥梁纽带作用；RENDERS协会是美国动物副产品综合利用专业协会，其会员包括 50 家动物副产品综合利用加工企业和 270 家屠宰场，协会在稳定原料供应、拓展营销渠道、开拓国际市场业务等方面发挥了重大作用，在协会的组织带动下，美国动物副产品综合利用加工行业从小到大、从大到强逐步发展起来，资源生态环境得到有效保护，实现了肉类加工产业的链条延伸与增值，形成了逾百亿美元的"动物蛋白及油脂生产加工业"。这三大协会都是"百年老店"，在美国企业农产品加工企业中均保持了良好、强大而稳定的影响力，会员数量只增不减，从来没有退会的情况。

由美国肉类行业三大协会的组织体系和职能发挥情况可以看出，市场在资源配置中发挥决定性作用必须依托协会的组织、协调、监督与服务功能。行业协会作为行业整体代表，不仅可以较好地处理和协调各方关系，在增强企业和农户抵御市场风险能力，维护共同经济权益，规范市场行为，减少单个企业或农户的经营成本，提高经营效率，调配市场资源等方面发挥着重要功能；而且可以通过行业规则制定等工作，在强化行业自律、规范生产标准、促进流通秩序、加强政策支持等方面，成为政府决策和管理的有效补充与重要桥梁。

（五）政府重视基础研究，产学研一体化结合紧密

美国政府高度重视农业基础科研工作，农业部有农业研究服务局和经济研究服务局两大部门专项开展农业自然科学研究和农业经济政策研究，其他部门均设有自己的研发机构开展各专业基础研究，并与大学、科研机构建立了良好的合作关系，每年拨付科研机构和高等院校5 000万美元预算用于开展基础性研究工作，在动物基因、食品营养和环境治理等领域取得了一批基础性、方向性、全局性和前瞻性科研成果，成为美国加工科技保持核心竞争力的源泉。如美国肉用动物研究中心作为美国农业部唯一一家动物研究中心，每年接受农业部2 510万美元的科研经费支持，开展大量的畜禽种质资源、质量安全控制和生态环境治理等方面的基础研究，为政府相关政策制定和产业结构调整等提供重要的决策依据。此外，美国的肉类行业科技研发紧紧立足于产业发展需求确定研究领域，科研立项一般由科学家、企业、公共机构共同提出需求，统一规划确定重点研究项目，并通过外部评价系统和国家项目主管机构对项目的目标、机制进行评价，形成了政府—企业—科研机构的紧密合作机制和高效的产学研合作创新体系。如爱荷华州立大学和明尼苏达州立大学长年为政府和企业开展肉制品标准化生产、质量安全追溯体系建设等研究，大学实验室等基础科研设施主要由财政出资建设，研发费用则更多来自于合作企业，科研成果直接应用于生产，科研投入产出比达到1∶20。

美国高效的产学研协作体系启示我们，强化政府在基础科技研发领域的主体地位，充分发挥科研机构和高等院校的科研力量，创新政府与科研部门的合作机制是促进产学研有机结合的根本保障。

（六）企业主导应用科技研发，科技成果转化率高

美国企业在肉制品加工应用研究、技术开发和成果转化等方面发挥着主导作用，以提高企业内部生产能力和外部市场竞争力为导向确定研发方向，研发经费主要来自企业销售收入，研发项目由协会协调相关科研机构和高等院校共同确立，并建立严格的项目评审考核制度，确保科研成果有效转化和落地实施。如北美肉类协会成立公共科研基金和专家委员会，负责科研经费的管理与科研项目的筛选，委托开展肉制品生产标准规范、生产加工能力提升和质量安全控制等方面的应用研究，研究成果不仅用于促进企业提高产业竞争力，还形成各项政策建议提供给政府，为政府推进产业政策调整和完善相关法律法规提供依据。科研机构和高等院校与协会和企业建立了稳定的合作关系，分别平均有30％和70％的科研经费来自于协会和企业。如美国肉用动物研究中心每年接受企业委托的科研经费达到850万美元，主要开展流通储藏技术、养殖繁育技术、疫病防控技术等应用研究；相对于政府主导的科研机构而言，大学与企业合作更为紧密，是企业满足其技术需求的重要依托科研力量，爱荷华大学和明尼苏达大学均与相关企业共建了生猪、肉牛和奶牛等养殖试验基地和中试车间，成为加快技术创新和成果转化的有效载体，为企业提高产品科技含量，增强市场竞争力提供了有力技术支撑。

通过美国肉制品加工业应用科技研发投入体系可以看出，发达国家在工业化后期，政府科技投入比例呈明显下降趋势，科研投入来源逐步过渡到企业主导模式。这启示我们，随着社会主义市场经济体制的不断完善，我国应进一步发挥政府农业科技投入的引导效应，灵活运用各种财政性支持手段，合理引导企业加大对农产品加工业的科技投入力度。

三、有关建议

美国在发展肉制品加工业领域积累了丰富的经验和模式，结合我国国情、农情和肉制品等加工业发展实际，在加以吸收借鉴和甄别的基础上，对我国推进肉制品乃至农产品加工业发展，提出以下建议：

（一）制定农产品加工综合政策文件，实施肉类加工重点推进战略

鉴于农产品加工业已成为现代农业建设和世界农业竞争的核心环节，我国《关于促进农产品加工业发展的意见》（国办发〔2002〕62号）出台后形势发生了很大变化，已难以指导当前的农产品加工业发展，建议在国务院层面尽快制定新的综合性政策文件，明确当前和今后一个时期农产品加工业发展的形势要求和重点任务及政策措施。同时，鉴于较长时间以来，我国生猪生产及猪肉加工波动相对较大，牛羊肉及加工品供需矛盾相对突出，特别是未来一个时期随着人民生活水平的提高和中澳等自贸区协议的签订，我国肉制品产业发展将面临新的更大挑战，建议建立"国家肉类产业发展战略委员会"，研究制定我国肉类产业发展战略规划，统筹肉类产业与种养业等协调发展，并借鉴美国做

法将肉类产业作为战略产业予以系统和稳定的重点扶持，促进持续健康发展，为农业增值增效和农民增收及保障供给作出更大贡献。

（二）健全食品安全监管体系，完善食品召回制度

借鉴美国垂直管理的监管模式，我国应加快树立一个居于核心主导地位、强有力的专业部门发挥领导作用，进而形成主次搭配的协作架构，以提高食品安全监管工作效率；借鉴美国食品安全的横向协作机制，我国应在多部门多头监管模式下，厘清各个政府部门之间的监管职责与分工，通过紧密协作实现食品安全监管体系的有效运行；借鉴美国健全的食品召回机制，我国应在新的《食品安全法》实施之际，加快食品召回制度设计，建立和实施食品召回的配套机制，包括制定规范系统的强制性食品安全标准、完善食品安全检测和风险评估机制、建立食品召回网络信息系统、建立预警及快速反应制度、设立食品召回责任保险及安全赔偿基金等，提高我国食品召回的制度化、常规化和体系化水平，促进食品产业良性发展。

（三）创新科技体制，推进产学研有机融合

强化政府在农产品加工重大基础科研领域的投入主体地位，充分发挥国家农产品加工技术研发体系的作用，逐步将研发体系打造成具有中国特色的农产品加工应用研究、技术开发和成果转化的创新平台；引导科研机构、高等院校和企业构建"产学研推用"有机融合的科技创新体系，推进联合创新、协同创新和产业链上下游之间互动创新，不断提高创新效率和成果转化率；充分整合肉类行业科技和产业技术体系领域的专家力量与科技资源，深入推进重大共性关键技术攻关，建设一批肉制品加工技术集成基地，建立具有中试能力的工程化研究平台及产业化应用平台，开展工程化研究和核心装备创制，加快解决一批影响产业发展的技术难题，促进基础研究、中试和推广应用的紧密结合。

（四）立足市场机制，发挥行业协会的组织协调功能

切实发挥肉制品加工行业协会在连接企业、农户与政府之间的桥梁和纽带作用，增强协会的社会服务功能，如信息咨询、技术培训、科技研发、市场调研、国际商务联络等服务，根据肉类行业生产技术特点参与制定和组织实施行业质量安全与生产标准；增强协会的政府服务功能，开展行业信息统计、政策分析与经济研究，为政府制定产业政策和发展规划提供建议，协助开展肉类制品的双边或多边贸易谈判，提升行业竞争力。为此，应加快推进行业协会的"去行政化"改革，使行业协会从政府部门的直接管理中脱离，变业务主管为业务指导，切实做到搭台不唱戏、参与不干预、协办不包办、献策不决策、服务不增负，使行业协会真正承接政府职能转移，真正成为强化行业自律、提供服务、反映诉求、规范行为的主体。

（五）坚持需求导向，发挥企业技术创新的主体作用

以提升产业层次，拓展产业功能为目标，立足肉类行业品牌化、规模化、集群化、基地化、市场化建设导向，围绕企业在肉制品加工不同环节、不同品种领域的科技需求，采取政府贴息、产业投资基金和政策引导等方式，鼓励肉制品加工企业加强技术研发体系建设，在重大项目争取、研发、中试、推广应用方面，进一步调动和激发企业的创新、创造活力，加大政府计划性科技支撑项目向企业的倾斜力度，建立企业与大学、科研机构的紧密合作机制，增强企业参与科技创新的积极性和责任意识，不断强化企业在技术创新中的主体地位，力求在肉制品精深加工、副产物综合利用等重要领域，取得一批重大应用性科研成果。

（六）重视市场宣传，积极引导社会树立质量安全意识

建立肉制品品牌推广平台，充分利用现代化传播手段，通过网络、微信、微博、广播、电视、报纸等媒体，开展宣传推介公益活动，加强对肉制品消费安全知识的普及与推广，增强公众对肉制品质量安全的认知与信心，全面提高肉制品加工生产经营主体的法律意识和社会道德意识，形成"企业主动、政府推动、市场拉动"的良好宣传格局，营造全国上下关注肉制品生产质量安全的浓烈社会氛围。

（七）以肉制品加工业为龙头，推进一二三产融合发展

树立"大食物、大农业、大资源、大生态"的理念，大力推进肉制品精深加工和综合利用，实现以肉制品加工业为核心的农产品循环利用、全值利用和梯次利用。鼓励以肉制品加工业为主的各类经营主体主动延长产业链、价值链，实现与上下游产业的有效衔接，促进肉制品加工业的产加销一体化发展；充分考虑产业发展过程中的农民利益，以肉制品加工业推进农牧结合循环农业发展，在玉米主产区推进种养一体化发展模式，建设肉制品加工业原料基地建设，促进过腹转化，使加工企业与农民紧密联合起来，形成命运和利益共同体；充分发挥肉制品加工业在构建现代农业产业体系、生产体系和经营体系中的重要作用，使肉制品加工业成为推进现代农业发展方式加快转变、促进农业提质增效和转型升级的重要力量。

本次访问中，美方还表达了进一步加强合作的意愿。美方表示，目前正在加紧推进与中方的牛肉贸易合作，也希望加快推进与中方在动物副产品综合利用领域的投资合作。鉴于美国发达的牛肉生产加工体系和先进的动物副产品综合利用加工技术，建议进一步加强中美间政府、科研机构及企业在相关领域的合作交流，重点在牛肉与畜禽副产物加工利用等方面开展深入合作，在我国共建研发中心和中试基地，建立科研机构专家互动研发机制，共同举办专题性的国际会议或双边会议，加强双方高等院校的学术交流与研发，把肉制品加工业作为中美战略经济对话的重要内容之一。

浓墨重彩写新篇

——2004 年全国农业农村工作述评

即将过去的 2004 年，对于全国的农业农村发展而言，算得上是一个破冰之年。从全年的工作来看，到目前，不仅粮食产量扭转连续 4 年减产成为定局，农民收入实现 1996 年以来的最高增长毫无悬念，而且农村其他各项事业发展，也都表现出了近年来少有的好势头。历史将永远不会忘记，这一年，无垠的中国农村大地，仿佛又回到了改革开放之初的激情岁月，阔别已久的"农"字头中央 1 号文件，犹如嘹亮的冲锋号角，又一次拉开了农业农村发展浓墨重彩的新篇章。

举国瞩目：猴年兴起"三农"热

前不久，有媒体在读者中开展了一次问卷调查，其中一个重要问题是"今年什么话题（工作）最热？"给出的预选答案有三个：①农业、农村、农民问题；②环境与食品卫生问题；③工业与城市建设问题。结果，选择"①"的占 97.1%。

千百年来，中国以农立国，中国的农业农村与中国的历史、文化、价值甚至感情密不可分。重视"三农"，在国人看来，几乎是一个亘古不变的信念和话题。该媒体负责人表示，近十几年来，他们每年都要举行一次类似的大型问卷调查，大家对"三农"的关注度一直很高，但出现像今年这样的情况，却还是第一次。

20 世纪 80 年代，我国农业农村各项事业沐浴着改革的春风，取得了突破性的成果，那时候人们憧憬着 10 年、20 年以后，农业、农村、农民会发展成什么样子？在党的领导下，憧憬在慢慢地变成现实。可是，真正过了 10 年、20 年，人们发现，农业农村发展在取得巨大成绩的同时，各种各样的新问题也随之而来，有的时候，有些问题还会越来越突出。

值得欣慰的是，我们党始终能够从客观实际出发，不断地修订和完善各项政策。

本文原载于《农村工作通讯》2004 年第 12 期。

2003 年，党的十六届三中全会针对今后的经济社会发展，提出要坚持科学的发展观，并把其基本内涵概括为"坚持以人为本，树立全面、协调、可持续的发展观，促进经济社会和人的全面发展"，坚持"统筹城乡发展、统筹区域发展、统筹经济社会发展、统筹人与自然和谐发展、统筹国内发展和对外开放的要求"。"五个统筹"的一个重要方面，就是提出了"城乡统筹协调发展"的理念，并对"三农"明确要坚持"多予、少取、放活"的方针。中央还在这一年之内连续召开了三次农业、农村和粮食工作会议，不仅把"三农"明确定位于全党工作的"重中之重"，而且在 2004 年 2 月 8 日，以 1 号文件的形式下发了《中共中央国务院关于促进农民增加收入若干政策的意见》。所有这些，当然都需要在 2004 年，或者从 2004 年开始进行集中贯彻。

一个又一个重大标志性事件，强烈预示和象征着中央对"三农"工作的高度重视。就全社会而言，除了中央精神的有力引导，2003 年的非典，2004 年的禽流感，甚至消费品价格的上涨，也无不使更多的人更加深刻地认识到了"三农"工作的重要性。换句话说，人们对"三农"的重视，其实已经跳出了单纯精神、理论甚至口头的窠臼。对于农村的普通老百姓，很多地方空前出现的"抢地热"，已经很充分地表明了他们对农业的态度。可以肯定，举国上下，从广度到深度，出现像今年这样的"三农"热，的确是多年罕见的。

高层发力：政策支农显神威

2003 年，我国人均国内生产总值突破 1 000 美元。一些国家和地区的发展历程表明，在人均国内生产总值突破 1 000 美元之后，经济社会将进入一个关键的发展阶段。从经济发展角度分析，一个可观察到的经验事实是，伴随这个阶段的来临，国家将加速由传统农业社会向现代工业社会转变，在这个阶段，各国政府普遍会以更大的力度，实施农业保护和农业支持政策。

果不其然，2004 年以来，以具有高含金量的"1 号文件"为代表，中央政府先后公布了一揽子扶持农业的政策。众多的专家、学者和干部群众反映，2004 年是改革开放后，中央出台"三农"政策最多、最全面、力度最大的一年。并且，同以往相比，2004 年的政策最显著的特点是实招多，中央财政拿钱多。据权威消息，2003 年中央财政支持农业各方面的资金是 1 200 多亿元，2004 年达到了 1 500 亿元以上，创下了历史新高。

为了推进农村税费改革，中央财政转移支付 510 亿元。全国有黑龙江、吉林等 8 个省份免征或基本免征农业税，河北、辽宁、安徽、山东、河南等 11 个粮食主产省份的农业税税率进行重大调整。取消农业特产税、实施农业减免税政策可使全国农民减负 294 亿元左右。在全国实施粮食直接补贴政策，国家对粮农补贴资金达到 116 亿元。加大良种补贴力度，向 13 个粮食主产区拨付水稻、小麦、玉米、大豆等良种补贴资金 12.4 亿元。安排 7 000 万元资金，在全国 60 个县和农垦系统对农民购置大型农机进行补贴，并拿出 10 多亿元资金补贴化肥企业，以稳定化肥价格。执行粮食最低收购保护价政策，保护粮农利益。筹集 30 亿元资金，实施粮食优质产业化工程……

不难看出，中央支农政策力度的加大，具有重大历史意义的内容主要体现在两方面，即一是"减免"，二是"直补"。中央明确，2004 年全国取消除烟叶税以外的所有农业特产税，五年内取消农业税。随着农业特产税和农业税的取消，农民世世代代缴纳"皇粮"的做法将要一去不复返了，城乡税制不平等的状况将逐步改变，给农民以国民待遇迈出重要步伐。目前所实行的给种粮农民直接补贴、粮食良种补贴、大型农机具购置补贴，虽然在补贴目标、补贴范围和补贴办法上还有待进一步完善，但它毕竟建立了新的政策手段，确立了新的政策调控方向，可望逐步形成有利于农业和农村经济发展的符合世界贸易组织规则的农业支持体系。

专家分析，2004 年中央的支农政策的显著特点是实在、直接，核心内容是补贴、减税，基本取向是多予、少取，本质是开始改变"挖农业补工业、城乡不平等"的做法，迈出"工业反哺农业"的第一步，构建起工业化条件下新的农业政策雏形。

毫无疑问，2004 年以来农业农村工作之所以能够取得显著成绩，除了与各级党委、政府和广大农业部门干部群众的努力奋斗密不可分以外，在很大程度上还主要得益于国家政策的强力支持。可以说，这些支农政策的出台和实施，有力地刺激了农业发展，保障了粮食安全，增加了农民收入。

突出重点：破解"两增"难题

"牵牛要牵牛鼻子"。如果有人要问，2004 年我国农业农村工作的"牛鼻子"是什么，恐怕很多人都会毫不犹豫地选择"两增"，即粮食增产、农民增收。

首先说粮食增产问题。我国有不到全世界 9% 的耕地，但却养活着全世界 21% 的人口。有研究表明，我国粮食进口数量与国际市场价格的相关系数是 0.05。这就是说，我们每从国际市场进口 100 万吨小麦，世界的小麦价格就会上涨 5%。1995 年，我国从国际进口粮食 2 081 万吨，就导致了整个国际市场粮价的飞涨与混乱。这也正是当年一本《谁来养活中国》的书，曾经一度引起世界性关注的原因。

我国的粮食问题，关注的远不止我们自己。国情决定我们无论在任何时候，都要高度重视粮食安全问题。可是，到 2003 年年底，我国粮食在连年减产之后，当年产量又进一步跌至 8 613 亿斤，离全国粮食总需求 9 300 亿斤还差 687 亿斤。

粮食问题已到了非狠抓不可的时候！中央很快就此形成了高度共识。至于怎么抓，中央制定了一系列的方针，其中最重要的措施，就是要确保粮食主产区的产量。在我国，粮食主产区的耕地面积和粮食播种面积均占全国的 60% 以上，粮食产量占全国的 70% 左右。可以说，保护和提高了主产区的粮食生产能力，就稳住了粮食的大局。

2004 年，在中央粮食政策支持下，全国各地特别是主产区的农民发展粮食生产的积极性空前提高，纷纷扩大粮食种植面积，增加生产投入，加强田间管理。这为夏粮、早稻乃至全年粮食增产奠定了良好的基础。据统计，2004年我国夏粮产量达到 10 105 万吨，增产 483 万吨，增幅 4.8%。早稻种植面积达 9 000 万亩，比上年增加约 800 多万亩，增产 400 多万吨。另据有关综合分析，2004 年全国粮食种植面积将超过 15 亿亩，全年粮食播种面积预计增加 4 000 万亩以上，粮食面积增加和单产提高，全年粮食产量突破 45 500 万吨已成定局。从地区结构上看，粮食增产的主要贡献来自粮食主产区。在夏粮增产中，河南省夏粮增产 94 万吨，安徽省增产 100 万吨，两省在全国夏粮增产中占到 77.6%。在粮食播种面积上，黑龙江省粮食种植面积比上年增加约 1 300 万亩，吉林增加 300 多万亩，湖南、湖北分别增加 984.5 万亩和 350 万亩，四川增加 230 万亩，仅这 5 省全年粮食种植面积就增加了 3 160 多万亩。2004 年粮食总产量要达到 9 100 亿斤，意味着一年要增产粮食约 500 亿斤，这样的增幅在中国粮食发展史上都堪称罕见。

为了消除农民对粮食市场化改革可能给自己带来风险的担忧，中央政府还第一次在粮食播种季节公布了主要粮食品种的最低收购价。6 月 1 日，中央宣布全面放开粮食市场；3 日，国务院正式公布了最新制定的《粮食流通管理条例》，标志中国在建立统一、开放、竞争、有序的粮食市场体系方面迈出坚实一步。有关专家指出，粮食流通体制改革能使粮食涨价的利益直接传递给农民，并能使粮食市场信号回归真实。在粮食生产能力趋于稳定的情况下，这项改革将提高国家宏观调控的准确度与有效性，实现建立开放的贸易环境、保证粮食安全、提高粮农收入的多重目标。

对于出现时间更长的农民收入问题，中央更是采取了突破性的综合措施。据国家权威部门分析，2004 年对农民收入形成重大影响的主要有四种因素：一是政策因素，二是粮食价格变动，三是农民外出打工和乡镇企业就业，四是经济作物和畜牧业发展等。国家减免农业税、粮食直接补贴、良种补贴等政策性因素，可使农民人均纯收入增加 41 元；粮食价格上涨因素可使农民人均纯收入增加 85 元；农民外出打工和来自乡镇企业的工资性收入可使农民人均收入增加 80 元；转移性收入和财产收入按往年推算可使农民人均年收入增加 15

元；另外，农民发展经济作物、畜牧业、果品业等也将使农民增加收入约 50 元。综合四大因素，全年农民人均纯收入将比上年约增加 270 元左右，同比增长 10.3%，扣除价格因素，实际将增长 7%左右，增幅为 1996 年以来最高。

全面推进：更多方面迎来深刻变化

从 1982—1986 年，中央曾经为农业农村工作连续发过 5 个 1 号文件，也正是在那个时期，农民得到了改革开放以后最多的实惠。就全国而言，1978—1985 年农民人均收入年增长 15.12%，城乡收入之比由 1978 年的 2.57∶1 转变为 1.82∶1。现在，人们仍然期待出现这种效果。但从目前来看，形势发生了很大变化。前 5 个"1 号文件"发布时，农业及农村是作为改革的起步，因此仅需就农村改农村，就农业改农业，而改革的思路与要点就是以市场经济取代计划管制。现在，改革早已经从局部扩大到了全面，农村问题牵涉到了城市，农业问题牵涉到了工业和服务业，农民问题牵涉到了城镇居民。可以说，时至今日，"三农"问题已经真正成了全国一盘棋的问题。

2004 年，中央在高度重视粮食增产和农民收入问题的同时，同样也高度关注了与之相关的其他各种问题。回过头来看，在人们头脑中留下深刻烙印的至少有两件事，一是以开发区整顿为代表的农村土地征用制度变革，二是以清理农民工工资为代表的农民工权益保护。这两项工作，一项与农田保护和粮食生产密切相关，一项与农民收入问题紧密相连。

2003 年的最后一天，国家发改委、国土资源部、建设部、商务部等 4 部委以"特急"件致函各省、自治区、直辖市政府，印发了《清理整顿各类开发区的具体标准和政策界限》。持续了近 20 年的开发区建设热潮，就这样被兜头浇上了一瓢冷水。当时就有业内人士表示，仔细研读《清理整顿各类开发区的具体标准和政策界限》这份文件，给人最直接的感觉是，对全国 6 000 多个开发区中的绝大多数来说，这不啻就是一份"死刑"判决书。以这个文件下发为标志，开发区整顿真正到了关键时刻、攻坚阶段。2004 年，无可回避地成为开发区生死攸关的整顿年。11 月 26 日，来自国土资源部的消息说，到 8 月全国统计出各类开发区 6 866 个，规划面积 3.86 万平方千米。经过清理整顿，到 12 月开发区数量已减少到 2 053 个，规划面积压缩到 1.37 万平方千米。

与 2004 年中央"铁腕"动刀开发区相比，对拖欠农民工工资问题的治理，给人的感觉同样也是风骤雨急。自从 2003 年年底温家宝总理在三峡库区亲自为农民工讨工钱后，国务院办公厅很快下发了《关于切实解决建设领域拖欠工程款问题的通知》。随后，建设部等六部委召开电视电话会议，贯彻国办通知精神；接着，国务院还召开了全国清理拖欠工程款电视电话会议。全国各地政府也纷纷推出强有力的措施，约束企业欠薪行为。如：广东推广工资垫付制，欠薪企业可被处 3～5 倍罚款；深圳立法整治欠薪，《工资支付条例》出台；河南试行欠薪保障制，确保农民工如期拿到血汗钱；北京重拳出击，把"欠薪包工头"轰出市场……

仅年初短短两个月内，由于各方面迅速行动，累计偿付历年拖欠农民工工资就达 215 亿元，清欠率 68%，其中，2003 年发生的欠款兑付率达 89%。据建设部副部长黄卫透露，为了保证亿万农民工工资问题的长效解决，国家还正在修订《建筑法》，全年有望新推出九部与建筑业相关的法律法规，其中包括建设部及劳动和社会保障部联合制定的《建设领域农民工工资支付办法》，与财政部共同制定的《工程结算管理办法》等。

除了"两增"，除了开发区整顿和农民工工资清欠，2004 年农业农村工作的亮点还有很多。比如，在粮食增产增收的同时，畜牧养殖、多种经营、乡镇企业等也同样实现了增产增收；粮食主产区农民收入实现了较大增长，非主产区农民收入同样也实现了较大增长。此外，增加国债用于农村"六小工程"的资金，使资金总额达到 280 亿元；加快农村中小学危房改造，第二期危房改造安排资金 60 亿元。全国新型农村合作医疗试点范围进一步扩大，推广面已达316 个县、9 700 万人。各地县乡机构配套改革积极推进。由中央财政安排的农业综合开发资金、扶贫资金，以及由各部委安排的农产品加工业专项和乡村道路建设资金都有明显增加。

"衙斋卧听萧萧竹，疑是民间疾苦声"。2004 年全国农业农村工作的实践，足以使人们强烈地感受到，政府的功夫已经不仅仅是锦上添花，而是在风起云涌的变革中，更加追求于为社会天平寻求平衡与和谐的支点，在刀口上用劲道，让那些一出生就受天然条件限制的群体平等享受发展权。一年来，农业农村工作一系列成绩的取得，无不体现了新的中央领导集体对社会主义规律有了进一步的认识，是执政理念和执政能力的新飞跃。

银猴显圣去，金鸡报晓来。在这年末岁首辞旧迎新的时刻，我们相信，在以胡锦涛为总书记的党中央的正确领导下，在全国各级党委、政府以及农业部门广大干部群众的共同努力下，2005 年我国的农业农村工作一定会更加波澜壮阔、瑰丽多彩。

中国农业的空前彩排

——第二届中国国际农产品交易会回眸

2004 年 10 月 15 日，为期 6 天的第二届中国国际农产品交易会在全国农业展览馆落下帷幕。本届农交会吸引了国内外近 1 500 多家农业龙头企业前来参展和销售，1 万多家采购商参加交易和洽谈，20 多万名群众观摩和购物。参展企业、展出面积、展位数量都比上年增加近一倍，参展产品更加丰富、可交易能力更强。会议现场达成贸易成交金额突破 200 亿元，意向合同金额突破 250 亿元，各项指标均大大好于本来已经是高起点的首届农交会的水平。

回眸本届农交会，它除了充分展示了中国农业发展的新成果，更给人们的思想观念带来了一次巨大冲击和深刻启示——

绿色，绿色，还是绿色

此届农交会堪称是一届绿色农产品的交流盛会，绿色是本届农交会的主色调，整个农交会唱响着绿色的主旋律。无论是参展商、采购商还是政府官员、普通市民，无论在哪里都能感受到本届农交会上绿色给人们带来的清新气息。

农业部农产品质量安全中心主任马爱国告诉记者，2001 年 4 月，农业部启动了"无公害食品行动计划"。3 年多来，通过各种监管措施的实施，有力地提升了我国农产品质量安全管理水平，无公害农产品特别是绿色食品已成为农交会的主导产品，农交会由于为优质农产品提供了巨大商机而成为我国提高农产品质量安全水平的重要活动。在本届农交会中，国内参展的 550 家企业中，获无公害农产品、绿色食品、有机食品 3 项认证的企业 235 家，比首届增加了 110 家。这是自农业部"无公害食品行动计划"启动以来对我国无公害农产品、绿色食品、有机食品发展的首次大展示，农交会已经成为展示我国农产品质量安全管理成果的一个大舞台。

当告别商品短缺时代以后，老百姓的菜篮子一天比一天丰富了起来，人们再也不用为吃饱肚子而犯愁了，面对琳琅满目的各色食品，人们现在想的是吃什么才健康，吃什么才安全。于是绿色食品、有机食品、无公害食品开始进入

本文原载于《农村工作通讯》2004 年第 11 期，刘明国主持并牵头，与编辑部同事共同采写，获评第二届中国国际农交会好新闻深度报道奖。

老百姓的视野，绿色给农产品带来的品牌效应已经深入人心。农交会上，面对人们对产品选择的变化，各展销商显然也是有备而来。在一些展台前，"新标准生产基地""无公害农产品""绿色食品"等字样的标牌很是醒目。展商们在向人们传递着一个强烈的信息，我们的产品是绿色无公害的。

记者走进湖南省销售区，迎面过来的一位白发苍苍的老大妈，只见她提着满满的两大袋农产品，当记者问她为何要到农交会上来购买产品时，大妈笑容满面地告诉记者：如今生活水平提高了，想吃啥有啥，可是一定要吃得健康吃得放心才行，而农业部每年举办的农交会上的产品大多数是通过国家认证的放心产品，所以每年农交会都要来好好采购一番，再把这些通过绿色、有机、无公害认证的产品品牌记下来，以后买东西时专买这些绿色产品，全家人的健康都有保证了。老人家的一番话道出了普通市民对绿色、无公害食品强烈的需求愿望。人们对绿色的追求也已经成为提高生活品质的一种标准、一种时尚。

在北京顺鑫农业股份有限公司的展厅里，记者旁观了顺鑫一位工作人员在同采购商洽谈的全过程。他并不是介绍产品品种如何全，口味如何，营养如何，而是详细介绍他们为确保生产绿色食品而建成的良种保障体系、技术保障体系、饲料保障体系、科技开发体系等内容。采购商一直到深信他们的产品的确是绿色产品，才签下一笔大额合同。交易之后这位工作人员不无感慨地对记者说：要打开北京市场首先就是要保证产品质量的过关，保证产品绿色、无公害，才能满足挑剔的北京市民，企业才能打开销售之路，这一点认识在此次农交会上得到了深化。这次农交会也给了我们一个重要的信号，那就是今后农业结构调整必须向绿色食品方向调整，否则，种出的农产品就会被市场所淘汰。

"绿"意盎然的农交会虽然闭幕了，但一场从地头到餐桌的绿色革命却刚刚开始。"生活水平有了提高，人们对食品要求越来越严，绿色食品必然越来越多地走进普通百姓家庭，农交会给我国绿色食品提供了一个难得的展示、交流、沟通的舞台。"中国绿色食品发展中心副主任张华荣的话是此次农交会最形象的注脚。

品牌，品牌，还是品牌

品牌就是效益，它能产生行业的领导力和附加值。如今，商品经营已进入品牌营销的时代，农产品的经营当然也不能例外。在本届农交会上，全国各地的企业蜂拥而来，展位紧密相连，各种农产品琳琅满目，看得人眼花缭乱，大部分商品都淹没在这商品的海洋中。记者注意到，有的展台前人头攒动，交易量喜人；有的展台却躲在静静的一角，问津的人并不多。分析其原因，除了产品类型不同的因素外，差别就在于产品的品牌以及所进行的宣传推广力度。

"我们就是要打响品牌，让大家都知道我们这个企业和我们的产品。"北徐集团的宣传部长徐法清热情洋溢地说。在交易会上，这个来自河南的村办企业，可谓大出风头，他们和农展馆合作，在每个参展代表的工作证以及记者证上都印上北徐集团的宣传文字，并在开幕式上进行锣鼓表演，一下子就吸引了大家的注意力。

螃蟹身上贴防伪、佩"腰带"这样的稀罕事，也成了本届国际农产品交易会时参观者们所津津乐道的话题。在农交会期间举办的江苏螃蟹节现场，记者看到展览的阳澄湖大闸蟹身上都贴有防伪标志，推介人员介绍说："这就是我们的牌子！"本届农交会上，像这样颇具特色的塑造产品品牌、宣传品牌形象的活动不胜枚举。深明"酒香也怕巷子深"道理的企业大张旗鼓地进行品牌宣传战，从中尝到了不少甜头。

"不比不知道，一比吓一跳。"北徐集团的徐法清谈起 2003 年参展后的感受时这样对记者说："我们当时抱着试一试的心理，只设了一个展台，来了四五个人，结果感到差距很大。回来后，我们就分析，实际上我们还是有实力的，但是为什么没有显示出来呢？就是宣传没跟上，没形成品牌。今年，我们加大了宣传力度，来了 100 多号人，不仅抢占了黄金展位，而且几乎所有的宣传形式都用上了，整个农交会上刮起了北徐旋风，签订合同金额达 10 亿元。"

其实不但众多企业和厂家重视品牌的宣传，那些消费者和经销商们更看重农产品的品牌。"我转了很多展馆，就是为了找这个。"一位购买了黑龙江黑木耳的消费者对记者说："人家这东西就是好。"短短的一句话，反映出消费者对产品品牌的苛刻要求程度。在这次农产品交易会前夕召开的"中国农产品及农业生产资料连锁经营研讨会"上，与会专家蒋和平教授认为，在各类农产品走进连锁超市以后，质量已不单是农产品的品种问题，而是该品种的整体品牌。几家超市的负责人也表示，他们在采购过程中选择进入标准时更多地考虑产品的品牌。消费者和经销商们选择标准的提高，无形中给生产农产品的企业以更大的压力，也促使他们更加注重产品的品牌形象。

记者注意到，很多企业为了突出自己的特色，着重强调自己的卖点，纷纷打出绿色牌、科技牌、质量牌、服务牌等。但是，当越来越多的企业开始注重产品的绿色、无公害、高科技含量以及服务时，产品就会越来越趋向于同质化。万变不离其宗，各种卖点最终形成的是产品的特色品牌，是市场中的核心竞争力。

事实反复证明，企业在激烈的竞争中，需要善于宣传和展示自己的品牌，提高产品的知名度和美誉度，获得消费者的购买认同。可喜的是，越来越多的参展企业开始重视品牌的重要性，各地政府也不遗余力地帮助企业进行品牌的塑造和品牌形象的宣传与推广。在交易会期间，各地政府举办了各具特色的推介会，各地政府的高级官员纷纷代表企业向社会各界推介本地的特色产品和企业品牌。农业部举办国际农产品交易会就是为广大企业提供一个宣传自己、塑造品牌的绝佳良机。政府和企业联手打造农产品知名品牌的局面已经形成。

市场，市场，还是市场

本届中国国际农产品交易会是以市场运作为基础，以展示商品为形式，建立一个开放的、国际性的国家级大型综合交易平台，向国内外展示现阶段我国农业、农村发展取得的新成就。可以说市场是这一大平台的基础，所有的参展、洽谈、贸易也都是市场行为。

在诸多市场行为中，商品促销尤为引人注目。吉林春光米业的展台位于种植业展馆的入口处，位置优越，人流量较大，他们没有浪费这样的大好商机，开展了丰富多彩的促销活动，引来了大量的顾客驻足。"嗯，发芽的米还真是香。"一位老大妈尝过春光米业免费试吃的发芽米后啧啧称赞。此次春光米业提供大量产品，给顾客免费品尝，受到了顾客的欢迎，同时其产品知名度也得到了提高。这样的市场行为也是在消费者面前提前进行质量认证，让消费者对自己的产品认可与放心，这样产品自然会得到消费者的信任和青睐，那么市场也就被牢牢地抓在手心了。此次农交会上开展此类促销活动的商家还很多，大多取得了不错的成效，也成为展会的一大亮点。

商家的促销固然红红火火，官方的营销也不甘逊色。政府开办农交会本来就是形成一个小市场，让全国的商家聚集于此，互相了解，进而贸易，然后逐渐利用这一小市场去影响全国农产品交易的大市场。为此，从展会的各项筹备，到展会期间为商家提供的具体服务，我们都可以看出政府已经不仅仅只是展会的组织策划者，而且也是展会的直接参与者。展会期间，大会组委会一共举办了17个省市的专题产品推介会，为各省市搭建了一个全新优质的展示平台，产品的信息交流量以及商品贸易量随之攀高。

满足消费者的需求是公司打造核心竞争力的基本导向。积极开展市场调研，开创新的农产品营销目标市场，降低市场风险，这也是各家参展商家的一个重要目标。从某种意义上讲，积极开拓市场就是要寻找消费者，为消费者创造需求和满足消费者需求。如何寻找顾客，一个重要手段就是营销调研工作，通过对消费者的需求、习惯、市场供给状况和营销环境分析，确定农产品新的目标市场（即消费者对象群体的选择）。2003年，上海光明乳业股份有限公司通过加强建设高附加值产品和区域的差异化、建立客户服务标准和客户满足度考核，扩大品牌知名度和信赖度。目前已经在消费者心目中形成了"城市、高科技、专业、可靠"的感觉，总体满意度评价达到90％以上，并且不断掌握消费者需求动态，开发新产品，提供消费者不同层次的需要，满足消费者的各种需求，此次光明乳业参加农交会一个很重要目标就是掌握消费者的需求情况。

企业走市场，产品是关键。养生堂集团下属的农夫山泉有限公司在本次农交会上贸易额占据前列，凭的就是其过硬的产品质量。集团副总裁李德祥跟记者详细介绍了农夫山泉在产品质量上的理念：农夫山泉注重生产链的每一个环节，公司花巨资在新疆开办原料供应基地，目的就是为生产出优良产品打下坚实的基础；在全国各地的优质水资源保护区建立产品水源供应点，等等。凭借质量优势，农夫山泉产品已经占据了中国纯净水行业的头把交椅，并积极地向果料饮品开拓和探索，其"农夫果园"果汁饮料已经在市场上得到了很大认可。走质量取胜道路永远都该是商家的上乘之选。

农交会的最后一日，在销区，一家东北大米展位的负责人接受记者采访时说，由于他们展位的位置比较好，所以这些天的生意一直不错，每天的收入也相当可观。对于5天的参展时间，他觉得太短了。一家海产品展位的负责人说，农交会的这几天，他们每天的销售额都在八九千元。第一天和第二天销售得最好，都达到了万元以上，对于这次农交会他当然希望时间更长。农交会对农产品市场的影响将长期延伸下去。

开放，开放，还是开放

从农交会上各种肤色外国人忙碌的身影上，可以勾勒出本届农交会的"国际"轮廓。

实际上，自从我们决定开启因沉寂了多年而愈发厚重的国门之后，一切便顺势而就，一切便变得不可阻挡。在本届农交会上，记者发现，"开放"成了一个让人扎眼之后还要深思的词。

不但有众多的驻华使节参加了本届农交会开幕式，而且美国、日本、苏丹、乌克兰、法国等13个国家的25家企业和贸易协会直接在境外展区参展，另外，近400家国际采购商到会采购。记者注意到，在采购和参展这两种进会形式上，存在着一热一冷的温度差。通过农交会，大体能看出国外农产品及农业企业在我国农业中所处的位置。

10月13日，农交会组委会特意在亮马河大厦安排了一次农产品国际采购洽谈会。据组织者介绍，交易非常活跃。

从生产基地建设到产品的各种认证，从农产品的精深加工到品牌策划培育，最近这几年，各地都在认真地做，并取得了很大的进步。这在国际采购洽谈会上得到了认可。加拿大普林塞斯公司、德国天府公司等一些跨国采购商都多有斩获，要么跟中国的公司达成供货意向，要么当场签下高数额的农产品贸易合同。外商盆满钵满，我们也赚到了美元，更重要的是会有千家万户的农民兄弟跟着增收。一如那鲜红的会标，国际采购洽谈会上洋溢着的是丰收喜庆的情绪。

而在农展馆内的海外展区内，老外们的"摊儿"前相对要冷清一些，在前面晃动而过的也多为好奇的看客。当然，这与他们都有特定的贸易对象群有关——毕竟能够跟他们做生意的只是极少的一部分人。

"我们主要是宣传一下自己，让人们熟悉先正达。"先正达的工作人员向记者介绍了这家世界领先的农业科技企业与会的首要目的。作为中国农化领域最大的投资者，先正达通过散发材料等形式向参观者介绍它的产品和投资意向。

实际上，很大一部分境外参展商都是在做现场形象广告。他们并不急躁，对他们来讲，花钱来到农交会上，不是只求能有多少签约到手，而是把眼光放在了长远。这是他们的精明之处。

中国的农产品向来价廉物美而又规模庞大，也许正因为这，农交会上鲜有哪个国外展团敢"班门弄斧"，大部分展团用来跟中国的农产品同台竞技的是农产品深加工机械、农业技术、销售网络等他们的"优势"东西。唯有苏丹团除外。但通过深入采访，记者发现，国外农产品在中国的"登陆"决不会是什么个案。苏丹团只是有意无意地扮演了一个忠告者的角色。

第一次来参展的苏丹展团自信地展出了他们国家的几样主要农产品：棉花、阿拉伯胶、苏丹红，另外还有苏丹产的芝麻、花生、辣椒，甚至药材。穆罕默德·S·尼扎尔对记者说，苏丹是阿拉伯海地区最大的阿拉伯胶生产国之一，这次他们重点向中国朋友推出的，就是啤酒、可乐等产品的这种重要原料。通过他的介绍，记者还了解到，这次他们推出的农产品中，只有阿拉伯胶和棉花在中国有少量销售，其他几样主要销往西欧，这次是来打打前站，看看市场反映的。若有可能，他们立马便能在苏丹组织到足够的货源。记者注意到，一个专做油料的中国客户急切切地向他们详细询问了苏丹芝麻的面积、产量和出油率，并跟尼扎尔互换了名片。

国门底下的路，向来是双向的，有出就有进。国外农产品进入中国，在美国脐橙、转基因大豆等几番折腾之后，已经不是什么新闻了，但毕竟并没有出现加入WTO之前很多专家预测的那种骨牌效应。可是这并不能说明外国农产品只能"望洋兴叹"不会大批涌进国门。相反，他们起码已经做好了准备，从这届农交会上已经看到了这种姿态。

举办中国国际农产品交易会，一个很重要的目的，就是以市场运作为基础，建立一个开放的、国际性的国家级大型综合交易平台。无疑，这个平台已经搭建了起来，在向国际社会宣传、展示我国农业和农村经济发展取得的新成就的同时，必将推进农业贸易、科技的国际、区域交流与合作，成为我国农业"走出去"极为重要的一个途径。

科技，科技，还是科技

科学技术是第一生产力。本届农交会，向世人展示了我国农业依靠科技进步所取得的巨大成就。目前，我国农业的科技贡献率已由 20 世纪 80 年代的 20％提高到了 45％，这是一个伟大而历史性的跨越。这次农交会，犹如一个科技大卖场，各省、市、区参展团都亮出了以高新技术改造传统农业，提高农产品科技含量的成果。这正是本届农交会的一大亮点。

会期里，谁家的技术先进，谁家就吸引人，谁家就是赢家。北京市农林科学院展出了上个月底才通过技术鉴定和验收的"熊蜂授粉"技术，这一填补国内空白、获得国家专利、经济实用的项目，一露面就引来众多洽谈者，有的要求转让技术，有的要求做业务代理，更多的是果品产区、果蔬协会和农民当场定购熊蜂。湖南省的农业种子研发技术先进，美国艾利克高技术集团与湖南（长沙）绿世界农业科技发展有限公司签订了太空育种品种总经销的合同，总金额高达 1.88 亿元。上海的农机制造和开发技术在全国独占鳌头。这次农交会，上海市农机研究所和上海交大机器人研究所带来了瓜果精选分级设备，上海纽荷兰农机所带来了高智能的拖拉机，上海向明机械厂带来了多功能油菜收割机。这些农机具均以技术新、质量好、功能独特、物美价廉的特点，赢得了一些外商和国内粮油、瓜果主产区的注目，并被要求考察与订购。

提高科技含量，是中国农业走向世界，提升农产品国内外市场竞争力的核心。在农交会上，记者采访发现，所有引起公众注目并争购的产品，概无例外地都是靠科技脱颖而出。如有中国米业大亨之称的黑龙江省北大荒米业有限公司，为监控基地生产和开发新产品专门设立了科技发展公司，并配置了国际领先的微电脑控制生产线，共开发出九大系列 37 个品种的产品，年出口 25 万吨大米，为全国之最。2004 年 9 月 1 日，"北大荒"牌米被授予"中国名牌"产品称号；陕西省春雨绿色禽业有限公司与西安市农科院合作，研发出了专门生产绿色鸡蛋的饲料配方和整套养殖管理技术，其生产的"春雷"牌鸡蛋享誉西北市场；新疆生产建设兵团生产的彩色棉及彩棉纺织品、成衣等，以其纯天然、质地优良成为国内外市场高级纺织品的新宠……

依托高科技发展高质量、高附加值、深加工的农产品，是提高我国农产品国内市场竞争力和开拓国际市场的重要一环。在本届农交会上，初级和原始的农产品已不再是主角，取而代之的是更领时代风骚的精深加工的农副产品。福建省、山东的青岛和烟台、辽宁的大连、浙江的温州和宁波都是海产品的主产地，近年来都以发展精深加工产品来拓展市场，这次来参展，便成了各大中外采购商的"众矢之的"；四大牧区和宁夏的深度分割牛羊肉产品、山西省的小杂粮系列、安徽省的山里仁山核桃、河南省双汇集团的即食肉制品系列、浙江的蔬菜加工系列、云南的花卉苗木、湖北的有机富硒茶和重庆的休闲和保健食品，等等，都高高地吊起了采购商和参观者的"胃口"，引得众人竞相欣赏与采购。

可以说，本届农交会上，参展企业在各种形式大比拼的背后，实质上隐藏的都是科技之剑。养生堂集团副总裁李德祥深有体会地告诉记者，近年来他们与高等院校"联姻"，每年投资 1 000 多万元用以合作开发新一代的保健品和生物药，这些高科技产品研发出来后都是市场的抢手货，这次回去以后还要建议进一步加大企业的科技投入。发展农产品，科技能生"金"。通过农交会，这已成为众多企业家的共识。

服务，服务，还是服务

为农交会服务，实质是为中国的农业服务。农产品走向市场，主要是农民、企业和商家的事，而本届农交会上，我们首先看到了来自全国各级各地很多领导干部为此奔波忙碌的身影。党中央、国务院对本次会议给予了亲切关怀。中共中央政治局委员、国务院副总理回良玉，全国人大乌云其木格副委员长，全国政协黄孟复副主席出席了开幕仪式，并给予农交会很高的评价。

作为会议的主办方，农业部领导对会议更是重视有加，成立了部长杜青林任组长，副部长尹成杰、牛盾任副组长，有关各司局任成员的领导小组，部常务会多次专题研究农交会的有关工作。这次会议的主要承办方仍然是全国农业展览馆。馆长王汝锋告诉记者："今年的农交会，农业部可以说是在举全部之力，全员办会。部领导时刻牵挂在心，有关司局领导随时亲临备展和会议一线。农交会筹备期间，领导们召集的专题会有好几次都开到了夜间 12 点以后。"提到根据分工直接负责督促和抓办农交会工作的几位农业部司局长，王汝锋馆长笑言自己的电话都快被他们给打爆了。

与此同时，各协办单位、中央有关部门的领导对农交会的筹备和举办也给予了积极的支持。国家 30 多个部门的领导出席了农交会领导专场活动。各省、区、市领导、农业部门的同志为农交会的筹备和组织做了大量工作，大部分省份都由省级领导亲自挂帅，农业厅领导牵头组成了专门的筹备工作组。其中，全国有 27 个省（区、市）的领导亲临农交会现场办公。黑龙江省省长张左己还借助农交会平台，积极为当地农民工联系对口工作，寻找就业机会，先后在会上与有关单位签订了多份劳务输出合同。张左己说，明年的农交会他仍要亲自前来，并将组织起更大的队伍。其他与会的省（区、市）领导也都做出了类似表示。

服务农交会，不仅仅是各级领导和主办、协办方的事，需要动员全社会广泛关注和参与。原来对此一向表现平淡的新闻界，这次也不甘示弱，纷纷派出精兵强将前来"泡会"。新华社、人民日报、中央电视台、中央人民广播电台、经济日报等150多家媒体的300多名记者参与报道了大会盛况,共有1 100多条新闻在电视、广播、报刊和网络等媒体上发表。中央电视台新闻联播从10月10日起连续5天从不同角度对农交会进行了报道。国外和地方媒体也积极宣传介绍本届农交会的情况,使之在境内外都产生了较大的影响。

本届农交会服务形式不断创新,服务内容不断丰富,不仅营造了隆重热烈的气氛,也进一步推动了贸易销售活动不断出现高潮。中国农业网上展厅即中国国际农产品交易会网站正式开通,采用中、英双语及时发布农交会活动的各种信息。"中国农产品质量安全与认证认可报告会""中国农产品及农业生产资料连锁经营研讨会",以及各省市展团组织的经贸会、产品推介会、项目签约仪式、合作洽谈会等活动,使得整个交易会更加异彩纷呈。交易会还为参展商实行了"一站式"服务,第一次真正执行了"首问责任制,无道理管理,无障碍服务"的管理制度。在农交会现场记者看到了这样一幕:10月13日上午,在农交会划定的大车停车区内开进了一辆小车,保安上前解释和制止,女司机对保安不仅置之不理,而且出言不逊,保安流出了委屈的泪水,但最终还是坚持用很文明的方式说服了对方。

据对观众的抽样调查显示,人们对2004年农交会各项服务的满意率均远远好于往年。

绿色,绿色,还是绿色;服务,服务,还是服务……透过本届农交会,记者看到了政府角色的重大转变,看到了全社会对农产品乃至整个中国农业的高度关注,看到了当前农产品发展的明确指向,也看到了中国国际农产品交易会的重大意义、作用和极具前景且肩负重任的未来。

奏响新世纪的农业凯歌

——第三届中国国际农产品交易会回眸

金色的秋天，收获的季节。2005 年 10 月 17—21 日，北京全国农展馆万人齐聚，以"展示新农业、描绘新农村"为主题的第三届中国国际农交会在此隆重召开。5 天时间，国内外共有 636 家企业参展，746 家企业参加销售，12 大类 3 000 多个品种的优势农产品参加现场展示展销。其中，境内参展企业比上届增加了 16％，境外企业增加了 20％。贸易成交合同金额突破 220 亿元，意向合同金额突破 290 亿元，均比上届增长 20％以上。

本届农交会召开在"十五"计划提前圆满完成，"十一五"大步走来，党的十六届五中全会胜利闭幕的重要时刻，显然有着更加厚重的时代背景和深刻的历史内涵。带着更深层次的思考，透过一个又一个亮点，人们不难发现，如今，农交会的功能和意义已经大为拓展，它不仅是一个农产品交易的大卖场，更是一个承前启后、继往开来，为中国农业奏响世纪凯歌，为社会主义新农村建设孕育奇葩的大平台。和原来相比，本届农交会表现出了更加鲜明的时代特征。

农业的经营理念进一步提升，标准化成了农产品的最大卖点

农交会，不仅是农业外在产品的展示舞台，也是农产品内功和品质的竞技场。前两届农交会上，绿色、品牌、科技，是参展商交相营造的热卖点；而 2005 年，标准化成了一个新的主题元素。许多厂商在向消费者推介产品时，不是主要说明其性能和价格，而是侧重宣传标准体系和质量，"按标准生产、按标准加工、按标准储运"成了一句挂在嘴边的口头禅。新颖的理念和方式，吸引着市民们长时间驻足观看和采购，冲击着所有参会人员的观念，更预示着农业的趋势和潮流。"一流的企业做标准，二流的企业做品牌，三流的企业做市场，四流的企业做产品"。曾经在企业界流行较广的这句话，如今也广泛用到了农业上。农产品市场的竞争，实质上是农产品质量的竞争，而产品质量在相当程度上是由产品的标准决定的。通过制订和实施标准，使农业生产

本文原载于《农村工作通讯》2005 年第 11 期，刘明国主持并牵头，与编辑部同事共同采写，获农业部第三届中国国际农产品交易会好新闻深度报道奖。

的产前、产中、产后全过程都纳入标准生产和标准管理，可以有效提升产品品质和竞争力。"标准就是质量，标准就是品质，标准就是效益，标准就是中国农业发展的根本和希望，"国家农业标准化生产基地示范区实施企业、安徽槐祥工贸集团的销售负责人梁金胜言简意赅，精辟地点明了标准化的价值。

"现在吃东西不能单以吃饱来衡量。作为消费者，我们希望吃得安全、健康。"在三号馆，吉林"鼎吉"大米尽管价格相对较高，但前来购买的市民仍络绎不绝，展位前显得热闹非凡。"鼎吉"大米是吉林省有机农产品协会申请注册的优质农产品品牌，产品按照标准化模式进行生产，在配种、化肥、农药、标识、包装等方面实行了统一要求和管理，质量达到《吉林大米标准》的特级指标。年初加入"鼎吉"大米的吉林朝阳米业有限责任公司，2005 年前三季度的大米销量就比上年全年的销量多出 50%，董事长张洪飞说："实施标准化运作，提高了产品质量，提升了品牌影响力，厂家、农户和消费者都可以从中受益，这是一个多赢的措施。"

"没有标准化，就没有国际化"，山东潍坊乐港食品股份有限公司的刘明文说，"只有在生产、加工、包装等各个环节严格标准，狠抓质量，农产品出口才有源源不断的保证。"随着我国加入 WTO 后国际化进程的加快，农产品要想进入国际市场参与竞争，农业标准化是必不可少的"绿卡"。在 19 日举行的国际农产品采购洽谈会上，来自冰岛巴大沃集团亚洲公司的杨先生说，中国的农副产品有自己的天然优势，出口到欧洲去有很多机会。"只要符合要求，出口数量与价钱不是问题。练好内功，就无敌于天下！"杨先生一针见血地指出了出口的关键所在。

正是由于标准化的重要性，农业部从 2005 年开始把农业标准化列为一项中心工作来抓。事实上自 2000 年以来，农业部已经组织制定农业国家标准691 项，地方行业标准 1 613 项，指导地方制定农业地方标准 7 000 余项，初步建立起农业标准体系框架，并基本形成了无公害产品、绿色食品、有机食品"三位一体、整体推进"的农产品认证格局，农业标准化有了长足的进步。农业部提出把农业标准化作为农业和农村经济工作的一个主攻方向，使我国农业标准化"进入了一个全面推进的新时期"，更是体现了建设现代农业、促进农民增收的强烈愿望和决心。

也正是因为农业部的重视，标准化第一次成了农交会上一个引人注目的焦点。农交会展出展销的农产品，都是无公害产品、绿色产品和有机产品，标准化要求越来越严。农业标准化，一个朴实无华而又意义深远的名词，正在逐步升温和升华。一场从生产、加工到销售全过程的"农业标准化革命"已经在神州大地悄然兴起。

透过更大的展馆和更精的展品，人们感受到的是"十五"农业的巨大辉煌

农展馆 1 号至 3 号馆，加上建筑面积 13 000 平方米的新馆，使此次农交会展出面积超出历届，达到 35 000 平方米。1 号馆新设的精品馆，汇集了包括台湾省和新疆生产建设兵团在内的全国各名、特、优、新农产品；2 号馆新设的农业高科技展区，集中展示了超级稻、抗虫棉、牛羊克隆和禽流感疫苗等方面的农业高新技术产品。全国农业展览馆负责人告诉记者，"十五"以来，我国农业产生质的嬗变，走上了健康快速发展轨道，要展示大成就，就需要有这样的大场地。

5 天的农交会集中展示了我国"十五"农业的一个个亮点，讲述着新世纪农业发展的光辉历程。

精品馆里，各地呈现的各种优质农产品，充分体现了中国农业的综合实力和整体水平。在这里，浙江展区展出了精致传统农产品和深加工农产品，传达着高效农业的信息；海南展区以 280 多个特种蔬菜、水果和无公害绿色农产品，树起了"生态省、无公害"牌号；吉林、黑龙江和河南等产粮大省的展区，丰富优质的米面、大豆、油品等，让关心我国粮食安全问题的人士心中有了底。连续 5 次带团来北京参展的上海市农委副主任施兴忠对记者说，上海农业的比重不大，但 5 年来重点发展都市现代农业，取得了农业增效、农民增收的好成绩。

农交会上，中外客商和八方参观者，对精美丰富的农产品印象深刻，人们真切地感到，我国农产品短缺单一的时代已结束。据了解，经过最近 5 年的努力，我国农业生产结构明显优化，高效经济作物、畜牧业、水产业成为了新的增长点，农民从中受益匪浅。种植业形成了粮食、经济作物、饲料"三元结构"的格局；蔬菜、水果、茶叶、花卉、中药材等，成为产业新的亮点。在养殖业上，畜牧业总产值占农业总产值的比重由 2000 年的 29.7% 上升到 33.6%；渔业生产总产值 2004 年达到 3 790 亿元，比 2000 年增长了 35.2%。全国各地因地制宜，通过农产品品种和品质结构不断优化，优质专用农产品快速发展。到 2004 年，我国优质稻、优质小麦、优质玉米和"双低"油菜的面积已分别占总面积的 61.3%、44%、31% 和 75.5%。

本届农交会还刮起了一股强烈的"陕西苹果"风。陕西省果业管理局办公室副主任张晓平告诉记者，陕西是农业部确定的苹果优势产区，面积、产量和品质都在全国名列前茅，苹果产业已使 1 000 万农民增收，通过这次农交会，要让陕西苹果走向更大的国内外市场。记者观察，在农交会上像陕西一样力打地域优势牌的比比皆是。东北的大米和菌类产品、河南的面制品、新疆的番茄

和棉花、五大牧区的牛羊肉、甘肃的马铃薯和种子、山西及河北的杂粮、安徽及两湖的茶叶、沿海省的水产品、江浙沪及山东的深加工农产品，等等，都出足了风头。

这是近年来我国农业生产布局优化，特别是农业部自 2003 年以来组织实施《优势农产品区域布局规划》所取得的成果。目前，在中国农产品产业地图上，一条条优势产业带迅速崛起，并通过龙头企业和各类农业合作经济的带动，提高了农民组织化程度，各地农业产业化水平得到迅速提升。到 2004 年，河北、山东和河南 3 省的优质专用小麦面积占全国优质专用小麦面积的 46％；油菜、花生、大豆分别向长江流域、黄淮海地区和东北地区集中，东北优质专用小麦面积占全国的 32.8％，长江流域油菜带占全国的 84％；河北、山东和河南 3 个省牛肉产量占到全国的 36％。

在"十五"农业辉煌的成就里，农业科技发挥着重要支撑作用。"农业的出路在科技！"这是农业部部长杜青林在视察农交会农业高科技展区时说的一句感言。一进入该展区，映入记者眼帘的是中国超级稻、矮败小麦、杂交玉米与大豆、抗虫棉等高科技成果。据农业部科技发展中心的同志介绍，进入 21 世纪，我国超级稻、杂交玉米大豆、抗虫棉等一批农作物育种技术和猪牛羊克隆技术已达到国际先进水平，近年来我国已有 300 多项农业实用技术得到大面积推广应用，有效地扭转了中国农业技术相对落后和储备不足的局面。

滴水见阳光。农交会只是中国农业的一个缩影，但通过它既可看到中国农业硕果累累的过去，也可以见到前程似锦的未来！

为中国农产品逐鹿国际市场助威壮行，农交会有了更浓的国际色彩

举办大型的国际农产品交易会，既是国际贸易发展的必然趋势，也是我国农民增收和农业发展的内在需求；既是向世界展示中国农业和农村经济发展成果，树立"精品、开放、务实"形象的难得契机，也是推动中外农业交流，促进我国农业积极参与国际竞争的绝佳机遇。第三届中国国际农产品交易会反映的正是这种趋势，提供的正是这种机遇，凸显的正是中国农业日趋浓郁的"国际色"。

在这次展会上，有 80 多家境外企业参展，参展产品涉及畜禽设备、水果、蔬菜、肥料、水产品、种子、生物技术、橄榄油以及食品等，有来自 31 个国家和地区的 300 多名采购商前来参观洽谈。其中，日本、爱尔兰、泰国、印度等国家组织了专门的采购团，采购意向非常广泛。

记者在会上看到，尽管设在二号馆的境外展区的展品实物没有其他展区丰富，但还是吸引了不少人。而且记者还注意到，到这儿的参观者"含金量"一

般比较高，要么对国外的农业发展状况感兴趣，平时没时间或没机会出去，趁展会挨个儿"国家"转一遍；要么怀里揣着章子，早有"预谋"地直奔某些摊位，下决心做成几笔国际买卖。

据农业部国际合作司司长李正东透露，"十五"期间，农业国际交流与合作进一步扩大，合作机制逐步完善，多边合作不断加强，区域合作日趋活跃。2001年以来，我国先后接待副部级以上农业代表团60多批，派出50多批。我国与20个国家签署了27个双边农业或渔业合作协议或谅解备忘录，建立了16个双边农业或渔业合作联委会或工作组。东盟与中国（10＋1）、东盟与中日韩（10＋3）、亚欧会议、中国与欧盟、中非合作论坛以及大湄公河次区域经济合作（GMS）等合作机制都把农业合作列为重点。

据不完全统计，近四年来，国际机构和外国政府向我国农业提供的无偿援助和优惠贷款项目达到50多个，协议金额2亿多美元。2001—2003年，农业利用外商直接投资项目近3 000个，协议金额约57亿美元，年均约19亿美元。随着我国整体投资环境得到进一步完善，农业利用外商投资必将呈现快速增长的良好势头。第三次中国国际农交会进一步证实，农业领域已成为吸引外商直接投资的新热点。

在本届农交会上，中外农业科技交流与合作日益广泛，就体现在中外参观者的摩肩接踵中。为什么国外对农交会这么感兴趣？其背景是：我国已同世界140多个国家和主要的国际组织、区域组织以及国际农业研究机构建立了长期稳定的合作关系。

记者从农业部获悉，"十五"期间中国农业稳步实施"走出去"战略，在俄罗斯、中亚有关国家相继建设了大豆、玉米等种植业基地，在东南亚和拉美等地区先后建设了粮食、橡胶、热带水果、剑麻等稀缺资源开发基地。我国现有1 000多艘远洋渔船在毛里塔尼亚、几内亚、摩洛哥、印度尼西亚、缅甸、斐济和阿根廷等30多个国家的专属经济区以及太平洋、大西洋、印度洋等三大洋的公海进行远洋捕捞，年捕捞量100多万吨。

要说本届农交会的"国际色"有多重，只要注意一下2005年10月19日举行的"第三届中国国际农产品交易会签约仪式"即可知晓。在京广新世界饭店，从各地上报的62个项目签约总金额折合人民币58亿元，其中与海外客商签约金额是29.6亿元，占到了签约总额的51％。其中最大的签约项目是广东湛江国联水产开发有限公司与美国皇后国际公司签订的7 601万美元的水产项目。

随着农产品国际贸易稳步增长，我国农产品对外贸易总额在大幅攀升。2005年前6个月，我国农产品进出口总额为264.20亿美元，同比增长5.80％。其中出口130.58亿美元，进口133.62亿美元。农产品国际贸易的发展为农民增收做出了积极贡献，而国际农交会的举办，又有力地促进了农产品国际贸易的发展。

大陆的真诚再次让台农感动，两岸农业合作前景广阔

10月21日，为期5天的第三届中国国际农产品交流会在许多人的意犹未尽中落幕。与会的商家签下了大笔的合同，消费者买到了自己喜爱的优质农产品，对40多家参展的台湾农业团体和农业企业来说，他们的收获更为丰富：不仅收获了几千万元的销售合同，更收获了大陆的一系列诚意，从而也收获了对两岸农业合作的信心。

台湾省农会总干事张永成先生认为，能够在这样一个大舞台上展示、销售台湾水果以及深加工农产品，对台湾农产品在大陆的销售会起到积极的作用。

据有关部门介绍，这次展会共从台湾本岛运来近20种50多吨热带水果，足足装了3个集装箱。受到台风影响，台湾岛内的水果价格本身就涨了2到3倍，加上两岸还没有直航，转口增加了运费，因此，农交会上的台湾水果价格相对较高。可是尽管如此，热情的大陆消费者还是将其抢购一空。来自台湾的庄淑贞女士对记者说："有一个现象很有意思：本届展会上台湾水果都是按个儿卖的。原因就是大陆的购买者太踊跃了！"

在农交会期间，相信很多人确实都很有感受：整个展会简直就是台湾农产品的"秀"场。不但台湾的热带水果大放异彩，就是从台湾过来的深加工农产品，也让好多中外采购商停下脚步，让大陆的消费者感到新奇后在不自觉中把腰包掏空。据了解，台湾23个县市中，15个县市有展团参加此次农交会。这可以看出，大陆举办的中国国际农交会在岛内已经产生了很大的影响，同时，也能看出台农急于"登陆"摆脱困境的迫切心情。从另一个角度上，台湾农产品之所以能在农交会上如此"尽情挥洒"，再次表明大陆有敞开的胸襟，更有想台湾农民之所想、急台湾农民之所急的同胞情怀，而背后则是我国综合国力的飞速跃升。

我国在经过了20多年的迅速发展之后，已经能够举办这样规模空前、影响巨大、品牌效应越来越好的国际农交会，也能够在解决大陆农民问题的同时，去考虑、解决台湾农民同胞面临的困难，并把他们的难处放到一个大盘子里进行通盘考量，这些都是符合感情并自然而然的。

"大陆提供了便利的通关措施和部分水果零关税政策后，我大体核算了一下，台湾农产品进入大陆市场的成本因此降低了约25％，"在台湾干了32年农业的、台南县南化宏联果蔬运销合作社理事主席曾永长对记者说，"台湾农产品能够顺利进入大陆的千家万户，台湾的农民连晚上做梦都会笑。"

据记者了解，台湾水果进入大陆，有一个政策演进的过程，从本次农交会

能够看出，大陆进口台湾水果几近走入"常态"。就在 2005 年 7 月 18 日，记者参加上海举行的海峡两岸农业合作展暨台湾农产品交易会时，参展的台湾水果还是依特例给予了特殊安排，才得以参展。与其形成鲜明对照的是，本次农交会上的台湾水果，进口时依照的是早些时候大陆出台的一系列惠及台湾农民的政策，包括部分水果零关税政策和经过便利化处理的通关环节。今后一段时间内，相信都会依照这些政策处理。

两岸一家亲，农业传真情。正如部分台商所说，农交会为台湾水果和台湾农民提供了平台，而这种平台又是台湾农民目前所急需的，本届农交会很好地体现了这一点。参加本届农交会的 46 家台湾农业团体和农业企业，不但当场销售了带来的 50 多吨水果和农产品深加工产品，更与中外客商签下了数额不菲的销售合同，得到了实实在在的利益。其实，更重要的一点是，本届农交会进一步树立了台湾农产品在大陆消费者心目中的形象，这为今后在大陆的销售会有很大的助益。

来自台湾的农业界人士反映，通过本届农交会，他们进一步感受到了两岸农业的巨大互补性，以及由此产生的巨大合作动力，更坚定了对大陆市场的信心，看到了台湾农业、台湾农民新的希望。

贯彻五中全会精神，农家院掀起农村新盖头

把农家大院搬进展会里，农民上演"真人秀"，现场展示"新农村"，是本届农交会上众多与会者津津乐道的话题。人们纷纷称赞：这"招"用得活、用得妙！

原来，刚刚闭幕的党的十六届五中全会提出，要把社会主义新农村建设作为中国现代化进程中的重大历史任务。可"新农村"应该是个什么样子，人们心里并没有一个"准谱"。这下可好，这次农交会适时地推出了现代化农家大院展览，掀起了"新农村"的盖头来，让参观者对其有了更加清晰的感性认识。

开幕式当天，当记者随着人流涌进 2 号展馆，立刻有一种耳目一新之感。只见那 1 500 平方米的农家大院模型被布置得井井有条：整洁的院墙上张贴着科技入户和农民科技培训的宣传画，院子左侧青砖瓦房的周围绿树葱茏，路面整洁，环境优美；院里右侧整齐地摆放着省柴节煤灶、太阳能热水器……院里正中是一个"四位一体"沼气池，一边是和城里一样的冲水厕所、洗澡间，一边是硕大的蔬菜大棚和干净的猪圈，形成了一个"生态家园"；再往里就是宽敞明亮的科技书屋，书屋里各种农业技术书籍、光盘一应俱全。这些新颖别致的展览，逼真地描绘出"新农村"的一种立体形象，一下子就让参观者对"新农村"形成一个清晰的画面，给人留下深刻的印象。

更让人感到有滋有味的是农家大院里还有农民现身说法，向参观者"推销"自家展品。记者在农家大院里，遇到有人正在向参观者介绍村里的生态家园建设情况。"我们村用沼气好处可多啦！能发展生产、增加收入、可以照明、省钱、无公害、比较整洁。以前都说农村脏乱差，家里脏得像猪圈，可自打省里鼓励大伙创建文明生态村开始，我们村就再也见不到以前这种景象了。"介绍者叫常国献，是来自河北省邯郸市临漳县西五岔口村的生态家园示范户、村党支部书记。

据临漳县官员介绍，西五岔口村有 200 多户人，已经有 160 多座沼气池，建了 30 个大棚，建成了 200 亩果园，家家户户养了猪，人均年收入 3 000 多元。目前临漳县已经有 5 万户农民用上了沼气，生产发展起来了，农民增收幅度加大，整个县的村容村貌为此发生了质的变化，同时村里的文明建设和村组管理也明显改善。

"发展沼气，上促养殖业，下带种植业，外促农村环境，村里还整治了街道、添置了健身设施，农民的日子过得更加舒坦了"。老常还不时地说，"我看建设生态家园、创建文明生态村就是在建设社会主义新农村。"提起"新农村"，老常乐观地说，"我们离'新农村'虽然还有很大的差距，以后会好好带领大伙干，争取早日建成全面的'新农村'。"

逛完整个大院，又站在旁边听了老常的介绍，记者深刻地体会到，这里展示的"新农村"是具有浓郁的农家情调的"新农村"，农家院和农民的现场解说相映衬，贴切地反映出中央"十一五"规划建议中所描述的"建设'生产发展、生活宽裕、乡风文明、村容整洁、管理民主'的社会主义新农村"的精髓。据了解，农交会组织部门花费了大量的心血来精心布置这个农家大院。为了让参观者能够更全面地了解"新农村"，除常献国外，还邀请了河南省滑县科技入户技术指导员张心玲、滑县城关镇贾固村小麦科技示范户李计堂来担任科技入户工程的讲解员。主办和协办部委的领导极为看重农家大院的展示，开幕式前几天杜青林部长还亲自到这里检查布展工作；开幕式刚结束，发改委副主任杜鹰就赶到农家大院参观；不大一会，范小建副部长也来到了这里。记者注意到，整个农交会期间，到农家大院来参观的人络绎不绝，那些忙着带团的各省官员，走进大院时，总会停下来仔细地品头论足一番。记者还在现场遇到几位专门从外地赶来的农民，他们同样被这个农家大院深深吸引，流连忘返，媒体也都争相报道这个别具一格的展览，纷纷把它称为本届农交会的"新亮点"。

一个小小的农家院，竟然产生这么大的能量，折射出全国上下对建设社会主义新农村的高度热情。展览虽然并不能完全代表"新农村"，但它却奏出了"新农村"建设的清新小调。盖头掀起，"新农村"建设的大潮正渐渐涌来。

挺起农业的脊梁

——《农业"七大体系"建设规划》出台追踪

一组数据能告诉人们一个值得深思的现实。

据统计，目前我国农产品贸易额仅占全国贸易总额的 5%，占总产值的 9%，占世界农产品进出口贸易的 3%；发达国家的农产品加工增值大都是农业产值的 3 倍多，而我国不到 80%。

枯燥的数字告诉人们中国农业脊梁的脆弱。挺进国际市场，抢占市场制高点靠的是中国农业脊梁的坚挺。

一组数字更能展示一个美好的未来。

最近，农业部出台了《农业"七大体系"建设规划》。按照规划，基本建成农业"七大体系"后，中国农业技术成果转化率和科技对农业经济增长的贡献率将达到 50%；动植物病虫害造成的损失将减少 20% 以上；主要鲜活和出口农产品国际标准采用率提高 20%，无公害农产品认证率达到 30%。同时，农业资源和生态环境得到有效保护，农业社会化服务与管理能力进一步增强。

由此可见，"七大体系"建成之时就是中国农业脊梁坚挺之日；是中国人强农之梦圆梦之时。

记者追寻着《农业"七大体系"建设规划》出台前后的足迹，记录下许多鲜为人知的故事。

缘起内外的冲击

"站在国际市场看中国农业，跳出农业来研究农业，用创新的思维来谋划农业，一句话，实现中国农业脊梁的挺起是起草《农业'七大体系'建设规划》的一大背景。"在农业部计划司采访，投资处的郭红宇处长一开始就对记者如此强调。

谈及农业部为什么要下这么大的决心出台《农业"七大体系"建设规划》，很多人都认为原因可能不止一个，但提高我国农产品国际竞争力的因素无疑是最主要的。并且，有内部和权威人士认为，《农业"七大体系"建设规划》更

本文原载于《农村工作通讯》2004 年第 3 期，《农民日报》同时在头版头条刊发，获全国农业好新闻二等奖。

多的是部主要领导研究关注大量农产品国际国内市场动态的产物，是入世以后我国农产品遭受更多更明显的世界性绿色壁垒和贸易歧视的现实震撼后的战略设想。

的确，加入 WTO 以前，我国农产品出口也时常遭到种种阻碍。但是，入世以后，世贸组织的成员不能再用传统的"贸易壁垒"限制中国产品进口。于是，各国和地区纷纷建立起"绿色门槛"。2002 年是我国加入 WTO 的第一年，也就是这一年，我国农产品对日、韩等一些传统的出口市场出口增长乏力。如日本不断加强对我国水产、蔬菜的检查检疫，当年前 7 个月，冻鸡对日出口 6.85 万吨，同比下降 41％；上年中国对日出口鸭肉 4 668 吨，而当年该项出口为零；对日出口蔬菜、冷冻蔬菜和保鲜蔬菜比上年分别下降了 7％、7％和 20％；而欧盟对来自中国的农产品更是多次采取非关税措施以限制进口，我国对欧盟的农产品出口同比减少了 23.3％。山东是农产品出口第一大省，但当年这个省出口产品屡被退货。同年 1 月末，欧盟国家以食品安全为由对我国的动物源性食品出口进行封关，仅此一项就使 8 万多山东农户和加工出口企业大幅减收，直接影响全省出口创汇 3 亿美元。欧盟此举还引起了挪威、匈牙利等国封关，日、韩、沙特阿拉伯等国相继提高了检验标准。与此同时，以劳动密集型农产品加工业为主的出口大省浙江也面临着这样的难题。如日本加强了对浙江香菇的检测力度，韩国强化了对水产品金属残留的检验标准，西方国家则对浙江绿茶的检验越来越严格。杭州市萧山区 100 多家企业的出口产品在接受进口国的标准检测时只有 3 家顺利过关。据农业部信息中心统计，受欧盟全面禁止进口我国动物源性食品影响，当年前 5 个月我国对欧盟畜产品出口降幅达 33.5％。同时，对亚洲和非洲的出口也大幅度下降，畜产品累计出口 10.9 亿美元，同比下降了 12％。

一系列"意外"的打击，使人震撼，使人深思，也使人猛醒。

不可否认，在我国已遭受的种种"绿色壁垒"案例中，有些国家的做法超出了正常的范围，带有浓厚的贸易保护色彩。但加入世贸组织后农产品中层出不穷的绿色壁垒也表明了我国农产品的生产和出口的确存在一些问题。如何正视和解决这些问题，已成为我国农业发展的当务之急。

与此同时，党的十六大的召开和全面建设小康社会的奋斗目标，对农业发展提出了更高的要求。因为没有农业的发展就没有农村的小康，没有农村的小康就没有全国的小康。全面建设小康社会，重点和难点都在农村。为此，中央进而把"三农"工作的重要性从"基础地位"提高到了所有工作的"重中之重"。

所有这些，都要求作为政府职能部门的农业部要有一些全局性、战略性的硬措施和从根本上解决问题的建议。2003 年"非典"的突然袭击，给农业和农村经济带来新的挑战，甚至可以用"雪上加霜"来形容。在2003年5月23日召开的农业部网络视频会议上，杜青林部长提出要提前和尽快开展《农业"七大体系"建设规划》的有关工作，并且提出了具体的规划起草时间表。有关人士分析，非典对农业部加快推进"七大体系"规划建设起到了一定的加速器和催化剂作用。

走一步、看两步、胸中谋划第三步，是农业部领导的工作特点。农业部干部从工作部署中看到：《农业"七大体系"建设规划》是本届部党组胸中谋划的第三步。据介绍，杜青林部长到农业部以后，第一步是提出了产业行动计划，2001年提出，2002年实施，这项工作主要是从产业的角度切入来解决农业的问题；第二步是2002年提出开展优势农产品区域布局规划，这项工作主要是从产品的角度来解决农业的问题，就是要提高农产品的竞争力。这个思路和这项工作受到了温总理的肯定；第三步是2003年提出进行农业"七大体系"建设，这项工作主要是从体系支持上来解决农业问题。

农业部领导在一次专家座谈会上说：我们按照中央农村工作会议的精神，特别是发展"优质、高产、高效、生态、安全"农业的要求，提出了增强农产品竞争力、增加农业效益、增加农民收入的"三增"目标。如何保证这种目标的实现，如何在国内外激烈的市场竞争中发挥我国农业的比较优势，如何加快解决农业的产业弱势性和基础薄弱性问题，如何在现有工作基础上构筑稳固有力的农业支撑保护体系？对于这些问题，农业部党组按照"体系服务农业，工程支撑体系，项目保障工程"的基本思路，提出了"七大体系"建设的设想，希望能够通过构筑宏观层次的"七大体系"，明确农业发展和建设的方向及总体架构，通过组织中观层次的若干重大"工程"，形成支撑"七大体系"的骨干，通过制定一批微观的具体项目，组成"工程"的实体内容，由此实现农业基础设施的强化，实现工作由抓点的突破到抓整体提升的转变，提高农业和农村经济工作的系统性、可操作性和稳定性。应该说，这些话已经把进行"七大体系"规划建设的动因和重点阐述得很概括、很深刻、很明确。

审慎的"画骨"之旅

俗话说：画虎画皮难画骨。而农业部的领导说："七大体系"建设规划的"雄心壮志"偏偏就是要为中国农业"画坚挺的脊梁骨"。

既然要"画骨"，自然就要拿出相当的功夫。

农业"七大体系"由种业体系、农业科技创新与应用体系、动植物保护体系、农产品质量安全体系、农业信息和农产品市场体系、农业资源与生态保护体系、农业社会化服务与管理体系及支撑这七个体系的25个工程组成。每一个分体系的规划和每一个工程的规划，都需要进行深入细致的论证。

"到国际市场上去，到农村去，到农民中间去，到大型龙头企业车间去。"农业部叫响"调查研究"的口号。大批干部走出机关沉下去，虚心向基层干部群众请教，向科技专家请教，深入到社会实践中。

领导力量的投入，是推动各项工作的可靠保证。农业部明确整个规划工作由部主要领导负总责，每个体系规划的编制工作成立一个领导小组，由一位部领导任组长，一位司局长任副组长。由副组长牵头组成体系规划编制小组，具体负责该体系规划的编制工作。每一项"工程"都明确主办司局，由主办司局指定一名司局长负责，会同相关司局组成"工程"规划编制小组，负责"工程"规划的具体编制工作。聘请有关专家组成"七大体系"专家咨询组，为"七大体系"提供科学支撑和理论支持。由发展计划司和办公厅有关负责人组成规划协调组，负责有关综合协调工作，组织对"七大体系"建设规划和"工程"建设规划进行论证，综合各体系建设规划与理论研究成果，最终形成"七大体系"建设规划。

2003年6月18日，一份一万多字的《农业"七大体系"建设规划工作方案》由计划司起草完毕，刘坚副部长初步审定后批示："建议提请部常务会议讨论"。6月25日，杜青林部长在同一份文件上批示："先征求专家咨询组意见，然后提请常务会议审议。"

6月30日，农业部召开"七大体系"建设规划专家座谈会。会议由杜青林部长主持，中财办副主任陈锡文、国务院研究室副主任尹成杰、全国人大常委刘振伟、国家发改委农经司司长杜鹰、农业部农研中心主任柯炳生、中国农科院研究员刘志澄以及中国科学院和中国工程院院士卢良恕、石元春、李文华、戴景瑞、吴常信、唐启升等12位专家出席，农业部刘坚副部长和部内负责七大体系规划制定的有关司局负责人参加了会议。会上，专家们对构建农业"七大体系"提出了许多有价值的意见和建议，概括起来主要有六个方面：一是规划要从统筹城乡经济社会发展的高度出发。"七大体系"从有效履行农业部职能的角度定位，还要以建设现代农业为目标，为促进产学研、产加销和农工商一体化，实现农业和农村经济的整体跨越发挥主体作用。二是规划对于中国农业在未来全球农产品市场的地位要有一个准确的把握，农业产业在国民经济以及粮食安全中具有举足轻重的作用，必须对国际国内农产品市场的发展趋势以及我国农业在其中的地位做认真研究和分析。三是要充分利用世贸组织游戏规则中的"绿箱"政策制定规则、组织工程、确立项目，要与国际接轨，改进投资方式，将农业支持和保护的重点放在绿箱政策的范围内。四是要体现改革的精神，已经比较明确的改革措施如综合执法、综合建站要纳入规划，对适应新形势的体制、机制的改革要提出要求。五是规划的编制要注意与有关部委沟通，争取理解和支持。六是要考虑到需要和可能，把"七大体系"中需要国家做的内容提炼出来，对于重点工程和重点项目优先安排，防止平均用力。

这次会议是农业部围绕"七大体系"建设规划召开的第一个最高规格的"诸葛亮会"。此后，这样的会议又召开了多次，不仅部长召开，而且各个体系和各个工程的规划编制小组都随时召开。

据记者了解，整整半年多的时间，农业部领导及其各个司局，在"七大体系"建设的规划工作上投入了很大的精力，做了大量基础性工作。部主要领导始终把"七大体系"的规划编制工作作为一件大事放在心上抓在手上，多次过问编制工作的进展情况，随时听取有关的情况汇报，与专家、基层干部和农民群众面对面地研究讨论具体问题，亲自开展了一系列的调研活动。农业部常务会议最终通过的《农业"七大体系"建设规划》及其报告加起来虽然只有近10万字，但实际上各有关方面前前后后围绕规划撰写的辅助性调查研究论证报告加起来有数十万字之多。其中，仅农业部农研中心主任柯炳生撰写的《七大体系建设》的理论研究就有2万字，该研究成果受到了杜青林部长的批示和肯定。七大体系中每个体系的编制和规划都有几十人甚至上百人参与。根据部党组的整体要求和安排，每个具体的工作小组都把工作日程至少细化到了周。协调小组随时将情况以专题简报的形式向部领导报告，并通报到各个司局。每个体系的规划送审稿都像翻烧饼一样不知道修改过多少次。

部领导要求种业体系要做成七大体系中的标杆体系。作为该体系规划编制小组组长的农业部种植业司司长陈萌山告诉记者：种业体系规划最初的送审稿拿出来的时候，编制小组内部实际上已经是五易其稿，并且仅种植业司所属单位就有40多位处级干部参与了编制和修改。他还对记者说，完成好这项工作对于提高认识、转变观念、更新思想、改进工作方法都是一次很大的促进，因为它迫使你必须学习和查阅大量的相关资料，必须走出机关深入实际进行大量的调查研究，必须在此基础上进行集中的讨论和深入思考，所以启发和收获很大。

初步"发酵"的反应

从部领导提出进行"七大体系建设规划"的思路开始，这项工作就受到了社会各方面广泛的关注。陕西省农业厅领导告诉记者：部领导第一次提出七大体系建设的思路，虽然不是开专题会议，讲得也不多，但我们觉得这个意见和信息很重要，回来后很快在农业厅系统组织了学习，厅里在七大体系的基础上还加了一个体系，即农民权益保护体系，成为八大体系。在规划的起草上，我们也尽可能地追赶部里面的步调，而不是等到部里面的规划出来以后我们再搞。从2003年9月份就开始起草自己的文件，省厅和部里一样，也把各大体系规划的任务对应分到每位厅领导头上，由他们负责牵头，明确主管的处室。

2003 年 11 月份在昆明的全国农业投资计划会议上，农业部将七大体系的规划方案作为讨论稿下发，对照农业部的文件，回来后我们对自己的文件又进行了修改。规划方案计划争取以省政府的名义下发。山东省农业厅副厅长刘芳原在接受记者采访时表示：农业"七大体系"意义重大，农业部很重视，各省市区自己更应该重视。山东是农业大省，"七大体系"建设搞好了以后，将对山东促进农产品的出口有很大好处。他还透露，山东在质量体系的建设上一直很重视，今年省里和国家商务部、农业部、国家质检总局建立了农产品进出口联席会议制度，加强了与出口对象的联系。2003 年全省农产品出口 62 亿美元，名列全国第一，比去年同期增长 18.5％。2004 年，省里高度重视"七大体系"建设资金的投入，从粮食风险金等资金中拿出 7 亿元用于对粮食主产区农民的直补，从土地出让金中拿出一部分资金，用于建设高标准的农田。"七大体系"各编制小组在编制规划的过程中，除了请专家论证以外，还多次征询了基层干部、农民群众和企业家的意见。参加编制的同志告诉记者：对于"七大体系"建设，农业产业化龙头企业老总们的感受可能最为深刻。他们认为，农产品产、加、销的各个环节都很重要，而"七大体系"建设规划正是为了寻求各个环节的相互促进、协调发展，是一个基础性的一揽子方案。采访中，国家级农业产业化龙头企业、福建厦门如意集团董事长陈珠凉诉说：由于国内多数地方目前还没有专门的农产品质量检验检测机构，就是有，由于技术和标准等方面的原因，国内检查过关的拿到国际上不一定就过关，集团迫于无奈只好投入巨资自建检测中心。最近，在浙江萧山和新昌等地，记者采访到有关农业龙头企业老总都一致表示：技术、环保、市场中介服务等方面的工作，我们都亟须加强，靠企业单个的力量单位成本很高，并且解决不了根本问题，必须依靠国家和社会的力量，上上下下都一起来重视才行。他们认为，特别是在中国，生产是千家万户的事情，销售又习惯于"散兵游勇"，虽然有些方面政府不能包办，但如果没有政府很好的指导和服务，中国农业要想在国际竞争中形成强势将难上加难，"七大体系"建设正好把市场基础性作用与政府的调控手段有机地结合起来，使农业经济运行中的一系列问题迎刃而解。农业问题专家刘志澄甚至认为"有效解决三农问题、建设小康的重点在农业，出路在七大体系"。

像 2002 年农业部《优势农产品区域布局规划》编制出台受到了时任国务院副总理温家宝的充分肯定与高度重视一样，仅 2003 年 8 月以来，在全国性的农业、农村及粮食工作会议上，现任中共中央政治局委员、国务院副总理回良玉就曾经三次强调要高度重视农业种业体系、农业科技创新与应用体系、动植物保护体系、农产品质量安全体系、农业信息和农产品市场体系、农业资源与生态保护体系、农业社会化服务与管理体系等相关体系的建设，可谓是"逢会必讲"。

　　面对方方面面的积极反应，面对规划内容的逐步扩散，有人说：它的"发酵"作用必将随着工作的开展越发显现出来。更有人期望"发酵"以后，"七大体系"建设这块"馒头"能够做得更快更大更好。其实，规划的过程就是建设的前奏。从 2003 年起草规划开始，农业部实际上就按照建设"七大体系"的要求抓落实了。比如，在种业方面，加大种子工程和畜禽良种工程的实施力度，增加了种质资源保存、育种、区试、重点作物的良种繁育、加工与储藏、质量检测、信息网络等项目建设。在农业科技创新与应用上，启动第三批科教兴农与可持续发展两大战略示范县建设，完成了 189 个农业科技示范场建设。与有关部门共同提出《关于开展基层农技推广体系改革试点工作的意见》，启动了第一批 8 个县的试点工作。开展全国农业科技年活动，重点推广了 552 项先进适用技术，培训农民 1 亿人次。实施优势农产品重大技术示范推广计划，重点支持了 12 种优势农产品生产技术规范制定及其示范推广工作。在动植物保护方面，启动天然草原退牧还草工程，建立和完善了草原监理队伍，加大了草原执法力度。在农产品质量安全体系建设上，大力发展无公害、绿色、有机食品和品牌产品，对农产品实行全过程质量管理。加快了农业标准化进程，组织清理和修订 140 项现行农业国家标准，发布 119 项农业行业标准，下达了第五批 356 项农业行业标准修订计划，新建 60 个全国农产品标准化生产综合示范区。开展农产品药物残留超标、畜产品违禁药物滥用专项整治活动，严厉打击制售"毒鼠强"等违法行为。在农业信息和农产品市场体系建设上，完善小麦、玉米、稻谷等 7 个品种的农产品市场预警监测工作。吸收 59 家农产品批发市场作为农业部第九批定点市场，完善了农产品市场信息收集发布系统。利用互联网等现代化手段为农民提供市场信息，促进了农产品连锁配送、超市和网上交易、电子商务的发展。在农业资源与生态保护上，实施生态家园富民计划和保护性耕作，推进生态农业和农村可再生能源及秸秆综合利用技术的推广，103.3 万户农民在沼气建设中受益。在农业社会化服务与管理工作上，宣传贯彻《农业法》《农村土地承包法》《草原法》，深入开展"送法下乡"活动。针对一些地方强迫农民流转承包地、强征强占农民土地等问题，对 12 个省（区、市）进行了重点抽查，认真清理了涉及农民负担的收费项目。重点在 10 个劳动力输出大省的 50 个县，组织农业富余劳动力转移的示范性培训，培训农民 35 万人，10 万农民工获得国家职业资格证书。所有这些工作都为今后的农业"七大体系"建设打下了良好的物质基础。

跨越，从源头开始

——农业"七大体系"建设规划系列报道之一

从 2003 年 7 月开始到现在，农业"七大体系"建设规划的编制工作一直在紧张而又缜密地进行。有关专家认为，农业"七大体系"建设对于新阶段巩固农业基础地位，促进农业可持续发展和农村繁荣、农民富裕意义重大。在农业部编制的农业"七大体系"建设规划中，种养业良种体系从一开始就被排在各大体系之首，始终处于基础和先导的位置，格外引人注目。

国以农为本农以种为先"源头兴农"战略思想更加凸显

农业的源头是什么？对这个问题，也许不用想，很多人就能够给出一个标准的答案——种子。

很明显，如果说农业"七大体系"建设，是为了使中国农业在新阶段实现新跨越，那么，这种跨越必将从种子开始。

提起农业良种，很容易让人想起历史上一次又一次种子革命所引发的农作物产量的"核裂变"。上世纪，墨西哥选育推广了以"依尼亚 66"为代表的小麦矮秆品种，使其小麦平均单产提高近 300 斤。我国杂交稻的推广使水稻单产一举突破了千斤大关，也正是由于农作物良种体系建设，尤其是杂交水稻、杂交玉米的大面积推广应用，我国粮食总产才创造了 15 年内连续跨越 3 个千亿斤台阶的奇迹。

大量的历史事实雄辩地证明，良种的每一次重大更新换代，农作物的产量和效益都会跨上一个新的台阶。甚至可以说，人类农业的发展史，实质上就是一部科技进步史、一部种子改良史。"一粒种子可以改变世界"，这样的高度评价不是"种子万能论"的旧话重提，而是对高科技产品的现代品种可以改变种养业结构，增加产量，改善品质，提高产品的商品性，增加品种拥有者的高额回报，提高品种使用者的比较效益等作用的综合概括。

据世界粮农组织（FAO）统计分析，近十年来，良种在全球单产提高的作用率占 25% 以上（美国已占 40%）。专家预言，"种子将成为今后国际农业

本文原载于《农村工作通讯》2005 年第 2 期，作为农业部新闻稿向《人民日报》等首都媒体统一发布。

竞争乃至国际经济竞争的新焦点"，"种子战将取代产品战"，"谁掌握了种子谁就掌握了世界"。正因如此，世界各国都把种子改良和良种推广作为发展国民经济和参与国际竞争的战略予以实施。

种子是生命之源，种子是农业之本，种子是农业生产中最基本、最特殊、最有生命力、最不可缺少和替代的生产资料。把良种体系作为"七大体系"的源头工程进行规划和建设，实际上是农业部党组"源头兴农"战略思想的重要体现。可以断言，任何时候，如果没有种养业良种发展的新突破，就绝对不可能有整个农业发展的新跨越。

洞悉形势提高认识 规划之剑直指市场高端

经济学上著名的"路径依赖"理论认为，昨天的制度安排会影响到今天的制度选择。这次农业部制定的种养业良种体系建设规划，毫无疑问受到了历史的启发，但采访调查之后，记者发现，在规划制定的过程中，人们的思想更多地统一到了如何应对新的形势挑战上来。

市场经济条件之下，一切经济工作都必须围绕市场的指挥棒去运转。《孙子兵法》中写道："兵者，国之大事，死生之地，存亡之道，不可不察也"，"知己知彼，胜乃不殆"。分别说的是战场上打仗用兵是天大的事，不能不明察秋毫；了解交战双方情况，才能减少危险，取得胜利。市场犹如战场，纵观种养业良种体系规划，字里行间透露出的最强烈信息，就是一切围绕市场在"说话"。

良种体系建设的重要意义，除了首先体现在提高良种水平和农产品竞争力以外，这次的规划研究还表明，从产业的发展来看，国际国内巨大的良种市场和商业潜力也亟须我们去开发和拓展。

据权威测算，全球农作物种子市场总价值量约 500 亿美元，目前的贸易额为 300 亿美元。我国农作物种子常年用量在 125 亿千克左右，市场潜在价值超过 800 亿元人民币，而目前我们的贸易额仅约 250 亿元。当前，我国种畜禽市场的商业价值约 1 200 亿元，占畜牧业总产值的 13% 左右。随着畜牧业结构调整进程的加快，对优质种畜禽的需求在持续不断增加。仅以种猪为例，现有的供应量虽然能基本自给，但市场对高质量种猪需求仍然很大。按每年需要 124 万头优质种猪计算，市场价值 24.8 亿元。水产苗种的市场潜在价值约 260 亿元，而现在的国内贸易额只有 100 多亿元，还有很大发展空间。正是看到国内巨大的良种市场潜力，世界大型良种企业纷纷抢滩我国良种市场。目前在我国登记注册的外商投资农作物种子企业已有近 70 家。这些公司大多选择蔬菜、花卉、棉花等经济价值比较高，且掌握核心技术的作物种子进行开发。我国已经加入 WTO，如果不迅速提高良种竞争力，农业发展的主动权必将受制于人。

类似的分析，明白无误地指出了我国种养业良种体系建设的迫切性。

解决问题的前提是要发现和清醒地认识问题，无论是站在农产品竞争力提高的角度，还是站在良种这一特殊商品自身经营的角度，可以说，《规划》始终都是站在市场的高端"诊脉"，目的最终可能主要也就是一个，即向市场要效益。

精心谋划布下胜战兵法　体系蓝图展示美好前景

在农业"七大体系"建设规划制定一开始，农业部党组就强调一定要坚持实际工作与专家意见相结合原则，请专家对规划提供理论依据，对编制工作及时提出意见和建议，请实际工作者对规划如何操作实施提出可行方案。这一原则实际上为各体系实事求是、"开门"规划指明了方向，也使规划的质量和水平有了可靠的保证。

据了解，良种体系规划早在 2003 年 8 月中旬最初始的送审稿拿出来的时候，编制小组内部实际上就已经是五易其稿，与有关专家、农业龙头企业家、农村基层干部之间的讨论，更是以不同形式进行了多次。经过一年多的反复"打磨"，规划最终得以出炉。面对规划，我们看到的不仅有对问题的深刻分析，而且有扎扎实实解决问题的对策，更有令人振奋的发展蓝图。

从 1992 年开始，我国良种产业步入快速转化和发展时期。特别是《农业法》《种子法》《渔业法》《植物新品种保护条例》《种畜禽管理条例》及相关规章的颁布实施，使种养业良种体系步入了依法建设和管理的轨道。

种养业良种体系的不断调整和发展，有力地推动了我国种植业、畜牧业和渔业的持续快速增长。但现行的种养业良种体系还带有较重的计划经济色彩，政府的投入、管理和服务职能没有完全到位。最突出的表现是良种的产业集中度较低，企业数量众多、规模小、机制不活，难以适应日益激烈的全球市场竞争的要求。

针对存在的问题，《规划》认为，建设新型种养业良种体系要以市场为主导、以科技为支撑，以企业为主体，政府要给予扶持，并依法进行管理。《规划》同时提出，要以现代农业的理念推进新型种养业良种体系的建设；始终围绕农业结构战略性调整的总体目标和农民增收的中心任务；按照种植业、畜牧业和渔业的产业特点和发展要求，与《优势农产品区域布局规划》实施紧密衔接。在优先满足和服务国内市场需求的基础上，积极开拓国际良种市场，把我国种业做大做强。规划确立至 2010 年的具体目标主要有四点：一是科技创新能力显著提高，全国商品良种覆盖率提高 20 个百分点；二是做大做强一批良种企业，种子出口贸易地位由现在的世界排名第 16 位跻身前 10 强；三是建立统一开放的良种市场；四是形成监管、调控和保障有力的管理体制。

据农业部有关方面透露，按照新型种养业良种体系发展的近期目标和任务，这次与《种养业良种体系规划》同时配套出台的还有《种子工程二期建设规划》《畜禽良种工程二期建设规划》《渔业良种工程二期建设规划》。并且，由于三大工程建设属于公益性、基础性、创新性建设，符合国家产业政策和WTO规则，农业部已正式建议中央将其继续列入国家基本建设计划，在资金上予以重点扶持。

为了向种养业良种发展提供良好的体制保障，《规划》还提到将要坚定不移地推进良种的行政管理与企业经营彻底脱钩的改革。一方面，建立一支精干、高效、公正的现代化执法队伍；另一方面，将尽快会同其他有关部门，研究提出深化种业改革和促进良种发展的若干意见，适时实施种养业良种推广使用的直接补贴制度，尽快完善救灾备荒种子储备制度。

可以预见，通过种养业良种体系建设规划的实施，我国农作物种子、种畜禽、水产苗种的资源保护利用、引育扩繁、生产经营和推广使用，以及与其相适应的政府管理、公共支持、社会服务等各方面的工作必将跃上一个新的台阶，也必将有力地推动我国种植业、畜牧业和渔业的持续快速发展。

绿色，捍卫"生存之本"

——农业"七大体系"建设规划系列报道之六

20 世纪以来，各种各样的资源和环境问题对人类生存空间提出了挑战，人与自然的关系第一次出现了深度危机。农业是基础产业，农业的可持续发展，更加有赖于资源的保护和合理利用，有赖于生态环境的改善。从这个长期战略要求出发，农业部制定了《农业资源与生态环境保护体系建设规划》（以下简称《规划》）。作为农业"七大体系"建设规划之一，必将推动中国农业的健康发展。

呵护"绿色家园"，催生规划出台

20 世纪 90 年代，世界著名生物学家雷切尔·卡尔森在对人类无节制使用农业化学品调查后，以《寂静的春天》为题撰写的长篇报告，曾以强烈的忧患意识震撼过人们的心灵，并由此拉开了各国探索可持续发展的序幕。

面对资源和生态环境的严重破坏，人类几乎在一夜之间认识到：只有改善人与自然的关系，实现由"人是自然的征服者"向"人是自然的伙伴成员"态度转变，建立以尊重自然和保护自然为前提的"天人合一"的和谐状态，才能走可持续发展道路。

据农业部《规划》资料显示，我国人均耕地仅为世界平均水平的 1/3，人均水资源拥有量只有世界平均水平的 1/4。全国天然草原大面积退化，渔业水域"荒漠化"日趋明显。农业生物资源破坏和流失加剧，外来有害生物入侵问题日趋严重。与此同时，工业"三废"污染使农业环境整体恶化，农业自身的面源污染也日益突出。

毫无疑问，扭转农业资源退化和破坏的趋势、整治农业环境污染，这不仅是一个世界性的大问题，更是我国农业实现可持续发展面临的两大紧迫任务。

事实上，党中央、国务院一直十分重视农业资源与生态环境保护工作。胡锦涛总书记在 2003 年人口、资源、环境座谈会上强调："实现全面建设小康社会的宏伟目标，必须使可持续发展能力不断增强，生态环境得到改善，资源利

本文原载于《农村工作通讯》2005 年第 2 期，作为农业部新闻稿向《人民日报》等首都媒体统一发布。

用效率显著提高，促进人与自然的和谐，推动整个社会走上生产发展、生活富裕、生态良好的文明发展道路。"温家宝总理强调："加强农业生态环境建设和保护，尽快制定和完善这方面的政策和法律、法规，加强对主要农畜产品污染的监测和管理，对重点污染区进行综合治理，实属重大而紧迫的工作。"

前不久，农业部杜青林部长在谈到农业"七大体系"建设规划时也曾经指出："我国新阶段农业和农村经济发展面临着资源与市场的双重约束、发展经济与保护环境的双重任务……在这样的背景下，要推动现代农业发展，更加有力地推进新阶段农业和农村经济发展目标的实现，必须树立和落实科学发展观。"

综观《规划》的全部内容，应该说它给人的最强烈感受就是处处体现了科学的农业发展观。面对这一规划，有人感慨：长期以来，人们更多地盯住"增长"，对于全面的发展往往有意无意地被"忽视"，农业部花费这么大工夫，专门制定农业资源与生态环境建设规划，是科学的农业发展观的最明确表达和最具体体现。在一定意义上，该规划就是新时期中国农业的"可持续行动"计划，必将对今后的农业发展产生积极而深远的影响。

打造"组合工程"，纵深推进保护

品味着资源和生态恶果的苦涩，我们不难发现为此付出的沉重代价：

据统计，1986年全国生态破坏造成的直接经济损失和间接经济损失值为831.4亿元；1994年因生态环境破坏造成的经济损失约为4 201.6亿元，接近同年GDP的10%。而上述测算只是生态破坏的直接经济损失和部分间接经济损失，没有包括基因、物种消失等许多难以测算的潜在经济损失。事实上，这种损失远大于生态破坏造成的直接经济损失，有时为其2～3倍，甚至10倍。目前，我国约有4 600种高等植物和400种野生植物处于濒危状态，一些我国独有的物种资源流失。紫茎泽兰、豚草等11种主要外来入侵生物每年对农林业造成的直接经济损失高达574亿元。与此同时，农业环境污染的状况，也已严重影响到了我国农产品的质量、安全、市场竞争力，成为农业增效和农民增收的重大障碍。

应该指出，对于生态系统的恢复，也许我们投入巨资可以收到预期的效果，而任何物种的消失将是我们永远无法恢复的。破坏农业资源和生态环境并不难，而要重新治理好遭到破坏的资源和环境却绝非一件易事。

也许正是出于重要性和工作难度的考虑，我们看到，农业部按照"项目构建工程，工程支撑体系，体系保障发展"的总体架构，围绕"七大体系"建设一共配套编制了26个工程建设规划，而农业资源与生态环境保护体系是配套工程最多的一个。

《规划》提出，到 2010 年全部农业资源与生态环境保护体系建设将主要完成四大目标：一是在资源保护上，建立一批农业野生植物原生境保护点（区），抢救收集濒危野生生物资源，使 60％以上的珍稀水生野生动植物和特有鱼类资源得到保护。查清外来入侵生物危害状况，综合治理紫茎泽兰等 10 种危害严重的外来入侵生物。新建一批农业、草原和渔业自然保护区。草原严重退化区、生态脆弱区和重要江河源头的草原植被有所恢复。建设一批沃土工程和旱作节水农业示范基地。二是在环境治理上，摸清农业环境污染底数，治理农业面源污染面积 1 200 万亩；70％的规模化畜禽养殖场废弃物得到资源化利用；优势农产品产地环境安全基本得到保障。三是在生态建设上，实施生态农业示范、保护性耕作示范和农村沼气建设工程，使生态农业示范县达到 500 个，保护性耕作面积达到 1 800 万亩，新增以农村沼气建设为重点的生态家园示范户 1 436 万个。四是在监测预警上，形成完善的农业、草原和渔业监测预警系统，开展农业和渔业环境质量、草地资源、野生植物资源、外来入侵生物和转基因生物的监测预警，为政府提供决策依据，提高公共服务水平和能力。

大工程支撑大体系，大气魄托起大规划。毫无疑问，这是《规划》给我们的又一个强烈感觉。如果说这一体系规划中配套工程，是整个"七大体系"建设规划所有工程中最大的一套"组合拳"，那么该规划设计所涉及的内容无论深度还是广度，恐怕在"七大体系"中同样也够得上一个"最"字。

多管齐下，强力保障体系建设

环境的恶化是文明的丧钟，而敲响这一丧钟的，恰恰是人类自己。急功近利、盲目追求"高增长"、不惜破坏浪费资源、牺牲环境换取经济增长等"短视"行为，是造成我国农业资源和生态环境毁坏的主要原因。实践反复证明，不管这些"短视"行为有多么充分的理由，到头来，都难以逃脱大自然的惩罚。

知易行难。尽管资源与环境保护的重要性显而易见，但由于有了眼前利益的驱动，落实起来相当困难。这也决定了农业资源和生态环境保护相对于其他体系的建设，更具有长期性、艰巨性和复杂性，需要国家在法律法规、组织机构、政策、资金和科技、宣传教育等方面给予必要支持，采取综合性措施，提供强有力的保证。

《规划》提出，农业资源与生态环境保护关系到农村经济发展和全面建设农村小康社会，是农业和农村经济工作不可缺少的重要内容，是农村实践"三个代表"重要思想的具体体现。各级政府管理部门要有危机感和责任意识，真正把这项工作作为促进农业增效、农民增收和为农民办实事的重要举措来抓，切实加强领导。要逐步建立农业资源环境保护的目标管理责任制，使规划的任务落到实处。

在健全法规，完善制度方面，《规划》也提出了较为全面的设想。内容主要包括三个层次：一是要加强立法工作，抓紧制定《外来入侵生物防治条例》《全国农业生态环境保护条例》修订《野生动物保护法》等法律法规，制定《农产品产地环境保护办法》《基本草原保护管理办法》等配套规章。同时，积极引导地方出台地方性法律法规，健全法制体系。二是要依据相关的法律法规，制定《全国生态农业发展纲要》《中国水生生物资源保护国家行动计划》《全国外来入侵生物防治规划》等，建立和完善生态农业认证制度、渔业许可制度、禁渔期和禁渔区制度、水生野生动植物保护管理制度、基本草原保护制度、草畜平衡制度和禁牧休牧制度等。同时，要修改和制定相关标准、技术规范和操作规程，合理使用化肥、农药。三是要规范执法程序，加大执法力度，做到农业资源与生态环境保护有法可依、违法必究。四要认真履行国际环境公约中的有关义务。

与此同时，《规划》还释放出了如下明确信号：健全机构，强化管理；制定政策，加大投入；创新科技，加强合作；宣传教育，公众参与等。为此，国家将要建立农业资源与生态环境保护的管理和监测预警机构，形成职责分明、运转协调、反应迅速的组织保障系统，明确责、权、利，防止职责"缺位"；积极争取扩大国家对退耕还草、农村沼气、渔业转产转业等建设的投入，并将其作为长期的支农项目。借鉴国外经验，利用WTO"绿箱"政策，对农业资源保护、面源污染防治等给予必要补贴，逐步完善农业资源和生态环境保护补偿机制。积极配合有关部门制定投资、税收和价格等方面的优惠政策，按照"谁投资、谁受益"的原则，吸引社会、企业和农民投入，建立多元化投入机制。采取措施，吸引国际组织和外国政府对我国农业资源和生态环境保护事业投入资金；加强科技创新，着力对水、土、气和生物资源节约与合理利用，农业污染防治、生态恢复与重建、外来入侵生物风险评估与防治等关键技术进行科技攻关。加速科技成果转化与推广，充分发挥科技在农业资源和生态环境保护中的支撑作用。抓住国际社会关注资源环境的有利时机，开展双边和多边国际合作，提高我国环境保护的技术水平和管理能力；充分利用现代的宣传、教育和培训网络，分层次开展多种形式的宣传教育培训活动，提高社会公众的环境保护意识和能力，调动其参与建设和保护的积极性，发挥主体作用，使农业资源和生态环境建设与保护成为全社会的自觉行动。

面对来自于农业资源和生态环境的挑战，应该说，《农业资源与生态环境保护体系建设规划》就是我们主动迎战的路线图。让我们的山更美、水更甜，我们的农业发展更健康！

在一个战略的支点上起跳

——四川省仙芝竹尖茶叶产业化合作社发展纪实

峨眉山是我国佛教四大名山之一。云遮雾绕、"一日四季"的气候条件和土层深厚、酸性肥沃的土壤条件，使其茶资源极为丰富而独特。绝佳的人文背景和自然资源，为当地经济蕴藏着巨大的发展潜力。然而，在市场经济的大潮中，峨眉山乃至整个四川茶叶发展的实际情况，却是曾经一度陷于有资源无效益的怪圈。

伴随着川茶霸主地位的日渐衰落，地方政府、茶农、茶加工经营企业等，都感到了越来越大的压力，并开始不断探索新的茶叶生产与经营方式。2003年5月28日，是近年来四川茶叶发展史上一个较为重要的日子。这一天，由峨眉山市仙芝竹尖茶叶有限责任公司发起的全省首家茶叶产业化合作社正式成立，省市县各级各有关部门领导前来祝贺，当地26家茶叶加工营销企业、5 500多户茶农兴致勃勃地自发加入了这一组织，并由此揭开了川茶发展的新篇章。合作社的建立，使企业和茶农找到了一个起跳的战略支点。到目前，该社已有团体社员386家、个体社员6 300户，发展无公害茶叶基地43 000亩，有机茶基地2 018亩，累计帮助社员人均增收2000多元，被农业部确定为全国示范合作社。

发挥合作社"统"的功能，"标准化"打牢茶产业发展根基

四川早在唐宋时期就有"蜀土茶称圣"的美誉。"峨眉多药草，茶尤好，异于天下"，这又是唐朝显庆年间李善对峨眉茶叶的感叹。今天，能否让这"异于天下"的峨眉茶更加名副其实，仙芝竹尖茶叶合作社给予了一个肯定而又响亮的回答。理事长杨泽勇告诉记者，2003年合作社刚成立时，虽然完全是摸着石头过河，很多方面都只是在探索，但标准化生产一直是他们最基本的信念，也正是因为如此，仙芝竹尖才得以发展成为全国市场旺销并大步走向世界的知名品牌。

据悉，为实施标准化，合作社从一开始就采取了严格的"四统一"管理模

本文原载于《农村工作通讯》2005年第11期。

式。其中，按照统一生产标准、统一技术培训的要求，他们制定出企业标准，完善无公害茶业生产、加工等方面的技术标准和规程，并组建起200多人的无公害茶业生产技术指导培训队伍，对茶农实行技术规程和鲜叶质量标准等全方位培训，对茶叶种植、生产、加工等各个环节实行全程跟踪服务；按照统一配供肥料农药、统一采摘收购标准的要求，建立起了36个农资配供点，通过专门供货渠道向农民配供符合无公害生产要求的农业生产物资。并以农业局和乡政府为依托，全面清理整顿基地农资供应市场，从源头上阻止高残留农药和重金属含量超标的肥料进入基地和生产环节。同时还依托乡、村、社三级服务网络，指导和督促茶农做好生产过程田间档案记录，实施质量可追溯制度，切实按无公害生产技术规程种茶，按标准采摘和收购鲜叶。他们还与农户签订购销合同，以高于市场价的2%～5%的价格收购社员的合格鲜叶，以利益联结机制促进社员按标准化种植、采摘。根据生产经营需要，合作社还设立了26个茶叶收购点和21个加工点，保证各片、各点茶叶能在技术标准要求的时间内，按照统一的质量标准及时加工。按ISO9001—2000国际质量管理标准体系，全面实施行业标准和企业标准，加强产品质量控制，强化生产、加工、包装、运输、销售全程监控，确保产品质量。

从无公害食品到绿色食品，再到目前广泛推崇的有机食品，人们对于食物的要求已越来越从数量转向了质量。原来千家万户分散经营、加工企业各自为政，实行统一的标准化生产和经营，通常只能是一句口号，而今天，仙芝竹尖茶叶合作社将其变成了现实。两年多来，该合作社不仅有了相当规模经过认证的无公害茶业基地和有机茶生产基地，而且其"仙芝""竹尖"扁形茶获得了省级和国家级无公害农产品认证，"仙芝""竹尖""黑包山"茶获得有机食品认证，"仙芝竹尖"品牌还获得了世界食品行业最高奖"尤里卡金质奖"。

建立更紧密利益联结机制，给社员真金白银的实惠

"订单农业"是近年来人们熟悉的一个名词，意思就是指农户按与企业签订的合同发展生产，企业按合同收购其农产品。一般对农民来说，订单农业好，但鲜见有企业赚钱后又给农户二次返利的。合作社与社员之间实际上也是在发展订单农业，区别就在于合作社还要在赚钱后对社员二次返利。

仙芝竹尖合作社成立后，在与社员的利益联结上实行"二次返利＋股金分红＋优质奖励＋风险保障＋社员福利活动"的收入再分配模式。2004年，合作社按高于市场2%～5%的价格订单收购社员名茶鲜叶，仅此一项向社员让利350万元；按照股本金8%的比例安排社员分红资金4万元；按经营利润11%安排二次返利资金100万元；三项合计直接向社员返利450万元，合作社社员人均276元。2005年，合作社按低于市场10%的价格为社员统一配供肥

料农药 138.26 万元，向社员让利 14 万元；按 2～4 元/千克给予社员优质达标奖 145 万元；按社员交售鲜叶金额的 2% 返利 79 万元；按股本金 8% 安排分红 4 万元；四项合计向社员返利 242 万元，同时，合作社 2005 年收购社员茶叶原料鲜叶 48.4 万千克，由于市场平均价只有 50 元/千克，合作社平均收购价在 82 元/千克以上，社员直接获利 1 548 万元，加上向社员返利的 242 万元，社员人均纯增收 946 元。

10 月 11 日是 2005 年的"九九"重阳节，也是仙芝竹叶合作社进行二次返利和慰问先进社员与老寿星的日子。在峨眉山的后山，海拔 1 300 多米的黑包山上，刚刚领取到二次返利现金的普兴乡凌云村村民宋继明给记者算了一笔丰收账：今春，他按订单向仙芝竹尖合作社交售春茶鲜叶 707 千克，收入 5.9 万元，并获得每千克鲜叶 4 元的第一次返利，收入 2 831 元，今天他又领到二次返利 991 元。仅春茶一项，30 亩茶园就收入了 6.3 万元。

这天前来参加会议的乡党委领导告诉记者，该乡有 2.5 万亩茶园，由于地处偏僻，农民茶叶销售困难。价格过低，茶农积极性不高，茶叶质量也难上台阶。合作社成立后，按合作社章程，凡签订了茶叶收购订单的茶农就是合作社社员，可享受技术服务、赊购生产资料、返利等权利。种茶社员还可以自愿以现金、茶园入股，大家风险共担，年终按股份分红。记者在普兴乡采访，村民都表示，合作社成立后，每千克鲜茶从 40 元涨到 80 多元，自家收入实现了历史上少有的快增长。

"人们努力奋斗的一切，都与自己的利益有关"，这是马克思的一句名言。对于现阶段的中国农民，亟须解决的利益问题就是要千方百计增加他们的收入，很显然，仙芝竹尖合作社在这方面同样做出了较大的贡献。茶叶价格上去了，茶农对田园管理和进行品种改良的积极性也空前高涨，这也更进一步保障和推动了当地茶叶质量不断攀上新的台阶，从而实现了整个产业发展的良性循环。

从根本上理顺管理体制，真正让社员自己当家作主

对于曾经深刻打下计划经济烙印的名词，不少人到现在对"合作社"都心有余悸，唯恐有走上了官办的老路。为了减少和避免人们的这种担心，也为了更好地保证合作社的健康长远发展，仙芝竹尖合作社从一开始就提出要坚持"民办民管民受益"的原则。但是，尽管这样，合作社在创办之初，仍然有部分乡镇、村干部经过推荐、民主选举后担任了合作社的一些职务。当时，茶叶种植户仅占社员代表、理事会、监事会成员的 70%。合作社理事会、监事会的主要成员都没有种茶户。

据介绍，合作社刚成立时，由于很多农民还不了解和理解，暂时也只有采

取乡村干部参与管理的办法。后来，经过一年多的运行，越来越多的农户对合作社产生了认同感，参与管理的意识日益强烈。2004 年底，合作社按章程对理事会、监事会等进行了改选。经过改选，合作社理事会、监事会成员中，茶叶种植大户的比例上升到 95％以上。新当选的三个副理事长中，有两个是种植大户，另一个是技术人员；监事会成员则全部是种茶大户。而相应的是，原乡党委书记、副乡长则分别让出了监事长、秘书长的位置，其他镇乡干部和机关干部也均不再继续任职。

针对这次改选的结果，合作社负责人认为，发展农村专业经济合作组织，对提高农民进入市场的组织程度，增加农民收入意义重大。正因为这样，农村专业合作组织的发展任何时候都需要政府给予必要的推动、扶助和引导。乡镇干部退出合作社领导岗位，并非不信任他们了，而是合作社要处处体现出是农民自己的组织，只有推选种茶大户来担任合作社的负责人，做社员的代言人，才可能更好地维护大家的利益。另据了解，改选之后，不仅进一步激发和调动了广大茶叶种植户和技术人员的工作热情，地方领导也仍然一如既往并且更能够大胆关心和支持合作社的工作了。

通过一系列的措施和两年多的发展，仙芝竹尖茶叶合作社既致富了茶农，更夯实了自身和当地茶产业的长远发展基础，其生产的品牌茶已行销全国二十多个省市，并出口美、韩、新加坡等国，2004 年实现销售收入 1.02 亿元，2005 年仅与北京"张一元"的一个订单就达上亿元。

解密"三农"视角下的创业神话

——全国第二届百姓致富经验交流年会侧记

春天的北京，处处孕育和展现着生命的活力。

2006年2月18日至20日，长安街西延长线北侧，中国科技会堂。由央视七套《致富经》栏目主办的第二届百姓致富经验交流年会，在此隆重召开。来自国家发改委、农业部、中国人民银行、清华大学、中国农业大学等单位的专家与民间致富明星进行了激情对话，数十个项目在现场扎起擂台进行招商引资，全国各地近百家媒体记者到会采访。

在这个以财富问题为主题的年会上，记者发现，"三农"的影子几乎无处不在。农业、农村、农民的概念不仅被人们"绑"在嘴上津津乐道，而且渗透于会议的每个阶段和角落。在"三农"的视角之下，年会仿佛于不经意间，揭开了诸多百姓创业传奇的谜底。

农民：诞生致富英模的最大群体

年会发布了《中国百姓创业致富年度报告》。该报告由央视《致富经》栏目联合清华大学中国创业研究中心、中国农业大学MBA教育中心等单位共同推出，也是国内第一次对百姓创富相关问题进行系统调查统计分析的报告。报告显示，农民和企业雇员目前已经共同成为中国创业人群的主力军。在全国上千名候选人中，本次共遴选出了8位"把小生意做成大买卖"的普通老百姓，成为今年的榜样式"创业英雄"。在颁奖和评点的过程中，与会者忽然间发现，这8位"创业英雄"竟然有7位农民！由此，会议代表还一致得出体会，在社会上所有的致富英模中，农民同样占绝大多数。

与其他人群相比，农民是弱势群体，创业过程中的不利因素相对更多，但为什么最终农民中的创业成功者居多？与会代表认为，这里面除了因为农民的总人数多以外，一个最主要的原因就是农民从小生长在较为艰苦的工作和生活环境之中，具有更强的吃苦精神。

在8位致富明星中，最离奇的创业英雄还包括养牛专业户王守红。在安徽

本文原载于《农村工作通讯》2006年第3期。

省临泉县铁佛寺乡，这里的人提到一个嫁过来的姑娘，经常会说那是鲜花插在牛粪上了。这个常常被大家提起的人就是该乡农民王守红的爱人周继红，因为她出嫁前的小名就叫鲜花。然而，谁也没有想到，王守红，这个被嘲笑为"牛粪"的农民，竟然让牛粪绽放出灿烂的财富之花。他从牛粪里发现了商机，用牛粪做培基种植蘑菇，盈利过千万。目前，他已计划将产品销往海外市场，并投资 80 万元搞了科技园区，准备将牛粪进行包装当作商品卖。这个安徽农民说："以后我养的牛，屁股里每天会下不止 3 个鸡蛋！"

《中国百姓创业调查报告》的研究表明，在创业者应具备的 5 大品格中：诚实守信原则、人际交往能力和创新求异思想排在前三位。而大多数专家则仍然坚持认为，普通人创业成功的最大原因就是他们的"吃苦精神"。国家农业产业化办公室副主任、农业部农垦局副局长丁力认为，城里人不愿意脚踩牛粪，创业是需要吃苦的，一般人的价值观里面不含这块，这也给那些肯吃苦的人创造了机会。浙江人四五岁就跟着父母在北京的冬天里冻着，没有那一段能有现在的富裕吗？

被与会者提得较多的另一个原因是农民经济上更为困难，不奋斗不行，具有最强烈的创业冲动。一位农民致富明星在接受记者采访时说："懒惰是人的天性，有几个人愿意丢下舒适的生活不过，要去找罪受的？我们创业从一开始都是被逼出来的。"据《致富经》栏目制片人冯克介绍，该栏目自两年前改版以来，每期节目都讲述一个百姓创业致富的故事。现在，《致富经》栏目接到的观众来信来电、电子邮件每天达 400 多个，栏目在央视国际网站的点击率每天达到 20 多万人次。这些来函来电都有一个明确的指向，那就是取得我们播出节目中的主人公的联系方式，寻找致富项目。

农业：财富的依托和源泉

《中国百姓创业调查报告》显示，农业链条上的农产品加工业，是人们选择创业较多的行业之一。

除了"牛粪大王"王守红，在这次评选出的 8 位创业明星中的另外几位分别是：60 岁的北京平谷农家妇女张书英，她 44 岁开始创业，从做建材起家发展到饮料业、旅游业，目前又认准了经营老年公寓。倔强和执著使她成功，被人称为"拧老太太"。来自河北农村的张宝卫，其早年跑广州经营水果，现在开办了特色南瓜种植基地，种植的巨型南瓜有着"恭喜发财"等祝福语言或图案，被人当艺术品购买，单个产品曾卖到 8 000 元。河南安阳人李军，这个专门生产水果纸袋，"给苹果穿上衣服的人"把生意做到全国 6 个省，年利润超过百万元。山东淄博人吴胜营，做生意失手，欠下 13 万元的外债，到处寻找致富项目，看着别人火爆的小吃生意，想起了儿时的烤鸡蛋。原本只指望小本的生意能够还债，未曾想他的烤鸡蛋 1 年之内不仅替他还清了所有的债务，而且大批量进入超市，带着他走上了一条更大的另类创业路。因植物枕头而成为商人的张静，她首次将枕头分出男女、性别，靠 5 000 元做本钱，一切从"头"开始，最终用小枕头缔造了致富之源。河北固安县东桃园村村民杨凤君，她 19 岁用父母一辈子积攒的 15 万元买回一堆自己不能穿的衣服，让节俭的母亲几乎绝望。然而，就是这个苗条瘦弱的女子，顶着重重压力去做胖人生意，用卖超大号服装创下了数千万家业。浙江萧山的王茶英，一块小豆腐，筑就精彩人生。她在每一块豆腐上写上自己的名字，靠做豆腐积累千万财富，坐上萧山地区同类企业的头把交椅，28 家豆制品专卖店遍布杭州，产品出口欧美……

"英雄不问来路"。但是，面对这 8 位创业英雄，不用问就能够看出，他们基本上都来自农村，起步发家靠的也基本上都是农业。"他们也许不是出身名门，没有很高的学历，白手起家，却发现了别人发现不了的机会，找到了别人找不到的市场，做成了我们可能做但是没有做的生意。""福布斯也好，胡润也罢，在他们的财富排行榜上，我国有两种行业表现最为突出：一种与房地产有关，一种与农业有关。然而今天我要说的是，前者不值得人们尊重，后者值得人们尊重。"中国农业大学 MBA 研究中心主任付文阁如此评价这些与农有关的"百姓创业英雄"。

农村：新时代创业者的天堂

通过这次年会，人们还形成了一个基本的共识：农村是创业者的天堂。

会上推出的 8 个典型绝大多数都跟"三农"有关。对此，丁力认为：这是一个规律性的现象，因为中国是"三农"大国，主要的市场、主要的机会都在"三农"。农村是创业者的天堂。现在，农民的生产生活方式在剧烈变动，它的市场需求也在发生着非常大的变化。另外，我们现在建设新农村，发展现代农业又派生出很多新的行业。要想创业，应该看大势。"三农"的走向就是大势，在这种大势中可以捕捉到很多的商机。比如，如果不是这几年搞果品开发，不是国家推广有机粪，搞套袋、搞牛粪的可能都不会成功。还有农业旅游等。

在谈到这次年会的动因和意义时，中国农业电影电视中心主任刘增胜表示，实现以工促农、以城带乡、城乡互动，最终实现和谐的小康社会，不仅成为全社会的广泛共识，而且成为我国国民经济和社会发展的重要指导思想和制定方针政策的重要依据。这个发展过程，是商机纷呈的过程，是财富机会不断涌现的过程，把商机变成财富，就需要研究财富积累之道、吸取成功的经验、培养财富敏感、提高城乡居民增收致富的能力，从而实现共同富裕、共同繁荣。

　　小企业大多在农村，也更需要在农村发展。国家发改委对外协调中心副主任秦志辉博士认为，"在关注大企业的同时，国家越来越多地在关注小企业。现在讲抓大促小，因为小企业量大面广，确实对稳定经济，吸纳就业，推动技术创新具有不可替代的作用。"他认为，最近几年国家在创建小企业方面出台了许多有利的文件，如《中小企业促进法》，还有去年出台的《关于鼓励扶持个人私营经济发展的若干意见》等，这些文件提供了非常好的舆论、体制和政策环境。

　　至于金融方面的机遇和环境，中国人民银行研究局副局长焦瑾璞博士认为，目前农村融资环境的确存在困难。不过，中央正在大力推进农村金融政策的改革。比如2005年提供了农民工的银行卡，还将要组建新的邮政储蓄银行，这样支付体系建立了，农村的金融服务会提高一大块。

追寻农业现代化的足迹

——黑龙江八五二农场改革发展纪实

农业的根本出路在于现代化，这是人们早已形成的高度共识。中央领导同志在视察北大荒时曾经要求"发扬北大荒精神，率先实现农业现代化"。窥一斑而见全豹。经过深入的采访，我们发现，近年来，隶属于"北大荒"的黑龙江八五二农场农业现代化的步伐明显加快，有很多好的做法经验值得关注、研究和学习。八五二的发展告诉我们，农业现代化有着极其丰富的内涵，并非只限于农业生产的现代化；只要肯想办法，农业现代化就在我们身边，并非遥不可及。

赶在 2004 年 7 月底，也就是八月金秋农作物收获的大忙时节之前，我们满怀崇敬和好奇的心情，从北京直飞边城佳木斯，再从佳木斯乘车东行两个多小时，不停歇地踏上了著名的"北大荒精神"的重要发祥地之一——黑龙江八五二农场，亦即北大荒股份有限公司八五二分公司。

在中华人民共和国地图上，你也许怎么也找不出八五二的字样，可是这并不能说明她的面积就比地图上有标注名称的地方小。八五二的版图面积为 1 363 平方千米，有耕地 105 万亩，是一个县团级建制。"我们八五二的面积比香港大，比全国绝大多数的县大，开发后如果不独立两家农场出去，那面积就更大。这里原本是一个荒原，渺无人烟，封建王朝很多次改造都以失败告终，最后只能作为一个流放犯人的地方，可是我们白手起家，早已使'北大荒'变成了'北大（粮）仓'"。通常，八五二人在介绍单位的基本情况时，总爱这么自豪地补上几句。

在八五二的几天，我们没有怎么喝酒，但大家却总有一种沉醉其中的感觉。当然，也有人说我们喝酒了，只不过这酒没有喝进肠胃，而是喝到了心里。酒有三瓶：第一瓶是历史的陈酿。这是一瓶 48 年的老酒，酿酒师是当年一位身经百战的将军，一群部队转业的铁道兵和来自全国各地的支边青年，他们在亘古荒原上神话般的创业故事就是这瓶酒的下酒料；第二瓶是自然的美酒。这瓶酒里蕴含的是什么呢？是湛蓝天空上的朵朵白云，是完达山下清澈见

本文原载于《农村工作通讯》2004 年第 10 期，唐园结、郑奇林共同采访。

底的蛤蟆通河水，是一望无际如织似锦的原野；第三瓶酒是现代的玉液。这玉液不是别的，是八五二人用现代化的理念、现代化的手段为当代中国乃至世界打造的现代农业精品。而今天我们想要重点介绍的，正是她在发展现代化农业方面所取得的骄人业绩。

改革焕发活力

从佳木斯到八五二必须要经过宝清县，过了宝清就是八五二，可是进了八五二的地界，道路却突然间变得很坏，简直就是"两重天"。第一个前来接待和给我们领路的是农场的党委委员、宣传部长张军。这是一位祖籍湖北，生在八五二、长在八五二的第二代北大荒人，也许正是由于这样一种血脉，才使得他兼备了南北方人的诸多优点，热情、爽朗、幽默、豪放、快人快语。

"我们农场呀，可以说是最大的中国特色，你说她是啥？说是农村吧，可是她的身份是国有企业。人们干的是农业，但户口却都是非农业户口。国家对农村有扶持，但一般都没有我们的份儿；说是企业吧，可是她却向国家交了几十年的农业税。一般企业的社会包袱很小，可是我们社会职能和一个县基本没有什么两样。"见我们对道路问题很疑惑，张军立即给我们做了这些解释。讲完这些，很快他又满脸阳光地给我们强调说："不过现在好了，有些问题看来已经引起了国家的重视，我们的农业税已经被完全取消了，穿越农场境内的一条国道延长线也将在今年国庆节正式通车。国家在加大改革的力度，这两年，我们自己也大大加快了改革的步伐，企业越来越焕发出了新的生机和活力。"

谈起农场的改革，八五二的干部群众不由得要经常提到一个人的名字，那就是现任场长陈德恩。

2002年6月4日，与八五二同龄，同样作为第二代北大荒人的陈德恩，肩负着上级党组织的重托和5万八五二人民的期冀，执掌起了农场的帅印。累计2亿多元的债务，每年10 993名离退休干部职工7 184万元的退休工资、医药费，每年数百万元的干部管理人员工资等，上任伊始，摆在他面前的是一块又一块的硬骨头。面对困境，陈德恩深入调查分析后认为其症结在于改革不够。但是，这么大的一个摊子，特别是农村和企业的双重特性使改革的难度增大。现在要加快改革，可是怎么改？经过分析，他认为必须要分步骤、讲究方法，先改生产管理模式，再改产权制度。

"为了让职工增收、企业增效、产品增强竞争力，从现在开始，我们在生产管理模式上要全面实行工程化设计、工厂化管理"。结合国有农场的体制特点，吸收现代系统工程学的理论，上任刚刚3个月的陈德恩就在全场一次农业生产现场会上抛出了自己"两化"的经营管理理念。按照他的思路，农场生产技术与管理部门很快拿出了详尽的方案。"工程化设计"就是指对农业生产从产、供、销全过程超前设计,规划出一套科学、完整的生产程序和目标,包括成立组织、搞好设计、确定目标、制订方案、预算成本、设计产出、锁定利润七个方面。"工厂化管理"就是按照工厂生产管理模式,落实农业生产设计,达到农时把握、栽培措施、机械作业、田间管理、科技服务、产品销售、责任分工的标准化。

农场副场长张玉德欣喜地告诉我们:近年来的实践证明,"两化"的实施非常符合农场的实际,整体上取得了"四个显著提高"的极佳效果。一是农时标准明显提高。特别是为大田的播种争得了主动,取得了保墒、抢积温的作用,有效增强了各类作物的抗灾能力。二是田间标准作业水平明显提高。保证了"苗全、苗匀、苗齐、苗壮"。三是规模生产水平明显提高。原来一个地号多作物、多品种的"花花田",现在都变成了一个地号专品种种植的"连片规模田"。四是土地产出率明显提高。据 2003 年的比较分析,改革后,大豆、玉米、水稻、南瓜、角瓜等亩产量较历史最高水平分别提高了 10.2%、9.1%、5.6%和 36%。

内外形势逼人,全面改革时不我待。在抓大放小、分块盘活、整体增效的思想指导下,在生产管理模式改革成功的同时,八五二农场的决策层很快决定要进一步从体制转换入手,加快推进企业内部更深层次的改革。近两年来,他们通过转制使万寿菊厂、电力招待所、水稻中心、外贸服务部等一批企业和服务性单位走向了市场,耕作机厂、白桦精米厂等国有资本从企业彻底退出,科技服务人员收入的 80%与其服务效果挂钩,多种形式减少干部管理人员 2 000余人,年下降管理费 2 000 万元。

农业机械化是农业现代化的重要标志,可是要实现农业机械化就需要有高投入。为了突破"提高现代装备水平、实施优质农机工程"中短缺资金的"瓶颈",八五二决策者想到的办法仍然是改革。他们从创新机制、增强发展能力出发,突出抓好了"三改三建"。一是改企业单一投入为企业、农户、社会"三位一体"多元投入,建立起现代投融资体系;二是改重数量为量、质并重,建立起符合现代农业发展要求的新型农机结构;三是改分散作业为联合作业,建立起新的发展模式。仅是近两年来,全场就共投入资金 3 000 余万元,配备、更新各类机械 400 余台,使可代表世界先进水平的现代农机保有量达 30余台,机械总动力达 8.2 万千瓦。通过实施优质农机工程,促进整体生产实现了"四提高三增强",即明显提高了农机标准、作业效率、田间管理质量和收获质量,大大增强了抗灾能力、基础生产能力和技术支撑能力,为加快发展现代农业提供了有力支持。机械服务部门改革后走向市场,不仅农场负担减轻,而且服务质量和服务效率大大提高,农机人员年均利润达到 3 万元的历史最高水平,最高的达 6 万元。

市 场 引 领 潮 流

"站在三江平原的腹地，置身八五二广袤的原野，凭眺之处，几百亩、几千亩甚至上万亩，几乎全都是大块儿的标准农田，蔚为大观，令人感奋而又充满豪情和无尽的遐想，这种规模化的感觉在一般的农村是找不到的。可是，农作物种出来绝大多数都不是供人看的，光讲气派没用，最主要的是要用得上、卖得出，还要有好价钱。所以，除了粮食要保大局以外，其他种什么，种多少，我们一概让市场来引导这个潮流"。说这些话的时候，场长陈德恩给人的感觉既像个诗人又像个将军，激情、睿智而且果决。

生产跟着市场走的方针既定，接下来的就应该是怎样抓好落实。按照国际国内两个市场的需要，他们对农业结构调整提出了调优、调特、调新的战略要求，农业生产突出了"四个对接"的具体工作思路，即与大企业对接、与大市场对接、与高质量对接、与特色资源对接，整个产销思想实现了重大转变。重视市场的本质是重视销售。农场为此加强了销售服务队伍的建设，改革流通领域的管理机制，建立农产品的销售服务体系。按照多劳多得的原则，把销售量与销售人员的收入挂钩，促进销售人员的积极性。采取走出去、引进来的办法，为农户提供更多更可靠的外部信息。多渠道、多方式地与国内外农业龙头企业广泛建立起长期稳固的合作关系。

农场职工朱绍兴 1959 年从山东支边来到八五二，现在已经退休。在他家干净、整洁、庭院经济色彩浓厚的四合院里，我们与老人唠起了家常。老朱告诉我们，他每个月有 600 多元的退休金，还和儿子一起种了 300 多亩地，主要是大豆、玉米等经济作物，这两年单位领导把市场的工作做得很好，产品不存在卖难的问题，2003 年所有的开支除掉，种地的纯收入有 3 万多接近 4 万元，2004 年收入再提高 20％问题不大。在八五二采访的几天，农场的田边地头、职工家中，像老朱这样的情况我们听到、见到的不少，农场职工一次次甜蜜的回答也使得我们心花怒放。

前边是如花似锦的世界，身后是漫天飞扬的尘土，绕过一片白桦林，汽车在高低不平的机耕道边停下，一大块绿得冒油的甜菜地绽露着迷人的笑脸，热情地扑进了我们的怀抱。甜菜看起来有些像大头菜，但不管是它的叶片还是根茎，比大头菜都要大得多。随行的农场技术科的同志对我们说："甜菜是农场重要的特种经济作物之一，它在生长过程中对温差、光照、雨水等方面有严格的要求，果实（根茎）的亩产不仅可以达到 4 吨，而且产糖量很高，菜叶还是上等的畜牧饲料。它每亩地需要投入成本约 300 多元，每吨价位一般在 325 元左右。现在看到的这块菜地有 1 000 多亩，都是订单农业。"

像市场农业、订单农业这样的概念，在八五二，无论是耄耋的老人，还是小学校的学生，他们都有基本的理解。据了解，近年来，八五二农场每年有大约 35 万亩的订单来自场内各大龙头企业，有 55 万亩的订单来自国际国内的大公司，包括国内的九三油脂、麦芽集团、通胜唐业、桦南金南瓜集团、中绿公司，以及国外的日本三菱商事株式会社、韩国新星物产株式会社等企业。全场90％以上的产品都实现了订单生产，有的还供不应求。

科技舞起龙头

把新技术推广与农业生产"联姻"，将科研与生产实践"嫁接"的"科技助推战略"的实施，使整个八五二处处盛开"科技"之花。

"这年头，谁要是不懂得学科技、用科技，那他就纯粹是一个大傻帽，永远落后，永远也甭想当龙头。"在八五二农场四分场二队一望无际稻浪翻滚的地方，农业工人吉孟英在稻田深处一边拍打着双手的泥土，一边扯起嗓门对我们大声吆喝。老吉说：自己已经年近 60，可以说是种了一辈子的地，以前一个人管一垧地还顾不过来，这两年他在这里承包了 200 多亩水稻田，在农场的关心、指导和支持下，全面掌握了科技种田技术，一个人种 200 亩地还感到很轻松。他还欣喜地告诉我们："由于科技种田，水稻的产量大大增长，亩产600 千克是小菜一碟，加上价钱好，去年净收入了 7 万多元，今年又遇到了各种政策性保护、补贴、免税，纯利润肯定要比去年翻一番。"我们请老吉就科技种田的"威力"举个具体的例子，他掰起指头就道出了自己亲身体验的"真经"。他说："比如农场实验出的酵菌素，是一种新型肥料，主要用来活化土壤。去年对它的效果我还不敢太相信，只拿 100 亩做了个试验，结果用与不用水稻亩产相差接近 100 千克，而用与不用的投入只相差 3 元钱。"

对于科技的"甜头"，八五二人就是这样逐步"体认"的。从 2001 年起，八五二农场抓住覆膜技术不放松，通过试验示范，作物单产大幅度提高，亩产量平均增 50 千克左右，提高了土地产出比，促进了种植业结构调整，覆膜面积逐年扩大，白瓜、甜菜等经济作物也采用了此项技术，产量大幅度增长。到2004 年，垄上行间覆膜技术已被广大职工普遍认可，广泛应用到生产之中，覆膜面积一跃攀升到 30 万亩之多。全程机械化作业也成为一种"时尚"，播种、施肥、覆膜、灭草作业一次完成，极大地提高了生产力水平，解决了经济作物用工多，难管理的一大难题。农场六分场一队职工朱永贵 2004 年靠新技术覆膜种植大豆 600 亩，经过测产结果表明，大豆亩产达 250 千克已成定局。农场技术部门的同志告诉我们：由于生产权在承包户手中，一些最新的技术不能也不该强制推行，但可以肯定，整个农场今年采用新技术种植的 30 多万亩作物，就目前的长势都是历史上从未有过的。据了解，在我们到八五二之前，国家大豆振兴计划的首席专家韩天富博士刚刚从这里离开。站在齐腰深的覆膜大豆地里，望着绿浪翻滚的豆海，韩博士激动地说："经过实地勘察，八五二实施地膜覆盖、窄行密植技术的大豆这么好的长势，亩产足以超过 125 千克，赶超世界同类地区世界领先的巴西 90 千克、美国 85 千克的世界先进水平。八五二的先进技术应向全国大豆产区推广，从而迅速提升全国大豆生产水平……"

按照科技要求，农场还实行了"三锄五耕七追九防"的防虫防病防倒伏的配套农业措施，提出了"121 515"农业攻关目标，向亩产吨粮跨越。我们采访时，大豆已开到了 7 层花，玉米株高达 300 厘米，每颗甜菜已长到了 1 千克左右，南瓜地里更是花开遍地，果实满园，平均每平方米的地面结了 8 个左右的瓜。"科技真是一把金钥匙"，在农民潘维杰的地头，他指着眼前 450 亩的大豆，按捺不住内心的喜悦。潘维杰说，由于自己严格按技术标准生产，看长势，今年大豆的产量将大大增加，这块地纯收入过 10 万元不成问题。

发展现代化的农业需要农民科技知识的支撑。据农场党委副书记王献军、办公室主任张培成的介绍，几年来，八五二还全面实施了农民素质提升工程。他们坚持把先进实用技术培训与职业技能培训结合起来，把对广大农民培训与骨干农民培训结合起来，通过推动"两个转变"，大力实施素质提升工程。一是变鸭式培训为定向培训，努力提高广大农户的专业技能；二是变单一说教为集中授课、示范、带动"三位一体"。2004 年全场围绕提高技术转化能力，建设实验田 1 万余亩，建设高产、高效攻关田近 5 万亩，围绕进一步增强辐射、带动作用，建设科技园区 10 万余亩，使"两田一区"真正成为了科技培训基地和成果转化基地，促进 95% 以上的农户达到了"三个熟练掌握"，即，熟练掌握核心技术、熟练掌握配套措施、熟练掌握操作技能。加快建立起了专业型农民技师队伍，培养出了一大批懂技术、懂经营、会管理的家庭农场场长。在实施素质提升工程的过程中，有效实现了"三个互动效应"，一是通过优胜劣汰，加快推进了土地合理流转，进一步构建了规模优势；二是加快发展了科技种植规模户，全场 500 亩以上种植大户达 1 000 余户，1 000 亩以上种植户发展到 200 余户，有效加快了劳动力转移进程；三是通过实现劳动力转移，推动了城镇建设，收到了协调发展、全面繁荣的良好效果。

搞好科研实验是八五二农场向科技要效益的又一重要举措。水稻试验站实验的叶龄诊断技术、酵母菌推肥技术、节水灌溉技术被广泛应用到了水稻生产当中，效果显著；为了解决覆膜的环保问题，农场研制了起膜中耕机，使起膜作业与中耕作业同时进行，解决了起膜和土地污染难题；农场六分场试验种植的北仓 601 角瓜新品种已通过了专家鉴定，目前已开花结果；五分场职工广泛开展"小发明""小革新""小创造"等"五小"活动，近年来已有 18 项技术创新成果应用于农业生产，取得了 5 000 余万元的经济效益，并有 3 项成果已申报国家专利。

"好风凭借力，送我上青天"。八五二农场在新一届场领导班子的带领下，经过两年多的拼搏，在农业现代化的道路上取得了令人瞩目的成果。10.2 万亩的农业科技园区、8 条科技示范带、15 万亩 A 级与 AA 级绿色食品基地、田间地头公路两侧 227 公里高经济效益高观赏性的金花色万寿菊和粉红色水飞蓟，将八五二装点得如花园般美丽。20 余个共计 500 多平方米的职工文化休闲广场、40 余个水泥灯光球场、300 套露天全民健身器材、新建 30 万平方米拔地而起的现代化设施齐备的居民楼、20 千米即将竣工的水泥通乡路面、东南亚地区"中国小粒黄豆之乡"、国家食品加工协会命名的"中国专品种粮豆生产加工之乡"，以及国家指定中国大豆提升计划示范区等建设成就，无不是八五二人勤劳和智慧的结晶。两年多以来，场长陈德恩先后登上人民大会堂高高的领奖台，接过了"全国百家粮食生产先进市县（场）"奖杯，在农业部、黑龙江省召开的农垦农业产业化、农业标准化等全国、全省重要的工作会议上做典型发言。2003 年八五二实现国民生产总值 8 亿元，人均收入 5 000 元，2004 年他们可望再实现"惊人的一跳"，实现国民生产总值 10 亿元，人均收入达到 8 000 元。

几天的采访很快就结束了，当我们打起行囊启程返回的时候，陈德恩场长风尘仆仆地赶到场门口的大路边和我们挥手道别，在朝阳的映衬之下，我们仿佛看到了八五二乃至中国农业更加壮丽的美景和光辉灿烂的未来。

构筑中国农业发展的战略支撑

——五院士倾情解读农业"七大体系"

在农业"七大体系"建设规划专家组中，有 6 位是中国科学院、中国工程院的院士，都堪称是当代中国的农学泰斗。2004 年 1—2 月，除了家住青岛的渔业资源专家、中国工程院院士唐启升先生因外出开会未能联系上以外，本刊记者就农业"七大体系"规划和建设的有关问题，先后对卢良恕、石元春、李文华、吴常信、戴景瑞等 5 位院士进行了专题采访。记者从每一位科学家身上强烈感受到了他们博学、率真、谦逊和热情的气息。为了加深读者对农业"七大体系"建设重要性的认识，现将各位院士的谈话录音整理刊发，以飨读者。

石元春（著名土壤学家，中国科学院、工程院院士，第三世界科学院院士，中国农业大学原校长。曾在黄淮海平原从事中低产地区旱涝盐碱综合治理和农业发展的国家科技攻关课题研究达 20 年之久。）

搞"七大体系"建设这件事非常好，对农业科技和生产问题的解决肯定会起到较好的推动作用。现在的问题是重在实施。从技术上，希望加大对农业科技的投入，使之支撑力加强。目前农业科技存在的问题很多，推广应用跟不上形势的发展，特别在生产应用上是一个瓶颈，所以希望进一步加强。要把农业生产和农民增收结合起来。

当然做"七大体系"这个事很不容易。过去我们做的计划很多，都有一定的进展，但要真正落实在"三农"上难度较大。这不完全是技术的问题，还有体制、管理、农民接受能力方面的问题。首先最基本的工作是怎样提高农民的接受能力，要加强技术的推广和对农民的培训服务，特别是要加强信息化服务体系的建设。有的农村在信息化服务方面搞得不错，如安徽、陕西宝鸡等地。通过网络建设，强化和发挥"二传手"机构的作用。要想真正给农民做点实事，这个环节必须抓住。在充分运用信息化技术方面农业部做得不错，要进一步扩大效果，光靠网络还不够。农业部自己的网要和地方的网结合起来。全国"三农"方面的信息网很多，但农民很少直接见到，要让它真正变成一条与"三农"沟通的渠道。

本文原载于《农村工作通讯》2004 年第 3 期，作为农业部新闻稿向《人民日报》等首都媒体统一发布和刊用。

李文华（中国工程院院士，中国人民大学环境学院院长，长期从事森林生态、自然保护和农林复合经营方面的研究，并多年在青藏高原和西南地区从事科学考察和定位研究工作。先后3次荣获国家和省部级科技奖，被国务院授予"为科学事业做出突出贡献的科学家"称号。）

"七大体系"建设把农业上升到农业发展的新阶段，用体系支撑产业，用项目支持工程的思路很好。我是研究生态的，特别对环境污染，土地资源的破坏，生物入侵等问题有专门研究。我认为这次"七大体系"的规划是把有关科学技术的意见转化成了行政的决策，实现了决策的民主化和科学化。现在对农业问题要进行深入研究，要树立大农业的观点，处理好与林牧渔的关系，应该打破行业的界限，在重视采用新技术以外，也要注重现有技术的普及和推广，要注意把民族的东西提高到更新的层次，使之同时也成为科学的、现代的。生态方位的确定是农业可持续发展很重要的方面。国内要有示范点，对国外的优秀成果要重视，对自己好的东西也要重视。怎么把专业的东西"挂"到整个农业中间去，要有全面的考虑。有一些技术，比如建设"三低"鱼塘，建设的技术很好利用，但是建成以后有没有污染？所以核心的思想是整体、系统、循环经济的观点要进一步发展和弘扬。这些问题"七大体系"的规划都考虑进去了。

下一步的重点工作，一是要引起全社会的广泛关注，二是要有钱投入。干这些事情需要有项目作为支撑，有项目就要有钱。从国家来讲，这个钱值得投入。相对于其他方面，国家对农业的投入太少。当然，各方面千万不要认为这个钱是给哪个部门的，是给农业的，是应该的。

吴常信（中国科学院院士、中国农业大学动物科技学院院长，四十余年来一直从事动物遗传理论与育种实践研究，荣获国务院颁发的"为发展我国高等教育事业做出突出贡献"证书，被评为"国家级有突出贡献中青年专家"。）

农业部的这个"七大体系"规划，最大的好处在于可以把研究成果转化成为生产力。现在我们国家有很多成果不能转化成为生产力。对于研究成果我国有两种观点，一是要有论文发表。指的是 SC 工论文，即科学文献缩印。一般认为，中国科学院的《科学通报》影响值在1以内，在上面发表文章一般每篇可获得政府或单位奖励5 000元；而美、英等国家的《自然科学》《科学》《自然遗传学》，影响值一般认为是20到40，每发表一篇文章最高的可获得奖金50万元。包括评院士在内，论文发表的因素占了很大的成分。这个导向不好，因为它使很多人工作的目的变成了怎样去发表论文。二是要让研究成果转化成生产力。强调发表论文可以，但是再好的论文如果与农民的关系不大，转化不成生产力，就没有意义。

戴景瑞（著名玉米遗传育种学家，中国工程院院士，中国农业大学作物学院教授，国家玉米改良中心主任。在国内首次成功地用细胞工程技术改良玉米，率先用分子生物学技术改良玉米。近十年育成 11 个优良杂交种，是我国最多产的育种者之一。）

参加了四、五次的"七大体系"建设规划论证会，相信这个规划会对今后农业的发展产生很深刻的影响，对"十一五"期间产业的发展也会产生非常深刻的影响。规划也很全面，把当年毛泽东同志提出的农业"八字宪法"（土、肥、水、种、密、保、工、管）都包括进去了。在新的时代和经济转型时期提出"七大体系"建设，符合农业和农村经济的发展与农民增收的要求。加入世贸组织以后，人增地减、环境恶化、资源不足等问题显得更加突出。正是在这个时候，农业部提出要进行农业"七大体系"建设，这对于中国农业的发展、农村的繁荣、农民增收问题的解决来说，很及时，很到位。国家的发展很快，但有些方面是以牺牲环境和资源为代价的。农民收入增长缓慢，这是个大问题。农业是弱势产业，国家应该加大投入。现在粮食已经有问题了，再也不能挖库存了。要保证粮食安全，就要投入，要鼓励和调动农民的积极性，实现协调发展。不仅各个产业和社会各方面要协调发展，农业内部也要协调发展。农、林、水是一体的，林和水我们都投入了很多的资金，如林业一下子就是几千个亿，但我认为吃饭的问题还是最重要的，不仅要吃得饱，还要吃得好，环境也要好，所以这方面需要很好地协调安排。农业是污染大户，农业的问题不解决，其他问题也解决不好。

卢良恕（当代著名小麦育种、栽培、农业与科技发展专家，中国工程院院士、中国工程院原副院长、中国农业科学院原院长、中国农学会原会长、中国农业专家咨询团主任、国家食物与营养咨询委员会主任，长期从事小麦育种、栽培和农业科技发展战略研究。）

我参加了农业部"七大体系"的多次论证。现代农业是"大农业"。总的来说，第一是要坚持社会主义方向，按照"五个统筹"的精神发展现代农业。第二是要遵循市场经济规律和科学规律，促进经济建设。科学规律是指自然规律和生物学规律。市场包括两个市场，要面向两种资源。我国陆地面积约 960 万平方公里，承载着近 13 亿人口，而南美洲大陆两千万平方公里，却不到 5 亿人口，所以我们的思路要放到全球来考虑。第三是结构调整问题。我国的一二三产业结构还不是很合理，应该因地制宜进行战略性调整。我国现在第一产业占了 15.2%，第二三产业占了 84.8%。农业中农（种植业）林牧渔的结构也不合理。我们国家面积有多大？应该是约 1 300 万平方千米，除了 960 万平方千米的陆地，还有海洋面积 300 万平方千米，海洋是我们不能忽视的重要资源，开发利用海洋资源大有可为。第四是我们要加快实施科教兴国战略，加强农业的科学技术研究。发达国家的科技贡献率是 70% 多，我们才只有 45% 左右，差距较大。第五是保护生态环境的问题。现在我们的水土流失面积为 367 万平方千米，还有草地退化、土壤沙化以及水系和空气污染等，不可掉以轻心。这些问题与"七大体系"建设都有关系。

一是良种繁育体系。这是科技与农业相结合的关键环节，"万物土中生"，种苗是农业的重要基础之一。虽然我们在这方面已经有了很大的发展，但是我们的专用品种不够、大路货比较多，比如做饼干、面包、糕点等，必须要用专用品种的小麦，所以良种繁育体系是农业发展的基础。良种繁育体系建设也包括动物的品种改良问题，畜牧养殖、奶业发展都要有良种繁育体系作为基础。

二是农业科技应用与创新体系。我们现在的农业科技创新与应用还不够全面，体系还不够完整。应该把农业科技部门、农业教育部门结合起来，使科学研究、技术推广、农民培训形成一个紧密的链条，建设这个体系就是起这个作用的。国家搞农业现代化，农民没有现代的思想、科学和文化是不行的，要加大对农民的培训，搞好农村的九年义务教育。要加强农业科研体系建设，健全农业技术推广体系。培训广大的农业技术员，农业广播学校要充分发挥作用。这里更为重要的一个是农业科研创新体系，一个是科技成果转化体系。科学研究的成果要尽快传播到群众和生产中去，才能够真正转化为现实生产力，所以推广体系是很重要的，要加强、要健全。当然在国家支持的同时，我们也要把群众组织起来，农业要发展多种合作经济组织，使得"专群"结合，才能够发挥科学技术的作用，更好地为农村经济社会的全面发展服务。

三是动植物保护体系。现在已经发现，病虫害和疫病的发生对我们农业发展产生了不小的影响。比如小麦的条锈病不断出现新的小种，危害不小；小麦赤霉病过去在长江中下游流域流行，现在到了黄河流域，危害区域扩大了；还有原来水稻纹枯病，而现在小麦也成了纹枯病的新寄主，等等。动物病害种类也很多，经常听说的比如禽流感、二恶英、疯牛病、口蹄疫等，都对农业和农村经济、对社会发展带来了很大危害。病虫害对农业的损失相当大，所以这个体系也是很重要的。自然界是不断变化的，科学技术是不断发展的，随着自然界的变化可能会不断出现新的问题。当前农村很重要的一点，就是要把动植物病虫害鉴定和监测体系建立起来。只有能够及时鉴定出来，采取有效措施"对症下药"，才能控制病虫害的危害和发展，保证农业生产的健康持续协调发展。

四是农产品质量安全体系。现在提倡发展无公害农产品、绿色食品，这是农产品质量安全体系重要内容之一。化肥要"均衡施肥"、农药要"科学用药"、"禁用'三高'"，还有动物用的兽药、饲料添加剂的合理使用，鱼类的饵料添加剂的合理使用，等等。前面是动植物的保护。疫病的控制这里要讲动植物农产品质量和安全卫生。目前我们的食品安全关键技术有很多方面还很薄弱和不健全，应当尽快建立农产品质量安全体系，主要包括农产品质量标准体系、农产品质量检验检测体系，对农产品质量实施全面监控，提高农产品的市场竞争力，保证人民的饮食安全。

五是农业信息和服务体系。现在农产品市场变化很快，农产品的供求、价格需要信息。农业受自然环境影响很大，比如2003年气候有些异常，年中南方大水，冬天又长期干旱，这些信息对农业都很重要。前几年去美国，参观美国的农产品交易市场，市场的墙上面装有显示屏，上面发布有南非、欧洲、中国等世界各地的气候和庄稼长势情况，这样就会随时知道哪个地方受灾，哪个地方丰产，可以判断出各地价格趋势来。现在信息不灵不行。全世界2003年的粮食产量减少，那就可以知道粮食要涨价。比如"精准农业"，简单讲就是用"三S"技术可以了解各地庄稼的生长情况，及时采取相应措施。还有农产品的市场体系，我们现在市场的规模小、彼此信息不畅、效益低，要尽快实施规模化经营，建立信息网络体系，实现农产品流通市场的大效率。

六是农业的资源生态环境保护体系。目前我国关键的是两个资源，一个是耕地资源，一个是水资源。现在总体上是资源不断减少、人口不断增加。前几年我应邀参加了中国工程院主持的"中国水资源战略研究"项目，看到中国水资源问题相当严重。现在全国年降水量约6.2万亿立方米，形成地面径流2.8亿立方米，我们可利用的大概6千亿～7千亿立方米，农业用了约4千亿立方米，是一个用水大户。我们到以色列考察看到，以色列的水利用率是90%，而我们只有45%左右。我们1立方米水生产1千克左右的粮食，以色列可以生产2.5千克。回国后我向上级汇报，第一句话就是"以色列把水作为石油一样看待"，把水资源全部管起来，合理而有效地使用。我们的资源总的看起来数量不少，但是人均水平是很低的，而且资源利用率也不高。资源的合理利用问题非抓紧不可，否则的话，将会严重影响我国现代化建设进程。现在讲粮食安全，实际应该讲"食物安全"，因为现在已经不单单是关注能否吃饱的问题了。我们向国家建议"把传统的粮食观念转变为现代的食物观念"，"农业二元结构（粮食作物、经济作物）要转变为三元结构（粮食作物、经济作物、饲料作物）"，已受到重视。食物安全包括三个层次，第一层是每人吃的东西够不够，就是数量问题，我们认为现在人均400千克的粮食占有量，还是属于低水平的，人们生活水平提高了，就会少吃粮食制品，多吃肉、蛋、奶、蔬菜、水果等，而很多肉、蛋、奶需要粮食作为饲料转化而来。我国粮食年总产量近年来只有4.5亿吨左右，低于当年粮食的消费量。有人说，粮食不够可以到国外市场上买嘛，世界粮食形势如何呢？2003年世界的粮食总产量约18.3亿吨，

60 多亿人口，我国 13 亿人口，全世界还有 8 亿人没有解决温饱，而 2003 年世界粮食贸易量约 2 亿吨左右，所以我们的粮食供给一定要立足于自力更生，可以通过进口进行适当调节，而不能依靠进口来解决粮食供给问题。第二个层次是质量问题，就是食物的营养搭配是否合理、是否存在卫生安全隐患等。这方面与食品工业的发展关系很大，已引起国家的关注。近年来，全世界食品工业年产值达到 2.9 万亿美元，美国 6 千万美元，欧盟 4 千万美元，日本 3 千万美元，我们刚刚 1 千 3 百万美元，太滞后了，应当加快发展。第三个层次是食物资源和环境的安全问题，也就是要实现食物资源的可持续利用和环境的优化、保护。我们的水污染面积很大，可能有近一半的水源存在污染，最近的资料显示，我国北方地区地下水超采十分严重，已经形成一个 8 万多平方千米的巨大漏斗，深度达 100 米，应当引起严重关注。"民以食为天、食以安为先"，这是一个永恒的主题。

七是农业社会化服务管理体系，其网络建设还不健全，还有农业执法不够，农业机械化服务体系建设应该给予重视。

我认为"七大体系"与推动"三农"发展，改善农业发展环境是密切相关的，也是很及时的。建设"七大体系"是落实党的十六届三中全会的具体步骤。我们作为专家组的成员，认为今后还要抓好典型，因为典型示范很重要。十六大提出"统筹城乡经济社会发展，建设现代农业，发展农村经济，提高农民收入……"，提出了全面建设小康社会的奋斗目标，最近中共中央国务院又颁布《关于促进农民增收若干政策意见》，都是十分重要和及时的。农业部的"七大体系"建设就是贯彻这些精神的重大举措。

农业部开展农业"七大体系"建设工作，很有必要、很及时，也有很好的基础。我们建议把有关农业的工作都放在一起，这样便于统一协调。现在水利投资大部分是大型水库，农田水利基本建设还没有得到足够的重视。世界各国的经验表明：农业应该朝着建设现代农业的方向发展，是"大农业"的概念，不光是一个从种到收的范畴。我们已经向国务院写了建议，希望把农业的产前、产中、产后统一考虑和安排，符合"现代农业"发展的要求，已引起了上级领导的关注，但是农业管理体制和机制的理顺要有一个过程。现在我国的农业七八个部委管，随着形势的发展，看来将会逐步走向联合，进行合理分工和协调，发挥整体效应，加快农业现代化进程，这是符合客观规律的。"七大体系"的方案很好，但是还要从思想上提高，从体制、机制、政策的改革方面入手，只有这样才能从根本上解决问题。

喜忧之间话奶业

——访农业部原常务副部长、中国奶业协会理事长刘成果

2003年初，胡锦涛总书记在视察蒙牛乳业时指出："牛奶本身就是温饱之后小康来临时的健康食品，不仅小孩喝、老人喝，最重要的是中小学生都要喝上牛奶，提升整个中华民族的身体素质。"几乎同一时候，温家宝总理在中国奶协的有关文件上批示："奶业是一个很有潜力、大有希望的产业，发展奶业不仅是农业结构调整的一项战略性任务，而且是改善消费结构、提高人民健康水平的一项重大措施。"中央领导站在战略高度对发展我国奶业的高度重视和肯定，足以显示奶业在全民建设小康中的战略地位，那么，我国奶业发展的状况究竟怎样呢——

近年来，随着我国经济的持续稳定增长，人们生活水平不断提高，对奶制品重要性的认识不断增强，需求逐步旺盛，从而在根本上推动了我国奶业的快速发展。然而，在业界乃至社会上，也有相当一部分人将这种发展的势头称之为"虚火"。有喜也有忧，实际上，很多奶业界人士对此也并不避讳。为了帮助读者把喜忧两个方面的情况搞清楚，本刊记者日前采访了中国奶业协会理事长、国家农业部原常务副部长刘成果。

成绩令人瞩目

刘成果理事长告诉记者，目前我国奶业发展的脉络非常清晰，可以说是已经完全步入了快速发展的新阶段，发展速度连续几年超过两位数。据他介绍，在奶源生产方面，2003年是近年来增长幅度最大的一年。据统计，良种和改良种奶牛年末存栏840万头，比上年的687.3万头增长22.3%；奶类总产量1 625万吨，比上年的1 400.4万吨增长16%。2003年以来，从各地反映的情况看，仍保持了很好的发展势头。在乳品加工方面，2003年全国乳制品产量140.4万吨，比上年的93.2万吨增长50.6%；液态奶产量582.9万吨，比上年的355万吨增长64.2%；乳制品产值509.42亿元，比上年的312.14亿元

本文原载于《农村工作通讯》2004年第3期。

增长 63.2%。在消费需求方面，总体上仍然处于上升趋势。目前，我国奶制品的消费仍集中在大中城市，增幅保持在 20%～30%，并逐步向小城市扩展。2003 年总体实现了原料奶生产、乳品加工、消费同步快速增长。

他说，不仅我国奶业的各项经济指标在快速增长，而且整个产业的素质也在提高。主要表现在三个方面：一是产业的集中度在提高。一些乳品加工企业通过股份制改造和强强联合等要素整合方式形成了一批有实力的奶业集团，众多中小乳品企业与实力较强的企业联合或并入大型乳品企业、企业集团。比如2002 年，销售额排名前 10 位的企业，共完成销售收入 183.4 亿元，占全行业规模以上企业的 53%；利税总额近 22 亿元，占规模以上企业的 60%，分别比上年增加 4.8 和 16.9 个百分点，这表明大型龙头企业的规模在扩大，竞争实力有所增强，这将有利于应对入世后我国奶业面临的国际竞争。二是乳品加工企业与奶源基地关系的紧密度在加强，不少加工企业更加重视奶源基地建设，并采取为奶牛养殖户提供贷款担保、实行保护价收奶、提供优质服务、加强挤（收）奶站服务功能等多种措施，少数乳品企业还吸收奶农入股，使生产、加工、销售各个环节关系更加密切，并开始向"利益共享、风险共担"的利益共同体方向发展；三是奶牛饲养的组织化程度在提高。为适应我国奶业产业化发展的需要，一大批突破庭院经济局限、开展专业合作、实行适度规模饲养的奶牛养殖小区在各地建立；有的地方成立了奶业合作社，提高了原奶生产的科技含量和劳动生产率。同时，不少地方由奶农自发组织成立了奶农（业）协会，开展多种服务，并承担起与加工企业协商原料奶的价格，在维护奶农利益方面发挥了作用；四是乳制品的花色品种显著增加，商店和超市里乳制品琳琅满目，更好地满足了人们不同的消费需要，同时也说明企业更注重研究市场和消费需求的变化，不断开发出更多适销对路的新产品。以上四个方面的变化，反映出我国奶业的产业素质有所提高，这对提高乳品企业经济效益产生了积极的作用。据国家统计局统计，2003 年，全国乳品行业共实现销售收入 478.33 亿元，比上年同期增长 34.81%；利润总额 30.05 亿元，比上年同期增长 27.4%。

至于奶业出现快速发展的原因，刘成果主要归结为四个方面：一是政策的调动。在结构调整中。畜牧业成为优先发展的产业。其中奶业又成为重中之重，国家和地方政府在政策、资金投入等方面给予了有力支持，加之养殖奶牛有较高的经济效益，因此发展奶牛养殖就成为许多农民的现实选择。二是科技的推动。从改良品种、饲料生产、防疫灭病、饲养管理、机械设施、加工技术、质量检验等方面都进一步注重科学投入，增加了整个奶业的科技含量，从而促进了原料和加工生产水平的提高。三是龙头企业的牵动。在国家产业化政策的引导下，推动一批乳品企业扩大规模，引进先进设备，提高技术水平，培育和壮大了一批龙头企业。这些龙头企业为发展奶牛养殖创造了条件，促进了奶牛养殖的迅速发展。四是市场的拉动。随着城市居民收入水平的提高、城市化进程加快，城镇人口大量增加，特别是国家"学生饮用奶计划"的实施，促进了人们饮食和营养观念的转变，带动了乳品消费需求相应增长和市场的不断扩大。

问 题 不 容 忽 视

刘成果表示，奶业是一个新兴的大有希望的朝阳产业，奶业的发展、进步与我们国家、民族的发展、进步紧密相关，能够为奶业的发展效力是他最大的荣幸。他为中国奶业的发展而喜悦，同时也为面临的问题而忧虑。

(一) 入世后我国奶业面临新的挑战

他认为，入世对我国奶业的影响不可低估。一是入世后由于关税减让等因素将冲击我国奶粉的生产和销售。目前我国进口奶粉的到岸价每吨已降至 7.5 万～1.6 万元的水平，这个价格接近或低于我国奶粉的平均生产成本。二是由于进口奶粉的价格低于国产奶粉，使不少乳品企业纷纷采用进口奶粉还原生产巴氏奶、保鲜奶、酸奶等奶制品。2003 年全国奶粉的进口量比上年同期又有较大幅度的增长，这不仅会对我国北方奶粉的生产造成不利影响，而且对南方养殖业和液态奶生产的冲击也日益明显。三是入世后随着国外金融、保险等服务业的进入，使先期进入中国的外国乳品企业获得本国整个现代产业体系的支撑，从而增强其竞争实力。

面对国外乳品企业和产品进入我国市场的激烈竞争，必须看到我国奶业在许多方面存在着明显的差距：一是养殖技术水平、奶牛单产低、生产成本较高。由于优良奶牛数量不足、养殖规模小、饲料饲草基地建设和饲料加工体系建设滞后，泌乳牛平均单产仅 3 000 多千克，大大低于发达国家平均 7 000 千克的水平，而且质量较低；二是乳品加工规模小，技术水平低，难与国际乳品企业竞争。全国现有 1 600 多家乳品企业中，绝大多数属于日产量低于 50 吨的小企业，平均年加工奶量仅为 7 000 吨左右，产品单一，成本较高，竞争能力弱。严格地讲，我国目前还缺乏具有国际竞争力的大型乳品企业。三是产业化程度低。目前我国奶业的主体经营模式是分散养殖、集中加工。奶牛养殖户与乳品加工企业基本上是一种通过合同建立起来的买卖关系，属于不同的利益主体，两者联系不紧密，没有形成利益共同体，抗御市场风险能力较弱。四是有关制度建设和政策环境不适应。我国奶业处于发展的初级阶段，属于比较幼稚的产业。入世后，如何采取有利的政策措施保护我国处于弱势的奶业，是一个迫切需要解决的问题。

（二）新的竞争形势要求规范奶业市场

刘成果说，入世后，我国奶业正在迅速走向国际化，出现了新的市场竞争形势。一是国内乳品企业加速进行并购和重组，大型乳品企业纷纷到各地兼并联合。到北方奶源大省建厂设点，扩充实力，占领地盘，企业集中度增加，企业间竞争加剧。二是一批实力强大的非奶业企业和集团以其资本优势采取兼并、控股、联合等大动作，进入奶业市场，如新希望集团、维维集团、娃哈哈集团、新疆德隆集团等都看到奶业诱人的发展前景，纷纷杀入奶业市场竞争行列。三是外资乳品企业大量涌入，给我国奶业市场竞争增加了新的变数。目前，世界排名前25位的外国乳品公司中已有13家进入我国，如雀巢、卡夫、达能等这些外资企业以其强大的资金、技术实力和管理经验进入中国市场，将对我国民族奶业发展产生巨大的影响，在我国奶业市场竞争格局发生变化的大环境下，整个乳品市场的竞争加剧是必然的，但是，值得注意的是目前在我国乳品市场竞争中，出现了一些不正常现象，即无序的甚至是恶性的竞争，在一定程度上扰乱了乳品市场秩序，例如有的企业搞价格战，竞相降价促销；有的弄虚作假，发布虚假广告，搞模糊商标，利用某些消费者饮奶知识的缺乏，欺骗和误导消费者；有的搞虚假承诺，甚至搞假的"学生奶"等。以上现象如果不加制止，任其发展下去，对我国奶业市场将会造成破坏性的影响，迫切需要加强对乳品市场的规范和引导，加强监督管理，同时也需要加强企业的自律。

（三）发展的盲目性加大了产业风险

刘成果认为，在我国奶业发展中，政府、企业、奶农都有很高的积极性，这是推动我国奶业发展的强大动力，是发展的主流。但同时在一些地方也存在着一定的盲目性。主要表现在：局部地方违背奶业自身的发展规律，片面追求奶牛养殖发展速度，甚至把养牛同干部业绩挂钩，提出不切实际的发展指标；有的地方炒买炒卖奶牛，甚至出现虚假养牛数字，骗取补贴，也有的该淘汰的不淘汰，使牛群质量下降。在乳品加工方面也存在盲目建厂、上项目，搞低水平重复建设等现象，造成互相争奶源，布局不合理。一些地方奶业发展的盲目性导致加工能力的增长远远高于奶牛养殖的增长，乳品生产结构不合理，造成供需失调。由于奶业是一个比较特殊的产业，生产周期长，供给弹性小，产品又有易腐不宜长期保存的特点，投资大风险也大。在20世纪90年代初期，主要由于政策滞后和产销脱节原因，导致1993年全国奶牛生产滑坡，出现负增长，历史的教训值得吸取。在全国到处掀起"奶牛热"时，我们必须保持清醒的头脑，冷静的态度，让"奶牛热"保持适度。有的地方产生盲目性的原因，主要是主观和客观分离，要求脱离实际。在市场济条件下是需求决定生产，有的同志往往只看到我国人均占有奶量的水平很低，存在着巨大的潜在需求的情况，但是潜在的需求不等于现实的消费市场。要使潜在的需求转变为现实的有效需求，是有条件的，而且要有一个过程，这包括城乡居民收入水平的提高、营养知识的普及和饮食习惯的改变等。我们的任务，是要进行宣传、努力培育乳品消费市场，尽量缩短这个过程。

另外，2003 年下半年以来，伴随着粮食供求关系的变化，引起了饲养原料价格上涨，疫情防治方面也会不断出现新的情况，加工能力和消费需求的提高使奶源显得更为不足。所有这些都对奶业发展构成了新的压力和挑战，需要我们去很好地应对。

前 景 一 片 光 明

中国奶业目前还处于上升阶段，存在的问题属于发展中的问题。对于今后几年我国奶业发展的基本趋势，刘成果赞成一些专家和业内人士的看法，总体上持积极的乐观态度。他认为，今后 5～10 年甚至更长时间，我国奶业仍将保持快速发展的势头。奶牛存栏和原料奶产量将继续增加，布局将向优势区域集中；加工企业的规模将进一步扩大，产业化程度和行业的集中度将进一步提高；奶业在国民经济中的比重将会加大，并将成为区域经济的新增长点和农民增收的重要途径。

之所以做出这样的判断，他表示有两方面的依据：一方面是产业内部存在巨大的发展动力，实质是利益驱动。这种利益驱动体现在原料奶生产和加工企业两头都有较好的经济效益。一般来说，农民养一头奶牛一年可从产奶和犊牛获得 3 000～5 000 元的收入，高于从事其他养殖业和种植业收入，因此农民有很高的积极性；在乳品加工方面，据测算，每加工 1 吨鲜奶企业可得到 500 元左右的盈利，所以加工企业也有积极性。这两种来自产业内部的积极性加在一起，就形成奶业发展的一种巨大驱动力量。近年各地掀起的"奶牛热"其主要根源就在于此。另一方面是外部环境条件有利于奶业的发展，近年来我国已经形成了一个十分有利于奶业发展的大环境：一是党的十六大提出了全面建设小康社会的目标，要求人民的生活更加富足，生活质量有大的提高。发展奶业是改善居民的饮食结构和营养状况、提高生活质量的重要方面。二是国家在产业政策上将奶业作为重点支持的产业，各级政府都给予足够的重视和政策倾斜。2002 年农业部制定了《奶业优势区域发展规划》，2004 年开始全面组织实施；科技部 2003 年启动的"奶业专项"，在项目示范区已全面开展，对奶业科技和产业化示范投入近 5 亿元资金，是过去从未有过的；各级地方政府和部门也加大了支持的力度。其实政府重视和支持奶业发展，也有一个利益驱动问题，因为通过发展奶业可以"一箭双雕"：农民增收，可以推进农业的发展和保障地方的稳定；加工业发展，可以增加税收。据测算，政府从企业加工每吨鲜奶中，可收税约 400 元左右。三是消费市场潜力很大。目前，我国居民奶制品消费水平还很低，根据一些国家的经验，居民奶品的消费与国家经济的发展水平有关。例如，日本在 1958 年人均 GNP284 美元时，人均牛奶的消费量为 12 千克，到 1970 年人均 GNP 1 690 美元时，人均牛奶消费量增加到 50.1 千克；韩国 1970 年人均 GNP 为 252 美元时，人均占有牛奶 1.6 千克，到 1980 年人均 GNP 1 592 美元时，牛奶的人均占有量增至 19.8 千克。随着我国全面建设小康社会的推进，国民经济持续增长，居民收入的增加，城市化水平的提高，奶制品消费水平必将有大的增加。这是我国奶业发展最原始、最持久的推动力。

为农塑"金身" 推进"标准化"

——访农业部副部长范小建

日本苹果泰国米，美国甜橙韩国梨……如今，当面对国门之内琳琅满目的"洋"字号农产品时，我们不得不思考一个深层次问题：中国农业如何才能真正实现由量变到质变的跨越？农业的标准化是现代农产品进入市场的"绿卡"。大量事实证明，只有在生产、加工乃至包装的每个环节均采用"标准化"的技术，农产品才可能品质优良、价格金贵。获悉农业部正在着手全面加强全国农业标准化建设，近日，围绕其中的有关问题，记者专访了农业部副部长范小建。

农业标准化是农业和农村经济工作的一个主攻方向

记者： 前不久，温家宝总理在听取农业部优势农产品区域布局规划汇报时指出，优势农产品的标准化建设是现代农业的一个重要标志。回良玉副总理在由国家质检总局、农业部和国家标准委联合召开的首次全国农业标准化工作会议上强调，没有农业的标准化就没有农业的现代化。农业部杜青林部长指出，实行农业标准化是农业和农村经济工作的一个主攻方向。请您谈一谈对农业标准化重要性的理解和认识。

范小建： 当前，我国农业和农村经济发展正面临着新的形势。按照科学发展观的要求，实施统筹城乡经济社会发展的方略，坚持"多予、少取、放活"的方针，实现"以工补农，以城带乡"的转变，为加快建设现代农业，全面建设农村小康社会带来了前所未有的历史机遇。而传统农业内在素质不高所引发的一系列问题，则是我们面对的挑战。在这一关键时期，明确把农业标准化作为农业和农村经济工作的一个主攻方向，是农业部党组落实中央领导指示，在认真分析农业和农村经济工作形势的基础上做出的重要判断，是非常必要和及时的。

首先，把农业标准化作为主攻方向，就是坚持以工业化理念发展农业，提升农业产业竞争力和农业综合生产能力。标准化是社会大生产的产物，是生产

本文原载于《农村工作通讯》2005 年第 10 期。

力发展的必然结果。标准化一词最初源于工业部门。在农业领域推进标准化，既是市场经济发达国家提升农业产业素质的一条基本途径，也是以工业化理念谋划农业，实现农业与工业对接，两大部类经济协调发展的一条基本经验。实施农业标准化，用工业化的理念谋划农业发展，用工业化的生产经营方式经营农业，能够有效促进农业内部分工，实行专业化生产、集约化经营、社会化服务，提高农业产业的整体质量和效益。实施农业标准化，可以实现农业行业各环节、各方面资源的优化配置，有利于在现有自然资源和科学技术水平条件下实现最大的产出，提升农业产业的竞争能力。从这个意义上说，把农业标准化作为农业和农村经济工作的主攻方向，使我们找到了新时期以工业化理念指导农业发展的"着陆点"和"切入点"。

其次，把农业标准化作为主攻方向，就是要促进现代管理和现代技术有机结合，加速传统农业向现代农业转变。现代农业是广泛应用现代科学技术、现代工业提供的生产资料和科学管理方法所从事的社会化生产。标准化集现代科学技术和现代管理技术于一体，具有科技推广和科学管理的双重属性。农业标准化以农业科学技术和实践经验为基础，运用简化、统一、协调、选优原理，把科研成果和先进技术转化为标准，在农业生产和管理中加以实施应用，能够实现对农业生产从农田环境、投入品、生产过程到产品的全过程控制，从技术和管理两个层面提高农业产业的素质和水平，加快传统农业向现代农业的转变，实现经济效益、社会效益、生态效益的"三统一"。从这个意义上说，实施农业标准化是加快农业现代化的一套"组合拳"。

第三，把农业标准化作为主攻方向，就是要利用"两种资源""两个市场"，促进生产与市场的对接。农业发展进入新阶段以来，我国主要农产品实现了供求大体平衡、丰年有余。与此同时，市场流通对生产的导向作用也变得越来越明显。生产与市场能否实现有效对接，已成为当前推进农业和农村经济发展不容回避的重要问题。从国内看，随着人民生活水平显著提高，对发展高产、优质、高效、生态、安全农产品的要求更加紧迫，无公害农产品、绿色食品、有机农产品广为消费者青睐。农产品的"标准"成为实现安全消费，衡量产品价值的重要依据。从国际看，我国加入世界贸易组织后，农产品参与国际市场竞争的机会增加了，但我们的农产品出口没有达到预期水平，主要障碍就是遭遇技术性贸易壁垒。技术性贸易壁垒的表现形式有技术法规、标准和合格评定程序，核心是国家间农业标准化水平的较量。标准是贸易的基础和规则，谁能够按国际标准组织生产，谁就拿到了国际贸易的通行证，抢占了国际贸易的制高点。因此，无论是从我国农业发展的阶段性内在要求出发，还是从参与国际竞争的现实压力出发，都必须把农业标准化作为当前农业和农村经济工作的主攻方向。

此外，把农业标准化作为主攻方向，就是要转变工作职能，履行好农产品质量安全监管职责。党的十六大强调，政府部门在市场经济条件下必须强化"经济调节、市场监管、社会管理、公共服务"职能，提高依法行政能力。国务院在2004年9月1日下发的《关于进一步加强食品安全工作的决定》（国发〔2004〕23号）中明确赋予了农业部农产品质量安全监管职责。如何依照职能转变的要求，从国情、农情出发，在小农户、大市场的基础上提高农产品质量安全水平，履行好农产品质量安全监管职能，必须确立新思路、采取新措施。积极推行农业标准化，充分运用标准作为管理和技术的结合体这一独特优势，用标准来规范各责任主体在农业产地环境治理、农业投入品使用、农业生产过程、农产品收获、农产品包装上市各个环节的行为，以标准为手段，向农业各行业、各环节渗透农产品质量安全监管措施，用标准化做好农产品质量安全这篇大文章，是市场经济条件下农业部门行政职能强化的有效途径和具体体现。

坚定信心扎实推进农业标准化

记者：我国虽然从新中国成立初期就开始进行农业标准的制定工作，但直到20世纪80年代后期，才逐步开始用标准化的理念来管理和规范农业生产及农产品经营。总体看，当前我国的农业标准化已具备一定基础，但比较薄弱。您认为我国农业标准化主要有哪些基础，怎样认识这些基础，下一步应该将努力的方向放在什么地方？

范小建：正如你所说，现在我国的农业标准化的确具备一定基础。一是法规体系建设有了积极进展。1999年我部和财政部启动"农业行业标准制修订专项计划"以来，制修订标准的数量明显增加，水平不断提高，实用性不断增强。标准无法可依、无章可循的状况有了明显改善。二是实施工作有了积极进展。各地因地制宜，选择优势农产品、"菜篮子"产品、出口农产品，以基地建设为平台，进行项目打包、资金打捆、人员整合，建设标准化生产基地或标准化示范区，加大了标准的实施力度。三是监管工作有了积极进展。目前，基本形成了由部、省、地市（县）三级质检机构互为补充、由常规检验和速测检验相配套的农产品质量安全检验检测体系。无公害农产品、绿色食品、有机农产品"三位一体、整体推进"的农产品认证格局初步形成。四是组织管理体系建设有了积极进展。从中央到地方，各级农业部门相继明确了农业标准化管理机构，并建立了综合协调、统一管理、分工负责的工作制度，逐步完善考核和激励机制，标准化的组织管理体系和一支业务水平较强的农业标准化专家、管理和技术推广队伍初步形成。

尽管如此，我们还必须清醒地看到，由于我国的农业标准化工作起步较晚，与发达国家相比、与农业发展新阶段的要求相比，还有很大差距，主要是：标准化意识不强，还没有在全社会形成推进农业标准化的良好氛围；标准体系不健全，对农业各环节的覆盖率不高，标准的科学性、实用性、配套性还有待提高；标准的实施推广力度不够，检测监督工作刚刚起步，市场准入和追溯制度还没有全面推行。

从整体上看，"十五"期间是我国农业标准化夯实基础的重要阶段。正确地认识这种基础，目的是为了增强推进农业标准化的信心。冷静地把握这些差距，是为了明确推进农业标准化的努力方向。当前和今后一个时期，应着眼于提高农产品质量安全水平、农业产业竞争力和农业综合生产能力，围绕农业标准的"制修订""实施"与"监督"三个关键阶段，从管理、技术和生产实践三个层面入手，狠抓产前、产中、产后三个重要环节，提高我国农业全行业的标准化水平。要争取用3～5年的时间，推动沿海发达地区、大中城市和国有农场率先实现农业标准化，使中西部地区的农业标准化跨上新台阶。

在大力推进农业标准化的进程中，应注意把握以下几点：一是要强化政策引导，坚持多措施并举，注重政府推动。实施农业标准化，涉及多个领域、多个环节的有机衔接，离不开政府的推动和引导。要采取经济、技术各方面的措施，推动生产经营领域的标准化。二是要与产业化发展有机结合，打造品牌，注重市场引导。要通过与农业产业化结合，推广先进技术和成果，实现区域化布局、规模化经营。要把标准化水平高的农产品转化为市场上畅销的名牌，实现农业标准化与市场对接，实现优质优价，使企业增加效益，农民得到实惠，从而为农业标准化注入内在动力。三是要强化农业产中、产后服务，提高农民的组织化程度，注重农户参与。只有把农业标准化与强化对农业的产中技术服务和产后营销服务结合起来，利用示范项目的吸引，产业化龙头企业的凝聚，批发市场等经销企业订单合同的拉动，以及有形的技术服务组织的推动等多种形式，才能更好地约束农业生产经营者行为，发挥农业标准的引导作用。四是要发挥区域优势，突出特色产业，注重因地制宜。必须要以主导产业、特色产业为突破口，依托当地资源，充分发挥区域优势，突出示范基地的辐射带动作用。五是要充分发挥农技推广机构的作用，整合资源，合力推进。要充分利用农业系统现有的资源，把推广农业标准化作为新时期各级农技推广机构的工作重点。要充分发挥行业的整体功能，把农业标准化作为各类生产性农业投资项目、科技示范项目实施的重点内容和基本要求，把农业部门现有的种子、植保、土肥、农机、畜禽、水产等分品种的技术推广服务能力组织到推进农业标准化的进程中，形成"政府＋农技推广＋基地＋农户"的基本组织框架。

突出抓好农业标准化建设的几项重点工作

记者：农业标准化建设涉及方方面面，既要把握全局，更要重点突破，请问农业部在具体工作上有哪些打算？

范小建：我们将以全国农业标准化示范县创建活动为突破口，创新机制，强化导向，带动全国种植业、畜牧业、渔业、农垦、农机等各行业，加快推进，并使各产业、各环节、各层面、各阶段在标准化进程中实现有机衔接，良性互动。重点是要突出抓好五个方面的工作。

一要在科学性、实用性上下功夫，大力推进标准体系的建设。农业标准体系建设，既是标准化工作的基础，又是当前制约我国农业标准化发展的主要障碍之一，必须寻求突破。必须紧盯农产品质量安全水平、农业产业竞争力和农业综合生产能力的前沿，立足于科学，着力于实用，谋划当前的标准制修订规划。继续实施农业部和财政部的"农业行业标准制修订专项计划"，每年制修订农业国家和行业标准350项左右，优先完成农产品"安全标准"、农业"资源保护与利用标准"的制定。优先推动我国大宗优势出口农产品的"品质标准"及"安全标准"的制定，鼓励出口加工企业建立能与出口国技术标准和市场准入相适应的标准体系，加强国际标准的情报交流，加大国际贸易技术壁垒预警信息的采集和公布力度，积极争取我国在农产品国际标准制修订方面的参与权，增加参与度。积极探索强制性农业标准向技术法规的转变，并在此基础上抓紧研究调整现有农业标准的基本层级结构。各省（区、市）农业部门重点制定与农业国家标准和行业标准相配套的生产技术规程、地方名特优农产品分等分级标准。要维护标准的统一性，有国家标准或行业标准的，不再制定地方标准。鼓励农业企业、生产基地和有条件的协会，制定严于国家标准、行业标准或地方标准的技术标准，作为组织生产、经营或行业自律的依据。

二要在创建农业标准化示范县上下功夫，大力推进标准实施。逐步实现农产品品种、生产、加工、销售全过程的标准化管理，是推进农业标准化的核心，也是关键。当前，最重要的是抓紧启动农业标准化示范县创建活动。"十一五"期间，在全国全面启动国家级农业标准化示范县（场）创建活动，从2006年开始，每年安排100个县及县级农场进入创建活动，通过集成优化现有要素，合理挖掘开发各种资源，大胆进行机制创新，实现我国农业标准化工作的新突破。创建全国农业标准化示范县，必须严格条件。示范县（场）的选择要与优势农产品区域布局和优势农产品示范基地建设相结合。被选出的示范县（场）必须做到主营农产品优势明显、生产设施基础较好、产业化规模较大、产销经营的组织化程度较高、技术推广服务和综合执法体系较为完善。要落实核心示范区建设。将有限的财政资源、技术资源和管理资源投放在核心示范区的特定产品及产业化链条上。核心示范区的示范规模原则上不少于所在县农产品种植面积或养殖规模的30％，生产相对集中连片。

三要在检验检测上下功夫，大力推进对标准实施的监督。监督是标准化工作的重要环节，是标准实施的重要保障。要按照强化能力、健全机制、促进规范的要求，因地制宜，科学规划，合理配备，健全体系，打牢监督的硬件基础。"十一五"期间，力争建设完善 50 个部级专业性质检中心、17 个区域性部级质检中心、36 个省级综合性质检中心和 1 200 个县级质检站，初步形成布局合理、职能明确、专业齐全、运行高效的检验检测网络。其中，部级专业性质检中心的检测能力要达到国际同类质检机构水平，逐步实现国际双边或多边互认；部级区域性和省级质检中心应能够满足有关国家标准、行业标准对农产品质量、安全、工艺、性能参数的检验检测需要，县级质检站应能满足速测方法标准的检验检测要求。要加强对标准化实施的动态管理，全面建立以农产品质量安全监管为主的例行监测制度，依托现有农业质检机构，针对产、加、销标准化推行的薄弱环节和特定区域，定期进行产地环境、农业投入品、农产品质量等针对性监测。要逐步规范监测信息的披露，建立和完善信息发布和资源共享制度。对事关标准化推行和城乡居民消费健康的监测结果，要及时向生产者进行信息反馈、向社会披露，以行政、市场的双重手段，促进农业标准化工作的深入开展。要扩大全国例行监测范围，由现有的 37 座城市的蔬菜、20 座城市的畜产品、5 座城市的水产品逐步扩展到全国大中城市，检测对象扩展到主要农产品。

四要在全过程质量认证和培育品牌上下功夫，大力推进质量认证工作。产前标准化是基础，产中标准化是关键，产后标准化是保障。要立足终端产品质量，强化产前农业投入品、产地环境、产品质量从源头到加工的全过程质量认证，不断扩大认证的覆盖面。要加快认证的国际化步伐。当前，在抓好产品质量认证的同时，重点加强种植业生产过程的 GAP 认证，在兽药生产上的GMP 认证，在饲料生产、农产品加工、畜禽水产养殖方面的 HACCP 认证，通过实施保障体系认证，大幅度提高无公害农产品、绿色食品和有机农产品认证率。要加快名牌农产品的培育和传统特色农产品的保护和挖掘。结合无公害农产品、绿色食品和有机农产品的认证，积极培育开发一批品牌产品，逐步实现基地培育品牌、品牌促基地发展的良性循环，把资源优势转变为品牌优势，把品牌优势转变为市场优势。部里已经打算开展名牌农产品认定工作，对符合条件要求的，授予农业部名牌农产品称号，通过市场的品牌效应，全面提高我国农产品知名度和市场竞争能力。

五要在优化行业管理资源上下功夫，大力推进农业标准化的管理观念变革。坚持把标准化作为当前农业和农村经济工作的一个主攻方向，既体现在对产业链条和生产方式的规范上，也体现在对农业管理观念的变革上，各级农业部门要调动和集合一切行业管理资源，投放到农业各类生产经济活动的标准化实施中。要强化农业的综合执法。运用好农业行政管理部门在种子管理、农药检定、肥料登记、兽药监察、饲料监察、农机鉴定、农机监理、渔船检验、动植物检疫、农产品质量安全监测等方面的行政授权，发挥好农业行政执法在推行农业标准化中的关键作用。要加强农业技术推广服务队伍建设，综合推广新品种、新技术和新方法，为农业标准化的实施提供组织支撑。要加强农业的信息管理。在实施农业"三电合一"的基础上，率先学习市场经济发达国家在农业信息管理上的经验，注重农业生产经营信息自下而上的采集、存储、整理和分配，把农产品"从农田到市场"全过程的信息，按授权向社会开放，发挥监督农产品生产经营各类主体行为的作用。要及时总结标准化实施的经验做法，不断开拓，大胆创新，为全面推进标准化不断注入新的活力。

鼓起农产品加工的时代风帆

——访中国农业专家咨询团主任、中国工程院院士卢良恕

前不久，我国著名农业专家、国家农业专家咨询团主任、中国工程院院士卢良恕曾上书国务院，提出了关于大力发展我国农产品加工业的建议。中共中央政治局委员、国务院副总理回良玉等领导对他的建议作出了重要批示。为了加深人们对发展农产品加工业的认识，本刊记者日前专访了卢良恕院士。

记者：据我们了解，您最近主要在研究三个问题：一是区域发展，二是食品安全，三是农产品加工。其中相对而言农产品加工为最新的课题，请您谈谈发展农产品加工业究竟有哪些重要的意义？

卢良恕：农产品加工业贯穿于一、二、三产业，衔接农业的产前、产中、产后，是实现农业产业化、农村工业化、农村城镇化、城乡一体化的重要途径，对于统筹城乡经济社会发展、增加农产品附加值、提高农民收入、全面解决"三农"问题具有十分重要的战略意义。

第一，发展农产品加工业有利于满足人们食物消费的新需求。21世纪以来，我国人民生活水平日益提高，膳食结构明显改善，对食物安全的要求越来越高。随着我国城乡居民温饱问题的基本解决，食物消费需求正在向营养、多样、便捷、安全转变，时代正处于食物消费结构迅速变化、加工食品需求急剧上升的阶段。

第二，发展农产品加工业是实现农业产业化经营的关键环节。实践证明，产业化经营是我国农业发展的正确选择。在农业产业化的链条中，农产品加工成为关键环节，这是因为：农产品经过加工，实现了"跳跃式"增值，不再以廉价初级原料或者低档次商品的形式提供给市场；农产品经过加工，实现产品转型，满足了消费者的不同需求；农产品经过加工，更加方便运输、保藏和消费，能够走向更为广阔的市场。

第三，发展农产品加工业是促进农业和农村经济结构战略性调整的重要途径。现代意义的农产品加工，是以市场为导向、以满足消费需求为目标，以终端消费品来逆向决定农产品的生产品种、生产区域、生产规模。这样对拥有不

本文原载于《农村工作通讯》2004年第5期。

同资源的不同区域来说，必然需要在种植业、养殖业、林果业、瓜菜业、水产业等不同产业中做出选择，必然需要在直接消费品种（如鲜食农产品，初加工品种、精深加工品种等）中做出选择，必然会促进不同地区的农业和农村经济结构的战略性调整，使得经济结构与市场经济的结合更加紧密。

第四，发展农产品加工业是提高农业国际竞争力的有效手段。加入WTO以后，我国与世界各国之间的贸易往来日益增多，农产品能否在世界市场上占据应有的位置，农产品加工的技术水平、管理水平、经营能力和品牌效应等都起着重要的影响。同时，农产品加工业延伸了农业产业链条，拓展了农业的增值空间，增加了农业的整体效益。这对于增强农业抵御市场风险的能力、从而提高农产品国际竞争力，也是十分重要的。

第五，发展农产品加工业是农村富余劳动力转移的主要渠道。通过发展农产品加工业，形成了诸多农业企业，使农民的就业岗位不再仅仅局限于土地。农产品产后加工的巨大空间为农民就业开拓了新的渠道，促进了农村富余劳动力的转移。同时，由于农产品加工推动了农业工业化、农村城镇化，农民在农产品加工业中的组织化、集约化的水平不断提高，受到了现代企业管理理念、现代市场营销方法等潜移默化的熏陶，源源不断地产生了许多新型农民经理、农民个体商业者、个体手工业者，使广大农民的市场经济意识日益浓厚，活跃了农村经济。农产品加工企业以及衍生的个体从业者队伍，对增加新的劳动就业机会、繁荣城乡经济、拉动国内需求、带动小城镇建设和城乡一体化等均具有十分重要的作用。

记者： 现在还有不少读者对我国农产品加工的整体情况缺乏了解，希望您能帮助回顾一下改革开放以来我国发展农产品加工业所取得的主要成绩，同时简要谈谈它的问题和潜力。

卢良恕： 经过改革开放20多年的飞速发展，我国农产品加工业取得了长足进展。首先，在食品工业方面，2002年我国食品工业规模以上企业总产值达到10 759.30亿元，同比增长17.10%；实现销售收入10 169.68亿元，同比增长16.35%，实现利税1925.90亿元，比2001年同期增长16.57%。其次，林产品加工业方面，主要包括木竹加工业、人造板制造业、林化产品加工业、木浆及纸制品业、林副产品加工业等。目前我国竹材、竹制品品种和产量都居世界首位；人造板产量居世界第二位；多数林产化工产品都有出口；纸和纸板产量在世界所居位次由1980年的第八位上升到了第三位。另外，我国的饲料工业发展也很迅速，其中配合饲料的产量已经是世界排名第二。

在发展农产品加工业上，虽然我们取得了很大的成绩，但与发达国家和整个国民经济的发展趋势相比较，差距还很大，问题还很多。比如以食品加工业为例，我国的食品工业产值与农业产值之比大约为0.8：1.0，远远低于发达国家2.0：1.0～3.7：1.0的水平。我国粮食、油料、水果、豆类、肉类、蛋类、水产等产品的产量居世界第一位，但加工比例只有 30% 左右，而发达国家的加工比例达到 70% 左右。从大的方面来看，我们还存在五个主要的问题：一是农产品加工业的管理体系尚未理顺。由于农产品加工业涉及一、二、三产业，而政府各部门职能分割，缺少对农产品加工业的统一管理和协调机制。二是农产品加工业结构不够合理，简单加工多、精深加工少，异地（城市或消费区）加工多、就地（原产地）加工少，点式加工多、链式加工少。三是农产品加工企业规模总体偏小、发展不平衡。尽管我国已经确定了 300 多家国家级农业产业化龙头企业，但与其他行业相比，这些龙头企业的经济实力不强、规模明显偏小，且发展状况参差不齐。四是农产品加工业的链条不完整，原料生产基地建设、农产品加工企业发展、市场培育等产加销一体化产业链尚未完全形成。五是农产品加工技术及装备水平相对落后，储备不足。农产品加工标准体系和质量控制体系尚未完善，与农产品加工配套的研究、开发、生产设备发展滞后。

成绩是发展的基础，差距和问题是发展的空间和潜力，因此我认为我国农产品加工业发展的前景非常广阔。

记者： 作为一名专家，您认为要大力发展农产品加工业，当前最突出和最迫切需要解决的问题是哪一个，具体应该怎样解决？

卢良恕： 当前，我国农产品加工业的发展过程中面临着诸多挑战，存在着各种问题。要继续推动农产品加工业的发展，能否提供强有力的技术支撑是至关重要的因素。而现有的农产品加工技术创新体系，其技术力量薄弱，学科短缺不全，设备较为陈旧滞后，远不能适应农产品加工业发展的要求。加强农产品技术创新体系的建设迫在眉睫。一是要建立国家级农产品加工研究机构。我国是农业大国，农产品加工在农业经济和国民经济中占有很重要的地位，而目前除了极少数省份有农产品加工研究的机构外，尚没有一个国家级的专门从事农产品加工的综合性研究机构。二是要建立国家农产品加工工程中试中心。技术组装和技术集成是农产品加工的主要特点，工程中试中心对农产品加工技术研究和开发尤为重要。三是要加大国家对农产品加工业技术创新体系的专项投入。农产品加工是农业科学和工程技术学科非常重要的研究领域，有明显的交叉学科的特点。要在各级科研计划中单独立项，而不应依附于其他学科领域。四是要加强农产品质量与安全及相关政策研究。农产品质量与安全是影响农产品加工业稳定持续发展的重要因素，既关系农业发展、农村繁荣、农民增收，也关系城乡人民的生活与健康。要在加快农产品加工业发展的同时，特别重视农产品的质量与安全等问题的研究，加快制定和改善农产品的质量标准，确保农产品加工业健康发展。五是要重视农产品加工业发展的外部环境和社会因素。要认真研究与农产品加工业发展相关的政策法规、市场规律、贸易规则、社会及人文环境等，为农产品加工业的健康发展创造良好环境。

敢叫车轮唱欢歌

——记湖北襄阳安达公司党委书记、总经理李连生

"老爷车，坐不得，两里路，跑到黑………"

十年前，这句编给襄阳县客运公司的顺口溜，在襄阳大地上曾一度流传甚广。当时，该公司所处的窘境的是：车子破、人心散、名声臭、效益每况愈下。到 1988 年底，企业举债 310 万元，且资不抵债达 78 万元。在连续走马换将几任领导仍未改变公司命运之后，人们越来越对这家企业失去了信心，很多人甚至断定谁也对其回天无力。

然而，命运之神却总是在人们深感失望之时，又带来意外的惊喜。

1989 年元旦，就在公司"行将就木"之际，一位刚过而立之年的年轻经理到任了。就在他上任的第一年里，公司竟然很快起死回生，扭亏为盈。并且，与前几任更不同的是，这个经理来了，竟然能够在这里扎下根来，一干就是十年。硬是把这个亏损企业盘成了一个如日中天的企业集团。十年间，公司不仅甩掉了所有的债务，而且拥有固定资产 2 700 万元，不仅很快在襄樊牢牢站稳了脚跟，而且逐步发展成了全省乃至全国的交通明珠。先后多次被湖北省交通厅、省运管局授予"五好企业""安全管理先进单位"等荣誉称号。全国各地慕名取经者纷至沓来。

襄阳县客运公司现在更名为襄阳安达运输总公司，这个带领安达职工，敢叫车轮唱欢歌的人，就是这个公司的党委书记兼总经理李连生。

任职十年，李连生成功推行了七种经营机制，抓住了一系列机遇。他相信，用脚走不通的路，用头可以走通，只要脑子肯转，车轮子就一定不会停

"路上跑的客车，哪辆最破、服务质量最差，哪辆就一定是县客运公司的车"，李连生上任前经常听人这么说。上任后，他发现公司的车子每天在按部就班地跑，人也整天上下班地忙碌，可就是入不敷出。

为了解开企业陷入困境之谜，李连生开始走访职工和社会群众。经过一个多月深入细致的调查，他很快断定问题的症结出在机制上。于是，他和班子成员展开讨论，果断地提出改革企业的经营机制，并推出了"单车承包"的改革

本文原载于《希望之路》1999 年第 1 期。

思路。此后，他迅速抽调财会、技术等方面人员，着手清理公司前三年的账目，考核单车的运输收入、出勤天数、行车里程、实载率、运输成本，从而确定了承包基数。然后又本着"包死基数、确保上交、超收分成、歉收自补"的原则，制定出详细的承包方案，并张榜公布，毅然决定予以实施。

1989年3月15日晚，全公司所有在乡镇驻班的客车都被召了回来，公司全体职工，以及县交通局的一位副局长、运管所所长、客运公司领导班子成员等共100多人挤在会议室里。人们围绕承包方案七嘴八舌地议论开来，大家积极性都很高，但却都是各敲各的鼓，各打各的锣，前怕狼，后怕虎，直到晚上十二点，仍然没有人请缨带头承包。此时，李连生站起身来，张明生、刘连海两名党员司机被他单独叫到了办公室。一会儿，这两名司机签了约。就这样，他好不容易通过发动党员发挥模范带头作用，用各个击破的方法打开了工作缺口。

当时，公司共有31部破车，24辆能包的全部包了出去，承包的车中，最长的两年，最短的6个月，承包者均与公司签订了合同，并且一律在公证部门进行了公证。此举一出，公司顿时热闹起来，司乘人员中间也开始了"将点兵、兵选将"的互选活动，人们工作积极性空前高涨。年底一算账，公司亏损现象不仅被遏制，而且出现盈余。这一年春节，广大职工第一次领到了公司发的奖金。在"单车承包"推动的近两年里，客运公司发生了显著变化，车辆更新了20台，职工士气明显高涨，原来停驶的路线也恢复营运……这些都给李连生平添了几份欣喜。然而，面对成绩，他没有沉醉，而是在绞尽脑汁地考虑如何进一步完善改革方案。

紧接着，李连生又新招迭出：合资购车，股份经营；带车挂靠、联合经营；依法授权、托管经营……这一系列的创造性的改革，不给企业注入了生机和活力，也给职工带来了实惠和希望。上任第三年，客运公司的"老爷车"已全部报废，取而代之的是30多台新车。

党的十三届四中全会以后，中央确立了"产权清晰，责权明确，政企分开，管理科学"的现代企业制度。李连生嚼着这几句"纲"，他改革的思路又进一步得到升华。

"产权清晰？对，还要改，改到深处是产权！"很快，一个"产权卖断，自主经营"的改革方案在客运公司再掀波澜。方案一出台，他用企业投资50万元购回的10台"面的"车，面向社会和职工一次卖断，然后再买新车，不到半年的时间里，通过这种滚雪球的办法，公司竟滚动发展成了一个拥有"面的"70台的汽车出租公司，仅此一举就吸纳社会资金300万元。然后，他在客车、货车中推行了这种办法，两年内又更新车辆30多台，其中仅卧铺客车就更新20多台，吸收资金达400多万元。

弓劲者，箭必远。李连生的改革使企业闯出了"一企多制"的路子。在安达公司里，有单车承包的公有制；有合资购车的股份制；有带车挂靠的私有制……多元化的投资主体，多种经济成分的汇合，使企业发展的路越走越宽。

如果说李连生改革企业内部经营机制是企业运转的发动机，那么，他抓机制、调结构的改革则是企业发展的方向盘。围绕发展，他时刻都在居安思危，以襟怀拓展经营思路

党的十四大以后，襄樊市作出了向现代化大城市迈进的战略部署，他敏锐意识到，城市的大建设必将带来交通的大发展，发展城市出租业的机遇必将很快来临。

1995 年 11 月，襄阳市安达公司首批购回 10 台"面的"车投入市场，经过一段时间的经营，发展前景看好，深受市场环境。更与李连生思路合拍的是，此时，襄樊市人民政府又果断作出了"取消电麻木在市区经营"的决定，这更加坚定了他发展出租客运的信心。仅 1996 年上半年，安达公司投入"面的"车 43 辆。一时间，印有"安达"字样的出租车川流在襄樊市县城区的大街小巷，为全市客运出租业务的发展起到了领头雁的作用。

办企业、搞经营，困难确实不少，有不少人被困难捆住了思路，束缚了手脚，而李连生却把困难看成是他改革的机遇，改革的动力。

1997 年 7 月 10 日，李连生随同襄樊市交通局一行赴洪湖市参观学习。洪湖永通运输有限公司的股份制改造给了他很大的启发。考察回来，他坐在车上沉默："全省交通工作会议不是鼓励交通运输企业发展快速客运吗？我何不用洪湖永通公司的办法发展自身呢？"于是，他很快论证了发展快速客运的可行性，拿出人员分头筹组，并通过实行股份制的办法筹措资金 150 多万元。8 月初，公司首批购回的五台豪华空调车，捷足先登了汉十线的快速客运市场。运营到十月底，湖北省交通厅所辖湖北龙捷客运有限公司也看好汉十线的快速客运市场，提出联合经营的设想，李连生再次运筹，以 150 万元的股份，加入了这个"联合舰队"。

与此同时，他抓住经济转轨的机遇，兼并了襄阳县汽运公司，接着又兼并了襄阳双沟装卸运输公司，并通过改革内部机制使这两个企业当年扭亏为盈；在全市率先购回了双层客车，并利用被商贾看好双层客车的招牌发展了每台车 3 万元的车身广告业务；与天津汽车工业集团合作，筹建了天津汽车襄阳特约维修站；与武汉中南汽车修造实业公司合作，组建了襄阳第一家桑塔纳轿车维修中心，开辟和不断拓展了企业的经营业务。

人不服他能，但服他公；不服他严，但服他廉。李连生说：当企业负责人，既要善于经营，更要善于管理；要正人必先正己；多苦自己才能少苦职工

李连生来到襄阳安达公司前，在双沟镇装卸运输公司任经理。双沟公司原来也是个烂摊子，但经过他几年的苦心经营，已由一个单纯的搬运站，发展成了一个规范的客货运输公司，效益迅速增长。

"同在一个地方，为什么一个镇的装卸公司能够后来居上，比县客运还搞得好？"时任县交通局局长的胡至善在局党组会上严肃地提出了这个问题。很快，局党组形成决议：提拔李连生来县客运公司任经理、书记。

说是提拔，但实际上论条件，当时的县客运公司远不如双沟装卸公司。因此，调令下来后，有多人劝李连生找局领导说说，看能不能不去。但李连生说："自己身为共产党员，党哪里有困难，哪里需要，自己就应该到哪里去。"

他上任时，在前任留给公司的账上，除了几百万元的债务，没有一分现钱。不用说职工月月领不到工资，就连车子坏了需要花 120 元买个电瓶都没有办法。为了尽快把车子启动，让企业维持运转，李连生办的第一件事，就给以私人名义从朋友手中借了几千元钱，给坏车买了几个电瓶装上。每天，他坚持和职工们同吃同住同劳动。终于，从他的身上，群众看到了希望，他因此很快赢得了职工的拥戴。

作为公司的"一把手"，李连生从来只当公仆，不当老板。他发动和要求别人干的事，自己总是不辞辛劳，首先干好。为了调查市场，拓展经营线路，他不知道跑了多少路，熬了多少个不眠之夜。并且，无论是原来条件艰苦时，还是现在条件好了，他总是恨不得把公司的每一分钱都掰成几瓣来使。

1992 年，李连生到义乌联系线路，因为回来时想给公司捎点货，所以坐了个双排座车去，这是他第一次出门带"专车"，结果车子却坏在路上。最后，他只得推着车子去找义乌那家意向性合作伙伴，对方为他的精神感动，于是很快达成了合作协议。

他挤大客车南下北上到外地联系业务，不知有多少次，当风尘仆仆的他出现事先已电话联系好的客户面前时，对方却无论如何也不敢相信，面前这个看不出一点老板派头的年轻人，就是大名鼎鼎的襄阳安达运输总公司的总经理。

李连生就这样用巨大的人格力量感染着客户，外地公司的老板都说："跟襄阳安达公司合作，我们信得过。"也正因为这样，现在安达在外地的线路比市公司还多，外线收入占公司总收入的份额高达 60%。

上任以来，他总是把廉洁和民主作为自己管理上的"诀窍"，不仅严格要求自己，同时也严格要求别人。对此，公司的一位副经理深有体会，他说："李经理来了这么多年，为什么公司一直保持了旺盛的生命力、战斗力，最主要的原因就是在于领导班子讲廉政、讲民主、讲团结。"十年来，李连生坚持每周一召开中层干部会，周六召开全体职工会，有事议事，没事学习，给大家创造充分的当家作主和学习提高的机会，所有关系到分房、进人、开支等方面大事多通过集体讨论决定。他当总经理以来，给职工谋了很多福利，但却从没有想到过自己。他没有利用职权安排一个亲戚来公司上班，也没有帮助一个亲戚疏通关系安排到别的单位。

他敢抓善管，敢动真格。规定公司内一个月必须至少发四个工作通报，并且专找公司中的差错纰漏。针对承包过程中私吞票款的行为，公司成立了稽查队，他亲自带队上路稽查，发现售票员私吞1元罚100元，发现三次后予以除名。对不交承包费的，长期旷工的，屡教不改的一律解除劳动合同。

"两手抓，两手都要硬。"这是党的长期工作要求，以李连生为核心的安达公司领导班子紧紧围绕这一要求开展工作。公司在综合实力不断提高的情况下，大部分职工都住进新家属楼，精神文化生活也日益丰富多彩，公司设施完备的球场、舞场，带给人们更多的生机与活力，文体节目多次在市、县获奖，先后被评为全县先进单位、市级文明单位。去年5月26日，省交通厅在十堰市召开全省交通运输企业两个文明建设座谈会，安达公司作为襄樊唯一的单位代表交流了经验。7月1日，李连生个人再次被襄阳县委授予"优秀共产党员"称号。

商海茫茫多风浪，又是凄风又是雨。市场经济大潮中，人们在为李连生这个时代弄潮儿的胆识、魄力、敬业精神和公仆意识而赞叹不已的同时，更多的则是坚信在他的领导下，安达公司的车轮必将滚滚向前，安达公司的明天必将更加辉煌和灿烂！

刘明国 著

中国三农观察

（中卷）

中国农业出版社

目　　录

第三篇　　乡村治理

第四篇　　社会事业

第三篇
乡村治理

后进村转化：一个不容回避的现实问题

当前，我国社会正处于体制转型、经济转轨的重要时期，各种思潮相互激荡，相互渗透，各项经济和社会事业一方面发展速度在逐步加快，一方面问题又在逐步暴露。改革开放以来，我国农业农村在经历了飞速发展之后，一些长期积累和具有时代特征的矛盾和问题，也历史地摆到了各级党委面前。其中，后进村的问题就是一个不容回避的现实问题。

怎样认识后进村的问题

从哲学观点上来讲，物质是第一性的，认识是第二性的，物质决定认识，认识又反作用于物质。按照这一逻辑，如果我们把后进村看成物质，那么，各级对后进村问题的重视程度就取决于他们对后进村问题的认识程度。

（一）后进村的典型表现

后进村是一个比较名词，是相对于先进村而言的。现阶段，后进村的典型特征可概括为缺乏"五力"：一是"两委"班子缺乏战斗力。村支部、村委会班子成员尤其是班长不好选，选不好，频繁走马换将、宗族门头代表轮流坐庄、各自为政、轻公益重私利等问题突出。二是干群关系缺乏亲和力。村干部和群众之间不是水乳关系，而是油水分离甚至水火对立的关系。三是集体财物管理缺乏约束力。村组财物管理缺乏有效的监督约束机制，集体资产不仅没有积累而且亏空较大。四是上级政策缺乏渗透力。党和政府的很多政策根本无法很好地贯彻到群众中去，长期集体性欠交、拒交、抗交农业税费问题突出。五是社会治安缺乏保障力。村民法制观念淡漠，打架斗殴、偷鸡摸狗等刑事治安案件时有发生。

（二）后进村产生的原因和背景

看待后进村，我们不能孤立地看到它现实存在的表象问题，而应该找到其问题产生的根源。综合分析，后进村问题产生的根本原因主要有三：

第一，改革开放使农村社会利益分化和冲突加剧，群众的思想观念发生重大变异。农村实行家庭联产承包责任制以后，农民经济上的相对自由，使他们

本文原载于新华社《湖北内参》2000年五一合刊，2000年6月16日《农民日报》，被中共湖北省襄樊市委办公室评为全市年度优秀调研论文。作者曾在文中所述的张咀村蹲点一年。

的自主行为也不断加强，计划经济时代唯命是从已成为历史。随着改革开放的不断深入和扩大，农民的思想观念也不断随之发生新的重大变化，他们对利益分化的要求和重视程度也会越来越高，很容易因为自身的利益问题与集体和基层干部发生冲突。例如，在农村实行村民自治是社会控制方式的转变，这一转变不仅带来了农村的发展活力，同时也打开了"潘多拉"盒子，使得各种社会力量粉墨登场。少数地方就出现了村民通过宗法观念、血缘关系，甚至以利益为纽带结成社会集团，影响乃至操纵选举。有关方面曾随机对49名选民做过调查，有18人承认在选举投票前与其他成员进行过商量，占调查者的36.7%，其中，有11人是在与家族成员进行商讨后投的票，占49人中的22.45%，占18人的61.11%。有5人是在与朋友商讨后投的票，另2人是在其他压力下投的票。这样选举产生的村庄管理者，自然就不能保证像以往那样对国家和上级政府尽职尽责，就不能保证党和国家对村庄的实际控制和对村民的正确领导，为村庄管理埋下隐患。

第二，农村基层政权体制建设与农村社会的发展不相适应。新中国成立以来，我国乡镇政权组织与制度的变迁，大体上经历了1949—1957年的区和乡（村）政权、1958—1982年的人民公社政权、1983年以来的乡镇政权三个时期，总的走向是管理型职能不断强化，服务型职能长期滞后。随着市场经济的不断发展，群众对基层政府强化服务功能的呼声和要求越来越高，但党政不分、政企不分、政事不分和日益严重的条块分割都"剪不断理还乱"地影响着农村经济、文化和社会事业的发展。另外，政府机构膨胀是计划经济的产物和内在要求，而市场经济需要的是精干高效的小政府，但实际情况却是随着市场经济的发展，政府机构和管理人员高速膨胀。据国家统计局等11部委对全国1 020个有代表性乡镇的抽样调查，县级政府的派出机构平均每镇为19个，干部数为290人，1999年与1963年相比，机构平均增加了13个，人员增加6.3倍，其中1986—1999年13年增加了3.2倍。基层管理者行为不规范，多收费少服务甚至只收费不服务也使农民感到失望。这些都使农民难以接受，逐步降低了对党和政府的信任、依赖与合作程度。

第三，农业的资源约束和市场因素的影响，制约了农民收入的进一步提高。家庭联产承包责任制在一定程度上说，它只是释放了千百万农民压抑已久的劳动积极性。当这种积极性和土地的原始潜力被充分发挥以后，资源、技术和市场机制对农业生产的约束作用就会凸显出来。中国是一个农业大国，但同时也是一个人口大国，全国人均耕地按20亿亩计算为1.5亩左右，接近于国际警戒线。农业生产没有规模就没有效益。改革开放以来尽管我国城市化提高了10个百分点，但农业人口的离土速度却远远低于人口增长速度，农业劳动力由1980年的31 836万增加到1997年的45 962万，净增1.41亿，增幅高达

44.4％，而近五年全国耕地面积却平均以 400 万亩的速度递减，致使劳动力人均耕地在不到 20 年时间里锐减近 50％。就农业发展命脉的水资源而言，我国属世界 13 个贫水国之一，资源总量 28 100 亿立方米，人均不足世界平均水平的四分之一，且分布很不均衡。从投入来说，新中国成立之初我国工业基本是一片空白，短期内建立起来的大批工业基地投入绝大部分都来自于农业。据国务院发展研究中心和中央政策研究室农业投入总课题组资料显示：1954—1978 年国家通过不等价交换从农业净获得资金达 5 100 亿元。就是在 1978 年以后，政府对农业仍然一直是取远大于予。其中，仅 1994—1998 年农村上交的税费为 8 365 亿元，国家对农业的投入为 3 970 亿元，农业净流出 4 386 亿元，年均 877.2 亿元。近年来农业连年遭受严重水灾、旱灾，农业基础设施损坏严重，农业抗御自然灾害的能力削弱，加上政策和市场因素的影响，使有些地方的农业既减产又减收。

以上三大因素如果得不到很好地预防，同时作用于一个村，典型的后进村就必然应运而生。

（三）后进村的影响和危害

目前后进村的数量虽然不多，但它的影响和危害却相当严重。首先，农民，包括从农民中产生的一部分村组干部最关心的是自己的直接利益，他们在利益判断上的近视和投机行为很强。抛开管理方面的因素，他们身上所表现出来的问题，如村干部"捞一把"的思想、村民的盗窃和抗交税费行为等，大都与自身利益有关，如果不及时制止，其他村民乃至村庄就可能会效仿。近年来基层财政日益紧张，其中一个很重要的原因就是有相当一部分农村税费收不上来。其次，稳定是发展的前提，后进村的"乱"相最直接地阻碍了农业农村经济的进一步发展，特别是在全球经济一体化步伐不断加快，我国即将加入WTO，农业面临的挑战更为严峻的今天，它在这方面的破坏作用就更加不可预见。最终，正如江泽民总书记所说：基础补牢，地动山摇。如果任其发展，必然动摇我们党的执政地位。湖南近年来在湘北、湘中、湘南、湘西都因后进村问题而发生过在全国影响较大的村民对抗基层党政部门的群体性事件，对我们敲响了警钟。事实上，绝大多数农村基层群众都还是迫切希望保持稳定、渴望进步的，如果后进村的问题不解决，就会逐步使他们失掉对党和政府的信心。

坚定必胜信心，从容实施转化

后进村问题一大堆，谁提起来都头痛。但是，它并不是一个解不开的难题。湖北省襄阳县作为全国著名的农业大县，近年来对后进村采取了一系列行之有效的措施。2000 年全县分别由"四大家"领导牵头，派出 60 个工作队进驻后进村，并且规定未来 3 年，不转化不撤队。县委主要领导所包的王河乡张咀村的转化实践，就使我们看到了后进村转化的希望，初步找到了转化的有效途径。

（一）吃透村情，多办实事，赢得民心

工作队在较短的时间内首先走遍了村里的每一个角落，并深入到农户家中，多方面掌握村情。这个有 1 500 多人的行政村，20 世纪 80 年代以前曾是全县的红旗村，然而进入 90 年代后，堆积了大量的矛盾和问题，蜕变为班子软、人心散、收入低、治安乱、负债多，且拖欠国家和集体提留达 200 多万元的后进村。工作队经过深入调研，总结出张咀村后进的根本原因是干部失去了民心，农民迷失了方向，全村人的思想落后了。干部只有以身作则，多办实事，才能用爱心唤回民心，才能赢得转化工作的主动权。针对村里治安混乱和宗派势力、门头势力横行乡里等问题，工作队同公安、政法部门联合，严厉打击一批不法分子，将欺压群众、盗窃、赌博分子绳之以法。全村新成立了治安联防小组，昼夜巡逻，扫除治安死角。并多次上门协调，改善宗派势力关系，加强邻里之间的沟通合作。要求党支部、村委会成员签订责任状，做到坏事有人管，责任有人究。为了改变张咀村贫穷落后的面貌，工作队多管齐下，大胆闯新路，带领群众全面调整农业结构。在完全遵从农民意愿的前提下，共帮助农民扩大花生等经济作物面积 1 000 亩，调扩蔬菜作物 600 亩，建成高科技蔬菜大棚 38 个，实现了人均增收突破 1 300 元的好成绩。为了帮助村民买到优质、高产、高效的农作物种子，工作队千方百计广泛了解行情，进行比较研究，联系到的近 2 000 斤花生种子，不仅每斤低于市场价 1 元钱，而且每亩增产 50 千克左右。为了加大农田水利基础设施建设，提高农业抗灾能力，针对夏季干旱无雨的实际情况，工作队多方筹资，以每口抗旱机井补贴 50 元的办法，用 2 千元带动农户投资 2 万多元打造出 40 多眼机井，不仅解决了旱灾问题，而且大大减少了抗旱费用，村民原来请人抗旱每亩地需要 20 元，而使用机井每亩地只需要 2 度电的费用。秋季，工作队又用同样的办法建成了 2 座泵站，彻底消灭了水利死角。为了搞活农产品流通，工作队还想方设法采取政府拨一点、村里挤一点、农民用劳力入股出一点的办法，筹资 30 万元着手建设一条 2.5 千米长的出口路。并以村支部为依托，成立一个农产品股份经销公司，发展订单农业，从事该村农、副、土、特产品的收购与销售业务，并对农产品适度加工，实现加工转化增值。工作队还多次与金融部门协调国家政策内的小额信用贷款，为农户提供资金支持。在耕种季节，为全村 20 多户困难农民各联系到了 2000 元左右的小额贷款，解决了他们对土地资金要素的投入问题。为了给剩余劳动力寻找就业门路，工作队又与沿海发达地区联系，直接为该村输出劳务人员 30 多人，带动外出务工人员 100 多名，人均月工资近千元，不仅缓解了土地经营压力，大幅度提高了其家庭收入，而且开阔了他们的视野，并使他们成为全村经济发展的信息员。

（二）建设班子，整顿干部，凝聚人心

张咀村干部队伍长期表现为班子散，素质差，群众信任指数偏低。工作队以建设一支好班子为出发点，大力整顿村干部队伍，把干部培养成市场经济形势下合格的政策宣传员、科技指导员、致富领航员。一是召集老党员、老干部同现任干部座谈，使其了解群众所思所想、所企所盼，认识到失去民心的根本原因。二是工作队身体力行，做好表率，用扎实的工作作风从心灵深处唤醒村干部真心实意为群众服务的意识。驻村期间，队员们极少回家，一头扎进村里，经常天不亮就在田头转悠，研究调整；夜深了还在农户家里促膝谈心。遇到需要解决的紧急问题，再恶劣的环境也敢于冲锋在前。就在入秋的一个周末，出去打工的村民中有两人干了不到一星期，因为吃不了苦回来了，刚到家准备歇歇脚的工作队员得到消息后，不知道出了什么事，深夜12点还冒雨往村里赶，半路上，车陷进了淤泥里，队员们脱下鞋子，挽起裤管把车往前推，撵夜见到了这两个村民及其家属，问清了情况，并做好了思想工作方才放心。队员们的工作态度深深感染了群众，更感染了村干部，他们纷纷自我检讨，并以积极行动来拉近与群众的距离，团结一致，积极主动地带领群众致富，并争相带头领办、创办万元示范田，邀请专家进行技术培训，成了群众发家致富的领头雁。如此一来，村干部的底气足了，形象好了，精神状态也有了，工作也好开展了。

（三）解放思想，转变观念，鼓舞民心

要彻底转化后进村，就必须实现群众思想脱胎换骨的转变。工作队始终高度重视做好全村干群的思想解放工作，甚至于在张咀村掀起了一场前所未有的思想解放运动。一是采取"走出去，请进来"的办法解放思想。由于发展找不准路子，张咀村群众思想上表现为两个倾向：或是一味蛮干，糊个温饱；或是消极懒散，自暴自弃。为了在村民心中树立既要苦干更要巧干的思想观念，工作队先后数次组织群众根据本地实际，确定以蔬菜、林果为主导产业，到本县其他乡镇和仙桃市等地参观学习农业高效经济作物种植经验。同时，又邀请有关专家、技术人员到村里举办农业知识讲座，让农民们走进"第二课堂"，丰富了知识，开阔了视野。该村部分干部和能人主动外出跑营销，拉订单，农业经济效益迅速提高。农民真正感到依靠市场调整生产结构才是唯一出路。二是通过村与村的对比解剖转变观念解放思想。结合全县深入开展学习保康尧治河村活动的情况，工作队分期分批召集村民开会，反复一边现场播放位于高山之巅的尧治河村快速发展的纪实片，一边对比分析张咀村的问题，用最典型最鲜活的发展实例来刺激和触动村民的灵魂，促其猛醒，从心灵深处进行自我反思和提高认识。与此同时，从长远考虑，工作队还组织近 10 个部门的专家为该村制定了经济社会发展规划的近远期目标。

县委工作队一系列扎实和创新的工作换来了张咀村的大转变。工作队刚进村时，乡党委举了三个典型例子：一个是社会治安乱。犯罪分子为作案方便，毒杀了村里的狗。一个老太太儿子去世了，媳妇改嫁了，一个人拉扯三个孙子，一年喂了 3 头猪，却在一夜间被偷了个精光。第二个是干群关系紧张。10年换了 6 任村支部书记。乡里曾经派工作队来进行整顿，但差一点人都撤不出去。村民对上面来的干部不仅见到了就说风凉话，甚至连自己外甥女派回来做工作也要遭到肆意辱骂。三是提留难收。乡村干部去收提留，村民手里拿着钱在干部面前晃晃，但就是不给。然而，就这样一种情况，经过一年的工作却发生了很大变化，一年来，全村社会治安状况良好，没有一起治安和刑事案件发生，政令畅通，群众安居乐业，干部作风彻底转变，"混混官"没有了，为群众办实事、办好事，一心一意奔致富的现象蔚然成风，干群关系空前融洽。农民收入快速增长，村级集体积累由无到有，税费拖欠状况根本改观，年底收提留时没有一户不交的，基本完成全年税费征收任务，在全乡位居前列。目前，该村正由后进村快速地向先进村的行列迈进，实现了预期目标。

创新思路，持久作战，从根本上转化后进村

张咀村转化的实践告诉我们，后进村存在的问题很多，但解决这些问题的方法也很多。张咀村转化工作虽然取得了明显的效果，但和其他后进村一样，要实现根本转化，依然需要进一步创新思路、扎实工作。派工作队毕竟是权宜之计，最终要预防和转化后进村，靠的还是政策、机制、体制，是村干部和村民自己。

（一）创新村级管理机制

受传统计划经济的影响，我国的村级管理机制一直比较僵化，具体表现：一是行政和社会事务管理缺少应有的激励和约束机制，仍然习惯于用政治口号从事村级管理，缺少与市场经济相适应的具体管理制度，没有真正与利益挂起钩来。二是对农业农村经济工作的领导缺少市场经济的手段。村干部受自身文化素质、所处环境等多种因素的影响，至今仍沿袭着计划经济那种"强迫命令的多，引导服务的少"的管理方式。对此，我们必须重点从两方面进行努力。一是以选好"领头雁"为重点，加强农村基层组织建设。以加快农业产业化发展步伐为出发点，高标准、严要求配齐配强村支部班子，特别要选用那些思想正、能力强、作风实、在发展经济上有突出贡献的同志担任支部书记，树立"选准一个人就发展了一个村"的观念。在班子选配上，对以农业为经济主体的村，以选配善于发展"一优两高"农业、立体农业及农产品深加工、销售的

人才为主；对以二、三产业为经济主体的村，以选配善于发展新技术、熟悉现代企业管理和具备公关的人才为主。同时，大力培养农业产业化示范户、示范党员、示范村，通过典型引导、结队帮带等形式，充分发挥党员在农业发展中的"双带"作用。要用健康的利益机制激励村"两委"班子成员，给其以动力，让他们全身心地投入到为村民搞好服务中来；要用完善的监督管理机制约束村"两委"班子成员，给其以压力，避免他们不思进取或走上违法犯罪的道路。二是紧紧围绕农民需求，变革村级管理方式。在市场经济大潮中，村级组织必须进行变更，不可再搞催种催收之事，应创新生产经营组织形式，满足农民的需求。即培育农村中介服务组织、农民经纪人、龙头公司。通过发展中介服务组织，提高农业比较效益，降低农民入市风险，让农民分享到农产品加工、流通环节的利润；通过培育农民经纪人，让他们成为农业结构调整的耳目、桥梁与依托，带动当地农民搞好农业结构调整，带起一批特色产业，带活一方经济；通过组建龙头公司，让千家万户的小生产方式按照公司化要求生产，龙头公司则主要进行资本投入和新产品开发、市场营销，把千家万户的市场风险纳入公司，与农民建立比较紧密的利益联结机制，真正形成利益共同体，使农民在企业化管理和公司制经营中得到更多的实惠。

（二）改革基层管理体制

改革开放已 20 多年，但基层管理体制仍然是计划经济的老套路。由于乡镇政府的管理型职能的强化和强迫命令的工作方式盛行，导致农村"三乱"现象严重，损坏了政府的形象，严重影响了干群关系。与此同时，政府提供公共产品的服务型职能却难以转换到位，不适应市场经济发展的要求。长期的党政不分、政企不分、政事不分，严重地影响了经济规律的正常开展。目前，县级政府部门在乡镇所派出的机构，在客观上已形成了"好的部门垂直管理了，中等部门收走了，差的部门甩下了。"由于"权在县上、钱在线上、责在乡上"，造成权、责错位，部门权力化；乡镇政府责任大、权力小，成了"部门的政府"。这种条块分割的矛盾，造成了乡镇政府与县级主管部门的不协调，在一定程度上削弱了乡镇政府的综合协调能力和集中力量办大事的合力，影响了农村经济、文化和社会事业的发展。我国乡镇政权组织大的变动只有 3 次，但具体到每个乡镇，其行政区划和机构的变动频繁，以张咀村为例，它在近 10 多年里，就先后隶属张家集、峪山、东津、王河等乡镇。由于行政区划管理范围的变动和机构设置的频繁调整，不仅造成干部的思想混乱，而且导致国有和集体资产流失，甚至还打乱水系布局，给抗旱、排渍、防汛、救灾增添麻烦和困难。如此等等，都要求我们必须改善基层管理体制，以"小政府、大服务、强法制、实政府"为模式，转换职能，强化服务，理顺关系，精兵简政，提高效率，因地制宜地为建立起精干、高效、适应社会主义市场经济发展要求的乡镇政权组织。

就乡镇政府而言，其政府职能应侧重于供应公共产品和处理外部事务及促进经济增长等方面。由于不同区域的社会成员对不同的公共产品存在着不同的偏好，对社会、经济、文化发展方式具有不同的选择，因此，乡镇政府必须依据不同偏好和发展需要提供公共产品和处理外部事务。要继续强化财政、税收、工商、治安、民政、计划生育、环保等执法职能，最紧迫的是推动其经济管理方面的职能由行政管理型向服务型转变，即提供公共品服务。具体而言，一是政策服务，即根据本地实际，制定相关政策，搞活经济；二是技术推广和培训服务，即抓突破性措施，培训农民，使农民的技术水平不断提高；三是市场信息服务，即为农户提供市场预测等信息服务。通过职能转换，使乡镇政府转变为法制型和服务型的政府。

（三）切实转变干部作风

目前，乡村干部不同程度地存在着一些领导方式简单、作风不实的问题，不能适应发展市场经济新形势新任务的需要。这就需要我们切实转变乡村干部的领导方式和工作作风，以适应市场经济发展的需要，适应加快农业农村现代化的需要，满足人民群众的迫切愿望。应从以下几方面着手：一是思想教育"引"着干。要坚持思想教育不断线，业务培训不间断，不断强化干部服务农民、服务农业的意识和本领。即，抓政治学习，进行党的全心全意为人民服务宗旨教育，引导干部牢固树立"农民是我们的衣食父母，干部是农村的服务员"的观念；抓实践教育，经常组织机关干部到农村与群众同吃同住同劳动，交朋友，了解群众疾苦，研究农民最需要的是什么，最害怕的是什么，最厌倦的是什么，最欢迎的是什么，增强重民、爱民、富民意识和搞好服务的自觉性；抓业务培训，利用多种形式，对干部进行市场经济知识、经营管理知识和农业技术的培训，让每名干部都有一技之长。二是责任目标"激"着干。乡镇党委要把各项工作应达到的目标分解归口落实到每个部门、每个单位和每一名干部，并签订责任书，年底对落实情况逐项严格考核打分，把考核结果与评先创优、提拔使用、资金分配紧密挂钩。三是以身作则"带"着干。"领导迈什么步，干部走什么路"。乡村领导班子成员必须靠觉悟、靠能力、靠素质、靠其与人民群众血肉相连的关系，处处严格要求自己，事事为干部、普通党员做出样子，成为标杆。要求干部、党员讲奉献、搞服务，自己要率先垂范，吃亏在前，做到心里想服务，嘴上讲服务，身子干服务。以实际行动凝聚民心，密切党群干群关系。

理还乱的村组财务问题管窥

——对尚寨村的个案整治与思考

改革开放以来，农村以农户承包经营为主体的经营方式取代了原来的统一经营形式，整个农村的经营体制发生了重大变化。但是，由于农村财务管理体制的变革严重滞后，导致农村财务混乱现象日益突出，财务管理中的许多问题随之而来，严重污染了农村的社会经济环境，不同程度地挫伤了农民群众发展经济的积极性，并已经成为制约农村经济发展的一大障碍和影响基层党群干群关系的一大祸根。正因如此，近年来，各级对村组财务问题越来越关注，并不断加大了解决这一问题的工作力度。方方面面在讨论和研究解决农村其他问题时，时常涉及村组财务问题。

那么，村组财务管理究竟存在什么样的问题呢？从 2001 年底开始，我们曾用 10 个月的时间对湖北省襄樊市襄阳区朱集镇尚寨村的财务进行了专项清理，其间发现的问题虽然不能以偏概全、以少论多，但也不妨作为个案解剖，洞悉和探讨村组财务管理问题。

基 本 情 况

（一）清账前的基本村情

尚寨村共有 7 个自然组，403 户，2 400 人，4 029 亩耕地。全村没有一家集体企业，是一个典型的农业村，也是全区重点老区村和全镇较大的村之一。在抗日战争中，这个村曾同仇敌忾抗击日寇，并出现过以尚海峰为代表的当时较有影响的抗日英雄人物。新中国成立以后至 90 年代，该村也一直是县、镇两级先进。但进入 90 年代以后，全村工作开始下滑，到 1995 年已彻底由先进步入后进，村级组织战斗力日益弱化，上级各项工作任务无法独立完成，且在没有任何基础项目建设的情况下，村组债务不断攀升。村内门头宗派风盛行，工作各自为政，自然组中按照门头宗派又自行分成若干小组。近 10 年中，全村担任村组干部的人数达百人之多。

本文为中共湖北省襄樊市党委校 2002 年秋季主体班指定课题，获得党校首期案例教学课题研究成果二等奖并收入论文集。作者当时作为镇长和镇委包村干部一起蹲点清理整治了尚寨村的财务问题，并于党校学习期间撰写了此文。

（二）清账的主要经过

2000 年，朱集镇全年 1/3 的税费未能收缴上来，全镇拖欠干部、教师工资达半年以上。2001 年，新一届党委、政府决定痛下决心整顿"软、散、乱"村，变工作上的后进为先进。尚寨村自然是整顿对象之一。2001 年底，镇委、镇政府经过调查研究，决定由政府主要领导牵头，组成工作专班，以财务清理为突破口，对尚寨村上溯 5 年的财务收支情况进行专项清理。整个清账工作概括起来分为四步：

一是组建账目清理初查工作专班。由镇长牵头，抽调包村国家干部和 7 个村的会计股长等组成清理初查专班，就地在村内安营扎寨，重点对全村工作倒退较快、问题出现较多的 1995—2000 年的财务收支情况分头进行归纳整理，并最后各自提出疑点问题及线索。

二是在村内进行适当的宣传发动。针对村组干部对正常开展的工作不积极、不支持和多数群众"事不关己、高高挂起"的错误心态，以及群众会开不起来等情况，我们在反复召开村组干部大会的基础上，对全村群众发了一封公开信，阐明了这次财务清理的决心、目的、意义和方法步骤，赢得了群众对这项工作的关心与支持。

三是区、镇两级执法人员对突出问题进行集中审理。抽调镇纪检、审计人员，并通过案情汇报寻求到区公安局经侦大队的支持和参与。区委分管农经的副书记及区纪委书记先后多次亲自过问审理情况。

四是案件移交及处理。经过一段时间的艰苦工作，到 2002 年 7 月，进入案件的处理阶段，先后对 3 名问题突出且态度顽固的原任和现任村干部按程序进行了司法传唤，对其中一个依法执行了逮捕，对 5 名党员干部给予了党纪政纪处分，对涉及的其他 32 名村组干部、121 名群众分别给予了不同程度的处理。整个案件涉案人员达 158 人，追缴违纪、违法金额 43 万元（含部分支出凭据）。

存在的主要财务问题

综观尚寨村的整个财务管理状况，相当一些问题虽然被认为是村组财务管理中的共性和普遍问题，但其混乱程度仍然令人非常吃惊和十分担忧。一些村组干部对集体经济的任意支配、挥霍、侵占、举债到了完全无视国家法律法规和公共道德的地步。从账面清理的情况来看，主要暴露了以下七大问题：

一是大吃大喝没有节制。5 年间，全村报销招待费几乎失去节制，其中有一年报销的招待费，比镇政府全年的招待费还要高。几十个村组干部攀比着因"公"办招待。招待费条据 95% 都是干部打白条，写上一句"领到招待费××元整"入账的，看不到招待时间和招待事由。

二是滥发奖金和补助。一些很平常的工作，在该村一律变成了不平常，全部靠发奖金、补助来推动。除正常的工资以外，5 年之间，村组干部共通过各种名义颁发的奖金补助基本与工资持平。

三是拿原则做交易，随意批条送人情。部分村组干部，尤其是主职干部为了帮助亲戚朋友和笼络人心，在公益事业建设过程中少花多支，甚至不花也支，任意以集体名义对外打欠条，加大了村组债务。朱集镇地处夹河套，汉江支流唐河、白河分别从东、西两边穿境而过，全镇沙石资源丰富，随时可以就地开采使用。尚寨村内有一条长约一公里的出口路，并且是简易的砂石路，按当地实际情况估算，全村道路维护每年最多不会超过 1 万元。但是，5 年中，该村任意一年开支出的修路拉砂费条据都远不止这个数。

四是伸手找村里报账和摊派的不少。除了每年上级干部和社会势力向村压销挂历、茶叶等物资以外，国家行政和企事业单位工作人员以个人名义在该村打白条入账的也不少。

五是高息借贷和以债转贷问题突出。为完成上级交办任务或其他事情，村里动辄就高息借贷，最少的也是月息 2 分。特殊时候不仅给高息，并且当场返还奖金。高息借贷之后，接下来的情况便是通过债转贷、利滚利，不断使集体遭受更大损失。

六是村内管理费开支过大。例如，该村工作开展不起来，但 5 年之中办公用品仅笔墨纸张的费用每年就高达近万元。

七是变换理由侵吞公款。有些连个影儿都没有的事，少数干部却玩弄无中生有之术，打张白条，立个支出项目，公然进行经济侵占。如上级没有政策允许村组干部可以公款投保，但尚寨村主要干部却于 1998 年每人打 5 000 元白条领走所谓的"个人人生保险费"，既不合法，也没有给保险公司一分钱，最终悉数进了干部个人腰包。再如，村里本来没有修桥，但他们却敢打个白条写上"领走修桥构件款 7 000 元"。如此等等，不一而足。

几 点 思 考

尚寨村的财务问题，无论是从质还是从量来看，我们不能说其严重程度是最大的，但可以说它具有较强的典型性和代表性。说其有较强的典型性是因为它暴露的问题是极端的、尖锐的，几乎失去任何约束。说其有较强的代表性是因为尚寨村是部分后进村的一个缩影，在农村财务体制不完善的情况下，其问题的发生和暴露是偶然中的必然。正因为如此，对村组财务管理给予更多的关注和重视，在解决具体问题的同时结合实际，进行更深入的理性思考，已经是摆在各级党委政府面前的一个十分紧迫的问题。

第一，村组财务问题绝不是一般意义上的财务问题，更不是一个小问题。

我国是一个农业大国，农村是最广阔的天地，是整个共和国大厦的基础，而农村财务如果管理不善，集体经济长期任意流失，基层组织必将丧失经济基础，丧失民心，丧失行政能力。基础不牢，地动山摇。尚寨村在整个农村的大棋盘中虽然只是一个极小的棋子，但它暴露出的却是一个很大的问题，如果不抓紧解决，任其进一步肆虐下去，很可能会酿成更为严重的恶果。据有关部门统计，目前全国农村镇平负债 1 098.6 万元（《中国农村经济》2002），有人分析，实际负债可能远不止这个数目。尚寨村的问题告诉我们，一方面，相当一部分农村债务是不应该存在的；另一方面，如果对村组财务管理再不采取断然措施，不拿出治本之策，债务可能还会以更快的速度增长，从而严重地影响各项工作的正常开展。

第二，锁定债务，强化监管，进一步加大村组财务体制改革。财务管理混乱和债务过大是一对孪生孽子，必须对它们同时下猛药。加强财务管理一定要先把债务锁定下来。尚寨村的问题表明，债务不锁定，条子满天飞，时间不清，真假难辨，村组负债可能永远都是一个无底洞。锁定债务之后，对以后的财务必须严加监管，村账镇管绝不能流于形式。

第三，宣传和发动群众对村组财务进行监督，行使当家做主的权利。有些村存在一种很不好的气候，就是群众怕得罪人，不愿意管"闲事"，认为只要干部不找我收钱，不找我麻烦，至于他们以集体名义是否借钱，举不举债，财务公开不公开等，一概都不管。这样看似与己无关的事，最终惹出的祸患实际与每个群众的利益都有关系。阳光是最好的防腐剂。要把村组财务管好，群众必须参与进来，实行高度的透明，让他们了解情况、监督财务管理。因此，提高广大群众对集体财务管理重要性的认识，建立健全村级民主理财小组，村民议事会制度势在必行。

第四，从干部管理体制改革入手，警惕、防止和整治各项工作中的官僚主义和形式主义。一个地方的问题积累到一定严重程度，因素固然很多，但地方基层组织，特别是属地管理的直接领导者从始至终对问题的失察、整治的乏力则是其中最严重的过错原因之一。官僚主义导致上一级对下一级所存在的问题没有觉察，当然谈不上去彻底解决问题。形式主义则使某些干部在检查工作和解决问题的过程中敷衍塞责，只交一时之差，不管长久之事，只看形式，不问实质，自然也就使问题"待字闺中"，直至"积细流而成江河"，形成汹涌之灾。因此，改革干部管理体制，建立永久性的责任追究机制，对于促使干部深入发现和彻底解决问题十分重要。

第五，要进一步加大对经济领域的立法。在清理尚寨村财务问题的过程中，对于招待费和所谓村集体决定的滥发奖金、补助等问题，区、镇纪检、经侦、经管部门在审理和责任追究上花费了大量精力，结果却不能令人十分满意。因为对于只违纪不违法的事，处理起来，特别是要想挽回经济损失，难度相对要大得多，尤其是面对农民身份的农村干部，用纪律来处分，再重他可能也不在乎，令办案人员非常尴尬。纪律和法律治理的目的是一样的，但如何进一步加大经济立法力度，使腐败分子钻不了法律的"空子"，同样是解决村组财务问题面临的重要课题之一。

"定心丸"为什么不定心

——从农业部检查透视当前农地承包问题

农村土地承包政策是党在农村的最基本政策。农村土地承包保持长期稳定，让农民吃上长效"定心丸"是这一基本政策的灵魂和精髓。为了保障这一政策更好地落实，2003年3月全国人大还实施了《农村土地承包法》。

"定心丸"的药方是给了，但地方各级是否都"照方下药"，农民是否都吃到了货真价实的"定心丸"而真正定心了呢？

据农业部办公厅信访处提供的信息，2003年上半年，由于受北京"非典"疫情的影响，群众来访有所减少，但整个信访量仍然比较大，特别是涉及土地承包问题的来信来访呈明显增多之势，总量居各类问题之首。其中，上半年共受理涉及土地承包问题的群众来信286件次，占来信总量的18.6%，比上年同期的172件次上升66.3%；来访530人次，占来访总量的40.3%，比上年同期的483人次上升9.7%。

履行职责，义不容辞。根据中央的安排，农业部经过认真研究和计划，从部内各单位抽调力量组成了6个小组，每组4～6人不等，分赴全国不同地区的12个省（区），深入基层实地检查农村土地承包政策法律的落实情况。作为检查组成员，本刊记者参与和直击了整个检查过程。

各级的认识差异：上下"倒三角"

在检查过程中，给人明显的感觉是，从中央到地方，对土地承包政策法律重要性的认识，越是上级把事情看得越大，越是基层把事情看得越小，在某种程度上形成了一个奇特的"倒三角"现象。

中央的情况：近年来，中央始终把落实土地承包政策作为党在农村的一项最重要的工作，《农村土地承包法》的颁布使政策上升为法律，这个指导思想更加凸显出来。在2003年初的中央农村工作会议上，胡锦涛总书记指出："落实中央关于农业和农村发展的各项政策措施，最根本的是要认真落实党在农村的基本政策，核心是稳定和完善土地承包关系。土地直接关系农民的权益、农

本文原载于《农村工作通讯》2003年第11期，中央组织部内参件采用，获全国农业好新闻一等奖。作者为当时的检查组成员。

业的发展和农村的稳定，我们一定要给农民一个'定心丸'。"温家宝总理同时强调："在新阶段，必须坚持党在农村的基本政策，保持政策的稳定性和连续性。稳定基本政策，核心是稳定和完善土地承包关系。"

农业部的情况：根据中央的精神，作为主管部门的农业部未曾须臾懈怠。从 2003 年 5 月初开始，杜青林部长、刘坚副部长就多次批示安排农村土地承包政策法律的贯彻落实工作。6 月初，温家宝总理的一份批示件转到了农业部。该批示件表明：强制性征占农民土地的现象在有些地方已经表现得相当严重。接此批件，杜青林部长很快批示："要抓紧筹划就贯彻实施《农村土地承包法》，执行党的农村土地政策的情况进行检查的方案，并对进一步完善农村土地征用办法、土地征用制度提出可行意见。要认真履行维护农民合法权利，特别是土地权益的职责。"为了搞好对各地的检查，农业部由经管司牵头，做了大量的准备，部党组先后几次听取汇报，并于 7 月 24 日和 8 月 15 日分别两次向各地下发了有关检查通知。7 月 23 日，杜青林部长在农业部党组中心组学习会上强调："要集中力量对农村土地政策执行情况进行一次检查。"8 月 9日，他在有关会议上再次强调："要认真贯彻落实全国进一步治理整顿土地市场秩序电视电话会议和《国务院办公厅关于清理整顿各类开发区，加强建设用地管理的通知》精神，依法加强征地管理，严肃查处违法违规侵占农民集体土地的行为。对土地被征用而失地的农民，要给予合理补偿和妥善安置。有条件进行土地承包经营权流转的地方，必须坚持依法、自愿、有偿的原则，决不能搞强迫命令。要加强农村土地流转制度建设，建立经常性的执法检查制度，认真履行法律赋予的维护农民土地权益的职责。"在农业部 8 月 20 日召开的检查动员会上，刘坚副部长表示：由农业部直接组织这样的重大检查活动，是多年来的第一次，是实践"三个代表"重要思想，落实中央农村工作会议精神的具体行动。他代表部党组对检查提出了十项严肃的具体要求，明确了检查的十二个重点。

各省（区、市）的情况：检查发现，在中央文件和会议精神下达后，省（区、市）一级都迅速做了传达贯彻，行动一致，态度坚决，方法多样，做了大量的工作，并且整体上也都取得了很大的成绩。只是由于时间等客观原因，个别地方在特殊问题的解决和具体环节的落实上还存在比较大的差距。比如有的认识很高，政策落实的计划安排也很详尽、到位，但是在督促检查上动真格不够，以至于出现了文件落实文件、会议落实会议的问题。

基层的情况：从听取汇报和深入农户检查的情况看，中央政策法律的主要精神在各地基层的绝大部分地方都得到了宣传贯彻，但是相当一部分基层干部嘴上表示要坚决落实政策，但实际却不时表露出"言不由衷"的情绪。比如在检查座谈的过程中，就有不少的基层干部认为土地延包 30 年不变的政策"不切合实际"、"不利于农村的发展"、"人地矛盾无法解决"、"束缚了基层干部的手脚"。有的市、县领导甚至也表示这个政策"只不过是个说法","农民怎么当真了呢"。这样的认识不能不让人对政策的落实效果产生疑问，同时深感忧虑和不安。

编者感言：一项政策法律的执行，必须依靠强制性的力量，但要真正有长期的效果，不出现问题不反弹，最根本的还要把政策法律转变为人们的自觉行动。检查发现的认识上的问题说明，一些基层干部对政策的认识和理解还远远没有深入到心底深处，落实的行动是形式的、表面的，甚至是敷衍的，应该引起高度警觉和重视。我国是一个人口大国，地少人多，特别是农业人口多。大量实际情况和研究结果表明，如果不实行现有的土地政策，不仅农民会失去生存的保障，社会稳定出现大的问题，而且国家的粮食安全也将无从谈起，国内乃至世界的政治经济形势都会受到严重的威胁。现在，基层的困难很多，工作的压力很大，基层干部在没有明白中央战略思考的情况下，用实际和传统的眼光看问题，是可以理解的。但是，小局应该服从大局，眼前利益应该服从长远利益。况且，诸如人地矛盾等问题，如果我们转换一个思路和方法，靠深入细致的工作，通过农户间自觉自愿而绝非强迫的流转，也是完全可以解决的。这就要求各级组织一定要结合"三个代表"重要思想的学习，加大对基层干部包括形势教育、政策教育和思想教育等各个方面内容在内的教育力度。"教育干部而不是教育农民"，应该说，这是当前一项十分紧迫而重要的工作。

违背政策动土地："好心"总是办"坏事"

根据我国的国情，中央决定要实行世界上最严厉的土地制度，主要目的是为了保护耕地，保护农民的土地权益，保障国家的粮食安全。为此，国家不仅颁布了一系列的政策法规，甚至还专门修改了刑法。从总的情况看，土地问题已经引起了全社会的重视，政策法律贯彻落实的力度不断加大，效果也日趋明显。但是，尽管如此，由于受客观原因的影响和利益的驱动，全国各地在土地承包政策法律落实中，仍然不同程度地存在一些问题。2003 年 7 月 24 日，农业部农经发［2003］8 号文件，即《关于开展农村土地承包政策法律贯彻执行情况检查的通知》正式下发。该文件开头明确指出："一些地方随意调整、收回农民土地、强迫农民流转承包地等问题比较突出，农民群众反响强烈"。记者综合检查掌握的情况，认为当前的问题主要表现在三个方面：

一是强制流转农民土地承包经营权。

在 2003 年的中央农村工作会议上，温家宝总理讲道："稳定和完善土地承包关系，当前的关键是看待和处理农户土地承包经营权的流转问题。在稳定家庭承包经营的基础上，允许土地承包经营权合理流转，是农业发展的客观要求，也是党的一贯政策。随着工业化和城镇化的发展，必然会有越来越多的农民离开土地，离开农村。适时引导农户搞好土地承包经营权流转，有利于扩大留在农业上的农户的规模经营，使土地资源继续得到利用。但土地承包经营权流转要建立在长期稳定家庭承包经营制度的前提下，按照依法、自愿、有偿的原则进行，不能刮风，不能下指标，不能强制推行。"

总理的话具有很强的针对性和预见性。但是，"树欲静而风不止"。检查发现，强制性流转农民土地经营权的现象，相对来说，要比其他问题表现更为普遍和明显，几乎在检查到的大部分地方都或多或少地存在。一些乡、村基层干部以发展为名，仍然把调整土地当成一种权力棒任意挥舞。

浙江临海某村 1998 年进行了第二轮土地承包，承包期为 30 年。但令农户意想不到的是，未经农户同意，镇政府和村干部擅自决定将沙湾村已承包给237 户农户的承包地作为荒地转让给一私人股份公司，（村干部可以到该公司上班，每月工资 800~1 300 元），转让期为 20 年。

黑龙江某县福胜村的童绍和等村民反映，2002 年 3 月，村委会在村民不知情的情况下，将该村改为"福胜农工贸有限公司"，私自将他们的户口转为非农户口，并将他们承包的耕地收回，由该公司统一经营。

河北省的一个村的高旭国等部分村民说：该村村民在 1999 年 3 月与村委会签订了 30 年土地承包合同，刚刚履行 3 年，村镇干部即强迫农民以每亩280 元的低价将 500 亩土地流转给城市居民经营。由于遭到反对，镇、村干部就纠集近百人威胁农民，并用推土机强行推平农户即将收获的麦田。500 亩良田自 2002 年 6 月被强行圈占后，至今仍闲置荒废。

湖南省临澧县陈二乡为加快速生杨丰产工业原料基地建设，与湖南洞庭白杨纸业有限公司签订土地租赁合同，种植杨树面积 1 万亩（2003 年已栽杨树5 000亩），租赁时间 20 年，租赁价格为每亩年 128 元。部分乡村干部采取行政手段压制农民同意种植杨树，部分村根据乡里的统一部署，打破组与组的土地所有权界限，每人除留下 0.7~0.8 亩口粮田外，其余的耕地全部收归村里租给公司种杨树（此事目前正在查处过程中）。

另外，检查组还发现，有的地方为了让农民种制种玉米，乘人不备将其他农户不是制种玉米的庄稼砍掉；有的在组织机关干部和学生在农民承包地上连片种杨树时，还带着警车，有农民阻拦就强行拖走；有的"引导"农民连片建蔬菜大棚，每个棚建设投入都在 1 万~2 万元之间，但由于气候不适应等原因，每个棚平均每年只能收入几百元，农民苦不堪言。

二是肆意征占农民承包地。

一些地方征占农民的承包地，动辄上千亩，甚至上万亩，征用后却无力开发，造成土地大量抛荒，农民无地可种，失去生活保障。在沿海某市一个叫星火村的群众集体反映，市政府为建设工业区，2003年计划征用土地2.5万亩，其中需征用该村土地2000亩。这些被征土地都是农民的承包地，均位于基本农田保护区内。而且在征用时，既不公布征地批准文件、征地补偿标准，又不公布被征地农民的安置办法。在该省一个叫新建村的村子，村民也集体反映，街道办事处将该村仅有的181亩标准化粮田以低价征用后，至今未开发，全部抛荒，其中70亩地已抛荒两年之久，致使该村148户农民有田不能耕。2003年5月，天津市某县为开发工业园区，一次征占7个村的土地达1.2万亩。2003年5月14日，广西贵港某镇镇政府为了强行征地，出动250多名公安干警和数十辆铲车，强行征地，在当地引起强烈反响。河南省某地的农民集体反映，为了扩大当地的一个景区，2003年3月市政府发布强行拆迁通知，涉及耕地2000余亩，非耕地1400多亩，整个拆迁仅给10天时间，369农户被迫放弃土地和住宅。2003年2月，安徽某市政府在不与当地红东村农户履行任何协议的情况下，强行征用该村千亩蔬菜基地作为城市建设用地，单方面解除了与农户的土地承包合同。湖南武陵镇三滴水村44户农民反映，2001年镇村干部未征得群众的同意，与湖南湘云科技有限公司签订了转租500亩耕地的合同，租期为30年，租金是每亩350斤稻谷，群众有意见，湘云公司施工后，群众阻工，鼎城区政府为此专门下发了11号通告，对干扰湘云公司生产的农民，由公安机关处理，极大地侵害了农民利益，伤害了农民感情。检查组到时，此事仍没有得到妥善解决。

在西部检查，某省的一个"口子县"2000年向一个村征了30亩土地，但是征而不用，又租给了农民。2003年，这个县又修改城市建设规划，将城区边以外30公里范围内全部纳入城市建设用地。据县领导介绍，规定范围内的土地可以通过预征，交国有资产经营公司竞价拍卖，每亩最高的拍卖价达148万元，最低的也要8万~9万元，一时还没有拍卖出去的就再租给农民种。

据国土资源部的信息，全国目前仅各类园区就有3 500个，面积达3.6万平方公里，大于全国城市国有建设用地3.15万平方公里的规模，并且违规用地达半数以上。

三是随意调整农民承包地。

随意调整农民承包地的问题主要表现在大面积重新丈量土地和打乱重分土地两个方面。

检查组在甘肃省张掖市甘州区检查时，发现这里有几个村都存在重新丈量土地的问题。其中上秦镇金家湾一社因为群众对重新丈量的土地不认可，导致村民都拒绝领取土地承包经营权证书，拒绝签订土地承包合同，使土地延包政策5年来都无法落实。

辽宁台安某村村民反映：他们于1999年1月与村里签订了30年的土地承

包合同，但是 2000 年 12 月，村干部不顾村民的强烈反对，擅自将土地打乱重分。黑龙江省太平山六屯群众反映：该村于 1999 年按程序落实了二轮土地承包方案，但 2002 年乡、村领导却突然决定全面变更土地承包合同，将村民原承包地强行全部收回，打乱重分，实行自定的所谓"第三轮土地承包"。

检查发现，自实行家庭联产承包责任制 20 多年以来，许多地方农村土地承包"五年一大动、二年一小动"已成为"习惯"。有的地方第一轮承包期中，农户与集体签订的合同还没有到期，但借第二轮承包为由，强行收回承包地，极大地影响了农民生产的积极性。湖北天门杨港村十一组李天兴的儿子承包了村里 40 亩田，承包期没到，村里就收回承包经营权；宜昌王家坪村农民卢启新承包了村里 12 亩果园，在承包合同还没到期的情况下，村委会以村民多数同意收回为由，欲将已经挂果的果园收回重新分配，目前此事仍在僵持中。

承包合同落实不到位，土地承包经营权证没有显示出应有的作用。不少地方普遍存在这个问题。有的地方承包合同签订有漏洞，有的地方签订承包合同应付了事，根本不具法律效力，有的地方根本就没有承包合同。有的在承包合同中对关键的承包期限空缺不填；有的承包合同一式三份不是复写，而是分别填写，既无承包人的签名，也无发包方的盖章，而是由一个人统一抄写完成，对承包地的名称、坐落、性质等关键要素只字未提，统而笼之仅填上了亩数，根本不能称为合同；有的证书上写的 30 年，但合同书只签订为 5 年，地方干部解释说这样签是一个道理，但群众说村里交代 5 年后还要调整。

强制流转、肆意征占、随意调整农民的承包地是检查发现的三个主要问题，除此以外还有一些问题，比如村组多留机动地高价发包的问题，剥夺婚嫁女土地承包权的问题等。农地问题无小事，对于其他一些与国家土地承包政策法律相违背的事件，当然也不可轻视。

编者感言：在实地检查的过程中，有的地方干部在给检查组汇报的时候说得天花乱坠，但是一到农户看看实际情况，却往往是另外一回事。类似以上的问题，每个检查组都不同程度地有所发现。有的几个地方因强迫农民土地流转已经出现了恶性案件。面对出现的问题，不少干部辩解，说自己完全是出于"好心"。可是很多人闹不明白，"好心"为什么伤害了农民感情，侵害了农民利益，办成了"坏事"呢？对此，不能不引起人们的思考。"好心"办"坏事"，个中原因可能很多，但最主要的恐怕还是由于没有严格执行政策，方法简单粗暴，没有按程序办事，没有按市场经济规律办事，没有按农民的意愿办事。一位县里面的领导在向检查组汇报工作时曾经这样说："像调整土地搞规模经营的事，做了是违背政策，不做是政府'不作为'，真是不好办。"这话听起来振振有词，似乎很有理，也很委屈，但如果稍微一推敲，问题马上就出来了。比如，为什么要调整土地？怎么调违背政策，怎么调不违背政策？政府

"有作为"的事难道就只有调整土地这一个吗？各地发现、查处和正在查处的案例屡屡警示：政策的红线踏不得，法律的电网触不得，农民土地承包长期稳定的保护伞不可破。我们应该能够领会中央的苦心，也应该能够看到有关的教训已经十分深刻。

跳出"圈"外：有待商榷的几个问题

执行一项政策法律需要严肃认真的态度，对既定的"圈子"不应该有任何的触犯和违背。但是，对落实中遇到的一些具体问题则应该引起重视。检查发现，当前在贯彻落实土地承包政策法律的过程中，基层干部群众感到困惑较多的有以下五个问题：

一是相关法律的协调与修改问题。少数基层干部反映，《农村土地承包法》在执行过程中存在着与其他相关法律"打架"的问题。安徽省农牧厅副厅长郑富智说：《土地承包法》规定农民的经营权自主，但《种子法》要保护种子质量，不允许在制种区种植可能影响制种质量的作物，这样就导致了一些纠纷问题的出现，最后"公说公有理，婆说婆有理"；宁夏中卫县副县长刘金柱表示：《土地承包法》要求用地要与农民协商一致，但是按照《土地管理法》，用地方呈报后获得土地部门批准就算是生效，只要补偿到位就行了，这中间也容易造成矛盾。

二是法律政策的不公与缺失问题。相当一部分群众反映，现在的占地补偿费按照前三年的平均收入算账很不合理。有的土地被征占后转为经营性用地而进入市场，其拍卖的价格与补偿费相差几十倍甚至上百倍。现在国家规定土地承包30年不变，30年以后可能还不会变，但被征占的土地农民却再也拿不回来了。对少数地方刮起农田种树风的问题，有的领导干部说：从道理上讲，农田种树肯定不对，但法律上并没有说不准农田里种树。

三是土地政策"一刀切"可能会制约发展的问题。江浙沿海一带的干部普遍表示，现在我国的土地承包政策是"一刀切"，可是全国各地的情况千差万别，从某种意义上说，这种政策可以保稳定，但不一定能够促进发展。严格管理土地是对的，但应该区别不同情况。在内地和西部也有同样的说法。

四是土地承包执法主体难以到位的问题。法律规定土地承包政策法律的监督执法主体是各级农经管理部门，可是在检查中，各地的农经管理部门几乎一致反映力量不济，是在让"小马拉大车"。他们认为，让农经部门去监督基层政府主导下的土地承包政策的落实，难度很大。特别是现在基层农经管理部门正处于"风雨飘摇"的时候，有的乡镇经管站所已经成为机构改革的撤并对象，相当一部分市县经管局基本没有什么办公经费，有的连办公电话都开不了。

五是人地矛盾日益突出的问题。不少的基层干部，特别是镇村干部反映，土地承包政策给基层干部留下的调控余地很小，导致人地矛盾尖锐，并且有越来越严重的趋势。检查中，相当一部分村都存在一家八口甚至十口人只有一个人地的情况。

针对这些问题，记者进行了一些采访，同时也回顾了以前的某些记录，归纳起来，大致有以下三种针对性看法：

基本的土地政策必须坚持。 在 2003 年的中央农村工作会上，温家宝总理说："中央再三强调稳定土地承包关系，是有深谋远虑的。各级领导在这个问题上必须保持清醒的头脑。"中农办主任陈锡文认为：土地是民生之本，对农民来说，它不仅是最基本的生产资料，而且是最可靠的生活保障。耕地承包制度是改革后形成的农村基本经营体制的基石，讨论这个问题必须从大多数农村的现实状况出发，用理性的态度慎重对待。在土地问题上，如果我们的头脑不清醒，那将一失足成千古恨。农业部农村经济研究中心专家蒋中一说：小规模经营的日本农业和大规模经营的美国农业都已经完成了农业现代化的过程。世界各国的农业发展历史已经证明，家庭经营不仅适应传统农业，而且适应现代化的农业。现在某些农村地区不是保护农民的承包经营权，而是以发展经济的名义去削弱甚至收回农民的承包权，但不论以什么样的形式出现，任何制约和削弱农民土地承包经营权的政策和行为，都有可能动摇现阶段我国农村的基本经营体制，把农村改革引向歧途，损害农村经济的持续增长和农村稳定。

有些政策性问题需要重视。 怎么对待政策性问题，陈锡文说："在探索土地制度创新问题时，必须首先明确，土地是农民集体所有的，我们其实是在讨论别人的财产问题，就像讨论别人家的钱应该怎样花一样，虽然不是不可以，但保护财产所有者的基本权益是最重要的前提"。当前突出的政策性问题是什么，中农办原主任、国务院西部开发办副主任段应碧说："随着建设规模的扩大和城镇化进程的加快，耕地非农化以及由此引发的各种矛盾日益突出。改革土地征用制度，制止多占耕地和侵犯农民土地权益的现象，保护耕地，保护农民，已成为当前一项十分紧迫的任务。"怎么解决此次检查过程中基层干部感到困惑的几个政策性问题，农业部政法司原司长、全国人大常委刘振伟说："提出的几个政策性问题，土地征用制度的改革是必需的，特别是有关对农民的补偿制度非改不可，但除此之外更多的恐怕是一个解释的问题。也就是说，法律政策本身没有错，不需要改，但在执行的过程中基层有不明确甚至误解的地方，这就需要有关部门针对法律执行给出一个合理明确的解释，并且应该都能够解释清楚。"农业部农村经营管理总站副站长刘登高说："对基层提出的有些问题，必要的时候也不妨选择几个试点，进行模拟性实验论证，看看到底会是一个什么样的情况。"

执法的力量及手段必须保证和强化。采访调查中，相当一些干部群众和专家认为，农村土地承包中的问题之所以出现越来越严重的情况，与执法的力量不够、手段不强有很大的关系。从某种程度来说，最根本的原因就是执法不严格，不彻底，失之于宽，失之于软。面对严峻的形势和繁重的任务，必须强化有关的执法力量和执法手段。比如，保证必需的执法人员和经费、构建部门间的联动机制等。同时，被法律赋予管理权力的农经部门和环保、土地部门一样，在执法的过程中也要坚定信心，无论在什么情况之下都应该当"铁面包公"，做到"该出手时就出手"。也只有这样，有关土地承包政策法律的落实才有基础和保证。

编者感言：有关土地承包政策法律贯彻执行情况的检查，是工作的手段而不是目的。我们欣喜地发现，这次的检查是非常严格的，同时又是务实的、科学的。检查组不仅重点检查了对政策法律不落实和落实不好的问题，把现有政策法律的不折不扣的落实作为前提，而且找出了一些对政策法律不落实和落实不好的关键性因素。检查全面深入实际，抓问题抓重点抓症结抓苗头，特别是把督促检查与调查研究有机地结合起来，没有一味地去想拿帽子压人，拿板子打人，受到了基层更多的欢迎和更好的配合，使情况掌握得更多更透更准，从而也真正达到了检查的目的。当然，采取这样的思路进行检查，只是一种检查方式方法的改进与转变，而绝不是说查处问题就可以放松，落实政策就可以打折扣甚至讨价还价。刚刚结束的党的十六届三中全会再一次站在全局和战略的高度强调了土地政策的落实问题，再次体现了中央对这一问题的高度重视。可以预见，且事实上已经十分明确，按照与时俱进的要求，国家的法律政策当然会有少量需要修改和完善的地方，有些问题可以讨论和研究，但党在农村的基本经营制度不会改变，作为这一制度核心的土地家庭经营制度也不可能改变，对其更严厉地贯彻执行无疑会是一个基本的趋向。

探索"减负"的治本之策

切实减轻农民负担是当前农村工作中的一件大事，许多地方党委、政府都从讲政治的高度出发来抓此项工作的落实。但令人焦虑的是，近年来各地对农民负担检查的密度很高、力度很大，但效果却并不十分理想。为什么会出现这种情况？这里面除了存在一定的执法不力、查处不严的因素外，还有更深层次的原因，我们还没有真正把问题从根本上加以解决。因此，在进一步加大力度治标的同时，认真研究和努力探索一些治本的途径和方法，已成为各级所面临的紧迫任务。

一、切实加强基层组织建设是贯彻好农民负担政策的重要保证

基层组织是我们党全部工作的基础。农民负担政策执行的好坏，重点在于基层组织建设的强弱。当前，在一些基层组织中存在"四不"问题，即基层干部观念不新，理论水平不高，工作方法不当，指导思想不对。这些问题最终导致基层组织的职能弱化，使党的减负等各项政策难以落实。这也是造成农民负担减而复增、不断反弹的根本原因所在。

因此，我们的减负重点决不能够仅仅停留在督促检查上，更应该加大基层组织的整建力度，着力培养和选拔一大批头脑清醒、一身正气、作风扎实、坚决与党中央保持一致的基层干部。对那些不勤、不公、不廉、不实事求是的干部坚决撤换。只有这样，才能使减负工作有一个有力的组织保证，才能把加重的农民负担彻底减下来。

二、不断提高农民收入，增强其对负担的承受能力是减轻农民负担工作的重要环节

要想加快公益事业的发展，加大投入，而又使得农民感受不到负担过重，最根本的办法就是不断地增加农民收入。减轻农民负担，增加农民收入，二者互相关联，因此不可重"减负"而轻"增收"。

那么，怎样促进农民收入增长呢？最重要的一点就是要重视农业潜力开

本文原载于 1999 年 9 月 1 日《农民日报》。

发，提高土地单位效益。从获利空间角度看，农业有三个明显特征：一是农产品一般都是最基本的日常生活必需品而非耐用品，其消费与供给总是处于急剧变化之中，市场供求平衡可能被打破，加上农业生产对资金、技术要求低，行业进入门槛低，因而商业机会很大；二是我国农业生产目前基本上还属于粗放型传统农业，如果按现代经营方式组织生产，不仅效益可以成倍提高，而且成本也可以大幅度降低；三是目前农业从技术上看仍然是低水平的，产品品质水平更低，因而其技术进步潜力、加工增值余地很大。这三个方面特征共同决定了农业有极大的获利空间和前途。只要我们做好了农科教结合的文章、产业化的文章、围绕市场调整种植结构的文章，土地的单位效益必将大增。

三、努力搞活和壮大集体经济是减轻农民负担的根本出路

从绝对减轻农民负担的角度来说，只有加速农村集体经济的发展才是解决公益建设与农民负担之间矛盾的根本出路。壮大集体经济，不仅可以增加农民收入，增强农民对负担的承受能力，而且还能减少农民直接负担的总额。从现实情况看，越是经济发展水平低、集体经济薄弱的地方，农民的负担越重；反之，凡是农村集体经济雄厚的地方，农民提交的就少，甚至不提交，因而对负担问题的反映不大。

在引导农村发展集体经济的过程中，我们积累了一些经验：一是集体积累与个体积累相渗透，借助个体经济的扩张壮大集体积累。主要采取"联"的方式，通过劳力带资入厂、企业集资、财产折股、村户联营等形式，使农村的集体积累不断壮大；二是资产积累与劳动积累相配套，以活劳动积累促进物化积累增值。全县农村充分发挥劳动力资源丰富的优势，用劳动积累弥补资金积累和物资积累的不足，探索出了一条壮大集体经济实力的有效途径；三是寻找新的生长点，发展产业化经营，使其成为带动全县集体经济增长的主导力量；四是管好、用好集体积累。

重拳出击抓减负

——襄阳县抓减负的做法

落实党在农村的各项方针政策，减轻农民负担，清理、化解农村不良债务等等，已成为当前农村改革、发展、稳定的热点问题，已经到了非解决不可的地步，必须采取果断措施。2000 年上半年，襄阳县委、县政府多次召开全县落实农村政策工作会议，先后出台了《关于农村"撤并减"工作的实施意见》、《关于化解乡村不良债务的实施意见》、《关于减轻农民负担的实施意见》，要求广大干部认真学习"三个代表"的重要思想，站在讲政治的高度看待农民负担问题，立足治本，重拳出击，采取六条措施抓农村减负，取得了初步成效。

撤 机 构

在撤机构之前，全县共有管理区、办事处 108 个，作为乡镇派出机构，不仅有在编工作人员，而且大部分聘请有临时工。由于人员多开支大，大的管理区每年需要运转经费 30 万元左右，小的也需要 3 万～5 万元。近年来少数管理区为了弥补经费不足，存在下达任务加码、收缴提留截留的现象。这些管理区的存在，增加了乡镇政府财务支出，加重了农民负担。再加上随着形势的发展，设立管理区的弊端也已经呈现出来。作为政府派出机构，管理区只能代行职权，并不具备独立的法人资格，而实际上它又以政府的面孔出现，代表政府，这在法律行为主体上也构成新的矛盾。这个矛盾不有效解决，将给工作开展带来许多不利因素。因此从多方面考虑，管理区已经到了非撤不可的地步。为此，县委决定将各乡镇下设的管理区一律撤销，实行乡镇对村的直接管理。从乡镇有关部门借到管理区工作的人员，包括任职的干部，职务自然免除，一律回原单位重新安排工作。管理区聘用的临时人员，一律清退。目前，全县 108 个管理区已全部撤掉，清退临时人员 364 人、聘用人员 273 人，回乡镇直机关 459 人，涉及人员总数达 1 106 人。撤掉后的管理区正在清产核资，对固定资产，有的进行了变卖处理，有的派专人看守。管理区撤销后，年节约经费约在千万元左右。

本文原载于 2000 年 11 月 3 日《人民日报》内参选编、中共湖北省委《政策》2000 年第 12 期。

并 学 校

村办学校为方便群众、普及九年制义务教育，发挥过重要作用。但目前，农村由于计划生育政策得到了很好贯彻实施，人口出生率降低，人口绝对增长量得到有效控制。在适龄儿童中，全县年出生人口最少的村只有 8 人。这些孩子上学的时候，如果仍按原村办小学要求办完小，1 名教师平均不到一个学生。这样既不利于师资力量优化配置，造成师资浪费，同时也增加了农民负担。为此，县委对全县农村中小学布局进行了大规模的调整，实行乡镇办初中，联村办高小，大村办完小，小村办初小。目前，全县已合并中小学校 63 所，1 163 名临时代课教师全部予以清退，同时对公办教师实行定编、定岗、定员，"双向选择，竞争上岗"。

裁 冗 员

近年来，乡镇出现机构减后复增现象，一些乡镇直部门大量聘用临时工，有的村干部达 14 人之多，小组不仅有组长、党小组长、会计、出纳，还有妇女主任、电话员等。乡镇、村组干部人员过多过杂，不仅加重了农民负担，而且因为直接面对基层群众，良莠不齐，损害了政府形象，降低了政府在群众中的威信。襄阳的措施，一是乡镇机关和乡镇直部门借用人员一律回原单位；乡镇机关和乡镇直部门的临时工一律清退；鼓励乡镇机关和乡镇直部门超编人员领办、创办示范服务基地，发展种养加工，参与流通中介服务，广开就业门路。全县乡镇直部门共清退临时借用人员 770 人。二是精简村组干部，清退勤杂人员。村级班子严格按照每村 3～5 人的标准配备。村民小组只设组长，提倡村干部兼任组长，村组一律不再聘用勤杂人员，现有勤杂人员已全部清退。全县共精简村组干部 4 804 人，一年可节约经费支出 4 714 万元。

封 小 车

近几年，襄阳县对行政事业单位公务用车进行了严格控制，但仍有一些单位和部门以各种名义私自超标超量购置小汽车。大量购置小汽车，一方面加重了财务负担，小车用油、维修、保养、司机工资都需要支出；另一方面，使一些干部养成了无车不出门、检查隔窗望的不良风气，严重脱离了基层群众，老百姓对此一直甚为反感。为革除弊端，彻底转变干部工作作风，县委、县政府下决心来一次清理，出台了《汽车管理使用办法》，规定除特殊部门（如公、检、法）外，原则要求一个乡镇、一个部门只配一辆小汽车，县直二级单位、乡镇直部门一律不得购配小汽车。截至目前，封存小汽车 43 辆，并已拍卖 26 辆。

化 债 务

农村村组债务来源主要有三部分：一是超前兴办公益事业；二是提留收不上来举债垫交；三是开支过大，经费不足借债弥补。这三种现象在各地都普遍存在。针对这种情况，襄阳县的做法：一是拓宽化债思路。把清债核本、换据降息、规范利率、债权抵债等措施，一步一步抓落实。将农村合作基金会清欠与集体化债有机结合起来，互相抵换，一举两得。二是从严管理，禁止增加新债。坚持"五不"：不准提前收款，不准借款上交提留，不准借债兴办公益事业，不准向农民收钱还债，不准增加新的债务，杜绝了前减后增、减而复增现象。目前，各乡镇债权、债务底子已经摸清，正抓紧降息换据。初步统计，全县降息额达 4 563 万元。

抓 规 范

减负工作是一项长期工作。襄阳县连续三四年遭受严重自然灾害，对农业影响很大；由于转轨时期，买方市场出现，绝大部分农产品的价格低迷等因素，直接造成了农业减产、农民减收。虽然县里对减负工作一直抓得很紧，但是仍有少数乡镇的部分村我行我素，不按要求办，有农民负担卡填写不规范的，有屠宰税平摊的，有擅自巧立名目收费的，有强行要求村组农户征订报纸杂志的，许多问题在调查中都有所反映。一句话，不按规定政策办。为彻底将农民负担减下来，县委县政府狠抓了农村负担规范化管理：

一是重新下达农民负担预算方案。县政府对今年的农民负担方案进行了核减，取消了预提共同生产费、以资代劳费、电影费，核减后的负担总额为 10 667.4 万元，人均 107.75 元，比 1999 年人均减少 19.31 元，并以县政府文件重新下达到各乡镇。28 个乡镇全部按照重新核减的负担标准制定了本地农民负担方案，并且一个标准下达到村，分解到户。二是重新填发农民负担卡。按核减后的新标准，逐户规范填写，真正做到一卡管全年，一卡管全费，确保农民负担控制在规定收取范围之内。三是坚决实行据实征收特产税、屠宰税。着手建立完善特产税税源册籍制度，严格按规定据实征收；屠宰税实行谁屠宰，谁经营，谁交税。对于已经平摊收取的特产税和屠宰税，坚决清退。四是严格查处农村"三乱"。认真清理收费文件及收费项目；对已宣布废止和取消的文件和项目，重新审查，严防清而复乱；对擅自巧立名目的收费，坚决取消，并追究当事者责任；对有偿服务，坚持群众自愿的原则，由服务部门直接与农户签订合同，实行先服务后收费，杜绝行政干预、强行服务。五是强化农民负担资金管理，实行"一个漏斗"向下，"三提"资金由村级收、管、用；"五统"资金由乡镇经管部门统一收管和监督，禁止挪用农民负担资金和平调村"三提"资金。

内陆城郊村发展现状与走势探微

——基于基层联系点湖北省枣阳市
王寨村的典型调查

城郊村地处城乡结合部，兼具城市和乡村的双重特征，"亦城亦乡"与"非城非乡"的特殊性，决定了其既可能获得城乡的"双重利"，也可能遇上城乡的"双重弊"。为了解内陆城郊村的发展现状与走势，进而观察当前农村发展形势，结合落实中央和部党组关于建立领导干部联系点制度等有关要求，2014 年 12 月 18 日—21 日，我们赴湖北省枣阳市环城办事处王寨村进行实地调研，与当地干部、农民专业合作社负责人、民营企业主、返乡劳动力、种养大户等进行座谈，深切感受了近年来我国内陆农村的发展变化，了解到了一些具有时代特点的发展新趋势、新情况和新问题。

一、基本情况与发展成效

环城办事处王寨村位于湖北省枣阳市城西 5 千米处，316 国道两侧，交通便利，东与西郊社区、南与崔庄村、西与赵集村和齐集村、北与杨坡村为邻，东西横宽 2 000 米，南北纵长 2 500 米，总面积 5 平方千米。辖 10 个村民小组，430 户，全村共有人口 1 649 人，劳动力 980 人，常年外出务工人员 240 人。全村党员 51 名，其中女党员 2 名；村组干部 13 人，其中两委班子 3 人。全村耕地面积 4 800 亩①，其中水田 1 638 亩，旱地 3 162 亩。预计 2014 年，农村居民人均纯收入将达到 12 000 元。

近十年来，王寨村经济社会发展发生了明显变化，主要体现在：

一是农民收入快速增长，工资性收入成为主要来源。2005 年王寨村农民人均纯收入 3 314 元，2013 年达到 10 956 元，9 年间增长了 3.3 倍，比 2013 年同期全国农民人均纯收入水平高出了 23.2%。农民人均纯收入快速增长主要得益于工资性收入的快速增加。2005—2013 年王寨村农民工资性收入增长了 5.5 倍，其主要来源于在外务工和在本地企业务工收入（表 1 给出了近十年来王寨村农民人均纯收入变化情况）。

本文原载于《农村工作通讯》2015 年第 6 期，才新义、冯伟共同调研。

① 1 亩≈667 平方米，下同。

表1　近十年来王寨村农民人均纯收入及变化

年　份	农民人均纯收入（元）	其　　　中			
		家庭经营收入	工资性收入	财产性收入	转移性收入
2005 年	3 314	2 222.0	983.5	6.2	102.3
2010 年	6 817	3 026.4	2 540.7	46.7	439.6
2013 年	10 956	5 361.4	4 805.5	76.4	712.7
2014 年预计	12 000	5 476.8	5 700.4	88.3	734.5

二是产业结构显著优化，第二产业成为重要支柱。2005 年，王寨村第一产业总产值为 998.7 万元，占全村全部产值的比例为 53.4%，全村一、二、三产业的比值为：53.4∶38.5∶8.1；到 2013 年，王寨村第一产业总产值为 2 090 万元，占全村全部产值的比例下降为 40.3%，全村一、二、三产业的比值变为：40.3∶52.0∶7.7。其中第二产业收入增加较快的原因是自 2005 年以来，该村先后引进了三杰粮油集团、华新建山水泥、盛彬材料装饰公司等 7 家工业企业（图 1 给出了近十年来王寨村产业结构变化情况）。

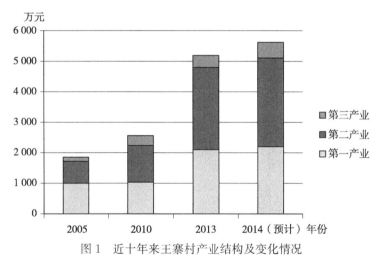

图 1　近十年来王寨村产业结构及变化情况

三是支农政策得到贯彻实施，农民得到实惠不断增多。2004 年，中央开始实行良种补贴和粮食直补，2006 年，又实行了农资综合补贴和农机购置补贴，农民的转移性收入逐年增加。2005 年，王寨村农民亩均获"两项"补贴 38 元，2010 年，农民亩均获"四项"补贴资金达到 82 元，到 2013 年，农民亩均获补贴资金达到 150 元以上。在社会保障方面，目前全村所有农户均参加了农村合作医疗和农村居民养老保险，符合条件的 31 个贫困户、13 个五保户、54 位复转军人均获得了低保与优抚保障。

四是村容村貌和人居环境得到明显改善。2009 年，王寨村实行了农村电网改造，村民灌溉用电和照明用电均实现正常化，极大地方便了群众生产生活。2010 年底，全村实现了通自来水管道，所有村民都能饮用到干净放心的自来水。近年来，全村道路基本实现了硬化，从 2010 年以来，已硬化道路 9.7 千米，碎石路 20 千米。在农村沼气建设上，该村是全市第一批沼气建设受益村，目前，使用沼气的农户达到 32 户。在公共卫生上，该村目前建有 1 个村级卫生室，占地 120 平方米。另有 1 个私人诊所，共有 6 个床位。在文化设施上，建成了一处图书阅览室。在新农村建设上，组建了环境整治专班，对辖区垃圾进行定期清运，并在 316 国道两侧安装路灯 48 个，花坛 20 个，绿化植树 5 000 多株，硬化田间作业道 3 千米，有效改善了村容村貌和村民人居环境。

二、值得关注与思考的问题

（一）农民"懒种"庄稼和农业靠天吃饭

王寨村农作物种植以小麦、水稻和玉米为主，小麦常年种植在 4 000 亩左右，水稻在 1 000 亩左右，玉米在 3 000 亩左右。2013 年，王寨村小麦、水稻和玉米三大作物亩产分别约为 500 斤、500 斤和 550 斤，比全国平均水平分别低 35%、78% 和 46%。纵向看，比 2005 年王寨村三大作物亩产水平也分别低了 60%、100% 和 45%（图 2 为近十年来王寨村主要农作物播种面积和单产变化情况）。

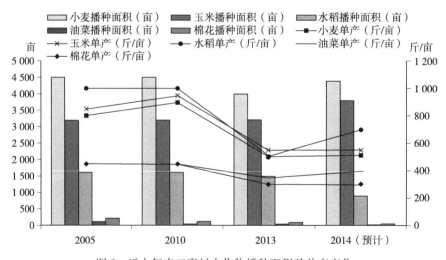

图 2　近十年来王寨村农作物播种面积及单产变化

导致王寨村农业生产水平低下的直接原因，是农民"懒种"庄稼和基础设施薄弱导致的粗放的生产经营模式。调研中，我们了解到，王寨村从事农业生产的人员多为 40 岁以上的非青壮年劳动力，且这些人基本上是常年在外务工或在本地从事非农产业，每年只是在 5 月底到 6 月中旬的农忙时间从事农业劳动，其余时间很少对庄稼进行管理，当地俗称"种懒庄稼"。农户在选择种植作物时，也多选择机械化收割程度高，便于管理的小麦、玉米等大田作物，以减少投入的劳动工时。此外，王寨村地处鄂西北的山岗地区，地理条件不利于土壤蓄水，农业生产高度依赖于自然降水和水利灌溉。近五年来，王寨村所在的枣阳市遭遇了连续 5 年的严重干旱，年平均降水量在 800 毫米以下，2011 年和 2013 年更是不足 600 毫米，这也直接导致了水利灌溉设施不是很好的王寨村农作物大幅度减产。

专栏 1

一个种粮大户的无奈

谭泽发是王寨村 3 组的小组长，今年 59 岁，也是村里的种粮大户，常年种植面积在 50 多亩。谭泽发有一个同岁的老伴和两个已经结婚的女儿，大女儿夫妇常年在广东打工，二女儿夫妇在枣阳本地教书。

问：租种了多少亩地？每亩租金是多少？

答：自己家有 15 亩地，本家兄弟外出打工了，他家的 16～17 亩地我代种着，种地没要钱，补贴是他的。另外还从村里其他农户零星地租了 20 多亩地，开始不要钱，就是补贴归人家，这两年才一亩地给别人一百来块钱租金。

问：种了哪些东西？今年收成如何？

答：春季种的全是小麦；秋季种的有玉米，大概 40 多亩，水稻 2 亩多，棉花 2 亩多，花生 1 亩半，还有就是 1 亩多的西甜瓜。今年收成很不好，不够本啦，小麦平均 500～600 斤，玉米没有水的 1 亩地才能收 200～300 斤，有水的地能收 1 000 斤。我们这儿种的都是"懒庄稼"，有水还好，没水的地没法种。

问：粮食都卖了吗？

答：收下了都卖了，小麦平均 1 斤 1.1 元，玉米 1 斤 1.12 元

问：明年打算扩大面积吗？

答：没有，年纪大了种不了那么多，村里的地机井、沟渠和道路都坏了，没人修，种也种不出个啥样子。

造成农民"懒种"庄稼和靠天吃饭的背后有很多原因，主要体现在：一是农业比较效益低。目前，大田农业种植的都是普通粮食作物，一年两季作物每亩地的纯收入不足千元，还不如农民外出打工一个月的收入。此外，受农业生产资料上涨和社会用工成本上升的影响，农民种地成本呈上升态势。2005年枣阳农民种地每季每亩成本投入约为350元，到2010年成本增加到500元，2013年生产成本则达到600元。传统农户兼业化日益严重，他们已经越来越不把种地当回事。二是农业基础设施仍然比较薄弱。一方面，水利基础条件差，枣阳市水资源贫乏，过境水少，且境内丘陵岗地面积大，相当一部分岗地水利条件改善难度大。另一方面，农田水、电、林、路、渠综合治理没有完全配套，导致生产设施档次低，配套设施不完善，高标准农田比例不高，制约了农业综合生产能力的提高。三是农业科技投入不足。长期以来，枣阳市农业科技投入增长严重滞后于经济增长速度，在科技队伍建设、科技机构完善、科技宣传和新技术推广应用等方面投入不足。四是农业服务体系不健全。由于资金投入、人事编制等问题的制约，造成农业服务体系不健全，加之服务机构机制不活、体制不健全等问题，使服务体系很难发挥自身作用，有一些地方和部门甚至呈现出"网破、线断、人散"的局面；科技人员素质不高，科技队伍人心不稳，多数人知识老化，农村普遍存在新技术、新品种推广不开，农业信息获取缺乏有效渠道等问题仍是一种较为普遍的现象。

农民"懒种"庄稼和靠天吃饭，凸显了当前中国特色现代农业建设过程中谁来种地和如何扶持种地的问题。享有优越区位、人才、资本、信息等现代要素相对富集的城郊村农业水平尚且如此，这不能说不是一件是值得注意和警惕的事情。看来，在中央财政不断加大支农投入的情况下，在全国取得粮食产量"十一连增"的成绩与殊荣之后，我们对于农业综合能力的判断依然不能乐观。

（二）土地流转带来的正负效应

近十年来，王寨村土地流转规模逐年扩大，流转价格不断攀升。2005年，本村以转包和互换形式，流转耕地130亩，流转价格为140元/亩。从2010年开始，农村土地流转步伐加快，流转价格也水涨船高，由于该村地处城郊，流转价格也高于普通农村。当年土地流转价格达到600元/亩，其中，一般性大田种植的土地流转价格为一年450元/亩，种植经济作物的土地流转价格达到一年800元/亩。到2013年，每亩土地流转费达到850元/亩，全村40%～50%的土地有不同程度的流转，土地流转总面积近900亩，占耕地总面积的近20%，其中流转30亩以上的有10户，流转50亩以上的5户，流转面积100亩以上的3户。王寨村土地流转形势是枣阳市的一个缩影。据了解，枣阳市2014年预计全年流转农村土地65.3万亩，比上年末增加14万亩；其中规模经营面积53.7万亩，同比增加13万亩。

伴随着土地流转规模的扩大，王寨村也涌现出一批规模种养大户和农民专业合作社等新型经营主体。据统计，到 2013 年末，全村共有各类种养殖大户10 户，其中，粮食种植大户 5 户，水果种植大户 2 户，花卉苗木培育大户 2户，养殖大户 1 户；拥有农民专业合作社 5 家，网络社员 95 户。在种养大户上，王寨村在 2007 年引进了邻近乡镇的养鸡大户苏洪波，其在该村流转土地100 亩，注册资本 120 万元，建起了年产 5 万只的蛋鸡养殖场，年产鲜蛋 150万斤，毛收入达到 700 万元，纯利润达到 160 万元；养殖场还从王寨村聘请雇工 10 人，每人年工资 3 万元。王寨村七组村民齐兴兵，自 2008 年以来，流转了该村的 280 亩耕地，种植小麦和花生等作物，2014 年，种植小麦 260 亩，单产达到 360 千克。规模化新型经营主体的出现推动王寨村农业产业结构加快调整，种植业、林业、牧业和渔业四个产业的比重由 2005 年的 61：10：36.5：13.5 改变为 2013 年的 43：2.8：47.8：6.2（图 3 给出了近十年来王寨村农林牧渔业产业结构变化情况）。

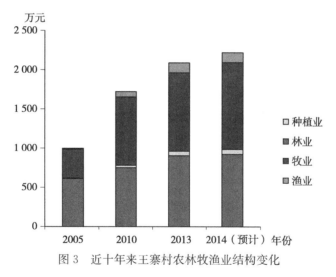

图 3　近十年来王寨村农林牧渔业结构变化

实践证明，土地流转和适度规模经营是我国发展现代农业的必由之路，有利于优化土地资源配置和提高劳动生产率，有利于保障粮食安全和主要农产品供给，有利于促进农业技术推广应用和农业增效、农民增收。当然，在推进土地流转和适度规模经营过程中，新问题也会随之而来，从平时调研了解的全国情况看，最突出的问题是一些工商资本进入农业后，贪大求洋，大量圈地，以追逐高回报为目的，非农化特别是非粮化的倾向十分明显。为此，前不久中共中央办公厅、国务院办公厅专门印发了《关于引导农村土地经营权有序流转发展农业适度规模经营的意见》。《意见》提出，推动土地流转，要以经营规模适度为目标，促进粮食增产与农民增收；要以农户家庭经营为基础，积极培育新型农业经营主体；要以尊重农民意愿为前提，引导土地规范有序流转。

应清醒地认识到，我国这样一个人多地少的国家，在推进农业现代化过程中，不能脱离实际片面追求超大规模经营，要充分认识实现土地适度规模经营的长期性和复杂性。发展适度规模经营，既要积极鼓励，也不能拔苗助长，要与城镇化进程和农村劳动力转移规模、农业科技进步和生产手段改进程度、农业社会化服务水平提高相适应。

专栏 2

种植能手梁运志的租地困境

2013 年，王寨村引进种植能手梁运志，注册资本 600 万元，成立了枣阳市运志红提葡萄种植专业合作社，种植优质葡萄。2014 年，年产葡萄 3 万斤，实现销售收入 32 万元，纯收入达到 15 万元。同时，合作社还常年雇工 8 人，季节性短工 7 人，解决了 15 个本村劳动力的就业问题。由于王寨村地处城郊，地理区位优越，为拓展经营收入，合作社拟结合葡萄采摘，开展农家乐项目。目前，合作社已投资新建了 20～30 间房舍，占地面积约 5 亩，拟于 2014 年正式对外营业。

为稳定经营业务，合作社拟长期从农户那里租用土地，协商后采取的办法是，参照国有土地征用的办法，每亩一次性补偿农户 2.2 万元，从农户手上买断到 2022 年的承包经营权。目前合作社面临了两个问题：一是大规模的投入产生了巨大的资金压力，合作社急需融资；二是据环城办事处有关部门介绍，合作社的这种租地和占地方式存在很大隐患，一方面农户只是放弃了理论上的承包权，法律上无法确认；另一方面，国土部门对农业用地占用有明确限制要求，超过一定面积必须拆除。

（三）农村劳动力回流和就近就地转移就业

近十年来，王寨村劳动力就业结构和就业地域发生了深刻变化。据统计，2005 年全村有劳动力 731 人，其中常年外出打工人员 126 人，占全部劳动力的 17.2%；在本地从业人数 605 人，占全部劳动力的 81.8%，其中在本地从事二三产业人数 114 人，占全部劳动力的 15.6%。2010 年，全村有劳动力 846 人，其中常年外出打工人员 177 人，占全部劳动力的 20.9%，占比上升；在本地从业人数 669 人，占全部劳动力的 79.1%，其中在本地从事二三产业人数 263 人，占全部劳动力的 31.1%，超过了外出打工人数。2013 年，全村有劳动力 980 人，其中常年外出打工人员 240 人，占全部劳动力的 24.5%，占比继续上升；在本地从业人数 740 人，占全部劳动力的 75.5%，其中在本地从事二三产业人数 438 人，占全部劳动力的 44.7%，接近外出打工人数的 2 倍（表 2 给出了近十年来王寨村人口和劳动力就业变化情况）。

表 2　近十年来王寨村人口和劳动力就业变化

年份	总人口	劳动力	劳动力从业结构			
			在本地从业人数	其中		外出务工人员
				从事第一产业	从事二三产业	
2005	1 360	731	605	491	114	126
2010	1 480	846	669	406	263	177
2013	1 649	980	740	302	438	240

从上述分析中可以看出，随着王寨村人口和劳动力人数的增加，外出务工人员和本地从事二三产业人员占比出现了双增加，而后者增加更快，这反映王寨村出现了大量劳动力返乡就业——回流现象，以及就近就地转移就业的快速增长。调研中，我们了解到，王寨村大规模人口外出打工出现在 2000—2003 年，那时候农业负担较重，农民收入较低，刺激了劳动力大规模转移就业。此后，随着农村税费改革的实施、农业补贴政策的出台以及地方经济的快速发展，出现了劳动力回流和就近就地转移就业为主的现象，并在近年来成为普遍趋势，这主要是大的环境因素。从小环境来看，王寨村外出劳动力加速回流和选择就地转移就业，主要有两方面的原因：一方面，王寨村近年来先后引进了三杰粮油集团、华新建山水泥、盛彬材料装饰公司、枣阳市神鹿摩擦材料、枣阳市和源建材制品厂等 7 家工业企业，显著改变了当地产业结构，为当地直接创造就业岗位 80 多个，占全部非农就业人数近 20%。特别是三杰粮油集团是省级农业产业化龙头企业，全国面粉企业 50 强，不仅直接贡献就业岗位 40 个，还间接带动当地粮食购销行业发展，提升了农业产业化经营水平。

另一方面，王寨村地处枣阳市郊，交通便利，地理区位优越，受枣阳市经济快速发展影响，城郊经济迎来良好发展机遇。1998 年开始，王寨村开始谋划沿 316 国道两侧建设小集镇，以宅基地出售为手段吸引了周边村镇居民来此居住创业，受到了广泛欢迎。目前，该村沿 316 国道两侧已形成长约 1 千米左右的城郊集市，有近 60 家各类经营户在此定居和经营，外来人口达到 200 多人，其工业企业也主要聚集于该区域，有力地促进了该村经济的发展，也吸引本村居民大量在此居住和就业。

专栏3

王寨村的外来户

杨光军，42岁，男，枣阳市琚湾镇程岗村人，家里有老婆、儿子共3口人，老婆在王寨村经营日用百货商店，儿子在外地打工。

问：你是哪一年来到王寨村的？之前是在哪里？

答：2005年，之前在广东一个空调厂里当工人，干了几年感觉老是在外面飘着也干不成事，就考虑回来做个生意。

问：你来这里买厂子花了多少钱？为什么来这里买？

答：花了5万元，买了200平方米的厂子，盖了两层，一层是门脸用来做生意。来这里主要考虑这市场好，做生意方便。

问：听说你牵头成立1个合作社，能简单介绍一下吗？

答：合作社是2013年成立的，名字叫阳光雨露种植专业合作社，社员有5户人，目前投资了100多万元，承包了300多亩地，主要用于购买农机和田间水利设施建设。有200多亩在老家琚湾镇程岗村承包的，承包价格比较便宜，一年200元/亩；另外100多亩在王寨村承包的，承包价格比较贵了，一年800元/亩。

问：主要种植哪些作物？未来有什么打算？

答：目前主要种植的是小麦、玉米等大田作物，试种了一些苗木，考虑到风险，等以后再逐步扩大。

从一定角度看，王寨村的人口流动也是全国的一个缩影。20世纪90年代以来，农村剩余劳动力大规模、候鸟式往返迁移成为我国经济社会发展的显著特征。据统计，2013年全国农民工总量为26 894万人，比上年增长2.4%。其中，在户籍所在乡镇地域外从业的外出农民工为16 610万人，比上年增长1.7%；在户籍所在乡镇地域以内从业的本地农民工为10 284万人，增长3.6%。由此可见，我国农村剩余劳动力转移还在持续进行中。与农村劳动力外出打工相伴随的是农村劳动力的回流现象。根据农村剩余劳动力转移的推拉理论，农村劳动力回流也存在推力和拉力两个方面的原因：一方面，从回流的拉力来看，传统的农村剩余劳动力转移主要是从中西部向东部转移，近年来随着中西部经济的快速发展，中西部地区创造了更多的就业岗位，为农民工就近就地转移就业提供了可能；另一方面，从回流的推力来看，长期以来，农民工进城务工在就业、居住、教育、社保等方面遭遇了多种歧视和差别对待，使他们很难融入城市定居下来，因而在达到一定年限和积累一定收入后，回乡定居就业成为一种必然选择。当前，我国正在全面推行新型城镇化发展战略，在鼓励农民工返乡创业的同时，更要深入研究和解决农民工如何融入城市问题，使农民工真正实现市民化。

专栏 4

回乡上班的王寨村人

李霞，王寨村 5 组人，女，今年 32 岁，有一个儿子，丈夫在街上做装潢生意。李霞目前在三杰粮油集团上班，从事会计工作。

问：你是哪一年来三杰粮油集团上班的？之前在哪工作？

答：我是 2011 年底来三杰上班的，之前在武汉的一家私营企业，在那工作了 10 年。

问：那你为什么会回来呢？

答：那时我有了孩子，不想和孩子分开，就回老家了。回来后看到三杰公司在招聘，就应聘进来了，这样离家近，既可以照顾孩子，又不耽误工作。

问：你知道你们还有其他人在这里上班吗？你们的工资水平如何？

答：村里有很多人在这里面，在车间的人比较多，我们这里管理人员工作每月 2 000～3 000 元，车间操作工人比较高一点，每月有 3 000～4 000 元。

问：你考虑长期在这工作下去吗？

答：现在还说不好，目前主要考虑孩子比较小，在这里上班离家近。但如果以后工资一直这么低，会考虑跳槽。

（四）农村集体债务沉重和集体经济发展缓慢

20 世纪 90 年代，王寨村响应国家大办乡镇企业的号召，靠村民集资，投资兴办了村集体企业——王寨造纸厂。该厂 1995 年开始建设，1997 年正式投产，开始时生产效益较好，年销售收入最高时达到 700 多万元，在枣阳当地造纸企业中排名前列，是当时的纳税大户。但受集资建厂、借款利息高、经营管理不规范、污染大和有关政策性因素等影响，造纸厂于 2000 年破产清算，形成了近 1 000 万元的村办企业负债，占该村 1 060 万元集体债务总额的 90% 以上。在高额债务的压力下，王寨村无力进行投资，村集体经济发展十分缓慢。目前，村集体收入主要来自于土地发包收入和上级财政转移支付收入。2005年，村集体经济收入为 4 万元，主要为村机动地发包收入。2010 年，收入达到 6 万元，其中，上级财政转移支付 3.6 万元，发包等其他收入 2.4 万元。2013 年，收入达到 22.7 万元，在维持上级财政转移支付不变的情况下，发包等其他收入达到 19.1 万元。2014 年预计总收入达到 24.2 万元，其中发包等其他收入达到 20.6 万元。

王寨村村级债务问题是枣阳市的一个缩影。2003 年税费改革初期，枣阳市锁定农村债权债务，村级债务总额 88 089.14 万元，每个村平均 164.04 万元，扣除有效债权 51 654.58 万元，净负债 36 434.56 万元，每个村平均净负债 67.85 万元。2009 年湖北省政府组织省审计厅、财政厅、农业厅、民政厅等职能部门组成专班，对农村集体债务进行核实，2009 年省政府核定枣阳农村债务总额 6.4 亿元。

农村债务问题是历史上形成的，原因是多方面的，现阶段，农村集体债权债务凸现的突出问题，直接影响着农村社会和谐稳定。此问题如果解决不好，不仅影响农村改革发展稳定大局，同时也将使不少地方因债务包袱沉重而导致在新农村建设中裹足不前，无所作为，阻碍农村集体经济健康发展，造成村级公益事业长期投入不足，生产和生活条件难以得到改善。因此，全面深化农村改革，加快推进农业现代化，必须思考在新的历史条件下村级债务化解如何破题，如何壮大农村集体经济的问题。

专栏 5

枣阳市村级债权债务概况

2003 年、2009 年枣阳市农村债务锁定后，枣阳市严格按照上级的指示精神，杜绝新增债务的发生，并采取清收债权、增收节支、化转债务、资产拍卖等措施，积极化解债务，收到了一定的效果。截至 2013 年底，共清收债权 10 783.58 万元，化解债务 16 942 万元。清收后的债权还有 40 871 万元。其中：（1）外单位欠款 2 912 万元；（2）所属单位欠款 947 万元；（3）外单位个人欠款 2 807 万元；（4）农户欠款 22 889 万元；（5）应收未收款 2 807 万元。

化解后的债务还有 71 147 万元。其中：（1）金融部门贷款 6 176 万元，在现有债务中占 8.7%；（2）单位借款 3 400 万元，占 4.8%；（3）个人借款 48 255 万元，占 67.8%；（4）其他借款 13 316 万元，占 18.7%。按用途分类，化解后的现有债务 71 147 万元，其中：（1）生产性支出 7 520 万元，占 10.6%。（2）公益性支出 35 307 万元，占 49.6%。包括教育支出 17 171 万元，在公益性支出中占 48.6%；道路建设 10 024 万元，占 28.4%；卫生支出 2 590 万元，占 7.3%；其他公益性支出 5 522 万元，占 15.6%。（3）管理费用 5 440 万元，占 7.6%。（4）应付未付款 22 880 万元，占 32.3%。

三、推进城郊村发展的对策措施

当前，农业与农村形势总体向好，但发展仍存在多重制约，需进一步采取措施，促进其健康发展。同时，要根据农村劳动力流动的新趋势，研究针对性政策措施，为回流和就近就地转移的农村劳动力创造良好的从业条件和环境。

（一）推进农业设施装备条件建设，不断提高农业生产水平

一是在农田水利建设上下功夫，重点加强水利工程设施建设，不断改善农田水利条件，扩大有效灌溉面积和旱涝保收面积。二要在耕地保护和建设上下功夫，在严格耕地保护的基础上，实施国地整治、农业综合开发和粮食产能提升工程，确保耕地总量不断增加，耕地质量逐步改善，农业综合产能不断增强。三要在推动农业机械化上下功夫，推广普及新型农机具，推进农业全程机械化，稳步提高农作物耕种收综合机械化水平。

（二）加大科技推广力度，提高农业科技水平

进一步完善农业科技推广体系，加大实用技术推广力度，办好新品种、新技术试验示范，推广测土配方施肥技术，引导农民逐步减少化肥使用量，防范农业面源污染；大力开展农技推广补助项目，开展新型职业农民培训，努力提高农民的科技素质和科技成果运用能力。

（三）创新体制机制，构建新型农业经营体系

一是积极培育各类市场主体。加快培育新型职业农民、农民专业合作社、种养大户和家庭农场等新型农业经营主体，加大扶持力度，加强指导服务，实行规范化管理，让各类经营主体在科技推广运用、开展社会化服务、示范引领带动方面发挥重要作用。二是有序推进农村土地流转和适度规模经营。设立工商资本进入农业的必要门槛，防止非农化和过度非粮化，并研究适度规模化之后的土地所有权、承包权、经营权的关系如何长期协调稳定问题。三是加强农业社会化服务。构建以基层农技推广体系为主体，农民合作组织和其他服务实体为补充的多元化、社会化的服务体系，为农业产、供、销提供全方位服务。

（四）发展壮大村级集体经济，积极化解村级债务

一是提高对发展壮大村级集体经济重要性的认识。纠正集体经济"过时论"、"无需论"、"无用论"、"无路论"等错误思想，对村级集体经济的重要作用作出科学界定。二是管好用活村级集体资产。农村集体资产是广大农民多年来辛勤劳动积累的成果，是发展农村经济和实现农民共同富裕的重要物质基础。要建章立制，强化管理，实现村级集体资产的保值增值。三是积极探索化解村集体债务。村集体债务锁定只是权宜之计，不能一放了之，要加大调研力度，分类处理，区别对待，拿出指导性意见。在积极化解农村债务的同时，要进一步加大管理力度，防止新债务发生。同时，要加强农村基层经济组织建设，配强配好村级班子，完善激励机制。

（五）优化发展环境，为返乡农民创业就业提供优质化服务

农民返乡创业有利于农村繁荣发展与和谐稳定，政府部门和村级组织要热切欢迎，积极为他们返乡创业就业提供必要的条件，给予积极支持。要积极顺应农民工回流的新形势，加强对他们的创业就业指导，免费提供求职和用工信息，组织参加人才招聘会，提供自主创业培训。积极开展小额担保贷款、农地流转、征地等政策咨询服务，避免其不必要的损失。协助他们办理医疗等社会保险，保障其子女入园入学等基本权利。有条件的地方要积极创办回乡农民创业园和创业见习基地，支持县域、镇域、村域经济加快发展，做大骨干产业，增强吸纳就业的能力。

踏访乡村民情　聆听大地回声

——关于农村发展主要问题与建议的调查报告

今年春节，我响应部党组号召，利用回家过年的机会，对家乡湖北省襄阳市农业农村发展情况进行了调研，重点走访了襄阳市襄州区（2001 年前为襄阳县，后改为襄樊市襄阳区，2010 年改名襄阳市襄州区）的东津、张家集、黄集 3 个镇，与基层干部群众促膝交流，深入种养大户、乡村企业、合作社、村委会、街道、集贸市场、田间地头实地考察。根据所见所闻，总的感觉是：农村政通人和，中央政策深入人心，干部劲头足，群众心气顺，发展形势好，但同时也有一些值得高度关注的问题。

基层反映的主要问题与呼声

（一）旱灾如虎，基层期盼综合施策，呼唤长久之计

襄阳市常年粮食产量占全国近 1%，全省 1/6、第一位，其中 2010 年夏粮总产 39.4 亿斤，占全国 1.6%。当下，全国农业旱情备受关注，襄阳旱情同样十分严重。站在鄂豫交界处黄集镇彭王村三组麦苗稀疏、泛黄的麦田里，镇干部说：这里已 3 个月无有效降水，全镇 12.6 万亩麦田几乎都像"鬼剃头"一样。镇农技站长王喜照表示："干旱加低温冻害，今年油菜已接近绝收，小麦预计要减产 3 到 4 成。"

然而，面对重大威胁，调研所到之处却几乎看不到抗旱场景。探询得知，除了春节因素，主要有两大主客观原因：一方面，抗旱成本与预期收益存在较大落差，群众没有积极性。张家集镇委书记王鸿举和黄集镇农技推广站干部给算了一笔账：去年张家集镇小麦亩产 900 斤，黄集镇亩产 800 斤，每亩投入约 300 元，亩均纯收益均不足 500 元，今年亩均减产减收预计在 300 元左右，纯收益可能最多只有约 200 元，当地每亩地抗旱浇一餐水一般就需要约 50 元，费工费力不说，结果还很可能得不偿失。另一方面，农业设施薄弱，地方政府无能为力。东津镇委书记苗向阳介绍：该镇有一条滚河长渠，1958 年修建，号称百里长堤，是全镇农业的生命渠。建成后国家一直没有资金投入，原来运

本文原载于农业部计划司《三农问题调研材料》和农业部机关干部春节回乡见闻集。

转一直靠水费和义务工维持，农业税取消后，水费和义务工也随之取消。2006年涨水，长渠决堤 3 处，至今无法修复，对 15 个村的农业生产造成直接影响，其中有 4 个村从 2006 年已经彻底不种水稻了，水改旱 7 000 多亩。2003 年之前有近 10 年时间，我一直在家乡工作，曾在县区 3 个部门和 2 个乡镇任职，在几个村包过点、蹲过点，其中在当时全县有名的后进村东津镇张咀村蹲点一年。此次回访，村支部书记介绍，不仅是滚河长渠维修无门，而且从村旁经过的滚河因治理不到位每年冲毁耕地约 20 亩，10 年间村里仅此流失耕地约 200亩。在黄集镇，镇委书记杨永亮介绍说："当地也有水库，水费取消后管理人员生计、责任心和积极性受到影响，渠、泵等设施装备无人管护。由于末级渠系不配套，现在是看得到水却用不上水，就是政府能拿钱买水，也很难把水引到田里。"

乡镇干部们说：旱情年年有，灾害来了以后上下都高度紧张，忙一阵子，但治理旱灾需要综合施策，不仅设施装备要跟上，而且要真正建立起有钱办事、有人管事、有章理事的长效机制。

（二）城乡建设差距拉大，基层期盼加强小城镇和村级设施建设投入与管理

调研中，不少基层干部群众反映，近年来，农民收入和社会保障水平有了明显提高，但总体上农村建设面貌依旧，与日新月异的城市发展相比，差距越来越大，带来一系列不利影响。

一是小城镇发展缓慢甚至存在停滞和倒退，缩小城乡差距的"桥梁"作用减弱。在乡镇调研，感觉乡镇政府所在地的小城镇建设和管理，几乎都停留在 8 年前的水平，基础设施变化不大，"马路集市"、脏乱差问题明显。因为道路不畅，调研搭乘的车辆在两个乡镇政府所在地均遭遇堵塞在 30 分钟以上。目前的东津镇是上世纪 90 年代后期由原东津镇和王河乡合并组建，调研所到的原王河乡政府所在地虽然仍是当地经贸中心和产品集散地，但集镇已明显破败。地方干部说，小城镇大战略，可是多年来国家对小城镇建设基本没有投入，小城镇发展不足已严重影响了对地方经济社会发展的带动能力，使城乡差距更加明显，一体化难度加大。

二是农村道路建设依然滞后，影响农业生产和农民增收。据了解，"十一五"期间，国家拨付襄州区通村公路建设补助资金 1.3 亿元，完成通村公路 493 条 1 466.44 千米。但是，由于国家每公里仅补助 5 万～10 万元，地方配套困难，导致建设标准过低，道路寿命普遍较短。2000 年我们驻点时争取 30万元帮助村里修建的一条出口路，如今早已多处破损。据东津镇委书记苗向阳介绍，与村相比，现在通组路建设仍然没有政策，问题更突出，全镇 322 个村民小组，60% 以上没有通组公路，修通了的一般也负债较多。张咀村支部书记张青春说:"全村常年蔬菜面积 400 多亩,但由于交通不便,蔬菜很难卖到好价钱。年前村里紫菜卖价仅 0.2 元/斤,而城区则是 1.5 元/斤,如果投资 40 万在村后滚河上架一座桥,把菜卖到河对岸集镇,菜价也能够翻两三番。"

三是村庄建设亟须进一步规范和加强监管。最近几年襄阳城市发展很快,汉江上有 2 座新大桥正在同时建设。伴随着城市和工业发展,不仅地价和房价飙升,而且拆迁与补偿范围扩大。地方干部反映,现在城市规划到那里,大马路、大桥梁修到那里,附近甚至较远的一些村民,都会想到拆迁,于是不正常地刮起新建、改造和扩建住宅之风,企盼通过扩大住房面积将来争取更多补偿。在几个城区考察,发现这一现象的确存在。另有干部反映,有的管理部门对农村住宅建设有以罚代管倾向,以此为部门创造收益,需要尽快纠正。

(三)乡村发展主体弱化,基层期盼高度重视农村人才队伍建设

乡村干部与农民群众是农村建设和发展的主体,但是地方干部反映,近年来,农村人才队伍正日益被"掏空"。

一方面,农村劳动力素质仍在持续下降。据张咀村支部书记张青春介绍:2000 年全村劳动力基本都在家务农,县委驻村工作队来后帮助联系向沿海输出劳动力 30 多人,此后不断带动,现在大部分劳动力都已外出打工,几乎只要能出去的都出去了,其中国际金融危机后,仅在江苏一家造船厂打工的就有 60 多人。目前,该村共有人口 1 543 人,但常年在家和真正能够下地干活的劳动力只有约 200 人。由于缺乏能人带动和参与积极性,包括农民培训在内,村里很多活动都很难组织起来。调研了解,像类似情况的村仍有不少,且数量还在继续增多。

另一方面,村组干部中的"能人"越来越少。张家集镇邵棚村资源条件一般,支部书记梁随政是十几年的老先进。调研中,我们实地考察了他带领创办的年出栏 5 000 头的养猪场、村养猪合作社、有机蔬菜基地,引进投资 1 000 万元已竣工的石料厂,以及村医务室、文化室、运动场等,感受到了全村方兴未艾的发展形势。但是,在全区走访和了解的近 10 个村,其他支部书记多表现为发展无建树、无思路、无信心、无闯劲,勉强维持和等靠要思想依然较为普遍。区镇两级干部反映:现在财政转移支付给村支部书记的工资是 3 600 元/人·年,村"两委"班子其他成员 3 000 元/人·年,要求村"两委"班子交叉任职,一正四副,且要兼任组长。但实际上,仍有不少组不得不单设组长。这样一来,只有将转移支付的工资打散重新分配,人均工资更低。因此,现在选一个像样的村组干部越来越难,绝大多数"能人"都出去了,干部只能在"矮子里头挑将军",然而就算挑出来了也很难留得住。

区镇干部呼吁,国家应进一步重视农村人才队伍建设,通过制定政策、创造环境，在一定程度上让农村人才既能成长起来，又能留得下来。

（四）管理有待创新，基层期盼惠农政策适时调整完善

据襄州区干部介绍，2010年该区共安排各类强农惠农资金约8.6亿元，包括各类农业补贴资金2.6亿元，社保资金1.7亿元，水利建设投入3亿元，通村公路建设补助资金1.3亿元，这些政策都得到了很好的落实，取得了较为理想的效果。同时，部分干部反映，少数政策也出现了效应递减的问题，如果能够进一步改进政策管理体制机制，对某些政策适时进行调整完善，以更加灵活切实，效果也许更好。

一是调整投资结构和方向。比如，近年来襄阳市水利建设投入每年约在5亿～10亿元，襄州区的水利建设投入也达到了一定规模，在这样的财政投资总量中，在重点治理大江大河的同时，如果政策允许，解决诸如东津镇滚河长渠的缺口问题是有可能的。再如，应安排一定的资金规模用于支持小城镇和新农村建设，并加强规划引导和管理。

二是调整部分具体政策。"一事一议、以奖代补"政策效果好，应向组一级延伸。现在与品种挂钩的补贴越来越多，挂一漏万，且核实操作的成本与难度很大，包括粮食在内，实际上最后大多是按承包地面积匡算，很难按实际种植面积兑现，有些已失去政策设计本意，应完善措施。乡村道路补助、农机购置补贴等政策不应给基层按人头、地亩等简单设定指标，否则，有些地方勉强"完成"指标，效果难以保证，而有的地方指标却无法满足需求。

三是改进投资管理方式。明确大的原则和方向后，在强化监督检查的前提下，给基层政府和行业部门更多的自主权，以便于投资更加贴近行业实际，贴近基层千差万别的客观条件。

此外，座谈中，还有一些基层干部表示，实践证明，农村发展归根到底要靠改革，但目前农村改革的力度不够大。客观上与改革的难度越来越大，能引起重大影响的"爆破点"越来越少有关；主观上也与现在真正下功夫研究和推动农村改革问题的部门越来越少，各方面给予的关注和投入的精力不够有着直接联系。希望各级各有关方面多在推动农村改革创新上下功夫。

思 考 与 建 议

当前，农业农村发展面临的问题很多，可以说是千头万绪、千差万别，一时半会儿，很难一条条理清，更不可能一把尺子度量。但是，水利、乡村人居环境、农村人才、体制机制改革创新，永远是关乎农业农村发展全局和根本的大事，一事解决，万事尽在其中，很多问题都可能迎刃而解。更重要的是，总体上，基层反映的问题全面、客观、切实，值得引起深入思考和高度重视。为此，简要提出如下建议：

（一）认真研究制定解决农业水利问题的各项综合配套政策措施

深入学习贯彻中央 1 号文件精神，抓紧研究推动各项具体措施出台。在积极争取加大资金投入，加强农田水利设施条件建设，特别是农田末级渠系及配套设施建设的同时，组织力量深入研究影响农业用水问题的各种关键制约因素，总结各地实践经验，借鉴国内外成功做法，制定综合配套政策，建立符合实际、能够从根本上解决农业水利问题的长效机制。

（二）立足职能促进小城镇繁荣发展和农村基础设施建设

高度重视小城镇对农业农村经济发展的辐射带动作用，鼓励市县农业科技部门和农民培训机构在小城镇设立固定站点，加强小城镇农产品市场建设，引导农民专业合作社、农业龙头企业向小城镇集聚，尽力支持小城镇繁荣发展。努力加大农村清洁工程、沼气工程建设力度。积极推动其他有关小城镇和村组基础设施建设政策出台，研究制定加快小城镇发展的意见，强化村庄建设规划引导和监督管理。

（三）推动实施农村人才队伍发展振兴重大工程

研究制定农村人才队伍发展振兴规划，深入分析农村人才队伍发展现状和形势，明确今后较长一个时期内农村人才队伍发展的国家战略。以农业科技人才和农村实用人才为主体，实施农村重点人才培养工程，带动农业农村人才队伍全面发展。同时，推动农村人才管理体制改革，争取政策支持，建立激励机制，积极营造农村，特别是乡村两级干事创业、拴心留人的良好环境。

（四）加强有关强农惠农政策设计和落实效果实地调研

进一步倡导深入基层一线开展调查研究之风，在研究提出政策和实施政策的两个环节，更多更好地问需于民、问计于民，更多更好地听取基层意见，并采取最切实有效的方式加以实施。同时，积极推动有关农村体制机制改革，激发农业农村发展活力。

在三二村感受主产区农村从内到外的变化

2013年5月31日一早，我在严格要求不扰动县乡干部的情况下，让司机驱车直接前往临泽县平川镇三二村，进村入户，就该村农业农村发展现状，农民及村干部生活生产情况等进行走访调研。

张掖是全国最大的玉米种子主产区，三二村位于主产区的核心区，之前我曾经陪领导和单独来过几次，但均是走马观花。在村会议室，我和村党支部书记刘建学挨身而坐，那感觉就像回到了家里，见到了家中的亲人。

一开始，我对刘建学书记说："近年来，农业部每年开展机关干部'百乡万户'调查和青年干部'接地气、察民情'活动，并不断加大选派干部到基层挂职等实践锻炼工作力度。我虽然是农村生农村长的农家子弟，也曾在县乡工作了较长一段时间，近年来也坚持只要有机会就到农村调研，但在快速发展变化的形势面前，仍然总感到对当前农业农村的情况了解得很不够，需要抓紧补课。一到张掖挂职，我就想，这次机会来了，挂职期间一定要找个成块儿的时间，不带随从，直接进村入户，与村组干部和农民群众同吃同住同劳动，以弥补原来调研不深不透的缺憾。并且，去年底，在自认为手头上的几项重点工作完成得差不多的时候，将这一想法专门向市主要领导作了汇报。然而，事不如愿，当我今年打好背包、带上粮油和其他用品准备到村里住下来的时候，几次都被临时的工作任务打断。一年的挂职时间很快就要结束了，看来，集中在村里住几天的奢望这次可能无法实现了，但今天下决心要在村里待上一天。您作为村支部书记，并且我了解到还是优秀的村支部书记，对村里的情况很了解，也应该体会很深，所以我今天给自己的主要任务就是和您唠嗑、聊天、拉家常。我们不设定主题，也不限定时间，随便谈。"

说着话时，刘建学书记起身为我倒了杯茶，待他再次坐定后，我们一问一答的攀谈正式开始。

一、土地流转力度大、效果好，农民收入增长快

问：全村有多少土地，经营情况怎样？

本文原载于《农业部在张挂职干部工作简报》，何磊同志配合调研和材料整理。

答：我们全村是 5 950 亩地，其中，现在给奥瑞金公司流转了 5 000 亩，全部建成了"四化"玉米种子基地；有一个大户流转了 400 亩；剩下 500 多亩村上有 400 多亩的露地葡萄和温室；还有一些农户各家各户建的小果园，土地流转的时候全部保存下来了。

另外，现在村上土地流转掉以后，在我们北部荒漠区那地方搞了 400 亩露地葡萄和 100 多座日光温室，流转给大户的 400 亩地，主要在搞高原夏菜，建立 30 座温室大棚和 20 多座大拱棚，还搞了一个育苗中心，解决本村和周边温室的需求。400 亩露地葡萄现在已经进入盛果期，一亩能有几千到 1 万多元的收入。今年又搞了 80 亩露地葡萄。

养殖方面，现在搞了一个肉牛养殖小区，建了十几栋牛舍，这些牛舍都比较大，宽 11 米，长 73.5 米，基本上一栋就能养 150 头牛，建的时候设施都配套了，这些都是村上统一规划，然后由农户自己修建、自己养殖。

问：村里绝大部分土地都流转出去了，农民特别是劳动力现在都干些什么？

答：从劳动力情况看，村里有 900 多个劳动力，其中在外面打工的将近 600 多人，这 600 多人多一半常年在外面。

追问：这么多人转移出去是什么时候开始的？

答：土地都流转了之后劳动力转移多起来了，之前也有，但是少。现在农民没地了，春天出去打工，有的 11 月份才回来，到第二年 2 月、3 月就又出去了，收入也是比较可观的。出不去的就是家里有学生的、有老人的，这些人把土地流转给"奥瑞金"，"奥瑞金"再反租给他们，劳力多的可以包到 100 亩，少的可以包 50 亩、60 亩，甚至 20 亩。

追问：包这么多地顾得过来吗？

答：如果顾不过来，他再雇人，比方说"奥瑞金"核算一亩地今年用化肥等各种费用是多少钱，然后把钱给承包户，承包户如果顾不过来就自己找人去，目前这样反租"奥瑞金"土地的有 115 户。这 100 多户，正常在这打工的接近 300 人，剩下的一部分人经营日光温室、露地葡萄，再就是搞一些养殖业。

问：土地流转费每亩多少钱？

答：从老百姓的收入状况，我们的流转地分了三个类型（一类地、二类地、三类地），其中一类地占到 90%，二类三类地占接近 10%。一类地 2010 年是按照 1 520 元产值算的，一亩地流转费是 600 元钱；从 2011 年开始流转的时候，按照 1 860 元算，一亩地流转费是 800 元。二类是 700 元，三类是 600 元。之后根据周边地区玉米制种价格上涨的情况，周边地区玉米的价格每亩每上涨 100 元钱（毛收入），纯收入就能给老百姓增加 40 元钱。这样下来到去年和今年，一类地老百姓的土地流转的收入是 1 056 元/亩，一类、二类、三类平均下来，一亩地是 1 000 元钱。

问："奥瑞金"反包土地是怎么一个程序，怎么互惠，双方责权利怎么界定？

答：作为农户，把地包给企业，企业一亩地比如一类地 1 000 多元给农户，土地的经营权就是企业的了，但是企业又没有足够多的人去耕种，就再包给承揽户，从整地、铺膜、点种、除草、施肥、灌水、抽天花、打药到最后收割，这些环节下来，不搞滴灌的一亩地工钱是 600 多块钱，你包一亩地，企业给 600 块钱，哪个环节啥时候干出工就行了。企业有具体的控制措施，比如整地一亩地要 30 块钱，整好以后企业组织管理人员进行验收，验收以后再把钱打到农户的卡上，地整完以后要铺膜，一亩地是 25 块钱，膜是企业按照面积提供的，一亩地铺几公斤膜都是实验好的，必须要都铺过来，铺不过来承揽户自己就要承担责任。化肥也是算好的，交给承揽户，比如今天这一片全部要撒化肥，社长就把所有的承揽户组织到一块，统一施肥。化肥撒完，企业验收后，就按照施肥面积支付工钱，参与的人均摊。还有一种情况就是企业把化肥交给承揽户，由承揽户在企业的监督下按时限要求完成自己承包地的施肥工作，然后企业再支付费用。

（这时，进屋参加谈话的镇政府包村干部田志国插话：从这几年玉米制种产业发展的情况看，我们的老百姓从内心还没有偷工减料的想法。10 年前，酒泉的玉米制种发展得比我们好，但是通过多年发展以后，偷工减料的问题逐渐显现，原来都是亩包产值，不管产量多少都是那些钱。我们张掖发展玉米制种已经 10～15 年了，老百姓这么多年了在耕作上还没有那种少施肥、少管理的想法。反租倒包是土地流转的一个初级阶段，以后会逐步被机械化替代而越来越少。奥瑞金在我们平川镇整个流转的土地面积已经达到 1.6 万亩，企业从管理角度来说也是一个逐步完善的阶段，以后随着滴管、精准农业、机械化等这些技术应用普及，反租倒包应该会慢慢退出。）

问：咱们这里因为玉米秸秆多，养殖这一块是不是条件比较好，效益怎么样？

答：我们建了个养殖小区，也是一部分出不去的农户在那里搞养殖。养殖小区涉及 10 户，其他各家各户都是家庭养殖，每家养个几头，分散养殖。一是养羊，有 60 多个农户，养了几千只，多的六、七十只，少的二、三十只。关于饲草，"奥瑞金"第一年的时候，父本 20 元钱一亩出售给农户，从去年以后"奥瑞金"也不要钱了，包给谁的谁自己割去，企业一分钱不要。剩下的秸秆年底以后，老百姓愿意要，一亩地按照 20 元钱卖给农户，没人要的就粉碎后还了田了。出栏的羊一只能卖 1 000 多块钱，下的三个月大的羊羔最少能卖

500 元。二是羊牛，全村还有 1 千多头牛，3 个月的小牛好点能卖到 6 000～7 000元钱，育肥后一般都能卖到 1.5 万～2 万元。奶牛也有，我们村上有几户在别的村子上养着，效益也不错。

问：目前全村的农民收入是个什么状况？

答：全村一年的流转费接近 540 万元。出去打工的人员平均一个人一年收入 1 万元钱，这一块就有 600 万元。我们曾经在外出务工的人员回来的时候开过座谈会，两口子从 3 月份出去（打工）到 11 月份来，两个人基本能挣 5 万元钱，有手艺的两口子能挣到 10 万元钱。我们算这个账的时候，粗略的按照一个劳动力挣 1 万元算的，这就是 600 万。在家的反租倒包的，按照 1 个人挣 5 000元钱算，大概能挣 100 多万元。

追问：前几天全国公布的农民工年平均工资我记得是 2 290 元/月，这样下来一年两万七千多块钱以上，你们算的 1 万元是不是少了？

答：我们这是拉平算的，平均下来的大概数字。这样下来我们村的人均纯收入是 8 000 多元，实实在在的算的话其实早过了万了。就这 8 000 多元在全县来说已经是很高的了。

问：新农村建设是什么情况？

答：这几年主要有危旧房改建资金，从 2001 年的每户 2 000 元开始上升到 4 000 元、6 000 元、8 000 元，去年达到 1.1 万元。自己把房子建好再进行补贴，主要鼓励农民进行房屋改造。这个村原来基础条件就比较好，在有这些政策之前房屋就改造的差不多了，所以占的比例很小。

二、农村土地流转和劳动力转移是大趋势，影响广泛而深刻

问：总体看，您认为土地流转对村里还有哪些影响？

答：今年是我们土地流转第四年，根据我们村上的实际情况，土地流转掉以后有明显的几个特点。一是收入比原来明显增加了，有些家庭增加的数额还比较大；二是家庭矛盾特别是家庭赡养问题得到了缓解，家里老年人如果有 4 亩地，就划到其名字下，打钱的时候就直接打到老人卡上，所以现在赡养方面出现的问题就很少了；三是挤沟占路的现象明显减少了，过去地块相邻的农户经常发展这种事情，互相挤占，现在基本上就没有了；四是树木歇地的问题，在流转的时候首先就和企业说明，路两旁的树必须经过上级主管部门批了以后才能伐，渠边的林带也是如此。比如包给大户的土地，地包给了大户，但树还是农户的树，大户要歇地，怎么办？如果让树长着，农户把折算的钱给大户，让树长着就行了。要不想要这些树，就自己办理审批手续才能伐。所以这方面的矛盾也越来越少了。

（田志国插话：搞土地流转要看后续产业，劳务是一个方面，原来政府组

织，这几年政府不再组织了。我们通过这些年的发展，总体感觉土地流转和后续产业密切相关，这个村后续产业发展的好，老百姓流转土地的积极性也就比较高。同时，土地流转完以后，对促进后续产业的发展也有一定的推动作用。比如三二村，土地流转完以后必定有一部分剩余劳动力，这些人干啥，我们就要发展一些特色的产业，比如说鲜食葡萄、养殖等，要把老百姓的分工更加地细化、专业化。过去我们的老百姓种几亩地，养二三头牲畜，还栽植红枣、葡萄，虽然很忙但没什么经济效益。现在是外面打工的就在外面打工，留下的人通过政府和村里组织，可以建一些基地，像三二村搞得就比较成功，搞了 500 亩葡萄，种植的农户有 70 户左右，能达到人均 1 亩半，收入在 5 000 元/亩左右，纯利润在 2 000～3 000 元，解决了增收的问题。包括集中建养殖小区，从事养殖业。）

问：土地流转从另外一个层面讲，促进了劳动力的转移，促进了城镇化的发展，这三年转出去的人和之前转出去的人比较，有什么不同？

答：我们这里已经三年了，2010 年开始搞了两个社，从 2011 年开始全村都流转了。土地流转以后，外出打工的人比之前增加了一半。原来没流转之前，有一部分人虽然在外面打工，但是季节性的，到地里活忙的时候非得回来，比如抽天花、收割的时候。现在是从春天出去到年底才回来。我们算了一下从嘉峪关、酒泉，包括乌鲁木齐，常年在外的上了 100 户了，很多人在外地买了房子。

问：土地流转以后，咱们这些打工人员出去都干些啥？

答：一个是搞建筑，有些出去给别人开车，有些是在饭馆里打工，有些出去在农场里打工。我们村的人大多在新疆、酒泉、嘉峪关、兰州等地务工，还有一些在山东一带的农村里帮着修建大棚，搞点其他些事做。还有一些在工厂里，比如无线电厂子什么的，月工资都好着呢。我们 7 队有一个人，以前上的是技校，出来以后就去了深圳，在深圳打了三年工，找了一个媳妇，每月的工资接近 8 000 元钱，一年基本能拿 10 万元，媳妇一月能拿 3 000 多元钱，后来把父母也带到了那里，母亲帮着专门领孙子，父亲又找了一份打工的事干，一月能挣个 2 000 多元钱，把楼房也买上了，家里人也去了外地了。包括在河南、江苏、新疆打工的有好多都把房子买在了当地，土地流转以后两口子都在外面打工，都不回来了。

问：留在家里的小孩（留守儿童）有多少？全村上小学的学龄儿童有多少？

答：现在小学阶段的孩子有 57 个，学龄儿童有 100 多个。村里的小学只能念幼儿班、学前班、1 年级、2 年级，从 3 年级到 4 年级的学生全部都在镇上的中心小学念书，5 年级、6 年级又搬到县上了。

问：打工的人员出去要在村里面登记吗？

答：年轻的，涉及到计划生育问题，在村里打个招呼开个证明，每季度或者半年以后把当地的计划生育印鉴证明寄回来；再一个，我们村上搞了一个手机短信平台，所有打工人员的手机号码都在平台上录入，他们如果有个什么事，就通过短信平台把信息发到这里，村里有什么事情，也可以把信息发到他们的手机上，都可以随时联系。

问：村上对外出打工的党员怎么管理，党组织生活怎么参加，还有党费怎么缴纳？

答：现在这样的情况，一个是在党员的管理上面不好管了，年轻党员都在外地，像在新疆、广州、河南、四川等地的，没办法管理。现在基本上以网上党支部为主，定期给大家发一些信息，通过短信平台、QQ等方式，打工的党员把那里打工的信息、那里发生的变化等反映到村里，村里把本地乡镇或者县里发展的变化情况，也通过网络发给他们，互相沟通。年底回来以后，再通过集中培训的方式进行交流。

党费年底回来的时候都就交了，年底来了一次性交清。党组织生活也是年底回来了组织学习，或者党员评议、培训等。

问：咱全村在外的党员占多少，30岁左右的党员能占全村党员的多少，怎么发展起来的？

答：全村有66个党员，在外的要占一半左右，留下的主要是一些老党员，年轻人都出去了。

30岁左右的党员基本上能占到30％了。现在我们发展党员有这么一种情况，一个是从部队上当兵以后带回来的，有一些是村上一些比如年轻一些的社长、在外面上过学回来的、技术能手、产业大户等等，自己提出来要入党，吸收入党的。支部大会通过，报给镇党委，每年一期发展一批，"七一"活动期间，搞一个入党宣誓，党委批了，一年以后就转正了。

再一个是外面上学的学生，有些在学校入党，有些也在本村写申请书要求入党。但是对这块镇上的党委有规定，必须毕业以后三年以上才能在这里入党，出来以后直接在村上入党不太现实。

三、村集体经济薄弱，设施大棚建好后销售是大问题

问：咱们村原来集体自留的500亩地，现在还有吗？

答：我们集体的地一部分也包给"奥瑞金"了，收益作为集体积累。还有一部分包给农户，种植露地葡萄。地的权属还是归集体的，包给企业的流转管理费直接打到村上，一年将近有十来万块钱，这就是村上的收入。

这500亩地，其中有一个林场，那时候一次性租给了20年，大户一次性

把钱交了承包下来。现在还有 100 多亩包给企业（奥瑞金），还有 200 多亩包给农户搞露地葡萄。其中包给农户的一亩地租金才是 100 多元钱，实际就是一个管理费。

追问：100 多元只是象征性的，没包上的农户会不会有意见？

答：当时包的时候是这样，先是把一亩地多少钱的价格先定出来，然后农户报名，完了村里召开会议，把地块写成纸条进行抓阄，抓上了就包这块地，抓不上就不能包。

问：村里面现在有欠债吗？

答：有，欠了几十万了。我们从 2007 年开始，搞了一部分日光温室，当时县上出台了 1 号文件，即每建 50 米长的一座棚，给补 4 000 块钱，前提是水、电村上得承担，所以村上花了一部分。当时（2007 年、2008 年）建了 70 多座，都是在荒漠区建的。大棚是村上负责基础设施（三通）配套，由农户自己建，建好后由农户自己经营，只承担一个水费，再没有任何费用。

问：全村目前有多少大棚，效益如何？

答：有 100 多座。前几年效益还可以，现在日光温室效益不行了。2007 年搞温室的时候，最高的时候 1 千克辣子要卖到 14 块钱，现在特别是最近 1 千克辣子才卖到 1 块多 2 块钱左右，而菜贩子倒手以后一斤就卖 2 块多钱。

我们这里主要种的是陇椒，再就是西红柿、葫芦、茄子，辣子种的一茬，其他都种两茬，现在主要是销路不行，还都是农户自己销售，菜贩子来了人家说多少钱就是多少钱。

追问：100 多座大棚，那为什么不搞合作社，集体对外，发展订单生产，可以直接向沿海地区或者大型超市供货？

答：关键是没人敢干这个事，我们去年的露地葡萄，有一个山东的老板来了以后拉了 20 多吨，剔除运费以后实际上赚不了多少钱，也就不愿再来了。我们主要就是销往张掖、酒泉、嘉峪关，还有青海格尔木一带。

问：当地有物流企业吗？3 月份我在酒泉调研，那里有一个搞仓储物流的企业，老板是黑龙江的，现在把全家都搬到酒泉了，户口也转过来了，房子也盖了。我看到他仓库里菜摆得满满的，他说张掖没有大的交易市场，他那里的菜很多都是在张掖收的，或者是送过来。比如说蒜薹，他收的时候是 2 000 块钱一吨，折合下来 1 块钱一斤，放一个月，卖出去的时候就是 4 000 元一吨，损失按 10% 计算，一吨至少稳赚 1 500 元。收的时候他一收就是几百吨放着，一个月随便赚几十万。

答：我们这里这几年是这么搞的：建温室的时候扶持一下，建起来以后收购这个环节上就没人管了，这几年一个是这里贩菜的，有固定的地方而且达到一定数量的，给补 25 000 元钱，给城里（临泽县城）定点供菜的，也是一年补个 10 000 多元钱，这几年都是给菜贩子补贴。实际上种菜的老百姓赚不上钱，太吃亏。现在一部分农户的棚就放弃了，宁愿出去打工。像今年种辣子，一个棚才卖了 7 000 多块钱。今年好点的是西红柿，种了两茬，第一茬上市的时候一千克才卖 0.8 元，后来涨到 1.2 元、1.5 元，第二茬一开始卖 4 块多，低的时候像这两天也就 1.7～1.8 元，种两茬一共下来也就 2 万多块钱，所以就不如去打工。

这一块政府没办法操作，就靠经纪人，价格由经纪人说了算，压得很低。比如辣子这两天市场上一斤卖 2 块多，经纪人收的时候一千克才 1 块多还不到 2 块钱。

追问：我在甘州区的现代农业示范区也搞过调研，他们那里大棚效益挺好，一年能收入 3 万元，这是什么原因？

答：那里离城近，中间没有流通环节，直接面向市场，农民一大早就把蔬菜送到城里直销点，现对价格好一点。我们这里离市场远，摘几百斤再去市场卖就不划算，都是菜贩在地头收购，价格压得很低。

问：咱们镇上的包村领导是怎么工作的？每天都要来吗？

田志国：也不一定每天都来，我们基层现在实行领导包村责任制，一般村上有事情就来，没事情的时候一般还有自己分管工作要干，就不一定到村上来。有时候住在村上吃在村上，有时候就在镇上办公。对村子里的产业发展等工作，一般都参与，和村上的书记、村长一起研究。

刘建学：我们镇上这几年，一个村上固定一名大学生村官、一名包村领导。像田镇长是我们的包村领导，还有包村干部。

问：包村干部是每天都来吗？怎么解决交通问题？有时间限制吗？

田志国：天天都要来，就驻在村里，每天上班骑摩托。包村干部实行一年一考核制度，要经过评议和征求村干部意见，干得好的继续包村，干的不行的再换人。我们是一个领导包村，再就是站所包村，比如我是分管农业的，我包三二村，我下面分管的农林工作站就负责联系这个村的工作，同时派一名工作人员具体在村上蹲点。工资还在镇上发，身份还是镇上的机关干部。

问：包村干部下乡蹲点，有什么补助吗？

田志国：给一些燃油补贴，根据下乡路途的距离确定不同的补助标准，像三二村属于离镇上比较近的，一天补三四元，一个月按 15 到 20 天发补助，一年下来也就七八百块钱，基本保证摩托车用油。包村干部主要承担一些报表、统计等工作。

问：这是个好办法，现在村里的干部人手紧，待遇比较低，镇上的干部通过包村的形式，帮助及承担一些工作。我们现在 100 多座大棚，有闲置的吗？全镇有多少大棚？

刘建学：有个别的，不多，主要是一些根据种植情况效益不行的，就放弃掉去打工了。而且棚的风险也大，一遇大风就把帘子刮坏了，像春天那种旋风多得很，如果从口子进去的话，这个棚就直接"炸掉了"。

田志国：全镇共有10个村、110个合作社，人口是20 440人，耕种面积是6.7万亩，其中玉米制种5.2万亩，其他主要是设施农业和蔬菜，共有日光温室1 000座左右，分布也不均匀，三二、三三、卢湾、黄家堡这些村发展设施农业的积极性比较高，基础也比较好，有些村像三一村，基本上没有日光温室。从产业来说，玉米制种是我们的主导产业，下来就是蔬菜，还有养殖，也是重点。全镇两个肉牛养殖小区，牛的饲养量基本达到人均一头牛，发展后劲比较足。还有红枣等传统产业，大约有5 000亩左右，老百姓在房前屋后搞一些，主要基于历史沿革下来的种植习惯。

问：咱们一个镇上千座大棚，完全可以搞一镇一品，就种一到两样品种，然后形成规模跟大市场去对接，只有这样才能稳定价格、保证销路对吗？

答：对。

四、村干部积极发挥带头作用，现在主要是靠觉悟工作

问：村委会办公楼看起来还不错，是什么时候建的，当时是怎么建的？

答：1989年建的，当时老百姓筹集了一部分，村上使用集体林场的收入承担了大部分，镇上和县里都没给钱。一共三层，800多平方米，当时一共花了50万元。

问：村里有多少村干部，工资和办公经费如何？

答：村上是四个人，主任、副主任、村长、文书。还有9个社，一个社一位组长。

全村实实在在共有364户，按土地流转有400多户，有些家里老年人，年轻人土地流转掉，为了将来保障养老金这一块不和儿子发生矛盾，老年人也分了一户，钱下来以后直接打到他的折子上了，不存在再向儿女要的问题。

村组干部工资是财政拨的，但是很寒酸，分了三类，最高的一年给6 000元钱；副主任、文书一年是5 000多，考核不好拿个4 000多；社长一年给的不到2 000元钱。2010年之前，提出了好多社长但是没人当，2010年以后，通过土地流转以后，社长比村干部又好了，社长从2010年开始基本上按照一天60元，一月1 800元的工资发放，现在有些社长还到企业兼职，有时候负责搞一些施工、管理等，一年能拿个两万多块钱。但是村干部一年最多也就发着6 000块的工资，一年还给一点劳务费，其中50%是给集体的，50%补给村干部和平时一些办公费。

财政上一年给村上拨办公费6 000块钱（一个村），这些钱村上一分钱都

见不到，都由镇上给村里订了报纸、杂志等，全部都花掉了，再没有其他经费。

问：刘书记讲讲你个人的情况。我觉得咱们的基层干部特别是村组干部，为了集体，为了村子的发展，实际上做出了很大的贡献，当了村官就干不了别的事，或者干不了别的大事，我想了解一下你的家庭情况。还有我考虑，咱们这一块因为是制种基地，我来了以后感觉到必须要流转，并且是与企业建立一种长期稳定的承包关系。但是有一些村，他就觉得流转不了，或者是不愿意流转，你这里带了很好的头，你当时是怎么想的？特别是一下子签十年合同，企业就不找我了，如果每年都签合同，企业还得求着我，这些你是怎么想的？

答：我今年53岁了，现在家里有3口人，原来是4口人，后来姑娘嫁出去了，现在儿子在兰州上大学。家里种着12亩地，连原来包下的共18亩地，其中12亩地全部流转给企业了，还有6亩地流转给中科院搞实验，一年流转费收入1.8万元。家里还有一座日光温室，有三亩露地葡萄，日光温室一年下来能收入2万元，露地葡萄因为管理不行，一年收1万多元。我的工资一年是6200元钱，再就是一年还有一些劳务费，原来一亩地是30元钱，其中一半是给镇上的，另一半村上提留50%，另50%补助给村干部，这一块一年下来能拿1万块钱。一年下来家庭收入也有个四五万元，但与其他农户比较远远不如，农户两口子出去打工一年至少挣5万元钱，加上土地流转费，一年至少六七万块钱。

我现在还包着60亩地，是我媳妇牵了个头，平时农活我们就自己搞掉了，但是抽天花的时候就得雇人，除去成本一年下来还能落两万元钱。

要说当时为啥要搞土地流转，我在这个村子已经干了30年了，当了6年文书，干了几年村长，书记干了20几年。我刚当上村支部书记的时候刚刚是大包干的时候，那时候集体这一块薄弱，村里基础设施条件也比较差。当时第一件事就是搞渠系配套，建一些基础性的设施。从1995年开始，把村里的10千米道路铺了8千米油路，那时候才花了30多万元钱，老百姓投了一部分，村集体垫了一部分。1998年就主要考虑教育的问题，那时候村上开的会多，但房子破烂不堪，所以修了这个三层楼。1999年初，就探索通过订单农业增加老百姓收入，和原来的临泽公司签订了3800亩的制种合同，但是年底这个公司倒闭了，老百姓的制种款发不掉，一直兑付到第二年四、五月份，老百姓就上访。我们村当时没去，三一寸和五里墩村去了，老百姓套着车，开着拖拉机，拉着锅，背着柴，去闹了两天以后，钱才给发了，从此就一直进行制种。2008年的时候制种一亩地的效益是1520元，当时是想发展一些高原夏菜，通过种植蔬菜再增加一些收入，就搞了七八十座温室，当时温室的效益好，就探索再种一些露地蔬菜，2010年开始就流转了两个队的地1000亩，搞露地蔬菜。搞了一年效益比较可观。那时候一亩地给老百姓600元钱，老百姓拿了钱就出去打工了，打了一年工回来认识到仅靠种地无法致富。

2010年6月，全县组织了6个村的支部书记，我也参加了，去了江苏的华西村、长江村、永联村考察学习，去华西村的时候我就侧重了解土地流转有关的方面，当时华西村土地流转一亩地是800元钱，而且是长期流转的，没有增长的机制，每年都是800元钱。到长江村以后，他们流转也是800元钱。到永联村，他们土地流转是240元钱，他们支部书记叫吴东才，谈的时候说了为什么他们的流转费是240元钱，主要是因为他们的玻璃企业发达，老百姓都在企业上班，而且他们地的质量也不行，种的人很少，对外承包价格高了没人要。回来以后我就想，人家的土地流转以后，老百姓在村办企业打工或到全国各地打工能挣钱，我们能不能也把土地流转掉，一是靠劳务增加收入，再一个发展一些设施农业。8月份，我就和"奥瑞金"的负责人协商后，做个试验，先流转一部分，10月份我就一个队一个队的开会，当时90%的人都同意，名字也签了，章子也盖了。到年底签合同的时候，一部分人又退缩了，害怕土地流转掉，没地方打工。我们就再做工作，说年轻人可以在外面打工，老年人可以就地打工。合同签完就到了第二年3月份。半年以后，老百姓开始认识到了，土地流转掉以后还是好，积极性也逐渐上来了。

每年打工的人回来我们都要开座谈会，90%的都认为土地流转掉是好的，有些人表示10年以后也再不种地了，企业继续去经营就行了。同时我们也发现，我们老百姓的素质相对也较高，没有乱掰玉米煮着吃，或者私留种子的现象发生，老百姓没这种想法，收获的时候都很自觉把玉米送到"奥瑞金"的指定地点。

现在我们有些人外出打工，挣了钱以后回来创业的也有。我们6社有一个农户叫刘强，原来做过木匠，搞装潢，土地流转了以后跑到新疆去给别人打了两年工，挣了十四五万块钱，就在当地建了一个木器加工厂，投入了100多万元，运行了一年多，效益特别好，厂子一年的纯收入就有七八十万元。

五、农村社会事业建设仍待加强，村级组织管理手段弱

问：村里今后进一步发展还面临什么困难和问题？希望国家能有哪些政策措施？

答：通过3年的运行，土地流转以后，就是我前面说的，收入明显增加，家庭纠纷等矛盾也逐渐减少了，但也还出现一些问题。年轻人土地流转掉以后，都想着在城里买房子，住到城里打工，老年人觉得年轻人都在城里买房子走掉以后，将来我们老了以后儿子媳妇不回来怎么办，有后顾之忧。还有留守

老人、留守儿童问题也出现了，老年人不放心外出打工的子女的安全问题，有些父母在外打工，和子女一年才能见几次，对孩子的关爱照顾不到。为了解决这一问题，我们每年到 7 月份学校放假的时候，河西学院有一个义务教育小分队会来一部分老师，来了以后我们把学校的课桌和教室提供给他们，孩子们在这里补习功课，组织几个班，每年搞一段时间。老年人我们主要是定期搞一些走访，了解家庭的情况，把了解到的情况通过村里的信息平台发送给在外打工的子女。另外村里加强文化建设，每年冬天在文化广场搞一些社火，搞一些节目，逢年过节搞一些庆祝活动。村里还规划近一两年要搞 40 多座小康住宅楼，让出不去的人就在这里买房子，还要建设老年人之家，定期把老年人组织在一起，搞一些活动，增加交流。本来今年就要搞，但是因为资金的问题，打算明年搞。

最盼望的是能有一些公益性的基础设施建设，比如培训中心、老年活动中心等，如果条件好可以建一个老年人照料中心。以后非得这么做，因为年轻人都出去了，老年人问题越来越多，如果有了老年人照料中心，就可以把老年人都安排在这里。

田志国：一是没钱没地方搞这些，再就是没人来做，凭现有的村干部干不了这些事情，即使有一个养老院，谁来干这些事情，村干部肯定不行，包括现在的服务体系这一块，没有人去干。还有我们三二村的这个广场，2012 年修起来的，在这里组织一些文化活动，作为村干部，没有精力，也没有这方面的特长，同时也没有相关经费，是最大的问题。我们现在全镇 8 个村都有文化广场，农闲的时候想组织老百姓跳跳健身舞等活动，苦于没有人去组织，村干部们又都不会，也没有经费。

我们去年在三二村搞了一年，镇上派年轻干部组织老百姓跳舞，搞一些文艺节目，一开始老百姓都不愿意参加，不太接受，观望的多参与的少，一段时间以后老百姓的积极性就自然上来了，政府部门的人就可以退出来了。一开始的时候是一家一户地叫着去跳舞，现在是一到点自己就来了。

刘建学：再有一个新的问题，比如农村的医疗问题，近几天国家也加大合作医疗，补的钱确实也不少，但现在下面的医疗机构（医疗站）越来越弱化了，原来正常的一些病在这里治疗了，现在有了合作医疗补贴的政策，老百姓有了病要么去县上要么去市上看，看病的效果其实是一样的。比如前几个礼拜，我的颈椎不舒服，在临泽的中医院拍了一个片子，花了 78 元，开了 30 元钱的药，大夫要求住院一个星期，通过牵引、扎针就可以好了。后来我女儿在张掖，总是不放心，让我去张掖市医院再去看看，去了以后排队排了一中午，也是拍了一个片子，花了 178 元，开了几盒药又花了 256 元，我问需不需要住院，医生说没必要住，你去临泽的医院做一做牵引和辅助治疗就行了。其实这些病下面的医院也能治。

田志国：说实在话，下面没有能看病的大夫，我们平川的卫生院，我上周感冒去吊了一个瓶子，他们那的住院部有三层，现在基本没有运行着，原因是没有大夫。还有一个区域的问题，比如我们临泽离张掖近，临泽居民看病，习惯就去张掖，现在交通也方便，大小有个病就去张掖看了，甚至稍微条件好些的人看病都去兰州看。这与现在人们生活水平的提高有很大的关系，包括"五一"的时候我媳妇病了，我们也是去兰州看的，住了8天院，花了7 000多块钱，倒也不贵。

问：我觉得还面临一个问题，就是怎么能够让乡村干部适当走出去了解外面的情况？特别是欠发达地区包括西部，咱们的村干部，因为地方闭塞，外面的鲜活的信息了解不到，通过网上了解的体会还是不深。咱们好的东西也出不去，比如大棚的资源都是很好的。我家住在北京五环外面，上次回去到一个半露天的菜市场买菜，辣椒15块钱一斤，而这里才一块钱一斤。如果我们出去，像到北京新发地大市场对接一下，找一两个铺位签订合同，咱们棚里的菜不就可以定点往那里去运了吗？关键是走不出去，所以国家对这一块，特别是要支持西部欠发达地区的干部出去搞外联，考察产业，联系业务。

田志国：这一块山东做得比较好，我们去那里学习的时候，寿光蔬菜局的局长给我们上了一课，他说搞农业必须要有一些自己的亲身体会和经历。他们出去考察，比如去新疆，就找一辆大车，拉一车菜，走到哪里卖到哪里，只要求单位给予充分的时间，也不要求单位报销差旅费或者补助什么的，把菜卖了不仅能挣到钱，而且一路上各地的市场行情也都掌握了，蔬菜流通各个环节的成本也都知道了，去搞市场对接就心里有底了。

咱们现在体制上还是不活，前年农业部种子局廖局长来的时候，专门上农林工作站座谈，想知道最基层的农业干部在干什么。说实在话，现在的管理体制，就不允许我们干这些事情，也没有时间去干。比如向我们，每天必须按时按点去上班，不是想出去就能出去。

问：现在农民和村集体还有什么负担吗？

答：老百姓现在就没啥负担，农业税免掉以后，农资补贴、粮种补贴摊下来一亩地还能拿130多块钱。主要是看病难的问题，有些大病虽然报一部分，但还是压力大。

田志国：这也不是什么大问题，比如住院的话，合作医疗承担60%～70%，如果费用上万的话，还有大病救助，还能承担10%～15%，有些人还有商务保险，加起来90%以上就解决了，自己也就承担10%左右。现在老百姓看病，5万元以病的并基本都能承受，要是上10万就比较困难了。

刘建学：村上最明显的是办公经费不足，比如镇上的干部或者县上的干部来村上检查工作，到中午怎么也得吃饭。虽然现在都说是要"零接待"，但不现实，人家来村上是来工作的，吃不好也得让人家吃饱，涉及到人情问题。

田志国：现在一个村办公经费打包下来一年5 000元，但是光党报党刊这一块就有7 000元左右，村上还得掏一部分。主要包括人民日报、甘肃日报、张掖日报、农民日报、甘肃农民报、长安杂志、党建、文汇等，还有妇联等每个口都有。

刘建学：现在通过电脑办公，实际给下面加重了负担，去年我光打印纸和墨粉就花了9 000多元。电脑由村上买了，有组织部配的，有文化、计划生育等口配的，基本村上没花钱。

不知不觉中，我和刘建学书记聊天聊到了近中午12点半，村子的发展变化形势以及基层组织不断改进的管理方式与服务，令人印象深刻。午餐安排在三二村一社社长袁自录家中，我们步行过去。在和袁自录的交谈中我了解到，他家的房子是去年新建的，包括装修一共花了26万元，毛坯房下来是15万元。像他这样，一社的人，房子建在四社，逐渐形成一个新的社区，目前这样集中建房的去年已达到14户，其他大部分人都是在原来旧房的地方重修的。他预计，将来很多人都是这里一套房子，城里一套房子。他家里三口人，儿子和老两口，他今年50岁，儿子23岁，在上海一家电子厂里打工，一个月工资3 000多元，目前还没有谈女朋友。一社共有150多口人，七八百亩地，全部都租出去了，都是搞制种。现在一社两口子都出去打工的在15户以上（全社40户，劳动力120个左右）。社里的人现在土地流转掉以后，没啥事的都出去打工了，他在荒漠区有两座日光温室，主要经营着一块。温室的效益好一些的一年能挣个三四万块钱，他称自己的棚没经营好，也就挣个两三万块钱，都是毛收入，纯收入也就两万元左右。还有四、五亩葡萄，一亩地挣个5 000块钱左右（毛收入，纯收入3 000块钱左右）。他家的承包地有16亩，全部流转给"奥瑞金"了。自己现在反租倒包了50亩地，一年能有三万多的毛收入，除去雇工和成本，一年能落两万差不多。社长当了8年了，因为当社长没办法出去打工。自己家的大棚主要种西红柿、辣子，种出来的菜有时候送到附近卢湾村蔬菜收购点，有时候也有人下来拉。西红柿一年种两茬，一茬能收8 000斤左右，9月、10月上市的时候是1元钱/斤，10月以后就上2元/斤，平均价1.5元左右。

交谈中，饭菜上来了，两个热菜、两个凉菜，拌汤面吃，我们和袁自录及其岳父等围坐在一起，就像在自家里一样亲切随意。饭后，主人要端酒上来，被我们婉拒了。按照提前与刘建学书记关于在农户家中便餐且不能白吃的约定，把带来的一小袋米、一小袋面和一壶植物油给村里留了下来。

上午座谈时接到市委宣传部长的电话，说中央电视台七频道农业节目的编导来了，请我下午见个面。我解释说到村里来蹲点调研的事计划了很久，请求下午先安排别人见见，我晚上回去再见。部长说，既然这样他们就到村里来和我见面。我只好说那好吧，保持联系。吃过午饭已接近中午两点钟，刘建学书记邀请到他家中午休，我建议直接回村委会商量下午的走访事宜，请他抓紧给找几个大户我去走访，并把宣传部长和记者来的事也给他说了。可是，这边话还没有说定，市政府办公室的电话就打来了，告知有上级重要领导要来考察，市主要领导让我抓紧回去一起研究安排农业上的考察地点和方案。没有办法，我只好再次中断了原来的蹲点调研计划，抓紧往市里赶。好在上午和村书记聊得还算透彻，同时，我给村书记承诺，找时间一定再来。

在马蹄村感受民族地区和牧区农村发展

　　2013 年 6 月 1 日（星期六），我和到临泽县三二村时一样，仍然采取不与县乡打招呼的方式，直接前往肃南县马蹄乡马蹄村调研，考察了村容村貌和民居改造等情况，在原村支部书记王元兴家中与新、老两位村支书座谈聊天，了解牧区群众生产生活状况。

　　肃南县是中国唯一、甘肃独有的裕固族自治县，也是张掖市的主要牧区县。在马蹄新村村委会楼下，我们电话联系和等来了村支部书记牛德爱。他邀请我上楼坐坐、看看，我说村委会我来过一次，这次来主要是想和他很好地聊聊天。他说："好啊，已经安排好了，我们到农户家里去。"于是，大约走过近一里的路程，我们来到了牛德爱书记联系好的农户，但没有想到的是，这户人家正在整治和翻新房屋，不仅灰尘满地、声音嘈杂，更重要的是我们如果在这里座谈，势必影响其正在忙碌的工作，如果其停下工作则调好的灰料和油漆甚至可能作废（更何况人家没有停下工作的意思）。不得已，我建议再找一个农户。可是，从这家出来，旁边的几户人家都是"铁将军"把门，牛德爱书记说，现在正是农户外出的时候。随行的市政府办尹叶红副主任对这里比较熟悉，提议到原村支部书记王元兴家中去座谈。几分钟后，我们在老书记家中坐定，随即开始攀谈。

一、农业设施条件差，农作物依然"望天收"

　　问：听说今年这里降雨很少，影响夏种吗？

　　答：今年肃南旱得厉害，春天和夏天不下雨，我们就靠老天爷下雨，不下雨就完了。最近虽然下了一点，但也就刚把地皮下湿，到目前雨量太少。夏种不存在问题，全部都种到地里，关键是不出苗。

　　问：咱们这里主要种的是什么作物？

　　答：主要是羊饲料，我们这里是山区，土豆、油籽、小麦、青稞、大麦都能种，现在老百姓其他的都不种了，全部种燕麦，因为村里是以畜牧业为主的。现在的畜产品价格高，牧民就选择种草，不需要种粮食，而且粮食产量也

　　本文原载于《农业部在张掖挂职干部工作简报》，何磊同志配合调研和材料整理。

低，比如小麦也就一亩也就能产 300 斤。

我们村里基础条件不行，从整个面貌来看是比较差的。

二、惠农政策让农户生活日益殷实，但贫富差距在拉大

问：村里有多少地，多少户？

答：耕地 1 100 多亩，草场有 19 万亩，除掉石山、森林，实际有 17 万亩，全部纳入国家补贴范围。

全村 82 户，一共是 267 口人。人均纯收入平均 8 000 元左右，这还是一个很保守的数字。这里面贫富差别的台阶是越来越大，有的家庭人均纯收入能达到 2 万元以上，主要是经营得好，养的牲口多。也还有人均几千元钱的家庭。

问：现在村上跟过去比有什么变化？

答：一是牧业发展了，现在的羊比过去翻了两番；二是牧民手里有钱了。但是现在物价太高了，牧民们过得并不轻松。

问：草原现在一亩地补多少钱？

答：1.39 元，这是草畜平衡补助。还有一个政策是按人头再补 2 800 元，根据家庭现有人口每人每年补助 2 800 元，一个户头再给 500 元钱。

问：怎么这么补呢？中央的政策应该是按地亩算的。

尹叶红：这是搞了一个平衡，不然的话就不均等了，像有的人拥有几千亩草场，肃南补下来有的人要拿二三十万元呢。

问：有的人草场多有的人草场少，为什么会有这么大的差距呢？是怎么形成的？

答：草场承包和耕地承包不同，耕地很现实，就在眼前，谁都知道。而草场面积，您应该知道我们肃南有 6 个区，皇城、大河、康乐、马蹄、祁丰、明华，草场的面积都不一样，肃南县的政策是"上封顶下包底"，最高的给补 3 万元，最低的补 2 000 元。谈到这个问题上，祁丰的草场面积大得很，人家一家子人口多的占有的草场面积差不多等于我们全村的草场面积，达到十一二万亩。

问：这些大户的草场当时是怎么认定的？

答：他本身就处在边远地区，那个地方人烟非常稀少，唯独就有他们两三户人，别的人进不去。大包干的时候还没有补贴的政策，那时候反而还要收费（牧业税、草场税、畜产品税），像我们马蹄当时收下来人均 19 块多。因为要交税，像边远区的一些人就去找乡上领导，说我那一块草场不要了，因为面积太大，要纳税。现在国家给补钱了又找来了，惹了好多麻烦，肃南县在这个问题上头疼坏了。

尹叶红：这就像农村的弃耕地一样，纳税的时候好多人不要草场了，现在国家给补贴了这些人又站出来了。

当时大包干的时候有合同，合同是 30 年不变，四中全会后又完善了一遍，从大包干以后中央出台了 10 个 1 号文件，第一个问题都提的是新农村建设这一块，里面就牵扯这一问题。完善后大包干的合同是 70 年不变，我们现在拿的合同还就是原来大包干时签订的，包下的草场，原原本本，四至界限都很明确。肃南县限定了必须是 2000 年之前的人口，所以有些人暂时进不来。整个肃南县一共 1.7 亿元补贴款，这是一个项目，其实就是中央把钱拿来买生态，保护生态，不是扶持资金。现在是 5 年一个台阶，5 年以后如果生态保护不好，国家也许就把补贴投到青海、甘南去。老百姓认识不够，觉得钱太少了。

其实我们现在政策太多，比方刚才看的房屋外墙装修的项目，老百姓都不知道，工程队就来把房顶给粉刷掉了，户均投资 1 万元，是发改委的项目，乡镇上统一组织工程队施工，是一个"穿衣戴帽"工程。主要针对沿路、沿集镇，修建在规划区相对整齐的房屋，不是普惠工程。这个社有 6 户，全村涉及到的共有 29 户。

问：现在这里农户还享受到哪些政策？

答：社会养老金、大病救助、合作医疗、老教师的工资（补贴）、老党员补贴（根据年龄补，在位的时候根据任职年限，比如连续任 20 年，给多少补贴，10 年，给多少补贴，最短是 5 年的），还有原来干过民办教师的，也给补助。

问：你这里民办教师有多少？能补多少钱？

答：我们村一共有 4 个人，我曾经就是其中之一。像我是 6 年教龄，一月补 6 块钱。

问：社保是村里每个人都有吗？

答：社保有养老金和低保，养老金是 60 岁以上的人全部享受，掏钱买。去年肃南出了一项政策，60 岁的人不买了，直接拿钱（领养老金）就行了。像我现在不到 60 岁，我一年交 3 500 元，已经交了 5 年了，再 3 年以后我就 60 岁了，就不交了，开始领工资了，一个月能拿 300～400 元钱。这是甘肃省和肃南县最早起步的社会养老金，张掖（其他县区）都没有，他们的财政拿不出钱来。

问：你是裕固族吗？

答：我是藏族，我们这个村全是藏族，已经汉化了，藏族的习俗还有，但是说藏话的已经没有了。我就连日常用语都不懂，学不会了。

问：你刚才说的草原奖补最低的是 2 000 多元钱？

答：不是最低，是人均都有，按 2000 年户口本在册的人都有，人均 2 800

元。然后再按草场算，一亩地是 1.39 元。我们村的冬场按人均平均掉了，一口人将近 400 亩草场（大包干的时候是按 304 口人计算）。

问：等于是先把国家这块的钱（按每个人）拿出来 2 800 元，拿出来以后，再按面积再补。

答：是。

问：按地亩算的时候有不均等的情况吗？

答：我们村的都平均掉了。如果有地亩比较多的人，也都是按 1.39 元/亩补就行了，县上有"上封顶下包底"的政策，不能超过 3 万元。

问：你这个 1.39 元/亩的补助标准是怎么确定的？

尹叶红：这是比照甘南草场执行的，当时定了三个标准，其中 1.39 元/亩是按荒漠区算的，像核心区是 10 元/亩，还有一类地区定的好像是 4 元/亩。

问：那你们村总共补了多少钱？民政部门核定的草场面积是 12 万亩，所有补贴算下来亩均约 20 元钱，一共是 240 万元对吗？

答：不清楚。这些钱的渠道是这样的，村上也赖不了乡上也赖不了，财政通过一卡通直接打给牧民，哪里也截留不了。

三、草原奖补要重视实施效果，强化配套措施落实

问：你觉得草原奖补这些钱产生什么作用了吗？

大部分人通过这些发展再生产，不过也有一部分把这些钱都花了，买小车，买楼房。

问：中央补助这个钱是为了保障牧民的基本收入，然后把生态环境恢复，牧民都知道吗？

答：知道。主要是要让我们减畜，过去是超载放牧，现在肃南县正在研究这个问题，要以草定畜。

问：牲畜的数量减下来了吗？

答：没有减下来，因为县上还没有出台相关政策，究竟怎么个减法，一亩地应该养多少羊，都还正在研究，预计很快会落实。今年肃南县如果把这个事情搞不好，国家很可能到 15 年就把这些钱收走了。

问：中央的初衷还是要让牧民拿这个钱去买饲料，变原来的放养为舍饲养殖。咱们村拿这个补助最多的一户能拿多少？

答：就看家里人口有多少了，因为全村的草场都已经按人均 400 亩平均了（该村牧民所拥有草场面积还是按照包干合同签订的面积，谁家的草场还是谁家使用或经营，但领取国家补贴时是按照人均 400 亩平摊了）。

问：草场当年承包的时候有承包证吗？什么时候发的？

答：有承包证，四至界限都搞好的。我们是 1982 年搞完的。

问：你把补助都平均了，当时村里开村民议事会了吗？

答：开会了，但是当时县上和乡政府都不同意这么搞，绝对不允许，后来我们写了一个东西，老百姓把手印都按上，报到县上，最后才允许。

四、牧民收入不错，但发展受资源和技术约束明显

问：现在全村养了多少牲畜？

答：羊大概有1.6万只，牛、马很少，其中马不到60匹，牦牛不上100头。牛应该快到300头了。牦牛一般都是资金情况好一些人养殖，主要是资金循环慢，养羊快。

现在我们村上的人是养200只羊就都想着养母羊，这样一年就能下200只羊羔，开春产业秋天我就能卖羊羔，效益好。

问：羊这一块有补贴吗？

答：没有。肃南县现在提倡养细毛羊，但是带动不起来，想了好多办法。细毛羊关键是没有市场，再就是投入大，老百姓不想养。

问：为什么投入大？

答：它能吃得很，饲草需求量大，再一个抗病能力太差，体质弱得很。所以我们现在养的主要是洮羊。

尹叶红：洮羊是一个老品种，也叫藏羊，抗病能力强，但是肉质不行，产毛也不行。

虽然细毛羊肉质好，但是一直打不出品牌，所以价格一直上不去，羊毛也是如此。

问：你帮我算一下一只藏羊的成本和收益情况。

老书记：养100只细毛羊母羊用的精饲料（包谷、豆子、青稞等）能够养200多只粗毛羊（藏羊）。藏羊平均一年用30斤料就下来了，比如有200只藏羊母羊，储备料的话平均每只30斤就够了，有喂的有不喂的，平均是这样，其他时间在外面放养。

牛德爱：要是细毛羊就得100斤料，是三倍的量。

老书记：但是各有各的长处，细毛羊我们这里产过6斤毛（一只一年），按照这几年的价格，基本就把料钱给补回来了；藏羊不好的一点是到这几年基本上没毛了，产不到2斤毛，全刮掉了。母羊下完羊羔管理不好的也就产一斤半毛，一斤投上3块多。好的一点是下了羊羔少喂奶子，成活率高一些。从卖价上来说，还是细毛羊羔值钱。同样的一个羊场，同时下了两只羊羔，一只粗毛一只细毛，提到手里细毛羊羔就重。细毛羊的肉在市场上来说很受认可，挂到架子上不变色，藏羊一挂两、三个小时就黑了。我们这的人现在最不喜欢吃那种多胎羊，嚼起来黏糊糊的，细毛羊肉煮出来水分少，很瓷实。皇城有一个

细毛羊的羊场，最早是从澳大利亚调来的种羊，一只就几十万，管理的比人都精细。牧民认识不到，思想观念也光是图多图快，喜欢养藏羊，对植被破坏严重，同时上面也没人搞种畜的引进了。细毛羊好的一只能产 80 斤肉，能卖 2 000 多元。

问：你这里 1.6 万只羊，其中母羊有多少？产羔情况怎样？

答：这里面母羊最低保证占到总数的 80%，一只母羊一年产一只羊羔，成活率在 95% 以上，羊羔全部都卖掉了，一只能卖 500~600 元钱。

问：那你一只母羊的养殖成本一年下来大概 300 多元了。

答：藏羊母畜养的多的平均下来一只在 370~380 元，主要就是买精饲料、买草。

问：饲料不是好多是自己产的吗？

答：今年种下的燕麦现在地里白白的（干旱不出苗），头数增加以后分给的草场不够，又在张掖买地种草，把草场节余下来，等母羊下羔期间再来放牧。

问：那一只羊一年下来也就收入 300 多元。

答：母畜多了能有 360~370 元，母畜少了还不到。

牛德爱：统计上有一套公式，牧业的比重是 35%，即投入占到 35%。实际上藏羊没有这么高。例如：200 只母羊一年最起码能下 180 只羊羔，能卖 9 万元，其中 30% 即 3 万元剔除掉，剩下的就是老百姓的（收入）。

问：买草的话多少钱一斤？

答：不一定，一般捆好的草一捆是 8 元，大约 20 斤草。

问：那就 4 毛钱一斤了？

答：差不多，这还是便宜的。

问：要是圈养的话，一天 1 斤草料够吗？

答：一般得 10 斤，前期吃得多，后期就少了。最多就是春天补两个月。

问：我们这里是不是养殖的技术还跟不上？草场的保护情况怎样？

答：技术跟不上，还主要是传统的方法，舍饲喂养牧民还没摸着门道，还没尝到甜头。我们是山上育肥山下繁殖，全都是掠夺式的经营。比如这块草场只能养 60 只羊，但却养到 150 只，草场容纳不下，一是下的羊羔质量不行，同时对草场破坏严重。现在草场一直在退化，随便都能看到，到处是荒滩，草根都露出来了。羊没有吃的，把草根也都刨着吃了。

再不好好下场雨，还有问题。草长不出来，就和冬天一样，草场白白着呢（牛德爱：往年我们现在都开始剪毛了）。同时，最近的狼害也很严重，前后不到两个礼拜就咬死了 100 多只羊，有些人家达到 20 多只，差不多比去年多一倍。

问：牧民一进山放养得呆几个月？

答：三四个月（5、6、7、8月）。

老书记：按这些年，最近毛都剪了，就要进夏场，现在（今年）没办法。

牛德爱：我们没有四季草场，冬、春场是一个草场，再就有个夏场，应该说有四季草场才对，现在羊还在冬场呢。

老书记：这些年有一种毒草，我们土话叫寡苜蓿，术语叫黄花棘豆，也叫醉麻草，很厉害，羊专门找着吃（上瘾），吃了就和喝醉了一样，长期以后羊的身体就跨了。

问：狼毒花严重吗？

答：狼毒花不要紧。

问：醉麻草会把羊毒死吗？

老书记：它是慢性中毒，羊吃了不上膘，到最后就瘦的没有肉了，剥了皮狗都不吃。

尹叶红：现在没有好的清除办法，面积太大。关于醉麻草的防治，兰大生态研究所任继周那里已经搞过了，主要是防治麻烦得很，因为这种草不是连片的，这一窝窝那一窝窝，防治工作量很大。

五、牧民生产生活条件十分艰苦，年轻人都不愿干

问：你们村现在没有定居的游牧民还有多少（吃住都在山里，住帐篷的）？

答：现在所有养羊的都在居民点有了固定房子，到夏场进山都是住的帐篷，冬场有个像样一点的小房子，条件比较艰苦，没有电。完全游牧的已经没有了。

问：那夏场这四个月，基本就是年轻人都出去，把孩子留在家里，老人在家带孩子，是这种情况吗？

答：年轻人里面，男的上山，女的去景点拉马。学生都是寄宿制。

问：小孩子考学、参军出去的有吗？

答：有，这就比较多。像老书记的两个孙子，一个考了学出去了，一个学汽修呢。我们这里的人对教育的投入很重视，砸锅卖铁也要供孩子上学，因为之前有过出去在外面上班的事例。

问：现在中小学生有多少？村里有小学吗？

答：不到20个，每年能出去1、2个（考学、参军、考公务员等就业）。村里没有学校，都在乡镇上学，吃住都不要钱。还有一天1.5元的营养补助。一个苹果一袋牛奶。

现在年轻人都不愿在家待，放牧太苦太累。

老书记：我有个亲戚都30岁了，不愿放羊，现在在江苏，一个月才拿

1 000多块钱，也不愿意回来。

问：全村劳动力有多少？

答：97个，其中40岁以下有20多个。

六、村干部待遇低，工作不容易

问：村里有多少村干部？

答：拿工资的只有两个，一个书记一个主任。每人一年能拿8 600元的工资，再没有别的。办公经费一共7 000元，不够用。其中摩托补助400元，加油补助400元，两个人就得1 600元，订报纸600多元。

问：老书记您多大年纪了，家里有几口人？

老书记：我72岁了，儿子45岁了。当书记30年了。家里五口人，老伴去世十年了，我、儿子、媳妇、两个孙子。大孙子在兰州上学，小孙子去年没考上高中，在张掖学汽修呢。儿子放羊，有300多只。个人有14亩地，还在民乐包了20亩，主要给羊种饲草，一亩地能产200斤草。还是不够。

追问：老书记您承包的地承包费是多少？

老书记：那个旱地没多少，我有关系，10亩地给了200块钱。种燕麦一亩地需要种籽40斤，燕麦籽是国家给的。

牛德爱：我们村今年给了5吨多，包括燕麦和豌豆，直接给的种籽，是县财政拿的钱，农牧局给的。上一次还给过一次抗旱饲料（玉米），给牧民是1.1元/斤，牧民愿意要的就掏钱买，相当于政府给补贴了运费。

问：牛书记您呢？

答：我57了，全家6口人，我们两口子有三个女儿，都上班了，都是公务员。还有一个老母亲。我干村干部干了22年了，刚开始是社管会的主任。

我家种了十几亩地，养了十几只羊。有时间打点工，包点工程。

问：老书记当了30年村支书，退休了还有什么待遇吗？

答：有，是按照25年工龄给算的，一个月给80元。5年一个台阶，5年30元，10年60元。

七、原来发展党员讲数量，现在开始讲质量了

问：全村有多少党员？

答：全村有51个党员，年轻党员占40%。过去吸收党员有指标，要完成任务，今年开始没有了。农民入党总体上说积极性不高。

聊天一聊又到了中午十二点多钟，大家聊得很亲切，说的都是大白话、大实话、真心话，没有把我当成检查工作和做指示的领导。我感到，这种像亲戚邻居串门一样个别聊天式的走访座谈，和原来走马观花问话式或者四平

八稳听报告、看材料、集中很多人开座谈会的调研，氛围和效果都完全是两码事。

中午，老书记留吃饭，我们婉拒了，并拿出带来的一壶植物油表达谢意与敬意。老书记说，刘市长这是第二次到我们马蹄村，刚从北京到张掖（挂职）时就来了一次。我退休十几年了，此前在家门口还没见过一次县太爷呢。我握着老书记的手说，我原来就是乡镇干部，跟支部书记天天打交道。随行的市政府办公室同志建议我与老书记合个影，我说那就在老书记家挂的毛主席像前照一张吧。

午饭后，我提出用自己今年攒下的稿费去看看困难户和牧民的放牧点。办公室的同志说，拿钱去看贫困户这样会形成依赖和导致不公平，以后其他领导再来也不好办；村支部书记说放牧点在山里面，车开不进去，步行去至少需要半天、一天。综合考虑，这次只好作罢。

在汪家堡村感受城郊型农村建设

2013 年 6 月 4 日，我利用工作间隙，前往甘州区党寨镇汪家堡村走访，依然没有给区、镇两级打招呼。

甘州区是张掖市政府所在地，也是国家现代农业示范区和刚刚评定的 21 个全国农业改革与建设试点之一，党寨镇汪家堡村就坐落于张掖市近郊，地处农业示范区和农业改革与建设试点区核心区范围内。这里由于位置重要，所以一年来我来过多次，特别是去年底市委书记明确要求我在抓好玉米种子基地等工作的同时，适当将精力向示范区倾斜后，我对这里的工作给予了更多的关注。6 月 2 日上午，正在张掖市考察扶贫攻坚工作的甘肃省委王三运书记就是在这里听取了我所做的工作汇报，给予了充分肯定。在给王三运书记汇报前，我在汪家堡村设施农业基地的田头第一次遇见了村支书沈克强，和他进行了初步的交流，并有了与他进一步深入座谈的打算。

在村委会门口，我和随行的市政府办农村科何磊同志见到了沈克强书记，为了谈话方便，他邀请我们到了他的家里。这里是村里新建的小区，距离村委会不过百米，距离市中心也不过五六公里。我们的聊天很自然地从新村建设、农民收入、生产发展等方面切入。

一、农民变市民，农村新社区和城里没有任何两样

问：您家的单元房很新，甚至比城里人住得都好。汪家堡村全村有多少人，这个小区有多少户？

答：全村有 374 户，1 464 口人，这个小区第一期建了 6 幢楼，入住 180 户；第二期 7 幢，预计入住 190 户。全村人基本能全部入住。

问：房屋的面积、价格、性质是什么怎样的，如何分配？

答：房屋的标准都是一样的，有三种户型，110 平方米的一种，还有一种 96 平方米，还有一种是解决一些老年人、独女户、特困户的只有 57 平方米。2010 年建楼房一平方米的造价，土建是 810 元，水、暖、电配套，又收了 130 元，每平方米投入下来 940 元。这个价格和市面上楼房价格相差不少，当时城

本文原载于《农业部在张挂职干部工作简报》，何磊同志配合调研和材料整理。

区楼房价格在 3 000 多元。

这些房子都是小产权房，全部是村民自选。报名住楼房的先登记交押金，再做设计修楼房。现在省上正在搞宅基地普查，等到全部上了楼以后，原来的平房拆除后，再发产权证。现在申请住楼房要押 8 万元，基本都是一次性交清。

问：农户有不愿意住楼房的吗，有老年人或者养羊、养猪的这些人如何安置？

答：基本没有不愿住的。2010 年修第一批楼的时候先报名交押金，五天时间，就有 180 户押金全部交齐了。搞养殖的在平房上养，平房全部还没有拆，二期修好以后全部上了楼，原居民点就要全部拆除，进行土地复耕。愿意搞养殖的再修养殖小区。原来我们认为年轻人愿意住楼房，老年人不愿意上楼。现在相反，最受欢迎的是老年人，楼房上冬天暖气比较好，老人害病的少了。二期报名的时候，我们村上规定，原来有一院平房的只能申请一套楼房。现在年轻人申请住楼房，老人也申请，我们尽量在控制数量，老人可以申请小面积的楼房。等村民全部搬到楼上以后，原居民点拆除进行植树，只保留两个居民点，用来改建成养殖小区。

问：原来的宅基地如何处理，拆迁费从哪里来？

答：全村 7 个合作社（村民小组）。7 个合作社全部拆迁后能退还耕地 360 亩。因为住宅楼用地是征用了一个社的耕地，所以修住宅楼搬迁户每户要从原来宅基地中拿出 3 分耕地补给征地社的村民。而且村里规定一户不能有两宅，入住楼房后，原平房就要拆除，转换成耕地后谁家的还是谁家的，交给农户自己经营。

现在农户拆迁补助上要价高。比如，第一批拆迁，一院房子补助 3 万元，第二批就达到了十几万元，攀比心理重。不过，拆迁费羊毛出到羊身上，都得由住户分摊。

问：群众将来不退宅基地咋办，第二批房啥时候建好？

答：必须退，我们申请修楼房与土地局签订了退耕协议，申请入住的农户，旧居民点必须同意拆除，土地局才批准修楼房。签订退耕协议，楼房入住三年以后，要无条件地拆除原居民点。

第二批房原计划今年 4 月份开工，预计开工在 6—7 月份，赶年底 11 月主体全部建成，到明年 6 月可以分配到户，明年秋天入住。

二、农业示范区建设投入力度大，带动力强

问：全村有多少耕地，主要种植什么作物，生产条件怎样？

答：我们村主要产业就是制种玉米，共有 3 200 亩。还有日光温室 110

座，都是高标准大棚。有 4 200 亩地。现在村里的耕地流转出去了 2 300 亩，合同写的是 5 年。其他的土地个人搞大棚，还有两个社土地没有整理，比较零碎。

农业示范园区 2010 年春天开始建，5 月份建成。通过政府引导，目前大部分土地得到整理，水利设施配套已全部完成。已经整理过的土地全部是滴灌，示范区建设我们得到了很大的实惠，基础设施全是项目配套，修高标准的渠道 26 公里。斗、农、毛渠全部是高标准渠道。

问：农业用水情况怎样？

答：全村灌溉机井有 13 眼。一眼机井能灌 300～400 亩。我们村全部是井灌，搞滴灌要求机井配套，我们村就有这个条件，这也是示范园区选在我们村的原因之一。

问：打机井需要申请吗，机井使用寿命有多长？

答：从 2003 年搞节水型社会，黑河水下泄，近十年来政府基本不批机井，我们村的机井都是 2002 年以前打的。

村里的机井已经使用十几年了，使用相当正常，对水泵定期进行养护，每口井深 100 米，浇一亩地只需要半小时。制种玉米，灌水要求高，我们灌溉条件好。

问：近几年村里基础设施建设国家投资有多少？

答：示范园区内一亩地渠、路、林配套，国家投入都在 8 000～9 000 元。农业上的项目全部整合到示范园区来了，现在已经没有这么好的政策了，大些的单位、企业，都看好我们村，位置好，基础设施配套好，交通便利，可以进行机械作业。

问：全村有多少座大棚，怎么投入，什么时候建的？

答：一百多座大棚。2010 年搞的 60 座日光温室，一座棚政府直接补助 1 万元，间接补助有卷帘机、棉被，大概有 6 000 元，还有滴灌、低压管灌是水务局投资的，全部算下来一座大棚能补 18 000 元左右。当年建一座棚需要 5.3 万元，农户自己投入在 3 万多元。现在一座棚投入更高，需要 6 万多元。

后来建的主要是钢架拱棚，每一座日光温室的前面留了一片地种钢架拱棚，主要种早春茬和晚秋茬，每座拱棚造价 8 000 元。日光温室主要是冬天种高档精细蔬菜，如辣椒、西葫芦、黄瓜、西红柿，还有草莓。钢架拱棚主要种植是在春天，3 月 20 号左右把苗种上，主要是西红柿，辣椒，黄瓜，7—8月份收获以后，土地深翻，8 月底再种叶菜类蔬菜，白菜、娃娃菜、西葫芦、菠菜，11—12 月收获，拱棚一年种两茬，效益也比较好。

问：全村搞养殖业的有没有？

答：有。养猪大户现在有 5 户，一年的存出栏在 1 千头到 2 千头之间。有

五、六户养羊大户，有养 300～400 只羊的，一年的出栏可以达到 700～800 只。一般都是养 100～200 只，一年出栏在 300 只左右。近几年，养羊的效益比较好，一只母羊要管理好的话，一年能下两茬羊羔，一只三个月的羊羔能卖 600 多元，存活三只羊羔，就是两千多。

三、发展高产值城郊型农业，物畅其流是关键

问：全村 110 座大棚有多少户经营，收入怎么样？

答：110 座大棚实际有 80 几户经营大棚，有的一户两座。经营大棚的人均纯收入达到一万元以上。

问：那为什么王三运书记到张掖参观时，绿岗公司介绍说钢架大棚生产基本是保本？

答：他们是梁家墩的人，外乡外村的人，张掖绿洲示范园区建成以后，经营、管理、销售一体，门路都打开了，示范园区发展空间更大一些，蔬菜销售比较好，还有优惠政策。绿港公司在村上租了 1 000 亩土地，由于他们主要是外乡人，租地存在的问题是租金高，每亩租金 1 050 元。去年春天甘州区出台了优惠政策，连片 150 座以上每座大棚补贴 2 000 元，镇政府也提供了一些优惠条件，所以他们建了 300 座钢架大棚。

问：300 座拱棚占多大面积，全村有一百多座大棚，全镇据说大概有一千多座大棚，你了解生产出的蔬菜好卖吗？

答：一座棚占地约 1 亩，占地 300 亩。张掖是蔬菜产地，冬天反季节蔬菜比较好卖，每年 12 月、1 月份蔬菜比较紧张，外地来拉菜的多，南关菜市场搞蔬菜经销的领过来预订，定期过来拉蔬菜。有的时候，也有自己拉到南关菜市场卖的。

问：多数情况都是有商贩来采购吗，菜贩子主要是哪里的，有没有稳定的订单？

答：商贩来采购一部分，每年 3 月份以后，商贩就不来了。蔬菜大量上市，外地的菜多了，就不过来运了。菜贩子都是张掖人，我们镇上的很少，小满、梁家墩镇的比较多，都是小商贩，规模不太大。蔬菜要是拉到城区卖难度比较大，每天晚上一两点钟就得到市场，去迟了南关菜市场没有摊位，早上 7 点钟左右才开始卖，比较辛苦。蔬菜没有稳定的订单，生产出来都是通过菜贩子卖掉，销往新疆、兰州等地。

问：我们本地的南关市场有多大？

答：甘州区南关菜市场是比较大的，是全国八大蔬菜批发市场之一，但是场地特别紧张。占地面积在 100～200 亩地。前几年政府为了解决张掖蔬菜销售问题，南关菜市场准备搬迁到梁家墩镇的迎恩村，张掖新城区准备向东南发

展。但是南关菜市场季节性比较强，冬天卖菜的少，多数地方闲置，夏天又比较紧张，不够用。

问：南关市场经营户主要是搞零售还是批发，村里100多座日光温室有没有蔬菜卖不出去的情况？

答：都是搞批发。他们从老百姓手里买过去，然后再销给外来商贩。蔬菜不存在卖不出去的问题，都能卖出去，只是价格有高有低。

问：村里有专业合作社吗，都是由谁牵头？

答：村里有6个专业合作社，能带动300多户。成立专业合作社，一家一户做不了的事情，通过群团组织带动当地农民。

玉米制种专业合作社由村副主任牵头。蔬菜专业合作社，商标已经注册了，由主任牵头，无公害蔬菜认证，这个合作社发挥得比较好，与超市对接。一个蔬菜专业合作社，是由蔬菜老板牵头，他带动的是包地的农户。一个是畜牧养殖专业合作社，文书牵头。还有一个合作社是为了完成任务，是外村村民牵头，其他活动没有开展起来。

四、城郊农民收入增长快，企盼土地流转关系稳定

问：去年人均纯收入是多少？

答：去年人均纯收入是8 232元。农业上，大部分土地流转出去，人均2.8亩地，流转出去的每亩租金1 000多元，自己发展大棚蔬菜的每亩收入在1万元以上。

问：土地流转出去，这些劳动力在做什么？

答：除了大棚以外，就是外出打工。全村劳动力有920人，长期出去打工的有300多人，季节性打工的比较多，近期制种玉米就是防虫害，一家男男女女全部出去打工，有在建筑工地的，还有在附近的制种基地、养殖场、园艺场打工的。我们村位置比较好，劳动力工价高。

问：现在一个工一天能挣多少钱？

答：去年最高的时候是160～170元，平时在100元左右，最近是劳动力最便宜的时候，一般在80元左右。土地流转出去以后，劳动力出去可以学经验、学技术，拓宽致富门路。现在是八仙过海各显其能，有到外地做买卖的，开门面当老板的，有经济实力的流转100～200亩地做规模种植的。土地流转出去的农户，过去是普通临时工，通过近几年打工学到了一些技术，现在都成了瓦工、焊工，架子工，小工一天能挣140元，有了技术以后，一个技工一天能挣250～300元，电焊工、刻字工还挣的更多。

问：外出打工的300多人中做农业以外，如做商贸、搞技术的有多少？

答：有210～220人。土地流转以后，没有后顾之忧了，也不养牲口了，

在张掖附近打工的每天能按时上下班。

问：您给我算个账，村里实实在在人均收入究竟有多少？

答：老百姓的生活水平比以前提高很多，人均收入 8 000 元是保守数字，大部分都在 1 万元以上。有特别好的，像电焊工一个月挣五六千元，但是有季节性，一年收入在 3 万～4 万元。我们 7 社有一名社员叫姜龙，原来有 25 亩地，土地流转以前，父母亲有病已经失去劳动力，在家带小孩，他们夫妻俩长期种制种玉米，管理跟不上，每年收入除去成本，就是 2 万元左右。土地流转刚开始姜龙不同意，经过做工作以后还是流转出去了，一年光土地租金就是 2 万元，经过几年打工，他现在是瓦工，妻子是小工，两口子打工一年下来挣 6 万多元。他的土地租出去快到期了，现在他是千方百计想办法要把土地流转出去，像这种例子在我们村比较多。现在老百姓已经认识到土地流转是非走不可的路，早走比迟走好，以后农业向规模化、集约化转变，是必由之路。

问：农民对土地流转持什么态度，流转出去的土地合同关系与收入稳定吗？

答：现在还有整理出来的土地都由农户分散经营。农民流转土地的积极性很高。示范园区建成后，基础条件特别好，土地整理出来四年了，地力已经基本恢复了，我们又在示范园核心区，搞科研基地效果比较好。刚开始有两个社群众认识不到位，不愿意流转土地，项目到了别的村，现在群众又后悔，也认识到，土地流转是必走之路。

2010 年土地流转从我们村开始，有两个社的 1 600 亩土地全部流转出去，已经四年了，刚开始流转群众意见比较大，搞土地流转也没有经验，面临这样那样的问题，以后，我们有两个社的 1 600 亩地全部流转给天地公司，现在这个公司已经不存在了，它被省上一家公司兼并了。

现在流转的 2 000 多亩地的合作对象有上面提到王建林流转的 1 000 亩，还有村集体流转做温室大棚 100～200 亩，大棚建成后再流转给农户经营，还有绿大地公司流转七八百亩种甜叶菜。刘市长对张掖的情况比较熟悉，如果以后市、区有搞试验示范的，建议引到我们村。

王建林流转的 1 000 亩今年年底就到期了，他们不想继续租了。现在群众都比较着急，土地流转出去以后，农户原来的农机具全部处理了，也不愿意继续种地，希望尽快找到合作方，将土地流转出去。现在土地面临的最严峻问题是没有人种地，现在种地的都是五十岁以上的老人，年轻人都不愿意种地，宁愿外出打工，也不种地，我的儿子、儿媳妇都一样。

追问：有年轻人在家种地的吗，真正在家种地的劳动力有多少？

答：有年轻人，比较少。长期种地的劳动力，80％是五十岁以上。三十岁左右种地的相当少，四十五岁以上还有一些，再过几年以后，这些人不种地，土地就面临二次荒芜的问题。现在的规律是年轻人都往城市走，传统的种地模式效益低，长期流转出去搞规模化种植，对谁都有好处，下一步面临的困难就是合同到期土地流转不出去的问题。

问：现在等待流转的土地有流转对象吗，为什么有些公司不流转土地了？

答：还没有，如果流转不出去，可能出现撂荒的问题，损失比较大，现在很多劳动力外出打工，不种地。

公司不续签流转合同主要是因为租金高了，去年每亩 950 元，今年是 1 050 元。有个别农户提出不流转，要自己种，影响到一个社的土地流转不出去，现在个人又找亲戚流转，一亩地租金才 400 元。

五、农村城市化以后，公共服务面临新挑战

问：村里在公共服务方面还有啥问题吗？

答：公共服务方面，村上出土地，镇政府投资建了一个汪家堡绿洲生态公园，占地 70 多亩地，规模比较大，现在正在建设，估计今年 8 月竣工。我们村的住宅小区建成以后，群众活动比较方便，我们在集镇上，孩子上幼儿园、小学、初中都比较方便，看病有镇卫生院，出行有 8 路公交车。

问：村庄的环境治理没有什么手段？

答：没有手段。住宅小区建成以后，没有垃圾处理场，生活垃圾没处倒。现在就倒在路两边或者树林里，垃圾就露天堆放，老百姓意见比较大。原来垃圾扔到房前屋后，现在住楼房，思想虽然转变了不到处扔垃圾了，就偷偷往渠里倒，一浇地冲到农田里，污染严重。但是村里的污水处理与城里已经是一体了，这一点我们的条件还是比较好的。

问：这个村是否存在留守儿童、老人的问题？

答：我们村离城区比较近，基本没有这种情况。到外地打工的比较少，家里基本上父母照看小孩。

问：你认为当前面临的突出问题，或者哪方面还需要国家支持？

答：当前最迫切的是土地流转，引进大型企业到村上落户，土地能够流转出去，解决以后土地荒废问题。再就是环境整治方面，这是一个难点，希望国家有政策环境有所改善。另一方面生活水平提高了，文化需求方面多了，城乡一体，文化生活上配套跟不上，希望能够给予支持。

全社会存在的重点问题是农民教育问题。张掖有 30 万劳动力技能培训，这个搞的比较好，关键是农民的素质问题，政策开放了，权力给了老百姓，惠农政策又这么好，种地、机械都有补贴，群众的思想教育跟不上，也有政策因素，老百姓胆子太大，生活水平提高了，思想比以前落后了，与政府抵触情绪大，贫富差距大。政治思想、道德品质教育没有上去。群众动不动就上访，和

谐社会要求稳定，导致公安不敢抓人，法院不敢判官司。为了维稳，给些好处，村上就是一杯热茶，一把椅子，一个笑脸，基层干部，相当一些精力就是维稳，这是一些共性问题。

问：农民教育如何组织？

答：培训的东西对他有用，或许会来，讲大道理的话，可能就不来。联村联户，不能仅仅送一袋大米，要做思想工作，转变观念。

六、在经济社会发展得比较好的村，贫困户和干部待遇低的问题依然存在

问：村上还有没有贫困户吗？

我们村特困户有4户，人均年收入在3 000元左右，虽然高于全市1 300元的最低收入水平，但是再低就没办法生存了。

问：这四户是因何贫困的？

答：人的素质比较低，智力水平低。其中有一户叫沈建军，妻子是残疾，生了两个孩子，智力有缺陷，全靠十几亩的收入，导致贫困。还有一户叫赵天智，家里四口人，老婆是民乐人，小时候受过伤，脑子有问题，生了两个孩子，一个是癫痫，另一个脑子不机灵，也全靠土地收入。村里给申请了低保，一年一个人1 000多元的低保收入，四口人有4 000多元低保收入。

问：有什么帮扶办法吗？

答：市农业局通过联村联户进行帮扶。联村联户主要从致富信息、科技上进行帮扶。全村联系的81户，市农业局联系了77户，甘州区土地局联系4户，其中15户是村上列的贫困户，其他是科技联系户，大部分是大棚种植户，根据季节农业局定期进行科技培训、技术指导。主要在村上进行集中培训，一年能集中培训5～6次。

问：四户贫困户，联村联户给了些哪些帮扶？

答：去年春天每户两袋化肥，春节前送了一袋大米，一桶清油，还有300元现金。农业局王局长刚开始准备每户给1 000元，后来征求我们村上的意见，我们说不能给的太多，等、靠、要的思想严重。我们建议最多不超过300元。

最后就是村干部的待遇问题，待遇太低。

问：您给我说说村里的干部结构和待遇状况是怎样的？

答：村上有书记、主任、副主任，文书、妇联主任。建示范园区的时候工作量大，区上特批增加了一个副主任。支部和村委班子是交叉任职，支部班子是五个人，村班子也是五个。全村有7个社长，都是兼职。

村干部工资待遇太低，村上的书记、主任，工作任务特别重。我在村上已

经干了四十年，干了五年文书，当了七年村主任，书记已经干了 21 年，现在每年国家补助是 7 600 元。

问：村干部三险一金这些社会保障有吗？

答：2008 年村干部才开始交养老保险，每人每年交 1 200 元，自己交 360 元，其他是区、镇配套，交到 60 岁，村干部全部享受这个养老政策。按照交养老保险的年限计算，我退休以后，每月能领几十元，一年不到 2 000 元。2008 年以前，有一项离任村干部补助政策，书记、主任正职按任职年限，每年补 60 元，副职、文书，每年补 45 元。村干部的待遇和国家干部比差距有些大。应该出台一些政策，缩小差距。

问：社长（村民组长）待遇怎么样？

答：社长工资太低，现在收费的项目少了，社里的工作量小，社长自己的事业是主业，社里的工作是兼职。

问：村里的书记、主任就需要投入多少精力到工作上？

答：像我们村需要投入大部精力，征地拆迁是最大的两件事，我们村拆 17 院房子，做了两年工作。

问：村上有积累吗？

答：村上的办公楼是 2003 年修建的，有 10 间门点，每年能收入 2 万元租金，再有制种玉米服务费每年能收入 6 万～7 万元，原来村上还有一个 300 亩的林场，搞了示范园区全部用来解决了公共用地，除此之外村上再没有其他收入。2003 年村上办了一个脱水蔬菜厂，是村办企业，在当时村办企业，还是比较领先的。后来集体企业管理难度大，就卖给本村的一个老板了。

问：你在村上干了四十年，外出学习、考察有多少次，费用由哪里承担？

答：省委党校学习一次，加上其他考察共有九次。2010 年出去了一次，到重庆学习考察，主要是学习土地流转，学习回来以后，我们村才开始搞土地流转的。

住宿费、考察费村上出，其他自费。

问：您家里有几口人，多少亩地，地是流转出去了还是自己种？

答：六口人，十六亩地。我们老两口，还有两个儿子，一个儿子已经结婚了，有了孙子。还有一个儿子出去当兵，当了八年兵，去年腊月已经复员回家了，是二级士官。

地是自己种。我们社 900 多亩地，整理出来的有 200 亩，其他土地还没有整理，现在正在招标，准备今年秋天整理。土地不整理，土地流转相当难，不方便机械作业。整理好以后，水利设施条件好，有低压管灌、滴灌、明道配套到位。

问：你们家有大棚吗？

我们没有大棚，因为没有人经营，我在村上上班基本全脱产，村里的事情比较多，特别是搞绿洲示范园以后矛盾多，问题多，工作特别累。

在我们无拘无束一问一答神聊的过程中，沈克强书记的老伴和儿媳不时地过来给我们倒茶，不满 1 岁的小孙子也偶尔从里屋被抱过来了两次，全家人其乐融融，礼数周到，他们仿佛让我一下子看到了兼备有乡下人朴实和城里人文明的新农村新农民形象，心里充满了温馨与甜蜜，也更加坚定了在党的正确领导下中国农民过上更加幸福生活的信念。

不知不觉，时间又到了临近中午十二点，我感到谈话的内容也比较丰富了，于是起身告辞。书记和家里人再次挽留我们在家里吃午饭，我说：如果在远一些的村或者原来，也许我真就不客气了，可是这里离市区很近，特别是中央"八项规定"后省委明确省领导在兰州考察不允许安排食宿，我们也就比照这个规定吧。临出门时，由于讨扰了沈书记全家人半天，我和随行的市政府办公室何磊同志商量，从我的稿费中拿出 200 元钱给了沈书记的小孙子，作为见面礼，也算是表示感谢和敬意。

在圈沟村和花寨村感受贫困乡村冷暖

2013年6月12日（端午节），我在送走利用节假日前来考察校地合作项目的中国农业大学柯炳生校长一行后，直接让司机驱车前往山丹县大马营乡走访调研。

山丹县地处河西走廊战略通道中部蜂腰地段，是典型的资源型缺水县，也是全省18个严重干旱缺水县之一。大马营乡是该县南部浅山区平困人口分布最为集中、贫困问题最为突出的地区之一。今年春节前，习近平总书记到甘肃视察工作并慰问干部群众；4月初，汪洋副总理专程到甘肃蹲点调研扶贫开发工作；4月中旬以来，甘肃省委王三运书记先后到包括张掖在内的全省多地调研扶贫开发工作；最近，张掖市在王三运书记调研后立即专题召开了市委中心组（扩大）会议。为了贯彻有关精神，切身了解贫困乡村的情况，我决定在山丹县找一个贫困村专题走访。

由于大马营乡地处偏远，我们情况不熟，只好找一位乡政府的同志带路。为此，同行的市政府办公室农村科何磊同志联系了大马营乡王剑英副乡长，并要求他一定不要打扰县、乡其他任何领导。在山丹县城，我们接上了副乡长。寒暄两句后，我随即问王副乡长要去走访的村的情况。他告诉我，已联系好了，去花寨村，道路相对方便，村上经济条件也在全乡排前两名，村支部书记阎向波早已在家等候了。听到此，我立即提出，尽管大马营总体上较为贫困，但还是请他抓紧帮助联系一个相对更加困难的村。没有多久，王剑英副乡长联系上了圈沟村支部书记汤义文。据了解，圈沟村经济条件在全乡排名倒数一二名。于是，我们商量，改变路线直奔圈沟村，同时给花寨村支部书记解释，随后再到他那里。

一、圈沟村走访座谈情况

来到圈沟村支部书记汤义文家中，我们看到他家住的还是土坯房，看起来最值钱的东西可能就是一台摆在客厅的老旧电视机。我们坐在他家的土炕和简易沙发上开始了攀谈。

本文原载于《农业部在张掖挂职干部工作简报》，2013年8月18日《人民日报》以《圈沟村的脱贫困境——一位挂职干部的乡村调研笔记（节选）》为题刊发，何磊同志配合了调研和材料整理工作。

（一）农业基础脆弱，种庄稼收入基本没准头

问：全村有多少户，多少亩耕地？

答：全村270户、1100人（包括已搬迁数），上报耕地面积2900亩。如果含山地，全村人均有5亩地。能种庄稼的人均就是3亩，平地、好地也就是1800多亩。

圈沟村在沿山区，属于后进村，基础设施差，基本上是靠天吃饭。如果天不下雨，庄稼就种不到地里。

问：不能灌溉吗？

答：灌不上水。今年准备争取项目资金修水利设施的，但是需要自筹资金，自筹资金群众交不上，项目就争取不上。

问：我看到信息，今年的旱情比较严重，有多大影响？

答：今年春天没下雨，庄稼没有种到地里，前几天下了一场雨，庄稼最近才种上，有的正在种。

问：比常年迟了多长时间？

答：晚了一个多月。从正月到4月20日有四个月没下雨，水能浇上多少地就种多少地，五队没有水浇，土地全部搁荒了。

问：现在农作物占的比例最大的品种是什么，有没有订单，正常年景效益怎么样？

答：啤酒大麦占的比例最大。

没有订单。有商贩直接到村里来收的，相互谈好价钱以后，就直接卖了。去年的大麦每斤卖到0.88元，主要是籽粒不饱满。每亩大麦能产400～500斤，每斤正常时候能卖1元，除去种子、化肥、机耕费等成本能收入200多元。

问：地里还能种其他作物吗？

答：种不成其他的，主要是浇不上水。洋芋也能种，需要浇水，用的工也多（点种、打药、浇水、筛选、捡拾），每亩地能产4000多斤，每斤能卖5～6角钱，种洋芋的成本高，利润空间不大，有时候价格不好，连成本都不够。

王剑英：去年乡上做了调查，如果每亩产5000斤洋芋，每斤卖0.7元，每亩纯收入只有500～600元。

问：有没有探索过搞一些结构调整，以及找一些更好的销路？

答：原来也种豌豆，但是产量不好。再就是种小麦，小麦产量不如大麦，好点的每亩产400斤，不行的每亩只能产100多斤。平地主要种啤酒大麦，有时候也种白菜，倒个茬。

上面也帮助想办法，比如，订单洋芋就是乡上联系的。

（二）养殖业收入比种植业稳定，但发展有限

问：村里有规模的养殖户有多少？

答：有规模的养殖户有十六七户，主要是养羊。少的养 60～70 只，多的 200 多只。搞养殖还是比较好的，政府也鼓励大家修大棚，搞养殖。种庄稼没有保障，一年有收入，一年没收入，靠天吃饭。

问：规模养殖户为什么只有十六七户？

答：成规模的养羊户是十六七户，还有养殖 20～30 只的有 20 几户。搞养殖投入相对大一些，并且拴人，特别是年轻人觉得养羊不划算，两口子出去打工一年能挣 6 万多元。

问：全村有多少只羊，现在能不能放牧？

答：全村有 2 000 多只，主要集中于少数农户。养好了，一只羊能收入 400～500 元。有老品种也有细毛羊。细毛羊是多胎羊，小尾寒羊一年能下两茬羊羔。

附近能放牧，没有种庄稼的地里也能放。

（三）村民逐渐外迁和转移，村庄日益空壳化

问：村里看起来 80％ 都是土坯房，是什么时候建的？

答：都是上一九八几年建的。现在农户有钱也不愿意在村里修房子，孩子都在城里上学，儿子找媳妇城里有楼房才能找上媳妇。

问：如果在村里修房子有补助吗？

答：有。一户能补助 10 000 元。如果在村里修 3 间平房需要多少钱？需要 3 万～4 万元，村里距城区远，材料运费比较高。

问：近年来从村里搬迁出的人有多少，上面有政策吗？

答：有 40 户、230 人。是政府鼓励迁出去的，都搬到了北滩，那里能打上机井，土地能浇上水，条件比这里好。政府把房子修好再整体搬迁，修房子是政府补贴一部分、自己自筹一部分。

问：剩下的农户搬迁有积极性吗？

答：有积极性，但是现在已经没有政策了。因为没有地方搬了，开发的地方已经占满了。

问：年轻人都出去打工了吗？

答：能出去的全部出去打工，打工效益也不错。全村劳动力有 400 多人，外出打工的有 300 人，在家的有 100 多人，青壮年很少。

村里最小的一个组只有 20 户，但是真正在家的只有六七户，其他都出去了，有打工的，有照顾孩子在城里上学的。

王剑英：一个普通农民工，一年打工能收入 3 万～4 万元，有手艺的一年可能挣 5 万～6 万元。这个村纯粹是靠天吃饭，天不下雨庄稼就种不上，所以

都出去打工了。

问：书记家里是什么情况，还有什么人，都出去了吗？

答：我们家里有 5 口人，老两口还有儿子、儿媳妇、孙子。儿子、儿媳妇都在外面打工，一年打工能收入两三万元。孙子在城里租房子上学，老伴在城里照顾孙子，平常自己都是一个人在家。我当村书记刚六年，两届，原来主要是种庄稼、生产队队长。家里原来有 40 亩，退耕了 20 亩，自己种 20 亩。主要种大麦、小麦、豌豆。因为大部分人都外出打工去了，所以村上有十几户把外出打工这些人的地承包过来种。农忙忙不过来时相互请人，大部分都是找自己亲戚。

问：村里有学校吗，孩子们上学是个什么情况？

答：村里没有学校。全乡都没有，孩子上学都到城里上学。为了孩子，多数人在城里租房子让孩子上学。

问：哪一年村里开始不办小学的，为什么不办了？

答：2005 年还有些学生，2008 年以后就办不下去了。村里基础设施差，没有学校，孩子上学极不方便。但是建学校学生少，教师资源又是浪费。

问：村里有没有辍学儿童，有没有出过大学生？

答：义务教育都在上。上高中的就不多了。原来出过大学生，但最近好多年都没有了。

（四）贫富差距拉大，低保户超过两成

问：去年人均纯收入是多少，村里贫富差距大不大？

答：人均收入 4 000 多元。贫富差距还是比较大的，打工的和规模养殖的农户收入高。我们村里的杨新才是个大老板，是个矿主，每年收入上千万元。

问：农户年收入在 2 000 元的有多少？

答：人均年收入在 2 000 元的在全村占 20%。

问：这一部分人收入低是什么原因？

答：收入低的这部分人外出打工不行，庄稼收入也不行，附近打工工资又低。比如，老年人与儿子不一起过的，残疾人不能打工的，都很困难。

问：村里有多少光棍汉，都是多大年龄？

答：村里有十几个光棍，40 几岁的、30 几岁的都有，在这里 25 岁以后找不上媳妇就成了光棍了。

王剑英：圈沟村算是后进村，在全乡 17 个村中排名第十六，基本上是山丹县最困难的村之一，还有一个叫窑坡村。

问：对收入低的这些农户，有啥政策可以帮扶他们吗？

答：可以享受低保待遇。全村低保户有多少？60 户左右，有 200 人。低保人员是村上评选出来的。

问：低保费有多少，包括村民都能享受到的政策还有哪些？

答：低保户分四类，一类低保户一人每月补 150 元，两类 120 元，三类 80 元，四类 60 元。

村上退耕还林 2 000 亩，8 年内每年每亩补贴 160 元，8 年以后每亩补 80 元。前面 8 年已经补贴完了，现在每亩 80 元，也是补 8 年，8 年以后补不补再看情况。

（五）农民致富有路，苦于求助无门

问：农业关键问题是缺水，您认为有什么解决的办法吗，比如打机井、修塘筑坝？

答：这些年修塘坝的事情向上反映过，没有投资。原来有老的塘坝，60 年代修的，已经不能使用了，后来有截引，修了管道，没有自来水，人都还在挑水吃。

王剑英：现在不让打井，离李桥水库很近不能打井，怕影响水库。如果能修个塘坝聚集山里的水，有一部分地就能灌上水。

问：现在能浇上水的生产队（村民小组）有几个？

答：有一个队能浇上水，其他五个都浇不上水。搬迁了一个队，现在只有五个生产队。山那边的三个生产队人畜吃的是水窖的水。这里的两个生产队吃的是小水坊的水，都在挑水吃。有截引设施，山里的水一部分做饮用水，一部分用来浇地。

问：这里的水主要从哪里来，水质怎么样，您认为塘坝修好以后群众收入能翻一番吗？

答：主要是山上的泉水，水质没问题。村头有个水房，把水引过来，群众到那里去挑水。由于没有坝，大部分水白白流失了。

坝修好以后可以保证附近 1 000 多亩地旱涝保收，村里土壤条件还是比较好，水源的问题解决后大麦产量就能增加到 1 000 斤，农民收入能翻两番。农田能灌上水以后，土地不会闲置，水也不浪费了，庄稼就有了保证。现在的产量基本是旱涝保收情况下的 1/3。

问：修坝需要多少钱，群众有没有积极性？

答：100 多万元就能修起来。村里群众对修坝有积极性，但是如果立了项目以后，自筹多了，群众就不愿意了。

问：村里的大老板回来对村里有啥资助吗？

答：没有。村里有 6 个社，有一年修路，需要自筹 3 万元，和大老板商量，他最多出 2 万元，其他人自筹资金又拿不出来，最后没有修。现在进村的道路基本都修了，进社（村民小组）的还没有修。

问：村里党员情况怎么样？

答：全村有 35 个党员，每年能新发展 2～3 个。近两年新发展党员年龄都是 30 多岁，以前发展的党员有 40 多岁的。常年在外面的有 20 几个。村里办个啥事，党员都能带头，但是要拿出多少钱办事很困难。

问：村干部情况怎么样，集体有收入和经费吗？

答：两委班子有几个人？村委班子有 5 个人，党委班子 5 个人，共有 10 个人。村干部工资，书记、主任每年 6 000 元，文书 5 000 元，队长 1 800 元。村里每年有 5 000～6 000 元办公经费。报纸都是乡上订的。办公经费精细用，还行。村委会办公室是乡上给修的，由原来的小学改成的。

问：村里机耕条件怎么样？

答：现在庄稼就是机械收割。整过的条田就有这个条件。2007 年国家给整理过 300～400 亩地，现在全村能够进行机械化收割的有 1 000 亩。拖拉机基本上每户都有，近几年陆续又引进了多杠车，犁、旋耕机机具都带上比较全。实际上村里条件还可以，就是基础设施不行。建了塘坝以后就能全部把水聚起来，水就不会白白流失了。

问：村里收看电视没啥问题吧，社会治安怎么样？

答：最近广电局正在村里安装数字电视，一年收费 120 元。村里民风还是比较纯朴，治安没有问题。

在汤义文书记家中，聊着聊着已大约到了晚上七点来钟。这里的天黑得晚，乘着太阳还没有下山，我们准备起身告辞，并再次让随行的办公室同志从我寄存的稿费中拿出 200 元钱表示感谢和慰问。同时，我请汤文义书记带着我们到村头现场察看了他所说的水房。水房的作用主要是将山上流下来的泉水简易过滤后放出来，供全村人在此就地挑回去饮用。我们在现场看到，水房已经没有了房门，房内卫生和安全已基本没有保障，水房内伸出来的水管哗哗地流着水。从水房出来，汤义文书记又带着我们向山上沿着水的源头走去，大约四五百米，路边的地下露出一大截抬升起来的橡胶管道，大约有小碗口那么粗，同样哗哗地流着泉水。老汤告诉我们，这些水都是山上的一个泉水口下来的，常年都是这样，没有坝给截留起来，浪费得十分可惜。

夕阳下，山村的景色别有一番意韵，但是看着日益凋敝的村庄和得不到很好利用的水土资源，我的心头感到沉甸甸的，有一种说不出的滋味。

二、花寨村走访座谈情况

从圈沟村出来，我们驱车前往花寨村。路上，王剑英副乡长介绍，花寨村是马营乡经济条件最好的村，农民人均纯收入高出全乡平均水平 1 000 多元。这个村原来是个小乡（花寨乡），按人口比例与马营乡合并成大马营乡。也是新农村建设试点村，从 2009 年开始，已经建设四年了。

车行大约 20 分钟后到达村支部书记阎向波家,我们的聊天一半是在餐桌上进行的。

(一)同在一个乡,情况大不同:村民相对富裕

问:请您给聊聊村里的基本情况、农民收入?

全村有 8 个组,1 715 口人,在马营乡 17 个村中是比较大的村。全村耕地面积有 7 000 多亩,其中退耕还林的有 5 000 多亩,水浇地 2 000 多亩,人均 1.3 亩。土地流转出去剩下 300～400 亩。退耕还林地,国家每年每亩补助 160 元,全村每年退耕补助有 70 多万元,都是直接补给农户的。

去年全村人均纯收入是 6 200 元,高于全乡平均水平,低于全市平均水平。全村 432 户,其中 230 户家里购置了小汽车,在全村占到了 80%。

问:村民的主要收入来源是什么?

答:劳务收入是村里的主要经济收入。全村有 1 100～1 200 名劳动力,外出打的有 900 多人,占到绝大多数。党员全村有 68 个,基本上也都外出打工了。外出打工效益比较好,两口子一起出去打工一年最低收入都在 6 万元,一年能挣一辆车钱。村里 60 岁左右不能外出打工的劳动力,就在村里给种植大户打工。村上有一个劳务队,这个劳务队队长在山丹县劳务输出上处于前五名,在国内、国外都有劳务输出。在国内主要在西气东输项目上铺管道,到新疆打工的也比较多。

问:农户都出去打工了土地谁种?

答:土地流转给种植大户,一户流转 800～1 000 亩土地,主要以种植洋芋或大麦为主。留守老人再给种植大户劳动,每天挣 60～70 元。

(二)优势特色农业发展初见成效,但产品销售问题是主要忧虑

问:村里有什么特色产业吗?

答:除洋芋、大麦以外,再就种植葡萄。但是种植葡萄在政府引导上有缺陷,销售跟不上,政府不做后续跟踪。种植葡萄政府非常支持,相应出台了优惠政策。2011 年全村建葡萄大棚 108 座,去年每座棚收入在 1 万元,今年能产葡萄 20 万斤,但是没有销路,产销脱节,这是目前面临的最大的问题。

问:当时建葡萄大棚,有什么优惠政策?

答:建一座棚需要 5 万元左右,建大棚享受了国家的农机补贴,主要是卷帘机。优惠政策直接补贴的有 1 万元,配套卷帘机 6 000 元,还有一些基础设施建设 4 000 元,综合下来每座棚补助有 2 万元。每户还可享受 4 万～5 万元贴息贷款,政府对种植葡萄支持力度大。但是产品销售上不去,政府不跟踪。

问:大棚寿命是多少年,每年投入有多少,群众有积极性吗?

答:专家说一座大棚能使用十五年。投入上主要是建棚一次性投资大,其他每年施肥,棚膜 2～3 年更换一次,每年投入 1 000 元左右。

群众建设的积极性比较高。但是有一个问题，刚开始建起来，前两年没有效益，贴息贷款两年又到期了，希望货款周期能延长两年。乡政府比较支持，一直在做工作。

问：现在大棚主要种的是葡萄，也可以种植蔬菜吧？

答：种植蔬菜更不好销售，离城区比较远，规模小。我们这里大棚阳面种的是葡萄，阴面就是蘑菇棚，叫阴阳棚，这样可以集约土地。

王剑英：建造大棚是乡政府在花寨村搞的试点，新农村建设主要是市场改造，道路改造，在农业上下大力气搞精细种植，调结构，种葡萄。

政府支持力度大，村上征了160亩地建大棚种葡萄。种葡萄产量很好，下一步主要是销售。

问：一座大棚的葡萄产量有多少，去年的葡萄主要销往哪里了？

答：每座大棚有7分地，能产3 000斤葡萄，每斤葡萄卖10元，一座大棚就能收入3万元。花寨村种植的葡萄主要是反季节销售，每年上市在11月，价格相对贵一点。

去年种的葡萄主要是联村联户的市电力公司帮助消化了。今年进入盛果期，产量高，销售就成了大问题。

问：红提葡萄现在价格是多少？

答：张掖现在是3元斤。我们主要是反季节，到了冬天才上市，价格比现在高，主要是找销路。100座大棚规模不算大，外地客商不来。

问：经营大棚的有没有大户？

答：有一户有10座大棚，葡萄是九个月的生长期，有一半的时间需要雇人，人工投入大。村上干部带头种植大棚，书记有一座，主任四座，文书有五座，村上干部都积极找销路。

问：乡里如果把规模扩大，上一千座销路是不是就好一些？

答：山丹县只有我们这的条件适合种植葡萄，别的地方含糖量只有20%，我们能达到60%多。

问：你们村资源是独有的，产出的葡萄品质好，可以引进公司承包土地建大棚。全市目前有1万多亩葡萄，但比较分散，同时上市也不是同一个季节，应该分析反季节的有多少，正常上市的有多少，然后统一由市上出外联系销路。全村如果都发展葡萄会怎么样？

答：全部搞我们还有担心，现在108座棚能产20万斤，要是更多销不出去怎么办？

问：流转土地的大户有多少？

答：有四、五户。村上的土地全部流转给这四、五户，这几户还在民乐县承包几千亩土地。可以规模化生产，流转100亩以上国家每亩补贴20元，流转 1 000 亩，国家每亩补助 40 元。

（三）群众富裕了，村干部反而变穷了

问：我看到村里房子相对比较好，怎么修起来的？

答：我们主要有项目扶持，2003 年搞的灾后重建，2005 年搞小康点，2009 年新农村，国家的政策我们都享受上了。

现在农村的孩子大部分都进了城了，娶媳妇在城里没房不行，已是一种潮流了。农村人少，劳动力少。我们村有 300 多户买了楼房，都在城里住。

问：你家里有几口人，收入怎么样？

答：四口人，有两个孩子，大学出来以后都在打工，女儿是兰州商学院毕业的，儿子是学地质的。我今年 50 岁，在村上干十五六年了，村主任干的时间和我一样。还是要呼吁村干部待遇要提高。村干部收入就是 6 000～7 000 元。家里有一座大棚，还有一个榨油坊。其中油坊开了 20 多年（1984 年开的），每年收入 2 万多元，再没有其他收入。

2008 年村干部开始交养老保险，个人交 360 元，等到村干部 60 岁退休以后，国家还有一些补助政策，是根据任职年限补助，但是微不足道。

原来总感到自己是村里的带头人，现在看到群众都富裕了，自己却成了最落后的了，这样下去养家都是问题。

问：全村人均收入低于 3 000 元的有多少户，低保户有多少？

答：收入低于 3 000 元的比较少。低保户有 51 个。低保分的四类，一类 160 元，二类 100，三类 70 多，四类 55 元。申请低保首先是年龄大，失去劳动能力，第二个条件是残疾。

（四）公共服务没有多少负担，但也显得活力不足

问：村上有学校吗？

答：有个县级中学设在这里。全乡原来有 9 所小学都整合到镇中心小学了。

问：联村联户活动中村上主要得到了哪些扶持？

答：联系我们村的是张掖电力公司。村上新农村建设四年没有建设完，希望电力公司能帮助建设完成，电力公司说已经将村上的项目报到省上了，但一直没有批下来。再就是福利挂户，贫困户一家给了两只羊进行扶持。前几天电力公司的老总到村上来给学生送书包。

问：乡上一年召集村干部开会有几次？

答：集中开会至少 5～6 次。现在矛盾纠纷调处是大事。发展产业政府引导的比较好，但是销售跟不上，发展最后成了包袱，就不好办了。

问：村上老人赡养、社会治安问题突出吗？

答：基本没有问题。

问：文化建设怎么样，能搞起来吗？

答：村上只有留守的老年人。在家的年轻小伙子基本没有。大人跟上孩子走，孩子到城里上学，大人都跟上进城。

问：劳动力都出去打工，老人生病了怎么办？

答：事先都给亲戚、朋友安排好了。

由于赶到花寨村时天色已基本暗了下来，我和阎向波书记的交谈也自然加快了节奏，加之一些问题在其他村已涉及，在这里主要是进一步印证和了解新的情况，同时，花寨的基础比较好，问题相对少而单一，所以总体上聊的内容不是太多。但尽管这样，我仍然感到了这里乡村发展所面临的巨大压力：如果不是区位条件相对好一些，如果在农民住房和大棚建设上得到的扶持多一些，花寨的情况可能和圈沟一样。

晚餐同样是家常便饭，四菜一汤，没有让上酒，我们和阎书记及其家人相互也没有太多的客套和拘谨，离开时我同样也适当表示了感谢。然而，让我感觉更不相同的是与村支部书记更进一步的亲近和认识。十年前当镇长时，我所在的镇有几十个村，在重大工作的关键节点，我不仅经常和村支部书记一起开会讨论问题，而且几乎每天都要登门去和每一位村支部书记见面，有时还吃住在他们家里，相互建立了足够的信任和感情。更重要的是，这样下来，由于牢牢抓住了村支部这个堡垒，紧紧依靠了每一位支部书记，工作得到了大力支持，经过短短一年的努力，全镇的稳定、计划生育、税费征收、干部教师工资兑付等原来头疼的重点工作，都在全县由后进变成了先进。这次以及此前的几次座谈，村书记们多次说，在村上几十年，市领导能到家里来和我们手拉手座谈、吃饭、拉家常，这是一件非常让人高兴和盼望的事情。根据自己的实践经验和观察，我相信这些话是发自这些村干部内心的真实想法。农村工作进步不进步，关键看农村党支部。由于村支部书记的特殊地位和作用，与他们交朋友，在很大程度上就是和广大农民群众交朋友，听取他们的呼声，在很大程度上就是听取广大农民群众的呼声。

现如今，中央出台"八项规定"，吹响了领导干部走出文山会海、远离高档宴请、少些迎来送往、真正研究问题、深入了解情况、密切干群关系的新号角，这要求我们每一位国家干部都应更多更经常地到基层，特别是到艰苦困难的地方去多走走、多听听、多看看，一年365天要更加注意多往下跑而不是多往上跑，要注意在多听上级指示的同时更加注意多听来自最基层干部群众的声音，要在看领导脸色的同时更加注意多看群众的脸色。这样下去，久而久之，国家干部和农村基层干部群众的联系越密切，相互之间心靠得更近，我们党的凝聚力自然就会不断增强，了解把握和解决实际问题的能力就会不断增强，农村基层工作就没有找不到的出路，就没有克服不了的困难。

再访三二看产业

2013 年 9 月 26 日—27 日，按照群众路线教育实践活动要求，我赶赴自己的基层工作联系点甘肃省张掖市临泽县平川镇三二村驻村调研，吃住在村支书刘建学家里。期间，没有给县里通知，但得知情况的临泽县政府鄂利锋副县长，平川镇张彩琴镇长、田志国副镇长还是赶来阶段性参与了调研。由于此前我曾来过三二村几次，与刘建学书记有过专题座谈，所以这次主要是希望更多地了解一些产业发展的实际情况。通过蹲点调研，我深切地感受到了这里干部群众的质朴，感受到了村多年来积累下来极为不易而又充满希望的产业发展基础。

一、制种玉米又获丰产，农户盼望能卖上好价钱

到达村子里正值初秋时节，放眼望去，开阔豁亮的田野上随处可见收获后的玉米秸秆根茬。由于这里的大田作物通常一年只种一茬，上季和下季之间相隔时间较长，所以人们并不忙于立即去翻田整地，田间劳作的农民十分稀少。然而，此时的农村并不显得寂寞，运送玉米鲜穗的车辆络绎不绝，戈壁滩上一望无际晾晒的玉米棒子金灿灿的让人震撼，形成了特有的风景线。并且，这里也正是观察农民当年收成的一个很好的窗口。

从村里出来，驱车二十来分钟，第一站到达村北的玉米晾晒场。强烈的阳光垂直照射，连片晾晒的玉米棒给茫茫戈壁披上了金色戎装，到处都是滚滚的热浪与耀眼的光芒。不远处停着一辆小四轮货车，卢湾 7 社农民杨天伟正在将车上的玉米鲜穗卸载并平铺开来。

问：你在这里多久了？晒场每天都有人看着吗？

答：有半个月了，每天都有人。

问：你怎么计算报酬，要计数吧。

答：公司按天给发工资，一天 90 元钱，管 3 顿饭。

问：这样晾晒要到什么时候结束？

答：晾晒是从 9 月 9 号开始的，有一部分赶"十一"就能拉走了，整体上

本文为作者挂职结束后又一次重返故地调研形成的报告，也是农业部司局级干部联系点调研成果之一。何磊等同志配合了调研和材料整理工作。

10月20号才能完，再有半个多月吧。

问：你用的车是自己的吗？

答：这是农机合作社的车，平时给各个点运送化肥。

问：今年的玉米收成怎么样，一亩地能产5 000个鲜穗吗，棒子个头好像小一些？

答：又是一个丰收年，产量不比去年差，但是价格行情不多好。每亩地差不多能结5 000个穗，技术员说亩产400多公斤。这里总共有四五个品种，有些品种和去年的不一样，所以棒子就小一些。

问：现在公司按什么价格收购种子，一个鲜穗产能产多少籽粒？

答：品种不一样价格就不一样，鲜穗价格1～3元/公斤。晒干后也就能产23％～24％籽粒，也就是说100公斤鲜穗能产24公斤籽粒。

问：这些鲜穗主要是农户送来，还是由公司去收？

答：一般由农户用车把玉米棒子拉来，我负责摊好遮阳网，农户自己把玉米棒子摊平，要求是12～15厘米高（最多摞三层），这样晾晒的效果最好。

问：像你这一车能装多少，你最多一天能跑几趟？

答：能装一吨多一点。我最多的一天跑了26车，拉了大概六七十亩地的玉米棒子，油钱都是公司支付的。

问：农户有私自截留种子的现象吗？

答：现在基本没有了，有监督，地里发现有人私拿一袋玉米棒子，就要罚1 000元钱。

问：自然晾晒对种子有影响吗？如果下雨怎么办？

答：没影响，倒是采用烘干技术反而有影响，对种子胚芽不好。下雨没关系，我们这里雨不多，即使下点雨很快也就渗到地里去了。

鄂利锋副县长补充：自然晾晒就是后期怕受冻，胚芽受影响。

问：你是公司的员工吗？家里都有什么人？

答：公司专门有员工在这里，工作量大的时候才来的人多一些。我就暂时干一个月，其他时间我都是给县里广场拉牵牛花。老婆在酒泉给人做饭（餐馆打工），儿子在县城念高三。

问：企业在兑付种款方面有什么问题吗？

答：去年公司基本按产量兑付，农户经营得好产量就高，有的人一亩地能拿两三千，有的人还达不到两千。去年以来玉米种子积压的太多，大家普遍担心今年的行情，收入低的就有可能去上访。

据村支部刘建学书记介绍，三二村2001年开始发展玉米制种产业，到目前全村80％以上的耕地用于玉米制种，年亩效益由1 200元提升到2 500元。2013年，全村364户农户流转出土地5 500亩，分别占总农户和总耕地面积的

100％和92.4％，其中奥瑞金玉米种业公司承接流转土地5 100亩，流转期限10年，亩均流转租金1 038元。村两委与北京奥瑞金种业公司通力合作，按照"项目支撑、政府服务、企业运作、农民参与"的思路，大力推进"规模化、标准化、机械化、集约化"玉米制种示范基地建设。现在，这一块收入总体上是稳定和有保障的，但受大的市场环境的影响，工作上也还是有一定压力。

二、开展玉米秸秆青（黄）贮，发展畜牧业大有可为

行走在三三村三社（组）的村庄里，我们听到有机器的轰鸣声，循声望去，看到几个村民和一台小型挖掘机正在施工。副县长鄂利锋介绍，今年全县修了很多青贮窖，大力发展秸秆青贮。过去老百姓把秸秆用来烧炕或者就地焚烧，全县30万亩制种玉米，每年产生秸秆120万吨，利用率也就55％。现在搞青（黄）贮，一个50立方米的窖青贮的饲料可以养5～6头牛。听着介绍，我们已经来到了施工现场。

问：请问这是谁家在建窖，能否给我们介绍一下情况？

答：我家，我叫张建军，43岁，家里3口人，耕地面积11亩，全部种的制种玉米。

问：你建这个窖技术从哪里来？

答：有技术人员包点指导，今天平川镇的技术员和县畜牧局的技术人员都在这里现场指导。

问：像这样一个池子建成要投入多少钱，政府补多少？

田志国副镇长：基建投入大概1 000多元，占地不到1分地，房前屋后随处可建，好处是：成本低、建设进度快！县里51号文件规定，按示范点来算，像这个池子可以补到1 000元钱，老百姓很容易接受。

问：现在全村对这件事的反应是个什么情况？

刘建学书记：今年村里挖了60个窖，一个窖一般是60多平方米，一个平方米可以贮藏秸秆500公斤，一个窖下来就是30吨，很解决实际问题。

问：一般一头牛一年需要多少饲料，农民用自家地里的秸秆有成本吗？

答：黄牛每年需要4吨，奶牛需要7～8吨。因为土地是流转给公司的，农民要是需要秸秆的话，公司按照每亩地20元就卖给农户了，机械收割每亩地费用是120元，总共成本也就140元/亩。

由于施工现场十分嘈杂，实地调研后我请平川镇政府以张建军家为例，进一步详细算了下面几笔账——

（1）青贮池（窖）规模。2013年积极争取县玉米秸秆高效利用政策，新建10米×3米×2.3米总容量69立方玉米秸秆青贮池一座，可储藏23亩玉米秸秆，折合重量为30吨。

（2）原来发展家庭养殖数量与成本。2012 年全家饲养牛 8 头，羊 8 只。备用饲草：购买麦草捆 180 个（规格：90 厘米×40 厘米×40 厘米），制种玉米秸秆 11 亩。成本折合：麦草捆 180 个×13 元＝2 340 元；玉米秸秆收割、拉运、粉碎等费用 1 430 元，总成本为 3 770 元。

（3）当年投入成本。2013 年，修建青贮池成本：开挖 500 元，编织袋 400 元，塑棚膜 400 元，水泥垫层 300 元，人工 1 000 元，合计 2 600 元。玉米秸秆收割成本：机械粉碎玉米秸秆 120 元×23 亩＝2 760 元，购买 12 亩玉米秸秆 240 元，合计 3 000 元，拉运秸秆、人工成本 900 元，总成本：6 500 元，黄贮玉米秸秆 30 吨（23 亩），可满足 12 头牛年需草量。

（4）未来预期收益。使用玉米秸秆黄贮技术，有效预防和减少农村火灾等安全事故，净化了农村环境卫生；提高了秸秆消化率与利用率，解决饲草的适口性，玉米秸秆的营养成分增加。经黄贮，饲草成本减低、效益提高、浪费减少，饲喂牛羊增重快，预计当年黄贮饲草同比可多饲养肉牛 3 头以上，增加收入 9 000 元，人均增收 3 000 元。

三、发展沙地设施农业有利于资源保护，离不开政府扶持

在三二村二社村民曹步龙的蔬菜大棚中，我们聊起了大棚蔬菜的产业发展问题。

问：你这个棚下种多长时间了，什么时候能够上市，能连续卖多长时间？

答：刚种也就十来天，上市要到 12 月底了，一般要长三到四个月。如果价格好的话，这一茬一直能卖到明年 6 月份。

问：冬天棚里温度怎么样？

答：新棚（棚膜）还没换，一换温度能再高一些，现在的旧棚还没刮烂，棚膜买来还没换，这几天忙得顾不上。

问：这个棚多大面积，能产多少斤辣椒？

答：这是 50 米的棚，大约半亩地。产量没仔细算过，上一季种的也是辣椒，去年价格不行，半亩地也就卖了 1.5 万元左右（毛收入），化肥、棚膜等等成本也得五六千元。

问：经营这个棚基本上你再干不了别的事情了吧，正常年景一个棚能收入 1 万多元吗？

答：这个棚要是卖不上 1 万 5 到 2 万就划不来了，耗时耗力，投入大。这个棚是媳妇在种，也就今年一段时间我的胸椎疼，干不了重活，就在这看着，这两天看着辣椒有了病了，看着再灌一下根。以前这个时间我都在外面干活呢。

问：这个棚建了多长时间了，当时建的时候花了多少钱？

答：有四、五年了。全部算下来花了三万二三。卷帘机以及码墙的袋子都是县里补的，不到 1 万元。

问：你们家有几座大棚？

答：两座，前面还有一座，都是半亩大小的。

鄂利锋追问：你这是基质栽培嘛，你这基质是今年还是去年的？这苗有些徒长，要加强放风，温度太高了也不好。

答：基质是第一年建棚的时候就配好的，已经好几年了。用基质栽培的辣椒保鲜时间长，春节的时候放在超市里二十多天都没关系，土地上的一般辣椒十来天就不行了，就开始坏了。

问：你这主要卖到哪儿了，有订单吗？

答：我们当地有专门收菜的，没有订单。

问：目前的行情一斤辣椒多少钱？

答：价格一直都不一样，上一茬我卖的最低的时候 1.5 元/斤。

刘建学书记补充：我们 2007 年搞大棚的时候，辣椒最贵的时候卖到 1 公斤 10 元钱，70 米的棚一次性摘的时候一次可以摘 1 万元。从 2008、2009 年到现在，尤其是去年，辣椒的价格最不行。

问：这个地是你自己家里的地吗？

答：这是村上集体的，原先为了在荒漠区建日光温室，镇政府无偿提供的。把地都推好，半地下式的，这种棚保温性好。

田志国副镇长补充：这一个点是我们全县最早在荒漠区搞蔬菜的点，原来都是在耕地搞，后来我们探索在荒漠区搞。

问：你这的基料是哪来的？多长时间换一茬？

答：这是我们自己配的，用牛粪、秸秆、炉渣、玉米芯等等。每年种的时候再添一点就行了，不用换。

田志国副镇长补充：基料能用十年。当时我们建这个点的时候，探索出了在荒漠区发展设施农业的途径，因为耕地非常有限，包括大棚的建造都在摸索，这个基质是当时我们从酒泉肃州区学回来的技术。总的来说符合沙产业多采光、少用水、节省地、高效益的要求。

问：全镇在荒漠上建的大棚建了有多少？

田志国副镇长：我们镇靠沙漠边缘的一工程村、三一村、三二村、三三村都有，全镇接近 200 座，约 200 多亩。棚的大小不等，有 50 米、70 米、100米、120 米的，根据地形和老百姓的经济实力酌情建造，最大的 120 米×120米，一个棚就占地 2 亩 8 分。

问：现在建棚还给补贴吗？

鄂利锋副县长：每年开春的时候县委县政府都根据去年发展的情况、今后发展的方向和思路制定一个 1 号文件，其中就明确了扶持政策。今年是 3 000 万元，包括设施农业、养殖业，都有扶持政策。如果没有这些源源不断的扶持政策，老百姓不愿意干。

问：大棚都得搞滴灌吧，水从哪里来？

答：搞了，都是滴灌。水用的是附近一眼机井的水，是过去打的井。

鄂利锋补充：现在出现了一个新技术——润灌，深圳有个微润灌公司在搞，用半透膜的原理进行灌溉，我今年引进来在板桥做了个点，效果挺不错的，比滴灌还要节水。用水量少，不需要动力，把设备架在两米高处通过水的自压就可以实现灌溉。

追问：成本怎么样？

鄂利锋：管子是一米 3 元，成本比滴灌高（一次性滴灌带价格约为 2～3 毛钱）。

问：像这半亩大棚滴灌设施原来配套下来投了多少钱？

答：这个大棚的滴灌都是建大棚的时候补贴的，自己没掏钱。

四、种植鲜食葡萄收入高，规模效应尚待进一步发掘

在三二村连片的鲜食葡萄基地，我和村党支部刘建学书记等边走、边看、边聊。

问：这个基地有多大规模，销售与收入情况怎样？

答：基地连片有 300 亩，由 70 多户农户各自经营。葡萄主要销往银川、兰州及周边区域。村上和一个河南老板签了合同，由他承包收购，从 9 月 5 日开始到 10 月份所有葡萄清光为止。价格从 5.6 元/公斤到现在的 4.6 元/公斤。去年的价格更好，高的卖到 7 元/公斤。像这种露地葡萄一亩地能卖 1 万多元。板桥红沟的葡萄我们这里的贩子也去看过，他们那里最大的特点是所有好些的葡萄老百姓都自己拉上到城里卖去了，剩下的才卖给老板，老板当然不要，所以他们那里的价格不如我们。

问：是什么品种，成立合作社了吗？

答：全部种植红提，比较受市场欢迎。成立了蔬菜专业合作社，社长都是村干部兼着的。村里现在经营日光温室、露地葡萄、养殖小区的农户有 110 户，其他的都在外面打工，合作社主要负责每年把培训搞好。

问：土地一亩地的租金是多少，合同签了多少年，葡萄种植几年了？

答：有 160 元/年的、180 元/年的，交给村上，其他收入都是自己的。合同都是过去签的，签了 15 年。其中前三年是一亩地每年 100 元钱，从第四年开始有 160 元的，有 180 元的。再过几年根据效益变化的情况再调。葡萄种植今年是第四年，已经进入盛果期了，一般三年就挂果。

问：老百姓积极性高吗，这个果能挂到什么时间？

田志国副镇长：现在三二村的老百姓发展葡萄已经有了积极性了，觉得比外出打工好得多。这些都是晚熟品种，从9月下旬开始卖，挂果能挂到10月20号，挂果期40天左右。如果是温室的葡萄能挂到元旦、春节。

问：你们觉得目前的规模怎么样，能吸引大买家过来吗？

鄂利锋副县长：还是规模上不去。有的时候人家来一辆大车，装不满。

刘建学：上一次兰州来了一个订葡萄的，转了一圈后说我们的一级果能占一半，订下以后押了一部分押金，但要求每天保证最少要给人家上10吨，结果我们供不上。还是种植面积太小。

田志国：如果我们有2 000亩葡萄，就能把这个问题解决。

问：一个村的面积太小，但据我了解，全县乃至全市加起来规模就很大了，政府部门应该在这方面有所作为。比如，到了葡萄、辣椒某一个品种上市的季节，对于全市一共有多少面积，日产量能达到多少，品质怎么样等等一些情况，可以对外发布一个信息，那些物流企业的老总没准自己就来了，到时候定点拉过去，就能够满足规模要求了。

田志国：全市在葡萄这一块有一个"金张掖红提"的品牌，是咱们张掖市注册的一个商标，应当是张掖的葡萄都叫"金张掖红提"，问题是现在还是统一不起来，有一定的地域性。同时，这里面还有个质量的问题，像我们平川的蔬菜都做的是高端市场，很多都是有机质蔬菜。

问：这可以分类、分等对待。

田志国：检测手段也还滞后，蔬菜和葡萄、西瓜不一样，不好直接辨别质量好坏。

五、区域性现代农业示范园区的辐射带动作用正在发挥

临近三二村，我们顺便到平川镇现代农业科技示范园进行了考察，与园区（企业）负责人杨万军进行了现场沟通交流。

（一）在联体温室内

问：你这个温控大棚投了多少钱？占地面积是多少？

答：投了将近100万元，其中县上给了60万元。占地1 500平方米，2亩多地。大棚是2011年建起来的，用了3年了，主要是蔬菜育苗。

问：育的苗能满足周边需求吗，年收入有多少？

答：能够满足周边四个乡镇的用苗需求。一年育三茬，约180万株苗。一棵苗子平均0.8元，总共能卖个100多万元。

问：品种和繁育技术是从哪来的？

答：有些是当地制种公司的，有些是从国外瑞克斯旺引进的。

鄂利锋副县长就近拿起一棵苗：这是嫁接的，有利于新技术、新品种的推广，老百姓无法掌握这些技术，他这里把苗子嫁接好以后，直接卖给老百姓就行了。

问：嫁接的劳动量大，精细程度高，一个人一天能完成多少株？一个工一天是多少酬劳，成本是不是也很高？

答：500 株。这种人工比一般的人工贵一些，现在一天 170～180 元都没人干。

鄂利锋：现在的种子是按粒卖，便宜的几毛钱，贵的 1、2 元钱，比如国外的一些品种。我们给国外的公司制种的时候，按照一斤多少钱给人家收购，人家回去一包装再打到我们市场，就是按一粒多少钱卖的了。

问：你们园区（公司）自己能制种吗？

答：我们这里常规西红柿种和杂交西红柿种都在搞，这样下来 1 公斤是 1 000 元钱。要是用国外的种子一粒种子就得几毛钱。

问：现在加入你合作社的有多少人，采取什么方式把大家组织起来？

答：有 110 户，都是以入股的形式加入的。基本上都是在这里打工，没有直接的成本投资。

问：实际上还是你自己在做，然后把农户给带动起来。你这 110 户买你的蔬菜苗子和你直接卖到外面市场上有区别吗？

答：我们的种苗基本都是销售到本县内，统一靠县上的 1 号文件政策，一颗苗子县上补 0.4 元。我们提前补给农户，完了县上补给我们。在县内无论谁买政策都一样。

问：你去年补助拿到多少？

答：去年是按株数补，今年是上 100 万株总的给补 10 万元钱。

问：你的技术人员从哪来的？

答：就我们自己在做。

鄂利锋：他自己本身是国家级的科技特派员。

张彩琴：原来是另一个村的村干部

问：你们的科技特派员制度是怎样运行的？

鄂利锋：有几种形式，一个是把有经验的、像他们这一类的种植专业户组织起来，通过他们手把手的给老百姓传授技术。还有一部分是有关部门农业推广的技术人员，下来交给他们，他们再教给老百姓。遇到什么难题，科研院所再解决。

问：除了县里的补助，还享受什么政策了没有？

答：还有妇女小额贴息贷款、惠农贴息贷款等等。前两年贷了将近 400 万元，搞了基础设施投入，利息政府都补贴了。这几年陆续到期了，也陆续见效益了，该还的还一些，贷的很少了。

问：现在成本收回来了吧？

答：还没有。这两年贷款陆续到期，新贷的款都到账了，这样一年下来好点利润也就几十万。现在有400亩地（第一年600亩，第二年1 000亩，去年上设备感觉摊子过大，就给其他公司如奥瑞金流转了一些，现在剩400亩），一年光租赁费就40万元，一亩地1 056元，合同签了10年。

问：你这400亩种植的蔬菜都卖到哪里？

答：大部分销往新疆、青海一带，本地超市走一部分。专业合作社有专门收菜的，往外销，超市自己就来拉菜，不用去送。

问：现在主要有什么顾虑和困难？

答：感觉还是在土地流转过程中地的投入高，相比农户自己种利润低很多。还有就是基础设施投入也很大，现在贷款一到期就显得资金紧张。

（二）在钢架拱棚内

问：这个棚是新建的吧，投了多少钱？

答：40万元，今年刚投的，都是自己投的。

张彩琴：原来这一片前三年都是建的小拱棚，后来觉得不科学，今年重新搞成一个5 000平方米（近8亩）的大拱棚，主要解决抗风的问题。最近刚把菜种进去。

问：农机补贴的政策能结合一点吗？

答：没有投入机械，沾不上相关政策。

问：这个棚好像还没有开始生产？

答：这个棚主要是春茬早一点，2月份可以开始种植，秋茬就到12月份了，刚好在露地蔬菜和温室蔬菜中间的空当。

田治国：建起来投入还不到1个月，完了周边还要搞硬化。

（三）在西红柿大棚内

鄂利锋：这是我们的一个新技术——硫化黑技术，增温的，可以提高2～3℃。依靠黑色吸热。张掖市科技局搞的，我们进行推广。材料用的是山丹的一家化工厂生产的化学原料，名字就叫硫化黑，价格要比墨水或油漆便宜。

问：你这里棚里的西红柿生长周期有多长？挂果销售期多长？

答：生长期基本上3个多月，2个多月开始挂果，卖一个多月。

鄂利锋：西红柿有两种，一种是有限生长系，一种是无限生长系。有些品种可以长两、三年，长高了以后进行落蔓。

问：一亩地的产量有多少？

答：不一定，品种不一样产量差异很大。这个棚一共有5个品种，主要是搞品种试验。试验完看哪个品种有优势就育哪个苗子，继而推广。

（四）在特色西瓜大棚内

张彩琴：这种黄皮红瓤的西瓜，我们叫金瓜，一般作为礼品。

问：这种子是从外面引进的吧？

答：是从北京进的种子，西瓜不能载的太密，中间套种了辣椒。西瓜收获完了把秧一拔，不影响辣椒生长。

问：你一般进种子走什么渠道？

答：都是直接从生产厂家进，这样种子质量有保证。

问：为什么一株只长一个西瓜？

答：两个长不大，如果一大一小，小的就自行脱落了。

问：这个黄色的西瓜是不是价格高一些？

答：是的，一个西瓜 3~4 斤，能卖 20 多元钱。

六、养殖小区建设稳健起步，养殖合作社运行良好

在镇村干部陪同下，我们来到了三二村 1 社（组）村民袁自爱牵头创办的养殖（小区）合作社。

问：你这个合作社有多少户，规模多大？

答：共有 11 户农户，我一个人就养了 90 头牛，有大有小。占地 77 亩，13 个圈。地是村集体的荒滩。

田志国：整个小区存栏 500 头左右。

问：主要是买小牛犊育肥还是育种养殖一体？

答：都是买小牛犊养。现在一头小牛犊已经上 8 000 元了。

问：育肥的话需要多长时间出栏，效益如何？

答：架子牛得 3、4 个月，小牛犊得 13、14 个月。像这头牛刚 1 年零 3 个月，700 公斤（毛重），能宰肉 750 斤，按照 30 元/斤的价格计算，差不多可以卖两万多块钱。

问：一头牛纯利润能有 5 000 元吗？

答：今年的牛犊贵，一头得 8 000 元，吃就得 6 000 多块钱，成本下来 1.4 万元，也就赚个五六千块钱。

问：你自己这 90 头牛，一年销售出去一半，挣 30 万块钱没啥问题吧？

答：去年挣了 20 多万元接近 30 万元，今年不行，牛犊价格涨得很高，而牛肉价格比较去年没怎么涨。

问：你这都是什么品种？

答：都是本地进的西门达尔牛。

刘建学：现在有个问题就是这几年的冻精不行了，大夫图便宜都进的是几块钱的，有时候西门达尔配下来产的牛犊不是西门达尔了，品种退化了。

问：张掖有种牛场吗，你们小牛犊都是从哪买的？

答：没有种牛场，牛犊都是从农户家收的。

问：饲料从哪里来？

答：从武威的厂家买料精，然后自己加工。

问：防疫方面怎么样？

答：今年病情比去年多。防疫都是畜牧站统一搞的，没有出现大的疫病。

问：这个小区经营了多少年了，政府有什么政策？

田治国：这个小区是 2011 年开始建的，运行两年多了。水、电、路、围墙都是政府拿钱补的。现在搞示范点，主要还是基础设施这一块，就得政府政策支持。像这个小区搞输电线路就得 12 万元，如果摊在农户头上一户就得两万块钱，解决不掉。

两天的蹲点调研很快结束了。去年以来，我已多次到三二村调研，每次来都有新的收获。这次虽然时间紧张，同样感到收获很大。吃住在村支部书记家里，在整个房屋没有自来水和卫生间的条件下生活，仿佛回到了过去在农村生活和工作的岁月，有了返璞归真的亲切感，与农村干部和农民群众的心贴得更近，进一步拉近了相互间的感情，对农村基层的生产生活情况有了更多的了解和体验。在调研学习的同时，让人深为感动的是，我虽然挂职结束已回到部里工作整整 3 个月，但我在张掖的宿舍、办公室、公车、秘书、司机却出乎意料一概保持"原地不动"，市领导说希望他们的请求得到批准，盼望我再回来工作。此次调研时间虽然很短，但盛情难却，在离开张掖之前，我还是依约和得知情况的市委书记、市长两位主要领导及在家的常委们集体见了个面。而更令人难以忘却的是，在三二村吃住，本来我自带了铺盖等用品和食品，但刘建学书记却早已腾好了他家的正房，摆好了换洗一新的铺盖，一日三餐都准备好了家常可口的饭菜。在张掖挂职期间，几次准备在这里住几天，最好是能够和村民一起同吃同住同劳动。这次我到了村里就提出请求，恳切希望能安排参加农户的劳动，并说自己可能不是老把式，但基本上什么农活儿都干过。可是无论我态度多么诚恳，基层的同志依然反复劝说："现在当地正是农闲季节，不仅没有多少农活儿，即使有活儿干我也解决不了啥大问题，大伙儿陪着忙完了还得换洗衣服和鞋帽，很麻烦，如果我一定要坚持，那就是作秀，就是搞形式主义。"对此，我再无话可说，也不再坚持，唯有的就是发自内心的尊重，希望再另外找合适的机会。

通过这次调研，我进一步深切地感到，主产区农村的变化的确越来越深刻：三二村的土地经营权基本上都从农民手中流转出去了，越来越多的农民享受着不通过劳动可以获得的土地租金与国家政策补贴，外出或者就地就近给农业企业打工或服务于传统农户的主业，农民专业合作社、家庭农场等新型农业经营主体日益成为现代农业的经营主体，农业企业化、设施化、集约化发展势头明显。应该肯定，这些情况在中国的历史上是前所未有的。从实地调查的情况看，当地农民收入、农业生产、农产品销售总的形势是好的，特色种养业发展有了比较好的基础，有些方面虽然还面临着一些问题，但也基本上都是前进和发展中的问题。调研也让我进一步感到，一个村的发展由于层级、实力等条件的限制，在市场信息服务等很多方面能力有限，急需要上级政府的统筹指导与政策扶持。同时，这两年，三二村所在的临泽县在财力十分有限的情况下，每年拿出几百万元对发展玉米秸秆青（黄）贮给予资金补贴，正逐步有效地解决了玉米秸秆燃烧引发火灾、资源大量浪费等问题，对于农业安全生产、改善农业农村环境、农业副产物有效利用、畜牧养殖业发展等都具有重要促进作用，而他们的这一政策创造，在我国玉米已成为第一大粮食作物、玉米秸秆资源等农业副产物浪费严重、农业环境污染加剧、牛羊肉供应持续偏紧等问题日益凸现的情况下，不正是其他地方乃至中央层面需要借鉴推广的重大战略举措吗？

　　一个好的带头人对于一个村的发展来说十分关键。三二村的两委班子建设、村风民风、产业基础在当地都相对较好，应该说这与该村有一个默默无闻扎根村里工作30年多年如一日的村支部书记有很大关系。调研结束，挥别三二村和刘建学书记，我在内心深处衷心祝愿三二村越来越好，祝愿像刘建学书记一样的广大乡村干部永远平安幸福，祝愿在党的方针政策指引下农业更快地强起来、农民更快地富起来、农村更加美起来。

寻找长效的突破

——厦门经济特区创新农村工作机制追踪

据权威统计，1997—2003 年的七年间，全国农民人均纯收入的增幅没有一年超过 5％，最高的年份增长 4.8％。然而，与此不同的是，厦门特区农民收入的增幅却一直保持在 5％以上，其中近三年连续在 8％以上。2004 年上半年，其全市农民人均现金收入同比增长 8.6％，达到 3 478 元，是同期全国农民现金收入平均水平的 3.1 倍……

农民收入的持续高速增长折射了厦门"三农"工作良好的运行态势和发展前景。

这样的好形势是怎样得来的？在中西部一些地区，记者曾就这个问题进行了一定的调查。结果，相当一部分人表示：经济发达、有钱投入是主要因素。

对于这种回答，有专家认为，作为经济特区，经济实力相对更为雄厚，这是事实，但是如果我们一味地把有没有钱投入作为"三农"工作能否改善的衡量标准，显然是一种认识上的误区，不利于问题的解决。

那么，要抓好当前的"三农"工作，究竟什么最关键？

"最关键的应该是最根本的，我们始终认为对农村进行必要的投入必不可少，但与单纯的资金投入相比，怎样在新形势下创新农村工作机制才是最重要的。"在厦门市政府，分管农业的副市长詹沧洲如此神情坚定地回答了记者的提问。

一位伟人曾经说过：不争论，让事实说话。

伴随着采访的深入，愈来愈多的事实表明厦门在创新农村工作机制方面所做出的努力。正是机制创新思想的出现和手段的形成，推动了厦门"三农"工作的重大突破和长效发展。

农民是经济上的弱势群体，由"弱"变"强"，途径很多，但就农民本身而言，他们最缺少、最需要的是什么？且看厦门——

本文原载于《农村工作通讯》2004 年第 10 期，时任厦门市委书记郑立中同志批示市党政领导班子参阅。

"鱼"和"渔"的变奏

从 1982 年到 1986 年，中央曾经连续发出了五个"农"字头的 1 号文件，在当时农村的改革和发展中发挥了重大作用。2004 年初，在相隔 18 年之后中央为"三农"又发了一个 1 号文件。文件明确指出："当前农业和农村发展中还存在着许多矛盾和问题，突出的是农民增收困难。"很显然，农民过低的收入水平已成为中央最为揪心的大问题。

怎样才能促进农民增收？人们最常想到的办法往往有三个，一是给农民补贴，二是给农产品加价，三是给农民推荐新的工作岗位。这三种办法虽然在具体工作中最常用，也必不可少，但在本质上却都是让农民等着"天上掉馅饼"，有利也有弊。尤其是前两种办法，注重的更多的是眼前的效果。至于第三种，尽管政府推荐给了工作岗位，但是如果不能胜任，随时也可能下岗，同样不怎么可靠。

对这三种办法，厦门和全国很多地方一样，没有少用，也几乎没有间断。但在使用中让他们经常感到困惑的，是这些办法很少能够解决农民收入中的根本问题。单纯地给农民"鱼"虽然简单，但如果"鱼"一旦被"吃"掉或者"跑"掉，农民收入仍然不能走上持续稳定增长的道路。经过深入的思考，市委、市政府领导终于意识到，光给农民"鱼"不行，最重要的还要给他们"渔"，使其有一定的"捕鱼"本领。

助农增收，一场从"鱼"到"渔"的变奏由此拉开了序幕。

分子一定，分母越大则分数越小，这是数学里一个最简单的道理。厦门有 65 万农民，而耕地只有 40 多万亩，如果不加大农村劳动力向非农产业转移的力度，谈增加农民收入也许永远都只是一句空话。

转移农民不只是一句口号，更不是政治作秀。厦门的决策者心里最清楚不过，要把农民转移好，最根本的是要帮助他们提高自身素质，获得新的致富手段。怎样提高素质？加大对农民的培训显然是一个最主要的手段和最紧迫的任务。

在厦门，真正吹响加大农民培训促进农民转移就业号角的，是福建省委常委、厦门市委书记郑立中 2003 年 2 月在全市农村工作会上的讲话。在这次会上，郑立中对"下大力气搞好农村富余劳动力就业技能培训和就业指导工作"正式提出了具体而又明确的要求。随后，以"转移农民，富裕农民"为主题的大型农民培训和转移就业工程全面展开。根据市委、市政府鼓励企业、社会机构等各方面对农民多渠道的培训政策，每培训一个农民，政府给培训单位 300 元的补贴。很多企业把车间当成课堂，培训结束后，农民一般都能够就地上岗。

通过多种形式，仅 2003 年一年，全市共集中组织农村富余劳动力培训并获得劳动部门技能认可的就有 6 808 人。先培训后上岗，使农民转移就业数也大大提高。2003 年全市农民转移就业的人数由 2001 年的 1929 人、2002 年的 2 082 人，一下子裂变成了 16 709 人。其中政府搭台举办的 8 场大型专场招聘会，先后有近 100 家企业响应，提供就业岗位近万个，当场签订用工协议的有 5 000 多人。工资性收入一跃成为当年全市农民纯收入的主要来源，比例达 55.75%。

2004 年 1—8 月，厦门全市已完成农村富余劳动力培训 8 980 人，实现转移就业 2.37 万人，其中企业录用 1.04 万人。市委、市政府提出不仅要通过培训等措施转移现有的劳动力，而且要考虑"下一代"的转移。为此，他们在岛外农村进一步建立起了一批职业技术学校，从 2004 年开始让上不了大中专学校的农村初高中毕业生直接进入职业学校，掌握一技之长，毕业后不需"落地"就直接转移出去。按照规划，到 2010 年，全市农业人口将由现在的 65 万减少到 35 万，从事第一产业的劳动力将从现在的 22 万减少到 10 万人。

"扶持产业化就是扶持农业，扶持龙头企业就是扶持农民"，对于这个论断，厦门在实践中检验了它的真理性。他们由此也进一步领悟了——

"龙头"与"龙身"的哲学

随着产业化经营的发展，当今中国的农业就如同一条巨龙，企业是龙头，基地、农户是龙身。原来在计划经济思维模式下，厦门对农业虽然也很重视，但干的大多都是一些靠行政命令建基地、催种催收的傻事，一门心思希望把龙身做大，但结果往往是劳民伤财、出力不讨好，"龙身"不仅没有做大，反而越做越散、越做越弱。后来经过总结，他们终于明白了一个道理——龙要舞得精彩，首先必须要有龙头带动。近年来，厦门发展现代农业最成功之处就是非常重视农业龙头企业的发展，"养"大了"龙头"。

2003 年，厦门全市仅 22 家市级以上的农业龙头企业共创产值近 70 亿元。有人算了一笔账，如果把这 70 个亿摊到全市 60 万农民头上，人均年产值就有近 1.2 万元。厦门龙头企业的带动力由此可见一斑。

厦门农业龙头企业为何有如此强盛的生命力和竞争力？市委农办的同志认为企业自身的努力是根本，但政府扶持、社会保障的作用同样不可小觑。

我国加入 WTO 后，政府在农副产品价格的补贴上受到限制，但是从投入和科技上扶持涉农企业，是各国都普遍采取的做法。近年来，市里每年拿出一定的专项资金，打破所有制界限，只要是能开拓市场，带动农民千家万户生产，能评上市级先进的龙头企业，就坚决予以奖励。除了经济奖励外，对于龙头企业其他方面的工作，他们也都是时刻给予关注和支持。银鹭集团要建立 2

000 亩高科技企业工业园区，市里就到现场办公，帮助解决扩大规模的水电路等公共设施建设；厦门如意集团有限公司和市农科所都计划建立果蔬种苗繁育中心，市里经过论证，认为如意集团机制好、实力强、方案好，就给予扶持。后来尽管如意集团是民营企业，但当他们决心投入 2 000 多万元，建立高科技育苗中心时，市里还是给予了财政补助。放开市场准入也是厦门扶持龙头企业的重要措施。如厦门浦头饲料公司，根据市场需要，要兴建面向国内外的水产品中心市场，市、区两级立即批准立项，并予以扶持。如意集团、银祥集团要求在城区市场分别设立无公害绿色食品营销店和"放心肉"供应点，市里也当即予以批准。厦门扶持龙头企业的理念就是，市场上的事，要立足于企业和农民这两个主体，放手让其兴办和发展，政府起服务、扶持、监督、引导作用。

一个支柱产业的形成，光有龙头企业不行；面向市场竞争，没有产业扶持也不行。因此，在扶持龙头企业时，厦门还有意识地引导、扶持龙头企业发展产业链条，形成产业支撑，形成产业特色。在农业产业化发展过程中，他们依托龙头企业和农民这两个主体，给予扶持；利用市场机制建立产业链条，给予支持。如今，厦门农业初步形成了蔬菜、林果、水产、花卉、禽畜五大支柱产业，每个产业中都建立了高科技的种苗中心，现代化的科研机构，面向国内外的批发中心市场、产业基地，特别是起龙头带动作用的龙头企业，以此形成了产学研、产供销一条龙的产业发展链条。例如蔬菜，厦门有如意集团等十多家龙头加工生产企业，有以如意集团为主体的蔬菜种苗中心，集科技引进、开发、研究和质量检测中心为一体；有年销售 35 万吨的面向各省市的闽南果蔬批发市场，有万亩以上的蔬菜引种示范基地，还有以订单合同网络 2 万多农户的生产基地，实行统一种苗、技术、肥药、管理，环环相接，互相促进，联动发展。其他如水产、林果、花卉、禽畜也一样形成了产业链。有了产业支撑，才有龙头企业在国内外市场的竞争实力。2004 年由 8 家龙头企业担纲，政府又一次性拿出支农专项资金 1 500 万元，组建起了总计 1.4 万亩的现代农业示范基地。

厦门的龙头企业都十分重视科技进步，尤其在激烈的国际竞争中，要使自己的产品赢得市场，他们都把科技创新作为企业生存与发展的生命线和动力源。这些企业，一是注重建立科技机构，引进科技人员。厦门有 4 家龙头企业都建立有国家级研发中心，或博士后流动站。如涌泉集团成立了博士后流动站和国内最先进的中试基地，与全国一流的香精科研、木材功能化处理的大学科研单位建立紧密型的产学研关系，把企业和基地作为产学研的基地，引进 150 多名大学本科以上的科研人才，其中院士 8 人，保持了旺盛的科研力量。二是加大投入。这些企业科研、科技投入都占年产值 5%～10% 以上，创办的科研、开发、推广基地，配备一流的生产设施和工艺，推动产品和设备更新。用银鹭集团董事长陈清渊的话说，我们不干则已，要干就要有国际一流、国内少有的先进设备和工艺，就要有不断更新的名优特产品。就是锅炉，他们也要请科技人员进行改革，搞无烟化处理，清洁生产。三是开展国际交流合作。"他山之石，可以攻玉"，龙头企业十分重视科技创新，重视国际先进种苗、先进技术的发展动态，积极与外商合作，与国外科研单位、大学院校建立关系进行科学技术合作与交流，走出去考察学习，请进来交流培训，了解信息，掌握科技改造，提升和发展自己。在每年的投洽会、台交会、中国绿色食品博览会、果蔬花卉展销会等活动中，市政府搭台举行学术交流，让企业展示自己，学习别人。

龙头企业最大的作用是能够通过挥舞龙头，带领农户开拓市场。因此，他们把市场需求、市场机制作为生产经营的重心来抓。一是抓营销，他们各显神通，或是与国际市场的批发商建立信用关系，或是在全国建立营销网络，或是不惜代价搞广告宣传，或是建立面向全国的批发市场。这样一来，他们能够更敏捷地捕捉到国内外市场最新信息，形成最大范围的产品影响，组建强劲有力的营销力量，不断开拓市场领域，保证优良种苗的培育、优新品种的开发、产品质量的提高，赢得不断提升的产品市场占有率。二是建立充满活力的内部机制，按照市场经济的要求建立现代企业制度，产权明晰、管理科学、提升文化、凝聚合力。厦门涌泉集团原本是家族式经营，夫妻一个是董事长、一个是总经理，随着企业的发展，企业分别成立了董事会、行政经理的决策层和经营管理层，甚至进行分配制度改革，把企业税后利润分配权作调整，董事长及其家人仅占 10%，科技教育、社会公益占 35%，员工占 55%，这样分配，大大增强了企业对职工的凝聚力，调动了科研、生产和管理的积极性，企业产值、利润、税费均以年均 30% 以上幅度增长。厦门惠尔康食品公司，原来也是家族经营，丈夫当总经理，妻子当董事长，小叔当副总经理，现在，惠尔康食品公司发展成为惠尔康集团，并按现代企业制度建立了领导体制，设立董事会、职业董事，聘请了企业经理、副经理，成立监事会。三是市场化发展。龙头企业不仅与农户、与产业链企业，而且与各生产要素机构、支持保障单位都按照市场规则，以市场机制建立契约关系，签合同，搞订单，守信用，保证龙头企业成为市场主体，按照市场机制运作，以使其在国际竞争中充满活力，长盛不衰。为了大力发展农村中介组织，他们已经依托龙头企业建立了 7 个市级农（副）产品专业协会，并正在筹划建立一个大型农民经济联合社，主要也是依托龙头企业，把农民组织起来走向市场。

第一个吃螃蟹需要智慧，更需要勇气。记者在厦门听到了这样一则故事，说刚开始政府提出要大力发展民营经济、扶持龙头企业，特别是每年要拿千万巨资奖励给民营龙头企业时，很多人怎么也想不通。有人甚至给上级有关部门写信，说政府给"个体户"发奖，"洗财政的钱"，是典型的腐败。而现在人们终于都明白了，当初市委、市政府冒那么大风险，下那么大决心，"养"大的不仅仅是"龙头"。2004 年上半年，厦门实现生产总值 420 亿元，增幅居全国 15 个副省级城市第三位，地方级财政收入增幅在全国副省级城市中位居前列，这里面，龙头企业当然功不可没。

逐之小，必失其大；欲取之，必先予之。对于古人总结出的这道哲学命题，现在，厦门人尤其有了自己的深刻理解。

农村问题是历史的积淀，范围之广、层次之多、程度之重非同寻常。特区的发展一靠政策，二靠市场，用惯了这"两手"的厦门决策者，在解决农村城市化问题时，当然更不会忘记——

"计划"和"市场"的融合

也许谁也不能否认这样的事实——很长一个时期，我国一直存在着壁垒森严的城乡二元社会结构。不同的户籍制度、就业制度、税收制度、福利保障制度、教育制度、公共事业投入制度，使城乡之间被严重分割。重城市、轻农村，"天平"就这样长期失衡。

国民经济发展规律告诉人们，城市和乡村、工业和农业，是国民经济两个轮子，如果长期不能协调运行，必然会影响整个国民经济的健康发展。厦门作为经济特区，虽然农业占整个 GDP 的比重很低，但是市委书记郑立中、市长张昌平、分管农业农村工作的副书记吴凤章等市委、市政府主要领导却经常在各种场合强调，仍然要把"三农"工作放在全市各项工作最突出的位置。因为他们清楚，农业对经济的贡献虽然看起来很小，但他的基础性作用却很大，特别是在农业人口还占全市总人口 1/2，农村的土地面积还占全市土地总面积 90％的情况下，没有农村的协调发展，当然就不会有全市的发展。

没有农民，有的只是从事农务工作的职员；有农业但是没有农村，所谓的农村，只不过是城市的延伸。这是厦门为未来描绘的美好蓝图。为了实现这个蓝图，他们从拆除制度藩篱入手，加快了全市建设新农村的步伐。2003 年，全市完成了户籍制度的改革，实现了城乡户口的一元化管理。现在，厦门岛内的村已全部完成了"村改居"，岛内农民也逐步转变成了市民。

实现城乡统筹，对农村公共产品的资金投入也是一道无论如何都绕不过去的门槛。多年来，为了支持农村的发展，厦门地方各级政府不知向农村投入了多少钱。原来投钱都是按计划，政府钱多就多投，钱少就少投，重投轻管、短期行为的问题较为突出，结果回过头来再看，农村还是面貌依旧。市委、市政府领导由此认定，拆除城乡壁垒，还必须要同时借助于"市场之手"。

据詹沧洲副市长介绍，厦门在加快城乡二元结构向一元结构转变、大力推进农村城市化过程中，政府对农村的投入继续加大，但主要是用来解决教育、交通等最基本的建设问题。比如仅为解决农村的义务教育和公共卫生体系建设，市财政从 2004 年开始每年拿出 1 个亿，区财政每年配套 5 000 万元，计划用四年时间达到城市一样的标准。对于其他社会事业的投入则按照市场化的机制运作。围绕"城乡统筹"，市委、市政府提出了"四化"的工作目标，即居住社区化、资产股份化、从业非农化、福利社保化。要实现这些目标，特别是要加快这些目标实现的步伐，通过市场的办法，逐步建立以财政投入为导向，集体、企业、农户投入为主体，其他社会资金投入为补充，内外资并举的多元化投入机制必不可少。

在厦门，有的村改居之后，原来村集体资产怎么处置是一个焦点和难点，围绕这一问题的解决，厦门在其中的几个村推行集体资产股份化的试点。结果一"股"就灵，不仅很多问题没有了，而且大家真正把村里的事当成了自己的事。村民说，原来总是觉得村集体的工作，有好事就争，没有好事就毫不关心，进行股份化改革以后，大家顿时感到主人翁的意识更强了。在思明区洪文村，记者看到的整个是花园式的小区，与城市没有任何两样。村里的一草一木，对应到了人头，似乎每一样东西都代表着一个人的形象，使人们既增强了责任心、荣誉感，又都能够相互监督和帮助。像洪文这样的村，厦门还有不少。

社会保障是社会文明进步的表现，农村社会保障体系的建立和完善，是农村城市化的核心内容之一。在这方面，厦门按照政府投一点、集体拿一点、个人自愿掏一点等办法重点抓了三个方面的工作：一是完善农村最低生活保障制度。早在 1997 年他们就在全省率先把最低生活保障制度拓展到了农村。2004年 1 月，厦门市人大常委会还审议通过了全国第一部农民低保的地方性法规——《厦门市农民最低生活保障办法》，使得农民享受低保的程序与标准有了可供操作的法律依据。2003 年，全市享受农村低保对象达 41 243 户、136 872人次，共发放低保资金 566.39 万元，基本实现了应保尽保。二是建立以合作医疗、大病统筹为基础的农村医疗保障新机制。全市农村合作医疗已经取消村办、村管、村筹的模式，采用政府举办、商业运作的办法，组织开展对口支援工作。2003 年末全市实行合作医疗的村已有 298 个，共设置农村卫生室 356 个。各区普遍建立以"政府政策主导、财政资金引导、农户量力而出、商业保险介入"为原则的农村"大病统筹"医疗合作制度，使多数农村都能得到"一包烟钱保平安"的健康保障，有效减缓和防止了不少农民特别是特困老人小病拖、大病磨，因病致贫、因病返贫的现象发生。三是建立农村被征地人员基本养老保障制度。按照"土地换保障"和"行政推动、政策引导、农民参保、财政补贴"的原则，实行"低门槛准入，多档次选择，不同标准享受"。

具体以全市上年度职工月平均工资 60％～100％的标准或最低工资标准为基数，按缴费总额的不同分六个档次，将失地中老年农民统一纳入城镇居民养老保障体系，使其老有所养，解除了后顾之忧。

政治路线确定以后，干部就是决定因素。厦门始终注重把基层组织建设机制的创新作为贯彻所有农村工作机制创新的一条轴线。在推进基层组织建设机制创新中，他们演奏出的是精彩的——

"民主"与"务实"的交响

时代在发展，农村的形势发生了很大的变化，农村基层组织建设需要创新机制，但是不管怎么创新，民主和务实都是两大主旋律。正因为厦门的决策层有如此深刻的认识，所以他们在基层组织建设机制的创新上同样抓得深入、到位、富有成效。

厦门基层组织建设机制创新的工作抓得很多，记者采访发现其中最突出和最有特色的有三个方面：

一是转移农村工作重心，干部下派"实打实"。根据"小机关、大服务"的形势要求，以及部分村干部文化素质较低、缺乏工作思路等实际情况，从2004 年起，他们从市、区党政群机关中选调了 36 名处级干部和 100 名科级干部，分别到 16 个镇挂职副书记或副镇长，到 76 个相对后进村和 7 个典型村挂职村党组织书记、副书记或村委会主任助理。与原来和全国其他有些地方不同的是，这些干部都挂实职，并且每轮任期 3 年。在市、区组织部门的具体指导下，这些挂职干部真正安下心来驻村、驻镇。他们下村庄、入农户、察民情、解民忧，并且认真记录全市统一印制的"民情日记"，有的几个月不回家一趟，为基层办了大量的实事。

二是推行民主听证，提高村民自治水平。为了加强村务民主管理，他们规定凡涉及与村民切身利益相关的事务，村民都有权要求进行民主听证。据该市负责村务民主听证会的有关部门负责人介绍，村务民主听证主要目的是把事关农村改革和发展的大事拿来协商，完善村务决策；把农民群众最关心、最敏感的事项拿来听证，征求群众意见；把村务运行的过程与结果拿来公开，接受群众监督。听证活动按照代表性、公开性和与议题内容相关的原则确定听证对象，一般不少于 20 人，其中村两委班子一般不列入听证对象。每次听证会必须重新确定听证代表，并允许旁听。参加过村务听证会的同安区后埔村村民叶明鹰说："民主听证让村务更透明了，我们也更放心了。"

与此同时，他们还完善村民代表大会制度和村务议事机制，探索村财民主管理机制，总结推广村级会计委托代理和村账镇管等制度，并逐步扩大到村民小组财务管理。加强村干部任期经济责任审计工作，逐步推广村级财务电算化管理。建立村务民主管理评议机制，开展定期民主评议，加强村务监督检查。规范和健全民主理财小组和村务公开监督小组，提高村财管理和使用的透明度。

三是形成了一个高度重视"三农"工作的合力。在厦门，记者感到不仅是农口的同志，而且各个部门对"三农"工作都非常重视，特别是市委、市政府主要领导经常亲自抓"三农"工作。市直各个部门形成了一个高度的默契，那就是只要说是"三农"方面的事，都非常积极主动地参与和支持。全市31位市领导和90多个机关事业单位都有固定的农村帮扶点。农村的工作千头万绪，需要有一个强有力的综合部门，为此，他们还重点加强了市委农办的力量，赋予了重要的工作职能。

农村工作机制的创新有力地带动和促进了厦门"三农"工作的开展。据詹沧洲副市长介绍，前不久市委、市政府还专门又召开了全市创新农村工作机制工作会议，并从创新农村工作领导协调机制、劳动力转移机制、农业产业化发展机制、农村城市化工作机制、多元化农村发展投入机制、农民社会保障机制、农业农村服务机制、农村基层组织建设机制、农村社会事业发展机制、农村"三个文明"协调发展机制等十个方面制定和下发了《关于创新农村工作机制的若干意见》。市委、市政府期待通过更进一步的机制创新，带来厦门"三农"工作更加崭新的天地。

热闹背后看"门道"

——华西村见闻与启思录

虽已是初冬，可江南大地仍然驻守着春天般的气息，尤其在被称为"天下第一村"的江苏省江阴市华西村，攒动的人群、飘舞的彩旗、穿梭的车辆、喧嚣的工地，无处不传递着夏的繁盛与火热。

10月底，由农业部机关刊物、当年毛泽东主席倡导创办并亲笔题名的《农村工作通讯》杂志社组织举办的全国部分县市乡村经济发展研讨会如期在这里召开，笔者作为来自全国的20名与会代表之一，有幸一睹了华西的风采，并切实做了一些考察。在华西的几天，我们动情地感受和品位着华西的一切。党的十六大召开在即，华西人正铆足干劲向着在去年开票销售收入45亿元、上缴利税5亿元的基础上实现全年开票收入60亿元、上缴利税6亿元奋斗，向十六大献厚礼。现在看来，实现这个目标没有什么问题。然而，我们感觉华西人向十六大献的这份厚礼远不是6亿、60亿元，因为他们在创造物质财富的同时，更创造了巨大的精神财富，而这一笔财富是无形的、无价的，更是最可宝贵的。

如今，每天到华西参观的外地游客少则三五千人，多则一万多人，到年底仅旅游收入将突破1亿元。然而，华西村毕竟不是一个纯粹的旅游景点，所有到访的客人在看华西景、听华西事的同时，更应该联系所见所闻，有所启发、有所思考。

见闻之一：华西村的老当家吴仁宝的声望与情怀

赶往华西开会的那天，班车到达江阴市时夜幕已经降临，我们下了班车只好在路边问路，一位热心的老大爷上前来说："到华西村——吴仁宝村呵，从这儿往东……"我们说："您不是村里人，对吴书记也很有感情啊！"老大爷回答："那当然，华西村能有今天，谁不晓得是人家老吴拼搏几十年换来的。"

局外人尚且如此，局内人就更不用说了。江阴市委常委、华士镇党委书记说："华西是我镇的一个村，吴书记的事迹可以写几大本书，因为时间关系，

本文为作者在乡镇工作期间参加市委党校2002年秋季主体班培训时撰写，获得中共襄樊市委党校首期案例教学课题研究成果三等奖。

要讲只好讲万分之一。"江苏省委常委、无锡市委书记蒋定之说:"怎么评价都不为过。"华西毛纺厂的厂办副主任邓文斌是江西人,他说,作为外地人,在这里听到称赞吴书记的话耳朵都起了茧了。

吴仁宝生于1927年,11岁就开始给财主放牛,做长工。新中国的成立使他脱离了苦海,入党时,他发誓要让村里的乡亲们都过上富裕日子。他当过合作组组长、民兵中队长、财粮委员,1957年下半年高级社成立党支部时开始任支部书记,后来担任江阴县委副书记、书记时仍一直兼任华西村党支部书记。1980年党代表落选后,上级拟调他到地委工作,他请命扎根基层,执意专心致志回华西村工作。从担任华西支部书记到党委书记,40多年来,吴仁宝带领全村干部群众,始终坚持发展以公有制为主的集体经济,艰苦奋斗,开拓创新,一二三产业协调发展,走共同富裕之路,取得了巨大成果。2001年,全村人均交税达8万元,人均国内生产总值是美国的6.6倍,大部分村民的年收入超过了俄罗斯第一任总统的年薪(7 000多美元),家庭存款少的有50多万元,多的达500多万元,家庭资产最少的也在100万元以上,轿车成了村民的基本家当,户户都住上了400~500平方米、水电气全通的别墅。

为了华西村的发展,吴仁宝该付出的都付出了,最令人感动的是,他把群众都带富了,而自己却仍然卧薪尝胆,节俭第一,还住在70年代的房子里,家里没有什么值钱的东西,并且几十年如一日坚持不吃请、不请吃、不陪客、不拿全村的高工资和高奖金。近年来,上级政府每年都发给他奖金,累计达2 000多万元,他分文不拿,全都给集体发展了再生产。

启思之一:做人与做官的关系

现在,有一部分人习惯于用"官有多高、财有多巨"来衡量自身和他人的价值,以至于把"当大官、挣大钱"作为追求的目标,认为做了大官、挣了大钱就实现了人生的价值,就不枉来世一遭。也许,当你到了华西村,你就会感到有这种陈腐观念的人是何等渺小。吴仁宝,他官不到九品,钱不比本村的普通百姓,但他的人生境界却达到了极致。他心里装着群众,始终为着群众,把为群众谋利益作为最大乐趣和追求,保持了一个共产党人的高尚情操。他的官不大,但他却受到了高级别的礼遇,各级组织给了他许许多多的荣誉,国家领导先后有100多人次在华西、在北京和他亲切座谈。他出差到韩国,韩国总理追到飞机场要求和他"晤谈"。他的钱不多,但他精神上却无比富有。他看上去是一个再普通不过的农村老人,但他却又是一个极度不平凡的人。做官先要做人。他当了几十年的"官",但他却从没有把做官作为第一追求,而是始终在认真地做人,做一个纯粹的人,一个脱离低级趣味的人,一个有益于人民的人。

见闻之二：华西村的内部环境与管理

一走进华西村，你顿时就会被一股浓厚的文化气息所包围。抬头向上，华西村的标志性建筑——华西金塔给人以刚劲和挺拔的特殊意蕴。放眼平望，吴仁宝新自撰写的警言警句恰到好处地出现在门口、路边的标牌上，例如："家有黄金数吨，一天也只能吃三顿；豪华房子独占鳌头，一人也只占一个床头"、"坚持两手抓：一手抓同党中央保持一致，一手抓同人民群众保持一致，也就是同各族人民保持一致"、"千难万难，实事求是就能大难变小难、小难变不难"、"要始终坚持发展是硬道理，有条件不发展是没道理，没有条件创造条件发展是真道理"、"个人富了不算富，集体富了才算富；一村富了不算富，全国富了才算富……"

进一步徜徉在华西村，大大小小80多个景点，个个寓意深刻，其中具有代表性的是"华西之路"、"农民公园"和"民族宫"。"华西之路"展廊通过大量的文字、图片全面系统地反映了华西村50年来的发展与变迁，包括每个家庭的巨大变化。"华西农民公园"占地30多亩，一个个古为今用的《三国故事》告诉人们要弘扬中华民族团结协作、重视知识、尊老爱幼的传统美德。1988年，华西村成立了"精神文明开发公司"，后来又以此为基础成立了由50多名从全国挑选来的国家级编导、演员和知名艺术院校毕业生组成的特色艺术团。进入敞亮的"民族宫"，仿佛走进了北京人民大会堂，这里主要是艺术团表演节目的场所。每天，艺术团的演员们分上午和晚上两次，把华西一个个真实动人的故事演绎上舞台，供游客和村民观看。目的在于告诉人们：饮水思源，富不忘党、富不忘国、富不忘本。

几十年来，华西从没有停止过对共同富裕的追求与探索。直到90年代，根据形势发展，华西才可以搞"一村两制"，允许一部分人发展个体经济，但全村仍以集体经济为主，并且明令绝不允许"一家两制"，严禁有人挖集体的"墙脚"。吴仁宝等华西村的决策者认为，一家人如果丈夫当厂长，而老婆、儿子分别去开饭店和搞原材料购销，集体企业办事，就在老婆开的个体饭店吃饭，吃100元给1 000元。进货则通过儿子的个体购销公司，2 000元一吨的货给2 500元。这样必然造成腐败之风蔓延，集体资产大量流失。正因为有效防止了这些现象，华西村集体经济不断壮大，而群众贫富并不悬殊，既没有相对很穷的，也没有短期的"暴发户"。另外，《华西村歌》、《十富赞歌》、《十穷戒歌》等都同样能在第一时间内给人从视觉、听觉到心灵的强烈感染。

华西村对先进人物一向大张旗鼓地表彰和重用，对犯错误的同志则坚持必要的惩戒，特别是对于"黄赌毒"等社会丑恶现象绝不允许出现。华西村向社会宣布如果在华西发现一起这类有损社会公德的行为，无论是谁举报，当即奖励 1 万元。

启思之二：自律与他律的关系

对人的教育和管理是一个地方事业兴旺发达长盛不衰的根本保证。加强教育，并运用有效的途径和方法进行教育，可以使人提高觉悟，达到自律、自警、自省。通过约束性的制度，并带强制性的管理，同样也是规范人的行为的必要手段。这两方面华西村做得都非常好。在华西，对于人的教育是经常性的、习惯性的，是潜移默化的、生动活泼的，是真实可见的、现身说法的。正是这样，它的效果就很好。尤其是"特色艺术团"运用群众喜闻乐见的形式，在事实的基础上艺术地再现华西发展过程中的每一个感人事迹，让人内心震撼而难以忘怀和平静，起到了较强的振奋人心、鼓舞斗志、净化思想的作用。在管理上，他们不一味追随时髦和一些不健康的市场潮流，从机制上防止了集体资产流失的发生，防止了人们物资上富裕后的精神滑坡。而对于人有效的教育和管理不正是当前需要进一步加强的吗？华西的做法值得我们深思和学习。

见闻之三：华西村的可持续发展

华西村组建的华西集团公司是全国大型一档乡镇企业，下属 14 大公司、58 家企业，固定资产 20 多亿元，有职工 1 万多人，其中有中、高级工程技术人员 1 000 多人，大多数企业已从国外引进了当今世界一流的生产设备，所生产的面料、西服、化纤、针织染整、线材、热带钢、法兰等系列产品已发展到 1 000 多个品种，10 000 多个规格。创造出了"华西村"和"仁宝"牌系列名牌产品。"华西村" A 股股票 1999 年在深圳上市，成为"中国农村第一股"，并且行情一直看好。

为实现更大的跨越，华西集团积聚力量，硬件、软件一起大干快上。线材和带钢是华西村冶金工业中两大当家产品，都是 90 年代开始投资生产的。线材厂投资 6 000 万元，开工后第一个年度就全部收回成本。带钢厂产品不仅在华东地区领先，而且还陆续打进了美、日、英、法等 15 个国家和地区。去年，他们在这两个项目上又投资 3 亿元，使华西村钢制品年生产能力达到 200 万吨，据较为可靠的预测，今年仅这两大公司就可完成销售收入超过 35 亿元。为了应对知识经济和入世后的挑战，他们加速了人才培养与引进的力度，计划在近一两年内使班子成员中有 50% 的人会讲外语，全村 40 岁以下的青年人都要掌握一门外语。今年，他们仅一次性送往高等院校深造学习的工人就达 60 多人。

启思之三：用手与用脑的关系

战后的日本为什么能够在短期内实现经济的崛起，原因在于他们能够尽快提高整个国民素质，并及时抓住了经济发展的大好机遇。华西村真正的大发展，主要还在于 80 年代末，特别是整个 90 年代，"抓住机遇三五年就上去了"。内地到华西参观的人群之中，常常听到有人这样说：内地跟沿海根本就没有可比性，华西是沾了区位优势的光。那么，我们不禁要问：内地的河南南街村不也是发展很快的先进典型吗？沿海还有许许多多比华西区位更好的地方为什么就没有发展起来呢？客观总是通过主观来改造的，如果一个人的主观世界存在问题，又怎么能去很好地改造客观世界呢？勤劳加智慧、手脑并用才是发展的关键因素。邓小平同志说的"关键在人"，也许才是华西村的飞跃发展给我们的最大教益。

驱散乌云好晴天

——当前农村社会治安问题透视

提起社会治安问题，人们往往会联想到人潮如海的城市。其实，在幅员辽阔的农村，社会治安问题早已是人们关注的热门话题。无论是重任在肩的基层干部，还是勤劳朴实的农民群众，都有一个共同的心声：社会治安必须实现根本好转！那么，现阶段农村的治安状况如何呢？最近，湖北省襄樊市公安局就此问题在襄阳县肖集乡进行了一次问卷式抽样调查，结果表明——

现状不容盲目乐观

参加这次抽样调查的有来自全乡各地的 50 名农民。

50 个人中间，回答对现有的社会治安环境感觉不安全和不太安全的 37 人，占调查人数的 72％。回答很安全的没有一个。

为什么会有这种答案？围绕这一问题，笔者赶往该乡作了为期 3 天的实地采访，发现人们反映农村治安乱，主要原因有三：

（一）鸡鸣狗盗，偷窃成患

该乡杨湾村五组 30 多户人家，近两年间先后有 16 户被盗，失窃物资折合人民币一万多元。肖集村一组自 1993 年秋季以来，短短几个月时间里，40 户人家有 11 户被盗，被盗物除牲畜之外，还有家电、自行车、生活用品等，折款达 4 000 多元。去年 9 月 18 日晚，村民杜忠辉房内的电饭锅、酒精锅、高压锅、铝锅、粮食等一夜之间被盗窃分子一扫而空。时隔不久，住在村子中心的村民刘忠明家的收录机、西服、开水瓶等大白天竟被人撬门盗走，接着，村民杜忠玲家的门又白天被撬……

笔者走访到杨湾、肖刘、赵集、冯营、方冲等村，几乎都反映有不同程度的被盗现象。杨庄村民杨全福一家 5 口人仅有一名劳力，最大的家当是耕地用的一头母牛。去年九月初八耕牛被盗，不仅秋播受阻，帮助寻找的两位村民还在途中被不明真相的人用树棍打伤。

据乡党委领导介绍，仅去年 12 月一个月，全乡已经发生的盗窃案就有 19

本文原载于《农业科技报·金色周末》1994 年 2 月 25 日头版全版、《襄阳报·周末》1994 年 1 月 29 日头版全版。

起，其中盗走耕牛 8 头。今年元月 1 日至 11 日 10 天时间里又连续发生类似案件 8 起。

（二）地痞流氓寻衅滋事

去年八九月间，肖集乡赵集街李 XX 等 8 人纠集社会无业青少年 20 多人，在赵集街大肆进行欺行霸市等活动，他们白吃白拿、调戏妇女、哄抢国家夏季收购的物资等等，完全置法律和道德于不顾。此间，整个赵集街饭馆不敢开业，姑娘不敢上街，鸡犬不得安宁。

（三）明抢暗夺，肆意妄为

去年 11 月 24 日，老河口仙人渡镇王 X 等两人光天化日之下窜至肖集乡史庄村作案被人发现，在群众追赶途中，两名违法分子用刀将村民杜国华刺成重伤后又挟持村民蔡长学作为人质。今年元月 15 日中午，河南商贩海本省买了 5 张牛皮，途经肖刘一组附近时，被从肖集赶集回来的龙王镇胡延二组李 XX 等三人抢走 3 张。在遭抢途中，海本省被劫犯打伤多处。目前，此案尚在审理之中。

以上只是肖集乡的一些例子，但已足以说明农村社会治安形势的严峻。那么，农村社会治安发展到如此混乱程度，人们不禁要问——

"乱" 因 何 在

笔者通过调查分析，发现原因在多方面：

（1）贫富悬殊，造成某些人心理失衡，自陷泥坑。当历史的巨臂把古老的"黄土地"推向市场经济大海洋中的时候，人尽其才得以具体体现，许多有才学和经济头脑的人很快发家致富，而一些只会念"老本经"和那些好吃懒做的人明显被抛在后面。在贫富悬殊两极分化的情况下，他们中大部分人发奋图强，依靠自己的劳动去缩小贫富差距。而一小部分人却把心思放在歪门邪道上，依靠偷、骗，甚至抢劫别人的财物以实现"发财梦"，结果对社会造成了危害。

（2）文化生活单调乏味，赌博等病毒乘虚而入。随着农民经济收入的提高，农民文化生活的消费也势必跟着提高，应该说，这是一个好现象；只是由于这种消费渗进去了不正常不正当的违法"娱乐"，这些"娱乐"，名为"娱乐"实为赌博，如农村一些小青年打台球或电子游戏机，输家不仅要给主人钱，还要给赢家钱。除此之外，打牌、抽签、翻硬币、玩"孔明八卦图"等无不是他们的赌博方式。一场牌或者一杆球打下来，多则输掉几百元、上千元，少则数十元。还有极个别的甚至"娱乐"到了嫖娼上。所有这些，总的一点，都需要钱，而这一大笔大笔的钱从哪儿来呢？自己不挣，即使挣也经不住挥霍，家里更不会给，所以，唯一的办法就是偷或抢。

（3）宣传工具的误导。一些书刊、报纸、录像等仅仅以盈利为目的，大肆宣扬色情、武打和"致富捷径"。如大量的"白手起家"、"空手致富"的图书，实际上介绍的都是"神偷"、"惯盗"的秘诀，引导人们走向违法犯罪。还有一些书刊长篇登载案件"特写"，文章着力宣传案犯作案的情节和细节，看似在对读者进行法制教育，实际在客观上起了传播和诱导的作用。

（4）个别地方，普法流于形式，效果不尽如人意。普法教育，从上到下虽然年年在抓，但个别地方仅仅停留在念条条框框的基础上，一提学习就只知道忙着印发法律条文，有的人能把条文横竖倒背，违了法自己却不知道，因为他根本就没有真正理解这些条文。

农村社会治安令人担忧的现状是由于综合因素造成的。除以上几点外，还有腐败现象、物价上涨、家庭教育、季节闲忙、行政执法不规范以及执法上的"人情洞"等原因。

因此，要从根本上改变农村社会治安状况，就必须——

打一场人民战争

1月15日，笔者在采访时，乡党委副书记陈治有拿出一份"夜晚治安巡逻值班表"对我说："为加强治安防范，我们层层巡逻，每晚由一名乡'四大家'领导亲自带队。"指着１５日那一栏的第一个名字"龚林宏"，他说："这是我们政法副乡长。"

治安巡逻是不是形式主义，到底怎样在搞？笔者想探个究竟。

是日晚８点３０分，乡政府巡逻车准时启动，我坐进去，随车巡逻。

吉普车驶出乡政府大院，东行约２公里在肖集村桥头停下时，有两名派出所干警从树后走出来报到。龚乡长告诉我："这是第一个巡逻哨卡。去年和今年，这儿曾经连续发生了两起抢劫案。"说完，拿出对讲机："赵集、赵集总支，上岗时间到，上岗时间到！"

"赵集已上岗，赵集已上岗"，对讲机马上反应。

离开肖刘桥，车转向正北绕龙王辖区行约６公里到了位于红水河边的杨湾村，车刚出村的要道口，在一个倚着大柴垛的塑料帐篷边停下，村主任杨有安等５个村民马上出来报到。此后，车东北行５公里到杨湾村８组，一个类似的帐篷中走出来７位村民，龚乡长一一向他们问候。我走近一位村民问道："请问你叫什么名字？夜晚值班苦不苦？"

"谢谢关心，我叫柴小三。领导们处处为我们操心，自从组织巡逻队以后，村里平静多了，我们高兴都来不及，哪里还苦？"

车又由西往北，由北往南……到刘冲村时，已接近凌晨４点。车还没停稳，四五个巡逻的村民已经迎了上来，说是领导辛苦了，一定要到家里烧点茶喝。我们谢绝了。

　　离开刘冲村，车又向北返回，借此机会，我和他们聊起了近日来的巡逻情况。

　　龚乡长说："乡政府巡逻队一是阻截犯罪分子，及时处理突发事件，但重点还在于检查、监督村组巡逻，因为治安需要群防群治。巡逻第一晚，乡党委副书记陈治有亲自带队，抓赌两场。第二晚，朱浩七组巡逻人员抓获一盗窃分子……对巡逻，群众积极性很高，报名踊跃，从村组到政府都是义务值班。"

　　离开肖集总支回到乡政府时已是 16 日晨 5 点 20 分。这一夜巡逻，行程 100 多里，共穿越 18 个村 11 个哨卡。

　　元月 16 日晚 7 时，当笔者正在肖集乡派出所采访时，双冲村五组夜晚巡逻人员杜文平匆匆赶来报告，抓获一名盗窃犯，人赃俱在，请求公安机关前去押人。报案者刚走，两名干警风风火火地押着两个人进来。所长张国忠告诉我，干警抓获的是另外两名逃犯。这时，张所长忽地拉过一位叫吴涛的年轻干警，激动地告诉笔者："就是他，元旦才结婚，可是为了巡逻，结婚后连一个囫囵觉都没睡过。"接着他又讲了干警李宜明、赵运东等打击团伙、抓逃犯的事迹。

　　肖集乡抓社会治安已经动了真功夫。据乡领导介绍，很快，他们还将有一系列治安防范治理措施出台。

　　从肖集的实地采访中，笔者深切地感到，党和政府永远是为群众操真心的，群众的治安防范意识也在逐步提高。

　　我们相信，通过干部、群众的共同努力，农村的社会治安状况一定会尽快得以好转。

丰碑，在百姓心中矗立

——记沈阳市浑河堡村村主任、农民企业家孙凤祥的事迹

　　历史往往在人们不经意间实现巧合。30 多年前，在美丽的松辽大地上，有一个人无私奉献的事迹不知感动了多少干部群众，他的名字叫雷锋。30 多年后，还是在这块土地上，另外一个人又在演绎着同样令人感动的故事。他数十年如一日，在共和国大厦的最基层，在平凡的岗位上，用生命拼搏着，用真情奉献着，事业随着足迹延伸，爱心伴着目光播撒，不仅帮助和带领当地一万多名群众走上富路，而且为全国数以万计的贫苦农民、农村失学儿童和孤寡老人提供了慷慨救助，为百姓、为社会、为政府，殚精竭虑地做出了一个又一个无私的贡献。他叫孙凤祥，是辽宁省沈阳市浑南新区五三乡浑河堡村的村主任，沈阳凤祥集团的董事长，一个被百姓称为新时期的活雷锋和焦裕禄、孔繁森式的好干部，一个勤劳致富、守法经营、追求用真情回报社会的新型民营企业家。

"百姓的幸福是俺创业的原动力"

　　1958 年，孙凤祥出生于沈阳市区。如果没有特殊的历史原因，他也许永远不会是一个农民，对农民也许永远都不会有今天这样的深厚感情。

　　历史要回放到 20 世纪的 60 年代。对孙凤祥来说，那是一个灰色甚至灾难性的时代。由于父亲曾经当过张学良的副官，全家人被下放到浑河堡村当农民，那年，孙凤祥还不到 3 岁，上面 4 个哥姐均未成年，父亲被红卫兵批斗致死后，母亲顶着"黑五类"的帽子独自挑着全家的重担，日子极其艰难。孩提时代的孙凤祥就深深品味到了普通农民群众的酸楚、淳朴和厚道，积聚着与命运抗争的力量。他非常清楚，在那个年代，如果没有村民们的真心帮助，他们全家不要说有今天，能否生存下来都很难说。"只要有机会一定要报答乡亲们"。这是孙凤祥从小就扎根心底的志向。

　　孙凤祥对村民的帮助充满了感激。在村里，他把每一个人都当成自己的亲

　　本文原载于《农村工作通讯》2004 年第 7 期，全国人大常委会副委员长成思危、国务院扶贫办主任刘坚等领导同志先后作出批示。

人，大家也都亲切地叫他"祥子"。年过半百的村民崔月英回忆说："祥子在大集体的时候，常常是几个人的活他一个人干，从来不计较个人得失。他从小就爱做好事，不管是遇到了还是听说了，他总得上前帮助；不管是东家的还是西家的困难，半夜找他也从不推辞。"那时候，帮乡亲们跑跑腿，干点力气活，对孙凤祥来说不算什么，但遇到困难群众急需要资金救济时，却爱莫能助。这时，他的心总像刀扎一样难受。

1978年党的十一届三中全会给农村的发展吹来了强劲的东风，孙凤祥真切地感受到了党的温暖，挣钱的机会来了。于是，他除了种地以外，做起了"卖鸡蛋"等小买卖，由于脑子灵、肯吃苦，很快就成了远近有名的万元户。逐步富裕起来的他于1981年买了一台东方红拖拉机，随后又成立了运输队。创业的艰辛，使孙凤祥深悟挣钱不易，但一看到父老乡亲们对富裕的渴求，他下定决心创大业。几年时间，他的事业如日中天，企业从一个变成了十几个，并且个个盈利不菲。手里有了钱，他一面扩大投资拓宽经营，一面赤诚大方地回报乡亲。

孙凤祥首先帮扶的对象是贫困和五保老人。从1985开始，他每逢重大节日或遇到特殊情况，总要带上钱物走访慰问。当时浑河堡有几位老人住在五三乡敬老院，他就把该敬老院作为自己定点援助的对象。1989年浑河堡村成立敬老院后，他十几年不辍，一有时间就去看看，敬老院缺什么就给买什么。为了丰富老人们的生活，孙凤祥先后投入30多万元开展各种文体活动。"凤祥是咱的贴心人"，这成了全村老人们常挂嘴边的一句话。

浑河堡是一个有近万人的大村，困难户相对较多，几乎每家每户都不同程度地得到过孙凤祥的资助。很多农民噙着眼泪讲述了一个又一个与此相关的故事。63岁的村民李慧智，连续十多年受到孙凤祥接济。那还是1993年，李的二儿子不幸患上了白血病，孙子又检查出患有先天性心脏病，孙凤祥就三千元、两千元的给予帮助。后来李的孙子上学，孙凤祥又三百、五百"给的没数"。村民李桂芳30岁的大儿子去年得了尿毒症，只有靠透析来维持生命，为了给儿子治病，李桂芳把房子都卖了。2003年10月，孙凤祥听说后亲自给李家送去两万块钱，并且留下了"不够再说"的话。一晃半年过去了，李桂芳不好意思再开口，但让她出乎意料的是，2004年4月孙凤祥打来电话说："大姐，你到办公室来一趟吧，我平时太忙，没有时间过去，你再拿一万块钱回去给孩子治病吧。"简单的几句话让李桂芳一想起来就感动得流泪。村民陈绍武有严重的心脏病，需要做手术安装心脏起搏器，但昂贵的住院费用让他无力承受，孙凤祥知道后对他说："放心做吧，费用我来解决。"村民王书杰是1994年初部队转业到浑河堡村村办企业的一个外地人，当年10月就成了下岗工人，爱人也没有工作，加上后来出车祸赔了20多万。2003年小孩中学毕业考上了一所不错的学校，但入学费用让全家人一筹莫展，铮铮傲骨的他暗想：都说找孙凤祥管用，我何不也去试一试呢。谁知一试就灵，孙凤祥第二天就让人把全部所需的现金送到了他手里。村民齐中正搬新家，多的钱已经花了，但最后因为水费、电费、物业费等问题解决不了而无法成行，孙凤祥知道后给他送来一万五千元。几年前沈阳建设浑南新区，浑河堡在其范围，开发过后老百姓按政策都要回迁进新楼，全村三千户，大多数回迁都问题不大，但70多个特困家庭实在无力回迁。孙凤祥想：一个村的群众，大家都是一家人，要迁都迁，一个都不能落下。就这样，他一次性办下70多套住房，全部送给这些困难村民，不仅不要房费，而且水电费、取暖费也由他付。村里有个叫周静和的老人，老两口和两个儿子都是双目失明的残疾人，多年来，孙凤祥从各个方面对其不间断地给予资助。回迁中他是最后一户，搬家那天，不仅周静和哭了，而且全村很多人都流下了感动的泪水。

发源于长白山，作为辽河的一大支流，波澜壮阔、滔滔不息的浑河是沈阳人民的母亲河。浑河堡村的老百姓对孙凤祥的深情，孙凤祥对浑河堡村老百姓的厚意，都如同他们对母亲河的感情，博大、浑厚而且无比真挚。浑河堡的村民说孙凤祥是他们大家的亲人，孙凤祥说浑河堡的村民都是他的父老兄妹。在当地，群众有一句流传了很久的顺口溜："有困难找凤祥，凤祥就是解困王。"

"小小村官是俺回报百姓的大平台"

2001年春天，全村老百姓高票推选孙凤祥做浑河堡的村主任。面对选择，有人劝他继续把自己的企业办好，像原来一样挣了钱回报给老百姓就行了，千万不要去揽村主任这个"瓷器活"。但孙凤祥经过一番思想斗争后觉得，一个活着的人，价值在于"我为人人"，群众的信任是最大的责任，他没有理由让父老乡亲们失望。他告诉人们："俺看重的不是这个九品官的头衔，而看重的是小村官给我提供了回报老百姓的大平台。"上任伊始，孙凤祥就给自己提出四条要求：第一，个人决不花村里一分钱；第二，村里所有事情都由村民自己说了算；第三，更多更好地为群众做一些更实际的事情；第四，想尽办法逐步把浑河堡建设成为全辽宁乃至全中国最好的村。

没有当村主任之前，孙凤祥对村里的帮助尽管尽到了很大的努力，但毕竟还有很多局限。当了村主任之后，他既感到信心很足，又感到担子很重，压力很大。有人建议他不要操太大的心，在任内抓一两个项目，出一点儿政绩就行了，可孙凤祥心里琢磨，项目要抓，但在抓之前，如果不能在全村创造一个和谐的发展环境，不能把大家的力量调动和凝聚起来，上了项目也很难有效益。短期行为、劳民伤财的事他绝对不干。

浑河堡村的条件虽然不是很好，但相对而言毕竟还有一些实力。邻村的书记、主任都配有专车，按理说，孙凤祥当了村主任也应该有，但他说，自己公司有车，不仅不要另配车，而且他还要拿出个人的两部车给村里用，一切费用都由他支付。任职三年多来，他没有拿过集体一分钱工资，一切公务开支也一概不让村里承担。

孙凤祥认为，村主任光讲奉献不够，还要料理好"村政"。村里很多大事，除了两委班子研究，还必须提交村民代表大会通过，原来一般每年一次的村民代表大会，他任职以来的三年时间里，居然开了20多次。

"建设好一个浑河堡，还要管理好一个浑河堡。"回迁新区后，村里立即成立了业主管理委员会。针对全村有100多位残疾人的实际情况，他倡导成立了村残疾人联合会。村残联和村老年协会一样，得到了他无微不至的关心和照顾。无论是村委干部、村民小组长，还是业主委员会主任、残联主席、老年协会会长，他经常拜托大家，除了履行组织管理和服务的职责，还要随时向他报告困难村民的工作和生活情况，以便更好地为村民提供及时有效的帮助。

村里各种群众性活动，孙凤祥不仅是一个参与者和支持者，而且更是一个领导者和组织者。三年多来，各种节日，村里都要以不同的方式进行庆祝。对参军的、考学的一律欢送和奖励。群众的生日、婚丧嫁娶，他只要在家就一定到场，不在家就委托别人去表达心意。2003年，在他的倡议和支持下，浑河堡举办了首届运动会，万人齐聚，盛况空前。运动会花销50多万元，孙凤祥没有让村里掏一分钱。由于浑河堡村地处城乡结合部，本村人口加外来人口接近两万，社区情况复杂，治安状况一度很差。为了解决这一突出问题，孙凤祥主动和辽宁省政法委联系，在浑河堡开展了建设全省法制教育示范村的系列活动。全村老年人自发地组织起来，成立了老年巡逻队。经过上上下下的共同努力，昔日案件频发的浑河堡，今天已经成了沈阳市有名的治安模范村。

改革路上要想富，思想解放来铺路。2004年2月，孙凤祥自己掏钱带领50多名村组干部和群众代表，前往与浑河堡村情相近的上海浦东界龙村参观学习。一个星期的时间，他和大家白天参观马不停蹄，晚上讨论到深更半夜，辽宁省和沈阳市的各大媒体进行了连续和跟踪报道，围绕村级发展，不仅在浑河堡，而且在全省掀起了思想解放新高潮。"工夫不负有心人"。现在的浑河堡，已经完全实现了农村城市化，处处洋溢着喜庆祥和、欣欣向荣、蓬勃发展的景象。全村招商引资的项目一个接一个，老百姓的年收入等指标已进入全省先进行列，各项工作先后受到了上级的表彰。

"五湖四海在困难中的百姓俺都想伸手帮一把"

孙凤祥对百姓的爱没有仅仅停留在浑河堡。多年以来，他常说："俺说句心里话，那些五湖四海在困难中的老百姓，俺都想伸手帮一把。"这是他在实践中的大实话。

1997年11月，辽宁省第二届光彩事业大会在国家级贫困县建昌召开。作为会议代表，孙凤祥听了当地领导关于地方经济发展和人民群众生活情况的介绍，当时就有些坐不住了。会后，他立即到全县各乡镇实地考察，所见所闻令他的心灵受到了强烈的震撼。他没有想到在中国的辽宁还有这样穷困的地方，还有这么多没有脱贫的百姓，他深深感到了国家扶贫道路的遥远和任务的艰巨。在该县，当看到敬老院的老人们吃咸菜、喝稀饭、面黄肌瘦的样子，当看到孩子们因为贫困光着脚丫在没有窗户只有泥巴桌椅的教室上学，当发现人民教师因贫困有病不能就医的时候，他一次次地掉下了辛酸的眼泪。贺杖子乡有个姓韩的体育老师，家里除了先进教师的奖状以外，几乎是家徒四壁，孙凤祥当场给他留下了2 000元钱，让他能为"强盛一个民族"而努力。有个叫王斌的老师头上长瘤子，因为交不起一万多元的医药费而没有治疗，孙凤祥把当时身上仅剩的100多元钱掏了出来。回到沈阳后，孙凤祥干的第一件事就是着手安排对建昌的扶贫，其中就包括寄给王斌的一万块钱、援建一所养老院和两所光彩小学等一系列事项。

那次扶贫会议以后，建昌成了孙凤祥一个长期的定点扶贫对象。到目前，他在该县已投入扶贫资金500多万元。现在，建昌很多普通百姓如果有什么困难，都会想到找孙凤祥。2001年，建昌小学一个叫王旭的女孩，出生三个月就被父母因为贫困送给了别人，养母家里同样也很困难，时刻面临失学的危险。情况反映到孙凤祥那儿，他把小王旭上学及生活的一切费用都包了下来。后来，小王旭的亲属遇到困难，比如姐姐上学缺钱、养母出车祸需要处理，找到孙凤祥，他都慷慨解囊。2002年冬，建昌一个农民到沈阳打工，几天都没有找到工作，吃饭都没有钱了，最后通过"114"查到了孙凤祥的电话号码，当时孙凤祥正在市里开会，就让单位的同志安排他吃饭，后来帮他找到了工作。还有一次，该县两个农民到沈阳找孩子，身上带的钱被偷了，到车站派出所报案的时候又没有带身份证，结果反倒被扣了起来。民警问他们认识谁，他俩说认识孙凤祥，结果孙凤祥让人过去问清情况后，把他们领回来住下，第二天不仅给了他们1 500元钱，而且还安排单位的同志协助找孩子。有一年建昌、康平、法库等县遭遇大旱，农民的庄稼眼看就要被干死在地里，关键时刻群众打来电话，孙凤祥查看灾情后，在最短的时间里联系帮助几个受旱最严重的村，突击打了100多口井，使上万亩良田得到了甘霖。

1998年，孙凤祥在媒体上偶然看到了一则消息，辽宁省法库县登士堡乡阎千户村王连山，其爱人生下了三胞胎，因为家里太穷，养不起，请求媒体帮助联系把孩子送出去两个。孙凤祥当即带着钱物赶到王连山的家，动情地说：

"骨肉亲情，不能分离，有什么困难可以随时找我。"临走时他留下了自己的名片。从此，王连山一家人就成了孙凤祥重点照顾的对象，他那张名片也被王连山珍藏起来，有什么事就随时打电话。

有一次，孙凤祥到建昌扶贫，回来经过大屯镇的一个村时，发现路边一帮人像抢劫一样，把农户家里的电视机、锅碗往外搬，上前一问才知道是村干部在向农民催交税费。孙凤祥感到这种做法非常不妥，便语重心长地对这些干部说："你们这样干，不顾老百姓的死活，严重违反中央政策，请把东西都还给老百姓，他们欠的税费我来交。"第二天，他安排人带着近 10 万元现金，如约替这个村的所有困难户上交了当年的全部税费，不仅为交不起税费的农民解了围，而且极大地教育了该村的干部。从此以后，这个村再也没有违反农民负担政策的问题发生。

2001 年，全国第二届光彩事业大会在国家级贫困县安徽省安庆县召开，当天晚上，安庆方面举办宴会，希望慈善家们能够帮助 380 名失学儿童重返学堂，孙凤祥问需要多少钱，对方表示有四五万元就够了。当时他身上刚好带了五万元，要资助这些儿童就只有不参加后面的活动。面对这两项选择，孙凤祥毫不犹豫地让对方当晚就把他送到机场，买了机票后剩下的钱全部留了下来，回到沈阳的时候身上连买一瓶矿泉水的钱都不够了。

在内蒙古兴安盟，孙凤祥的事迹同样被人们广为传颂。科右前旗、科右中旗都是内蒙古比较困难的地方，兴安盟残联的理事长对孙凤祥的事迹早有耳闻，2000 年他想办法找到了孙凤祥，介绍了这两个地方农民人均收入很低、很多学生面临辍学的情况。孙凤祥听后，很快赶到了科右前旗的白音乌苏学校和科右中旗布敦化学校，发现这里确实很穷，就让地方登记造册，一次性解决了几百名孩子的上学困难问题。之后，这两所学校的师生们与孙凤祥的联系不断，学生写封信来说缺少过冬的衣服，孙凤祥就安排给每个孩子做一套送去；老师打来电话说孩子们没有桌椅板凳，他又安排人按标准定做几百套运去；校长捎来口信说孩子们没有活动场所和学习设备，他又买来体育器材和电脑，在那里建起标准化的运动场和电教室。如今，布敦化学校和白音乌苏学校已经与城市学校没有两样。

他对扶贫建光彩小学表现的总是一种可持续的态度，长期坚持不断地给予扶持，完全把学校当成自己的事情办。全国由他援建的六所光彩学校，不管是软件还是硬件的建设，所所都是高水平的。在这些学校，孩子们的信件像雪片一样飞来，总是让孙凤祥感到孩子们对自己有说不完的心里话，也更让他感到自己责任的重大。他到学校去，孩子们总把他簇拥着、抱着、亲着，孩子们的幸福感和他的幸福感交织在一起的场面，令人感动。

"让百姓拥有致富的造血功能才是长久之计"

孙凤祥帮助贫困百姓，绝不满足于只帮在面上，更多的是考虑如何帮在根上，解决治本问题。他常说："搞扶贫就像医生对待病人一样，输血只是急救，解决的是暂时问题，要让病人真正好起来，最根本的还必须想办法帮助其增强自身的造血功能。探索百姓富裕的长效办法是俺的最大追求。"

在浑河堡这个扶贫的大本营，他一方面对村民的困难"知情必应"，另一方面也时常考虑一个很重要的问题：必要的帮助不能少，但如果让人产生依赖性也不是好事，关键要让群众通过必要的帮助能够找到一条长期的生存和发展之道。这些年，村民孙怡兴没有少说过孙凤祥是大恩人的话。原来，孙怡兴家里曾经十分困难，逢年过节总少不了孙凤祥的帮助，儿子结婚的钱也是孙凤祥给拿的。孙凤祥让他谋个像样的生意，但他终究没有找到什么好的门道。三年前，孙凤祥找到他说："帮助你没有问题，但这样下去最终不是个解决问题的办法，我给买一部三轮车你跑点运输怎么样？"孙怡兴答应，结果孙凤祥当真花一万多元给他买了一辆，并为他办好了一切运营手续。有了这部车，全家人的生活慢慢好了起来。为了让全村群众都尽快走上稳定的富裕之路，孙凤祥千方百计地帮助他们在巩固农业基础地位的同时，大力发展城郊型工商业，在他的影响、带动和支持下，现在全村大大小小有集体和个体工商企业一百多家。他还利用自己联系广泛的优势，积极帮助地方政府大力开展招商引资活动，仅2003年一年就帮助地方成功引进外资100多亿元。项目的引进使全村更多的农民有了更加稳定的工作岗位和收入来源。

素有七山二水一分田之称的建昌，全县普遍很穷，孙凤祥虽然直接资助了一些相对更为贫困的群众，但他更着急的是如何挖掘、培育和发挥资源优势，为更多的老百姓造福。1997年底，孙凤祥在边扶贫边调研的过程中发现大屯镇有一口神奇水井，其中的水清冽甘甜，能治多种胃肠道疾病。孙凤祥灵机一动，假如能帮助当地开发出一种保健矿泉水，老百姓何愁富不起来呢？开始他有意识地拿自己做试验，一次又一次专门吃一些生、冷、硬、酸、辣甚至是不卫生的东西，然后再去一次次地喝那口井里的水，同时把水带回去高薪聘请全国的权威专家做科学实验研究和论证，最后得出了的确是优质矿泉水的结论。于是，孙凤祥先后投入300万元建矿泉水厂，并请人做市场。完全做完这些铺垫后，他又把厂一分钱不要地送给了地方。

矿泉水的开发的确带动了建昌部分老百姓致富，但它毕竟只属于一个村所有。为了使更多的人走上富路，他又开始考虑为当地办一个更大更有意义的事情。孙凤祥从小酷爱中华传统武术，并且是国际武术联盟的副会长，在一次和建昌县领导闲聊的过程中，他了解到，历史上当地老百姓对武术也很热爱，现在还有人练，但毕竟是越来越少了。于是他就想，如果能让武术在当地发展起来，不仅可以强健群众的体质，而且也有可能成为一个无形的文化品牌资源。这种想法一出来，地方的领导很赞成，但就是苦于没有钱。孙凤祥说，所有的事都由我来尽义务吧。恰在这个时候，孙凤祥又从省体育局得到消息，说是全国要在县区一级评全国武术之乡。这更坚定了他在建昌发展武术的决心。后来他很快就在建昌创建了凤祥武术学校，把自己的师父、师叔、师爷全都请来当老师，并从上级体院请了几名武术教师，进行一级带一级的强化训练，在全县很快兴起了武术热。经过一年多的时间，全县已经有二三十万人练武术了。为了丰富"武术之乡"的内涵，孙凤祥为建昌购买了大量的体育器材，组织专家学者召开了建设武术之乡的高层研讨与论证会，举办了全国性的武术大赛，接着又忙着向国家体育总局申请武术之乡验收。为建设体育之乡他先后投入资金近 300 万元。武术之乡验收成功那天，全县百姓欢呼雀跃、奔走相告，如今，建昌早已成了名正言顺、名副其实的武术之乡，一些武术片的制作都选址在该地拍摄。

在其他的扶贫点上，他同样坚持个别支援与整体帮扶相结合、眼前解困与长远发展相结合的指导思想。在辽宁阜新、内蒙古科右中旗等地，他除了一次次到困难百姓家里访贫问苦和援建养老院与光彩小学以外，也不断地斥巨资在当地建设大型的扶贫项目。比如在科右中旗，他发现当地老百姓吃水很困难，就出资 1 000 多万元建起了水厂；当他了解到阜新是中国道教宗师张三丰的故居时，又投资 2 000 万元启动了"三丰仙居"建设项目。在当地，一谈起这些事情，老百姓总是用"做梦都没有想到"这样的话来形容自己强烈的感受和喜悦的心情。

"赞助百姓的最高境界是知识和精神赞助"

对百姓的赞助，资金和物质是一方面，知识和精神是另一个方面，有时候孙凤祥觉得知识和精神扶贫可能更加重要。

有一次，孙凤祥在扶贫点上，发现有一个农户，家里一个七十多岁的老太太带着两个五六岁的小孙子，生活非常艰难，一问才知道，原来老太太的儿子长期对媳妇实施家庭暴力，媳妇忍无可忍把丈夫给杀了，结果儿子没有了，媳妇也被判了重刑。这个问题引起了孙凤祥的高度重视，回来以后他就与省市有关部门联系，最终把几所监狱的犯人也当成了自己定点帮扶的对象，并且把方向定位在知识和精神的帮扶上。在监狱方面的积极支持下，他一次又一次地帮助监狱里的犯人找来分离多年的儿子、女儿，在监狱里实现短暂相认和相见的愿望；他一次又一次地把这些犯人组织到自己的企业参观，并许诺大家只要认真改造，出狱以后可以随时到公司来工作；他一次又一次地聘请一些各方面的专家到监狱去给犯人讲课，以帮助他们转化和增长知识；他还买来许多台电脑，支援监狱建起网络教室，帮助犯人随时能够更多更好地了解与掌握现代知识和信息。

在几个相对固定的农村扶贫点上，孙凤祥不仅经常送钱、送物下乡，而且经常送书、送报、送戏下乡，以此丰富群众的精神文化生活。文化扶贫需要平台，更需要投入。多年来，他围绕爱国主义、集体主义和革命乐观主义等方面的教育，倡议和赞助了一系列的社会活动，累计捐助资金 300 多万元。每次活动，孙凤祥都要应邀讲话，其中最令他慷慨激昂的是每年的"九·一八"纪念活动。他在自己的日记中这样写道："国家的贫穷衰弱同人民惨遭帝国主义列强杀戮、蹂躏、压迫、剥削之间存在着必然的因果关系，就是在现在，这种关系仍然没有改变。在新的历史条件下，我不仅自己要为民族的振兴奋斗，而且要通过各种活动鼓舞更多的百姓来共同奋斗，这就是我一次又一次赞助开展这些活动的初衷。"

孙凤祥经济上富了，但他要求自己不仅要富"口袋"，而且还要富"脑袋"。在实践中，他深刻地体会到，对老百姓要有很好的支持，还需要对他们的问题有全面和深刻的认识。农民是中国最大的弱势群体，平时他关注和研究最多的也就是农民问题。孙凤祥从没有放弃过对知识的追求，在繁忙的工作间隙，他还经常结合实际撰写一些关于农业农村问题的理论文章，出版了《中美农业发展道路的比较》等专著。2001 年还读完了中国社会科学院经营管理专业研究生班的全部课程。由于他对实际情况非常了解，加之对一些理论问题的钻研，因此谈起农业问题来也常常很有见地。近年来，他同不少的农业专家交上了朋友，力图从这些专家身上更进一步地汲取知识的养分，以更好地为百姓服务。

作为沈阳市的政协委员，他每年都有关于"三农"，特别是农民问题的很多提案，被人们称为"农民问题提案大王"。有一年沈阳市召开人大、政协"两会"，当身为企业家的孙凤祥发言时，人们都以为他肯定会接着谈企业的问题，谁知道他上来就说农民问题是当前最应该重视的大问题，并且有理有据地历数了农民对社会的重大贡献，指出当前随着城市的发展，失地农民比失业工人更多，随着时间的推移还会越来越多，工人失业以后国家对其还有"三条保障线"，而农民失地失业却什么也没有。他的发言引起了市主要领导的高度关注，当天的会议由此被完全转变"风向"，成了讨论"三农"特别是农民问题的专题会议，孙凤祥成了这一届"两会"上的重要新闻人物。

"俺的一切都是百姓的，包括生命"

生命是宝贵的，可是在危险面前，孙凤祥却一次又一次本能地将生的希望留给了别人，把死的危险留给了自己。孙凤祥常说："俺的一切都是百姓的，包括生命。"他是这样说的，事实上他也一直是这样做的。

1985年夏天，辽宁锦西发生了一场百年不遇的洪水。当时他驾驶一辆解放牌大卡车，和副经理张信库一起从沈阳出发，绕道去葫芦岛市拉货，半路上顺便捎了两个到沈阳打工的天津农民，途中山洪突然暴发，路上几十辆车陷入了进退两难的境地。天已慢慢黑了下来，人们陷入了深深的恐惧和无助之中。这时候，车上的两个农民和孙凤祥一起下车想看看情况，突然，路边一棵大树被怒吼的狂风暴雨拦腰折断，倒向其中的一个农民，说时迟那时快，孙凤祥一个箭步上去把这位农民推到了一边，自己却被砸得昏死过去。

1989年的隆冬，孙凤祥和公司的两位农民工一道开车去黑龙江拉货，回来经过一座大山时发生了车祸，他只好打电话让公司另外一名同志带着工具和配件赶来，等车修好后已经到了晚上。车必须得往回赶，可是这时候驾驶室里已经坐不下这么些人。东北冬天夜晚的寒冷程度，孙凤祥不是不清楚，身为经理，他完全可以第一个坐进驾驶室，但他最后却坚持上了露天的后车厢。在呼啸的寒风中他咬紧牙关一声不吭坚持坚持再坚持，但等到家的时候，人们却发现他已经被冻得僵硬，好不容易才被抢救过来……

创业的过程中，孙凤祥的企业先后着过两次大火，在百姓的帮助下，两次他和他的企业都是浴火重生。他还遭遇过好几次半路打劫和蓄意谋杀的危险，每次都是死里逃生。一次又一次的历险经历使他更加深刻地领悟到了生命的要义。他经常对身边的人说："人生一世，草木一秋。就个人而言，生命非常微不足道，而要真正活出价值，必须想到为百姓谋福。俺已经死过几回，为了百姓，还有什么不能舍弃的呢？"

在党的富民政策的指引下，他用自己的智慧和勤劳的双手，创造了本应该完全属于自己的财富，但他却将自己辛辛苦苦挣来的钱绝大部分贡献给了社会，累计上亿元。有三年，他把当年企业的全部赢利都捐给了社会。孙凤祥对贫困百姓慷慨，但对自己却要求很严。老百姓评价说，孙凤祥的条件变了，地位变了，但他的本色却从来没有变。几十年来，他生活俭朴，从不打牌、打麻将，也不抽烟、喝酒。他与老百姓始终保持着血肉般的联系。

现在，随着事业的不断发展，孙凤祥的名气也大了起来，不断有朋友来拜访，有领导来检查指导工作。但不管是谁来，都经常会遇到一些令人尴尬的事情，因为在接待中，不时会有一些老百姓的电话进来。有时候为了老百姓的事情，他让客人要么白等很久，要么撂下他们中途离场。面对这种情况，了解的人都能表示理解，不了解的就以为这是有意躲避，为此他也"得罪"了一些人，有的朋友或者领导甚至冲孙凤祥的身边人发脾气，怪他们服务无方，连自己领导的日程都安排不好。而身边的同志也觉得很委屈，他们何尝不想让自己的上司轻松规律一些，但几十年来，孙凤祥的手机号码从来都没有变过，每天始终是 24 小时开通，并且对所有的人都公开，谁都可以直接向他反映困难。遇到这样的情况，孙凤祥也经常感到有些遗憾，但他心里边清楚，要让他改掉这个习惯比登天还难，最后他总是喃喃地对身边的人说："没有办法，解释解释吧，毕竟群众的事大呀。"

孙凤祥做的很多好事，绝大部分他自己都没有记，也记不起来了，但群众心里却有一杆秤，他们一桩桩、一件件都铭刻在心。他的事迹很多，说不完，更写不完，但人们都相信一点，那就是：今后一定还有更多的好事等着孙凤祥去做，他也一定会去做更多的好事。

一曲高昂的人生赞歌

长篇通讯《丰碑，在百姓心中矗立》今天发表了。在《农村工作通讯》创办 48 年的历史长河中，作为对基层先进人物的发现和报道，这注定是一件大事。

从发现孙凤祥、采访孙凤祥，到今天这篇通讯的发表，中间经过了一个过程。在这个过程中，不管是记者本人，还是对此文先睹为快的所有同仁，无不为孙凤祥几十年如一日情系百姓、义薄云天的感人事迹所震撼。向全国推出孙凤祥这个典型，成了大家一个共同而强烈的心愿。

读完对孙凤祥事迹的报道，让人无法不深受感动。如果说他把百姓的富裕作为创业的原动力、把小小村官当成回报百姓的大平台，还是一种"平常报恩"的话，那么他对"五湖四海"百姓的爱，则不能不让人产生"不平常"的感慨。特别是，当他说出"俺的一切都是百姓的，包括生命"的时候，那让人感觉的又是何等的气概？"让百姓拥有致富的造血功能才是长久之计"、"赞助百姓的最高境界是知识和精神的赞助"，这些看似平常的话语，又难道蕴涵的不是智慧的火花，闪烁的不是思想的光芒吗？

对于一个人来说，做一天一月甚至一年的好事也许并不难，难的是年年月月去做好事；帮助一个人十个人甚至一百个人也许并不难，难的是帮助"五湖四海"成千上万的人；为别人为社会奉献少量的钱物也许并不难，难的是要把属于自己的大量钱物甚至生命奉献出来。然而，这些"难事"孙凤祥都做了。不仅做了，而且做得很好。大量生动的事例告诉我们：孙凤祥的事迹感人至深，深就深在他对百姓的爱保持着长期不渝的"恒温"状态；深就深在他"视五湖四海百姓皆为亲人"的博大胸怀；深就深在他为了百姓敢于奉献一切的豪迈气概；深就深在他把对百姓的关怀当成了事业追求的崇高境界。

孙凤祥是千千万万个农村基层干部的一分子，同时他也是千千万万个民营企业家的一员。不管是从哪一个身份来看，他表现得都很出色，都是当之无愧的典范。他的事迹和精神值得全国的干部和群众学习，当然尤其值得全国的农村基层干部和民营企业家学习。

本文原载于《农村工作通讯》2004 年第 7 期，为当期配合长篇通讯《丰碑，老百姓心中矗立》刊发的评论文章。

当干部为了什么？为了百姓。这是孙凤祥以实际行动做出的一个响亮回答。身为一个有着一万多名群众的大村的村主任，孙凤祥没有辜负上级党委、政府和全村百姓对他的期望。任职以来，在经济上，他对村集体只有一次又一次的贡献，而没有一分钱的索取。在行政决策上，他把一切权力交给群众，村里一切村务公开，所有大事都由村民代表大会说了算。他立足当前、胸怀全局、放眼长远，提出的工作思路都成功地经过了实践的检验。

挣钱为了什么？还是为了百姓。这是孙凤祥在实际行动中做出的又一个响亮回答。作为一位民营企业家，他从自己刚赚钱开始，就坚持要拿出一大部分资金为老百姓办事。正是为回报百姓而干大事的人生追求，使孙凤祥在创业的路上，始终保持着旺盛的精力和永不枯竭的力量源泉。随着自己事业的不断做大，为老百姓办事的投入量成倍增长。为了把钱节省下来，孙凤祥的生活历来俭朴。他出差不住高级宾馆，不进高级餐厅，更不到高级娱乐场所去"潇洒"。他要把来之不易的钱花在老百姓致富上，用在改善孤寡老人的生活条件上，投入到失学儿童入学中。到现在，他已拿出上亿元的资金奉献给了五湖四海的百姓。

为百姓而创业是孙凤祥奋斗的人生坐标，为百姓奉献多少是孙凤祥对人生价值的衡量标准。一句话，在孙凤祥的心目中，百姓的事比天大。正如他所说的："人活着就是要为百姓谋福，否则干一切事情都实现不了人生的价值。"这朴实的话语意味着什么，饱含了什么，回答了什么？的确发人深省，给人启迪。

"干部要带群众，先富要带后富"。今天我们推出孙凤祥这个典型，其意就是要让全国更多的企业家、更多的农村基层干部去追寻孙凤祥人生坐标确立的内心世界，更好地树立起一切为了百姓的世界观、人生观和价值观，以更好地实现党中央所提出的各项工作要求，更好地为百姓服务。

从美丽的松辽大地到广阔的内蒙古草原，从秀美的松花江畔到巍峨的大别山边，孙凤祥的事迹被普普通通的百姓、天真可爱的学生娃娃，一传十，十传百，汇成了一曲高昂的人生赞歌。愿这曲赞歌能够以最快的速度更进一步地在全国奏响，愿全国有更多的人唱响这样的赞歌！

他在为谁而奋斗

——记全国人大代表、厦门涌泉集团董事长赖桂勇

有位伟人曾说："如果我们选择了为人类福利而劳动的职业，那么，重担就不会把我们压倒，我们所感到的就不是可怜的、有限的、自私的乐趣，我们的幸福就会属于千百万人。"

可以肯定，赖桂勇奋斗的初衷绝对没有这么崇高，但眼前的他却很真切地给了我们这种崇高的感受。

——作者手记

从打工仔到大型企业集团老总；

从不名分文到亿万富翁；

从普通农民到全国人大代表、省级劳动模范……

厦门涌泉集团董事长赖桂勇走过了一条不平凡的人生之路，但无论身在何处，他始终保持着一个平民的心态，百姓的情怀。

在厦门，从政界、商界，到寻常人家，几乎所有的人对他都保持着几分敬重。

2003年11月中旬，记者离开已经树树秋声、山山寒色的北京，南下到了美丽而又依然暖如仲夏的海岛城市厦门，从几个值得玩味的数字入手，探寻了这个被称为"平民老板"的民营企业家的奋斗轨迹和"精神宝藏"。

18块钱起家：在拼搏中"点纸成金"

创业是艰辛的，赖桂勇的创业更是不易。

1984年，血气方刚，年仅23岁的赖桂勇带着老婆、孩子，离开了福建德化的山区农村老家。离家前，他已经欠债1 600多元。为了能外出打工，好不容易才找别人借了18元钱，就凭这18元钱，他们一家三口来到了厦门。由于没有什么本钱，赖桂勇从最脏最累的活儿干起，从淘粪工到搬运工，从搬运工到勤杂工，从勤杂工到小杂货店老板，从小杂货店老板到小包工头，他尝遍了

本文原载于《农村工作通讯》2004年第1期。

作为一个打工仔的酸甜苦辣，同时也使自己有了一些积蓄，积累了一定的打工经验。

三年后的1987年，应该说是赖桂勇在事业上真正的转折年、起步年，因为这一年他有了属于自己的香菇厂，真正当起了企业的老板。

香菇厂的规模很小，当时，也许谁也不会想到，赖桂勇能在这个作坊式的香菇厂基础上一步一步地创造出奇迹。十年磨一剑。1997年6月，一家注册资本为1.369亿元，拥有固定资产2.6亿元，以农林生物资源开发利用为主导产业的民营高新技术企业——厦门涌泉企业集团正式宣告成立，董事长就是当年小香菇厂的老板赖桂勇。

从18元起家，到涌泉企业集团成立，仅从资本金来说，赖桂勇就把原始的本钱整整盘大了760多万倍。有人假设，现在回过头来看，当初的区区18元，就算是用它来买纸，然后把这些纸全部变成百元大钞，恐怕也印不出几亿元的人民币来。

不仅如此，集团成立后，继续保持了持续、快速、良好的发展势头。到目前，公司已获得"全国重信用守合同单位""全国农业产业化重点龙头企业""全国质量管理先进单位""国家重点高新技术企业""全国出口创汇先进乡镇企业""福建省百家重点企业""福建省纳税先进单位""资信AAA级企业""海关A类管理企业"等称号。公司累计纳税7 000多万元，连续4年成为厦门集美区最大的内资纳税企业集团，连续3年出口创汇排名厦门民营企业第一位。累计科研投入6 500万元，成立了博士后科研工作站、天然苯系香料中试基地、国家林木良种繁育（厦门）基地、省级技术中心及厦门精衡日化检测中心等多个研发机构，并与10多所高校院所建立长期产学研协作关系。自主开发的三大主导产品拥有56项专利和专有技术，生产工艺经鉴定有两个达到国际先进水平，一个填补国内空白，两个获得"国家级重点新产品"和"福建省名牌产品"称号，均通过了ISO9001：2 000质量体系认证和IS O14001环境体系认证。

60平方米住房：最是平常百姓心

挣了钱就应该潇洒一把，这是有些人的逻辑。

赖桂勇身家数亿，可是在他的身上却看不到半点的奢侈。

在厦门的槟榔西里小区，有一套60平方米的住房，就是赖桂勇的家。在这个普通和狭小的房子里，记者看到的是一些普通的旧家具和一本已经签发了13年的房产证。

赖桂勇原来的专车是用11万元购买的驰霸二手车，购买时已经用了8年，2004年5月份报废后他一直坐的是公司的一辆接待车。很多人劝他买一辆好一点的专车，但他始终表示有车坐就行了。

采访过程中，赖桂勇多次提到自己的家庭。他说不仅是自己，而且家里所有的人都没有当上富翁的感觉。

他有三个弟弟和一个妹妹，从小家里很穷，父亲和爷爷又多病，那时候小孩上学的学费虽然很少，但仍然交不起，是二弟不打招呼主动辍学退了学费才保证他上了高中。家里人对自己付出了很多，自己的公司开得越来越大，但他们却都主动不参与进来。在几个弟弟妹妹中，只有二弟是原来一个子公司的材料主管，但前不久他主动将这个位置让给了别人。弟弟认为现在办企业靠的是智慧，自己文化不高，不能影响企业的发展。家里人都是这么想。爱人和自己都是农民出身，很能够吃苦，很能够体贴人、理解人，夫妻始终都志同道合，心心相通，同甘共苦，相敬如宾。三个小孩都寄住在乡下上学，也没有享受任何的特殊待遇。

谈起这些，赖桂勇曾几次哽咽。他说：他为家人的这种付出、理解和支持而感动，这跟整个家族的教育有关，也促使他要为社会做更多的工作和贡献。

90%收益用于奉献：人生境界的本质升华

涌泉集团之所以要叫涌泉集团，原因就是赖桂勇始终坚守"滴水之恩涌泉相报"的人生信条。他认为最主要的一是要报答职工，特别是对企业发展有过重大贡献的职工；二是要报答党和社会，因为没有党的富民政策和社会的大力支持，就不会有企业和他个人的今天。

1996 年，他把厦门集美区冠口镇的一家倒闭的造纸厂租过来改造成木材加工厂，当时厂里有一位老厂长已经 67 岁了，家里的儿女都很孝顺，房子也多，也不缺钱花，但他却坚持要留下来和赖桂勇一起创业。当时那里的条件很差，只能住在一个只有 4 平方米的抽水房里，工资也很低，每个月仅 500 元，但是他却一干就是三年，并且在企业最困难的时候，还从家里拿出 2 万元借给企业。2000 年，这位老厂长 70 退休时，被企业评为"终身优秀员工"。此后，他的手机费公司继续给予报销，并且每个月都给他 3 000 多元的退休工资。他 2001 年去世后，他的老伴终身享有每个月 1 500 元的养老金。

为了改善员工的住房条件，2000 年 9 月，投资 2.6 亿元，占地 20 万平方米的涌泉工业园在集美灌口落成，其中员工生活区投资 8 000 万元，占地 8 万平方米。生活区建成后，员工按贡献、工作年限、工作业绩划分等级，优惠入住。

2003 年 1 月 28 日是涌泉员工永远也难以忘怀的日子，这一天赖桂勇在厦门集美区公证处公证员的公证下，决定将集团 55%的股份受益权无偿捐赠给员工。

最近几年，涌泉集团无偿捐赠给农村教育、养老、植树造林的资金达300多万元。但是，赖桂勇觉得这远远不够，就在将55％的股份受益权捐赠给职工的同时，他还在公司内成立了社会发展基金会，将35％的股份受益权通过公证捐赠给了这个基金会，专门用于对农村社会的救助。这样一来，实际上他是将整整90％的股份受益权都无偿捐了出去。剩下的10％，弟弟、妹妹、老婆、孩子、自己，每个人只留下了1％。对于这1％，赖桂勇说了两个方面的想法：一方面，想起刚刚出来时的情况，这对自己来讲已经很满足了；另一方面，一个人如果连1％的东西都保不住，要的再多又有什么用呢。

"已经很满足了，是否意味着就可以停步了？"面对记者的提问，赖桂勇表示：个人物质上的满足与事业上的满足是两码事，企业的发展决不会停步，涌泉集团要在年内实现销售收入5亿元，出口创汇6 000万美元；2005年，集团销售收入要达到15亿元，出口创汇1.5亿美元。建成全国最大的马尾松功能化综合加工出口基地，全国最大的环保手套生产出口基地之一；2007年，建成全国最大的香料植物及科研基地之一，集团销售收入达到30亿元，出口创汇3亿美元，跻身世界天然级香料生产企业前十名。

当记者最后请赖桂勇再简单描绘一下企业发展的最终目标时，他非常干脆而有力地掷出了一句话——"工业沃尔玛！"

采访花絮：

■蟾蜍自比

蟾蜍俗称癞蛤蟆，因为其外表丑陋而被许多人厌恶。然而，赖桂勇却把它当成公司的吉祥物。他总结癞蛤蟆的精神主要是：朴实、艰苦创业、实干、生命力顽强、有追求、有理想、有目标、有勇气、有智慧、能变害为利、乐意为人类奉献。他进而风趣地解释说癞蛤蟆有三句自白：别看我丑，但我很温柔（朴实）；别说我懒惰，我是不怕脏不怕臭，白天休息晚上做（艰苦实干）；别当我白痴，我是不怕暗不怕湿，专把害虫当饭吃（适应力强、贡献大）。赖桂勇说："癞蛤蟆想吃天鹅肉，体现了志向；想住蟾宫（古指月宫），代表了理想；向往蟾光（古指月光），表示了一种现代的奉献理念（既照亮了别人又保存了自己）。"他甚至说：癞蛤蟆在被人踢一脚、踩一脚时的忍耐精神都很值得敬佩。

■企业不姓赖

采访中，当记者提到"赖氏企业"这几个字时，赖桂勇立刻表示他最反对家族式的企业。他说："我现在把90％的股份受益权都给了别人，就等于企业是大家的了。公司建立了现代企业制度，实行的是民主决策，在二十多位核心的决策人当中，家里边只有自己和爱人位居其中，占不到十分之一。目前，集团总经理的位置已经给了别人，等公司上市以后，还考虑把董事长的位置也让出来。只要有利于企业的发展，将来谁来当家都行。"

■当人大代表很激动

赖桂勇说：这一辈子，他感到最激动的事就是自己当上了全国人大代表。

2003年3月1日是他作为第十届全国人大代表赴京参加"两会"的日子，为了迎接这一天的到来，他几个晚上都没有睡好觉。他认为，既然是全国的人大代表，就一定要对得起全国的人民，所以感到责任和压力很大。会前的几天几夜，他结合平时了解的情况，并查阅了大量的资料，认认真真地起草了两份议案。在会议上，当看到这两份议案的内容政府工作报告中都有考虑时，他感到更加激动。

■捂住镜头争执

在和赖桂勇交谈快要结束的时候，记者本能地举起相机，想为他拍下一张工作照。

未曾想，他却一跃而起，捂住了记者的相机镜头，并且提高嗓门说："不要照相，也不要宣传。"

记者："为什么？"

赖："企业还是创业阶段，还小。等待做大做强再宣传。原来很多媒体的采访我都婉言谢绝了，今天要不是领导一再推荐，我也不会接待你，但之前我们说好了，只座谈（因为要开会，时间只有一个多小时）不宣传。"

记者："我理解你的心情，但我还是想对你说三句话，第一，宣传对企业肯定很有用，只不过是你不愿意宣传自己罢了；第二，只要情况属实，宣传与不宣传是记者的权力；第三，你把自己的物质财富奉献了出来，但我们的责任是通过宣传把你的精神财富也奉献出来，这样也许更有意义，因为精神财富比物质财富更加宝贵。"

面对记者的"回击"，赖桂勇有点儿无话可说。虽然拍照的目的没有达到，但他最终对宣传给予了默认，并表示：如果这样也算给社会的又一个贡献，他愿意晚点儿请记者再来，只不过重点是宣传企业和职工们的精神事迹。

第四篇
社会事业

创甲评审工作中的若干误区

实行医院分级管理是近年来我国医院管理体制上的一项重大改革，也是一项长期性工作。1994 年年底，在佛山市召开的全国医院分级管理总结表彰大会重点强调："抓住机遇，迎接挑战，把医院分级管理工作引向深入，再上一个新台阶"。目前，大部分地区即将结束医院分级管理评审的第二周期，绝大多数医院在迎接评审和实施分级管理的过程中，严格对照标准，扎实工作，取得了重大成就，但也有少数医院仅仅为了达到评审过关的目的，不看工作的长期效应，从而出现了争创误区。笔者在本院开展两年多创建国家二级甲等医院活动的过程中，多次外出学习分级管理经验，对省内外 10 多家参评医院的创建活动进行了总结，在此将发现的主要误区一一列出，并结合本院实际提出对策。

争 创 误 区

（一）指导思想上的"名位观念"

我们绝不认为向"牌子"看齐有什么错误，但仅仅把眼光停留在"牌子"上显然是一种指导思想的错位。有的医院，上级要求创建国家×级×等医院，它马上就遵照指令，积极行动，打出一个又一个"全力以赴摘取×级×等医院金牌"之类的标语、口号，院领导在大小场合，出口便是"我们一定要把×医院的牌子拿下来"云云。殊不知，其结果只能使群众把活动当作形式主义看待，以致上面雷声大，下面雨点小，工作没成效。因此，争创工作的指导思想，不应只把"牌子"当作有形的物质，甚至是装点门面的饰物，而应在深刻理解的基础上，把它看成是蕴含着巨大能量的无形资产，所要争取的绝不仅仅是一个"牌子"，而是"牌子"所代表的一定水平的办院实力，其包含的内容涉及方方面面，各项工作必须认真细致地逐项落实。

（二）满意度调查上的"拉票行为"

满意度调查是医院参与分级管理评审的前置条件，事关重大。由于它常常表现为一个可变量，不同时间，不同对象，得出的结论就会不同。如何闯过满

本文原载于《中国卫生质量管理》1995 年第 5 期、《中国卫生政策》1996 年第 6 期，获首届全国医院管理学术研讨论文二等奖。

意度调查这一关？各家医院心中都无定心丸。有的医院，为达到顺利过关的目的，不是在工作上改善服务，而是如资本主义国家竞选一样，挖空心思拉"选票"，对职工施加压力，对住院病人施加压力，用歪点子，使满意度调查达到或超过标准。这种自欺欺人的手段对上对下影响极坏。

（三）设备装备上的"攀比行为"

在医院分级管理评审工作中，各地均强调了要以软件建设为主，重点要在内涵建设上下功夫，但是我们所到的个别医院，为了争创二甲，不惜贷款千万元以上，扩大设备装备，用数百万元的代价去争一分、两分。少数医院错误地认为，看医院水平就是要看设备先进程度，我的设备比你的先进，我的水平就比你的高。根本不考虑区域因素和使用实际。某县级医院在达标过程中，用来购买高档医疗设备的钱达800多万元，评审结果却没有过关，医院债台高筑，职工怨声载道，内部环境极坏。另外，还有的是借别人的仪器应付检查。其实，这也根本没有必要。

（四）迎检资料上的"伪造行为"

接受评审检查，档案资料十分重要。绝大部分检查评审，必须从查阅资料入手。医院迎接检查，整理和收集历史及现实资料的过程，是一项全面、细致、工作量大的系统工程，不但涉及医院整个工作的方方面面，而且在每一方面的每一个环节上都要认真把握。范围广、任务重、难度大、担责任，是其主要特点。如何抓办这项工作？多数医院采取的是实事求是，全员参与，责任到人，分步实施，逐步提高。但也有医院认为这是一种泛泛的行为，速度、效果都不可靠，唯有集中起来，"突击"、"攻坚"、"歼灭"，结果脱离了实事求是的原则，达不到全面提高的目的。如病案资料，他们抽几个或者一批人呆在病案室整天足不出户，对照标准，只管自己修改，对实在不行的，则进行重写，主管医生根本不知道错在哪里，达不到教育的目的。病案他搞得出，其他资料更不用说。此堪称争创工作最大最严重的误区，应予以重点抨击并提请注意。

（五）迎检过程中的"刺探行为"

医院分级管理评审的标准是一定的，但检查的方法大多没有陈规旧律，抽查也好，"卷席筒"也好，其中间手法仍然可以多种多样。但是，从心理学角度讲，一个人的行为往往容易受到他自身思维定式的束缚，因而表现出一种惯性的有规律可循的行动。正是基于这种情况，有的医院便把心机用于对评审团评审模式与细节的推敲与分析上。迎检的心思不是围绕标准扎扎实实全面壮大实力，着眼于整个"战略"，而是心术不当，使尽"知己知彼"伎俩，在"战术"上投机。有的医院和有的同志，出去学习的不是别人实行分级管理的成功经验，而是迎接检查的"技巧"，刺探检查者的常用方法，然后回来调集力量做好准备。这种失之偏颇的思想和行为自当诛之。

（六）受检过程中的"盯梢行为"

检查团一到，医院就一对一或者二对一地随从，名为服务，实为盯梢，稍有动静，则一个稳住阵脚，一个速去通风报信。高级的甚至调来"大哥大"、对讲机，搞遥控指挥。

以上种种，均属不正当，亦不正常之现象。

预　防　对　策

为防止争创误区的出现，我们的态度是端正认识，防微杜渐，严厉制止，并采取相应的措施。

（一）深入学习，加强教育

一是党政班子要加强学习，提高认识。医院分级管理工作是医院加强科学管理，加强医疗质量管理，与国际接轨的有效形式，必须把它纳入常规工作。我们医院党委在深刻领会创二甲的目的、意义之后，紧接着在中层干部中开展了学习、讨论，通过对大量文件及其他资料的学习，摆医院现状，做前瞻性分析，使大家认识到能否创上"二甲"事关医院荣辱，是否实行分级管理事关医院存亡兴衰，从而在争创工作中能够决心带好各自一班人，做到责在人先，利在人后，充分发挥领导干部的模范带头作用，实现整体功能的最佳效应。结合大量动员会、座谈会、联席会的召开，以及大量的媒体宣传，使分级管理工作深入人心，全院职工很快统一了思想，提高了认识。大家普遍认为：医院分级管理评审只是推动医院规范化建设进程的一种必要手段，目的是通过评审促进医院各项工作快速健康地发展，全面提高医院综合实力。同时，我们鼓励并多次组织人员外出学习争创经验，但在学习中首先强调一定要怀着正确的思想，把学习目的重点放在寻找自身工作缺陷和差距上，并对先进的管理方法加以引进。对工作作风漂浮，散布投机取巧言论的，给予严肃批评，造成不良影响和损害的，坚决对照医院有关规定进行查处。

（二）全面动员，全员参与

我们强调创二甲工作必须在统一认识的基础上，大家动手，共同提高。在抓好全面性工作的同时，借鉴其他医院先进经验，结合医院实际，成立专班，制定措施，明确分工，责任到人，做到千斤重担众人挑，人人肩上有指标，上下一心，目标同向。对整个争创工作，全院干部职工人人表决心，个个立誓言，形成了人人想二甲，奋力创二甲，拼搏争二甲的生动局面。因而，从思想到行动，克服了片面性、表面性。争创扎实、深入、讲求实际，不走捷径。

（三）坚持标准，常抓不懈

创二甲的重点是要对照标准开展工作，并坚持常抓不懈。为了将工作进一步落到实处，我们重点着手开展了如下工作：一是严格对照医院分级管理标准，外学内创，完善和落实各项规章制度；二是抓人才培养，提高医疗技术水平。我们严格对照"二甲"标准，对医务人员进行经常性的"三基"、"三严"训练。采取"送出去"、"请进来"的办法重点培养技术骨干。医院新盖家属楼，院领导一个不住，全部分给业务尖子。为解决人才断层问题，医院在加速培养人才的同时，于1994年底将离退休的高水平技术人才全部返聘回院，并于今年上半年一次性在同济医大应届毕业生中招收拔尖人才20名，其中4名获免试研究生资格；三是强化专科建设，实施带动战略。骨科设备先进，服务规范，技术力量雄厚，在突出重点专科发展的同时，其他专业技术水平也得到加强和提高。四是克服困难，加强基础设施建设。医院采取联合办医、群众集资等办法，共投资380万元购置了全身彩色B超、彩色多普勒等先进医疗设备。五是狠抓思想政治及医德医风工作。

由于从上至下思想端正，作风扎实，整个争创工作进展顺利，使医院获得了两个效益双丰收，各项统计指标均创历史最高水平，其中经济收入持续以30％以上的速度递增。医院一次性通过评审验收，并创本地区最好成绩。实践证明，迎接医院分级管理评审工作，既不能存侥幸心理，也不能有投机思想，唯有吃透精神，掌握标准，全员参与，严格对照落实，才能取得圆满成功。

激活与规范：农技推广的战略与现实选择

科学技术作为第一生产力，对经济发展具有巨大的推动作用。特别是在知识经济蓬勃发展的今天，科学技术日益渗透到经济社会领域的方方面面，成为经济发展的巨大撬动杠杆和发展动力。农业科技推广作为国家科技创新体系的重要一环，是农业科技创新实现成果转化，让科技潜力转化为现实生产力的重要工作，对于占世界总人口1/6的中国农民的增收，对于全党工作重中之重的农业、农村和农民问题，其巨大的支撑作用更加突出。当前，一方面农业科技推广工作存在的问题很多，农业科技"推广瓶颈"已经成为农业和农村经济社会发展的重要制约因素；另一方面，农民群众需要农业科技服务的愿望和呼声很高，对农业科技的需求日益高涨。如何正确认识农业科技问题，探讨市场经济条件下农业科技推广的新途径，谋求农业科技推广工作的新突破，开创农业科技推广工作的新局面，使农业科技推广工作更符合农民的需要，是时代的要求，具有重要的现实意义。

一、关于对当前农业科技工作的总体认识

江泽民同志曾经指出："科技的进步和创新是生产力发展的关键因素，大力推进我国的科技进步和创新，是我们发展先进生产力和先进文化的必然要求，也是维护和实现最广大人民根本利益的必然要求。"当今世界，日趋激烈的国际竞争越来越表现为科技实力和创新能力的竞争，发展农业和农村经济，同样要靠科技，并和政策、投入一起，成为农业和农村经济发展的三大支撑体系之一。特别是对于中国这样一个农业大国来说，由于农业科技总体水平与国外相差10～20年，科技在农业增产中的贡献率仅为40％左右，科技在推动农业农村经济发展的进程中有着更大的提升空间和潜力。

近几年，党中央、国务院加大了实施科教兴国、科技兴农战略的力度，大幅度增加了对农业及农村社会发展领域科技工作的投入，加大了农业科技攻关的实施力度和成果转化力度。仅农业科技投入就由"九五"期间的20亿元增加到2002年的80亿元。这些举措，为农业和农村经济发展起到了积极的促进

本文为中共湖北省襄樊市党委校2002年秋季主体班个人自选课题，获得党校首期案例教学课题研究成果二等奖并收入论文集。与班主任张晓红老师共同完成。

作用，使我国农业与国际农产品市场接轨步伐加快，农产品出口幅度大幅增加。但是，我们必须看到，国家对农业科技投入大幅度增加的同时，其总体投入与全国全年科技投入1 000亿元相比，尚不足1/12，而用在农业科技推广方面的投入则更少，大部分投入是作为科研开发和科技攻关资金投入的。而农业科技，只有被越来越多的农民群众所掌握，才能更广泛地转化为现实生产力。

除了投入不足之外，在现实农业科技推广工作中，客观存在的突出问题是，我们由计划经济向市场经济转型的过程中，建立在计划经济基础上的农业科技推广体系却表现出严重的滞后性，已越来越不适应市场经济条件下，农业农村经济发展的要求。其中给人最大最直接的感受有三：一是死。基层的整个农业科技推广工作缺乏生机和活力，整体上没有一种热火朝天的局面，没有真正在面上发挥出推进农村经济结构调整、农业增效、农民增收的即时效应。二是散。给人的感觉是政府在这一方面的作用力在逐步弱化，有的地方，特别是在基层，已经在这项工作上不闻不问，等于撒手不管，投了弃权票。这样一来，一方面是让大量人才孔雀东南飞，"下海"赚了大钱；另一方面是让一些在计划经济时代有很大贡献，业务能力很强但市场应对能力弱的老专家受了冷遇，甚至生活都很困难。三是乱。科技推广逐步走向市场，但是管理不到位，局面比较混乱，农民一方面对科技需求的欲望很高，另一方面又对有些科技推广工作心有余悸。

因此，在当前中国加入WTO后，国际农产品市场竞争日趋激烈，技术壁垒和绿色壁垒已成为限制我国农产品打入国际市场最大的障碍的情况下，要实现全面建设小康社会的宏伟目标，提高对农业科技推广工作的认识程度，积极探索新时期农业科技推广工作行之有效的办法和途径，通过激活和规范"两手抓"，不断提高农产品的国际竞争力，势在必然，众望所归。

二、关于农业科技工作如何激活的问题

当前我国农业科技推广工作总体上不够繁荣，体制不活，甚至出现了农业科技推广工作萎缩的局面，科技对农业增长的贡献份额低。据农业部的最新统计，2001年科技对农业增产的贡献份额为40%左右，世界上农业发达国家同类指标在60%以上，最高的美国达80%。全国每年大约取得6 000项农业科研成果，能够转入生产领域的，只占1/3；已转入生产领域并得到普及的，也只有1/3。大部分科研成果滞留在实验室或试验田，没能转化为现实生产力。种子不能及时更新换代，对一些动植物病虫害缺少有效的防治措施，缺乏像杂交水稻、地膜覆盖这样的大幅度增产新技术，从而对农业增效形成了"瓶颈"制约。科研储备不足和项目结构不合理，技术推广体系不健全，是导致科技对农业增产贡献份额低的主要原因。特别是作为农业科技推广第一线的乡镇农技

服务站，大部分都已呈现出网破了、线断了、人散了的局面，工作难以为继。相当一部分乡镇农技站已完成丧失了农业科技推广服务功能，只是靠卖些化肥、农药、种子维系生存，甚至改弦易辙，关起门来做其他生意。

就在基层农技推广部门茫然无措，苦于生计，报效无门的同时，另一方面，农民却对科技存在着巨大的需求愿望，农业农村经济盼望科技注入新的活力。在相关部门组织的送科技下乡活动中，到处都出现了人满为患，群众喜赶"科技大集"的场面。仅 2002 年 11 月份在湖北省罗田县举办的第四届中国·黄冈大别山农民科技节上，就吸引周边县、市及当地农民 8 万多人，全县签约项目 26 个，协议金额 1.2 亿元。而在 2002 年 11 月 19 日的"湖北省第二届种猪竞拍会"上，省畜牧局的一头"杜洛克王"更是以 11 万元的天价被河南省叶县种猪场抢走。2003 年元月农业部的科技下乡活动，所到之处场面更是如火如荼。农民蓬勃的科技需求欲望，农业农村经济的做大做强都呼唤活跃繁荣的农业科技推广工作。

对于如何激活老化的农业科技推广体系，人们的认识程度存在着很大的差异，有两种截然不同的观点和声音。一种声音是继续走计划经济的老路，把农业科技推广体系继续采用行政手段保起来、养起来、供起来的那种政府包保模式；另一种声音则是让计划经济对农业科技推广工作的一整套措施完全死掉，让农业科技合乎推广工作直面市场，接受市场大潮的冲击，置之死地而后生，在优胜劣汰中让能人显身手。

这两种观点，是两个极端。我们认为，农业科技推广关乎农村经济的发展，政府不能不管，但又不能全管，政府的工作重点应该在管理和引导上下功夫，"激"是手段，"活"是目标，保重点、抓骨干、攻难点、搞带动，是整个工作的主题。一方面，政府要充分利用行政职能优势，利用干部网络体系，引导组建各类专业协会、专业合作社等农业科技推广社会化服务组织，培育一批农业科技示范户，把培育农业科技推广主体作为工作重点，通过培育有效的科技传播载体，向群体推广科技知识。同时，对那些实践经验丰富，知识渊博的乡土专业技术人才、专家，政府可以聘为农业科技顾问，给予专项津贴。条件许可的，政府可以把少数拔尖人才的工资纳入财政统发，或者干脆将人事关系转入科技行政部门，更直接地为政府在科技推广工作中当高参，并创造科技开发环境，使其行政、业务两不误。同时要建立成果推广转化奖励机制，调动全社会对科技成果的转化的热情。另一方面，要认识到市场经济适者生存，对旧体制下农技推广部门进行"断奶"、改革，促其走向市场，增强竞争能力和服务意识，是历史的必然趋势和现实客观要求，是推动整个农业科技推广事业的必然趋势。要把大面积农业推广责任的重点转向社会，继续深化政府农业科技推广体系改革，为乡镇农技推广人员提供宽松的环境，鼓励他们充满信心地走向市场遍地开花，大力提倡和鼓励涉农企业的技术推广，逐渐形成以企业、专业协会、专业合作社和各种产业化组织为主体的多元化农业科技推广体系，满足农民日益增长的科技需求。从我国的实际情况看，由于受国家和各级政府财政能力所限，更应在发挥事业单位基础作用的同时，鼓励社会化农业科技推广体系的发展。

三、关于农业科技推广工作如何规范的问题

规范农业科技推广工作是一个大问题，政府负有重要责任。日本战后能迅速恢复并成为世界经济大国，就在于他们在实施教育立国、贸易立国、科技立国的过程中，政府运用政策引导和行政调整手段，迅速加强科学技术成果的引进和转化工作，为本国产业的技术升级做出了贡献。前几年，我们在计划经济向市场经济转轨的过程中，由于法律体系不完善，监管制度不健全，一些人钻了空子，导致一段时期以来"假优良种子案"、"假包销合同案"屡禁不绝，假种子、假化肥查而不绝，农民吃了大亏，上了大当。可见，对农业科技推广工作进行严格的规范化管理是一项基础而紧迫的任务。那么，怎么规范呢？

第一，政府要加大科技知识普及宣传力度，通过科技下乡、各类培训班等途径，直接为农民提供农业科技服务，把一批真正高、新、优的农产品新品种和农业科技送到农民手上，挤压假种子、假化肥、假合同案件的存活空间。大量事例证明，农业科技推广出问题，尤其是农民在使用新品种上出问题，主要有三方面没有掌握住：一是简单的在街头看传单说明，报头看广告，信以为真，一时兴起，盲目投入。二是不知道对于科技成果转化，最可靠的还是农业部、科技部等权威机构发布的信息，基本不会出大的问题。三是不严格按程序办事，成果引进回来后没有进一步按小小试——中试——产业化推广的步子走，以至于在外地成功的在本地因为气候等原因不能成功。因此，政府要让农民了解当前农业最前沿的科技动态，明白一些最常规的农业科技原理和知识，把科技推广的主动权牢牢握在手里。要不断提高农民的政策水平和科技文化素质，增强群众的自身免疫力和鉴别能力，增强群众自我保护意识，不让假种子、伪科技蒙住了农民的眼睛。

第二，加大对农业科技推广市场的监管力度。要不断建立和完善农业科技推广的法律法规，运用法律的手段对农业科技推广进行制度化的规范。同时，更要把重点放在严格执法方面。一是端正指导思想，坚持秉公执法。2003年元月初，中央电视台《新闻联播》栏目连续数次对各地假冒伪劣的食品、日常用品以次充好、以劣充优的现象进行了曝光。其中反映最突出的一个问题，就是一些执法部门对这些假冒伪劣现象采取纵容，而不是打击严查的态度，任假

冒伪劣产品在眼皮底下泛滥成灾。这种现象在农业科技推广监管方面也同样大量存在。农业科技推广监管部门，如农业技术推广服务站、农药监理站、种子站等，不能仅仅因为部门利益，为了多办几个证，多收点管理费而放低许多办证的门槛，更不能只收费不监管，丢掉了行政监管的职能。尤其是这些部门或其下属单位更不能自己推销劣质产品，只图多赚几个钱。二是要不断提高农业科技推广的监管水平。不可否认的是，前几年，计划经济体制下，在农业科技推广部门由行政包办的情况下，一大批业务素质低甚至根本不懂技术的人员挤进了农业科技推广队伍，造成一大批连农业技术中等专业水平都没有达到的人员，站在了农业科技推广监管的位置上，这样的监管水平可想而知。他们中的一些人对假冒伪劣种子和化肥的鉴别能力甚至比不上一些精明的农民，这样的人如何能把好关、站好岗？要提高农业科技推广的监管水平，就必须不断推广农业科技推广监管体制改革，让监管者接受市场和社会的检验，优胜劣汰。同时，监管部门也要通过各类专业培训进修，不断提高监管人员的业务素质。

关于加强基层农技推广工作的调研报告

为深入了解基层农技推广工作现状，探寻有关问题的解决之道，2011 年底，我们赴湖北省武穴市和黄梅县进行专题调研，先后听取了地方党委、政府及农业、财政、编制等部门的情况介绍，实地考察了 7 个乡镇农业科技服务中心（站、所），对县乡农业部门发放了调查问卷，与基层干部、农村种养大户、科技示范户、农民专业合作社负责人、农技人员、高校"三支一扶"人员及大学生村官等进行了座谈。通过调研，深入了解和掌握了基层农技推广工作的一些客观情况，深化了思想认识，对解决基层农技推广突出问题的必要财政成本进行了分析测算，研究提出了相关政策建议。现将有关情况报告如下：

一、两县市基本情况和农技推广改革建设与工作成效

湖北省武穴市和黄梅县都是农业生产大县（市），其中，武穴市是全国粮食大县、油料大县和生猪生产大县，黄梅县是全国油料和棉花生产大县（两县的基本情况见表 1），均具有一定的典型性和代表性。

表 1　武穴市和黄梅县有关基本情况

	武穴市	黄梅县
总人口（万人）	78.0	96.5
农业人口（万人）	56.9	74.9
农户数量（万户）	13.9	18.4
耕地面积（万亩）	54.3	86.9
粮食播种面积（万亩）	87.8	103.4
粮食产量（万吨）	39.3	41.8
油料产量（万吨）	6.6	6.4
棉花产量（万吨）	1.1	2.4
生猪年出栏数（万头）	100.0	38.0
2010 年国民生产总值（亿元）	120.9	78.0

本文由潘扬彬同志为主配合调研撰写，刊发农业部发展计划司《三农发展调研材料》，并专送当年中央 1 号文件起草小组参考。

（续）

	武穴市	黄梅县
农业生产总值（亿元）	48.4	38.5
县财政收入（亿元）	16.2	19.9
农民人均纯收入（元）	5 957.0	4 542.0
农技推广人员总数（人）	170.0	201.0

这次调研，通过基层反映和实地考察，我们切实感受到《国务院关于深化改革加强基层农业技术推广体系建设的意见》（国发〔2006〕30号）印发以来，各地积极推进基层农技推广改革和建设，取得了明显成效。一是"三定"方案基本到位。两县市都是全国农技推广体系改革与建设示范县（市），基层农技推广工作都实行了"管理在县（市）、服务在基层"的管理体制，实行人、财、物、事"四权"归县，并完成了定岗、定员、定编工作。二是经费保障有所改善。近两年，两县市通过实施"高产创建"、测土配方施肥和农技推广体系改革与建设示范县等项目，每年能够从中央财政得到400万～450万元的农技推广经费补助。2006年湖北省实行乡镇综合配套改革（即"以钱养事"）改革后，省财政拿出专门资金，每年固定划拨给两县市农业技术服务经费850万元左右（包括农业、农机、畜牧、水产等经费）。同时，两县市本级财政每年均拿出200多万元购买"双低油菜"种子，为农户免费供种。这些经费虽然仍不能满足发展要求，但与原来相比已经有了很大进步。三是人员队伍总体稳定。有了一定的经费作保障，原来松散的农技推广人员队伍逐步稳定下来，两县市均初步构建了"县里有推广中心、乡里有农技员、村里有示范户"的县、乡、村三级推广网络。同时，两县市还充分发挥基层干部熟悉本村实际、号召力强的优势，将其纳入推广体系。村组干部对上联系技术推广人员，对下收集汇总村民遇到的问题，组织村民参加培训等，受到基层农民普遍欢迎。四是管理机制不断创新。在明确农技推广公益性职能和岗位的基础上，两县市均实行了农技推广人员重新竞聘上岗，并针对每一名农技推广人员建立了合同管理制度和绩效考评制度，体现了责、权、利相统一的原则，较好地避免了工作脱节和"两张皮"的现象，提高了农技推广工作的服务效率和水平。

由于基层农技推广体系改革建设及推广工作的加强，科技对武穴、黄梅两县市农业发展的支撑保障作用也更加凸显和发挥出来。武穴市大金镇种植大户王学仁介绍，通过使用政府免费提供的"双低油菜"种，他种植的油菜单产已经从150千克/亩提高到210千克/亩，得到了实实在在的好处。黄梅县孔垅镇棉花科技示范户洪旺雄介绍，通过采用优良品种和先进技术，他家种植的棉花籽棉产量由250千克/亩提高到450千克/亩。在走乡串户调研过程中，我们还遇到华中农业大学在这里蹲点实习开展科研的学生，见到了全省的棉花等种植能手和生产标兵。据了解，近年来武穴市与华中农业大学合作在当地建立了实验示范基地，每年联合开展课题研究，其中大金镇农技服务中心与华中农业大学合作开展的"双季稻超高产攻关"亩产达到1 370千克，在整个长江流域处于领先地位。与高校合作模式不仅加快了本地区先进品种和先进技术更新和应用步伐，还带动了乡镇农技人员的素质提升，并通过争取高校课题费投入在一定程度上缓解了推广服务中心资金不足的问题。两县市农业局反映，这几年粮棉油等农产品生产仍然保持连续增长，主要归功于大量农业新品种、新技术和新模式的推广应用。2010年，武穴市早稻、中稻、晚稻、棉花、油菜单产为分别比2004年提高了39.5千克、22.5千克、21.7千克、6.4千克、5.4千克；粮、棉、油总产量分别提高了20％、53％、14％。黄梅县粮食、棉花、油料单产分别比2004年增长了70千克、6.8千克、4.5千克，总产分别提高了17％、40％、22.7％。

二、当前基层农技推广工作仍然存在一些突出问题

调研发现，当前基层农技推广工作仍存在一些带有根本性和普遍性的突出问题。

（一）人员队伍严重不足，且后继无人

近年来，武穴、黄梅两县市通过核定编制、竞争上岗、考核聘用和加强培训等措施，基层农技人员的总体素质和服务能力较以前有了一定提升，但与职能任务和工作要求相比仍有较大差距。主要表现：一是人员配备严重不足。据武穴市农业局反映，随着务农劳动力文化素质下降，推广一项技术要花费时间精力比以前多几倍，再加上农技员不仅要提供技术服务，还要提供市场信息服务，目前的人员配备与工作任务十分不匹配。据调查，武穴市平均每万亩耕地基层农技人员不到1人、黄梅县平均每万亩耕地基层农技人员仅为0.37人。二是人员队伍严重老化。据调查，黄梅县乡镇农技推广系统自1995年后就未再进人，目前人员都在35岁以上，其中40岁以上占82.8％。武穴市乡镇农技推广人员年龄40岁以上占90％。三是专业素质亟待提高。主要表现在学历水平整体不高、非专业人员占较大比例。据了解，黄梅县乡镇农技人员中学历在中专及以下学历占76.4％；武穴市该比例为60％。在黄梅县蔡山镇我们了解到，该镇农技服务中心仅有4名工作人员，其中2名是近年部队转业的非专业人员。四是新鲜力量难以补充。两县市反映，当地乡镇农技推广单位近10多年均没有新进一名大中专毕业生，改革前乡镇农技中心待遇差很难吸引年轻人，改革后取消了乡镇农技人员事业编制，更加无法吸引专业和高素质的年轻人才，人员结构出现明显断层，后继无人的问题日益凸显。

（二）经费保障严重不足，基本运转难以维持

《农业法》规定"县级以上人民政府应当根据农业生产发展需要……保障农业技术推广机构的工作经费"；《农业技术推广法》规定："各级人民政府在财政预算内应当保障用于农业技术推广的资金，并应当使该资金逐年增长"；国务院〔2006〕30号文明确提出："地方各级财政对公益性推广机构履行职能所需经费要给予保证，并纳入财政预算"。调研发现，两县市在落实有关法律法规方面还存在一定差距。基层普遍反映，虽然改革后当地农技人员工资待遇有所改善，但缺乏工作经费使推广工作难以有效开展，"以钱养事"实际上还是变成了"以钱养人"，问题依然突出。一是工作经费严重不足。据调查，武穴市每个乡镇农技服务中心年均财政拨付工作经费仅1万元；黄梅县每个乡镇农技服务中心年均财政拨付工作经费也只有2万元。农技人员下乡、开会、培训都没有相应补助。武穴市花桥镇农技服务中心负责人介绍，"由于没有交通工具，农技人员下乡只能骑自己摩托车，站里每年提供的400元油费补贴远远不够"。据反映，乡镇农技人员人均年下乡100～300次不等，每年下乡油费开支要将近2000元。除此之外，乡镇农技服务中心日常开展试验示范、检验检测、资料编印、技术培训、进村入户等常规性工作费用大多也都没有着落。二是工资待遇偏低。据了解，两县市在经费上采取"包干制"，每名农技人员每年1.5万元，既包括工资又包括了工作经费，每月均摊的工资扣除五项保险金个人部分，实际到手的钱不足千元，远低于当地乡镇公务员月均2000元的工资水平。武穴市花桥镇农技中心一位农技员告诉我们，"在乡镇农技推广单位工作政治上没有上升通道，只盼望待遇提高一些，以维持生计，干工作也才有劲头。"同时，基层反映，湖北省推行"以钱养事"，但经费每年分三次拨付，中间间隔时间长，农技人员还经常面临断炊的危险，并且有限的经费已开始不断被挤占。据武穴市农业局介绍，市财政安排的"以钱养事"经费近年来被水利、林业、维稳、民政等部门分摊了一部分，现在仅剩下原来的一半不到。在经费拨付上，由于省里资金大部分是拨付到乡镇财经所，有些乡镇分中心取款难度较大、协调程序复杂，导致经费拨付不及时、不到位，武穴市石佛寺镇农技服务中心全年"以钱养事"预算经费12.5万元，实际到位仅5万元。

（三）服务手段严重不足，设施装备十分薄弱

党的十七届三中全会明确要求，力争3年内在全国普遍健全乡镇或区域性农业技术推广等公共服务机构。目前，全国80%以上的乡镇已经建立健全了机构，但从调研的情况看，机构的条件建设十分滞后，严重影响了服务能力的发挥。一是办公用房严重不足。武穴市农业局反映，全市尚有4个乡镇农技服务中心没有办公场所，现有场所都是建于上世纪80年代，大多数站所20多年未投入资金进行建设，年久失修，条件十分简陋。黄梅县问题更加严峻，据该县孔垅镇农技推广中心负责人介绍，"站里只有 80 年代建的一个办公用房，没有办公设施、交通工具，仅有几张桌子，下乡的交通工具用的是自己 12 年前买的摩托车，通讯设备用的是自己手机"。有的农技服务中心连办公室都没有，只能寄人篱下，租借或者与其他部门合用办公室，有的甚至在家办公。黄梅县农业局局长将其比喻为"提包推广站"，人走到哪推广站就在。武穴市水产推广中心因没有办公场所，2005 年购买的鱼病防治仪器设备都无处摆放。二是推广设备十分原始。据了解，两县市大多数基层农技推广服务中心由于经费短缺，无钱更新购买必要的设备和工具，导致农技推广主要还是依靠"两条腿、一张嘴"，病虫害监测、预报等工作主要靠农技人员肉眼观察、经验判断为主，下乡没有专门的通信和交通工具，严重影响了农技推广的效果。武穴市花桥镇农技服务中心负责人告诉我们，"农技人员下乡通常只能戴草帽和笔记本，即使采样也只能拿脸盆，手段十分原始"。三是试验示范基地建设滞后。示范带动是推广先进品种和技术的主要手段，试验示范基地建设作用十分重要。但调查发现，两县市基层农技推广服务中心试验示范基地建设明显滞后，难以对农民采用新品种、新技术产生有效辐射。据了解，黄梅县 16 镇都没有试验示范基地，所进行的试验示范都是租借田地进行，武穴市也只有个别乡镇有试验示范基地（两县市部分农业推广部门资产状况见表 2）。

表 2　武穴、黄梅农业推广部门资产状况（根据发放的调查问卷整理）

	办公及业务用房面积（平方米）	固定试验示范基地（亩）	试验仪器设备		交通工具		负债状况（万元）	2004 年以来资产（万元）
			件数	折合资产	台数	折合资产		
武穴市农业技术中心	12 500	450	85	250	2	40		200
龙坪镇农技服务中心	1 000	100	0	0	0	0		24
龙坪镇畜牧兽医服务中心	40	0						0
龙坪镇农机服务中心	0	0	0	0	0	0	0	0
龙坪镇水产服务中心	15	100	0	0	0	0	0	0
大金镇农技服务中心	300	200	0	0	0	0	0	0
大金镇畜牧兽医服务中心	420		6	3	2	0.65		6.6
大金镇农机服务中心	0	0	0	0	0	0	0	0
石佛寺镇农技服务中心	650	20						25
石佛寺镇畜牧兽医服务中心	408	1	8	3.4	1	0.7		7
刊江办事处农技中心	15	40（租用）	0	0	0	0	0	0
刊江办事处农机服务中心	0	0	0	0	0	0	0	0

（续）

	办公及业务用房面积（平方米）	固定试验示范基地（亩）	试验仪器设备		交通工具		负债状况（万元）	2004 年以来资产（万元）
			件数	折合资产	台数	折合资产		
刊江办事处畜牧兽医服务中心	90	5	6	2.5	2	0.76		6.5
刊江办事处水产服务中心	0	0	0	0	0	0	0	0
花桥镇农技服务中心	500	300	0	0	0	0		
黄梅县农技服务中心	600		40	120	1	15		20
孔垅镇农技服务中心	400	18（租用）	0	0	0	0		
孔垅镇畜牧兽医服务中心	250	0	0	0	0	0		
孔垅镇水产服务中心	0	0	0	0	0	0		
蔡山镇农技服务中心	90	3（租用）	0	0	0	0	6	0.2
蔡山镇水产服务中心	0	0	0	0	0	0		

（四）机构改革依然滞后，管理体制制约明显

基层反映，新中国成立以来基层农技推广体系经过了多次改革，但从 20 世纪 90 年代开始，总的趋势是越改越弱，越改越没地位，目前仍存在改革不切实、不到位和随意改的情况，结果导致老问题没有解决好，新问题又不断出现（新中国成立以来农技推广体系建设与改革情况见表 3）。一是职能定位名实不符。按照《农业法》和国发〔2006〕30 号文的有关定义，目前乡镇推广机构承担的大多是公益性职能，既然是公益性职能，政府理应给予应有的经费等保障。但实际情况并非如此，其中湖北省实行"以钱养事"改革后，两县市乡镇农技推广机构性质变成民办非企业，与其承担的公益性职能相悖。农技人员自嘲，不仅自己不知道自己混成了什么身份的人，就连政府部门也说不清楚。特别是 2006 年湖北省实行"以钱养事"改革时，乡镇农技站、农机站、畜牧兽医站、水产站、文化站等"七站八所"全部退出事业编制，目前畜牧兽医站、文化站等又先后恢复事业单位身份、回归建制，乡镇农技推广中心、农机站、水产站等仍为所谓的民办非企业性质，更加显示出不平衡。二是管理体制不活。湖北的改革使基层农技人员全部退出事业编制，由以前的"公家人"变成了"社会人"，农技人员普遍感觉没身份、没保障，加之上升通道进一步堵塞，很多农技人员感到发展没有希望。我们在两县市了解到，乡镇农技人员是乡镇党委政府工作的有力帮手，不少人十分出色，但由于体制和干部选拔机制，近 10 年来没有一个提拔到副镇长级的，而且想正式选拔到政府机关工作都很难。三是改革随意性较大。地方反映，2000 年全国统一要求将乡镇事业

单位的人事权、财务权和管理权下放到乡镇政府管理，乡镇各自为政且财政困难，导致非专业人员不断涌入，农技推广站资产被随意处置。武穴市无论在什么情况下，基本始终保持了市管乡的农技推广体制，农技推广的人员队伍、资产状况、工作基础等相对较好一些。近年来，各地乡镇农技推广部门的人、财、物等管理权限逐步收归县管，但朝令夕改的情况仍时有发生，对工作的连续性和稳定性极为不利。在赴湖北调研之前我们在云南了解到，昆明市有关县市去年将乡镇农技推广站人财物收归县管，而现在又准备在下放给乡镇。

表3　新中国成立以来农技推广体系建设与改革情况
（根据有关文献资料整理）

年份	主要事件
1951	国家首先在东北、华北地区试办农业技术推广站
1953	农业部颁布了《农业技术推广方案》（草案）
1954	农业部正式颁布了《农业技术推广站工作条例》
1961	全国农业工作会议提出了整顿农技站、种子站、畜牧兽医站
1962	农业部发布《关于充实农业技术推广站、加强农业技术推广工作的指示》
1966—1974	"文化大革命"使农业技术推广机构受到了极大的冲击，多数农技推广站处于瘫痪状态
1979	农牧渔业部开展在县级建立农业技术推广中心的试点，随后在全国普遍建立了县级农技推广中心、畜牧技术推广中心，及水产技术推广中心
1983	农牧渔业部颁发《农业推广条例》（试行），对农技推广工作的机构、任务、编制、队伍、设备、经费和奖惩做了具体规定
1989	国务院发布《关于依靠科技进步振兴农业加强农业科技成果推广工作的决定》，允许农技推广单位从事技物结合的系列化服务。基层农技推广单位在事实上开始被推向社会
1991	国务院发布《关于加强农业社会化服务体系建设的通知》，要求巩固和加强农业社会化服务体系，稳定农技推广队伍
1992	农业部、人事部联合下发了《乡镇农技推广机构人员编制标准（试行）》，试图进一步稳定乡镇农技人员队伍，但由于缺乏财政部门支持而没有多少实际效果
1993	《中华人民共和国农业技术推广法》颁布，并于当年正式实施
1996	《中共中央国务院关于"九五"时期和今后农村工作的主要任务和政策措施》（中发〔1996〕2号文件），农业部据此开展乡镇农技推广机构的"三定"（定性、定编、定员）工作
1998	中共中央办公厅和国务院办公厅联合下发《关于当前农业和农村工作的通知》（中办发〔1998〕13号），明确在机构改革中推广体系实行"机构不乱，人员不散，网络不断，经费不减"的政策，但由于当时农村税费征收困难，实际落实情况不理想

（续）

年份	主要事件
1999	人事部、中编办、财政部起草了《关于稳定基层农业技术推广体系意见的通知》（国办发［1999］79号），但实质性的内容不多
2000	《中共中央办公厅、国务院办公厅关于市县乡人员编制精简的意见》（中办发［2000］30号）文件印发，要求乡镇事业单位在人员精简的基础上进行合并，并将人事权、财务权和管理权（简称"三权"）下放到乡政府管理，乡镇农技推广站开始出现资产被变卖、专业人员流失而非专业人员大量进入的情况
2006	国务院《关于深化改革加强基层农业技术推广体系建设的意见》（国发［2006］30号），提出了新一轮农技体系改革的基本设想与原则

我们感觉，这次调研所到的两个县市的客观条件和农技推广工作在全国农业县市中应该算是比较好的，尤其是省级财政和县市本级财政对基层农技推广体系建设投入力度在全国来说也相对较大，作为全国农技推广体系改革与建设示范县（目前全国仅800个县，约占全国2600多个有改革任务县数的30%）得到中央财政的扶持相对也比较多。在这种情况下，基层农技推广问题仍然较为突出，可见全国的情况更加不容乐观，亟须引起高度重视。

三、对加强基层农技推广工作的几点认识

党的十六大以来，中央不断加大强农惠农政策力度，解决了"三农"领域的诸多突出矛盾和问题。可是，关于加强基层农技推广工作，基层呼吁了多年，但为什么还存在上述"三个严重不足、一个依然滞后"的问题？通过调研，我们认为主要原因在于有关方面决心还不够大，各级关于加强基层农技推广工作的认识还有待统一和提高。

（一）加强农技推广工作是后税费改革时期促进农村社会和谐稳定、提升基层组织威信的重要抓手

我国在新中国成立后很长一段时间，农村基层干部和广大农民群众是"紧紧拴在一根绳上的蚂蚱"，农业生产等工作和利益关系休戚相关；改革开放以后，农村个体的生产经营积极性竞相迸发，干群相对独立，农村干部与农民群众联系逐步减少；2006年农业税全面取消以后，农村虽然从根本上消除了因农业税征收而引发的干群矛盾，但一些地方农村基层干部和群众的联系更少，威信和地位不升反降，很多干部不知道自己该干什么，农民群众也不知道干部在干什么。调研中我们了解到，一些基层干部通过为农民提供科技服务，使农民得到了实实在在的好处，受到了农民群众的衷心欢迎和真心

拥护，基层群众普遍反映"这是村干部办的一件大实事"。武穴市花桥镇种植大户陈联平告诉我们，基层干部熟悉村里情况，农民一遇到技术问题，首先反映到村干部那里，村干部收集后再反馈给农技员或者邀请农技员来村里开展培训，为村民解决了实际困难，这是农民最高兴的事情。基层农技员也反映，由于平时的工作量大，很多工作只能依托基层村组干部开展，比如组织群众培训、发放明白纸、发布农情信息等工作，村组干部在其中发挥很大作用。按照我国《村民委员会组织法》规定，村民委员会具有"普及科学知识"的职能，但在实际工作中，大多数村委会干部都没有积极性也缺乏有效手段为村民服务。基层组织是党和国家农村工作的基础，我们认为，后税费改革时期，在农村基层组织影响力趋于弱化情况下，加强农技推广工作，不仅有利于提升农民科技文化素质，提高农业科技水平，促进农村经济发展，而且对于促进农村干群关系，提升基层组织在农民群众中的威信和地位，保持农村社会和谐稳定具有重要意义。

（二）加强农技推广工作是建设现代农业和促进粮食增产的关键保障

随着工业化、城镇化的加快推进，我国耕地资源减少的趋势不可逆转，据统计，2000年以来，全国耕地面积已经减少1.1亿亩。随着农产品消费需求刚性增长，粮食供求面临长期紧平衡的压力，确保国家粮食安全的压力增大。在耕地面积难以增加、粮经作物又要统筹兼顾、自然灾害多发频发重发的背景下，靠增加面积来增加产量空间极其有限，关键是要在提高单产上下功夫。2004年以来，我国粮食生产实现"八连增"，单产的贡献率达到63％，未来稳产增产还要继续依靠单产增加。提高单产关键是依靠科技，通过加强科研、推广、培训，将新技术、新品种及时传播推广到千家万户和田间地头。但是，目前我国农业科技成果转化率仅有30％～40％，远低于发达国家65％～85％的水平，这中间既有科研与现实结合不够的原因，更有推广工作不到位的因素。调研中，我们也深切感受到农民对新技术、新品种的渴求，感受到他们对加强农技推广工作的期待与厚望。黄梅县蔡山镇种粮大户钱关名通过竞价租赁，2012年将新增承租1 000多亩土地，每亩租金高达600～700元，但钱关名仍信心满满地告诉我们，"只要农技推广人员多给我提供新品种、新技术，产量就会上去，我对此是有信心的"。综上可见，无论从国家战略出发，还是从地方实际来看，发展现代农业、增加粮食产量，都必须大力加强农技推广工作，充分发挥科技的支撑作用。

（三）加强农技推广工作是当前农业建设政策性投入上最需要支持和最可能抓好的重大事项

调研中我们进一步认识到，农业科技、农机装备和农田基础设施是推进现代农业建设的三大核心要素，但比较而言，加强农技推广工作尤为迫切。从农机装备看，2004—2011 年，我国农机购置补贴资金总计达 454.7 亿元，呈逐年增加趋势，其中 2011 年已达到 175 亿元。在补贴资金带动下，我国农机化发展迅速，2010 年全国农机总动力达到 9.2 亿千瓦。从农机化发展规律看，政府的作用在于引导，农机化发展更多的是市场行为，在现有补贴资金规模和市场需求的带动下，农机化继续保持较快发展具备较好的条件。从农田基础设施建设看，改革开放以来，国家不断加大对中低产田改造和农田水利设施建设的支持力度，发改委、财政、国土、水利等部门先后启动实施了新增千亿斤粮食田间工程、农业综合开发中低产田改造项目、小型农田水利建设项目、西部退耕还林地区基本口粮田建设项目、旱作节水农业示范工程项目、土地开发整理项目等一大批以中低产田改造为主的农田基础设施建设项目，初步测算，这些项目每年中央安排投资约 320 亿元。目前全国农田基础设施仍很薄弱，下一步关键是要在继续争取扩大投资的同时着力提高投资效益，避免多头管理导致的重复建设，但要依靠一家之力争取大幅增加投入和整合部门职能的现实难度较大。从农业科技推广看，不仅其对农业发展的支撑最全面、最关键、最明显，并且具有较强的公益性，地方虽然呼吁多年，但总体上财政投入较少，增加一定的投入就可能产生较大的效应。加之需要的财政支出规模明显低于农机补贴和农田基础设施建设，而且主要由农业部门一个部门在抓，无论从前期投资争取，还是后期建设管理来看，都更可能抓出成效。

四、解决基层农技推广问题的财政成本测算

要解决当前基层农技推广问题，说到底绕不开钱的事。调研中，我们结合所反映的问题，请两县市农业部门从保障基本工作需要出发，对基层农技推广工作所需的必要资金需求进行了测算。一是人员工资。按照每 1 万亩耕地最低配备 1 名农技员的要求，武穴市需要配备乡镇农技人员 55 人，黄梅县需要配备 87 人。以每名农技人员每年 3 万元标准，武穴市每年共需 165 万元，黄梅县每年共需 261 万元。二是工作经费。按照每亩耕地安排 2 元推广经费的标准，武穴市约需 110 万元，黄梅县约需要 174 万元。这些经费主要用于下乡误餐补助、农技资料印刷、农技知识宣传、交通费、通信费、差旅费、试验示范经费等方面。三是建设资金。每个乡镇农技站约需资金投入 38 万元，包括办公用房、农技服务大厅、农民培训教室、检测与设备室、技术档案与标本挂藏室等业务用房建设，每个乡镇站规模控制在 250 平方米左右，按每平方米 1 000元的建设标准，资金需求约 25 万元；配备检验化验仪器设备、培训及信息服务设备、办公设备、摩托车等装备购置，每个乡镇站资金需求约 13 万元。（经费明细测算见表 4）

表 4 条件建设经费明细测算表

设备名称	数量	单价（万元）	合计（万元）
一、检验化验仪器设备			6
土壤（肥料）养分速测仪	1 台	1	1
土壤墒情速测仪	1 台	0.7	0.7
农药残留速测仪	1 台	1.2	1.2
病虫测报灯	1 台	1.8	1.8
病虫调查统计器	1 台	0.5	0.5
双目解剖镜	1 台	0.3	0.3
手持放大镜	5 个	0.04	0.2
孢子捕捉器	1 套	0.2	0.2
天平	1 台	0.1	0.1
二、培训及信息服务设备			2.5
投影仪	1 台	0.7	0.7
幕布	1 个	0.05	0.05
笔记本电脑	1 台	0.7	0.7
电视机	1 台	0.2	0.2
DVD	1 台	0.05	0.05
音响	1 台	0.1	0.1
桌椅	20 套		0.4
新农村知识库视频播放器	1 台	0.3	0.3
三、办公设备			3.5
台式电脑	2 台	0.45	0.9
文件柜	5 个	0.1	0.5
传真机	1 台	0.2	0.2
打印机	2 台	0.2	0.4
复印机	1 台	1	1
数码相机	1 台	0.5	0.5
四、科技入户交通工具（摩托车）	2 辆	0.5	1
小计			13

考虑到两县市地处中部地区，在各方面基本能够代表全国的平均水平，据此，我们按照两县市的标准测算了保障全国基层农技推广体系建设与工作运转的基本资金需求。一是人员工资。按照每名农技人员每年平均 3 万元工资标准，全国 36 万乡镇农技人员每年约需要经费 108 亿元。二是工作经费。按照每亩耕地 2 元推广经费的标准，全国每年约需要 36 亿元。三是建设资金。按照每个乡镇站 38 万元的建设标准，全国 34 301 个乡镇，约需要资金 130 亿元。考虑到目前全国已有约 17% 的乡镇站完成条件建设任务，不再新增投入，再加上部分乡镇站办公用房只需要改扩建即可（投入为新建的一半），该资金约需要 90 亿元（经费需求详细测算见表 5）。建成后，为保证设施设备的正常运转，每年每个乡镇站再投入 1 万元维修经费，该资金每年约需 3.4 亿元。上述三项，人员工资和工作经费为每年必须，建设经费为阶段性投入。如果下决心解决有关问题，各级财政第一年需要专项支出约 234 亿元，第二年及以后每年需要保持约 147.4 亿元的专项财政支出。

表 5 农技推广经费需求测算表

		武穴市	黄梅县	全国	经费承担
人员工资	标准	3 万元/人年	3 万元/人年	3 万元/人年	中央转移支付，地方适当补助
	人数	55 人	87 人	36 万人	
	总额	165 万	261 万	108 亿元	
工作经费	下乡补助	200 次 × 15 元/次 × 55 人=16.5万元	200 次 × 15 元/次 × 87 人=26 万元	按每亩耕地 2 元计算，每年约需推广经费 36 亿元	中央转移支付与地方补贴补助
	交通费	200 次 × 30 元/次 × 55 人=33万元	200 次 × 30 元/次 × 87 人=52 万元		
	资料印刷费	13 万户 × 12 期 × 0.3 元/期=46.8 万	18 万户 × 12 期 × 0.3 元/期=64 万		
	通信费	80 元/月×55 人×12 月=5.3 万	80 元/月×87 人×12 月=8.3 万		
	差旅费	1 000 元/人·年×55 人=5 万	1 000 元/人·年×87 人=8.7 万		
	宣传费	支付发短信等费用约 5 万元	支付发短信等费用约 10 万元		
	合计	111.6 万元（约每亩耕地 2 元）	169 万元（约每亩耕地 2 元）		

（续）

		武穴市	黄梅县	全国	经费承担
建设经费	办公用房	250平方米×1 000元/米=25万元		全国34 301个乡镇，17%完成建设任务，其余一半办公用房为改扩建，约需90亿元。另每年需3.4亿元维修经费	中央财政承担
	检验化验仪器设备	包括土壤（肥料）养分速测仪、土壤墒情速测仪、农药残留速测仪、病虫测报灯、病虫调查统计器、双目解剖镜、放大镜、孢子捕捉器、天平等10种仪器，共计6万元			
	培训及信息服务设备	包括投影仪、幕布、笔记本电脑、桌椅、音响等，共计2.5万元			
	办公设备	包括电脑、打印机等共计3.5万元			
	交通工具	摩托车2辆共计1万			
	合计	每个农技站建设标准为38万元			

此外，两县市一致建议扩大基层农技推广示范县和粮食高产创建项目范围。以基层农技推广示范县覆盖全部有改革任务的县为目标，按照目前每个示范县补助100万元的标准，全国2 600个农业县每年需要26亿元，其中扣除目前每年已实施的800个县，每年需要新增财政支持为18亿元；以高产创建项目整县整乡成建制推进为目标，按照目前整建制推进每个乡镇安排3个万亩示范片、每个示范片补助20万元的标准，全国每年约需要中央财政投入204亿元，其中扣除目前每年已安排的15亿元，今后每年需要在现有基础上新增财政投入189亿元。

我们认为，人员工资、工作经费、建设资金是开展基层农技推广工作的基本保障，是保证推广工作正常运转的基本前提；农技推广示范县、高产创建等项目资金是提升推广效率和水平的关键支撑，这些资金也是应该保证的。总体看，这些支出数量都不大，如果分级承担或分步实施，对于目前的财政收入和支出规模来说更不是问题。因此，作为解决当前基层农技推广问题的治本之策和重要基础，中央财政满足有关要求，完全是必要与可行的。

五、有关政策建议

（一）明确基层农业技术推广机构公益性职能，进一步理顺并确保管理体制稳定

明确基层农技推广机构的公益性职能，稳定和恢复基层农技推广人员事业单位编制，规定乡镇农技推广站正式人员编制原则上按照每万亩耕地2人、最低不少于1人的标准配备。总结并推广"四权在县"的成功经验，并在有关的法律法规或中央文件中，明确规定乡镇农技推广机构的人员、业务、经费由县

级农业主管部门管理，实现"管理在县，服务在基层"。针对乡镇农技、农机、畜牧、水产等推广机构较多的现状，建议在机构建设上，进行资源整合，实行综合建站，避免重复建设，提高资金使用效率。明确将农技推广工作全面纳入基层村组干部职责范围，给予一定补贴补助，开展绩效考核并与补贴补助挂钩。

（二）大力加强基层农技推广人才队伍建设，并对优秀人员予以重用

吸引和鼓励优秀大中专院校毕业生到基层农技推广机构服务就业，参照"三支一扶"的做法，在全国产粮（油）大县、生猪生产大县，选拔涉农院校涉农专业学生充实到乡镇农技推广机构服务，服务期内和期满后享受国家"三支一扶"政策待遇。对有关人员实行公开招聘、择优录取、绩效考核、能进能出，在保持现有队伍稳定的前提下，对缺编的岗位，实行省级统一招聘考试，并适当放宽报名条件，允许农村乡土能人、专业大户、村组干部参加认定考试，不拘一格选拔优秀人才进入基层农技推广队伍。支持基层农技人员知识更新，充分利用农业院校、农广校、科技馆、教师进修学校、职业高中等教育资源，有计划地对基层农技人员进行定期培训，确保业务水平得到及时更新。对基层农技推广人员给予应有的地位、荣誉和发展机会，注重从中发现优秀典型，培养优秀典型，宣传优秀典型，并予以提拔重用，明确其在基层党政领导干部中要占有一定比例，特别是分管农业的领导干部原则上要有专业或农业农村一线工作背景。

（三）加大基层农技推广工作资金投入，建立稳定的投入增长机制

以中央财政转移支付为主，地方财政补助为辅，解决目前各地普遍存在的农技推广人员工资待遇、工作运转经费、条件建设资金无保障的问题。将基层从事农技推广工作的在编人员工资统一纳入财政预算，并确保其工资标准不低于当地行政事业单位平均工资水平。保证基层农技推广部门基本的工作经费，明确按照每亩耕地不少于 2 元推广经费的标准统筹纳入财政经常性预算。改善乡镇农技推广机构条件，统一建设标准，通过 1～2 年的努力，保证全国所有乡镇公益性农技推广机构均有必要的办公用房、服务大厅、农民培训教室、检测与设备室、技术档案与标本挂藏室等业务用房和进村入户开展工作所必需的交通工具。同时，加强对各地落实国家关于支持农技推广有关政策的监督检查；明确地方政府要从粮食、油料、生猪生产大县奖励资金中，安排一定比例专项用于基层农技推广工作。

插上腾飞的翅膀

——关于襄阳县实施"科技振兴年"的调查

湖北省襄阳地处鄂西北，是全国著名的农业大县和商品粮基地，辖下 28 个乡镇，625 个行政村，139 万人口，171 万亩耕地。面对知识经济的严峻挑战，1999 年初，襄阳县委、县政府通过县人大会议将 1999 年确定为全县的科技振兴年，决心通过科技大进步推动经济大发展。一年已经过去了，全县的科技振兴工作究竟取得了哪些成绩？存在哪些问题？今后应该怎么干？最近，笔者带着这些问题通过问卷统计、系统走访、集中座谈等形式，就全县的科技振兴年工作情况进行了专题调查。结果发现，科技作为第一生产力，的确是经济发展和社会进步最好的"助推器"，县域科技振兴的文章不仅需要做、值得做，而且大有可为，不可不为。

主 要 成 绩

从整体看，全县各级对科技振兴年工作的热情高，干劲大，路数多，均取得了显著成效。据调查统计，一年内全县在这一工作上最突出的成绩主要体现在五个方面：一是体现在对人才的重视上。共建立知名专家档案 600 个，短期聘请专家 542 人（次），合同固定聘用一年以上中高级人才 216 人，正式接收本科毕业生 153 人，挂靠上级科研院校建立科技依托单位 129 个。二是体现在对科技的投入上。共建成各类科技示范园 255 个，科技投入达 12 804 万元，其中包括财政投入 2 512 万元，集体（企业）投入 6 416 万元，非公有制投入 3 876 万元。三是体现在对科技宣传普及的力度上。开展送科技下村组活动 9 294 次，印发科技资料 27.76 万份，科技培训 42.9 万人次，科技示范户发展到 3.79 万户。四是体现在对工农业基础建设的促进上。全县大棚温室发展到 3.34 万个，硬化渠道 13.1 万米，打机井 1.89 万个，引进农业新技术 287 项，农业优良品种覆盖率达 78.7%，农业先进实用技术覆盖率达 89.7%。通过围绕科技抓调整，共建成 2 000 元田 60.22 万亩，5 000 元田 10.98 万亩，1 万元田 2.79 万亩，分别占耕地面积的 35.2%、6.4% 和 1.6%。工业企业共引进新

本文原载于《华夏星火》2000 年第 2 期、《科技进步与对策》2000 年第 17 卷第 5 期、《领导参考》2000 年第 1 期。

技术 107 项，发展高新技术产品 79 个，新上 200 万元以上的技改项目 15 个。五是体现在科技对财政收入的贡献份额上。在全县大部分地区春秋两季均遭受严重旱灾的情况下，1999 年仍完成财政收入 36 169 万元，同比增长 12.9%。其中，国税完成 8 083 万元，增长 14.84%；地税完成 7 043 万元，增长 11.16%；财政完成 21 043 万元，增长 15.2%。科技对经济的贡献率达 50.8%。

基 本 做 法

实施科技振兴必须采取综合性措施。概括起来，全县在实践中，主要做到了"五靠"：

（一）靠舆论鼓动

县乡两级的新闻媒体都开辟了科技振兴专栏，建立和完善了科技振兴的宣传体系。做到了有关科技振兴年的文章能在报纸上随时看到，各地开展科技振兴年的形象场面能在电视上随时见到，科技振兴年活动的生动实况能在广播里随时听到。到目前，仅在县报、电台、电视台刊播的科技宣传文章就达 774 篇。围绕 1999 年元月中旬全县党政干部会议的有关具体要求和 6 月中旬全县科技大会的精神，各级都由党政一把手挂帅，成立了科技振兴工作领导小组，各自制定并认真实施了年度和阶段性科技振兴工作计划。全县形成了浓厚的科技舆论氛围，干群科技意识不断提高，掀起了学科技、引科技、用科技的热潮。不仅乡镇之间明比暗赛，广大群众的思想观念的科技意识也得到了很大改变和提高。如东津镇不仅银杏茶上了因特网，而且群众种花菜也实现了网上销售。黄集镇彭王村农民高小来承包 500 亩水库和 200 亩鱼塘，带领一家三代 9 口人进行科学养鱼，受科技振兴年宣传和实践的影响，其从省水产学校毕业的三儿子也放弃了在国有和集体单位就业的机会，回乡和家人一道从事科学养鱼。他们还自豪地在自家门上写了"攀高峰不怕千般苦，创新路何惧万里遥"等对联。已有十余年养鱼经验的高小来一家，年内起鱼在 250 吨以上，纯收入达 40 多万元。

（二）靠政府调动

一年内，县委、县政府先后出台了 8 个有关科技的政策性文件，主要包括《关于抓好 1999 年"科技振兴年"工作的意见》、《关于切实加强和改善对科协工作的领导，充分发挥科协作用的实施意见》、《关于在全县实施"双引进双提高"工程的意见》、《关于引进科技人才和高新技术的若干规定》等。这些文件都已经和正在显示出机制的巨大作用，有力地促进全县科技振兴工作的顺利开展。例如，干部领办或创办示范服务基地是近年来该县机关干部在市场经济条件下转变思维方式、转变工作方式、推进农业现代化实践中所创造的成功经验，县委《关于全县机关干部领办创办示范服务基地的意见》出台后，更进一步激发了广大干部领办、创办科技示范服务基地的热情。到目前，全县参与兴办、领办科技示范服务基地和中介服务组织的总人数已达 37 949 人，其中副乡级以上干部 135 人，一般干部 1 814 人。此举不仅使一大批机关干部充当起科技振兴工作的火车头和领路人，而且在一定程度上解决了干部分流和人浮于事的问题，变"包袱"为"财富"。另外，一些单位和部门还根据自身实际制定了内部一系列科技振兴政策，如汉江水泥有限公司前年对本公司科技人员下达了提高水泥产量、质量和节能降耗的课题，拿出 23 万元供科技人员出外参观考察和进行实验改造，项目完成后每月提高水泥产量 1 万吨，产品质量达国内先进水平，年节能降耗节约资金 120 多万元。公司年产水泥达 120 万吨，全市一流的一座能生产 525 号水泥的立窑也已竣工投产。另外公司还拿出 2 万元对做出贡献的科技人员进行奖励，提高科技人员的积极性。

（三）靠典型带动

全县各级科技示范发展典型层出不穷，其中，县委、县政府确定并已建成的科技示范园有 7 个，乡镇和总支创办的科技示范园有 245 个，涌现出的科技示范户达 3 万多家，县、乡、户三个层次的科技振兴典型犹如日月星辰交相辉映，异彩纷呈，显示出极大的带动力。王河现代农村示范区作为县级示范区之一，年内已吸引全县各种投资 776.3 万元；东津镇投资 510 万元创办的"襄阳双鹿银杏示范园"，实行集约化生产，契约化管理，带动全镇 2 000 多农户种植银杏，户年均增收 3 000 元以上。全县模范共产党员，市、县人大代表，埠口镇埠口村农民杨荣盛，累计投入 30 余万元，兴建了占地 45 亩的葡萄栽培示范园，年收入达 40 万元，并无偿向 100 多名群众传授葡萄栽培技术，使他们共同走上了富裕之路。龙王镇为了把典型带动工作搞好，在全县率先开展了"十大科技示范典型"的评选活动。

（四）靠人才推动

各级一致把人才作为科技振兴的第一要素，大力实施人才战略。一是对所有统招统分的大学本科以上毕业生愿意到襄阳工作的，代办一切分配手续，不收任何费用，并原则上一律安排吃"财政饭"；二是对所有应邀来襄阳指导工作的专家，报销食、住、行等一切费用，并给予高报酬和尽可能创造一切便利的工作条件；三是对为襄阳建设出谋献策做出突出贡献和在引进人才工作中有显著成绩者，给予重奖。通过一系列措施，襄阳迅速成为人才"高地"，不仅大批专家、教授和优秀大学毕业生纷至沓来，而且相当一部分已完全扎根襄阳建功立业，取得了令人瞩目的成就。如国家科委的闻庆祥和国家化工部的杨登奎两位教授舍弃京城舒适的生活，到襄阳县与太平店镇的襄西化学工业公司，合作开发出高级化妆品用剂熊果苷。该成果是当今流行的理想美白原料，产品吨价达 200 万元以上，利润率 40％左右。经中科院、北京化工大学、武汉检测中心等权威机构鉴定，认为其填补了湖北省空白，质量优于国内同类产品，达国际先进水平，并获湖北省"星火"项目二等奖等荣誉。1999 年销售量突破 20 吨，销售收入 4 000 万元，利税 120 万元。王河乡孙王营村从华中农业大学引进 4 名本科毕业生，组建起自己的科技服务站，指导农民依靠科技种植高产值作物 3 500 亩，亩年均收入达 5 000 元，人均纯收入达 4 500 元。

（五）靠改革促动

就农业而言，重点抓住土地延包的历史性机遇，按照政策积极引导土地合理流转，从而促进了土地的适度规模经营和农业的科技化、现代化发展。到目前，全县流转的土地达 9 万亩，占土地总数的 5％强。如程河镇赵坡村共有耕地 6 000 万亩，通过经营权流转后，全部用于规模经营，发展"一优两高"农业。如今村集体年收入达 100 多万元，仅水稻制种一项就可为全村农民创纯收入 280 万元，为集体创纯收入 60 多万元。就工业而言，着力通过一厂一策深化改革，促进了企业的科技振兴和搞活。如县富国纺织有限公司是一家拥有价值 1 亿多元的 90 年代全套世界一流进口设备的现代化科技型企业，近年来，由于多种原因一直处于停产、半停产状态，1999 年 8 月被福建经纬集团公司租赁后，日产纱量达 12 吨，比租赁前劳动效率提高 33％。全县类似实行租赁经营的企业仅县直就有 5 家，资产总额为 31 117 万元，负债总额为 32 838 万元。租赁经营前均处于全面停产状态，拖欠工资、养老保险金等问题十分突出；租赁后，全部实现了满负荷生产，共盘活资产 28 471 万元。4 家企业均按时交纳保险金、利税和租金，用电量平均增幅高达 80％以上。工人工资按时足额发放，每人月平均增资 150 元以上。乡镇企业，如欧庙镇的襄南织布厂，原来每年亏损达 80 万元，租赁出去后，不仅解决了"工资不能兑现，职工上访不断"的问题，而且镇上每年可坐享租金 40 万元。除此之外，全县企业所采取的改革形式还有兼并联合、合资嫁接、买断产权、组建集团等，绝大部分企业通过深化改革走出了困境。

构建五大机制　筑造人才高地

　　湖北襄阳是全国著名的农业大县。近年来，为了迎接知识经济的严峻挑战，抢占新世纪发展的制高点，该县以构建五大机制为重点，突破性抓好人才的引进、培养和使用，逐步筑造起具有自身特色的人才高地，使全县经济保持了持续快速健康发展的良好势头。到 1999 年，全县经济综合实力已连续 5 年位居全省十强。2000 年上半年，全县夏粮在大灾之年仍获得丰收，工业和乡镇企业分别实现利税 2.8 亿元、5.99 亿元，同比分别增长 13.1％、10.38％；财政收入完成 2.01 亿元，同比增长 13.8％。

一、构建绿色导入机制，放手引进人才

　　引进人才是解决人才缺乏问题最直接、最迅速、最现实的途径。近年来，襄阳县委、县政府先后出台了《关于引进科技人才和高新技术的若干规定》、《关于实施"人才质量工程"的意见》、《大学以上毕业生引进和管理办法》等一系列文件，不断完善人才引进政策。引进对象主要包括 8 个方面人才：一是全县工农业和社会领域紧缺或急需的人员；二是享受国务院或省级政府津贴的专家、学者、教授；三是在国家、省有突出贡献的中青年专家、学者、教授；四是综合素质高、所学专业为全县急需、国家正规录取的大学本科以上学历的应届毕业生；五是获得地市级以上科技进步二等奖以上项目的完成者；六是地市级以上专业技术人才和技术创新骨干；七是国家专利技术发明人；八是有特殊技艺，并在同行业处于领先水平的其他专业技术人员。在引进过程中，县直有关部门采取联合办公等形式，简化办事程序，提高办事效率，代办一切手续，并对引进的人才及其家属、子女免收城市增容费、安置费、借读费等一切费用；同时对在人才引进工作中做出突出贡献的单位、中介组织及个人给予重奖。政策的出台对各级引进人才起到了巨大的促进作用。近两年来，县乡两级先后从国内大专院校、科研院所聘请专家、学者、教授 840 多人次，除接受正常分配的大中专毕业生外，仅引进大学本科生、研究生就达 104 人。王河乡对聘请的专家、教授及科技人员，除全额报销旅差费用外，每天还视不同情况付

　　本文原载于中共襄樊市委《工作简报》2000 年 8 月 7 日，第 40 期。

给 100 元以上的劳务报酬，年薪不低于 2 万元。该乡仅 1999 年一年就一次性从华中农业大学、河南农业大学等院校引进本科生 10 名，并为其盖起了"学士楼"，内设微机室、试验室、图书资料室等，微机还接通了国际互联网。目前，包括原武汉大学校长刘道钰，原《经济日报》总编辑、著名经济学家艾丰，原大邱庄高级智囊林亚洲，原国家科委高级研究员闻庆祥，著名红薯专家刘作斌，棉花专家王一禄，日本水稻专家原正市等在内的 300 余名专家、学者已成为襄阳各项工作的常年顾问，越来越多的各类专业人才对来襄阳工作表现出极大热情和浓厚兴趣。

二、构建渗透教育机制，广泛培养人才

渗透教育是教育部门近年来根据形势发展而提出的一种新的教育方式，就是在全面大力普及科学文化知识、提高人民基本的思想文化素质的同时，面向基层、面向生产一线的广大干部群众普及实用技术。为了加强对渗透教育工作的领导，县里成立了渗透教育工作领导小组，制定了明确的工作计划。主要措施：一是通过职业教育渗透。全县初高中都开设了职业技术教育课，平均每年有上万名学有所长的中学毕业生直接进入社会。分布在各乡镇的 28 所成人技术学校，平均每年可分期分批面向社会培训 4 万名学员。二是通过示范渗透。全县先后共建成各类科技示范园 255 个，涌现出科技示范户达 3 万多家，县、乡、户三个层次的科技振兴典型异彩纷呈，显示出极大的带动力。东津镇投资 510 万元创办的"襄阳双鹿银杏示范园"，实行集约化生产、契约化管理，带动全镇 2 000 多农户种植银杏，户均增收 3 000 元。全县模范共产党员，市、县人大代表杨荣盛，累计投入 30 余万元，在埠口镇兴建了占地 45 亩的葡萄栽培示范园，年收入达 40 万元，并无偿向 100 多名群众传授葡萄栽培技术，使他们共同走上富裕之路。三是通过科技宣传渗透。县乡两级的新闻媒体都开辟科技振兴专栏，建立和完善科技振兴的宣传体系，做到了有关科技振兴的文章能在报纸上随时看到，各地开展科技振兴的形象场面能在电视上随时见到，科技振兴活动的生动实况能在广播里随时听到。同时，县乡有关部门还经常开展送科技下乡活动，仅 1999 年全县就开展送科技下村组活动 9 194 次，印发科技资料 27.76 万份，科技培训 42.9 万人次，科技示范户发展到 3.79 万户。

三、构建合理流转机制，疏导盘活人才

过去，由于没有有效的流转渠道和措施，导致人才供需脱节。一方面，生产一线人才短缺；另一方面，全县有相当一批高学历、高职称的干部职工或退休赋闲在家，或挤在机关事业单位无所事事，大量闲置。为了疏导盘活人才，从 1998 年开始，全县正式开展了以"转变思维方式，转变工作方式，推进农

业农村现代化"为主要内容的"两转一推"活动，号召广大干部、知识分子到经济建设第一线施展才华，大力创办领办示范服务基地。为消除一些干部的思想顾虑，县里明确规定对离岗办基地的干部实行"三不变"、"四优先"：即干部身份不变、政治待遇不变、连续工龄不变及优先办理各种手续、优先获得贷款、优先获得培训、优先晋级提干。1999 年，伙牌镇凉水总支 14 名干部投资 1.6 万元兴建两个大棚，仅用 3 个月时间就育出优质红薯苗圃 4 茬，共 50 万株，远销外地 2 省 7 县市，仅此一项就为个人分红 2.45 万元，为集体创收 3.68 万元。目前，全县兴办、领办科技示范服务基地和中介服务组织的总人数已达 3.8 万人，其中副乡级以上干部 135 人，一般干部 1 814 人。此举不仅使一大批机关干部成为科技振兴工作的火车头和领路人，而且在一定的程度上解决了机关事业单位人满为患的问题，变"包袱"为"财富"，并为即将进行的县乡机构改革提前探索出一条新路，受到中央、省、市各级的充分肯定和广泛推广。

四、构建公平竞争机制，赛场选拔人才

近年来，为了防止选人、用人上的腐败，县委坚持唯才是举的思想和公开、平等、竞争、择优的原则，着力构建公平竞争的选人、用人机制。为此，县委出台了《关于推进干部人事制度改革的若干意见》，明确提出四个方面要求：一是领导干部公开选拔；二是中层干部竞争上岗；三是机关人员逢进必考；四是事业单位人员实行聘任、聘用。政策出台后立即在全县引起强烈震动。县计生委率先行动，一次性拿出 9 个中层干部职位（副科级）面向整个系统公开招选良将，先后有 20 多人报名参加，在县委组织部、人事局及新闻部门的积极配合和严格监督之下，最后有 8 人通过竞争走上中层干部岗位。双沟镇把各总支除书记、主任外的所有职务均拿出来面向社会实行竞争上岗，通过个人申请、资格审查、竞争演讲、民主测评、组织考核等程序，最后有 44 人走上总支领导岗位，56 名原任领导干部在竞争中落选。目前，类似活动在全县已广泛开展，能者上、庸者下、平者让已成为广泛共识。在实行公开竞选的同时，县委还坚持凭政绩用能人。不论是乡科级干部，还是一般干部；不论是县直干部，还是农村干部，有了政绩就大胆提拔重用。现任县委常委的闫志臣同志过去先后担任朱坡、伙牌等乡镇的党委书记。无论在哪里工作，他总是困难面前不低头，私利面前不动心，鞠躬尽瘁地实践着共产党人作为人民公仆"为官一任，造福一方"的诺言。1998 年县委班子换届时，他被提拔为县委常委。程河镇赵坡村是一个贫困的岗坡村，村支部书记赵富生带领群众大搞农业结构调整，仅用 5 年时间，就使该村一跃成为全镇首富村，集体积累达 500 万元，年人均纯收入达 4 000 多元，户户住进了楼房，农户家庭的一切税费、学

费均由村集体支付。1999 年，赵富生被破格提拔兼任总支书记，并转为正式国家干部。目前全县一大批做出突出贡献且思想政治素质过硬的干部均受到提拔重用。

五、构建贡献回报机制，厚奖激励人才

人才是价值追求的行为主体，按照价值规律应对其贡献给予适当的利益回报。为了使人才的贡献与报酬挂起钩来，真正使人才引得进、留得住，并激励更多的人成才和吸引更多的人才来襄阳建功立业，县委、县政府先后出台了《吸引外资的优惠政策》、《襄阳县企业家奖励办法》等一系列政策，对在工作中有突出贡献者实行重奖。如 1999 年以来，为了盘活国有企业，县委、县政府从实际出发，以纺织行业为试点，向社会公开招租，对国有企业实行租赁经营，分块突围。经过规范的招投标程序，先后有县富国纺织公司、县麻棉纺织公司、县棉织厂、县麻棉纺织集团松鹤织布厂、县熹园纺织集团天一公司等 5 家企业被租赁，租期 5～10 年不等，共盘活资产 2.8 亿多元，职工月均增收 200 元以上，恢复职工上岗 2 000 多人，并一律按时交纳保险金、利税和租金，取得了良好的经济效益和社会效益。为了表彰一些人在招租过程中的突出作用和贡献，县委经过集体讨论，决定拿出这 5 家企业 1 个月的租金共 57.1 万元重奖招租有功人员。最高奖为富国纺织公司招租有功人员，奖金为 40 万元。同时，县里还对 7 个国有、集体、个人纳税大户的法人代表按规定给予了 3 万～50 万元不等的奖励。2000 年，县委、县政府明确提出，除了继续执行原有的奖项外，还将对个人增设高额的"文化建设贡献奖"和"参谋建议奖"，以促进全县经济社会更快更好地向前发展。

喜忧参半话私立

——当前私人办学问题透视

私人办学，这是一个老而又新的话题。从孔夫子一辈儿算起，也有 2500 多年的历史，而今，当她沉寂了几十年之后，又在华夏大地上悄然兴起。

小舟撑出柳荫来

在古城襄阳，私人办学形成浪潮是近两年的事。追溯起新中国成立后最早的私立学校，大概要属 1985 年张湾镇的"金华路幼儿园"。园主是张湾镇原民办老师王小群。当时，由于民办教师工资待遇低，加上附近小孩上学困难，王小群和丈夫一商量，索性回家办起了幼儿园。

近十年的时间里，王小群共接收学生达一千多人次。这家幼儿园从一开始就受到了人们的热切关注。王小群和爱人耿飞办学的事迹，不断通过各级新闻媒介传播到了全县、全省乃至全国。

一朵忽先变，百花皆后香。此后，一股私人办学的热潮在襄阳涌起。

东津镇，私学一开始就显现出竞争态势，有了第一个，很快就咫尺之间闪出来第二个。位于国家森林公园鹿门寺所在地鹿门山脚的霸王集市上，一栋三间两层楼房的前墙上，赫然可见"私立状元幼儿园"几个用红漆书写的黑体大字。据介绍，这家幼儿园自 1992 年开办以来，每学期招生数量都在四五十人以上。每逢学期开学，街道路口的电线杆和墙壁上由私立幼儿园贴出的"致家长的一封信"、"招生启事"之类的宣传广告举目可见。"私立状元幼儿园"深受群众青睐。在此幼儿园开办的第二学期，小街上又出现了第二家私立幼儿园，且影响和招生数量不亚于第一家。群众评价说，他们办得都不错，两家在竞争哩！

1993 年 6 月 4 日，《襄阳报》曾报道太平店镇私立幼儿园越办越兴旺，到去年夏天，全镇已有 40 多家个体户共计投资 70 多万元，办起了 43 个私立幼儿园。其中，西街幼儿园的胡春芝老师于 1986 年作为全国幼教模范进京，受到了邓小平同志及国家教委领导的接见。东街邓桂芳老师开办的个体幼儿园，

本文原载于 1994 年 9 月 30 日《农业科技报·金色月末》头版全版，《襄阳报·周末》头版全版。

每年在县、镇两级举办的幼儿歌舞、识字、诗歌竞赛中都夺得好名次。1993年，她又投资 2 000 多元为幼儿园添置了滑梯等儿童娱乐设施。

在双沟镇，仅街道上的私立幼儿园就有 10 多家。其中退休教师孙先锁的私立幼儿园影响最大。这家幼儿园自 1989 年开办以来，共接收学生 718 人。去年，孙老师还被全国关心下一代协会评为"模范工作者"。

张湾镇大河洲上的一家私立小学还配置了蓄电瓶、压水井等设施，教学条件与公立小学一比高低。新集乡，据乡党办的同志介绍，私立幼儿园已经遍及到了普通的村组。

据不完全统计，到目前，襄阳县 28 个乡镇的各类私立学校（其中幼儿园居多）已接近 400 家，入学儿童数以万计。私立学校的涌现较大地缓解了儿童入托、入学难的问题。

私人办学为哪般

襄阳的"私立学校"发展何以这样迅速？从笔者采访的情况看，原因主要在以下几个：

首先，与社会大环境密切相关。改革开放以来，我国的经济建设蒸蒸日上，对教育产生了巨大的拉力。在市场经济空前活跃，各级教育经费严重不足的情况下，国家一再提倡社会集资办学，提倡教育要靠公立和私立"两条腿"走路。这是私人办学产生的政治基础。

其次，与该县的小环境有关。近年来，襄阳县的经济建设出现了跳跃式发展势头，教育事业的发展还相对滞后。一方面，改革给群众带来了经济上的实惠和观念上的变化，人们愿意把更多的钱花在对子女的教育上；另一方面，社会又一时不能满足他们的需要。以幼儿园为例，据笔者从县教委获得的信息：1993 年，全县 3～5 岁儿童共有 107 500 人，而公立幼儿园只有 16 家 99 个班，入园儿童 3 807 人，缺口较大。这些，又使私立学校的出现有了市场基础。

再者，私立学校离家近、收费低等因素也是吸引家长把子女送去的原因之一。"干工作挣钱，不还是花在孩子身上？送孩子去上了学，俺工作也放心，况且钱又不是要的太多，一个月 10 块，一天才几毛钱，值！"一位私立小学生的家长如是说。

这，代表了许多家长的心声。而对于私立学校的业主，则基本都怀有一个较为一致的愿望，那就是赚点儿钱。我给你教学生，你给我一点实惠，办学的"商品性"体现得很明显。

某村民办教师吴某，在村小学教书月薪不过百元，看别人私学办得红红火火，自己也被卷一卷，炒了学校的鱿鱼。回家腾出一间房，投资近千元做了几十套桌椅，办起了私立小学。由于其原来是小学教师，多少有一些影响，办学条件尽管不是很好，但却不比村小学差多少，加上大力宣传，首批即招生 90 多人，按每学期每人 60 元的收费标准计算，他的年收入就是一万多元，相当于当民办教师 10 年的薪水。

的确，私人办学多与钱有关，但并不都是为了钱。

双沟镇竹器街 51 岁的张凤云老师，退休之前是镇一小学多年的优秀教师，其三个女儿都在襄樊工作。退休后，她完全可以进城享清福。但是，作为共产党员，她要靠私人办学把余热奉献给社会。1992 年，她动员丈夫和子女在家里盖起了一幢两层楼房，从此这里亦成了孩子们的天堂。

对于作为全国模范的孙先锁老师，发挥余热做贡献更是她办学的初衷。第一次她用于修建教室、购置桌凳的投入就达 4 000 元之多，而这笔钱都是她东挪西借来的。

在接受笔者采访时，孙老师说："退休以后，我身体还很好。怎样为社会做点贡献呢？想了想，一下决心就办了这所幼儿园。虽然收入不比投入，但我花钱换来个实在，给群众提供了服务，特别是当大家都说'孙奶奶给我们办了一件大好事'时，我心里有说不出的快乐。"

私立学校喜忧录

诚然，私立学校是伴随着社会改革和历史发展而再度出现的产物。不可否认，她对社会的发展有着诸多的积极因素，自身也有着广阔的发展前景。但是，其中的一些问题更应该引起社会的警觉和重视。就襄阳县目前的情况来看，没有"婆家"管是私人办学所存在的最突出的问题。

这么多"私学"，开办之前究竟要履行什么手续？由谁来具体管理？带着这些问题，笔者三次专程到县教委询问，结果知道，原则上办私学应该先向教育行政部门申请，但真正是通过验收颁证后开办的私立学校，在全县几乎没有。当笔者一个又一个询问起诸多的"私学"业主，回答更让人不得要领，看得出，大部分都是想办就办了起来，不要谁管，也似乎没有人管。

因为是"学校"，公安、工商部门说，我们不能插手。

就这样，办学校比开茶馆还要随意。绝大部分私人学校，除了教室、桌凳之外几乎再无别的基础设施。卫生保健条件较差，教材也只老师本人才有一套。就读的学生缺乏科学的年龄分界，两岁儿童和十岁的儿童同读一个教室不为稀奇。很多幼儿园用的是学前班和小学一年级的教材，教师的学历水平参差不齐，有的甚至只有小学文化程度，室外活动场地奇缺，多数只有一名教师，师资力量不足，更无法满足学生全面发展的教学需要。

在采访中，笔者还发现这样三种令人担忧的情况。一是家长送小孩上私立幼儿园的，多是在公立幼儿园不能满足要求的情况下，为了图个舒坦和方便而勉强为之的。某些私立幼儿园仅仅起了个保姆的作用，甚至每天只会给孩子念叨"板凳娃儿歪歪，你是奶奶乖乖"之类的儿歌。教育质量低下的问题确实普遍存在。二是由于私立小学没有通过教育行政部门的验收，这里的学生也无任何的学历档案，如何与上一级的学校接轨，也还是个大问题。三是个别私学业主不仅知识水平欠佳，而且道德素质低下。所有这些都是对孩子的身心健康成长极为不利的因素。

上述问题必须引起有关方面的高度重视，当务之急是要建立一套既具有本地特色，又与我国教育方针和有关政策相一致和配套的私人办学管理体系，尤其是要严格检查验收，使私人办学沿着健康的方向快速发展。

难"嫁"更比寒窗寒

——当前大中专毕业生分配难问题透视

昔日笑看"骄子"中"金榜"，今日愁迎"学子"守"闺门"。毕业生，尤其是大中专毕业生分配难，成为今夏以来学校、社会、家庭反响强烈的热点问题。那么，大中专毕业生何以这般难"嫁"？

学校及学生自身的因素

（一）政策传达不力，舆论、信息不到位，使毕业生坐等分配的依赖思想仍然占了上风，贻误了毕业生积极主动寻求就业单位的时机

1994 年是国家大中专毕业生分配"中期改革方案"实施的第一年，襄樊市在局部实行"双向选择"的基础上，基本上全部实行计划分配与"双向选择"相结合。毕业生分配部门虽然通过多种渠道宣传介绍了这一毕业生就业制度的改革情况，但对于学校，这个信息的"二传手"到底又让学生了解了多少呢？据调查，多数学校既没有认真组织学生学习有关资料，更没有采取具体措施鼓励和引导学生自谋就业途径和联系工作单位，充其量只是在毕业动员大会上笼统地讲一讲"中期改革"。某中专学校一位毕业生说："双向选择"，学校也讲过，但我们想，这不过是一个分配方式、方法上的过渡，强调的还是与'计划分配'相结合，最终主体还是由国家分配。像这种消极等待思想自然地影响了学生配合分配部门执行"过渡方案"。相反，市农机学校在学生毕业之前除了透彻地给他们分析分配政策、解开思想疑点以外，还帮助引导学生写了"求职函"寄到有关用人单位，到毕业时已有近百名应届毕业生找到了自己的如意"婆家"。可见，学校正确有力的引导可以有效地帮助毕业生少走弯道，尽早走上工作岗位。

（二）困惑、自惭甚至自卑，为中专生多渠道自主寻求就业单位设置了思想上的障碍

市人才市场的建立为襄樊市应届大中专毕业生就业服务工作提供了有利的条件。12 月 1 3 日，人才市场一位姓张的女士告诉我，由于办公室主任出差，

本文原载于《中专生》1994 年第 1 期 "热点聚焦"、《湖北日报·内部参考》1994 年第 10 期及《襄樊日报·内部参考》1994 年第 2 期。

具体数据最近虽无法提供，但她肯定一点，通过人才市场找到接收单位的中专生不少，且成功率较高，因为中专生是普及和实用型人才。只是，前来登记的中专生相对没有大学生多。而对人才市场，农校一位毕业生这样说："我们承认，人才市场的建立对毕业生就业来说的确是一件大好事。但是，我们中专生是'人才'吗？我们有资格进入这个市场吗？把我们和那些大学生放在一起我们竞争得过吗？"

的确，中专生学历低，但这在内陆城市襄樊尚不是影响就业的根本因素。

社会主义市场经济体制的建立，使人才逐渐成为一种"商品"，经济的竞争更明显地体现为人才的竞争。"双向选择"、"供需见面"实际上就是这种竞争在毕业生分配中的具体体现。要想竞争成功，首先应敢于参与竞争。中专生虽然学历不高，但毕竟还有自己的优势。况且，新的人才观提出：人才不等于高学历。市卫校一位应届毕业生在校各方面表现都很突出，毕业后，在国家分配不如意的情况下，他拿上简介和有关材料大胆地到用人单位去"毛遂自荐"或请人推荐，市印染厂党委书记曾照玉求贤若渴，了解情况后当即招来面试，并当面许诺给予优厚待遇。襄阳县医院也是在推荐的当天即为他签订了接收意向协议。此后，市内还有几家单位通知面试，他只得婉言谢绝。这里，笔者不禁为那些条件类似，而思想上没有充分地认识和战胜自己，未能积极主动地争取到就业单位的中专毕业生扼腕惋惜。

（三）部分中专毕业生"高不成、低不就"，接到回基层单位工作的派遣后迟迟不去报到，通过各种关系改派也是造成分配难以落实的原因之一

社 会 因 素

（一）某些用人单位淡薄的人才意识，落后的人才观念，腐朽的用人思想为中专毕业生分配设置了人为的障碍

1994年12月11日，笔者到市毕业办采访，在谈到用人单位时，毕业办主任朱新礼愤慨地说："对于毕业分配，就连市领导也多次强调用人单位要尊重知识、尊重人才，提高人才效益，但有些单位领导就是认识不上来。我们一再主张引进人才，但我们南上北下引进的人才随时都有被退回去的危险。1993年，市内某单位自己到某大学签订的5名本科生的接收合同，等学生毕业后派到单位时却被拒收，原因是老领导班子退了。优生优分，这是分配部门和学校一致提倡的，但实行起来却极为艰难。你到用人单位推荐优生，那里的领导常常以种种理由推辞，甚至根本不予答理。找单位主管局，主管局长说'现在用人自主，我们也没有办法'。优生他不要，差生他却不知不觉就要了，说穿了，还是看关系。有关系，蠢才、歪才他也收了。没有关系，你是个人才、天才，他不要就是不要。这样的事，你们敢写，报纸敢登，我就敢于暴露，甚至暴露具体单位具体的人。为了襄樊的发展，为了人才的合理利用，我怕什么？再则，站在这个位置上，我要为毕业学生负责……"

（二）委培、代培和各县"职工学校"的毕业生在分配工作上"无条件"地优于统招生，占取了单位的用人名额

近年，各中专学校委培生、代培生的数量呈逐年增多趋势，有的学校出于盈利的目的，"两生"的招生数量甚至超过了国家统招生的数量。据市毕业办介绍，1994年分配难表现最突出的问题在卫生上。因为除保康以外，全市各县都有自己的卫校，这些卫校在市内都没有编制，说是"职工卫校"，但真正在这儿上学的却大部分是有关领导干部和内部职工的子女。与此相似的，有的县还有商校、技校等。诸如这些委培、代培和变了味的"职工学校"出来的学生，其社会关系大都比凭自己本事考出来的学生的硬，因此往往被首先安排到了用人单位。这样，本来是计划招收的学生却往往又因为"名额有限"而被用人单位拒之于门外。

（三）用人单位收取大额的"风险金"阻碍了毕业生及时、顺利地走上工作岗位

对分配来的大中专毕业生收取三千元、五千元不等的"风险金"是1994年个别用人单位首先提出的，未曾想其他单位纷纷效仿，竟成为时兴之举。开始是县直和乡镇，最近市直有些单位也把这事提到了议事日程之上。不少学生虽然几经曲折有了接收单位，但等拿着派遣证到单位报到时，却被一句"党委刚研究决定，进来的学生一律要交'风险金'，中专五千，大学三千，交了才给安排上班"而被卡住了脖子。某县直单位在为找来的中专毕业生签接收意见时并没有提出要交"风险金"，等这一批学生12月初通过人事局又由主管局统一派到单位时，单位领导却提出了"风险金"的事，至今无一人正式上班。某省中专毕业回来的学生被分回镇上后，好不容易被派到了镇农机站，站里却伸手找他要五千元的"风险金"。父母原以为儿子考上学就是国家的人了，出来后就可以捧铁饭碗吃皇粮，没想到辛辛苦苦供应毕业后，铁饭碗破了，甚至连个木碗、泥碗也难以拣到。回镇上也可以，好歹有个"碗"，可是没想到，端这个"碗"却还得交钱。但是，不用说5 000元，家里连500元也难以拿出啊。不少学生因交不起"风险金"，只有待在家中。有的单位迫于社会各方面的压力，虽然取消了收"风险金"的规定，但却仍然以各种理由推迟毕业生上班时间。某镇一家单位明确对前去报到的学生说："不交钱可以，要求上班也可以，不过得先帮一年的忙，第二年才作为单位职工正式上班。"

收取"风险金"主要在基层，矛头所向主要是中专生，因为中专生回基层的多。

是的，到现在，市县两级虽已把绝大部分中专毕业生派遣下去，但真正到岗上班的有多少？滞留在家的有多少？有关部门是否可以到具体的用人单位去看看？据悉，毕业生分配难，接收单位以种种理由拖延毕业生上岗时间，用人单位收取"风险金"等问题，毕业生分配部门虽然多次在省毕业生分配工作会上，甚至市人大、政协会上呼吁过，但效果不大。对于遗留问题，毕业办虽然正在抓紧处理，但现在有些事情毕竟人事部门干预不了。1993 年即将结束，那么，对于"人事部门干预不了"的事情难道我们要把它带给 1994 年么？偌大的襄樊，不用说市直、县直，就是乡镇单位还有好多，难道这些学生真的接收不了吗？

破解全面小康的历史难题

——关于"三农"工作的"五年"回顾与展望

党的十六大指出，21 世纪的头 20 年是我国必须抓住而且可以大有作为的战略机遇期，同时提出，头 20 年的奋斗目标是建设全面小康社会。面对战略机遇期这一战略任务，2003 年 1 月，胡锦涛总书记在中央农村工作会议上告诫全党，全面建设小康社会最艰巨、最繁重的任务在农村。温家宝总理同时强调，全面建设小康社会，重点和难点都在农村。

建设全面小康社会，"三农"问题是一道绕不开的历史难题。在我国，这是一个不容争辩的事实。时节如流。而今，21 世纪的第一个五年即将过去，第二个五年已快步走来。站在"十五"与"十一五"相交的历史门槛上，人们不难发现，在党中央的正确领导下，这道历史难题已经开始并仍将加速破解。

亮点闪耀看变化

"十五"对于"三农"来说，是一个极不平凡的时期。不仅历史积累的诸多矛盾和问题进入了凸现期，而且一系列新的严峻挑战也不断出现。在"入世"冲击，"非典"、"禽流感"等疫情接连袭击，各种自然灾害频发等不利形势和背景下，过去五年，"三农"工作能够取得令人瞩目的成就，特别是农业农村经济工作能够成为全国整个宏观调控的最大亮点，实属难能可贵和来之不易。

盘点"十五"，"三农"工作亮点闪耀，一系列深刻的变化犹如一座座历史丰碑高高耸立。

■变化之一：指导"三农"工作的理论更系统更科学

进入新世纪以来，党中央、国务院不断强化"三农"工作，制定了一系列扶持农业的政策措施，提出"多予、少取、放活"的方针，城乡统筹的发展方略，以人为本、全面协调可持续的科学发展观，把解决好"三农"问题作为全党工作重中之重的要求，关于"两个趋向"的重要论断，坚持工业反哺农业、城市支持农村的工作方针，确立粮食稳定增产、农民持续增收的中心任务，明

本文原载于《农村工作通讯》2005 年 12 期。

确社会主义新农村的发展定位等。这些重大的理论创新，丰富和升华了关于"三农"工作的思想和政策，初步形成了新时期指导"三农"工作的思想体系。

伟大的事业需要伟大的理论作指导。一系列"三农"工作理论的突破与创新，使全党全社会"三农"工作的思路跳出了传统的就农业论农业、就农村论农村、就农民论农民的局限，将解决"三农"问题进一步放在了整个社会经济发展的全局和优先位置来考虑，在思想和行动上更多地关注农村，关心农民，支持农业，把解决好农业、农村和农民问题放在更加突出的位置，提到一个前所未有的高度，从而为开创农业和农村工作的新局面奠定了坚实的思想和理论基础。

■变化之二：农村生产力布局更高效更合理

中央提出农业农村经济进入新阶段的中心任务，是对农业和农村经济结构进行战略性调整。"十五"以来，全国各地根据中央的部署，坚持"以市场为导向、依靠科技进步和创新、稳定提高粮食综合生产能力、发挥区域比较优势、尊重农民意愿"的原则，积极适应新形势，优化生产要素配置，开始转变农业增长方式，在深度和广度上挖掘农业和农村经济发展潜力，不断提高农业和农村经济的整体素质和效益。

通过加快农业农村经济结构的战略性调整，农村生产力布局更为高效合理。主要成绩表现在六个方面。一是农业综合生产能力建设得到加强。国家实行优质粮食产业工程、农村"六小工程"等重点建设项目，改善农业生产条件，提高了农村生产力水平。二是农产品品种和品质结构大为优化。主要农产品逐步向优势产区集中。从 2003 年开始实施《优势农产品区域布局规划》，确定 13 种主要农产品，在 40 多个最适宜的区域，选用最优良的品种，采用最先进的种养模式，实行一整套扶持措施，来培育一批国内外知名品牌，建成一批世界知名的优势产业带。这一部署已初见成效，主要农产品逐步向优势产区集中，如水稻产业带已占全国水稻面积的 86％，棉花产业带种植面积和总产占全国的 99％。优质农产品比重明显提高，农产品质量安全状况明显改善。三是畜牧业成长为一个大产业。2005 年全国畜牧业产值有望突破 1 万亿元，占农业总产值的比重达到 33.6％，在农业内部堪称三分天下有其一。畜牧业收入已经成为农民收入的重要支柱。重大动物疫病防控经验增加、应急能力增强、体制进一步理顺、疫苗研制取得突破性进展。四是农业机械化水平明显提高。2004 年全国机耕面积占农田面积的 47％，机播面积占 27％，机收面积占 20％。五是农业产业化经营取得新进展。目前，全国产业化经营组织已发展到 11.4 万个，全国各类产业化组织带动农户 8 454 万户，平均每户每年从中增收 1 200 元。六是农民非农就业持续增加，外出务工成为农民增收新渠道。截至 2005 年 6 月底，全国农民外出务工人数达到 1.08 亿人，占农村劳动力总数的

21.7％，比去年底增加 523 万人。农民工已经成为产业工人的重要组成部分。全国第二产业就业人员中，农民工占 57.6％，第三产业从业人员中，农民工占 52％。

■变化之三：解决"三农"问题的手段更成熟更有力

"九五"至"十五"前期，我国粮食生产和农民收入在低谷徘徊，城乡差距呈不断扩大的势头。由于部分行业过度投资，土地、资金等要素大量转向非农产业，加之种粮比较效益低等原因，2003 年全国粮食播种面积下降到新中国成立后的最低水平，粮食产量下降到近 14 年来的最低点。粮食供求形势堪忧，农民增收形势严峻，城乡差距不断扩大。对此，党中央、国务院见微知著、未雨绸缪，及时做出加强宏观调控的决策和部署，真正把"三农"问题放在整个国民经济运行的大背景下加以解决，果断采取了增加农民收入，发展粮食生产，强化农业基础地位的宏观调控措施。一是制定政策千方百计增加农民收入，大力恢复和发展粮食生产。实行"两减免、三补贴"政策，使农民直接得到实惠。2004 年，中央财政对农村税费改革的转移支付达到 524 亿元。2005 年已有 27 个省（区市）全部免征农业税，其余 4 个省（区）中的多数县也免除了农业税。中央财政对税费改革的转移支付达到 664 亿元，加上地方配套的 185 亿元，共 849 亿元。

二是坚决制止和纠正乱占滥用耕地现象，把耕地和基本农田保护作为确保国家粮食安全、保护和提高农业综合生产能力的根本措施来抓。一方面，严格执行土地管理法律法规，暂停耕地占用审批，清理各种开发区和园区，坚决守住基本农田保护这条红线；另一方面，国务院针对基本农田种树、土地市场整顿、农村土地承包纠纷以及撂荒地等问题，采取了多项有力措施，及时制止和纠正了乱占滥用耕地的行为。这些政策措施的实施，不仅确保了粮食播种面积的恢复性增加，而且从根本上保护了粮食和农业综合生产能力。

三是大力加强农产品市场和农资市场的监管。根据中央加强和改善宏观调控的方针，有关部门较好地把握了调控时机，及时实行对化肥生产和进出口的税收、价格等优惠政策，明确了化肥的进销差率、批零差率和零售的最高限价。大力整顿农资市场，严厉打击随意抬高农资价格和制售假冒伪劣农资的行为。全面放开粮食收购市场，推进粮食流通体制改革。适时制定了早籼稻、中稻、晚稻和粳稻的最低收购价，提前给种粮农民一个合理的价格预期。

2005 年，针对农产品、农资价格走势，中央又及时采取了相应的宏观调控措施。针对东北玉米卖难问题，国家及时组织 60 亿斤新玉米用于出口，同时收购 60 亿斤用于中央储备粮轮换，促使玉米价格止跌回升。针对新麦价格下降问题，在主产区入市收购 130 亿斤新麦，用于补库和轮换，有效地稳定了小麦价格。针对早籼稻价格下跌，及时启动最低收购价，使水稻价格保持了整体平稳。针对化肥等农资价格居高不下，加强进出口调控和市场监管，保证了有效供应。

宏观调控的手段使农业和农村经济发展在较短时间内发生了趋势性变化，促进了粮食增产、农民增收，推动"三农"工作进入了历史少有的好时期。2004 年，全国粮食总产达到 9 389 亿斤，比上年增产 775 亿斤；平均亩产 616 斤，增长 19.2%，总产增幅和单产水平均创历史最高纪录。2005 年粮食生产单产继续提高，总产有望达到 9 600 亿斤以上，比上年再增加 260 亿斤以上，比 2003 年增产约 1 000 亿斤。连续两年大幅度增产，增产总量近 1 000 亿斤，跨越一个大台阶，这是历史上少有的。2004 年全国农民人均纯收入 2 936 元，比上年增长 6.8%，为 1997 年以来增长幅度最高的一年。2005 年上半年农民现金收入人均 1 586 元，比上年实际增长 12.5%，增速比上年同期提高 1.6 个百分点。连续两年农民收入增长超过 5%，走出多年徘徊的低谷，这是弥足珍贵的。

■变化之四：农村改革与支持农村发展的范围更广泛　作用更实在

坚持、完善村民自治制度。其中包括民主选举和民主评议制度、村民议事制度、财务公开制度等。加强农村信访工作，切实为农民办实事，解决了农民生产生活中的难题。鼓励、扶持农村经济合作组织发展，提高农民组织化程度。

农业税减免，延续 2 000 多年来的"皇粮国税"正在走向终结。农村综合体制改革取得新进展。兽医管理体制改革进入实施阶段，新型动物防疫体系正在逐步形成。农业科技推广体系改革步伐加快。全面放开粮食购销和价格，粮食流通体制改革迈出决定性步伐。农村信用社继续发挥着金融支农的主力军作用。小额信贷使更多农户增强了生产经营能力。针对农村的特点，正在着力构建功能完善、分工合理、产权明晰、监管有力的农村金融体制。农村土地征用制度改革，在提高补偿标准、改进分配办法、妥善安置失地农民、集体非农建设用地进入市场等方面取得积极进展。

改革城乡二元管理体制的步伐加快。推动户籍改革，大力改善对农民工的管理与服务。在全国范围内清欠农民工工资，清理限制、歧视农民工的不合理规定，解决农民工子女就学等难题，大大优化农民进城务工环境。开展农民务工就业技能培训"阳光工程"。2004 年，全国培训农村劳动力 250 万人，转移就业 220 万人。截至 2005 年 8 月底，培训农村劳动力 150 万人，转移就业 127 万人。据部分项目县的统计，接受"阳光工程"培训的农民比未接受培训的农民平均月收入高出 200 元以上。

针对农业和农村基础设施建设欠账较多，特别是水、电、路满足不了农业发展的需要，耕地保护和基本农田建设存在较多问题等实际，中央下发了以提高农业综合生产能力为主要内容的 1 号文件。

全国农村公路建设如火如荼，农村的交通状况发生了翻天覆地的变化。2003 年、2004 年两年间，全国建设的农村沥青（水泥）路总里程超过了之前 53 年的总和。至 2004 年底，全国农村公路（包括县道、乡道、村道）达到 289 万千米，其中村道 147 万千米，基本形成了县、乡、村之间相交相通的公路网。

国家还先后在其他方面对农民实行了补助政策，如：对农村义务教育实行了"两免一补"（免书、杂费，补寄宿生活费），对参加农村合作医疗的农民每人给予 10 元补助，对农村只有一个子女或两个女孩的计划生育家庭，夫妇年满 60 周岁以后，按人均每年不低于 600 元的标准发放奖励扶助金等。

在中央高度重视和全社会支持"三农"的氛围持续升温的同时，全国扶贫开发的力度也不断加大。"十五"前 4 年，我国每年减少贫困人口 150 万人。2004 年，592 个国家扶贫开发工作重点县农民人均纯收入达到 1 582 元，比上年增长 7.3%，高出全国平均水平 0.5 个百分点。全国农村人均收入在 668 元以下，没有解决温饱的绝对贫困人口减少 290 万，下降 10%；人均 924 元以下的低收入人口减少了 640 万，下降 11.4%；两者都是近五年来减少幅度最大的一年。联合国和世界银行公布的人类发展报告和世界发展指标都认为，"中国式扶贫"加速世界减贫进程，成为全球消除贫困的成功"范例"，是对世界减贫事业的重大贡献。2005 年 4 月是全球扶贫事业中一个具有标志性的日子。世界粮食计划署向中国提供的最后一批小麦运抵深圳港。它标志着中国接受外国粮食援助 25 年后，正由一个粮食受援国变为援助国。

■**变化之五：农业科技创新及对外合作步伐更快成绩更明显**

科技兴农步伐明显加快，科技进步成为农业增产增收的主要途径，尤其是在确保粮食安全中发挥了根本的支撑作用。

近几年，无论是农业科技攻关还是应用推广都取得新进展，有些农业科研已居世界领先水平。超级稻研究取得重大成果，小面积高产田亩产超过 800 千克（一般 700 千克/亩），全国水稻产区已推广 1.1 亿亩。全国主要农作物良种覆盖率达到 95%。创新、集成、推广了一大批良法，如水稻旱育稀植抛秧技术、地膜覆盖技术、测土配方施肥技术、设施农业技术、规模养殖技术，等等。以超级稻、矮秆小麦、杂交玉米、杂交大豆和转基因三系杂交抗虫棉为代表的现代育种技术已走在世界前列。成功选育出了 28 个超级稻新品种，百亩示范片平均单产 800 千克，育成亩产 600 千克的超级小麦品种。

良种与良法互相配套，促进了节本增效、增产增收，促进了农业增长方式转变。2005 年，开始实施科技入户工程，推广应用 50 个主导品种，20 项主推技术，培育 10 万个科技示范户、养殖示范小区，辐射带动 200 万个农户。据科技入户示范县数据显示，当年示范户平均冬小麦单产比非示范户增产41.3千克，增幅11.5%；与前三年各县平均单产相比，增幅达21.3%。水稻、玉米、大豆单产均提高10%以上，每亩节本30元左右。2005年测土配方施肥春季行动抓了1 020个示范县，投入财政资金1亿元，进村入户服务的技术人员15万人次，培训农民3 000多万人，实施面积1.3亿亩，减少不合理化肥使用72.8万吨（实物量），每亩可节本增效20~30元。

"十五"期间，中国农业稳步实施"走出去"战略，农业国际合作与交流的形式和内容日益丰富。在俄罗斯、中亚有关国家相继建设了大豆、玉米等种植业基地，在东南亚和拉美等地区先后建设了粮食、橡胶、热带水果、剑麻等稀缺资源开发基地。我国现有1 000多艘远洋渔船在毛里塔尼亚、几内亚、摩洛哥、印度尼西亚、缅甸、斐济和阿根廷等30多个国家的专属经济区以及太平洋、大西洋、印度洋等三大洋的公海进行远洋捕捞，年捕捞量100多万吨。

我国还利用援外资金和农业国际交流与合作专项资金，建设了中国—菲律宾农业技术中心，并积极实施柬埔寨种猪示范场、老挝农村户用沼气示范、印度尼西亚杂交水稻技术示范、缅甸橡胶苗木生产、俄罗斯农业技术示范、委内瑞拉剑麻种植加工示范等一批境外农业技术示范项目。这些项目正成为对外展示我国农业先进实用技术、中小型农机具和加工设施的重要窗口及进一步推动经贸合作的重要阵地。

同时，区域合作日趋活跃。东盟与中国"10＋1"合作机制、东盟与中日韩"10＋3"合作机制、亚欧会议机制、中非合作论坛等都把农业列为重点合作领域。中国积极参加有关农业合作，努力推动区域自由贸易进程，为加强与发展中国家的友好关系，提高中国农业的国际地位做出积极的贡献。

入世以来，我国外贸仅出口额一年一个新台阶，并于2004年首次突破万亿美元大关，成为全球第三大贸易国。在此背景下，我国农产品出口也呈现出整体稳步增长的势头。水产品出口年均增长18.69%，蔬菜产品出口年均增长17.6%，水果出口年均增长27.84%，坚果产品出口年均增长14.14%，畜产品出口年均增长6.53%，食用油籽出口年均增长12.16%。

随着外向化程度的不断提高，农业还成了外商直接投资的热点。近年来，我国农业领域的外商直接投资快速增长。仅2001—2003年，农业直接利用外商投资项目就接近3 000个，协议金额约57亿美元，年均约19亿美元，比前20年年均协议利用外资金额增长近一倍。

回顾反思说经验

"十五"期间，我国"三农"工作经历了前所未有的复杂形势和严峻挑战，对农业农村经济发展的规律性认识不断加深，对"三农"形势的判断和把握能力不断增强，最终把内外压力变成了成功的希望，使战略机遇的一面最大限度地放大，矛盾凸显的一面最大限度地压缩，在实践中积累了新的经验，值得认真总结，并有待于在以后的工作中加以借鉴和运用。

■经验之一：　落实"重中之重"，坚持用政策支持化解"三农"问题

农业、农村和农民问题是关系改革开放和现代化建设全局的重大问题。没有农村的稳定就没有全国的稳定，没有农民的小康就没有全国人民的小康，没有农业的现代化就没有整个国民经济的现代化。稳住农村这个大头，就有了把握全局的主动权。近年来，"三农"被摆到了全党和全国工作"重中之重"的位置，这更加体现了党中央、国务院对"三农"工作重要性的深刻认识和高度重视。但是，要真正达到效果，还必须把这种认识和重视转化为政策支持，进而落实到实际行动中。

从"大包干"以来，农村的快速发展无不得益于改革、得益于政策。以历史上的几个"1号文件"为例，1982年1月1日，党中央发出了第一个"1号文件"，肯定了"包产到户、包干到户"制，为"双包"制正了名，极大地调动了农民的积极性，开辟了农村经济体制改革的新局面，中国农村从此进入了前所未有的发展时期。此后，中央又连续发了4个"1号文件"，也都起到了类似的作用。

2004—2005年中央连续发布了两个"1号文件"。2004年"1号文件"把农民增收作为主题，着眼于让农民直接减负增收，核心问题是增加农民收入。2005年"1号文件"则主要立足于农业内部发展，以农业综合生产能力建设为手段，着力打造农业的核心竞争力。2004年仅"两减免三补贴"就让农民直接增收451亿元。紧接着中央又出台了"新增教育、文化、卫生支出主要用于农村"等一系列扶农惠农政策，形成了联动效应。这些政策更重要的意义在于，它反映出我国在发展战略及政策取向方面的重大变化，即调整国民收入分配结构，从在农业中提取积累转向工业反哺农业，发挥国家政策的导向和带动作用，深化农村的各项改革，建立解决"三农"问题的长效机制。

"十五"的五年，我国农业农村形势的发展变化，明显呈现出一种反转崛起的"V"形走势，前三年的持续低迷与后两年的亮点夺目形成了强烈的对比。事实让人不难发现，2004年之所以成为"三农"形势转好的拐点，尽管有多方面的原因，但从这一年开始，空前加大的支农政策力度无疑发挥了火车头的重要作用。

■经验之二：解决问题注重长远和眼前相结合，以长远问题的解决为根本

做任何一项工作，都要既有利于解决当前的问题，又要符合长远的发展。不看眼前问题，就会使长远建设失去基础，就会挫伤人民群众的积极性，并最终损害长远的发展；不顾长远问题，眼前问题的解决也只能是暂时的、不巩固的。

近年来，中央实行的扶持"三农"的政策措施具有很强的长远预见性和现实针对性。既着眼于调动农民的积极性，给农民看得见、摸得着的利益，减少中间环节，让农民直接受益；又有效运用经济、法律等多种手段，政策综合效益大，初步形成了新形势下扶持"三农"的机制和体制。

与中央的举措相吻合，为了实现农业的可持续发展，农业部的工作部署也越来越具有战略性。比如，编制和实施了《优势农产品区域布局规划》，启动和不断加大了"无公害食品行动计划"、"阳光工程"、"生态家园富民计划"等工作力度。针对长期以来由于缺乏统筹规划和系统建设，农业支撑体系满足不了新阶段农业发展要求的实际，农业部从自身职能出发，组织编制了农业"七大体系"建设规划，提出在今后一段时间内，重点建设好种养业良种、农业科技创新与应用、动植物保护、农产品质量安全、农产品市场与信息、农业资源与生态保护、农业社会化服务与管理等农业"七大体系"，为高产、优质、高效、生态、安全的现代农业提供有力支撑。

按照科学发展观的要求，各级对于"三农"问题，显然有了更加务实、从容、根本的解决之道。

■经验之三：紧跟时代形势变化，把科技和市场作为农业农村经济发展的重要引擎

进入新世纪，在农业科技革命和经济全球化浪潮的推动下，中国农业也日益表现出面向市场、依靠科技的时代特征。所谓面向市场，就是根据市场需求的变化，优化农产品品种和品质结构；运用市场手段配置资源，提高资源配置效率。所谓依靠科技，就是加快科技成果转化步伐，大力推广应用优良新品种和先进实用生产技术，不断提高劳动者素质和农产品科技含量。

"十五"以来，农业系统广大职工和农业科研机构积极推进科技创新与应用，取得了一系列重大成果，特别是一大批农业科技新成果、新技术的取得和应用，极大地推进了农业产业的升级和技术换代。经过努力，目前，科技进步对我国农业增长的贡献率已达到45％以上，超过了土地、劳动力及物质投入要素的贡献份额。另外，面对加入WTO后的挑战，宽领域、深层次、全方位的农业对外开放格局和健全完善的农产品市场化体系的逐步形成，同样也为"十五"农业增效和农民增收起到了有力的带动作用。

2001年11月，世界贸易组织的多哈会议作出审议通过中国入世的决定。"入世后我最担心的就是农业"，时任国务院总理朱镕基不下一次地表示这样的忧虑。多少事，从来急，光阴迫，只争朝夕。也许正是因为有了这种担心，才使近年来的中国农业在科技进步与市场化方面迈出了日益坚定的步伐，取得了出人意料的成绩。实践证明，把科技和市场作为农业农村经济发展的重要引擎，这是时代发展规律的客观要求和必然选择。

■经验之四：一切从实际出发，始终把农民作为整个"三农"工作的主体

千方百计调动农民的积极性，是整个"三农"工作的首要出发点。新中国成立以来的实践经验反复证明，什么时候农民有积极性，农业就快速发展；什么时候挫伤了农民的积极性，农业就停滞甚至萎缩。

调动亿万农民的积极性，最根本的一条就是要充分尊重他们的主体地位，在经济上充分关心他们的物质利益，在政治上切实保障他们的民主权利。2004年中央出台1号文件时，尽管当时的供求形势迫切需要粮食生产尽快回升，但文件并没有任何强制农民种粮的内容，而是围绕增加粮食主产区种粮农民的收入，制定一系列政策措施，让农民尝到"种田划算"的甜头，从而调动种粮积极性。制定政策如此，各级在具体工作中同样也注重了思路和方式方法的转变，始终把农民放在主体的位置去对待。在对农民种粮等方面的资金扶持上，第一次大面积实行了"直补"；在对农业的科技服务上，实施了科技入户工程，建立了工作措施到村、上下联动到户的新型农技推广机制。"测土配方"、"三电合一"成为新亮点。与此同时，在农业部等有关方面的引导和大力支持下，以民办、民管、民受益为宗旨的农民专业合作组织试点及推广力度不断加大，农民自主经营的组织化程度大为提高。这些措施受到千家万户农民的热烈欢迎，大大激发了他们的生产热情，增强了他们从事农业经营的自觉性和自信心，使解决"三农"问题获得了巨大的力量源泉。

展望未来叙期待

对于"十五"时期的"三农"工作，成绩也好，经验也罢，都只能代表过去。现在，人们理应把关注的目光更多地投向未来。

党的十六届五中全会指出："十一五"是本世纪头20年尤为关键的时期。那么，有了"十五"的基础和五中全会精神的指引，未来五年，"三农"工作方面可能会有哪些"看点"值得期待呢？

■看点之一：持续高温的"重农"氛围

"十五"时期"三农"出现好形势，一个至关重要的因素就是从中央到地方，各级对"三农"工作都极为重视。不少人担心，随着形势的好转，这种重视程度会减弱。然而，党的十六届五中全会却提出，要把建设社会主义新农村作为现代化进程中的重大历史任务来对待。据考证，社会主义新农村不是一个新名词，但被提到如此高度并写进中央文件却是第一次。原来提社会主义新农村建设，只是把它作为农业农村经济发展的一个方向，而现在则把它当成了加强"三农"工作的一项重要措施。按照五中全会"生产发展、生活宽裕、乡风文明、村容整洁、管理民主"的要求，社会主义新农村建设涵盖的内容十分丰富而具体，体现了对"三农"工作更高的认识和重视程度。由此可以窥见，未来五年乃至相当长的一个时期内，全党全社会对"三农"问题的关注仍将保持高温状态。

■看点之二：稳步崛起的现代农业

马克思主义认为，人类社会的发展史首先是物质生产发展的历史。"三农"问题要解决，农业必须发展起来。无论从哪一方面来看，"十五"时期所做的很多工作，都为今后农业的稳步发展打下了良好的基础。根据五中全会的精神，未来五年还将进一步加快农业科技进步，加强农业设施建设，调整农业生产结构，转变农业增长方式，提高农业综合生产能力。将实施优质粮食产业工程，建设大型商品粮生产基地。优化农业生产布局，推进农业产业化经营，促进农产品加工转化增值，发展高产、优质、高效、生态、安全农业。将大力发展畜牧业，保护天然草场，建设饲草基地。积极发展水产业，保护和合理利用渔业资源。加强农田水利建设，改造中低产田，搞好土地整理。提高农业机械化水平，加快农业标准化，健全农业技术推广、农产品市场、农产品质量安全和动植物病虫害防控体系。积极推行节水灌溉，科学使用肥料、农药，促进农业可持续发展。

■看点之三：全面深化的农村改革

农村的税费改革揭开了农村综合改革的"潘多拉盒子"。2005 年是国务院确定的全国改革年，但农村改革的全面深化，重头戏还在未来的五年。按照中央要求，"十一五"期间，我国将稳定并完善以家庭承包经营为基础、统分结合的双层经营体制。全面推进农村综合改革，基本完成乡镇机构、农村义务教育和县乡财政管理体制等改革任务。深化农村金融体制改革，规范发展适合农村特点的金融组织，探索和发展农业保险，改善农村金融服务。坚持最严格的耕地保护制度，加快征地制度改革，健全对被征地农民的合理补偿机制。深化农村流通体制改革，积极开拓农村市场。逐步建立城乡统一的劳动力市场和公平竞争的就业制度，依法保障进城务工人员的权益。增强村级集体经济组织的服务功能。鼓励和引导农民发展各类专业合作经济组织，提高农业的组织化程度。加强农村党组织和基层政权建设，健全村党组织领导下的充满活力的村民自治机制。

■看点之四：力求完善的农村公共服务

党的十六届五中全会业已提出，未来五年，要加快发展农村文化教育事业，重点普及和巩固农村九年义务教育，对农村学生免收杂费，对贫困家庭学生提供免费课本和寄宿生活费补助。加强农村公共卫生和基本医疗服务体系建设，基本建立新型农村合作医疗制度，加强人畜共患疾病的防治。实施农村计划生育家庭奖励扶助制度和"少生快富"扶贫工程。发展远程教育和广播电视

"村村通"。加大农村基础设施建设投入，加快乡村道路建设，发展农村通信，继续完善农村电网，逐步解决农村饮水困难和安全问题。大力普及农村沼气，积极发展适合农村特点的清洁能源。

国家有关部门已明确宣布："十一五"期间，农村义务教育将全部免费；未来五年，国家计划拿出 1 000 亿元，用于农村道路建设。到"十一五"末全国农村公路里程达到 310 万千米，基本实现全国所有具备条件的乡（镇），东、中部地区所有具备条件的建制村通沥青（水泥）路；西部地区基本实现具备条件的建制村通公路。从 2006 年起，中央财政对参加农村合作医疗农民的补助由每人 10 元提高到 20 元，同时要求地方财政也相应增加 10 元。到 2010 年建立起基本设施齐全的农村卫生服务网络，为提高农民的健康提供保障。2006年将把新型农村合作医疗试点县覆盖面由现在的 21％扩大到 40％左右，2007年扩大到 60％左右，争取 2008 年达到 80％以上，2010 年实现新型农村合作医疗制度基本覆盖农村居民的总体目标。

■看点之五：不断鼓起的农民腰包

从 2006 年开始，中国农民世世代代交"皇粮国税"的历史将彻底终结。原定 5 年取消农业税的目标，3 年就可以实现。中央多次申明，已经有的支农政策不能变，已经给农民的实惠不能减。可以肯定，近年来已经给农民的各种补助还将继续给下去。在此基础上，十六届五中全会还透露，将下大力气解决分配不公，关注低收入人群的收入问题。要采取综合措施，广泛开辟农民增收渠道。充分挖掘农业内部增收潜力，扩大养殖、园艺等劳动密集型产品和绿色食品的生产，努力开拓农产品市场。大力发展县域经济，加强农村劳动力技能培训，引导富余劳动力向非农产业和城镇有序转移，带动乡镇企业和小城镇发展。继续完善现有农业补贴政策，保持农产品价格的合理水平，逐步建立符合国情的农业支持保护制度。加大扶贫开发力度，提高贫困地区人口素质，改善基本生产生活条件，开辟增收途径。因地制宜地实行整村推进的扶贫开发方式。对缺乏生存条件地区的贫困人口实行易地扶贫，对丧失劳动能力的贫困人口建立救助制度。我国政府甚至还在全球扶贫大会上庄严承诺，到 2010 年基本解决现有贫困人口温饱问题。由此可见，贯彻穷人经济学理念，避免可能出现的"马太效应"，坚持为农民同时做好减负与增收两篇大文章，让农民更加轻装前行，显然已更加成为中央的一大经济和政治考量。因此，如果没有极特殊的情况，未来五年，农民腰包要不断得到充实，应该没有悬念。

探寻"三农"工作的时代方位

——全国农村改革与发展座谈会综述

2005 年 8 月 6—7 日，太原市郊，依山而立、绿荫掩映的晋祠宾馆，迎来了全国农村改革与发展座谈会的代表。

受中央农村工作领导小组办公室委托，一年一度由中国农村杂志社承办的这一会议，2005 年由山西省农办、农业厅协办。农业部党组副书记、副部长尹成杰，中农办主任陈锡文，国务院西部开发办副主任段应碧，国务院研究室副主任李炳坤等有关领导，以及全国各省市区农口部门的负责同志共计 100 多人齐聚龙城，围绕全国"三农"问题展开深入研讨。山西省委书记张宝顺、副书记薛延忠、常务副省长范堆相等到会祝贺并讲话。中央政研室副主任郑新立因特殊情况未能到会，向会议提交了专题论文。

这是一次重要的会议。当然，说其重要并不是因为它沿袭了 11 年的会议品牌，抑或越来越旺的人气，而在于它务实会风背后的讨论成果。用代表们的话说，会议的主要作用，就是每次都能够让人在充分地交流和讨论问题中，很好地探寻到"三农"工作的时代方位。

转折点——对当前"三农"形势的一个重要判断

要找准"三农"工作方位，首要的是要对"三农"整体的发展形势有一个正确的判断。这次座谈会，关于当前的"三农"形势，依然是代表们第一位讨论的话题。

好形势再次被证实和广泛认可。2004 年，农业是国家宏观调控的重点，也是经济发展的亮点，粮食增产和农民增收的幅度都是近 5 年最高。座谈会上，代表们普遍反映，2005 年上半年全国的农业农村经济形势仍然保持了良好的发展势头。据农业部副部长尹成杰介绍，2005 年全国夏播面积扭转了自1998 年以来连续 7 年下滑的局面，增量和增速均创近 20 年来新高。夏粮克服各种灾害的影响，获得了好收成，总产超 2 100 亿斤，在上年夏粮 93 亿斤增量的基础上再增产 100 亿斤左右。根据国家统计局的数据，上半年全国农民人

本文原载于《农村工作通讯》2005 年第 9 期。

均现金收入 1 586 元，同比名义增长 17.9％，扣除价格因素影响，实际增长 12.5％，增速比上年提高 1.6 个百分点。

居安思危。在看到和肯定大好成绩的同时，代表们思考更多的还是对农村今后发展形势的忧虑。多数代表认为，目前农业农村经济发展实际上面临着重要转折，主要原因是从 2004 年以来，不仅有许多好的政策和成果还需要落实和巩固，而且有不少新的困难和问题也亟待克服和解决。与会代表一致谈到，我们一定要充分认识农村工作困难的一面，2004 年上半年中央出台促进农民增收的 1 号文件，从资金、政策各方面给予了很多扶持，农产品价格从一个很低的水平往上走，农资价格也相对平稳，而 2005 年却出现了一些相反的情况。代表们公认，2004 年以来的农业农村形势之所以出乎意料的好，是政策好、天帮忙、人努力、市场旺等多种因素共同起作用的结果，但客观地说，到目前为止，我们真正促进农业农村经济发展的长效机制并没有建立起来。

粮食增产、农民增收仍然是 2005 年"三农"工作的重中之重。大多数代表认为，2004 年全国"两增"的幅度很大，2005 年要保持还面临很多困难。尹成杰副部长表示，虽然上半年农业农村经济保持了良好的发展势头，但是当前粮价看跌、农资价格上涨、自然灾害偏重发生等问题已成为影响粮食增产、农民增收、农村发展的最突出问题，给实现全年预期目标增加了难度。据他介绍，2005 年上半年因为农资价格上涨，全国粮食生产成本每亩平均增加了 30～40 元，一定程度上抵消了国家给农民的好处。粮食价格也呈现下降趋势。5 月份小麦、玉米、稻谷三种粮食市场平均价格都比同期下降了 3％～4％。国务院研究室副主任李炳坤也在会上介绍了类似的观点和情况。

农村税费改革事关今后农村发展全局，最终能不能成功，关键要看农民负担会不会反弹，而农民负担会不会反弹又取决于配套改革能否成功。中农办主任陈锡文说，以农村税费改革为主要内容的农村综合配套改革内容很多，国务院 2004 年就此作出了一系列部署，各项改革都有进展，但还远远没有到位。对此他认为，农村税费改革内容之多、任务之重一定要充分认识，配套改革不完成，整个税费改革就难以完成。

2004 年到现在一年半以来，农民生产的积极性高，与国家空前加大对农业的补贴有着重要关系。对于许多人寄希望于中央不断拿出更多的钱补贴"三农"，有代表暗示，中央领导明确表示"已经给农民的实惠不能减"、"对农村的政策只会越来越好"，加上国家现在趋好的财力，继续并且不断加大财政对农业和农民的补贴应该不成问题，但总希望保持较大的增幅恐怕也不现实。国务院西部开发办副主任段应碧分析，农业基础设施建设许多都是在国家基本建设计划内安排的，而国家基本建设计划多数又是国债投资，随着国债发行的逐渐淡出，国家基本建设投资的总盘子很难做大，总盘子做不大，农业这一块自然也做不大。另外，国家每年超预算收入很大，2004 年是 5 000 多亿元，今后怎么调整国民收入分配结构，特别是调整财政支出和基本建设投资结构，使其向农业倾斜，也是必须面临的大问题。

经过两天紧张的交流讨论，2005 年 8 月 7 日下午，陈锡文主任在座谈会总结讲话中指出："大家都谈到目前的形势正处于一个转折点上，下半年乃至明年农业农村经济有很多不确定的因素，能不能继续发展得又快又好又健康，有许多问题需要我们认真思考。"很多代表没有忘记，在 2004 年同一时期召开的全国农村改革与发展座谈会上，人们面对农业农村经济的快速发展，发出的多是"越是形势好越是要保持清醒"的呼吁，而 2005 年，转折点，这已然是一个更加值得重视，让人更为警醒和奋进的重要判断。与会代表普遍认为，当前农业农村发展的确是再次走到了一个十字路口。转折点就是关键期，如果稍有不慎，一年半前农业农村经济来之不易的好形势，很可能会发生逆转，但如果这一关过好了，情况就会向着真正长期、良性的轨道发展。

关键时期，"三农"工作更需要求真务实

农村改革与发展的任务很重，农业农村经济形势正处于一个重要的转折点上，代表们认为，现在除了千方百计继续沿着好的方向走下去，已经别无选择、毫无退路。实现目标的要素很多，但最根本的一条是要求各级干部，特别是农业农村干部必须要有求真务实的作风。

改革是要真改，不是假改；是要改到根本上，而不是只改在形式上。部分代表反映，有的地方对农村综合改革搞形式主义，玩数字游戏。在机构上搞简单的归大堆、拉郎配，在上岗人数上作简单的加减法，导致减事、减人、不减支。有些地方在机构改革上官僚主义抬头，行政命令、长官意志至上，习惯于搞一刀切，结果是该切的切了，不该切的也切了，老问题没解决，新问题却接踵而来。湖南等地的会议代表说，获悉个别地方综合改革的"力度"很大，我们去参观以后，发现"经验"并不可取。比如他们把农口的事业单位基本上全部推向市场，对需要政府投入的公共产品供给，今后也一律实行"财政花钱买服务，养事不养人"，可是就没有想到，有些服务可能涉及国家机密，有时是不能对外去买的，更何况，有些服务关键时候如果买不到或者买不好，还可能酿成大事故。

干部要敢讲真话，爱听真话，真正做到对党负责，对群众负责。有代表指出，现在农村的问题多，情况复杂，最需要认真地调研和发现，但有些地方的干部却恰恰在这种情况下表现得不敢讲真话、不愿讲真话，少数地方领导干部也只愿意听让人高兴的话，结果使不少问题被一级级掩盖起来。

发展一定要量力而行。会上不少代表对社会主义新农村建设提出了看法，

普遍认为这是一件好事，是代表着城乡统筹、促进农村经济社会全面发展的纲领性口号，但一定要从实际出发，注重国情，因地制宜，特别是要珍惜国力、民力。要有科学的规划，决不能就此下指标、搞达标、急功近利，更不能把它当作重新加重农民负担的借口。来自中西部省份的代表认为，现在我们国家比较富裕的农民才能承受起治病、受教育这两项开支，还有多数人承受不了，让他们投钱搞农业基础设施建设、盖新村是很难的。如果国家不拿钱，让农民自己拆旧房盖新房，那肯定要坏事。起码在现在，绝大多数农民不能接受，也经受不起这样的折腾。

政策好只是个条件，关键是要让好的政策落实而不落空。与会代表普遍认为，2004 年以来全国农业农村经济出现的大好形势，主要的原因还是得益于政策。有代表分析，2004 年因为农业税减免，中央财政替农民掏了腰包，累计对地方转移支付达 664 亿元。2005 年又加大了对基层政府因减免农业税收而开启的转移资金，省市一级政府对县、乡两级的专项转移支付超过 200 个亿，到 2006 年，中央、省，包括一部分市由于农村实行减免农业税收制度而增加的转移支付要达到 900 亿元。到 2004 年底，全国乡镇 38 000 个，如果上级的转移支付每个乡镇 150 万元，至少需要 570 亿元；68 万个村，如果每个村给 5 万元运行费用，需要 340 亿元，两级共需 910 亿元。过去农业税、农业特产税和屠宰税一共是 400 亿元多。农业部在最后一个税费改革试点前，对全国农民可统计的各种负担，包括农业税费、三提五统、摊派集资、罚款等，全国每年共计是 1 250 亿元。因为统计时基层不少人就猜测将来会与转移支付挂钩，所以不排除有多报数据的可能。另外，原来农村税费实际上每年都有相当一部分没收上来。这样算账，税费改革后基层保运转应该不成问题。可让人不解的是，很多基层干部却仍然反映运转困难，那么钱都到哪儿去了？代表们认为，光是政策好不行，要落实好才算好。

部门之间应多干工作，少争利益。青海等省市的会议代表反映，有些干部存在着严重的部门主义思想，对工作见利参与、无利回避。比如，农口部门一直是农民专业合作组织的主抓部门，原来其他部门管得少，甚至都不愿意管，但是现在中央对这项工作很重视，并且在资金上有一定的扶持，导致插手抢着要管农民专业合作组织的部门达到七八个之多。

看来，要真正把"三农"的问题解决好，干部能否求真务实是一个大问题。

解决突出问题要有新思路新举措

"问渠哪得清如许，为有源头活水来"。借助座谈会的平台，全国各地"三农"工作的新经验得到了有效交流，有关农村改革与发展的一些新看法、新思想、新观点、新思路、新建议被提了出来。

用创新金融管理机制、体制，解决农村资金外流和农业投入不足的问题。农村资金外流、投入不足仍然是这次座谈会上代表们反映最强烈的问题之一。有代表指出，现在农业发展资金极度薄弱，金融问题是农村发展的瓶颈。中央文件要求"国内金融机构都要有一定的比例支持农业"，但仅凭这一句话很难落实。过去有50多个农业专项贷款，银行商业化以后，绝大部分不知不觉就取消了，现在剩下3个也形同虚设。当前应该研究用建立政策性金融机构的办法来解决问题，比如说发几千亿元的金融债券，交给政策性的银行。同时，着力恢复几个专项财政支持。现在的农村金融机构不符合农村的特点，他们要求参保、抵押，可是农民没有什么值钱的东西，拿什么来抵押？要求农民短期贷款不准超过4个月，可是农业生产是有周期性的，猪还没长大就要卖掉怎么能行？所以，政府应考虑建立真正为农村服务，适合农村改革的金融机构。

用鼓励和规范发展农民专业合作组织，解决农民"入市"难的问题。随着形势的变化，单家独户的农民已经越来越无法面对千变万化的市场，农业产业化链条上的农户和企业这两大利益主体，也常常因为某些投机行为而倒戈相向。正是在这样的背景下，扶持和发展农民合作经济组织日益受到人们的重视。座谈会上，与会代表的现场发言基本都涉及了农民合作经济组织问题，在向会议提供的交流材料中，专题讨论农民合作经济组织的也占到了1/3强。其中，全国人大常委刘振伟从立法的角度就此在会上作了专题报告。与此同时，一些地方也提供了很好的工作经验。广西壮族自治区农业厅厅长张明沛介绍，广西2000年以前农民合作经济组织只有200多个，现在已发展到1 500多个，会员51万多人，在解决农民与市场脱节、农业生产无序、农产品质量低等一些社区组织"统"不了、政府部门"包"不了、单户农民"办"不了的难题上，发挥着越来越大的作用。张明沛归纳，广西这方面的经验主要是坚持了家庭承包经营、民主自愿和群众满意、对内服务和对外发展、因地制宜和循序渐进等四大原则，在领导重视、部门配合、资金投入、政策支持等四个方面不断加大了帮扶的力度。

用加强农业科技推广和社会化服务体系建设，解决农业标准化、现代化不够的问题。相当一部分代表反映，农业发展一靠政策、二靠科技、三靠投入。现在，政策和投入的问题中央已经高度重视起来了，但是科技推广服务却非常滞后。要实现农业标准化、现代化，包括发展节约型农业，都离不开科技，而基层的农业科技推广服务能力却很弱，适应不了形势发展的需要。湖北省委农办副主任李新水说，现在一方面是快速发展的高新技术在农业领域得不到很好的普及，另一方面是常规的农业技术也在退化，怎样调动基层农业科技队伍的积极性，已经成了一个不得不面对的大问题。黑龙江双城市市长裴君说，现在土地非常紧张，使用也已经饱和，农业要增产增收最大的依靠就是科技，但农村的几次机构改革都是在科技队伍上动刀子，现在这支队伍建设已经落到了历史的最低点。至于怎么重视和解决这方面的问题，湖南省委农办主任武吉海强烈建议和要求将其作为明年中央1号文件的主题。

用差别政策推动产业集群的梯次转移，解决东西部资源利用和发展不平衡的问题。段应碧代表认为，现在，发达地区劳动力密集产业越来越遇到土地、能源、劳动力的紧缺和价格上涨的难题，这表明发达地区劳动密集型产业已不具优势，应该逐步往西部转移。现在西部基础条件有了很大改善，也具备承接转移的能力和条件。当然，产业转移是市场行为、企业行为，政府不能命令，只能引导。具体可以搞几个差别政策：一是产业政策差别。加大对东部某些劳动密集型产业的限制，降低西部地区同类产业增长和市场准入的门槛。二是土地政策差别。增加西部地区供地指标，同时对东部地区新办劳动密集型产业原则上不再供地。三是劳动力政策差别。东部地区外来劳动力价格一直比较低，应引导其逐步提高最低工资标准。加大西部地区"阳光工程"培训力度。四是能源政策差别。与其送电、送煤、送能源到东部发达地区发展低端的劳动密集型产业，不如多留一些在西部，让这些企业到西部来发展。五是税收政策差别。

座谈会还就如何建立粮食增产和农民增收的长效机制，解决农民就医难、子女上学难，以及农村机构改革等问题也进行了深入讨论。最后，经过认真地归纳梳理，陈锡文主任提出了今后农村改革发展应该关注的十二个重点问题：①深化以农村税费改革为主要内容的农村综合改革；②按照统筹城乡发展的要求，形成以工促农、以城带乡的新体制，促进农村经济社会的全面发展；③继续推进农业农村经济结构的战略性调整；④加快推进农业的产业化经营；⑤促进农村农民各类专业经济合作组织的发展；⑥加快农业科技进步、建设现代农业；⑦推进城镇化，加快农村劳动剩余劳动力转移；⑧加快发展农村教育、文化、卫生等社会事业；⑨大力发展县域经济；⑩农村土地制度改革；⑪农村基层组织建设；⑫社会主义新农村建设。

8月正是山西大枣成熟上市的旺季，彤红喷香、随处可见的大梨枣，仿佛都在向人们诉说着这次会议成果的丰硕。"的确，会议给了我们很大的收获，通过座谈，我们工作的方向更明了，思路更清了，信心也更足了"——几乎所有参会代表都道出了这样的"会后感"。

紧急打造农村防非典盾牌

——2003 中国农村抗非典纪实

春天是一年中最为明媚的季节，但是人们怎么也没有想到，2003 年的春天却被一场突如其来的非典疫情蒙上了一层厚重的阴影。

春天连着夏天，非典之魔阴魂未散。

刚入初夏，高温的天气就迎面袭来，而记者的感受是，人们对疫情的关注比这迅速升温的天气还要热。

面对非典这一人类共同的灾难和敌人，奋起反击的城市巷战早已打起。然而，城市之役激战尚酣，坚决防止非典疫情向农村扩散的战斗号角，又从中央到地方骤然响起。农村保卫战由此迅速揭开序幕，并很快如火如荼。

杀向农村的非典疫情谁人能挡

疫情公开之初，有些人庆幸非典没有殃及农村，也有些人幻想非典能否离农村远点儿，更有些人担心非典离农村还有多远。

4 月 23 日，记者就农村防非典有关情况电话连线了国家卫生部基层卫生与妇幼保健司的肖处长，他告诉记者："详细情况需要向卫生部新闻办了解，但可以肯定，国家对农村的问题非常担心，吴仪副总理几天前到卫生部国家疾病控制中心视察，还专门强调了这个事，但现在看来想要完全阻止 SARS 向农村扩散难度很大，因为从人口流动的情况来看，城市和农村无法隔开，况且目前流动在城市的农村人口特别多。"

沿着这番话，记者又围绕农民进城打工的情况辗转进行了一番调查。

据中国农村劳动力资源开发研究会副会长陆子修介绍，现在全国常年外出务工经商的农民有 8 600 万，其中 2002 年以来新增的就有 600 多万，全国处于流动状态的人口已近 1.3 亿，相当于日本的总人口。另外他还介绍，目前流出的农村劳动力主要来自于农产品主产区的东北和中西部地区。从流入量来看，全国范围内数上海、江苏、浙江、广东、北京为最多，占吸纳农村劳动力总数的 76.3%。

本文原载于《农村工作通讯》2003 年第 6 期。

城市的农村劳动力会不会把非典带回农村，是人们最大的忧虑。事实又恰恰向人们昭示，五个农村劳动力流入量最大的省市中，广东 北京先后成为非典重灾区。湖北是农村劳动力外出数量相对并不多的省份，但据记者5月7日从省政府了解的情况，"五一"期间全省返乡人员，尤其是从疫情较多地区返乡人员已达30多万人，并且每天还在以2万～4万人的速度增长。如果说湖北整个4月份因为基本没有险情而让人感觉到神清气爽与风和日丽的话，此时的楚天大地也同样是阴云密布、山雨欲来。

滔滔"民工潮"犹如汪洋大海，要让其滴水不漏谈何容易。

可见，防止非典向农村蔓延仅防民工回潮就非常困难。

对非典入侵农村之路挡是肯定要挡，但能否挡住，人们都在拭目以待。

4月5日、15日、25日，直至5月5日，关于农民是否有感染非典的消息，流传得相对很少，各大媒体也相视寂然。然而，"五一"假期过后，北京市代市长王岐山即在新闻发布会上向社会宣布：农民感染非典的，北京已经有9例。

至此，非典已经侵入农村的权威消息正式大白于天下。

非典会不会成为农民心口永远的痛

一段时期以来，世界卫生组织曾多次告诫绝不能让非典流窜到不发达国家，中国绝不能让非典在农村蔓延。

在中国疾病控制中心，一位专家说，在大病大疫面前，包括农民在内的弱势群体总是受伤最重的。历史上大规模暴发的传染病，曾给人类社会带来巨大创痛，它夺去了数以亿计的人的生命。公元6世纪，在东罗马帝国暴发的瘟疫肆虐了50年之久，造成上亿人死亡；1348—1351年在欧洲暴发的黑热病，三年时间夺去了6 200万人的生命，几乎占当时欧洲人口的1/4；1918年9月至1919年6月，在美国暴发的流感，10个月内造成世界范围内4 000万人以上的死亡；1980年后出现的艾滋病迄今已经夺去超过2 500万人的生命……这些人中90％以上都是农民和产业工人等穷苦贫困人群。包括具有现代社会典型特征的人类瘟疫艾滋病在非洲等贫困地区和国家更加流行，也反映了这个问题。

"朱门酒肉臭，路有冻死骨。"新中国成立前，旧中国的农民长期生活在各种瘟疫的噩梦里。新中国成立后，在毛主席的领导和亲自指挥之下，新中国迅速展开了大规模的群众爱国卫生运动，改善环境，消灭四害，大搞预防接种，以及控制大规模流行病如疟疾和血吸虫的媒介，很快控制和消灭了当时的各类传染病，全国人民喜得安康，在世界久享盛誉。然而，2001年下半年，中国的一个村却因为农民的健康问题，又几乎在一夜之间传遍全球。这是一个艾滋病村，全村在近十年中有接近一半的人以卖血为生，卖血人员中有近一半的人因为血头采血不当而染上了艾滋病。

对此，这位专家说："一个艾滋病村的问题虽然面积远没有旧社会的那样大，但在现代社会这个数量已经不小了，关键是性质严重，从始至终近十年之久，这不能说不是一个悲哀，不能说不是农民心口一个永远的痛。试想，城市是绝对不会出现数以千计的人去以卖血为生，也绝对不会出现长期违规采卖血而不被制止的现象。"

他还说，现在大敌当前，会不会出现非典在农村大流行，或者出现继"艾滋病村"之后的"非典村"很是一个问题。

人之初，性本善。普天之下，所有的人都盼望着农村能够免此劫难。可是，有的时候越是善良的愿望越是容易受挫。在北京农民非典疫情公布以后，全国其他地方农民患非典的公报也立即公布出来。5月8日，山西省卫生厅发布的最新非典疫情公告，第一次将新发现确诊和疑似病例的身份同时公布。当天发布的疫情公告显示，新发的1例临床诊断病例系阳高县龙泉乡张小村的回乡民工。另据确切消息，在此公告之前山西省已经出现了农民非典病人数增多现象。早在5月2日以前，该省农民、民工非典确诊和疑似病例就有66例，约占该省总病例的35％，其中确诊44例、疑似22例，分布在9个市地的27个县市区。这些病例中，有25位为进城农民工，在做工期间发病住院，另外41人在农村发病。紧随其后，河北省长季允石称，到5月9日，河北省累计报告的确诊和疑似病例达265例，其中，农民45例，占17％；民工42例，占15.9％。内蒙古自治区非典防治工作指挥部发布的疫情专报也称，截至5月8日，内蒙古报告的非典和疑似非典病例中已经有46例农民，全区非典疫情有向小城镇、农村蔓延的趋势……

脆弱的农村防疫体系怎只是一个"钱"字了得

农村防非典，自然而然人们就会想到赖以保障的农村医疗卫生防疫体系的建设问题。卫生部一位官员告诉记者："农村的防疫体系现在可以说存在三大问题：一是财力不足。各级拨款很少，甚至于长期没有拨款。属于让马儿跑又不给马儿草型的。二是物力不足。很多地方用的还是几十年前的老设备，检测手段落后，有的设备锈迹斑斑，有的根本就没有设备可用。其他辅助的防疫物质更是难以提及。三是人力不足。多数的县级防疫部门人满为患，超编严重，看起来人多，但主要是吃闲饭的人多，没有实际本事，真正有本事的人被一些硬塞进来有后台的人拖着、吊着，没工资拿，没积极性，也都人浮于事。乡镇防疫多数地方都是由乡镇卫生院承担，卫生院下边设防保组，一般就一两个人，不要说没有拨款、没有收入来源、没有设备、没有工资，就算有又能怎样，一个乡镇少则几万人，多则十几万人，根本无法照应。而在更多的地方，村级基本上就没有防保这档子事儿。"

在调查采访的过程中，记者了解到各级对卫生的投入确实很少。据国家统计局和卫生部有关方面提供的数字，1991—2000 年我国卫生费用总构成按政府、社会、个人三块，其负担比例分别为 1991 年政府占 22.8%，社会占 38.4%，个人占 38.8%；1995 年政府占 17%，社会占 32.3%，个人占 50.3%；2000 年政府占 14.9%，社会占 24.5%，个人占 60.6%。国家卫生事业费占财政总支出的比例为，1991 年占 2.3%，2001 年占 1.71%。其中，以 1990 年为例，中国医疗卫生支出占 GDP 的 3.5%，人均医疗费为 11 美元，分别是世界平均水平的 44% 和 3% 左右，甚至低于印度等许多发展中国家的医疗卫生支出。

财政预算本来就少，但到不到位还是一个问题，真正有多少能用到基层和农村贫困地区更是一个问题。据世界银行专家对中国近 11 年来的公共支出的分析显示，中国公共开支的分配向富裕区域倾斜，而在区域内则向发展最快的省份倾斜。据统计，目前约占中国总人口 15% 的城市人口享用着 2/3 的卫生保障服务，而约占 85% 的农村人口却只能享用不到 1/3 的医疗卫生保障服务。

医疗防疫资源短缺的问题不要说乡村，就是县这一级也很严重。山西是世界卫生组织公布的我国大陆的第三个疫区，但是，这里的县级防疫站却连基本运转都很困难。啜瑞义是转业军医，1984 年就当了山西省清徐县防疫站站长。他记忆所及，县防疫站近 20 年来只拿到过一次设备投资，是在 1986 年，用 10 多万元钱购置冰箱和一些简单的化验仪器。从 1999 年开始，县财政拨付防疫站的款项就出现了大缺口。比如 2002 年，县财政只给了 20 万元。防疫站有 14 名退休职工，就需要 21 万元。其余的全部由防疫站自收自支。全站的工资加费用，一年要 80 多万元，所以日子格外紧。防疫站的平均工资 900 多元，并不高，但到年关，常常发愁开不出工资。2003 年出现紧急疫情，清徐县防疫站在费用上更显捉襟见肘。3 月 24 日出现首例患者后，财务科长马秀珍立即购置了一批防疫必须使用的白大褂和一次性防护服。4 月 17 日，县里为防疫紧急拨款的 2 万元到账，才算付了款。

县级如此，山西如此，那么乡镇怎样，其他省份又怎样呢？在四川农村，主要由乡镇卫生院承担着医疗卫生和防疫任务，而其中不少已经形同虚设。以四川广安市的一个区为例，在非典防治工作之前全区 60 所乡镇卫生院，分散经营的有 22 所，约占 37%。分散经营的医务人员不纳税、不交管理费，甚至不承担法定义务，如预防保健工作、传染病报告工作等。60 所乡镇卫生院，仅有七台 B 超机，两台 X 光机，其他就是血压计、体温计、听诊器等简单设备，诊治手段十分落后。4 月 23 日，中央电视台对湖北监利的卫生院状况进行了报道，映入观众眼帘的卫生院要么都是六七十年代的设备，要么就租出去让人当了砂场，要么就被卖掉了。

就在本期新闻调查发稿前几天，《健康报》同仁告诉记者：现在因为资金困难，很多地方卖卫生院成风，湖北宜城市 2002 年把卫生院全卖了。据悉，宜城是湖北省襄樊市所辖的一个县级市，地处汉江中游，有居民 52.4 万人，16 家乡镇卫生院总资产 2 371 万元，总负债 2 811 万元，病床使用率连续 3 年徘徊在 7% 以下。2002 年，全市卫生院累计业务收入 1 114 万元，财政投入实际到位 29.6 万元（仅够支付 12 名离休者的工资和部分医药费），收支相抵亏损 565 万元。所有卫生院人均月工资仅 240 元。效益最差的勉强发放人均 120 元的最低生活费。工资和最低生话费均不能按时发放，有的拖欠数月甚至一年以上。5 月 7 日，记者拨通襄樊市卫生局马言军局长的电话，证明了此事。

另据卫生部有关方面提供的信息，江苏扬州市邗江区 2002 年以前已将 24 个乡镇卫生院全部拍卖，其中有 20 个被整体转为私人经营。根据江苏省人大教科文卫委员会会同省卫生厅于最近完成的一项调研表明：邗江区拍卖乡镇卫生院由于没有进行试点就匆忙在全区推开，以致在近两年的运行中出现许多问题，教训十分深刻。不仅农村医疗市场和卫生院管理混乱、合作医疗解体，更重要的是农村初级保健无人问津，农村防保工作严重削弱。据调查，乡镇卫生院由私人经营后，客观上只重经济利益，公益性的事不愿再去做，加之政府的防保经费又不能到位，工作一度处于无人管的状况。

谈起抗病就谈起了防疫，谈及防疫就会想起防疫条件。一时间，大家把目光都集中到了资金上，而首师大的一位教授对记者谈了这么一个观点，他说："现在很多人一味地指责政府钱给少了，钱固然很重要，但构筑防疫体系绝不只是一个钱的问题。没有给钱是因为我们原来没有意识到这个问题的严重性，没有意识到这个问题的严重性说明我们的决策系统存在故障，决策系统存在故障又是多方面原因造成的，不是一个，而是很多，十分复杂。出了问题也不能把所有责任都推到政府头上，实际上，在非典之前，卫生这个事全社会都没有真正重视。比如，最近，我看了很多资料，近些年来，除了卫生部门自己，连专门研究卫生问题的文章就很少见。一些很权威的社会与经济学家，被说成是'把嘴贴在领导耳边，双脚站在群众中间'的泰斗级专家，也始终都把群众最关心的这个人命关天的大事给忘了。所以，大家都有责任。现在有很多问题要讨论和解决，但在共同的敌人面前，更重要的是怎样抓紧筑起抗非典的长城，而非争论和指责。"

紧急打造农村的防非典盾牌

对付非典，我们暂时还没有锐利的武器，要防止非典疫情在广大农村蔓延，最有效的办法只能是紧急打造农村的防非典坚盾。当然，这个坚盾必须是物质与精神的浇铸。可以说，非典问题浮出水面以后，以农村为重点，围绕抗击非典让人眼热心动的事很多。

4月13日，国务院召开全国非典防治工作会议，国务院总理温家宝在会上强调："农村医疗卫生条件差，农民防范意识薄弱，一旦出现疫情，很容易在不知不觉中造成拖延和扩散，后果相当严重。必须严防疫情向农村扩散。"此后，温家宝总理和吴仪副总理又先后到中国疾病控制中心视察。二位领导人坦诚：我们的卫生体制改革还远远不能适应形势发展的需要，农村更为紧迫。

据悉，在全国的防非典工作会议之前，中央领导已就农村有关情况多次听取了汇报，并做了一系列指示。农业部在最早的时候就向全国农业部门发出了紧急通知，要求协助地方有关方面做好相关各项工作。全国会议以后，国家其他各有关部委按照国务院的要求，也都在最短的时间内，根据行业特点，做出了一系列相关的部署。瞬时，防非典已经远远超出了基本社会和卫生问题的范畴，上升到了全局和政治的高度，成为全国上下共同面临的头等大事。

从中央到地方，各级党委、政府与广大群众的高度重视，首先为紧急打造农村防非典体系提供了强大的资金和物质保障，提供了牢固的组织与群众基础。

4月20日，卫生部常务副部长高强在出席非典最新疫情和防治情况的新闻发布会时，对各路记者说："为了控制住疫情，花多少钱都在所不惜。在卫生部和财政部有一个默契，只要卫生部提出的开支预算是合理的、科学的，财政部会给予大力支持。中国经过二十多年的改革开放，已经有了比较雄厚的经济基础，当前整个的财政经济形势非常好，一季度中国的财政收入增长26%，相信不会因为资金问题影响防疫工作的开展。"

4月23日，国务院总理温家宝主持召开国务院常务会议。会议决定，中央财政设立总额为20亿元的非典型肺炎防治基金，从总预算预备费中安排。主要用于：农民和城镇困难群众中非典型肺炎患者的救治工作；中西部困难地区县级医院的应急改造和购置治疗非典型肺炎的医疗设备；支持非典型肺炎防治的科技攻关等。

此前，国家发展和改革委员会也曾显示出重塑防疫系统的决心。为有力加强非典型肺炎的防治，加快全国疾病预防控制基础设施建设，在国家已安排20亿元国债资金的基础上，再追加9亿元，使中央支持的中西部省、市（地）、县级疾病控制机构的资金达到29亿元，支持中西部地区完成绝大多数疾病预防控制机构建设。对于东部地区，国家要求安排自有财力建设疾病预防控制机构。卫生部有关部门领导表示，根据卫生部的测算，这笔资金现在能满足地市级机构80%的需要；县级机构70%的需要；省一级建设可以一次性投资完成。对于经济相对落后的西部地区，可以说，中央政府是一次性"包干"支持疾控体系建设的完成。

抗拒非典钱不是万能的，但没有钱是万万不能的。现在，非典事大，钱的事小。正如财政部副部长出身，现任卫生部常务副部长的高强所拍的胸脯：面对非典，钱已经不是问题。5月11日新华网称，为积极贯彻落实国务院农村非典防治工作电视电话会议精神，国务院副总理曾培炎又于近日主持召开会议，专题研究和安排部署加快非典防治设施建设工作。在抗击非典以来已安排专项投资15.5亿元用于全国疾病预防控制网络建设的基础上，国家发展改革委决定再增加投资8.126亿元，加快非典防治设施建设，改善医疗机构的收治能力，有效遏制疫情向农村蔓延。

除此之外，据有关部门提供的消息，到5月上旬，各级地方政府投入和社会团体及个人的捐赠加起来，还有20亿元以上。

在精神状态上，各地士气也一路高涨。尤其是胡锦涛、温家宝等国家领导人，在最危险的时刻，深入抗击非典的第一线，与普通民众零距离、面对面，更加鼓舞了人们的斗志，坚定了抗击必胜的信心。外电评价说："在这次抗击非典的过程中，中国领导人表现出了令人钦佩的务实和亲民形象。"一位朋友在给记者发来的E-mail中说："仅仅23天时间，温家宝总理就到北京视察了5次，喧嚣的工地、繁华的超市、热闹的校园、平常百姓家，都留下了他亲切的身影。一句'还好吗'、'家人好吗'、'我也是一片叶子'，听了都让人感动得要流下眼泪。而一句'中华民族是个多灾多难的民族，但只要我们团结一心、众志成城，就没有克服不了的困难，就没有攻不下的难关'，更表达了我们共同的心声。"

打造抗非典盾牌，表达中央坚强决心，给人的另一个明显感受是首次在突发灾害事件中，就同一问题连续地、大范围地处分失职官员。据中央组织部官员介绍，被免职的人员中，除原卫生部部长张文康和原北京市市长孟学农这样的省部级高官以外，来自北京、河北、山东、重庆、内蒙古、浙江等15个省、市、自治区的信息表明，不少官员也受到了撤职的处分，还有一些人被停职、警告、降级、通报批评。他们受处分的理由，有的是部署防治"非典"工作不力，有的是擅离职守，还有的是迟报、瞒报、漏报疫情。

"一听被撤职，我差点晕倒。"原河北省涿州市委副书记王天琴震惊而伤痛地说。4月份，涿州市一名非典患者到医院求治，由于有关人员拖延怠慢，导致患者死去，其3名家人及陪护人员也被感染。王因负有领导责任被撤职。而在以前，像这样的情况，市委领导并不需要出面直接负责。

一场突如其来的疫病在击倒一些中国民众时，也折射出了部分干部身上拖延懈怠和敷衍塞责的惯性。"官当久了，真正为百姓着想反而少了。"王天琴泪流满面地说，她现在还感到愧对那几位染病者，很后悔没拿他们当亲人。国家主要领导人在亲临一线指挥抗击非典的同时，下决心用猛药医治吏治中的顽疾。国家主席胡锦涛和国务院总理温家宝多次强调，各级干部要把人民健康和生命安全放在第一位。

风雨之后祈盼更美丽的彩虹

这次非典之疫，使很多人沉淀的卫生防疫观念在疯狂的经济漩涡中复出，几乎所有的人都在竭力打捞对历史的美好回忆，并憧憬着更加美好的未来。

有人掐着手指回顾，新中国成立前，由于旧中国城乡卫生条件极差，鼠疫、霍乱、天花等烈性传染病流行猖獗。新中国成立初期，五大寄生虫使全国数千万人患病，其中有1 100多万人患血吸虫病、3 000余万人患疟疾、2 400万人感染丝虫病、50余万人患黑热病。但新中国成立之后，在经济非常困难，一切百废待兴的情况下，政府毅然把防治危害严重的传染病作为了卫生工作的中心任务。通过大规模的爱国卫生运动等卫生防疫工作，对传染病发出了截杀令。1952年后再无霍乱发现，1961年天花停止传播，1949年10月发生鼠疫流行，11月中旬得到控制，1958年大部分流行区基本消灭黑热病，1950年体虱传染的回归热发病半年内控制流行。

想起这些辉煌的历史，人们总是回味无穷，脸上洋溢着幸福感。以人为鉴可以知得失，以史为鉴可以知兴衰。对历史的回忆和总结，可以使人看清很多问题、悟出很多道理。但是，时过境迁，要对付非典和以后随时还可能出现的其他疫情，恐怕绝对不只是原来做法的简单翻版就可以解决的。如何做好以后的卫生工作，记者在调查中听到了很多的意见和建议，归结起来主要有三点：一是必须加大政府和全社会对公共卫生的重要性的认识，加大防疫体系的建设。政府和全社会都要努力。专家估计，预防投入1元钱1分力，功效相当于治疗中的10元钱10分力甚至更多。二是加大卫生改革的力度。专家指出，在西方发达国家，国家在卫生方面的支出主要就是用于公共卫生方面，而医院的投入主要由社会来完成。我们在这方面显然有的本末倒置。防治要分家，卫生部门的管理职能应该尽快从管理医院、做医院的老板的职能中解脱出来，将精力用于农村、社区以及公共卫生的管理上去。三是应该有一个良好的管理体制和机制。包括卫生以外的，如干部的问题。同时，尽快制定《卫生法》，以法律的形式来保证政府和公民承担起对日常及突发性公共卫生事件所应尽的义务和责任。

不管怎么说，总之一条，老百姓对今后的工作都寄予了太多的期盼。

对于农村，人们更是心系有加。中央政治局委员、国务院副总理吴仪在国家疾控中心说："要尽快将农村卫生改革推行开来，因为农民的反响很强烈，他们往往吃得饱饭，但看不起病，买不起药。"

据了解，国务院已要求各地加快中央已经确定专项资金支持的各级疾病预防机构建设，努力在年内建成省、地、县三级疾病预防控制网络，并抓紧研究制订突发公共卫生事件救治医疗体系的建设规划，面向长远提高国家整体救治能力。

有句歌词是：不经历风雨怎么能见彩虹。经历了非典这场暴风雨的磨难，我们坚信，在新一届党中央英明和坚强领导下，更为美丽的彩虹一定会出现！我们期待着一个比较完善的卫生防疫机制、一个全国性的应急管理机制、一个全社会都高度重视卫生的氛围、一个治理了的干部政绩观念会尽快建立起来！

无声的变迁

——农业部提高行政能力、打造服务型政府纪实

"外饰无华内琢玉"。坐落在北京长虹桥畔的国家农业部，自 1985 年迁此，虽然外观面貌依旧，但内生的悄然变化，却随着新世纪的脚步而越发加速。假如你能够深入机关内部，了解一下现阶段各方面工作的具体情况；能够和部机关的干部职工，乃至来部里办事的基层干部或农民认真地聊上一会儿，你就一定能够对此有强烈的感受。

上篇 科技与信息服务之变

在中央一系列惠农政策的驱动下，已经获得了市场经济主体地位的中国农民，最需要和最盼望的，就是有人给他们插上农业科技与市场信息服务这两个翅膀。然而，过去的情况是，无论科技服务还是市场信息服务，都曾经一度卡在"最后一道坎"，难于真正送到农民手里。"科技信息一公里"的问题，在相当长的时间内，是一件让各级政府特别是农业部门格外挠头的事儿。

近年来，以农业部为龙头，全国农业系统大力推进了科技与信息的"入户"工程，把有关服务越来越及时有效地送到了农民的家门口和心坎上。"科技入户"、"阳光工程"、"市场预警"、"三电合一"、"测土配方"、"农民书屋"、"信息直通车"、"生态家园富民计划"……记者在采访中发现，这些看似专业性很强的"关键词"，不仅被农村基层干部挂在嘴边，而且许多普通农民群众也耳熟能详。事实上，也正是这些关键词高度浓缩了农业部，以及全国农业系统对农民进行科技与信息服务的内涵，充分体现了一种服务理念和服务方式的转变。

（一）催动科技"落地"

目前全国农业科技创新成果不断涌现，但如何把它们推广到田间地头，成为农业增产增收的现实生产力，是近年来农业部工作的一大考量。

科技入户工程计划是农业部 2004 年正式提出来的。有分析说，新时期的农业工作有三大历史任务：一是提高农业综合生产能力，二是保证国家粮食安

本文原载于《农村工作通讯》2005 年第 6 期，《农民日报》同时在头版全文刊发。

全，三是增加农民收入。实现这三大任务，一靠政策，二靠科技，三靠投入。现在政策有了，投入增了，科技问题就显现出来了。在农业科技工作主要包括的科技创新、科技推广、科技成果产业化和主体培训四个层面上，目前最关键、最薄弱的是科技推广和主体培训，即科技入户问题。农业部抓科技入户，就是抓到了农业科技服务乃至整个农业生产的根本。

人们习惯上认为机关干部下基层较少，国家部委这样的大机关更少，有的即使下去了也多是走走形式。可对于农业部，干部下乡却是"家常便饭"。按照部里要求，干部下乡必须进村入户。从 2 月 28 日到 4 月 28 日，在全国科技入户春季行动中，农业部机关干部下乡 100 多人次，还组织 200 个技术指导单位、500 名专家组成员和 5 000 名技术指导员，深入到 100 个科技入户试点县，进村入户，全面宣传贯彻国家关于农业和农村经济发展的方针政策；检查、指导、督促各地科技入户工作和科技入户工程实施方案落实情况；开展技术培训，提供技术服务，帮助农民解决农业生产中的实际困难和问题。

农业科技入户春季行动的内容丰富多彩，但最大亮点还要属于测土配方施肥技术的推广。

春天的华北平原，小麦长势喜人。前不久，按习惯给小麦浇透返青水、施完返青肥的河北省固安县柳泉镇南义厚村的村民们，又为小麦抽穗施上了新肥。不过，这次与以往不同的是，由于农业部测土配方施肥新概念的深入人心，农民们都是先让专家测出了地里的庄稼想吃什么，然后再按需要给土地配上"营养餐"。

村民郝文英说："原来本村村民想多打粮就多施肥施好肥，不仅化肥用量不断增加，而且价格也不断上涨。现在这庄稼都喂馋了，明知道'肉'吃多了不好，可还是越喂越多，就怕减下来庄稼长不好。早就盼着有人给开个'荤素'搭配的食谱，现在可好了，农业部门主动抓这件事，在地里等着就有人帮助测土开方子，农民打心底里高兴啊。这不，按照测土配方施肥，今年大伙儿不仅省了钱，而且庄稼也都比往年壮实。"

南义厚村只是全国大面积推广测土施肥技术的一个缩影。农业部科技教育司副司长石燕泉告诉记者，按照农业部开展测土配方施肥工作的统一部署，截至四月底，除了农业部组织的 10 个巡回指导培训组以外，全国已有 20 个省（区、市）的农科院，共组建了 54 个技术工作组，组织了 235 名专家，深入 125 个县（区）开展了这一工作。

测土配方施肥技术很重要，而它却只是 2005 年农业部确定的农业科技入户工程的 20 项主推技术之一。由此也可以窥见整个科技入户工作的重要性和艰巨性。

农业部科技教育司科技推广处处长朱岩介绍，近年来，在总的目标要求下，农业部科技推广普及工作的思路和方式方法，实际上一直紧跟形势、不断创新。比如成功地开展了全国农业科技年活动，提出和大力推进了以培训农民为主体的"阳光工程"、农民科技书屋建设、农村生态家园富民计划等。2005年，农业部还将在全国100个科技入户试点县重点扶持91 871个科技示范户，相信随着这一工程的实施，也将会使全国农业科技成果的转化率、普及率、贡献率再提高到一个新水平。

（二）精烹"信息快餐"

走进农业部机关大楼，扑面而来的是信息的巨浪。在每一个司局，人们忙碌的工作几乎都与信息的采集、加工和发布有关。据估计，每天都有成千上万条经过精心加工的各类"三农"信息，从这里上报党中央、国务院，下传千家万户。

在农业部办公大楼七层办公的中国农业信息网，是农业部的政府门户网站。该网站大量、及时地搜集农业信息，分类发布，给用户"一站通"服务。同时，作为信息集散地，给地方农业部门网站提供信息"批发"服务。每天编发各类信息400多条，成为百度等著名搜索引擎的重要信息源。全国有3 000多个网站与中国农业信息网建立了链接，日均总点击数达260万次。根据世界网站排名机构发布的全球互联网站排名，该网的访问量在中国国家部委网站和全球农业网站中均列第二位，在国内农业网站中居首位。优势已经很明显，但在透露网站有关情况时，农业部信息中心信息采编处处长刘桂才，还是特意用了"保守"两个字。

目前，国外已经有50多个国家建立了农产品市场监测预警系统。我国从2002年开始建立农产品市场监测预警系统，先后启动了小麦、玉米、稻谷、大豆、油料、棉花和糖料7个品种月度市场监测预警工作，经过3年的探索与发展，基本实现了对主要农产品市场供求、价格走势等重要信息的动态适时监测。据农业部副部长牛盾5月16日介绍，为更好地为"三农"提供信息服务，农业部已决定从2005年5月开始，每月定期发布农产品市场监测预警系统信息，以更好地对农产品的生产、需求、库存、进出口、市场行情和生产成本进行动态监测、分析，实施先兆预警，为政府部门、生产者和经营者提供决策参考。

信息无论多重要，与科技一样，广泛便捷地入户是关键。农业部尽管在信息发布上有专门固定的"一报、一网、一台、一刊、一校"等"五个一"窗口，即农民日报、中国农业信息网、中央电视台七频道、农产品市场周刊、中央农业广播学校，但这并没有让他们因此而满足。

为加强农业信息化建设，提高农业信息服务水平，农业部近日又启动了"三电合一"农业信息服务试点项目，推广电话、电视、电脑"三电合一"的农业信息服务模式。2005 年是"三电合一"信息入户的第一年，该项目将选择 6 个地区、50 个县作为试点实施单位，信息服务覆盖面达到 100 个县以上。为使试点工作整体推进，《关于开展"三电合一"农业信息服务试点项目工作的通知》和《2005 年"三电合一"农业信息服务试点实施框架方案》两份文件，目前已由农业部印发各地。

对于"三电合一"的好处，农业部市场与经济信息司信息统计处的李桂群处长，着重向记者介绍的就是"更方便"。她说："如果有的地方没有或者一时找不到电脑、电视、报刊怎么办？'三电合一'后，电脑、电视、报刊上有的东西，找电话一打，随时都能够查询得到。"对于话费，李桂群表示：根据有关经验，包月可能也就三、五块钱。

中篇　事项与投资审批之变

行政事项审批和财政投资项目审批，是政府及其部门实现经济调控与管理职能的两大重要手段。在额度制国家部委审批的制度下，农业部像国务院其他部委一样，占据着相当份额的行政资源，拥有被人们认为是较大的权力。

在全社会高度重视"三农"的大背景下，农业部究竟在怎样履行有关事项与财政投资的审批之责，的确值得关注。

（一）事项审批化"繁"为"简"

原来申报行政审批的人，常会感叹一个字：难！"门难进、脸难看、事难办"，是群众对某些机关衙门作风的批判。而这种"难"的根源是来自于政府部门的审批制度和干部的服务观念。于是，审批制度之变排在了农业部提高行政能力建设的首位。

2003 年，针对有些行政许可工作不够规范、透明度不高、缺乏承诺时限和便民措施等问题，农业部党组果断决策，将实行行政审批综合办工作为当年为农民办的 11 件实事之一。经过认真的筹备，2003 年 11 月 17 日，农业部行政审批综合办公室开始运作，对农业部负责的 45 项行政许可实行透明、快捷一体的审批制度。将行政审批综合服务大厅设在最显眼的农业部大门口，没有门卫把守，前来办事的人可以随便出进。

"行政服务中心"在全国大概有两千家，如果说哪个地方政府成立了"中心"，搞"一站式办公"、"一条龙服务"，人们并不感到稀奇，可是国家机关部委这样搞"一站式"审批，当时是第一家，就是现在也很鲜见。这是最近几家中央媒体共同发出的感叹。

其实，感叹最多的还是前来办事的群众。

"'把简单的事情变复杂——太累；把复杂的事情变简单——贡献。'看来，这句著名的广告词，如今用在农业部的行政制度改革上是再妥帖不过了。""原来跑审批很繁琐，累的是咱老百姓；现在审批变简单了，多付出辛苦的是干部！"5 月 18 日，在农业部行政审批综合服务大厅，记者就听到了这样的议论。

南方某对外贸易公司的郭女士对记者说："以前跑审批，我们自己把材料送到办公室，什么时候批下来你根本不知道，哪个环节可能通不过不知道，进展到什么程度不知道，只能依经验猜度。你一等再等，却可能被告知，材料不全啊，审批证明某方面做得不充分啊，甚至是材料还没有看或者弄丢了等等，让你哭笑不得，心里窝火又不敢有怨言。可现在来农业部办审批，心里敞亮多了，痛快多了。"办事者多加赞誉的是"三公开"——公开规章制度，将"行政审批综合办公管理办法"、"综合办公办事规则"等在中国农业信息网上公布；公开"综合办公办事指南"，详细介绍每个行政许可事项的审批内容、法律依据、办事条件、办理程序、承诺时限和收费标准；公开许可结果，在"信息网"上分类公布行政许可结果，并提供审批进程查询服务。对于有关内容，每一个来办事的人还可以随时向大厅的工作人员咨询，也可以在大厅内触摸屏查询系统前查询。进入审批程序后，还会有相应的通知书在承诺时限内送达给当事人，或不予受理通知，或延期审批通知，或办结通知等，原因和结果均标注得一目了然。

2005 年 5 月 20 日，记者通过中国农业信息网进入农业部"行政许可"行业网站，"农业部行政审批综合办公网上申请系统已开通，现对渔业的两个项目进行试点，欢迎申请人使用！"的滚动字幕马上映入眼帘。站在一旁的农业部行政审批综合办公室主任崔军告诉记者，因为行政审批综合办公已经连续两年被作为农业部为民办理的重要实事之一，2005 年的 15 件实事开始本来没有列进这一项，后来是杜青林部长亲自提议加进去的，目的就是要把这件实事进一步办实办好。有了网上审批，以后有人再办理行政许可手续连路都不用跑了。

在该网站当天发布的最新信息中记者了解到，自 2003 年 11 月 17 日以来，农业部行政审批综合办公共受理审批事项 9 516 件，办结率近 100%。

（二）投资审批由"软"到"硬"

农业部在行政审批上把"复杂"的事情变"简单"了，可是他们在国家农业项目投资审批上却把"简单"的事情变"复杂"了！一位地方驻京办干部对记者说，原来跑农业项目只要找对了人，没有多的也有少的，一句话可能就能搞定。现在不行了，管理太严，要求太硬，农业部的钱可是越来越不好争取了。

农业部的项目审批制度之变，使个人权力和"人情弹性"受到了极大限制，投资效益得到提高。

"国家财政项目资金是纳税人的钱，虽然总起来看有一定的数量，但每一分来得都不容易，一定要把好钢用到刀刃上"，这是农业部管项目干部们的现实观念。为了加强对项目资金的管理，农业部以制度建设为根本，不断加大对项目申报、建设等各个环节的约束力度。2004年以农业部第39号令颁发了《农业基本建设项目管理办法》，并以此为基础出台了《农业基本建设项目申报审批管理规定》、《农业基本建设项目招标投标管理规定》、《农业基本建设项目竣工验收管理规定》、《农业建设项目监督检查规定》等四个管理规定，形成了一整套完备的项目申报与监管制度。

面对数万字的一系列管理规定，记者详细翻阅了《农业建设项目监督检查规定》。该《规定》共包括总则、职责分工、监督检查内容、监督检查程序、检查结果处理、附则等六章三十条。在第三章，记者发现项目检查涵盖了项目程序、前期工作、施工、工程质量、项目资金、招标投标及合同、项目组织机构、开工条件、工程监理、竣工验收、项目运行等11个方面的内容。对于检查发现的违纪违规问题，农业部则开出了责令限期整改、通报批评、暂停拨付中央预算内资金、冻结项目资金、暂停项目建设、撤销项目与收回项目资金、减少或暂停安排所在地和项目单位新建项目等七大处理清单，同时建议有关地方和部门对违纪违法人员进行查处。

如今在农业部，规章制度绝对不是一纸空文。据农业部计划司投资处郭永田处长介绍，近年来，部里定期不定期地组织专班，对各有关建设项目进行抽查，监管的力度不断加大。将有关项目投资建设文件一律上网公布，扩大群众的知情权、参与权和监督管理权。2003年年底，计划司还专门成立了项目监管处。有的地方不仅老百姓有反映，而且检查结果表明也确实有问题。对查出来的问题，部里一贯的态度就是从严处理，决不姑息。据悉，2004年农业部对有关项目建设中查出来的问题均进行了严肃处理。其中，中部有两个省因某类农业项目在建设中存在较为严重的问题，已被宣布项目所在县三年不得申报任何项目，所在地区两年不得申报任何项目，所在省当年同类项目投资适当减少，使地方受到了较大震动。

下篇　领导作风与育人用人之变

"提高行政能力，打造服务型政府，关键在人"。"培养干部，启用人才，完善机制，依法行政"。从部领导到司局长们，都每时每刻地努力着，追求着。

不少人深有感悟，近年来农业部工作实效有变化，最根本的原因是整个部机关的风气变了；决策机制变了；用人的标准变了。

（一）求实务实凸显人本思想

注重事前调查研究，决不搞"拍脑袋"决策；严格按程序办事，带头倡行民主团结风气；亲民为民办实事，一抓到底求实效。这是群众对农业部领导作风的三点基本评价。

深入系统地调查研究是做出一切正确重大决策的基础和前提。近年来，从优势农产品区域布局到农业"七大体系"建设，从优质粮食工程到农产品质量安全标准体系建设等重大决策，都是在大规模调查研究活动的基础上形成的。据农业部政法司副司长张红宇介绍，从 2001 年开始，农业部党组每年都要安排十几个年度重大调研课题，全面系统地研究农业农村经济中出现和即将出现的重大问题。到目前已完成重大调研课题近 60 个，其中相当一部分是由部领导亲自挂帅完成的。农业部办公厅负责同志也肯定地告诉记者，农业部每一项重点工作都是在充分调研的基础上提出方案的，部领导亲自抓调研，反复与专家们座谈，深入基层广泛听取意见。正是由于调研论证充分，使农业部的一些重点工作进入了党中央、国务院的决策程序，一些符合农村情况的意见和建议写进了中央文件。

"注意在细节上完善我们的工作"。这是部领导的要求，也是部领导的所为。部行政审批综合办公室和计划司的同志，饶有兴趣地向记者分别讲述了两个关于杜青林部长见微知著的故事。一个是说，在"一站式"综合办公试行之前，杜青林部长带领部党组一班人到办公大厅检查工作，他对每一个细小环节都仔细推敲，当发现软件中审批决定项目有"驳回申报"的字样时，马上指出："对于申报单位来说，'驳回申报'是不是太生硬了？咱们是为老百姓服务办事的，不是打官司的，我建议改为'退回申报'吧！'退回'比'驳回'听起来更柔和些。"他的话深深触动了在场的所有工作人员。另一个故事是说，有一次讨论黑龙江垦区某教学楼建设项目，当他从图纸上发现一个使用面积 2 万多平方米的楼房，厕所和走廊就占了 4 000 多平方米时，当即提出了不同的意见。据说，这件事也给在场的人以较大的启发，并对于有关农业建设标准的出台起到了一定的推动作用。这两件事看起来虽然都不大，但却反映出农业部领导亲民和务实的作风。

充分发扬民主、坚持按程序办事是农业部领导的又一大工作特点。据农业部计划司的郭永田处长透露，现在对投资项目的审批，仅评估专家加起来就有500 多人，一般是 5 个人负责评估一个项目，申报中任何一个程序未到，领导都不会表态通过。农业部办公厅副主任也对记者表示，所有事项在上农业部常务会之前都要进行充分协商，有的重大事项可能会经过三、四次反复，只要有一位领导或者一个方面的意见不一致，都不会通过。对于记者影响工作效率的反问，该副主任的说法是，有很多事不是仅仅涉及一个人、一个司局甚至一个部的事，如果考虑有一点不周，在执行的过程中都可能遇到意想不到的阻力。事实证明，这样不仅不会影响效率，反而会提高效率。也许这也正是农业部提出的工作方案，一般能获得国务院认可并达到良好效果的原因之一。

"办难事，不多事"，这在农业部一些司局成了考核干部的一个潜规则。农垦是我国的一大特色，全系统拥有职工 500 多万人，其中退休职工达 170 多万人。由于特殊的体制和历史原因，相当的人员都没有被地方纳入社会养老保险，而这些退休的职工，恰恰都是为农垦事业做出了重要贡献的转业军人和下乡支边青年。看到他们退休后生活无着落，农业部于 2002 年将帮助解决他们的社会保险问题列进了当年为民办的主要实事之一。但是社会保险政策性很强，况且农垦职工又多，每个垦区的情况又千差万别，协调解决起来困难极大。据农业部农垦局政法处（现为政策体改处）处长范芝介绍，就这一工作，农业部与社会保障部、财政部、发改委等部门不知道协调了多少次，有时候分管副部长完全是噙着眼泪在协调。相关部委虽然也很重视，但由于情况太复杂，当年这个问题终究没有得到解决。2003 年，这项工作又继续被作为农业部为民办的主要实事之一，并且在 3 月份，杜青林部长亲自将此事向国务院常务会做了汇报。最后，国务院决定从当年 7 月 1 日将这些职工纳入社保范畴，使这一棘手问题终于得到了落实。

（二）人才保障成为发展根本

人本思想是现代社会发展的重要理念。通过良好的育人用人机制，发掘和激发人的潜能并调动他们的积极性，已成为一个地方或单位事业兴旺发达的决定因素。采访发现，农业部在改革干部制度和育人用人等方面的亮点不少，一些具有现代人才资源管理意义的做法，也得到了中央有关部门的好评。

在机关里，人们曾经习惯于靠"熬"资历立足和升迁，而今天这一点在农业部已经行不通了。2003 年 2 月，农业部破天荒一次拿出 42 个部机关处级职位实行竞争上岗，结果有 40 名干部走上了新的岗位，其中跨司局交流的占到了 10%。在人们褒扬未及的情况下，时隔仅三个多月，也就是当年 6 月，农业部又一次性拿出 30 个副局级职位实行公开竞争上岗，145 名处级干部参加了竞争。正如当时的齐景发副部长在考官面试培训会上所讲，农业部此前虽然在干部人事制度改革方面进行过有益的尝试，但是规模从未有过这么大。此举在农业部系统乃至整个中直机关再次掀起了不小的波澜，当时激烈竞争的场面，至今让人记忆犹新。2004 年又有 18 名处级干部通过同样的方式走上了副局级领导岗位。

公开竞争，让能人能上，这是一个进步；严格标准，让庸人能下，这又是一个进步。2004 年，他们根据中央《党政领导干部辞职暂行规定》，农业部制定了《农业部司局级领导干部辞职免职暂行规定》。按照规定，2004 年以来，经过全面考察，共对 11 位司局级领导干部（党政一把手 6 人），做出了免去现职的决定，其中一位给予了撤职处分。与此同时，还对 35 个单位的领导班子、

43 名司局级领导干部进行了交流、轮岗。

人们评价，这些举措的作用在于建立了科学的干部选用和管理机制，形成了正确的用人导向。

农业部以干部个人自学、领导班子中心组学习、大规模脱产轮训为内容的"三位一体"学习机制，打造了系统内各级领导干部能力提升的大平台。仅2004 年以来，先后选送 50 多名局级干部到中央党校、国家行政学院、干部学院培训；为机关全体公务员和部分事业单位干部举办专题轮训班 13 期；开办各类培训班培训干部近 2 000 人次，有力促进了干部思想政治素质、政策理论水平和业务能力的进一步提高。

农业要发展，人才是关键。近年来，农业部还以人才资源能力建设为中心，不断加大了对农业人才培养工作的力度。以提高农业专业技术人才创新能力、转化能力为核心，通过实施"新世纪百千万人才工程"和"新世纪神农计划"，培养代表我国农业科技最高水平的高层次人才；依托农业科技重大工程、农业部重点实验室、重大科研项目，积聚和培养优秀学术带头人，构建重大学术技术领域的人才梯队；通过"948"计划、"引智计划"、多双边政府间合作等项目扩大农业国际合作与交流，吸引和引进农业急需的高层次、创新型人才。据统计，到目前农业部已有院士 15 人，国家级专家 43 人，部级专家 278 人，政府特殊津贴专家 1 842 人。

人力资源特别是干部队伍的盘活，使农业部的工作一活百活。如今，一个行政能力不断提高、服务意识日益增强的政府部门的新形象已渐近渐强。

大田上的"铜墙铁壁"

——看湖北襄樊新型植保如何助农增产增收

2006 年我国农业打破"两丰两平一歉"的周期波动规律,粮食连续第三年实现较大增产。农业生产赢得这样的好形势原因是多方面的,而最近来自湖北省襄樊市的情况表明,新型植保所发挥的作用不可小觑。

襄樊作为全国有名的产粮大市,2006 年粮食生产再创历史新高,夏粮总产 14.5 亿千克,占全省的 40%,其中小麦总产 13.9 亿千克,增产 2.85 亿千克,增幅 25.8%;秋粮总产 21.7 亿千克,比上年增加 5 900 万千克,增幅 2.8%。全年粮食总产 36.1 亿千克,增幅达 11%。

令人瞩目的成绩较大程度上得益于新型植保。2005 年是我国农业病虫害偏重发生的年份,特别是稻飞虱发生时间之早、程度之重、范围之广历史少有。然而,就是在周边不少中稻区出现大面积稻飞虱穿顶成灾的情况下,襄樊市的稻飞虱穿顶面积仍控制在万分之一以内,危害损失控制在 3% 以内。2006 年仅水稻稻飞虱防治一项便为农民亩均减少粮损 250 千克,全市共计 7.5 亿千克。

政府发力建立公益性植保技术服务网络

襄樊是一个农业大市,同时也是一个农作物病虫害高发地区,植保公共服务能力的强弱直接影响到农业生产的安全和农民增收。近年来,市委、市政府强化农业植保的公共服务功能,不断加大对农业植保的投入和政策支持力度。政府制定农作物重大病虫害应急防控工作预案,签订农作物病虫草鼠害防治责任状,实行行政领导、农业技术部门和财政、宣传、科技等涉农部门分别负责的行政、技术和后勤保障"三线责任制",市领导包县(市)区,县(市)区领导包乡镇,乡镇领导包村组,村组干部包农户的层层"包保"负责制,确保关键措施落实到户到田。

按照"提高市级、稳定县级、加强乡级、延伸村级"的思路,在全市上下建立了公益性植保技术服务网络。市级重点强化科研能力和决策与指导水平,

---

本文原载于《农村工作通讯》2007 年第 1 期,陈在山配合采写完成。

县级稳定测报专班,确定4~5名专职测报员。乡级按照"政府买单、委托服务、市场动作、群众认可、综合监管"的运作方式,在省财政按照每亩5元拨付乡镇公益事业费基础上,市政府以每亩1.2元的标准,将植保公共服务经费与农业科技推广经费统一核算,纳入县级财政预算。并结合乡镇事业单位人事制度改革实行聘用制,竞聘上岗,绩效考评。从而形成了从市植保站到县植保站,再到乡镇公益性农业技术服务人员,并延伸至村级植保社区服务站、植保信息员和科技示范户的上下贯通、运转高效的植保技术服务网络。

新机制带来了新变化。一大批公益性农业植保技术人员经常深入田间调查病虫情况,走村入户开展技术培训和技术指导,不仅把病虫害防治技术和农业科技及时送到了农民手里,同时也为政府部门提供了高效准确的决策预警信息。在2006年稻飞虱异常发生的情况下,农业植保部门早测报、早参谋,为稻飞虱的科学及时防控立下汗马功劳。

政府不仅加大对植保的经费投入,而且在强化公众服务能力方面加大力度。财政、宣传、科技、气象等多个单位和部门都参与到农业病虫灾害的预防中来,协力服务农业植保工作。市属新闻媒体都开辟了《襄樊农业》、《襄樊植保》等专栏,常年发布有关病虫信息和防治技术。并随时在电视新闻、天气预报和专题片里播放病虫害防治节目。市农业信息中心还开通了农技110,利用"农信通"向基层干部、种粮大户和科技示范户编发手机短信。2006年仅在大秋作物病虫防治中,全市各级宣传部门就共播发新闻报道180余条次,编发手机短信1.2万余条(人)次,接受技术咨询2万余人次,累计发放技术服务资料400多万份。

市场联动构建"双结合"的新型植保服务体系

在强化政府的公共服务功能的同时,襄樊市还着力培育社会化服务力量,形成了政府公益性服务与社会经营性服务相结合的新型植保服务体系。除了强化公共植保功能外,还积极引导农资经营企业、农业产业化龙头企业、中介服务组织等社会力量,把经营行为与植保服务有机结合起来,以植保促经营,以经营促植保,先后探索出了谷城茨河"小篷车"服务队、宜城郑集植保专业协会、襄樊农家富农资连锁经营等多种形式。

该市最大的农资连锁企业农家富农资公司,自2005年底组建以来,已经在全市建立了4个县级配送中心和536家乡村农资连锁店,覆盖了全市三分之二以上的农村。该公司充分发挥的资金、信息、资源优势,不仅为农村和农民提供农资配送上门服务,还依托设在乡村的农资连锁门店,建立植保社区服务站,组建机防队,通过设立主推农药专柜、组织宣传车深入农村开展技术咨询服务、召开村组农民田间病虫防治会等形式,有效地提供技术服务。这样,企业也树立了良好的品牌形象，扩大了市场影响力，并有效地推广了名优农资产品，抑制了假劣农资，平抑了农资价格。2006年8月下旬，稻飞虱防治进入关键时期，全省不少地方农药出现货源紧缺、假劣产品抬头、价格上涨，但襄樊市防治稻飞虱的农药供应充足，价格平稳。农家富公司发挥地区龙头优势，仅8月上中旬敌敌畏农药销售就达13 000件，不仅满足了本市防治稻飞虱的应急需要，还为周边地市调剂了货源。

为了把病虫害防治等技术服务送到农民手里，让农民随时都能享受到农业技术服务，襄樊市创新成立了植保社区服务站这一新颖的服务载体，把植保服务建立在农民身边。在南漳县涌泉植保社区服务站笔者看到，这个依托农资门市部建立起来的服务站，不但有规范的管理制度，而且还设有主推农资产品专柜，张贴着政府发布的主推农作物品种、农业机械品种和肥料产品公告及防治技术宣传画。该门店的技术咨询台前挤满了前来进行技术咨询的农民。他们有的在接受技术人员的现场答疑，有的正在上网查询相关技术和信息。据该植保社区服务站负责人介绍，这个社区服务站由政府补贴提供门面统一装修和机动喷雾器购置，由上级植保和农技部门免费进行技术指导、人员培训、信息服务，自主经营，并接受执法部门的行业监管。由于这些植保社区服务站设在乡村，就近服务一个村或几个村的群众，所以能方便及时地把上级植保部门的植保信息送到农民手中。2006年以来，该服务站共接受农民技术咨询千余人次，为农民提供机防服务600余次，农药销售额比上年同期增长50%以上，同时也带动了种子和肥料的销售额的增加。

绿色植保保障农产品质量让农民得实惠

襄樊市在组织农民进行病虫等生物灾害的防治过程中，不只是通过信息和技术服务引导农民防虫治病，还在引导农民转变防治观念、提高科学防控能力上下功夫，通过推广绿色植保技术，让粮食安全、生态安全、公共安全密切结合。针对农民在生产中偏施氮肥导致病虫害加重发生的实际，襄樊市在各县（市）区均建立了水稻、小麦控氮增钾防控病虫害的从病虫害源头进行防治的示范区。控氮增钾一方面减少了氮化肥用量，降低了成本，同时也提高了作物抗病虫能力，减少了病虫防治次数，减少了环境污染。通过2005年的试验示范带动，2006年已有100多万亩农田采用了控氮增钾技术。

襄樊市植保站在襄城区卧龙镇谭庄村建立小麦条锈病生物多样性防控技术应用示范区，通过混播不同抗性基因小麦品种的遗传多样性，采用小麦与油菜、小麦与蚕豆、小麦与土豆、小麦与蔬菜间作等生物多样性措施进行小麦条锈病的生态治理，2006年已取得了明显效果，吸引了不少领导干部、技术人员和农民来考察观摩。

　　农民防治病虫害的传统做法是使用背负式喷雾器，这种施药方式不仅劳动强度大、跑冒滴漏现象严重，易造成人员中毒，同时药液雾滴大，农药用量大，防治成本高，效益低。近几年襄樊市把推广机防技术作为一项重要的绿色植保技术推广。南漳县植保站一个机防队在该县清河管理区雷家巷村承包了500亩水稻进行综合防治示范，结果亩用药量节省30％，亩用工成本节省30％，防治效果提高30％，防治功效提高10倍。许多村民一算账，机械防治不但省时省工，而且防治效果比手动喷雾器要好，比自己费时费力地防治，每亩地还便宜几块钱。这一来不但与机防队签订了合同的村民都纷纷续签机防合同，还吸引了许多人自己出资购买机器，组建机防队。为了提高机防程度，襄樊市采取政策扶持的方法，通过政府补贴的形式，鼓励农民购买机动喷雾器，帮助社区植保服务站和农民组建机防专业队。2006年全市已建立植保专业机防队1 000多个，新配备机动喷雾器1 200多台，机防比重提高到三分之一以上。

　　为了引导农民积极开展生物防治病虫害，推广使用高效、低毒、低残留农药，减少用药次数，降低农药残留，减少环境污染，襄樊市农业局引导梅园米业公司投资15万元在南漳县开展了5 000亩水稻"绿色植保"核心实验示范，建立无公害优质水稻生产核心示范区，通过在稻田里设置频振杀虫灯、稻田养鸭等进行综合防治。在2006年螟虫、飞虱大发生的情况下，结果只防治了一次水稻螟虫，稻飞虱一次也没有防治，便获得了丰收。这不但减少了农民用工和生产成本的投入，而且还减少了农药对环境的污染，保证了优质米的品质，增加了农民的收入。其仅稻田养鸭一项，农户便亩均增收40多元。同时，由于示范区生产的水稻绿色环保，不仅受到了本地市场的欢迎，价格比普通水稻高出许多，还吸引了包括中储粮公司等国有大型粮食企业在内的众多粮食企业前来，纷纷要求扩大实验区生产面积，并签订下年的产粮订单。这一来，核心示范区的农民继续开展综合生态防治的积极性高涨，周边的群众也纷纷自发地要求参与到示范区中来。目前，全市获得绿色环保认证的有机食品、绿色食品、无公害农产品达到14个，三品产地认证面积达到118.7万亩，水稻、小麦等主要农产品优质化率已达到80％。

农民专业合作社发展的重要里程碑

——访农业部经管司司长郑文凯

在农业部，农村经济体制与经营管理司具体归口负责全国农民专业合作组织工作，并且一直参与了《农民专业合作社法》的起草。近日，围绕法律出台的有关问题，本刊记者专访了该司郑文凯司长。

记者：《农民专业合作社法》已经正式颁布。请问这部法律得以顺利颁布实施的基础有哪些？

郑文凯：《农民专业合作社法》的顺利颁布，与农民专业合作经济组织丰富的实践基础和理论基础是密不可分的。

一是实践基础。新中国在解放初期曾经有过类似于现在所说的农民专业合作社，当时的互助组、初级社、中级社、高级社实际上就是农民自愿组成的，当然后来由于政治原因，一点点把高级社拔高成了类似于政权组织，最后演变为人民公社。

农民专业合作经济组织的实践基础在改革开放以后变得更为厚实。20 世纪 80 年代中期，农民专业合作经济组织有了一定的发展，但发展比较缓慢。到了 80 年代后期，旧的意识形态还非常强，所以农民的组织仅仅是名称选择就十分困难，当时大多称为"研究会"。进入 20 世纪 90 年代，农业产业化经营悄然而起。从本世纪初开始，农民专业合作经济组织进入深化发展阶段，特别是近年来连续三个中央 1 号文件都对支持农民专业合作经济组织的发展做了重要表述。

二是理论基础。其中最重要的是国际合作社联盟主导的国际合作社运动。从世界公认的一个比较成功的合作社——英国的罗虚戴尔合作社算起，国际上的合作社至今已有 162 年的历史。国际上合作社方面的理论基础也日趋完善。改革开放以后，我国也涌现出了大量关于农民合作经济组织的研究文章和文献。各省经管部门、农业研究部门都出版了相关书籍。这些理论研究推动了农民专业合作经济组织的发展，为《农民专业合作社法》的出台提供了基本素材，为法律文本的组织撰写奠定了扎实的理论基础。

本文原载于《农村工作通讯》2007 年第 1 期，郭安杰配合采写完成。

记者： 对我国来说，农民专业合作经济组织发展与《农民专业合作社法》出台，有哪些必然因素？

郑文凯： 农民专业合作经济组织发展与《农民专业合作社法》出台，可以概括为三个"必然"的结果。

第一，它是农村家庭承包制的必然选择。以家庭承包为基础，统分结合的双层经管体制的确立，在一定程度上发挥了"统"的功能和作用，村集体经济组织是最基本的"统"的层次。现在很多集体经济组织已经失去了"统"的功能，它在生产经营、特别是农民从事生产经营活动方面发挥的作用慢慢减弱。农民专业合作经济组织的发展，在很大程度上既弥补了家庭经营的不足，又承担了集体经济"统"的功能，有效地解决了集体经营和家庭经营"两张皮"、相互脱节的问题，是农村家庭承包制的必然选择。

第二，它是农业市场化、农产品商品化、农业生产规模化、农业产业化的必然产物。农民专业合作经济组织是一种特殊的市场主体，要在市场经济的条件和环境下发展。它首先要使农产品成为商品，生产经营体制达到规模化、市场化的要求，产业化经营的组织形式不断发展。在此背景下，发展新型农民专业合作经济组织是必然选择。农民专业合作经济组织逐步改变了农户的弱势地位，能够实现公司与农户之间的"双赢"，是农业产业化经营的必然产物。

第三，它是应对日益激烈的国际、国内市场竞争，提高农民组织化程度的必然趋势。随着市场经济体制的逐步完善，农产品商品率的不断提高，小规模经营与大市场的矛盾就会日益显现出来。在激烈的市场竞争中，面对规模日益扩大的工商业资本，农民要想提高竞争力，获得平等的市场地位，就必须扩大生产和经营规模。农民专业合作经济组织能够使其成员产生团结起来的巨大力量，形成较强的市场竞争的地位和优势，是分散的千家万户统一起来面对大市场的必然趋势。

记者： 概括地讲，这部法律的出台主要有哪些实际意义？

郑文凯：《农民专业合作社法》使农民专业合作社成为一类特殊的市场主体。这部法律既是一部主体法，一部促进法，又是一部规范法，还是一部保护农民权益的法。其意义可以用这样几句话来概括：一是对农村基本经营制度的丰富和创新，二是在农业法制中新增了一类主体，三是农民专业合作社发展史上新的里程碑，四是促进农民专业合作社依法发展的标尺，五是使我国在支持、扶持、补助农业方面有了新的、可靠的载体，使农民在不侵害相互自由和权利的同时，加深了相互之间的密切联系，是构建农村和谐社会、促进经济发展的一个重要的组织基础。

加速促进农村交通与社会发展的和谐

——访交通部副部长、全国县际及农村
公路建设领导小组副组长冯正霖

公路通则百业兴。农村公路是农村社会和经济腾飞的助推器和关键点。加强农村公路建设、繁荣农村交通运输，是支持"三农"的一项实质性措施和重要战略任务，是全面建设小康的重要组成部分，是构建和谐社会一个方面的具体实践。针对广大农村干部和农民群众在农村公路建设上较为关注的有关重大问题，本刊记者特地专访了交通部副部长、全国县级及农村公路建设领导小组副组长冯正霖。

记者： 今年2月份，国务院常务会议讨论通过了《全国农村公路建设规划》，请问为什么要制定这个规划？它的意义和目标主要有哪些？

冯正霖： 农村公路规模大、覆盖面广，连接广大的县、乡、村，直接服务于农业、农村经济发展和农民出行，里程占全国公路通车总里程的四分之三以上，是我国公路网的重要组成部分。改革开放以来，国家投入大量车购税、国债、以工代赈等资金改变农村公路的落后面貌，近期先后实施的贫困县出口路、通县油路、县际和农村公路改造工程、通达工程等，使农村公路总里程显著增长。1978—2004年，全国县乡公路由59万千米增至142万千米，其中等级路由26万公里增至110.6万千米。

尽管我国农村公路的面貌发生了较大改观，但总体上看水平不高，不适应农村经济社会发展和提高农民生活质量的要求。长期以来存在的主要问题是：各界对农村公路的公益性物品属性的认识不尽一致；没有全国性、系统性的农村公路建设规划，对农村公路的发展方向、目标和政策等缺乏系统的指导；从中央到地方都没有稳定的建设资金保障；农村公路的总体水平低，路网密度、技术等级低，路况差；东、中、西部之间发展不均衡。因此，急需制定全国农村公路建设规划，以规范、引导今后相当长时期内我国农村公路的建设发展。

根据党的十六大确定的全面建设小康社会的总体要求，《全国农村公路

本文原载于《农村工作通讯》2005年第8期。

建设规划》的制定和实施，必将在为广大农村地区提供更完善的公共服务，推进农村城镇化进程，发展和繁荣农业和农村经济，不断提高农民物质文化生活水平，逐步缩小城乡差别、区域差别，营造城乡和谐发展的良好环境等方面发挥重要作用。按照"政府主导，分层负责；统筹规划，分步实施；因地制宜，分类指导；建养并重，协调发展"的指导思想，通过强化各级政府和交通部门的责任和义务，加大政府投入力度，农村公路建设必将实现新的更大飞跃。

《全国农村公路建设规划》的规划期为 2005—2020 年。主要目标是到"十一五"末基本实现全国所有具备条件的乡（镇），东、中部地区所有具备条件的建制村通沥青（水泥）路；西部地区基本实现具备条件的建制村通公路。2010 年全国农村公路里程达到 310 万千米。到 2020 年，确保全国所有具备条件的乡（镇）和建制村通沥青（水泥）路，基本形成较高服务水平的农村公路网络。全国农村公路里程达到 370 万千米。

记者：请您介绍一下最近几年我国农村公路建设的背景、特点、成绩和问题等情况。

冯正霖：农村公路是支撑我国农业和农村经济发展的重要基础设施，是农村地区最主要甚至是一些地区唯一的运输方式。新中国成立后，特别是改革开放以来，国家和各级政府采取了一系列政策措施，加快农村公路建设，取得了显著成效。2003 年，交通部党组认真根据党中央、国务院关于解决"三农"问题的重大方针，主动转变工作思路，主动调整资金投向，实施了"抓两头"战略，即一头抓国道主干线，加快建设全国公路运输大通道，保障国民经济平稳运行；一头抓农村公路，加快农村交通基础设施步伐，满足广大农村地区农民群众的出行需求，农村公路出现了前所未有的好局面。至 2004 年底，全国农村公路（包括县道、乡道、村道）达到 289 万千米，其中村道 147 万千米，基本形成了县、乡、村之间的公路网。但是从服务功能看，农村公路技术等级低、路况差、抗灾能力弱，晴通雨阻现象较为普遍，同时全国还有 167 个乡镇和 49 339 个行政村不通公路，制约了农村社会经济的发展。

农村公路建设的快速发展为促进农村经济社会的发展起到了重要作用。农村经济发展了，农民收入增加了，传统封闭式的农业经济开始向以市场为导向的高附加值农业经济转变，农产品更快地走进了市场，活跃了农村经济；农村公路建设加快了农村产业结构的调整，促进了城镇化建设，缩小了城乡时空距离，为统筹城乡发展奠定了基础；农村公路建设改变了农村面貌提高了农村文明程度，加快了农村信息传播和对外交流，使农民群众可以享受现代社会的文明。在农村公路建设中，基层党组织充分相信群众，广泛发动群众，努力解决群众出行难的问题，赢得了群众的信任和支持，树立了党在群众中的威信，改善了干群关系，巩固了党在农村的执政地位，增强了党在群众中的影响力和凝聚力。

目前存在的较为紧迫的问题主要是两个。一个是农村公路的可持续发展问题。虽然近年来我国农村公路得到较快发展，但通达深度不足、通畅程度不够的问题仍很突出，不能满足农村经济发展和农民出行的需要，迫切需要进一步加大投入，加快发展，但资金缺乏的问题未得到根本解决，这将直接影响未来农村公路的可持续发展。农村公路建设的主要责任在地方政府，而地方财政对农村公路的投入十分有限，短期内也很难有根本改变；国家对农村公路建设的投入是补助性、引导性的，无法代替地方政府的职能；且国债资金用于农村公路建设在逐年减少，车购税资金用于农村公路建设也很难再有大的增长。再加上未来国家高速公路网的建设需要大量资金，国省干线公路改造问题也已提上议事日程，而公路建设资金来源是有限的，未来建设资金缺口会越来越大，很容易造成拖欠农民工工资、拖欠征地拆迁款等问题。因此，如何开拓资金来源，发挥资金的最大效用是我们面临的最大难题。另一个是农村公路养护管理问题。随着农村公路建设的加快，其养护与管理问题日益突出，特别是养护主体不明确，养护责任不落实，养护资金不到位的问题，将直接影响未来农村公路的畅通和安全。为解决这个问题，我部与国家发改委联合进行了调研，起草了《农村公路养护管理体制改革实施方案》，已报国务院。

记者：据了解，未来五年，国家计划拿出 1 000 亿元用于乡村道路建设，请问这些资金属于什么性质？将主要用于解决乡村道路建设中的哪些问题？作为投资主管部门的交通部，在确保资金的投向和使用效益方面，都有哪些具体措施？

冯正霖："十一五"期间，国家计划从国债投资和车购税中拿出 1 000 亿元，用于农村道路建设，主要是解决东部和中部地区乡通村公路、西部地区县通乡公路的建设问题。

加快农村公路建设，改善农村生产和生活条件，是发展农村经济、解决"三农"问题的基础和前提。在服务"三农"，减少地区差别、加大贫困地区脱贫步伐、发展粮食生产方面，交通部结合工作实际，始终致力于发挥重要的职能作用。一是加强西部地区农村公路建设。在国债和车购税资金的支持下，国家在西部先后实施了通县油路工程、县际公路改造和乡村通达工程，西部地区农村公路全面推进，交通面貌明显改观。二是加大革命老区公路建设投入。交通部专项资金支持延安、井冈山、遵义、百色等革命圣地和其他革命老区农村公路建设。三是加大扶贫力度，交通部专项农村公路建设资金用于洛阳扶贫。四是实施了农村渡口改桥工程，解决农村渡口通行不便的问题。五是启动了商品粮基地公路建设。根据农业部制定的我国优质商品粮基地县范围，主要包括13 个省区 441 个县（市、区）、43 个农场和 15 个兵团团场，交通部制定了包括国省干线、县际公路、通乡（镇）沥青（水泥）路、通建制村沥青（水泥）路改造工程专项计划。"十一五"期间，我们将继续支持商品粮基地公路建设。通过实施专项计划，加快我国粮食主产区公路建设。

记者：在农村公路建设方面，交通部最近有哪些具体的工作安排，方便给我们的读者透露一下吗？

冯正霖：一是出台《农村公路建设标准》，指导各地因地制宜，合理掌握技术标准。二是组织好示范工程建设，总结推广建设经验。通过示范引路，总结新经验，探索新举措，解决新问题，达到以点带面，整体推进的目的。2005 年，交通部确定了延安等 8 个市县的部分项目为部农村公路建设的示范工程。三是加大人员培训和宣传交流的力度。交通部已组织了对延安、井冈山等革命老区农村公路建设管理人员的培训；开展农村公路施工工艺科教片制作工作，计划在中央和地方电视台播出，以普及农村公路施工技术；同时，为宣传"十五"农村公路建设成就，展示农村公路对促进农村社会经济发展的巨大作用，让各级政府、各行业、全社会了解农村公路建设的巨大成绩，开展制作《中国农村公路画册》工作；开始制作农村公路公益广告，挖掘感人事迹，宣传农村公路对服务"三农"、促进农村社会经济发展所起到的重要作用。

"乡道"冲击波

——对全国农村公路建设的一线观察

据最近来自国家发改委和交通部的消息：2003 年、2004 年两年间，我国建设的农村沥青（水泥）路总里程超过了之前 53 年的总和；"十一五"期间，国家还将投入 1 000 亿元用于乡村公路建设。

"中国的农村公路建设，这是一个神话，一个已经书写并将被进一步续写的神话！"一位外国朋友曾经这样评价。

为了更加真切地记录和反映农村公路的建设情况，经过与国家有关部委沟通和交流，我们选择湖北襄樊——这样一个地理位置和经济发展水平在全国居中、地形多样的农业大市，就农村公路建设进行了实地调查，亲身感悟了农村公路建设给农村各方面工作所带来的冲击与影响。

路畅民心通：检验干群关系和干部作风有了新平台

群众企盼干部干什么？最简单的答案也许只有两个字：实事。在基层采访，不少农民朋友说：衣、食、住、行四件大事，前三件已经没有多大问题了，现在最盼望的就是干部能够帮助把路修好。

2005 年 7 月 7 日凌晨 5 点多，湖北省保康县马良镇村民王忠山起了个大早。他麻利地用自来水漱了个口、洗了把脸，推出摩托车就准备到镇上去买药材种子。如果顺利，王忠山顺着山村公路，穿越十几个山洞，一个多小时就能到达目的地。

这一幕看似很平常，可是在两年前，包括王忠山在内的村民们却从来未敢奢望过。

那时，村组没通公路，村民吃水要翻山越岭去挑，一个壮劳力起早摸黑，一天最多能挑回两担水；到镇上赶集，来回一趟需要两三天。进一趟县城，咋说也得一个星期；种地，就算地里能长出金疙瘩也很难运出去。现在，公路不仅通到了村里，而且组与组之间也有了循环公路。

今年 82 岁高龄的村民夏书文还是上世纪 70 年代背着干粮去过一次县城。

本文原载于《农村工作通讯》2005 年第 8 期，李少宝共同采写。

那一次，他一路上风餐露宿，结果赶到城里仍然耗了 3 天多时间。回来后，老人近乎绝望地发誓一辈子再也不进一趟城甚至不出一次村。2003 年，当公路通到自己家门口的时候，他像在梦中一样，连连问老伴：这是真的吗？这是真的吗？

2002 年，谷城县邓家坪村一个 75 岁的村民拄着拐杖，步行 4 个多小时来到一公里外的村委会，村支部书记问他有什么事，老人颤巍巍地从口袋里摸出一个皱巴巴的手绢，打开后，里面全是一角两角、一元两元的零碎钱，加起来一共是 100 元，他专程来是要把这些钱亲手捐给村里修路的。村支部书记很受感动，他没有收下这些钱，但他发誓，在这海拔上千米的云雾山上，就是啃也要带领群众把路啃出来。

襄阳区有一个偏僻的小山村，改革开放几十年面貌依旧，群众心凉了、散了，村里人不愿意当干部，上面指定的干部老百姓又不承认，在曾经长达近十年的时间里，几乎处于一种无政府状态。此事遂引起了市、区甚至更高层的关注。2002 年，上级经过做工作，又为这个村"物色"了一套村干部班子。这一次，上级给村干部们的任务，既不是急着抓计划生育，也不是抢着收提留款，而是组织群众修村道。谁知这一招真灵，全村群众闻风而动，出钱、出物、出工，没有一个人含糊。结果，路通了，人心也通了，大伙儿主动向组织靠拢，共谋发展大计，解决了村里积累下来的一系列问题。

如今，各地通过农村公路建设，不仅拉近了村民与外面世界的距离，也拉近了党心民心，拉近了干群关系。在越来越多的农民群众眼里，不修路的党员不是好党员，不修路的干部不是好干部，公路建设俨然成了一把检验干群关系的重要标尺，以及干部工作作风和能力的新平台。

新机遇新课题：道路优势如何转化为经济优势

日本《公路》杂志编辑部的调查问卷结果显示，有 70％以上的日本企业经理们认为公路是选择厂址和发展企业的绝对条件。随着时代的变迁，公路的功能被更多地赋予了经济的内涵。大量通乡通村公路的修葺一新，为乡村经济的发展带来了新的机遇。

在保康县和南漳县之间，有一条改造竣工刚一个月的县道，总长 40 千米。7 月 8 日下午，记者驱车经过这一路段时，空中虽然下着滂沱大雨，可是路旁仍然随时可以看到前来贩运高山反季节蔬菜的大货车。在一辆车门上写有"十堰茅前区茅塔桥居委会"字样的"东风"卡车旁，老板宋秀杨一边往车上装大白菜，一边回答记者的问话。他说：这大白菜是每斤 0.35 元买，回去直接给十堰蔬菜批发市场，0.45 元左右卖，自己一个月来 20 趟，一车一般装一万斤，现在省里对农产品运输实行了绿色通道政策，车辆过桥过路不交费，加上这路比原来好了，自己基本上是一天来一趟。保康县后坪镇詹家坡村5组的菜农张大青是菜的卖主，他指着满山坡的蔬菜告诉记者：他所在的组共有500人，上千亩耕地，近年来，借助这条公路和高山的优势，全村大约一半的耕地都用来种反季节蔬菜，他家承包了50亩菜地，公路改造升级后，采购商不断增多，仅仅一个月时间，这大白菜价每斤就涨了7分钱。

谷城县五山镇农民有种茶的习惯，茶叶作为全镇的主导产业，质量虽然一直不错，可是由于山区交通闭塞，曾一度"养在深闺无人问"，好茶往往只能贱卖。近年来，该镇调整发展思路，明确提出了"茶叶立镇，交通先行"的口号，大力推进通村公路建设，使90%的村通上了水泥路。随着乡村路网的延伸，全镇调整出茶叶基地3万亩，通过整体策划宣传，昔日难得一见的茶商如今都纷至沓来，原来名不见经传的五山玉皇剑茶摇身成了省内外的名茶，价格成几倍甚至十几倍增长。有的农民坐在家里通过电脑进行网上销售。该镇镇长告诉记者：农村公路网建好以后，全镇不仅茶叶年产值突破了5 000万元，镇年财政收入从修路前的100多万元跃升到1 000多万元，其中来自茶叶产业链的财政收入占到了40%。

在谷城县五山镇堰河村，55岁的村民李光成没有种地，但同样尝到了通村公路带来的好处。自从2003年该村实现村组通公路以后，他发现村里不仅经常有购茶的老板来，而且开车来山村里休闲观光的城里人也不断增多。2005年2月，他和老伴索性在家里开起了农家饭庄，开始每天能够接待一桌客人，现在每天可以平均两桌，每桌纯收入在100元左右。现在，像这样的农家饭庄，堰河村已经有了3家。记者发现，不只是农家饭庄，在李光成家对面，一个占地近10亩集餐饮、住宿、娱乐于一体的"农家乐庄园"工程也已接近尾声。

记者在同样地处鄂西北高寒山区的保康县尧治河村"暗访"，村民们介绍：该村通村通组公路修好后不仅引资办起了5家跨地区的股份制企业，而且随着村集体实力的壮大不断采取"走出去"战略，先后投资3 000多万元，办起了湖南省雪峰金矿股份公司、神农架阳日矿产公司等8家股份、独资企业，村集体固定资产达8 000多万元，年创产值近亿元，上缴税费1 700多万元。

路通了，加快经济发展的机遇来了，同样的地理，同样的基础，同样的公路，机遇对于乡与乡、村与村、户与户来说都是平等的，但为什么别人能够抓住而自己却抓不住？这道路优势如何才能更好地转化为经济优势？面对公路修通后出现的新的发展机遇、差距和压力，这两个问题成了越来越多的地方干部和群众正在研究和思考的大课题。

堰垭人的壮举：强烈的环保意识彰显科学的修路观

在修建农村公路方面，襄樊市有一条基本规定：林业部门和交通部门配合，路修到哪里树就要栽到哪里。这一规定使路网和林网得以同步建设，使全市相当一部分农村公路都变成了名副其实的景观路。在这样的氛围中，农民的环保意识得到了不断增强，保康县堰垭村就是在道路建设中处处注重保护自然环境资源的典型。

堰垭村是一个高山小村，一年无霜期仅3个月，20世纪90年代村里人吃饭还靠国家救济。从90年代中后期开始，全村群众以持之以恒的愚公精神劈岩凿石、攀山挖洞，用整整8年时间打通了总长42千米的穿山公路，实现了"组组通"。

山路难修，最开始时，很多村民认为怎么简单怎么修，通路是大事，不必过于考虑对环境的影响，但村支部一班人坚持用科学发展的眼光指导工程规划和施工，始终致力于保护森林植被，防止水土流失和原始生态的破坏。该村白马沟公路途径之地峰峦跌宕，怪石嶙峋，植被原始，泉流清幽，具有很高的观赏价值，是很好的旅游资源。这段全长12.1千米的公路，按照最初的规划设计必须要打的隧道只有2个，但是为了保护自然环境资源，他们最终放弃了修明路的设计规划，而改为打隧道。由此增加隧道30个，保护山林植被近5 000亩，工程量增加了数十倍。有些村民对此很不解，认为是花冤枉钱。村党支部书记却在村民动员大会上说："搞建设不能以破坏自然资源为代价，这么好的自然资源，原始生态，一旦遭到毁灭性破坏，损失永远无法挽回，我们都会成为后世的千古罪人。"

有一次在修路的过程中，村干部们发现一棵千年的古树正好在公路旁，为了不使这棵古树毁于炮火之下，他们想尽一切办法，花了整整一天时间，先用麻布袋将古树的主干层层缠绕捆绑，又用厚厚的木板重重围住，确保了这棵古树完好无损。修白马沟公路时，有一个"一日三潮"的景点，由于测量过程中的疏忽，直到施工时才发现隧道正好要从其下方穿过，村支部书记宦忠云果断决定改线。为了这个景点，他在工地整整坚守了一天，把原来设计的隧道改为绕道修明路，这样虽然路程增加了近1千米，但是保护了大自然的瑰宝。

在堰垭村的山路上，记者看到路边有不少树都被贴上了标签，而这种看似熟悉的标签此前一般只在风景名胜区的古树上才能见到。村支部书记宦忠云告诉记者，这是村里专门请林业部门给树编的号，以加强管理和保护。他指着其中一棵编了号的小树说："这叫紫荆树，是这里的主要树种之一，树径长到7到10厘米一般需要30年。在山里重新栽这样的一棵树，使其成活并长到现在的样子不知道有多难，所以我们更愿意在保护和管理上多下点功夫。"

在堰垭村公路沿线，让人尽收眼底的是毫发未损层峦跌宕的山景、奇险雄幽的石景、飞流直下的水景，是堰垭人在千仞绝壁上创造的交通建设和环境保护双赢的奇迹。堰垭虽小，但其思想和精神可贵，意义重大。6 月 24 日，襄樊市召开的全市公路建设现场会重点学习了堰垭。实际上，值得学习这种科学修路观的，也许不应该只是一个市、乃至一个省。

牵一发动全身：农村路网建设离不开社会合力

统筹城乡发展、构建和谐社会，城乡道路建设的统筹与和谐不可或缺。作为一个农业和农村人口大国，我国的农村公路建设注定是一项十分重要而又规模浩大的德政工程。这样的工程，离不开全社会的共同参与。

首先，各级党委、政府重视和支持力度的加大，对农村公路的快速发展具有决定性的作用。近年来，国家对农村公路建设的投资一直保持高增长，其中 2004 年完成投资比上年增长 51.8%。正是在这种增长的支撑下，2003 年、2004 年两年，全国共建成农村公路 35.2 万千米，其中沥青路、水泥路 19.2 万千米，超过了 1949—2002 年 53 年间农村建设沥青路、水泥路的总和。然而，尽管成绩卓著，增长的势头却仍然有增无减。"十一五"期间，国家重点用于乡村两级公路建设的资金就规划了 1 000 亿元，比"十五"期间含县级在内的农村公路建设国家实际投资还超出了 240 亿元。湖北省不是财政强省，襄樊市也不是财政强市，但他们也同样保持了与中央投资增长基本相适应的配套性增长。2005 年，湖北省委、省政府将加快农村公路建设列为为贫困地区和困难群众办的八件实事的第二件，并在前不久又出台了两项新政策：一是将通村公路省级以奖代补标准由每公里 5 万元提高到 7 万元；二是提高公路养路费征收标准，增收部分用于农村公路建设。襄樊市、县两级财政也都相继将通村公路本级财政以奖代补标准提高到 2 万元、3 万元不等。现在，襄樊市、县、乡党委都把农村公路建设纳入干部考核的重要内容。

其次，交通和公路部门职能作用的发挥，大大提高了农村公路施工技术和监管水平，促进了农村公路的健康发展。从 2000 年起，襄樊市抓住加快公路发展的大好机遇，组织实施了两个三年路网工程，截至 2004 年，全市共完成干线路网建设投资 15 亿元。干线路网的建设不仅为农村公路融入大的交通网创造了条件，而且有力地影响和带动了农村公路建设技术和管理水平的提高。现在全市已有大型施工班子 17 个，并且各施工单位的力量都大为增强。原来农村公路建设使用的压路机一般是 12～15 吨，现在基本都在 18 吨以上；原来修农村公路，配料用的是小拌和机甚至纯粹人工，路基、路面也都是人工铺，现在用的是大型摊铺机、大型拌和机甚至拌和站，材料的配合比、道路的平整度都是以前所无法比拟的；原来路身保养用碎土或者稻草覆盖，既不卫生，保温保湿效果也比较差，现在一般用的则是草袋甚至化学养身剂。原来工程建设基本是指定施工单位，现在则一律要求施工单位竞标。原来工程监督和验收一般是只看外观，现在则需要"三级质检"、"三级监督"，并且对监理单位的选择也采取社会竞标的方式。

另外，群众高涨的修路呼声与热情，以及社会各有关方面的广泛参与是搞好农村公路建设的重要基础。记者在襄樊市获悉，广大群众投工、投劳、捐款、捐物支持农村公路建设十分踊跃。谷城县石花镇凉水井村刘氏父子捐资37万元，为村里修建了3.3千米水泥路；祖籍襄阳区张湾镇大桥村的一位台商无偿投资25万元，为家乡修建了4公里的水泥路。在争取社会支持方面，谷城县五山镇发动全镇党员干部和有识之士，通过"老乡、老领导、老同事、战友、学友、亲友、朋友"等所谓的"三老四友"，为修路筹得的资金和物资折款达300多万元。如此事例，各地不胜枚举。

尾声：一场关于农村公路建设问题的小型"会诊"

调查采访中记者发现，伴随着快速的发展，与农村公路建设相关的问题也凸现出来。为了把这些问题理清楚，7月9日下午，襄樊市公路管理处根据记者要求专门在襄阳区召开了一次小型座谈会，参加人员主要是市、区两级的交通及公路部门的有关负责人。总起来看，讨论比较集中的问题主要有以下几个：

第一，应尽快出台村级道路质量标准和管理办法。与会者普遍认为，"十一五"期间国家将重点解决乡、村两级的公路建设问题，现在，无论是从工作的难度还是工作量上看，大头都在通村路的建设上，但国家却恰恰没有一个规范和统一的村级公路建设质量标准和管理办法。国家、省级交通部门原来虽然也搞过试行办法，但是太粗，缺乏指导性和可操作性。襄樊市公路管理处总工程师党进反映，通村路一般都修的是水泥路，水泥路设计质量要求是要管10年以上，但实际上很多村道只能管五、六年甚至更短。根据上级文件，县乡公路需要通过"钻心"检查质量，襄樊市现在对村道质检也开始在这么做，但实际上国家并没有这个规定。襄樊市乡村道路管理处主任蔡付平说：水泥路损坏后很难维修，国家投入这么大，群众期望如此高，如果前修后坏，造成的影响可能还不如不修。

第二，严肃认真地落实国家的有关法律和政策。一是《公路法》宣传贯彻还很不到位。相当多的农村干部到现在还不知道县乡公里的建设主体是县乡两级人民政府，习惯上总认为修路就是交通部门的事，存在等、靠、要的思想；农民群众在公路上打场晒粮、乱搭乱建、乱摆乱挂等不良现象还是有发生。二是严肃执行农村税费改革有关政策。原来农村"三提五统"中专门有一个交通统筹，税费改革后，中央在转移支付中也按人均 2 元安排了乡村道路建设资金，但事实上很多地方并没有把这笔钱用于通村路建设，为此，各级应出台强制性规定，并加大检查、监督和查处的力度。

第三，公路通乡通村概念需要进一步明确。襄阳区交通局局长李连生反映，有的公路既通到了乡又通到了村，那么它究竟算是通乡路还是通村路，补贴按哪个标准？如果公路修到了一个乡最近的一个村，这算不算通乡？如果通村路只修到了村里最近的一个组，这又算不算通村？甚至，通村路只通一个组，造成组与组之间的不平衡又怎么办？这些问题现在都不明确，需要有一个准确的界定。

第四，研究和制定村际客运交通的有关政策。襄樊市公路管理处副处长李庆合、襄阳区交通局局长李连生说：村级道路修好了，是否也应该开通村际班车，否则村民出行可能仍然不大方便，道路的作用得不到更充分发挥。同时，现在农民出行乘坐农用三轮车的较多，安全隐患很大。开通村际班车是大势所趋，但是通村班车的搭乘对象和客流量毕竟不同于一般的公路班车，如果每个月也像一般公路班车那样缴纳运管费、客运附加费、养路费、工商费、地方税，恐怕永远也难于发展起来。城市公交在城里跑，不缴任何费用，目的是为了方便城市交通，那么农村班车在农村跑，服务农民群众，能否也享受城市公交的待遇？在这方面，义乌已经先行了一步，有关方面是否也应该出台一个统一的政策。

第五，乡村道路补足资金应适当向落后地区倾斜。在乡村公路建设上存在的一个较为突出的问题，是农村公路建设的区域不平衡。在襄樊市，当有的县市已经接近"村村通"的时候，有的县市却差距甚远。比如南漳，全县 22 个乡镇（场），通油（水泥）路的只有 11 个；286 个村，通油（水泥）路的仅 49 个；全县乡村道路总长 1 700 多千米，通油（水泥）路的仅 148.6 千米。该县交通局计划审计科科长樊永强表示，造成这种差距的原因主要是县财政根本拿不出钱来"配套"。现在，地方政府对各地的乡村公路建设的政策，一般都是"谁积极支持谁"，那么相对落后的县、乡、村就很难有办法。目前已经到了补足资金适当向落后地区倾斜的时候了。

"农村公路建设对整个'三农'影响积极、广泛而且深刻，有些方面确实需要提升到战略高度去思考和认识。""成绩要肯定，机遇要抢抓，问题也要研究和解决。"在调查采访过程中，湖北省襄樊市委书记田承忠、市长李德炳先后对记者做了如是表示。

抓"三讲" 转作风 促发展

——襄阳县扎实开展"三讲"活动，干部作风呈现新气象

自 2000 年县级"三讲"教育活动开展以来，襄阳县通过"三讲"促进干部作风转变，促进经济发展，收到明显效果。上半年，全县经济继续保持较好的发展态势，国内生产总值完成 30 亿元，同比增长 8.94％；财政收入完成 2.014 4 亿元，同比增长 13.8％。群众称赞说："领导干部搞'三讲'，上下形象大变样"。

一、扎扎实实开展"三讲"教育，用县级领导的表率作用促进作风转变

在开展"三讲"教育活动期间，襄阳县农业生产正遭遇严重旱灾，部分地区群众的生活用水都很困难。面对这一情况，县"四大家"领导急群众之所急，想群众之所想，解群众之所难，决心用实际行动贯彻落实江泽民总书记"三个代表"的精神，用良好的作风和形象体现"三讲"成果。为此，县"四大家"领导班子成员完善了"三下"、"双联"、"两包"制度，即下乡、下村、下户；联系一个困难企业，联系一名下岗职工；包一个后进村，包一个农村特困户，率领群众抗灾自救。在此期间，县"四大家"领导分赴各地，走村头，串地头，同群众打成一片，切实为群众排忧解难。县委主要领导到全县各大型水利泵站，现场解决难题，并亲自押车为老苏区方集镇送去优质红薯苗，指导该镇发展节水农业、避灾农业。县政府主要领导在 5 月初得知新集镇两个村群众吃水发生困难后，带着 5 辆消防车、30 台水泵、5 名防疫人员给群众送水，并组织人员打井。县级领导以身作则，在全县党员干部中充分发挥了表率作用，带动了全县各级干部作风的转变。目前，在全县各级干部中，浮在上面的少了，深入基层的多了；说空话的少了，干实事的多了；工作中敷衍塞责的少了，热心为基层服务的多了。不少县直机关干部一方面积极深入企业想方设法帮助企业推进改革，扭亏脱困；一方面积极深入农村驻队蹲点，帮助解决热点

本文原载于中共湖北省襄樊市委《工作简报》2000 年 9 月 1 日、第 47 期，《襄阳日报》2000 年 8 月 28 日头版头条。

难点问题，帮助农民增收致富奔小康。乡镇干部在认真落实党在农村的各项方针政策的基础上，积极帮助农民跑市场，找订单，搞调整，抓收入，极大地促进了农村经济的发展。

二、敢于对不良现象动"刀子"，用处理反面典型的警示作用促进作风转变

在"三讲"中，县委通过深刻自我解剖后认为，党的力量和作用的大小，关键在于党员的素质高低；党和政府形象的好坏，关键在于党员、干部是否发挥了表率作用。如果基层党组织长期处于松松垮垮、软弱涣散、瘫痪半瘫痪状态，在群众中起不到战斗堡垒作用和政治核心作用，干部工作方法简单、工作作风粗暴，势必影响党在群众中的声誉和形象。对这样的党组织、党员干部必须从严整治、查处，只有这样才能树立党和政府在人民群众心目中的良好形象。为此，"三讲"期间，全县严肃查处了几起因领导干部工作作风不扎实而导致的严重事件。2000年7月，县委、县政府对峪山镇委、镇政府主要领导因工作失职，导致镇中心小学校门先后四次被锁、学生停课多天的问题进行了查处。峪山镇委政府主要领导长期闹不团结，思想麻痹，工作相互推诿，严重不负责任，导致发生了这一严重事件。县委根据调查情况，决定免去镇委、镇政府两位主要领导的职务，并责令镇上分管教育的领导、教管会主任、镇小校长停职接受审查。这起事件的处理在全县党政干部中引起了强烈反响。目前，整顿后的峪山镇领导班子团结一心，凝聚力和战斗力大大增强。又如，县委要求，全县各级各部门要坚持信访接待日制度，认真接待群众来信来访，并对反映的问题及时调查处理。少数地方和单位对信访工作重视不够，对群众上访反映的问题解决不力，工作作风不扎实，导致一些群众越级和反复上访。县林业局在未能妥善解决所属二级单位职工上访问题后，荒唐地满足上访群众要求，用公车送群众到县政府上访，造成了极坏影响。县委领导了解这一情况后，立即责成有关部门严肃处理，并将此问题通报全县，提出严肃批评，同时责成林业局党组及主要负责人作出深刻检讨，深挖思想根源。县委通过对典型事例的处理，使各级各单位充分认识到做好信访工作的重要性，加大了对热点、难点问题的排查和处理力度，健全和落实了信访工作责任制和领导包案制，从而使服务基层、服务群众的自觉性大为提高。

三、建立健全规章制度，用政策执行中的引导和约束作用促进作风转变

制度具有全局性、长期性、科学性，是实现干部作风转变的根本保证。开展"三讲"活动以来，县委、县政府针对干部群众提出的建议和意见，先后出

台了一系列有关转变干部作风的政策性文件，主要包括《关于组织千名干部开展"三带三下双向教育"活动的通知》、《关于进一步转变领导干部作风和机关工作作风的若干规定》、《关于以整风精神深入学习尧治河村先进事迹的通知》、《关于推进人事制度改革的若干意见》、《关于优化经济、社会发展环境的决定》等。这些文件的出台，有力地促进了全县领导干部作风的转变。例如，《关于以整风精神深入学习尧治河村的先进事迹的通知》下发后，在全县各级党员干部中迅速掀起了"学习尧治河精神，争做农村先进生产力代表"的热潮。许多党员干部牢记党的宗旨，转变工作作风，先后涌现出了以杜申奎为代表的18名县级科技应用带头人，以徐南清为代表的80名乡（镇）级科技示范服务引路人，以赵福生为代表的带领群众致富的好村干部，以杨荣盛为代表的1 400多名带头致富的先进个人。他们充分发挥了党员的先锋模范作用，密切了党群干群关系，推动了当地农村经济的快速发展。又如，县委在《关于推进干部人事制度改革的若干意见》中明确提出，领导干部公开选拔，中层干部竞争上岗，机关人员逢进必考，事业单位人员实行聘任、聘用，这一办法的实施使原来行政事业单位选人用人上的"暗箱"操作问题得到有效解决，促使领导干部必须转变作风，才能适应"公开选拔、竞争上岗"的要求。县计生委在县直单位中率先行动，一次性拿出9个中层干部职位（副科级）面向整个系统公开选贤任能。在乡镇中，双沟镇把各总支除书记、主任外的所有干部职位均拿出来实行竞选。针对一些国有、集体、私营企业负责人提出的全县经济、社会发展环境差的问题，县委、县政府出台了《关于优化经济、社会发展环境的决定》，严格规范行政执法及职能服务部门费、税征收及罚款行为，从严控制对企业及其他经济组织的检查、评比，全面推行政务公开，营造良好的法制环境，切实维护企业和投资者的合法权益。这一举措迅速转变了行政执法部门工作人员的工作作风，提高了工作效率，优化了经济发展环境，引来并留住了经纬集团等一些大公司，盘活了富国纺织集团、"七巧板"公司等一批企业。尤其是2000年以来，又有一批知名品牌企业和有实力的企业家、实业家纷纷进军襄阳，先后使全县21家停产、半停产企业走出了困境，累计盘活了3.8亿元固定资产，新增了3 300个就业岗位。

激活生产要素　加快增收步伐

近年来，随着科技的推广应用，卖方市场呈扩张态势，农产品出现结构性相对过剩，农民收入增长缓慢。我国加入 WTO，使传统农业面临着更大的竞争压力。这就迫切需要我们针对新情况、新问题，做好农村各项工作，拓宽增收渠道，稳步提高农民收入。从湖北省襄阳县朱集镇的调查情况看，加快农民增收步伐，关键在于激活生产要素。

一、激活人的创造潜力，让农民在自身发展及外部"引力"中增收

农业的发展、农民的增收，说到底都是靠人，靠人的创造力。我们认为要稳定增加农民收入，首先要把农民的生产要素激活，也就是说首先要科学安排农村劳动力，寄希望于农民自身。

（一）在发展种植业中吸纳一部分农村劳动力

就种植业而言，改变传统的粗放型农业为精细耕作和立体种植，既可吸纳大量劳动力，还可提高作物经营效益，增加农民收入。朱集镇是一个以种植业为主的传统农业大镇，20 世纪 90 年代后期，特别是近两年来，该镇依靠科技武装农村劳动力，发展精细耕作的集约农业。采取麦菜棉、菜菜玉米（制种）等多种立体套种生产模式。同时，采取镇上投资、拍卖承包、分期付款的方式，大力发展大棚、中拱棚为主的精细蔬菜生产；开发荒滩、荒水，大搞以3 000亩精养鱼池为代表的立体生态养殖，积极推广藕田养鱼、稻田养鱼等；大力发展林果业，已投入资金 30 万元，栽种油桃、梨枣等各类果木树近 20 万株，在幼林期套种地膜：土豆、西瓜、花生、蔬菜等，亩产值可达 3 000 元；搞好畜牧业和庭院经济，加速种养专业化分工等，充分发挥了农村劳动力的作用。如今，已形成稻田养鱼，中拱棚生产食用菌、反季菜等多种有效利用水、土、光、热的高效农业模式，引进"武莲 4 号"、"艳光油桃"、"大棚香椿"、"山东梨枣"等 20 多个种养新品种，使农业劳动力增加了就业门路，实现了农业增产农民增收。

本文原载于《脱贫与致富》2001 年第 12 期，作者时任朱集镇镇长。

（二）在现代农业生产方式中消化劳动力

土地资源的相对短缺、农村劳力多、城乡差别大的现状，要求现代农业的发展应最大限度地满足人们对农、林、牧、副、渔多种产品的需求，以提高人均占有各类农产品的数量或质量，真正达到农业发展、就业充分、生态平衡、农村富庶。朱集镇把现代化农业的主体结构定位在"生物—立体—高效"，利用这一结构发展农业，跳出传统的粮、棉、油种植圈子，主攻蔬菜、水产、畜禽养殖、林果四大产业，已培育成了产值过千万元的支柱产业。目前，围绕这些产品，全镇蔬菜、林果、油桃、水产养殖、莲藕等八大产业基地，已形成规模，总面积已达3.6万亩。

（三）在农业经济转型中转移农村劳动力

朱集镇委、政府在加速培育农村市场体系上狠下功夫，先后兴办了一批农业企业，造就了适应市场需求和经得起市场风云变幻的一大批懂商业、会经营的优秀农民人才，促进了农村劳动力的合理流转。实践证明，有效配置劳动力资源，在农业经济转型中有两条可行的途径：一条是立足农业产业链的延伸，组织农业劳力向农村非农产业发展，加速种养专业化分工。到目前，朱集镇共发展服务农业的经济实体逾500家，他们为农民提供生产服务，如收割、机耕等，或是帮助农民解决生产经营中的困难，提供产前市场定位、产中技术服务、产后运输销售等全方位的社会化服务，实现了生产要素大跨度的优化组合，就地消化了近3 000名劳动力。另一条是打破城乡分割的体制，组织农业劳力向集镇、城市转移。在初、高中毕业生等回乡青年中开办各类技术培训，塑造新型青年农民。全镇务工经商户达2 800余户，外出打工的青壮年男女达7 000余人，年人均创收达5 000元。同时，加大集镇贸易市场建设，新建了一个可容纳160多个室内摊位的农工贸市场等，化解了近1 300名剩余劳动力就业的压力。

在寄希望于农民自身努力的同时，该镇还注意从外部施加一种"引力"，做到"三个放活"。一是放活科技人员。用政策调动科技人员的积极性。朱集镇坚持和完善科技承包改革措施，通过科技承包，既给农民提供指导和示范，也使科技人员获得一定的额外收入。并把他们的工作实绩与职称评聘、职务晋升挂起钩来。二是放活机关干部。机关是"藏龙卧虎"之地，但由于"皇粮"的诱惑力，使得不少有一技之长的能人才华埋没。朱集镇实施了机关干部参与农业经营计划，把机关干部匹配到科技、管理、营销等岗位上，指导农民学科技、牵引农民进市场。原黄岗办事处主任、经管站干部吕克杰等，在上陈村承包了300亩地用于发展水稻制种等，请农民当管理员，同时带领农民参与市场流通，走南闯北，深购远销，在市场交易中增加了收入。三是放活企业富余人员。随着企业下岗人员逐渐增多，采取公平招标、参股投股等，放活有一技之长的企业富余人员。朱集镇对承包荒地、荒水、荒滩等未开发或开发不充分的资源，让企业富余人员在农业资源开发中建功立业作表率。

二、激活耕地及非耕地资源，让农民在重组农业资产、加快资源流转中增收

朱集镇在认真落实土地承包期延长 30 年不变的政策基础上，允许农民将自己的土地使用权转化为资产，参与多种农业综合开发和农业适度规模经营，主要采取三种方法重组土地资产。

一是互换。根据群众自愿、村组动账不动地的原则，由两户以上农户自行协商。拼小块成大块，解决"星条旗"地难耕难管问题，以利于机械操作和统一管理。或是寻求适宜发展特种种植的土地，充分发挥农户的技术专长。据统计，全镇有 1 000 多农户进行了土地互换，增加专项种植面积近 6 000 亩。

二是转包。对一些外出务工经商户、少数"三缺户"没有精力或能力经营承包的土地，将其部分或全部的土地经营权转包给下岗职工、城镇居民或同村组村民。全镇共有 140 多起，总面积超过 300 亩。

三是转让。把土地承包经营权全部转让给他人。一是户与户协商，由村组办理有关手续；二是户与村组协商，由村组把不经营的土地集中经营，搞项目开发，办示范田，收益用于兴办公益事业，增加公共积累，减轻农民负担。全镇通过土地资产重组，盘活撂荒耕地、水面、荒滩 3 000 多亩，增加收入 400万元以上。

同时，农民增收更须把眼光盯上那些大量的非耕地资源。朱集镇把荒芜或闲置的非耕地资源当作搞大开发、兴大产业的主战场。通过政策激励，把有志于致力开发荒地资源的能人吸纳到非耕地资源的开发中来。一是搞好科学规划，作出统一安排，分期分批向能人流转，使"不毛之地"创出高效益。二是对已规划好的非耕地资源，实行公开招标，用市场经济的办法向社会竞招开发者。实行所有权与使用权分离，或实行投资入股，吸纳多方投资，开发"四荒"。并向开发者颁发非耕地资源长期使用证，一定十年或十五年不变，甚至更长时间，允许继承、传代，允许自行转让，让投资开发者吃"定心丸"，使其放心投入、放手开发。该镇潘湾村沿白河滩有 2 000 多亩滩涂地，过去基本处于撂荒状态，拍卖后，群众根据沙土地特点，栽植生长期长、效益较高的"湘梨"、"油桃"等，树间套种蔬菜、花生、西瓜等，年亩均收益超过 2 000元，带动了全镇林果业的发展。此外，对企业下岗人员、机关干部开发"四荒"资源，采取"放水养鱼"，返还农林特产税等措施，支持其启动、扶持其发展。

三、激活龙头企业，发展民营经济，为农民增收提供强有力的依托

朱集镇委、镇政府充分认识龙头企业在促进农民增收中的重要作用，采取"帮、扶、扩"等措施，激活龙头企业，加强龙头企业建设，进而拉动农业规模化生产。一是帮。一般说来，乡镇龙头企业是点多面广的"小"龙头，政府实行政策上优惠、资金上倾斜，尤其在农产品收购急需资金时，组织农行、信用社等单位"雪中送炭"；允许农民用重点骨干企业打给的"粮食白条"抵交"三提五统"等。二是扩。一方面是选定"龙头"中的"龙头"，绿丰粮油食品厂、四新精米加工厂等企业通过联合、兼并、股份制改造等手段，组成农产品加工和流通企业集团，提高规模经济效益；另一方面是扩大龙头企业的作业面，包括扩大市场覆盖面、农产品收购受益面等。三是扶。就是扶助龙头企业建立稳固的生产基地和稳固的市场，真正实现"企业＋基地＋市场"。截至目前，朱集镇已为龙头企业建立了 1.4 万亩花生、1.4 万亩油菜、千亩优质稻制种等生产基地。

同时，朱集镇把发展民营经济也当作农民增收的重头戏来唱，先后出台了一系列优惠政策，放宽了市场准入条件和企业冠名范围；扶持下岗分流人员创办企业；明晰产权，优化环境，吸引外资。对民营经济，特别是民营企业，朱集镇成立了企业管理委员会，对其同样行使企业化指导、协商管理服务职能，提高组织化程度，促其健康发展。朱集镇在大力发展民营经济的同时，还注重向高新技术和新兴产业领域进军，扶持引导一些效益型企业向生产型、科技型、外向型转变，走科技兴企之路，并通过华贸民营经济小区、立新工业小区等的辐射作用，为民营经济寻求科技项目和合作伙伴，推动企业上档次、上规模，增加企业的科技含量和产品的市场占有率。在镇办企业方面，采取了买断、租赁、股份制、承包经营等多种形式进行产权制度改革，大量吸收闲散资金，盘活现有企业资产，发展民营经济。截至目前，全镇已有 7 家镇办企业自主进入市场，成功利用民营资本 2 400 万元，涌现出 20 多家资产过 50 万元的优秀民营经济实体。

四、激活管理形式，大力发展小城镇建设和第三产业，充分发挥"小政府大服务"的职能，使农民在市场的导向下增收

朱集镇委、镇政府面对采取以村为单位的行政区域管理不利于形成大产业、大市场的现实，对固有的管理形式进行完善、改革。一是按经济区域管理支柱产业。比如在发展大规模、基地化蔬菜生产中，实行数村联合，把同一产品基地联起来管理，建立起了产业成带、基地连片、地域一体、错落有序的万

亩蔬菜生产基地、精细蔬菜示范园区。二是按产供销一体化、贸工农一条龙的思路科学组织实施，大办领导工程，实施"五个一"计划，即：一个产业、一个领导、一个专班、一个同步计划、一个发展目标，从规划到生产、管理、营销、市场，进行有序的组织，连贯的实施，确保产得出、销得快。

在管理形式市场化的同时，朱集镇委、镇政府把小城镇建设作为经济发展的"引爆点"，以建设"四区"（工业小区、商贸小区、小康居民小区、科教文卫小区）为突破口。请来了规划局专家对街道进行了重新规划，以太湖渠为界，实施三横六纵的镇域布局，实现新街与老街的对接。街道"四大硬件"工程建设相继上马或完工。一是扩宽、硬化主街道人民路工程，将原来 11 米主街扩宽到 20 米；二是移动电话接收站已安装完毕；三是新设小康居民区已在规划建设；四是兴建 3.5 万伏变电站项目开始施工。小城镇建设的快速发展，不仅扩大了劳务需求量，而且活跃了农村市场，吸引了更多的农民进镇务工经商，使朱集镇区成为吸纳、转移农村劳动力的集散地，达到了"二激活，三增多"的目的。"两激活"：一是激活了商品市场，在市场周围建设大面积的商品基地和一定规模的龙头企业，如即将启动的农贸市场，既有 2.5 万亩蔬菜生产基地作后盾，又有镇蔬菜运销服务公司作"龙头"，增强了市场聚集功能，把批发作为市场的主要业务，使产品辐射得更远，做到大吞大吐，带动大规模生产、大批量经营；同时鼓励多种经济成分进入各类商品市场，在市场竞争中互惠互利。二是激活了生产要素市场、商品市场的发展，对农民增收起到了推波助澜作用。朱集镇在发展商品市场的同时，加快技术、资金、劳务、信息等要素市场的发育，对已有的劳务输出、信息服务、生产资料供应等已具"雏形"的要素市场，在规范化、制度化、规模化上下功夫，促其尽快发育成熟。"三增多"：一是经商务工人员增多，不少农民在农闲时进镇务工经商，甚至坐地经营。仅 2001 年前四个月，先后有 200 多农户进镇从事商品批发零售业和饮食业、运销业，年经营额可达 2 000 万元；二是长、短途客、货运逐渐增多，全镇有 400 多农民购买了客车、汽车、农用车跑运输，年经营额达 1 000 万元；三是吸引外地人员增多，由于镇区环境优雅，政策优惠，吸引了不少外地客户，先后有近百户外地客商到朱集镇"安家落户"。

心 灵 在 呼 唤

——当前残疾人问题透视

这世界，在造就健全人的同时，也造就了残疾人。你必须承认一个事实，除了维纳斯塑像，残缺总是一种痛苦和遗憾。

有关资料显示，目前全球共生活有残疾人 5 亿多，中国 5 000 多万，湖北 320 多万，襄阳 7 万多……

残疾人古来有之，残疾人芸芸之众。那么，现阶段社会对残疾人的重视程度如何？他们的工作、生活情况怎样？其存在的问题有哪些？时值初暑，随着全国第四个助残日的到来和过去，这些问题引起了人们的广泛关注。

一首人道主义的颂歌

时近芒种，赤日燎人。5 月 15 日，全国第四个助残日的到来，为残疾人带来了欢愉、诚挚与祥和的浓烈氛围，其爱融融、情融融、义也融融。

5 月 18 日晚，当湖北省残疾人艺术团"慈善事业楚天行"义演义捐队伍莅临襄阳，满怀对残疾人的深情厚谊，满怀对残疾人事业的关心、支持，为襄阳县人民义演时，县"四大家"领导亲临现场观看演出，并热情接见了演员，其场面之隆重前所未有，获捐款 5 万多元。

有人说，对残疾人的爱在这里得到了体现。

实际上，爱，何止于一个助残日！

以襄阳县近年来在残疾人工作上所取得的成绩为例，就足以说明政府和社会对残疾人的关心与爱护程度。

1. 摸准情况，顺利开展了"三康工作"。1987 年 4 月，县委县政府根据国务院的决定和全国及省、市残疾人抽样调查领导小组的统一部署，组织民政、卫生等单位人员，采取随机等距、整体抽样的办法，共调查了 1 113 户人家，4 749 人，推算出全县共有各类残疾人 7.2 万。在此基础上，又根据《全国残疾人三项康复工作方案》，成功开展了"三康工作"。截至 1992 年底，全县共完成三康任务 1 163 人，占省、市下达 5 年任务的 128%。其中，完成儿麻后

本文原载于《襄阳日报·周末》1994 年 7 月 9 日头版全版，全省残疾人工作会议交流材料。

遗症矫治术 442 例，白内障复明术 698 人，聋儿语训 22 人。

2. 健全机构，充分发挥残联的职能作用。县残联自 1991 年组建之后，各乡镇残联也相继成立。各级残联在地方政府的支持下，积极发挥"代表、服务、管理"职能。三年间，共妥善处理和接待残疾人来信来访 314 件（次），直接出面协调、安排残疾人就业 415 人，利用助残日做好事 11 775 件。

3. 完善基本设施建设成效明显。投资 30 多万元的县残疾人职业技术培训中心于 1993 年 4 月中旬交付使用。

4.《残疾人保障法》宣传得力。据不完全统计，几年来，全县共刊出有关黑板报、墙报 9 802 期，贴标语 42 262 条，报纸宣传 99 次，电视报道 11 次。

仁者安仁，智者利仁。倘要来得再具体一点，助残敬残的事例仍然可以信手拈来。

新集乡平桥村残疾青年黄开华搞个体客运，自己资金有限，上交的费用又高。该同志找到县残联，要求帮助做交通部门的工作，减免一部分管理费、过桥费等。按照《残疾人保障法》，经过残联多次做工作，使得县运管所每年给黄开华减免了 3 200 多元，市大桥管理处为其减免过桥费 1 000 多元。

1992 年 6 月，县交通局泥嘴管理站残疾职工陈登后工作了 20 多年，住房一直很紧张。情况反映之后，该所李站长主动把自己的二室一厅让给了他。

原县人事局局长、残联副主席方怀东心系残疾人，稍有闲暇便到残联了解工作进展情况。

副县长谢豪斌因出色的工作而多次被评为全省和全国的残疾人工作"先进工作者"……

弱者同样可以奏出强音

是的，事实上我们承认，社会在竭尽心力地为残疾人服务。那么，残疾人自己呢？

"国家给我们残疾人提供了不少优惠政策，社会给了我们许多的关心和帮助，我们很感动。但是，相对于健全人，我们残疾人的自尊心更强，自立、自强是我们的愿望。我们是残疾人，但残疾人不一定就是弱者。"在东津镇老街巷里头，一位不愿露出姓名、从事了多年钟表修理的残疾青年对记者倾诉了这样一番话。

襄阳人自古是勤劳和坚强的。而今，襄阳的残疾人更是如此。

本报 1992 年 5 月 17 日报道过的龙王青年苗天亮就是一个身残志坚、自强不息的典型。由于幼时的脊髓灰质炎后遗症，他下肢肌肉全部萎缩，双腿如两根麻秆弯曲在一起。但是他就凭借自己的毅力，竟然可以令人难以置信地去自由自在地"玩"单、双杠，能够在吊环上身轻如燕地翻跟头。他自办的酱油厂招收了 11 名工人，其中有 6 名残疾人，厂年获利 2 万多元。对此，他说："我这不是为了个人，而是为了得到社会的承认。我们残疾人，也能为国家出力作贡献。"这话很平凡，但它道出了残疾人的心声。

张湾镇肢残青年周文琴从事个体刻字业，每月收入都在 300 元以上。

牛首镇残疾青年张德龙办的预制厂，仅 1993 年就盈利 5 万元。在双沟镇采访，谈起残疾人自强不息的话题，民政办的路主任一边揩汗，一边"叭、叭、叭"，一忽儿说街头的黄兆红，一忽儿说邓张营的邓力俊，一口气道出了十多个典型。

这里，我们不妨再举一个例子。

1989 年 5 月 16 日，在武汉洪山宾馆举行全国首届残疾人职业技能竞赛时，有记者曾这样描写一个柳编项目的金牌得主："细细条条的个子，白净净的面庞。若不是命运的阴差阳错，西装革履的他是很易招惹姑娘们频送秋波的。恼人的是他一双脚不争气，双脚内翻，两腿扭曲，站立不稳。"他，就是程河镇的残疾青年崔保山。

今年 26 岁的崔保山，继 1989 年获得全国金牌奖之后，1992 年又在"第三届国际展能节"中夺得柳编项目的第二名（银牌），为国家争得了荣誉。如今，在政府和社会的支持下，他们创办的"残疾人永盛柳编工艺厂"，已拥有注册资金 15 万元，技术人员 50 多人，工人数百名，产品畅销全国各地，深受英、美、意、日等 20 多个国家和地区外商的青睐。由于他曾经是风云一时的新闻人物，也由于文章篇幅有限，笔者对他的奋斗历程且不再用过多的笔墨。

正是这些事实，它完全可以雄辩地说明：残疾人，身残，但只要志不残，同样是社会财富的创造者，同样可以成为时代的骄子。

社会还需做些什么

的确，近年来，襄阳县残疾人工作在县委、县政府的重视和关怀下，经过社会和残疾人的共同努力，取得了较大的成绩。但是，工作中的差距和不足仍然客观存在。抛开残疾人自身因素不讲，今后社会仍然面临着许多、甚至更多的责任。其内容主要有：

一是残疾人群体的文盲率为 60% 左右，近 80% 的盲、聋、弱智儿童没有入学，40% 的残疾人未能就业，农村残疾人的人均收入只及农村居民人均收入的一半，近半数的成年人没有配偶，大多数残疾人缺乏康复医疗，三分之一的残疾人靠亲属供养等等，这些全国存在的问题在襄阳并没有得到彻底解决。

二是全县尚无一所正规的盲聋哑学校，特教工作十分薄弱。所调查的 18 435 名残疾人有 48% 以上还处于贫困状态，全县 7 650 个贫困户中残疾人家庭为 5 278 户，占 69%。帮助残疾人及其家庭脱贫致富任务迫切而艰巨。

　　三是有的地方和单位对残疾人还存在歧视，领导和群众的思想观念尚有待于提高。在采访中，县残联副主席、理事长刘明元、副理事长邓志国颇有感触地说，残联的工作需要政府和全社会的支持。没有这些，我们将寸步难行。他们在肯定成绩的同时，也介绍了一些尚不能尽如人意的地方。某单位一残疾青年要求安排工作，残联同志找到单位领导，那领导振振有词："健全人都无法安排，哪还顾得上一个残废人。"言下之意，在他心目之中，残疾人无论多优秀，你还是差那么个档次。

　　当前，随着改革的不断深化和社会主义经济体制的建立，竞争机制、效率原则使比较脆弱、处于不利地位的残疾人又面临着一些新的问题。残疾人工作的课题也必将趋向更加艰难和复杂。正如国家领导人曾经指出的那样：残疾人事业是社会主义事业的一部分，发展残疾人事业已成为全社会面临的紧迫而艰巨的任务。

　　"这是心的呼唤，这是爱的奉献，这是人间的春风，这是生命的源泉……"一首《爱的奉献》曾令无数人为之感动，思情翩跹。而今，歌舞升平之中，我们衷心地祝愿全县残疾人及残疾人工作春天永驻。我们也相信，未来会写出满意的答案。

大 鹏 展 翅

——记湖北省襄阳县人民医院党委书记、院长张德春

鹏是传说中的巨鸟，行必高远。湖北省襄阳县人民医院院长兼党委书记张德春说："作为一名共产党员，为党的事业而奋斗，就应该具有鹏的气概。"这首先是他对自己的一贯要求。自 1970 年毕业于同济医科大学到 1994 年 10 月走马上任县医院的"一把手"，他救治过成千上万的病人，发表学术论文近 100 篇，其中省级以上 58 篇；除了与他人协作，还独立开展科研课题 6 项，其中 4 项已通过省级鉴定达国内先进水平；被推选为全国软组织疼痛研究会常务理事、全国老年医学研究会副主任等。

身为主任医师、教授，张德春是出色的响当当的业务尖子。实践又证明，搞行政他也是个出类拔萃的管理人才，真正的人民公仆。1994 年 10 月医院党委换届，群众推选和组织上任命张德春为新一届院党委书记兼院长。1995 年，医院实现业务收入 1 800 万元，比上年增长 600 万元，增长幅度及增长率均创历史记录，其他各项业务指标也均达到最好水平。1996 年，医院各方面继续保持了强劲的发展势头，并先后被评为国家二级甲等医院、国际爱婴医院以及市级文明单位等。

面对这些成绩，襄阳人都引以为豪，人们也不得不惊奇：在襄樊市区数十家医院夹缝中求生存的"老乡医院"是如何在激烈的竞争中挺起腰杆，起步腾飞的呢？

作为共产党的干部，他的治院法则是："软件"当"硬件"，一切从我做起

1994 年 10 月，襄阳县委正式任命张德春为县医院院长兼党委书记，此后他除了和前任简单地办完交接手续，安排好医院有关工作外，接连两天吃住在

本文原载于《中国卫生政策》1997 年第 1 期、《中国卫生人力》1997 年第 1 期、《中国卫生信息报》1996 年 11 月 20 日头版头条、《襄樊日报》1996 年 11 月 23 日头版头条，《湖北宣传》、《湖北经济报》于 1996 年 12 月 9 日同时以《"老乡医院"走向腾飞》为题全文发表，《健康报》1996 年 11 月以《超越自我》为题编发，《湖北农民报》以《"老乡医院"和张德春》为题于 1996 年 12 月 18 日发表。

办公室。他分别找到20位不同岗位和年龄的干部职工谈心交心，并连续召开了科室负责人、机关业务和后勤工作人员、离退休人员的座谈会，广泛听取群众对医院建设的意见和建议。他坚定了一个信念，医院要快速稳定发展，最重要的是要狠抓包括管理和思想作风在内的"软件"建设，而一切工作必须首先从自己做起。于是，他很快召开了党委会，制定出了《院党委成员端正党风廉洁自律的规定》，对党委成员的思想作风、工作、廉洁、生活等做出了具体要求。

分房是张德春上任后遇到的第一个热点难点问题。为解决落成后达一年之久难以分配下去的住房，他一家三代同住一套旧房却带头提出不住新房。在他的带动下，党委成员个个高姿态让房，使"分房难"很快化解。

他当"一把手"坚持党委集体负责制，实行民主决策。针对以前群众呼声较高的问题，如在购买设备和药品中谁分管、谁负责、吃回扣、得好处的不正之风，张德春上任便明确规定今后进药、购设备、基建招标、人事变动等必须由党委集体讨论决定。在医院购买"全身彩色B超"和"经颅多普勒"两部仪器时，经过几次集体谈判，售货方无机可投，只得把价格由原来的131.2万元和33.8万元分别降到94万元和26万元，仅此一项就节约经费45万元。1995年底，医院订做了近3万元的业务用品，货到后群众反映有质量问题，张德春严厉批评了有关经办人，并安排只付给厂方原协定费用的三分之一。厂方推销人员多次找人疏通，最后，一个几千元的红包悄悄送到张德春办公室，他非但拒绝并告诫对方若再有此举将投诉司法部门。

医院是社会主义精神文明建设的窗口，张德春把行业作风当成立院之本。上任第一个月，他连续组织和带领人员进行了3次全院性大查岗，使迟到人数由第一次的37人下降到第三次有特殊情况下的1人。同时经过整顿，严肃了会风，杜绝了缺席，根治了上班脱岗会客、打牌、干私活等现象。收回了院外全部医疗点，克服了由于管理难而导致的各种弊端。针对群众周末周日看病难的问题，当全国实行双休日时，县医院却在全市带头实行了全天周末周日门诊制。

坐在张德春对面办公的党委副书记、副院长魏家让是全国劳动模范、省人大代表，这两个"老革命"同室办公，每天保证提前半小时以上上班，下班没有确定时间。

对于"软件"建设，张德春除了亲自抓，还放手让党委成员杜福安和润明朝这两位"老政工"分管党务和行政。医院率先在全县卫生系统成立了思想政治工作研究会，在行政管理上制定并实施了常规有效的"双向连环考核法"，从而使医院"软件"建设走上了经常化、制度化轨道。

社会效益带动经济效益，抓"软件"就是抓"硬件"。张德春的治院法则很快便发挥了强大效力，他上任当月医院即实现业务收入的最高增长率，并使银行存款首次突破 200 万元大关。1995 年一举摘取了市、县两块"文明单位"匾牌，并被市、县两级同时评为"先进职工之家"。1996 年上半年，在省卫生厅"二甲"复审中，病人对该院的满意度达 100%。

作为一名医学专家，他最相信科学。
因此，当了院长的他时刻想着"第一生产力"

科学技术是第一生产力。作为一名享受省政府特殊津贴的医学专家，张德春明白医生精湛的技术同高尚的医德一样重要，二者紧密联系，缺一不可。他同时也更明白，要发展第一生产力关键在于人才。因此，在他身上短时间内即发生一些"重才、造才、爱才、惜才、引才"的动人故事。

1995 年 8 月 12 日，襄阳县新上任的县长带着政府办公室及卫生局的同志到县医院听工作汇报，在谈到医院人才建设时张德春掰着指头分析：医院近 5 年时间人员增加了近 300 人，而新增的大学本科生却不到 10 人，医院 60 年代毕业的大学生均到退休年龄，70 年代的大学生当起了临床技术骨干，但以后的技术力量明显薄弱，严重的"近亲繁殖"和"社会凝聚"现象使得县医院一方面人员严重超编，一方面人才极度匮乏。如果再不重视后继人才建设，继续允许非专业和非高等学历的内部子弟和社会关系户无节制地进入，那么医院将面临自取灭亡之路。

张德春把人才看得比命根子还重要。

1995 年春，上任不久的张德春在一次党委会上讲进人用人问题时，第一次严肃地提出了"不看关系看能力，不讲条件讲水平"和"医院子女一家最多只安排一人就业"的指导思想，得到了院党委成员的一致赞同，并迅速得以实施。

常言说："医生越老越吃香"。张德春把医院离退休业务人员全部返聘回院，以此增强医院的技术实力。

他坚持用人唯才是举。主治医师郝才运虽然是中专生，但肯钻研、责任心强，1994 年 11 月被任命为二内科副主任，主持科室全面工作，1995 年该科住院病人数、业务收入分别比上年增长 144% 和 208%，一跃进入全院大科室行列。人称"外科一把刀"的原县医院外科支部书记、普外科副主任吴文涛，1995 年 4 月因肝癌全力救治无效去世后，张德春痛心不已，他一边积极安排吴文涛的后事，一边多次向县委专题汇报其生前感人事迹，使吴文涛成为全县学习的榜样。1995 年 7 月 1 日，《湖北日报》于头版开辟专栏对吴文涛事迹进行了重点宣传。

1995 年 3 月 17 日至 19 日是同济医科大学召开应届毕业生供需见面会的

时间，得知信息的张德春多方活动终于带人走进了见面会主会场。这一次，襄阳县医院是近 140 个与会单位中唯一的一家普通县级医院，但张德春没有被别人强大的阵势和耀眼的招牌吓退。最后，共签订合同、引进应届大学毕业生 13 名，其中本科生 9 名，免试研究生 3 名，其效果令所有大单位刮目相看。1996 年见面会他再次前往，又一次引进本科生 8 名。

知识无边，技术无价，没有本事就没有饭吃，包括职工分房在内，县医院看的不是职位高低、资格老嫩，而是才干和技术成果的大小。1995 年，在全市科技大会上襄阳县医院的科技获奖数量和名次均居全市卫生系统第二位，并被评为全市人事工作先进单位。

作为医院的最高决策者，他说：改革创新是强院之路

张德春除了一手抓医院内部管理，狠练内功外，还善于用另一只手去抓开放、搞活、外联，争取社会对医院的支持，先后与同济医科大学、中国太平洋保险公司、铁道部襄樊内燃机车工厂等建立了牢固的挂靠关系。

同济医大是卫生部直属的高等学府，其所属的同济、协和两家医院都是国家三级甲等医院，有着雄厚的实力，张德春任骨科主任时与同济医大在教学、科研、医疗等方面就有着长期合作。为了使合作关系得到全面加强和扩大，尤其是使全院各科室都能够与同济医大及其附属医院保持规范、牢固、经常的挂靠关系，张德春除了专程拜访以外，每次到武汉出差都回母校向领导汇报医院的工作，请求支持。1995 年 4 月同济医大终于破例在襄阳县医院挂牌设立了临床教学医院，此举使同济医大和襄阳县医院在业务上成为正常的上下级关系，重点扶持县医院成为同济医大的责任和义务。

张德春注重社会效益，千方百计想减轻病人的经济负担和后顾之忧。从 1995 年 2 月开始，由他出面，经多次磋商，终于与中国太平洋保险公司达成了合作协议，成为该公司襄樊医疗保险唯一定点医院。协议规定，襄阳县医院有责任在病人出、入院时代为办理有关医疗保险业务，在保险责任范围内，医院有权要求保险公司按照法律裁定给病人每人次 5 万元以内的保险赔付。此举一出，在襄樊引起较大震动，医患双方均拍手称道。

同样是张德春的努力，铁道部襄樊内燃机车工厂也在襄樊大小数百家医院中，唯一相中了襄阳县医院作为对地方的支持对象。1996 年 3 月 9 日，该厂将其制造的第一部崭新的豪华型厢式零担运输车，无偿赠给了县医院。

张德春如此"神通广大"，奥秘何在？用和他一道外出次数最多的年轻副院长朱宁桥的话说：这完全靠的是他的公仆精神、兴院决心和魄力。

襄阳县医院位于襄樊市区，由于历史原因，每年的财政拨款仅 59 万元，而全院 700 多职工工资一年就需要 400 万元，加上其余必需的开支，全院年资

金缺口就高达 700 万元。就按 1994 年 1 200 万元的业务收入来看，其纯收入也仅仅能够保住职工工资。要想发展，关键问题是要增加业务收入，而对于在襄樊市区大小数十家医院夹缝中求生存的襄阳县医院来说，要增加收入谈何容易？襄阳县环绕整个襄樊市区，一度没有自己的县城，襄阳县 130 万人口100％都可以在襄樊市区任何一家医院看病，而襄樊市区 80％的病人不会到襄阳县医院看病，其中原因用市内人的话说，一是医疗费难以报销，二是掉了自个身价。

张德春上任时，了解县医院旧家底的人无不替他捏一把汗，不少人劝他不要揽这个破瓷器。但张德春想：既然组织和职工信任，就要敢担重任不退却，即使自己累掉一身皮，如果能带领职工把医院发展壮大起来，其人生的价值绝对大于当一名普通医生和骨科主任。他上任后横下的第一个决心就是要创建国家二级甲等医院，认为这是促进医院的医疗质量、内部管理、外在形象向高标准转化的有效措施。于是，把创"二甲"作为中心任务写进 1995 年的医院工作计划。为抓好此项工作，张德春担任医院分级管理领导小组组长，领导全院职工严格对照省卫生厅"二甲"评审的 2 000 分标准逐条对照落实，常抓不懈。靠着这股干劲，襄阳县医院终于通过了"二甲"的评审验收。1996 年省卫生厅复审，该院得分位居同期受检的 5 家单位之首。

通过"二甲"达标，襄阳县医院综合实力大大增强，而这里面不知道倾注了张德春的多少心血和汗水。1996 年 7 月 9 日，该院又一举通过了省卫生厅组织的国际爱婴医院评估。

在医院的基础规模建设上，张德春不满足于市区内的有限空间。随着襄阳新县城的初具规模，1995 年 6 月，投资 200 多万元的县医院二医院在新县城开诊。此后，又在新县城开发住宅区、生产区共计 1.7 万平方米，1995 年新建住宅楼 2 栋，一次解决了 48 户职工的住房。1996 年 4 月 8 日，计划总投资220 万元的医院制剂大楼又奠基动工，这是该院系列医办工厂计划中的第一个正式上马项目，它的建成将填补全县医办工业的空白。4 月 18 日，被襄阳县列为当年十大重点工程之一的襄阳同济医院，在襄阳县新县城开发区隆重奠基，该院由襄阳县医院牵头，联合本县张湾红星村、武汉同济医院共同开发兴建，占地面积 34 000 平方米，计划总投资达 3 400 万元。

"大鹏一日同风起，扶摇直上九万里。"如今，张德春正如大鹏展翅，和党委一班人一道，带领全院职工把襄阳县医院向 21 世纪豪迈推进。

充满天使之爱的巾帼强人

——记湖北省襄阳县人民医院护理部主任谢艳芳

她叫谢艳芳，是襄阳县人民医院机关党支部书记、护理部主任；20 岁参加工作，迄今已在护理岗位上干了近 20 年，始终向病人奉献着一颗天使般滚烫的爱心，在医院、全县，乃至全襄樊市，她都算得上一位女中强人。

找准人生的坐标，干一行爱一行

二十多年前，当谢艳芳还是一名初中生时，"白衣天使"早已是她崇拜的偶像。1974 年，她以优异的成绩通过了中专录取分数线，高兴地以为这下可以实现自己成为医生的夙愿了，可是录取通知书却是西安电力学院的。拿到通知书的当天，谢艳芳心急如焚，当即找到党委分管招生工作的副书记，说明了自己的想法，在副书记的帮助下，经过几天的周旋才好不容易换了当时唯一的一个襄樊卫校的名额。卫校是上了，可学的却是护理专业，说白了就是将来要伺候病人。同学、亲戚、朋友都替谢艳芳惋惜了，说她进错了门，走错了路，而谢艳芳自己却是义无反顾，她觉得护理工作是高尚的职业，无论再脏再累干一行就要爱一行。

谢艳芳毕业分到县医院，首先在手术室上班。那时条件艰苦，手术间没有暖气，没有电水壶，唯一的加热烧水工具是煤炉子。谢艳芳每天早晨 6 点多钟就得起来生炉子、提热水、加温泡手水、打包、送包、倒污桶等，一个人干几个人的工作。那是 1977 年春节，手术室其他两位同志结婚休息，护理部只留她一人值班，从腊月二十八到正月初五，她吃住在手术室。特别是从大年腊月三十上午 9 时至正月初一上午 10 点，她 25 个小时没吃没喝连续协助做了十七台急诊手术，春节别人休息了 8 天，她在科室连轴转了 8 天，和其他医务人员一道挽救了数十条生命。

在县医院，谢艳芳的工作岗位更换了六、七次，她把自己当成医院的一块砖，哪里需要哪里搬。1980 年她被调到五官科工作，由于勤学好问，很快对内翻倒睫术、麦粒肿切除、前房减压术、后鼻孔填塞术、球后及球结膜下注射

本文原载于《当代护士》1997 年第 11 期。

等五官科治疗都操作得得心应手。1986年她被调到普外科担任责任护士，搞责任制护理在当时是新课题，谢艳芳对之看得慎之又慎，她不但坚持向书本学，而且积极向有经验的医生请教，不仅写好护理病历，做好治疗护理，而且和病人交心谈心，积极地做好病人的心理护理。1986年，谢艳芳因出色的工作被调任急诊科护士长，1987年又调到脑外科任护士长。她认为当护士长要带好护理部一班人，自己的行动才是无声的命令。因此，她处处身先士卒，给病人端屎倒尿、洗痰盂、拖地板，总是挑脏和累的活儿干。在脑外科工作两年，她连续两年被评为全院先进工作者。1989年，骨科从脑外科分离出来，谢艳芳又到新成立的骨科任护士长。万事开头难，她和全科医护人员在科主任张德春的带领下，白手起家，艰苦创业，用一流的技术和一流的服务态度很快树立了科室良好的形象，赢得社会和病人的普遍信任。

1993年，骨科业务收入率先在全院突破100万元大关，1994年达150万元。1995年，谢艳芳又调任院护理部主任兼机关党支部书记，这一年，护理部连续两次被评为全院先进科室，机关党支部被评为全县卫生系统先进党组织，谢艳芳本人也先后被评为"全市优秀护士"、"全县卫生系统优秀党员"、"医院先进工作者"，科研成果荣获县二等奖。谢艳芳正是这样，干一行爱一行，找到了正确的人生坐标，才使她立足于平凡的工作岗位，为医院这个集体，为社会主义的医疗卫生事业默默奋斗着，赢得了组织和社会的普遍赞许。

生命的意义在于助人为乐

谢艳芳说："人活着，最有意义的事在于助人为乐"。作为护理工作者，她把为病人搞好服务当成自己的天职。1986年，谢艳芳在普外科任责任护士，在她的责任病房里，有一患胃癌的中年男病人，想到自己的病是不治之症，家里又穷，上有老下有小，很悲观失望，拒绝接受治疗。谢艳芳知道后，就利用下班时间多次找病人及其家属交谈，说这病并不是不治之症，由于发现得早，手术也彻底，回去后注意饮食，开个商店，避免重体力劳动，生活是大有希望的。她并且送给病人20元钱和50斤粮票，从而点燃了病人心中的希望之火。两年后，这个病人开商店成了全村的首富，当他和妻子带着许多礼品专程来向谢艳芳致谢时，谢艳芳没有接受他们的谢礼，但她却对此激动不已，真正感受到了做一名"白衣天使"的崇高与伟大。

在急诊科室工作的第二个春天，一个精神失常的中年妇女被一辆自行车撞倒后，车主跑了，一位过路人把她送到了急诊科。病人衣服很脏，满脸血迹，乱说乱唱，并来了月经。谢艳芳和另外一位同志把患者抬到床上，为其清洗伤口、包扎、打吊针后，又为她洗澡，并找来干净衣服给她换。1987年，脑外科住了一个谷城籍的市电大学生，病人全身受压部位全部并发了褥疮，个别地方可以见到骨头，掀开被子恶臭熏人，家属也不大愿意管，是谢艳芳和另外一名护士给他换洗床单，并精心护理，使其痊愈。1984 年谢艳芳所在的科室收住了一个叫吴红波的骨折病人，患者家里穷困，即将 12 月份了，还穿的是两件单衣。见此情景，谢艳芳很快将儿子的毛衣、绒裤、背心和两件外衣送到了患者的床边。参加工作以来，这样助人为乐的感人事迹，她不知做过多少件。

成功的秘密在于迎难而上

据了解，谢艳芳是襄樊市护理行业中从事科研并取得较大成功的唯一代表。她的科研成果"中草药治疗褥疮的实验研究与临床应用"，于 1993 年顺利通过省级鉴定，达到国内先进水平，1995 年，在全县科技大会上又被评为科研成果二等奖。其实，在从事这一课题研究之前，她对科研几乎不懂得什么，但她并不因此而退却，她认为，成功的秘密就在于迎难而上。

由于骨折的病人要牵引制动，不能翻身，特别是年龄大、体质差、高位截瘫的病人，由于局部血液循环不良，加之长期受压，一旦并发褥疮，常会出现骨折愈合了，褥疮却难治好的情况，影响病人的健康，甚至危及生命。1992 年，骨科收住了一个襄阳服装厂因车祸造成骨盆、股骨骨折的病人，进行股骨牵引制动三周后，患者骶尾部却形成了Ⅱ度褥疮，经主管医生换药一周仍不见好转。谢艳芳接受别人的建议，边买书学习，边试着给病人改用中药换药，没想到仅换药五次伤口已经愈合。受这次治疗的启发，她决心排除万难研制出一种治疗褥疮的灵验的中草药配方。她在较为系统地学习李时珍《本草纲目》的基础上，又请教了十多位老中医，之后，在已经有四项独立科研成果的张德春院长的指导下，她开始了反复的动物实验研究，购买了 30 只本地山羊作为实验物，人为地在山羊臀部制造褥疮疮面，然后进行中药换药，多次对照观察，并将组织切片送到同济医大进行组织学检查。经过近一年的艰难实验，最终获得了成功。科研成果问世后，许多患者慕名而来，均取得了很好的治疗效果，产生了重大的社会效益。一个患者足底足跟部冻疮溃烂，在市内几家医院住院均不见好转，在县医院用自制中草药换药 6 次，12 天后患者即痊愈出院。

近年来，谢艳芳在搞好本职工作的同时，还注重总结和归纳自己的成功经验，积极向社会推广。她的《中药治疗褥疮的实验研究与临床应用》论文在全省参加医学论文交流并收入论文集，《在新形势下如何抓好护士素质的教育》在中华护理学会举办的全国学术会上交流，《手法推拿按摩对指腱鞘炎的治疗》在全国软组织疼痛学术会上交流，均受到了与会专家的一致好评。

崇高的人生追求

——记襄阳县人民医院儿科主任刘运珍

在现实生活中，作为一名追求入党的人，或者一名正式的中国共产党党员，他的人生价值观应该是什么呢？襄阳县人民医院内科党支部书记、儿科主任刘运珍，用自己多年来的实际行动给人们做出了一个响亮的回答，用她自己的话说，就是"一切为了党、国家和人民利益的需要。"

医术诚可贵，医德价更高。她牢记党的宗旨，
心里时刻装着全心全意为人民服务

1976 年从同济医科大学毕业即来襄阳县医院工作的刘运珍，20 年如一日，始终用实际行动实现着自己的愿望和理想。她勤奋学习，对技术精益求精。她结合自己多年的临床实践，总结得出的《露醇＋苯妥英钠 30 例呼吸衰竭》和《酚妥拉明＋阿拉明治疗 50 例喘憋型肺炎》等技术成果经专家论证，有效率达到 95％以上，并于 1991 年和 1994 年分别被在青岛和洛阳举办的呼吸系统学会及急救学习班交流，并载入论文集，受到广大专家学者的一致好评。其中，《露醇＋苯妥英钠 30 例呼吸衰竭》一文还被发表于《全国临床实用儿科杂志》1991 年第 4 期。在实际工作中，她救治过成千上万的病人，从未出现过一例差错及责任事故。为了更加广泛地学习外来知识，她还挤出时间学习了日、法、德三种外语，可以阅读和笔译这三种外语的医学文章。

作为医生，精湛的医术是治病救人的根本，但在刘运珍眼里，救急扶伤，实行革命人道主义，不仅要有精湛的医术，更重要的是还要有高尚的医德。作为党员，她时刻把党"全心全意为人民服务"的宗旨，烙印一般刻在心坎上，从没有收过病人的一分钱红包和其他任何好处，感人之事举不胜举。

1994 年 3 月，援外回国的刘运珍刚到医院上班，当时儿科收治了一个来自襄阳古驿的"肺炎合并呼吸衰竭"的患儿。由于小孩一直处于昏迷状态，家长已经不抱希望，正准备办出院手续。刘运珍知道后及时给家长做工作，坚持只要有一口气就要把孩子救到底，此后的五、六天时间，刘运珍亲自给小孩治

本文原载于 1996 年 3 月 8 日《襄樊日报》，《'95 中国改革者》一书以《巾帼白衣好战士》为题在纪实卷中收入。

疗，由于科室当时没有呼吸机，她平均每天要对患儿实施四、五次口对口呼吸。经精心救治，小孩转危为安，痊愈出院时，家长激动得失声大哭，为了表达感激之情，他们先后要接刘运珍吃饭，送50元钱和一篓子鸡蛋，但都被刘运珍坚决回绝和退回。实在没有办法，家长跪下来要把小孩送给刘运珍做干儿子，并请求她给小孩取名，当时正是学雷锋月，刘运珍随口给孩子取了个"学锋"的名字，嘱咐家长教育孩子长大后要像雷锋一样多为人民做好事。1995年12月，东津镇孙坡村一个叫李毛毛的"新生儿硬肿症"患者，在县医院儿科住院，患儿肺部出血，全身大面积硬肿，家长感到无望，准备出院。刘运珍经过做细致的思想工作，使家长决心把孩子留下来，继续接受治疗9天后，小孩痊愈了，并且未留下任何后遗症，武汉来的教授知道这件事后，高兴地称之为奇迹，出院后，家长不断给刘运珍寄来感谢信，念念不忘救子之恩。

　　在院内，刘运珍用精湛的医术和高尚的医德救治着病人，温暖着广大患者及其家属的心；在院外，她同样带着这精神，走到哪里把好事做到哪里，她的家乡比较贫困，不少人有病不愿意花钱治疗，她经常利用节假日回到老家为乡亲们义务诊治，讲解卫生保健常识。家乡的五保老人刘广礼夫妇，80高龄，体弱多病。刘运珍每次返乡不仅要给老人诊病治病，还要给他们买回一些药物和营养品，使他们得以安享万年，前后长达10多年。

　　1978年"五一"那天，刘运珍放弃假日休息，正在医院门诊部值班，突然，院外传来紧急的呼救声，她跑出去一看，许多人正围着一个因心脏病猝死的老农。此刻，她顾不得未婚姑娘的羞涩，拨开人群，跪下去就对老人实施了胸外按摩和口对口呼吸等急救措施，使老人逐渐缓过气来，转危为安。得救后的老人及其家人带着感谢信和许多礼物找到当时的院党委书记，经打听才找到刘运珍，但她仍然执意没收老人一分钱的礼物。

　　1987年的秋天，她乘火车到北京参加学术交流，突然从广播中传来："哪位旅客是医生？请赶快到11号车厢，有病人需要抢救！"的急切呼声，她"霍"地从卧铺上爬起来就往11号车厢跑，尽管时值秋天，车内的温度仍然很高，硬座车厢里十分拥挤，她从车尾挤到车头，累得大汗淋漓，找到病人一看，原来是位刚出生40天的双胞胎婴儿，营养不良，天气热，车内人多，空气又不好，患者出现重度窒息，当她赶到时，大的已经死亡，小的生命垂危，她一把接过患儿就做口对口呼吸及其他抢救措施，使患儿渐渐恢复自主呼吸面色转为红润，挽救了幼小的生命。孩子的家长拿出钱来感谢并请刘运珍留下单位及姓名，她既没有要钱，也没有留名，又吃力地向自己的座位挤去。

　　1996年9月底，医院发现一个被遗弃的出生刚8个月的女婴，经院有关部门协调，一时无法找到领主，刘运珍只得把婴儿抱回自己家中，她给婴儿喂牛奶、洗澡、换衣，料理得像自己子女一样。小孩患有肠炎，她把女婴抱了和自己一同休息，床铺被弄得臭气熏人，她仍然毫无怨言，直到把孩子病治好后，才送到樊东区一户人家收养下来。就这样，刘运珍默默地为人民做着好事，仅 1994 年 11 月以来，在院党委的支持下，协同医院有关人员捡回并妥善安置被遗弃女婴 4 名，为灾区和困难户捐款物价值 700 多元。

生在新中国，长在红旗下，她把援外 当成为党和国家争光的机会

在一次述职报告中，刘运珍满怀深情地说："我是生在新中国，长在党旗下，吸吮党和人民的乳汁成长起来的知识分子，处处要力争为党和国家争光。"1991 年春节刚过，组织上安排她参加援外医疗队，支援撒哈拉大沙漠上的阿尔及利亚。当时刘运珍担任儿科副主任尚不到一年，正是事业上进步最快的时候，家里有不满 10 岁的孩子和年迈多病的母亲，按理说，她可以申请组织重新考虑，可她二话没说，当即给了组织肯定的答复。刘运珍认为，只要党和国家需要，无论再大的困难，就是赴汤蹈火也得去。

那时，在气候恶劣的阿尔及利亚，不仅人民生活贫困，而且社会问题严重，战事不断。我国援外医疗队除了为当地人民诊病治病，经常还要为贮备战备粮忙碌。有一次，50 多公斤的米袋子，刘运珍一袋接一袋地扛了整整半天，直到瘫倒在地上才发现已经椎间盘突出。当地缺医少药，治疗这种病很困难。总队部、大使馆等各级组织一致让她提前回国治疗，可刘运珍坚决表示：只要活着就要和同志们一道干到最后！在需要椎管内给药的情况下，她还坚持让非洲院方在办公室为她安置一张床，有病人来时就坚持看病，没有病人来时才躺下来小憩一会儿。援外期间，她共为近百名非洲患者治过病，她的事迹不但被非洲人民传颂，并得到了联合国教科文组织官员、阿方及我国卫生部领导等的赞扬，荣获了国家荣誉证书。

凭着一种强烈的事业心和责任感，搞管理， 刘运珍同样是一把好刷子

1994 年初，援外回国的刘运珍不顾身体有病，援外假没有休完，就提前上班，接任了儿科主任工作。面对科室存在的一系列难题，刘运珍找到的解决办法是：一切"严"字当头，自己带头。她着手制定了一系列管理制度，凡要求别人做到的，自己首先做到，充分调动全科人员的积极性，使前来就诊的病人逐渐增多。1994 年，儿科病床使用率与上年相比提高 35％以上，6 至 9 月出现了少见的加床现象，全年收治病人 975 人次，其中危重病人占三分之二，死亡仅一例，创历史最好水平。经济效益是上年的 3 倍，科室被院党委评为先进单位。

管理出效益。1995 年元月至 4 月，儿科即完成了全年各项任务指标的四分之三，在全院树立了榜样。5 月，由于医院创建国家二级甲等医院，医疗管理是重点，力量极需加强，院党委决定将刘运珍从儿科抽调出来，协助院长全面负责医疗管理工作。此后的 5 个月时间内，她会同有关人员组织制定了 10 余种管理制度，编写了 170 万字的资料，组织各类考试达 6 000 多人次，亲自收集病历近千份，有时为了找一份病历，她要往返在临床与职能科室之间五、六趟。她几次生病高烧 39℃，但从未因病影响工作。遇到突发或棘手的医疗纠纷，她经常半夜得起来解决，或通宵达旦地投入其中。从 5 月份到达标结束的 5 个月时间里，她没有休过一天假，没有睡过一个囫囵觉。医院顺利通过全市医院分级管理评审，里面有她不可磨灭的功绩。

参加工作 20 年来，刘运珍先后 5 次被上级评为"优秀共产党员"，15 次被评为"先进工作者"，1995 年 3 月当选为医院内科系统党支部书记，并光荣出席了市第七次妇女代表大会，9 月被评为全县首届"十大女杰"，12 月又在全市共产党员向大城市迈进闪光活动中被评为先进个人。她始终在默默地为党、为社会、为人民和集体负重奋进，用自己平凡的业绩执著地谱写着伟大而崇高的人生追求。

构筑大写的人生

——记湖北省襄阳县人民医院骨科护士长杨桂香

唐朝诗人宋子问曾有诗曰："桂子月中落，天香云外飘"。襄阳县人民医院骨科护士长杨桂香，总是像她的名字一样，在护理岗位上不断给病人播撒着人间爱的芬芳，谱写着绚丽光彩的人生。她那罗列不完的感人事迹，早已不胫而走，越过了她所在的人民医院。

三口之家是标准的幸福之家，而她，作为年轻的妈妈、妻子却三年多没有带孩子逛一次公园，没有陪双肾结石的丈夫看过一次病，甚至没有回婆家、娘家过一次年

杨桂香刚过而立之年，对许多同龄女同胞来说，正是在小家庭中沉浸温馨的年龄。而她自 1994 年担任骨科护士长以来，几乎整个身心都扑在了工作上，顾了大家忘却了小家。

骨科是县医院唯一重点专科，床位定编 60 张，实际经常开放病床 80 多张，年业务收入 300 多万元，年实际接收住院病人 2 000 多个，社会贡献和工作量之大，全院第一，而恰恰该科又缺编 7 名护士。在这种情况下，身为护士长的杨桂香只有"连轴转"。每天除了正常的护理工作之外，还有许多"编外"老病号直冲着她来，许多新病号认为她态度最好、技术最高，点名要求她做护理，这样，她只要一踏进科室就很难轻闲半会儿。家庭对她来说，就好比一个旅社，丈夫和孩子则成了旅社的服务员。有时忙完工作很晚才回家，腰酸背痛，丈夫要照顾她的生活，孩子则要帮她拍腿捶背。

担任骨科护士长以来的三年多时间里，星期天和节假日，她几乎都是在科室里度过的，早上班，晚下班，节假日再加班，早已成为习惯。她答应抽时间带孩子去逛公园，但一晃三年都没有满足孩子的这一小小愿望。孩子上学不满五岁，每次开家长会，或者上下学接送，别人都是爸爸或妈妈带着、宠着，她却一次也没有接送过，没有参加过一次家长会。由于丈夫上下班时间和孩子上放学时间不一致，也不能接送孩子，许多次孩子祈求她："妈妈，你就抽时间

本文原载于《当代护士》1998 年第 5 期。

到我们学校去一次吧，只一次好吗？要不别的孩子老是欺负我"。孩子几乎声泪俱下，她望着孩子祈求的目光，联想着刮风下雪时孩子无人接送的情景，只能强忍着欲出的泪水，一边答应着"行！行！行！"，却一边又忙工作去了。背地里她不知流过多少泪。是啊，她何尝不想送孩子上学，何尝不爱自己的孩子，但她同时又感到科室离不开她，病人更需要她，她心里装的只有工作，只有病人。丈夫双肾结石，发作起来疼痛得厉害，一年多她一次次承诺，却又一次次失约，始终没有挤出时间陪丈夫在医院仔细检查和治疗一下，甚至帮助带点药回来也常常给忙忘了，最后留给丈夫的只有愧疚。

按说家离她上班的地方只有百来米远，完全能够按时回家吃饭休息，但是，如遇特殊情况，她却一天 24 小时难得回家一次，甚至顾不上吃一口饭。1998 年 8 月的一天晚上，她正在家里吃饭，科室突然接收了 5 个车祸病人，这 5 个病人都是老河口市来襄樊办事的，当时没有一个亲人在身边，病人的病情又非常严重，不能有丝毫的闪失。作为护士长的她，通宵达旦地护守在病人身旁，第二天又照常上班。1998 年 9 月 28 日，是个星期天，值班护士因家中有事，她自己虽然感冒头痛，仍然坚持为其顶班，当她正准备交班回家时，科室一下又接到 4 个因车祸受伤的病人，其中两个病人全身多处骨折导致失血性休克，血压为零，神志昏迷，病情危急。她二话没说，又立即投入救护工作，一方面找院方求援，一方面组织护理人员抢救病人，连续给两位患者输血，直到病情稳定，她才放下心来。这时她已是一连工作了近 18 个小时。由于骨科的特殊性，突发事件较多，并且很多病人来后情况都很紧急，每当遇到这种情况，杨桂香都不由自主地忘记了自己的一切。

病人是上帝，病人胜亲人。护理病人，
她十六年如一日，无微不至，毫无怨言。
再苦再累，她总是对人说：这是我应该做的

杨桂香自从卫校毕业以后，已整整在护士的工作岗位上走过了十六个春夏秋冬，尤其对骨科来说，外伤和危重病人较多，护理比较困难。但她始终以良好的医德，视病人为亲人，精心护理。1997 年，有一位山西患儿，她父母在来襄樊的途中双双在车祸中丧生，同车的亲属也都受了重伤，一时没有亲人照顾，杨桂香就从自己腰包里拿钱给他买饭，帮助打电话联系亲属，而且自己一有时间就守候在他身边，给他喂饭，帮助他下床大小便。1998 年 5 月，黄龙镇新桥村的一位孤寡老人在家打麦子时胳膊腿被轧断，来医院截肢后，亲属因农忙都回家了，杨桂香又主动帮助老人端茶送饭，端屎倒尿，像亲闺女一样担负起照料老人的任务。有少数的瘫痪及其他特殊病人，伤口溃烂，恶臭难闻，病情反复，她为其冲洗伤口，一日三次，耐心细致，一干几个月也不厌其烦。

她对待工作和病人十多年如一日，现在是这样，过去也是这样。1987年以前杨桂香还在乡镇卫生院工作时，就因工作突出，担任了护士长职务。有一次年关值夜班时，来了一位重病人，由于值班医生诊治不当，病人家属同院方发生了争执，但杨桂香对他热情、耐心、细致地护理，改变了病人家属的态度，受到了病人家属的称赞，并被新闻单位宣传表扬。

多年来，她在自己的工作岗位，总是起早摸黑拼命干，团结护士一起干，身先士卒带头干。深更半夜也好，刮风下雪也好，只要遇到急诊危重病人，杨桂香总是随喊随到。被她护理过的所有病人，无不深受感动，但当人们向她表示感谢时，她总是坚决拒绝，并且说："我是人民的护士，护理病人是我最大的天职和应尽的义务，病人就是上帝，病人比我的亲人还亲。"

技能操作她精益求精，总是用一流的技术为病人服务。她说，作为一名护士，空有满腔热情不行，还必须练就一身为人民服务的过硬本领

在杨桂香看来，医疗护理工作是人命关天的大事，要想干好这项工作，只有好的思想道德和服务态度不行，还必须有过硬的服务技术。因此，在技能操作上她对自己和科室其他护士总是高标准、严要求，使全科护理人员个个都能独立解决护理难题。在抢救危重病人中，她既是操作着，又是指挥者，在全市的几起重特大车祸危重病人抢救中，配合科主任带领其他医护人员出色地完成了上级领导交给的任务。在医院创二甲活动中，骨科的护理水平特别地受到了省卫生厅检查团的一致肯定和好评。在所护理过的数以万计的病人中，无论杨桂香本人，还是她所管理的科室，都未出现过任何护理差错。

心血和汗水总是伴随着成功的收获。近年来，县医院骨科因杨桂香的护理工作有方，在鄂西北更加声名显赫。显著的社会效益，也带来了巨大的经济效益，该科的业务收入不仅率先在全院突破百万元大关，而且连续实现翻番，1998年已实现业务收入达360万元，成为全院的"顶梁柱"科室，并多次被医院和卫生局评为先进单位。杨桂香个人也连年被评为先进工作者，1996年被评为县级优秀护士，多次被评为全县卫生系统先进个人，连续三年的公务员年度考核都为优秀。1992年，她撰写的论文《不同肇事方式与交通事故伤情类型》在中国首届创伤学术会议上交流；1996年，她的《现代管理方式与管理者的自身素质》一文，又在医院首届论文交流会上被评为二等奖。

爱心如甘霖，奉献无止境。如今杨桂香正用自己的双手和灵魂，不断构筑着一个看似平凡却是大写的人生！

医 之 魂

——记襄阳县人民医院脑外科党支部书记、副主任吴文涛

1995年3月1日，汉水两岸，重云如盖。

下午2时，地处襄樊市丹江路口的襄阳县人民医院住院部门前，挤满了数百人，有医生、护士、干部、工人、病人、家属……人们被一种沉重的心情压抑着："吴医生是多么好的人啊，愿老天有眼救救他吧！"

一辆救护车开过来，一位脸色苍白灰暗的七尺多高的汉子被人扶着上了车。"吴医生，我送您去""吴老师，我送您""小吴，我送您……"。涌动的人群把救护车的两块玻璃都挤破了。院党委书记张德春含着泪大声地说："同志们，不要挤，院党委已决定派胡志全和郭长远陪吴文涛同志上武汉，请同志们放心。"

然而，病魔无情。因医治太晚，37天之后，县人民医院普外科副主任兼外科党支部书记吴文涛，被肝癌夺去了生命。县医院建院以来，第一次出现了千人恸哭的悲壮场面。人们追忆着吴文涛44岁的短暂人生，感慨万千，口碑载道。

13张欠账单印出吴文涛高洁的人生

有人说，"手术刀一动，一年就成万元户"。此言并非天方夜谭。

在当今一些医疗单位红包风行的情况下，吴文涛若想靠"外财"致富，具备所有的最佳条件：医术好，是普外科公认的一把刀；有实权，主管做手术；病人多，常年病床告急。有了这些得天独厚的条件，吴文涛想捞外快，简直易如反掌。可他权、技在身，一尘不染。人们在整理吴文涛遗物时，从他办公室的抽屉里，发现了他的13张欠账单，累计欠外债24 000多元。

吴文涛老家在福建省浦田的一个山村，姊妹六人，他排行老三，父母常年有病，弟弟妹妹尚小，还有一个卧床不起的奶奶。吴文涛一直担负着养护小家和老家的重担，钱，对于他来说太需要了。然而，君子"需"财，取之有道。

本文原载于《襄阳日报》头版头条，《湖北日报》在1995年7月1日头版头条"红旗飘飘"专栏以《高洁人生》编发，作者配合刘进、曾旭东共同采访完成，随后主笔了续篇。

除工资收入以外的其他酬劳，吴文涛从来不收。

1995年元月中旬，快过春节了，有一位姓崔的襄北老汉一清早赶到吴文涛家："吴大夫，感谢您救了俺儿子的命，俺听说您要求严，不接受病人钱物，俺和老伴一合计，把俺做的甜酒给您送点来，这总不当为礼吧，请您收下。"吴文涛看着老汉手中的一大瓷盆甜酒和那张诚实忠厚的脸，心里热乎乎的，可他没有伸手去接酒。不是嫌这礼轻，而是他给自己订有一条规矩："病员的一分钱不能收，一颗米不能沾。"他好歹说服了老汉，又找了一个干净塑料壶装上甜酒，一直把老汉送到车站。后来，每当提起吴文涛，老汉总会佩服地说"吴大夫真是天底下的大好人啊。"

1989年秋的一个晚上，被吴文涛从死神身边拉回，端屎端尿护理3个月之久的一位病人，在痊愈后同家属一起来吴文涛家感谢。他们带来了麻油和1 000元红包，诚恳地说："吴医生，在我浑身恶臭难闻，医治无望的情况下，是您救了我，我知道您很正派，但这回您一定要收下，因为您现在太缺钱了。"是啊，吴文涛正为奶奶病重住院抢救缺千把块钱而焦虑，老家来电报在催。可吴文涛说："心意我领了，钱物一定要带走，救死扶伤是我的本职工作。"第二天，他到银行贷了钱寄回去。

1994年春，一位干部的儿子因斗殴打破了头。这位公子怕面子上不好过，本不想让多的人知道，就找天吴文涛的一名好友，让他去做吴文涛的工作，请吴文涛借手术台用个把小时，条件是给吴文涛600元酬金。吴文涛闻知，狠狠地批评了他的朋友，并以此为典型在科室内开展廉洁行医的医风医德教育，进一步制订出详细的手术室管理制度张挂在墙上，让大家互相监督执行。由于吴文涛事事从自身做起，他所带的科室廉洁成风，连年被评为先进单位。

家徒四壁，唯有书两架。十多年来，吴文涛为病人签字担保的医疗费高达百万元

走进吴文涛的家，你怎么也不会相信这是一位月薪530元的外科主任家庭。吴文涛睡的床是两条板凳支撑的，衣柜里挂的四套衣裳，一件短大衣，一套破旧的中山装，一套西装裤头和短袖衬衣，一套劣质西服，这便是他生前的奢侈品。

吴文涛的爱人靳玉清说，他一生别无他好，不抽烟，不爱打牌下棋，一年四季忙工作，顾不上老婆孩子，顾不上家。家中连最起码的摆设也有。可他对知识对事业却着了迷，发了狂，家徒四壁，唯有两架书。吴文涛近年来，每年都要花上几百元买专业书，以至于书成了他的又一"奢侈品"。

近年来，医院为了适应市场经济形势，制订了先交钱、后就诊的制度。吴文涛作为普外科当家人，他深知医院的难处，但他更知自己作为一名党的医务

工作者，救死扶伤是他义不容辞的责任。因此在两者利益发生冲突时，他毫不犹豫地选择了病人。

翻开县医院血库供血通知单，有许多上面是吴文涛代签的字，总金额近10万元之巨。血库负责人说："吴主任心肠好，病人只要没有钱向他说一声，他就签字担保。"

而普外科同志提供的一个数字更为惊人，10多年来，吴文涛为病人签字担保的医疗费高达近百万元。其间，因一些被担保的病人还不上钱，吴文涛因此而数度被停发工资。可他无怨无悔，一遇病人有困难，他依然一如既往，签字担保。

一直过着清贫生活的吴文涛，对贫困的病人特别照顾。1994年秋，一位方集山区的农民来普外科做胃切除手术，带来的钱仅仅够手术费，连吃一顿饭的钱也没有。吴文涛知道后，来到农民面前："你放心治病，我把饭给你包了。"像这样的事举不胜举，对那些来治病的贫困户农民，吴文涛有时帮助点钱，有时帮助点物，还有时帮助病人买上几顿饭。他，被病人称为"活菩萨"。

翻开普外科手术档案，吴文涛做的手术最多，
他这个工作狂，还具备许多知识分子难以具备的优秀品德

吴文涛1951年出生，1969年参军，1971年入党。在部队吴文涛立志当一名好医生。他放弃所有休息时间，勤奋学习，终于以一名初中生的水平考上了西安第二军医大学，4年后以优异的成绩毕业，被分配到铁道兵某医院。大山造就了他正直、勤奋的性格。吴文涛年年被评为先进工作者。1983年他转业到了襄阳县人民医院，开始了他的第二次人生征途。

吴文涛来到县医院普外科后，决心一切从零开始，他虚心向其他大夫学习临床经验。医院也很看重这个好学上进的年轻人，先后两次派他出去深造，一次是在武汉市二医院学习了一年，一次是在北京中华医学会举办的外科培训班上培训了一个月。宝贵的学习时间，他拼命地学，学成回来后，1985年他在襄樊地区率先引进了"肠系膜上静脉搭桥术"，当年就从死亡线上用新技术救活3个人。襄樊市区有位60多岁的患肝硬化高龄老人，在内科治疗大出血，走投无路的患者家属听说县医院引进了一项新技术，抱着试一试的心理，把老人送到了吴文涛的手术台上。吴文涛敢担风险，为老人做了"腔、肠静脉分流术"，老人得救了，紧张的汗水却湿透了吴文涛的全身。

吴文涛是个典型的工作型知识分子，他不愿逛街，也很少休息过节假日，常年春节值班的都是他。无论是刮风下雨，还是风和日丽，无论是正常上班，还是休息日，每天晚上7点半到9点半，他一定在病房巡查，一年四季，吴文涛总是全医院上班最早的。也往往是下班最晚的。长年累月，吴文涛从没请过

一天事假，从没因私事耽误过工作。他是全医院替人顶班最多的人。

翻开普外科的手术档案，吴文涛做的手术最多，年均 250～300 个，几乎一天一个手术。做手术很辛苦，大手术能从上午做到下午，中间不能吃饭，不能坐，不能上厕所。吴文涛就是在这种环境中积极工作，从没叫过一声苦，发过一句牢骚。

吴文涛这个工作狂，还具备许多知识分子难以具备的优秀品德，外科的厕所十几年来每天部是吴文涛打扫的，医院要搞义务劳动，吴文涛总是干活最多的人。

吴文涛敢于提意见，敢于开展批评，只要看到不廉洁的事和有损于党的形象的事，他都要毫不留情地提出来。1994 年医院风行第二职业，第二职业冲淡了第一职业，许多人看在眼里不敢提，吴文涛却在一次中层以上干部会上提出来，并对此事提出了批评。院党委根据他的批评作出决定：禁止领导成员在外设个人诊所。吴文涛还根据群众反映食堂的问题，向医院提出重新承包意见。如今，食堂不仅不再向医院要工资和专款，而且每年还交纯利 2 万余元。

吴文涛非常热衷于公益事业，向灾区捐款，他是县医院捐款最多的人之一；向贫困山区人民捐物，他捐的最实在。1995 年 2 月，县中医院一领导患肝癌，此时业已重病在身的吴文涛率先捐了 50 元钱。虽然吴文涛一直生活在贫困中，但他从没向组织上张过一次嘴，道过一声苦，直到逝世。

与死神搏斗的吴文涛放不下他的工作和为病人尽责的心，
他以自己的行动，在人们心中树起了一块不朽的丰碑

吴文涛被正式确诊为肝癌晚期后，仍然要求院党委给他安排工作，医院为他安排病床，他拒绝了。他对院领导说："现在病床这么紧，还是安排危重病人吧。"后来直到病情更加恶化，他才睡到本科室临时加的病床上。

与死神搏斗的吴文涛放不下他的工作和为病人尽责的心。3 月 18 日，院长张德春来探望他时，他紧紧拉住院长的手用微弱的声音说："张院长，这段时间我考虑了很久，想给党委提几条建议：一是廉洁行医细则方案要立即出台，请廉洁监督员，多设几个举报箱，并请专人收发处理；二是广泛开展向病人送温暖活动，把咱们医院不仅建成一流的医术医院，而且要建成一流的医德医风医院。"张德春热泪盈眶，频频点头。如今，这一切都实现了，吴文涛的建议已付诸了实践。

3 月下旬后，吴文涛已是时而昏迷，时而清醒。他自己深知去日不多，可他觉得有好多话要交代，一天，他叫来年轻医生郭静波："你是一个上进心很强的好姑娘，我当过你的老师，没有教给你多少知识，我请你记住，不仅要获得事业上的成功，而且要不断追求高尚正直的人生，这样才能做一名受人尊敬

的医生。"

4月7日，吴文涛病逝了，医院700多名正式职工和300余名学员、临时工，沉浸在悲痛之中，绝大部分同志禁不住失声痛哭。噩耗传出，人们自发地从四面八方涌来，这些人有许多是他的学生和病人，人们含着深情的泪水谈论吴文涛平凡的一生。

陪同吴文涛到武汉复诊的县医院外科副主任胡志全和急诊主任郭长远，回忆起陪吴文涛在武汉的3天经历，心潮澎湃，百感交集："武汉同济医院肿瘤肝病专家王成言教授告诉我们，已经太晚了，请回吧！作为医生，我们当然明白教授话的意思。3月3日，我们把吴文涛领到一个装饰典雅的餐馆门前，想花百十块钱请他吃顿好饭。生活上调节好些，痛快玩几天，这也是院党委的意思。当我们将想法告诉吴文涛时，他死活不肯赏光，他说："不能瞎花钱，当干部的啥时候都要带好廉洁的头，我几十年都过来了，现在更不能例外。"因为吴文涛的坚持，我们3人在武汉的两天，每天都是在小吃摊上花上十元吃快餐。就连玩两天的建议也被吴文涛否决了。

太平店镇教师胡玉华闻知吴文涛去世的消息，椎心泣血，痛心入骨——

1989年胡玉华患胰腺炎在基层医院被误诊且动了手术，已是生命垂危。由于伤口感染，浑身恶臭难闻。那天胡玉华被抬上手术台时，并不是吴文涛值班，可他还是挑起了这个重担。不顾阵阵恶臭扑鼻，又当医生又当护士，坚持亲自擦洗上药。经过吴文涛三个多月精心治疗，使胡玉华脱险康复。

普外科医生石建华提起平时吴文涛助人为乐的事迹，感慨系之，抱恨不已："今年2月7日（农历正月初七），是我当班，一名小孩急需做嵌顿疝手术，可碰巧这时我家里遇到急事，为难之时，自然而然地想到了吴主任。我知道他从大年初一一直值班到初七，而且是带病在坚持工作，可我不知道他是一边挂吊针一边工作的，更不知他此时已是肝癌晚期，癌细胞已扩散到肺部，并已腐断他两根肋骨，若知道，说什么我也不能……"

普外科医生郭静波回忆当时吴文涛做手术的情景时说："吴老师是捂着腰走上楼的，来到配药室，我见他头上直冒汗，问他怎么啦，他摇摇手说没事，他拿来一针局麻药给自己打上，然后走上手术台。这本是个小手术，可吴老师却做的异常艰难，手术一结束，他就倒在了手术台上。"

一个个可歌可泣的故事，一段段悬肠挂肚的轸念。吴文涛，用自己的行动，在人们心中树起了一块不朽的丰碑！

医之魂（续篇）

——听靳玉清谈丈夫吴文涛

反映襄阳县医院原普外科党支部书记、副主任吴文涛事迹的长篇通讯——《医之魂》在本报刊出后，在全县引起强烈反响。"捣麝成尘舌不灭，拗莲作寸丝难绝"。睹文思人，人们对逝者的家庭关注有加，带着广大读者的心声，6月下旬至7月上旬，我们又多次到县医院去探寻吴文涛的过去，尤其是专门采访了他的妻子——现在县燃料公司工作的靳玉清同志。

我们的注意力首先集中在室内的家什上。靳玉清苦笑着解释说：这套二室二厅的住房，是1994年底县医院照顾业务骨干和技术尖子时，分给吴文涛的。室内的几件旧家具，是1985年从娘家搬到县医院时娘家"扶的贫"。与丈夫结婚十几年，家里添置的东西全部加起来也不过2 000元。丈夫很少买新衣服，她也几乎不买，自己几件"体面的衣服"，大都是妹妹穿旧了或不愿穿的。丈夫在世时，她体谅他的难处，更知道他的秉性，所以从来不给丈夫提什么物质上的要求。

我们环视着室内的摆设，整套住房空空荡荡，除几件老式家具外，再无他物，连睡的床都是用两条大板凳支的。高档次的房间与低档次的家具，形成了强烈的反差。

在当今一些人们纷纷追求"吃讲营养，用讲高档，穿讲漂亮"的时候，一位堂堂的外科主任医师，家徒四壁却乐守清贫，真正是难能可贵。

靳玉清和吴文涛，前者是古城襄樊的城里小姐，后者却是福建山区的农家子弟，说起两人的婚配姻缘，其间还有一段"罗曼史"。

1978年，吴文涛从第四军医大学毕业后分配到襄樊市中心医院见习时，因病住院的患者靳玉清正好是他实习治疗的一位病人。吴文涛学习很努力，工作更扎实，不仅白天查房工作负责，晚上休息时，他也追加一次"查房"，并挨个询问病人的情况，生于襄樊、长于襄樊且出身于干部家庭，年轻漂亮的靳玉清在情窦初开之时，便被这位异性青年的敬业精神所感动。于是，女患者和男医生就在医院这特殊的环境中相爱了。最后，两朵隔墙花，终成并蒂莲。十

本文原载于《襄阳日报》头版头条，当期报纸同时配发了《襄阳科教工作者要学吴文涛》的社论。

几年来，夫妻俩感情一直很好，恋爱期间的第一封信到最后一封信，至今都还完整地由靳玉清保存着。她支持吴文涛的事业，再累再穷再苦，都无怨无悔。

回顾婚后与吴文涛共同生活的经历，靳玉清百感交集，透过她的谈吐，我们看到了他们生活的艰辛苦涩。

靳玉清告诉记者，婚后，她每次到吴文涛所在的部队探亲，突出的感受是吴文涛特别忙，一天到晚不落屋，有时是下连队，有时是在病房，即使是在机关，他也很少回家陪她。有次她去看他，见他像个老农似地穿了件背心，挑着粪桶在菜地里浇菜。吴文涛就是这样的人，没有事干手就痒痒，工作起来往往忘了一切，1983年，吴文涛转业到县医院工作，军装脱了，工作单位变了，可他工作的热情却有增无减，一心扑在工作上，家务事几乎不做。一次，儿子病了，让他带点药，他拖了一两个星期拿不回来，最后还得靳玉清跑到街上去买。每天早上，吴文涛7点钟准时去上班，晚上常常是忙到深夜12点才回家，一年四季，几乎天天如此。1994年的一天晚上，靳玉清在家打吊针，中途家里停电，她手边一无电筒，二无火柴、蜡烛，最后只好摸黑把吊针取下不打了。吴文涛如此不顾家，并不是说他不爱家，不爱妻子儿子，他是顾不上啊，人的精力有限，没有分身之术。吴文涛常说："作为医生，病人更需要我。"

靳玉清的话，使人感到吴文涛对家似乎"太没有感情"了，但张德春院长介绍的一个情况却做出了反证，吴文涛在弥留之际，用十分微弱的声音向院领导提出了一个小小的要求："母亲年迈多病，妻子收入微薄，孩子年纪尚小，我在世时没有尽到做儿子的孝道，做丈夫的责任，做父亲的义务，死后若有可能，请组织上对自己的家庭给予照顾。"这既反映了吴文涛在世时对家庭利益牺牲的真实情况，也表明了一个逝者的普遍而可贵的情感夙愿。

无情未必真豪杰，顾家如何不丈夫？共产党员也是有思想，有感情，有血有肉，有父有母，有妻有子的人。吴文涛敬老爱幼疼妻，可他又放弃了"愿为形与影、出入恒相逐"这种"老婆娃子热炕头"的安逸生活，舍弃了以家庭为圆心，以家庭成员为半径勾画的小家生活。吴文涛舍小家而顾大家，这种"但得众生皆得饱，不辞羸病卧残阳"的"病牛"精神，真可谓大贤秉高鉴，公烛无私光。

靳玉清告诉我们，无论春夏秋冬，哪怕是三九天的半夜三更，只要电话铃一响，说科室有事，说来了急诊病人，吴文涛便会一骨碌从床上爬起来，披上衣服就往科室跑，每次科室来了重病号，他总是吃不香，睡不好。前年夏天，从谷城来了一位病人，需要做手术，可病人家里穷，交不起手术费，虽然吴文涛和那位病人素不相识，虽然我们家已欠了许多外债，可吴文涛还是把家中仅有的300元钱，拿出三分之一资助了那位萍水相逢的病人，他就是这样的德行。"自当舟楫路，助济往来人"，看到别人有困难，自己再穷也要帮一把，不然心里就过不去。

靳玉清告诉我们，吴文涛为人处世的另一大特点，就是原则性强。对此，有人说他"死板"，有人说他"呆板"，可他不为所动，自有一把尺子。1994年5月，一位在黄集工作的福建老乡找到吴文涛，请他帮助搞个结扎手术，办个假证明，他老乡说："这个极简单，就是在那个部位划破点皮，缝上，算是结扎痕迹，然后开个证明。等有了小孩，我们就说结扎不彻底，完了，给2 000元酬金。"吴文涛狠狠地批评了他这位老乡。他说，计划生育是基本国策，这种犯法的事我坚决不干，再多的钱也不干。类似这样请他开绿灯给好处费的事每年都遇好些个，吴文涛一是坚决不搞，二是严厉斥责。

听了靳玉清如泣如诉的介绍，我们心中的吴文涛形象更加高大起来。吴文涛身后之所以博得了广大群众的爱戴和怀念，是因为几十年来他一直以一个共产党人的高标准要求自己。为了人间月更圆，眼界无穷世界宽。他一尘不染两袖清风，视名利安危如襄河水，心系事业情洒病员，置人民利益高于隆中山。这样的人，精神不死。因为，流水犹可割，相思谁能载！

刘明国 著

中国三农观察

（下卷）

中国农业出版社

目　　录

第五篇　时政评论

第六篇 专题研究

第七篇 体会交流

附 录

第五篇
时政评论

新农村建设与发展生产不能"两张皮"

当前，社会主义新农村建设成为各地"三农"工作的总抓手。从整体上看，大多数地方都能够将新农村建设与春耕生产有机地结合在一起，自觉地把发展农村经济放在新农村建设的首位，在谋划新农村建设的长远规划中，牢牢地抓住眼前的春耕生产不松手。然而，值得注意的是，一些地方也出现了将新农村建设与农业生产相割裂的倾向。有的干部认为，农业生产是农村最基本的一项日常工作，不用政府去管农民也会主动干好，而新农村建设才真正是政府应该重点抓的大事。抓农业生产就会耽误抓新农村建设，抓新农村建设就没有时间抓农业生产。在他们的心目中，新农村建设和农业生产已然成了互不相干的"两张皮"。

为什么会出现把新农村建设与农业生产割裂对待的情况？回答这个问题，首先有必要对持有这一看法干部的所思所为做一番考察，看看他们在发展生产之外究竟为新农村建设想了些什么，做了些什么。据来自基层的反映，有的干部谈起新农村建设时，津津乐道于村庄建设外观的整齐划一，大谈家家住别墅、人人盖新楼、户户通油路的美好设想；有的甚至直接认为，农业税取消以后，中央知道基层干部没有什么事可干，所以就提出建设新农村，目的就是带领群众建房、修路，保持村庄环境卫生。再说了，干这些事看得见、摸得着、立竿见影；还有的地方，偌大一个县、一个市，却可以在中央提出建设社会主义新农村之后不到一个月，就拿出了当地新农村建设的详细规划。看过这些情况，或曰认识偏差，或曰形式主义，答案也许不言自明。

当然，新农村建设绝不排斥盖房、修路、制定规划，而且这些工作还是新农村建设很重要的方面。但是，问题在于，新农村建设也绝不等同于盖房、修路，制定规划更需要实事求是、科学认真的态度，尤其不应将盖房、修路、制定规划这些工作与发展农村经济，特别是与抓好当前的农业生产割裂甚至对立起来。

"生产发展、生活宽裕、乡风文明、村容整洁、管理民主"是中央对社会主义新农村建设提出的总要求。在这五句话的总要求中，首要的就是"生产发展、生活宽裕"。我国农村面临和需要解决的问题很多，之所以把"生产发展、

本文原载于《农村工作通讯》2006年第5期。

生活宽裕"放在社会主义新农村建设的首位，究其原因，一方面，万丈高楼平地起，社会主义新农村建设离不开物质基础的支撑，而生产发展是一切物质基础产生和存在的本源。反过来看，新农村建设目标也应该是促进生产的发展。试想，如果新农村建设阻碍了生产的发展，这样的建设不要也罢。另一方面，农民是新农村建设的主体，推进新农村建设必须充分调动农民的积极性。而要调动农民的积极性，又必须通过生产发展，把增加农民收入，提高农民生活水平和生活质量作为新农村建设的出发点和落脚点。目前，国家虽然空前加大了对"三农"的政策扶持力度，但由于我国农村人口众多，范围广大，改革开放20多年来，国家财力虽然显著增强，可是要办的事情毕竟太多，现阶段支持农业的力量终究有限。因此，社会主义新农村建设能否取得成效，能取得多大成效，最终还需要由农村的经济基础来决定，也即要依靠生产发展来决定。生产上不去，经济不发展，基础不牢固，无论社会主义新农村的蓝图多么美好，终究也是空中楼阁，要么建不起来，要么建起来了也随时有坍塌的危险。

分析不难发现，生产发展既是新农村建设的目的，也是新农村建设的手段，地位和作用尤为不可小觑。也许有人还会提出疑问：生产发展是否能够等同于农业生产发展？回答当然是否定的。这里的生产发展，应该是追求于农村第一、二、三产业的齐头并进，而不是指单纯意义上的农业生产。但是，尽管如此，我们仍然不能忽视的一个基本事实是，我国有十几亿人口，从国家粮食安全的战略考虑，在可以预见的相当长的时期内，社会主义新农村建设中的"生产发展"，必然还是要以农业生产发展为核心和基础的。

我国农村的落后首先是经济落后，生产发展首先是农业生产要发展。胡锦涛总书记、温家宝总理分别在年初的省部级主要领导干部建设社会主义新农村专题研讨班和十届全国人大四次会议上强调指出，"农业丰则基础强，农民富则国家盛，农村稳则社会安""建设社会主义新农村，首先要发展现代农业，促进粮食生产稳定发展和农民持续增收"。无论是从基本的国情来分析，还是从实实在在贯彻中央精神的高度来认识，那种把新农村建设与农业生产割裂甚至对立起来的看法和做法都是极为有害的。

合村并组草率不得

随着农村税费改革的不断深入，合村并组之风在全国相当一些地方刮起。前不久，中部某省在媒体上爆出猛料：今年底明年初，全省要通过合村并组使村组个数减少 30％以上。如此气势令人赞叹，但赞叹之余也不禁发人深省——就全国而言，合村并组的路究竟能走多远？

笔者以为，要回答这个问题，首先最起码要做两点思考：

第一，合村并组的目的意义何在，达此目的还有无其他简便办法？

农村税费改革以后，农民负担大幅度减轻，村组干部的工作难度也大为下降，合村并组顺应农村形势，有利于减少村组干部、减少支出。无疑，这是其主要目的所在。实际上，一些地方通过合村并组也的确达到了这种目的。但是，回过头来再分析，不合村并组能不能实现这"两减"目标呢？回答应该是肯定的。因为，一方面大部分村组干部本来就是"露水"干部，具有农民和"干部"的双重身份，面对干部岗位上的升降去留不像国家干部那样看重，在减人的大前提下，村组合并与否对他们来说意义不大。另一方面，原来减轻农民负担只是把大负担减成小负担，而这次目标非常明确，是要从根本上取消面向农民的一切不合理税费。改革后，村组干部的工作压力减轻，工资一般又只能靠转移支付，加上村组干部的工资也不像国家干部那样有严格的档案级别标准，所以应该可以，也必须在一个村内实行干部工资的总量控制，对不同村组干部的工资标准进行调整。在"权力变小、无利可图"的情况下，一些服务意识不强或者认为在其他领域更能发展的现有村组干部，最终也可能选择自己离开，实现自然分流。

第二，合村并组中存在和可能出现的矛盾、困难究竟有多大？

从实际情况看，合并一个村或者一个组，有时候比合并一个乡甚至一个县的困难还要大。出现这种现象，主要是因为村组的一切与老百姓直接相关，要实现顺利合并必须得到大多数人高度的心理认同。

当前，在合村并组中经常遇到和可能出现的困难主要有三：一是人们生活的自然习惯难磨合。所谓"十里不同俗"。从严格意义上来说，村、组实质上

本文原载于《农村工作通讯》2004 年第 8 期。

不是一个行政建制，而是一个熟人社会，往往经过了几十年甚至几百年的形成过程，不同的村组有不同的村落文化，合村并组意欲强制性改变村民已经习惯的各种活动范围，但实际上群众往往并不接受。二是集体债权债务难分割。当前，村组债务比较普遍，且不同的村组债务往往大不相同，在合村并组中，如何对集体债权债务进行分割是人们关注的焦点。经济实力不对称的村或组要合并，实力强的一方很难接受。另外，根据制度经济学的理论，产权是形成的而不是规定的，村组合并人为中断了村一级产权的形成过程，村民对村这个法人实体的认可程度大大降低，对今后的发展也很容易产生长期的负效应。三是干群关系难协调。由于群众的接受程度不同，合村并组后，干部大多是"分而治之"，即原来所属村选上来的村干部仍负责原来村的工作。这样的分工，人为阻断了村民之间的沟通和融合，村干部内部更容易形成派系，削弱了村委会的整体战斗力。另外，随时出现的大村压小村、富村欺穷村的现象，也容易伤害少数村民的自尊，影响和睦相处。

由此可见，在目前农村矛盾和问题还比较多的情况下，合村并组的工作可以探索，但不能过于强求，不必要，也不可能大面积展开。更何况合村并组需要额外成本，如果因此出现副作用乃至反作用，显然费力不讨好，做不如不做。

诗人陆游曾说："汝果欲学诗，工夫在诗外"。农村税费改革要最终取得成功，工夫同样也在"诗外"，即必须把配套改革搞好。在2003年的全国人代会上，温家宝总理决不走"黄宗羲定律"怪圈的谆谆告诫和铿锵誓言，如今依然言犹在耳。从绝大多数地方取消特产税，到全面降低农业税，再到部分地区取消农业税，农民负担的大幅度减轻，使农民大有欲喊领袖们万岁之意。然而，我们决不能看到成绩就沾沾自喜，一定要看到巩固减轻农民负担成果的难度，应启动配套改革程序来从制度上彻底杜绝农民负担的反弹。对配套改革的重要性，绝大多数人的认识是一致的，但从目前的情况来看，县乡两级配套改革还没有完全启动。配套改革的重点首先不在村组，而在县乡，因为靠农民拿钱养活的人主要集中在县乡，怎样把县乡财政供养人员减下来，才是各级在税费改革中应该考虑的头等大事。不谈县乡配套改革，只谈合村并组，恐怕不符合农村的实际情况，也有避重就轻之嫌。看来，合村并组的路究竟需要怎么走、走多远，这是需要认真研究的大问题，千万草率不得。

村务公开不应捂捂盖盖

前不久，胡锦涛总书记主持召开中央政治局会议，研究了村务公开的有关事宜。党的总书记主持党的高级会议，讨论起了"村务"，乍一听，多少让人感到有一些新奇，但仔细一品味，却又觉得是抓住了"三农"工作的一个焦点，非常必要。因为会议研究的不是一般的基层小事，而是最广大农村的民主管理问题，是涉及亿万农民能否真正当家做主的大事。

这次会议，一方面从又一个侧面体现了中央对"三农"工作的高度重视，另一方面也折射出村务公开工作中存在的问题仍然不容忽视。我国作为一个农村人口大国，84万个村级组织构成了共和国大厦的重要基石。多年以来，村务公开的大道理讲得让人耳朵都要生出茧子来，可是实际落实的情况却总是不能令人满意，有的地方甚至问题还很严重。根据来自基层的反映，村务公开的问题归纳起来主要存在着"五多五少"：即嘴上喊的多，真心落实的少；数据公开的多，情况公开的少；"冷点"公开的多，"热点"公开的少；事后公开的多，事前公开的少；检查来了公开的多，检查过后公开的少。最后，所谓的公开就变成了"半公开"、"假公开"，导致村级管理混乱，群众意见很大。

村务公开本来是一件很正常的工作，对村干部来说也不过是举手之劳，那么，是什么原因让正常变成了不正常，又是什么原因使举手之劳变得障碍重重了呢？村务为什么不能公开？对于基层干部，特别是作为当事人的村干部来说，答案也许很多，但主要的恐怕有两个：一是屁股不干净，不敢公开；二是心里有鬼，不愿公开。道理实际很简单，自己屁股有屎，带头干了见不得人的事，你让他公开，这不等于明摆着要整他吗？自己心里有鬼，私心很重，你让他公开，这不又等于是要断了他徇私舞弊的后路吗？

当然，"屁股有屎"和"心里有鬼"虽然是村务公开工作的最大障碍，但当事人谁都不会轻易承认这两点。一段时间以来，如果仔细考察一下村干部对村务公开问题的解释，理由最多的是害怕影响稳定。普遍的说法是："农村的事很复杂，农民的素质低，有些事情不公开农民不知道，一公开他们就瞎胡闹。"由此而来，"稳定压倒一切"这句至理名言在村务公开工作中被有些人当

本文原载于《农村工作通讯》2004年第7期。

成了"挡箭牌"、"大帽子",理由充分而又冠冕堂皇。

村务公开就会影响稳定,事实果真如此吗?非也。笔者在基层工作多年,其中有在乡镇任职数年的经历,既深知农村基层干部的难处,也对农民的憨厚淳朴与通情达理有深刻的感受。实际上,农村最大的不稳定隐患不在于别的,就在于村务的不公开。不公开使农村的问题越来越大,不公开使农民失去了对干部最起码的信任。在体制转轨的过程中,由于旧的东西打碎了,新的东西还没有真正建起来,不能否认农村积累了一些问题,有的地方村务长期不公开,现在公开,有些方面确实存在农民不理解、不接受,甚至上访告状的问题,但这是一种正常的情况,害怕和回避都不是解决问题的办法,更何况,是问题就终究要暴露,遮着、掩着、捂着、盖着只会把问题搞得越来越大。从长远看,现在的村干部,有问题及时改正,对自己只有好处没有坏处;没有问题,村务公开则只会赢得群众的拥护和支持;就算是原来的工作存在失误,只要能够以诚恳的态度讲清情况,绝大多数群众也都是能够给予理解和谅解的。

在经济上保障农民的物质利益,在政治上尊重农民的民主权利,是十一届三中全会以来党领导亿万农民建设社会主义新农村的一条重要经验。当前,我国农村正处在全面建设小康社会的新的发展阶段,改革、发展、稳定的任务十分繁重,广大村干部是国家庞大行政机器中的"末梢神经",直接面对基层农民,其一言一行直接关系党和政府的形象,能否落实村务公开工作十分重要。现在,毋庸置疑的是,中央对村务公开非常重视,村务"不公开、半公开、假公开"的一切借口都不应该存在,有关村务公开工作中的障眼法和猫腻都应该彻底抛弃。对于如何才能更加有效地推进村务公开工作,有专家认为,这既要依靠中央政府的强力推动,村干部的自我约束,更要依靠建立经常性的、规范性的制度。只有这样,才可以避免所谓的"说起来重要,忙起来不要"的现象。而这种制度的建立必须以一部信息公开法律的制定为前提,没有这样的根本性法律,公开就不可能持续。看来,无论从哪一方面讲,要在全国实现真正和长久意义上的村务公开,的确不是一个小事。

稳妥实施农用车管理"分家"

　　2003 年 10 月底，十届全国人大常委会高票通过了争论十年之久的《道路交通安全法》，并将自 2004 年 5 月 1 日起施行。该法律的出台，引起各界广泛关注。对于农民来说，关注更多的还是与自己关系最密切的农用车管理归属问题。《道路交通安全法》规定：在公安机关交通管理部门的监督下，拖拉机牌证的发放仍由农机部门负责，除此之外，所有运输车不分具体用途，其牌证发放均由公安机关交通管理部门负责。至此，农用车管理权"分家"已成定局。

　　作为发展中的农业大国，我国农业的农机化程度虽然不高，但农机保有量绝对数却名列世界前茅。据统计，目前我国农村 4 500 万户农民拥有农机占我国农村总户数近五分之一。面对这么大的农机数量，一方面，管理的任务很重；另一方面，其各方面潜在的利益也很大。据说，在起草、审议和修改道路交通安全法草案的过程中，"农用车"这个词引起了全国人大几乎所有常委的关注。1986 年以来，我国农用车的管理一直是由公安机关交通部门委托农业（农机）部门负责。首次提请审议的该法草案规定，对机动车包括农用机动车的管理，由公安机关交通管理部门统一负责。对这一规定，常委会几次审议中一直都有不同意见，农用车管理权的归属问题也一度成为社会关注的一大焦点。

　　法律赋予执法者以权力。农用车管理权"分家"，农业机械管理部门的权限被剥去了一大块儿。对于这次权力资源的重新调整，隶属关系不同的公安交通和农业机械两家部门，显然是一家欢喜一家愁。隶属于农业部的农机管理部门原来虽然对农机管理的收费很低，但由于农机保有的基数大，所以累积收入并不菲。改革以后，农业机械管理部门的工作量被削去大半，因政策性收入减少而导致相应人员工资降低甚至下岗的问题必将浮出水面。

　　完善、实际、公平、公正、与时俱进是立法的根本要求。每一项法律政策的出台，都有其客观的历史和现实背景，但其实质也都是对有关各方利益关系的再调整。在这次利益关系的调整中，表面上看起来获益的公安机关交通管理部门，实际上也面临着很大的挑战。在我国 4 500 万农机户中，其中有 3 000万户既搞农业操作，又从事短途运输农产品。这也就是说，公安交通管理部门

　　本文原载于《农村工作通讯》2003 年第 11 期，《中国农机管理》杂志转载。

的工作量一下子增加了很多，况且，农机相对于汽车更有其特殊性，接过法律赋予的权力大棒之后，如何用好权力自然成了一个最大的问题。

其实，面对这次的农用车管理权"分家"，担心最多、影响最大的还要属老百姓，特别是数以千万计的农用车户主，甚至还包括众多的农用车生产厂家。在此之前，按照有关法规，如果按运输车辆应纳增值税 17％，但如果按农用机械应纳增值税则为 13％，整整少 4 个百分点，等于是降低了成本。同时，如果农用车按拖拉机上牌照，也享受有关照顾，农民当然也乐得少花钱。一位全国人大常委会委员曾引用北方某省的统计数据说，包括牌照在内，目前一台农用车一年只需交纳费用 71 元，但如果按现行的机动车管理办法，则需要交纳费用 540 元，增加了 469 元。为了确保农民的利益不受损害，不增加农民的负担，《道路交通安全法》规定：农机部门在《道路交通安全法》施行前已经发放的机动车牌证，可继续使用，不必重新换发。但是，现在农民更多担心的是以后的交费怎么办。比如拖拉机、农业机械、农用运输车究竟怎么划分，以后买卖小型农用运输车到底按什么政策交税，需不需要交纳交通规费，等等。对于这些问题，交通运管、养路费征稽、工商、税务等相关的部门应该按照《道路交通安全法》，对农民担心和疑惑的有关问题给出一个明确的说法。

明者因时而变，智者随时而制。《道路交通安全法》的制定和颁布实施为形势发展所必须，其目的是要改善我国较为落后的交通安全状况，提高交通安全系数。我们对该法的出台持积极评价的态度，同时我们也应该清醒地意识到，要真正贯彻执行好这部法律，有关各方都还有大量的工作要做。从长远看，这次的农用车管理权"分家"也许还是一个过渡的方案，或许最终还要更进一步地归并管理权。眼前的问题要认真面对，以后的事情也要未雨绸缪。但不管怎么说，当前最主要的问题是农民的利益不能侵害。

放手让基层去创造

改革需要基层的创造精神，这是人们早已公认的一个道理。特别是改革开放以来，我们经历了一次又一次的改革，回过头来看，真正有成效的改革，没有哪一项离开了基层的创造。并且，事实证明，哪一次改革过程中基层创造性发挥得越好，哪一次的改革就越成功。

农村税费改革是发生在新中国大地上的第三次农村革命。这次改革涉及了全国9亿多农民的切身利益，并且带动着机构改革，还将减去一大批吃着"皇粮"的冗员，触动的利益群体比以往任何时候都大；这次改革是在基层积淀了诸多矛盾的情况下推动的，遇到的具体问题比以往任何时候都多；这次改革所处的时代是更加规范的，已经全面走向世界的社会主义市场经济时代，外部环境比以往任何时候都不再单纯。更重要的是，这次改革不仅是一个经济改革，而且需要农村生产关系和上层建筑的一系列综合改革相配套。因此，无论从哪一方面来看，这次改革情况复杂，任务艰巨。也正因为如此，我们才更应该放手让基层去创造，才更需要基层涌动出巨大的、闪耀着智慧光芒的创造性力量。

三年多来，由于党中央、国务院的坚强正确领导，由于全国各地干部群众的积极参与和共同努力，改革试点工作进展顺利，成效明显，受到了广大农民、全国上下乃至国际上的一致好评。但是，需要看到的是，在这个大的背景之下，也还有少数地方试点工作存在着很大的差距。问题的根源除了客观的因素之外，最主要的还在于他们过于把改革的程序和方法简单化、格式化、教条化了。比如，改革已进入第四个年头，中央仍然叫做试点，这本身就表明了一种科学务实的态度。而有的地方却认为方案也批了，指标也定了，改革已经到位了，干脆把改革的机构撤了。再如，有些很重要的基础性工作，像计税面积、计税常产、计税价格等数据，中央要求自下而上地"捞"上来，而有的地方为了图省事，却硬是先把数据自上而下地"按"下去。这些都给工作造成了极大的被动。另外，在改革过程中，中央制定了一些原则性意见，同时也给地方预留有很大的创造性空间。并且，强调了特殊情况特殊对待，不搞一刀切。中共中央、国务院文件曾经明确指出："农村税费改革不仅要有全国统一的政

本文原载于《农村工作通讯》2003年第7期。

策，而且要允许各地结合本地情况，实行分散决策。"浙江省拟定改革方案尽管与全国绝大部分地区不同，最终也得到了中央的批准，就是一个典型说明。中央的意见需要各地严格地遵照执行，但有的地方因为怕出"乱子"，在这些原则性意见之上，又"捆绑"上了一系列的条条框框，使基层完全变成了一部没有任何思想的机器。人的主观机械的行为，代替不了事物客观发展的规律，但是却可能阻碍改革的进程。这些情况表明，在有些地方，改革的科学性还有待于增强，基层自发的、内在的创造性元素还有待于激活。

当然，我们提倡基层去创造，这种创造应该是一种进步与落后的自然博弈，而不是人为的刻板的设置和虚假的摆布。特别是，这种创造应该有着十分明确的大方向，而不是偏离甚至背离基本方针的无原则的恣意性行为。这就要求我们对中央关于改革的精神真正要做到过腹消化、完全吸收，而不是囫囵吞枣、浅尝辄止；要求我们对改革必须发自内心深处，转变为自觉行动，而不是"打一鞭子动一下"，被动应酬；必须是全神贯注地求真效，而不是聚精会神地造"假景"。地方各级党委、政府和领导干部只有坚持了这样一种指导思想和工作态度，才可能将自上而下的正确领导与自下而上的主动创造精神结合好，才可能有真正意义的基层创造和出色的创造性成果。

我们的改革是"摸着石头过河"，干的是前人没有干过的事，走的是前人没有走过的路，本身就是创造。特别是农村税费改革，改在农村最基层，改在最广大农民群众的心坎上，更加需要基层炽热的参与，激情的创造。而现在上下一致的感觉是基层的参与度高，但创造性不够，不如以前，尤其是不如 20 世纪八九十年代。党的十六大再次提出要尊重基层的实践，要尊重群众的首创精神，鼓励突破和大胆的探索。我们期待着，在农村税费改革的过程中，各种有益的创造能够更多更快地出现。同时我们也坚信，只要我们大家放开手脚，把基层的创造性引导好、调动好、保护好、发挥好，这场伟大的实行轻徭薄赋的变革就一定能够走出"黄宗羲定律"的怪圈，就一定能够夺取改革的重大胜利！

城乡用电同价与农民国民待遇

"具有一国国籍的人就是这个国家的国民",这是新版现代汉语词典对国民一词的权威解释。照此解释,具有中国国籍的农民自然是中国的国民。又依据"中华人民共和国公民在法律面前一律平等"的规定和"在一定的国度中公民即为国民"的常识,具有公民身份的农民应与其他公民一样具有同等的权利和义务,即享受同等的国民待遇。

遗憾的是,由于长期形成的城乡分割的"二元"结构和偏向城市居民的政策取向,农民的国民待遇大打折扣,而且这种"打折扣"的表现随处可见。城乡居民用电同网不同价,就是一个佐证。令人欣喜的是,这一历史沉疴在新一届中央决策层的诊治下,开始出现健康的转机,城乡居民不对等的政策开始得到矫正。国家发改委规定从 2002 年 5 月起,城乡用电同价就是还农民以国民待遇的一项举措。

作为人类创造文明的重要标志之一的电力,从一开始就是造福于整个人类而非一部分社会成员,这个发明应是共享的。从 18 世纪初期富兰克林发现电力的存在,到 19 世纪初期法拉第发现电磁感应,再到 19 世纪后期爱迪生发明白炽碳丝电灯,没有哪一发明过程和进步环节的初衷是想造福于少数人,没有哪一位科学家欲将电力的应用作为剥夺另类的筹码。但是,在我们这个有着五千年文明史的泱泱大国,却出现了应用文明的"另类"。据统计资料显示:在城乡用电同价政策实施前,农民一直使用高价电,同城市居民用电价格相比,平均每度电要高出 0.2 元以上,有的甚至要高出一倍。仅此,被城里人称为"衣食父母",勤劳肯干而又憨厚的农民阶层,一年就要由此多支出电费 420 亿元左右。对农民经济利益的剥夺,可见一斑。

在经济和社会发展中,生产生活要有成本,人与人、产品与产品之间要有竞争,如果不能在一个标准下核定成本,不能在公平的条件下竞争,弱肉强食就不可避免,农民注定要吃亏。按照经济学原理,无论是城市居民还是农民,生活用电支出都要摊入"劳动力再生产"成本。在竞争的前提条件下,成本应公允。如果不公,竞争就必然不对等。一件事情的不对等,容易出现连锁反

本文原载于《农村工作通讯》2004 年第 6 期。

应，久而久之，农民受到不公正待遇，似乎是天经地义；政策有利于城市居民似乎是约定俗成。在改革开放初期，曾有一位靠改革的政策先富起来的种粮大户，买的轿车到市里被交警拦下，当问到车主是一位农民时，交警随口而出："农民还坐什么车呀!"在他看来，只有城里人才有买汽车、坐汽车的资格，农民天生就应该坐马车、牛车。今天，人们当然早已扫除了这种世俗的偏见。但是，在重城市、轻农村，在以工业化带动国民经济发展的战略思想长期诱导下，一些多年沉积的政策措施，仍然使弱势群体受到不公正、不平等的国民待遇。

从经济上给予农民同等的国民待遇，已经成为了执政阶层的共识，除城乡用电同价之外，还有些"纠偏"正在行动。诸如解除农民进城的繁杂手续和一些乱收费，让农民工子女同城里的孩子一样有受国民教育的机会，免除或减少多年一直对农民征收的说不明税理的农业税，推行农村医疗保险试点，等等。这些看似并不难做到的举措，背后赞成的与反对的势力较量，想必非常激烈。

给予农民同城里人一样的国民待遇，并不是一个简单的经济问题，实质还是一个政治问题，是人类追求"自由、平等、博爱"的自发势力使然。促动这个问题在短期有一个实质性进展，有赖于各级领导更新观念，清除头脑中多年形成的思维定式。凡事要兼顾公平，不以出身定政策，不以贵贱分等次，争取做到国民待遇面前人人平等。

解决农民的非国民待遇问题，应该在统筹城乡经济社会发展的原则指导下，有条不紊地进行。当务之急要解决的：一是斩断伸向农民腰包的"黑手"，彻底落实中央的"多予、少取、放活"的政策，让农民得到休养生息。二是拆除农业人口与非农业人口的"柏林墙"，取消一切单一管制农民的城市准入和市场运行的歧视性政策，创造城乡对接、工农携手的经济与社会发展环境。三是调整国民收入分配格局，增加对农村的教育、文化、卫生、体育和一些生产生活设施的投入，补上历史的欠账，让农民在获得生产权利平等的同时，也与城里人一样具有相应的受教育权、健康权和文化娱乐的权利，努力创造人与人之间平等、和谐和共同进步的社会氛围。

给农民以国民待遇，是当前解决"三农"问题的根本之道。随着时代的进步和发展，广大农民朋友应该相信，在中国共产党领导下的政府，一定会掌管好历史的天平。

从公款追星看"地方官"的绝对权力

据权威媒体报道，年财政收入只有 4 000 万元，财政赤字高达 1.6 亿元的四川省万源市，前不久却斥资 2 000 万元搞庆典，轰轰烈烈地上演了一出公款追星的闹剧。事件一经披露，导演这场闹剧的主角——万源市委、市政府立即成了舆论的"靶心"，社会各界的挞伐之声不绝于耳，以至于在省委书记的批示下，省、市两级都很快成立了"彻查此事"的专案组。

万源市上演的这出闹剧已经谢幕，但它带给人们的思考却很多。一个负债累累、年财政收入仅 4 000 万元、干部教师工资发放和机关事业单位正常运转长期存在严重问题的贫困山区市，为何能够在 2003 年已经有过公款追星"前科"的基础上，2004 年又如此登峰造极地"穷快活"？全国类似问题产生和蔓延的最大祸根究竟是什么？对此，不同的人可能会给出不同的答案，但笔者认为，某些地方官员的绝对权力是祸害性最大，也是最直接、最关键的因素。

什么是绝对权力？根据马克思主义的政治学理念，绝对权力的本质是"极权"，一般它应该具备三个要件：一是权力人个人的某种意志可以随时转化成现实；二是权力人的权力失去了实质性的监督和约束；三是权力人行使权力后能够获得各方面的实际认同。透过"万源事件"，我们看到，对于有些地方官员，其行为虽然在表面上仍然受到法律法规和上级组织的制约，但实质上在很多情况之下，他已经获得了绝对的权力。"请来那位大明星一直是市委领导的心愿"。对于这些"地方官"来说，就是为了这样的一个心愿，他们竟然可以打破年初的法定预算拨出巨额的财政专款；可以作为"政治任务"，用红头文件摊派昂贵的演出门票；可以随意扣发公务员和人民教师本来就少得可怜的工资，用于弥补演出经费的不足！更让人匪夷所思的是，面对这样一系列的荒唐决策，除了中央媒体的曝光，无论在"追星"前还是"追星"后，当地竟然没有一个部门、一位领导，甚至自身利益因此遭受侵害的普通群众站出来制止和反映。所有这些现象，它所体现的不是绝对权力又是什么？

权力依靠某种资源而产生，而一旦产生以后又成为可供利用的稀有资源。无论是历史还是现在，也无论是在任何社会体制之下，权力的支配性都不会均

本文原载于《农村工作通讯》2004 年第 10 期。

衡分布。在权力网络中,总是由一部分人,甚至个别人占有较多权力资源,从而处于权力中心。处于权力中心的人也最容易形成自己的绝对权力。为了避免绝对权力的形成,我们党作为执政党,一直要求党的各级组织要实行集体领导。但是在基层一些地方,集体领导、集体决策很多时候不过只是一种权力游戏,真正当家的往往不是什么集体,而是通过手段假借集体名义的少数,甚至个别领导干部。在一些地方,特别是县、乡一级,人们私下里称地方领导为"老板"的已经越来越多。"老板"是什么,"老板"就是"店主"。既然是"店主",那么他对"店"里的一切当然就具有绝对支配的权力。从这个角度分析,肆意进行的公款追星自然就不难理解了。

事实上,公款追星早已不是什么新鲜事,受到舆论的强烈关注和批判也绝不是第一次,某些地方官员绝对权力也绝不仅仅体现在公款追星这一件、一种事上。对于这次"万源事件",人们的批评、指责不足为奇,最终对责任人进行查处也理所当然,但实际上更大的问题不仅仅在于对个案的处理,而在于研究怎样才能使所有类似的事件不再重演。英国著名思想家阿克顿曾说:"权力导致腐败,绝对的权力导致绝对的腐败。"胡锦涛总书记在 2003 年的中纪委二次全会上更是总结性地指出:"历史和现实都表明,不受监督的权力必然导致腐败。"地方官员与最广大的普通群众接触最经常、最密切,在很多方面权力的运用上也最直接、最具体、最彻底。中央的方针政策再好,最终都需要通过和依靠地方官员正确、有力地贯彻落实,如果肩负重任的"地方官"都把原本属于人民的权力、集体的权力异化成个人绝对的权力,那么这个地方就不可能有良好的政风,不可能有融洽的党群、干群关系,不可能形成团结向上的合力,不可能把中央的方针政策贯彻好、落实好,地方也不可能获得健康发展。"2 000 万买不来'心连心',一首歌送不来'好日子'",媒体对万源闹剧切中要害、一针见血的鞭挞与呵斥,应该说足以让所有已经拥有和正在追求绝对权力的"地方官"们惊醒。

刚刚闭幕的党的十六届四中全会的主题是加强党的执政能力的建设,依法执政、民主管理、科学决策被提到空前的高度。很明显,随着时代的发展,国家和社会生活中的一切管理都在加速地从无序向有序转变。有些"地方官"被群众习惯地称为"土皇帝",面对新的形势,奉劝这些"土皇帝"们千万不要再看着老皇历行事。

动员农民播下丰收的种子

秋冬种是一年四季农业生产过程中相对比较重要的环节，它不仅关系到次年的夏季粮油生产，而且关系到下一年全年的农业结构调整和农民收入。每年，各级党委、政府、农业部门和广大农民群众，都把秋冬种当成全年的一项十分重要的工作。2003 年 10 月 16 日，农业部召开部党组扩大会议，传达党的十六届三中全会精神。会上，杜青林部长要求农业部党员干部，要紧密结合农业农村工作实际，抓好全会精神的贯彻落实，其中强调秋冬种是当前的重点工作之一。

那么，年年都讲秋冬种，今年究竟有些啥不同呢？也许，如果不提这个问题，很多人会认为，秋冬种也不过就是一些犁犁耙耙之类的琐事，能有什么不同呢？其实，认真分析一下，今年的不同之处至少有四个大的方面：

从政治环境上看，刚刚闭幕的十六届三中全会，又一次专门强调了保护农民的土地承包经营权利的问题，再一次给农民吃上了"定心丸"。多年来，中央虽然一再要求要落实好农村土地承包经营的各项政策，但是事实上基层违反相关政策的事情时有发生，部分群众实际上并没有真正吃上"定心丸"，也没有真正定下心来。为了解决存在的问题，在三中全会召开之前的 8、9 两个月，针对滥占耕地和《土地承包法》落实不到位的情况，农业部、国土资源部、全国人大等，曾先后都派检查组赴全国各地进行了较大范围的抽查检查。此举被认为是历史罕见。不仅如此，三中全会还明确要修改有失公平的土地补偿标准。由此，人们甚至认为，农民吃到的不仅仅只是"定心丸"，而且还是"舒心丸"。

从种田收益上看，今年农民的整体比较收益要好于往年。中央的税费改革政策在全国范围内全面铺开，大幅度减轻了农民负担，等于是增加了种地的纯收入。特别是中央已经明确明年要整体取消农业特产税，进一步降低农业税。那么，如果不出意外的话，种田农民明年的预期收入应该相对还要好一些。另外，"入世"之初，有很多人预测今年的农产品价格会下跌。但是事实上由于我们这些年的结构调整等应对措施得当，今年的农产品价格，特别是包括粮棉

本文原载于《农村工作通讯》2003 年第 11 期。

油在内一些大宗农产品的价格不降反升。原来是增产不增收，今年有些地方却出现了减产不减收。虽然价格上涨的幅度不大，但这也让种田农民看到了增收的曙光。

从大的规划上看，优势农产品区域化布局和"七大体系"建设必将对秋冬种产生积极影响。这两个规划设想都是农业部今年提出和付诸实施的，受到了国家主要领导的赞成。截至8月底，全国已有17个省（区、市）的农业部门发布了24个优势农产品（行业）区域布局规划，有22个省（区、市）的农业部门36个优势农产品（行业）区域布局规划正在编制中。全国优势农产品区域化布局进程明显加快，农产品品种和品质结构不断优化，特色农业发展迅速，产业化经营水平不断提高。毫无疑问，这些具体安排和良好的势头必将对今年的秋冬种产生作用。

从气候条件上看，情况至少好于上年。去年秋冬种时，全国相当一部分地区旱情较重，特别是北部大部分地区发生了特大旱灾，干旱时间长，范围广，影响重，造成土壤底墒不足，地表蓄水减少，地下水位下降，给秋冬种构成了较大的威胁。今年夏秋虽然有些地区出现了异常天气，比如入秋以来降水较多，阴雨寡照，对秋收秋种不利。但进入10月下旬以后，全国大部分地区气候基本正常，土壤墒情较好。并且，据天气预报，整个11月份气候冷凉，晴多雨少，有利于抓住晴好天气适时进行播种，以及更加有效地控制苗情。

年年岁岁"话"种田，岁岁年年"意"不同。种田不能靠讲重大意义，最重要的是实干。当务之急是各有关方面紧急行动起来，宣传、组织和动员广大农民抢抓机遇，把地种足、种精、种好。地方政府和农业部门应加强宏观指导，今年特别要组织好冬小麦的种植，力求种植面积不下滑，防止忽视、放松粮食生产的趋向。农技部门应发挥技术优势，通过科技下乡、良种供应、技术培训和现场指导等形式，为农民发展优质农产品，搞好技术服务。各级农业部门应与工商、技术监督部门合作，加强农资市场的管理，严厉打击假冒伪劣和坑农害农事件，保证农业生产安全，维护农民利益。农机部门应把精量播种、化肥深施等技术落到实处，保证秋冬种质量和科技含量，确保一播保全苗，力争苗齐、苗壮。农民朋友更需要紧张行动起来，选用良种，应用新技术，并且千方百计不误农时，确保高质量地完成秋冬种任务，为夺取明年夏季粮油好收成打下坚实的基础。

今年秋冬种可谓占据天时、地利、人和的优势，我们迎来了难得的好时光，更加充满了丰收的企盼和渴望。

新农村建设呼唤更多理性

　　自从党的十六届五中全会提出社会主义新农村建设的重大历史任务以后，一股新农村建设的热潮迅速在华夏大地掀起，并且大有一浪高过一浪之势。在这股热潮中，展现在世人面前的是中国共产党的巨大号召力，是全国各级各地对中央战略决策贯彻落实的坚强决心，是全党全社会对"三农"工作重视程度的又一次空前提高。从目前的整体情况看，中央关于新农村建设的精神已经广泛深入人心，全国的社会主义新农村建设已经全面破题，不少地方甚至可以说已进入如火如荼的状态。面对新农村建设空前出现的"强劲势头"和"大好形势"，高兴之余让人又忽生一忧：各地新农村建设的"本"与"末"是否协调一致，表面的"热"能否持久，形式主义是否卷土重来？

　　有此一忧，绝非空穴来风、无稽之谈。据了解，在全国新农村建设的具体实践中，虽然全国大部分地方能够正确领会和贯彻落实中央的精神，但少数地方暴露出的思想和行为误区仍然值得高度警惕。归结起来，这些错误思想和行为主要体现有三：一是对中央精神浅尝辄止以偏概全。部分干部表面看起来行动上雷厉风行，与中央保持高度一致，实际上对中央关于新农村建设的精神实质了解不全面，认识不深刻，对中央的重大决策只知其一不知其二，工作只抓一点不计其余，只管开头不顾结尾，习惯于人云亦云、一窝蜂、一刀切，最终使行动事与愿违。二是舍本逐末追求表面效应。有的地方干部对上级关于社会主义新农村建设精神虽然能够全面领会，但行动上却有意避重就轻浮于表面，热衷于轰轰烈烈的"造景运动"，追求立竿见影的"政绩工程"，只为个人升迁着想，不为地方长远发展打算。特别令人忧虑的是，相当一些地方干部虽然言必新农村，但夸夸其谈的却多是如何制定新农村"宏图"，如何投资搞几个"大项目"，唯独很少提及农民增收和粮食增产。三是越俎代庖有违民愿。建设社会主义新农村是宏大的事业，亿万农民是这项事业的主要参与者和直接受益者，但是有的地方却无视农民在这项工作中的主体地位，做出的决策和新上的项目不管农民愿意不愿意、高兴不高兴、支持不支持，先干了再说，导致农村出现新的负担和新的干群矛盾。

本文原载于《农村工作通讯》2006年第5期。

建设社会主义新农村是中央统揽全局、着眼长远、与时俱进作出的重大战略决策，是对我国经济社会发展规律、发展阶段和发展任务的科学把握，深刻反映了落实科学发展观与构建和谐社会的时代要求和时代特征，集中代表了亿万农民群众的强烈愿望和根本利益，具有重大的现实意义和深远的历史意义。正确的决策需要正确的理解，并用正确的思想和行动进行贯彻。针对一些地方在新农村建设过程中表现出的错误苗头和不良现象，笔者认为，要落实好中央关于社会主义新农村建设的精神，当务之急至少应有两点思想准备。第一，对社会主义新农村建设长期性的认识一定要保持高度的清醒。建设社会主义新农村是伴随现代化全过程的长期任务，需要几十年、上百年甚至更长时间的努力才能完成，不可能一蹴而就。那种头脑过于发热，把新农村建设当成短期运动，急于求成，大轰大嗡大跃进的做法只能使结果走向反面。第二，生产力发展是当前社会主义新农村建设的突出任务。刚刚发布的 2005 年国民经济和社会发展统计公报显示，2004 年我国农民的人均纯收入是 3 255 元，城镇居民的可支配收入为 10 493 元，两者的收入比为 3.22∶1，差距仍然很大。2005 年全国粮食产量虽然恢复到了 4.84 亿吨，但还不能满足需求，比历史最高水准还低近 3 000 万吨。由于国情所限，我国"三农"问题的根本解决，最终还要依赖于农村生产力的发展。事实表明，农民增收、粮食增产、农业增效既是当前农村生产力发展的主要目标，也是社会主义新农村建设的突出任务。应该说，就整体而言，离开这"三增"目标去谈新农村建设，都难于获得广大农民群众的拥护，都难以取得理想的效果，也都是对中央精神的背离。

虽然社会主义新农村建设是经济建设、政治建设、文化建设、社会建设四位一体的综合概念，不但涵盖了以往国家在处理城乡关系、解决"三农"问题方面的政策内容，而且赋予其新时期新的内涵，是一个宏大的系统工程。但是，由于历史和国情的原因，积贫积弱的中国农村需要解决的问题很多，到底先从哪方面入手，还是应有个轻重缓急。中央多次强调，新农村建设首先要发展生产，要坚持从实际出发，尊重农民意愿，加强民主决策、民主管理，因地制宜，分类指导，不强求一律，不盲目攀比，不搞强迫命令，更不能重蹈形式主义的覆辙。广大农村干部是社会主义新农村建设的具体指挥者和实践者，肩负着重大的历史责任和任务，在当前极为有利的政策和社会环境下，更应从大局和地方实际出发，深刻领会中央的意图，时刻保持理性思维，摒弃杂念，力戒浮躁，善于和敢于对已经出现的工作误区和不良偏向进行预防和纠正，真正为当地描绘出一幅社会主义新农村的美好蓝图。

漫议农产品质量安全

农产品质量安全，通常指的是食品的质量安全。从定义上看，农产品质量安全包含了两层意思：一是产品的品质要高，即品种要优良、营养要丰富、风味和口感要好；二是卫生和安全性要好，即拒绝滥用食品添加剂、防腐剂、人工合成色素，拒绝农药残留、重金属污染、细菌超标等。从这一涵义中我们可以看到，实现农产品的质量安全，是现代人以环保、安全、健康为目标的食品发展方向，是全人类的共同追求和期望。

遗憾的是，我们的社会中，总有一些人一边在追求美好的生活，一边却又在把别人的美梦打破。2004年4月底，中央电视台惊爆出两个农产品质量安全大案。一个是4月18日的每周质量报告节目以《药物美容，鲜嫩豆芽出炉》为题，报道了北京新发地农产品批发市场"毒豆芽"的生产内幕。没有人能够想像，每天从这里以50吨以上数量流出、看上去特别光鲜、脆嫩诱人的豆芽，都是用"防腐剂"、"速长剂"、"杀菌剂"、"保鲜粉"、"无根素"加工美容而成的。另一个是4月19日的经济半小时栏目，报道了"杀人"奶粉使安徽阜阳百余幼小生命被害褓褓的前后过程。看了这两则报道，再联想起同样被中央电视台曝光的"黑大米"、"毒火腿"、"漂白笋"等事件，想必我们的心里都不是滋味。

曾几何时，中国传统农业在效率低下这个最大的弱点的背后，农产品的安全无公害则是其突出的优点，也是国人的荣誉和自豪。而当市场繁荣到一定程度，相应监管办法还不能随时跟上的时候，农产品安全问题就成为严峻的现实。当上街买青菜也以有无虫眼为是否放心的标准的时候，面对"以为天"的食品，人们显然是少了应有的自信、轻松和优雅。

不安全的农产品给我们带来了太多的危害，它除了对我们的生命健康构成威胁，更多的还有对心灵的伤害，以及对经济发展的巨大负面影响。当前和今后一个时期，对大多数农民来说，农产品仍然是创收的主要途径。按照专家的说法，高产与优质事关多收与少收的问题在买方市场的大背景下，农产品的安全事关有收和无收的问题。农产品安全不达标，消费者不买账，出口不仅要被

本文原载于《农村工作通讯》2004年第5期。

就地销毁，而且还要向进口国缴纳无害化处理费。

当前我国农产品质量安全的真实水平是什么？农业部在 2004 年 4 月 23 日至 29 日开展全国农产品质量安全宣传周活动时用了三句话概括：合格率不断提高，问题依然不少，目前进入徘徊和攻坚阶段。据介绍，2003 年，农业部对全国 37 个城市蔬菜中农药残留情况进行了 5 次监测，全年总平均超标率为 17.8%。京津沪深 4 个城市 5 次监测全年总平均超标率为 15.0%，比 2001 年下降 22.5 个百分点，比 2002 年下降 1.4 个百分点。对于目前的形势和任务，农业部在经过全面分析后认为：从最近一年几次监测结果看，常规的管理措施已难以解决问题，必须从更深层次和源头入手。

诚然如此，对于农产品质量安全，各级政府和广大人民群众都需要给予超高度的重视，除了严厉查堵污染源、加大监测和认证等具体工作外，还必须采取更加有力和超常的措施。我们认为突出的有三点：一是必须加快相关立法。农产品不同于普通的商品，假如我们对其质量安全问题的处理等同于对普通商品质量安全问题的处理，显然有量刑过轻之嫌，对违法犯罪分子也形成不了足够的威慑力。二是精细监测项目和检测标准。从"毒豆芽"和"杀人"奶粉等问题中我们发现，对于粗加工的农产品质量安全，市场上平时监测最多的只是农药的残留，其他的问题基本没有监测的意识和手段；对于精深加工农产品的营养成分，一般情况下常常难以监测，有的甚至还没有检测的方法和标准。三是要加强从业人员的道德规范。诸如"杀人"奶粉问题的出现，一方面反映出生产者的无法无天和道德沦丧，另一方面也反映出某些执法人员甚至部门的严重失职和渎职，试问：几种"杀人"奶粉既然已经被当地有关几家部门联合通告查禁很长时间了，为什么还可以在超市和商店里堂而皇之地名码标价随处可见？

因此，社会期待那些执法者能够纯洁、公正、严格地执法，同时也期待每一个社会人都能够在严格的法律和制度下，筑牢各自的道德防线，共同维护好农产品的质量安全。

打一场抗击高致病性禽流感硬仗

　　没有人能够想到，2003 年春季暴发的非典阴霾尚未散尽，今年春节刚过，高致病性禽流感又突如其来地席卷了大半个亚洲。近来，虽然禽流感肆虐已引起了全世界的高度重视，尤其是亚洲各国纷纷采取了断然措施，但疫情仍然呈现出加剧的态势，越、泰等亚洲国家甚至已相继出现了禽流感病人死于非命的现象。

　　我国禽流感疫情虽然出现的时间相对较晚，截至发稿之日还只是低病原性禽流感，病毒株属弱毒的 H5N2 型，尚未发现致命的 H5N1 型，也尚无确诊的禽流感病人，但全国上下仍然高度重视，采取了一系列科学防治措施。春节期间，胡锦涛总书记、温家宝总理多次向有关地方和部门作出重要指示，强调要依靠科学、依靠法制、依靠群众做好防治工作；切实加强疫情监控，落实各项预防措施，一旦发现疫禽，坚决扑杀，彻底消毒，防止疫情扩散；务必把疫情扑灭在疫点上，阻断疫情向人的传播，确保人民群众身体健康。为了加强对高致病性禽流感防治工作的组织领导，国务院决定成立全国防治高致病性禽流感总指挥部，中共中央政治局委员、国务院副总理回良玉任总指挥，国务委员兼国务院秘书长华建敏任副总指挥。指挥部由发展和改革委、财政部、卫生部、农业部、质检总局、工商总局、科技部、商务部、海关总署等有关部门组成。指挥部办公室设在农业部，负责处理全国防治工作的具体事务。至此，我们应该看得很清楚，中央已经把抗击禽流感和防治非典放到了同样的重视程度。

　　由于刚刚经过了抗击非典的历练，我们发现，当今年的禽流感奔袭而来的时候，人们已经没有了去年非典暴发时的惊慌失措。怎样去抗击禽流感，从主观上讲，大家很快都能够从抗击非典的实战中总结出经验，比如中央领导提出的依靠科学、依靠法制、依靠群众等。依靠科学可以使我们不因为无知而恐慌，不因为无知而染病，不因为无知而导致疫情扩散；依靠法制可以使我们的整个防治工作更加严肃，更加权威，更有力量和效率；依靠群众使我们可以有效地打好一场人民战争，而抗击这样的重大疫情也必须要打好人民战争。从客观上讲，经过去年一年的努力，我国的公共卫生应急机制和疫病防治网络已经

得到了较好的建立和巩固，现在正好派上用场。

俗话说："吃一堑而长一智，有一失就会有一得"。昨天抗非典时的经验都成了今天抗击禽流感的有益借鉴。但是，此一时非彼一时，此一事非彼一事，禽流感毕竟不是非典，因此，在抗击禽流感上，我们更应该重视其特殊性和严重性。首先，起码在目前看来，病毒的主要宿主一个是人，而另一个是鸡鸭甚至飞鸟。其次，虽然像非典一样，其病毒在高温下可被完全杀死，但所不同的是，据专家介绍，如果病禽未经煮熟煮透食用，病毒就有可能进入人体。病毒进入人体如果存活，会不会通过消化道传入人体各组织中？病毒在人体是如何运作的？这些机理现在还不十分清楚。这也就是说，在医学上目前尚无治疗禽流感的药物和方法。禽流感在家禽中的蔓延会使一个家庭、一个地区甚至一个国家的经济遭受重大损失，但是通过分析我们看到，现在这可能还不是人们最担心的问题。有医学专家认为，如果禽流感病毒发展出通过人与人接触传播的能力，那将会导致一场巨大的灾难。也许正因为如此，世界卫生组织才告诫：禽流感对亚洲的威胁可能比非典更严重。

工作的力度取决于认识的程度。当前，虽然抗击禽流感的任务党中央和国务院已经逐级作出了明确部署，但如果各级干部群众缺乏高度的认识，没有一抓到底的决心，没有百分之百不打折扣落实的思想准备，国务院的政令和党中央的精神就很难畅通，在群防群控的体系中就会出现防控漏洞，最终给人民群众的生命健康造成难以挽回的损失，祸国殃民，害人害己。前事不忘后事之师。如同非典病毒一样，禽流感病毒也是我们看不见的敌人。面对禽流感的侵袭，广大干部和群众一定要充分发扬抗击非典时的优良传统和作风，尤其是要力戒一切的形式主义，力戒弄虚作假思想，力戒对疫情瞒报、缓报、少报或是干脆不报的极端错误做法。无论是抗击九八大洪水，还是去年的抗击非典，实践都进一步证明，越是紧急时刻，越是危难当头，越是能够体现中国人民的团结和忘我、必胜的精神。因此，我们完全有理由相信，在党中央的坚强领导下，全国人民下定决心、众志成城，一定能够夺取以防为主抗击高致病性禽流感这场硬仗的重大胜利。

务求先进性教育取得更大成效

前不久，胡锦涛总书记在贵州视察时指出，开展先进性教育活动，关键是要取得实效。要通过这次教育活动，努力做到在对党的先进性建设的思想认识上有新提高，在解决一些党员和党组织存在的突出问题和影响改革发展稳定、涉及群众切身利益的实际问题上有新进展，在坚持党要管党、从严治党方针，建立新形势下广大党员长期受教育、永葆先进性的长效工作机制方面有新收获。这一指示，为当前轰轰烈烈、方兴未艾的保持共产党员先进性教育活动，进一步指明了方向。

贯彻中央文件和胡总书记的重要指示精神，最重要的是要抓住一个"实"字。农业部作为我国农业和农村经济工作的主管部门，前一阶段的先进性教育活动之所以进展顺利、发展健康，一个根本的原因就是自先进性教育活动开展以来，部党组始终坚持了教育、工作"两不误、两促进"原则，整个先进性教育立足于"实"，扎根于"实"。现在，无论是先进性教育活动，还是全国的农业生产，都正处于一个非常重要的阶段，如何保持、巩固和发展前一阶段的教育成果，促进当前的各项工作，是摆在我们面前的一大重要任务。最近，在部全体司局级领导干部会上，杜青林部长代表部党组，对农业部系统的先进性教育提出了更实、更高的要求，就如何进一步转变作风、推动工作、促进发展作了全面安排和部署，以务求下一阶段的先进性教育取得更大成效。

先进性教育要取得更大实效，转变作风是关键。怎样转变作风？一是要大兴求真务实之风。始终发扬实事求是的精神，做到坚持理论联系实际，防止照抄照搬；坚持有针对性地解决突出问题，防止无的放矢空对空；坚持讲真话说实话，防止文过饰非；坚持"两促进两不误"，防止顾此失彼。在学习教育，特别是评议、整改过程中，要少提和不提漂亮的意见，要少讲和不讲正确的废话，要勇于亮出问题，勇于触及要害，勇于深挖根源，勇于改正缺点错误。二是要坚决反对形式主义，不作表面文章。要坚持在提高对党的先进性建设的思想认识上下功夫，在增强党性修养和服务本领上下功夫，在解决自身存在的突出问题上下功夫，在促进改革发展稳定、维护群众切身利益上下功夫。努力避

本文原载于《农村工作通讯》2005 年第 5 期。

免应付检查、敷衍了事的工作态度，哗众取宠、热闹一时的"形象工程"，戴帽穿靴、牵强附会的经验总结，只看形式、不重实效的检查验收等不良现象。三是要倡导勤俭节约的好风气。本着节俭、务实、高效的原则开展主题实践活动，召开会议要尽可能地控制规模、缩短时间、提高效率，下发文件要少而管用，领导干部和机关工作人员下基层要轻车简从，坚决防止各种形式的铺张浪费。

先进性教育是否取得了更大成效，一个最基本的衡量标准就是是否更加有力地推动了工作。这要求我们从始至终都必须要把先进性教育活动同各项工作紧密结合。具体到农业部门，就是要坚持以科学发展观统领农业农村经济工作全局，紧紧围绕发展这个第一要务来谋划、部署和推进先进性教育活动，通过先进性教育活动的深入开展，把党员的政治热情激发出来，转化成为加快发展的积极性、主动性和创造性，为加快农业农村经济发展出实招、鼓实劲、谋实绩、求实效。把先进性教育活动同工作紧密结合起来，就要把先进性教育活动当作推动工作的有效手段，尤其要进一步处理好开展先进性教育活动和做好各项工作的关系，做到围绕中心，服务大局，统筹兼顾，合理安排。既不能脱离中心工作孤立地搞先进性教育活动，也不能借口工作忙而不认真抓先进性教育活动。在工作部署上，要紧紧围绕经济建设和各项工作目标任务来安排、来开展；在工作指导上，要与经济建设和各项工作一同来考虑、来督促；在成果检验上，要把各项工作的成绩作为检验先进性教育活动成效的重要方面来考察、来衡量。

当前，农业农村经济工作的重点，是要全面贯彻中央1号文件的精神，提高农业综合生产能力，在去年取得巨大成绩的基础上，实现粮食稳定增产和农民持续增收。总的来看，今年"三农"工作的大政方针已定，政策好，人心齐，有利条件很多，但相对于去年而言，工作的起点更高，任务也更显艰巨。这就要求我们一定要按照中央关于开展先进性教育活动的要求，以转变作风为切入点，既要积极开展先进性教育活动，又要以此为动力，下大功夫推动当前各项工作。我们相信，只要继续按照"两不误、两促进"的原则，进一步切实转变作风，加大工作力度，先进性教育就一定会取得更大成效，农业农村经济更加全面、协调发展的局面就一定能够形成，今年农业农村经济的各项发展目标就一定会实现。

给农产品加工推进行动喝彩

在人们的视线里，农产品加工并不是什么新鲜事。然而，正是这个看似不新鲜的事情，如今却越来越受到了中央以及农业部的重视。2004年中央1号文件的第一节第二条就这样明示："国家通过技改贷款贴息、投资参股、税收政策等措施，支持主产区建立和改造一批大型农产品加工、种子营销和农业科技型企业。"2004年3月初，农业部领导正式宣布将实施农产品加工推进行动。"推进行动"的思想和理念，促使我们引起对农产品加工更深层次的思考和更为密切的关注。

实施农产品加工推进行动，是农村经济以及整个国民经济提高素质和国际竞争力的必然。在世界发达国家，农产品加工业也都是非常发达的。我国作为发展中的农业大国，要实现经济的快速崛起并保持可持续发展，其中重要的一条途径就是向农产品加工要竞争力，要效益。目前我国的农产品加工业很不发达。比如，我国粮食、油料、水果、豆类、肉类、蛋类、水产等产品的产量居世界第一位，但加工比例只有30％左右，而发达国家的加工比例达到70％左右。在美国，玉米可加工出2 000多种产品，而我国只能加工100多个产品。

增加农民收入是党中央、国务院十分关心的一件大事，而发展农产品深加工，实现转化增值，是提高农业综合效益和农民收入的重要途径。伴随着人们生活水平的提高和科学技术的发展，农产品多样化的主观需求日益旺盛，实现农产品多样化的客观条件日臻成熟，大力发展农产品加工业已经成为我国农业社会向工业社会转型的根本要求。应当说，农产品加工在优化我国的农业资源配置，带动农业结构调整和优化升级，实现农产品增值，提高农业综合效益，增强我国农业的国际竞争力，增加农民的种粮积极性，维护国家的粮食安全等诸多方面，都具有重要的战略意义和现实意义。

继中央明确提出要大力扶持农产品加工业之后，农业部决定实施农产品推进行动，从中不难看出这项工作的重要性。实际上，重视农产品加工的话我们已经讲了很多年了，虽然发展还很不够，特别是横向比差距还很大，但现在再次提出要重视农产品加工，其基础和背景已经更为有利，大发展的要求最为强

本文原载于《农村工作通讯》2004年第4期。

烈，时机也最为成熟。中央 2004 年为扶持"三农"出台了含金量很高的 1 号文件，给农村创造了前所未有的经济发展环境。比如，用于农村税费改革的转移支付资金达到 396 亿元，拿出 100 亿元对种粮农民直补，对农业投入资金的增幅达 300 亿元，全面取消特产税，五年内取消农业税，对农民自产农产品销售实行免税等。从长远看，只要抓住时机把农产品加工的工作抓上去了，农村经济发展和农民增收致富就会有持久的动力和源泉。

既然发展农产品加工业重要而紧迫，推进行动就应该积极稳妥地开展起来，不可流于形式。我们注意到，农业部提出的农产品加工推进行动主要有七个大方面的内容，包括农产品加工科技跨越行动，优势农产品精深加工行动，农产品加工业质量安全行动，农产品加工业外向型行动，农产品加工业兴县富民行动，农产品加工业布局优化行动，农产品加工政策突破行动等。这七大内容，无论从哪一条来看，都是当前农产品加工工作中最核心和最本质的东西。从这些内容入手，可谓是击中了要害，抓住了问题的关键，抓住了矛盾的主要方面。另据了解，农业部围绕这七个方面任务的落实，已经陆续制定出台了一系列的工作方案，不仅部主要领导亲自进行部署，而且指定由部乡镇企业局重点负责，有关方面大力配合，并专门成立了农产品加工业领导小组及其办公室。

当然，在抓这项工作的过程中，我们也应该清醒地认识到，农业部提出推进行动，初衷是引起人们对农产品加工工作的深刻认识和高度重视，是要在农产品加工的关键环节和重点领域进行突破，绝不是搞简单的"政府行为"和"行政命令"，更不是"大办钢铁"，搞低层次的重复建设。农产品加工推进行动是建设有中国特色社会主义市场经济的产物，在行动的过程中，应该遵循的规律只有一条，那就是市场经济的规律；其目标只有一个，就是实现经济的良性循环和可持续发展。在具体的实施中，要围绕市场来进行，因为市场是最终检验农产品加工成功与否的重要标志，没有市场需求，任何转化都无从谈起。

我们相信，目标选准了，方法用对了，就此一抓到底，农产品加工推进行动就一定会取得很好的实际效果。

四大因素决定农交会"牛气冲天"

前不久在京召开的第二届中国国际农产品交易会空前火暴。笔者在现场了解到，该会虽然设置了较高并且极为严格的准入条件，但国内外农产品加工和经销企业，最终仍然有 3 000 多家"破门而入"。前来观摩和购物的群众更是达到 20 多万。实现贸易成交金额突破 200 亿元，意向合同金额突破 250 亿元。不仅各项指标均大大好于去年，而且某些人气指数已经逼近了已有 47 年历史的广交会。

小舞台可以瞭望大世界。笔者分析，农交会之所以能够"牛气冲天"，主要有以下四个方面的因素：

一是政府职能主动从管理型走向服务型的因素。转变政府职能，是我国从社会主义的计划经济向市场经济转轨的一个根本要求。职能转变后的政府，更多的是应该承担起一个服务者和协调人的角色。原来，对于转变政府职能，很多地方和部门都是被动落实得多，主动落实得少，效果不佳。而这次的农交会让我们看到，从中央到地方，所有与会领导乐此不疲，充分表现出的无不是"服务"二字。农业部为了把这次的会议开好，更进一步摒弃了某些"展会"借助行政手段，"定指标、下任务、搞摊派"强拉企业参展的手法，把工作的精力更多地放在如何加大宣传、搞好服务、实现长效上，吸引国内外企业自觉自愿地前来参会，可谓做了大量深入细致的工作。各地来的省长、市长、厅长、局长们也是直接走到农交会市场的最前台，为各地的地产品当起了推销员。各级政府部门和领导干部在农交会上的表现，一方面凸显出政府职能已经主动从管理型走向了服务型，另一方面也成为推动这次会议取得空前成功的关键。

二是全国农业经济形势出现重大转机的因素。2004 年以来，党中央、国务院高度重视农业农村工作，出台了一系列更直接、更有力的扶持粮食生产、促进农民增收的重大政策措施，农业农村经济取得了多年少有的丰硕成果，形势发生了重大可喜的变化。主要表现在，农民负担根本减轻、防治"禽流感"战役取得重大胜利、粮食生产扭转连续 5 年下滑势头、农民现金收入呈现较快

本文原载于《农村工作通讯》2004 年第 11 期。

增长等诸多方面。纵观"农博会"到"农交会"风雨 13 年的历史，实际上也是中国农业在同一阶段发展的缩影史。一般而言，农业经济发展的形势好，"会"就相对办得好。应该说，今年整个农业经济形势的好转，为农交会的成功召开奠定了一个良好的物质基础。

三是涉农经营者市场理念日益增强的因素。随着经济全球化和市场竞争日益加剧，市场环境越来越复杂，不确定因素越来越多，特别是在"绿色壁垒"问题频发的情况下，原来对市场反应总是比其他行业人员慢半拍的涉农经营者早已不再是"脚踩西瓜皮——滑到哪里算哪里"。有市场才有效益，他们寻找并把握市场脉搏起跳的愿望日益强烈。而中国国际农产品交易会不仅是一个国际性、国家级的大型综合性展会，而且是国内规模最大、企业最集中、产品最丰富、信息最权威的农产品贸易中心，恰好迎合了这种强烈的心理与实际需求。

四是农产品消费者消费标准不断提高，观念不断成熟的因素。在进入小康社会以前，人们对农产品的消费要求是以基本量的满足为标准。进入小康社会以后，特别是在我国经济快速发展，社会走向全面小康的今天，人们对农产品的消费已越来越重视和追求质量上的保证，"有机、绿色、安全、无公害"农产品的消费需求日益旺盛。整体上，我国农产品的质量安全基本可以保证，但也不排除在其他市场上存在质量安全隐患的问题，有的甚至对消费者已经造成了质量安全方面的实质性损害，使他们不得不保持一定程度上的警惕。中国国际农产品交易会是由农业部主办的农产品贸易盛会，对进入其中的农产品质量标准的要求很高，完全可以令消费者放心。这些情况，也许正是本届农交会能够在不到 6 天时间，吸引 20 多万普通群众前来观摩和购物的重要原因之一。

从国家领导人到普通的老百姓，人们对中国国际农交会给予了足够的关注，寄予了热切的厚望。透过第二届中国国际农产品交易会这个"开满鲜花的月亮"，我们看到了一系列积极变化的因素。也正是这些因素，促进和保证了本届农交会取得了历史性的成功，很好地实现了"展示成果、推动交流、促进贸易"的目的。农业部领导提出，要把中国国际农交会尽快办成真正的国际品牌。有这些好的因素作为背景，试问，这个目标还会远吗？

不能样样争第一

最近，湖北省襄阳县的一次县委全体扩大会议着重批评了"多个中心干扰一个中心"的现象。几位县领导一致提出了一个相同的问题，就是工作不能不顾实际，样样都想争第一。襄阳县委的这个观点，不禁使我想到身边的一个小故事。

笔者有两位好朋友，都有远大的志气和理想，大学学的都是市场营销，成绩都很好。毕业后，两人又同时被分到一家有名的大公司供职。其中一位借助自己扎实的理论功底，肯吃苦，爱动脑，一门心思协助"老总"抓经营，自己如鱼得水，老板也如虎添翼，很快被提升为部门经理，人生甚是得意。另一位本职工作虽然也跟着在干，但却没有专心，既想搞好工作，又想多学几门技术，等将来公司垮了自己也可吃个过硬的"技术饭"。同时还一心想往官场里钻，期望有朝一日可以当个大官也可光宗耀祖。结果，心思费了不少，功夫也下了不少，人也憔悴了不少，却如猴子掰包谷一头无一头。既没有学到技术，也没有当上干部，更没有搞好经营。

这个故事反映的道理很简单，就是干工作一定要有一个突出的中心。一个地区和一个人一样，如果样样工作都想搞好，结果很可能就是样样都搞不好。当然，我们必须肯定，争第一的精神是十分可贵的。但我们在考虑问题的同时还应该注意到，一个地方或者一个人的力量毕竟是有限的，如果样样都想争第一，抓突出，就可能分散有限的精力，造成样样通但样样松的局面，甚至疲惫不堪，积重难返，失去战斗力。

邓小平同志曾说，改革是一种革命。回顾革命战争年代，如果中国领导的人民军队，不把马列主义的普遍原理同中国的客观实际相结合，不灵活机动地采取集中优势、瞄准弱势，歼灭敌人的战略战术，恐怕新中国的诞生还要向后推迟很长时间。"盲目冒进，全面跑步进入共产主义"已经给了我们十分深刻的教训。全国各地发展快的典型也无不是首先只选准一两个突破口，打好一两个品牌，把经济工作搞上去的。当前，我们一定要继续深刻领会毛泽东思想和邓小平理论的精髓，实事求是，密切联系实际，注意把力量集中一点，打好经济建设的歼灭仗。必须要在以经济建设为中心的前提下，紧紧围绕这一中心，为中心服务，然后再采取分兵把口的办法抓好其他各项工作。否则，眉毛胡子一把抓，齐用力，就会忽略真正的中心，最终，既抓不住中心，也搞不好兼顾，更谈不上样样争第一。

（1999 年 8 月）

从领导干部手中的茶杯说起

又到冬天，领导干部下乡、外出开会或考察，往往都爱自备一个茶杯，一者为了卫生，二者为了方便，三者可以取暖。也正是在这个时候，社会上五花八门、五颜六色的茶杯才显得异彩纷呈，且其中每年都能显出一两种最为流行的款式来。茶杯流行，样式年年翻新，质地日益考究，这按说是市场经济条件下的一种自然现象。领导干部偶尔买一个像样的茶杯，也属正常，其出门带茶杯同样也无可厚非。但是，笔者认为，如果领导干部手中的茶杯一致地表现出某种流行新款，却值得引起深思。因为这起码说明在这些领导干部身上可能存在两个问题。第一，艰苦朴素不够。茶杯一般耐用，并且可做茶杯的瓶瓶罐罐很多，何必每年要追赶新潮，花钱去买新的。第二，廉洁不够。现在一个新款中高档茶杯，尤其是冬天用的保温杯，每只一般都在 200 元以上，领导干部作为工薪阶层，何以舍得每年拿出钱来？至少有相当一部分是接受馈赠的。如此分析，领导干部手中的茶杯实际就成了表现其思想观念和党性修养的一面镜子。

据报载，同时我们从电视上也可以经常看到，江泽民同志使用的茶杯就是一个果酱瓶子改成的，上缠两色交错的胶线。这种 20 世纪 70 年代坐办公室的人几乎都使用过的茶杯，基本早已被淘汰，而在"老板杯"盛行的今天，作为 12 亿人领袖的总书记还如此敝帚自珍，清廉自重，难道不能给我们强大的感召和深刻启示吗？

曹操是汉魏之际著名的政治家，一生十分注意节俭。他在《内诫令》中曾经写道："吾衣被皆十岁也，岁岁解浣补纳之耳。"史书也称曹操"后宫衣不锦绣，侍御履不二彩，帷帐屏风，坏则补纳，茵蓐取温，无有缘饰。"当时，曹操作为政权实际统治者，能在不长的时间内，使弥漫于东汉政界的奢华奢侈之风得以完全改观，是相当了不起的。这首先是在于他正身以卒下的一贯作风。也正是这种作风为他成就伟业提供了可靠保证。古人尚且如此，作为现代中国共产党人的领导干部，更应该注意事事率先垂范，大力倡导节俭的社会风气。

我们说，领导干部是人民中领导群众干事业的带头人。"水能载舟，亦能覆舟"。领导干部能否充分发挥领导职能，关键在于有没有没有群众基础。而群众拥护不拥护，赞成不赞成，又关键在于领导干部自身形象好不好。要塑造好的形象，首先就要求从一点一滴的小事做起，尤其是要处处身体力行纠正奢华，当群众的公仆，而不是当群众的老爷，吃苦在前，享受在后，和群众打成一片。要时刻注意充分发挥我们党艰苦奋斗，勤俭节约的优良传统。在这方面，无数的革命先烈和革命前辈都做出了榜样，需要我们坚持不懈地继承和发扬。

"勿以善小而不为，勿以恶小而为之。"小事情往往能反映大问题，这正如领导干部手中的茶杯虽小，但反映出的问题却很大。古人曰，得民心者得天下。领导干部要想得到民心，就必须要认识到，民心能从一点一滴的小事得到，也能从一点一滴的小事中失去。小事虽小但不可小视！

（1999 年 11 月）

借名牌也要讲科学

最近，湖北省襄樊酿酒厂忽然在自己头上戴了一顶"三九酿酒"集团的帽子，其白酒广告首先在鄂西北刮起了一阵飓风。然而，据了解，其酒的销路并不理想。

众所周知，"三九"是中国医药界的著名商标，由南方制药厂生产的"三九胃泰"、"三九感冒灵"等系列药品，全国几乎妇孺皆知。但"三九"用到白酒上为什么就远远不如"美尔雅"、"鳄鱼"用到香烟等产品上所产生的巨大商业效应呢？笔者认为，最主要的原因就是借牌子者没有讲究科学，缺乏对消费者全面的心理学研究。"三九"原来主要是药名，而药既非一般的日常用品，更不同于衣服和食物，人们尽管崇尚名牌，但却更忌讳吃药。这样，借药中名牌冠以普通的白酒头上，不仅起不了促销作用，反而还可能会影响其应有的正常销售。

当然，如此说来也绝非是指药品标牌一定不能用到食品上。所谓"药食同源"，药品和食物本身就有天然的联系，如果把"三九"牌子用到生产保健滋补酒上，促销效果则可能会很好。

因此，要想让自己的产品借名牌而行销天下，首先还必须要讲究一定的科学，那种不假思索，生搬硬套，纯粹的"拿来主义"往往会事与愿违。

本文原载于《华夏酒报》1998年2月9日头版。

警惕形式主义花样翻新

什么是形式主义？简单地回答，就是指片面地注重形式不管实质的工作作风，或只看事物的现象而不分析其本质的思想方法。分别以"延安整风"和"真理标准大讨论"为显著的标记，我们党从诞生之日起，就时刻没有放松过反对形式主义的斗争。当前，在学习和贯彻十五大精神的过程中，我们同样面临着一个反对形式主义的艰巨任务。

一、形式主义的表现及危害

表现之一：盲目攀比捞政绩。随着改革的不断深入，各地的发展争先恐后，但由于种种原因，地区间和单位间发展的差距不断加大。面对这种情况，有些好大喜功、急功近利的领导干部便不顾本地区、本单位实际和别人盲目攀比，不惜血本靠借债和贷款上项目、铺摊子，结果，个人捞得了"政绩"和炫耀的资本，集体却外强中干，积重难返。这是改革开放以来形式主义危害最严重的一种表现。

表现之二：照搬照套图省事。有些地方在学习和推广先进典型时，往往把先进典型绝对化、公式化、模式化，不管符不符合实际，完全照搬照套，搞一刀切。这种形式主义的后果是很容易使工作走进死胡同，图了省事误了大事，事与愿违，适得其反。这方面，在中国，王明的"左"倾路线，在东欧，社会主义由于照搬苏联模式而导致的结果，都已给了我们十分深刻的教训。

表现之三：硬着头皮交差事。有的领导不论什么工作，也不论什么时间，动辄给下级提条件、定任务、下指标。当然，给下级下任务，压担子本身无可非议，甚至在一般情况下，它还是一种必需的领导方法。但问题在于有些领导在给下级布置工作、下指标、提条件时，往往从本位主义出发，唯官唯职，以权压人，要么不顾实际要求过高，要么以我为中心缺乏通盘考虑，这种官僚主义作风必然会导致下级弄虚作假，以形式主义来应付差事。

表现之四：虚张声势造影响。少数干部工作不脚踏实地，做事看影响，图虚名，自以为小聪明，热衷于无中生有，把小说大，以一当十，任意浮夸，乱

本文原载于《农民日报》2000 年 7 月 19 日。

造舆论，这样扰乱视听，骗取上级和外界一时的赞誉，有的居然能够蒙混过关，尤其是得到了上级的信任、表扬、重用和提拔，在群众和其他干部中间造成了极坏的影响。

表现之五：大轰大嗡跟风上。这种人缺乏主见，没有固定而明确的目标，不善于长远打算，只知道追潮流，人云亦云凑热闹。他们今天看到别人干成功这件事，自己也跟着干这件事，明天看别人干成另一件事，自己又跟着去干另一件事，其结果就如猴子掰包谷一头无一头。

表现之六：摆花架子走过场。这种情况主要表现在有些地方和部门热衷于搞文山会海，他们对上级的指示精神看似积极地落实，但却只是一种"假落实"。其他研究的问题多，出台的文件多，提出的要求多，但最终或虎头蛇尾、或蜻蜓点水、或走马观花。从表面上看，形式多样，轰轰烈烈，兴师动众，功夫下得的确很大，但真正一抓到底并抓出成效的并不多。

表现之七：迎来送往讲排场。少数干部走上领导岗位后即趾高气扬、高高在上、要官威、品官味、要面子、图虚名、讲排场。其最主要就是热衷于搞迎来送往，逢年过节推磨转圈迎来送往，干部变更升迁迎来送往，下去调查检查迎来送往，生老病死铺张宴请迎来送往。等等，如此众多，不一而足。这些干部封建官场的老爷作风和资本主义的官僚作风十足，完全没有人民公仆的形象，在群众中间严重败坏党的声誉。

表现之八：唯书唯上机遇丧。一些领导干部不求有功、但求无过，求稳怕乱思想严重，凡事只有书上写了的、上级具体指示了的才干。从马列主义的唯物观出发，历史和事物都是发展变化着的。这些人没有认真领会我们现在所干的事业马克思可能也没有讲过，前人没有干过，只有依靠大胆探索，而不能依靠本本主义。他们也不能正确认识上级的指示往往并不是面面俱到，与实际尚存一定的差距。这些情况都将白白地丧失很多机遇。

二、认真分析形式主义产生的根源，切实防止我们工作中的形式主义

江泽民同志在十五大报告中讲到党的作风建设问题时，再一次明确强调："共产党员和党的干部特别是领导干部必须在工作中坚持群众路线，深入实际调查研究，决不搞官僚主义、形式主义、强迫命令"。当前，为什么会存在这样那样的形式主义，正如江总书记所讲，一个最根本的问题还应归结到党的作风建设问题上。可以说，无论哪种形式主义都是腐朽的官本位意识的体现，它与真正共产党人所提倡的思想作风相去甚远、背道而驰。上级也好，下级也罢，挖掘形式主义思想根源不外乎两种考虑：其一，领导亦即长官，当官就是老爷，为了要官味；其二，阿谀逢迎，弄虚作假，为了升迁或保官位。那么，

如何才能防止我们工作中的形式主义呢？

第一，加强领导干部的思想作风建设，强化宗旨教育。形式主义的问题暴露了我们党思想作风建设仍较薄弱的一面，全心全意为人民服务的宗旨教育有待进一步加强。

邓小平同志曾经指出：改革开放以来，我国最大的失误在教育。很显然，这其中主要指的就是思想政治的教育。毋庸置疑，党的当前工作中心是发展经济，但全国有相当一部分干部工作注重了"以经济建设为中心"，却忽视了"两手抓两手都要硬"的总要求，放松了自身的思想作风建设。这样单纯地抓经济，我们就不可能及时发现经济发展中的一些深层次的问题，工作就会出现偏差，最终不但经济得不到持续发展，而且还可能引发一系列社会政治问题。也正是因为这样，江泽民同志才反复告诫全党："领导首先是高级领导干部必须讲政治。什么是政治？政治问题从根本上说，主要是对人民群众的关系问题。"深刻领会江总书记的教导，各级领导干部必须要认识到，我们手中的权力是人民赋予的，干任何事情都要完完全全地对人民负责，要以公仆身份珍惜它、运用它，做到为民用权，树立良好的干部队伍形象，绝不能把其作为个人牟取私利的工具，以权压民，以权损民。处处廉洁自律，一切从"三个有利于"的根本标准出发，从人民拥护不拥护、赞成不赞成、高兴不高兴、答应不答应出发，做到当清官而不当污吏，廉政、谋政而不贪政，力戒私心、贪心、野心，只有这样才能从根本上防止形式主义。

第二，考核干部一定要拿好尺子。德才兼备是考核和任用干部最根本的标准，但一个时期以来，一些地方在考核干部时对"德"的标准或忽视或一带而过，个别地方在选拔和任用领导干部时，过分偏重"能力"，一味强调"能人效应"，从而降低甚至抛开"德"的标准，以至于把一些思想上有"黑点"、道德上有"脏点"，经济上有"污点"的所谓"能人"推上了领导岗位。这些人一旦手中有权便会私欲膨胀，巧取豪夺，大慷国家之慨。还有少数地方在干部实绩考核中，不按程序办事，不深入实际，导致一些数据和问题虚实不分、绩属不分、客观因果不分，使考核出现严重偏差。江泽民同志也曾经指出："在一些地方和部门，任免干部不按照程序办事，搞临时动议的；不讲原则，封官许愿的；常委讨论人事问题跑风漏气的；利用管理干部的权力为个人谋取私利，授意送礼甚至公开勒索的，仍时有发生。跑官要官的人还不少，买官卖官的人也有。甚至还有骗官当的。"对于这些现象，我们必须要认真从中总结经验教训，避免类似问题再度出现。

第三，积极探索更为有效的领导干部管理新机制。随着改革开放的不断深入，我国人民思想解放、经济繁荣、社会进步、综合国力极大增强。当然，在看到这些成绩的同时，我们还必须看到前进中出现的一些新问题。比如近年来出现和查处的买官卖官问题，越来越多的领导干部经济犯罪问题等等，这些就是我们在前进中所出现的部分新问题。这些问题总的来说就是领导干部的管理问题。新问题需要新办法来加以预防和解决。这就要求我们不能仅局限于用老眼光来看待干部，用老办法来管理干部，而必须要建立一套与改革开放和市场经济相适应的、发展的干部管理新机制。用改革的办法不断完善干部教育培训机制、动态管理机制、监督约束机制、选拔任用机制。其中最重要的还是按照江泽民同志所要求的那样，尤其是"对要选拔的干部必须进行全面认真的考察，广泛听取各方面的意见。多数群众不赞成的干部，不能提拔重用。各级党委决定干部的任免，必须真正实行民主集中制，充分发扬民主，坚持集体讨论，按照少数服从多数的原则做出决定，决不能个人或少数人说了算。"

廉政建设与定点就餐

据国家统计局测算，全国大中型饭店、酒店营业额的 60％～70％ 都来自于公款宴请，以最保守的标准计算，全国每年吃掉的公款高达数千亿元之巨，至少可以建 40 个"一汽"，支付全国 3 年所需的教育经费。相比于国外"客人吃饭自掏钱""吃不完兜着走"，中国人慷公家之慨的大吃大喝已演绎到触目惊心、无可复加的地步。无可辩驳，狠刹公款吃喝歪风已经成为当前廉政建设的重要内容。

全国各地为控制公款吃喝运用了不少招数，但依笔者管见，定点就餐是其中较普遍的一种。所谓定点就餐，就是指由纠风部门制订并公布几家餐馆，规定本地所有公务招待一律不准到其他餐馆去，以避免公款吃喝过滥。此政策一出台，倒也管用，大吃大喝看似有了收敛，但问题是治标不治本，并且助长了新的不廉政，导致了市场经济条件下的不公平竞争。某省城一个体美食城在开张之初生意曾红极一时，但不到两个月即因厨艺和服务质量太差，且收费过高而冷了下来，门可罗雀。出乎意料的是，又不到两个月，这家美食城在内部因素没有任何改善的情况下，却又食客云集，门庭若市，日营业额比刚开张时涨了两倍还多。探寻原因，乃是该美食城老板通过关系将其美食城列进了全城仅有的几家定点餐馆当中。观察前来公款"潇洒"的头头脑脑们，尤其是其中的买单者，无不有一种无可奈何的神色。问及别处花钱少又吃得好却又为何还要到这儿来？答曰："为了廉政建设。"那么试问，这种"廉政建设"能廉得起来吗？

提起公款吃喝，禁不住又使人想起老一辈无产阶级革命家的优良作风。毛泽东同志生前对老家来京的亲友，吃、住、行等一切费用都从自己的工资中支付，从不用公家一分钱。20 世纪 60 年代初他身边的个别工作人员在下面多吃多占，他知道后边整顿，边用自己的稿费退赔。他和周恩来等老一辈革命家深入基层不仅吃的是份饭，而且总要自己付钱。刘少奇不仅严格要求自己，而且还要求孩子们一起跟人民同甘共苦，吃大食堂。有一次刘源嫌红薯干不好吃，就把它仍到宿舍的墙角里，少奇同志知道此事后，便对刘源进行勤俭节约、珍惜农民劳动果实、热爱劳动的教育，使刘源把扔掉的红薯干又捡回来，洗干净后又吃下去。面对老一辈革命家在"吃"上的高度节俭，我们还好意思说"不吃不喝，业务不活""不吃白不吃、吃了也白吃""贪了占了不犯法，吃了喝了合法"等一系列"歪"理论吗？

　　事实上，要真正刹住公款大吃大喝的不正之风，定点就餐根本不能解决问题。老一辈无产阶级革命家们作为开国功臣，能在吃喝问题上始终与民同甘共苦，难道我们就不能明令现在的干部禁止公款吃喝吗？况且现在干部出差、下乡一般都有补助，这其中不是已包括生活费了吗？

　　且莫让定点就餐长挂廉政建设之名。定点就餐当休，公款吃喝当休矣！

（2000 年 1 月）

平静对待农民工入选劳模

日前，五年一评的全国劳模的隆重揭榜，使今年的"五一"更具有了劳动者节日的本质意义。本届劳模评选有不少舆论关注的亮点和热点，比如将劳模预选名单向全国公示，民营企业家、体育明星参选劳模等。但是，真正成为焦点的，大概还是农民工入选劳模。大量媒体不仅在第一时间将其作为报道的头条，而且更引人注目的，是舆论接踵而来，几乎完全一致的积极评价。在这些评价中，如果说"此举彰显了党和政府对农民工的关心"、"有利于农民工社会地位的提高"符合实际，能够让人接受，但"此举意义非凡"、"是一次勇敢而重大的突破"、"必将被作为重大事件载入史册"则难免让人感到有过分之嫌。

凡事需要有一个度。现在，人们对于商业行为的炒作一般已经习惯，可是对于政府行为的评价，最大的要求还是实在。当然，我们完全可以肯定，对"农民工入选劳模"给予超高度的评价绝非评选者的本意，但事实上，有些过于拔高的评价可能产生了负面的影响，值得深思。换个角度思考，笔者认为，在以后的工作中，平静地对待类似"农民工入选劳模"这样的事，或许会使我们这个社会变得更理智。

农民工参选和当选劳模是一件理所当然的事情。首先，农民工参选劳动模范本身就是其应有的政治权利和社会待遇。我国的《宪法》规定，公民有参加劳动的义务，也有获得劳动报酬和各种荣誉的权利。党的十六大也指出："要尊重和保护一切有益于人民和社会的劳动，不论是体力劳动还是脑力劳动，不论是简单劳动还是复杂劳动，一切为我国社会主义现代化建设做出贡献的劳动，都是光荣的，都应该得到承认和尊重。"其次，根据劳动模范的评选宗旨，农民工理应纳入参选范围。劳动模范是授予劳动者的最高荣誉，并且始终坚持以评选基层劳动者为主。长期以来，全国数以亿计的农民工背井离乡，工作和生活在城市的最底层，肯吃苦、肯出力、待遇低廉、任劳任怨，在极其困难的条件下，几乎包揽了城市建设中各个方面的脏活、累活、险活，为全国的工业化、城市化、现代化建设做出了巨大贡献，因此，无论从哪个方面的条件来讲，他们都更有资格参选和当选劳动模范。

本文原载于《农村工作通讯》2005年第6期。

农民工入选劳模不能一评了之。全国一次性评选出 2 100 个劳模，其中从近 1.2 亿农民工中选出来的是 23 个，虽然这个比例看起来还显得太小，但不管怎么说，农民工入选劳模终究是一件好事，最主要的意义在于它毕竟再次体现出了一种社会的公平与进步。农民工当选劳模已经成为一种事实，可是，当选以后，政府和社会应该怎么对待农民工劳模？这显然是一个摆在面前的现实问题。实际上，在今年之前，全国已有好几起农民工入选地方劳模的先例。但据报道，这些农民工在当选劳模之后并没有得到社会充分的认可，特别是，由于农民工的身份和职业特点，按规定该加的工资，该给的津贴、补助、养老保险、定期体检等各项待遇，往往无法得到兑现。由此可见，农民工入选劳模不仅仅只是象征意义，而且更要形成实际意义，取得社会实实在在的认可。通过政策和制度手段，加大对农民工劳模有关待遇的落实力度，也许比评选更重要。

应把农民工入选劳模当成解决农民工问题的新起点。农民工入选全国劳模引起的热切评论，从一个侧面也体现出了全社会对农民工问题的敏感和关注。农民工问题很多，绝不只是一个当不当劳模的问题。当前，比关心农民工能否成为劳模更值得关注的是，城市如何改变对农民工歧视性的管理状态。比评选农民工劳模更需要做的工作，是如何为农民工提供诸如劳动立法、社会保障、劳动力市场规则、子女教育、维权途径、司法救济等宪法规定的各项公民权利和国民待遇，正视农民工整体的利益诉求。解决农民工问题复杂而艰巨、任重而道远。因此，我们应该感到，让农民工入选全国劳模，不过是既解决拖欠农民工工资之后，又一个解决农民工问题的新起点和新举措。

提醒客观评价和平静对待"农民工入选全国劳模"，绝不是对这件事泼什么冷水，因为只有如此定位，才有利于人们在农民工问题上保持清醒的认识，才能更好地推动农民工问题的解决，促进和谐社会的建立。

评模一定要端正评风

　　1997 年 8 月 31 日《人民日报》头版"党代表风采"栏目中，一则《徐虎依然是忙人》的消息，给人留下了深刻的印象。记者在介绍"满头大汗"、"刚从居民家里干完活回来"的徐虎时，曾有这样一段叙述："徐虎还是老样子。骑的还是那辆俗称老坦克的旧自行车，戴的依旧是那副黑边眼镜。这位全国劳模自从 1975 年从郊区农村来到上海市区后，至今已经当了 22 年的房修水电工"。读之，不由得不使人油然而生对这位模范人物更深的敬意。

　　毋庸置疑，徐虎像当年的雷锋、王杰一样，是值得广大人民群众学习和敬重的先进模范人物。但是，我们能够因此而说，全国上上下下评选出的各类"先进"、"模范"都是名副其实，含"金"量很高的吗？答案当然是否定的。眼下已到年末岁尾，行行业业，各个单位又要评选模范了，但评模中的不正之风不得不引起我们的高度重视。

　　首先，有的单位和部门平均主义作怪，他们在评选先进中不是实事求是结合实际工作，搞深入扎实的总结、评议，而是讲究所谓的平均、平衡，甚至为了"媚"下，换取下级的好感，或者"照顾"群众的情绪，要么平均分配指标，要么做工作不让上年的先进参评，有的干脆几个主要领导坐下来凭印象"一言堂"而一"捏"了之。最近，《湖北日报》刊登了一篇题为《值得研究的抓阄现象》的言论，对"抓阄"的一些做法进行了批评。实际上，有的单位在评模中就是用了"抓阄"的办法。

　　主评部门多是"清水衙门"，如何才有"实惠"？一些头脑灵活的部门领导就想方设法暗示下级单位以赞助来换"先进"。他们在评比之前总是有意无意发出一些相关信息，有的甚至明确表态"搞点赞助，年底给个先进如何"。也有聪明的单位领导，不用上面开口就会如期奉上一年一度的赞助费。自然，到最后评比结果出来，给了赞助的单位一定会榜上有名。

　　另外，"跑先进要先进"的现象也应引起关注。有的单位领导平时不抓好工作，但一到年终却汇报得很勤，三天两头找上级主要领导表功，到部门一般干部中间"串联"、"游说"，请求帮助"多敲边鼓"。有的在上面集体研究决定

　　本文原载于《襄樊日报》1997 年 12 月 21 日。

时根本没有进先进的"笼子",研究完毕待小道消息一经传出,当事人或当事单位的领导立即大显疏通之能事,结果真正表彰时照样是榜有其名。

我们很多人也许都有这样一个感觉:解放初期很长一段时间,人们的荣誉感似乎最强,大小得个先进就备加珍惜,感到自豪和荣耀,而现在,人们却似乎越来越对"先进"感觉平淡起来,甚至觉得有些"先进"越来越不值钱。人们之所以产生这样的心理,应该说,这除了和社会上每年评比的"先进"过多过滥有关以外,最主要的还应该归咎于评比中的不正之风。因此,"做做玩玩落个模范"实属不该。评比中的不正之风不仅损伤了真正干事业的人的积极性,失去了评先进的积极意义,给工作造成了极大的危害,而且助长了整个社会不正之风的蔓延,严重影响了党在广大人民群众心目中的威信和形象,对社会主义建设事业有百害而无一利。

有鉴于此,在今年的年终评模中,我们一定要端正评风。各级党组织对此务必要提前有一个十分清醒的认识,把年终评比切实作为一项严肃的政治任务,出台严格而又明确的评比规定,深入、全面、广泛地开展总结、调查和民主评议活动,坚持严肃的党性原则和严格的组织程序。上级单位和各部门一定要从我做起,在评比中严于自律,并且能够一级管一级,一级督导一级,建立起行之有效的监督约束机制。对那些视评比为儿戏,跑先进要先进,拿"模范"做交易的,要严肃查处。这样,我们才能评出去像徐虎一样,经过实践检验的,有突出成绩、群众公认、人人敬佩的先进模范来,也才有利于在以后的工作中,发挥出榜样的伟大力量,体现评比的真正含义。

引进几个牌子如何

时下，人们一谈起引进，思路多局限于引进资金，其次是技术和人才（其实也不多），很少想到要引进几个大名牌，似乎只有钱才是"硬通货"，才算得上政绩，而牌子及其他则是软指标，可搞可不搞。然而，窃以为，在市场竞争日益激烈的背景下，有时候引进牌子比引进资金更重要。

首先，牌子是重要的无形资产。一个名牌的创立蕴含着一个企业的技术、设备、管理和人员的素质，凝聚着商品制造者和经营者大量的智慧和劳动成果，一般都需要几十年乃至几代人甚至更长时间的努力，且不说其在产品质量上的人力、物力和财力的巨大投入，仅宣传费就需要一笔巨额开支。可以说，一个实实在在的大名牌，它是最先进的技术、最科学的管理和最现代的营销策略的集合。引进一个全国乃至世界叫得响的牌子，远远胜于引进几百万几千万元人民币。其二，牌子是为自己产品打开市场的金钥匙。所谓名牌就是质量高、款式好、竞争力强、销量大、覆盖面广、知名度高、深受消费者信赖的商品牌子。因此，名牌就是信誉卡。如果说占领市场靠的是打牌子，那么，买了牌子也就等于买了市场，它不仅迎合了消费者心理，更缩短了产品被消费者认识和接受的时间，为自己产品的促销创造了捷径。其三，一个名牌可以带活一方经济。名牌是一个地区乃至一个国家人民素质提高的具体反映，是其工业生产的高度精华，集中体现了人们高度的市场意识和质量意识。所以，引进一个牌子有助于建立一个工业样板工程，起到典范带动作用。再则，引进牌子奠定了引进人才和技术的基础。既然一个企业的牌子可以引进，那么，进而引进它的人才和技术就成了顺理成章的事。或者说，有了牌子，大旗之下再加优厚条件，也不愁在其他地方引不到优秀的人才和先进的技术。

当然，引进牌子的好处不只以上四点，笔者不一一列举，但需要赘言的是，引牌子一定要引名牌，引大名牌。既不是附庸风雅引洋牌，也不是引一般推荐、命名的所谓名牌。据 1997 年 12 月 15《中国青年报》载：由中国企业管理协会、中国企业家协会主办的第五次全国市场产品竞争力调查显示："企业经营的名牌效应和规模经营愈来愈显得重要，无规模保障的小品牌在大企业

本文原载于《襄阳日报》1997 年 11 月 6 日。

参与竞争的市场中难于长久生存。"由此可见，引牌子一定要引从市场上拼杀出来的实实在在的大名牌。

名牌怎么引进？其实说难也不难。众所周知，丰田、索尼、松下、柯达、西门子、富士、奔驰、西门子、飞利浦、皮尔卡丹，等等，几乎世界各地都建有它们的分公司。仅"可口可乐"一个品牌，全世界就有 140 多个国家引进，并建立有 1 400 多个瓶装厂。"美尔雅"是我国服装界的名牌之一，美尔雅集团每年靠品牌输出的收益就高达 200 多万元。可见，名牌并非高不可攀。任何地方，只要能够解放思想，肯动脑筋，敢走出去，亮出优势，就一定同样能够"既筑得好巢，又引得凤来。"

牌子引进后，还必须在提高产品质量上狠下功夫，并不断改进售后服务，致力于走科技开发、加工、贸易于一体的发展道路。那种只图轰动效应，不顾长远利益，重产量轻质量的做法，无异于饮鸩止渴，必须加以禁止。同时，任何产品都有一定的生命周期，企业不能满足于单一的产品，还必须抓好名牌延伸战略。如"鳄鱼"最初只限于皮货的商品，后来用于服装、香烟方面，效果同样很好。美尔雅牌在西装基础上生产出香烟、皮鞋、领带。日本的三菱、丰田公司最初都只生产汽车，后来延伸到空调、摩托车等其他一系列产品。香港金利来也由单一的领带延伸到服装、皮带、皮鞋等。这些都足以说明名牌延伸的巨大能量。可以相信，一个地方只要能够成功地引进和运用好一个名牌，其发挥的连锁效应将无法估量。

赞"产品与人品同在"

1997 年 12 月 14 日，中央电视台新闻联播节日播出了铁道部贵阳车辆厂盘活资本的报道。细心的观众会发现，这家工厂办公大楼一楼大厅的后墙中央，嵌着一副"产品与人品同在"的红底白字大标语。标语的镜头在报道中虽然一晃而过，但它却足以使人受到一次心灵的震撼。

人品即人的品德，它是人的内部涵养的表现。毫无疑问，对一个企业来说，在设备和技术力量一定的情况下，只有不同人品的职工才会生产出不同质量的产品来。较其他许多企业相比，贵阳车辆厂能够把产品与人品时时明确地捆在一起，是一难得之举。试想，如果我们其他企业的广大干部职工也能够把自己的产品和各自的人品紧密联系起来，时刻用自己的产品来检验自己的人品，用自己的人品来保证自己的产品，时刻注重自我对照和警醒，则其企业的产品就一定能够以质量求生存，不断赢得消费者的赞誉和信赖，增强市场竞争能力，从而确保整个企业在市场经济大潮中长期立于不败之地。

"产品与人品同在"，这不仅仅是一句行动的宣言，更是企业兴旺的希望所在和有力保证，广大的企业职工都应该把它作为自己的座右铭。

本文是作者 1997 年 12 月在观看电视新闻后写下的一则短论，中央电视台在新闻联播中以短评播发。

政策跟着项目走，好！

近年来，湖北省襄阳县大胆提出了"政策跟着项目走"的指导思路，从而使开放引进不断取得丰硕成果。仅 1996 年该县召开的"96 襄阳之春经贸洽谈会"就签订技术项目协议 26 个，总投资在 10 亿元人民币以上，其中外资达 8 亿元以上。三年内，全县已实际引进资金达 3 亿多元，占全部投入的近 50％。其兴建"三资"企业个数和外资到位率等各项指标均占鄂西北各县市之首。作为一个地处内陆的农业大县，他们灵活的开放引进政策受到前来参观的省内外兄弟县市的一致赞许。

政策跟着项目走，好在哪里？愚以为主要有三：首先是它能从心理上吸引人。这个政策给人的第一印象就是政策的决策者和执行者一定具有强烈的开放意识，让投资者第一时间从心理上乐意接受它和亲近它，进而产生强烈的投资欲望，从而达到吸引外商前来投资的目的。其次是政策能保证引进谈判的成功率。襄阳县立足长远，敢于树立"你发财我发展"的思想，在协议谈判过程中能尽量满足合作方的有关要求，做到不因小失大。例如，该县双沟镇引进中国最大民营财团希望集团前来投资，谈判接近尾声时，对方提出建设选址要放到位于新县城的县酒厂位置。情况反映上来后，襄阳县委召开紧急会议，当即敲定将效益不好的县酒厂划归双沟镇管辖，希望公司建成后项目仍属双沟镇引进，税收全部由双沟镇背走，最终促成了这一项目引进成功。其三是这一政策不仅能使项目引得来，而且还留得住。泰国正大集团驻中国贸易部总裁多次在各种场合宣称，由襄阳县引进的襄樊正大公司的建设是"投资环境最好，建设速度最快，经济效益最佳"的。也正是因为这样，短短两三年内，该集团已在襄阳连续投资 2 亿多元，建成了饲料加工、养殖、种子等公司。

"政策跟着项目走"无疑给襄阳县的开放引进注入了巨大活力，我们在为之叫好的同时，还应注意到，他们的政策当然指的是地方的小政策。毋庸置疑，这种小政策都是服从于国家大政策的，任何时候不能丢了这个前提。

（1997 年 2 月）

第六篇
专题研究

中国农业传媒集团化改革研究

摘　要

　　当前，我国农业农村发展的内外部环境发生了深刻变化，特别是工业化、信息化、城镇化与农业现代化同步推进以及新媒体时代的到来，给农业传媒的改革发展提出了新的要求和挑战。本研究在梳理分析我国"三农"、文化、传媒等高度关联领域发展变化情况，以及国内外传媒改革发展历程、趋势、模式与理论政策等情况的基础上，提出了顺应形势推进我国农业传媒集团化改革的时代命题，系统阐述了关于组建中国农业传媒集团的必要性与可行性，密切结合实际分析论证了推进农业传媒集团化改革的有利条件与不利因素，探讨了有关改革发展的路径选择、指导思想、基本原则和主要目标任务，提出了组建中国农业传媒集团的"三步走"路线图战略构想，并对农业传媒集团发展模式、管理结构、基本战略、保障措施等进行了讨论。

　　研究认为，对于中国农业传媒单位而言，实行集团化改革是一个必然的战略选择，面临的形势不是改与不改的问题，而是早改还是晚改、大改还是小改的问题。概括起来可以说，满足形势要求不得不为、顺应趋势规律不可不为、落实中央政策不敢不为、增强发展实力不能不为，早改早主动、晚改就被动、大改大发展、小改小发展、不改不发展。同时，研究报告也指出，推进中国农业传媒集团化改革是发展的大方向和大趋势，但也要看到，影响改革的因素很多，任务十分艰巨，不能指望中国农业传媒集团化改革短期内一蹴而就，等不得但也急不得，需要运用智慧和毅力，坚决果断而又科学理性地推进。

　　研究报告主要内容分为五个部分。

　　第一章引言介绍了研究背景、目的、方法及国内外传媒集团研究现状，并对国内外传媒集团发展状况与模式及典型案例进行了分析说明。

　　第二章从组建中国农业传媒集团是农业大国向农业强国转变的需要，是农

　　本文为作者在武汉大学学习出版发行学专业研究生毕业论文。

村文化繁荣发展的需要,是农业新闻出版单位以大改革促进大发展的需要等三个方面阐述了组建中国农业传媒集团的必要性。通过分析当前国内外经济社会发展形势及当前我国传媒集团发展的主要政策导向,论证了组建中国农业传媒集团的可行性。

第三章阐述了组建中国农业传媒集团现实基础,对农业部所属主要新闻出版单位与传媒平台的实际状况进行了系统梳理与分析。在此基础上,分析论证了推进中国农业传媒集团化改革的有利条件与不利因素。

第四章探讨了关于组建中国农业传媒集团的路径选择,提出了建设的指导思想、基本原则、主要目标任务和"三步走"的战略构想,并对中国农业传媒集团发展模式、管理结构、基本战略、保障措施等进行了讨论。

第五章对研究工作和报告内容进行了小结,分析了研究的主要成果与不足,并对今后农业传媒集团化改革与建设进行了展望。

一、引言

(一)研究背景

1. "三农"发展出现新变化

在工业化、信息化、城镇化、市场化、国际化深刻影响与激荡推动下,我国农业农村发展出现了许多重大的新情况新变化。一些阶段性、转折性、标志性、历史性的新现象新变化,是深层次的结构性、趋势性变化,反映出农业农村发展水平、运行机制、环境条件、任务与使命,都发生了并将继续发生深刻改变。主要包括:农产品供求关系从"总量平衡、丰年有余"向"总体平衡、结构偏紧"转变,农业劳动力从绝对富余转向结构性短缺,农业生产经营从单一农户、种养和手工劳动为主转向主体多元、领域拓宽与广泛采用农业机械与现代科技,农业投入成本结构从低投入、低成本转向高投入、高成本,农业发展与资源环境的关系从勉强适应转向矛盾加剧,农民收入来源从种养收入为主转向以家庭经营收入与工资性收入为主,农村经济社会结构从传统村落转向复合型社区,工农城乡关系从二元分割转向城乡互动。①

新时期"三农"发展的新情况新变化表明:我国农业已经到了从传统向现代加快转型的新阶段,农业增长方式到了由依靠传统要素向依靠现代要素加快转变的新阶段,农业发展的环境条件到了内部制约和外部影响相互转化的新阶段,城乡关系到了由分割转向融合的新阶段。内部条件与外部环境的巨大变迁,推动我国"三农"发展进入到又一个崭新时期,对其继续以原有标准分析

---

① 韩长赋. 学习贯彻十八大精神　推进农业农村经济发展取得新成就〔N〕. 农民日报,2012 - 11 - 21.

和衡量已经很难做到准确、全面。各级各有关方面只有准确把握时代脉搏，深刻认识变化规律，积极适应新的发展要求，顺势而为、乘势而上，才能用足用好宝贵的战略机遇期，牢牢掌握工作的主动权。

2. 文化发展面临新要求

2011 年 10 月，中共十七届六中全会通过了《中共中央关于深化文化体制改革　推动社会主义文化大发展大繁荣若干重大问题的决定》，强调指出，要引导企业、社区积极开展面向农民工的公益性文化活动，尽快把农民工纳入城市公共文化服务体系。2012 年初，《国家"十二五"时期文化改革发展规划纲要》发布，提出在"十二五"期间要基本建立覆盖全社会的公共服务体系，使城乡居民能够较为便捷地享受公共文化服务，并强调要重点关注公共文化服务均等化，将农民工纳入城市公共文化服务体系。

随着时代的发展和社会的进步，农业、农村、农民对文化的需求水平不断提高，对优秀文化产品的渴求不断加深。但是，与其他涉农产业所面对的问题一样，涉农新闻出版业面对着市场小、利润低的困境。在全国文化体制改革的政策下，农业部所属中国农业出版社、农民日报社、中国农村杂志社、中国农机安全报社、中国农业电影电视中心等出版单位，均已完成转企改制，一步一步走向市场化和企业化。面对市场竞争的猛烈冲击，农业部所属各出版单位如何能保持盈利，如何能更好地为"三农"服务是目前亟待解决的问题。

3. 传媒发展进入新纪元

经新闻出版总署正式批准，1996 年，广州日报在全国率先宣告成立报业集团；1999 年，我国首家出版集团——上海世纪出版集团正式成立。这标志着我国的新闻出版业走上了集团化的发展道路。到目前为止，经过十几年的发展，我国图书出版的品种规模已经跻身世界出版大国前列；出版集团作为我国出版业的主力军，已经成为了我国社会主义文化建设中的骨干力量。据统计，截止到 2010 年底，我国经国务院、新闻出版总署或省级新闻出版行政部门批准新闻出版业集团共有 120 家，其中出版集团 31 家、报刊集团 47 家。[①]

2010 年对于中国出版业来说，是有着重要意义的一年。在文化体制改革政策的要求下，所有被列入转企改制行列的文化和出版事业单位都要在这一年内完成转企改制工作。转企改制之后，这些出版单位成为了新型的市场主体。这次转企改制不仅仅是由"事业"转变为"企业"的简单的名称变化，而是要彻底地转换新闻出版单位的体制和机制，深刻地改变出版产权结构和产权制度，充分地发挥市场力量，通过将新闻出版单位推向市场来激发出其新的活力。这次改革之后，新闻出版业内的企业、集团之间的竞争更为激烈，中国的

---

① 新华网．http://news.xinhuanet.com/book/2 011 - 07 - 23/c _ 121 709 927 _ 2.htm.2011 - 07 - 23.

整个新闻出版业也将因此发生巨大的变化。

随着新闻出版单位转企改制的不断深入，其转企改制以及转企改制后新闻出版单位发展的研究成为学术界和实践层共同关注的焦点。改革之后政府主导型的模式是否还适合新闻出版单位的发展？政府主导下的新闻出版单位是否能够经受住市场竞争的冲击？如果政府完全放开，在市场竞争的压力下，新闻出版单位是否能够把握住社会主义文化发展的大方向？这些问题不断考验着我国新闻出版单位今后的发展。

（二）研究目的和意义

本研究坚持以科学的发展理论为指导，放眼国内外经济社会发展大势，按照深刻认识发展形势、把握发展规律、顺应发展趋势的基本要求，在深入分析农业部所属新闻出版单位现状、充分吸收借鉴国内外新闻出版集团组建和发展经验的基础上，研究提出中国农业传媒集团的组建方案，力求为农业新闻出版单位改革发展提供有益借鉴，以此促进我国农业传媒充分发挥优势，有效整合资源，积极应对挑战，抢抓战略机遇，实现跨越发展，为中国特色农业现代化和美丽中国建设发挥更加重要的作用，做出更加积极的贡献。

（三）研究内容

研究报告内容分为五个部分。

第一章导言介绍了研究背景、目的、方法及国内外传媒集团研究现状，并对国内外传媒集团发展状况与模式及典型案例进行了分析说明。

第二章从组建中国农业传媒集团是农业大国向农业强国转变的需要，是农村文化繁荣发展的需要，是农业新闻出版单位以大改革促进大发展的需要等三个方面阐述了组建中国农业传媒集团的必要性。通过分析当前国内外经济社会发展形势及当前我国传媒集团发展的主要政策导向，论证了组建中国农业传媒集团的可行性。

第三章阐述了组建中国农业传媒集团现实基础，对农业部所属主要新闻出版单位与传媒平台的实际状况进行了系统梳理与分析。在此基础上，分析论证了推进中国农业传媒集团化改革的有利条件与不利因素。

第四章探讨了关于组建中国农业传媒集团的路径选择，提出了建设的指导思想、基本原则和主要目标任务和"三步走"的战略构想，并对中国农业传媒集团发展模式、管理结构、基本战略、保障措施等进行了讨论。

第五章对研究工作和报告内容进行了小结，分析了研究的主要成果与不足，并对今后农业传媒集团化改革与建设进行了展望。

（四）研究方法

本研究注重理论分析与实证分析的结合，实证分析建立在理论分析的基础上。为了使本研究所得结论更具有科学性，更具有说服力，本研究主要采用以下研究方法：

1. 文献法

本研究在对相关文献进行系统搜集、鉴别、整理和深入学习研究的基础上，力求形成对事实的科学认知。通过对国内外传媒集团研究相关文献资料的搜集、整理与提炼，分析概括了国内外传媒管理理论和政府加强管理的基本做法，以及传媒集团发展变化的历史过程，从中探寻出组建中国农业传媒集团的科学理论和正确方向。

2. 比较法

本研究通过对国内外传媒集团发展历程及发展模式的比较，总结经验教训，权衡利弊得失，从对国内外传媒集团发展历程、发展模式的梳理分析中，得出值得深刻总结和重点关注的问题，进而为提出组建中国农业传媒集团的科学思路和对策提供镜鉴，以更好地促进农业传媒集团化改革能够扬长避短、少走弯路、跨越发展。

3. 调查法

本研究在推进过程中凭借一定的手段或方法，对一些农业传媒企业、有关变革现象或事实进行实地考察，深入调研实际问题，掌握大量实际情况和各种事实资料，并加以系统梳理分析，进而得出更加科学、准确、切合实际的结论，为组建中国农业传媒集团找到更具针对性和操作性的思路和办法。

（五）国内外研究综述

1. 国外研究综述

与国内相比，国外对传媒产业的研究开始的较早。一些国外学者分别从传播学、经济学、管理学等学科角度对于传媒集团进行了研究。

政府对传媒集团的管制是国外传媒集团研究的一个重要方面。1970 年，美国颁布了《报纸保护法》，其目的在于维护舆论的多样性。该法律规定如果一个市场内的报纸由于过度竞争而导致其中一家可能不复存在时，两家报纸可以进行合作，并且可以不受垄断法的制裁，但是在合作过程中，两家报纸的编辑部必须完全独立[1]。这项法律受到了理论界的广泛关注。Barwis 通过研究认为，对新闻内容的管制与建立垄断是不同的，不是仅仅依靠资金就可以实现的。Barnertt 和 Carlson 认为，政府管制引起了不良的反竞争行为，且对市场准入形成了限制。Busterna（1988）认为，政府应该允许报业集团组成联合企业，从而能够降低成本，实现规模经济。[2] 除了报业之外，政府对于广播行业的管制是研究人员关注的另一个重要方面。Owen（1975）认为，广播公司应

---

①　辜晓进. 美国报纸的集团化管理（下）[J]. 新闻记者，2003（4）：61.

②　郭富. 基于价值创造的中国传媒集团管理研究 [D]. 天津：天津大学，2004.

该竭尽所能去引导、推动政府来制定广播行业的相关规则，从而使自己的利润得到发展和保护。以前政府的管制政策都是用来限制广播业的竞争的，并没有通过采取激励机制来提高广播业的运营活动①。而 Nolletal（1973）则认为，政府对广播的政策影响了公众福利，需要改变。

Carveth 与 Picard 对美国传媒集团的国际化进行了研究。Carveth（1992）分析了美国的传媒集团在全球整个传媒市场中的地位，将美国的传媒集团与世界其他国家的传媒集团进行了比较，认为美国的传媒集团存在着较大的竞争优势。同时 Carveth 提出，随着经济的不景气、以文化传统和相关法律为借口对文化产品进口的阻碍的增加、传媒企业全球范围内并购的加快，美国传媒集团的竞争优势面临着巨大的挑战。因此，Carveth 认为美国传媒集团应采取建立战略联盟、组建合资公司等方式，采用合作化战略来保持并提高自身的竞争优势，应对面临的这些不利状况②。Picard（1996）研究了美国传媒集团的兴衰过程，认为传媒集团的产生与发展、兴起与衰落并不是独立的，而是与外部的经济环境、社会环境、政府政策、金融环境等密切联系的，受到多方面因素的影响，所以传媒集团并不是无所不能的，更不是能够永远存在的③。

2. 国内研究综述

国内关于传媒发展及传媒集团的研究起步相对较晚，开始于 20 世纪 90 年代末。随着我国经济社会发展的不断加快，以及文化体制改革的不断加深，近几年对传媒集团的研究成为了我国学者关注的重点。国内对传媒集团的研究主要从传播学角度和经济学角度进行。

支庭荣（1999）对媒介管理进行了研究，认为改革与产业化在媒介发展过程中是相辅相成的，随着我国改革开放的不断深化，产业化发展成为了我国媒介发展的必然趋势，同时媒介的产业化发展又为媒介的新一轮改革提供了强劲的动力与强有力的支撑④。曹鹏、王小伟（1999）在其《媒介资本透视》一书中强调指出，既然承认了报业集团具有产业性质，那么报业集团的管理运行等就必须遵循诸如明晰产权关系、依法自主经营、政企分开等现代企业制度的基本原则。报业集团自负盈亏，其生产经营活动不受政府的直接干预，经营责任

---

① Bruce M. Owen. Economics and Freedom of Expression: Media Structure and the First Amendment [M]. Cambridge, MA: Ballinger, 1975: 64.

② Rod Carveth. The Reconstruction of the Global Media Marketplace [J]. Communication Research, 1992, 19 (6): 705.

③ Robert G. Picard. The Rise and Fall of Communication Empires [J]. Journal of Media Economics, 1996, 9 (4): 23.

④ 支庭荣. 媒介管理 [M]. 广州：暨南大学出版社，2000：18 - 20.

也不需政府承担①。田萱（2007）对中西方传媒集团的发展路径进行了比较，对今后中国传媒集团的发展趋势进行了展望，认为中国传媒集团在政府管理体制、集团内部治理方式与运营机制，以及集团价值取向等方面，与西方传媒集团相比有着鲜明的特色②。蒋晓丽、石磊（2008）对传媒集团跨媒体、跨地域的路径选择问题进行了探讨，认为破除阻碍传媒集团跨地域跨媒体发展的障碍必须要借助行政手段③。强月新、黄晓军（2010）通过对传媒集团内部的协同合作进行研究，探讨了传媒整合的问题④。喻国明（2002）对我国传媒产业发展的现实状况进行了分析，认为目前我国传媒产业尚未进行系统的市场化开发，因此其具有极大的潜力来产生丰厚的利润回报。同时，传媒产业作为新经济的一个十分重要的组成部分，其未来的发展是可持续的，具有广阔的前景。综上所述，喻国明认为，从各个角度来分析，对于媒体领域的投资都是"利好"性的⑤。

我国一些学者从管理学角度出发对传媒集团的公司治理进行了研究。李维安、常永新（2003）提出了政府治理、内部治理与外部治理相结合的传媒集团"三级治理"模式⑥。郭富（2004）分析了传媒集团生存的外部环境，通过研究内外传媒集团的发展历程及治理模式，提出了中国传媒集团公司治理的框架。他认为传媒集团价值管理体系应从管理控制系统、价值管理系统、业绩评价系统着手。

（六）国内外传媒集团发展状况

1. 国外传媒集团发展状况

国外传媒集团的演变是与国外传媒产业的发展同步进行的，主要分为四个阶段：

第一个阶段：19世纪大众媒介的兴盛。在这个阶段，大量廉价大众化报纸、杂志、出版物盛行，意味着报业经营者们最关注的是产业的盈利能力而不是政治利益。报业和出版集团的形成是在传媒市场竞争激烈的背景下出现的。较为典型的例子是美国普利策和赫斯特两大报业集团通过扩大规模、外部收购、兼并等方式，整合形成了报业集团的经营模式。

---

① 曹鹏，王小伟. 媒介资本市场透视 ［M］. 北京：光明日报出版社，2001：324-328.
② 田萱. 中西传媒集团发展路径比较 ［J］. 新闻界，2007（4）：48-49.
③ 蒋晓丽，石磊. 培育跨地域跨媒体传媒集团的路径选择 ［J］. 广州大学学报（社科版），2008（2）：53-57.
④ 强月新，黄晓军. 传媒整合：传媒集团内部的协同合作 ［J］. 上海交通大学学报（社科版），2010（4）：76-82.
⑤ 喻国明. 对于我国媒体产业现实发展状况的基本判断 ［J］. 城市党报研究，2001（6）：4-7.
⑥ 李维安，常永新. 中国传媒集团公司治理模式探析 ［J］. 天津社会科学，2003（1）：75-79.

第二个阶段：20 世纪上半叶，传媒产业门类形成。在这个阶段，随着资本主义经济的垄断报纸、杂志和出版业日益集中，新的媒介领域不断整合，且整合不仅仅局限于同类媒介，还拓展到不同媒介之间，即跨媒介整合。此阶段新技术不断更新，形成了规模巨大的传媒产业门类。

第三个阶段：20 世纪中期，传媒集团的战后复兴。20 世纪中期，电视业逐渐发展为产业核心，并成为新的利润增长点。到 20 世纪 80 年代，报业经过漫长的发展，大体完成了重要的合并，通讯社、广播、电影、电视等领域的主要竞争者也都获得了比较稳固的地位。至此，国外传媒产业的横向整合基本完成。

第四个阶段：20 世纪 80 年代之后，传媒集团进入媒介高度集中与融合阶段。在这一阶段，信息经济时代的到来导致了媒介进一步的私有化和商业化；新技术的发明催生了新的媒介种类和运营模式，互联网作为其中一个迅速发展的媒介类别，其地位已经非常重要，多媒体传播平台成为一种趋势。然而，技术的汇流、媒介的融合，以及大量的并购和联盟，使得媒介市场被少数的大型跨国媒介寡头所主导。

2. 国内传媒集团发展状况

1979 年以后，我国的新闻传媒单位已经由国家行政事业单位转变为双轨制的"事业单位、企业化管理"，并逐渐发展为传媒产业集团。20 世纪 50 年代中期到现在，国内传媒产业发展演变主要经历了以下三个阶段：

第一个阶段：国家行政事业阶段。我国在 1953—1956 年完成了社会主义所有制的改造，并确定了计划经济体制，在很长一段时间内，我国新闻传媒一直处于计划经济体制之下，属于行政事业的一部分。在经济上，电台、电视台几乎没有任何经济来源，只有报社、杂志社有为数不多的订阅费收入。当时我国的新闻传媒基本上都是依靠各级政府财政拨款来维持基本的生存与正常运行，这种现象一直持续到 1979 年才告一段落。这一时期，我国没有出台明确的传媒产业经营政策，这也是由当时计划经济体制决定的。

第二个阶段：计划商品经济下的双轨制阶段。自 1979 起，我国逐渐由计划经济向有计划商品经济转变，关于传媒产业的经营政策开始在我国纷纷出台，传媒单位开始推行产业经营实践，由"事业单位"进入"事业单位、企业化管理"的双轨制时期。率先实行"事业单位、企业化管理"这一双轨制经营管理体制的是以人民日报社为首的七家全国性主要报社，标志着我国传媒产业经营进入了新时代。

而经济广告的出现更是拉开了传媒产业化经营的序幕，伴随着改革开放的脚步在我国一些大、中城市日渐活跃起来。在这种背景下，中共中央宣传部于1979 年 11 月发布了关于报社、广播电台、电视台刊登和播放外国商品广告的通知，在一定程度上打破了传统的思想禁锢，新闻传媒界的思想得到解放，观念得到改变。此后的十几年，我国四大主要新闻传媒（报纸、电视、广播、杂志）相继开始进行"事业单位、企业化管理"双轨制下的传媒产业经营实践，加入了体制改革的行列，一定程度上取得了重大的社会效益和经济效益，这种双轨制阶段一直持续到 1992 年。

第三个阶段：产业化发展阶段。我国于 1992 年确立社会主义的市场经济体制，自此全国传媒产业进入了一个高速发展期。我国传媒产业的经营政策也开始由双轨制转变为完全产业化的发展道路，实行"自主经营、自负盈亏、自我约束、自我发展"。

市场经济体制取代计划经济体制的优越性在于，能够运用市场手段来调节供给和需求，使供需双方的均衡符合市场规律。因此，我国大多数媒体逐渐走向市场，接受市场的考验，期间经过了十几年超常规的迅速发展。各个媒体之间的竞争非常激烈，甚至非常残酷。这样竞争激烈的市场环境促使传媒产业的经营政策又进一步发生改变。1992 年 9 月，"报业经济"的概念在"全国报社经营管理经验交流会"上被首次提出，这是我国传媒产业经营观念的一次历史变革。

"报业经济"概念被提出后，国内各地的新闻传媒开始尝试产业化的经营模式，并不断取得了一定的成效。此后，先后组建了《广州日报》、《南方日报》、《深圳特区报》、《光明日报》等报业集团，其他地方相继行动起来，也基本都逐步组建起了日报报业集团，促进了我国传媒产业经济的高速发展，同时预示了我国传媒产业经营未来的发展趋势。

进入产业化发展阶段之后，我国的传媒集团化发展正式拉开序幕，主要经历了以下四个阶段：

一是报业集团化。1996 年 1 月最先组建的《广州日报》经中宣部同意、国家新闻出版总署批准，作为我国第一家报业集团的试点，揭开了我国传媒集团化的序幕。

1998 年，羊城晚报、南方日报、光明日报、南方日报和文汇新民联合等五家报业集团纷纷成立。目前，我国在全国范围内已经组建了 30 多家报业集团试点单位。目前，大多数的报业集团采取兼并、重组的形式，均形成几家或者十几家报刊的规模。例如，广东的广州日报、南方日报、羊城晚报三大报业集团总共拥有二十报两刊，广告营业额在 1997 年名列全国前七名，共占全国报纸广告年营业额的 8%；另外，其三大报业集团还创办印务中心或印刷厂，经营连锁店、房地产等，规模化的经营使得其经济效益相当可观。由此可见，报业集团通过重组、兼并、管理措施等，推动报业向着规模化、市场化、集约化的方向加快发展。

二是广电产业集团化。在我国，广播电视资源的重组和结构调整也较早得到了关注。1997年7月，上海广播电视局成为我国第一个实行改革重组，获得国有资产委托管理资格的地方广播电视局。全局逐步实现统一规划、宣传、管理，虽然没有挂牌，但实际上已经成为一个较大规模且拥有管理权和经营权的广播影视集团。

2000年11月17日，国家广电总局印发《关于广播电影电视集团化发展试行工作的原则意见》，确定电子媒体在之前以宣传为中心的前提下可以兼营其他相关的产业，进行横向或者综合合并，发展成为具有多功能的综合性传媒集团。在该项政策的推动之下，我国广播电视资源的重组和结构调整正式拉开帷幕。2000年12月27日湖南广播影视集团成立，是我国第一家省级广播电视现代媒体集团，也成为我国广播影视实行集团化运作的一个重要标志。一年后，中国广播影视集团正式挂牌成立，其固定资产超过200亿元人民币，年收入超过百亿元。它是在整合中央级广播电视、电影及广电网络公司资源的基础上，形成拥有广播、电视、电影、互联网站、影视艺术、广告经营、物业管理的综合性传媒集团，是我国最大的传媒集团。由于其拥有雄厚的资产，而且经营辐射范围广大，可以说该集团的成立打造了我国电视广播传媒市场上名副其实的传媒航母。

三是传媒集团融入资本市场的阶段。近几年，我国媒体开始尝试与资本市场结合，通过筹资融资方式，利用吸纳到的社会资金为自身的发展服务，这是我国资本市场上出现的新亮点。1994年东方明珠股份有限公司的上市，成为我国第一家由媒体发起设立的股份有限公司。五年后，湖南"电广传媒"的上市又引起一阵轰动，在全国掀起新一轮媒体投资的热潮。随后，资本市场上出现许多媒体关联企业。

四是传媒集团进入公司制阶段。总体来说，我国传媒集团的成立使传媒业有了一定的发展，但并没有实质性的突破和创新。多数传媒集团内部的经营机制、发行量、报纸质量、广告营业额在挂牌前后出入不大，没有发生实质性的变化。在国有产权制度没有得到本质改变的情况下，一些传媒集团尝试规范内部组织机构，但仍然与现代法人治理结构相距甚远。许多出版业单位依然是"换汤不换药"，具有很浓的行政主导色彩，并没有真正意义上从事业单位转变为企业单位，没有真正走向市场化和企业化。即便是传媒上市公司，其相应的治理机制仍有待进一步完善。

（七）国内外传媒集团模式分析

1. 国外传媒集团公司治理模式分析

就传媒集团的公司治理模式来看，世界各国主要有三种模式：一是股东控股模式，二是双轨制模式，三是政府控制模式。前两种模式分别以美国和西欧各国为代表，最后一种模式以中国为代表。其他国家传媒集团发展过程中的公司治理模式基本上都可以归为以上三种之中①。

（1）股东控制模式。当股份制在美国兴起后，美国的传媒企业的资金募集方式也开始由独资向招股募集转变，其中一些传媒企业选择了股份有限公司的形式。

美国大部分传媒集团和其他产业的企业集团区别不大。一般传媒集团都有明晰的产权关系和明确的所有者以及股东。股东大会是公司的最高权力机关，公司的股东可以是个人、公众投资者、公司或者某个慈善机构。但实际上，持股份额较少的股东对公司没有多大的影响力，仅仅参加公司每年一次的股东大会和领取股息，对公司的重大事务没有决策权力，因为持股少也不可能被入选进最高决策机构的董事会。一方面，董事会有任命权，可以任命社长、经理和总编辑，也可以只任命社长，然后由社长再任命总经理和总编辑；董事会还能够决定公司的方针和战略，决定公司的财务预算、决算以及财务分配。另一方面，董事会同时也是公司的监督机构，由外部独立董事组成的内部审计委员会实行监督功能。

（2）双轨制模式。西欧和日本是实行双轨制模式的典型。这些国家和地区大多数人从传统上认可国家权力及其从事公共服务的合理性，因此多数采用由国家委托公共广播电视机构从事服务的形式，这也促进了面向全国服务的公共广播电视媒介的产生。于是，一种由国家财政大力支持的、服务范围覆盖全国的、非常强大和高度集中的公共服务机制，通过全国的公共广播机构体现出来。

传媒企业的最高决策机构是理事会，由议会各政党的代表和社会影响力较大的民间组织组成。它负责决定电视台的方针、制度和战略，决定电视台的章程；决定电视台的预决算和财政分配；对电视台节目的安排有发言权，对某些重大问题有最后的决定权；向管理委员会推荐，但不直接任命社长人选。传媒企业的监督机构是管理委员会，由企业业务人员和社会民间团体共同组成。它有权直接任命社长，审查预决算和工作报告并报理事会审查，同时对节目内容有监督权。整个企业的责任领导是社长，对外代表着传媒企业，对整个电视台的业务有直接领导权，有权任命电视台各个部门经理。

双轨制模式的最大特点在于，理事会具有广泛的代表性，它是由政府首脑提名、议会批准，广纳各党派利益集团的代表参加。一经成立，电视台的日常运作不受政府的领导或控制，从电视台的预决算、方针、政策、节目内容等完全由理事会独立决定。因此，西欧各国和日本电视业的私有化逐渐形成。私有

---

① 常永新.传媒集团公司治理［M］.北京：北京广播学院出版社，2006：103-106.

化意味着议会、政府放松对电视业的管制，各国允许甚至鼓励创办私营电视台。目前，德国面向全国广播并且完全靠商业广告收入作为经费来源的商业电视机构已达 10 家以上。

经过十几年的发展，在欧洲各国中较具典型性的是公共广播电视系统和私营商业广播电视系统双轨体制并存的局面。德国各私营电视台通过吸收合并和购买的方式形成紧密联系，逐渐形成了由卢森堡广播公司与德国出版商贝塔斯曼集团、德国电影发行商集团与施普林格集团公司分别组成的两大家族。截至目前，德国最成功的两家私营电视台的市场占有率已经远超过两个公共电视台。

2. 国内传媒集团的发展模式分析

传媒企业集团化，是国际传媒业发展的普遍战略，是市场经济发展到一定阶段的产物，也是当前国际传媒发展的一大趋势。近几年，我国传媒集团组建速度加快，这一方面适应了全球化背景下媒介发展战略的需求，能够在很大程度上增强我国传媒产业在国际上的竞争力；另一方面能够推动我国传媒业的规模不断壮大，促进我国传媒业的产业化发展，加快我国传媒业与国际发展趋势接轨的步伐。根据资源整合程度，我国传媒集团的发展模式可以分为系列化、一体化和多元化三种[①]。

（1）系列化发展模式。系列化发展模式是目前我国传媒集团采用较广的发展形势。所谓系列化发展模式，是指在同一传媒领域内进行的平面组合，比如报业传媒集团以经营一份报纸为主、多份报纸为辅，广电传媒集团拥有多个系列频道等。我国现有的大部分传媒集团均是采用此种发展模式，其中报业传媒集团比较典型，例如新华日报报业集团等。

系列化模式既有利于使传媒集团利用自身所拥有的各种传媒形成专业的垄断市场，在市场竞争中取得优势；又有利于传媒集团进行市场调查以及开发专业资源。系列化模式的另一优势在于能够促进集团内部资源的协调和整合，避免资源浪费。但是，系列化模式同样也存在着一定的问题，其中最大的问题是由于传媒领域的单一，集团在扩大社会影响力及开拓市场方面受到了很大的限制，同时资源的规模化利用率较低。

（2）一体化发展模式。在我国传媒集团发展过程中，一体化发展模式也是其采用较多的一种模式。所谓一体化发展模式，是指集团在不同的传媒层次中发展，进行传媒层次的立体式组合。这其中包括报纸、出版社、杂志、广播、电视、网络等在内的多种传媒形式。目前按照传媒业产业链来分，一体化发展模式主要有产业链下游向产业链上游发展和产业链上游向产业链下游扩张等两

---

① 佘洪，管成云. 我国传媒集团的发展模式与体制创新 [J]. 新闻世界，2009（8）：130-131.

种形式。一体化模式最大的优势在于对传媒产业中的不同层次上的各类媒体进行充分整合，使得市场资源得到了充分利用，使传媒市场资源的规模效应得到充分的体现。与系列化发展模式相比，一体化发展模式能使其所属的各个传媒都获益，因此一体化发展模式在利用资源、成本管理、传播影响力增强等方面有着巨大的优势。

（3）多元化发展模式。多元化发展模式是传媒集团发展到一定阶段形成的一种创新的发展形式。在多元化发展模式中，传媒集团已经不仅仅涉及传媒行业自身了，而是进行了跨行业的发展，将有利于自己发展的资源整合在一起形成一个集团。采取多元化发展模式的传媒集团除了传媒产业外，还会涉及到广告、印刷、文化传播、房地产开发、物业管理、咨询服务、酒店经营、教育培训等领域。

（八）本研究的创新之处

本研究将农业传媒产业的发展放在国际国内宏观背景下考量，在分析现阶段我国农业传媒产业面临的形势要求，以及国内外传媒业研究现状和传媒集团发展阶段及模式的基础上，开创性地提出了组建中国农业传媒集团的时代命题。研究从推动中国农业由大到强、走向世界、塑造形象、引领风尚、健康持续发展等高度，认识农业传媒所面临的历史责任、重大挑战与重要机遇，阐明了组建中国农业传媒集团的重大意义，在全面掌握和系统分析现有基础、有利条件及不利因素的基础上，提出了"三步走"的改革路线图，并对今后的发展进行了展望。以上是本文研究内容上的主要创新。

二、组建中国农业传媒集团的必要性与可行性分析

（一）组建中国农业传媒集团的必要性分析

1. 农业大国向农业强国转变的需要

传媒的基本作用是传播和获取信息。我国要实现农业现代化，需要强势的传媒支撑。对现有农业传媒优质资源进行优化整合，组建中国农业传媒集团，是应对未来农业市场竞争的需要，是加速农业科技创新与推广的需要，是实施农业品牌战略的需要，也是提升中国农业形象、维护应有的农业国际地位的需要。

（1）有利于有效地宣传党的政策。目前国内有关农业方面的传媒载体，以CCTV-7农业节目、农民日报等为代表，初步形成了电视、期刊、报纸为载体的复合系统，在我国"三农"事业发展中发挥了重要作用。但是，也不可否认，我国的农业传媒像农业一样，也还明显存在着大而不强的问题。目前农业传媒以农业部所属媒体机构为主，行政方面虽然有统一的管理部门，在重大政策宣传上有协调配合和横向联系，但这种协调配合总体上是松散型的，每逢重

大活动临时召集或每年召开 1～2 次会议，仍存在着协作不够紧密、条块分割、各自为政、站位不高、自我服务等现象。组建中国农业传媒集团后，将会形成一个完整、系统的农业传媒平台，在严密的组织体系之下，各分支机构的联系将更加紧密，协作将更加紧凑，"喉舌"作用将得到更加充分的体现，对于在宣传党的"三农"政策、体现国家意志、更好地发挥引导作用等方面发出"更强音"具有重要意义。

（2）有利于有效地影响管理决策。传媒机构因其组织体系的严密性和从业人员队伍的特殊性，能够广泛获取和迅速捕捉信息、反映情况、引导舆论，历来是各级党委政府及管理部门了解社情民意的重要渠道和做出决策的重要参考。组建中国农业传媒集团，运用其灵活的组织架构和特殊的专业队伍，开展深入系统的调查研究，建立纵向到底、横向到边的信息收集、发布体系，集中在一个专业平台上及时反映、报道、解读、评论社会生活中发生的重大事件，提出有关重大政策建议，将更加有利于发现问题、集中问题、反映民意，使各级决策者在第一时间内掌握实情、做出反应，更加高效地做出管理决策。特别是作为一个拥有 6.4 亿农民的农业大国，"三农"问题重大而庞杂，很难靠一个部门理清楚，很难从一个地方看明白，组建实力雄厚的农业传媒集团，形成强大的传媒阵容，更好地为农业、农村、农民服务，更全面及时地发现和反映情况，为管理决策服务，就显得更加必要和重要。

（3）有利于有效地推广农业科技。现阶段我国农业科技推广主要由各级农业科研机构、推广部门和农业科技工作者落实，采取的更多的是"灌输式"和"填鸭式"办法，农民对于新技术被动接受的多，主动学习、了解、掌握的少，科技推广效率和效果都有待进一步改善。组建中国农业传媒集团，充分利用系统内各类资源，综合运用电视、期刊、报纸等优势载体，充分发挥知识信息传播多形式、广覆盖、深层次、全天候、渗透性强的特点，能够更好地促进农业新技术在第一时间内集中、迅速地发布、解析、转化，农民随时随地可学可看，从而推动农业技术推广从点对点有限的被动接受到全时全面的主动学习转变，实现产、学、研的高效对接，实现农业科技推广方式的"革命性"变化，促进农业科技含量的快速提高。如，集团组建后在某项农业技术推广过程中，可以由报纸发布新闻，使农民迅速了解信息；由期刊在技术上进行深度解读，使基层农技推广工作者迅速掌握技术要领，及时传授农民进行操作；电视则通过视频方式，传播更加生动、具体、翔实的影像资料，便于农技推广工作者和农民学习、掌握、运用。这样配套打出的组合拳，将产生任何单一组织行为所不可替代的重要作用和效果。

（4）有利于有效地引导行业规范。经过多年发展，我国农业标准体系已日趋完善，农业标准化、规范化水平不断提高。然而大量国颁标准、地方规范一经发布后便"封存归档",农民的知晓率很低,哪些实际操作规范是对的、哪些是不对的,农民了解掌握不够,行业规范没有发挥出应有的作用。借助中国农业传媒集团,一方面可以对农业标准化、规范化规程进行动态刊发,提高农民对行业规范的知晓率和掌握程度,提升农民的组织化程度、标准化生产水平,促进农产品质量安全。另一方面,通过技术信息互动、标准规范交流,不仅可以促进地区间规范互补,不断完善行业规范;而且可以通过我国农业标准规范的发展,在国际竞争中争取标准的发言权、制定权,抢占未来农业发展的主动权。

(5)有利于有效地树立农业形象。随着经济社会发展程度和人民生活水平的提高,社会对农产品质量安全的要求和关注度不断增强,在高度发达的信息社会,农业的负面问题很容易被热炒、放大,在这种情况下,如果对农业正面典型的树立和宣传引导乏力甚至缺位,农业的形象将不断受损,并对公民信心和国家形象造成不可忽视的不利影响。组建中国农业传媒集团,可以更加公正、均衡、理性、成规模地深入宣传农业信息,在更大范围、更深层面提高社会公众对农业的认识,在一些重大问题上形成共识,更好地与国家意志相统一,维护农业整体形象。通过对典型人、典型事进行集中宣传报道,培育道德典范、发展楷模,形成正确舆论导向,凝聚社会力量,引领"三农"发展。通过对农业和农村工作中反面事件进行公开曝光,引起社会的关注与讨论,调动舆论力量,及时查错纠偏,促进社会公平正义,保护人民群众的合法权益。

(6)有利于有效地拓展农产品市场。现有农业传媒在农产品宣传方面做了大量工作,但由于其自身小、散、弱问题的存在,推介作用不是很明显。甚至,从过去的情况看,我国的优势农产品无论是占领国内市场,还是走出国门参与国际竞争,凭借农业传媒树品牌、闯天下的少之又少。中国农产品要称雄市场,在更广泛的领域内参与竞争,需要专业化的农业传媒作开路先锋。组建中国农业传媒集团,一方面可以在国际市场上对我国农产品进行规划、策划、宣传、推广,发出有力的声音,开拓国际农产品市场;另一方面,可以在国内通过对优势农产品进行宣传策划,便于优势农产品企业开拓市场,实现农产品增值,进而刺激消费、引导消费、促进消费。在帮助优势农产品开拓市场的同时,农业传媒企业也必将同步发展壮大。

(7)有利于有效地应对新媒体时代的冲击。当前,信息传播已全面迈进新媒体时代,互联网、手机等新媒体技术飞速发展,信息传播渠道和手段已发生了深刻变化,新媒体已越来越受到更多的受众青睐,表现出了极大的竞争优势和发展活力,大大地挤压了报纸、广播、电视等传统媒体的生存空间。我国的农业传媒本来就较为弱势,如果继续走传统、分散经营的老路,势必更加难以抵御新媒体带来的巨大冲击，难以适应发展需要，甚至逐步走向颓废与衰败。组建中国农业传媒集团，形成中国农业传媒的"航空母舰"，整合集聚优势传媒资源，发挥传统媒体平台和新兴技术的双重优势，强势打造农业传媒的国家队，在着力为现代农业发展营造良好舆论环境的同时，也必将极大地增强农业传媒的竞争能力，为自身顺应发展潮流、应对风险挑战、不断做大做强夯实基础，创造有利条件。

2. 农村文化繁荣发展的需要

文化是一个民族的灵魂。中国社会的发展史，从根本上讲就是一部农耕文化发展史。当代中国，在全面建成小康社会、建设社会主义新农村、统筹城乡发展的背景和要求下，加快农村建设和发展，很重要的方面就是繁荣农村文化，而农村文化繁荣发展的重要载体和标志则体现在农业传媒方面，体现在新闻出版物的记载与传承之中。

（1）有利于更好地推进农村文化保护传承。农业大国的性质决定了农村文化的重要地位。发源于黄河、长江的中华农耕文化璀璨而多样，近代社会中华民族奋斗不息，赋予了农村文化更加厚重的内涵。然而，随着工业化、城镇化进程的加快，人们的人生观、价值观发生了深刻变化，一些优秀的农村文化被逐步遗忘、遗失。近年来，通过申请非物质文化遗产等渠道使得一些农村文化得以保护，但总体上农村文化以地域为单位进行了"分块切割"，缺乏系统的整理与汇总，更不便于学习、传承。组建中国农业传媒集团，利用电视、报刊等渠道，站出来发出强势的声音，可以更加系统、广泛、有力地保护和传承优秀的农村文化，并在实践中加以应用。

（2）有利于更好地推进农村文化丰富创新。文化软实力是国家竞争力的重要组成部分。一个国家的强大，必然要求文化的先进性。农村文化作为中华文明的重要组成部分，必然要不断丰富与创新。《中共中央关于深化文化体制改革　推动社会主义文化大发展大繁荣若干重要问题的决定》提出，"加强对优秀传统文化思想价值的挖掘和阐发，维护民族文化基本元素，使优秀传统文化成为新时代鼓舞人民前进的精神力量。"中国农业传媒集团成立后，可以从专业的角度进行先进农村文化的发掘工作，对优秀成果进行集中展示、宣传，促进农村文化创新，不断满足农村日益增长的精神文化需求，丰富农民的精神家园，从而发挥权威传媒的作用，引领风尚、教育农民，吹响凝聚和鼓舞人心、促进"三农"事业和农村先进文化快速发展的冲锋号。

（3）有利于更好地推进农村文化去糟存精。当代中国农村，各种文化频繁交流，农民接受的文化形态多种多样，其中不乏大量低俗、庸俗、恶俗的文化，如黄、赌、毒的问题，道德失范、诚信缺失的问题，低俗段子、低俗表演流行的问题等。这些低俗文化充分利用人们内心深处的低劣本性在部分农村地区盛行，甚至还有一些文学、影视作品利用夸张的手法，放大中国农村社会的丑恶、低俗现象去崇洋媚外，博得外国人的眼球，让国际社会误解中国农村，嘲笑中国文化，产生了极坏的消极作用。凡此种种，正在严重影响农民的思想意识、人生轨迹和中国形象。要解决这些问题，需要农业传媒集团这样一个强势的宣传实体来把握方向，正确引导农村文化走向，迅速占领农村文化市场，形成先进农村文化的主导声音，产生正能量，并在国际社会中发出正面向上的最强音，树立起良好的国家形象。

（4）有利于更好地推进农村文化做大做强。我国农村人口众多、幅员广阔，农村文化丰富多彩，但对于精品的开发运作不足，产业发展总体规模大、单体规模小、外向张力弱等问题明显。同时，国家对农村文化投入缺乏，而需要扶持的对象量大面广，重点支持对象不明确，舆论引导不够，农业传媒作为农村文化的载体作用发挥有限，也都极大地制约了农村文化的繁荣发展。对现有农村文化传媒优质资源进行整合重组成立集团企业后，可以有效利用各类文化资源，形成"旗舰"队伍，产生聚合放大效应，更加有利于农村文化的保护、传承与创新，对农村文化的繁荣壮大将起到强有力地推动作用；也便于更好地争取扶持政策，使国家在资金投向、产业扶持上能够抓住龙头集中投放，避免出现"撒胡椒面"的现象；还可以更好地利用系统内人力资源，不断推出精品力作，形成拳头产品，在农村文化产业发展中形成竞争优势，培育新的增长点，推动农村文化向着产业化方向加快迈进、蓬勃发展。

3. 农业新闻出版单位大改革促进大发展的需要

在市场化、信息化高度发达的今天，一家单一、传统、小规模的传媒企业，很难对受众发挥迅速、高效、广泛且渗透性强的影响力，企业成长普遍面临空间受限的"天花板"问题。而通过改革组建出版集团，充分发挥其规模大型化、产融一体化、经营多角化、市场国际化的作用，对于解决当前农业新闻出版单位发展不够、竞争力不强等突出问题，具有重要意义和作用。

（1）以规模大型化增强发展实力。集团化企业是以一个或若干个大型企业为核心，以产品、技术、资产为纽带，由一批企业组成的较为稳定的"航空母舰型"经济组织。世界经济发达国家，几乎所有重要产业都是由集团化企业在其中发挥着至关重要的作用。

传媒集团是若干个新闻出版企业的集合，和单个的媒体企业相比，具有明显的规模优势。传媒企业通过集团化改造，壮大了资产实力，扩大了产品规模，按照专业化协作原则有机结合，实现了产业要素优化组合。以辽宁出版集团为例：它们以原辽宁出版总社为基础，改造成辽宁出版集团作为母公司，包括辽宁发行（集团）公司、辽宁印刷公司、辽宁人民出版社、辽宁科学技术出版社、辽宁美术出版社、辽宁教育出版社、辽海出版社、春风文艺出版社、辽宁民族出版社、辽宁画报出版社、辽宁电子出版社、辽宁音像出版社等11个出版社，以及图书进出口公司、版权代理中心等共22个成员。1999年改制后集团总资产约17.4亿元人民币，有职工4 700多人，年销售收入达13.6亿元人民币，在行业内的竞争实力大幅提升。类似的这些传媒集团，相对来说，大多都规模庞大，集团内设子公司，子公司又相对独立运营，内部管理体系完备，制度健全。一般情况下，这种集团公司预测和抗衡市场风险的能力都是单一制传媒企业所无法比拟的。此外，还有其他非试点的各类新闻出版集团约20家。发展传媒集团，以规模优势赢得规模效益，已成为我国新闻出版单位发展壮大的重要选择。

（2）以产融一体化夯实发展资本。大型企业集团对金融有特殊的需求，也相对具备实行产融结合的条件，一般要逐步实行生产、流通、金融功能于一体。国内外很多大型企业集团都创办具有融资功能的财务公司、设备租赁公司等一些非银行金融机构，以此不断扩大企业集团筹融资渠道，提升筹融资能力，从而凭借金融优势和资金支持，通过对有发展前途的企业实行控股或参股经营等方式，不断壮大企业集团的资本和经营实力。

传媒企业的发展需要资金的支持，企业运营如果只限于一个领域则很难做大做强，只有将传媒产业和金融业相结合，才能走出一条不断发展壮大之路。世界著名新闻出版集团，如贝塔斯曼出版集团、沃尔特斯·克吕维尔出版集团、读者文摘集团、讲谈社等，都是将传媒产业和金融业发展有效结合起来用以促进出版产业做大做强的典范。其中德国贝塔斯曼出版集团充分运用各种融资方式，通过财政拨款、财团赞助、社会捐赠、部门统筹等渠道创建出版基金，不断为集团发展积极筹措资金，从而为集团发展提供了可靠的经济后盾，在国际上形成了重要的影响。投资和融资能力弱是我国传媒业面临的突出问题，根本症结在于企业集团化发展不够，推动传媒企业走集团化发展道路是解决这一突出问题的关键步骤。

（3）以经营多元化提升发展活力。多元化经营也称多样化经营或多角化经营，是指企业在多个相关与不相关的领域，同时经营多项不同业务和发展多种产业的一种战略，有利于企业利用现有资源，实行多向发展，规避因局限于一个领域或产业而带来的风险，实现资源优势互补、共享共促，从而产生1＋1＞2的效果。但是，也应当看到，在一般情况下，多元化经营更多地适用于集团化企业，一般的企业实行多元化经营，容易分散有限的人、财、物等资源，增加管理难度，降低经营效率。

从传媒业的情况来看，世界十大著名出版集团都不只是把经营仅限于图书的出版和发行，而是瞄准市场，实行多元化的发展。比如，贝塔斯曼出版集团以图书出版为龙头，同时兼营报刊、印刷、音像制品、影视制作、娱乐媒体等多种产业。其图书出版部以经营图书出版和图书俱乐部为主要业务，是集团的重头部门。报刊部即 Bruner＋Jahr 公司出版 80 种报刊，其中德文报刊和外文期刊各 40 种，成为欧洲主要的报刊出版商之一。娱乐部是其发展最快的部门，主要经营音乐制作与出版、视频、可存储媒体及其他娱乐活动等业务。电视广播部主要从事广播电台、电视网络（免费和收费电视）节目制作等业务。多媒体部包括网上服务、信息交换、交互式演播室等业务，是进入新世纪以来集团着力开发的重点领域。工业部包括光盘复制公司、储运公司、印刷公司等，在意大利、哥伦比亚、西班牙、葡萄牙、美国等多个国家和地区成立有 20 多家造纸厂和印刷厂等实体。这种多元化发展的格局，支撑了贝塔斯曼出版集团立于不败之地，持续保持了旺盛的生命活力和在世界传媒领域的重要地位与影响。我国的湖北长江出版传媒集团有限公司作为湖北省出版行业的龙头企业，于 2008 年 7 月成立，拥有 18 家全资子公司、8 家控股公司、3 家参股公司，下属的湖北省新华书店集团包括分布于全省各市州县 84 家分公司。企业转企改制后三年多时间，总资产由 21.6 亿元增长到 81.7 亿元，销售收入保持了年均两位数的速度增长，为国家创造利税达 13 亿元。但总体上，我国的传媒企业因为集团化发展程度较低，企业实力普遍相对较弱，多元化发展总体处在起步阶段，亟须加快推进集团化改革，规避单一经营模式带来的风险。

（4）以市场国际化拓展发展空间。面对开放的市场条件，跨国经营是有实力的企业快速发展的重要路径和必然趋势。与单一公司相比较，大型企业集团具有资金、技术、人才、规模经济、组织管理等多种优势，参与国际竞争的资本相对雄厚，经受国际市场冲击的能力较强，为其在世界范围内开辟更为广阔的发展空间和抢抓机遇创造了有利条件。

世界发达国家传媒企业集团化发展实力较为雄厚，开拓世界市场的能力强。我国人口众多，图书等传媒业市场空间较大，我国加入 WTO 后，国外一些传媒集团纷纷瞄准我国市场，积极寻求与中国出版社的合作，朗文公司、牛津大学出版社、剑桥大学出版社等外国出版集团早已成立中国事业部，想尽办法将经营触角深入我国。与国外相比较，我国一些传媒企业虽然实现了集团化改革，但总体上实力依然较弱，参与国际竞争的能力和意识相对还比较缺乏，在纷纷建立企业集团的背后，仍然存在着政企合一、地区封锁、自我保护、资本主体不明等诸多突出问题，距离真正意义上的跨行业、跨区域、跨部门、跨所有制的现代企业集团还有较大差距。据有关文献显示，早在 1993 年，跨国企业集团的工业产量已占世界工业总产量的 50%。世界经济发展的实践也早已证明，"全球工厂"和"全球产业"是企业能够快速、持续、健康发展的重要保障。企业只有形成集团才能打破地区封锁，更好地参与国际经济大循环，从而克服地域产业结构的封闭性、趋同性和有限性。近几年，我国陆续组建了几十家传媒集团，但绝大多数基本上是"翻牌集团"，只是在"事业单位企业化管理"基础上修修补补，体制和机制上的变化不大，大多改革成效不明显。作为一个日益强大、开放的大国，我国应在国际舆论上掌握与身份和地位相对应的话语权。但长期以来，外宣工作主要由国内少数几个中央级媒体承担，在国际上的声音依然很弱。放眼未来，包括农业传媒在内，我国的传媒企业只有进一步加快推进集团化改革，并积极组建具有真正意义的企业集团，才能够为更好地实现跨国经营创造必要条件，为"中国传媒"成长成"世界传媒"带来希望的光芒。

（二）组建中国农业传媒集团的可行性分析

1. 当前国内外经济发展及其影响

（1）国际经济发展形势及其影响。当今世界正在发生深刻变化，和平与发展仍然是时代主题。世界多极化、经济全球化特征明显，国际间合作交流更加深入广泛，资金、技术、人才等各类生产要素在全球范围内流动配置，金融全球化、贸易全球化、技术全球化、人才全球化的趋势为各业发展带来了难得的机遇，没有哪一个产业发展壮大不需要在世界范围内找饭吃。2008年国际金融危机以来，各国经济发展速度曾一度放缓。后危机时期，各国纷纷出台刺激政策，加快调整经济结构，积极应对金融危机带来的负面影响。长远看，国际经济持续发展的形势不会发生根本性逆转。当前已可以看到，部分国家的经济形势已企稳回升，正在逐步走出低谷。世界产业格局经过重新洗牌，新的经济格局正在形成，此时的世界经济蕴含着巨大的发展潜力，更加需要持久、有力地拉动。在国际农产品贸易方面，伴随着一系列农产品质量安全事件的发生，国际市场对绿色、有机、安全农产品的需求将会持续增长，这为中国农产品进一步走向世界，为中国农业及传媒集团面向更加广阔的市场加快发展，提供了更加难得的机遇、环境和平台。

挑战方面，我国农产品国际贸易自2004年首次出现逆差，已连续8年出口额大于进口额，由此也引起了部分国家的警惕。为限制中国农产品出口贸易，保护各自农业安全，个别国家制造贸易壁垒，甚至不惜冒着违反国际经济秩序的风险进行所谓的"反倾销"，想方设法限制中国农产品出口。同时，随着全球经济的逐步回暖，原有经济格局被打破，我国传统国际贸易面临挑战，"一等原料、二等质量、三等设计、四等价格"的"中国制造"利润空间进一步缩小，出口受阻；大量热钱涌向中国，农业已成为国外资本的重点投向之一，加之人民币汇率持续上升，国内金融风险、农业风险进一步增加；农业技术方面，以美国为代表的转基因技术已抢占我国部分市场（中国大豆就是典型的案例），农作物种子行业也面临着巨大风险。这些不利因素对中国农业形成倒逼机制：必须要加速农业现代化进程，在国际农产品市场中占有一席之地，确保中国农业安全。

面对复杂多变的国际经济形势，在全球经济一体化的背景下，不仅中国农产品需要权威传媒做"开路先锋"，为占领国际市场创造舆论、条件和环境；而且国际农产品市场和消费者也需要专业传媒提供权威信息，更多地了解中国农产品。同时，作为国际市场也需要中国有一家国际化的农业传媒集团，发挥农业和农产品信息传播职能，促进国际农产品贸易在广度和深度上有所突破。可以说，组建中国农业传媒集团机遇难得、正当其时，也将大有作为。

（2）国内经济发展形势及其影响。面对国际金融危机带来的严峻经济形势，2008年底，党中央、国务院及时出台了进一步扩大内需、促进经济平稳较快增长的十项措施，全面实施一揽子计划，准确把握宏观调控的力度和速度，妥善处理影响经济走势的重大问题，支撑我国经济实现了"软着陆"。2008—2012年，我国国内生产总值分别增长9.0%、8.7%、10.3%、9.2%、7.8%，国民经济总体保护了平稳较快发展态势。农业因其特殊的基础性地位，始终受到党中央、国务院的高度重视。在新世纪连续10个中央1号文件的持续推动下，我国农业和农村经济也保持了快速健康发展态势。2008—2012年，中央财政"三农"累计支出4.47万亿元，年均增长23.5%；农业补贴资金从2007年的639亿元增加到2012年的1923亿元，农业投入力度之大为历史之最。在持续的投资拉动下，农业增加值增长率多年保持在4.5%左右，粮食生产实现"九连增"，农民收入实现"九连快"，农业经济结构优化升级，农业现代化水平不断提高。特别是农产品的供给保障能力得到大幅度提升，农产品更加丰富多样，地区间、企业间的竞争加剧，居民的饮食结构发生深刻变化，人们对有机、安全食品的需求日益旺盛，此时特别需要有专业的农业传媒机构站出来发挥作用，引导居民消费，促进农产品流通和供需平衡。

从压力看，农业同样面临着来自国内的诸多挑战。粮食安全方面，随着城镇化、工业化的加快，历史上耕地数量曾一度减少，今后还将面临人口增加、耕地减少的矛盾，必须确保18亿亩耕地红线不动摇，处理好"四化"同步发展的关系。农产品质量安全方面，由于信息不灵、监管不到位等因素影响，国内发生过的"三聚氰胺事件"、"苏丹红事件"等，每一起质量安全事件的发生，就是对一个产业的沉重打击，是对消费者饮食安全的严重侵害，农产品质量安全将是我国农业长期面临的重大挑战。农业科技方面，小麦基因的破译、转基因技术的应用、丰产高产高抗新品种的研发等一系列农业重大前沿课题，是我国农业持续增效、农民持续增收的技术保障，需要重点加强，重点突破。

在制度设计方面，农村土地制度、农民工市民化、城乡二元结构等重大问题，都需要加快破解。应对这些挑战，不仅要系统研究，有针对性地解决，更需要强势农业传媒发挥作用，在政策宣传、信息发布、舆论引导、技术交流等方面有所作为。

2. 我国传媒集团化改革发展的政策取向

（1）企业化管理与集团化改革的基本导向。我国传媒业集团化改革肇始于1996年，当时是在1978年以后进行"事业单位企业化管理"改革的基础上，国家开始鼓励和支持媒体进行集团化改革，当年广州日报报业集团率先宣告成立，成为国家新闻出版总署正式批准的全国第一家报业集团，此后全国几十家大型新闻单位组建的传媒集团相继成立。如果说事业单位企业化管理改革，是传媒业适应社会主义市场经济体制、减轻财政负担、激发出媒体自我发展积极性的重要举措，那么媒体集团化改革就是对这一举措的进一步深化。经过1978年后的改革，有关单位按照市场需求，初步创办了能够满足不同受众需求的媒体形式，并在单位内部推行了独立核算、承包经营、人事分配等改革。但是，随着经济社会的快速发展，经过初步改革后的媒体单位组织形式仍然难以适应新形势发展的要求，要更好地协调和运作媒体数量不断增加、规模日益庞大、分工逐渐细化、产业功能更加完备的传媒组织，必须采用集团这种组织形式。1996年开始的集团化改革，就是面对社会信息化和传媒全球化的新形势，在新闻媒体发展到一定规模的情况下，顺应时代发展要求所采取的重要举措。

（2）文化体制改革的宏观环境和要求。进入新世纪以来，中央的一系列重大决策，为在新的历史时期深化传媒等文化体制改革发展指明了方向。其中，2002年11月，党的十六大报告首次提出"积极发展文化事业和文化产业"、"根据社会主义精神文明建设的特点和规律，适应社会主义市场经济发展的要求，推进文化体制改革"。2003年6月，深圳等9个地区和35个文化单位成为文化体制改革试点。2005年底，中共中央、国务院印发《关于深化文化体制改革的若干意见》。2006年3月，中央召开全国文化体制改革工作会议，新确定全国89个地区和170个单位为文化体制改革试点；同年9月，中共中央办公厅、国务院办公厅印发《国家"十一五"时期文化发展规划纲要》。2009年7月，国务院常务会议审议通过我国第一部文化产业专项规划——《文化产业振兴规划》。2010年3月，中国人民银行、中宣部、财政部等九部委联合印发《关于金融支持文化产业振兴和发展繁荣的指导意见》。这一系列政策，加快了文化体制的改革发展步伐，也为媒体推进集团化等各项改革指明了方向，提出了要求，营造了环境。

（3）产业化和集团化改革的具体政策精神。在党中央国务院有关方针政策指引下，国家新闻主管部门不断加大推进媒体集团化改革力度，相继出台了一系列具体举措。其中，1999 年中办和国办印发了《关于调整报刊结构的通知》，明确要求实行"政报分离"，要求各级报刊都要走向市场，实行自负盈亏，这是中央关于新闻传播媒介进一步实行企业化管理、走产业化道路的具体部署。1999 年信息产业部、国家广播电影电视总局印发的《关于加强广播电视有线网络建设管理意见》和 2001 年中宣部、国家广电总局、新闻出版总署发布的《关于深化新闻出版广播影视业改革的若干意见》，对媒介的集团化建设作了明确表述，提出：要按照专业分工和规模经营要求，通过联合、重组、兼并等形式，建成一批主业突出、品牌名优、综合能力强的大型集团，推动传媒产业结构、产品结构、组织结构、地区结构调整，促进其实行跨地区发展和多媒体经营，不断提高产业集中度；要积极推进集团化建设，努力把集团做大做强。在当前试点基础上，组建起若干大型报业集团、出版集团、广电集团、电影集团、发行集团，有条件的经批准可组建跨地区、多媒介的大型新闻集团。在此基础上，文件还对各类传媒集团的性质、集团组建后的资金筹措、经营范围、人员调配等做出了相应规定。2003 年中办、国办印发《关于进一步治理党政部门报刊散滥和利用职权发行，减轻基层和农民负担的通知》，对调整报刊等媒体结构提出了实质性意见，新闻出版总署办公厅印发了落实这一文件的实施细则。经过治散治滥，全国近 300 种报刊被划转或兼并到省级党报集团、出版集团、广电集团，进一步确立了媒体集团化发展的导向，壮大了集团实力。在 2012 年出版传媒集团主要负责人座谈会上，时任新闻出版总署署长柳斌杰指出，下一步要迅速启动传媒集团第二步改革，完善现代企业制度，加大兼并重组力度，加快股份制改造和上市融资步伐。这些政策精神，均为推进农业传媒集团建设的基本指针。

三、组建中国农业传媒集团的现实基础

（一）农业部所属新闻与出版单位概况

1. 新闻出版发行单位及媒体种类与数量

不包括网站，农业部主管的新闻、出版发行单位及媒体有 2 类，包括影视与报刊。其中，影视类媒体仅有 1 家，即中国农业电影电视中心，主要制作播出中央电视台第七套农业节目（CCTV - 7 农业节目），现推出的专栏节目有11 个；主管的报刊共计 119 种，包括 7 种报纸和 112 种期刊，期刊中社科类21 种、科技类 93 种，主办单位涉及到 13 个司局业务归口管理的 28 家事业单位和社团（联合主办报刊只计算第一主办单位，中国水产科学院及其下属各单位主办的 7 种期刊、中国农业科学院及其下属各单位主办的 62 种期刊只分别计算为中国水产科学院与中国农业科学院 2 家单位）。

表1 农业部所属新闻与出版单位及主办的节目和报刊

	主办发行单位	种类	数量	报刊或节目名称
1	中国农业电影电视中心（CCTV-7农业节目）	影视	11	1.《聚焦三农》；2.《致富经》；3.《每日农经》；4.《法制编辑部》；5.《阳光大道》；6.《生活567》；7.《科技苑》；8.《乡村大世界》；9.《乡土》；10.《乡约》；11、《农广天地》。此外，中国农业电影电视中心还办有农影出版社
2	农民日报社	报纸	5	1.《农民日报》；2.《中国农村信用合作报》；3.《中国畜牧兽医报》；4.《中国渔业报》；5.《农村养殖技术》
3	中国农村杂志社	期刊	6	1.《农村工作通讯》*；2.《农民文摘》*；3.《农产品市场周刊》*；4.《农村经营管理》*；5.《农村财务会计》*；6.《美好生活》
4	中国农机安全报社	期刊报纸	3	1.《中国农机化导报》；2.《中国农机安全报（维文版）》；3.《中国农机监理》
5	农业部规划设计研究院	期刊	1	《农业工程技术》
6	全国水产技术推广总站	期刊	1	《中国水产》
7	全国农业技术推广服务中心	期刊	2	1.《中国农技推广》；2.《中国植保导刊》
8	全国畜牧总站（中国饲料工业协会）	期刊	3	1.《中国畜牧业》；2.《中国饲料》；3.《饲料广角》
9	农业部农药检定所	期刊	2	1.《农药科学与管理》；2.《农药登记公告》
10	农业部农村社会事业发展中心	期刊	1	《中国乡镇企业》
11	中国乡镇企业协会	期刊	2	1.《中国乡镇企业会计》；2.《乡镇企业导报》
12	中国农业会计学会	期刊	1	《中国农业会计》
13	农业部植物新品种保护办公室	期刊	1	《农业植物新品种保护公报》
14	农业部管理干部学院	期刊	2	1.《中国农民合作社》；2.《农业部管理干部学院学报》
15	全国农业展览馆	期刊	1	《古今农业》
16	农业部农业机械试验鉴定总站	期刊	1	《农机质量监督》
17	农业部（黑龙江省）农业机械维修研究所	期刊	1	《农机使用与维修》

（续）

	主办发行单位	种类	数量	报刊或节目名称
18	江苏省畜牧总站	期刊	1	《中国养兔杂志》
19	中国兽医药品监察所	期刊	1	《中国兽药杂志》
20	中国动物卫生流行病学中心	期刊	1	《中国动物检疫》
21	中国奶业协会	期刊	1	《中国奶牛》
22	农业部农业机械化技术开发推广总站	期刊	1	《农机科技推广》
23	中国农垦经济发展中心	期刊	2	1.《中国热带农业》；2.《中国农垦》
24	中央农业广播电视学校	期刊	2	1.《农业广播电视教育报》；2.《农民科技培训》
25	中国农业出版社	期刊图书	5	1.《世界农业》；2.《中国农业年鉴》*；3.《中国乡镇企业及农产品加工业年鉴》*；4.《中国畜牧业年鉴》*；5.《中国渔业年鉴》*
26	中国农业科学院	期刊	62	1.《中国农业科学（中文版）》；2.《中国农业科学（英文版）》；3.《农产品质量与安全》；4.《农业科技通讯》；5.《中国食物与营养》；6.《植物遗传资源学报》；7.《作物杂志》；8.《中国种业》；9.《中国蔬菜》；10.《中国生物防治学报》；11.《中国农业气象》；12.《中国畜牧兽医》；13.《中国蜂业》；14.《核农学报》；15.《农业经济问题》*；16.《农业技术经济》*；17.《植物营养与肥料学报》；18.《中国土壤与肥料》；19.《中国农业资源与区划》*；20.《中国农业信息》；21.《农业图书情报学刊》*；22《中国乳业》；23.《中国猪业》；24.《生物技术通报》；25《农业网络信息》*；26《农业展望》*；27《中国园艺文摘》；28《中国畜牧兽医文摘》；29.《中国畜禽种业》；30.《灌溉排水学报》；31.《中国水稻科学》；32.《水稻科学（英文版）》；33.《中国稻米》；34.《中国棉花》；35.《中国油料作物学报》；36.《中国麻业科学》；37.《中国果树》；38.《果树实用技术与信息》；39.《果树学报》；40.《中国瓜类》；41.《果农之友》；42.《中国茶叶》；43.《生物技术进展》；44.《中国预防兽医学报》；45.《畜牧兽医科技信息》；46.《中国兽医科学》；47.《中国草食动物科学》；48.《中兽医药杂志》；49.《中国动物传染病学报》；50.《中国草地学报》；51.《特产研究》；52.《特种经济动植物》；53.《农业环境与发展》；54.《农业环境科学学报》；

（续）

	主办发行单位	种类	数量	报刊或节目名称
26	中国农业科学院	期刊	62	55.《中国沼气》；56.《中国农机化》；57.《农业开发与装备》；58.《中国烟草科学》；59.《中国南方果树》；60.《中国果业信息》；61《中国糖业》；62.《中国蚕业》 此外，中国农科院还办有中国农业科技出版社
27	中国水产科学院/水产学会	期刊	7	1.《中国水产科学》；2.《中国渔业质量与标准》；3.《中国渔业经济》*；4.《渔业科学进展》；5.《渔业信息与战略》；6.《南方水产科学》；7.《渔业现代化》
28	中国热带农业科学院	期刊	2	1.《热带农业科学》；2.《世界热带农业信息》

注：①主办单位挂靠的协会与学会未计入，只计算所挂靠的单位；②＊表示社科类期刊。

2. 新闻出版发行单位的法人类型

按有关法律法规，在新闻出版总署的登记法人可分为两大类三小类，包括独立法人与非独立法人，其中独立法人又分为事业法人与企业法人两大类。农业部主管的新闻、出版发行单位的法人类型，根据所统计在新闻出版总署报刊出版许可证的登记情况看，同时存在事业法人、企业法人和非独立法人三大类型。

具备事业法人资格的报刊共有 6 种，影视单位 1 家。其中，《农民日报》《中国农机化导报》《中国农机安全报》（维文版）、《中国农机监理》、《中国沼气》和《中国水产》6 种报刊在新闻出版总署登记的报刊出版许可证登记为事业法人单位，具体涉及农民日报社、农机安全报社、农业部沼气科学研究所（农科院下属）和水产推广总站 4 家主办单位。这 4 家法人单位在国家事业单位登记管理局事业单位法人登记中，农民日报社、中国农机安全报社是一级事业单位法人（主办单位是农业部），而中国水产杂志社（主办单位是水产推广总站）和中国沼气杂志社（主办单位是农业部沼气研究所）是二级事业法人单位。中国农业电影电视中心是农业部主管的新闻影视出版媒体类单位中唯一事业单位，属一级事业法人单位。

具备企业法人资格的期刊共有 8 种。分别是《农村养殖技术》、《中国猪业》、《中国乳业》、《中国农技推广》、《中国植保导刊》、《中国畜牧业》、《中国饲料》、《饲料广角》，主办单位分别为中国农村杂志社、农科院农业信息研究所、农技中心和畜牧总站。目前，中国农村杂志社主办的《农村养殖技术》正在办理变更为科协主管、中国畜牧兽医学会主办的相关手续。

属非独立法人的报刊共有 105 种。其中多数为科研部门主办的非独立法人科技期刊、学术期刊编辑部,共涉及 24 家主办单位,但以中国农业科学院与中国水产科学院及其下属各单位或挂靠协会、学会主办发行的期刊数量最多。其中,中国农业科学院及其下属各单位或挂靠协会、学会主办的期刊有 72 种,中国水产科学院及其下属各单位或挂靠协会、学会主办的期刊 12 种,占了非独立法人报刊的 80%,全部期刊总量的 70.58%。

3. 新闻出版发行单位的基本现状

(1) 员工组成以事业编制职工为主。农业部所属各报刊主办单位多数为部属事业单位,其从事编辑出版工作的大部分人员为本单位事业编制的职工,同时,根据工作需要外聘部分人员。除经费保障事业单位所办报刊的编制内职工工资由财政解决外,其他单位和编外人员工资均靠单位自筹。如中国农机安全报社属自收自支事业单位,中国农科院农业信息研究所所属的农牧产品开发杂志社主办的《中国乳业》与《中国猪业》两刊共有工作人员 19 人,其中事业编制 10 人,聘用人员 9 人。一般情况下,事业单位编制内人员收入水平要高于编制外人员收入。

(2) 发行量整体偏低。农业部主管的"三农"类报刊普遍存在公益性、行业性突出的特点,由于报刊的内容技术性与专业性较强,发行和经营受到多种因素限制,总体发展形势不容乐观。主要表现在:所有报刊中,每期发行量超过 5 万份的有《农民日报》(46 万份)、《农民文摘》(18.5 万份)和《农村财务会计》(8.2 万份) 3 种;每期发行量在 1 万份至 5 万份的有《农村工作通讯》(4.9 万份)、《中国农机化导报》(1.3 万份)等 20 种;其余报刊的期发行量均在万份以下,甚至还有近十种报刊的每期发行量不足千份。

(3) 财务状况普遍偏紧。由于多数出版单位不具有独立法人资格,经营状况无法详细核算。从目前经费来源来看,中国农村杂志社和农机安全报社均为经费自收自支事业单位,人员经费和工作经费全部依靠自筹,仅能维持基本运转,工资收入水平总体上在所有事业单位中位于中等偏下。2010 年,各出版单位收支大多数表现为亏损或基本持平,仅有 10 余种报刊的净利润超过 10 万元。

(4) 部分报刊进入改制阶段。根据中共中央办公厅、国务院办公厅《关于深化非时政类报刊出版单位体制改革的意见》(中办发〔2011〕19 号)和非时政类报刊出版单位体制改革工作联席会议办公室《关于有关非时政类报刊出版单位列入中央各部门各单位第二批转企改制名单的函》(报刊改办〔2012〕7 号)的有关精神,农业部也开始全面启动了报刊改革工作。目前,《农民日报》已明确为公益性报纸,中国农业出版社主办的 5 种期刊(《世界农业》和 4 种年鉴)已随出版社整体改制。其余报刊都将按照《农业部非时政类报刊出版单位体制改革工作方案》等文件的安排与要求进行分步改革。根据农民日报社2013 年年底前组建报业集团的规划安排，其旗下《中国农村信用合作报》、《中国畜牧兽医报》、《中国渔业报》（以下简称三张报纸）三张报纸转企改制工作已进入准备阶段。此外，经营状况比较好的《中国农机化导报》等 10 种经营状况总体为略有盈余的报刊已被明确列入首批改革对象。

（二）农业部所属主要新闻与出版单位基本情况

1. 农民日报社

《农民日报》创刊于 1980 年 4 月 6 日，是我国历史上第一张面向全国农村发行的报纸，由中央农村政策研究室和国务院农村发展研究中心主办，原名《中国农民报》。1985 年，《中国农民报》更名为《农民日报》，由改革开放总设计师邓小平亲笔题写报名。1989 年，农民日报社成建制划归农业部领导，作为全国性、综合性的中央级报纸，以全国农民和农村工作人员为主要读者对象，履行党和政府指导全国农业和农村工作重要舆论工具的职能。

创刊初期为周刊，1980 年 7 月改周 2 刊，1983 年 1 月改周 3 刊。1985 年1 月改名《农民日报》后为周 6 刊（星期日休刊），现为对开八版的日报，发行到 30 多个国家和地区，日发行量 46 万份。此外，报社还主办了《中国农村信用合作报》、《中国畜牧兽医报》和《中国渔业报》等共 5 种类报刊。报社现有职工 450 人，资产总计 12 800.2 万元，净资产 12 417.6 万元，在全国各个省、市、自治区及沿海开放城市设立了 20 多个记者站，在各地农村工作部门聘有一批特约通讯员，与各省、市农民报社共同组成中华全国农民报协会，与国外同行也建立有联系。

2. 中国农村杂志社

中国农村杂志社是农业部直属的事业单位，原为农村工作通讯杂志社。杂志社现有《农村工作通讯》、《中华人民共和国农业部公报》、《农民文摘》、《农产品市场周刊》、《美好生活》、《农村财务会计》、《农村经营管理》等系列刊物，在农村及关注"三农"的读者中有广泛影响力。其中后 5 刊是杂志社挖掘内部潜力，招聘社会人员，克服人员编制和办公用房极其紧张等困难，逐步发展起来的，均没有固定的编制人员，经费实行自收自支。杂志社现有职工 100人，资产总计 5 272 万元，净资产 4 626 万元。

《农村工作通讯》于 1956 年由毛泽东提议创办并题写刊名，为大 16 开月刊，是全国创刊最早和唯一的中央级"三农"期刊，主要读者对象是全国农村基层干部，在全国农业系统有着广泛的影响力和权威性，期发行量 4.9 万份。

《农民文摘》创办于 1984 年，为 32 开月刊，先后获得"首届国家期刊奖"、"全国农口优秀期刊奖"等荣誉。《农民文摘》始终定位于让农民"看得懂、学得会、用得上"的综合性科普期刊编刊思路与低价位策略。目前，发行范围已遍布全国大部分农村地区，每期发行量达 18.5 万份，是我国农村期刊中发行量最大的综合性文摘期刊。

《农村经营管理》是全国农经类核心期刊，发行对象是各级农村经营管理工作者、农经理论教研人员、农村政策研究人员、乡村集体经济组织干部、各类农民专业合作经济组织领办人、农业产业化龙头企业经营管理人员。

《农村财务会计》于 1958 年 1 月创刊，原名《农业社会计》；1960 年 8 月停刊，后于 1979 年 7 月复刊，刊名改为《公社财务》；1983 年 7 月第 7 期起改为现刊名《农村财务会计》，是融政策性、知识性、针对性、实用性于一体的综合性农村财会月刊，面向国内外公开发行，每期发行量 8.2 万份。发行对象为农村财务管理工作和相关理论教研人员、政策研究人员。

《农产品市场周刊》于 2000 年创刊，全彩色印刷，是农业部农产品市场信息发布的专业媒体，以超前发布市场动态见长。主要服务于农业生产者、农产品经营者、农业龙头企业、农产品批发集贸市场、农业协会中介组织、专业合作社及农村干部等。

《美好生活》于 1993 年 2 月创刊，原名《中国农村》，为时政类杂志。2000 年 10 月更名为面向城乡普通百姓的文化类杂志《百姓》。2010 年 5 月，更名为《美好生活》，为向全国发行的大 16 开月刊。主要介绍时尚、实用的生活知识和生活方式，提出可供参考的生活理念和价值观念，提高读者对现代生活的适应能力和生活品质。

3. 中国农机安全报社

中国农机安全报社属副局级自收自支事业单位。包括报社本部、南京物业开发部与广西北海农业部农机培训中心（海天宾馆）。报社现有在编人员 24人，聘用人员 19 人。报社办有《中国农机化导报》、《中国农机安全报（维文）》、《中国农机监理》杂志两报一刊。2011 年报社总收入为 630 万元，盈利 4 万元。

《中国农机安全报》是目前国内唯一由农业部主管、面向全国农机行业、服务"三农"的专业报纸，并发行少数民族文字版《中国农机安全报（维文）》。该刊于 1989 年 12 月在南京创刊，2000 年 3 月 8 日，中国农机安全报社办公地址迁入北京。2005 年 1 月更名为《中国农机化导报》，报社的宣传视角从对农机安全生产为主转换到农机化全行业，读者群扩展覆盖到整个农机行业。2006 年 9 月，在《中国农机化导报》基础上创办推出了《中国农机新闻网》。

《中国农机监理》杂志 2002 年 1 月创刊，以宣传农机安全生产为最终目标，面向全国的农机监理站所，及时传达、了解监理行业的最新信息；透析农机管理中的热点、难点问题；建立与沟通监理站所之间的联系与交流；把握农机监理工作发展的态势；宣传国家有关政策、法规，报道农机监理工作中的新事物。

4. 中国农业出版社

中国农业出版社（农村读物出版社）成立于 1958 年，原名农业出版社，是农业部直属中央级大型综合性科技出版社。1993 年农村读物出版社并入后改为中国农业出版社，2010 年转制为文化企业，曾入选全国首批 15 家"优秀出版社"。主要出版农业领域的种植、养殖、农经、教材（高教、高职高专、职业教育）、期刊、标准、年鉴等方面的图书及大众读物（生活、文教、美术、少儿）、音像、电子出版物，并提供装帧、设计、彩色制作、印制等方面的服务，是教育部指定的"教材出版基地"。全社累计出版图书、教材 4 万多种，总印数达 6 亿册。有 300 多种图书和 400 余种教材分别获得国家级和省（部）级优秀图书奖和优秀教材奖。出版社现有员工 310 人，其中具有大学本科以上的专业人才 148 人，具有雄厚的编辑出版力量。

5. 中国农业电影电视中心

前身是中国农业电影制片厂（以下简称"农影"），创建于 1949 年 6 月 29 日。其所属的农影出版社负责发行农业科技题材的录像带、VCD、DVD、录音带。农影于 1987 年在中央电视台制作播出了《农业教育与科技》栏目。根据广播电影电视部和农业部《关于办好中央电视台农业节目有关问题的通知》（广办发［1996］465 号）的精神，由农业部中国农业电影电视中心（原农影，以下简称农影中心）和中央电视台联合主办中央电视台第七套农业节目（以下简称 CCTV-7 农业节目），1995 年 11 月试播，1996 年 1 月 1 日正式播出。节目的播出平台 CCTV-7 的频道许可权属于中央电视台，农影中心是农业节目的制作与承办单位，现制作播出《聚焦三农》、《致富经》、《每日农经》、《农广天地》、《农业气象》等 11 个专栏节目，每天播出 8 小时。目前，农影中心已发展成为集农业影、视、录于一体的事业单位，至今已生产了以农业题材为主的科教片、纪录片、舞台艺术片 804 部，共计 1 424 本。

6. 其他新闻出版机构及出版物

除以上专业的出版发行单位外，农业部所属的多个科技管理与推广事业单位、各科研院所（含挂靠的协会、学会）等也出版发行了数量众多的科普与科技学术期刊。科技管理与推广事业单位主要有全国水产技术推广总站、全国农业技术推广服务中心、农业部南亚热带作物开发中心等 6 家，出版发行包括《中国水产》、《中国农技推广》、《中国植保导刊》、《中国热带农业》在内的 9 种科技期刊。科研院所主要有中国农业科学院、中国水产科学院等 4 家，出版发行学术期刊最多，达 91 种，其中《中国农业科学》、《农业工程学报》等多种期刊已成为行业内的权威学术刊物。

（三）推进集团化改革的有利条件与不利因素

1. 有利条件

（1）资产比较优质。农业部所属的新闻与出版单位众多，大部分历史悠久，甚至从计划经济时代延续至今，部分虽然经营状况不是太好，但积累的资产非常丰厚，且大多以不动产形式（以房地产为主）及机器设备的形式存在，不动产大部分都集中在房地产市值较高的北京市内，位置好、价值高。如农民日报、农影中心均在北京市区中心地带拥有独立的办公院落；中国农机安全报社拥有农业部划拨的农丰大厦 1 440 平方米办公楼，所属的广西北海农业部农机培训中心（海天宾馆）在广西北海银滩度假旅游区有 11 亩地，2 栋培训设施。据统计，到 2011 年，农业部所属的新闻与出版单位现有固定资产总计 22 876.1 万元，净资产 20 771.5 万元，净利润 888.47 万元。

表 2　农业部所属新闻与出版单位现有资产情况

单位：万元

主办单位（第一主办单位）	出版单位财务状况（2011 年度）			
	注册资产	资产总量	净资产	净利润
农民日报社	2 971	12 800.18	12 417.6	730.81
中国农村杂志社	1 460	5 272	4 626	7
农科院及下属研究所	146.38	192.97	51.85	62.34
全国农业技术推广服务中心	60	349.43	189.59	26.03
其他	1973	4 261.52	3 486.46	62.29

注：农影中心未统计在以上数据内。同时，由于原来这些单位土地基本都是国家划拨，改制后如果将所有土地变更为经营用地，资产总量将会显著增长。

（2）人力与社会资源较为丰富。农业部所属的新闻媒体与出版发行单位或者是国家级或行业级的大报大刊，或者是全国顶级农业学术权威机构，多年来凝聚并培养了大量的农业领域的新闻媒体与出版发行的高水平专业技术人才，现共有职工 1 156 人，其专业领域覆盖编辑、出版、影视制作、播音、记者等，人力资源丰富。仅中国农业出版社现有专业人才中，就有正高级专业人才 17 人，副高级专业人才 59 人，中级专业人才 71 人，其中 29 人享受政府特殊津贴。全社有 2 人荣获韬奋出版奖，1 人获得中国出版政府奖优秀出版人物奖，1 人荣获韬奋出版奖新人奖，2 人入选全国新闻出版行业领军人才，5 人荣获全国百佳出版工作者称号，3 人获得全国优秀中青年编辑奖，29 人享受政府特殊津贴。拥有包括卢良恕、袁隆平、谢联辉、任继周等在内的上百名院士和上千名学科带头人、学术权威等在内的作者队伍。

表 3　农业部所属新闻与出版单位专业技术人才统计表

主办单位（第一主办单位）	在编人员	聘用人员
农民日报社	352	98
中国农村杂志社	75	25
农科院及下属研究所	242	73
中国农机安全报社	24	19
其他	120	118
合计	823	333

　　经过多年的发展，农业部所属新闻出版发行媒体单位在全国建立起了一套相对完善而稳定的采编、播出与发行渠道系统，培养了一大批忠实的读者与观众。农民日报社所出发行的主要报纸中，除《农民日报》发行量达 48 万份外，所主办的另外三报的发行情况分别为（截至 2012 年 7 月 10 日）：《中国农村信用合作报》——中国农村金融领域的权威媒体，发行量达到 30 490 份；《中国畜牧兽医报》——覆盖全国畜牧兽医行业唯一的权威性中央级专业报纸，发行量达到 31 008 份；《中国渔业报》——覆盖全国渔业唯一的权威性专业报纸，发行量达到 32 596 份。

　　中国农业电影电视制作中心承办并制作的 CCTV - 7 农业节目自开播以来，不断改版调整，明确了"服务三农、沟通城乡"的节目宗旨，设置了三大类——新闻资讯、专题服务和综艺益智节目，形成了目前稳定的 11 个在播栏目群，突出实用性、服务性和贴近性，构架起较为完整的、充满时代精神的对农电视节目体系，以更加贴近当今社会发展脉络的报道方式与资讯内容，为广大城乡观众打造一个了解当今我国农业农村发展现状的窗口。2009 年，CCTV - 7 农业节目观众规模达到 11.22 亿人，仅次于央视一套，位列全国第 2 位，收视份额达到 1.62%，超过央视七套 1.2% 的收视份额目标值，形成了全国唯一的国家级对农电视栏目群，拥有一批满意度、期待度、知名度和观众规模指标优秀的强势栏目。受众群体中，除了农村外，在城市也拥有相对较高的收视率。

表 4　CCTV - 7 农业节目各栏目网络影响力指数及分指标

栏目名称	网络影响力指数	知名度	关注度	收视度	美誉度
致 富 经	168.9	203.2	148.6	156.9	167.1
每日农经	156.3	202.7	123.5	151.3	147.5
乡　　约	149.9	197.4	122.2	112.8	167.3
乡村大世界	137.5	148.9	126.8	141.2	133.1
乡　　土	136.9	129.9	138.9	132.1	146.7

（续）

栏目名称	网络影响力指数	知名度	关注度	收视度	美誉度
聚焦三农	140.2	219.6	115.4	99.0	127.0
阳光大道	125.6	121.8	176.1	99.1	105.3
农广天地	120.7	190.0	93.9	99.0	99.8
法制编辑部	119.4	164.3	109.1	105.6	98.7
生活567	116.8	172.3	100.4	97.5	97.1
科技苑	110.5	153.5	95.7	99.0	93.7

资料来源：北京中视动力传媒文化中心CMM数据调查平台。

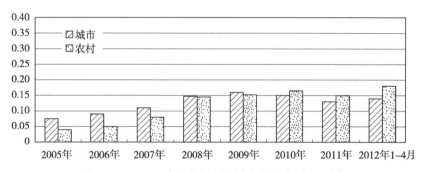

图1 CCTV-7农业节目历年城乡收视率对比（％）

资料来源：CSM，29省网，2005—2012年4月。

注：由于2008年以前部分农业大省未纳入测量范围，故收视率较2008年落差明显。

（3）改革积累了一定基础。农业部所属的新闻媒体与出版发行部分单位从20世纪90年代末就开始启动不同程度的改革工作，主管部门与单位的管理层也积累了较为丰富的改革与集团化运作与管理经验，职工对单位的改革也有了更加理性的认识。比如，从1999—2010年，中国农业出版社针对出版社面临的外部环境和自身存在的问题，就不断地进行改革。1999—2004年，进行了三次改革，分步实现了人事制度、劳动制度和分配制度等方面初步改革，精简了机构，逐步理顺关系，明确专业分工，强化业务部门，细化核算单位，实现了机构和人员的合理配置和协调运转。在收入方面逐步形成重实绩、重管理、向优秀人才和关键岗位倾斜的分配激励机制，鼓励专业编辑人员进行专业图书的深度开发。改革基本实现了编印发整体联动经营思路，为引进现代企业管理制度并进行集团化发展创造条件（《中国农业出版社管理体制改革》，李耀辉）。经过近10年的改革调整，出版的经营能力与实力大增强，并于2010年实现事改企，整体转制为文化企业。在改革中，中国农业出版社主办的5种期刊（《世界农业》和4种年鉴）也随出版社整体完成了改制。2011年，改制完成之后的中国农业出版社稳步发展，实现了经营收入增加，回款达到 1.8 亿元，财务利润比上年增长 16%，单位积累增加，国有资产保值增值，职工收入有所增长。

同时，根据《中共中央办公厅、国务院办公厅关于非时政类报刊出版单位体制改革的意见》（中办发〔2011〕19 号）的精神，按照非时政类报刊出版单位体制改革工作联席会议办公室《关于有关非时政类报刊出版单位列入中央各部门各单位第二批转企改制名单的函》（报刊改办〔2012〕7 号）和农业部的统一部署，根据《中央各部门各单位非时政类报刊出版单位转制工作基本规程》的要求，并结合多年改革积累的经验，农业部所属的其他部分新闻出版单位的改革方案也在制定和实施中。

2. 不利因素

（1）人员包袱较为沉重。由于部属的单位历史长，源于过去计划经济年代机关单位办社会的原因，每个单位都有大量的离退休员工。这些离退休人员的工资、社会公益事业开支以及养老费用等社会性负担，消耗掉了原单位相当一部分盈利。而且，单位的历史越悠久，这部分人员包袱负担就越重。要实现这些单位的事改企改革、完成重组，并最终组建大型传媒集团，就必须先解决企业冗员问题，轻装上阵。否则，一来会影响改革的顺利进行，二来会造成改制的传媒企业在与其他同行的竞争中处于非常不利的地位。

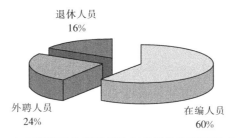

图 2　农业部所属的新闻媒体与出版单位职工组成情况

（2）经营管理人才相对缺乏。这些单位所从事的业务工作主要是配合国家、农业部及相关单位的安排完成出版发行工作任务，做的大都是采、编、播、印等生产管理与技术工作，因此，培养拥有了大量的专业技术人才。但发行工作主要是通过系统内部渠道为主，较少注重经营管理与营销发行的市场开拓人才，有些单位的专业管理与营销人员仅占全部员工的少数，经营管理人才的不足将是改革后企业面临的最大问题。

（3）传统观念难于打破。原来的事业单位事改企后再组建集团公司，企业将建立现代企业制度并运行，必将打破职工原来铁饭碗的职业心态。但是，由于长期的计划经济体制影响，相当一部分职工与发展社会主义市场经济相适应的市场观念、竞争观念、效益观念在一定时间还不能普遍树立起来，这就必然在实际工作的图书编印、营销方式、管理机制和工作方法等方面，造成与市场化要求的较大差距。事业单位时代的管理方式和工作方法必然还会在一定程度上影响科学决策和工作质量、工作效率的提高，进而就会影响各层次职工积极性、主动性和创造性的发挥。

（4）投入有限且渠道单一。各单位办刊办报的经费来源仅有两个渠道。一是上级主管部门的财政专项支持，主要用于宣传业务的支出；二是报纸自主经营收入，包括广告收入、报纸发行收入和举办社会活动的收入。其中，由于财政专项支持主要日常性事业经费支出受财务主管部门严格的控制，金额数量一般较少，改革后，这部分财政支持资金基本就没有了。比如，《中国畜牧兽医报》2011 年经营总收入为 467.81 万元，总支出为 448.53 万元，其中人员经费支出 101.99 万元、日常公用经费支出 346.54 万元，盈利 19.28 万元。2012年农业部畜牧业司、兽医局预算内支持资金为 65 万元，主要用于畜牧兽医宣传业务的支出，如果改革后这部分支持明显减少甚至取消，报纸运转经费将面临明显困难。

四、组建中国农业传媒集团的路径选择

（一）基本思路

1. 指导思想

高举中国特色社会主义伟大旗帜，以邓小平理论和"三个代表"重要思想为指导，坚持党管媒体的原则，保证党的宣传工作的宗旨与社会主义文化的前进方向，充分体现媒体的意识形态属性，按照始终把媒体的社会效益放在首位的要求，围绕"高举旗帜、围绕大局、服务人民、改革创新"的改革发展总要求，大胆解放思想，不断创新发展社会主义特色的媒体运行与管理工作的"事改企"改革方式，积极稳妥推进建立我国涉农影视、媒体与出版业的现代企业制度，合理设计组合企业构架，分步组建我国涉农媒体集团，并最终发展成为我国涵盖影视、平面媒介与出版发行的跨媒介超大型涉农媒体集团，努力实现社会效益和经济效益的快速增长与有机统一。

2. 基本原则

（1）坚持党管意识形态的原则。坚持党的领导，大力推进制度建设，确保党对改革后新组建涉农传媒集团干部的管理，确保领导干部正确的政治方向，确保传媒集团产品与媒体信息传播具有正确的舆论导向，确保依法合规经营，努力实现社会效益和经济效益的双丰收。

（2）总体规划、分步实施的原则。做好部属涉农媒体集团化改革建设的顶层设计，统筹考虑各单位、期刊、报纸、出版社的隶属关系、现状、业务范围

及其相互关系，统筹各种资源，自上而下，合理设计一套功能协调、结构完整、资源配置合理且具有极强的可操作性的集团架构体系及分步实施方案。实施过程稳中求进，逐步消化各种矛盾，统一思想，并最终实现各单位与资源要素的有机组合，确保预期目标的顺利实现。

（3）企业化改革、市场化导向的原则。按照 2011 年发布的《中共中央国务院关于分类推进事业单位改革的指导意见》，《中共中央办公厅国务院办公厅关于非时政类报刊出版单位体制改革的意见》（中办发〔2011〕19 号）精神，根据《中央各部门各单位非时政类报刊出版单位转制工作基本规程》的要求，在现有事业单位类别的划分上，清理规范现有事业单位。明确区分各单位公益属性，严格执行非公益性非时政类报刊出版单位的事业改企业的改革推进工作，建立完善的现代企业制度，走市场化的道路，提高转制企业的市场化运作能力与社会服务能力。对公益性的新闻出版单位企业化性质的运作方式，增强其公益性服务的能力。

（4）以人为本、依规合法的原则。严格按照国家相关政策、法规和有关文件精神进行转企，充分用好用足相关优惠政策，公开、公平、公正地组织实施，坚持做到依法操作、程序规范、按章办事。营造和谐发展氛围，以稳妥的方式方法，正确处理好国家、集体和个人之间的利益关系，自觉接受群众监督，认真解决好职工关心的热点难点问题，切实维护职工在集团化改革中的合法权益，充分调动职工的积极性和创业激情。

3. 主要目标任务

按照党和国家有关政策规定与要求，积极推进，建立健全产权清晰、权责明确、管理科学的现代企业制度，完成工商法人登记和产权变更手续，实现法人治理结构，构建决策、执行、监督三权并立的运行机制；完成现有职工成为企业员工的身份转换，深化人事、劳动、分配三项制度改革，并建立相应的管理体制；通过转企的有效实施，形成有效率、有活力、有潜力的微观运行机制，办成专、精、特、新的专业性、市场化、多功能的传媒机构；科学合理进行架构设计与企业重组，通过分步改革，最终把农业部属涉农影视传媒企业打造成具有创新文化理念和创新体制机制，具有较强综合实力、核心竞争力和可持续发展能力的现代跨媒介传媒企业集团，使之真正成为具有较强竞争力的市场主体。

（二）组建中国农业传媒集团的"三步走"战略

1. 第一步：原单位就地推进改革

完成部属全部媒体出版单位的公益属性界定及资产核定与剥离工作，并以原单位为整体，报刊分种类子单位（单元）为子公司，就地进行改革，完成全部转企单位企业化改制工作，在转制企业内建立完善的现代企业制度。对核定为公益性的报刊或单位也对比企业运作的方式建立相应的运行管理机制。要坚持在稳定的前提下进行体制机制改革，正确把握改革、发展、稳定三者之间的关系，稳健实施、分步推进，以人为本、化解矛盾、统一认识、凝聚力量，超前谋划、预案到位，确保转企工作思想不乱、人心不散、工作不断、心齐劲足，确保改革"软着陆"，达到预期目标，为第二步战略的实施做好准备工作。

2. 第二步：按领域整合重构并全面建立现代企业制度

完成第一步工作后，适时启动对完成转企改制的媒体出版单位的以子单位（子公司）的媒体出版产品类型进行分类重组，组建成立新闻报业、新闻期刊、学术期刊、图书、影视作品五大专业集团公司，五个专业集团的组建可按企业化改革的进展情况来安排进度，条件成熟一个就组建一个。

（1）组建中国农业新闻报业集团。以农民日报社为主体，以《农民日报》为龙头，整合包括农民日报社、中国农机安全报社的所有七份报纸《中国农村信用合作报》、《中国畜牧兽医报》、《中国渔业报》、《农村养殖技术》、《中国农机化导报》、《中国农机安全报（维文版）》，以每份报纸的采、编、组、发为单元成立一个子公司，由这七个子公司为基础共同组建中国农业新闻报业集团，主要从事涉农时政新闻类报纸的出版发行业务。

（2）组建中国农业新闻期刊集团。以中国农村杂志社为主体，整合中国农村杂志社、农业部管理干部学院、全国农业展览馆、中国农业会计学会、农业部植物新品种保护办公室、中央农业广播电视学校、农业部农药检定所、农业部农村社会事业发展中心、中国乡镇企业协会等9个单位出版的17种期刊及编辑发行部门，组建专业的中国农业新闻期刊集团，主要从事全国涉农类期刊新闻的采编发行工作。

表5 组建中国农业新闻期刊集团涉及单位与期刊

序号	主办单位	期刊数量	出版单位（编辑部）名称	期刊名称
1	中国农村杂志社	6	农村工作通讯编辑部	农村工作通讯
			农民文摘编辑部	农民文摘
			农产品市场周刊编辑部	农产品市场周刊
			农村经营管理编辑部	农村经营管理
			农村财务会计编辑部	农村财务会计
			美好生活编辑部	美好生活
2	农业部管理干部学院	1	中国农民合作社编辑部	中国农民合作社
3	农业部植物新品种保护办公室	1	农业植物新品种保护公报编辑部	农业植物新品种保护公报
4	中国农业会计学会	1	中国农业会计编辑部	中国农业会计

（续）

序号	主办单位	期刊数量	出版单位（编辑部）名称	期刊名称
5	中央农业广播电视学校	2	农业广播电视教育报编辑部	农业广播电视教育报
			农民科技培训编辑部	农民科技培训
6	农业部农药检定所	2	农药科学与管理编辑部	农药科学与管理
			农药登记公告编辑部	农药登记公告
7	农业部农村社会事业发展中心	1	中国乡镇企业编辑部	中国乡镇企业
8	中国乡镇企业协会	2	中国乡镇企业会计编辑部	中国乡镇企业会计
			乡镇企业导报杂志社	乡镇企业导报
9	全国农业展览馆	1	全国农业展览馆	古今农业
	合计	17		

（3）组建中国农业图书出版集团。中国农业出版社（农村读物出版社）2010年转制为文化企业已对其业务进行梳理调整，形成了农业领域的种植、养殖、农经、教材（高教、高职高专、职业教育）、期刊、标准、年鉴等方面的图书与大众读物（生活、文教、美术、少儿）、音像、电子出版物及服务（提供装帧、设计、彩色制作、印制）共11个业务板块，企业各业务部门运转正常，经济效益良好，是目前部属新闻出版媒体已基本具备组建媒体集团的单位，可在此基础上组建中国农业图书出版集团。组建的主体为农业领域的种植图书、养殖图书、农经图书、教材（高教、高职高专、职业教育）、标准与年鉴、大众读物（生活、文教、美术、少儿）6个专业图书子公司、电子出版物子公司及文化服务子公司（提供装帧、设计、彩色制作、印制）共8个业务板块，分别成立8个专业子公司。条件成熟时考虑将中国农科院所属的农业科技出版社并入。

（4）组建中国农业学术期刊集团。农业部下属的中国农业科学院、中国水产科学院、中国热带农业科学院、农业部规划设计研究院及其他科技推广事业单位拥有中国最强的农业科技力量及多达89种科技学术期刊，仅中国农业科学院及其下属研究所发行的学术期刊数量就达62种。

这些科技学术期刊可以分为农业科普期刊、农业社科类学术期刊与农科学术期刊，这类期刊学术专业性强。其中，科普期刊的数量相对较少，但读者数量大，主要阅读对象是农民、技术推广人员及生产企业技术人员。而学术期刊的种类多，专业极强，读者为科研工作者，是学术成果与科研信息传播不可缺少的工具。农业学术期刊集团的组建方式会有别于其他集团，可下设科普期刊、社科期刊与专业学术期刊 3 个子公司，将所属期刊分类整合到相应的子公司中，各编辑部可以相对整合集中，但原来专业学术指导单位与编委相对稳定不变。农业学术期刊集团组建完成后，将成为我国科技学术期刊出版界的第一个大型出版集团，对于促进我国农业科技的学术交流及水平提高具有极其重大的意义。

表 6　组建中国农业学术期刊集团所涉及的单位与期刊

	主办发行单位	种类	数量	报刊或节目名称
1	全国水产技术推广总站	期刊	1	《中国水产》
2	全国农业技术推广服务中心	期刊	2	1.《中国农技推广》；2.《中国植保导刊》
3	全国畜牧总站（中国饲料工业协会）	期刊	3	1.《中国畜牧业》；2.《中国饲料》；3.《饲料广角》
4	农业部管理干部学院	期刊	1	《农业部管理干部学院学报》
5	农业部农业机械试验鉴定总站	期刊	1	《农机质量监督》
6	农业部（黑龙江省）农业机械维修研究所	期刊	1	《农机使用与维修》
7	江苏省畜牧总站	期刊	1	《中国养兔杂志》
8	中国兽医药品监察所	期刊	1	《中国兽药杂志》
9	中国动物卫生流行病学中心	期刊	1	《中国动物检疫》
10	中国奶业协会	期刊	1	《中国奶牛》
11	农业部农业机械化技术开发推广总站	期刊	1	《农机科技推广》
12	中国农垦经济发展中心	期刊	2	1.《中国热带农业》；2.《中国农垦》
13	中国农业出版社	期刊	1	《世界农业》
14	农业部规划设计研究院	期刊	1	《农业工程技术》
15	中国农业科学院	期刊	62	包括 3 类：1、农科期刊如《植物遗传资源学报》等；2、农业社科期刊如《农业经济问题》等；3.科普期刊如《果农之友》等
16	中国水产科学院	期刊	7	1.《中国水产科学》等
17	中国热带农业科学院	期刊	2	1.《热带农业科学》；2.《世界热带农业信息》
	合计		89	

（5）组建中国农业电影电视影像出版集团。中国农业电影电视影像出版集团主要基于对中国农业电影电视中心（以下简称农影中心）改革重组的方式建立。通过对农影中心进行企业化改革，组建国家级的农业影视影像出版集团，原农影中心按业务内容分解组建专业子公司。其中，以原农业电视节目制作部门组建成立农业电视制作公司，以原农影出版社为基础成立农影出版公司，积极争取组建中国农业电视台并播出农业节目，同时继续与中央电视台 CCTV - 7 农业节目合作。国家财政支持农影中心的事业经费及相应的公益性服务业务通过购买服务或产品的方式来实现。

3. 第三步：成立超大型中国农业传媒集团

当上述 5 个专业性的传媒集团组建完成并能正常运作后，集团化改革视情况报经中央有关方面批准进入第三阶段——组建跨媒介超大型中国农业传媒集团。对 5 大专业集团公司进行整合，通过集团整合文化、影视、新闻、期刊出版及各集团媒体所属的网络资源，成立跨媒介的超大型综合传媒集团，形成合力，实现平面媒体与影视媒体的结合、文化与生活的结合、学术交流与科技普及相结合，实现宣传功能的组合放大，并形成国家级农业传媒集团独特的核心竞争力，全方位、立体地宣传农业、农村、农民的文化、生活、生产和科技，为我国农业科技文化的进步服务，最终体现社会主义媒体以社会效益为主，社会效益与经济效益相统一的原则目标。

这里需要说明的是，由于农业传媒集团化改革是一项系统工程，涉及的市场环境、管理者队伍、领导意志、体制机制等外部形势和内部制约十分复杂，因此，本研究仅在方向上提出一个大体的改革建设思路，对时间进度不进行具体分析和预期。

（三）中国农业传媒集团发展模式与管理结构

1. 发展模式

中国农业传媒集团在成立前期采用系列化模式，实行同一传媒层次上实现的平面联合，即原来的 5 大专业传媒集团开始实行相对独立运作的模式进行组合，超大型集团经过 2 年的磨合后，改革重组就向更深一层的结构模式改造，实现超大型传媒集团的一体化模式，在不同传媒层次上实现真正意义上的跨媒体立体联合。

2. 治理模式

结合我国国情，借鉴世界传媒集团公司治理的三种模式，中国农业传媒集团的公司治理模式应坚持政府控制模式，同时积极吸收股东控股模式和双轨制模式的积极因子。

跨媒介的超大型农业传媒集团组建初期系列化组织模式阶段，宜实行农业部党组领导下的总经理负责制，总经理可以兼任部党组成员或者总经济师。根据新闻出版总署的要求，报刊出版单位转制为企业后，将依照关于企业的有关规定进行管理，原则上法人代表和编辑均不允许由事业编制人员兼任。考虑到报刊出版单位情况比较复杂，改革后最初一段时期，法人代表可暂由事业编制人员继续兼任，由主管单位按照兼职相关规定进行管理，待条件成熟后再将法人代表变更为企业身份人员。各报刊编辑人员在出版单位转企改制后，将不再允许由事业编制人员继续在企业（报刊出版单位）兼职，如继续在企业（报刊出版单位）任职，则核销事业编制，转为企业人员身份。由于我国的国有企业事业单位在市场化改革过程中均未取消单位和干部级别，考虑到农业部所属干部出路和职级待遇等问题，一段时期内，各子公司可明确为局级或者副局级单位，集团经理层、部门和各子公司负责人等分别享受一定级别，单位和干部级别与编制总体保持稳定。

进入深度结构改造阶段实行一体化结构模式后，实行集团党委领导下的集团管委会（董事会）模式，下设决策层、管理层（包括采编、制作和经营）的管理机制。

3. 组织管理结构

组织管理结构是对于公司战略最直接的支撑。合理的组织管理结构设计可以帮助企业高效整合内部资源，充分挖掘人力资源并有效运转。相反，不合理的组织管理结构也会给企业带来执行力低下、部门配合困难、无法形成监控等毁灭性灾难。常见的组织结构主要有直线型、职能型、直线职能型、事业部制、矩阵型、学习型、流程型等基本类型。这些组织结构对书业企业等传媒企业也基本适用。[1] 从企业组织管理发展的历程看，企业组织结构的演变本身就是一个不断创新和发展的过程，上述组织结构的基本形式仍然存在于不同的企业之中，但为了适应现代社会特别是知识经济时代的要求，目前企业发展已经呈现出竞争全球化、顾客主导化和员工知识化等特点。因而，企业组织形式必须因势利导、静中求变，实现最大限度的灵活性与最大限度的稳定性的有机结合，不断利用先进的制造技术、信息技术以及现代化的管理手段，最大限度实现技术上的功能集成与管理上的职能集成，以建立适应形势发展需要的全新的组织结构模式，从而实现企业经营成本、质量和效率的巨大改善。

这里，简要介绍几种基本的企业管理组织结构：

（1）直线型。是最早也是最简单的组织形式，其特点是企业各级行政单位从上到下实行垂直领导，下属部门只接受一个上级的指令，各级主管负责人对所属单位的一切问题负责。这种结构适用于规模较小、生产技术比较简单的

---

① 朱静雯. 现代书业企业管理学 ［M］. 苏州：苏州大学出版社，2003：104 - 116.

企业。

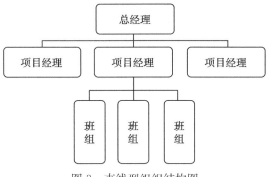

图 3　直线型组织结构图

（2）职能型。是各级行政单位除主管负责人外，还相应地设立一些职能机构。如在厂长下面设立职能机构和人员，协助厂长从事职能管理工作。也就是说，下级行政负责人除了接受上级分管领导的指挥外，还必须接受上级职能机构的领导。这种结构能充分发挥职能机构专业管理的作用，减轻直线领导的工作负担，但缺点是形成了多头领导，因此一般不被现代企业采用。

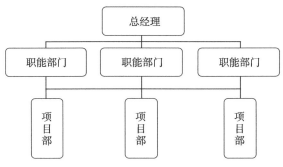

图 4　职能型组织结构图

（3）直线职能型。也叫生产区域型，或直线参谋型。它是对直线型和职能型取长补短而建立起来的。目前绝大多数企业都采用这种组织结构形式。这种组织结构形式是把管理机构和人员分为两类：一类是直线领导机构和人员，按命令统一原则行使指挥权；另一类是职能机构和人员，按专业化原则从事各项职能管理，是直线指挥人员的参谋，只能进行业务指导。其优点是既保证了企业管理体系的集中统一，又可以充分发挥各专业管理机构的作用；缺点是职能部门之间的协作和配合性较差，加重了上层领导的工作负担，也造成办事效率较低。

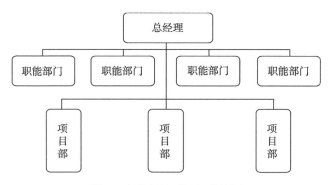

图 5　直线职能型组织结构图

（4）事业部制。最早由美国通用汽车公司总裁斯隆于 1924 年提出，有"斯隆模型"和"联邦分权化"之称，是一种高度集权下的分权管理体制。它是国外较大的联合公司所广泛采用的一种组织形式，我国一些大型企业集团开始引进和采用了这种组织结构形式。事业部制采取分级管理、分级核算、自负盈亏，公司总部只保留人事决策、预算控制和监督权，并通过利润等指标对事业部进行管理。总体上，事业部有三个基本要素：即相对独立的市场、利益和自主权。其好处是：企业集团领导可以摆脱日常事务，集中精力考虑战略问题；事业部更能发挥积极性，各事业部之间有比较、有竞争。缺点是：公司与事业部职能机构重叠，各事业部只考虑自身利益，影响协作。

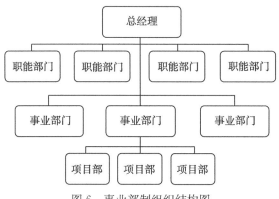

图 6　事业部制组织结构图

（5）模拟分权型。是一种介于直线职能制和事业部制之间的结构形式。许多大型企业由于产品品种或生产工艺过程所限，难以成立各自独立的事业部，又由于规模庞大，采用其他组织形态都不容易管理，因此就出现了模拟分权型组织结构形式。所谓模拟，就是对下属单位模拟事业部制的独立经营、核算，而不是真正的事业部。这些单位有自己的职能机构，享有尽可能多的自主权，负有盈亏责任，有利于调动经营积极性。其缺点是，不易明确任务，造成考核困难，各单位负责人不易了解企业全貌。

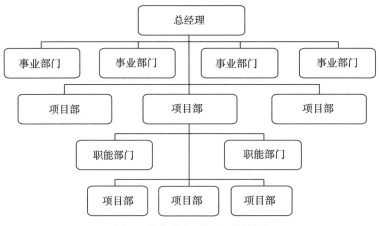

图 7　模拟分权型组织结构图

（6）矩阵型。是一种既有按职能划分的垂直领导系统，又有按产品（项目）划分的横向领导关系的组织结构，也是一种为了改进直线职能制横向联系差、缺乏弹性等缺点而形成的一种组织形式。这种组织结构形式固定，人员却根据需要随时变化，非常适用于横向协作和攻关项目。优点是：人员机动、灵活，可随项目开发与结束进行组织或解散，任务清楚，目的明确，能沟通、融合，增加了责任感，激发了工作热情，还加强了不同部门之间的配合和交流，克服了部门互相脱节的现象。缺点是：负责人的责任大于权力，因为人员都来自不同部门，隶属关系仍在原单位，容易产生临时观念，所以对他们管理困难，对工作有一定影响。

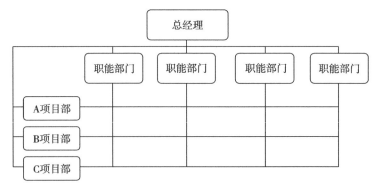

图 8　矩阵型组织结构图

因为一切事物都在变化，农业传媒企业组织结构如何安排，朝着什么方向变化，不能一概而论，需要根据实际情况区别对待。

（四）中国农业传媒集团发展的基本战略

1. 人才战略

人才是中国农业传媒集团组建过程首先考虑的前提条件，也是实现改革成果的重要基础。自传媒集团组建之初就须制定完善的人才发展战略，为集团的顺利发展组建相适应的人才队伍。一是配置有力的领导团队。集团的领导干部队伍主要来自原有的各单位，部分事业单位管理模式的习惯思维浓厚。要从现有干部中挑选政治素质过硬、领导力强、思维活跃、沟通与协调能力强的人才组成高层领导团队；合理设计中层领导岗位及相应的任职能力条件，打造具有较强理解力与执行力的中层管理团队，成为集团发展的中坚力量。条件成熟时面向社会竞争选拔管理层负责人。二是组建经营管理人才队伍。针对原有事业单位经营管理人才不足的情况，制定经营管理人才培养制度，发现培养现有的经营管理人才，引进补充新鲜血液，组建集团的经营管理人才队伍。三是稳定专业技术队伍。原有的大量专业技术人才是集团的宝贵财富，要合理设计具有一定行政级别色彩的专业技术人才选拔管理制度，充分发挥他们的主动性与创造性，使之成为企业发展的技术支柱。

要制定合理的人才培训与激励机制。考虑到集团的人员主要来自改革重组单位，要让他们尽快调整思想与工作理念，实现改革的平稳过渡并充分发挥工作积极性，就需要有好的培训和激励机制，促使他们适应企业化运行管理中新的角色与工作环境，并通过一定的制度建设为集团的发展发现与培养新的人才。要注重向外部人才借脑。社会人才是集团人力资源重要的补充，集团的人才原来主要在农业传媒内工作，与其他类型的传媒企业相比，必然在思维、工作手段等诸多方面有较大差距，要能顺利实现集团的战略发展目标，必须研究制定合适的借用外脑的机制，充分吸引利用外部的人力与智力资源，组成柔性专家资源库，成为集团的人力资源系统的有益补充。

2. 品牌战略

集团组建后，要真正实现做大做强，就必须走品牌战略之路。综合分析集团的品牌的特征就是涉农，最大资源优势就是拥有国家级涉农的信息来源及发布平台，包括影视、平面新闻、非时政报刊、科普与学术期刊几个方面。因此适合采取主副牌类型的品牌建设战略。主品牌定位为国家级的跨媒介农业传媒平台，副牌有3个，包括：国家级农业影视综合频道、农业平面媒介出版发行平台与农业科技学术期刊平台，3个针对不同的受众主体，主品牌与副品牌相互支撑、相互促进。

3. 成本控制战略

企业化改革，市场化运作方式需要集团自组建开始就要实行成本控制的战略方针以取得竞争优势、优化资源配置、实现经营目标的有机统一，保证战略目标成本和经营战略目标的实现，同时避免纯粹的成本领先或低成本策略。建立与成本控制战略相适应的组织结构。企业内部设立成本控制的组织执行成本控制。单独设置成本控制部门（部、处）作为参谋部门，具体进行成本预测、辅助决策，并担负融入经营控制层的成本预算控制、核算、报告、考核、分析等工作。

加大培训与宣传，树立全体员工成本意识的思想，在集团员工中普遍建立起降低成本的主动性，强化节约成本与控制成本的观念，使降低成本的各项具体措施、方法和要求能够顺利地得到贯彻执行和应用，努力使成本降低到合理的最低水平并设法使其保持。另外，还需要建立强有力的制度约束、监督和适当的利益机制。

（五）农业传媒集团化改革与建设的保障措施

根据中央有关精神，结合农业新闻出版单位实际，推进农业传媒集团化改革与建设，需要切实加强组织领导，成立强有力的农业传媒集团化改革与建设领导小组和工作班子，及时研究和解决有关重大问题，保证改革的方向和进度；要切实加强规划引导，科学研究制定农业传媒改革的近远期规划和意见，明确各项改革的具体工作方案，保证各项目标任务落到实处；要切实加强改革宣传，认真组织开展学习、讨论、考察、培训等活动，推动各有关方面提高思想认识水平，为改革营造良好的社会舆论环境；要切实加强政策扶持，对可能遇到的矛盾问题增强预见性，在人财物等方面加大政策措施储备，为改革提供强有力的支撑和保障。

改革过程中，要特别注意把握中央的配套政策。《关于印发文化体制改革试点中支持文化产业发展和经营性文化事业单位转制为企业的两个规定的通知》（国办发〔2003〕105 号，以下简称"105 号文件"），以及《关于印发文化体制改革中经营性文化事业单位转制为企业和支持文化企业发展两个规定的通知》（国办发〔2008〕114 号，以下简称"114 号文件"），对文化体制改革有关的国有文化资产管理、资产与土地处置、收入分配与社会保障、人员分流安置、财政与税收、投资与融资、法人登记与工商管理，以及党的建设等一系列重要问题作出了明确的政策规定，要善于用这些政策杠杆解决改革遇到的重点难点问题，化解因利益调整引发的矛盾，并抢抓这些难得的政策机遇加快发展。主要包括以下方面：[①]

1. 关于国有文化资产管理

国有文化资产管理问题，是包括新闻出版单位在内的文化体制改革中遇到

---

① 高书生. 关于文化体制改革的政策保障问题（OL）. 中国机构编制网，2012 - 07 - 30.

的难点问题之一。"105号文件"主要延续了改革前"国有资产授权经营"的思路，没有触及深层次问题，强调授权经营试点企业原有行政管理与党的领导关系不变。后来，上海、重庆、沈阳等文化体制改革试点地区，结合实际进行了大胆尝试，创造了多种模式。在认真总结试点经验的基础上，为规范国有文化资产管理体制，财政部、中宣部、文化部、广电总局和新闻出版总署，于2007年9月联合印发《关于在文化体制改革中加强国有文化资产管理的通知》（财教〔2007〕213号），明确了由财政部门对国有文化资产履行监管职责，党委宣传部门对国有文化资产重大变动事项负责审查把关。财政部、中宣部和新闻出版总署于2008年9月印发了《关于中央出版单位转制和改制中国有资产管理的通知》（财教〔2008〕256号），对中央出版单位国有资产管理政策提出了进一步具体化要求。上述关于国有文化资产管理政策，在"114号文件"中得以完善。2009年，中央各部门出版社体制改革全面展开，理顺中央国有文化资产管理体制提上了议事日程。2010年，中央文化体制改革领导小组印发《关于完善中央文化企业国有资产监管工作机制的通知》（文改发〔2010〕4号），成立了中央文化企业国有资产监督管理领导小组及办公室，办公室设在财政部。这些均为农业传媒企业在深化改革中处理好国有文化资产问题提供了明确政策依据。

2. 关于资产和土地处置

国务院办公厅"105号文件"和"114号文件"，均对经营性文化单位在转改制中的资产处置作了明确规定，对于清查出的资产损失允许核销或冲减，最大限度地使企业卸下包袱、轻装上阵。相对"105号文件"而言，"114号文件"增加了关于行政划拨土地处置的政策。

新闻出版等文化单位过去大都采取的是事业体制，其占用或使用的土地多属于行政划拨性质，转制为企业后，所用土地需要从行政划拨的土地转为经营用地，为此要支付一大笔土地出让金，从而增大了转制或改制成本。为解决这个问题，在各地试点的基础上和国土资源部等部门大力支持下，"114号文件"规定经营性文化单位无论是转制还是改制，其原划拨土地用途符合《划拨用地目录》的，经批准可仍以划拨方式使用；不符合《划拨用地目录》的，依法办理土地有偿使用手续。部分拥有划拨土地的农业新闻出版单位，通过这一政策将划拨土地转化为经营用地后可以增加资本总量，提高投融资能力。

3. 关于企业职工社会保障

社会保障特别是养老保障政策的衔接，是改革中最为棘手的问题。"105号文件"和"114号文件"基本上都延续了科研院所改革的社会保障衔接政策。企事业单位之间的退休待遇差距大，是社保政策衔接面临的突出问题，也是一个全国性普遍问题。由于当前我国社会保障实行"双轨制"，企业的养老金制度和机关事业单位的退休制度不同，因此，要最终解决这个问题还取决于国家社保体制的进一步改革与完善。鉴于国家有关部门正在推进事业单位养老保险制度改革试点，"114号文件"明确各地在做好转制企业社保政策衔接的同时，允许结合本地实际，采取切实措施，解决好企事业单位退休待遇差的问题。文件还提出，允许转制企业通过企业年金等方式，妥善解决转制后退休人员养老待遇问题。

2009年，中宣部会同人社部、财政部、新闻出版总署，与北京市政府就中央各部门出版社转制后养老保险移交政策进行了认真研究，并以人社部、财政部、新闻出版总署和北京市政府名义联合印发了《关于中央各部门各单位出版社转制后参加北京市养老保险有关问题的通知》（人社部发［2009］50号），明确从2010年7月1日起，中央各部门各单位出版社转制后执行企业养老保险制度，职工养老保险全部移交给北京市。由转制出版社采取措施解决企事业单位退休待遇差，包括：加快收入分配制度改革，按贡献大小调整收入结构，拉开差距；为职工建立企业年金，逐步走向养老金收入多元化；允许转制企业在一定时期内实行"补差"政策，费用在当期管理费中列支。人社部发［2009］50号文件，已将这些政策扩大到所有的中央经营性文化事业单位，包括新闻网站、非时政类报刊社等。

这些政策既为农业新闻出版单位改革预留了探索空间，也明确提出了解决社会保障特别是养老保障政策难题的一些具体办法。

4. 关于职工权益保障

"114号文件"在认真总结各地成功经验的基础上，明确要求转制企业应切实保障职工合法权益，并对职工权益保障资金的来源做出了政策规定，即对于转制过程中提前离岗人员的基本待遇及社会保险费、分流人员所需的经济补偿金，可以在评估后的净资产中预留或者从国有产权转让收入中优先支付。对于净资产不足的单位，财政部门可给予一次性补助。农业传媒企业在改革中应充分应用这一政策，保障职工的切身利益，为改革创造稳定和谐的环境。

5. 关于财税优惠

实行财税优惠政策激励是我国改革开放进程中的通行做法。为推进文化体制改革，"105号文件"制定了有关财税优惠政策，"114号文件"对证明行之有效的优惠政策绝大部分予以保留和补充。主要包括：对转制文化企业免征所得税，自用房产免征房产税；对电影制片、发行与放映企业的有关收入免征增值税和营业税；对图书、报刊、电子出版物、音像制品、电影电视完成片等按规定享受出口退税政策，境外演出获得的境外收入不征营业税；为专业经营需要而进口国内不能生产的自用设备及配件、套件、备件等，免征进口关税。紧密结合实际，"114号文件"还针对文化体制改革增加了税收优惠政策，即对文化单位转制中资产评估增值涉及的所得税，以及划拨或转让资产涉及的增值税、营业税、城建税等给予适当优惠；对党报、党刊将其发行、印刷业务以及相应经营性资产剥离组建的文化企业，所得党报、党刊发行收入和印刷收入免征增值税；对广播电视运营服务企业所收取的有线数字电视基本收视维护费，免征不超过3年的营业税。为使这些优惠政策落到实处，财政部、海关总署和税务总局多次发布实施细则，明确了转制文化企业的认定条件，确保经营性文化事业单位转制"可核查、不可逆"。

"114号文件"还对如何加大财政支持做出了政策规定，明确提出增加财政对转制企业的扶持，对于原事业编制职工的住房公积金、住房补贴由财政负担的部分，在转制后继续由财政部门拨付；转制后继续拨付原有的正常事业费，重点用于解决转制前已离退休人员的社会保障问题。中央财政和有条件的地方财政，要安排专项资金，采取贴息、奖励、补助等方式，支持文化企业发展。

这些财税优惠政策，为农业传媒企业在转制中减轻负担、增加盈利、争取支持、加快发展，创造了更多的有利条件。

6. 关于金融服务

金融与财政政策的组合配套程度，是体现一个行业政策成熟与否的重要标志。"105号文件"和"114号文件"都对文化产业融资难问题提出了针对性政策措施。包括：设立国有或国有绝对控股的文化产业投资基金，鼓励文化企业进入创业板融资；鼓励文化企业利用银行贷款、发行企业债券和上市融资等进行组合式融资；鼓励商业银行研究制定著作权、文化品牌等资产评估和质押办法，创新信贷产品、加大信贷支持，化解中小文化企业贷款难。2010年，中国人民银行会同中宣部等部门印发了《关于金融支持文化产业振兴与发展繁荣的指导意见》（银发〔2010〕94号）。这是我国第一个金融支持文化产业发展的政策性文件。据中国人民银行统计，当前，文化产业已成为中长期贷款新的增长点，文化产业本外币中长期贷款2010年累计新增276亿元，年末余额同比增长61.6%，同比提高39.1个百分点，均创历史新高。组建中国农业传媒集团后，农业新闻出版单位通过改革和联合壮大规模，必将为抢抓有利的金融政策实现跨越发展提供更多可能。

五、结论与展望

（一）研究小结

1. 较为深入地阐述了有关发展背景和趋势要求

研究注重跟踪把握宏观形势，首先从"三农"、文化、传媒等国内高度关联的领域发展变化情况切入，接着在简要说明研究的目的、意义、内容、方法后，展开对国内外相关研究和国外传媒集团发展状况、模式的系统介绍，这种由远及近、由内而外的背景呈现，既展示了时空纵深，又给人以切实、清晰、透彻之感，对研究的大背景有了总体把握。

研究对于组建中国农业传媒集团必要性与可行性的分析，是建立在对宏观背景认识的基础之上，但同时又将视野和思想进一步向更广、更高、更深的领域推进。其中，关于组建中国农业传媒集团的必要性分析，从农业大国向农业强国转变的需要、农村文化繁荣发展的需要、农业新闻出版单位以大改革促进大发展的需要等3个方面的15个不同角度展开；关于可行性分析则立足于国内外经济发展形势及影响，分别从有利和不利两个方面展开，并系统简述了中央关于我国传媒集团化改革发展的基本要求和政策取向，力求分析务实求实、入情入理、有据有力。

2. 较为系统地讨论了有关发展基础与路径

研究关于组建中国农业传媒集团现实基础的阐述，更是基于对农业部所属主要新闻出版单位与期刊等传媒平台实际状况的系统梳理与分析。包括：新闻出版发行单位及媒体种类与数量、出版发行单位的法人类型和主要基本现状特点，以及农民日报等农业部所属主要新闻与出版单位基本情况。在此基础上，密切结合部门和单位实际，分析论证了推进中国农业传媒集团化改革的有利条件与不利因素。报告大量占有素材，对农业部新闻出版单位的"家底"进行了一次尽可能全面、系统的盘点和归纳解析。

研究探讨了关于组建中国农业传媒集团的路径选择，提出了建设的指导思想、基本原则和主要目标任务，大胆开创而又切合实际地提出了原单位就地推进改革、按领域整合重构全面建立现代企业制度、成立超大型中国农业传媒集团等组建中国农业传媒集团的"三步走"战略，对中国农业传媒集团发展模式、管理结构、基本战略、保障措施等进行了初步讨论。

3. 对改革的具体效益分析和制度安排还较为欠缺

研究对宏观战略层面的问题分析较多，对国内外传媒集团发展的形势、理论、阶段、模式，以及组建中国农业传媒集团的现实基础、基本路径等讨论比较透彻，但对于农业传媒集团化改革所需要的成本和可能带来的具体经济效益，尚缺乏总体和个案的分析与设计。

研究对组建中国农业传媒集团提出了较为清晰明确的发展思路、原则、战略和举措，但对于具体的时间进度、重大的改革举措，尚缺乏更加具体、大胆和更具操作性、针对性的思路和举措。

这些情况说明，本研究作为战略决策的可行性研究报告是基本成立的，但不宜作为具体项目审批的可研报告。农业传媒的集团化改革是一个巨大的系统工程，很多具体问题需要具体对待，本报告的欠缺之处也正是下一步工作和研究要进一步重视和解决的问题。

（二）改革与建设展望

1. 农业传媒实行集团化改革系大势所趋

对于中国农业传媒而言，实行集团化改革是一个必然的战略选择，面临的形势不是改与不改的问题，而是早改还是晚改、大改还是小改的问题。进而甚至可以说：早改早主动，晚改就被动；大改大发展，小改小发展，不改不发展。这一判断是基于本研究成果所得出的基本结论。根据前述大量研究分析，得出这一结论的依据不外乎四个方面：一是我国经济社会特别是"三农"发展新阶段的迫切要求，二是顺应国内外媒体集团化发展趋势规律的必然选择，三是落实中央有关政策精神的高度自觉，四是我国农业传媒企业应对挑战、由弱到强的必由之路。进而用四句话总结就是"四为"：满足形势要求不得不为、顺应趋势规律不可不为、落实中央政策不敢不为、增强发展实力不能不为。

2. 集团化改革后的农业传媒将会实现重大飞跃

本研究提出组建中国传媒集团的"三步走"战略，实事求是地讲，第一步战略属于权宜之计，在一定程度上很可能"换汤不换药"，总体上可能仍处于改革的预热和起步阶段，不能抱有太大期望。第二步战略属于整合发展关键时期，顺应市场要求和发展趋势，不仅在体制机制上有望破冰和稳定下来，而且在各方面的竞争实力上都有望实现重大跨越。从目前的情况看，在这一阶段，如果五大专业集团真正改制组建到位，各集团实力均将大大增强。其中，比较而言，由于农民日报、中国农业出版社、中国农业电影电视中心等三家单位目前总体实力相对较强，其分别领衔的新闻报业、图书、影视等三大集团将继续保持相对明显的发展优势；同时，由于原来学术期刊总体上单体规模更小更分散，整合组建集团后由于刊号资源丰富、层次较高，如果运作得当，影响力可望大大增强。第三步战略属于终极目标，真正能否走到这一步取决于重大宏观环境和政策发展，很可能在第二步基础上传媒集团已经发展得很强大，就不一定还要越大越综合越好。当然，如果能够像国际有些传媒巨头那样，形成综合性的"巨无霸"农业传媒，必将对我们更强更好地走向世界发挥重要作用。

3. 不能指望中国农业传媒集团化改革短期内一蹴而就

推进中国农业传媒集团化改革是发展的大方向和大趋势，但也要看到，影响改革的因素很多，任务十分艰巨，不可能短期内实现重大突破。一方面，改革的历史包袱和阻力消化起来需要一个自然的过程，如果没有足够的人才、资金、技术等方面的政策储备作为支撑，急于冒进很可能事与愿违，欲速则不达；另一方面，传媒集团改革不同于一般的企业改革，政治性和政策性更强，特别是对于农业部来说，改革涉及的范围较广，需要研究解决的问题庞杂，在很多方面对决策层的意志力和决断力形成影响和挑战。当然，这样说决不能看成是对改革泼冷水，而是说改革等不得，但也急不得，最好的办法就是运用智慧和毅力，坚决果断而又科学理性地分步实施和推进改革。

参 考 文 献

［1］Bruce M. Owen. Economics and Freedom of Expression：Media Structure and the First Amendment ［M］. Cambridge，MA：Ballinger，1975.

［2］Robert G. Picard. The Rise and Fall of Communication Empires ［J］. Journal of Media Economics，1996，9（4）.

［3］Rod Carveth. The Reconstruction of the Global Media Marketplace ［J］. Communication Research，1992，19（6）.

［4］曹鹏，王小伟. 媒介资本市场透视 ［M］. 北京：光明日报出版社，2001.

［5］常永新. 传媒集团公司治理 ［M］. 北京：北京广播学院出版社，2006.

［6］陈昕. 出版集团进入资本市场的目的是做强做大主业 ［J］. 出版广角，2010（5）.

［7］崔岩. 黑龙江省出版集团模式研究 ［D］. 哈尔滨：黑龙江大学，2009.

［8］傅文. 我国出版集团资源整合研究 ［D］. 武汉：武汉大学，2005.

［9］高书生. 关于文化体制改革的政策保障问题 ［OL］. 中国机构编制网，2012 - 07 - 30.

［10］龚蕾. 论专业化出版集团的组建模式 ［J］. 编辑之友，2002（4）.

［11］龚元. 出版产业改革进程中的新型用工制度研究——以中国大陆某出版集团为例 ［J］. 当代传播，2012（2）.

［12］辜晓进. 美国报纸的集团化管理（下）［J］. 新闻记者，2003（4）.

［13］郭富. 基于价值创造的中国传媒集团管理研究 ［D］. 天津：天津大学，2004.

［14］郭佳璐. 市场经济下出版集团整合层次性策略探讨 ［J］. 中国经贸导刊，2011（1）.

［15］韩长赋. 学习贯彻十八大精神　推进农业农村经济发展取得新成就 ［N］. 农民日报，2012 - 11 - 21.

［16］贺永祥. 出版资源流动规律与出版集团战略选择 ［J］. 出版发行研究，2010（10）.

［17］贺永祥. 强国愿景下出版集团联合重组的战略思考 ［J］. 中国出版，2011（1）.

［18］胡锦生. 改制重组后的出版集团，在理论上你准备好了吗——兼谈精神文化生产的特点规律 ［J］. 出版发行研究，2010（9）.

［19］胡誉耀. 我国出版集团公司治理研究 ［D］. 武汉：武汉大学，2010.

［20］王增宁. 中国地图出版集团组建 ［N］. 中国测绘报，2010 - 09 - 28.

［21］蒋丽君. 中国出版集团的整合模式 ［D］. 北京：对外经济贸易大学，2003.

［22］蒋晓丽，石磊. 培育跨地域跨媒体传媒集团的路径选择 ［J］. 广州大学学报（社科版），2008（2）.

［23］李本，乾刘强. 我国出版集团跨区域经营的路径选择 ［J］. 出版发行研究，2011（3）.

［24］李桂珍，张炜．论地方出版集团的产品结构优化——以陕西出版集团为例［J］．出版发行研究，2012（1）.

［25］李虎．我国的出版集团研究［D］．昆明：云南大学，2011.

［26］李靓，朱静雯．塞马一声嘶　蔽日大旗飘——中国出版集团十年考［J］．编辑之友，2012（1）.

［27］李沐橙．出版集团核心竞争力初探［J］．科技与出版，2011（6）.

［28］李维安，常永新．中国传媒集团公司治理模式探析［J］．天津社会科学，2003（1）.

［29］李小彬．出版集团的创新发展及国际化思路初探［J］．出版广角，2011（9）.

［30］刘畅．我国出版集团联合重组的协同效应研究［J］．出版发行研究，2011（5）.

［31］刘军．按现代企业制度组建和运作出版集团［J］．科技与出版，2006（3）.

［32］马勤．经济转型下的出版集团经营管理战略初探［J］．出版发行研究，2011（8）.

［33］潘筑娟．出版集团资源整合，整合什么，如何整合［J］．出版发行研究，2012（8）.

［34］庞沁文，郝振省，魏玉山，刘拥军，刘兰肖．2010年出版集团的八个发展大势［J］．出版发行研究，2011（4）.

［35］彭兆平．出版集团竞争力评价模型与实证研究［D］．长沙：湖南大学，2010.

［36］强月新，黄晓军．传媒整合：传媒集团内部的协同合作［J］．上海交通大学学报（社科版），2010（4）.

［37］任殿顺．当前出版集团发展中值得关注的三个问题［J］．出版广角，2010（6）.

［38］佘洪，管成云．我国传媒集团的发展模式与体制创新［J］．新闻世界，2009（8）.

［39］孙宝寅．我国出版集团的组建模式分析［J］．河北大学学报（哲学社会科学版），2005（5）.

［40］唐圣平．出版集团国际化战略研究［J］．出版发行研究，2010（3）.

［41］田丽丽商报记者．2013中国书业高端预测之四出版集团战略新阶段［N］．中国图书商报，2013（10）.

［42］田萱．中西传媒集团发展路径比较［J］．新闻界，2007（4）.

［43］魏玉山．出版集团改革的若干问题研究［J］．编辑学刊，2012（3）.

［44］魏玉山．关于组建出版集团的几个问题［J］．出版发行研究，2000（9）.

［45］肖新兵，周百义．出版集团公司治理现状分析及对策研究［J］．出版发行研究，2010（1）.

［46］新华网．http://news.xinhuanet.com/book/2011 - 07/23/c1217099272.htm.2011 - 07 -23.

［47］熊超．基于出版集团产权改革中引进战略投资者研究［J］．中国出版，2012（10）.

［48］杨永龙．我国出版集团多元化经营的思路与对策［D］．北京：北京印刷学院，2006.

［49］姚荣杰．我国出版集团公司治理结构建设的思考［J］．中国出版，2012（14）.

［50］喻国明．对于我国媒体产业现实发展状况的基本判断［J］．城市党报研究，2001（6）.

［51］张新国．我国出版集团并购对策研究［D］．北京：首都经济贸易大学，2007.

［52］张暄．转企改制背景下安徽出版集团经营战略研究［D］．合肥：安徽大学，2011.

［53］张亚男．我国出版集团竞争战略研究［D］．北京：北京印刷学院，2005.

［54］赵礼寿，曾光明，均仁．我国出版集团跨媒体经营研究［J］．科技与出版，2011（9）．

［55］张攀．2013中国书业高端预测之五发行集团战略大转折［N］．中国图书商报，2013（11）．

［56］支庭荣．媒介管理［M］．广州：暨南大学出版社，2000.

［57］周彤，蔡葵．加强我国出版集团资产运营水平的几点思考［J］．中国出版，2012（17）．

［58］朱静雯．现代书业企业管理学［M］．苏州：苏州大学出版社，2003.

出版编辑学研究对象之我见

每一门学科都有自己的研究对象，有自己特定的研究内容，学科区分的根据是学科对象所具有的特殊矛盾。毛泽东在其著作《矛盾论》中说："科学研究的区分，就是根据科学对象所具有的特殊的矛盾性。因此，对于某一现象的领域所特有的某一种矛盾的研究，就构成某一科学的对象。"任何一门学科因其对象的特殊性而与其他学科区别开来成为一门特定的学科。

多年来，学术界关于出版编辑学研究对象的讨论很多，应该说，总体上来看，对象的基本范畴是明确的，这一学科所应该和需要涉及的主要的内涵、外延，以及编辑系统的构成要素和运行过程等，均已涉及。但是，从与时俱进的要求来看，这些研究对象的大筐筐划定了，看似科学准确，实际上却缺乏具体功效，时代感和现实的指导性、针对性均亟待增强。

一、从出版编辑活动的性质看，精神产品的创造性生产与加工应突出强调

出版编辑学首先必须研究出版编辑活动的性质，以深刻了解它的本质。一般而言，概念是反映事物本质属性的思维形式。对概念的研究与对问题本身的研究一样具有同等重要的理论价值。概念不明确难免在实践中产生争论。因此，对编辑学研究对象的探讨必须建立在具有明确的编辑概念的前提基础上。目前，关于编辑概念的定义众说纷纭。其中，既有一些是工具书上相对明确的表述，如《辞源》把它归纳为"收集资料整理成书"，《辞海》则认为"是新闻出版机构从事组织、审核、编选、加工等工作，是定稿复印前的重要环节"，《现代汉语词典》把编辑定义为"①对资料或现成的作品进行整理、加工；②做编辑工作的人"等等。同时，一些研究者也从多个角度对其进行再探讨。如，叶向荣先生将编辑概念定义为"组织、审阅、编选、加工原创作品而形成编辑作品的再创性著作活动"，杨焕章先生认为"编辑是一种策划、审理作品使之适合流传的再创造活动"，刘光裕先生的观点是"编辑是在利用传播工具的传播活动中以满足社会精神文化需要为目的，致力于作者和读者之间建立传播关系，把印刷和发行作为自己后续工作的一种社会文化活动"，等等，类似定义不一而足。这些定义，站在不同的角度，都有各自的道理。但是，现代编辑日益要求不仅要有来料加工的创造精神，更要有主动策划并推动实施的

首创精神，甚至抢先一步的创意策划与主动落实比通常的编辑加工更为重要。由此可见，原来的定义均未能很好地体现出时代的要求和特征。

二、从研究编辑活动的任务看，对上下游工作环节的重视程度应格外加强

从宏观而言，编辑活动是出版活动的中心环节，因而出版的任务也就是编辑的任务；从微观而言，编辑活动承担策划选题，组织作者创作，选择、审读和加工整理作品的任务。编辑学不仅要从宏观上、微观上研究编辑活动所承担的任务，而且要研究用怎样的措施、怎样的方法来完成编辑活动的任务。传统情况下，编辑活动更多地注重于活动本身，编辑对上下游的工作关心和重视不够，总认为那不是自己的事情。事实上，现代的编辑不仅要"埋头拉车"，更要善于"抬头看路"。就上游环节而言，抬头看路就是要对发生的国内外大事要事多加关注，并注意形成自己的观点和判断，不仅要当好文字匠，更要当好学术专家；只有这样才能对选题有前瞻性的清醒认识，从而把握编辑工作的主动权，能够发现和选择好稿，更能策划和组织好重要选题。就下游环节而言，抬头看路就是要注重市场研究，注意把握市场的脉搏和读者需求，努力编辑出适销对路的畅销作品；市场和读者的认可是检验编辑水平的重要标准，这与没有竞争的计划经济时代是截然不同的要求，在当前媒体竞争日益激烈的情况下，编辑必须在开展编辑业务的过程中时刻多看看市场和读者的"眼色"。这些也恰好是原来研究编辑活动时所明显欠缺的地方。

三、从研究编辑活动的作用看，顺势而为的引导比强加于人的灌输更加重要

编辑活动如同出版活动一样，既受制于社会的政治、经济、文化、科技等的发展状况，又反过来影响社会的政治、经济、文化、科技等的发展。编辑学在研究社会如何制约编辑活动的同时，又要研究编辑活动对社会生活起怎样的作用，对读者或者说对人民产生怎样的作用。特别是近年来，一方面，从道德层面看，由于人与人之间缺乏信任感而放弃道德选择的非德现象不断出现，社会对他人的道德行为表现出不够尊重的态度，以及社会转型时期人们道德失范和丧失道德机会的增多，管理阶层和广大民众迫切希望和呼唤尽快建立起一个更加和谐文明的社会；另一方面，从经济和发展实力看，我国虽然经过 30 多年的改革开放，经济、科技等实力大大增强，但是与美国等发达国家相比，差距依然明显，实现中国梦还需要很长的路要走，执政者和国人提高竞争实力和发展能力的紧迫感不断增强。这两个方面，都促使有关方面容易急于加强编辑出版活动。的确，古往今来，国之内外，出版活动对于加强统治阶级地位和教

化民众的作用始终是其他任何手段所不可替代的。现代社会，通过加强编辑出版活动来辨析各种社会思潮的价值观、传播传统道德文化和当代文明观念无可非议，且必须要这么做。但是，在新的形势下，编辑活动的出发点是对受众一厢情愿地进行精神产品的生硬灌输，还是采取符合市场规律的办法顺势利导却是值得重视的大问题。传统的编辑活动对于这一问题有所考虑，但很明显考虑不够，现代编辑活动必须将其放到突出的位置，也只有这样才能带来"润物细无声"的效果。

四、从研究编辑活动的规律看，国际影响因素需要更多更突出地加以考虑

编辑活动是随着历史条件的变动而不断演变的，不同历史时期、不同国家的编辑活动又具有不同的特点，但编辑活动的变化发展总是遵循着一定的规律。研究和把握编辑活动的规律，是编辑学的根本任务。为了完成这个任务，需要深入研究编辑活动的历史与现状，并对不同国家、不同时期的编辑活动进行比较，从而揭示编辑活动的规律。传统情况下，编辑活动更多的考虑国内的情况，甚至很多时候只考虑国内情况。但是，随着我国改革开放的深入推进和国际化深入发展，现代编辑活动时刻都需要有更多的世界思维和世界眼光。党的十六届四中全会指出："进入新世纪新阶段，国际局势发生新的深刻变化，世界多极化和经济全球化的趋势继续在曲折中发展，科技进步日新月异，综合国力竞争日趋激烈，各种思想文化相互激荡，各种矛盾错综复杂，敌对势力对我国实施西化、分化的战略图谋没有改变，我们仍面临发达国家在经济、科技等方面占优势的压力。"这一论述坚持了党的十六大对国际局势的基本判断，又进一步指出了国际因素对我国发展的影响，对我国在今后的发展过程中更好地利用外部有利因素、化解外部不利因素具有重要的指导意义。综合分析当前的国际形势，有利因素主要包括：维护和平、促进发展，事关各国人民的福祉，是各国人民的共同愿望，也是不可阻挡的历史潮流；世界多极化和经济全球化趋势的发展，给世界的和平与发展带来了机遇和有利条件；新的世界大战在可预见的时期内打不起来，争取较长时期的和平国际环境和良好周边环境是可以实现的。不利因素主要包括：不公正不合理的国际政治经济旧秩序没有根本改变；影响和平与发展的不确定因素在增加；传统安全威胁和非传统安全威胁的因素相互交织，恐怖主义危害上升；霸权主义和强权政治有新的表现；民族、宗教矛盾和边界、领土争端导致的局部冲突时起时伏；南北差距进一步扩大。在认识和把握国际局势的发展变化中，要重点认识和把握世界多极化和经济全球化的趋势的发展。因为它们是对国际格局演变具有决定性影响的两大因素。这些形势，看似与编辑活动直接关

系不大，实际上息息相关，作为编辑如果关心关注不够，就有可能犯方向性和原则性错误。同时，在把握这些大的国际形势的前提下，不同的编辑还要对所编辑的业务知识的国际发展动态有比较深入的了解，否则也可能落后于时代和形势，难于编辑出版上乘的作品。

出版企业转企改制需要做到"三个明确"

根据中共中央办公厅、国务院办公厅《关于深化非时政类报刊出版单位体制改革的意见》（中办发［2011］19号）和非时政类报刊出版单位体制改革工作联席会议办公室《关于有关非时政类报刊出版单位列入中央各部门各单位第二批转企改制名单的函》（报刊改办［2012］7号）的有关精神，新闻出版单位均面临着转企改制的重大任务。在转企改制中，新闻出版单位不同于一般单位，要统筹谋划，做到以下"三个明确"：

一、明确转企改制的指导思想和总体思路

在指导思想上，要以党的十八大精神为指导，在上级党组织的正确领导下，始终坚持党的新闻工作路线、方针、政策，当好党的喉舌；要以贴近实际、贴近生活、贴近群众，做强做大做优报纸为出发点和落脚点，进一步提升有效服务行业、产业、市场的能力与水平；加快建立符合社会主义市场经济规律和非时政类报刊发展要求的体制机制，以整合资源、挖掘潜力、改革创新为举措，解放和发展媒体生产力，使所属媒体平台成为具有核心竞争力的合格市场主体和具备抗御市场风险综合实力的现代新闻出版企业；全面推进体制机制创新，着力解决制约报纸发展的深层次矛盾和复杂问题，运用新兴传媒的经营理念、发展思路和多功能并举的模式，全面提升报纸多元化经营的规模效益。

在总体思路上，要明确提出按照整体推进的目标任务，形成传统媒体与新兴媒体并举，报网一体化发展，主业突出、特色鲜明、多元发展、效益显著的传媒集团，打造集平面媒体、互联网、视听媒体于一体的"三农"多媒体信息交换平台。在战略布局、组织结构、媒体业态、内容形式、传播方式、营销模式、服务平台、合作渠道、技术创新、管理体制等方面完成阶段性转型。因此，在组建大集团的框架内，要依据子报子刊服务不同行业产业，不可或缺、无法取代的实际，从具备做大做强的市场基础和发展潜力等情况考虑，将部分子报子刊首先转制为具有独立法人资格的现代国有企业，为出版单位整体转制打下坚实基础。

二、明确转企改制的工作目标和基本原则

在工作目标上，要按照国家有关政策规定和要求，积极推进、建立健全产

权清晰、权责明确、管理科学的现代企业制度，完备工商法人登记和产权变更手续，实现法人治理结构，构建决策、执行、监督三权并立的运行机制；完成现有职工成为企业员工的身份转换，深化人事、劳动、分配三项制度改革，并建立相应的管理机制；要首先把子报子刊打造成具有创新文化理念和创新体制机制，具有较强综合实力、核心竞争力和可持续发展能力的现代报刊企业。通过转企的有效实施，形成有效率、有活力、有潜力的微观运行机制，办成专、精、特、新的专业性、市场化、多功能的传媒机构，使之真正成为自然合法的市场主体。

在基本原则上，要坚持六点要求。一是坚持党管意识形态的原则。选准人、用好人，确保转企后的企业主要负责人政治上过硬、业务上精尖、作风上正派、经济上清白，担当起带头人的职责；抓重点与重点抓，大力推进制度建设，特别是责任追究制度，确保其舆论导向正确和依法合规经营，努力实现社会效益和经济效益的双丰收。二是坚持以人为本的原则。营造和谐发展氛围，以稳妥的方式方法，正确处理好国家、集体和个人之间的利益关系，认真解决好职工关心的热点、难点问题。深入听取群众意见，自觉接受群众监督，切实维护职工合法权益，充分调动职工的积极性和创业激情，使转企职工精神上得充实，分配上得实惠。三是坚持依法依规的原则。严格按照国家相关政策、法规和有关文件精神进行转企，充分用好用足相关优惠政策，公开、公平、公正地组织实施，坚持做到依法操作、程序规范、按章办事。四是坚持实事求是的原则。切实做到实事求是、顺应规律、立足实际、着眼发展，充分挖掘报纸潜力，遵循市场经济法则，实现资源优化配置，建立起既符合产业市场发展规律，又有利于报刊有序发展的管理体制和运行模式。五是坚持统筹兼顾的原则。按照总体设计、分步实施、积极稳妥、工作细化、配套推进的思路进行改革，统筹解决转企改制中遇到的困难和问题，充分兼顾各方面的利益关系，系统地把近期计划、中期规划与长期发展目标有机结合起来，建立科学发展的长效机制。六是坚持积极稳妥的原则。正确把握改革、发展、稳定三者之间的关系，稳健实施、分步推进，以人为本、化解矛盾，统一认识、凝聚力量，超前谋划、预案到位，确保转企工作思想不乱、人心不散、工作不断、心齐劲足，确保改革"软着陆"，达到预期目标。

三、明确转企改制的主要内容

一是转企改制后的企业名称、性质、注册资本金。要按照非时政类报刊体制改革的相关政策和要求，对所属子报子刊进行转企改制，注册登记企业法人。具体分为转企和改制两个步骤。其中，转企是要将子报子刊等分别注册登记为全民所有制企业。改制是要依据国家有关法规、政策，结合子报子刊等实际情况和未来发展趋势，分别与业内驰名企业或投资公司等进行洽谈磋商，达成合作意向。报上级部门批准后，将其由全民所有制企业转制为文化企业控股的股份制有限责任公司，使之驶上事业发展的快车道。

二是清产核资以及原有债权、债务继承等问题。要根据《财政部关于中央级经营性文化事业单位转制中资产和财务管理问题的通知》（财教〔2009〕126号）等文件精神，认真做好清产核资工作。其中，要成立专门的清产核资领导小组，负责组织领导整个单位的清产核资工作；领导小组可下设清产核资工作小组，作为日常办事机构，具体组织实施和全面协调清产核资工作。要确定清产核资基准日，并委托选聘具备相应资质的会计师事务所为此次清产核资的中介机构。要明确清产核资的范围，包括账务清理、财产清查、损益认定、资产核实等方面内容。对于原有债权、债务，属正常经营事项的，转企过程中可在上级转企改制方案批准之前，加大对现有债权债务的清理力度，尽可能减少债权债务账面金额；对于清理后的债权债务，如债权大于债务，则超出部分以划拨方式归子报子刊拥有；如债务大于债权，亏损部分由总公司承担；转企改制方案批准之后，子报子刊正常经营所发生的债权债务由新成立的企业继承或承担。

三是转企中涉及的社会保障和劳动人事关系的处理原则。要根据《劳动合同法》等法律法规和国办发〔2008〕114号文件，做好职工劳动关系的调整、社会保障和人员安置工作，切实保障职工的合法权益。一是变更劳动关系和调整收入分配制度。转企时，按照《劳动合同法》的规定，自工商注册登记之日起，在职职工全部签订劳动合同，职工身份由事业单位职工转变为企业职工；职工在事业单位的工作年限合并计算为转制后企业的工作年限；转企后在职职工执行企业收入分配制度。二是人员安置。转企后的原在编职工享受国家有关文件规定的优惠政策；聘用人员享受国有企业职工相关福利待遇。转企时距国家法定退休年龄5年以内的人员，经本人申请、报社批准，可办理提前离岗手续。离岗期间的工资福利等基本待遇不变，转企后的单位和个人继续按规定缴纳各项社会保险，达到国家法定退休年龄时，按企业办法办理退休手续。聘用人员转企后，原劳动合同继续有效。如不同意，可以协商一致后终止聘用，按照《劳动合同法》第40、41、42条规定处理劳动关系。三是职工社会保障。转企后，单位和个人继续缴纳各种保险，并且按照有关规定为转企后的在职职工缴纳养老保险，建立企业年金。转企后原编制内在职职工按照有关规定参加基本养老保险。转企前已退休的编制内职工，福利待遇按照转企前的政策执行。同时，转制后企业要按照国家有关法律法规，建立和完善新的企业劳动、人事、分配三项制度，参照行业标准定岗定薪，并建立考核、奖励和处罚制度。

四是转企后的管理体制。转企后，要按照全民所有制企业制度的要求，建立和完善管理体系和运行模式，建立产权清晰、权责明确的管理体制。包括：按照全民所有制企业要求设定机构和人员；建立职工代表大会制度，其中职工代表大会的主要职责是维护职工的合法权益，监督企业的重大决策和经营行为等，职工代表大会的工作机构是工会委员会，工会委员会负责职工代表大会的日常工作；转制后的总经理（总编辑），应采取竞争选聘；转企后，要按全民所有制管理机制修改企业章程。

刍议新闻期刊编辑的选题策划能力

在现代信息技术背景和新媒体时代，新闻期刊所要承受的周期性与时效性矛盾更加尖锐地凸现出来。无论与网络、手机等新媒体相比，还是与学术期刊相比，可以说，当好新闻期刊编辑面临着超乎寻常的挑战和压力。在这一形势下，刊物每一期主打栏目特别是主打选题策划成功与否，在相当程度上日益严重地影响着期刊的兴衰存废。因此，探讨和重视新闻期刊主编的选题策划能力已成当务之急。

一、选题策划是新闻期刊编辑的基本职责

一般而言，编辑就是"对资料或现成的作品进行整理、加工"，换言之"成稿加工"就是编辑的职责。然而，随着传媒市场化和日趋激烈的竞争，对编辑工作的要求已远不能停留于传统的认识。特别是对于一个新闻期刊的编辑而言，如果不能够根据读者要求和发展变化形势进行超前创意，缺乏主动策划意识，继续"等料加工"，就必然被时代淘汰和唾弃。

新闻期刊编辑的选题策划意识，既体现编辑的学术水平，又体现编辑的办刊思想和风格，是编辑理念的重要组成部分，是编辑在遵循编辑出版客观规律前提下，为实现出版目的而采用的一种优化编辑出版工作的手段。通过策划选题，有助于期刊形成自己的特色，具有相对的整体感和连贯性。新闻期刊编辑能否主动采取导向性的组稿策划，完全取决于编辑的策划意识，而能否具有这种意识，在很大程度上又取决于期刊编辑是否拥有较深的学术功底和较强的职业敏感度，也就是是否拥有策划能力。

当然，所谓选题策划，是对新闻宣传活动的筹划和组织而言的，绝不是对新闻事实人为设计。编辑在进行选题策划时，必须始终坚持新闻事实第一的原则，从报道主题及形式上去策划，决不能强扭角度，任意改变事实。那些为了宣传需要而策划假新闻的做法应该禁止，对于不择手段为了某种利益而对商企界进行的"广告新闻策划"应予以抵制。坚持唯物论的反映论，这是编辑在进行报道策划时的立足点、出发点。同时，编辑策划不能混同于新闻媒体一般意义上的报道计划。报道计划仅仅是新闻单位近段时间的报道活动大体实践方案，而编辑策划则是一种有创意的新闻报道活动，它是编辑为了达到一定的宣传目的、形成一定的宣传强势而经过精心筹划的报道活动，它具有创新性、选

择性和深度性的特点。编辑策划应加强科学性、预见性。策划不是一种盲目的行为，它应建立在深入调查研究和缜密考虑的基础之上。

具体地说，新闻期刊编辑的选题策划，就是要立足于如何将刊物和栏目办出鲜明的个性。编辑要根据刊物和版面的定位，并针对特有的读者对象，作一些选题策划。编辑的选题策划要求编辑胸怀大局，站在有利于做好党委政府中心工作的高度，从宏观经济的大背景出发，来观察和分析事物，凸显新闻价值，并能够透过事物的现象看本质，从孤立的现象中总结出事物的普遍规律，敏锐地预见事物的发展趋势，并予以正确的舆论引导，实现新闻时效性和理论深度性的统一。在搞好选题策划的同时，新闻期刊编辑还要重视栏目策划和组版策划，适时对栏目设置进行创新并准确定位其功能，将有关稿件组成一个栏目时也要注重版面所产生的整体效应，以达到最佳的感官冲击和组合效果。

二、新闻期刊编辑在策划选题上的"要诀"

（一）把握时效，标新立异

时政新闻是"易碎品"，"保鲜期"不长。就某一重大时政新闻而言，它能够引起人们的普遍关注，同时受众也想了解它的背景、原因、走向、趋势、结果等，而注重快速反应的新媒体，往往只注重其"新"而不能顾及或者无暇顾及其他更多的方面，新闻期刊应利用这些"空当"尽可能地予以填补，在求新的同时更加注重于求变。

（二）突出深度，以长补短

期刊的"短板"是时效，"长板"是篇幅，突出深度解读是新闻期刊以长补短的不二法门。在突出深度报道时，选题策划必须坚持有所为、有所不为。一是主题明确、观点鲜明。既要注重新闻基本事实的陈述，更要有理有据地论证立场和观点，做出尽可能是非明晰的结论。二是把握角度、树立导向。要避免炒作，切忌不讲策略，观点偏颇，火上浇油，积极引导化解矛盾，树立正确的舆论导向。在策划深度报道选题时，既要乘势而为，积极介入，又要采取客观冷静的思维方式，巧妙介入，在正面引导社会舆论的前提下确定选题走向。特别是面对突发事件和关系百姓利益的热点新闻，必须坚持客观呈现事件真相，科学剖析事件原委，理性判断事态走向，引导读者冷静对待事件本身，心平气和化解矛盾，为读者解疑，为党和政府解忧。三是正视矛盾、解决问题。不遮掩和回避矛盾，能够立足于带着问题去思考、采访、写作、报道的思路，以事实说话，用客观公正的分析明辨是非，以促成相关问题的解决为己任和出发点与落脚点。

（三）抓住热点，反映趋势

趋势是事物发展的动向。新闻期刊在选题策划上，对于读者关注的社会生活热点问题、新旧事物的矛盾、新旧观点的冲突要敢于触及，既要搞清楚事件本身的"来龙"，更要理清"去脉"，策划和刊登出能够充分反映、正确分析阐释事物本质、展示新事物发展动向的文章。从本质上看，反映和揭示某种趋势，就是一种舆论导向，它可以引导受众认知新的事物，接受并实践新的生活、工作、学习方式；它是更高层次的教化。新闻期刊编辑对事物要具有强烈的前瞻意识，对涉及国内外重大时政方面的题材，要有超前的"编辑眼光"，使策划刊登的文章具有"每期所谈及的话题，正是读者要思索的、希望讨论的；所提供的信息，正是读者想知道的、对读者有所帮助的"效应，并能够帮助预知事物的走向。

三、新闻期刊编辑如何提高选题策划能力

选题策划能力就是编辑从事策划的实力，它是一种综合能力，须建立在市场敏感力、信息捕捉力、情势判断力、要素整合力、丰富思想力、相关知识力的基础之上。新闻期刊编辑提高选题策划能力重点要从以下三个方面入手。

一是要善于发现，培养具备敏锐的信息感知能力。编辑人员在日常生活、工作中会有动机、有需求地获取一些"信息"，可能这时不能称其为信息，只可称为"数据"，对于一些有利用前景的数据，编辑是否能具有特殊的、敏锐的感受力和持久力，将这些数据加工整理成有价值、富有文化内涵的知识，是他能否成为一个优秀编辑的先决条件，也是首要前提。因此，一个具有良好职业素质的新闻期刊编辑，要广泛地接触社会生活，密切保持与作者、读者的联系，认真关注市场需求，养成良好的性格，善与人相处，广交朋友，做社会活动家；要时刻做有心人，不放过任何有价值的信息。此外，要善于鉴别各种信息的真伪和价值，从中发现具有参考意义的内容；要善于充分利用各种有效信息为决策服务。

二是勇于创新，培养较强的个性意识和创新能力。个性即特色，是一个人有别于他人的特殊性。良好的个性是一种优势资源，与创新能力和事业成功密切相关。近年来，众多新闻时政类期刊几乎每期都重头推出各具特色的专题策划，力争做到你无我有、你有我精、你虚我实、你滞后我前沿，达到"断其一指"的效果。这种个性实质就是一种"创新"，是由期刊出版的性质决定的。一份期刊的文化含量、生命力、竞争力和对读者的吸引力等情况如何，从一个侧面充分反映了期刊编辑的文化素养和个性特征。一个文化层次高、掌握的知识既专且博、有良好个性的新闻期刊编辑，策划出的选题往往都有比较鲜明的个性，能够产生较强的轰动效应和对读者、社会具有较深远的影响力，并取得较好的经济效益。编辑有意识地培养和训练自己的创新性思维能力，首先要着力发掘客观事物间的差异性、现象与本质的不一致性，敢于对惯见的现象和已

有的权威理论持分析的、怀疑的和批判的态度，学会不断将观察到的事物与已知的事物联系起来思考，结合其相似性和差异性，发现其必然联系和本质，使自己具备洞察力。其次，应该掌握各种想象方法，以创造性的想象为创新性的思维服务。同时，要让自己具备合理的知识结构和活跃的灵感。合理的知识结构是创新性思维的思维原料，灵感则是创新中特有的突发心理现象，二者的结合，才能形成卓尔不凡的策划思路。

三是勤于学习，培养较强的综合能力。编辑的策划能力是自身思想水平、学识水平、辨别取舍能力等的综合体现，只有提高这些水平和能力，才能使自己的策划活动站在一个更高、更新的境界和层次。一要提高政治素养。期刊出版作为思想政治工作的一个重要手段，担负着联系群众、宣传教育群众、动员组织群众的重要任务。在新的形势下，期刊要更好地发挥舆论导向功能，把党的路线、方针、政策及时有效地转化为生产力，促进各项工作顺利开展，就必须讲政治。要对新闻宣传的方针、政策、法规融会贯通，用马克思主义的新闻观观察、分析各类重大新闻，按新闻规律办事，客观公正，实事求是，保证宣传导向正确，内容健康，格调高雅。二要提高文化素养。编辑只有以文化人的眼光、文化人的良知和责任感，才能站在特定行业文化积累和发展的高度，站在中国文化积累和发展的高度，站在世界文化积累和发展的高度，高瞻远瞩地策划出好的选题。为此，新闻期刊编辑要具备扎实的专业训练，在业务上有自己的主攻方向，并在某一领域作比较系统的研究，不仅掌握该领域的基本知识，还要了解该学科的发展趋势。同时，尽可能开阔自己的视野，了解和掌握多方面的知识。

基于市场体制与商品属性
视角下的图书定价问题

图书定价问题，是近年来我国图书业界争论较多的一个问题，图书产业管理部门和行业协会等机构和组织为此研究和采取了一系列措施。究竟应该如何认识和对待图书定价问题？经过课程学习，结合平时的了解与思考，简要谈谈自己的一家之言。

一、图书定价问题的提出与争论焦点

随着经济社会的不断发展，我国图书产业发展呈现出繁荣昌盛的态势。但是，也毋庸讳言，我国全民购书率在世界各国中的排名仍然较为靠后。那么，是什么原因影响了我国图书产业的发展？很多人为此进行探讨，结论是：原因有很多，但图书定价问题，是重要因素之一。于是，有关方面围绕图书定价问题开始了争论，归结起来，我体会焦点主要集中在三个方面：

第一，价格是高了还是低了。认为价格高了的人表示，现在的图书版式新颖，花色多样，内容丰富，的确让人心动；但一看价格又让人望而却步，特别是与之前同样内容的书相比贵了很多，且存在随意定价的现象。比如，有人举例，同为翻译作品，1957 年出版的一套阿·托尔斯泰的长篇小说《苦难的历程》，共 90 万字，定价为 3.25 元；而 2001 年出版的马塞尔·普鲁斯特的长篇小说《追忆似水年华》，共 240 万字，定价便为 68 元。1991 年出版的《鲁迅全集》定价为 155.35 元；而 2007 年出版的，定价为 990 元。对比如此的明显，即使排除物价上涨、出版成本增加等因素，涨幅仍然远远超出合理的范围。然而，与此截然不同的是，觉得定价低了的人认为，图书不能等同于一般的物品，它不仅凝聚了一般的人类劳动和智慧，而且有些书具有较高的收藏价值，决不能简单地计算物化成本投入。

第二，价格是该管还是该放。上世纪 80 年代中后期中国图书价格管理体制改革之后，图书价格的不断攀升一直成为人们热议的话题。近年来，在各种有关影响读者购书因素的调查中，图书定价均排在首位。例如 2008 年上海市民读书情况调查显示：78％的市民认为目前书价偏高不好接受；58％的市民表示，正是因为书价太高而影响自己的读书愿望；还有 39％的市民表示，因为正版书太贵而购买过盗版书。而更具全国性的 2008 年开卷读者调查报告显示：

有 60％的读者选择网上购书的原因在于"网上书价较便宜、折扣大"。基于这些原因，关于图书价格是该管还是该放，便成了人们争论的一个重要话题。

第三，价格是甲定还是乙定。制定图书价格，目前基本上主要是出版社说了算。但是，图书价格的利益攸关方实际上并不仅仅是出版社，还有作者、社会（读者），以及代表政府行政作为的图书管理部门。于是，有人认为，出版社是图书的经营者和出版发行的决定者，对图书的价格最有发言权和决策权；有人认为，作者是著作权所有人，应该对自己作品的价格负责；有人认为，图书作为精神文化产品不同于一般的物质商品，应该通过召开听证会征求广大社会受众的意见确定价格；有人认为，图书管理部门从维护图书市场秩序考虑，应该对图书实行价格管制。凡此种种，莫衷一是。

二、讨论图书定价问题的根本立足点

关于图书定价的争论，不同的主体站在不同的立场看问题，应该说都有一定的道理。但是，我们需要认识到，讨论图书定价问题绝不是人与亦云，关键是要从事物发展的大背景和长远战略出发，抓住问题的本质，站稳基本的立场。简单说，就是要认清讨论问题的根本立足点，否则就可能出现思路混乱，甚至导致出现错误的决策，对发展造成不应有的影响。总体而言，我认为，思考图书定价问题至少不能脱离两个方面的重大客观实际：

一方面，我国目前处在社会主义市场经济体制之下，思考和解决图书定价问题必须首先从尊重市场规律出发。图书虽然是不同于一般物质的社会文化产品，但它毕竟不同于水、电、石油等战略物资，如果简单地从一个方面考虑问题，轻易动用计划经济手段进行价格干预和管制，带来的不利影响可能是多方面乃至全局和长远的。此外，我国每年出版图书约 30 多万种，出版数量已经名列世界第一，其中仅少儿图书年出版品种已由改革开放初期的 200 多种发展到 1 万多种，年总印量达 6 亿册。如此众多的种类和数量，且每一本图书出版的情况均不尽相同，价格如何确定，定得孰高孰低，恐怕绝不是一个管理部门或一个规定能够管得了和管得好的。

另一方面，明确图书的商品属性，制定价格必须充分遵循其价值规律。商品是用来交换的劳动产品，它的两个因素是使用价值和价值：使用价值是指能够满足人们某种需要的属性，即物的有用性；价值是凝结在商品中的一般人类劳动。按照马克思主义的这一政治经济学观点，图书是商品，这是任何人都毋庸置疑的事实。因为它能积累、传播科学文化知识，满足广大读者的求知需要，具有使用价值；它是作者、编辑、校对、印制人员的集体劳动结晶。那么，图书既然是商品，定价就必须遵循商品的价格形成规律。概括讲：一是商品的价值规律。用马克思的话说就是："商品的价格只是物化在商品中的社会劳动量的货币名称。"生产商品花费了无差别的抽象劳动（社会必要劳动时间），才形成价值；商品有了价值，才能用货币形式来表现，这就是价格。因此，图书定价同样应遵循价值规律，依据社会必要劳动时间来确定。二是商品的价格构成规律。商品价格一般由生产成本和利润两大要素组成。生产成本，包括生产商品所消耗的原料、能源、设备折旧以及劳动力费用等；商品的利润，则是劳动者为社会所创造的价值的货币表现。三是商品的供求状况。虽说供给与需求的关系并非价格的决定因素，但供求关系的确会对商品价格产生重要影响。当供给大于需求时，商品价格会下降；当供给小于需求时，商品价格会上涨。图书价格也应参考商品的供求状况来确定。四是商品的竞争状况。生产经营者在制定商品价格时，需要考虑商品的市场竞争环境和条件。图书定价还要考虑内容和作者受社会的欢迎程度。

图书定价是一个十分复杂的问题，从管理学的角度来说，只有把复杂的问题简单化才是贡献，但简单化绝不等同于不负责任和草率行事，而是要把握大局，以"不畏浮云遮望眼"的定性，抓住主要矛盾和大是大非问题，向着一个重大目标和正确方向迈进。近年来，关于图书定价问题的争论虽然很多，不能不引起重视，但我们要坚持的根本立足点就是一定要坚持从市场经济体制和商品属性的视角考虑问题，如果做不到这一点，很可能就会导致工作的事倍功半，甚至本末倒置、事与愿违。

三、把图书定价权交给市场

在世界范围内，图书定价存在固定价格体系和自由价格体系两种不同的模式。固定价格体系是指对图书价格实行统一定价的制度，即规定图书价格由出版社定价，并在固定位置明确标示，任何图书销售机构都不得擅自加价或减价销售图书；而自由价格体系是指图书以自由价格在市场销售的定价制度，出版社通过周密的成本核算后，以一定的折扣批发给中间商，只要能保证正常运营，零售商可以自由定价销售。目前图书自由价格体系主要以美国、英国为代表，图书固定价格体系以德国、法国、西班牙为代表。比较而言，在自由价格体系下，零售企业对最终销售价格具有较大自主权，而出版企业对最终销售价格的控制力较弱。固定价格制实际上是一种在垂直产业链中常常使用的转售价格维持制，一般情况下必须按打印在图书上的价格销售，因此，出版社考虑到销售等中间环节的不确定性，都会通过适当提高图书定价来消化部分风险。

两种不同的价格运行体系不仅对图书的实际价格会产生一定的影响，而且也对图书的产业组织带来影响。一个国家或地区究竟采取何种图书定价制度，是由这个国家或地区出版产业的成熟程度以及市场结构和竞争环境乃至于文化安全所决定的。当然，这不是本文要讨论的重点，本文在这里摆出上述事实，主要是想得出一个基本的结论：无论是固定价格体系，还是自由价格体系，本质上都是看市场脸色行事，定价的主体是市场而不是其他任何方面，自由价格体系如此，固定价格体系同样如此，因为这些国家高度市场化，出版社作为企业，本身就是市场主体。进一步说，图书定价问题，说到底，既不应该是计划问题，也不是行政问题，而是一个不择不扣的市场问题。

明确了上面的基本结论，我们不敢说原来争论的很多关于图书定价问题是一个伪命题，但至少可以发现，就价格论价格、盯住定价问题本身去争吵，终究解决不了根本问题。相反，如果我们跳出这个就事论事的窠臼，认识也许会更深入，视野也许会更开阔，解决问题的办法也许会更多，讨论也就更有意义。比如，关于图书价格高的问题，如果不一味地从埋怨和限制的角度考虑问题，我们就很可能会认识到，价格高符合图书发展的一般趋势，是价值规律作用的结果，也是图书经营机构基于市场理念和实际情况做出的理性抉择，而绝不是一种不负责任的随意行为。很多书实际是打折销售的，仅仅从图书定价的角度来讨论书价高低是不全面的，会导致对图书价格的误读和舆论的误导。我国的图书定价与市场机制和市场体系等本身发育的程度密切相关，不能以人的意志为转移，必然要经过从不完善到完善的一定历史阶段。再比如，分析得出图书的价格确实过高导致读者买不起怎么办？果真出现这种情况，转变思维，我们至少可以有三个考虑问题的角度：一是对于纯粹是市场化的图书，要相信出版企业和经销商不会坐等读者流失。扩大销量是他们的第一选择，如果不是确实负担不起，没有人会故意把图书价格定到读者买不起，而最终留给自己当着废纸扔掉。二是对于公益性很强和行业垄断性质的图书，要相信国家有关部门会制定应有的办法，社会公众及各有关方面当然也可以及时提出意见和建议。例如对于教科书的出版和发行，国家物价局和新闻出版总署就曾联合发出《关于改革书刊价格管理的通知》，除大中专教材和中小学课本实行国家定价外，对书刊全面实行在控制定价利润率下，由出版社自行定价，并具体明确了其定价利润率。三是对于其他具有公共产品属性的图书，如果确实因为公共需要，但出版社和经销商又确实难以低价销售，国家则完全可以通过一定的方式进行补贴。近年来，中央财政在节能家电、汽车，以及医疗卫生、农业发展等方面进行了大量补贴，取得了很好的效果，在支持全民读书方面当然也可以考虑采取相类似的办法。

基于市场体制与商品属性的视角看问题，图书定价问题的争论当休矣！

农村图书市场状况及营销策略

在构建和谐社会与建设社会主义新农村的历史进程中，农村图书的出版与营销受到社会各界的较多关注。本文基于农村图书市场存在的问题及原因分析，探讨农村图书营销传播的策略，以期关注作为社会弱势群体的农民读者，尽力为之创造好的文化消费环境，切实满足其对精神文化产品的独特需求，并为出版产业化环境下的编辑决策和出版营销提供启示。

一、农村图书市场及其基本现状

农村图书是指与农业、农村、农民密切相关的图书，其读者对象的主体是农民，内容主要是指导农民提高劳动生产技能，掌握农业科技知识，丰富精神生活，提高文化素质，提升农村人口质量和农业的产业化水平。自改革开放特别是实行社会主义市场经济以来，我国农村的人口结构发生了很大变化，农民已不单纯是传统农业意义上的概念，出现了庞大的农民工队伍、乡镇企业的生产工人和管理者、小商品生产者、个体劳动者、私营企业主和农村管理者，他们在各自的生产生活领域和发展空间涌现出不同的需求，要求出版内容多样化。如农民工是游离于农村和城市社会生活之间的边缘群体，在农村图书营销中具有特殊的意义，他们进城务工求生存，主要靠技术或劳动力，需要学习建筑装饰、家政服务、高级护理等方面的知识。农村图书营销传播渠道的开拓，就与农民读者的需求与阅读特殊性相关，也受到地域条件和因袭的城乡差别的影响。

尽管目前通讯技术十分发达，信息传播飞快，但由于种种因素的存在，农村图书营销传播渠道并不畅通，市场开发仍然比较落后，特别是农村地域跨度宽广，人口分布不集中，交通依然不便，读者需求密度低，生产成本和物流成本高，图书发行网点不多且难以建立，市场规模不易成型，加上农民读者消费力弱，图书定价偏低、赢利少，发行难度大，市场规模化、特色化趋势尚不明显。有研究统计显示，图书消费在国民消费支出中的比例我国仅占2％，发达国家则超过20％，而农村市场容量约占我国市场总量的一半以上，消费总量和潜力巨大，农村图书市场确实大有可为，但农民的阅读习惯需要培养与引导，消费需求需要激活与集中，购买潜能需要开发与延展，目前的关键就是如何把书送到农民手中，找到开启市场大门的钥匙，构建农村图书营销传播通道，大力培育和发展农村图书营销产业。

纵观当前我国的农村图书市场和农民阅读情况，形势不容乐观。正如一位出版界的全国政协委员在"两会"发言时所说："我国农村图书市场正在全线萎缩，农村图书市场正在出现'荒漠化'趋势，这绝不是危言耸听，需要引起高度关注，尽快予以解决。"

(一) 农村图书市场网点严重萎缩

占我国总人口绝大多数的农民，每年的图书消费量不足全国的 1/4，在这其中还主要是教辅书；在我国农村，不用说是边远山区，就是东部发达地区的绝大多数农村，基本上没有规范的图书市场，农民购买图书一般要到县城。当然，在农村乡镇政府所在地的小城镇也有少量的图书交易场所，这些交易场所主要是个体经营，图书有限、问题众多。新闻出版总署曾提出在 20 世纪末要达到县以下每 5 万～8 万人建设一个售书网点的要求，而至今农村图书网点建设的现状与这一要求相距甚远。

(二) 图书种类和内容与农民需求相去甚远

在国家"建设新农村，文化要先行"的政策感召下，我国的出版界有很多服务"三农"的图书问世，主要集中在实用种养殖技术、法律知识和解读国家政策等方面。这些图书在一定程度上满足了农村的图书需要。然而，在看到成绩的同时，也应当看到其中存在的问题。从我国农村图书市场的品种结构来分析，目前的农村图书大都集中在实用技术方面，教辅图书也一直是农村图书市场的主角。但是在图书市场上，农民最需要的科技实用技术等书，要么品种单一，要么可操作性差，要么知识陈旧，一些关于"三农"问题等政策性和时效性强的图书更是很难找到。出版社没有真正做到想农民所想，出农民所用的书，脱离了图书出版和需求的大环境。农村种养规模的扩大，种养项目的增多，乡镇企业的迅速发展，观光农业的悄然兴起，农村文化生活的日益丰富多彩等，这些农村经济的变化，对我国图书出版业提出了新的要求，也为进一步开发农村图书市场提供了新的更为广阔的空间。

二、我国农村图书市场发展滞后的原因

(一) 出版社服务"三农"意识仍然较为薄弱

我国是一个农业大国，农业人口众多，"三农"问题是关系到社会经济发展的关键问题。党和政府历来重视"三农"问题的解决，一直将其视为全党全国工作的重中之重，并明确了建设社会主义新农村的具体目标。但目前我国农村人口平均受教育程度还很低，农民的整体素质不高，严重影响了他们掌握先进知识和先进农业科学技术的能力，阻碍了他们致富奔小康，制约了经济的发展。

这一现实，给出版社带来了重大的机遇。然而令人遗憾的是，从全国整体而言，大部分出版"三农"选题的出版社服务"三农"的意识还很薄弱。相当多的选题没有深入"三农"一线做广泛而科学的调查，不符合我国农业、农村、农民的实际情况，而是闭门造车、盲目跟风。近几年来，"三农"选题图书，尤其是农业科学类图书，始终被读者认为是目前图书市场最为稀缺的品种之一，这凸显了读者对于"三农"选题图书的巨大渴求。而与市场的需求相比，出版社服务"三农"的意识亟待提高。

（二）农村图书市场投入与产出失衡

我国农村图书市场虽然潜力非常巨大，但由于我国幅员辽阔，人口居住分散，各地农业生产条件、地理环境、风俗习惯等差异巨大，使得农村读者对图书的需求呈现出明显的层次性和多样性。对于某一品种的图书，从全国来看，农村读者的需求量可能很大，但对于一个地区来讲，需求却可能很小。分散的需求，无形中加大了发行的难度与费用，长此以往，入不敷出，投入和产出不成正比，使得众多发行网点不断地从农村图书市场撤出。

（三）农民收入增长缓慢

改革开放 30 多年来，我国经济迅速发展，城市人均收入稳步提高，相比之下，农村居民收入增长则极为缓慢。例如，2002—2006 年全国农村居民人均纯收入年平均增长速度仅为 5.9%。农民收入增长缓慢，制约了"三农"选题图书的出版发行工作，抑制了农民的消费水平，他们用于购买图书的费用少之又少，这也在一定程度上给了盗版图书以可乘之机。

三、农村图书市场营销的 4P 策略分析

欲在农村市场上占有一席之地，农村图书的生产和销售商就必须重新定位，制定一套适合农村市场实际状况的营销管理流程。根据营销的 4P 分析理论，笔者总结出以下几点重要策略。

（一）产品策略（product）

好发行的书往往在编辑环节就具有市场潜力，就已切入细分市场。农村购买是实用导向型购买，图书质量和实用便利性是农村读者满意与否的最重要因素之一。很多成功的书店最初就是凭借图书质量敲开农村市场大门。目前有很大一部分人对农村市场的图书营销策略存在意识上的错误，他们认为农村读者不注重图书质量，图书信息少，直接把城市的积压图书转移到农村市场进行促销即可，这种营销策略可能会获得一定的收益，但这是短暂的，对书店的长期发展十分不利，是书店自掘坟墓的做法。正确的质量策略是做好这样一些工作：一是从选题策划这一环节抓起，主动深入农村，密切联系实际，细心了解农民的生活状态，密切把握农民的阅读需求，从中捕捉选题与创作灵感。特别

是在城镇化、工业化和农业产业化的农村发展环境下，要把农民最关心、最直接、最现实的问题作为首要选题；二是在内容定位上符合农民读者的阅读需求，既关心其物质生活，又关心其精神文化取向，如社会保障、权益保护、致富能力、基层民主、进城务工、留守儿童、老人问题，而且以多品种的图书来适应农村多元化的需求结构。

（二）价格策略（price）

农民收入相较城市居民收入较低，手中可任意支配的钱并不多，同时农村读者具有勤俭节约的传统，对图书价格异常敏感，往往一两块钱的差异决定交易的成败。"一般而言，内容相同而版本有别的图书，价格低的较价格高的更能吸引读者。收入低的读者比收入高的读者，更关心价格的高低"。出版部门应多方考虑农民读者的实际需求与现实购买力，从开本、装帧、用纸、印刷等各个环节综合权衡其市场支持力，降低发行成本，以最低的价格推出最优的图书商品。农民阅读主要基于一种致富求发展心理，而不是以图书装门面、图虚荣，因此应以出版普及本、单行本、简易本、小册子为主，尽力出经济实惠版，采用口袋本、专题本、活页本、科普卡片、光盘等灵活多样的形式，分门别类，降低成本，增强针对性，做到价廉书美，真正让文化惠民、出版惠民。

（三）渠道策略（place）

营销成败的关键在于渠道。渠道是发行的血脉、市场的触角，决定出版物的发行覆盖面和传播范围。

（1）充分发挥传统主渠道功能。由于农村市场分散，不可能形成像城市这样集中销售的大卖场，分销和销售的工作主要由传统的主渠道完成。这些渠道包括传统商店、农贸市场、超市、小卖部等。书店在开拓农村市场时应重视这些渠道的铺货率和铺货速度。

（2）选择合理的代理商，与之建立长期战略合作伙伴关系。由于农村市场的特殊性，书店拓展农村市场的工作主要还是依托经销商来完成。几乎所有进入农村市场的商品，无一例外地选择了代理商操作农村市场。书店要从战略的角度审视与经销商的关系，选择素质高、实力强和具有发展潜力的经销商进行合作，一旦选定了，就要与之建立长期的战略伙伴关系，努力实现共同成长、共担风险、互利双赢的目标。

（3）培训和提升渠道成员的素质。农村渠道成员素质不高，缺乏书店行业形象塑造和维护的技巧，往往无法正确解释和配合书店的营销活动。因此，要通过培训和高效沟通来促进渠道成员的素质提升。

（四）促销策略（promotion）

农村市场是个宝藏，但由于农村市场的独特性，农村读者在时间和空间上不像城市读者那样集中，农村促销一般花费较高却又得不到预期的效果。因此，提高促销效率应从促销时间、促销方式和促销内容上进行科学的控制。

　　促销时间应选择两个时间段，一是农闲时段，二是农村集会日。秋季和夏季农户都忙于庄稼的收割和播种，无暇关注书店的促销活动，因此要避开这两个时间段。反之，冬季和春季有空闲也具备了购买力。集会日是农户集结购物消费的日子，此时人口集中度高，购买兴趣强，此时，书店进行促销可以起到事半功倍的效果。农民文化素质不高，喜欢通俗的传播内容与传播方式。书店促销时，一方面要体现书店的形象，围绕书店内涵做促销宣传，另一方面要尽量通俗易懂。

数字时代传统出版的发展形势与策略

当今世界，可以清晰地看到数字化对社会生活与生存状态的巨大影响，人类正在适应"数字化生存"。与此同时，几乎所有的产业都不可避免地产生了对数字化和互联网的依赖。出版产业更是如此，数字化和互联网以前所未有的力量和速度，改变着出版产业的面貌，出版产业正站在一个值得期盼的历史拐点上。

一、传统出版步入数字化生存环境

信息技术的跨越发展特别是网络技术、通信技术、数字媒体技术的重大突破对社会经济与文化产生了全面的、革命性的影响，从麻省理工学院媒体研究创始人尼葛洛庞帝教授提出"数字化生存"概念到今天，仅仅十年的时间，数字信息技术渗入到社会生活的每个角落。以信息技术为支撑的电子商务、电子政务、数字化金融发展迅速，大家在数字化的信息坐标系中寻找着自己的定位，每个行业都无法回避数字化发展理念与经营模式的冲击，新兴的信息行业在数字化的技术沃土中蓬勃壮大。

数字出版改变了出版产业的概念，数字技术的应用极大地拓展了出版的生存空间，从桌面出版、电子出版、网络出版到无线移动出版，数字技术在出版中不再是某种介质的形式与某个领域的专用，它包括了原创内容的数字化，编辑加工的数字化，数字化的生产、营销、服务与消费等一系列数字化内涵。

数字化信息传播具有较强的技术依赖性与可拓展性，数字信息技术的发展改变了人们认识世界、获取信息、交流信息的方式与理念，也孕育了不同产业的相互作用与融合。产业融合现象作为一种新的产业发展模式对于内容为主的出版产业来说意义重大，它不仅使文字、语音、图像和数据实现了融合，而且使不同形式的载体、不同职能的行业之间的互联性得到加强。

二、数字出版现状

数字出版发端于西方发达国家，自 21 世纪以来，随着数字出版理论、技术与实践的不断深化和拓展，人们对数字出版的认识也在不断变化，数字出版也经历了桌面出版、电子出版、互联网出版、泛媒体出版等多个阶段。由于历史原因，我国数字出版虽然始于 20 世纪 90 年代初，但由于我国的互联网普及及信息技术发展速度很快，经过十几年的发展，数字出版不仅改变了我国传统出版物存在的形态，实现了由纸质媒体向数字媒体的拓展和演变，而且还以前所未有的速度和渗透力进入我们个人工作和生活的方方面面，增加了人们生活方式的多样性。

在过去几年间，数字化出版在中国迅速发展，且产业创收回报高，发展潜力空间大，难怪乎有人称其为出版业的"第二次技术革命"。新闻出版总署有关数据显示，中国现在已有 300 多种网络报纸、1 000 多种在线报纸和 20 000 多种电子杂志，以及近 10 多家运营网络数据库的公司。近年来电子出版业的利润可观，2006 年就有 200 亿元的年利润入账，是 2000 年年利润的 10 倍。截至 2008 年年底，578 家国内图书出版社中 90％已开展了电子图书出版业务，出版电子图书 50 万种，与 2007 年相比增长 25％，发行总量超过 3 000 万册，收入达到 3 亿元。

2008 年，中国新闻出版产业总产值超过 8 500 亿元，相当于汽车业的产值。2007 年，我国数字出版产业整体收入超过 360 亿元，比 2006 年的 200 亿元增长了 70.15％。2008 年，这个数字则达到了 530 亿元，比 2006 年增长 149.13％，比 2007 年增长 46.42％，2010 年已超过 1 050 亿元。据预测，未来数年间我国的数字出版用户每年将以 30％ 的速度增长，相关收入也将每年增长 50％。中国社会科学院发布的《2008 年文化蓝皮书》指出，我国数字出版潜在市场巨大。未来 5 年，将有超过 30％ 的手机用户通过手机阅读电子书和数字报，由图书馆等机构用户采购的电子书、数字报的销售规模将达到 10 亿元，由网民和手机用户带动的电子书、数字报内容销售及广告收入将达到 50 亿元。数字出版的发展速度将远超出版业其他业态。

三、数字出版对传统出版产业的挑战

数字与出版一经结合，便以传统出版所不具备的特点和优势，迅速被读者所接受。其优势主要表现在以下几个方面：

（一）出版周期大大缩短

作者将主要通过计算机进行写作，而不再是厚厚的稿纸。作者可以将自己的作品通过网络传给出版商，而编辑将在网上审读作品，并可与作者就文稿中的某些问题实现在线交流和磋商，直至意见达成一致。一些畅销图书甚至可以采取在线边写作边审读的方式，使投稿到出版的时间大大缩短。

（二）出版、印制、发行实现同步

在数字出版的同时，其实已经实现了传统意义上的发行。因为无论是建立网页让别人浏览，还是制作文件发送给别人，实际上已经完成了发行的环节，省去了传统、繁杂、费时、耗财的印刷、发行环节，实现按需印刷，并且在真

正意义上实现了零库存。

（三）价位低，阅读空间大

由于数字出版直接面向读者，缺少了一些中间环节的支出，使得同样的内容，在网上观看或通过网络购买所需的费用仅相当于购买同等传统介质制品的25%～70%。同时，读者不必受限于时间和空间，无论在世界的哪个角落，无论想看多久以前的图书，都可从网上下载或通过网络订购。可以说，数字出版真正实现了"不绝版"的出版。

（四）出版市场有效扩大

采用数字出版，可以使那些平日工作繁忙没有余暇到书店选购图书的人足不出户地品味适合自己口味的读物，从这个角度来看，数字出版正是利用了自身的优势，把传统读物渗透不到的潜在读者挖掘出来，有效地扩大了出版市场。

（五）检索、查阅方便快捷

通过关键字词的查询，可迅速找到所需的内容，这是数字出版相对于传统出版最显著的优势。数字出版物不仅能提供多媒体演示和按需阅读的功能，而且能以超文本方式与其他相关资料链接起来，使它的"注解"、"引文"、"人名地名"、"专业词汇"、"参考文献"等都"活"起来，读者只需用鼠标点击，便可看到更多、更详尽的信息，比进入图书馆去查阅有关资料要方便、快捷得多。

（六）节省资源，绿色出版

传统纸质读物在消耗大量资源的同时，也造成了严重的环境污染。目前的网上售书不过是数字出版一个环节上的一种模式，尚未脱离传统的实物载体，但未来的网络出版将完全摒弃传统模式，免去大量的耗材，使图书完全实现在网上下载发行，使出版成为信息在虚拟世界中流通的一种模式。从这个角度来看，数字出版将是一种真正意义上的绿色产业。

数字出版正在以其独特的优势对传统出版构成挑战。有人甚至预言，在不远的将来，数字出版将完全取代传统出版。无论这一预言能否实现，数字出版对传统出版形成的冲击是不容忽视的。

四、数字化时代传统出版的发展策略

（一）加强数字化基础设施建设，推进传统出版战略转型

抓好数字化基础设施建设，可以帮助我们提高生产经营管理的效率和效能，也是发展新媒体进行出版创新和转型的一个基础。传统出版业要在信息技术时代赢得生存空间，必须打破传统出版行业的界限。从长远看，拓展转型到现代内容产业或现代信息服务产业，成为传统出版单位的战略选择。出版单位

可以深度挖掘自己的资源，延伸产业链，将同一份内容、创意和其他智力资源进行全方位开发利用，开发成为多样化的产品，以增加产品的附加值，开拓新的市场空间。

（二）提高内容数字化水平，占领内容产业制高点

出版是以内容为基础的文化产业，从出版的角度讲，无论是数字出版还是传统出版，谁掌握了内容，谁就掌握了竞争的主动权。传统出版单位在长期的发展中积累了丰富的内容资源，但必须看到，这些资源现有的数字化水平和开发程度还远远不能适应多媒体发展的需要。传统出版机构要想在即将到来的内容产业时代继续保持主导地位，就必须提高企业内部的数字化水平，建立数字资产管理系统，完善数字化工作流程，在现有内容资源数字化的基础上，加强多媒体内容的开发工作。通过长期积累，逐渐开展以下几方面的工作：一是建立具备一定规模的数字资源库，提供基于互联网的学术出版、文献与信息服务；二是开展优秀读物的复合出版，即纸质与数字同时出版；三是开展按需出版和定制出版业务；四是开展个性化的信息服务、知识服务以及其他增值服务。

（三）做好数字版权获取和保护工作，积极开展数字出版实践

版权问题是目前数字出版发展中的主要瓶颈之一。传统出版机构在与纸质图书的作者合作和版权保护方面有成熟、稳定的业务模式，但面对数字出版潮流的到来，部分出版机构的数字版权意识不强，在签订出版合同时，仍只局限于要求纸质版的专有出版权，而忽视了对数字版权的争取。在这方面，传统出版机构需要重视起来。

（四）利用数字出版资源，分享数字化成果

数字出版的出现不仅对传统出版的发展提出了挑战，而且也为传统出版单位带来了机遇。传统出版单位完全可以利用这一机会，将一些经过数字出版，尤其是网络出版检验的作品转化为纸质出版物。

（五）大力发展跨媒体出版

出版单位面对互联网的发展趋势，应主动调整自己的定位，从传统出版物提供商转型到数字内容服务提供商。可以通过出版电子图书、增加数据业务、开展网络营销方式充分发挥自身的内容整合优势，积极应对数字出版的冲击，不再把业务范围仅仅局限在纸介质上，主动求变、积极转型，形成跨媒体出版体系。可以充分利用书刊等传统介质的优势与电子媒体的优势，将书刊的传统纸介质、光盘、互联网等电子媒体捆绑结合起来，将一个主题作品用不同的媒体形式表现，增加出版物的价值，更好地满足读者的需求。

（六）主动承担起内容提供商的角色

作为萌动中的新兴产业，数字出版的产业链正在悄悄形成。虽然已经出现

了新的出版方式，但它与传统出版并不矛盾。因为对于出版业，内容是源头之一。网络出版仅仅靠原创显然不能满足广大读者的要求，这就逐渐显现出了数字出版对传统出版的依附性。面对即将到来的数字出版，传统的出版单位都将不约而同地渐渐地承担起内容提供商的角色。传统出版单位将会连续不断地为数字出版提供成熟而丰富的文、图内容。传统出版单位在向数字出版提供内容的同时，已经兴高采烈地驰骋于纸上和网上两个平台。拥有了丰富的内容之后，一批新兴的数字出版公司通过各种软件技术，将内容资源数字化，制作成多媒体电子书，以全新的阅读内容与阅读方式，展开一轮阅读革命。

（七）积极面对和发展网络出版

当今数字出版正在悄然兴起，日新月异，它是不以人的意志为转移的。面对数字出版的崛起，传统出版单位既是出版商，又是系统信息内容的加工商和制造商，我们完全没有必要惊慌失措。尽管数字出版的出现对传统出版形成了一定的压力，但从长远看，它与传统出版方式是一种包容、互补的关系，应该从传统出版自身着手，进行最大限度的数字化改造，加强与新兴数字媒体的合作，达到共赢的目的。

微时代背景下出版发行方式变革刍议

早在 1996 年，美国学者尼葛洛庞帝在全世界第一个提出了"数字化生存"的概念。依其解释，数字化、网络化、信息化给人们带来了一种全新的生存方式，人类生存于一个虚拟的、数字化的活动空间，大家应用数字技术（信息技术）从事信息传播、交流、学习、工作等活动。数字化生存方式的出现，对包括出版发行在内的众多领域人们的生活和生产经营活动，产生了广泛而深远的影响。特别是目前"微时代"的到来，几乎在一个瞬间把"数字化生存"的概念又推到了一个崭新的境界，对经济社会政治文化等各个领域带来了革命性的变化，没有任何人可以抗拒"微时代"所形成的滔滔洪流。

一、微时代的内涵及其传播特征

微时代，即以微博作为传播媒介代表，以短小精炼作为文化传播特征的时代。140 字微博的流行，促进阅读进入"微时代"，人们在身体力行地写微博、读微博之后，恍然发现，原来传播交流信息乃至进行情感沟通，仅仅通过百余字就完全可以实现。微博客的出现推动着"微时代"的到来。从网络的流变的过程来看，它也经历了一个从加法到减法的过程。大块文章的时代正悄然褪色，有兴趣的人可以深入阅读，但草根们如今更需要惜字如金，140 个字之内解决问题。微博客正在改变媒体的形态，它形如一条带有敏锐嗅觉的新闻导语，正在被越来越多的人所接纳，并形成力量的汇集。Twitter 等微博产品所带来的，不仅仅是互联网的新形态，也是媒体传播的新格局。它们以外包式的新闻聚合每一个微小的个体，由"微信息"和"微交流"共同推动"微革命"。

传统出版发行的主要任务是文化传播，"微时代"指的也就是传播。与传统出版发行传播相比，其具有以下不可比拟的时代特征及优越性：

（一）传播的流动性

3G 技术的发展解决了信息接收终端的移动难题。3G 网络以及相应技术已经融入到手机应用中；随着电子纸技术的发展，电子纸也将与 3G 技术融合，增加上网功能。电子纸的重量甚至可以忽略不计，可折叠的性能能够允许受众将电子纸直接装进口袋。未来的信息接收终端将不会仅仅局限于手机或是电子纸，特别是随着物联网的逐步建设，各种物品将被赋予智能，兼具传播功能，人类的信息接收终端种类不断增加。这些小巧便捷的信息接收终端可以使人类的传播活动范围大大拓展，进一步突破时空的限制。

（二）传播的迷你性

进入"微时代"，各类移动便携的终端将大行其道，它们的体积将大大缩小，屏幕等信息展示框的面积将相应变小。一台笔记本电脑的平均显示屏为13英寸，而一部手机的平均尺寸为100毫米×40毫米×20毫米。在这种情况下，原有的传播内容已经不合时宜，迷你的传播内容将备受青睐。不仅如此，信息接收或发送设备的体积将在一定程度上重新塑造受众的时空观。移动终端使得人类的传播更加流动，也将人们的传播时间分割得更加琐碎，人们会选择无聊与零散的时间来进行信息的传播或接收活动。时间的琐碎决定了人们不可能有大量时间来接受大篇幅的电影、电视剧、漫画或是小说。不仅如此，移动的信息终端也在无形中改变着人们进行传播活动的心态，人们更青睐一种"快餐式"的文化消费内容，没有耐心和精力接受冗长沉重的内容。

（三）传播的瞬时性

微时代带来了信息传输的高效率，传播活动也随之具有瞬时性的特点，信息的传播速度更快、传播的内容更具冲击力和震撼力。对于传播者而言，小的信息量提高了传播速度，加快了信息内容更新，更可以通过手机等便携通讯设备在很短的时间内发布信息。像微博客，只允许使用者发布140个字符之内的信息，但可以通过手机、IM软件等多种途径发布，所以，微博客内容的更新速度非常迅猛。对于接受者而言，接收信息、消化信息的时间非常有限，而信息内容与数量却异常丰富。这就要求信息生产者提供具有高黏度、冲击力巨大、可以在极短时间内吸引受众并提高受众的阅读兴趣的内容。

（四）传播的扁平性

数字技术使传者与受者位置互换、重叠并且逐渐变得模糊；传播活动逐渐"去中心化"，甚至出现"无限中心化"的趋势。在Web2.0的技术平台上，信息传播交互的每一个节点上都可能是一个传送或接收的中心，传播活动早已不再是自上而下的单向式传播，而是呈现信息传播的网状结构、双向结构。在微时代，传播的扁平化趋势更加明显：每一个手持移动终端的个体都是一个传播节点，相比之前，人们进行传播活动更加便捷、高效、平民化。微时代使得人人在对话中实现决策参与，成为传播活动的主体，使得传播的长尾效应更加明显。

二、微时代背景下传统出版发行面临"危"与"机"

传统出版主要指通过编辑、印刷、发行手段将作品向公众传播。编、印、发三个阶段是传统出版不可缺少的重要环节。传统的出版模式：作者——编辑——印刷——营销——经销商——读者。载体是以纸质为代表的媒体。各个环节成熟，不可缺少。出版社是该链条上的核心环节，是作者与读者之间的纽带，其运转核心是在作者资源的培育、作品的编辑加工方面，传统出版具有资格优势、资源优势、品牌优势、人才优势等等。

传统出版在长期的经营中显露出一定的不足，主要在其出版、发行环节需要时间完成循环，长期形成的回款与库存问题，与受众之间存在的时间、空间的距离，存在"绝版"现象，出版日期久远或者小众出版物，在出版成本高于收入的预计下产生的现象。

而数字出版主要以互联网为流通渠道，以数字内容为流通介质，以网上支付为主要交易手段的出版和发行。数字出版模式为：作者——数字化编辑——数字化多元出版形态——网上支付——读者。各环节的关系是交叉直面的关系，传统上分离的作者、出版者、销售者、读者融为一体。其运转核心是作者资源培育、作品编辑加工以及小众读者服务上。数字出版拥有技术优势、观念优势及其相伴的机制优势等等。其中多元化数字出版阅读模式的基本方式为：在线阅读、网上下载、电子阅读器阅读、按需印刷、纸本阅读。

网络出版是继图书、报纸、期刊、音像制品和电子出版物之后的又一种出版形态，是一种崭新的文化生产与传播方式，它以数字化技术为支撑，以计算机网络为载体，是对传统出版形态和样式的全方位变革。从历史上看，活字印刷的出现，引发了出版业的第一次革命；激光照排技术的诞生，让出版业告别了"铅"与"火"，迎来了"光"与"电"，由此带来了出版业的第二次革命；网络技术的兴起和它在出版领域的应用，促使出版业向数字时代转移，从而迎来了出版业的第三次革命。这次革命比以往任何一次都更加深刻和广泛，对人类的经济、政治、文化等领域产生无可估量的深远影响。在日本，目前已有三分之一以上的出版社在从事网络出版业务，德国网络出版的营业额正以年均15％的速度增长，美国是最早从事网络出版的国家，82％以上的出版社已经拥有自己的网络品牌和网络出版系统。对中国出版业而言，紧跟世界出版业的发展趋势，围绕网络出版，对现有的出版资源进行优化重组，构建有中国特色的、符合时代潮流的未来出版模式，乃是加快出版业发展、开拓新的经济增长点的重要举措。网络出版带来的全新技术、生产方式以及相应的理念，为传统出版业提供了难得的发展机遇；同时，正是网络出版带来的这些全新的变革，成为传统出版业必须应对的挑战。这些挑战主要表现在以下几个方面：①互联网和数字化技术的应用已深入到出版业的各个环节，使出版业的产品形态、运作方式、流通渠道发生了深刻变化。②"出版"、"出版物"和"版权"的概念发生了改变，"版本"概念也面临解体。③出版活动的主体及其传受关系发生变化：出版者的大众化和中介地位的动摇；作者自主权的扩展，中心地位降低；读者的参与性增强，个性自由得到张扬。④出版流程发生革命性变化：传统出版流程和出版模式受到冲击；编辑的角色和功能发生转变；电子商务取代传统发行渠道。⑤传统管理体制面临困境，规范化和法制化建设的矛盾日益突出。⑥传统出版队伍已不适应时代要求，新型网络出版人才急需培养。⑦网络出版对社会文化领域产生了深刻影响：传统的社会道德、文化观念、文化内容和文化主权受到挑战。

虽然传统出版在微时代面临着来自于数字出版的巨大挑战，但是，如果传统出版能够对数字出版优势善加利用，则发展的机遇和空间同样很大。

赫芬顿邮报主编 Arianna Huffington 在其被美国在线收购一周年的时候公布了网站的一些有趣的数据。在 2011 年 12 月，赫芬顿邮报已经获得了超过 10 亿的浏览量，这也许还无法超越雅虎新闻、CNN 这样的巨头，但更值得注意的是赫芬顿邮报惊人的读者参与率。截至 2012 年年初，赫芬顿邮报单日拥有超过 25 万条的评论，每天新增评论者 5 500 人，每月外链量达 2 160 万，每日在 Facebook 上的分享超过 140 万。虽然围绕赫芬顿邮报聚合大量外站文章的行为业界有广泛的争议，但就从其同一篇文章的在赫芬顿邮报上获得的关注和互动往往远高于原站这个角度来看，其必然有自己的独到之处。

赫芬顿邮报之所以能够获得如此巨大的成功，一方面来源于其对于各种社交工具的充分利用。赫芬顿邮报是最早加入 Facebook Connect 开放平台的网站之一，用户得以看到自己的好友阅读了哪些文章、进行了哪些分享和评论。这为网站带来了巨大的用户量，同时也促使网站的评论数增加了超过 50%。除此之外，赫芬顿邮报整合了所有流行的社交分享工具，甚至还加入了自己的关注系统。华盛顿邮报的 Social Reader 将用户阅读的文章自动分享给好友也是这个方向的一个激进的尝试。

赫芬顿邮报的聚合行为虽然被传统媒体广泛批评，但聚合模式其实在传统媒体报道中广泛存在，只不过这个问题在互联网的时代变得更加突出。而另一方面，在这个信息普遍过剩的年代，想要留住用户，媒体自身也必须具备很强的信息的聚合和精选的能力，这一点我们可以从 Flipboard、Zite 类应用的流行上获得证实。在这个方向上，纽约时报已开始尝试在自己的 Bits 子站上引入外站的文章，而路透社的 Social Pulse 则尝试彻底以聚合的形式整合自己和外站的热门新闻呈现给用户，甚至连 Tumblr、Twitter 这样的社交媒体也开始推出聚合、精选内容的服务。整合与精选这无疑是未来媒体的一个发展趋势。

三、传统出版发行方式变革的几点建议

（一）树立与网络出版相适应的新理念

人们的行为受思想理念的支配，因而解放思想、转变观念，树立与网络出版相适应的全新理念是正确应对网络出版挑战，发展网络出版事业的前提条件。在此，提出了应当树立的六个新理念：①超越传统出版狭隘性的大出版理

念；②建立以 4C 模式来代替 4P 模式的新营销理念；③运用网络技术来组织编辑活动的新编辑理念；④以读者为中心的受众本位理念；⑤具有高时效性、互动性、小众化、复合性的新媒体传播理念；⑥树立平台整合、产业整合和内容整合的系统整合新理念。通过对上述六个新理念的意义和作用的论述，期望对转变理念有所促进。

（二）加强网络出版的科技创新和技术转化

第一，加快网络平台的建设，运用各种技术，提高网络用户的下载速度和进站率，这是出版社当前面临的一大课题。第二，积极开展在线印刷，这是目前最为成熟、最为实用的一种网络出版技术，是目前网络出版的一个新亮点。第三，开展电子图书业务。第四，要加强网络出版研究，大力开发高新技术，在编、印、发、供等环节采用高科技手段，提高产品的创新能力和质量。

（三）重构网络出版的运作模式

鉴于网络出版对传统出版的运作方式和基本流程已产生了革命性影响，为适应新的传播技术，必须重构网络出版的基本流程模式。网络出版的流程与传统出版的流程大不相同，它环节少，没有物流，时效性强，资源节约，与读者交流方便，信息反馈迅速。

（四）加快网络出版业的机制创新

现行传统出版行业的行政管理体制和运作方式与网络出版的性质特点已不相适应，必须改革创新，才能在体制和机制上保证网络出版业的顺利发展。

（五）建设一支高素质的网络出版队伍

网络出版业是高科技行业之一，对从业人员的科技水平、知识含量要求很高。鉴于我国网络出版专业人才稀缺的现状，尽快建设一支高素质的网络出版队伍是当务之急。确立新的人才观念，人才资源视为网络出版的第一战略资源；创新用人机制，建立与市场经济相适应的用人制度；强化激励机制，建立按要素分配的制度；改善用人环境，充分发挥人才的创造潜能；要采取措施，抓好岗前培训，加强继续教育，通过设立人才培训专门基金、建立培训基地、到国外进修和深造等途径培训专门人才，建立起网络出版人才的培育机制；深化编辑出版专业的教育改革，培养网络出版高级专业人才，以适应网络编辑的新要求——具备超链接、数据库化和交互性编辑的特点。为此，建议在高校设立网络出版专业，招收网络出版方面的硕士、博士研究生；在努力办好现有编辑出版专业的同时，成立专门的网络出版学院和网络出版研究所，以加强对网络出版这一高新技术学科的教学和研究，力求多出成果，多出人才，以增强我国网络出版业的建设和国际竞争力。同时应创办一些网络出版专业期刊，为网络出版研究提供成果交流的园地，还可多举办一些网络出版研讨会或网络出版论坛，营造网络出版研究的良好氛围，以促进网络出版的更快发展与繁荣。

农村出版产业：发展形势与政策选择

我国是一个农村人口大国，论及出版产业与出版经济不能忽视这个最大的实际。由于自然原因，加之长期实行了城乡分割的二元体制，致使城市和农村经济社会发展差距一度呈现不断扩大趋势，出版产业更是呈现出城市热而农村冷的明显差异。一直以来，讨论农村出版问题者有之，但是关注度不够高，特别是专门把农村出版产业提出来研究的几乎没有。本文试图从宏观背景和产业发展角度就农村出版谈些粗浅认识。

一、充分认识出版产业在农村经济社会发展中的战略地位

中央高度重视加快农村发展，特别是进入新世纪以来，先后提出和坚持实施了"多予、少取、放活"、统筹城乡、城市支持农村、工业反哺农业、建设社会主义新农村等一系列重大政策方针，并多次强调指出：全面建设小康社会重点难点在农村。落实中央一系列方针政策，加快农村发展，缩小城乡差距，应该高度重视出版产业的重要地位和作用，充分发挥其不可替代和缺失的正能量。

第一，出版产业是繁荣农村经济的重要生力军。出版产业是现代经济的重要组成部分，具有知识密集和附加值高、技术含量高、高效率、低成本、大产出、广覆盖、无污染、可重复开发等特点，在拉增长、扩消费、促就业、调结构、转方式等促进经济社会发展方面具有独特优势。国家新闻出版总署资料显示，改革之初，我国新闻出版行业的总产出为3 000多亿元，2011年的总产出即使扣除批发环节成本之后，也超过1.5万亿元；预计到2015年，新闻出版业的经营收入将达到3万亿元，发展速度之快与潜力之大可见一斑。加快农村发展关键是繁荣农村经济，把出版产业作为农村一项新兴战略性产业发展势在必行。

第二，出版产业是发展农村文化的重要承载体。我国大多数人口生活在农村，民族、民间文化的主要源头也在农村。但是目前，农村又是我国文化基础最薄弱、发展最滞后的区域。如果这种状况不改变，中央对文化建设所提出的

本文原载于《农村工作通讯》杂志2013年第10期。

总体目标和一系列战略部署就不可能实现，同时也就不可能有全国的文化大发展大繁荣。农村文化建设是建设社会主义新农村、满足广大农民群众精神文化需求、解决好当前农村中信仰和道德问题、促进村民关系和谐融洽的需要。中国是一个非常重视文化传统与文化价值的国家，有着悠久的出版传统。当前，要加快发展农村文化事业，无疑要把加快农村出版产业作为一个突出重要的载体和抓手。

第三，出版产业是建设农村文明的重要推动器。文明在中国，始终是一个永恒的主题。文明的中国，不仅需要文明的城市，更需要文明的乡村。当前，农村文明建设还存在不少薄弱环节，有的问题还非常突出。比如，农村物质生活日益改善，但精神文化生活仍然枯燥贫乏，精神食粮偏少、文化活动不多、文化消费偏低。据有关调查，有 43% 的农户近 10 年没有买书订报，15% 的农户没有看过影碟、听过歌碟。有的农民形容自己的生活是"白天忙发财，晚上忙打牌"。除了电视，很少有可资农民精神文化享受的东西。因此，大力发展农村出版产业，把农民的业余兴趣转移到健康的阅读和收听收看上来，既是提升农民知识和技能水平的需要，更是助推农村文明的战略选择。

二、经济社会转型时期农村出版产业发展面临的新形势

党的十六届六中全会明确指出，当前，我国已进入改革发展的关键时期，经济体制深刻变革，社会结构深刻变动，利益格局深刻调整，思想观念深刻变化。在这一大背景下，农村经济社会发展也进入到一个加快转型的新时期，特别是随着传统农业加快向现代农业转变、农村劳动力不断向城市和非农领域转移，农村出版产业发展正面临着一系列新的形势。主要表现为以下"三个不协调"：

一是农村出版物需求增长与经济社会发展不协调。在中央强农惠农富农政策带动下，我国农村经济社会保持了较快发展，其中农民收入已连续九年保持了 6% 的较快增长。但是，农村出版物的需求增长却较为缓慢。据有关统计分析，目前我国农村人口年人均拥有图书量只有 0.1 册，也就是 10 年才有一本书。全国 13 亿人口中，有 9 亿多是农民，城市人口与农村人口的比例大致为1：3。但近几年城乡图书销售的比例却一直在 3：1 左右的比例徘徊，城乡间的人口比例与图书销售的比例呈现出严重的颠倒现象。更加令人担忧的是，2006 年的城乡图书销售比例几乎达到了 4：1。据新闻出版总署统计，2006 年全国新华书店系统、出版社自办发行单位出版物销售总额中，居民和社会团体零售总额为 415.98 亿元，其中城市零售 327.8 亿元，农村零售 88.18 亿元，城乡零售比重为 79：21。

二是农村出版物市场供给与实际需求不协调。一方面，从全国来看，各出

版社出版的"三农"选题图书数量非常小。以农业科学类图书为例，据新闻出版总署统计，2006 年全国共出版农业科学类图书 3 476 种（初版 2 384 种）、2 221 万册（张），仅占总品种的 1.49%（初版占 1.83%）、总印数的 0.35%。另一方面，虽然"三农"图书选题的数量在逐年增长：2004 年 252 家出版社安排 3 138 种；2005 年 260 家出版社安排 4 077 种；2006 年 252 家出版社安排 5 097 种；2007 年 370 家出版社安排了 6 930 种。但量的增长未能带来质的显著提升，能像金盾出版社、中国农业出版社等一些大型农业出版社一样，出版贴近农村实际，服务农民现实需要，真正使农民"买得起、看得懂、用得上"的选题却不多。其中的很多出版社盲目跟风，追求"大而全"，出版丛书，内容无所不包；有的选题零散，不成系统；有的制作粗糙，定价偏高。但均因未能从我国农业、农村、农民的实际状况出发而很快被市场所淘汰，没能获得农村读者的青睐。

三是农村出版物销售网点等基础设施建设滞后与经济社会发展要求不协调。我国的出版社大多依靠新华书店的发行网点。因为出版社大多仅在所在的城市设有销售机构，宣传推销活动也往往仅限于城市，能派出推销人员到农村去宣传征订的情况很少。出版社在外地设立的特约经销点，设在县城的也不多。县级及县级以下的农村图书市场销售，仍主要依靠新华书店。要开拓农村图书市场，就必须科学合理地营建农村图书发行网点。但是自上世纪 90 年代中期以来，新华书店陆续从村镇撤出，导致农村图书市场出现了空白。发行网点的不健全一方面导致了出版社卖书难，另一方面，使得农村读者买书难，如此往复循环，更加剧了农村图书市场发行网点的不断萎缩。同时，农村长期以来建立的文化设施由于种种原因逐渐萎缩，原有的文化设备陈旧破损，场地荒废或被挤占；许多乡镇虽然都设有文化站，但图书馆少，图书少，开放少；乡镇农科教中心也基本荒废，没有发挥应有的作用。

三、促进农村出版产业发展的政策建议

（一）明确农村出版产业的战略地位

有关部门应深入研究农村出版产业发展对于全面建成小康社会、实现"四化同步"和城乡发展一体化，以及建设社会主义新农村的重大意义。在此基础上，建议中央适时专题研究促进农村出版产业发展问题，并出台相应的方针政策，将支持农村出版产业发展上升为重要战略。

（二）实施农村出版物精品带动行动

实施服务"三农"重点出版物出版工程，出版单位选题规划要向农村倾斜，重点支持和培育一批服务"三农"为主的出版单位，增加农民群众买得起、读得懂、用得上的通俗读物的品种和数量。特别是要鼓励加工创作一批反

映新农村建设成果、新农民新变化的、广大农民喜欢的农村文化"精品"。

（三）健全和完善具有农村特色的出版物发行渠道

国家对基层新华书店实行税收优惠，新华书店系统、邮电系统、供销社系统利用各自优势，走联合经营、集约化经营之路，形成以乡镇销售点为中心的销售网络，以县新华书店批销为图书供应，以乡镇网点为依托，形成连锁经营，形成点面相结合的农村发行网络。鼓励各出版社与当地新华书店合作，把书配到基层，减少发行环节，降低成本，支持乡镇网点书店的建设，鼓励农民自办书店，依托农民自有的物流环境，建设具有中国特色的农村书店。支持农村发展农民书社等农民自助读书组织，为农民群众读书提供方便。继续实施送书下乡工程。以政府采购形式，每年集中招标采购一批适用于农村的图书，直接配送到国家扶贫开发工作重点县的乡村文化站（室），方便农民群众阅读。改进报刊订阅发行工作，缩短发送时间，使农民群众及时看到报刊。

（四）对农村重点书刊出版发行给予一定补贴

比如，农业科技专著的写作需要农业科学家做大量的实验、采集数据、跟踪实地调查，费时费力。其读者大都是以农业科学技术研究人员为主，这种科研成果作为出版物部头虽然大，发行量却很少，利润低，无法形成巨大的商业价值，却具有一定的社会公益性。农业科技图书属于边缘学科项目，具有一定的公共物品的属性，也就是说出版单位不能仅仅考虑其暂时的经济利益，还要考虑全社会的整体经济效益以及对我国整个农业发展的推动作用。这就意味着，农业科技图书的社会效益不能完全由出版物市场来解决，必然要靠政府出面支持，如设立学术著作出版基金，给予作者、出版社一部分补贴，支持提供公共物品，使农业科技书籍发挥应有的社会效益。此外，也可以参照农业"四补贴"的办法，对农民购买图书实行一定的补贴。

书号放开需慎行

近年来，出版界及社会各有关方面在是否放开书号的问题上一直争论得喋喋不休，政府部门研究和推进出版改革举措终究也绕不开书号管理这个关键环节。之所以存在如此状况，原因不外乎有三点：一是改革开放以来图书出版行业及图书市场不断繁荣，而与此同时，一号多书、买卖书号等问题相伴而生，且乱象始终未能根治，引起社会广泛关注；二是书号是图书合法进入市场的准入证和通行证，书号对于图书及出版社来说是皮与毛的关系，皮之不存、毛将焉附？书号的收与放决定着出版单位的生死存亡，为出版从业者视如生命；三是我国对书号管理一直比较严格，重大改革必然触及书号这一重点环节，也必然涉及书号的管理体制与方式，书号管理是有关行政部门的掌中利器。

那么，究竟应该怎么看待书号管理问题呢？笔者认为，就长远而言，书号放开是迟早的事，逐步放开是大势所趋，但从全局和目前情况看，由于书号管理在很大程度上决定着出版单位的兴衰和存续，决定着出版行业的发展走向，甚至还影响着社会稳定和国家安全，因此，书号绝不是一件说放就放、率性而为的小事，必须认真对待，慎言慎行，在进行深入论证的基础上做出科学决策。具体分析，应主要考虑好以下几个问题。

第一，放开书号能否解决出版行业存在的书号管理问题，反而言之，解决出版行业存在的书号管理问题是否必须通过放开书号来解决。多年来，我国书号管理上的乱象主要表现为一号多书、假书号、买卖书号等问题。这些问题的出现，从表象上看，既有为中国所特有的现象，也有每个历史阶段和各国各地均有存在的共性问题；从原因上看，既有出版者贪图节约、省事等个人主观因素，更有书号资源短缺和申请困难的客观因素。在各国均有存在和纯粹个人主观因素所导致的问题，防范难度较大，也绝非一两个改革的办法所能够解决，与书号是否放开不存在绝对的对应关系；毋庸置疑的是，对于书号资源短缺和申请困难而导致的问题，显然与书号是否放开存在着直接关联。但是，尽管如此，我们仍需要设问的是，解决书号管理问题是否只有书号放开一条措施？即便如此，书号放开有没有程度上的限制？从经济学的基本原理来分析，当供给不能满足需求时必然导致和加剧市场矛盾，放开书号以增加供给显然是一个直接和必要的手段。当然，在考虑放开书号的同时，也必须看到，世界绝大多数国家和地区在出版单位和书号管理上都实行审批制，也就是说，在可以预见的将来，所谓的书号放开理应是有限放开，那种不加任何限制的无限放开是不现实，也是不可能的。

第二，放开书号能否带来出版事业的更大繁荣，反而言之，出版事业的更大繁荣是否必须通过放开书号来实现。对于这个问题，需要我们从两个方面来分析：一方面，经过多年的成长，我国的出版单位，特别是民营出版企业对书号需求快速增长，目前的书号供给数量和书号供给方式已无法满足其发展需要，放开书号必然有效促进这些企业的进一步发展壮大。另一方面，改革开放特别是新世纪以来，我国出版业蓬勃发展，取得了举世瞩目的成就，而这些成就都是在现存的具有一定中国特色的书号管理体制下取得的，事实雄辩地表明，那种把问题都一股脑归结于现有书号管理制度的观点既不可信，也不可取。

第三，放开书号对社会稳定和国家安全会带来哪些影响，反而言之，保持社会稳定和国家安全是否必须保持与实行严格的出版和书号管制。在知识经济和全民读书的时代，出版对于人们文化水平和思想观念的影响越来越大，图书内容所体现的观点在更大范围和程度上影响着人们的世界观和价值观。而正如有关领导干部所指出的那样，正确的价值观，对一个人来说是坚不可摧的意志力，对一个民族来说是牢不可破的凝聚力，对一个国家来说是不可匹敌的竞争力，对一种文化来说是不可抗拒的影响力。与世界绝大多数国家一样，我国对出版和书号管理实行审批制，而作为社会主义制度的国家，对出版的基本要求就是要加强社会主义核心价值体系建设，筑牢人民心中的长城。放开书号必然增加对图书内容把关的任务和难度，处理不好则文化糟粕必然增多，违背社会主义核心价值体系的图书也会相应增多，扰乱人们思想，进而可能对社会稳定和国家安全带来新的不利因素。当然，也必须明确，放开书号绝非一定会对社会稳定和国家安全带来不利影响，关键问题还在于如何放开，在于一些与之相对应、防患于未然的配套管理措施能否跟上。同时，还需要考虑500家国有出版单位是否做好了书号放开的准备，能否承受所带来的冲击并保持良好的发展势头。

综上分析，书号放开看起来似乎是一时一事，实际上事关重大，需要慎重决策。党的十七届六中全会专题研究了深化文化体制改革、推动社会主义文化大发展大繁荣问题，提出了《中共中央关于深化文化体制改革　推动社会主义文化大发展大繁荣若干重大问题的决定》，强调要坚持改革开放，着力推进文化体制机制创新，以改革促发展、促繁荣，不断解放和发展文化生产力，提高文化开放水平，推动中华文化走向世界，积极吸收各国优秀文明成果，切实维护国家文化安全。总体来看，六中全会为包括出版行业在内的文化事业改革发展指明了方向，提出了新的要求，核心点也是强调要积极稳妥。当前，我国正处于全面建设小康社会的关键时期和深化改革开放、加快转变经济发展方式的攻坚时期，各类矛盾集中凸显，外部环境复杂多变，客观形势异常严峻，只有加强社会主义核心价值体系建设，筑牢人民心中的长城，确保国家意识形态安全，才能在实现中华民族伟大复兴的征程上永远立于不败之地，而要做到这一点，极其重要的方面就是必须确保出版业的稳定发展。

强调积极稳妥实际上也是要求我们任何时候都一定要把握好一件事物的正反两个方面，扬长避短，趋利避害，尽可能地促进和放大有利面，压缩和控制不利面，在书号放开的问题上也必须始终遵循这一重要精神和原则。书号管理是出版改革的重要内容，决定书号的放与收必须从长远考虑，从大局考虑。总起来说，书号管得过严过死不利于出版事业的繁荣发展，放开是前提和趋势，但需要把握好度，需要一个历史过程，需要充分论证和做好各方面准备。当前，根据国内外的行业情况和我国实际，我认为要化解制约出版业发展的突出矛盾，要解决书号管理上带来的瓶颈问题，核心点并不在于书号的放与收，而在于如何保证和增加书号供给，而要实现保证和增加书号供给的目标绝不仅限于完全放开书号这一条道路。为此，提出以下四点现实选择和建议：一是进一步打破书号的计划管理体制，明确提出无限供给的口号与原则。对一个编辑一年平均发放 5 个左右书号的做法进行清理，为作者、编辑和出版企业吃上定心丸，促使其只为图书质量而忧，绝不为书号短缺发愁。二是进一步加强书号管理队伍建设，提高书号实名备案和审批的工作效率和水平。要根据不断增加的工作量适当充实管理队伍，提高管理人员素质，加快推进管理方式和管理手段现代化建设。三是逐步下放书号管理权限，赋予出版社一定的管理权和自主权。出版社虽然在推进企业化转制改革，但其本质上的国有性质没有根本改变，事业单位的职能也没有根本改变，在促使其经营上加快市场化步伐的同时，书号管理上仍然可以进一步放手放权，赋予其一部分书号实名备案和审批的职能。四是加大民营出版单位书号审批试点工作力度，探索逐步放开书号的有效办法。目前全国有数万家图书工作室，相当一些在创意和策划上做得比较好，成为近年来我国出版事业发展不可忽视的重要新兴力量，亟须加强引导和扶持。具体到书号申请方面，完全可以制定明确的政策措施，既大力推动其与国有出版单位的联合与合作，又在设定严格审批门槛和加强监督管理的前提下允许一部分出版企业自主申报书号。

第七篇
体会交流

怎样认识和开展农村基层调研

习近平总书记指出：调查研究是关系党和人民事业得失成败的大问题，是我们党在革命、建设、改革各个历史时期做好领导工作的重要传家宝，必须始终坚持、不断加强。党的群众路线教育实践活动开展以来，各级各部门把深入农村基层走访调研作为活动的一项重要内容，一时间蔚然成风。调查研究作为一项领导工作的基本功，有关方面的认识与实践很多，但是具体到怎样开展农村基层调研，讨论得却相对较少。中国是一个农业农村大国，农村基层调研具有极端重要性和特殊性，如何让调研活动更加务实高效，真正让领导机关和农民群众满意，是当前值得思考和关注的一个重要问题。结合多年来在市、县、乡以及部委机关工作开展的调研实践，个人认为，农村基层调研和其他领域调研既有共同点，更有不同点，总体上应高度重视做好以下四个环节的工作。

一、充分做好调研准备

古人说：凡事预则立，不预则废。现在很多人也经常讲，一个良好的开端是事业成功的一半。开展农村基层调研也是一样，前期准备至关重要。

（一）思想认识准备

有些人可能认为，农村层次低，农民文化浅，农业就是那点儿事，到农村基层搞调研很好对付，不需要作什么准备。实则不然，而且可以肯定地说，有这种想法的人是做不好农村基层调研的。诚然，农村基层的层次低，但对中国来说，农村广袤无边，是一个大社会，情况千差万别，重要和复杂程度其实很高；农民文化相对偏低，但新形势下这并不意味着其思想诉求就低；农业看似单一，但实际上是国之命脉，涉及的问题是方方面面。因此，相对于其他调研，由于面对的对象特殊，涉及的头绪和问题更多，决不能把开展农村基层调看成一件小事，更不能看成一件简单事，从一开始就要提高认识，在思想上引起高度重视，围绕确定的调研主题早策划、早安排，充分预见其艰巨性，做好能吃苦、打硬仗的准备。

（二）基层情况准备

到一个地方调研，就好比要去这个地方打仗，知己知彼方能百战不殆。这

本文原载于《农业部管理干部学院学报》2014 年第 1 期。

个仗能不能打得漂亮，取决于你对这个地方的深入了解的程度。虽然打胜仗的标志集中体现在最终形成一个有一定分量和见地的调研报告上，对情况的了解主要依靠调研过程，但正式调研前先行了解一些情况，有利于调研工作尽快进入角色，提高调研效率和主动性。提前了解情况要注意把握三点：一是内容不宜太多。一般仅限于一些基本情况，重点知晓当地的区位、资源、历史沿革、风土人情、人口与经济规模等概况，以及与调研主题有关的一些突出问题即可。调研前如果对当地基本情况不了解，就难以制定具有针对性和操作性的调研计划，调研开始后很容易因此耽误时间，甚至说外行话和错话。如果了解的情况太多，调研时又容易产生惰性，或者陷入既有材料的思维惯性，被对方牵着鼻子走，对主动性和创造性思考不利。二是期望不宜过高。调研前了解情况，无论是自己动手查阅资料，还是请基层帮助提供，都不宜有过高的要求和期望。俗言说"磨刀不误砍柴工"，这话一般情况下不假，但也不能一概而论，要看具体情况，不可简单化理解，即使真是砍柴，磨刀也是需要把握火候和尺度的。农村基层调研不同于纯理论研究，主体工作是要到实地深入细致地了解实际情况、研究实际问题，如果实地调研前了解情况太多，要求和期望太高，难免本末倒置，浪费时间和精力，做无用功。三是形式删繁就简。在提前了解情况的过程中，可以自我检索搜集整理，可以电话沟通询问，也可以请基层提供，但总的原则是抓重点，方式和内容越灵活越简略越好，特别是要尽可能不给调研对象增添过多的麻烦，从一开始就给基层造成不好的印象。

（三）政策知识准备

农村基层调研的政策性很强，机关干部到农村调研，在农民群众眼里就是"上面来人了"，调研人员的每一句话代表的都不是个人意见。提前掌握有关政策和原则，不仅有利于在调研中发现问题和分析问题，而且可以避免在与农村干部和农民群众的对话交流中，因不懂政策和原则而引发问题。政策内容一般需要重点了解掌握三个方面：一是党在农村的基本政策，如土地承包政策。二是中央的强农惠农富农政策，如农业生产补助补贴政策。三是与调研主题相关联的其他方面政策，比如调研农业科技可以了解一些工业和高新技术领域的政策。机关干部因为工作性质不同，有的对党在农村的基本政策了解多一些，有的了解少一些，如果时间允许，到基层正式调研前，都要尽可能对有关基本政策再熟悉熟悉，以便在实际调研过程中对于发现的问题，能够第一时间在政策层面有个基本的判断。

（四）物质条件准备

农村基层一般路途较远，重点问题调研又通常需要一段时间过程，提前考虑和准备好基本的物质保障十分必要。一方面，要准备好必备的办公用品，包括纸笔、电脑、照相机、录音笔等工具和设备，根据需要提前设计和印制好调查问卷。另一方面，要准备好必备的生活用品。因为到农村基层调研不同于去企业和城市，条件相对落后和艰苦，根据个人情况自备必需的生活用品很有必要。按照中央"八项规定"的要求，要尽量减少调研过程中给基层带来的麻烦，更不能增加物质上的负担。如果在村组驻点调研时间较长，可以直接在基层干部和农户家里住下，在场地和气候条件允许的情况下，不妨打起被卷，甚至自带简易炊事用具下乡，一切自己动手丰衣足食，这样不仅可以更好地拉近与基层干部群众的距离，方便开展调研工作，并且可以在工作中增加生活体验，增强对农村基层的感性认识。

（五）调研方案准备

临时性和一般性调研，由于时间紧、任务简单，调研方案不能省略，但可以简化，有时候调研者自己做到心中有数即可。重大调研由于时间相对较长、人员较多、任务较重，应在调研前尽可能拟定一个较为全面的工作方案，以便于工作按计划有序推进。方案的内容大体应包括五个方面：一是思路目标。调研的基本思路和主要的目的目标应该大体上亮出来。二是任务分工。重大问题调研单独一个人行动的很少，多数会成立调研组。调研组在正式开展工作之前，要很明确地知道调研的主要任务，并将任务进行适当的分解。在此基础上，调研组成员之间应该根据岗位特点和个人特长进行明确分工，采取统分结合的工作方式，哪些时候、哪些地方集体作战，哪些时候、哪些地方分工负责，各自的主要责任是什么，都需要从一开始就有一个基本的安排。三是调研方式。调研的方式方法有很多，比如，听取汇报、集中座谈、个别走访、问卷统计、典型调查、回溯分析等，要根据情况和需要选择适合农村实际的方式开展调研。四是时间进度。一般情况下，农村基层调研都有时间规定。如何在一定的时间内完成调研任务，需要提前制定一个大致的计划。五是工作要求。主要是对调研组工作纪律、注意事项等作出规定，提出具体要求，视情况考虑一定的调研保障措施。

二、扎实开展实地调研

深入实际深入群众开展实地调研是农村基层调研的主要任务，也是决定调研成败的核心和关键所在。要开展好农村实地调研，情商、智商、干劲缺一不可。

（一）放下架子与基层干部群众打成一片

在农村基层调研，如果架子摆得很大，看上去盛气凌人、高人一等，基层干部和群众就会对你敬而远之，更不要说敞开心扉了。如果得不到基层干部群众的真心欢迎和配合，调研工作就会寸步难行。如何与基层干部群众打成一片？第一，要把基层干部当朋友。基层工作难免存在一些问题，很多基层干部在应对上级机关调研和检查时"表面上热情、实际上防范"的心态很重，如果其本来在心理上和你就有距离，你再显得高高在上，真把自己当成领导，那么他潜意识的抵触情绪就只会强化，相互之间工作配合起来就会很不协调。调研中要真正赢得基层干部的理解和支持，调研者首先要放低姿态，打心底把基层干部当成朋友。一开始就不要遮遮掩掩，而是开诚布公地把来由讲清楚；调研过程中，更要充分尊重和听取基层干部的意见，多做思想上的沟通和交流，让其体会到你来调研目的是帮助工作，大家的目标一致，绝无恶意，更不会挑刺添乱。通过沟通，努力打消他们不必要的顾虑，进而使其能够敞开心扉，真诚提供帮助，真正成为你调研的助力而非阻力。毛主席当年在兴国调研时还专门请座谈的干部群众吃饭。现在机关干部到农村基层调研，如果有必要，也不妨自带经费和原料，在农村基层干部家里一起搭伙吃上一顿饭，甚至喝上两杯酒。只有你不把基层干部当外人，基层干部才会不把你当外人。第二，要把农民群众当亲人。见着农民要像见着亲人一样，热情亲切地打招呼。在和农民群众沟通交流的过程中，要时不时地和他们唠唠家常，关心询问农民家里的情况，对他们反映的家庭困难问题，要在原则和力所能及的范围内，真心实意地帮助出主意想办法。到农户家走访，不能嫌弃农民手脏而不握，不能嫌弃凳子上有灰尘而不坐。有的机关干部到农民家里，与农民握手显得很不自然，握完以后赶紧去洗手或者双手搓来搓去；有的落座时把凳子擦来擦去，坐过以后起身时把衣服拍来拍去。这些动作可能干部自己觉得理所当然和习以为常，实际上都是不礼貌和不尊重农民的表现。如果在农村蹲点调研，吃住就在农户家里，在使用碗筷、床铺以及对待农民的卫生习惯等方面，都更加需要注意礼仪。农民见到上面干部来了，各方面都会更加讲究，即使真有难以接受的地方，也要换位思考，绝不能有丝毫的嫌弃之意。有的机关干部害怕见群众，担心群众找麻烦；有些见到群众谱摆得很大，甚至雨伞都要让群众帮着打。有这样的心态和表现，内心深处就肯定没有把群众当亲人。三是把调研地方当家乡。从全社会大的面上来看，现在机关干部真正说要下到农村基层去蹲点调研一段时间，机会相对来说并不多，十分值得珍惜。下到农村基层能不能和农村的干部群众融洽相处，说到底取决于调研者的心情和感情。如果下到地方的感觉就像回到家里和家乡一样，那可能看到的满眼都是春色，到处都感觉到赏心悦目；如果当成一次发配和流放，那内心就会非常痛苦。不同的心态就会有不同的情怀，工作和与人交往的情形和结果就会大不一样，只有把调研地方当作家乡，你才可能对地方的干部群众饱含深情，才可能在调研工作中充满激情。

（二）根据实际情况选择适当的调研方式

开展调查研究的方式很多，农村基层调研采取哪种方式需要根据实际情况决定。如果时间允许，一个综合与完整的调研，一般常用和必用的方式有三个：一是集中座谈必不可少。围绕主题进行集中座谈，如果组织得好，座谈对象代表性强，问题清单科学明晰，现场互动交流充分，基本上就能够把一个问题讨论得很透彻。根据经验，这往往是农村基层调研效率最高、收获最大的一种方式。座谈中，如果参会人员带有文字材料，建议宾主双方都要把文字材料收起来和留下来会后参考，尽可能不要照本宣科，这样既能够活跃气氛，形成互动，又能够在自由的交流碰撞中产生思想的火花，提高座谈的效率和水平。由于是脱稿发言，讨论交流的情况可能有不确切的地方，要允许这种情况存在，以打消发言者的顾虑，并在会后视情况作进一步的沟通和核实。二是随机走访必不可少。有些问题，大家坐在一起时，或碍于情面或顾虑遭到打击报复，常常会避而不谈。因此，相对而言，临时性的随机走访，了解的情况往往要更具真实性。前不久媒体上报道了一些朱镕基总理当年在上海当市长时，不打招呼下基层调研的一些往事，让人读后备受感动，值得认真学习。习近平总书记多次要求机关干部要"深入实际、深入基层、深入群众"了解国情民情，就开展调查研究发表专题讲话，强调要尽力掌握调研活动的主动权，可以有"规定路线"，但还应有"自选动作"，看一些没有准备的地方，搞一些不打招呼、不作安排的随机性调研，力求准确、全面、深透地了解情况，避免出现"被调研"现象，防止调查研究走过场。这些要求，需要在开展农村基层调研中认真贯彻。三是实地考察必不可少。结合集中座谈和个别随机走访了解的情况，涉及重大事项和问题的，都应该亲自到现场作进一步的实地考察印证。俗话说："耳听为虚，眼见为实。"通过实地考察增加感性认识，也让自己心中更加有底。有的调研先开展实地考察，再进行座谈交流和随机走访，顺序不同，但道理都是一样。除上述三种方式外，问卷调查、书面调研等辅助手段可根据需要兼备使用。

（三）努力保持调研现场较高的"热度"

农村基层调研的效率如何，在很大程度上取决于调研现场的气氛。开展基层实地调查研究不同于做报告，特别强调双向互动，尤其是要把调研主体和座谈对象的积极性调动起来。如果现场气氛热烈，问答双方注意力都高度集中，互动充分，且处于一定的兴奋状态，调研效果就一定很好；相反，如果调研现场时常出现冷场的情况，则调研效果就会大打折扣。要实现和保持调研现场较高的"热度"，主要取决于调研方，核心是调研者特别是负责人要努力做到以下五点：一是心热。就是自己要对调研充满热情，用自己认真负责和高昂的工作情绪，去感染和调动调研现场更多人的情绪。试想，如果调研方对工作没有热情或者热情不高，被调研方就会像没有人用力敲打的鼓和弹奏的琴，一定难于发出应有的声音，调研现场出现冷场状态可想而知。二是眼明。就是注意观察，做到心中有数，不受蒙蔽。农村基层有的地方为了应付检查，可能会人为设计和安排一些场景，甚至完全作弊，耍小聪明，搞上有政策、下有对策。对于这种情况就需要调研和检查人员练就一双"火眼金睛"，提前开展一些摸底调查，或者通过其他渠道了解掌握一些相关的现象和问题，以便在现场调研时能够及时发现和甄别这些现象和问题，并妥善应对和处理。三是手快。就是快速记录调研的情况。常言说：好记性不如个烂笔头。调研时，现场座谈和走访了解到的信息量很大，对一些情况如果不及时用笔记下来，过后可能很快就忘了，回忆起来也会十分困难。特别是如果在农村基层调研，受条件所限，能够配合调研的人手和装备有限，更需要自己养成迅速做好调研笔记的习惯，在集中座谈时最好能配套使用录音笔，以免重要情况遗漏。四是脑灵。就是大脑的现场反应要灵敏。现场调研提前准备好问题清单很有必要，但是更重要的还在于调研现场临场发挥，灵活提问，并对现场看到的、听到的情况快速做出反应。如果调研现场仅限于自己提前准备的问题，如果对基层汇报的情况和反映的问题只知道用"嗯、啊"来回答，调研就必然流于形式。五是腿勤。就是调研要多走动。农村基层的问题千头万绪，对于需要了解和发现的重点问题重点情况，不能像习近平总书记所批评的那样，"只看'盆景式'典型，满足于听听、转转、看看、蜻蜓点水、浅尝辄止"，而是要尽可能多跑多看一些典型，每个问题和情况除了听取有关方面全面介绍以外，至少要实地看到三个以上的典型。也只有在多跑多看多问的过程中，问题才能够逐步理清，心中才能够真正踏实。

（四）下苦功夫尽可能多地了解第一手情况

开展调查研究没有一种拼搏吃苦的精神不行，农村基层调研由于相对而言涉及的问题更多更杂，且工作和生活条件有限，没有一种拼搏吃苦的精神更不行。就调研本身而言，吃苦的目的不是真正要帮助农民群众干多少农活儿，而是如何把所要调研的问题搞透。一方面，要撒开大网广泛调查收集信息。我国历史上著名的政治家李斯在《谏逐客书》中说："泰山不拒细壤，故能成其高；江海不择细流，故能就其深；王者不却众庶，故能明其德。"农村基层调研虽不能说调研了解的情况都有用，但总体上肯定是情况了解得越多越透越好。只有掌握了大量第一手情况，调研报告的基础才会越牢，调研的深度和成效才会越大。毛主席搞调研要求自己"要深入"，"要沉下去、一沉到底"，"详细的科学的实际调查，乃非常之必需"，"拼着精力把一个地方研究透彻"。革命战争年代，在做著名的《寻乌调查》时，他在寻乌停留了一个月，深入到贫苦农民以及手工业者和工商资本家当中，详细了解实情，并接连开了十多天座谈会，写成了8万多字的调查报告，弄清了富农与地主的问题，找到了解决富农问题的办法。在做《兴国调查》时，他深入农民家庭，通过开调查会、面对面座谈，具体摸清了这些农户的真实情况，并据此完善了根据地土地分配的政策。对于调查研究，他强调："你完全调查明白了，你对那个问题就有解决的办法了"，"一切结论产生于调查情况的末尾"。由此可见，如果没有当年深入的实地调查，类似这些对中国革命有着重大甚至决定性影响的政策，至少不会那么及时地提出。现在开展农村基层调研同样要发扬这种精神，无论采取哪种方式，只要条件允许，尽可能多地了解与调研主题有关的一些第一手情况总是必要的。另一方面，要举一反三深挖有用信息。当前开展农村基层调研，面上调查到了一定时候，突出的问题和情况就会越来越明朗，头脑中对调研对象一些重要的概念性认识就会越来越凸显，在调研获得的大量信息中哪些最具代表性和最能说明问题也会越来越清晰，这个时候就需要对这些信息进一步深挖、搞准、吃透，必要时不妨做一些回访和追踪。一些用心和有经验的机关干部到农村基层调研，不仅现场及时地把一些重要情况记下来，而且还要求把当时在场反映情况的基层干部群众的名单及联系方式留下来，目的就是后续需要进一步核实和补充了解情况时联系方便。

另外，上级机关干部到农村基层调研还需要在言语上注意一定的方式。比如，与检查指导工作不同，在调研过程中要尽量少表态。农村基层情况复杂，个别问题看似简单，实际上可能牵扯很多问题。一般情况下，对于调研中发现的问题，要按照属地管理的原则通过组织程序进行处理，调研人员可以把问题和意见带回来研究和反映，但切忌现场发表意见，特别是公开发表意见。

三、认真撰写调研报告

调研报告是整个调查研究工作的总结，是调研人员劳动与智慧的结晶，也是调研成就的集中体现和核心标志。进入调研报告起草阶段也就意味着整个调研工作到了"结果子"的收尾阶段，但说是收尾，看似"胜利在望"，实际上任务依然艰巨，如果不能够严肃认真地对待，很可能使整个调研工作显得成绩平淡，甚至就像有的妇女生小孩和单位建楼房一样，导致"难产"和"烂尾"的情况出现。在前期工作的基础上，要撰写好农村基层调研报告，重点应在三个方面下功夫。

（一）总结分析材料

在农村基层调研，通过大量的座谈、走访等活动，收集到的材料一般会显得数量大而零散，这就要求在正式写报告之前对这些流水账似的材料进行必要的加工。一般包括四个环节：一是整理归总。就是将调研准备阶段和实地调查阶段收集和记录下来的资料，经过适当的整理后汇总到一起，以避免前面做的工作出现遗漏，并方便查阅和系统回顾整个调研以来的情况。二是咀嚼消化。就是对归总起来的材料和调研以来的情况，就像过电影一样反复回放，认真品味每一个细节，努力达到整个调研的内容烂熟于心的程度。三是沉淀过滤。就是围绕调研的主题，经过一定的比较分析之后，对既有的材料采取抓大放小的办法，去粗存精，突出骨干问题，舍弃枝节和不相干的一些情况。四是提炼升华。就是对经过沉淀过滤的材料所反映的情况进行适当分类，并根据问题的门类分别提炼主题和重要观点，有些还可以上升到理论和政策的高度加以理解和阐释。

（二）选择成文形式

前期的调研材料大体上总结分析过以后，接下来就是要搭建报告的框架了，且这个框架要搭建好也是要下很大功夫的。现在，很多公文写作工具书都对调研报告的写作，从体裁和成文形式上作出了明确的规定，对报告的标题和内容，包括内容分几个什么部分都有大体明确的要求，导致的结果是很多调研报告写成了八股文。实际上，看一看毛主席的《湖南农民运动考察报告》以及其他很多调查报告的行文风格就可以明了，调研报告的体裁和成文形式不应该千篇一律，而应该多种多样，并且完全可以视调查的实际情况灵活确定。一是工具书规定式。这种调研报告的文体形式最为普遍、常用。就是基本按照工具书的规定成文，包括标题和正文，其中正文包括前言、主体和结尾。主体是调查报告最主要的部分，详述调查研究的基本情况、做法、经验，以及分析调查研究所得出的各种具体认识、观点和基本结论。应该说，这种成文形式的调查报告很多，尤其在机关内部十分普遍。二是课题研究式。就是把调查研究作为一项科研课题来对待，将在一个农村基层调查的问题放大到全国和全局的高度来分析和看待，着眼于研究和说明重大问题，以调研的情况为实证，努力体现宏观与微观、个别性与普遍性、实践性与理论性、战略性与操作性的结合，形成研究性的调查报告。这种报告实际上是宏观战略研究与实证调查的结合，研究的味道更浓，不仅需要扎实的实际调查，还需要一定的理论政策功底，以及对相关宏观形势的了解，因此，需要花费的工夫远高于一般的调查研究。三是一事一报式。就是就调查所了解的单一事项形成报告，主体内容即可以专题反映调查了解的经验做法，也可以反映存在的突出矛盾问题，还可以反映调查研究得出的有关政策措施建议，文字简短，内容单一，主体集中，观点聚焦。四是平铺直叙、叙中有议式。就是把调查了解到的情况分出几个方面，并列写下来，宜叙则叙，宜议则议，语言通俗，形式简单，形散而神聚。如，毛主席的《湖南农民运动考察报告》全文近两万字，大约80个自然段，分成了"农民问题的严重性"、"组织起来"、"打倒土豪劣绅，一切权力归农会"、"'糟得很'和'好得很'"、"所谓'过分'的问题"、"所谓'痞子运动'"、"革命先锋"、"十四件大事"等八大部分，且每部分篇幅长短差距悬殊，可以说形式不拘一格。

（三）锤炼报告文字

撰写调研报告犹如建造一座大楼，对调查所得材料进行总结分析犹如对购进的建筑材料进行分拣，根据材料和时间要求等情况确定成文形式犹如搭建大楼框架，这几道工序完成后，一栋毛坯房实际上就起来了。但是，尽管如此，这决不意味着"楼房"已经完工，后续收尾与磨合往往决定着最终的成败。调研报告初稿形成后，至少还需要在三个方面进行认真推敲、打磨。一是锤炼报告标题。新闻界常说：标题是新闻的眼睛。实际上，调研报告也是如此。很多人写调研报告，提笔写出的标题就是《关于XX的调研报告》，很省力，但也很没有个性，更谈不上思想。如果领导没有特殊的要求，最好能给调研报告拟定一个响亮的主标题，然后把"关于XX的调研"作为副标题。最后即使这个标题不用，也会对起草调研报告过程中提炼和紧跟中心思想，起到一个很好的"定盘心"作用。同样，二级和三级标题也要尽可能体现这一要求。二是锤炼观点。标题锤炼好了，体现的是一篇报告的大思想。在此基础上，对内容中陈述的一些观点同样需要打磨和提炼，努力做到画龙点睛、观点鲜明、前后一致、符合政策、具有高度。现代社会人们工作繁忙，时间都很宝贵，可能经常没有时间耐着性子去看一篇不知道是否有含金量的完整的报告，调查报告在开头和每一部分都下功夫凝练一些重要观点摆在突出位置，既有助于提升报告的思想高度，又有助于吸引人阅读并帮助理解。现在的文章和出版的书，经常在开头的显要位置放上一段话，目的就是起到这个作用。三是锤炼文风。一方面，注意文字朴实，善于运用农村农民的土话、俗话、白话、俚语，避免过于文绉、生硬、冷僻。另一方面，注意文字精练，叙述不拖泥带水，不前后重复，多用短句。农村基层调查研究报告由于素材来于农村一线的生产生活实践，报告的文风更需要也更容易做到朴实凝练。

四、积极转化调研成果

一次成功的调查研究决不止步于调研报告的顺利完成，同样还要考虑调研成果怎样转化。一个写完就完的调查报告，即使调查者自我感觉如何满意，也不能代表完成了一次十分成功的调查。当然，我们不能指望每一篇调研报告都能够转化成政策，指导和运用于实践，但至少不能够仅限于自娱自乐。

（一）对上汇报调研情况

机关干部开展农村基层调研，工作由所在机关安排，任务完成后也要首先向自己的所在机关汇报。汇报主要有两种方式：一是书面汇报。首先将调研报告呈报自己的直接领导审视，报告内容是否妥当，是否向其他领导和上级机关报告，由直接领导视情况决定。二是当面汇报。这样更容易把重要情况和想法说透，更容易加深领导印象，更加有利于将报告成果转化成决策。当面汇报无论是集中交流，还是单独汇报，都注意要辅助于文字材料，以便领导进一步研究和参阅。

（二）编发内部参阅材料

在向领导直接汇报的基础上，调研者可按程序送审和编发机关内部参阅材料，以便供本机关内部和相关方面参考。当然，如果领导和自己都认为调研成果基本没有多大价值，则说明调研不成功，调研和报告需要"回炉"；如果终止调研，或者仍不成功，则报告就无需再考虑怎么转化了。只要不是这样，一般情况下，机关组织开展调研形成的报告，应该都可以编发内部参阅材料。应该说，这既是机关工作本身的一种需要，也是调查研究最基本、最常见，也十分必要的一种转化形式。

（三）视情况送报刊发表

在前面两个环节走完之后，如果机关内部原则允许，且自认为调研报告有一定价值，为了进一步推进成果转化，引起有关方面关注和重视，可以将经审定能够对外公开发表的内容，提供给有关报刊采用。如果说当面汇报和编发内部参阅材料的目的主要是直接为决策机构和领导提供参考，推动有关建议和意见转化为工作措施和政策，那么通过媒体公开发表调研成果则主要在于让成果在更大范围内实现共享，引起社会对于调研情况的了解和关注，引起各方面更加广泛的思考，进而引导社会舆论，推动调研问题的解决。

总之，农村基层调研是一个大课题，任务重大而复杂，需要以高度清醒的认识和刻苦求实的态度，牢牢把握好调研的关键环节和步骤，采取符合农业农村农民实际的调研方式方法。只要认识上去了，态度端正了，准备充分了，方法对头了，工作深入了，调研就一定能够取得丰硕成果，并且一定能够在提高决策水平、转变机关作风、密切干群关系等方面发挥重要作用。

办公室主任如何坚持写稿

　　写稿有助于理顺和拓展工作思路，便于综合性和系统性的分析问题，是管理者必须具备的基本功之一。办公室是一个单位的枢纽所在，办公室主任多是从文秘起家的，在本单位都有相对较高的写作功底。但需要注意的是，现在不少文秘人员升任办公室主任以后，要么是无法摆脱繁杂的事务，要么是不愿继续磨笔杆，往往容易长时间歇笔，甚至彻底刀枪入库。办公室主任位置的重要性，决定着其不仅仅要处理好日常事务，更要善于协助领导着眼全局有理有据地综合和分析问题。写稿是不可缺少的手段。因此不写稿的办公室主任是难以成为一个优秀办公室主任的。

　　办公室主任如何才能做到统筹兼顾坚持写稿呢？

　　1. 利用出差时间写稿。办公室主任单独和随领导外出参加会议、联系公务、学习考察的机会较多，出差时间长者半月，短者三天五天。外出以后，工作相对于在单位上班要单纯得多，由于环境和精神因素的作用，此时思想容易活跃，思路容易理清，对写稿最为有利。再则，有时出差一乘车就是几个小时，在车上完全可以完成一个独立的构思，利用办理出差公务的间隙，不妨坐下来一气呵成把构思诉诸于笔端。

　　2. 借助任务压力写稿。起草文稿是办公室的主要工作之一，很多写稿工作都是任务性的，办公室应该也必须保质保量按时完成。压力可以产生动力，很多领导优秀的讲话稿不都是临时布置，短时间起草出来的吗？办公室主任一定要善于借助任务的压力迫使自己坚持写稿。写稿任务也可能天天有，办公室主任既不能事无巨细一概包揽，也不能全部推给下属，只当个"二传手"。要适时把任务给自己留下，这样逼迫自己写出文章，并且能以办公室主任的位置警戒自己，抓紧时间，加强学习，不断提高自身素质，努力写出较他人高出一筹的稿件来。

　　3. 联合工作人员写稿。办公室主任大多不是"光杆司令"，一定要重视培养和选拔写作人才，想方设法调动他们的写作积极性，以发掘和联合他们的力量，不断推出新的稿件。联合工作人员写稿的目的只是加快办公室写稿的速度

　　本文原载于《秘书之友》1988 年第 3 期、《广东秘书工作》1998 年第 1 期、《新闻大地》1997 年第 12 期。

和频率，提高整个办公室的工作效率和团结作战能力，提高工作人员的整体素质，使集体多出成果。要长期发挥好联合写稿的作用，必须要正确对待和解决好署名问题，对先写后改的文章，要严格做到谁当主笔谁当第一作者；对改动不大或基本没有改动的文章，要坚决只署起草者一个人的名字；对共同参与收集材料和共同讨论起草的文章，要保证文章中谁的意见占主导地位谁当第一作者；有的视情况也可以以办公室集体的名义发表；代领导起草的稿件全部代表的是领导意见，当然只能署领导一个人的名字。总之，办公室主任在联合写稿中一定要实事求是摆正位置，绝不能运用权力沽名钓誉坐享其成，这样只会把联合写稿引进死胡同，甚至影响办公室全局的工作。

4. 学习报刊信息写稿。现代社会瞬息万变，在高度发达的信息时代，办公室主任如果不注意学习，把视野仅放在本单位的小圈子里，即使花的工夫再大，也不可能写出好稿，最终只能使自己丧失信息，影响写稿积极性。只有学习才能拓宽视野，只有学习才能感到学无止境，也只有学习才能觉得自己知识贫乏，从而激发上进心和好胜心，进而激发写作热情。我们坚持经常读书看报，不仅可以增长知识，而且能够在潜移默化中提高自己的写作能力。学习报刊，对好的信息文章短时间记不住不妨把它剪贴下来，以尽可能减小"书到用时方恨少"的遗憾。这里所说的学习报刊信息写稿，指的绝不是模仿、硬套和照搬别人的文章，而是为了广泛掌握信息，触类旁通，拓展自己的思路，提高自己更深层次综合分析问题的能力，同时研究别人好的文风，以全面提高自己的写作水平。

5. 科学摆脱事务写稿。办公室是个事务性很强的部门，办公室主任稍微处理不好就容易整天为繁杂的事务所累。办公室主任要想有足够的精力帮助领导抓大事，搞宏观管理，写出有分量的管理文章，必须设法从繁琐的事务中解脱出来。这就要求运用科学的方法，其前提是要采取一切可能采取的方法，不断地提高办公室人员的整体素质，包括政策水平、思想修养、处事能力等。在保证工作人员整体素质可靠的情况下，实行明确分工，分级负责，敢于放权。尤其对日常工作，要力求做到大事放手，小事放心，充分发挥每个人的能动作用。

6. 围绕中心工作写稿。任何单位每个时期都安排有各自的中心工作，这些工作一般都涉及面广，抓得深入。办公室在整个过程中都必须扎扎实实地参与进去，计划、布置、检查、督办、总结等一系列工作，办公室主任自然会了然于心，这样下来，办公室主任或总结其中经验或分析其中问题，为领导当参谋，写好材料就要比别人方便得多透彻得多。如果围绕中心工作能写而不愿意动笔仔细出谋划策，那么，这样的办公室主任是不会进步的，也不是称职的。

7. 抓住点滴现象写稿。办公室主任的特殊位置要求其必须要充当领导的耳目，时刻要把自己放到一定的高度，勤于和善于发现一点一滴典型的新生事物，无论好的或是坏的，都要对之做好记录和分析，以便正确处理。这样一事一议的写稿，点点滴滴的解决问题，既不花很多的工夫，对指导实际工作又有着重要意义，久而久之有助于分析和解决大问题。

采用部门呈报材料要把好"四关"

作为一级党委、政府的办公室，经常要收到下级部门各种各样的呈报材料。这些材料无论是办公室根据需要通知部门提供的，还是部门主动送来要求和希望在内部刊物上发表的，办公室在采用的过程中都一定要注意把好"四关"。即，政策关、人情关、核对关、提炼关。

一、政策关

毛泽东同志早就指出："政策和策略是党的生命。"正确地制定和执行政策是各级党委的一项根本性任务，而材料恰好又是为党委制定和执行政策提供的重要依据之一，因此，各位党委、政府办公室必要把政策作为采用材料的"首要关"和"根本关"。办公室人员，尤其是负责文字材料的工作人员，平时一定要把学习和研究党和国家的总方针、总政策放在工作的重要位置。在审阅下级呈报的材料时，首先要把上级与之相关的政策总揽在胸，处处加以对照，能够用高度的政治敏锐性、政治鉴别力和远大的政治眼光、坚定的政治立场，牢牢把握住采用材料的政治方向。任何时候和任何情况下，都要毫不动摇地以材料是否完全符合党的各项方针政策为能否采用的前提条件和首要标准。一旦发现任何有丝毫背离和违反政策的材料，不仅不能采用，还要及时并严肃地给当事人指出并加以改正。

二、人情关

党委、政府办公室是协助本级党委和政府的领导机关和领导同志工作的重要机构，不仅在党委和政府的同级职能部门中处于中心地位，而且具有承上启下、沟通内外的重要作用。其交际面广、"人情网"大，办公室人员如果缺乏坚强的党性原则和对党的事业高度负责的精神，则难于过好人情关。有些办公室人员为了以权谋私，置党性和党的大业于不顾，拿原则做交易，在采用下级呈报材料的过程中不能坚持标准一视同仁，为"关系户"大开绿灯，甚至肆意拔高和更改"关系户"的原材料。这种做法必然会使材料的立场、观点和内容

本文原载于《广东秘书工作》1998 年第 2 期。

失之偏颇，对工作起负作用、反作用，长此以往，不仅会使办公室的声誉下降、威信扫地，而且会给工作带来损失。

三、核对关

它不仅要求办公室对每份拟被采用的材料的文面（即格式、字句、标点等）负责，更要对材料内容的真实性负责。要做到这一点，办公室有关工作人员不仅要具有扎实的写作功底，还要有脚踏实地、深入实际、实事求是的工作作风。对每份材料，在通读一遍之后，如果有采用的价值，那么，有格式讲究的首先要把格式搞正确，然后再认认真真对其字、词和标点符号进行核对，以确保文面不出差错，同时根据特定材料的具体写作要求，把握好语句的通俗与儒雅。这里需要特别强调的是，在核对关上，最重要的是必须在每份材料正式采用之前，通过深入调查，拿出足够的理由保证材料内容的真实性，尤其是对每一个数据都必须尽最大努力保证准确无误，最大限度地防止虚假材料蒙混过关，以免给领导的决策造成偏差和失误。

四、提炼关

除了请求转发的文件以外，有很多部门呈报上来的材料常常给人一种既想采用，但采用起来又很费力的感觉，其主要原因就是材料所反映的事实虽然正是当前形势所需要，但写的却又没有什么思想深度和理论高度，这就要求办公室整理材料的同志必须要在尊重基本事实的基础上对材料进行思想和理论上的提炼加工。许多领导干部经常要求秘书写材料"角度要站高一点，观点要好一点"，实际指的也就是对材料的内容要认真加以提炼。思想和理论是材料的灵魂，提炼不出好的思想，上升不到一定的理论水平，材料就会缺乏一定的高度、深度和力度。要想过好提炼关，办公室整理材料的工作人员一是要注意学习和积累，不断加强自己的理论修养。对党的方针政策既要原原本本地学习，又要深入透彻地领会，并随时注意收集和积累一定理论研究资料。二是要勤于深入实际调查研究，坚持在实践中寻找思想的火花和理论的果实。只有做到了这两点，才能不断提高自己分析问题的能力，在整材料时才会不满足于个别的事实和表面现象而就事论事，自己笔下的材料才会科学、完美和力量无穷。

基层通讯员怎样提高中稿率

早在 1942 年，我们党就率先提出"全党办报"、"群众办报"的工作方针。几十年的历史经验证明，党的新闻事业尤其须臾不能离开成千上万基层通讯员的大力支持。因为他们活跃在为党为人民工作的各条战线、各行各业，并且与群众有着最直接和最密切的联系。离开了他们，党的新闻工作就难以开展，就会缺乏应有的生机和活力。随着社会主义市场经济的确立，新的历史时期对通讯员赋予了新的历史使命，不断提出了更高的要求。那么，基层通讯员究竟怎样才能更好地担当重任，发挥作用呢？笔者从中学开始采写并发表新闻稿件，多次被省、市、县各级新闻部门评为模范通讯员。仅有几百人的湖北省襄阳县人民医院是一个典型的基层单位，笔者 1995 年从《襄阳日报》调出后，曾在该院任职两年有余，个人年均在各级发表稿件 100 多篇，其中省级以上中稿率达到了 90％以上。结合自身实践，笔者认为基层通讯员要提高中稿率应从以下四个方面下功夫：

一、全面掌握新闻写作体裁

提起写新闻，很多人总习惯地与"豆腐块"联系在一起，认为写新闻就是写消息，只要有基本的文字功夫就可以。实际这是一种较为普遍的认识上的误区，必须予以纠正。为什么这是误区？因为，其一，在实践工作中我们不难发现，有许多纵然自认为文字功底很深，出手能写小说、诗歌和行政公文报告，但却无论如何也不能写好一篇小消息的大有人在。另外，还有不少人也有基本的文字功夫，也有写新闻的热情，但写稿百篇却泥牛入海者也为数不少。其二，应该肯定，消息是新闻的一种重要体裁，从狭义上讲，新闻也即消息。但是，就广义的理解而言，我们却绝不可以因此就说新闻只有消息这一种体裁，也绝不能说其他体裁就不重要了。广义上，根据中央广播电视大学出版社 1985 年 8 月版《新闻采访写作教程》的解释，新闻体裁实际涵盖了消息、通讯、调查报告，以及相关的多种评论文章和文艺作品。由此我们可以看出，新闻实际是一门博大精深的学问，写新闻并非如有些人所认为和想像的那样

本文原载于《新闻通讯》1998 年第 10 期。

简单。

　　基层通讯员身处基层的一个单位或一个部门，在文字工作中往往独当一面。但是由于所处的位置低、范围窄、视野小、信息少，使很多通讯员在新闻采写中一面抱怨可写的新闻少，一面还要硬着头皮"提枪上阵"，最终，脑筋动了不少，笔墨费了少，收获却很少。由于内部环境的限制，加之外部稿件竞争日益强烈，基层通讯员如果仍然只能够习惯性地写消息和通讯，显然已经很难跟上时代竞争的需要和发展的步伐。早在1994年底，襄阳县人民医院在本地率先实行了星期天门诊照常营业。1995年笔者调入后，院长交给的第一个任务就是要把此事宣传出去。按照吩咐，我怀着极大的信心和热情，很快便采写了一篇消息。但是，稿件寄出后很长时间只有市、县的几家新闻单位发了"短讯"。对此事，我给自己下了死目标：不上大报不罢休！可是，怎样才能上？坐下来冷静思考后，我终于得出了单写消息肯定难上，必须换一种体裁写。于是，我又分别写了现场报道《不幸中的万幸》和短论《从襄阳县医院的"双休日门诊说起"》，均很快被《中国卫生信息报》等国家级报纸在头版重要位置发表。这一次的成功对我以后写稿影响很大。到县委办公室以后，我分别围绕县委、县政府在开放引进工作中"政策跟着项目走"的决策，写出了《政策跟着项目走，好!》，围绕县委全会在学习十五大中提出的抓住重点、不能什么都想争第一的工作思路，写出了《不能样样争第一》，等等，还有不少这样类似的文章先后被《中国农村》等报刊采用。当前，单就报纸而言，一般除了发表消息和通讯外，还开辟有"言论"、"文艺"等多个专栏，基层通讯员只要全面掌握了新闻写作的"十八般武艺"，在写作中能够灵活地把同一个内容恰当地选择和借助不同体裁加以表现，就一定能够解决信息面小的困惑，提高中稿率。

二、学会运用多种新闻采访工具

　　搞新闻采访最根本和必备的工具就是纸和笔。通常情况下，对于许多基层通讯员，往往用这两样工具也就可以维持报道"生计"了。但是，仔细分析一下，在新的历史时期，基层通讯员仅此而已行不行？笔者认为，回答应该是行，但还不够。为什么不够？这是因为：首先，随着时代的发展，新闻媒体早已形成广播、电视、报纸三足鼎立，共同蓬勃发展之势，如果仅能写文字报道，肯定不能满足社会新闻整体传播的形势发展需要。我国随着社会主义市场经济体制的建立，信息日趋发达，各行各业竞争日益激烈，新闻部门之间各自为提高报道品位和整体社会影响及竞争能力，更是"八仙过海，各显神通"，高新招迭出。其各自在编辑用稿上除了不断追求更高的立意和报道深度以外，在报道形式上尤其突出"鲜"、"活"二字。如何才能让报道鲜活起来？除了文字上采取现场写真的方法以外，最主要的手段就莫过于借助摄影摄像了。具体归结一点也就是指电视台报道的主体离不开摄制完美的荧屏画面，报纸要追究"图文并茂、两翼齐飞"离不开图片报道。广播电台需要一定的录音报道（只是通讯员极少采用这种采访形式）。这些情况表明，当前，基层通讯员要提高工作的竞争力和稿件的命中率，一种有效的办法除了采写稿件的质量外，还应在形式上同时制作和投递出能够供广播、电视、报纸等不同特点的新闻单位同时采用的稿件，而要做到这一点，前提就应该是采访时同时能够使用多种采访工具，只有具备了这个前提，通讯员才有可能根据实际报道内容的表现特点，灵活地选择和采取最佳的报道方案和报道形式，从而扩大稿件的适用面，提高中稿率。另外，就通讯员所在单位而言，一人同时掌握多种技术也是单位期待和需要的。基层单位一般人手较少，往往不可能配齐各方面的技术人员，但有很多时候却又需要把这些活动用摄影和摄像技术记录和保存下来，如果通讯员不仅能写稿子，而且同时能发挥这方面的作用，当然是再好不过了。

三、能够运用现代化传输手段

伴随社会经济和科技的发展，电脑的普及步伐不断加快，越来越多甚至大部分基层单位都相继配备了打字机和复印机，有的还实现了电脑联网，这无疑为通讯员传输稿件提供了极大的方便。长期以来，尽管没有打字机和复印机，通讯员写稿也大多有一稿多投的习惯。为什么要一稿多投？新闻界对此问题曾有过很激烈的争论。它所造成的采编矛盾是，一方面是新闻部门认为信息重复造成了载体资源的浪费，另一方面是广大写作者认为编者的审稿观点不一样，同一篇稿子很可能出现在这家不用而另一家用的情况，如果不一稿多投则就可能使好新闻被埋没，况且一稿多投也有自己的好处就是多家发表可以增加信息覆盖面。例如新华社不就采用发通稿的形式吗？这种争论虽然最后没有明确的结论，但长期以来的事实已告诉大家，一稿多投已被新闻部门所接受。那么，在这种既想一稿多投又能一稿多投的情况下，自己却不会使用打字复印机，就有诸多不便。另外，一般投寄稿件即使使用特快专递，至少也得一至两天时间，要增强新闻稿件的时效性，有条件的通讯员还可学习和借助于传真发稿。再则，现在省级以上的大报编辑部大多使用了微机小系统，使用电脑编发稿件，如果遇到编辑部约稿之类把握较大的情况，通讯员不妨把写成的稿件打印后制成软盘寄送到编辑部或者发电子邮件，这样可节省编辑的编发时间，改起来、用起来都很顺手。

四、善于多渠道采写新闻

基层通讯员工作的活动范围客观地受到环境条件的限制，所可知的有用的信息量有限，如果不善于时时处处做有心人，不善于多种渠道采写新闻，则很难把本职工作搞好。实践中，笔者总结出基层通讯员一般可采取的采写途径主要有四个：

（一）总结之中多分析，改换头面"拣"新闻

无论是现成的工作总结，还是领导安排让收集资料需要自己去写工作总结，通讯员在看或写的过程中，都应该留心其中哪些东西有新闻价值，从而在总结之后按照新闻写作的要素要求改写成一篇或者几篇新闻来。近年来，襄阳县人民医院大力发展医办产业，取得了一定成效。在总结这项工作时，我不仅在后来将总结改成论文在全国多家杂志发表，而且改写成的新闻稿也被几家国家级报刊同时采用，其中《全国卫生产业报》在头版头条套红并配发编者按发了近半个版面。

（二）新的举措多参与，选准角度"抓"新闻

单位每制订和推行一项新的举措，都不可避免地包含有新闻在里面，基层通讯员有机会应积极参与进去，以便能抓住一些"鲜活"的新闻。1995年夏天，同济医科大学举办应届生供需见面会，此前每年的见面会都只允许市以上的大医院参加，襄阳县医院没有资格，但该院新任院长求贤如渴，千方百计想打进这个会场。经过一番努力，同济医科大学终于特批该院可以参加。在来自全国参加见面会的近200家市级以上大医院中，凭实力，县医院怎么也没有什么可比之处，但他们条件优厚，态度诚恳，最终赢得了大学生们的青睐，引进的拔尖毕业生数量居然名列与会医院榜首。整个活动我始终参与其中，会后很快便写出了《山小亦有凤来栖》的新闻稿，被全国10多家新闻单位重点发表。

（三）阶段工作多积累，耐住性子"筹"新闻

对于一个阶段的工作，单位领导往往一开始就希望能够宣传出去，通讯员可视情况向领导做好解释说明，因为新闻是有其自身规律的，并不是自己想在什么时候发就在什么时候发，而要等待"火候"。对阶段性工作，通讯员应首先注意多积累素材，等找到了好的"由头"和"点子"以后再发稿也不迟。如，前年县医院开始实行免费为病人提供早餐时，院长安排写一篇新闻，并自认为肯定能成为重点新闻。我进退两难，后来跟有关行家一商量，别人也说：单凭免费早餐就能是好新闻？我没有急于动笔，思考较长时间以后，加上平时积累的资料，才写了一篇《襄阳县医院发展医办产业，实力增强不断回报社会》的新闻，中间提到了免费就餐，结果这则新闻被《健康报》等国家级报纸采用，并上了《湖北日报》头版头条。同样，县医院在张湾建二医院时，单位领导也希望能将此事大力宣传出去，结果我开始也只写了简讯，很长时间后等医院又在王河乡建了医疗点并取得效益时，我才着力写了一篇《襄阳县医院建立农村医疗网络》的稿件，寄出去后，其中有《湖北日报》和《中国卫生信息报》都发了头条。

（四）深入群众多请教，生活之中"碰"新闻

生活是创作的基础和源泉，写新闻同样也离不开深入群众和深入生活。基层通讯员经常和群众打成一片，虚心向群众学习和请教，有意无意之中都可能遇到"踏破铁鞋无觅处，得来全不费功夫"的新闻线索。在县医院时，我所采写的《"套"药不成反套自己》、《汽车着火以后》等多篇上中央级大报的新闻稿件，都是在群众闲聊中获得的新闻线索。这些新闻写成后大都有一个共同的特点，就是社会生活性强，现场感强，可读性强，中稿率高。

当然，基层通讯员自身应努力追求和提高的能力还有很多，包括采访技巧、写作能力等等，只是以前讨论有关这些问题的文章较多，因此，本文只就以上四种作肤浅的探讨，谨与广大通讯员同仁商榷。

文秘人员要坚持"五勤"

一、勤背

文秘人员的主要职责是为单位和领导起草材料。其笔下的材料与作家的作品截然不同，所写的一切东西都必须要密切结合实际工作。有些领导出门参加公务活动常常把秘书带在身边，秘书便完全成了领导的"活电脑"。这些情况都要求文秘人员必须要对工作中的一些基本状况，尤其是一些基本观点和基本数据了如指掌，有的甚至需要处处留心、不辞辛苦地死记硬背。如果一个秘书随领导出门办公，面对领导对一些基本情况的询问，还要答之以"不太清楚"，"材料忘记带来了"，那是很尴尬、很不称职和很不应该的。

二、勤学

江泽民同志在《学习学习再学习》一文中曾强调指出："不加强学习，就处于盲目、被动落后的状态，就不可能把握领导的主动权。"文秘人员是领导的参谋和助手，是间接的决策人物，所处的位置和作用十分重要，唯有以勤奋学习来不断充实自己的头脑，提高自身的素质，才能胜任角色，为领导的正确决策提供有力的帮助。学习，一是要多向书本学，不断提高自己的理论水平，扩大知识面；二是要多向办公室其他同志学，讨教他们从工作实践中得出的经验总结和深刻体会为自己所用，主动营造同行是一家的和谐氛围，在相互交流和帮助中共同提高；三是要多向"两头"学，即向上头要在耳濡目染、潜移默化中时时认真领会，向下头要在具体工作接触中处处不耻下问、勤于思考。在学习中只要坚持做到了这三点，既能够不断提高自己的理论写作功底，又能够坚持理论联系实际，有利于增强文秘人员驾驭全局工作的能力，对自己和领导的工作大有裨益。

三、勤积累

"好记性不如个烂笔头。"人的大脑的记忆容量是十分有限的，任何事物都

本文为 1999 年 9 月全国公文写作研讨会交流论文，获二等奖，收入会议文集。

不可能做到长时间的过目不忘，最可靠的还是要勤于把资料科学地积累起来，聚沙成塔，形成自己独立而丰富的资料宝库，用起来要啥有啥，得心应手。积累的方法很多，但归结起来主要的有两种：（1）做笔记。文秘人员除了专题调研时要做好笔记，日常工作和生活也应时时处处当有心人，记好观察笔记，把那些临时冒出来的"灵感"随时记录下来，变瞬间为永恒。另外，读书时也应该随时对一些有用的东西进行摘录，必要时可写一写读后感。对所有的笔记还应列好目录，便于查用。（2）做剪贴。也就是把报刊和其他材料上有用的东西成篇成段地剪下来，分门别类地贴在资料本上的一种积累方法。这样做有利于自己在写作材料时能够加以借鉴，达到触类旁通和丰富内容的目的。

四、勤下基层

文秘人员的主要任务是写材料，但写材料不能言之无物、闭门造车。要想把材料写好，就必须要勤下基层，从群众中来到群众中去，开展深入细致的调查研究工作。有的文秘人员文字功夫不错，但如果整天高高在上，仅仅满足于在基层呈报材料的基础上充当拆拆补补的"装卸工"和"修理工"，缺乏一种深入实际的钻劲和挖劲，就必然会导致其成绩平平，既拿不出高质量的材料，更不用说为领导当好助手和参谋。基层是广阔的天地；基层是真正的老师；基层是写作之本、灵感之源；基层是我们党所有工作的出发点和落脚点。因此，文秘人员必须要勤下基层，自觉养成经常性和习惯性深入基层、深入实际开展调查研究的优良作风。那种只知道待在办公室守着材料看、围着领导走马观花转的文秘人员，是永远写不出有深刻见地的文章来的。

五、勤练笔

"三天不唱口生，三天不练手生。"唱戏讲究曲不离口，写材料当然也应该讲究笔不离手。工人从事生产，技术一旦学会，所做的往往便是动脑很少的机械运动，产品也是出自于同一个模子，而文秘人员写材料却始终既要动手更要动脑，领导对"产品"的要求也各有不同，内容和思想观点都要不断地推陈出新，质量要一份高出一份，这必然要求文秘人员平时要多下苦功、硬功，只有多写多练才能熟能生巧，不断提高自己包括文字运用能力、分析问题能力在内的综合写作水平。

弘扬井冈山精神　做"三严三实"的好干部

——赴井冈山接受革命传统教育学习体会

2015 年 9 月 21 日至 25 日，按照中组部批准的教学计划，我们国家行政学院第 23 期厅局级公务员进修班的学员一行 64 人，赴中国井冈山干部学院参加革命传统教育培训。5 天培训时间近 20 场教学活动，除了一场音像教学（利用晚上时间集体观看《理想信念高于天》、《党的纪律要记牢》、《苏区干部好作风》音像片）、一场激情教学（利用晚上时间集体演唱革命歌曲）、一场体验式教学（重走朱毛红军挑粮小道）、两场专题教学（《井冈山斗争与井冈山精神》、《中央苏区与苏区精神》）、一场访谈式教学（《井冈山精神代代传》）外，其他均为现场教学（在革命旧居旧址和纪念场馆聆听老师讲授革命史实与启示）。虽然课程设置十分紧张，但大家始终精神饱满，完全忘记了疲惫，深感这是一次极其宝贵的寻根之旅、补钙之旅、加油之旅，真正受到了一次与以往完全不同的深刻的革命传统和精神教育。学习收获很多很大，下面，围绕"弘扬井冈山精神，做'三严三实'的好干部"的主题，谈三点主要体会。

一、深刻认识井冈山精神的时代意义，打牢践行"三严三实"的思想基础

井冈山精神是以毛泽东同志为代表的中国共产党人在井冈山创建革命根据地、开辟中国革命新道路、进行艰苦卓绝的革命斗争实践中培育和形成的革命精神，是我们党优良传统和作风的集中反映，是历久弥新推动中国革命和社会主义建设事业不断前进的强大精神动力，也是当前广大党员干部落实"三严三实"要求的思想之根和力量之源。

坚定信念、艰苦奋斗，锻造修身做人、忠诚干净的铮铮风骨。坚定信念、艰苦奋斗，是井冈山精神的灵魂。习近平总书记指出：理想信念是共产党人精神上的"钙"，理想信念不坚定，精神上就会"缺钙"，就会得"软骨病"；抓改进工作作风，各项工作都很重要，但最根本的是要坚持和发扬艰苦奋斗精神。遥想当年全国革命处于低潮，四面被白色恐怖笼罩，井冈山的革命斗争之

本文原载于国家行政学院《学员论坛》2015 年第 7 期，为作者在国家行政学院进修班学习时的交流发言和在农业部农产品加工局所作的党课报告。

所以能够存在和发展，靠的就是崇高革命信念与远大革命理想支撑起的坚不可摧的革命意志，是这种意志支撑下不畏险阻、自力更生、艰苦奋斗的拼搏精神。现在，我们要从严修身、从实做人，同样离不开坚定信念和艰苦奋斗。只有理想信念坚定、艰苦作风不改，我们才能不断提高思想修养和做人境界，在各种诱惑面前岿然不动，保持免疫力，始终做到忠诚对党、干净做事，保持共产党人应有的气节。

实事求是、敢闯新路，扛起谋事创业、务实担当的崇高使命。实事求是、敢闯新路，是井冈山精神的核心。井冈山斗争是在国民党反动派背叛革命、共产党人遭到大肆屠杀、党的力量薄弱和前途迷茫的关键时期展开的，毛泽东、朱德等老一辈革命家把马克思主义基本原理同中国国情相结合，以大无畏的革命胆识创建中国第一个农村革命根据地，开创了农村包围城市、武装夺取政权的革命道路，创造了党的建设、军队建设、政权建设和土地革命等一系列宝贵经验，最终引领中国革命不断走向胜利。当前，我国的改革发展又处在一个重要关头，各级干部谋事创业要更加坚持实事求是的思想路线，更加注重调查研究，更进一步发扬在实事求是和深入调查研究基础上务实担当、勇闯新路的精神。

依靠群众、勇于胜利，凝聚律己用权、推进发展的磅礴力量。依靠群众、勇于胜利，是井冈山精神的基石。群众的拥护和支持是革命战争年代红色政权得以生存和发展的牢固根基。在井冈山斗争的艰苦岁月里，毛泽东等老一辈革命家身先士卒、以身作则，大力倡导军政一致、官兵一致、军政军民团结的优良作风，紧密团结群众，始终相信和依靠群众，关心和帮助群众，同广大人民群众建立了鱼水深情和血肉联系，赢得了群众的真心拥护和支持，从而带领井冈山军民团结一心，克服种种困难艰险，打破重重包围封锁，使井冈山革命根据地得到巩固和扩大。在社会主义建设时期，我们党由革命党变为执政党，广大党员干部同样要紧紧依靠群众，以严于律己、为民用权为准绳，团结和带领群众在推进中华民族伟大复兴的征程中建功立业。

二、共产党人特别是党的领导干部要追求"三严三实"的崇高境界

"三严三实"的要求对不同的人应该有不同的标准，每一个党员乃至每一个合格公民均应对照落实。习近平总书记也说，这些要求是共产党人最基本的政治品格和做人准则。因此，从这个角度来看，我认为共产党人特别是党的领导干部应该追求"三严三实"的崇高境界，要站在立根固本的高度，自觉地而不是被动地、高标准地而不是低层次地落实"三严三实"。只有把牢思想信念的源头，才能真正挺起精神的脊梁，防止"不严不实"问题的发生。

要把对党的信任和忠诚放在高于一切的位置。人的生命只有一次，对共产

党员来说，比生命更宝贵的是信仰，是对党的信任和忠诚。在井冈山，我们亲耳听到和亲眼观看到了一个又一个可歌可泣的感人故事：一位当年 20 岁刚新婚不久的姑娘迟煜华，守着农村的老宅子，拿着丈夫参加红军出发时给自己留下的唯一信物——一面镜子，等待丈夫归来，一等就是 60 多年；同样是当年井冈山的一位 23 岁的年轻妈妈张荣秀，因为上山给红军送粮食被敌人抓住，敌人严刑拷打逼迫她说出红军在哪里，杀死了她的母亲，又杀死了她年轻的丈夫，最后把她年仅 3 岁的儿子抱来扔在地上，儿子哭着爬到面前，但她依然一字未说，结果母子均被杀害；共产党员刘真被敌人抓捕后，敌人劝他投降，或者多少提供一点党和红军的信息，但它直至被先后残忍地挖掉双眼、砍下双臂仍誓死不屈，最后被敌人投进南方熬樟脑油的蒸笼里活活蒸死；在小井，当年来不及转移的 130 多名重伤病员和医护人员全部落入敌手，他们当中任何一个人只要开口供出当地党组织和红军的任何一点信息即可活命，可是没有一个人低头，结果 130 人惨遭集中枪杀，其中还有一个 10 多岁的孩子；开国元帅罗荣桓为了革命舍弃一切荣华富贵，戎马一生把一切献给了革命事业，临终时给子女什么值钱的东西都没有留下，只留下了一句"永远跟党走"的遗言。这些感人事例，无不体现了他们对党的事业必胜的坚定信念，体现了对党的无限信任和忠诚。作为新时期的一名共产党员特别是党的领导干部，只要能够坚守这种信仰、信任和忠诚，落实"三严三实"的要求就根本不是问题。

要把人民群众的利益放在高于一切的位置。水能载舟亦能覆舟。全心全意为人民服务是我们党的宗旨。我们党之所以能够取得革命的胜利，根本原因是人民群众的支持；而之所以能够赢得人民群众支持，原因就是党把人民群众的利益放在高于一切的位置。井冈山广为传颂着一句话："最后一碗米用来做军粮，最后一块布送去做军装，最后一个娃送他上战场"，这是当年革命群众对党的信任和支持生动写照。人民的支持和选择，也正是我们党执政合法性所在。开国将军甘祖昌 1955 年被授予少将军衔，但他却说："我做的工作太少了，组织上给我的荣誉和地位太高了"，要求组织上给自己降级未能如愿。此后，他不止一次向组织上写报告："我自 1952 年跌伤后，患了严重的脑震荡后遗症，不能再做领导工作了。但是我的手脚还是好的，请求组织上批准我回江西农村老家去，我愿为建设社会主义新农村做贡献。"1957 年，在又一次恳切申请下，他回乡当农民的请求得到了批准。回到家乡江西省莲花县后，在他的倡导和带领下，不仅生产队通过实验创新和自力更生很快脱掉了"吃返销粮大队"的帽子，而且推广带动全公社水稻产量翻了一番。他一生不仅没有为家属谋取任何利益，而且处处给他们提出了近乎苛刻的要求。回到家乡农村后，他为了群众和集体的事业捐献了自己的大部分工资和多年的积蓄，带领群众修建了数十座大小桥梁。甘祖昌将军逝世后，他的老伴龚全珍继续像他一样把人民利益看得比天高，于 2013 年被评为全国道德模范，受到了习近平总书记的接见和致敬，被亲切地称为"老阿姨"。甘祖昌将军心中装着群众，唯独没有自己，为我们树立了典范。各级党的领导干部且不说一定要像甘祖昌将军一样完全不计个人名利，只要能够把群众利益放在其他利益之上，上行下效，"三严三实"就一定能够蔚然成风。

要把涵养家国情怀放在高于一切的位置。家国情怀是一个人对自己国家所表现出来的深情大爱，是对国家富强、人民幸福所展现出来的理想追求，是对自己国家的一种高度认同感、归属感、责任感和使命感，是古往今来鼓舞人气、凝聚人心、振奋民族精神的爱国主义，是既利国利民又利人利己的正能量。领导干部是党的执政骨干，是党和国家事业发展的中坚力量，也是广大群众的主心骨，理应多一些家国情怀，更加站得高、看得远、想得深，更多胸怀天下、心系百姓、忧党忧国。在井冈山干部学院学习，老师通过影像向我们介绍和展示，毛主席一生奉献给了革命事业，有 6 位亲人为革命牺牲，作为中华人民共和国的缔造者，处处从国家发展和人民福祉出发，自己一件睡衣穿了几十年打了 70 多个补丁却还舍不得换一件新的。原中顾委委员、中央组织部原副部长、井冈山老红军曾志同志重视骨肉亲情，每次回到井冈山，都要到生活在这个山旮旯儿的儿子的家里吃个团圆饭，但却对儿子上世纪 80 年代中期提出的一个转商品粮户口的小小请求不予理睬。1987 年 76 岁高龄的她回到井冈山，跪拜在小井红军烈士墓前失声痛哭久久不愿离去。她曾写了一本《一个革命的幸存者》的书，亲人们从这里体会到了她对党对国家的大爱，体会到了她对亲人的爱，但这种爱的前提必须是限定在党和国家确定的原则之下。1998 年 6 月 24 日去世前，她把工资剩下的钱连同每个月领取工资的一个个信封一并让女儿交给组织做最后的党费，并在《生命熄灭的交代》的遗嘱中明确：不要举办告别仪式，包括生平都不要发布；遗体对国家有用的部分取走，没有用的一部分骨灰撒到井冈山。老一辈革命家这种家国情怀，这种对国家的深情，不能不令人崇敬和动容，在"三严三实"教育和实践中，这不也正是现在党的领导干部所需要努力学习的吗？

成为"三严三实"的好干部的途径很多，组织要求、制度约束、群众监督均可以达到一定的目标，但这些都是外在力量作用的结果，真正持久管用和解决根本问题的，还在于领导干部自身要有更高的思想境界，有了这种境界自然就会有"三严三实"的行动自觉。

三、形成崇尚"三严三实"的浓厚氛围需要有良好的政治生态和制度保障

发扬井冈山精神，做"三严三实"的好干部，党员干部自身是主体，要严

格地衡量对照和贯彻执行。但也要看到，一个"三严三实"好干部群体的形成，并且是稳定持久地形成，还需要有良好的政治生态和制度环境作保证。

进一步健康党的政治生活。一个班子强不强，有没有战斗力、凝聚力、向心力，同有没有严格的党内生活密切相关。一个党员领导干部能力强不强、威信高不高，同是否经受严格的党内政治生活锤炼教育密切相关。要把党要管党、从严治党落到实处，确保党始终成为中国特色社会主义事业的领导核心，就必须严肃党内政治生活，摒弃庸俗化、随意化、平淡化倾向，坚决反对自由主义、好人主义、帮派主义。要把群众路线教育实践活动中形成的一些好做法制度化、经常化，大力推进党的政治生活的规范化。把预防和解决问题的关口尽量前移，同志之间要敢于拿起批评和自我批评的武器，能够经常性相互扯扯袖子、咬咬耳朵、红红脸、出出汗，及时防止问题、发现问题和互相帮助解决问题。在这方面，毛泽东同志和朱德同志在井冈山的斗争中，当在重大问题上产生分歧时敢于相互批评和自我批评，能够通过民主和沟通的方式，不仅解决了问题，而且实现了高度的团结，给我们做出了很好的榜样。现在，有的同志发现其他同志可能有犯错误的苗头，或者已经犯了小的错误，但碍于情面或者为了所谓的一团和气而视而不见，结果使可能或者已经犯了小错误的同志在错误的道路上越滑越远，这实际上是害了同志。

坚持把纪律挺在前面。管党治党靠什么？靠党内规则、严明纪律。纪律是管党治党的尺子，纪律是不可触碰的底线，之所以把纪律挺在前面，是因为党的纪律严于法律，不能让纪律成为稻草人，不能等到干部走上了违法犯罪的道路才想到要用纪律去约束和处理。依规治党就要把党规党纪的篱笆扎紧，把领导干部的权力关进制度的笼子。要把纪律建设摆在更加突出的位置，对党章和其他党规中的纪律要求整合概括，使之具体化，让党的纪律明确规范、完整系统。规矩是检验对党忠诚的重要标准，讲规矩是内在自觉要求，是对党性的重要考验。"小洞不补，大洞难堵。"无数案例表明，一些犯大错误的领导干部往往是从破坏规矩、违反纪律开始、进而违法的。从严治党就要执纪必严、动辄则咎，体现纪律的严肃性。要抓早抓小，触犯了纪律就要及时处理，决不能放任自流，造成干部要么是"好同志"、要么是"阶下囚"。要让纪律严起来、落下去，该纪律处分的及时处分、该组织处理的作出处理，发挥纪律的正面引导和惩戒警示两方面作用。这些要求中央已经做出了明确的部署，关键是要广泛深入下去，普遍重视起来，严肃持续执行到位。

全面加强党的思想政治教育和党性教育。邓小平同志曾说：改革开放最大的失误在教育。现在，我们的教育，特别是党的思想政治教育和党性教育，尤其是革命传统和理想信念教育还显得明显不足。历史虚无主义之所以抬头甚至有泛滥之势，除了新媒体不尊重实际的错误传播以外，正规的教育和传播力不够也是一个重要的原因。思想文化阵地社会主义不占领，资本主义必然占领，我们作为共产党执政的社会主义国家，在这方面不能有一丝一毫的含糊和羞羞答答。现在很多人担心开展思想政治教育和党性教育会耽误工作，会引起一些误解甚至攻击，以至于在很多领域思想政治教育和党性教育实质上被削弱，国有单位还经常开展一些，但讲形式走过场依然是一个通病。此次井冈山培训效果很好，好就好在不是泛泛的灌输和说教，不是生硬念文件、提要求和讲大而空的道理，更不是原来那些没有效果甚至令人生厌、反感和产生副作用的说教形式。其中，激情教学让人斗志昂扬，现场教学令人荡气回肠，体验式教学让人身临其境，专题教学澄清了重大模糊认识，访谈式教学聆听革命后代现场讲述和互动交流产生了强烈共鸣与震撼。这次培训大家都感到收获前所未有，深受革命精神的鼓舞，极大地加深了对党的感情。同时，大家也感到参加像这样的教育活动太少了，多数同学都是好几年才有一次，受教育的面也非常有限。在井冈山学习期间，我接到单位通知，说中央国家机关正在开展一项活动，由于我曾在 2014 年中央国家机关工委举办的学习习近平总书记重要讲话成果展评中获得了一等奖，这次部机关党委让我代表部里写一句最想对总书记说的话。为此，我在课堂上有感而发："在苏区的红土地上，一次次聆听红军的故事，大家一次次眼含着热泪（现场甚至不时有人抽泣），感到心灵受到一次次震撼，灵魂受到一次次洗涤，感到这样的党性教育和革命传统教育应该更多地开展。"应该说，这句话既是我个人，也是我们此次参加培训的所有学员的真实情感和心声的写照。

争当农业公务员的楷模

——在部直属机关 2008—2009 年度 "两优一先" 表彰会上的发言

很荣幸作为优秀共产党员代表在这里发言。我发言的题目是——争当农业公务员的楷模。下面，结合个人工作和思想情况，简要作三点汇报。

一、服从组织安排，甘当社会主义建设的普通一砖

对于年轻人，毛主席曾经有一句响亮的教导：农村是广阔的天地，在那里可以大有作为。这句教导早已不再时髦，但却具有永恒的意义。我参加工作后曾经扎根基层近 10 年，在村组蹲过点，担任过党报记者、宣传科长、办公室主任、秘书科长、乡镇长等职。工作单位和职务的变化，我多数事前都不知道，也没有思想准备，但面对一次次新的挑战和组织的选择，我从未说过半个"不"字，并且始终保持饱满的工作热情，坚持高标准、严要求，不断创造一流业绩，在为单位和组织一次次争得荣誉的同时，也不断锻炼和提高了自己。

2002 年底至 2003 年初，中国农村杂志社在全国选聘工作人员，我被纳入视野，由一个领导着十几万人的乡镇长回归到曾经从事过的行业，成为《农村工作通讯》编辑部副主任，年底竞聘为代主任，1 年后任主任并代理党支部书记。在杂志社 4 年里，我积极协助领导对刊物成功进行了改版和改革，撰写的稿件先后 7 次获得农业部一、二等奖，被农业部评为农业新闻宣传优秀记者，刊物获得第三届国家期刊奖，编辑部获得农业部新闻宣传突出贡献奖。期间，我还多次被抽调到部有关司局起草重要文稿。2007 年 3 月，被调到发展计划司发展规划处担任调研员，次年 4 月主持全处工作，8 月正式担任处长。

来北京 7 年，工作单位和职务又经过了几次变化，责任和压力也不断增大，但是我始终认为，一名共产党员就是社会主义建设的普通一砖，哪里需要就往哪里搬，任何时候都决不能贪图个人享受。由于出生于贫苦的农民家庭，加上在农村工作多年，从农民身上受到的感染和教育让我对人生有了更深刻的感悟。我在北京没有自己的住房，7 年时间先后搬过 8 次家，目前全家仍然租住在地下室里。逐渐长大的女儿有一次问我："爸爸，为什么别人

家房子那么漂亮，而我们却住在这样的地方？"我平静地告诉她："这样的地方不是人人都能住的，等你长大了就会明白，人最宝贵的财富是精神的而不是物质的。"

二、视工作如生命，有一分热就发一点光

2005年12月，部党组提出实施"转变、拓展、提升"三大战略，启动实施"九大行动"。2006年2月初，部办公厅主任直接给我写了个条子，大意是：明国同志，如果时间摆得开，请你对"三大战略、九大行动"做一个解读。接到指示，在本职工作任务较重的情况下，我白天坚持正常上班，晚上回家写解读文稿，每天只能休息一两个小时。5天后，8 000字的解读文稿完稿并很快在农民日报等媒体重要位置全文刊登。但是，圆满完成任务精神上突然放松的我，身体却再也撑不住了，当晚头疼欲裂、呕吐不止，凌晨2点，妻子不得不叫醒年幼的女儿，一起把我紧急送往朝阳医院。第二天一早，自感症状缓解后，我又坚持按时赶到了单位上班。

发展计划司发展规划处起草文字材料的任务较重。我经常对自己和处里的同事们说，任何人走进发展规划处的房门，就意味着担当重要责任和使命，无论面临多大困难和挑战都没有退路，必须奋力拼搏，完成任务。

2008年11月，在一次下午出差前临时接到任务，牵头起草提升全司业务能力的文件，我立即投入战斗，午饭也顾不上、吃不下，会同有关同志紧急起草的文件印发后被部主要领导批转各司局参考。同年，在司里开展"两个防止"对农业发展影响研究而迟迟无法破题时，作为调研员的我主动请缨，回家关起房门，利用一天一夜时间理出了研究思路，推动研究顺利进行，有关成果在部内获得理论研究一等奖，相关内容刊登在人民日报等媒体的重要版面。

在发展规划处，我一年难得有一两次到基层调研的机会，但只要下去就一天当着两天用。2008年9月，我陪同领导赴珠三角调研，白天了解情况，晚上整理材料，调研结束的前一天会同有关同事紧张加班一个通宵，起草的报告得到了国家发改委和广东省委等领导的充分肯定。2009年4月，我参加全国人大农委开展的联合调研，五天奔赴湖北3个地市，回京前工作到凌晨4点多，在领导指导下会同有关同志起草的调研报告得到了吴邦国委员长的高度评价。2009年9月，在带队赴甘肃、陕西开展经济形势调研期间牙突然疼得厉害，每餐只能靠喝粥充饥，但我仍然坚持调研，一刻也没有耽误。2009年5月底，我参与全国政协城镇化问题调研，白天完成集体任务，夜晚单独组织与县市农业部门干部座谈，5天内另外形成了两份关于农业的报告，回来后立即呈报领导参阅。

自担任处长以来，我没有休过一个完整的周末和半个大小长假，就连春节也由于紧急任务提前回到办公室带领大家加班，带有一定强制性的年休假也很难休上。平时，我常常都是晚上七八点后离开办公室，遇到紧急任务甚至加班至凌晨，难有时间照顾家庭，唯一能做的就是无论加班多晚，第二天一定早起送孩子上学，因此我也常常是第一个到办公室的人。2009 年 4 月，在我带领全处同志集中精力同时起草 3 个重要报告的时候，母亲因病在乡镇医院动了 3 个多小时的手术，女儿生病被妻子一个人连续两次送去医院就诊，而这些事我都是在好多天以后才知道。每每想起这些，我在内心深感内疚和深受感动的同时，也更加理解家人这种默默支持所饱含的殷殷期待。

三、坚持与时俱进，当好一个先进处室的擎旗手

发展规划处一直是一个先进处室。如何延续好传统、好作风进而续写新的辉煌，是我担任处长后一直思考的问题。这两年，由于环境变化和领导要求的提高，发展规划处承担的形势分析、战略研究、规划编制等主要职能任务一度呈加重趋势，处里人手又很少，但我给自己提的要求是，无论困难多大，先进的旗子在自己手上决不能倒下，而且还要举得更高。

在司领导关心指导与大力支持下，我高度重视创新性研究，带领全处同志起草的有关材料获得中央和部领导批示肯定的不下 10 次。其中，撰写和牵头起草的有关我国农业发展新阶段、通胀压力增大背景下我国农产品价格问题研究等报告，均受到了部领导的充分肯定，有的还全文刊登在新华社《国内动态清样》、《宏观经济研究》等具有重要影响力的刊物上；围绕应对金融危机冲击带领处内同志在 3 天内起草了两个版本的政策建议，大多数观点被《国务院关于当前稳定农业发展促进农民增收的意见》（国办 2009〔25〕号）采纳。

在重视研究等重大工作事项的同时，我认真思索处室建设问题。坚持统分结合的工作方法，认真执行民主集中制等规定和制度。在司领导支持下，处里组建了较为稳定的专家队伍，建立了专家务虚会制度、经济形势分析联络员和规划编制联络员制度，创办了"三农"发展问题调研材料和"十二五"规划编制专刊，搭建了赢取广泛支持的工作平台。同时，坚持内部研讨、外部交流与自我学习相结合，不断提高全处同志的思想政治觉悟和工作能力，始终把加强党风廉政建设摆到突出位置，用实际行动做好表率。

2009 年，在司领导带领和悉心指导下，全处同志共组织办理各类来文 250余件，起草并报经领导审定通过的各类文字材料近百万字，落实中央政治局常委以上领导重要批示多次，承办了十几项由部主要领导亲自审定上报的工作任务，平均每 10 个工作日组织完成一个研究报告，每个月起草 2 次部领导参加

会议的材料。快节奏、高效率、团结和谐的工作状态让曾经在这里工作过的同志非常感动。新疆挂职干部阿地力·艾则孜同志没有想到农业部机关的工作这样紧张，挂职回去后，厅党组专门安排他向全厅作了报告，并将发言材料专期刊登在《新疆农业厅维稳简报》上。

各位领导、同志们，回顾走过的道路，在组织培养下，我经受了一些锻炼和考验，所取得的成绩都是各有关方面关心支持的结果，很多工作都是同事们共同完成的。此时此刻，我尤其想说的是，无论在地方还是北京，尤其是在计划司、杂志社，我的工作之所以能够取得一点点成绩，在很大程度上都无不得益于领导的支持，得益于他们代表组织给予我的很好的锻炼机会和工作平台，得益于他们正确的决策和严格、高水平的指导，得益于他们对我良师益友般的关心与帮助。这次能够当选优秀党员，是党组织和领导对我新的鼓励与鞭策，在今后工作中，我将进一步把这种鼓励和鞭策化为前进的动力，力争做出更加优异的成绩，继续为理想奋斗，为党旗增辉。

有梦就会有希望

——回顾我的就业和成长之路

今天是五四青年节，相信我们在座的每一位同志，无论是 45 岁以下的，还是 45 岁以上的，应该都有很多的感慨，心中也一定会有热血沸腾的感觉，因为我们都还年轻或者曾经年轻。想起那些越来越少或者已经过去的年轻岁月，有谁能够不心潮澎湃呢？更何况，这个节日不仅是一个属于年轻人的节日，而且更是一个爱国的节日、革命的节日、催人向上奋进的节日。相信大家也都有这样的一个感觉，虽然我们年轻的时光在不断地流逝和远去，但年轻时的一切美好的记忆却总是那样扎根在我们心底，并且随着时光和岁月的流淌而愈加清晰。所以，在这样一个无比庄严和美好的时刻，局党支部和团支部安排让我结合自身成长经历给青年同志们讲一次团课，我感到十分神圣。接受这个任务，我首先要在思想上和大家交个底，这堂课我想以一种汇报交流的心态与方式展开，不对的地方还希望各位多予批评指正。结合学习习近平总书记关于中国梦的论述，也就是在接到任务的一刹那，我的脑海和内心深处立刻闪现了一句话——年轻同志心中一定要有梦，有梦就会有希望。下面，我就以此为题，结合亲身经历与感受，和大家分享一下青年人应该怎样对待生活与成长中的困难、怎样对待我们所从事的工作、怎样认识和对待我们的党等三点体会。

一、青年人心中一定要有梦，因为梦有利于我们正确对待生活与成长中的困难

在这一部分，我最想和大家说的一句话是：青年人心中一定要有梦，梦是希望的象征，是幸福感的源头，是我们克服一切困难的信心和勇气之基。

我出生在普通的农民家庭，曾经在县里面和乡里面工作，当过乡镇长。今年是我参加工作整整 20 年，回顾自己的就业和成长之路，在地方和北京刚好是先后两个 10 年。

我是 1993 年底参加工作的，整个找工作的过程让人记忆很深，因为 1992 年全国启动新一轮机构改革，机关干部大量分流"下海"，特别是以"砸三铁"

本文为作者 2014 年 5 月 4 日在农业部农产品加工局所作的专题团课，根据录音整理形成。《紫光阁》网站以《汇聚青青力量，谱写梦想篇章》为题对此次团课进行了报道。

· 821 ·

即砸掉"铁饭碗、铁工资、铁交椅"为核心的国有企业改革声势浩大。正是在那一年，国家宣布从1993年开始大中专毕业生就业将全部实行"双向选择"，也就是说不再有按计划指令单向分配这一说。我很羡慕很多同事，你们中很多都来自于名校，而我当年由于"跳农门"等原因，仅上了一个普通专业学校，毕业后经自学考试才又攻读了湖北大学本科，后来又先后攻读了湖北大学、武汉大学和中国农业大学的研究生课程与学位。当时上的学校虽然不怎么样，但感觉和憧憬都很美好。四年的学习，自己不仅在生活上一直享受着国家每月几十元的生活补助，并且一入校就是校团委等方面的主要干部，在校期间发表了不少作品，获得过不少荣誉，其中有一个部委级荣誉是全省独一份的。如果国家的大中专毕业生分配政策不变，毫无疑问我会被分配到一个很好的工作。但是，1993年，也就是自己毕业的那一年，国家不再包分配，我只有拿着个人简历、获奖证书和在学校时所写的一本散文集，作为敲门砖去自找工作。我对工作条件的要求很低，每到一个单位去自荐，我都会跟人说，你给我一个岗位，有个工作的平台和一口饭吃就行，甚至只要求对方给我一个试用的机会，试用之后不合适再把我退回去也没有关系。

也许是态度诚恳，也许是我在学校的表现还算不错，先后有几家单位答应给我机会。最后，经过比较我选择了去县人民医院，因为这个单位不仅在市区中心、工资待遇好，而且和我学习的专业也有关联。在试用期的三个月里，我没有工资，吃住都在单位，没日没夜地干了一些工作。试用期结束，院长找我谈话说，党委研究同意正式接收我来工作，但要交3000元上岗费，这是对每一位新进人员的统一规定；并说："我看你很穷，如果实在有困难我借钱给你。"我很感谢这位院长，但越是感谢越是心里想着不能给他添这个麻烦。于是我对院长说：没关系，请准我几天假回家筹钱。嘴上这么说，实际上我心里很清楚，家里不愿意也拿不出这个钱，眼前只有另外再去找工作了。于是，打起背包从医院出来，我很快去了县报社，找到社长推销自己。我说自己一直爱好写作，初中开始就在你的报纸发表稿件，希望能给我一个试用的机会。几天后，社党委开会研究同意了我的请求。在试用期间，我写了不少报道，很快让院长知道了，他于是带着办公室人员一起来到当时位置还十分偏僻的报社楼上楼下地找我，一定要让我回医院工作。我很真诚地告诉他，我不能回去，因为回去交不了上岗费就会破坏规定，非亲非故的如果让他帮我垫钱自己心里会很过意不去，更何况现在这个单位同样是我喜欢的。但是，医院那边没有放弃，始终在做争取和协调工作，后来大概过了接近一年的时间，他们通过组织人事部门的一纸调令把我调回了医院，并组建宣传科，任命我为副科长主持工作（副股级岗位），此后又先后任命我为医院办公室副主任、主任，直至成为院级后备干部，进入了县委的视野。在医院工作不到3年的时间里，由于需要写材料的年轻干部，县委办公室和宣传部多次提出借调我，但医院一直表示同样急需用人而未同意。问题的转折点出在 1997 年上半年，当时团县委筹备换届，有关方面围绕人选进行了公开推荐和酝酿，我成为团县委副书记的人选之一，后来县委正式讨论提名时，主要领导得知县委办公室急需写材料的年轻干部，决定还是优先考虑满足办公室的需求。结果，在县委书记的直接过问下，当年 7 月我被借调到县委办公室主持秘书科工作。但未想到的是，由于当时县委办编制紧张，且在我之前已借调了几位同志，所以直到 1999 年我的编制和任职问题才相继解决。

有些事情总是存在着这样或者那样的机缘巧合与不测变量。2000 年下半年，团县委又面临换届，出乎我意料，在公开推荐酝酿过程中，自己又被纳入视野，拟推荐为新一任团县委书记，并且在县委主要领导沟通一致的情况下正式谈话征求了我的意见。然而，就在我自己和一些领导、同事都认为此事铁定的时候，情况却突然变化。此后不久，当我一次从外地出差回来时却临时得知消息，团县委书记人选要通过公选方式产生，而公选的时间就在大后天。当时，我的脑子一片空白，但很快反应过来，作为县委机关和领导身边的工作人员，要积极响应号召、接受挑战与考验，如果很早就说公选，我可能因为工作忙且没有升职的强烈愿望而放弃参加，但面对目前的情况必须背水一战。出差回来的当天晚上我妻子临产，次日凌晨女儿出生，当我们回到仍然还是在医院工作时两间临时过渡房的家时，我歉疚地对她们说，从现在开始这两间屋你们住一间，我单独住一间，且不要打扰我。我找了一些资料，把自己关在屋里复习，两天两夜基本没有合眼。最后，100 多人竞争一个团县委书记职位，经过笔试、面试、综合考核，我最终成为主要人选之一。很多人为此看好我，但再次出乎意料的是，县委在组织公开考试后两个多月没有做出决策，等到决策时获得提名的却不是我。有人说不公道，也有人建议我找一找领导，此后连续两个月大家议论不少，我也有些压力，同时感到这个事尘埃落定，我作为当事人有必要给组织上表个态，于是就写了个不到两页纸的思想汇报，大致四层意思：一是平时工作几乎没有不加班的时候，这次事情突然，自己在几乎措手不及的情况下能取得这样的成绩，没有辜负组织多年的培养和期望，相信也是最真实的；二是我是贫穷农民的儿子，家里所有直系和旁系亲属没有一个做官的，自己能有今天完全得益于组织的培养；三是我认为县委的决策是正确的，坚决拥护；四是请组织上放心，我会一如既往把工作干得更好。这个一页多纸的汇报我本想给办公室分管副主任看看以表明态度就行了，结果他签报给了主任，主任又签报给了其他领导，直至县委书记，各位领导在批示中一致对我平时和这次的表现予以充分肯定。不久，乡镇换届，我偶然被安排下去当镇长。这个镇是当时全县最差的镇，十几万人，信访稳定、税费征收、计划生育均排名全县倒数第一，全镇干部教师工资拖欠达 7 个多月。后来才知道，县委研究这个镇的主要干部时本来另有一个镇长人选，但这名干部坚决不愿意去，这时才有领导提出来让我挑这个担子。我辞别妻儿来到这个相对偏远落后的地方，更加全身心地扑在工作上。经过大家的共同努力，该镇工作一年就发生明显变化，第二年不仅计划生育出了重点管理的笼子，信访稳定问题解决了，而且税费征收和干部教师工资发放情况进入全县前列。待工作完全理顺后，我又被调到另外一个同样后进的镇主持工作。

2002 年底，我的工作和人生面临着一次新的重大选择，正在市委党校中青年干部班学习的我接到中国农村杂志社的通知，我投的一篇稿子被采纳，邀请我参加在华西村召开的全国乡村经济发展论坛。由于请假不方便，我只有用周末的时间参会，一到华西就进入会场发言，当天就起身返程。谁知道，回来不久杂志社就打来电话，问我有没有意愿到社里工作。原来，当年部领导视察杂志社，社里反映人才缺乏，部领导指示可以扩大选人视野。杂志社据此在全国招聘选拔，并希望物色到一个编辑部副主任人选，可是没有找到。就在这个关口，我的发言引起了社领导和社里其他参会人员的关注，大家一致感到我是一个比较合适的人选。这次通话后，社里前后又多次电话沟通等待答复，我为此在思想上整整斗争了三个月。考虑到当时家庭困难，孩子还小，自己工作顺利并刚刚稳定，我最后明确表示放弃机会。尽管我给出了这样的答复，可是社里却依然恳切邀请我来北京一次，说主要领导希望亲自和我谈一谈，建议我如果有时间最好能来一趟再作决定不迟。也正是这次谈话让我很受感动，并做出了来京工作的决定。随后，杂志社立即派出考察组赴地方考察，不到半个月我即被函调进京，担任《农村工作通讯》编辑部副主任；年底，杂志社中层干部重新竞争上岗，我被聘任为编辑部代主任，第二年正式担任编辑部主任，2006年被部人事司确定为副局级后备干部并参加了部党校中青年干部班培训。在杂志社期间，部机关有几个司局多次研究要借用或调我去工作。2007 年初我被调到发展计划司任调研员，2008 年初主持发展规划处工作，当年 8 月任处长；2012 年 6 月挂职担任甘肃省张掖市副市长，当年 10 月经竞争选拔考试被部党组任命为乡镇企业局（农产品加工局）副局长。

在北京工作看似风光，实际对于我来说是开启了第二次创业。来北京的十年，我先后在海淀区北洼路、万寿路，石景山地基公司、青塔，朝阳区核桃园、团结湖、麦子店等地租房居住，先后搬家不下十次，其中 4 年住在地下室。和家人两地分居时，老婆孩子在家吃了很多苦。我刚到北京时由于"非典"影响，一个人连续七个多月几乎没有离开过办公室和宿舍这两点一线，两岁多的女儿当时体弱多病自己椎心泣血却爱莫能助。在领导关心下，家属随迁进京后，老婆辞掉了家里的工作，在北京边带孩子边打工，一开始每个月只有

800 元的收入，4 年下来平均月工资也只有 1 000 元多点，全家人生活的艰难和思想的压力可想而知。在北京，我虽然一度把自己当成北漂，但我始终认为，作为年轻同志一定不能被生活中的困难所吓倒，心中只要有梦就一定会有希望；只要我们对生活有信心，就没有克服不了的困难；只要心里充满阳光，我们满眼看到的就一定会是春色。在组织和领导关心帮助下，经过十年的奋斗，现在我在北京已彻底扎根，有了自己的经济适用住房，个人政治上进步，老婆找到了像样的工作，孩子学习成绩一直不错。这也让我进一步坚信，年轻人不要怕苦、怕累、怕吃亏，一切磨练和考验均将是你人生巨大而难得的财富。

二、青年人心中一定要有梦，因为梦有利于我们正确对待所从事的工作

这一部分我最想和大家说的话是：青年人的心中一定要有梦，梦是前进的指引，是发展的动力，是我们推动工作、成就事业的决心和毅力之源。

参加工作以来，我的每一个成长阶段、每一个工作岗位，应该说自己都积极努力付出了，而付出都有回报，且这种回报总是首先体现在工作成绩上。比如，在县报社期间，我虽然是刚参加工作的年轻编辑记者，但是我当年采写和编发的稿件，以及策划的广告，无论在数量和质量上均排在全社前列；在医院工作期间，日常工作有序推进的同时，不仅通过系列新闻宣传帮助单位树立了良好形象，而且撰写的论文创历史地登上了国家级卫生及医院管理学术期刊；在乡镇期间，我的实绩考核成绩连续在全县上千名科级干部中名列前茅；在杂志社期间，个人和部门先后获得了 9 个部级荣誉。在计划司和张掖挂职期间，同样尽职尽责取得了应有的成绩，具体情况想必不少同志在 2010 年听了我在被评为部机关优秀共产党员时的典型发言，2013 年也听了我的述职报告，这里就不再重复了。

根据自己的实践和体会，我认为我们每个人的职业只有分工不同，每个人的工作岗位都有特殊的意义。天生我才必有用。我始终有个信念，只要是个平台，我们就会有用武之地，就能够创造价值；只要用心去工作，每个平台都能发挥出大的作用，都能够把天地给做大。我坚信，咱们每一位年轻同志，只要你踏踏实实地去做人做事，就一定会得到组织和群众的认可，无论从事任何工作，我们都会有底气，有后劲；只要实实在在地干工作，我们就会有坚实的发展基础和强大的发展后盾。部党组和韩部长反复强调干部要转变作风，提出要坚决反对工作上的"慵懒散木推"；实际上，"慵懒散木推"尤其是青年干部的大敌，是青年干部容易犯的错误。相信只要我们青年干部能够按照习近平总书记"三严三实"的要求，只要我们不"慵懒散木推"，无论你的出生多么卑微，你也一定能够理直气壮、心安理得的在社会上生存，工作和事业也一定会不断取得进步。所以说，青年人心中一定要有梦，梦是奋斗的目标，有梦就不会迷失方向，就会有精神的力量。勤奋工作、磨练意志是一切成功的基础，年轻同志决不能把工作简单的当成一个养家糊口、谋生的职业，而是要把工作当成事业来干，我们一定要有这个信心和决心。

三、青年人心中一定要有梦，因为梦有利于我们正确认识和对待我们的党

这里最想对大家说的一句话是：青年人心中一定要有梦，因为梦是人生的航向，是精神的力量，是我们紧跟党走、健康成长的动力和进步之本。

我们在座的同志，包括局领导在内，虽然都不是从战争年代走过来的，都没有经历过炮火的洗礼，没有在革命斗争中锤炼意志和升华品质的经历，对党的认识可能不像老一辈革命家那样深刻；但从小受到的革命斗争和共产主义理想教育不少，思想上的熏陶不少，尤其是经历和见证了新中国成立特别是改革开放以来，在中国共产党领导下伟大祖国翻天覆地的变化，这让我们对党由衷地敬仰。

的确，现在社会上有一些不良现象、不正之风，但是年轻同志一定不能受这些不良风气影响和左右，更不能跟风走，自己心里面一定要有一颗定盘的心，那就是相信我们的党，相信党的干部绝大部分都是好的，相信我们的党组织是坚强和公平公正的，相信我们的党一定能把存在的一些问题解决好。我说这话不是一句口号，不是一句空话，也不是一句面子话，是我发自内心的体会。前面我根据今天的活动主题，第一次这样敞开心扉系统介绍了自己的一些情况，大家应该体会到，我能够从地方到北京一步步走来，除了看似偶然的运气，更多地体现于组织的公道。如果不是在学校积极努力、表现尚可，我可能找不到工作；如果不是经受了团县委副书记、书记的任职机会擦肩而过等组织考验，我可能也不会那么快当上镇长；如果不是一直积极工作和坚持写作，我可能也不会有来北京以及进部委机关的机会。很显然，像我这样原本没有任何经济基础和政治背景的人，如果我们的领导和党组织凭关系用人，如果不是大公无私的培养和使用干部，我就不会有今天。

人的成长离不开贵人的帮助，青年人要有感恩之心。可是，我们也经常遇到这样的情况，当自己在内心深处感恩于某一位领导的时候，领导本身可能并不知道、不在意，因为对他来说是在代表组织行事，是一种正常、平常的组织行为。有时候我们感念于领导，但可能由于层级不同等原因，我们甚至连一句当面向领导说感谢话的机会都没有。也许，正是在这个时候我们才更能够体会到，领导的可敬其实在根本上源自于组织的伟大。我们任何时候都不能忘记对

自己有过重要帮助的领导，不能忘记在成长道路上每一位帮扶过自己的人，这是青年人应有的品质，也是最朴素的感情，但我们要注意正确把握，这种感情不仅是对个人的，更是对组织的。

年轻人有时候难免有心浮气躁等不够成熟的地方，有时候也担心工作出色会被遭人嫉妒，实际上我个人认为，年轻人还是应该有冲劲和锐气，我们在注意把握分寸的同时，更要相信组织和领导总体上都是有心胸和能够从大局出发的，要相信绝大多数群众的眼睛是雪亮的。只要我们积极工作、努力向上，就不要有太多不必要的顾虑与担心。

作为年轻干部，我感觉现在正处在我们干事创业的好时候。第一，中央作出了贯彻八项规定、反对"四风"、严惩腐败、开展群众路线教育实践活动等一系列部署并狠抓落实，这对整个社会空气的净化非常有好处，也给我们的工作带来了机遇，我们干部的形象更好了，我们各方面的关系更好相处了，我们也更可以甩开膀子干工作了。第二，我从基层到农业部工作，深切感到中央部委很多工作，包括干部使用等运作的程序更加规范和公正，我们尽可把心思完全放到工作上。特别是这几年，部里搞接地气、察民情等活动，我认为是超前领会和落实了中央的意图，并对干部的培养特别是对年轻干部的培养采取了一系列行之有效的措施。第三，局里今年理清了一系列发展思路，规范了各项决策程序并在一些重点工作上初步取得了新突破。在部党组和局领导班子带领下，我感觉大家现在心情舒畅，劲头十足，特别是对于农产品加工事业，通过近一段时间的学习、调研，我感觉到非常有信心，我们这个平台，我们这个集体，我们这个事业，工作有意义、有前景。相信在部党组的正确领导下，经过两年三年努力，我们一定会为现代农业建设，为农产品加工事业的又好又快发展做出自己应有的贡献。

同志们：青年人心中一定要有梦，没有梦就会迷失方向，就可能思想苍白、行动乏力。梦是我们的精神支柱，梦是我们的理想信念，梦是我们的政治信仰，梦是我们的思想家园，梦也是我们朴素的现实的愿望。青年人心中一定要有梦，其中最关键的是要相信党的领导，紧紧依靠党的领导，树立远大理想并脚踏实地积极投身于实践。当前，中央要求加快补齐农业现代化这块短板，农产品加工事业正焕发着无限的生机和活力，充满着希望，充满着光明前景，让我们共同努力，在部党组、局党支部的带领下，为创造现代农业、农产品加工事业的新辉煌而奋斗。也希望年轻同志都能够树立理想，坚定信念，脚踏实地的工作，祝愿大家家庭幸福，事业有成。

怎样当好领导班子副职

经常听到不少领导干部感叹副职难当，羡慕正职能够说话算数，可以更好地施展才华与抱负。但殊不知，特别是在和平年代，绝大多数正职都是由副职历练而来，由下一台阶正职直接提拔为上一台阶正职的情况极为少见，更何况，都想当正职，谁去做副职？副职在各级党政领导班子中永远是个最大的群体。作为一名领导班子副职，十分重要的一点是要端正心态、摆正位置、明确自己的角色定位。概括起来，就是要努力做到以下五点：

第一，要甘于隐身奉献。副职是本层级班子"一把手"的助手、参谋，是下一层级分管单位"一把手"的领导。身处两个"一把手"之间，承上启下，角色要特别注意拿捏，其中很重要的一点就是要时刻注意保持低调、内敛，把甘于隐身奉献作为重要的信条，多干少说，不争权力、功劳和名利。在把握大的原则的前提下，对上时刻注意把本层级"一把手"当作直接领导和师长敬重，主动当好配角，多请示、勤汇报，自觉服从领导，注重凸显其作用与权威；对下充分尊重分管单位和部门主要负责人，多给他们走到前台锻炼和展示的机会，多对其指导帮助，少对其压制责难，真正做到，一切从善意和良好愿望出发，严格其管理，关心其成长，维护其威信，支持其工作。

第二，要善于站位尽责。正因为班子副职处在本级和下级两个"一把手"之间，工作也很容易产生上可推、下可卸的问题，现实中这样的干部也不少见，社会上流传"当官要当副，千万莫常务"的顺口溜，就是这些干部心理的真是写照。但是，要成为一名合格的班子副职，一定要摒弃这种错误思想，刚刚走上新的领导岗位的干部更要打消这种错误念头，否则不仅有负组织的栽培和期望，而且对事业和个人发展也会产生极为不利的影响。"在其位，谋其政"。作为班子副职，自从走上新的岗位起，就应该多思考怎样按照岗位职责要求充分发挥自己的职能作用，进一步加强党性修养，尽快熟悉情况，强化学习研究，提高能力水平，想办法及早进入角色，并在新的岗位上持之以恒地扎实创造性开展工作，积极发挥应有的作用。

第三，要诚于辅佐促和。"得一官不荣，失一官不辱，勿说一官无用，地方全靠一官。"这是古代河南内乡县衙保存下来的一副对联的上联。现在，班子"一把手"的作用虽然不像封建社会那样大，但仍然在很大程度上对本单位本部门有着关键甚至决定性的影响。中国如此，国外也无不如此。班子副职诚于辅佐，就是要诚心诚意辅佐"一把手"，其结果就是以此促进整个集体的和谐，使集体成为团队，形成真正的"核心"，从而增强向心力、凝聚力和战斗力，树立起良好的形象。组织上把正职安排到现在的位置，通常情况都有过硬的道理，服从正职领导是纪律要求，尊重正职在很大程度上是尊重上级决定，辅佐正职在本质上是辅佐其领导下的事业。很难想象，一个不诚心诚意辅佐正职的副职，会在班子团结和集体和谐中起促进作用；也很难想象，一个不诚心辅佐正职，不像维护自己眼睛一样维护正职形象和威信的副职，会在树立集体形象和个人形象中发挥正面影响，进而助益事业发展和个人的成长进步。

第四，要乐于补台添彩。班子成员中，副职往往不止一个，相互之间的分工一般情况下界限也比较清晰。副职之间，对于不属于自己分管的工作，一般应少"掺和"甚至不"掺和"，更不能在背后议论。但是，是不是一切都要"事不关己高高挂起"，视而不见，甚至"绕道走"呢？答案当然应该是否定的。"金无足赤，人无完人。""智者千虑必有一失。"每个人都可能有缺点和不足，每个人的工作也都可能会出现疏漏和瑕疵，这是一种正常现象。面对这些情况，特别是自己已经发现的问题隐患，即使不属于自己分管的范围，也应该采取科学适当的方法，及时主动地指出。作为一个团队，这种做法不同于单向的故意挑毛病，而是双向和多向的相互帮助，如果每一位班子成员都能够做到这一点，这个集体的各项工作就一定能够少出错甚至不出错，各方面的工作任务就一定能够完成得越来越好。

第五，要精于协调聚力。市场经济开放的条件下，很多工作都需要各方面相互配合、相互支持。通常，能不能争取和得到支持，取决于协调力度的大小；而且工作成效的大小，也在很大程度上取决于获得支持的多少。作为班子副职，分管一个或几个方面的工作，具体业务一般不需要自己亲自动手去办，因此，其领导水平的高低，在很大程度上体现在统筹协调能力上。领导班子副职的协调任务很重，不仅要在单位内部在纵向上加强与班子"一把手"和分管单位与部门主要负责人之间的沟通协调，还要在横向上加强与其他分管领导，以及外部单位和部门的沟通协调。这些方面的协调，如果做得好、做到位，就会把各方面力量聚集过来，对自己分管的工作产生"正能量"；如果做得不好、不到位，就不可能把有关方面的力量调动起来、争取过来，甚至对工作造成障碍。

勿把挂职当挂名

当前，各级机关事业单位下派干部到基层挂职的情况越来越多，这对上是培养锻炼干部的需要，对下是加强工作联系帮助基层推进发展的需要。但是，挂职干部如果自己不严格要求自己，也很容易成为两头不管、只挂名不干事的干部，结果虽然档案上自己的基层工作经历有了，但事实上个人阅历并没有增加，能力并没有提升，反而浪费了时间，加重了政府负担，在基层干部群众中丢了身份形象，造成了不利影响。根据农业部党组和甘肃省委的安排，我于2012年6月到甘肃省张掖市挂任副市长，市政府分工让我协管全市农业农村经济、分管玉米种业和农畜产品加工。一年来，在农业部和地方党委政府的双重、正确领导和各有关方面的大力支持下，我备加珍惜这次锻炼机会，勤奋学习，扎实工作，真抓实干，努力锤炼意志品质，用过硬的思想作风和工作实绩，树立挂职干部的良好形象，积极为现代农业建设和地方经济社会发展贡献力量。

一、思想和学习不挂空挡

一年来，我认真贯彻执行党的各项方针政策，在思想和行动上时刻与中央保持高度一致，坚持把学习作为工作常态和精神追求，努力养成勤学好学的高度自觉，通过学习不断提高自己的思想政治素质和业务能力水平。

（一）坚持学习党的政策理论，努力研深吃透精神实质

在随时随地自学党的有关文件文献的同时，还先后参加了农业部青年干部学习十八大精神培训班、甘肃省地厅级干部学习十八大精神培训班，以及地方党委中心组（扩大）学习会等专题学习。学习过程中，我积极思考，撰写了多篇体会文章，先后在培训简报等方面刊发和交流，其中，根据十八大关于建设新型城镇化精神撰写的《"三农"视角下的新型城镇化战略》被《中国经济时报》、《农民日报》全文刊发后，被新华网和中科院、社科院、国家发改委等数十家重要网站转载，引起广泛关注。

（二）坚持拜基层干部和群众为师，努力把学习研究与实际工作密切结合

我始终把基层干部群众当作老师和亲人，一有机会就自觉自然地到他们中

本文根据作者在甘肃张掖挂职结束时向农业部人事司和地方发展政府所作的述职报告改写。

间，面对面交流，手拉手座谈，深入细致地调研情况，了解实情，共同讨论和研究解决实际问题。挂职一年来，密切结合实际工作，先后到基层专题或陪同开展调研 20 余次，形成了 8 万字的调研心得和记录；主持完成了农业部委托开展的西部（张掖）特色农业发展战略课题研究，在部有关司局、张掖市政府及有关专家的支持和共同努力下，形成了近 16 万字的研究报告；发表、主持及参与起草审定有关文稿文件 8 万字 20 余件，其中撰写的《让制种基地更有话语权》、《加强国家级玉米制种基地建设的政策建议》、《建立主要农作物制种大市大县财政转移支付专项奖补制度势在必行》、《农村出版产业：发展形势与政策选择》、《美丽的张掖永远的家》等文稿，先后在《人民日报》、《农民日报上送件》、《农村工作通讯》、《政协青年》、《农村经济文稿》、《读友报》等报刊发表。同时，为及时将挂职工作中的重要情况上传下达，我还在市政府办公室配合下，先后上报了 62 期 13 万字的挂职工作简报，积极为领导决策提供信息和参考。

（三）坚持学习专业和文化知识，努力提高业务及文化水平

在抓住机会向基层干部群众请教有关专业知识的同时，我还赴美国就种业和农产品加工业进行了为期一周的学习考察，利用业余时间继续坚持了中国农业大学和武汉大学在职研究生班的学业。其中，中国农业大学农业推广硕士已基本修完全部课程，做好了毕业答辩准备；武汉大学出版发行硕士完成了大部分课程学习，并在导师指导下独立设计选题，提前完成了题为《关于推进中国农业传媒集团化改革研究》（5 万字）的毕业论文，得到了导师及学院领导的充分肯定。

二、落实工作不放虚炮

挂职期间，我在农业部和地方党委政府的正确领导与大力支持下，积极发挥自身优势，恪尽职守，求实务实，开拓创新，与部门同志一道，努力推动张掖农业工作取得积极进展和突破。

（一）加强工作协调，积极帮助争取农业扶持政策

针对张掖农业地位突出、地方财政困难、农业投入不足的实际，积极帮助地方谋划和争取农业政策及项目。一是提出对制种大市大县给予财政专项奖补的政策建议。在调查研究的基础上撰写建议报告，先后多次赴农业、财政等中央有关部委奔走呼吁、协调汇报。在农业部领导的亲自关怀和有关司局等方面直接推动下，今年中央 1 号文件已明确要求"研究制定种业大县财政奖补政策"。比照粮食大县的奖励情况，预计此项政策落实后，将在较大程度上可持续地改变张掖大种业小财政的面貌。二是积极协调国家千亿斤粮食规划种子工程项目落实。多次和市主要领导及农业部门同志赴国家发改委汇报，配合农业部领导及有关司局努力协调争取，得到了优先支持在张掖启动工程项目的明确答复，目前项目审批前期工作已基本完成，年内有望落实投资 2 亿～3 亿元。该工程的实施，将明显改善张掖玉米种子基地生产与管理条件。三是积极配合争取国家现代农业示范区扶持政策。根据市主要领导指示，多次深入甘州区调研谋划示范区建设，全力指导和协助示范区申报农业部、财政部等联合组织的全国农业改革与建设试点项目。目前，甘州区已被评选为全国 21 个试点县区之一，不仅将获得连续 3 年每年 3 000 万～4 000 万元的中央财政扶持，并将有利于借助试点平台加快全市农业改革和转型升级。四是组织研究提出甘肃省开展种业扶持政策试点的建议。针对甘肃省明确重点发展的六大农业特色优势产业，除种业外均已有专项扶持政策的情况，提出了比照其他五大产业启动玉米制种专项扶持政策并在张掖试点的建议，得到了省政府常务副省长的批示肯定。同时，研究提出了关于在张掖建设全国玉米种子交易大市场的建议，得到了省政府领导及农业部市场司领导等有关方面的肯定。五是积极配合申报争取其他农业项目。在农业部领导和有关司局的关心支持下，张掖市农产品质量安全检测中心、农作物种子繁育农业综合开发专项、甘州区工厂化蔬菜育苗中心等项目已获得批复。此外，农业部还第一次支持甘肃玉米种子基地 1 000 万元管理专项，主要用于张掖种子基地建设和管理。与此同时，在市主要领导支持和有关部门配合下，我还积极争取和推动了中国农大与张掖市政府签订了战略合作协议，启动了有关合作项目；就市本级发改、财政、国土、水利等所安排和争取的投入如何向农业特别是种业基地倾斜集聚的问题，进行了研究部署。这些政策措施和项目落实后，将使当前及今后张掖农业特别是玉米种子基地建设投入问题得到较大程度的解决。

（二）抓住关键环节，积极配合制定和落实管理措施

针对张掖玉米种子基地面积大、管理任务重的实际，积极配合农业部和地方主要领导及分管领导，会同市农业部门等方面，大力加强种业基地管理工作。一是配合完善和落实规范化管理制度。先后配合研究制定和印发实施了《张掖市国家级玉米种子基地涉种违法违规行为行政处罚暂行办法》、《2013 年张掖国家级玉米种子基地建设管理实施方案》、《张掖市国家级种子基地生产经营秩序专项整治行动实施方案》等，并在以市政府文件形式发布实施后积极跟踪和推动落实。二是加强重点工作安排部署和落实。多次召开市长办公会议、专题会议研究解决重点工作问题，形成会议纪要，组织制定工作方案，并适时调度工作进度，督促检查落实情况。三是认真落实基地协调领导小组议定事项。农业部和甘肃省政府联合发文成立了"国家级种子生产基地（张掖）协调管理领导小组"，这是全国第一个由部省联合成立、上下贯通的国家级种业基地协调管理领导小组，到目前也是唯一的一个。作为小组副组长，我认真初审小组会议纪要，认真协调落实重要事项，对小组成立后农业部组织开展的国家级玉米制种基地（张掖）生产情况专项检查，以及后期交办的品种侵权案件查处进行了全过程跟踪和督促落实，并适时根据地方农业部门建议进行工作协调，向执行组长报告重要工作情况。

（三）强化研究宣传，积极推动形成良好发展思路和氛围

针对张掖农业条件和工作基础好，但思路定位有待进一步理清和外界了解与支持不够的实际，努力加强战略思考，争取智力和舆论支持，积极为农业发展营造良好环境。一是高度重视和积极开展战略研究。在自主开展重大问题调研的同时，争取农业部和地方政府支持，组织北京和地方专家集中围绕玉米种业、畜牧业、沙产业、农产品加工业开展战略研究，形成了一系列研究成果，进一步帮助理清了张掖农业发展的思路和定位。二是积极宣传和自觉维护张掖农业形象。建立对张掖及其农业的真情实感，热爱并发自内心地宣传推介张掖的农业等产业名片，通过论坛讲话、发表文章、新闻宣传等多种形式，积极宣传介绍张掖农业的独特优势、地位和成就。争取到中央电视台七频道《乡约》栏目等走进张掖免费拍摄专题节目，提高张掖农业等知名度和影响力。三是积极调动地方农业部门工作积极性。加强与他们的工作和思想交流，虚心听取和了解他们的情况反映，努力解决他们反映的实际问题，将他们的思想和行动更好地引导到中央、部、省和市委市政府的决策部署上来。积极向市党政主要领导等反映汇报农业及农业部门的工作情况，赢得主要领导的更大支持和重视。用充分的事实论证和说明张掖是一个可以放飞农业梦想的地方、有着巨大的发展潜力和广阔的发展前景，以此激励农业部门的工作热情，振奋精神，鼓舞干劲，更加积极地发挥主体和能动作用。

此外，挂职以来，在分管和协管的工作以外，我还积极完成了市领导临时交办的财政、国土、扶贫、水电、生产安全、金融等领域的有关工作任务。

挂职期间，农业部领导和各有关司局对我的工作给予了有力的关心和支持，张掖市委市政府主要领导及各有关方面把我作为任职干部一样看待，给予高度重视和充分信任，这两个方面正是我挂职期间顺利开展工作和取得成绩的关键所在。

三、勤政廉政不改本色

挂职期间，我严格贯彻执行农业部党组及部劳动人事司关于挂职干部管理的各项规定，工作上高标准，生活上严要求，高调做事，低调做人，务求勤勉清廉，保持党员干部的应有本色。

（一）坚持把工作当作事业追求，业精于勤、精益求精

挂职以来，受责任心和事业心的驱使，我时常不知不觉地自我加压，近乎于把全部身心投入于工作和学习之中。一是工作学习加班加点，坚持高标准、不松懈。平常基本坚守在张掖的工作岗位，很多时候周末和节假日也和地方领导一样投入在工作中，甚至由于独自一人在外，没有多少直接的生活和家庭负担，心无旁骛，常常会主动承担和创造性开展更多一些工作。按规定一天八个小时的工作时间，而自己在这里平均一天工作和研究学习十一二个小时是正常现象。特别是在张掖，由于受气候条件影响，工作的季节性很强，农业上工作忙的时候，重点任务接踵而至。去年夏天来张掖挂职后正赶上这里最忙的时候，连续几个月工作上的大事不断，部里来考察的司局领导，乃至张掖地方的同志都反复提醒我工作太忙，不要因此耽误了自己将要参加的司局长考试，但我仍然把工作放在首要位置。二是盯住大事要事，坚持抓到底、见成效。特别是对于自己认为重要和主要领导重点交代的工作事项，比如国家级种业基地认定、重点项目政策争取、现代农业示范区建设谋划等，我总是尽最大努力完成，积极追求最佳效果。三是深入基层调查研究，坚持问计于民、不倦怠。通常情况下，只要手头没有重要工作和需要紧急处理的事情，总是尽可能抽出时间到基层调研，特别是到农村一线去了解最基层、最真实的情况。比如，最近利用端午节等时间，我到全市不同类型的五个村找支部书记座谈、聊天，感受农村变化和群众冷暖，深受启发和教育。调研后形成的近4万字的调研体会和记录，深刻而鲜活地反映了当前农村的发展现状和趋势。我感到这种调研，对于领导干部拉近与基层干部群众的感情，落实中央"八项规定"，践行党的群众路线，发现和解决农村实际问题，具有重要的意义。

（二）坚持遵守廉洁自律行为规范，按章办事、防微杜渐

由于挂职干部的特殊身份，我从一开始就给自己提出了"当好学生，打好义工"的要求，时刻警示自己要廉洁勤政，公道正派，不计名利，不贪享乐，艰苦朴素，刻苦进取。下乡调研或出差，坚持轻车简从，能省略的程序就省略，能节省的开支就节省，不摆谱，不铺张，不搞形式主义。农业上需要进省和进京协调汇报的事情有一些，我一再叮嘱部门的同志，对上汇报工作，争取政策和项目关键是靠完整可行的工作思路和诚恳的态度来赢得支持，一定要严守财经纪律，绝不能违背原则和造成负面影响，让自己和上级部门帮助我们的同志都能够理直气壮，没有负担。对于挂职期间分管的工作，注重帮助地方抓大事、办实事，积极帮助地方主要领导、分管领导及部门出谋划策，推动工作进展，但绝不贪图权力，争夺名利，不干预地方政府和部门决策，不干预财务经费和工程项目实施，努力做到只服务不用权、只帮忙不添乱，慎独慎友，拒绝和远离不良风气与不义之财，努力保持两袖清风、一身正气。

坚持向基层和农民群众学习

一、个人联系农村基层工作情况

根据部党组安排，我于 2012 年 6 月份开始在甘肃省张掖市挂职锻炼一年，政府分工协管全市农业农村经济、分管农作物种业、农畜产品加工及现代农业示范区建设。一年的时间极其短暂和宝贵，我十分珍视这次学习锻炼机会，坚持白天开展工作和实地调研，夜晚加班加点思考和研究问题，形成了 50 万字的调研报告、工作简报等文字材料，并努力转化应用于工作实践。2013 年 5 月底，甘肃省委书记王三运同志到张掖考察，专门听取了我的工作汇报，给予了充分肯定。

挂职期间，我按照部党组的要求和教导，始终把基层干部群众当作老师和亲人，一有机会就到他们中间深入了解农村实情，共同探讨和解决实际问题。其中，多次到张掖市所辖临泽县三二村等农村基层调研，写了八万多字的调研实录。2012 年 10 月底担任乡企局副局长后，又将自己的联系点定在了三二村，并在中央群众路线教育实践活动开始后到村里开展了蹲点调研。挂职和蹲点调研期间，我多次自带生活用品，吃住在村组干部和农民家里，参加体验式劳动，召开不同类型的座谈会，走访合作社和种养大户等经营主体，并就村里反映的问题与当地政府进行探讨，帮助他们理清发展思路，解决建设资金不足、农产品销售不畅等问题，积极主动地把党的群众路线践行到服务基层的思想和行动中。

二、基层联系点的情况与反映出的重大现象

一年多时间，我在当地跑了很多村，根据这次交流的主题，重点介绍在联系点三二村蹲点调研的情况。

张掖有 100 万亩的杂交玉米制种基地，三二村位于玉米种子主产区。全村有 9 个村民小组，360 户，1 500 人，其中劳动力 940 人；耕地面积 5 950 亩；2012 年农民人均纯收入 8 640 元。蹲点调研发现，特别是最近两三年，该村发

本文为作者 2013 年 8 月 21 日在农业部机关领导干部联系基层工作交流会上的发言，题目为后加。

生了一系列深刻变化，反映了当前农村基层发展的一种新动向和新趋势，值得引起一定的关注。

一是农村的生产经营关系、微观经济组织、社会结构变化正在进一步加快。2010 年，按照依法、自愿、有偿原则，该村农户流转土地 1 040 亩，到 2013 年流转土地已达到 5 500 亩，分别占到总农户和总耕地面积的 100％和 92％。土地流转以后，新型经营主体取代农民成为了生产的主导者。与此同时，全村输出劳动力 730 人，占劳动力总数的 78％，留守老人与妇女儿童占常住人口的比重大大上升。

二是社会和工商资本进入极大地改变了农业的生产条件和生产方式。据统计，2010 年以来，经营大户和企业投入农业基础设施和装备的建设资金近 5 000 万元，显著改善了农业生产条件，全村近 90％的耕地成为高标准农田，现代化的农业生产技术和经营方式得到广泛应用。

三是农民收入进入新的增长快车道，农民住房等生活条件明显改善。2012 年该村上报和公布的农民人均纯收入 8 640 元，比上年增长 20％。但在内部，村组干部和农民群众均表示，实际收入远不止这么多。村支部书记给我算了一笔细账，其中仅用土地租金收入和劳动力外出打工收入两项加权平均，全村人均纯收入就超出了 15 000 元。近三年，全村家家户户住房都有了不同程度的改善，其中 110 多户在城里买了房子，40 户在村里的居民新区新建了楼房，剩下的 210 户对原来的房屋进行了修缮。

总的来看，这个村里的变化是深刻和令人鼓舞的，农业现代化，包括农村城镇化、农民市民化的步伐也都正在提速。这些变化的直接原因是农村土地流转步伐的加快，根本原因是农村生产力和生产关系变动的交互作用。虽然玉米种子主产区有一定的特殊性，但据我对当地农区其他村子的调查，这种变化在一定程度上仍然反映了面上的发展趋势。

同时要看到，在这种变化利好的背后，还存在着一些隐忧和问题。比如，农村土地快速大面积流转、农村劳动力快速退出，农业生产能否持续；农村留守妇女儿童、空巢老人增多，社会管理工作如何加强；农村居住社区化、楼房化以后，大量的水、电、环保等公共设施如何配套等等。这些问题可能都有待于及时跟进，深入研究，在政策和制度层面搞好顶层设计。

三、挂职锻炼与开展基层联系点工作的体会与建议

通过挂职锻炼和开展联系点调研等工作，我感到收获巨大、受益匪浅。一是更加深入地了解了农村基层情况，加深了对中央有关方针政策和国情农情的认识；二是密切了中央国家机关与地方党委政府的工作联系，促进了与基层的沟通了解和政策落实；三是经受了锻炼和考验，提高了思想认识和实际工作能

力。在零距离感受农村变化、体验百姓冷暖的过程中，自己的思想和心灵经受了洗礼；在把党组织多年的培养之恩回报于火热的工作实践的过程中，真正享受到了全身心的愉悦。借此机会，我想对部党组及各司局所给予的关怀和帮助，致以崇高的敬意，表示诚挚的感谢。

同时，建议部党组进一步加大领导干部联系基层工作力度，在全党深入开展群众路线教育实践活动的情况下，将近年来我部在这方面形成的一整套工作体系和成功做法进行适当的总结和推广。

附　　录

真诚而朴实的起步

龚正荣

在我的面前，悄然走过来一位腼腆而敦实的青年学子，于蒙茸的草叶间，举起热忱的眼眸朝繁茂而又颇显窘迫的文学园林窥望，默默而长久。他，就是这本集子的作者——刘明国。

在读到他的书稿之前，我并不认识这位很有些秀气和才气的青年。结识他，是缘于我市最年轻而有活力的作家熊万里一封挚切诙谐的推荐信。明国与万里有许多耐人寻味的相同点：在学校里，都是优秀的学生干部，都喜欢结交朋友，都是缪斯的追求者，更重要的，都有那么一颗敏感、正直而又多思的青春的心灵；而且，无独有偶，当年万里在长江文艺出版社公开出版他的第一本书《一位当代中学生的文学初作选——现实·梦幻·灵感》时，正值他即将毕业于本市第十六职业高中之际，时年一十八岁，而现在经他热情推荐，我的案头又有了这位即将毕业于卫生专业学校学生的即将公开出版的书稿，年龄大约也是十七、八岁！我不禁莞尔而笑，默默地为我们古老而年轻的城市感到欣喜，为在艰难中如泉涌动的文坛感到一种欣慰。谁说我们年轻的一代都注重实惠而轻视精神价值的创造与追求？看，这里不就有孜孜以求的一个么！须知，如今出书，即使成名作家，十之八九都要自己掏腰包倒贴，何况青年作者，更何况如莘莘学子"清水正夫！"

但年轻的明国决计要像万里当年那样，将他自己的初作集贡奉于社会，尤其是贡奉于同龄人的面前。他的初作集，其实是一本文学作品和文学习作的辑集，辑集者就是他自己。书稿原来有四个小辑，但我反复阅读之后，却有了同他商榷的意思。他来了，在我的书房里，我试探着对他说，"恕我直言，现在的样子，文学性的篇章与非文学性的篇章混杂一起，你是否愿意忍痛割爱，将非文学性的篇章尽行删去，只保留文学作品与习作？不过，这么一来，大约要抽掉五分之二，而且，你已经付排，会带来麻烦！"他接过书稿，在我作了特定记号的部分认真翻阅了一会儿，露出那颇秀气的腼腆的微笑，说道："可以

本文是襄樊市作协龚正荣主席 1993 年 3 月 5 日为本书作者散文集《这边风景》一书所作的序言。

的。我同意。"他的回答倒使我迟疑起来,于是加重了语气建议:"还是认真考虑考虑吧!"他思忖了一刻,指着书稿的目录:"我自己也删了一些的,看这上面的删字。删就删吧,我同意。"接着还是那微笑,秀气而腼腆。我也笑了,心里很感动。我想,他该是一颗好苗,不但有追求和抱负而且真诚、朴实;中国多有这样的青年,无论于文坛于社会,都是幸事。

看他的作品以及习作,也是这样:真诚而朴实。翻开书稿,那第一小辑"散文短章"辑名下的题语,就令我会心微笑。"散文短章"中的绝大部分是这本初作集的精彩作品,那坦露的赤子心扉,朴实无华实实在在的人生感悟,透射出改革开放大时代的浪涛在一颗年轻学子心灵上引起的震颤与击响,有时那经过沉思而凝练的隽语如电火迸闪,而在极简短的语句间蕴含着较多的内涵,耐人咀嚼,使人回味而生发种种独特、奇异、美妙的联想。这就有了动情而入理的思想即美学效应。我想,这一点,尤其年轻的读者是会更强烈地感受到的。因为,同是青春的心灵,更能共鸣与共振。在"社会采访"和"校园生活"两个小辑中,作者从一个中专学生的特定视角直面现时代的多样的人生,不矫饰也不油滑,以纪实性的素描速写,用清丽、舒畅的文笔勾画出他视野中所收摄的世态人情与校园生活,于常人常事间发现不平常的层面,镜头集中而感情真挚,其中如《摆书摊的小姑娘》、《一毛钱》等均以强烈的心态感受对比发人深省,而《老歪头儿》则从片断的故事中能写出人物的较为复杂的个性心境,观察的细致,叙述的冷峻,不露主题的蕴意,是一篇较好的叙事作品,也许作者可以由此而把握自己的创作思路吧。第四小辑"我的故事"是一组散文小品,得益于作者真实而细微的亲身感受,而婉曲昂扬其间的则是一位当代青少年敏感上进的心之灵泉,我想,与他同代的读者定会感到亲近有趣而有所回味的。

真诚、朴实,这是一个人格命题,也是一个美学命题。试问,谁喜欢结交虚伪不真、浮华不实的鄙俗之人,谁又喜欢阅读虚伪不真、浮华不实的苟且之文呢?作者能够这样,应该说,这是朝向文学园林的正确的起步。

当然,说"起步",这里还包含这样一层意思:开端是好的,但道路漫长而曲折。就作者的这本初作集来看,似乎文学习作多于文学作品。其基本界限取决于具有个性色彩的思想与审美的创造性含量。创作之不同于习作,全在一个"创"字。作者是一位即将毕业的中专学子,受生活阅历、视野的局限和思想深度、力度的限制,有时不免流于扁平浅露、理念多于形象的通病。其实,在文学和艺术的创造中,是形象大于思想,个性大于共性的,真正的文学作品总是首先直接诉诸读者的情感与想象,然后由此而让读者自己领会出其中的思想内蕴,而且读者本身在形象与思想上有自己的补充与创造,使文学作品得以真实地完成。此外,在艺术表达方面,作者还显得稚拙了些,有时不免于生涩单调。因此，我愿意这样与年轻的作者共勉：

多一点、更多一点新鲜的感受，新鲜的解悟，新鲜的表达，然后有创作有成功。

经常有意于锤炼你的双翼：感悟力与想象力。若缺一翼，难以成飞；若缺两翼，不可言飞。

文品高下的最后基因是人品，从这个意义上说，文如其人；在每一种进步或病态的文学现象背后，都有一种进步或病态的哲学人生观。

千里之行，始于足下。既然有了真诚而朴实的起步，那就一直往前走吧，微笑而腼腆、沉稳而勇敢、坚强而执著的刘明国君！走进社会主义文学的园林深处，走成一株秀色可人的花木，走成你自己！

满怀深情地投入到基层工作中去

李太平

在区（县）级领导岗位上工作，与基层干部打交道最直接最经常，深感基层需要年轻干部去创业，年轻干部也需要到基层去锻炼。锻炼有两种，一种是为锻炼而锻炼，一种是为提高而锻炼。前者所做的大多是盲目、重复的实践，后者所做的是创造性实践。我所看到的这本书，正是明国同志十年基层实践的理论果实。

年轻干部走向基层，有一个明确实践方向的问题，有一个理论与现实磨合的问题。解决好了这两大问题，实践才能体现时代性，把握规律性，具有创造性。我们先随着他的点击看看他的实践内容。书中点击的若干问题，都是基层的大问题，是大家"特别关注"的问题：乡村经济发展问题、农村债务问题、农村减负问题、农村税费改革问题、后进村问题、农业科技推广问题、小城镇建设问题……以"三农"问题为核心的诸多问题，牵动着作者的心。他以高度的责任感，以占有的大量第一手资料去解剖、去分析，努力寻找破解之策，有的已经呈现出一缕曙光。那剪不断理还乱的问题不免让我们心情沉重，但在作者冷静而坚定的探索中我们也看到了希望。

面对生活，诗人是一路走来一路歌；作为一个基层干部，明国同志是一路走来一路"点"，走到哪里，就聚焦哪里，就点到哪里；点到哪里，基层的"屏幕"上打开了一幅斑斓的画面。在医院，他点的是疑难杂症，是妙手回春；在报社，他点的是风云人物，改革闯将；在农村，他点的是国计民生，百姓关注。虽然不能解决全部，但他在倾听、在思考，始终保持着对群众的感情，对事业的追求。

再来看看磨合的效果。马克思主义认为，伟大的实践需要伟大的理论；马克思主义还认为，实践是检验真理的唯一标准。当作者火热的心与充满希望而又充满矛盾的基层撞击之后，经过短暂的茫然无措，他多了一份冷静，少了一份狂热；多了一份耐心，少了一份浮躁。如此反复，他更加明白基层的问题需

本文系 2002 年 12 月 28 日时任湖北省襄阳市襄州区委副书记李太平同志为作者论文集《历史的磨合——当代基层若干问题点击》一书所作序言。

要脚踏实地去干，需要持之以恒地去拼。磨合中，他的思考逐渐成熟。有时他在一滴水中看见太阳的光辉，从中见大，从一个村的问题管窥整个农村的问题，解剖一个镇的情况，透视全国的情况；更多的时候心中有全局，从全国全球这个大背景看一村一镇的问题。有时他直击一个"点"，放大、研透，有时他又打开一个"界面"，观察总体的情况。因为工作在一线，他对基层的问题了解得全、探索得深；因为视野宽广，他对问题的分析也很大气，较少就事论事。作为一个成天被琐事缠身的基层干部，保持这种胸怀和钻劲值得肯定。

从实践到理论产生了第一次飞跃，从理论到实践，又产生了第二次飞跃，循环往复之后，磨合的结果是认识达到了新的境界。从初出校门热情有余、锐气十足，到接触实际后的逐渐冷静、思考加深，再到融入基层后沉着理性、耐心务实，我们看到作者的思想和行动不断走向成熟、走向坚定的轨迹。

江泽民同志说："基础不牢，地动山摇。"干好我们的事业，实现十六大所提出的"全面建设小康社会"的目标，关键在党，关键在我们的各级干部，特别是基层干部。因为只有基层干部都做好了，全局的工作才算做好了。基层干部怎样工作？这本书告诉我们：必须要有为人民服务的思想，必须善于学习，必须结合实际，必须深入思考，必须不断总结。我希望广大的基层的干部，面对发展中的一系列矛盾和问题，都能够真抓实干，都能够开动脑筋想办法，都能够解放思想，创新思维。我们的事业需要更多热爱基层的干部，敢于正视困难，善于研究和解决问题的同志。从事或者关注基层工作的同志不妨读一读这本书，以相互启发和借鉴。

权作为序。

《中国三农大变局》序言

刘维佳

在中华民族五千年烟波浩瀚的文明史中，农耕文明的烙印始终清晰可见。建国以来，农业、农村和农民问题，在整个国家经济社会发展中一直占据着举足轻重的地位。"十五"计划期间，"三农"问题作为重中之重摆在了更加突出的位置，社会各界以前所未有的热情关心农业、关注农村和关爱农民。

弹指一挥间，"十五"已经谢幕。五年的光阴，在时间长河里只是一滴水。但是，这五年对"三农"来说，却是最不平凡的五年！在这五年里，党中央、国务院制定了统筹城乡发展的基本方略，实现了"三农"工作从理论到实践的重大突破。各级党委、政府认真贯彻落实党在农村的基本政策，紧紧围绕全面建设农村小康社会的战略目标，进一步深化农村改革，加强基础设施建设，依靠科技进步，积极推进农业和农村经济结构战略调整，大力实施农业产业化、标准化，战胜了多种自然灾害，实现了农业综合生产能力不断增强，农村经济快速发展，农民生活水平日益提高。

人民群众尤其是广大农民朋友，每一个人对进入新世纪短短五年来的变化都深有感触：中央新的农业政策涉农惠民，延续了两千六百多年的皇粮国税成为历史，国家不但不向农民要钱，还不断加大对"三农"的补贴和直接扶持力度；农民的收入持续增加，出现了多年来快速增长的势头，农民的腰包越来越鼓了；生产生活发生了很大变化，村村通工程、安全饮用水工程等扎实推进，农民群众的行路难、饮水难、看病难、子女上学难、贷款难等问题正在得到有效解决；农村的发展道路在变，科学发展走向全面实践，统筹城乡协调发展的战略开始实施，城乡分割的二元格局逐渐被打破……

辛勤耕耘的结成令人欣慰的果实。回顾五年来走过的历程，盘点五年来农村经济社会发展取得的成就，从农业支持工业，到工业反哺农业；从农村服务城市，到城市带动农村。工与农、城和乡，这两大关系正在实现着从未有过的

本文为 2006 年 1 月 15 日时任农业部办公厅主任刘维佳同志为作者深度报道集《中国三农大变局》所作的序言。

历史性转变。中央积极寻找破解"三农"难题的"金钥匙",跨越城乡之间的鸿沟已经不是梦想。我们可以自豪地说,刚刚过去的五年是整个"三农"领域奋斗的五年,发展的五年,辉煌的五年!她将以中国"三农"的重要转变时期载入波澜壮阔的中国农业农村发展史。

"十五"时期是中国解决"三农"问题的关键时期。在这个关键时期,怎么看待变革本身?怎么从中勾勒出事物发展的新轨迹?需要保持清醒的头脑,进行科学的把握和梳理。《十五:中国三农大变局》这本书由作者近几年公开发表的部分作品编撰而成,都是作者深入"三农"工作一线、参与"三农"变革过程的倾心之作,虽然算不上鸿篇巨制,但其朴实语言中对变革的基本分析和总结,字里行间所包含的大量丰富翔实的信息,不乏耐人寻味之处。大体翻阅后不难看出,其所选文章内容涵盖面涉及"三农"工作的方方面面,较为全方位和多角度地对"十五"时期"三农"的变化进行了客观、充分的报道;绝大部分文章没有局限于就事论事,在报道事实的同时,追求对事物本质进行深入分析,在感性基础上追求理性的提升。这些努力,对"三农"工作无疑是一种积极的贡献。"三农"宣传工作是整个"三农"工作的重要组成部分。变化巨大、令人难忘的"十五"刚刚过去,目前对过去五年"三农"工作进行专门和系统回顾的专著还不多,出版社能够及时推出《十五:中国三农大变局》这样的书,想必也正是广大读者的期盼。同时,作者作为《农村工作通讯》的编辑部主任,除了抓好管理工作之外,能够在不到三年时间写出三十万字作品,也是一件不简单的事。

"十五"时期的"三农"工作亮点频频,农民负担减轻了,农业更有活力了,农村更加稳定了,这是社会各方面较为一致的认识,也是事实的客观反映。然而,伴随着时代脚步坚定地向前迈进,放眼未来,人们仍然充满期待和忧虑。毕竟欠账太多,"三农"工作依然任重道远,统筹城乡发展刚是"开篇"。一个重要事实是,随着我国综合国力的明显提升,工业化、城镇化速度加快,土地、资金等要素大量向城市集中,而农村人口却没有减少多少,城乡居民收入差距已从改革开放初期的 2.57∶1 扩大到 2004 年的 3.23∶1;农村积累下来的种种矛盾,继续向国民经济发出强烈的预警信号。

农业兴,基础牢;农村稳,天下安。令人更加备感鼓舞的是,在为"十五"画上圆满句号的同时,中央已经着力于描绘"十一五"农业农村更快更好发展的蓝图,以"生产发展、生活宽裕、乡风文明、村容整洁、管理民主"为总目标,开始了全球化背景下进行社会主义新农村建设新的征程。可以相信,在党的十六届五中全会精神的正确指引下,只要我们坚持改革,进一步努力践行"三个代表"的重要思想,落实科学发展观,统筹城乡发展，坚持"多予、少取、放活"的方针，国家仓廪更充实，农民腰包更充裕的目标就一定能够实现，我国经济社会发展的列车就一定能够跑得更快更稳。

　　是为序。

《西部（张掖）特色农业
发展战略研究报告》序言

黄泽元

2014 年中央农村工作会议结束之际，明国同志送来《西部（张掖）特色农业发展战略研究报告》并请我作序。经过反复阅读，备感欣慰、振奋。在张掖工作期间，介于对张掖农业的认识，一个问题长期在我心中萦绕：如此好的农业资源禀赋和产业基础，如何使张掖的农产品走出张掖、走向全国乃至世界？由此产生了一些想法并在工作中不断实践。通过拜读《西部（张掖）特色农业发展战略研究报告》，困惑随之而解。《报告》既是明国同志深入学习十八届三中全会精神，如何加快建设西部特色现代农业之路的思考，也是对张掖农业资源优势转化为经济优势的战略架构，更是挂职一年来与张掖人民结下亲民爱民、甘苦于共深厚情谊的有力见证。

明国同志于 2012 年 6 月受农业部的选派来张掖挂职市政府副市长，这是农业部、省委、省政府对张掖人民的关心和厚爱，也是对张掖发展现代农业、打造国家级玉米制种基地、确保国家粮食安全战略层面的关注和支持。他到任后，以朴实的工作作风和为基层真情服务的态度，深入甘肃、宁夏及张掖 6 县区 50 个乡以及重点龙头企业、专业合作社广泛开展调研，现场研究解决特色产业发展中存在的实际问题，准确把握产业发展导向，对产业发展提出了一系列行之有效的合理化建议。

张掖位于甘肃省河西走廊中部，源于中国第二大内陆河——黑河的浇灌滋养，形成了大片绿洲灌溉区，是典型的农业城市，自古就有"塞上江南"和"金张掖"之美称。长期以来，勤劳的张掖人民利用资源、改造自然、推动农业现代化的发展历程在西部地区具有广泛的代表性。明国同志立足西部，着眼张掖，分析总结西部及张掖地区产业化发展的现状和问题，提出了《西部（张掖）特色农业发展战略研究报告》课题，并得到农业部农产品加工局和张掖市政府大力支持。《报告》旨在探寻西部地区产业化发展的成功路径和关键节点，

本文为 2014 年 1 月 28 日甘肃省张掖市政府市长黄泽元同志为作者主持的《西部（张掖）特色农业发展战略研究》所作的序言。

研究资源、技术、人才、政策以及市场内在耦合机理，分析不同产业间关联支撑度，提出振兴培育新型特色产业的重大认知和决策措施，为张掖、甘肃、西部地区乃至全国发展特色农业产业提供理论依据和技术支撑。在《报告》起草过程中，王建华、王济民、刘春芳等专家学者从模式设计、技术路线、难点攻关等方面，潜心研究，深入剖析，体现了精湛的学术造诣和超前的战略思维；市上有关专家也给予了积极配合支持；研究团队协调一致，高效工作。初稿形成后，多次征求有关方面的意见，数易其稿，期间倾注了他们大量的精力和汗水。这个《报告》是一份凝聚了明国同志和课题组成员大量心血的智慧结晶，是一份以数字说事、以事实说话、以科学说理、以实例为证，纵横结合、思维严谨、逻辑严密、论证科学的研究成果；既具有很强的学术性、知识性，又具有很强的研究价值和实用价值。在此一并向农业部、农业部农产品加工局有关领导、明国同志及参与此课题研究的有关专家、学者表示衷心的感谢！

　　《报告》共分四个篇章，包括西部（张掖）玉米种子产业发展战略研究、特色畜牧业发展战略研究、特色沙产业发展战略研究和特色农产品加工业发展战略研究。《报告》围绕四个子课题进行了深入浅出的研究和论述。每一个子课题对国际国内、西部和张掖发展形势与任务，现状基础与问题，挑战和机遇，战略定位、发展目标及对策措施进行了分层研究。对形势与任务的把握实事求是，与国际国内、西部和张掖的产业实际高度契合，充分体现了很强的战略性、前瞻性和研究性。对问题的提出和论述，从思想认识、技术、资金、人才等制约因素入手，论述到位，客观公正，入木三分，说到点子上，讲到了要害处。在分析优劣势时，既涵盖区域内资源禀赋、产业基础、技术现状等具体内容，又有周边地区发展现状的宏观比较，更有从国际国内到西部地区产业发展现状大视野、大跨度的分析对比，线面结合，纵横比较，论述严谨。在抢抓机遇方面，重点突出政策机遇、制度机遇和市场机遇，分析透彻，有理有据，振聋发聩。在发展战略与目标方面，以国际国内先进、发达成熟的产业为参照系，结合西部和张掖实际，高度定位，目标先进，中长期结合，项目支撑环环相扣，融为一体，可行性强，经过努力完全可以实现。

　　《报告》通篇贯彻和体现了作者超前的发展理念，即生态、绿色、有机与农业循环的发展理念；转变发展方式、加速西部地区农业现代化进程的理念；聚集要素，扬长避短，效益优先，企业、农户、政府多方共赢发展的理念；区域化布局、专业化分工、产业化经营、精细化管理的发展理念；突出企业主体地位、确保农产品质量与安全、确保农产品有效供给的理念。这些理念与思考，必将对西部（张掖）加快发展农业现代化进程、倾力打造张掖农产品安全大市起到很好的指导作用，也必将对做大做强制种、草畜、沙产业等新型特色产业、带动区域农民尽快脱贫致富奔小康提供有力的理论支撑。

谨将此书推荐给有关专家学者、农业技术人员、张掖市的农业和农村经济工作者及各位读者。